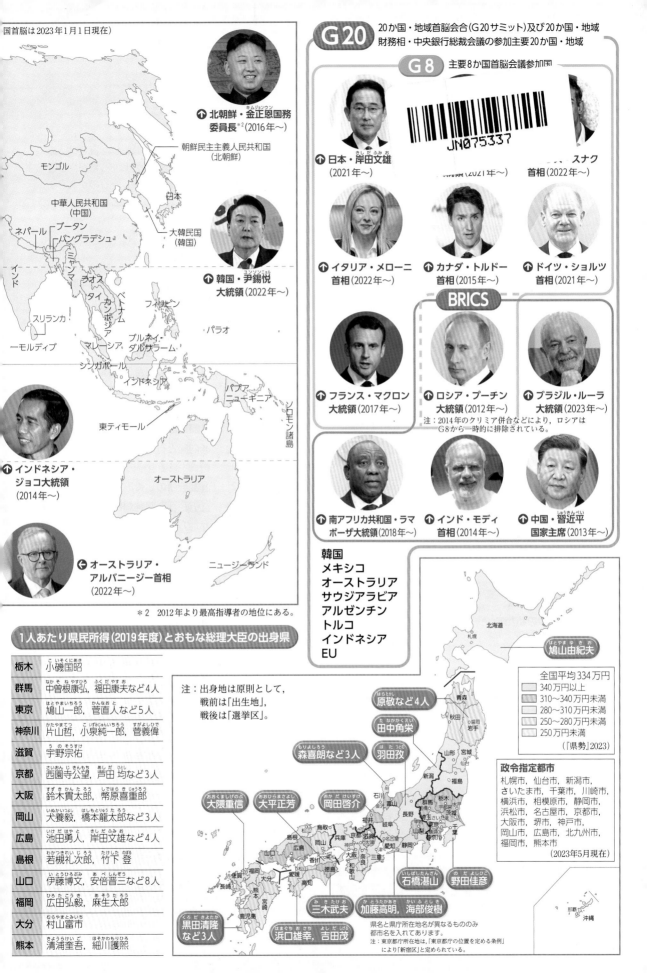

国首脳は2023年1月1日現在

モンゴル
中華人民共和国（中国）
日本
朝鮮民主主義人民共和国（北朝鮮）
大韓民国（韓国）
ネパール
ブータン
バングラデシュ
インド
ミャンマー
ラオス
タイ
カンボジア
ベトナム
フィリピン
スリランカ
モルディブ
マレーシア
ブルネイ・ダルサラーム
シンガポール
インドネシア
パラオ
パプアニューギニア
ソロモン諸島
東ティモール
オーストラリア
ニュージーランド

↑ 北朝鮮・金正恩国務委員長*² (2016年〜)

↑ 韓国・尹錫悦大統領 (2022年〜)

↑ インドネシア・ジョコ大統領 (2014年〜)

← オーストラリア・アルバニージー首相 (2022年〜)

＊2　2012年より最高指導者の地位にある。

G 20
20か国・地域首脳会合（G 20サミット）及び20か国・地域財務相・中央銀行総裁会議の参加主要20か国・地域

G 8
主要8か国首脳会議参加国

↑ 日本・岸田文雄 (2021年〜)

JN075337

スナク首相 (2022年〜)

首相 (2021年〜)

↑ イタリア・メローニ首相 (2022年〜)

↑ カナダ・トルドー首相 (2015年〜)

↑ ドイツ・ショルツ首相 (2021年〜)

BRICS

↑ フランス・マクロン大統領 (2017年〜)

↑ ロシア・プーチン大統領 (2012年〜)

↑ ブラジル・ルーラ大統領 (2023年〜)

注：2014年のクリミア併合などにより，ロシアはG8から一時的に排除されている。

↑ 南アフリカ共和国・ラマポーザ大統領 (2018年〜)

↑ インド・モディ首相 (2014年〜)

↑ 中国・習近平国家主席 (2013年〜)

韓国
メキシコ
オーストラリア
サウジアラビア
アルゼンチン
トルコ
インドネシア
EU

1人あたり県民所得（2019年度）とおもな総理大臣の出身県

栃木	小磯国昭
群馬	中曽根康弘, 福田康夫など4人
東京	鳩山一郎, 菅直人など5人
神奈川	片山哲, 小泉純一郎, 菅義偉
滋賀	宇野宗佑
京都	西園寺公望, 芦田 均など3人
大阪	鈴木貫太郎, 幣原喜重郎
岡山	犬養毅, 橋本龍太郎など3人
広島	池田勇人, 岸田文雄など4人
島根	若槻礼次郎, 竹下 登
山口	伊藤博文, 安倍晋三など8人
福岡	広田弘毅, 麻生太郎
大分	村山富市
熊本	清浦奎吾, 細川護熙

注：出身地は原則として，戦前は「出生地」，戦後は「選挙区」。

北海道
札幌
青森
秋田
岩手
山形
宮城
福島
新潟
石川
富山
長野
群馬
栃木
埼玉
東京
千葉
鳥取
島根
岡山
兵庫
京都
滋賀
福井
岐阜
愛知
静岡
山梨
神奈川
山口
広島
香川
徳島
愛媛
高知
大分
宮崎
鹿児島
福岡
佐賀
長崎
熊本
沖縄
那覇

鳩山由紀夫

原敬など4人
田中角栄
森喜朗など3人
羽田孜
大隈重信
大平正芳
岡田啓介
石橋湛山
野田佳彦
三木武夫
加藤高明, 海部俊樹
黒田清隆など3人
浜口雄幸, 吉田茂

全国平均334万円
340万円以上
310〜340万円未満
280〜310万円未満
250〜280万円未満
250万円未満
（『県勢』2023）

政令指定都市
札幌市，仙台市，新潟市，さいたま市，千葉市，川崎市，横浜市，相模原市，静岡市，浜松市，名古屋市，京都市，大阪市，堺市，神戸市，岡山市，広島市，北九州市，福岡市，熊本市
（2023年5月現在）

県名と県庁所在地名が異なるもののみ都市名を入れてあります。
注：東京都庁所在地は，「東京都庁の位置を定める条例」により「新宿区」と定められている。

目　次

特集…身近な「法律」から青年期，憲法・政治，経済，国際社会分野を考える特集。法的な思考力を身につけられるように工夫しました。

BACK UP…該当テーマの内容をコンパクトにまとめて，重要用語は穴うめ問題にしました。

QUEST…テーマについて，賛成・反対の二極対立だけでなく，多様な意見や考え方，視点を登載しました。アクティブ・ラーニングに活用できます。

経済ゼミ **倫理ゼミ**…難しいと思われている経済理論や思想をやさしく解説し，入試問題とその解き方を登載しました。

論点…「公共」に関連する「問い」について，様々な資料から考えを深める特集です。

●**出典の表記について**…本書に掲載した資料は，原典どおりに引用することを旨といたしましたが，学習教材という性格から便宜的に加筆したものがあります。その場合は，(「○○による」)と表記しました。

○**編著者**　飯塚和幸　　　金澤大典
　　　　　　染野雄太郎　　本山　修

注：本書中のグラフや表などの統計は，四捨五入の関係で合計が一致しない場合があります。

巻頭特集

1 多様な性をめぐって …………… 4
2 G7広島サミット開催 …………… 5
3 アフターコロナ時代へ…変わる労働環境 …………… 6
4 ゆらぐ集団安全保障 …………… 7
公共のエッセンス 「公共」を学ぶことは，よりよい社会を創ること。 …… 8
公共のエッセンス いろいろな「見方・考え方」をためしてみよう！ … 10

第1章 公共の扉

特集 思想の流れ …………… 12
特集 青年期と法 …………… 14
①社会の中の私たち …………… 16
②青年期の意義 …………… 18
③青年期の課題 …………… 20
④適応と個性の形成 …………… 22
⑤大衆社会・グローバル化する社会 …………… 24
⑥青年の生き方 …………… 26
性的マイノリティの権利について考えてみよう。 …………… 28
BACK UP ① …………… 35
⑦生活の中の宗教 …………… 36
⑧日本人の考え方と日本文化 …… 38
⑨世界の宗教 …………… 46
BACK UP ② …………… 51
公共のエッセンス 先哲から学ぶ「公共」① …………… 52

公共のエッセンス 先哲から学ぶ「公共」② …………… 54
⑩哲学してみよう …………… 56
⑪科学的なものの見方 …………… 70
倫理ゼミ 義務論と帰結主義 … 72
⑫科学技術の発達と生命 …………… 74
QUEST 生命倫理 …………… 79
公共のエッセンス 生命倫理 …………… 80
公共のエッセンス 環境倫理 …………… 82
⑬情報化社会 …………… 84
論点 メディア・リテラシーって何？ …………… 87
BACK UP ③ …………… 88
BACK UP ④ …………… 89
特集 憲法・政治と法 …………… 90
⑭法の支配と人権 …………… 92
⑮近代民主政治の発達 …………… 94
⑯世界の主な政治体制 …………… 96

第2章 政治

①日本国憲法の成立 …………… 100
②国民主権と象徴天皇制 …………… 102
③基本的人権の尊重 …………… 104
④法の下の平等 …………… 106
⑤自由権－精神の自由 …………… 110
⑥自由権－人身・経済の自由 … 112
⑦社会権・請求権 …………… 114
⑧新しい人権 …………… 116
⑨人権の国際的保障 …………… 118
BACK UP ⑤ …………… 120
BACK UP ⑥ …………… 121

⑩平和主義と憲法第9条 …………… 122
⑪自衛隊と日米安保 …………… 124
⑫冷戦後の安全保障体制 …………… 126
QUEST 沖縄米軍基地問題 … 129
⑬国会の地位と構成 …………… 130
⑭憲法改正問題 …………… 134
⑮内閣と行政 …………… 136
特集 戦後首相のあゆみ …………… 140
⑯裁判所のしくみと働き …………… 142
QUEST 裁判員制度 …………… 147
⑰地方自治のしくみ …………… 148
⑱地方自治の現状と課題 …………… 150
論点 防災について考えよう … 153
⑲選挙制度 …………… 154
⑳世論の形成と政治参加 …………… 156
㉑政党政治 …………… 158
QUEST 憲法改正 …………… 162
論点 18歳は「おとな」？ …………… 163
BACK UP ⑦ …………… 164
BACK UP ⑧ …………… 165

第3章 経済

①経済と技術革新 …………… 166
②現代の企業 …………… 170
経済ゼミ 起業をするには …… 174
③現代の市場 …………… 176
経済ゼミ 市場メカニズム …… 180
経済ゼミ 市場の失敗 …………… 182
経済ゼミ ゲーム理論 …………… 184
公共のエッセンス 協力をさまたげているものは何か？ …………… 186

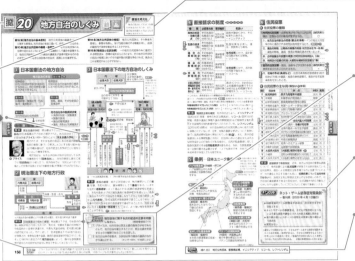

とうほう T-Navi
NHK for Schoolの関連する動画など，インターネット上の資料にアクセスできます。

テーマに関連するSDGsや視点のアイコンを表示しています。

入試DATA 23 倫政23
共通テスト・センター試験（「現代社会」，「倫理，政治・経済」）に出題された資料を示しています。数字は出題年度です。

SIDE STORY
テーマに関する豆知識などを登載しています。

課題を考える
学習のヒントとなる問いや視点を示しています。

Target Check
実際の試験問題を解くことで，学習事項の確認ができます（解答は表紙ウラ）。

FOCUS
興味深い話題を紹介したコラムです。

用語 Check
テーマの中の重要用語を巻末「重要用語解説」で確認できます。

QUEST 政府の大きさ …… 190
BACK UP ⑨ …… 191
④国民所得と私たちの生活 …… 192
⑤景気変動 …… 194
経済ゼミ フローの経済指標 …… 196
経済ゼミ インフレとデフレ …… 197
⑥金融のしくみと働き …… 198
⑦日本銀行の役割 …… 200
⑧金融の自由化と金融危機 …… 202
⑨政府の経済活動（財政） …… 204
⑩租税と財政の健全化 …… 206
BACK UP ⑩ …… 209
⑪戦後日本経済のあゆみ …… 210
⑫中小企業問題 …… 218
⑬農業問題 …… 220
BACK UP ⑪ …… 223
⑭地球環境問題 …… 224
⑮環境問題の現状 …… 226
⑯国際的な環境保全 …… 232
QUEST 環境問題 …… 235
⑰資源・エネルギー問題 …… 236
⑱公害の防止と環境保全 …… 242
QUEST 資源・エネルギー問題 …… 247
特集 経済と法 …… 248
⑲消費者の権利と保護 …… 250
⑳労働者の権利 …… 254
㉑労働条件の改善 …… 256
㉒労働環境の現状 …… 258
論点 仕事について考えよう …… 261
㉓社会保障のあゆみと現状 …… 262

㉔日本の社会保障制度 …… 264
QUEST 社会保障制度 …… 267
㉕少子高齢社会 …… 268
BACK UP ⑫ …… 270
BACK UP ⑬ …… 271

第4章 国際

特集 国際社会と法 …… 272
①国際政治と国際法 …… 274
②国際連合のしくみ …… 276
③国際連合の役割と課題 …… 278
④日本の領土問題 …… 282
BACK UP ⑭ …… 285
⑤戦後国際政治の展開 …… 286
⑥民族問題と紛争 …… 292
⑦核兵器の廃絶と国際平和 …… 298
BACK UP ⑮ …… 303
⑧国際分業と貿易 …… 304
⑨外国為替と国際収支 …… 306
経済ゼミ 比較生産費説 …… 308
経済ゼミ 新国際収支表の読み方 …… 309
経済ゼミ 円高・円安 …… 310
⑩国際経済の枠組み …… 312
BACK UP ⑯ …… 317
⑪地域的経済統合 …… 318
QUEST 保護主義と反保護主義 …… 323
⑫世界経済の多様化 …… 324
⑬南北問題 …… 326
⑭人口・食料問題 …… 328

⑮国際社会と日本の役割 …… 330
BACK UP ⑰ …… 333

スキルアップ

課題探究 …… 334
　プレゼンテーション講座 …… 337
　作文・小論文講座 …… 338

共通テスト攻略ポイント

❶ 現代社会の課題 …… 340
❷ 青年期と自己の形成 …… 341
❸ 憲法・政治 …… 342
❹ 現代経済と国民福祉 …… 343
❺ 国際政治・経済 …… 344
❻ グラフ・統計表問題 …… 345

巻末資料

日本国憲法 …… 346
大日本帝国憲法〔抄〕 …… 354
法令集 …… 355
「公共」の重要用語解説 …… 362
略語一覧 …… 379
索引 …… 380
特集 戦後政治・経済のあゆみ …… 折込
見方・考え方パネル …… 折込
ターゲットチェック解答 …… 裏表紙ウラ

1 性的マイノリティ

セクシュアリティとは、「自分は男性である」とか「自分は女性である」とか「女性が好き」とか「男性が好き」といった「人間の性のあり方」を表す用語である。セクシュアリティを決める要素は**Ⓐ**のように大きく4つあり、これらのあり方や組合せによって、さまざまなセクシュアリティが定義される。**LGBTQ**(➡P.28)などの**性的マイノリティ**を理解する上で重要な観点である。ただし、こうした要素から個人のセクシュアリティを100％決めつけることはできず、あくまでも「そうした傾向がある」として捉える必要がある。

Ⓐ セクシュアリティを決める4つの要素

①身体的性	生まれたときに決められている生物学的な性。「からだの性」ともいわれる。
②性自認	自分の性をどう認識しているか。「こころの性」ともいわれる。
③性的指向	どのような性別に対して恋愛感情や性的感情を感じるかという要素。
④性表現	見た目における自分自身が表現したい性。性役割ともいいファッションや言動、言葉遣いなどを指す。

2 LGBT理解増進法（2023年成立）

2023年6月、国会で性的マイノリティへの理解に関する**LGBT理解増進法**が成立した。正式名称は「性的指向及びジェンダーアイデンティティの多様性に関する国民の理解の増進に関する法律」。「多様な性」に関する理解の深まりを求めた法律で、ジェンダーアイデンティティを理由とする不当な差別はあってはならないとしており、国や自治体、企業や学校などは性的マイノリティへの理解の増進や啓発、環境の整備などを努力義務とするとしている。理念法のため罰則規定はない。なお、2021年に超党派で合意した内容からは後退している。また、差別を禁止する法律を求めてきた当事者からは「理解抑制法」であるという意見や、付け加えられた「国民の安心」については性的マイノリティが多数派を不安にさせる存在なのかという批判もあった。

Ⓐ LGBT理解増進法とは

○性的指向やジェンダーアイデンティティ(性自認・性同一性)を理由とする不当な差別はあってはならない

○国・自治体・企業・学校に努力義務
 性的マイノリティへの理解増進・啓発・環境整備など
○内閣府に担当部署設置
 基本計画の策定・啓発活動

（「NHK解説委員室」2023.6.22を参考に作成）

Ⓑ LGBT理解増進法案の修正過程

	元の法案（超党派議連案）	与党修正案→可決	可決した与党修正案の問題点
基本理念	差別は許されない	不当な差別は許されない	「不当な」が追加され限定された。
国民の安心	（記述なし）	全ての国民が安心して生活できるよう留意する	権利拡大に保守派が懸念し追加。法案の本来の趣旨と異なる。

3 「多様な性」が理解される社会に向けて

日本社会全体がセクシュアリティの多様性を認めようという方向に大きく動き始めている中、「多様な性」の課題の1つに、**同性婚**をめぐる議論がある。同性婚をめぐる集団訴訟は全国5か所で起こされているが、国は、「現行憲法下では同性カップルに婚姻の成立を認めることは想定されていない」という立場をとっており、今後の司法判断が注目される。

Ⓐ 同性婚訴訟の判決（2023年6月現在）

判決	内容
札幌地裁（2021.3）**違憲**	同性同士の結婚を認めないのは、同性愛者に対する合理的な根拠を欠く差別的取り扱いであり**違憲**である。
大阪地裁（2021.6）**合憲**	婚姻の自由を定めた憲法第24条は、男女間での結婚を想定しており、合憲である。しかし、**憲法が同性婚を禁止していると解すべきではない**。
東京地裁（2022.11）**違憲状態**	婚姻制度の中身は国会の裁量に委ねられており、違憲とはいいきれない。しかし、同性婚を認める法制度がないことは、個人の尊厳と両性の本質的平等を定めた**憲法第24条に違反する状態**である。
名古屋地裁（2023.5）**違憲**	同性婚を認めないのは、法の下の平等を定めた**憲法第14条**と、**憲法第24条**の両面から憲法に違反する。

4 ダイバーシティ＆インクルージョン

インクルージョン(包摂)とは、個々の異なる属性が受け入れられ、互いに尊重されている状態を指す。混同しやすい概念にインテグレーション(統合)があるが、これはマジョリティの中にマイノリティが同一化されている状態を指す。また、ダイバーシティとは「多様性」を意味する言葉だが、多様性を認めるだけでなく多様な属性の人々が活躍できる集団・組織の構築を目指すより発展的な取り組みをダイバーシティ＆インクルージョンという。いずれも経営学の分野で使われることの多い言葉であるが、社会一般のあり方を考える上でも示唆を与えるものであろう。多様な性のあり方を認めることが個々の能力を発揮する前提になるのはいうまでもない。

ダイバーシティ それぞれの違いが認められている状態

ダイバーシティ＆インクルージョン 違いを尊重し、互いに活かすことで組織が活性化している状態

（NECソリューションイノベータHPを参考に作成）

1 被爆地「広島」で初のサミット開催

⬇ 広島平和記念公園を訪れたG7各国首脳（2023年5月19日）

イタリア メローニ首相
フランス マクロン大統領
アメリカ バイデン大統領
イギリス スナク首相
EU ミシェル大統領
カナダ トルドー首相
日本 岸田首相
ドイツ ショルツ首相
EU フォンデアライエン委員長

A 首脳宣言の主な内容

・法の支配に基づく自由で開かれた国際秩序の堅持
・ウクライナ支援の継続
・「核兵器のない世界」への取り組み
・「グローバル・サウス」とも呼ばれる新興国や途上国との関係強化

（NHK「G7広島サミット 成果と課題」2023.5.22による）

> G7サミット（主要国首脳会議）とは 先進7か国（アメリカ，イギリス，フランス，ドイツ，イタリア，カナダ，日本）とEUの代表が集い，世界の政治・経済について討議する会議。一時はロシアを加えてG8と呼ばれていたが，2014年のロシアによるクリミア半島併合を受け，ロシアはメンバーから追放された。なお，先進国に新興国を加えた枠組みであるG20にはとどまっている。

2 「核兵器のない世界」はやってくるのか

　2023年5月，日本が議長国を務めるG7サミットが広島で開催された。2022年に始まったロシアによるウクライナ侵攻が続く中でのサミットとなり，首脳宣言では，世界の諸課題にG7諸国が結束して対応することが表明された。

　今回は被爆地広島での初のサミット開催であり，ウクライナ侵攻で核兵器が使用される事態が現実味を帯び，「核の抑止力」に対する見解に注目が集まる中，G7首脳らは平和記念公園の原爆死没者慰霊碑に献花し，平和記念資料館訪問の際，芳名録に記帳。「核兵器のない世界」に向けた取り組みを誓った。

A 平和記念資料館を訪れたG7首脳らの記帳内容

岸田首相	歴史に残るG7サミットの機会に議長として各国首脳と共に「核兵器のない世界」をめざすためにここに集う
バイデン大統領	世界から核兵器を最終的に，永久になくせる日に向けて，共に進んでいこう（一部抜粋）
スナク首相	広島と長崎の人々の恐怖と苦しみは，どんな言葉を用いても言い表すことができない
マクロン大統領	広島で犠牲となった方々を追悼する責務に貢献し，平和のために行動することだけが，私たちに課せられた使命だ
ショルツ首相	この上なく強い決意で平和と自由を守っていくとの約束を新たにする（一部抜粋）
メローニ首相	過去を思い起こして，希望に満ちた未来を共に描こう（一部抜粋）
トルドー首相	広島と長崎の人々の計り知れない苦悩に，厳粛なる弔慰と敬意を表する

（『読売新聞』2023.5.21を参考に作成）

3 グローバル・サウスとの関係を強化するには？

A グローバル・サウスと国際的な枠組み

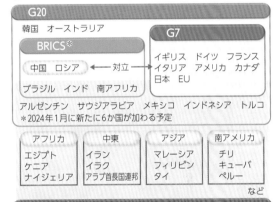

G20
韓国　オーストラリア

BRICS※
中国　ロシア ←対立→
G7
イギリス　ドイツ　フランス　イタリア　アメリカ　カナダ　日本　EU

ブラジル　インド　南アフリカ

アルゼンチン　サウジアラビア　メキシコ　インドネシア　トルコ
※2024年1月に新たに6か国が加わる予定

アフリカ	中東	アジア	南アメリカ
エジプト	イラン	マレーシア	チリ
ケニア	イラク	フィリピン	キューバ
ナイジェリア	アラブ首長国連邦	タイ	ペルー

など

グローバル・サウス

　G7広島サミットにおける大きな課題の一つに，グローバル・サウスと呼ばれる国々との関係強化が挙げられる。190か国超の国連加盟国のうち，アメリカが主導する対ロシア制裁に参加しているのは，G7やEU加盟国を中心とする37か国にとどまっている（サミット開催時点）。この背景には，資源大国・農業大国であるロシアからの輸入依存という経済的な側面などが考えられ，ロシア自身も制裁に加わらない国との資源取引を増やしている状況にある。グローバル・サウスの国々が米欧と中露の双方から譲歩を引き出そうとするバランス外交を展開している点からも，G7側が優先的に関係を強化する取り組みは容易ではない。

　唯一の被爆国である日本が議長国を務めたG7広島サミット。核保有国の首脳が揃っての広島訪問によって，「核兵器のない世界」への期待が大きく高まった。世界が抱える諸課題に向けて具体的な方策がどこまで確認されたのだろう。核兵器の使用が現実味を帯びてきた今，核の抑止力をどのようにとらえていくのか。途上国や新興国における大国への依存をどのように考えるのか。被爆地で開催されたことも踏まえながら，今回のG7サミットの意義やこれからのさらなる課題について考えたい。
（2023年7月）

1 労働環境の変化

新型コロナウイルス感染症の拡大にともなって多くの企業ではデジタル化・IT化が進み，労働市場や働き方にも大きな変化が生じた。三菱総合研究所の試算によると，2030年時点で事務職や販売職など約460万人の労働力が余剰となり，その一方で介護職や運搬・清掃職などで440万人が不足するという（→Ⓐ）。

このため，今後多くの労働者が異業種・異職種への転職を希望するようになり，そのための「学び直し」など支援が必要になってくることが予想される。また，コロナ禍の影響でテレワークや時差出勤などを導入した企業では，新型コロナ感染症の5類への移行にともなって，新たな働き方を導入する動きもある（→Ⓑ）。

Ⓐ 2030年時点の労働市場の試算

余剰 460万人		不足 440万人	
事務職	130万人	介護職など	140万人
販売職	90万人	運搬・清掃・梱包職	100万人
工場などで働く生産職	80万人	ITなど高度な専門スキルが必要な職	70万人
	など		など

(NHK NEWS WEB 2023.9.12)

Ⓑ コロナ禍前後での働き方の変化（2023年3月）

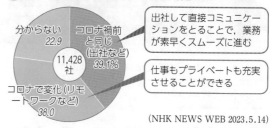

11,428社

コロナ禍前と同じ（出社など）39.1％
分からない 22.9
コロナで変化（リモートワークなど）38.0

出社して直接コミュニケーションをとることで，業務が素早くスムーズに進む

仕事もプライベートも充実させることができる

(NHK NEWS WEB 2023.5.14)

2 アフターコロナ時代の新しい働き方…出社＋リモートワーク＝ハイブリッド型労働

2023年10月，パナソニックが家電事業の新拠点「パナソニック目黒ビル」をオープンさせた。従来の働き方の課題を解決したり，アフターコロナの新しい働き方（出社とリモートワークを組み合わせたハイブリッド型労働）を実現したりするためのアイデアをオフィスの随所に反映した，これまでにない取り組みである。

同社では，コロナ前は縦割りで分断された職場環境に課題があった。加えて，コロナ禍ではオンラインツールの活用により利便性が向上する一方，社員どうしのコミュニケーション不足などの新たな課題が顕在化した。そしてアフターコロナではリアルや対面の価値が再認識され，出社3割，リモートワーク7割といったハイブリッド型に働き方が変容しているという。「パナソニック目黒ビル」の空間づくりは若手プロジェクトメンバーを中心に「自然と行きたくなる職場」をめざして考えられており，芝生に囲まれて仕事ができるなど非日常を味わえるようなしかけもみられる。これまでの職場における課題を克服するとともに，アフターコロナ時代の多様な働き方に対応できるオフィスといえるだろう。

一人ずつ区切られた空間で集中できるソロワークスペース

→ 自由に使えるハンモック

↑ 人工芝が敷かれたスペース「しばWORK」では，リラックスして仕事や会議ができる。ルームランナーで体を動かしながら仕事をすることもできる。

↑ 解放的な空間で，気軽なコミュニケーションが促されるフロア「Tsumugu-ba」

新型コロナウイルス感染症の広がりは，飲食店などを中心とした「コロナ倒産」を多く発生させた一方で，企業におけるデジタル化・IT化の急速な進行などは労働環境に大きな変化をもたらした。労働現場では，コロナ禍の鎮静化とともに働き方をコロナ前に戻した企業もあるが，リアルや対面の価値を再認識した上で，リモートワークとオフィスワークなどを組み合わせたハイブリッド型労働の導入が進んでいる。それぞれのメリット・デメリットに着目し，企業と従業員の双方にとってよりよい働き方とは何か，考えてみよう。

(2023年11月)

1 長期化するウクライナ戦争

2022年2月24日から続くウクライナ戦争は，2023年も終わりが見通せない。西側諸国による武器提供によりウクライナの反転攻勢が一気に進むかと思われたが，当初の予想ほど進展していない。9月にはゼレンスキー大統領が国連で支援の継続を訴えたが，支援疲れも見えはじめている。一方，ロシアによるミサイル攻撃も続いており，再びやってくる冬の寒さが民衆を苦しめそうだ。ウクライナからの避難民は600万人を超えている。

ロシアは6月のプリゴジンの乱で動揺したが，その後も西側の予想に反して崩れず，中国，イラン，北朝鮮などと協力関係を維持しながら戦闘を継続している。

⤴ ウクライナ北東部のハルキウ近郊でロケット攻撃の被害者を捜索する救助隊員ら（2023年10月5日）

2 緊迫するパレスチナ情勢

2023年10月7日，パレスチナ自治区ガザ地区（➜P.295）を支配しているイスラム組織ハマスがイスラエルを突如攻撃した。多数の死者を出し人質もとられたイスラエルはハマスに報復。11月30日までに双方の死者は15,000人を超え，今後さらに増える見込みだ。

イスラエルのネタニヤフ首相は「ハマスは壊滅させる」と強硬な姿勢を示してガザ地区を封鎖。民衆に避難を勧告したうえで，大規模な空爆と地上侵攻に踏み切った。また，イスラエルにより封鎖されたガザ地区は電気，ガス，水道などが止まり，人道上の危機にある。

イスラエルは自衛権の行使を名目にガザ地区へ攻撃を繰り返している。自衛権をもとに民間人を攻撃，殺害することは許されるか。自衛権の範囲はどこまでなのか。古くて新しい問いが突きつけられている。

➡ イスラエルの空爆で炎と煙が上がるパレスチナ自治区ガザ地区（2023年10月14日）

➡ パレスチナ自治区ガザ地区ラファにある難民キャンプで，破壊された建物のがれきに座り頭を抱える若者（2023年10月15日）

3 機能しない国連・安全保障理事会

「常任理事国のロシアが拒否権を悪用し，全ての国連加盟国に不利益をもたらしている」「侵略者が拒否権を握っていることが，国連を行き詰まりに追い込んでいる」ウクライナのゼレンスキー大統領は2023年9月に国連安全保障理事会でこのように語った。

10月，イスラエル軍とハマスの大規模戦闘の「一時停止」を求める決議案はアメリカの拒否権行使により否決された。

9月にナゴルノ・カラバフ*をめぐってアゼルバイジャンがアルメニアに対して行った軍事作戦でも国連は機能せず，武力による国境線の変更をゆるした。平和の維持を目的として設立された国連の価値，存在意義が問われる。

＊アルメニア人が多く居住するアゼルバイジャン西部の地域。領有権をめぐってアゼルバイジャンとアルメニアが衝突を繰り返してきた。

➡ 国連安全保障理事会で演説するゼレンスキー大統領（2023年9月20日）

➡ イスラエルをめぐる採決で拒否権を行使するトーマス＝グリーンフィールド米国連大使（2023年10月18日）

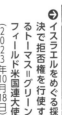

街が攻撃を受けて建物が倒壊し，人々が逃げまどい，国境に避難民が集まる。目にしたくないこのような光景が，2022年に続いて複数の場所で繰り返し広がる事態となった。暴力による人道危機が連鎖的に発生する状況を食い止めたいが，肝心の国連安全保障理事会は大国の思惑に左右されて機能しない。いたずらに人命が失われていくことは避けなくてはならない。解決のために人類の知恵と勇気が試されている。 （2023年11月）

「公共」を学ぶことは，よりよい社会を創ること。

「公共」って何だろう？

私たちは誰しも，孤立して生きているのではなく，「みんな」によって構成される「社会」の中で生きている。みなさんが生まれ育った家族，学んできた学校，将来働く職場はどれも「社会」の一つであり，そこで活躍するみなさんは，「社会」を形作る主体なのだ。そして，それらの社会をよりよいものにしていくために重要なのが，「公共」という考え方だ。

突然だが，あなたの周りで「公共」という言葉が使われているものを挙げてみよう。地方公共団体，公共交通機関，公共サービスなどが挙がるだろう。それでは，これらに共通することとは何だろう？　どれも「個人」や「一部の人々」のためではなく「みんな」のためにあるものだということに気づくだろう。日本国憲法には，国民に保障する自由や権利は「常に公共の福祉のためにこれを利用する責任を負ふ（第12条）」とある。「公共」では，個人の権利や利益の尊重という大原則に立ったうえで，「みんな」の権利や利益となる解決策（法やルールの制定・改正など）を考え，よりよい社会を形成していくことを学ぶのだ。

「よりよい」とはどういうこと？

しかし，「よりよい」とはどういうことなのか，じっくり考えてほしい。あなたにとって望ましい解決策がほかの人にとって望ましくない場合もあるだろう。あるいは，100人中99人にとって望ましい解決策が，残る一人にとって耐えがたい苦痛となることもあるかもしれない。果たしてそれは「よりよい社会」と言えるのだろうか。

この問いに，唯一の答えはない。私たちは，先人たちの思想から受け継がれてきた幸福・自由・正義・公正などの視点をヒントに，「よりよい」の意味を問い続けながら社会に関わっていくことが求められているのだ。

さあ，よりよい社会を創る主体となるために，「公共」の学びをスタートしよう。

「公共」を考える視点

幸　福	誰もが幸福を願うものだが，人により求める幸福のあり方は多様だ。社会の中で，どのような幸福をどこまで認めるべきだろうか。
自　由	不当な制約や介入にさらされることなく，自ら望む選択ができることは，個人の尊重のなかでもひと際重要である。
正　義	社会に広く通用する「正しいこと」の基準が正義である。
公　正	人々の幸福・自由・正義が両立するような考え方が公正である。

「ごみ」に関する問題を例に，

部屋の散らかりを家族に注意された

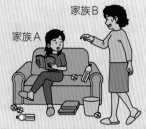

家族B
家族A

自分の住まいを清潔に保つことは，見た目の問題だけではなく，健康や衛生の観点から重要だ。特にやむを得ない事情がないのに，散らかりっぱなしにして自分で片付けない家族Aがいると，結局別の家族Bが片付けなければならなくなる。

視点のポイント
- 家族全員の幸福と個別の家族の幸福のバランス
- 個別の家族の振る舞いが，他の家族の自由を侵害していないか
- 特定の家族ばかり掃除することを余儀なくされるのは公正か

地域に「ごみ屋敷」があり，住民が困っている

近年問題になっている「ごみ屋敷」の問題。火災の発生や家屋の倒壊につながって地域の利益を大きく害する可能性もある。しかし，持ち主が財産だと言えば，ごみとはいえ勝手に処分することはできないのだ。

視点のポイント
- 住人と地域の住民の幸福を両立する方策はないか
- 住人と地域住民の行為は，双方の自由を侵害していないだろうか
- 住人にごみの処分を迫る行為は，どのような正義に基づくか

注：ごみ屋敷は心の病気と関連している場合があると言われており，必ずしも本人の責任とは言い切れない。

発展途上国に有害廃棄物を「輸出」した

1970〜80年代にかけて，環境問題に対応するため廃棄物処理に関する規制が厳しくなり，処理コストが増大した。このため，先進国が排出した有害廃棄物が処理コストの安い発展途上国に輸出され，不適切な処分が行われたことなどから，深刻な環境汚染をまねいていた。

視点のポイント
- 先進国の幸福のために発展途上国の幸福を犠牲にすることは許されるか
- 先進国では許されないずさんな処理を，ルールがないからといって発展途上国に押し付けるのは，自由として認められるか
- 先進国と発展途上国の有害廃棄物の取引は公正といえるか

それぞれの立場から考えてみよう

◎幸福，自由，正義，公正の観点を念頭に置いて，それぞれの立場に立って，相手に何を主張したいかを考えてみよう。その後でグループに分かれ，それぞれの立場に立って主張し，討議してみよう。

家族A		家族B
片付ける労力を使わず，その分スマホで遊びたい。	対立	自分が散らかしたわけでもないのに，片付けをやらざるを得ないのは理不尽だ。

_____ の立場に立って主張したいこと

_____

_____

_____

「ごみ屋敷」の持ち主		地域の住民
自分の家に何を集めようと，家の持ち主の自由だ。	対立	「ごみ屋敷」のせいで地域全体が迷惑。一刻も早く撤去してほしい。

_____ の立場に立って主張したいこと

_____

_____

_____

関係するルール 2022年7月現在，国のレベルで「ごみ屋敷」に対処する法律はないが，大阪市や名古屋市など一部自治体では，「ごみ屋敷」対策を定めた条例を整備している。

先進国		発展途上国
安く処分してくれるところに処分をお願いしているだけ。	対立	有害廃棄物を発生させた国が責任をもって処分すべきだ。

_____ の立場に立って主張したいこと

_____

_____

_____

関係するルール 1992年に発効した**バーゼル条約**で国境を越える有害廃棄物の移動が規制されるようになり，発展途上国に有害廃棄物を輸出する行為は禁止された。有害廃棄物は発生させた国の中で処分することが原則となり，環境に優しい処分技術の開発などにもつながっている。

人間はどのようにルールを決めてきたのだろうか

①ルールを作る「場」をイメージしよう

国会や地方議会などをイメージするかもしれないが，より身近な町内会や寄り合いに見られる昔からの「知恵」に目を向けてみよう。

国会や地方議会
- 有権者に選ばれた代表者によって構成
- 憲法や法律に基づいて設置
- 基本的に法的拘束力のあるルールを作る

町内会や寄り合い
- 一般の住民が直接話し合いに参加
- 住民の意思によって組織される任意団体
- 作るルールに法的拘束力はなく，住民が自主的に守る

②日本の農村の「寄り合い」民主主義

2007年1月14日，長野県南佐久郡北相木村白岩区。区内に二つある道祖神近くで，今年もそれぞれ「どんど焼き」の炎が上がった。32戸で90人弱。高齢化率は40％。「担い手不足」を理由に2か所のどんど焼きを統合するかどうか，ここ数年話し合いが続く。2005年の元日，区の新年会。「一つにした方がいいんじゃねえかと思うけど，どういうもんずら」。当時の区長の山口宣克さん(57)の投げ掛けに反論の声は出ない。統合は決まったかに見えた。ただ酒を酌み交わす中で，坂本朝男さん(80)は「結論は若いもんに任す。ただな……」。どんど焼きと道祖神の歴史を話し始めた。後から来て「道祖神は二つあるんだから，統合はまかりならん」と反対する人もいた。新年会の最後。「やっぱり2か所で続けよう」。2006年の元日も同様のやりとりが繰り返された。それは決して整然とした理詰めの議論ではない。時間もかかり，結論は行きつ戻りつする。「でも，一人一人の意見を粗野に扱わない。多くの人が納得できることが大事」。区長の峰雄勝巳さん(53)は，昔ながらの「縁りあい」の議論の中に，人と人をつなぎ留める価値を見る。

（『民が立つ　地域の未来をひらくために』信濃毎日新聞社などによる）

解説 人間は社会を作ってこそ生きてゆけるが，その時どうしても他人との利害や感情の衝突を避けて通ることはできない。そのような衝突を上手に回避するために，人間はルールを作って平和裏に問題を解決する知恵を編み出してきた。そのルール作りの方法は民族や文化によって様々だ。ここに挙げた日本の農村で続いてきた「寄り合い」でルールを考えていくというのも，そのひとつだ。社会の規模が大きくなった近代以降は，国家レベルでの代議制や大統領制など，より洗練された民主主義的手法がとられるようになっているが，家族やクラス，地域社会などの小規模の社会では，「寄り合い」のような知恵が一層大事といえるだろう。

いろいろな「見方・考え方」をためしてみよう！

2022年4月より成年年齢が20歳から18歳に引き下げられた。18歳になれば，国政選挙に参加することができるようになったり，保護者の同意がなくても自分で契約できたりするようになる。一方，成年年齢が引き下げられたことで，契約に対して未成年者取消権が行使できなくなるなど，自分の行動には責任が伴うようになる。物事を見極められるようになるために，さまざまな「見方・考え方」を働かせることが重要だ。「見方・考え方」とは，「どのような視点で物事を捉え，どのような考え方で思考していくのか」という，その科目ならではの視点や考え方である。巻末折込の「見方・考え方パネル」をヒントに，「見方・考え方」を働かせた学習に取り組んでみよう。

多面的・多角的な考えがすぐできる！

❶次の問いについて考えてみましょう。

〜問い〜
完全な自動運転を導入するためには，どのような制度が必要だと思いますか？

❷巻末の折込を開きながら，「視点カード」を用いて考えてみましょう。

❸「ルール」と「正義」の2つの視点で考えてみたら…

Ⓐ自動運転とは

自動車などの乗り物の操縦を人間がするのではなく，機械が判断して行うシステム。運転手の判断ミスによる交通事故の軽減が期待されている一方で，ハッキングへの対策など，安全性をどう確保するか考えていく必要がある。

↑ ホンダ「レジェンド」 2023年時点で国内の市販車として唯一自動運転レベル3を達成しており高速道路渋滞時の自動運転が可能。

選手村で起きた事故

2021年8月，選手村内を巡回する自動運転バスと選手が接触。事故直前，バスは近くにいた警備員を検知して自動停止したが，同乗していた社員が手動で再発進させたことで接触した。警視庁は社員に回避義務があったとし，社員を書類送検した。

↑ 東京五輪・パラリンピック選手村を巡回した自動運転バス 「レベル4」の性能を持つが，選手村では社員が操作する「レベル2」で運行していた。

Ⓑ自動運転のレベル分け

システムによる監視	レベル5	完全自動運転 常にシステムが全ての運転タスクを実施
	レベル4	特定条件下における完全自動運転 特定条件下においてシステムが全ての運転タスクを実施
	レベル3	条件付自動運転 システムが全ての運転タスクを実施するが，システムの介入要求等に対してドライバーが適切に対応することが必要
ドライバーによる監視	レベル2	特定条件下での自動運転機能（高機能化）【例】高速道路での自動運転モード機能
		特定条件下での自動運転機能（レベル1の組み合わせ）【例】車線を維持しながら前のクルマに付いて走る
	レベル1	運転支援 システムが前後・左右のいずれかの車両制御を実施【例】自動で止まる（自動ブレーキ），前のクルマに付いて走る

（国土交通省資料を参考に作成）

②社員が手動で再発進

警備員

選手

③選手に気づき，減速したが接触

①警備員を検知していったん停止

（『読売新聞』2022.1.6を参考に作成）

ルールは，持続可能な社会の実現のため，**効率性と公平性のバランスのとれた決まりをつくる視点。**

［ルール］の視点では，「現在の制度よりも自動運転システムの安全性を厳密に決定づけること」がポイントだと思います。

したがって，「**安全性について，より明確な基準を定める制度**」が必要だと考えます。

正義とは，人々の自由な幸福追求が互いに衝突しあわないようにするためのルール。**「よりよい社会」を求める際，社会に広く通用する「正しさ」**が，正義の視点。

［正義］の視点では，「運転手と自動車メーカーの責任のあり方を明確にすること」がポイントだと思います。

したがって，「**責任の所在を明確に定める制度**」が必要だと思います。

さらに思考を深めるために，「思考スキル」を活用してみよう。「思考スキル」とは公共の学習で役に立つ思考の方向性，つまり「考え方」のことである。下の2つを比較してみよう。

思考を深めよう！

比較する

人による運転　　完全な自動運転

比較する

人による運転
- 歩行者などの予期せぬ動きにも対応できる
- 人為的な事故が起こりやすい
- あおり運転やひき逃げなどの犯罪が起こる可能性がある
- 事故が起きた場合，責任の所在が判断しやすい

完全な自動運転
- 歩行者などの予期せぬ動きに対応しづらい
- 速度管理などで渋滞を緩和
- 人為的な事故が減少する
- 外部からのハッキングなどによって起きた事故の場合，責任の所在が判断しづらい

自分の考えを整理するには「思考ツール」も役に立つ。「思考ツール」を活用することで，物事を視覚的に整理することができる。ベン図を使って，整理してみよう。

思考を整理しよう！

ベン図

- 歩行者などの予期せぬ動きにも対応できる
- ブレーキとアクセルの踏み間違いなどの事故が減少する
- システムの誤作動や正常に作動しない場合がある
- 運転手が機能を過信し，運転中の携帯電話の操作など危険行為に及ぶ可能性がある

運転支援　自動ブレーキ，車間距離制限など

人による運転　　完全な自動運転

人による運転
- 歩行者などの予期せぬ動きにも対応できる
- 人為的な事故が起こりやすい
- あおり運転やひき逃げなどの犯罪が起こる可能性がある
- 事故が起きた場合，責任の所在が判断しやすい

完全な自動運転
- 歩行者などの予期せぬ動きに対応しづらい
- 速度管理などで渋滞を緩和
- 人為的な事故が減少する
- 外部からのハッキングなどによって起きた事故の場合，責任の所在が判断しづらい

思考スキル

ある出来事や行動の結果が何を引き起こすか予想すること。
推論する

さまざまなことがらを，相互に，原因と結果，全体と部分，対立などの関係としてとらえること。
関係づける

共通する点（属性）に着目して，複数のものをいくつかのグループに分けること。
分類する

効率性や公正さなど，さまざまな観点から物事の価値（優劣）を判断すること。
評価する

さまざまな角度（視点）から事象（物事）のもつ多面性を見ること。
多面的に見る

主義主張の違いや価格など，さまざまな観点から複数の物事を対比して見ること。
比較する

「要するに何なのか」と問われたときに，必要なことだけを簡潔に表現すること。
要約する

授業などを通して学んだ知識や法則を，実際のことがらに当てはめて活用すること。
応用する

思考ツール

クラゲチャート
→理由づける
→関係づける
→要約する
クラゲチャート

Yチャート
→分類する
→多面的に見る
Yチャート

イメージマップ
→関係づける
→評価する
イメージマップ

ダイヤモンドランキング
→評価する
→比較する
ダイヤモンドランキング

ベン図
→分類する
→比較する
ベン図

バタフライチャート
→多面的に見る
バタフライチャート

くま手チャート
→分類する
くま手チャート

フィッシュボーン
→多面的に見る
フィッシュボーン

座標軸
→分類する
→比較する
座標軸

＊「視点」「思考スキル」「思考ツール」は，主なものを掲載しています。

思想の流れ

西洋と東洋・日本の思想家

公共の扉

| | 古 代 | | | | | | | | | | | | | | | | | | | | | 中 世 | | | | | | | |

世紀	前7	6	5	4	3	2	1	後1	2	3	4	5	6	7	8	9	10	11	12	13	14
	600	500	400	300	200	100	1	100	200	300	400	500	600	700	800	900	1000	1100	1200	1300	1400

西洋の思想家

自然哲学 (◯P.57)
タレス (前624?〜546?)
ピタゴラス (前582?〜497?)
ヘラクレイトス (前540?〜480?)
パルメニデス (前515?〜450?)
デモクリトス (前460?〜370?)
自然を神話 (ミュトス) ではなく、ロゴス (理性) によって捉え、その根源＝アルケーを探究した

ソフィスト (◯P.58)
プロタゴラス (前490?〜420?)
ゴルギアス (前483?〜376?)
人々の関心は自然 (ピュシス) から法律や規則などの人為的なもの (ノモス) に移行していった

ポリスの思想
ソクラテス (前470?〜399) (◯P.58)
プラトン (前427〜347) (◯P.59)
アリストテレス (前384〜322) (◯P.59)
ソフィストの相対主義的な立場を否定し、人間としての生き方に関する普遍的な真理を追求していった

ヘレニズムの思想
エピクロス (前341?〜270?)
ゼノン (前331?〜263?)
ポリスの衰退を背景に、集団ではなく個人の内面的な平安と幸福を追求する思想が誕生

キリスト教
イエス (前4?〜後30?) (◯P.48)
パウロ (前?〜65)
ユダヤ教の律法主義を批判し、内面的な信仰を重視するとともに、神の愛を強調した新しい教え＝キリスト教を説いた

↑エルサレムの聖墳墓教会
（写真：アフロ）

教父哲学
アウグスティヌス (354〜430)
プラトンの思想から影響を受けながら、キリスト教の教義を確立し、神の恩恵＝恩寵を強調した

イスラーム
ムハンマド (570?〜632) (◯P.50)
イスラーム哲学ではプラトンやアリストテレスなどのギリシア哲学が研究され、やがてヨーロッパに逆輸入されていく

十字軍遠征によるイスラーム文化の流入

スコラ哲学
トマス＝アクィナス (1225?〜74)
アリストテレス哲学を利用して、信仰と理性の関係を説明した

初期ルネサンス
ダンテ (1265〜1321)
ペトラルカ (1304〜74)
ボッカッチョ (1313〜75)

→ボッティチェリ『書斎の聖アウグスティヌス』(1480年頃)

歴史上のできごと

86 バビロン捕囚 (〜38)
09 ローマで共和政がはじまる
92 ペロポネソス戦争 (〜04)
31 ペルシャ戦争 (〜49)
34 ●ヘレニズム文化がおこるアレクサンドロスの東征 (〜23)
21 ●秦の始皇帝が中国を統一
36 漢、儒教を国教化
27 ローマで帝政はじまる
64 ●ネロ帝がキリスト教徒迫害
●仏教、中国に伝わる
●インドで大乗仏教が隆盛
13 『新約聖書』成立
75 ローマ帝国キリスト教公認
95 ●漢字、儒教が日本に伝来
76 西ローマ帝国滅亡
ローマ帝国、東西に分裂
ゲルマン民族、大移動を開始
38 日本に仏教が公伝
04 ●イスラームがおこる
聖徳太子が「憲法十七条」を制定
26 レオ3世、偶像崇拝禁止令
04 遣唐使の廃止
94 最澄と空海が入唐
62 神聖ローマ帝国が成立
54 ●鎌倉幕府が成立
96 ●スコラ哲学隆盛
十字軍の遠征はじまるローマ教会が東西に分裂
92 ●元寇 (文永の役)
15 イタリアでルネサンスがおこる
74 イギリスでマグナ＝カルタ制定
38 室町幕府が成立

東洋・日本の思想家

日本の伝統思想

原始仏教
ガウタマ＝シッダールタ (前463?〜383?) (◯P.49)
バラモン教の権威に反して、自由な思想が誕生

大乗仏教
ナーガールジュナ (竜樹) (150?〜250?)
ヴァスバンドゥ (世親) (320?〜400?)
縁起説を哲学的に深め、大乗仏教の中心思想である「空」・「唯識思想」として完成させる

仏教の受容
聖徳太子 (574〜622) (◯P.40)
仏教を政治の基本理念として受容

↑比叡山延暦寺

平安仏教
最澄 (767〜822) (◯P.40)
空也 (903〜972)
空海 (774〜835) (◯P.40)
源信 (942〜1017)
唐から天台宗、真言宗が伝えられるとともに、浄土信仰が広がっていく

朱子学 朱子 (1130〜1200)
形式化した儒学に対し、四書五経の教えに立ち返ろうとする革新運動

儒家 (◯P.56)
孔子 (前551?〜479?)
孟子 (前372?〜289?)
荀子 (前298?〜235?)
古の君子を理想とし、仁・礼の道に基づく倫理と政治的秩序を説いた

道家 (◯P.56)
老子 (生没年不詳)
荘子 (生没年不詳)

墨子 (前470?〜390?) **墨家**

法家 韓非子 (前290?〜233?)
春秋戦国時代の大きな社会変動の中で、新たな統治の枠組が模索され、様々な思想家が中国に誕生した

↓法隆寺
（写真：読売新聞／アフロ）

鎌倉仏教
法然 (1133〜1212)
親鸞 (1173〜1262) (◯P.41)
栄西 (1141〜1215)
道元 (1200〜53) (◯P.41)
日蓮 (1222〜82) (◯P.41)
一遍 (1239〜89)
仏教の日本化と新宗派の興隆

像法 ←→ 末法 1052

| 中国 | 春秋時代 | 戦国時代 | 秦 | 前漢 | 新 | 後漢 | 三国・西晋・東晋 | 南北朝 | 隋 | 唐 | 五代十国 | 北宋 | 南宋 | 元 |

| 日本 | 縄文時代 | 弥生時代 | | 古墳時代 | 奈良時代 | 平安時代 | 鎌倉時代 |

| 世紀 | 前7 | 6 | 5 | 4 | 3 | 2 | 1 | 後1 | 2 | 3 | 4 | 5 | 6 | 7 | 8 | 9 | 10 | 11 | 12 | 13 | 14 |

← ルネサンスの中心となったフィレンツェ(イタリア)
(写真:アフロ)

← カントが一生を過ごしたケーニヒスベルク(現ロシア)
(写真:アフロ)

← サルトルら知識人が集まったカフェ、レ・ドゥ・マゴ(フランス)

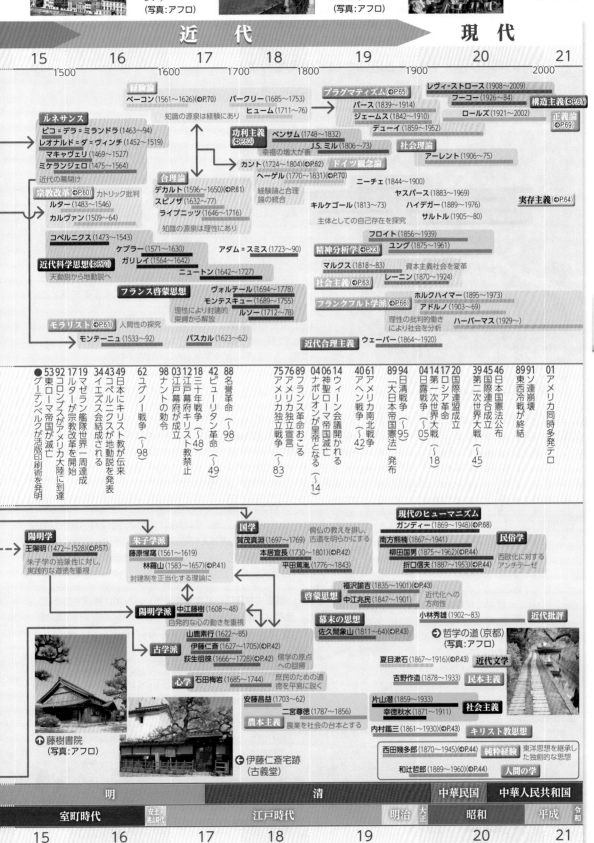

近代　　　　　現代

15　　16　　17　　18　　19　　20　　21
1500　　1600　　1700　　1800　　1900　　2000

経験論
ベーコン(1561〜1626)(⇒P.70)
バークリー(1685〜1753)
ヒューム(1711〜76)
知識の源泉は経験にあり

プラグマティズム(⇒P.65)
パース(1839〜1914)
ジェームズ(1842〜1910)
デューイ(1859〜1952)

レヴィ・ストロース(1908〜2009)
フーコー(1926〜84)
ロールズ(1921〜2002)
構造主義(⇒P.67)
正義論(⇒P.69)

ルネサンス
ピコ=デラ=ミランドラ(1463〜94)
レオナルド=ダ=ヴィンチ(1452〜1519)
マキャヴェリ(1469〜1527)
ミケランジェロ(1475〜1564)
近代の幕開け

功利主義(⇒P.62)
ベンサム(1748〜1832)
J.S.ミル(1806〜73)
幸福の増大が善

社会理論
アーレント(1906〜75)

カント(1724〜1804)(⇒P.62)
ドイツ観念論
ヘーゲル(1770〜1831)(⇒P.70)

宗教改革(⇒P.60)　カトリック批判
ルター(1483〜1546)
カルヴァン(1509〜64)

合理論
デカルト(1596〜1650)(⇒P.61)
スピノザ(1632〜77)
ライプニッツ(1646〜1716)
知識の源泉は理性にあり

経験論と合理論の統合

ニーチェ(1844〜1900)
ヤスパース(1883〜1969)
ハイデガー(1889〜1976)
サルトル(1905〜80)
実存主義(⇒P.64)

キルケゴール(1813〜73)
主体としての自己存在を探究

コペルニクス(1473〜1543)
ケプラー(1571〜1630)
ガリレイ(1564〜1642)
近代科学思想(⇒P.70)
天動説から地動説へ
ニュートン(1642〜1727)

アダム=スミス(1723〜90)

フロイト(1856〜1939)
ユング(1875〜1961)
精神分析学(⇒P.23)

マルクス(1818〜83)　資本主義社会を変革
社会主義(⇒P.63)
レーニン(1870〜1924)

フランス啓蒙思想
ヴォルテール(1694〜1778)
モンテスキュー(1689〜1755)
理性により封建的束縛から解放
ルソー(1712〜78)

ホルクハイマー(1895〜1973)
アドルノ(1903〜69)
フランクフルト学派(⇒P.66)
理性の批判的働きにより社会を分析
ハーバーマス(1929〜)

モラリスト(⇒P.61)　人間性の探究
モンテーニュ(1533〜92)
パスカル(1623〜62)

近代合理主義　ウェーバー(1864〜1920)

●53 グーテンベルクが活版印刷術を発明
92 コロンブスがアメリカ大陸に到達
17 ルターが宗教改革を開始
19 マゼラン艦隊世界一周達成
34 イエズス会結成される
43 コペルニクスが地動説を発表
49 日本にキリスト教が伝来
62 ユグノー戦争(〜98)
98 ナントの勅令
03 江戸幕府が成立
12 江戸幕府キリスト教禁止
18 三十年戦争(〜48)
42 ピューリタン革命(〜49)
88 名誉革命(〜98)
75 アメリカ独立戦争(〜83)
76 アメリカ独立宣言
89 フランス革命おこる
04 ナポレオンが皇帝となる(〜14)
06 神聖ローマ帝国滅亡
14 ウィーン会議開かれる
40 アヘン戦争(〜42)
61 アメリカ南北戦争(〜65)
89 日清戦争(〜95)
94 「大日本帝国憲法」発布
04 日露戦争(〜05)
14 第一次世界大戦(〜18)
17 ロシア革命
20 国際連盟成立
39 第二次世界大戦(〜45)
45 国際連合成立
46 日本国憲法公布
89 ソ連崩壊
91 東西冷戦が終結
01 アメリカ同時多発テロ

陽明学
王陽明(1472〜1528)(⇒P.57)
朱子学の抽象性に対し、実践的な道徳を重視

朱子学派
藤原惺窩(1561〜1619)
林羅山(1583〜1657)(⇒P.41)
封建制を正当化する理論に

陽明学派
中江藤樹(1608〜48)
自発的な心の動きを重視

古学派
山鹿素行(1622〜85)
伊藤仁斎(1627〜1705)(⇒P.42)
荻生徂徠(1666〜1728)(⇒P.42)　儒学の原点への回帰

心学　石田梅岩(1685〜1744)
庶民のための道徳を平易に説く

安藤昌益(1703〜62)
二宮尊徳(1787〜1856)
農本主義　農業を社会の台本とする

国学
賀茂真淵(1697〜1769)
儒仏の教えを排し、古道を明らかにする
本居宣長(1730〜1801)(⇒P.42)
平田篤胤(1776〜1843)

啓蒙思想
福沢諭吉(1835〜1901)(⇒P.43)
中江兆民(1847〜1901)
近代化への方向性

幕末の思想
佐久間象山(1811〜64)(⇒P.43)

現代のヒューマニズム
ガンディー(1869〜1948)(⇒P.68)
南方熊楠(1867〜1941)
柳田国男(1875〜1962)(⇒P.44)
折口信夫(1887〜1953)(⇒P.44)
民俗学
西欧化に対するアンチテーゼ

小林秀雄(1902〜83)　**近代批評**

→ **哲学の道(京都)**
(写真:アフロ)

夏目漱石(1867〜1916)(⇒P.43)　**近代文学**
吉野作造(1878〜1933)　**民本主義**

片山潜(1859〜1933)
幸徳秋水(1871〜1911)
社会主義

内村鑑三(1861〜1930)(⇒P.43)　**キリスト教思想**

西田幾多郎(1870〜1945)(⇒P.44)　**純粋経験**
東洋思想を継承した独創的な思想
和辻哲郎(1889〜1960)(⇒P.44)　**人間の学**

↑ 藤樹書院
(写真:アフロ)

← 伊藤仁斎宅跡
(古義堂)

明　　清　　中華民国　　中華人民共和国

室町時代　安土・桃山時代　江戸時代　明治　大正　昭和　平成　令和

15　　16　　17　　18　　19　　20　　21

公共の扉

13

私たちは，日頃，「法」というものを意識しないで生活をしている場合が多い。しかし，法は私たちの生活と密接に関わっている。普段よく使用する自転車一つをとっても，様々な法の規制の中で，そのルールを守って走行しなければならない。ここでは，生活の中で，私たちにどのような法が関わっているのかを考えてみよう。

1 生活の中の法 ～自転車と法について考えてみよう。

Q. 下のイラストで道路交通法に違反しているのはどんなこと？

答え

①歩道通行(歩道通行可の標識がある場合など例外あり)

道路交通法上，自転車は軽車両と位置づけられ，歩道と車道の区別があるところでは，車道を通行することが原則で，車道の左側を通行しなければならない。(道路交通法第17条，第63条の3)→**罰則**：3か月以下の懲役または5万円以下の罰金

②夜間の無灯火

夜間，自転車で道路を走るときは，前照灯及び尾灯(または反射器材)を付けなければならない。(道路交通法第52条，第63条の9，道路交通法施行令第18条)→**罰則**：5万円以下の罰金

③傘差し運転

道路交通法第71条(運転者の遵守事項)第6号に基づき，各都道府県の公安委員会が定める条例によって全国的に禁止されている。→**罰則**：5万円以下の罰金

④飲酒して自転車を運転

飲酒して自転車を運転してはならない。(道路交通法第65条)
→**罰則**：5年以下の懲役又は100万円以下の罰金
(中央交通安全対策会議交通対策本部『自転車の安全利用の促進について』を参考)

注：道路交通法の一部改正(2023年4月1日施行)により，全ての自転車利用者に対し，自転車の乗車用ヘルメット着用努力義務が課されている。

A 自転車事故で加害者に問われる責任

①刑事上の責任　法律違反をして相手を死傷させた場合，刑法により以下のような刑罰を受けることになる(14歳以上であれば，少年法に基づき刑事責任が問われる)。必要な注意を怠るなど，重大な過失で人を死傷させた場合は，「重過失致死傷罪」が適用される場合もある。

> **過失傷害罪**(刑法第209条)
> 1　過失により人を傷害した者は，30万円以下の罰金または科料に処する。
> 2　前項の罪は，告訴がなければ公訴を提起することができない。
> ＊「告訴」は犯罪被害者が捜査機関に犯罪を申告し，処罰を求めること。「公訴」は検察官が裁判所に対して刑事事件の裁判を請求すること。
>
> **過失致死罪**(刑法第210条)
> 過失により人を死亡させた者は，50万円以下の罰金に処する。
>
> **重過失致死傷罪**(刑法第211条)＊
> 業務上必要な注意を怠り，よって人を死傷させた者は，5年以下の懲役もしくは禁錮または100万円以下の罰金に処する。重大な過失により人を死傷させた者も，同様とする。

罰金刑以上の刑に処せられた場合，法律により免許が与えられないこともある職業	医師・歯科医師・薬剤師・保健師・助産師・看護師・准看護師　　　など

＊自転車の場合，業務上過失致死傷罪が適用される可能性があるとする見方もある。

②民事上の責任　加害者となった自転車の運転者は，民法第709条(不法行為による損害賠償)に基づき，被害者に対する損害賠償の責任を負う。損害賠償責任については，中学生にも責任能力を認めた判例もある。

> ＜例＞時速20～30キロで坂を下っていた小学5年生の男子児童の自転車にはねられて植物状態になったとして，被害女性の家族と保険会社が児童の母親に対し，損害賠償を求めた訴訟の判決で，2013年神戸地裁は，児童の母親に計約9,500万円を支払うよう命じた。

③道義的な責任　被害者を見舞い，誠実に謝罪するなど，道義的な責任を負う。

B 自転車運転講習制度のながれ(2015年6月1日開始)

❶ 自転車運転者が「危険行為」を繰り返す(3年以内に2回以上)	❷ 危険防止のため都道府県公安委員が講習を受けるように命令	❸ 講習の受講 ●時間：3時間 ●手数料：6,000円

※受講命令に違反した場合5万円以下の罰金

○繰り返すと受講が義務づけられる主な「危険行為」
・信号無視　・一時不停止
・歩行者天国などの通行禁止場所の通行
・車道右側の走行
・遮断機を無視した踏切への立ち入り
・ブレーキのない自転車の利用
・路側帯通行時の歩行者の通行妨害　など(全15類型)

(警視庁資料などを参考)

公共の扉

② 出自を知る権利

Ⓐ 非配偶者間人工授精(AID)と「出自を知る権利」

　人工授精は精液を注入器を用いて直接子宮腔に注入し，妊娠を図る方法で，夫側の精液の異常，性交障がい等の場合に用いられる。精子提供者の種類によって，配偶者間人工授精(AIH)と非配偶者間人工授精(AID)に分類される。日本のAIDでは，生まれた子は依頼者夫婦の実子として戸籍登録されるが，1948年にAIDが始まり，現在までに1万人以上が生まれた。日本産婦人科学会の調査によると2016年には99人が生まれた。ただし，同学会は，精子提供は匿名で実施されることを条件としており(匿名のボランティアが精子を提供)，子が提供者の情報にアクセスできる「出自を知る権利」は現在まで保障されていない。　(厚生労働省資料などによる)

倫政19
Ⓑ 出自を知る権利が保障されていないことによる問題

①遺伝についての情報の欠如が子の「健康に生きる権利」を侵害する可能性がある。

②子が結婚する際に近親婚の可能性が排除できない。

③大人になって事実を知った場合，ショックが大きく，家族関係が崩壊する可能性がある。自身の遺伝的ルーツを知ることができないことから，アイデンティティが揺らぐことがある→小さい頃から事実を知ることができれば，緩和できる可能性がある。

解説　議論の必要性　日本では2003年に厚生労働省の部会により，出自を知る権利を含めた生殖医療に関する法制度が必要であるとする報告書がまとめられた。そのなかでは精子提供者個人情報を公的機関で80年間管理し，子は15歳になると情報の開示を請求できるとしているが，現時点で法整備はなされていない。

Ⓒ 出自を知る権利に関する各国の制度

	スウェーデン	ヴィクトリア州(豪)	スイス	フランス
自己が提供配偶子・胚によって生まれたかどうか	○	○	規定なし	×
ドナー情報へのアクセスの可否	○	○	○	×
結婚しようと考える相手との近親関係の有無の確認	○	検討中	規定なし	×
ドナー情報の管理機関	公的資金で運営されている病院	不妊治療機構	身分登録局	保健当局
情報開示年齢	十分な年齢に達した時点	18歳以上	18歳以上	—
記録保管期間	70年	法律及び規則に規定なし	80年	30年

(日医総研・科学技術文明研究所資料2003年による)

　一方，独自のガイドラインにより出自を知る権利を保障し，告知を義務化している国内の団体や出自を知る権利が法律で定められている欧州の国々もある。一方で，親は告知そのものをためらう傾向が強いとする報告もある。デリケートな問題であるがゆえに，子どもの福祉の観点からまずは議論をしていくべきだろう。

公共の扉

③ 子ども(児童)の権利条約　⑰ 子どもが意見を表明する権利が規定されていること。

第1条　この条約の適用上，児童とは，18歳未満のすべての者をいう。

関連事項

- 民法－2018年の改正により，2022年4月1日から成年年齢を20歳から18歳に引き下げる。
- 国民投票法－投票権は18歳以上の日本国民が持つことができると定めている。(➡P.134)
- 公職選挙法－2015年の改正により18歳以上の者が国政選挙，地方選挙に参加できるようになった。

第7条　児童は，出生の後直ちに登録される。児童は，出生の時から氏名を有する権利及び国籍を取得する権利を有するものとし，また，できる限りその父母を知りかつその父母によって養育される権利を有する。

関連事項
- 国籍法－国籍取得要件は父母両系血統主義を採用。
- 国籍法違憲判決。(➡P.144)

第12条　締約国は，自己の意見を形成する能力のある児童がその児童に影響を及ぼすすべての事項について自由に自己の意見を表明する権利を確保する。⑭

関連事項
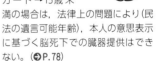
- 臓器提供意思表示カード→15歳未満の場合は，法律上の問題により(民法の遺言可能年齢)，本人の意思表示に基づく脳死下での臓器提供はできない。(➡P.78)

第19条　締約国は，児童が(略)あらゆる形態の身体的若しくは精神的な暴力，傷害若しくは虐待，放置若しくは怠慢な取扱い，不当な取扱い又は搾取(性的虐待を含む。)からその児童を保護するためすべての適当な立法上，行政上，社会上及び教育上の措置をとる。

関連事項
- 児童虐待防止法－2000年制定。18歳に満たない者を児童とし，児童虐待を受けたと思われる児童を発見した者は，福祉事務所や児童相談所に通告しなければならない。

第32条　締約国は，児童が経済的な搾取から保護され及び危険となり若しくは児童の教育の妨げとなり又は児童の健康若しくは身体的，精神的，道徳的若しくは社会的な発達に有害となるおそれのある労働への従事から保護される権利を認める。

関連事項

- 労働基準法－第56条で満15歳未満の児童の使用を禁止し，第61条で満18歳未満の深夜業を禁止。(➡P.256)

解説　子どもの権利条約　子どもの権利条約は1989年に国連総会において採択され，翌年発効した。世界的な視野からすべての子どもに人権を保障する法的拘束力を持った初めての国際条約で，2023年1月現在196の国と地域が締結している(米国のみ未批准)。児童労働，貧困，虐待など，子どもをめぐる様々な問題について，この条約の掲げる理念や内容に照らして取り組んでいく必要がある。なお，日本では2018年の民法改正により，2022年4月から成年年齢を20歳から18歳へ引き下げ，併せて女性が結婚できる年齢も16歳から18歳に変更した(女性の16，17歳での結婚が少ないこと，16歳のままだと女性だけ成年年齢と婚姻適齢が一致せず，親の同意が必要なケースが残ることになるため)。

倫政19

1 社会の中の私たち 寛容

1 さまざまな社会の中に生きる私たち

←家族

←学校

←地域　東京都高円寺阿波おどり

←国家　国会の様子

←国際社会　国連総会の様子

←オンライン・コミュニティ　オンライン会議の様子

公共の扉

Ａ さまざまな社会のあり方の中で生きる私たち

集団としての社会には様々な形態があり、年齢や立場により所属のあり方や関わり方も変化する。私たちはその中で他者とのコミュニケーションをはかりながら、自らの幸福や要求を実現しつつも、何が善であるか、何が正義であるか、どうしたら公正さを実現できるか、などを視点にし、社会全体の幸福や調和をはかりながら、協力し、共存していく。個人と全体の関係性については**和辻哲郎**の指摘も参考にしたい（➡P.44）。青年期にある君たちは、そうした関わり合いの中で、成長し、また、社会のあり方をも、よりよい方向へと変えていく形成者となっていく。先哲の残した言葉などを手掛かりに、社会に生きる私たちの存在について考えていこう。

2 「人間は社会的（ポリス的）動物である」―アリストテレス（➡P.59）

「…ものがそのためにあるところのもの、すなわちそれの最終目的となっているものは究極的な善ということになる。自足性というものは、共同体にとっての一つの目的であり、善として究極的に求められているものなのである（そしてそれは国家において実現されるのである）。

かくて以上によって見れば、国家が（まったくの人為的ではなくて）自然にもとづく存在の一つであることは明らかである。また**人間がその自然の本性において国家を持つ（ポリス的）動物である**ことも明らかである。…人間が蜂のすべてよりも、また群棲動物のどれよりも国家社会をなす条件を高度にみたすものであることの理由は明らかである。すなわち自然は何ごとも無駄につくりはしないというのがわれわれの主張のごとくだとすれば、**動物のうちでひとり人間だけが言論（ロゴス）をもつ**ということこそそれの理由を明らかにするからだ。…しかし言論というものは、利害を明らかにするためのものであり、したがってまた正邪を明らかにすることにもなるのである。というのは、善悪正邪その他のことを感じうるという、このことだけですでに人間は、他の動物に対して独特のものをもつことになったのである。そしてこれらの利害正邪の共同がもとになって、家族や国家がつくられるのである。」

（田中美知太郎他　訳『世界の名著8　アリストテレス　政治学　第1巻』中央公論社）

ロゴスをもたないもの

ロゴスをもつもの

解説　社会をつくる本性　アリストテレスは「自然は何ごとも無駄につくりはしない」という目的論的自然観の立場から、すべての事象は最善の目的に向かって生成変化していると捉えた。国家もその一つであり、人間がそうした国家を持つことも自然の本性に基づくのだと考えた（「**人間は社会的（ポリス的）動物である**」）。ただし、人間のみが「ポリス的動物」なのではない。「ポリス的動物」のなかには蜂などの群棲動物がおり、それらの「ポリス的動物」さえ、なにか一つの共通の活動に携わる（何らかの善を追

求する）という特性を有している。では、それらの動物と人間の違いは何か。それは「言葉（ロゴス）」を有し、有益なものや有害なもの、正しいものや正しくないものを明らかにすることであると指摘している。つまりこれらの知覚をもって、人間は共同生活をし、社会・国家をつくるのである。なお、他との共同を必要とせず、自足しうるか否かという観点からも共同することのできない者、あるいは自足しているので共同することをまったく必要としない者は獣であるか、さもなければ神であるとも指摘した。

（奥貞二『アリストテレスの自足性について』九州大学哲学論文集第28輯を参考に作成）

SIDE STORY　古代ギリシアは奴隷制社会であり、ポリスにおいて民主政を実現したアテネでも女性や奴隷には市民権は認められなかった。その意味ではアリストテレスの政治思想には限界があるが、成年男子は同等の権利で国政に参加した。

③ 「公共的な空間(公共圏)」とは何か？

自由な市民が対等な立場で議論し，社会を動かす世論を形成していく場を「公共的な空間(公共圏)」という。18世紀のイギリスやフランス，ドイツなどの都市において，市民たちが芸術や文学の話に花を咲かせたカフェやサロンなどが「公共的な空間(公共圏)」の原型とされる。新興中産階級のブルジョワジーたちが集まり，身分や出身，政治的な立場にとらわれずに，自由な議論を繰り広げたが，コーヒーハウスからは，政党や会社も生まれた。

ハーバーマス(→P.66)は，カフェやサロンで文学や芸術の話をする場を文芸的公共圏とよび，それに対して，活字メディアを通した政治批判の場は政治的公共圏とよんだ。この2つは直接つながっているわけではないが，開かれた場としての文芸的公共圏で市民たちが自由に対等な立場で議論をするという経験が，活字メディア，つまり新聞や雑誌の発達を背景に，政治的公共圏の形成にも影響を与えたと考えられる。

なお，ハーバーマスによる「公共的な空間(公共圏)」の概念は，政治的な合意形成を目的とすることを重視したが，「公共的な空間(公共圏)」で意見を集約するといっても，もともとの価値観が違えば，そもそもの合意が成立し得ないということがある。現実は多様で，それぞれの正義は単純には合意に至らない。多様性や差異に価値を見出すものとして「公共的な空間(公共圏)」に目を向けていたのはハンナ・アーレント(→P.24)であった。アーレントは，どんな状況にあっても「発話」をするということが人間の尊厳を取り戻す方法だと考えた。

17世紀の英国におけるコーヒーハウスは政治議論や経済活動の拠点となった。

現代の哲学カフェ(山口県)

アーレントの示す公共圏の一特徴

(「ソーシャルメディアで今後重要なキーワードは「公共圏」」ダイヤモンド・オンラインを参考に作成)

解説 「公共的な空間(公共圏)」とはハンナ・アーレントが，『人間の条件』(1958年)において古代ギリシアのポリスで市民たちが対等な資格で政治や哲学について語り合ったことを「公的領域」とよんだことに始まる概念である。アーレントは人々が行為と言論によって互いに関係し合うところに創出される空間(現れの空間)と多様な価値観の間に生まれる差異やそれぞれの視点の違いを包括し，価値観や視点の異なる複数の人びとが共存し，共有することのできる空間(共通世界)という2つの視点で「公共的な空間(公共圏)」を説明した。彼女は一人ひとりの違いを重視したのである。

④ 高校生と社会の関わり
—鯖江市役所JK課

女子高生による、ゆるいまちづくり

14年度 JK課卒業イベント

活動報告Blogはコチラ

メンバーとスタッフが活動内容などを報告します

市役所や市民活動からは遠い存在の、「JK」こと女子高生。そんなゆるい市の地元JK達が、福井県鯖江市から新しいまちづくりを実験します!

←↑ 鯖江市役所JK課　総務省の2015年度ふるさとづくり大賞では総務大臣賞を受賞した。

(鯖江市役所JK課HPによる)

解説 **JKによるまちづくり**　「鯖江市役所JK課」は2014年に始まった福井県鯖江市の市民協働推進プロジェクトである。鯖江市内の高校に通う現役の女子高生が中心となり，自由にアイデアを出し合い，市民・団体や地元企業，大学，地域メディアなどと連携・協力しながら，自分たちのまちを楽しむ企画をし，活動する。高校生に大人のまねや勉強をさせるような事業ではなく，「女子高生が自分で考え，企画し，実行する」ことで逆に行政や周囲の大人たちの価値観・常識を変えるという主旨に基づき，誰にも指示をされずに，主体性を実現して，実社会に参画している。

⑤ 社会の問題にどう関与するか？

Ⓐ 自国の将来は明るいと思うかどうか

	明るい	どちらかといえば明るい	どちらかといえば暗い	暗い	わからない
米国	32.5	35.1	14.6	8.7	9.1
英国	20.7	36.0	18.1	11.8	13.4
韓国	9.3	31.7	30.4	12.9	15.8
日本	4.2	26.7	32.7	16.0	20.4

0(%)　　　　50　　　　100

Ⓑ 社会における問題の解決に関与したいかどうか

	そう思う	どちらかといえばそう思う	どちらかといえばそう思わない	そう思わない	わからない
米国	43.9	28.7	14.2	5.8	7.3
英国	32.4	31.3	18.2	7.0	11.0
韓国	29.9	38.5	18.5	6.3	6.8
日本	10.8	31.5	24.6	19.0	14.2

0(%)　　　　50　　　　100

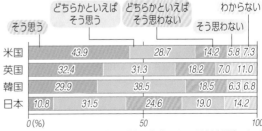

(『平成30年度　我が国と諸外国の若者の意識に関する調査』内閣府による)

解説 **日本の若者の特徴**　上の図は内閣府による調査結果で，いくつかの国の10〜20歳代の男女約1,000人を対象に行った意識調査である。社会問題への関与について日本の若者の意識が他国に比べて低いのはなぜだろうか。若者だけの責任ではなく，社会全体の課題として考えていく必要がある。

用語 Check 〔→P.362〕 和辻哲郎, アリストテレス, 社会的(ポリス的)動物, 公共的な空間(公共圏), ハーバーマス, ハンナ・アーレント

公共の扉

2 青年期の意義

1 青年期（思春期）とは

A 青年期の特徴を表したキーワード

疾風怒濤の時代

G.S.ホール（1844～1924　アメリカの心理学者）　感情の起伏の激しい時期。18世紀後半のドイツの激しい文学運動（シュトゥルム・ウント・ドランク）になぞらえる。

倫政22 第二反抗期 18 23

C.ビューラー（1893～1974　ドイツの心理学者）　絶対的権威者であった親や社会にも批判的になり，反抗や反発が見られる状態。幼児期（3～4歳ごろ）の**第一反抗期**と区別していう。

倫政14 15 19 22 心理的離乳の時期 14 倫政19 20 21 倫政23

L.S.ホリングワース（1886～1939　アメリカの心理学者）　心理的離乳＝親から精神的に離れて自立する時期である。

マージナル・マン（境界人・周辺人） 16 18 20 21 23

K.レヴィン（1890～1947　ドイツの心理学者）　二つの集団（子どもと大人）に所属しながら，どちらにも所属しきれない不安定な状態。

自我の発見

シュプランガー（1882～1963　ドイツの心理学者）　自己の内面に外界から切り離された独自の世界を発見する。それは孤独を伴う体験である。

20 18 第二の誕生

↑ルソー（1712～78）
フランスの思想家

　わたしたちは，いわば，二回この世に生まれる。**一回目は存在するために，二回目は生きるために。はじめは人間に生まれ，つぎには男性か女性に生まれる。**…気分の変化，たびたびの興奮，たえまない精神の動揺が子どもをほとんど手におえなくする。まえには素直に従っていた人の声も子どもには聞こえなくなる。…子どもは指導者をみとめず，指導されることを欲しなくなる。…

● 第二次性徴

顔かたちにもいちじるしい変化があらわれる。容貌が整ってきて，ある特徴をおびてくる。頬の下のほうにはえてくるまばらな柔らかい毛はしだいに濃く密になる。声が変わる。というより声を失ってしまう。かれは，子どもでも大人でもなく，そのどちらの声も出すことができない。…これがわたしのいう**第二の誕生**である。ここで人間はほんとうに人生に生まれてきて，人間的ななにものもかれにとって無縁のものではなくなる。ここではじめて，それはほんとうに重要な意味をもつことになる。

（ルソー『エミール（中）』岩波文庫）

B 青年期の誕生とその長期化

フランスの歴史家アリエスは西欧中世では子どもは小さな大人として扱われ，17世紀以降に子ども期という観念が誕生したと指摘した。

16 時代や社会情勢によって青年期の開始および終了の時期が変化していること。

	7歳	10	14	17	22	30
17・18世紀	子ども		通過儀礼	大人		
20世紀初頭			青年期			
20世紀中ごろ						
現在	幼児期　児童期　プレ青年期　青年前期　青年後期　プレ成人期　成人期					

※ギャング・エイジ＝児童期の中期から後期の頃を指し，遊びを中心にして集団を形成する。集団には役割分担，成員だけに通じる約束やルールがあり，社会性を獲得する。

どっちなの？

解説 青年期の誕生　人間のライフサイクルは歴史とともに変化している。かつては 16 倫政19 通過儀礼（●P.37）により，子どもは一人前の大人として認められた。子どもと大人の区別に加えて「青年期」を一つの独立した時期とみなすようになったのは，18世紀後半に始まる産業革命以降の社会変化によるといわれる。現代では「青年期」は特別な意味をもつと考えられ，様々な言葉であらわされている。この時期を**第二の誕生**と位置づけたのが**ルソー**である。18 16 23 青年期になると身体の変化が起こり，男女の性差がはっきりとし，**身体的発達**がほぼ完了する（**第二次性徴**）。そして，心にも子どもの頃にはなかった新たな変化が現れてくる（**心理的発達**）。人は，一回目の誕生で「生物」としてこの世に生まれ，青年期に自分自身の「生き方」に目覚め，自立していく。すなわち，「人間」として生きることを始めるのである。

→ ハマル族の牛の跳躍式（成人への通過儀礼）　成人式を行う男たちは20～40頭の牛を並べ，その背中の上を駆け渡る。4回繰り返し行い，勇敢さをアピールする。牛の背から落ちた者ははむちで打たれ女性たちにあざ笑われる。

©野町和嘉／芳賀ライブラリー

「発達加速現象」とは，世代が新しくなるにつれて，身体的発達が早期化する現象のこと。栄養状態の改善，都市化に伴う種々の刺激の視床下部・自律神経系への影響などが背景となっている。

公共の扉

② モラトリアムとその変化

Ⓐ 心理・社会的モラトリアム

「モラトリアム」とは，戦争などの非常事態下で，国家が債務・債権の決済を一定期間延期，猶予し，これによって，金融恐慌による信用機関の崩壊を防止する措置のことである。アイデンティティ論で，わが国にも知られている米国の精神分析学者エリクソン(➡P.21)は，この言葉を転用して，青年期を「心理・社会的モラトリアム」の年代と定義した。青年期は，修行，研修中の身の上であるから，社会の側が，社会的な責任や義務の決済を猶予する年代である，という意味である。

↑ 小此木啓吾(1930〜2003)
写真：読売新聞/アフロ

08
11
14
21

Ⓑ 古典的モラトリアム

旧来の社会の中では，このモラトリアムは，一定の年齢に達すると終結するのが当然のきまりであった。つまり，青年からオトナになるということは，もはや一時的な遊びや暫定的な実験ではない特定の社会的自己＝アイデンティティ(➡P.21)を確立することを意味していた。「これが自分だ」と選択したオトナの人生に自分を賭け，一定の職業，専門分野，特定の配偶者，社会的組織，役割としっかりと非可逆的に結び合い，安易なやり直しのきかないことを覚悟した心理的な人生がはじまる。猶予は失われ，社会的責任が問われ，義務の決済が迫られる。

Ⓒ 古典的モラトリアム心理から新しいモラトリアムへの変化(新しいモラトリアムの特徴)

①半人前意識から全能感へ…旧世代からの「古いもの」の継承よりも，旧世代が身につけていない「新しいもの」を発見，吸収することで，旧世代の権威が相対的に低下し，青年たちの半人前意識(ひけ目，劣等感)が，全能感に変化。

②禁欲から解放へ…モラトリアムの状態にありながら，物質的な満足や消費の面では，むしろ満足感の高い生活を楽しむようになった。

③修行感覚から遊び感覚へ…修行・見習いの感覚が減少し，むしろ遊び感覚がより濃厚になった。

④同一化(継承者)から隔たり(局外者)へ…青年は，既存の社会に対して，同一化するよりも一歩距離をおいて隔たり，論評者・批判者・局外者たろうとする。

⑤自己直視から自我分裂へ…既成社会に依存しているにもかかわらず，その依存を否認し，自立していないにもかかわらず，全能感を抱いて自立への欲求が欠如する。

⑥自立への渇望から無意欲・しらけへ…大志を抱き，天下国家を論じ，イデオロギーを渇望し，これらの発見，獲得を通して，自立的な自我を確立してゆこうとする意欲が失われ，一時的・暫定的な眼前の事象と遊び的にかかわり，当事者意識ではなく，お客様意識が優先する。

（Ⓐ〜Ⓒ小此木啓吾『モラトリアム人間の時代』中公文庫を参考）

解説 モラトリアム人間 1970年代，心理学者**小此木啓吾**は**エリクソン**の指摘した**モラトリアム**の概念を土台に，社会的性格となった**モラトリアム人間**という青年心理の特性を著書『モラトリアム人間の時代』で指摘した。社会の高度化と豊かさがモラトリアム機能と青年の社会的地位を向上させたという。

③ 若者文化(Youth Culture _{ユース カルチャー})

➡ 既成の価値観や社会体制からの離脱を目指した若者たちをヒッピーといい，そのファッションは世界中に広まった。

↙ ゴスロリ ゴシック＆ロリータのことで日本発のファッションである。ルーツは十二単という説もある。欧米では専門店もできたという。

解説 若者文化の特徴 ヒッピーは1960年代後半，ベトナム戦争への反対運動を背景にアメリカの若い世代たちが生み出した「**若者文化**」の代表例といってよいだろう。既成の制度への反動と自然回帰をその主義とし，長髪・花飾り・ブーツ・ジーンズなど独自のスタイルも確立し，現代のファッションや音楽の分野にも大きな影響を残した。一方でドラッグに溺れる若者が増えるなどの非道徳的な一面もあった。若者がつくりあげる文化は，こうした既成の価値観を揺るがす**対抗文化**(カウンター・カルチャー)としての側面や商業主義と結びつきやすい特徴ももつが，**サブカルチャー**(下位文化)として既成の文化や社会のあり方を問う力をももっている。また，近年若者文化と関わりのある日本のアニメやファッションなどを「クールジャパン」と称し，産業の一つとして政府も積極的に海外に発信・進出させる動きがある。

公共の扉

倫政15
F●CUS ピーターパン・シンドローム

アメリカの心理学者**ダン・カイリー**は1980年代に大人になれない男たちの急増に着目し，「**ピーターパン・シンドローム**」と名付け，以下のように説明した。

ピーターパンはなぜ，若いままでいたいと望んでいたのか，不思議だと思った人はいないだろうか。原作を，そういう目で注意深く読み直すと，恐るべき事実が見えてくる。実はピーターパンは，とても淋しい少年なのだ。彼が住んでいる世界は敵意に満ちあふれた厳しい世界だ。一見，陽気に振る舞ってはいるが，問題だらけで，苦悩の連続の毎日である。彼はなりたくない大人と，もはや，そうではいられなくなった少年との狭間の混沌の中で，身動きができない。

現代の子どもたちは，気づかないうちに，ピーターパンがたどった同じ道を歩んでいる。永遠の若さを追い求めながら思春期まできてしまった子どもたちには，現実が思い通りにならないと分かる頃から問題が起こりはじめる。うまく社会に適応することができず，いつも自分だけが疎外され，失敗ばかりしているように思う。彼らはなぜ，最悪の気分なのか，その理由が分からない。

（ダン・カイリー『ピーター・パン シンドローム』祥伝社による）

用語 Check 〔➡P.362〕 青年期，第二反抗期，心理的離乳，マージナル・マン(境界人・周辺人)，レヴィン，第二の誕生，第二次性徴，モラトリアム

③ 青年期の課題

大人になるには何が必要なのか。そもそも，大人になるとはどのようなことなのか。

1 青年期の発達課題

↑ R.J.ハヴィガースト(1900〜91)
アメリカの教育学者

A 青年期に取り組むべき課題がある

16 14
倫政18

1 両性の友人との新しい，成熟した人間関係を持つこと

2 男性または女性としての社会的役割の達成

3 自分の身体的変化を受け入れ，身体を有効に使うこと

4 両親や他の大人からの情緒的独立の達成

5 経済的独立のめやすを立てる

6 職業の選択とそれへの準備

7 結婚と家庭生活への準備

8 市民として必要な知的技能と概念の発達

9 社会人としての責任ある行動をとること

10 行動を導く価値観や倫理体系の形成

（落合良行・伊藤裕子・齋藤誠一『青年の心理学』有斐閣による）

解説 幸福な発達 人間が社会的に健全で，幸福な発達を遂げるためには，各発達段階で習得しておかなければならない課題があるといわれる。アメリカの教育学者**ハヴィガースト**(1900〜91)はこれを**発達課題**（A）と名づけ，「乳幼児期」「児童期」「青年期」の発達段階ごとにおよそ10の課題をあげ，これらの課題の達成が次の発達課題にスムーズに移行するために必要であるとした。同じく，アメリカの心理学者**エリクソン**(1902〜94)は，人の一生を8つの段階に分け，それぞれの段階においてパーソナリティの発達

B エリクソン（→P.21 ③）のライフサイクル論 21

青字…達成されるべき課題　黒字…達成できなかったときに陥る危機

段階	課題	説明		危機
第8段階	自我の統合	自分の人生という事実を受け入れ，死に対してそれほどの恐怖感をもたずに立ち向かうことのできる能力	自我の統合	絶望
第7段階	生殖性	自分の生み出してきたものを保護したり，高めたりする積極的な姿勢	生殖性	停滞性
第6段階	停滞性	自分の欲求以外のものを満たすことに対して満足を得ることができない利己的な状態	親密	孤立
第5段階	同一性	自分が何者かをこれまでとは異なる視点で捉えること(自我同一性)	同一性	役割混乱
第4段階			勤勉	劣等感
第3段階			自主性	罪悪感
第2段階			自律性	恥と疑惑
第1段階			基本的信頼	基本的不信

| 乳児期 0〜2歳頃 | 幼児期 2〜4歳頃 | 遊戯期 5〜7歳頃 | 学童期 8〜12歳頃 | 青年期 13〜22歳頃 | 前成人期 23〜34歳頃 | 成人期 35〜60歳頃 | 老年期 61歳頃〜 |

（山下富美代『図解雑学 発達心理学』ナツメ社による）

に重要な発達課題があるとするライフサイクル（B）を示した。例えば，乳児期においては自分の周囲の世界に対する「基本的信頼感」が学ぶべき課題となるが，この感覚が得られないと他者を信頼できず，自身の価値も認められない「基本的不信」に陥ることもある。課題の達成と失敗のせめぎあいを「心理・社会的危機」といい，パーソナリティの発達における重要な分岐点であるとしている（失敗もときに必要とされる）。青年期においては同一性（アイデンティティ）の確立が発達課題となる。

2 アイデンティティ（自我同一性）の確立〜『正義と微笑』太宰治

4月21日。水曜日。…兄さんの説に依れば，才能というものは，或るものに異常な興味を持って夢中でとりかかる時に現出される，とか，なんだか，そんな事だったが，僕のようにこんなに毎日，憎んだり怒ったり泣いたりして，むやみに夢中になりすぎるのも，ただ滅茶滅茶ばかりで，才能現出の動機にはなるまい。かえって，無能者のしるしかも知れぬ。ああ，誰かはっきり，僕を規定してくれまいか。馬鹿か利巧か，嘘つきか。天使か，悪魔か，俗物か。殉教者たらんか，学者たらんか，または大芸術家たらんか。自殺か。本当に，死にたい気持にもなって来る。お父さんがいないという事が，今夜ほど，痛切に実感せられた事がない。いつもは，きれいに忘れているのだけれども，不思議だ。「父」というものは，なんだか非常に大きくて，あたたかいものだ。キリストが，その悲しみの極まりし時，「アバ，父よ！」と大声で呼んだ気持もわかるような気がする。…

12月27日。水曜日。…黒いソフトをかぶって，背広を着た少年。おしろいの匂いのする鞄をかかえて，東京駅前の広場を歩いている。これがあの，十六歳の春から苦しみ

に苦しみ抜いた揚句の果に，ぽとりと一粒結晶して落ちた真珠の姿か。あの永い苦悩の，総決算がこの小さい，寒そうな姿一つだ。すれちがう人，ひとりとして僕の二箇年の，滅茶苦茶の努力には気がつくまい。よくも死にもせず，発狂もせずに，ねばって来たものだと僕は思っているのだが，よその人は，ただ，あの道楽息子も，とうとう役者に成りさがった，と眉をひそめて言うだろう。芸術家の運命は，いつでも，そんなものだ。

誰か僕の墓碑に，次のような一句をきざんでくれる人はないか。「かれは，人を喜ばせるのが，何よりも好きであった！」僕の，生れた時からの宿命である。俳優という職業を選んだのも，全く，それ一つのためであった。ああ，日本一，いや，世界一の名優になりたい！そうして皆を，ことにも貧しい人たちを，しびれる程に喜ばせてあげたい。 （『正義と微笑』太宰治）

写真：日本近代文学館提供

解説 アイデンティティ エリクソンは**アイデンティティ（自我同一性）**という概念を用い，「自分は何者であるか」「何になりうるか」「何者として社会に生きてゆけるか」をつかむことが青年期の発達課題であるとした。青年期は**自分らしさ**を選択し，定義していくために苦悩する時期であり，日記形式で書かれた太宰の『正義と微笑』には挫折しながらも希望に向かう青年の姿が瑞々しく描写されている。

SIDE STORY エリクソンは，再婚相手の父親の風貌とは似ても似つかない容姿であったため，自らのアイデンティティに悩んだ。エリクソンの母親は，実の父親のことについて生涯，真相を明らかにしなかったという。

公共の扉

3 アイデンティティとアイデンティティ拡散 16 倫政14・22

A アイデンティティとは何か

　アイデンティティ(自我同一性)とはアメリカの精神分析学者エリク・エリクソンが1950年前後に提唱し，よく使われるようになった言葉である。それはまず次の二つの側面を統合するものとして定義される。

> ①現在の自分と過去の自分とを有機的な連続性をもった同一のものとして受け入れることができ，しかもそれが未来に向かってひらかれた存在として，現在いきいきと生きている実感があるという実存的な感覚。

> ②自分と自分の所属する社会との間に内的な一体感があって，社会から受け入れられているという感覚。(→社会的同一性の感覚という)

　つまり，「オレはオレだ」という唯我独尊(ゆいがどくそん)的な思い込みだけでは満足なアイデンティティとはいえない。また周囲の要求に妥協して順応しているだけでは，ほんとうに「自分がある」という状態ともいえない。自我同一性という場合には，「自分が自分として生きている」という実存的な側面と，「社会の何かと絆をたもっている」という社会的な側面の両方がうまく調和していなければならない。

（福島章『青年期の心』講談社現代新書，一部改変）

解説　アイデンティティとは　アイデンティティ(の確立)とは「自分が自分であること」について「連続性の感覚＝自分はこれまでも，これからも自分であり続け，未来に向かっていけるという自信」と「斉一性(せいいつせい)の感覚＝複数の「～としての自分」(役割)を選択し，秩序づけながら統合できている感覚」が土台となる。ただし，独りよがりでなく，他者や社会とつながりを持ちながら，そこから確かな承認を得ているのだという社会的同一性の感覚が得られていることが重要とされる。

B アイデンティティ拡散 23

　モラトリアムに決着をつけて，青年期からおとなになるということは，もはや遊びや実験ではない，特定の同一性を選ぶことである。「これが本当の自分だ」と選択した「…としての自分」に自己を賭(か)け，特定の社会集団や組織や歴史的世界と，ガッチリ結び合う。それがモラトリアムを脱した社会的なおとなの誕生である。またそれだけに，そのようなアイデンティティの確立に至るまでのモラトリアムとしての青年期は，**同一性(アイデンティティ)の拡散**と葛藤が頂点に達する年代である。「自分は何者であるか」「自分は何になりたいのか」「自分はどんな自分を選ぶべきなのか」…。青年期は自己選択と自己定義をさまざまに試み，そのような自我意識が過剰となる年代である。そしてこの「青年の危機」とはともするとさまざまな同一性の病理を露呈しがちである。なりたい「…としての自分」が，あまりにたくさんできてしまって，どれが本当のものかわからなくなって破産状態に陥っている青年。どちらが本当の自分か，自分にもわからなくなって右往左往する青年。青年達は，まるでショウウィンドウから種々のファッションを選ぶように，たくさんの自分を買いあさる。その結果，意識的に選ぶ自分と，存在(すでにつくり上げられている潜在的・無意識的な自分)との不一致，矛盾がおこっても，その同一性の混乱に気づくことができない。

（小此木啓吾『モラトリアム人間の時代』中公文庫，一部改変）

↑ エリクソン(1902～94)

4 スチューデント・アパシー 14

〔スチューデント・アパシーの特徴〕

- 今までまじめに出席をしていた学生が，急に出席しなくなり，まったく勉強をしなくなってしまう。
- 一見，怠学の様相を呈するが，大学入学以前は学業成績も優秀であることが多く，単なる怠学とはみえない。
- 大学入学後のささいなつまづきがきっかけになり勉学への意欲を失ってしまうケース。
- 授業に出席せず，試験も受けない結果，留年を繰り返し，退学に追い込まれることになりやすい。

- 自分の専門分野については勉強する意欲を失ってしまうが，それ以外の生活は普通である。
- アパシーの反動として，アルバイト・趣味の活動など勉学以外への熱中がみられることもある。

（土川隆史編『スチューデント・アパシー』同朋社による）

解説　スチューデント・アパシーとは　アパシーとは，無気力・無感動・無関心を総称していうものである。1961年，米国の精神科医ウォルターズが大学生に見られる長期にわたる無気力状態を青年期の**発達危機**として報告したのが**スチューデント・アパシー**であり，症例として一般化されるようになった。大学2年生頃から症状が顕著になる傾向があり，米国では「2年生のスランプ」という言葉でも知られる。アイデンティティの確立における挫折や混乱が原因のひとつとして考えられている。

公共の扉

5 ヤマアラシのジレンマ 20 17 倫政14

　やまあらしの一群が，冷たい冬のある日，おたがいの体温で凍えることをふせぐために，ぴったりくっつきあった。だが，まもなくおたがいに刺の痛いのが感じられて，また分かれた。温まる必要からまた寄りそうと，第二の禍(わざわい)がくりかえされるのだった。こうして彼らは二つの難儀のあいだに，あちらへ投げられこちらへ投げられしているうちに，ついにほどほどの間隔を置くことを工夫したのであって，これでいちばんうまくやっていけるようになったのである。

（ショーペンハウアー著／秋山英夫訳『随感録』白水社）

近づきたい。けど，離れたい…。

解説　ジレンマへの適応　フロイト(→P.23)はドイツの哲学者ショーペンハウアーの寓話をもとに親密さが増すほどに相手を傷つけ，憎み争う気持ちも強くなっていくという心理状態を考察した。同じ相手に対して同時に対立する感情をいだくことをアンヴィバレンスというが，傷つくことを恐れるばかりではなく，試行錯誤しながら，互いに適度な距離感を見つけていくのである。

> **Target Check** 次の記述の正誤を判断しなさい。
> （解答→表紙ウラ）
>
> □① 学業および社会や人に対する意欲や関心が高まるという，学生に特有の状態は，スチューデント・アパシーと呼ばれる。
>
> □② エリクソンは，青年が自分であることに確信がもてず，多様な自己を統合できないでいる混乱した状態を，モラトリアムと呼んだ。(センター2012，共通23本試による)

4 適応と個性の形成

1 マズローの欲求階層説

欲求階層説 倫政14・18 19

← A.H.マズロー
(1908〜70)
アメリカの心理学者

自己実現の欲求 自らの才能を開発したい ……高次元

自尊の欲求 能力を認められたい

所属と愛情の欲求 仲間や集団に属したい

安全の欲求 危険を回避できていること

生理的欲求 食べたい,眠りたい,排泄したい ……基礎的

解説 **人間を人間たらしめている欲求** 人間の行動の原動力は欲求である。例えば,「お腹が減った」という欲求が,人を「お腹を満たす」という行動に駆り立てるのである。**マズロー**は,人間のもつ様々な欲求は5つの階層をなし,生存に必要な低次の欲求（**一次的欲求**:先天的な**生理的欲求**）から,次第に生存を意味づける高次の欲求（**二次的欲求**:後天的な**社会的欲求**）に目覚めるとした。そして,「自己実現の欲求」こそが,人間を人間たらしめているという。人は「自分の能力を生かして目標を達成したい」という自己実現の欲求を満たすために努力するなかで,生きがいを感じることができるのであるという。

2 葛藤(コンフリクト)の3つのタイプ

接近〜接近型	接近〜回避型	回避〜回避型
二つの好ましいものの二者択一	好ましいものと好ましくないものの両面をもつ	二つの好ましくないものの二者択一
勉強したい	合格したい	親に叱られたくない
遊びたい	勉強したくない	勉強したくない

解説 **欲求不満と葛藤** 人は様々な欲求を抱えており,「あれもこれも」というように2つ以上の欲求や願望に挟まれ,心理的に身動きの取れない状態＝**葛藤**におちいる。心理学者レヴィン（→P. 18）は葛藤の発生するタイプを3つに分類したが,心理的に過度の緊張状態が続いた場合には情緒不安定などの**不適応**症状が生じることもある。ただし,葛藤に真正面から向き合い,**試行錯誤**を繰り返し,積極的に解決策を見いだしていこうとするなら,欲求不満に対する耐性（**欲求不満耐性＝フラストレーション・トレランス**）を高め,人として**成長する契機ともなりうる**のだ。

3 防衛反応(防衛機制) 14 18 21 22 倫政15・16・17

好きな人ができたぞ!!思い切って告白だ

成功

不成功

フ、フラレタ〜

①**合理的解決** 仕方ない、次の恋だ！ 理性的に受け止め,次の目標に向かう

②**失敗反応** いつまでも欲求不満を解消できない状態

③**攻撃および近道反応** 欲求不満を攻撃的・衝動的に解消する反応

④**防衛機制**

不適応 ノイローゼ

抑圧 失恋？何のコト？ いやなことを,無自覚的に無意識の領域に追いやってしまう反応

退行 ママが一番さ! 未発達な段階に戻ることで,欲求を満たそうとする反応

逃避 もう恋なんてしない・・・ 適応できずに,その状況から逃れる反応（病気・空想への逃避）

合理化 たいした女じゃないさ 不成功で良かった理由付けをする反応

同一視摂取 おれって悲劇の主人公 自分よりも優れているものと同一とみなす反応

代償 ペットでいいや かなわない欲求を,似たものでまぎらす反応

反動形成 あいつなんかキライだんか 抑圧された欲求とは反対の傾向を示す反応

投射 あいつはわがままなんだ!! わがまま 自分の欠点などを相手に転嫁する反応

昇華 この気持ちを絵に! 満たされない欲求が,より社会的価値の高い目標の実現に変化し,高められる反応

置き換え

解説 **欲求不満と心のはたらき** 人間は欲求を原動力としてさまざまな行動を起こすが,その欲求が満たされたときは,心理的に安定する。これを**適応**という。しかし,何らかの障害によって欲求が満たされないとき,**欲求不満（フラストレーション）**の状態になる。欲求不満は不安定で緊張した状態であり,人間はこの状態に耐えることができず,安定した状態に戻るため,上の図のようにいろいろな心理がはたらく。**防衛反応（防衛機制）**はこのような欲求不満に陥ったときに,自我を守ろうとして無意識に働く心理的なメカニズムをいう。倫政14 オーストリアの心理学者**フロイト**（→P.23）が紹介し,さまざまな種類の防衛機制が検討されてきた。

SIDE STORY 母を独占したい男児にとり父は邪魔者と感じる。母への愛情と父への憎しみは満たされずに無意識に抑圧されるが,この心理をフロイトはギリシア神話にちなんで「エディプスコンプレックス」と名付けた。

公共の扉

4 性格・人格・気質

A 性格・人格・気質の違い

性格 ＝ キャラクター	「刻みつけられたもの」というギリシア語から簡単には変わらないというニュアンスを含む。しかし、強烈な人生体験や境遇の変化、時間の経過により変わることもある。
人格 ＝ パーソナリティ	「仮面（ペルソナ）」というラテン語が語源。後天的に獲得した表面的な性質という、イメージ。状況や役割に応じて適応しながら変化していくもの。
気質	生まれながらに持っている性質で、赤ちゃんにも気質の違いがあるとされる。成長後の性格や人格の土台となる。

（清水弘司『図解雑学　性格心理学』ナツメ社を参考）

B パーソナリティの類型—クレッチマーの類型論 倫政12

気質	体型	特　徴
分裂質	やせ型	非社交的、無口、神経質、おとなしい
躁鬱質（そううつ）	太り型	社交的、寛容、寛大、陽気
粘着質	筋骨型	かたい（頑固）、頑固（がんこ）、几帳面（きちょうめん）、ていねい、激怒する

5 フロイト、ユングの性格論

A 無意識の発見 倫政21

　フロイトは、ヒステリーなどの神経症の原因は無意識のなかに抑圧された過去の体験や記憶にあると考え、自由連想法（患者をソファーに横にさせ、心に浮かんだ全てを言語化させる方法）によりそれを意識的なものに解放することで治癒できると考えた。この取り組みが精神分析へとつながり、自我・イド（エス）・超自我からなる心の構造論につながった。理性によって制御できない**無意識が人間を動かしている**という発見は心理学にとどまらず様々な文化領域に影響を与えた。

【心の三層構造】

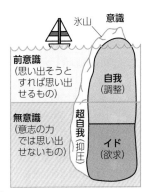

氷山　意識
前意識（思い出そうとすれば思い出せるもの）
無意識（意志の力では思い出せないもの）
自我（調整）
超自我（抑圧）
イド（欲求）

イド （エス）	本能的な欲求（リビドー）のことで、ひたすらその満足を求める。
超自我 スーパーエゴ 倫政16	欲求を抑圧している道徳的意識や良心。自我を監視し、イドに対立する。
自我 エゴ	イドと超自我を調整して現実に適応する。

C ユングの類型論—内向型と外向型 倫政14

	基本的特徴	行　動	対人態度
内向型	・心的エネルギー（リビドー）が自分の内面に向かう ・悲観的でもの静か →関心や興味が内面に向かう	・「自分はどう思うか」を基準に選択する ・感情を表に出さない ・思慮深いが実行力がなく、他人に従うことが多い ・新しい事態に適応しにくく、不器用	・他人の意見に対して懐疑的、批判的 ・引っ込み思案で、交際範囲が狭い
外向型	・心的エネルギーが周囲の現実に向かう ・楽天的で活発 →関心や興味が外界に向かう	・「まわりの他人はどう思うか、どうするか」を基準に選択する ・感情をあらわにする ・決断が早く実行力とリーダーシップがあるが、失敗することも多い ・現実への適応能力があるが、時流に流されやすい	・他人の意見に影響されやすく、迎合的 ・社交的で交際は広く浅い

（清水弘司『図解雑学　性格心理学』ナツメ社を参考）

↩ **ユング**（1875〜1961）　スイスの心理学者。主体（自分自身）への関心が強い内向型と客体（他人や周囲の事物）への関心が強い外向型の2つの性格類型を提唱。人はもともと両方の向性があり、無意識下には反対の向性が存在し、バランスをとる。

C 特性論—ゴールドバーグ（米心理学者）の特性論

　性格をいくつかの構成要素＝特性の組み合わせとしてとらえ、それぞれの程度によって個人の性格を把握するのが特性論である。ゴールドバーグは、人間には民族の違いを超えて以下の普遍的な5つの特性があるという**ビッグファイブ説**を説いた。

外向性	社交性や活動性がどの程度あるか
協調性	利他性、共感性がどの程度あるか
誠実性	達成への意志、真面目さがどの程度あるか
情緒安定性	ストレッサーなどに対する敏感さ、不安や緊張に対する強さがどの程度あるか
開放性	新しいものへの親和性がどの程度あるか

解説　個性をつくる　客観的に自己を見つめ直す青年期には自分の性格について悩むことがあろう。性格は遺伝と環境の相互作用によって決まるというのが現在の有力な説であるが、それらだけでなく、自分の努力や偶然のできごとにも大きく影響される。多くのものに触れ、自らが理想とする姿を追い続けることも大切である。なお、クレッチマー（1888〜1964　ドイツの医学者）は体型と気質の相関に着目したパーソナリティの類型論を唱えたが、もちろんこれが全ての人にあてはまるわけではない。

B フロイトの性格論

↑ **フロイト**（1856〜1939）オーストリアの精神分析学者

　フロイトは、…本能衝動が社会化される過程で、抑圧、ひいては反動形成などの自我の防衛機制（→P.22）によって性格傾向の形成が行われるという認識を明らかにした。…

　例えば、幼児は肛門期＊のトイレットトレーニングの過程で、自分の大便を腸管内に保持しようとする執着を示す時期があるが、このような保持、貯蓄の傾向から、吝嗇（けちの意）、頑固、今度はそれを排出し、周囲を汚したり、汚したりすることに快感を抱く傾向の反動形成から、過度のきれい好き、整理好きなどの性格傾向を肛門性格傾向として明らかにした。

　特定の本能傾向に固着が生じた場合、これらの本能傾向を社会生活上受け入れられるような形で変形したり、あるいはそれに対して反動形成を行って、むしろ正反対の態度をつくり出したりすることが、それぞれの性格傾向の成り立ちの基本機序になるという認識が、フロイトによって提示されたのである。

（小此木啓吾『性格心理学　新講座1　性格の諸理論　フロイトの性格論』金子書房より）

＊肛門期…フロイトによると性的エネルギー（リビドー）は人の成長過程で口唇、肛門、性器へと移行しながら各器官に集中するという。肛門期は1〜3歳頃の便をためたり、排泄することで快感を得る時期を指す。

解説　フロイトとユング　オーストリアの精神分析学者**フロイト**（1856〜1939）は神経症の治療を通じ、人間の精神生活に大きな影響を与えている**無意識**を発見した。同じく心理学者の**ユング**（1875〜1961）はフロイトの弟子であったが、やがて考え方の違いから決別し、個人的な無意識のほかに、古代から受け継がれてきた人類に普遍的で宗教的・神話的なイメージとしての**集合的無意識**が存在するとした。また、彼らは神経症の原因についての研究から独自の性格論・類型論を導きだし、パーソナリティの研究に大きな影響を与えた。倫政13

用語Check　〔→P.362〕　マズロー、欲求階層説、自己実現、葛藤（コンフリクト）、欲求不満（フラストレーション）、防衛反応（防衛機制）

公共の扉

1 官僚制(ビューロクラシー)

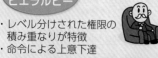

階層制 ヒエラルヒー
・レベル分けされた権限の積み重なりが特徴
・命令による上意下達

文書主義

融通のきかなさ

規則万能主義

縄張り主義

事務の繁雑さ

「これ以上は○×部の管轄です。」

官僚制の特徴	官僚制の問題点
①規則による職務の配分	①規則万能主義
②命令による上意下達	②縄張り主義
③文書による事務処理	③事なかれ主義
④公私の分離	④融通のきかなさ
⑤専門的職員の任用	⑤事務の繁雑さ

公共の扉

2 リースマンの性格類型

❶伝統指向型 中世の封建社会

伝統
権威・慣習などの伝統を行動の指針に，共同体的なしきたりに従う生き方

❷内部指向型 資本主義初期〜19世紀までの近代市民社会

信念
自分自身の良心・信念を行動の指針とする，個人主義的な生き方

❸他人指向型 20世紀の工業化・都市化の進展した現代社会

評判
仲間・世論のような他人の意見や評判を行動の指針とする生き方

解説 **孤独な群衆** リースマンは『孤独な群衆』の中で，西欧の歴史を人口動態の変化によって区分し，それぞれの段階に特徴的な性格類型として3つの指向型に分類した。現代人のパーソナリティを**他人指向型**とよび，群れていても孤独感にさいなまれ，他人を気にしてしまうという特徴があるととらえた。今日では，発達したマスメディアの情報から受ける影響も強いと考えられる。

↑ **リースマン**(1909〜2002)アメリカの社会心理学者

倫政20 支配の正当性を「カリスマ的支配」「合法的支配」「伝統的支配」に分類。

↑ **マックス・ウェーバー**(1864〜1920)ドイツの社会学者

官僚制とは，今日の官庁や企業など巨大化・複雑化した組織に共通して見られる管理運営の方式で，現代社会の特徴の1つといえる。この官僚制の成立を近代社会の全体を通じる特色として，体系的に分析したのは，**マックス・ウェーバー**であった。官僚制においては，職務の権限やその執行はマニュアル(文書)化された規則によって明確に定められており，それぞれの職務は専門的な教育を受けた官僚によって遂行される。このため官僚制には組織を効率よく管理・運営し，目的を達成するために正確性・迅速性・継続性・統一性をもつという優れた点がある。その一方で，人間性がないがしろにされやすいなどの様々な弊害も指摘される。

解説 **人間性の喪失** ビューロクラシー(bureaucracy)の「ビューロ(bureau)」の意味は，「引き出し付きの事務机」である。「事務机」が象徴するように，「**官僚制**」は複雑で大規模な組織の目標を効率よく達成するために，合理的に分業化された管理運営の形態である。ドイツの社会学者**マックス・ウェーバー**は，『経済と社会』のなかでこの仕組みの成立を近代社会の特色の一つとして分析した。官僚制は一方で，その強い管理志向のために個人の自主性が妨げられ，セクト主義・形式主義・事なかれ主義に陥りやすくなるとされる。現代社会においては，大規模な組織には必ず官僚制のような構造が形成されている。

3 全体主義の背景―ハンナ・アーレント

ハンナ・アーレントは著書『人間の条件』において全体主義を生みだした大衆社会の病理を分析し，古代ギリシアのポリスをモデルに人間の自由と公共性を回復させる必要性を説いた。そもそも彼女は人間の活動力を3つに分類したが，古代ギリシアのポリスで行われていた**政治**という「活動」は共通の関心事を公的な領域(**公的領域**)で議論し合うという，人々が他者に働きかける創造的な営みであったとした。一方，近代社会では人々が経済的関心に基づいて行動する「**社会的領域**」が勃興し，人々から公的な共通世界への関心や人々の多様性が失われているとした。ここに孤立分断し，画一化した個人からなる大衆社会が生まれ，全体主義が成立する土台になったという。

○人間の活動力(3つの分類)

労働 labor	生命活動を維持するためのもの
仕事 work	永続性と耐久性を備えた人工物を作り出すもの
活動 action	共通の関心事について言論と行為をもって他者と関わるもの

解説 **公共性の再生** ハンナ・アーレントはドイツでの学生時代にハイデガー，ヤスパースのもとで学んだ。自身はユダヤ系であり，第二次世界大戦中，迫害にあいアメリカへ亡命した。彼女は政治の本質を複数の人々が公共の空間において，議論を交わし，暴力によってではなく言葉と説得によってものごとを決定していくことだと考え，公共性の再生を説いたが，この点でハーバーマス(➡P.66)の思想に通じているといえる。

↑ **ハンナ・アーレント**(1906〜75)ドイツの哲学者

 ナチス親衛隊であったアイヒマンの裁判についてアーレントが記した傍聴記録『エルサレムのアイヒマン』には当初多くの批判が寄せられたが，このレポートには彼女の全体主義への冷静な洞察が記されている。

4 インドネシアから介護福祉士・看護師候補者が来日

　2008年，世界最大のイスラム国家インドネシアとの経済連携協定（EPA➡P.322）に基づき，看護師，介護福祉士の候補者が来日し，研修に入った。候補者は，来日後6か月の日本語研修を受け，その後病院や介護施設で雇用契約に基づく研修を受け，日本の国家試験の合格，資格取得を目指す。しかし，一定期限内に合格できなければ帰国することになる。なお，この制度に関しては日本人の看護師・介護福祉士の労働市場に悪影響を及ぼさぬよう，日本人並の待遇を与えることも要求されている。EPAの枠組みで話題になるため，労働問題や経済的な観点からの議論が先行しがちであるが，多文化共生の観点で彼らの受け入れを検討していく必要もある。なぜならムスリムの多いインドネシア人候補生に対しては，スカーフ姿（女性）への許容や日に5回の礼拝時間と場所の提供，食材・食事の差別化（ハラル食品）の必要性もあるからだ。　（多文化共生ポータルサイトHPなどを参考）

⬆ 日本語研修に臨むEPAで来日したインドネシア人看護師，介護福祉士候補者。

解説 異文化の受け入れと課題　インドネシアとの経済連携協定（EPA）により2008年，介護福祉士・看護師の候補者が来日した（09年からは**フィリピン**とのEPAによりフィリピン人候補者が来日し，14年にはベトナムからも来日）。異なる文化を受け入れる準備を進めるだけでなく，自己の内にある偏見を見つめ直し，お互いの理解を深めていく努力が必要であろう。2018年の出入国管理及び難民認定法（入管法）改正では，新たに在留資格として介護と特定技能が創設された。また，外国人技能実習制度の対象職種にも介護が追加され，外国人が日本の介護の現場において働くためのルートが拡大された。異文化受け入れの準備が急がれる。

⑯ 日本が締結したEPAの中には，看護や介護の分野における外国人労働者の受け入れに関するルールがあること。

○外国人を介護現場で受け入れる仕組み　（『読売新聞』2018.12.31などによる）

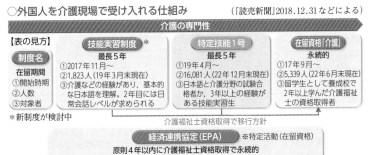

介護の専門性		
【表の見方】 **制度名** 在留期間 ①開始時期 ②人数 ③対象者	**技能実習制度** ＊ 最長5年 ①2017年11月〜 ②1,823人（19年3月末現在） ③介護などの経験があり，基本的な日本語を理解。2年目には日常会話レベルが求められる	**特定技能1号** 最長5年 ①19年4月〜 ②16,081人（22年12月末現在） ③日本語と介護分野の試験合格者か，2年以上の経験がある技能実習生	**在留資格「介護」** 永続的 ①17年9月〜 ②5,339人（22年6月末現在） ③留学生として養成校で2年以上学んだ介護福祉士の資格取得者

＊新制度が検討中

介護福祉士資格取得で移行方針

経済連携協定（EPA） ※特定活動（在留資格） 原則4年以内に介護福祉士資格取得で永続的
①2008年7月〜　　③日本語研修を受けたインドネシア，フィリピン， ②3,587人（20年1月現在）　ベトナムの看護学校卒業生ら

5 異文化の理解と共生

A 多文化主義 ⑳

　異なる民族（エスニック集団を含む）の文化を等しく尊重し，異なる民族の共存を積極的に図っていこうとする思想，運動，政策を**多文化主義**という。それは，言語，文字，宗教，教育，育児，祭り，食習慣，着物，家屋，行儀，風習などに及ぶ。

　イギリスの植民地であったカナダ，オーストラリアでは，白人優位のもとでの同化主義が有力であった（オーストラリアでは白豪主義とよばれる）。しかし，カナダではケベック州でのフランス系住民の民族主義運動（ケベック問題）を契機として，1971年に国家の方針として多文化主義が宣言され，それはさらに1980年代には，アジア系を中心とする新しい移民を包み込む形での多文化主義政策が始まった。それは急増するアジア系住民への社会的対応であり，また周囲のアジア諸国との協力の必要という意味ももっていた。

　多文化主義では，教育，テレビ，放送，図書館などは多言語での提供が公的に支持される。たとえばイギリスの場合，学校の給食にイスラム教徒のハラール（ハラル）・ミート（宗教的儀式を経て処理された家畜の肉）など少数民族向けの食材が用意され，シク教徒のターバンやイスラム教徒のスカーフといった民族独自の服飾が認められるなどの措置がとられる。
（『日本大百科全書』小学館による）

⬅ ハラル認証を受けた鯨肉。日本でも，ハラル認証を受ける食品や施設が増えている。

B 欧州の抱える課題

　近年，欧州では移民排斥を訴える極右政党の勢力が増しつつある。債務危機などの経済不安を背景に，移民に国内の雇用が奪われているという意識が人々にあるためだ。こうしたなか内戦を逃れた大量のシリア難民が欧州に流入し，さらに2015，16年にはパリ，ブリュッセルでイスラム過激派によるとみられるテロも多発した。欧州が本当に異なる宗教・文化を持つ難民や移民と社会統合をはかれるのか，難しい課題に直面している。しかし，それは決して欧州だけの問題ではない。

⬆ 欧州に流入するシリアなどからの難民

解説 エスノセントリズム　グローバル化が進むと異なる文化に属する人々と接する機会（**異文化接触**）が増える。しかし，自文化に優越性を認め，その価値観を基準にして他の文化を過小に評価する **エスノセントリズム（自民族中心主義）** によって，外国人とのあつれきが生まれる場合もある。異文化を理解しようとするとき，それぞれの文化に優劣をもうけて，無視したり，差別したり，排除したりすることがあってはならない。日ごろから異文化を尊重し，すべての文化はそれぞれに固有の価値をもっており，優劣のないものであるとする**文化相対主義**の考え方が大切である。オーストラリアのように，1970年代前半までの白人中心の同化主義的な白豪主義を転換し，**多文化主義**（**マルチカルチュラリズム**）を掲げ，多言語放送や多文化教育などを制度化し，多くの移民を受け入れてきた例もある。⑰

⑱

倫政
15・16

公共の扉

6 青年の生き方

1 生涯学習とリカレント教育

← 佐藤一斎（1772〜1859）
江戸時代の儒学者。生涯学習の重要性を説いたこの一節は，小泉首相（当時）により教育関連法案審議中の国会で引用された。

少くして学べば，則ち壮にして為すこと有り，壮にして学べば，則ち老ゆとも衰へず，老いて学べば，則ち死して朽ちず。

解説 **学び続ける大切さ** 1965年，ユネスコの成人教育長をつとめたポール・ラングランは，**生涯学習**の基本的な考え方を示し，「**教育は児童期，青年期で停止するものではない。それは，人間が生きている限りつづけられるべきである**」とした。**リカレント教育**とは60年代にスウェーデンの文部大臣パルメが言及したことにより広まり，その後OECDがこの理念に基づく教育の在り方を示した。「リカレント」は回帰，循環という意味で，リカレント教育とは**人生の初期に教育の機会が集中するのではなく，個人が生涯にわたって他の活動（特に労働を中心とする活動）と教育を交互に行い，生涯にわたって教育の機会が分配されること**を目指すものである。米国では，社会人が大学に戻り，キャリアアップを図るためにMBA（経営学修士）取得講座が用意されたりと，リカレントが盛んに行われている。

2 恒産無くして恒心無し？

A 卒業後の離職率（2019年3月卒業者）

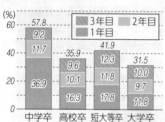

（厚生労働省資料による）

B ニート状態の若者（若年無業者）の推移

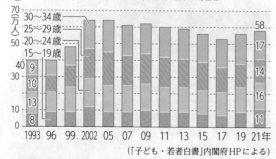

（「子ども・若者白書」内閣府HPによる）

解説 **働くということ** 中学・高校・大学の卒業後，3年以内に離職する割合は高く，それぞれ約7割・5割・3割で，七五三と揶揄される。また，近年増加している若年無業者とは「15〜34歳の非労働力人口のうち，通学，家事を行っていない者」をいう。なお，**ニート**（Not in Education, Employment or Trainingの略で就学，就労，職業訓練のいずれも行っていない若者）はイギリスの労働政策のなかで生まれた用語である。目まぐるしく変化する雇用環境のなか，若者の勤労観をどのように育てていくかが大きな課題となっている。

3 オンナらしさって何？—ジェンダー

↑ ボーヴォワール（1908〜86）
フランスの実存主義の思想家・作家。著書『第二の性』において女性としての性が自然的なものではなく，歴史的・社会的につくられたものであるということを示した。

「男の子なんだから，泣くんじゃないの」悲しくても泣かない。怖くても泣かない。そういう感情表現の抑制の積みかさねで，男の子は作られていくのです。人は男に生まれない。男になるのだということです。（略）
「可愛くなければ女ではない」。「女の子」は二歳ですでに大きな強迫と闘っています。強迫とは，自分の意志ではどうしようもないもののことです。考えたくもないのに，気がつけばそのことを考えているということです。「女らしさ」とは，自分が「女」として「表面」は可愛くなくても，「態度」は可愛くしようという方針の転換です。「女らしさ」の道という険しい道を女の子は登っていくことになります。「**女は女に生まれない。女になるのだ。**」昔，**ボーヴォワール**という人がそう言いました。それは間違いです。「女は女に生まれたくないのに，女に生まれてくるのだ。」これが真実です。（略）
あなたが「性別」にこだわらなくとも，「社会」はあなたの「性別」にこだわります。ですから，社会の中で「女」であるということはどういうことかを知っておいたほうがいいと思うのです。「女」も「男」も，人々の意識の中にあり，それが人々の「感情」を生み出し，「性格」を作り出し，「行動」を引き起こし，「経験」が堆積されていく。あなたは，あなた一人でできあがったのではない，長い「経験」の全体です。

（小倉千加子『オンナらしさ入門(笑)』イースト・プレス）

解説 **社会がつくる性** 生物としての性差をセックスというのに対し，社会や文化・歴史によって形成される性差を**ジェンダー**という。ジェンダーがときに「生きにくさ」や差別・偏見につながりうることに注視しなければならない。

4 シュプランガーの生きがいの類型

①経済型…金儲けが生きがい	②権力型…他人を服従させることが生きがい	③審美型…美しいもの楽しいことを求めることが生きがい
④理論型…真理や理論を求めることが生きがい	⑤社会型…社会への福祉や奉仕が生きがい	⑥宗教型…神を信仰し宗教が生きがい

解説 **価値の選択** シュプランガー（ドイツの哲学者，心理学者1882〜1963）は，人生はその人が追求する価値によって方向づけられると考え，上の6つに分類した。君はどのタイプ？

SIDE STORY シュプランガーは，1936年〜1937年の間，日本に客員教授として滞在していた。ヒトラーに批判的であった彼を，ドイツ国外に移すという政治的意味合いもあった。

5 ライフ・キャリア・レインボー

○ライフ・キャリア・レインボーの図

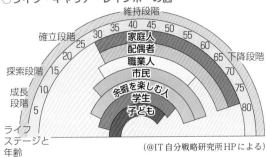

維持段階
確立段階
探索段階
成長段階

家庭人
配偶者
職業人
市民
余暇を楽しむ人
学生
子ども

下降段階

ライフステージと年齢

（＠IT自分戦略研究所HPによる）

解説　キャリアの形成　アメリカの発達心理学者D. E. スーパーは「キャリアとは人生のある年齢や場面の様々な役割（ライフ・ロール）の組み合わせである」として，上の図をモデルに説明した。青年期において重要なのは「子ども」として期待される役割，「学生」として期待される役割，「余暇人」としての遊びや趣味の活動のそれぞれにいかに取り組んでいるのかということになる。これらを通じて複数の役割を統合し，自分らしさを認識し，それに基づいて将来の役割（進路）をどのように選択し，目標に取り組んでいこうとしているのかを考えること（キャリアの形成）がこの時点で求められるのである。

12　職業生活を始めとして，家庭生活や学校生活，余暇生活などを含めた人々の経歴全体は広い意味でのキャリアとされること。

6 成熟した人格──オルポートによる

①**自己感覚の拡大**：自己の関心を家族，学校，国家，人類など，外部の社会にまで拡大させること。

②**他者とのあたたかい関係をもつこと**：他者を尊重し，親密な関係をつくることや共感することができること。

③**情緒的安定**：欲求不満の状態でも，感情をコントロールし，事態を受け止めることができること。

④**現実的知覚と技能**：現実を空想や期待で歪めることなく直視して受け止め，困難な状況でも解決していけるような技能を身につけること。

⑤**自己客観化**：自分を冷静に客観化できる洞察力を持ち，ユーモアの対象にできる能力を持つこと。

⑥**統一的な人生哲学**：自らの価値観を築き，人生の長期的な目標を持ち，それに向かって努力して生きていくこと。

解説　人格の成熟に向けて　アメリカの心理学者オルポート（1897〜1967）は性格の定義を研究し，特性論を提唱したことで知られる。さらに，人格（パーソナリティ）の成長について研究し，成熟した人格として上記の6つの基準を示した。なお，フロイト（→P.23）は「はたらくことと愛すること」が人格発達上大切なことだと述べている。

↑ オルポート
写真：AP／アフロ

公共の扉

7 ボランティアとインターンシップ

Ⓐ 二つの震災とボランティア

↑ 東日本大震災の高校生ボランティア　写真：読売新聞／アフロ

1995年1月17日に起きた阪神淡路大震災は死者約6,400人を出す大きな被害をもたらした。このとき全国からボランティアが多数集まり，震災後の1年間で約138万人が活動し，ボランティア活動は決して特別なものではないという認識が広まった。この年は後に「**ボランティア元年**」と呼ばれるが，98年には，ボランティアをはじめとする市民活動の円滑化をはかるために市民団体が容易に法人格を取得できる**特定非営利活動促進法（NPO法）**制定にもつながっていくこととなった。

2011年の東日本大震災では，同じ災害でも諸々の事情が異なり，ボランティアの人数は少なくなったが，一方で，3年半以上経ってもなお月に数千人規模のボランティアが被災地を訪れるなど，息の長い支援活動が続いていることが指摘されている。また，企業のボランティア休暇制度の導入が進み，文部科学省も学生がボランティアに参加できるように単位認定で配慮を求める通知を出した。ボランティアが身近なものとなるためにはさらなる工夫や施策が必要だろう。

11　**Ⓑ ボランティアに対する興味**

	ある	ない	わからない
日 本	33.3	48.1	18.5
韓 国	52.6	28.8	18.6
アメリカ	65.4	23.5	11.1
イギリス	52.7	31.8	15.5

0%　20　40　60　80　100

注：調査対象者は各国満13歳から満29歳までの男女。
（『平成30年度 我が国と諸外国の若者の意識に関する調査』内閣府による）

15 10　労働基準法にはボランティア休暇に関する規定がないこと。

Ⓒ 職場体験・インターンシップを受けた効果

	はい	いいえ	何とも言えない
働く事の大切さがわかった	73.2%	10.8	16.0
自分の適性がわかった	48.3	25.7	26.0
就職先を選ぶ参考になった	54.5	28.0	17.5
自分の考え方が広がった	65.8	18.8	15.4
抱いていたイメージが具体的になった	55.3	24.8	19.9

0　20　40　60　80（%）100

（『子ども・若者白書』平成24年版）

解説　自己形成の手段　オックスフォード大辞典によると17世紀には**ボランティア**という語が使用されており，もとは志願兵と訳されるものであった。国民生活審議会（1994年）による定義では「自発性に基づく行為であり，慈善や奉仕の心，自己実現，相互扶助，互酬性といった動機に裏付けされた行動」とされている。また，インターンシップとは学生が一定期間企業などで実際に働いて，職場の実態を知るとともに，自らの職業観や就職観をつくりあげることを目的とするものである。日本の若者のボランティア活動の経験は他国に比べ少ない。また，公立高校普通科でのインターンシップ参加者も少ないのが現状である。こうした活動に積極的に参加することが若者のキャリア形成の一助となろう。もちろん，途上国支援など様々な経験や知識の積み重ねが要求されるボランティアもあり，ボランティアは生涯を通じたキャリアに関わるものであることを認識しておきたい。

12 15 16 倫政 22

Target Check

次の文のA，Bに当てはまる文を答えなさい。
（解答→表紙ウラ）

□ キャリアとは，職業生活を中核として，（　**A**　）築かれる経歴のことであり，余暇など仕事以外の生活を含む。高校や大学などの在学時に教育の一環として職場就労体験を得る（　**B**　）は，生徒や学生にとっては，職種や業務を理解し，自分の職業上の適性を把握し，働くことのイメージを形成する貴重な機会である。（センター2010本試による）

性的マイノリティの権利について考えてみよう。

> 「同性婚を認めるべきか。みんなで議論したいです。【少子高齢化に影響が出る】や【LGBTQカップルは生産性がない】という意見もありますが，私はそうは思いません。そうした意見には【生産性　そんな考えを　清算せぇ!!】と叫びたくなります。私は同性婚を認めるべきだと思います。なぜなら，私はレズビアンだからです。性的マイノリティの権利について，みんなで議論したいです」

主体的・対話的で深い学び

　これは4月の授業開きで「皆で話し合いたい社会問題があれば書いて欲しい」と言ったてつや先生の言葉に呼応して，ある生徒が書いたものです。先生は切実なリクエストに考え込みました。「同性婚の是非」をディベートで取り上げようかと思いましたが，「いやダメだ」と考え直しました。なぜなら議論の中で「男どうし，女どうしで愛し合うとかマジ気持ち悪い」といった意見が出たときに，当事者の生徒は押し黙るかもしれない。ディベートでは，同性愛者の存在を認めるか否かの議論になった場合にお互いを傷つけ合ってしまう危険があると思ったからです。存在そのものを否定する言説は嫌悪にすぎません。

　生徒たちの中には自分が同性愛者と気づき，そのことを親にも友達にも相談できない人もいます[1]。LGBTQと呼ばれる性的マイノリティ（少数者）に対する偏見や先入観，差別は現実に存在します。そうした現実と向き合いながら，同性婚をみんなで考えるには，どうすれば良いのでしょうか。性的マイノリティの当事者もいる教室で，【自由で安全な言論空間】を作るにはどんな工夫が必要なのだろうか？

　てつや先生はある方法にたどり着きました。【物語創作】です。生徒たちが登場人物になってみて，物語の中で価値観を語りあうことが効果的だと考えたのです。

　さて，どんな授業になったのでしょうか。

(1) 文部科学省は「性同一性障害や性的指向・性自認に係る児童生徒に対するきめ細かな対応の実施等について」(2016年)を通知しました。

登場人物

てつや先生

生徒
けいさん

生徒
ひかるさん

> 婚姻関係がないと，どのような法的問題がおこるのだろうか？

広がる同性婚の現状を知ろう。

てつや先生　「さぁ公共の授業を始めましょう。けいさん，ひかるさん。いきなりだけど，クイズです。この3人に共通することは何だと思いますか？」

①アイスランド
ヨハンナ・シグルザルドッティル首相
(2009〜2013年)

②ルクセンブルク
グザヴィエ・ベッテル首相
(2013年〜)

③フィンランド
サンナ・マリン首相
(2019〜2023年)

けいさん　　「34歳の若さでマリン首相が就任したニュースを見ました。彼女の内閣の閣僚19人のうち女性が12人もいたんですよね」

てつや先生　「さすが，社会科大好きなけいさん，よく知っていますね」

けいさん　　「私『ムーミン』が大好きなんです。フィンランドのことはすごく興味があります。作家のトーベ・ヤンソンさんは同性パートナーがいたとネットで読みました。先生，もしかして3人の共通点は性的マイノリティとかですか!?」

【LGBTQとは①】　LGBTQとは，Lesbian（女性同性愛者）,Gay（男性同性愛者）,Bisexual（両性愛者，あるいは性の対象としての性別にこだわらない人）,Transgender（心の性と生まれたときの体の性が異なっている人）に加えて，（右ページへ続く）

てつや先生 「いやー驚きました。目の付け所がシャープですね。アイスランドとルクセンブルクの首相は同性婚をしています。実はフィンランドのマリン首相は違います。彼女は母親とその女性パートナーの家庭で育ったのです。今日の授業では同性婚を考えたいのです」

ひかるさん 「僕は，性的マイノリティの人権について話し合ってみたいと思っていました」

てつや先生 「それはどうしてですか？」

ひかるさん 「僕は漫画『弟の夫』（田亀源五郎作／双葉社）を読みました。NHKでドラマ化されていて，面白かったので読んでみたいと思いました」

てつや先生 「『弟の夫』は金沢大学の入試問題で取り上げられました。【性的指向(2)・性自認というプライベートな事柄を，社会問題として捉える視点とは何か】を問うた良問だと先生は感じました」

(2)性的指向とは「どんな性の人を好きになるか」。性自認とは「自分の性を何だと思うのか」。

問 漫画『弟の夫』には，ゲイであることに悩んできた中学生カズヤがゲイのマイクにこう語るシーンがあります。「だからバレないように履歴消して，友達にも好きでもない女の子のことをかわいいってウソついて。でも…だんだん辛くなってきて…どうしたらいいか判んなくなっちゃって誰かに相談したかったけど，話せる人が誰もいなくて」

性的マイノリティの子どもが今後，不利益を被ることなく学校生活を送るために，教師やクラスメートなど周りの人たちはどういった対応を取れば良いとあなたは考えますか。資料1〜4を踏まえた上で，具体的な提言を交えながら700字以内で述べなさい。
（入試問題を一部抜粋・改編しています）

ひかるさん 「この入試問題の解決策を提案するのは難しいですが，例えば，国語の教科書で吉田修一さんの小説『怒り』（中央公論新社）を取り上げるなど，性的マイノリティが自然に登場する作品を掲載するのはどうでしょうか？ いろんな性のあり方について語る場面が授業で増えると偏見や差別もなくなるのかなと思いました」

てつや先生 「説得力のある提案ですね。森鷗外の小説『ヰタ・セクスアリス』（新潮文庫）を取り上げるのも良いですね。海外では『ふたりママの家で』（PRIDE叢書）や『タンタンタンゴはパパふたり』（ポット出版）などの絵本が幼少期から読まれているみたいですね」

ひかるさん 「『弟の夫』ではカナダで同性婚した弟が描かれていました。世界には同性婚が認められている国はどのくらいあるのですか？」

てつや先生 「2001年にオランダで認められ，2019年9月までで南アフリカや台湾など28の国・地域で女性どうし，男性どうしのカップルが結婚できるようになっています」

けいさん 「先生，同性パートナーシップ条例が世田谷区，大阪府，宮崎県の木城町など50以上の自治体に広がっていると聞きました。こうした条例と同性婚はどのように違うのですか？」

てつや先生 「これらは国が認める【結婚】とは全く違うもので，相続などの問題は解決しません。同性婚を求めている女性が次のように書いています。読んでみてください」

> 「不動産や預金など二人で協力して作り上げてきた財産に対しても，万が一その名義人が亡くなった場合，そこに住む権利が奪われてしまう，という不安があります。遺言などにより，住み続けられるよう，財産を遺せるよう手配はしていますが，法的には他人であるため，贈与扱いになり，異性間夫婦に比べて手間がかかるばかりか，税制上も不利な扱いになるなどの不公平を感じます。…いざという時の安心すら，個人でカミングアウトをするという努力と負担とときにリスクを負わなければ手に入らない，という現状は，積もり積もって大変な不便に感じられます」
> 『同性婚だれもが自由に結婚する権利』（明石書店）より

けいさん　「同性カップルは，ずっと一緒に生活をしていても財産権や相続権も認められず，法律上はただの他人に過ぎないんですね」

ひかるさん　「男と女が愛し合い，結婚し子育てするのが【アタリマエ】だと思っている人もいます。カミングアウト（公言）も難しさがあると思います」

てつや先生　「そうですね。性的マイノリティは【いない】のではなく【いえない】現実があるといわれています。同性カップルがどのような法的問題に直面するのか，具体的に考えて欲しいのです。今回はいつもとは違います。物語の創作に挑戦して欲しいのです」

FOCUS　日本国憲法は同性婚を禁じているの？

憲法24条は【婚姻は，両性の合意のみに基いて成立】と規定しており，【男と男】や【女と女】の合意である同性婚は禁じられていると主張する人もいる。一方で，憲法や法律を読むには，それらの法がつくられた時点での目的，立法趣旨にさかのぼることが大切だとされている。【婚姻は，両性の合意のみに基いて成立】と書いてあるのは，戦前は当事者の意思だけでは結婚できなかったからである。旧民法では結婚には【戸主】というその家で一番えらい人の同意も必要と定められていた。憲法24条は【家制度】と呼ばれる封建的な制度を撤廃し，男女平等を保障するために定められた。また日本国憲法制定過程において同性婚について議論された形跡は見当たらない。【憲法が明確に禁止していないのに憲法上，国民の権利を制限するべきではない】と考える学説が有力である。2019年に同性婚が認められないのは憲法違反だとして，国家賠償請求訴訟が各地で起こされ，2021年には札幌地裁，2023年には名古屋地裁が同性婚を認めないのは「違憲」とする判断を示した。

Mission　同性カップルに関する物語を創作してみよう

　トモヤ，リョウ，サヤカ，マイは大学の演劇部に所属する仲良し4人組。卒業を間近に控え，それぞれ自分の将来について思いを巡らしている。トモヤは控えめな性格のサヤカに好意を抱いているが，まだはっきりと伝えたことはない。ときどき，サヤカと一緒に暮らしている自分を想像することがある。マイは自由奔放な性格。リョウは舞台に出ているとき以外は無口な性格だが，トモヤには親しみを感じている。

　トモヤは早くに父親を亡くし，母親と同居している。父親には弟のトシアキがいた。トシアキは50歳で独身。トモヤはあるとき叔父のトシアキに食事に誘われ，そこで，トシアキには同性のパートナーがいること，20年一緒に暮らしていること，住んでいるマンションはトシアキ名義であること，を聞かされる。トシアキはトモヤに「自分になにかあったときのために，一度パートナーのアキラに会ってほしい」と告げる。

　ところが，3人が会う予定だった日の3日前，トシアキのパートナー・アキラから連絡があり，トシアキが急病で倒れ，入院したことが告げられる……

　この物語の続きを考え，物語を完成させましょう。

SIDE STORY　【同性愛は合憲か？という議論①】　「憲法24条は，婚姻は両性の合意のみに基づいて成立すると定めており，現行憲法下では，同性カップルに婚姻の成立を認めることは想定されていない。（右ページへ続く）

	4	3	2	1
法的権利など問題の提起	提起された法的問題をどう解決すべきか深く考えさせられる。また，解決の道筋が感じられる。	婚姻関係にないために起こる法的問題を物語で提起している。解決のあり方を考えさせられる。	婚姻関係にないために起こる法的問題を物語で提起している。	同性パートナーに関わる物語を創作はしている。

てつや先生 「参考にルーブリックを示しますね。皆で考えたいのは，法的問題だということをふまえて，自由に創作してください」

けいさん 「こういうの考えるの私大好きなんです。他の皆がどんな展開を考えてくるのかも知りたいです。がんばります」

● 婚姻関係にないために起こる法的問題の提起―①医療行為をめぐって

けいさんの創作物語

アキラを家族の一員と感じたトモヤは医師に何といった？

　病院に駆けつけたトモヤは病室の椅子に座る男性に声をかける。彼こそがアキラ，叔父のパートナーであった。アキラが言うことには同性のパートナーである自分は医師からの説明を受けることはできないとのこと。「だから，トシアキと血のつながりのある君なら…」とアキラが言った。

　ちょうど，その時トモヤは左腕をぐっと掴まれた。驚いて振り向くと，そこにはぎゅっと口をつぐんだトモヤの母親が。会釈するアキラには目もくれず，トモヤを物陰に連れて行く母親。「あの人たちと関わって欲しくないの」彼女は厳しい顔で話をした。自分を含め義父と義母（トシアキの両親）は，トシアキとアキラの関係を認めたわけではないこと。父親（トシアキの兄）だけは理解を示していたが，両親の無理解に苦しんだトシアキは実家とはほとんど絶縁状態だったこと。

　母親の感情を押し殺したような顔と先ほどのアキラの憔悴（しょうすい）しきった様子の間で揺れるトモヤ。

　間もなくトモヤと母親だけが医師に呼ばれ，叔父のトシアキの病状説明を受けた。「患者さんは意識不明です。緊急手術が必要であり，ご家族の同意が必要です」。トシアキの両親も兄も亡くなっている今，血縁関係にあるのはトモヤだけだった。

　翌日の手術に備えて母親だけが病院に留まった。トモヤは沈んだ顔のアキラを慰めながら，叔父とアキラの20年間の思い出を聞いた。出会った頃のこと，二人が好きだった音楽のこと，一緒に見た映画のこと，最近二人で走るようになったこと…。次の日の手術までアキラの話を聞いたトモヤは，アキラのことをすっかり【家族の一員】として受け入れていた。

　ひとまず手術はつつがなく終了した。トシアキの意識は戻らないが，とりあえず経過を見守ることにしようと医師に告げられた。トモヤははっきりと依頼する。「アキラさんはいつ来ても叔父と面会できるようにしてほしい。病状説明も一緒に聞けるようにしてほしい。僕は叔父にほとんど会ったことがありません。でも，アキラさんは20年もずっと同居してきたのです」これを聞いた医師は了承する。

　ただし，トモヤはその旨を一筆認めなくてはならなかった。

SIDE STORY 【同性愛は合憲か？という議論②】 同性婚を認めるために憲法改正を検討すべきか否かは，我が国の家族の在り方の根幹に関わる問題であり，極めて慎重に検討を要する」（2015年2月18日安倍首相の参議院での答弁）

31

てつや先生 「けいさん。婚姻関係にないことで病状説明や緊急手術への同意ができないことがわかりやすく描けています。トシアキの両親は無理解であったことも重みが感じられました」

けいさん 「ありがとうございます。疑問に思ったのですが，法律上の家族でしか緊急手術に同意することはできないのでしょうか？身寄りのない人や家族に先立たれた人などもいると思ったのです」

てつや先生 「良い質問ですね。成人の場合，誰が医療行為の同意をできるかについて，特に法律上の規定はないのです。もし法律上の家族，たとえばトシアキの両親が現れて【同性パートナーを家族扱いするな】と言ったら，板挟みになった病院はどうすると思いますか？」

けいさん 「親族の主張が優先されそうな気がします」

てつや先生 「慣行に過ぎないのですが，そのおそれがありますね。20年一緒に生活したアキラはパートナーの死に際に会えないかもしれません」

ひかるさん 「そんな最期のお別れもできないなんて…」

てつや先生 「ここで考えてみたいのは厚生労働省のガイドライン[3]です。「本人の意思が決定できない場合には，家族等による本人の意思の

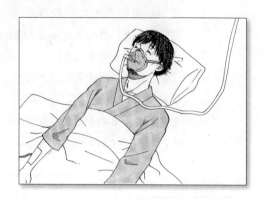

推定を尊重」と書かれ，ここでの【家族等】とは親族関係のみを意味せず，【本人が信頼を寄せ，本人を支える存在】と記されています。これを根拠に主張する方法があります。事前に何を用意すれば2人の信頼関係を伝えられると思いますか？」

(3)「医療・介護関係事業者における個人情報の適切な取扱いのためのガイドライン」

ひかるさん 「2人の思い出いっぱいのInstagramを見せたらいいのでは？」

けいさん 「それ面白いね!!私なら動画メッセージで【アキラは私にとって家族と同じ存在で，万が一の時には全て彼に一任する】と残しておきます」

てつや先生 「2人とも良いアイデアです。自治体が発行する同性パートナーシップ証明書も手段の一つです。しかし「法律上は他人に過ぎない」ので，いざという時に色んな困難があるんですね」

ひかるさん 「先生，僕も物語を考えてみました」

● 婚姻関係にないために起こる法的問題の提起—②遺産相続をめぐって

ひかるさんの創作物語

君なら，母親をどのように説得しますか？

　トモヤは急いで病院へ向かったが遅かった。叔父トシアキはすでに息を引き取っていた。病室には泣き崩れている男の姿があった。トモヤはその人がアキラであるとすぐに気づいた。

　数日後，トシアキの葬式が行われた。するとアキラはトモヤに話しかけてきた。

　「君，トモヤくんだよね？」「はい。そうです」「トシアキからトモヤくんの話は聞いていたよ」「そうなんですか。この前，叔父さんからアキラさんの話を聞いたばかりでした。でも正直，周りにそういう人がいなかったので驚きました」「そうだよね。でも，僕は本当にトシアキのことが・・・」

　「トモヤ!! あまりその人に近づかないの!!」突然，トモヤの母親がでてきた。母親は夫を早くに亡くし女手一つでトモヤを育てた。しかも夫は病気で死んだのではなく，ギャンブルにはまり借金に

主体的・対話的で深い学び

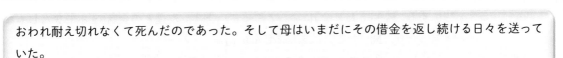

おわれ耐え切れなくて死んだのであった。そして母はいまだにその借金を返し続ける日々を送っていた。

「正直，私はトシアキさんが死んでもそんなに悲しくありません。あの人の弟だし，いい人なわけがない。しかもゲイだったなんて，こんな人が身内にいたなんて気持ち悪い」トモヤの母はLGBTQに対して否定的であった。

「アキラさん。あなたには悪いですけど，遺産は全てトモヤがもらいます」

「えっ，母さん，僕はそんなこと１回も言ってないじゃん」

「トモヤ，うちがどれだけ大変なのか知っているでしょ。貰えるものは貰っておかないと」

「そうだけど…。そうしたら，アキラさんはどうなるの？」アキラは無言で下を向いていた。

「別に血も繋がってない他人なんだから，遺産を分ける必要もないでしょう。ほら，もう行くよ!!」トモヤは名残惜しそうにアキラ一人を置いて立ち去った。その夜，トモヤは眠れずにいた。彼はお母さんの気持ちもアキラの気持ちも理解できた。だから困っていた。彼自身の気持ちとしては「血縁関係しかない自分よりも，20年もパートナーだったアキラさんに遺産を譲ったほうが叔父さんも喜ぶのではないか」。しかしそうするためには，母を説得する必要がある。

主体的・対話的で深い学び

てつや先生　「いやはや，ひかるさん。遺産相続をめぐる厳しさが上手に描けています。アキラは住んでいる家を追い出される可能性もありますね」

けいさん　「すごく読み応えがありました。亡くなった夫の借金で今も苦労する母親をどんな言葉で説得できるのだろう!?と，考えながら読みました」

ひかるさん　「トモヤにとっても利益が大きいから相続放棄は難しいと思いました。不動産や預貯金などをパートナーに遺したい場合にはどうすればいいのですか」

てつや先生　「公正証書として遺言を作成する必要がありますね。もしくは，養子縁組で親子関係になってしまうという方法もあります」

ひかるさん　「２つには，どういう違いがあるのですか」

てつや先生　「養子縁組をすると遺言で遺贈する場合と異なり，相続税などの点でメリットがあります」

けいさん　「でも変ですよね。養子縁組を組むと，同年代のパートナーが母と娘になるんですよね。別に親子になりたいわけではなく，パートナーとしての権利を認めて欲しいわけですよね」

てつや先生　「そうですね。婚姻関係によって認められる法律上の権利って，大きいんです。所得税の配偶者控除や遺族年金などがあります。だから同じ性別どうしでも，【結婚する自由を全ての人に】が世界各地で求められているんです」

ひかるさん　「先生。いろいろ考えるうちに，結婚がそんなに大事なのか？よくわからなくなりました。僕の叔母は，独身でパートナーはいません。婚姻関係を持たず，一人で生きている人はどうなるのかな？と思いました」

てつや先生　「身近な人のことをしっかり考えていますね。社会保障を個人単位で考える必要性は議論されています。またベルギーのように友人，きょうだいといった，誰でも利用可能なパートナーシップ制度を持つ国もあります」

けいさん　「色んな仕組みがあるんですね。日本で同性婚が認められる日は来るのでしょうか？」

てつや先生　「それは私にもわかりません。法制度がマイノリティの切実な声を認める意義の大きさは歴史が示しています。堂々と生きる性的マイノリティの姿が増え，可視化されれば，【他者の

ことを想像する力を持った社会】になると思っています。友達との会話で「ホモなんじゃないの?」と言ったり,聞いたことはありませんか?」

ひかるさん 「口にしたことがあります。LGBTQの人たちは自分の周りにはいないと思っていました」

てつや先生 「意図せず誰かを傷つけていたかもしれないと気づき,学ぶことが大切ですね。日本は主張しないことを良しとする社会だと思いますが,「1人の同性愛者が10人にカミングアウトしたら,問題はほぼ解決する」とゲイのアーティストの古橋悌二さん(ダムタイプ)が語っています。本音で語り合うこと。カミングアウトしても大丈夫だと感じられる環境,そして身近な人に自分の生き方を伝えていく勇気が大切だと思います」

↑ 古橋悌二氏
(撮影:Tony Fong)

ひかるさん 「僕の弟は脳性麻痺なんです。性のあり方に関することだけでなく,みんなきっと1つはマイノリティの要素を持っていると思います。いつ自分が【ふつう】じゃないと言われるのか,周りに変な目で見られるのかを怖がる空気があります。わたしの【ふつう】と,あなたの【ふつう】はちがう。それを,わたしたちの【ふつう】⁽⁴⁾にしたいです」

(4) 愛知県人権啓発ポスターのキャッチコピー

けいさん 「私がインスタでフォローしているYouTuberのkemioさんがカミングアウトしました。ポジティブに生きる姿が伝えられると【こういう生き方もありなんだ】と励まされる人は多くいると感じました」

てつや先生 「カミングアウトされることで,他者への想像力が増すと思います。これはSDGsが目指す【誰も置き去りにしない】社会にもつながります」

けいさん 「物語を創作する中でも,たくさん想像力を使いました。登場人物のそれぞれの立場で見え方が違うことを学びました」

てつや先生 「ありがとう。全国の高校生が創造力を発揮して,どんな物語を考えてくるのか,とても楽しみですね」

FOCUS 「ウチら棺桶まで永遠のランウェイ」

LGBTQだとカミングアウト(公言)している著名人をあげてみよう。

レディ・ガガ,ジョディ・フォスター,シンシア・ニクソン,サッカー選手のアビー・ワンバック,ミステリー作家のサラ・ウォーターズ,エルトン・ジョン,リッキー・マーティン,水泳選手のイアン・ソープ,Appleのティム・クック。デザイナーのマーク・ジェイコブス。なんだか海外の人が多くないだろうか。日本は【カミングアウトしづらい社会】と言われている。

「わざわざ人に言うようなことではない」「親が亡くなるまでは言えない」と考える当事者もいる。自分が性的マイノリティであることを打ち明けることができないのは,一人一人の取り巻く環境にもよるので強要はできない。その一方で「わざわざ人に隠すようなことじゃない」と考える人もいる。

毎日が「口から文化祭」状態!世界を股にかけて活躍するkemioさんがゲイだとカミングアウトした。エッセイ『ウチら棺桶まで永遠のランウェイ』(KADOKAWA)で,「初めてお話するんだけど,私の恋愛対象は男の人。昔は彼女がいたこともあって,そもそも好きな人の性別を考えたことがあんまりなかった。だって,人を愛することには変わりないから。ちな,今ウチはゲイ」と綴った。自分がゲイであることは「そんなに大ごとだと思ってない」「知ること,相手を理解して受け入れるのってとっても大切なことだと思う。LGBTQのこと,よくわかんないままなんとなく偏見がある人は,まず知ってほしいと思う」と綴っていた。

SIDE STORY 【性別や性的指向について悩んだときの相談先】 自らのセクシュアリティや性別の違和感について悩んでいる人,その友人・保護者などの周りの人たちの相談やカウンセリングは様々に用意されている。全国のLGBTQに関する相談先にどのようなものがあるか調べてみよう。

●次のまとめの中の❶～⓱にあてはまる言葉を答えなさい（解答は下の欄外）。

社会の中の私たち ⬇P.16・17

重要ポイントの整理

⑴さまざまな社会の中に生きる私たち

①私たちはさまざまな社会を形成して生きている
→家族・地域・国家・国際社会など

②先哲の思想

アリストテレス	人間は社会的（ポリス的）動物である
ハンナ・アーレント	現れの空間（行為と言論）共通世界（多様な視点）→公共的な空間
ハーバーマス	合意形成→公共的な空間

青年期の意義・課題／適応と個性の形成 ⬇P.18～23

⑴青年期の意義

①青年期を表す言葉

❶＿＿＿＿＿	「わたしたちは，二回この世にうまれる。一回目は存在するために，二回目は生きるために」（ルソー『エミール』）
❷＿＿＿（周辺人・マージナル・マン）	子どもにも大人にも属さない不安定な状態（レヴィン）
第二反抗期	幼児期の反抗期とは異なる大人や社会に対する反発（ビューラー）
疾風怒濤の時代	感情の起伏や行動の変化が激しい時期（ホール）
❸＿＿＿＿＿	親から精神的に独立する時期（ホリングワース）
❹＿＿＿＿＿＿	社会人としての責任や義務が猶予される期間（エリクソン）

⑵青年期の発達課題

ハヴィガースト	青年期の❺＿＿＿＿として職業の選択など10の課題をあげる
エリクソン	人生を8つの段階に分け，青年期において❻＿＿＿＿＿＿＿（自我同一性）の確立を発達課題にあげる⇔自分が何者であるか見失われる危機＝アイデンティティ拡散

⑶欲求と適応

①❼＿＿＿＿の欲求階層説：生存に必要な低次の欲求から次第に生存を意味づける高次の欲求に目覚める→自己実現の欲求が最上位

②欲求＝人間の行動の原動力⇔欲求不満（フラストレーション），葛藤（2つ以上の欲求の選択に挟まれ身動きができない）

③❽＿＿＿＿＿＝欲求不満や葛藤を回避する無意識の心の働き

④不適応＝欲求不満を解消できず，社会的環境に適応できない状態

❽＿＿＿＿＿の種類

❾＿＿	無自覚に欲求不満を無意識の領域に押し込めてしまうこと

重要ポイントの整理

合理化	実現できなかったことに対して理由をつけて正当化すること
反動形成	抑圧された欲求と反対の傾向を示すことで欲求を抑え込むこと
退行	未発達な段階に戻ることで不満や緊張を解消しようとすること
投射	自分の欠点や負の感情などを相手に転嫁する反応
代償	かなわない欲求を似た別のもので満たそうとすること
❿＿＿	満たされない欲求が社会的価値の高い目標の実現に置き換えられること

大衆社会・グローバル化する社会／青年の生き方 ⬇P.24～27

⑴現代社会の特色

①大衆社会の特徴

⓫＿＿制	組織における構成員の合理的・効率的な管理のための仕組み←マックス・ウェーバーによる指摘（特徴：文書主義，規則万能主義，公私の分離，上意下達のヒエラルキー）
⓬＿＿＿＿型	他人の意見や評判を行動の指針とする現代社会の性格類型←⓭＿＿＿＿＿＿が『孤独な群衆』で指摘（伝統指向型→内部指向型→他人指向型と変遷）

②国際社会の進展

異文化理解	自民族中心主義＝⓮＿＿＿＿＿＿＿＿＿＿の克服→⓯＿＿＿＿主義（各文化にはそれぞれの固有の価値がある）
⓰＿＿＿＿＿（マルチカルチュラリズム）	多言語教育など複数の文化の共存をはかる→オーストラリア・カナダ

⑵青年の生き方

①ジェンダー：社会や文化・歴史によって形成された性差⇔セックス（生物的な性差）

②⓱＿＿＿＿＿：学校・家庭生活・職業・余暇生活におけるその人の役割や経歴を統合したもの

③ボランティア：相互扶助・互酬性・自発性に基づく慈善行為

④インターンシップ：学生が一定期間，企業などで実際に働き，勤労観や職業観を培う取り組み

Back UP

---

7 生活の中の宗教

1 日本人の宗教観〜芥川龍之介『神々の微笑』

→芥川龍之介

芥川龍之介の小説『神々の微笑』には，戦国時代に来日したイエズス会宣教師オルガンティノとこの国の霊であると自ら語る老人とのやりとりがあり，以下のような場面がある。

（老：老人 オ：オルガンティノ）

老：「あなたは天主教（キリスト教）を弘めに来ていますね。しかし，泥烏須（キリスト教の神）もこの国に来てはきっと最後に負けてしまいますよ。」

オ：「泥烏須に勝つものはない筈です。」

老：「ところが実際はあるのです。はるばるこの国へ渡ってきた孔子，孟子，荘子そのほか支那からは哲人たちが，何人もこの国に渡って来ました。が，支那がそのために我々を征服出来たでしょうか？ 仏陀の運命も同様です。が，こんな事を一々御話しするのは，御退屈を増すだけかも知れません。ただ気をつけて頂きたいのは，本地垂迹の教の事です。あの教はこの国の土着の人に，大日霙貴（天照大神のこと）は大日如来と同じものだと思わせました…。つまり私が申上げたいのは，泥烏須のようにこの国に来ても，勝つものはないと云う事なのです。」

オ：「今日などは侍が二三人，一度に御教に帰依しましたよ。」

老：「それは何人でも帰依するでしょう。ただ帰依したということならばこの国の土着の人は大部分悉達多（釈迦）の教えに帰依してます。しかし**我々の力というのは，破壊する力ではありません。造り変える力なのです。**事によると泥烏須自身も，この国の土着の人に変わるでしょう。支那や印度も変わったのです。西洋も変わらなければなりません。我々は木々の中にも，浅い水の流れにも，薔薇の花を渡る風…どこにでもいます。お気をつけなさい。お気をつけなさい。…」（本文改変）

↑東大寺僧形八幡神坐像　画像提供 奈良国立博物館（撮影 佐々木 香輔）

奈良時代，仏教と神道が融合する神仏習合が生まれた。平安初期には，本来目に見えない神が仏像に倣って造られるようになった。10世紀以降，仏が本来の姿で，神は衆生救済のために仏が姿を変えて現れたもの（権現）とする本地垂迹説が説かれた。僧形八幡神坐像（快慶作）は，神を僧の形で表した神仏習合の例である。

解説 外来宗教の日本化 芥川龍之介の小説『神々の微笑』には外来の思想や宗教を日本独自のものに作りかえていく強い同化力が日本文化の特徴であるという見解をみることができる。神仏習合はその一例として挙げられよう。また，異なる宗教の伝統が混在していることに対して違和感をもつことがないという特徴もあり，これを**シンクレティズム**（重層信仰）ということがある。

2 家の中の神様―八百万神 倫政20

①竈神

←北岡神社（熊本県）の厠神神札

①竈神―台所など火を使う場所に祀られ，気性の荒い神とされる。ひょっとこは竈神の変化したものとも。

②門神―家の外部から災いをもたらす悪霊の侵入を防ぐ。松，竹，榊などを飾って祀る。

③納戸神―恵比寿，大黒など豊作の神が祀られた。かつて夫婦の寝室としても使われたため，出産の神，夫婦の神としても祀られた。

④厠神―美しい女神や盲目の神とされる。妊婦が掃除をするとよい子を授かるという信仰や眼病平癒の信仰がある。

⑤枕神―夢枕に立つ神。神が立つ枕元は神聖なものとされ，枕を足元に置いたり，踏むとバチが当たるとされる。

（『一個人』KKベストセラーズによる）

解説 八百万神 日本人は自然物などにとどまらず，古くから家の中にも神々を祀って，日常生活の幸福を願ってきた。ここにもあらゆるものに神を認める「八百万神」という日本の宗教観がうかがえよう。 倫政18 日本の神話や伝承で示される神は，元来特定の形をもつものでなく，人間に畏怖の念を抱かせるものや，人知を超えた不思議な現象が神のあらわれとされたこと。

3 感染症と信仰

←春亭作『種痘論文』　←妖怪アマビエのうちわ

近代医学にとって，病気は征服し，排除するものであるが，私たちの祖先にとっては，なだめ，鎮めるものであり，病気を癒してくれるものは神仏であった。日本では古くから痘瘡，麻疹，結核，インフルエンザが流行した。特に痘瘡は江戸時代になると，絶えず流行し，貴賤を問わず，この病気に悩まされた。大量死には到らないが，免疫性により，むしろ疱瘡と馴れ親しむ付き合い方がされてきた。しかし，死を免れても醜い痘痕を残し，身体に欠陥ができたり，場合によっては失明した。そのため，痘瘡をめぐる信仰・迷信・土俗は枚挙にいとまがない。疱瘡神送りはそのひとつであるが，日本には悪鬼をやみくもに撃退せず，もてなすことで，穏便に去ってもらう風習があった。古代より疫神を鎮める祭事が行われてきたが，京都の祇園祭も疫病退散を祈願する祭りである。現代のコロナ禍において妖怪アマビエが注目されたのも，こうした歴史や文化とつながりがあるからかもしれない。

解説 平癒を願う信仰 古来より人間は病に苦しんできたが，その際には神仏などへの帰依や信仰も頼りにしてきた。医療が高度に発達した現代においても，平癒を願い，祈る信仰は消えていない。

SIDE STORY 文化庁『宗教年鑑』令和4年版によると，日本の宗教の信者数は，神道系約8,724万人，仏教系8,324万人，キリスト教系約197万人，その他約711万人，合計1億7,956万人である。

公共の扉

4 主な年中行事

㉒ Ⓐ 年中行事

＊▢は五節句

正月	1/1	注連縄や年神棚をしつらえ，年神を迎え，豊作と幸福を祈る。
人日	1/7	早春の野山に咲く7種の若菜を七草粥として食し，新たな生命力を取り込み，無病息災を願う。
節分	2/3	立春の前日で季節の分かれ目。豆をまき，鬼の嫌う柊や鰯の頭を飾り，悪霊や災難を追い払う。
上巳	3/3	桃の節句。雛祭。田植えの始まる季節に人形を川に流してけがれを落とした。
彼岸	3/21頃	春分の日。墓参りに行きおはぎを食べる。
花祭	4/8	灌仏会。釈迦の像を祀り，甘茶をかける。
端午	5/5	菖蒲の節句。菖蒲湯に入り災厄をはらう。
七夕	7/7	笹竹に五色の短冊を結び，川や海に流す。豊作を祈る祭りに中国の伝説などが習合した。
お盆	8/15	旧暦の7/15頃，先祖の霊を祀る。日本古来の祖霊祭と仏教の盂蘭盆会が融合。
重陽	9/9	菊の節句。中国では奇数は縁起が良い陽数とされ，最大値である9が重なり，重陽とされた。
彼岸	9/23頃	秋分の日。墓参り。
大晦日	12/31	年神を迎える準備をする。除夜には年神を迎えるために眠らないという意味がある。

（『子どもに伝えたい年中行事・記念日』萌文書林編集部を参考）

節分（豆まき）

→ 奇数を陽数とする中国の風習を取り入れて，江戸時代に1月7日，3月3日，5月5日，7月7日，9月9日を五節句として定めた。「怠け者の節句働き」は節句が農耕社会において休日であったことを示す。

← 節分は季節の分かれ目を意味し，立春・立夏・立秋・立冬の前日は本来すべて節分であった。春はすべてのものが生まれる新しい季節であるため，節分とは特に立春を示すようになった。

桃の節句

お盆（精霊馬）

← 盆と正月に奉公人が親元に帰ることを藪入りと呼び，祖霊も家に帰ってくるとされた。お盆には祖霊を迎えるために迎え火を焚き，祖霊が乗るキュウリの馬やナスの牛が用意される。

Ⓑ ハレとケ

ハレ	聖（非日常）	衣…ハレ着 食…ご馳走 住…祭り・儀式
ケ	俗（日常）	衣…普段着 食…普段の食事 住…日常生活

解説 現代は「ケのハレ化」 日本に伝えられている祭りや年中行事の多くは，稲作を中心とした農村共同体を基盤として生まれ，育まれてきたものが多い。日本では，祝祭が行われる晴れがましい日のことを「ハレ（晴）」，日常の生活のことを「ケ（褻）」と言い表し，生活態度を分けていた。つまり「ケ」の生活では質素・倹約が価値をもち，ムダやぜいたくは厳しく戒められてきたのである。ところが今日，都市での生活水準が高まって消費が絶えず拡大し，変化と刺激の多い生活を求めるようになると，祭りや年中行事は行われなくなったり，形式化して両者の差は次第になくなり，「ケのハレ化」あるいは「慢性ハレ化」といわれるような状況が生まれている。

5 通過儀礼 ― 人生のリズム

⑬㉒

出生	宮参り	出産後初めて行う氏神参り。男児は32日目，女児は33日目に行うところが多い。
生育	初節句	子どもの出生後，初めて迎える折々の節句に行う祝いごと。
	七五三	今日一般的なものは，3歳の男女，5歳の男児，7歳の女児が，寺社に詣で，それまでの成長の無事を感謝するというもの。
	成人式	子どもの段階から抜けて，大人の社会への仲間入りをするための儀礼である。
年祝い		本来，厄払いの意味もあったが，今日では，年を重ねて長寿を迎えたことを祝うことに重きがおかれている。満60歳の還暦（干支の組合せが生まれた年と同じになることから），70歳の古希，77歳の喜寿（七を重ねると喜の異体字になることから），80歳の傘寿，88歳の米寿，90歳の卒寿，そして99歳の白寿（百から一をとると白の字になることから）。

← 七五三

→ 成人式

解説 通過儀礼（イニシエーション） 誕生，成人，結婚など人生の節目で行われる儀礼である。特に成人儀礼については，多くの社会において，若者たちが一度死んで（子どもの社会を離れ）再び新しく生まれ変わる（大人の社会へ加入する）。例えば，男子の元服において幼名を廃し，改名するなど「死と再生」に結びついた象徴的儀礼を伴うという共通性がみられる。

Target Check

神に対する信仰は，仏に対する信仰と融合し，神の前で ▢a▢ が行われるようになった。その理由は，神も人間と同じように苦しんでおり，神自身が，苦しみから脱することを願っているからである，と説明されている。さらに，平安時代になると，神は仏の仮の姿であるとする ▢b▢ が生まれている。

（解答→表紙ウラ）

- ① a祓い（祓え） b権現思想
- ② a祓い（祓え） b御霊信仰
- ③ a読経 b権現思想
- ④ a読経 b御霊信仰

（センター2014本試 倫理による）

公共の扉

8 日本人の考え方と日本文化

1 古代日本のアニミズム

← 屋久島のウィルソン株　樹齢推定3000年。根廻り32m。内部は10畳ほどの空洞で、清水が湧き出ており、また祠もある。アメリカの植物学者ウィルソン博士が世界に紹介したためこの名がついている。

森羅万象は人間同様の人格をもつと信じられてきた。万物に霊魂（アニマ）があるという考え方は**アニミズム**とよばれるもので、日本の古代人もそうした世界観をもっていたことは『日本書紀』の中の次の文章でも明らかである。

> 葦原中国は磐根・木株・草葉も、猶能く言語ふ。
> 夜は熛火の若に喧響ひ、昼は五月蠅如す沸き騰る
>
> （※葦原中国は日本のこと）

「岩石も植物もよくことばを話し、夜は炎のようにざわめき立ち、昼はまるでウンカが湧くように沸騰する」というのはアニマのさかんな活動を描破してあまりがない。サバエは稲の害虫のウンカを指す。古代人は夜の静寂な世界の奥にも蛍火のように点々と燃えるアニマの揺曳をみることができた。また昼の樹木のざわめきや草いきれの中にも彼らの話す言葉を聞くことができた。

（谷川健一『民俗の思想』岩波書店）

解説　**アニミズム**　巨木や巨石などには霊魂が存在するだけでなく、神の依り代、または神そのものとしても崇められ、日本の神道にもそうした特徴がみられる。

2 恥の文化

日本人は、他人の目にどうふれるか、周囲にうつる自分の姿（世間体）が恥ずかしくないかどうかを行動の規範としている。これをアメリカの文化人類学者ルース・ベネディクトは、自分の良心に行動の規範をおく西欧型の「罪の文化」に対し、「恥の文化」とよんだ。

	恥の文化（日本）	罪の文化（西欧）
善悪の規定	唯一絶対の神をもたないために相対的に善悪が規定される	一神教であるキリスト教文明の中の当然の規範に基づく
行動の規範	自分の周囲や日本という狭い範囲での判断や評価で行動を決める	唯一絶対の神の前で誰がどう判断しようとも悪いものは悪いと認める

解説　根強く残る「恥の文化」　「恥の文化」は、**ベネディクト**（米1887〜1948）が1946年刊行の日本文化論『菊と刀』で指摘したもので、戦後の日本文化論の展開に大きな影響を与えた。

3 「である」ことと「する」こと

思想史家**丸山真男**（1914〜96➡P.44）は『日本の思想』（1961年）において「である」と「する」という論法を用いて近代日本社会の在り方の特徴を捉え、「である」価値と「する」価値が転倒し、混乱していると述べた。

「である社会」

徳川時代のような、出生や家柄や年齢が、決定的な役割を担っている身分社会。支配者である大名や武士は、被支配者である百姓や町人に、サービス「する」ことによってではなく、「である」価値、つまり身分的な「属性」によって支配する。

○○組合〜賃金アップ〜

「する社会」

会社・政党・組合・教育団体などのように何かを「する」という原理で結びつく機能集団。特定の目的に向かって、内部の地位や職能も分化していく。上役やリーダーは、上役であることからでなく、業績（する）という基準で価値を判断される。

解説　「である」と「する」の混乱　近代日本は、「する」価値のもとに発展を遂げたが、一方で、「である」価値はなお生きており、「する」原理を建て前とすることがらに、「である」価値のモラルが持ち込まれているために、混乱や誤解の原因があると述べている。例えば、憲法が規定するから日本国民は「自由である」のではなく、「不断の努力」によって、つまり自由になろうと「する」ことによって初めて、日本国民は本当の自由を獲得し、自由でありえる。日本国民「である」ことにのみ依拠しては真の自由は達成できないのである。

4 強い先輩・後輩意識—タテ社会

この組織がまたおもしろいことには、日本のあらゆる社会集団に共通した構造がみられることである。筆者はこれを便宜的に「タテ」の組織と呼ぶ。…

同じ実力と資格を有する旋盤工であっても、年齢・入社年次・勤続期間の長短などによって差が生じ、同じ大学の教授であっても、発令の年月日によって序列ができ、また、かつての軍隊では、同じ将校といえども任官の違いによる差別は、驚くほど大きく、さらに同じ少尉であっても任官の順によって明確な序列ができていたという。（中根千枝『タテ社会の人間関係』講談社現代新書）

先輩と後輩　　上司と部下

解説　タテ社会の人間関係　タテ社会とは上下関係によって集団内の秩序を維持する社会のことである。社会人類学者の中根千枝によれば、「序列による差は、その集団内の個々人にとっては、直接的な関心事であるゆえに、それが職種・身分・位階による相違以上の重要性をもちやすい」という。君たちの日常生活にも先輩・後輩というタテの序列はみられるのではないだろうか。

SIDE STORY　『古事記』は江戸時代中期に本居宣長が『古事記伝』を著し、古代日本人の精神を伝えるものとして、その価値を再評価したが、近代になると津田左右吉が内容の多くは創作であるという記紀批判を展開した。

公共の扉

5 穢れと禊・祓—記紀[*] 神話の世界観・倫理観

倫政20 『古事記』や『日本書紀』で神々の系譜が天皇につながるとされたこと。
倫政21 『古事記』には唯一神が登場しないこと。

＊記紀とは，『古事記』と『日本書紀』の総称である。

A 穢れ（ケガレ）

ケガレは，ふつう「汚れる」とも書くように，本来清浄であるべきものが，よごれ・不潔な状態になることを意味する。これは物理的な見た目のきたなさではなく，たとえば，整った状態（秩序）が崩れる（混乱）とか，善いものが悪くなるといった意合いから，人間の生命力（気，気力，霊力ととらえることもできる）が弱まることと考えられる。

つまり，清浄とは生命力が満ちあふれる状態であり，それが衰退したり失われている状態が不浄（ケガレ）なのである。

日本の民俗信仰においては，ケガレの発生源は死，出産，出血などに関わる事態であり，その結果，死，病気，天変地異がもたらされるもので，ケガレに触れたものもケガレとなると考えられている。

いずれにせよケガレというのは，人間の生命力を害するものであるという観念が基本になっている。さらにいえば，そのケガレが取り除かれた状態をハレ（晴れ）（→P.37 4 B）といい，これは禊・祓いと関係する。

B 禊・祓（祓い）

倫政20 外部から付着する穢れを清めるための儀式であること。

古来，日本人はケガレ（不浄）を忌み嫌い，ハレ（清浄）を尊んだ。そこでケガレを洗い浄めてハレになるために行うのが禊・祓いの儀式である。そのルーツは，神話でイザナキが海に入って黄泉の国（死者の国）の穢れを洗い流したことにちなんでいる。ふつう「禊祓え」などともいわれるが，もともと禊は身についたケガレを洗い流すことを表していた。日常でもよく使われる「水に流す」という言葉も禊に由来している。一方，祓いは人形や幣などに禍・罪・穢れを移して焼いたり川に流したりして身を浄め，ハレ（吉事）をまねく，という儀礼が起源である。しかし，今日ではそうした区別はなく，ほとんど一体化していて，単に「祓い」ともいう。

（戸部民夫『「日本の神様」がよくわかる本』PHP文庫による）

倫政23

洗う＝禊

禊によって生まれた神々（一部）

右目：月読命（月の神，夜の世界を治める）ツクヨミノミコト

左目：天照大御神（太陽の神，高天原を治める）アマテラスオホミカミ

鼻：建速須佐之男命（大地（または海）の神＊）タケハヤスサノヲノミコト

＊諸説あり

伊邪那岐神（イザナキノカミ）

⬆ イザナキの禊によって左目・右目・鼻から三柱の神が生まれたと『古事記』に記される。

⬅「夏越の祓」旧暦の6月末に年中行事として行われる。チガヤで編んだ大きな輪（茅の輪）をくぐると，罪や穢れを祓い，病や災いを免れるとされる。12月のものは「年越の祓」という。

C 神話の世界—3層構造で往来可能な世界

高天原（たかまがはら） …	祭祀が行われる天上の神々の世界（善・明の世界）＊日本書紀には高天原という概念はない。
葦原中国（あしはらのなかつくに）	地上の人間の世界（善・悪が交錯する葦が生い茂る未開の地）
黄泉国（よみのくに） …	地下の死者の世界（悪・闇の世界）

『古事記』では3つの縦に継続した世界で，往来が可能な連続性を持つ世界として描かれる。

D 『古事記』に見る古代日本人の心性・倫理観

倫理観	意味・内容	『古事記』の場面
穢れ	・死，出血，病気 ・禍を招き，神聖なるものを穢す行為で，祭祀の障害となる	・死者の世界である黄泉国のイザナミと，それを見たイザナキ ・高天原におけるスサノヲの乱暴狼藉
禊	・水などによって穢れを洗い清める	・黄泉国から帰還したイザナキが海で洗い清める →アマテラス，スサノヲらの神々が誕生 ⬅ 海での禊 写真：毎日新聞社／アフロ
清明心	・神に対して欺き偽る心がない純粋な心（清き明き心・赤心）⇔濁心（きたなきこころ）	・アマテラスに会いに高天原にやってきたスサノヲの心（高天原を奪う気がない）
うけい（誓約）	・占いによって正否・正邪などを判断する	・アマテラスがスサノヲの清明心を共に占うと潔白が証明され，高天原での滞在が許される
罪	・祭祀の妨害など社会秩序を脅かし，災厄を招く行為	・増長したスサノヲが高天原で田や水路＊を破壊し，逆剥ぎにした馬を機織場に投げ込む，神殿に脱糞するなどの乱暴狼藉をはたらく→アマテラスは怒り，天岩戸に隠れる
祓い	・供物（罪の代償物）や祝詞によって神に祈り，穢れを落とす	・スサノヲは罪を清めるため，神々に捧げ物をし，爪やひげを切る

＊高天原の主であるアマテラスは，外部から来訪する神を祀るために，神が着る衣を織り，水田ではその神が食べる稲を作っている。和辻哲郎（→p.44）は，神を祀る神，祀られる神，祀り祀られる神に分類し，祀り祀られる神が最も尊いとしているが，アマテラスは祀り祀られる神となる。倫政16・23

解説 **清き明き心** 古代日本人は，心の内にある精神的な穢れだけでなく，社会秩序を乱す犯罪行為や病気や死，自然災害など平和な生活を脅かすことがらも罪・穢れとして忌避してきた（それらを水で洗い流す儀式が「みそぎ（禊）」，払いすてる儀礼が「はらえ（祓）」である）。神道においては，罪や穢れのない「清明心（清き明き心）」が理想とされ，神のご加護を受けるために，古代日本人は邪心や私心のない心を尊んできたのである。

18
倫政
12・
15・
19

公共の扉

⑥ 日本の思想の流れ

○仏教の受容と展開 倫政21

6世紀に儒教・仏教の外来思想が相次いでもたらされた。仏教は聖徳太子により政治理念として取り入れられ、奈良時代には朝廷の保護の下で鎮護国家的な仏教となった。一方、儒教は律令国家体制を支えた。9世紀になると最澄・空海により、それまでの理論中心の奈良仏教にかわる新しい平安仏教が開かれ、最澄の建てた比叡山延暦寺には多くの僧が学んだ。

平安時代中期以降には末法思想と政治をめぐる争乱、自然災害などの不安定な時代を背景に阿弥陀仏に救いを求める浄土思想が広まっていった。やがて旧仏教を批判・消化して新しい宗教改革者が現れてくる。法然・親鸞・栄西・道元・日蓮・一遍による鎌倉仏教である。念仏・唱題・座禅などの選択・専修・易行を特徴とした新しい日本の仏教が誕生した。

⤴ 法然（1133〜1212）
二尊院蔵

⤴ 一遍（1239〜89）
清浄光寺（遊行寺）蔵

⤴ 栄西（1141〜1215）
寿福寺蔵

○江戸幕府を支えた儒教

16世紀に伝来したキリスト教は江戸幕府により全面的に禁止されたが、儒学は五山の禅僧に兼学され、江戸時代に継承されていった。儒学のなかでもとりわけ身分の別を説く林羅山による朱子学は幕藩体制の政治理念と合致し、精神的支柱として採用された。

一方、官学化し、形式を重視する朱子学のアンチテーゼとして中江藤樹により実践を重んじる陽明学が、伊藤仁斎により、孔子・孟子の原典に立ち返り古典の実証研究をすすめるべきとした古学が登場する。また、一方で、外来の儒教や仏教の考え方を排し、『古事記』、『日本書紀』、『万葉集』など日本の古典を研究し、古道を明らかにしようとする国学が生まれ、本居宣長が大成した。また、鎖国政策のなかで洋学（蘭学）は実用的な知識に限られていたが、合理的な考え方をもたらし、日本の近代化に貢献していくことになる。

⤴ 湯島聖堂　江戸幕府が儒学の振興のために創建

⤴ 中江藤樹（1608〜48）
中江藤樹記念館蔵

○近代の思想

日本の伝統的思想を踏まえながら西洋思想が受容され、新しい思想が展開していく。文明開化のもと、明六社に集まった思想家は西洋近代思想をさかんに紹介し、啓蒙運動を展開した。その中心である福沢諭吉はこれまでの封建制度を批判し、自主独立の精神の重要性を唱えた。キリスト教信者であった内村鑑三は、キリスト教という外来の信仰と日本人であることを止揚し、「二つのJ」を掲げた。夏目漱石は日本の近代化の矛盾を外発的開化という語でとらえ、西田幾多郎、和辻哲郎は仏教の禅など東洋の伝統的思想を土台に西洋思想を批判的に受容しながら日本思想を独自の体系に高めていった。

⤴ 明六社の機関誌『明六雑誌』

---

⑦ 日本の思想家（古代）

Ⓐ 和をもって貴しとす

⤴ 伝聖徳太子像（574〜622）
宮内庁蔵

憲法十七条
一に曰く、和をもって貴しとし、忤うことなきを宗とせよ。〜上和ぎ、下睦びて、事を論うに諧うときは、事理おのずから通ず。何事か成らざらん。
何事も成し遂げられないことはない。

『十七条憲法』は仏教の「和」の精神によって豪族の対立・抗争を鎮め、天皇親政を築き上げる国家原理である。仏教のほかに、儒学や老荘思想の影響をみることができる。

解説 憲法十七条 聖徳太子（厩戸王）が推古天皇を補佐して政治にあたったとき、国外では隋が中国を統一し、高句麗への遠征を企てていた。こうした国際情勢のなかで、太子が仏教を政治の基本理念にすえ、天皇中心の中央集権国家をつくることに力を尽くした。つまり、人々を政治的に結束させる理念として仏教の思想に力を借りたのである。官吏の心構えを述べた憲法十七条は太子が定めたとされ、すべての者は「凡夫」（悟りから遠い存在）であり、仏教の教えの前に謙虚になることを前提とし（世間虚仮、唯仏是真）、独断ではなく、議論による政治をすすめることを理想としたのである。仏教という外来思想を理解し、政治の基本理念としたことは、太子のすぐれた見識であり、太子をもって日本仏教の源流とするのである。注：憲法十七条は後世の作という説もある。

Ⓑ 最澄の思想 倫政15・23

⤴ 最澄（767〜822）　最澄は37歳のとき、遣唐使に随行し天台宗を学んだ。天台宗は法華経の教えを、すべての衆生はさとりをひらき成仏できるものとすると解釈する。これを学んだ最澄は帰国後、大乗仏教の菩薩戒を授けるため、比叡山に大乗戒壇（僧侶の資格を授ける場所）を設ける許可を朝廷に求めた。主著『山家学生式』
伊富貴山観音護国寺蔵

解説 大乗仏教の根本 奈良時代には鎮護国家（国を鎮め、繁栄させる）が仏教の最大の目的とされていたため、僧侶は法会や祈祷などを行うほか政治にも介入し、混乱・腐敗の原因ともなった。そのため、21歳の最澄は比叡山に延暦寺を建てて修行の場とし、権力から離れ、宗教の純粋性を追い求めた。また、彼は奈良仏教の一つ法相宗が人間には五種あり、仏性（さとりをひらき成仏する素質）のある者とない者に区別されると説いたのに対し、異論を唱えた。最澄は入唐して学んだ天台宗の「一切衆生悉有仏性」（生きとし生けるものはすべて仏性をもち、成仏できる）という立場から、法相宗を非難し、論争を展開した。こうして大乗仏教の根本的な立場をとる天台宗が彼によって伝えられ、延暦寺からは後の鎌倉仏教を開く多くの僧侶が輩出されることになる。

Ⓒ 空海の思想 倫政15

⤴ 空海（774〜835）
主著『十住心論』
高野山金剛峰寺

解説 即身成仏 幼少より正式な儒学教育を受けた空海は、官吏か学者になることが有望視されていたが、行者から仏教の真髄を聞き、仏道修行に入った。30歳のときに遣唐使に随行し、密教（秘密に伝えられた教え）を学んだ空海は帰国後、高野山に金剛峰寺を建て、真言宗を開いた。奈良仏教が長い期間にわたって修行しなければ成仏できないとするのに対し、空海は、人間性に対する深い反省と自覚から現世に即身成仏することを説いた。すなわち座禅瞑想して身に印契を結び（身密）、口に真言を唱え（口密）、心に仏を観ずる（意密）ことによりこの身を持ったまま大日如来（宇宙の原理そのものを示す仏）と一体化し、仏になることができる（三密加持）とした。

SIDE STORY　明六社は明治6年（1873年）に欧米留学から帰国した森有礼を中心に、福沢諭吉・加藤弘之・中村正直・西周・津田真道らが結成した日本最初の学術団体である。西欧思想の普及と啓蒙を目的とした。

⑧ 日本の思想家（中世〜近世）

Ⓐ 親鸞の思想 〈倫政16・20〉

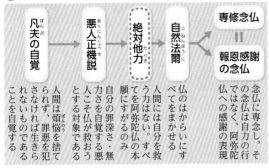

凡夫の自覚 → 悪人正機説 → 絶対他力 → 自然法爾 → 専修念仏 ＝ 報恩感謝の念仏

凡夫の自覚
人間は煩悩を捨てきらず、罪悪を犯してしまう。さらに、しなければ生きられないものであることを自覚する

悪人正機説
自分の罪深さ・無力さを自覚する人こそ仏が救おうとする対象である

絶対他力
願にすがるのみ。人間には自分をたすける力はなく、すべてを阿弥陀仏の本願にまかせる

自然法爾
仏のはからいにすべてをまかせるという人間にはからいはない

専修念仏 ＝ 報恩感謝の念仏
念仏に専念し、自力の念仏でなく、阿弥陀の行への感謝の表現

重要文化財　親鸞聖人像
（熊皮御影）奈良国立博物館蔵

↑ 親鸞（1173〜1262）
主著『教行信証』

解説 浄土真宗の開祖　親鸞が求めたのは、罪深く煩悩に悩む人間がどのようにしたら救われるのか、ということである。それは親鸞自身のことであって、煩悩に振り回される自分を**凡夫**であると自覚することから出発した。修行を積んでも救いの道が開かれず悶々としているときに、終生の師である**法然**（1133〜1212）の**専修念仏**の教えに出会う。そして、一切の衆生を救おうとする阿弥陀如来の願い（本願）に帰依することが救われる道であると悟る。我執を捨て去り阿弥陀仏のはからいにすべてまかせること（**自然法爾**）により救われるが、念仏さえも自力ではなく、仏のはからいによってさせられている他力の行い（**絶対他力**）であり、実は念仏とは仏に対し感謝して行う念仏（報恩感謝の念仏）となるのである。

Ⓑ 道元の思想 〈倫政17・19〉

末法思想を否定 → 人みな仏性あり
自力による修行
修行によって仏性は顕現する（他力の否定）

修証一等
修行（坐禅）と証（悟り）は一体

只管打坐
ひたすら坐禅する

身心脱落
身心への執着をはなれ悟りの境地へ

宝慶寺蔵

↑ 道元（1200〜53）
主著『正法眼蔵』

↑ 坐禅にうちこむ人々

解説 曹洞宗の開祖　釈迦没後、仏教は正法、像法、末法の時期を経て次第に衰退していくという歴史観（**末法思想**）が平安後期に広まった。末法思想や戦乱・災害などの社会不安を背景に、他力をモットーとする浄土信仰が人々の心をとらえていくなか、**道元**は末法思想を理由に修行がおろそかになることを否定した。人は誰でも仏性（悟りを得る素質）があるという立場から、彼はひたすら坐禅にうちこむ修行をすべきと説く（**只管打坐**）。ただし、坐禅により悟りが開かれるのではなく、その実践が実は悟りそのものである（**修証一等**）としたのである。ゆえに床板が抜けるまで、尻の肉が腐るまで坐禅に励めと説いた。坐禅により身体も精神も執着から解き放たれた境地が**身心脱落**である。〈倫政13〉 末法とは、修行者も悟る人もなく、仏の教えのみが伝わる時代が一万年続くこと。

Ⓒ 日蓮の思想 〈倫政18・20〉

題目「南無妙法蓮華経」

天台教学・念仏などを修学 → 帰依
末法意識

法華経至上主義
法華経こそ唯一の真理と信じること

法華経のみが真実の教えです。

法華経の行者としての自覚
法難・流罪

折伏
四箇格言………他宗排撃
立正安国論……国政批判

玉澤妙法華寺蔵

↑ 日蓮（1222〜82）
主著『立正安国論』

解説 日蓮と法華経　比叡山をはじめ各寺で学んだ**日蓮**は強い末法意識を背景に、古くからの法華信仰をベースに、浄土宗・浄土真宗の影響を受けながら『**法華経**』こそが釈迦の教えのエッセンスがこめられているという考えに行き着いた。釈迦の正しい教えである『法華経』への信仰を広めることを自らの使命と考えた彼は、自らを「法華経の行者」と称した。法華経を絶対視する考えは他宗派への攻撃（**折伏**）というかたちをとり、それは具体的には**四箇格言**として、「念仏無間（浄土宗は無間地獄に堕ちる教え）・禅天魔（禅宗は天魔の教え）・真言亡国（真言宗は国を滅ぼす教え）・律国賊（律宗は国賊の教え）」という言葉に集約された。また、「南無妙法蓮華経」の題目を何度も唱えること（**唱題**）で、経にそなわる釈迦の功徳と同じものが得られるとし、唱題を重要な**行**として位置づけた（「南無」とは帰依するという意味で、「妙法蓮華経」とは法華経のことである）。1260年には時の執権北条時頼に対し、国政を非難し、法華経による仏法興隆を力説した『立正安国論』を送りつけ、怒りを買い伊豆に流されるなど、日蓮による激しい他宗派批判と布教活動は迫害と弾圧を招いたが、次第に民衆に広まっていった。

Ⓓ 林羅山の思想 〈倫政15〉

上下定分の理 〈倫政21〉
礼とは人に慎みありて、事の次第乱れざるを言うなり。**若きは老いたるを敬い、卑しきは位高きを尊ぶ、礼なり。天は上にあり、地は下にあるは、天地の礼なり。この天地の礼を、人は生まれながらに心に得たるものなれば、万事につきて上下・前後の次第あり。この心を天地に押し広むれば、君臣・上下・人間乱るべからず。**

（林羅山『三徳抄』）

存心持敬 → 実践
心に常に敬（私利私欲のないつつしみ）を保ち、上下をわきまえて行動すること

林道春〔羅山〕画像
東京大学史料編纂所蔵模写

↑ 林羅山（1583〜1657）
主著『三徳抄』

解説 幕藩体制を支える思想　江戸幕府は封建制度の理論的根拠を儒教に求め、特に**朱子学**（→P.57）を保護奨励した。藤原惺窩の弟子である朱子学者**林羅山**は徳川家康・秀忠・家光・家綱という4人の将軍に侍講として仕え、朱子学を江戸幕府の官学とする基礎を築くとともに、幕藩体制を正当化し、士農工商の身分秩序を維持するための理論を確立した。その中心となるのが**上下定分の理**であり、その実践が**存心持敬**である。幕府が安定し、最盛期に入っていくこの時代、「下克上」は過去のものとなり、身分の固定化と封建武士の道徳が幕藩体制を支える基盤として求められたのである。

SIDE STORY　阿弥陀仏は法蔵菩薩として修行中に四十八願（本願）を立てた。その中の第十八念仏往生の願は衆生が念仏により浄土へ往生できないうちは、私はさとりを開かないというものであり、これが浄土教の根本的な思想となる。

41

公共の扉

⑨ 日本の思想家(近世)

Ⓐ 伊藤仁斎の思想 倫政12・23 18

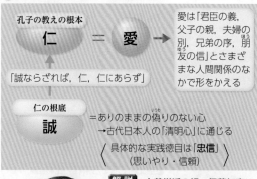

孔子の教えの根本

仁 ＝ **愛** → 愛は「君臣の義, 父子の親, 夫婦の別, 兄弟の序, 朋友の信」とさまざまな人間関係のなかで形をかえる

「誠ならざれば, 仁, 仁にあらず」

仁の根底

誠 ＝ありのままの偽りのない心 →古代日本人の「清明心」に通じる

〈 具体的な実践徳目は「忠信」 (思いやり・信頼) 〉

天理大学附属天理図書館蔵

↑ 伊藤仁斎(1627〜1705)
主著『語孟字義』『童子問』

解説 古義学派の祖 伊藤仁斎は, 朱子学が論理的体系を整理しようとしすぎて, 血の通った人間から遠ざかっていることに不満を抱き, 新たな人間理解の学問の必要性を痛感していた。ある種の神経症になるまで悩んだ仁斎は, 儒学のみならず仏教や老荘思想まで思想遍歴を続け, 最後に孔子の「仁」が「愛」であることを悟って救われた。論理的に構築された朱子学や陽明学を学ぶのではなく, 孔子や孟子の原典を読むことで, 孔孟の説く本来の儒学の精神が人格の陶冶と豊かな人間関係の形成にあることを再発見したのである。『論語』『孟子』の2冊に絞り, 孔子・孟子の語った最も本質的な意味＝古義を研究していった学問的姿勢(**古義学**)は後々に大きな影響を与えていった。

Ⓑ 荻生徂徠の思想 倫政21

倫政18 朱子の解釈に頼らず儒学の原典に直接向き合い, 講釈よりも会読を重視したこと。

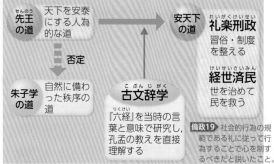

先王の道 天下を安泰にする人為的な道 → **安天下の道** **礼楽刑政** 習俗・制度を整える

↓ 否定

朱子学の道 自然に備わった秩序の道

古文辞学 『六経』を当時の言葉と意味で研究し, 孔孟の教えを直接理解する

経世済民 世を治めて民を救う

倫政19 社会的行為の規範である礼に従って行為することで心を制するべきだと説いたこと。

公益財団法人致道博物館

↑ 荻生徂徠(1666〜1728)
主著『弁道』

解説 作為の論理 我々が考える以前に, 自然の秩序はできあがっているので, その秩序を忠実に遵守すべきであるというのが, 朱子学の立場である。荻生徂徠は, その見解が政治を膠着させることを恐れ, 否定した。秩序は先王の教えのように, 作為してつくりあげるべきものである。先王とは中国古代の為政者で堯・舜・禹など, 孔子が理想とした名君を指す。彼らの政治は天が定めた秩序に則って行ったのではなく, 自ら天下安泰のために人為的につくり出したものであると考えたのである。具体的には**礼楽刑政**(規範・音楽・刑罰・政治制度)を整え, **経世済民**(世を治め, 民を救うこと)に尽くすことである。そうすれば「**安天下の道**」は得られるとした。中国古代の礼楽刑政を学ぶには, 『六経』(易経・詩経・書経・礼記・楽経・春秋)を当時の中国語で読み, 理解しなければ分からないとする学問の方法(**古文辞学**)を提唱し, 後の国学に影響を与えた。

Ⓒ 賀茂真淵の思想

倫政14 『国意考』の中で, 人間は「万物の悪しきもの」であると述べたこと。

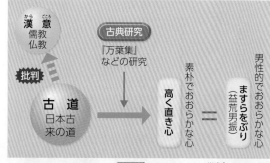

漢意 儒教 仏教

← 批判

古道 日本古来の道

古典研究 『万葉集』などの研究 → 素朴でおおらかな心 **高く直き心** ＝ 男性的でおおらかな**ますらをぶり**(益荒男振)

↑ 賀茂真淵(1697〜1769)
主著『万葉考』『国意考』

解説 古道の研究 契沖の万葉学に傾倒し, 伊藤仁斎の学問方法を採り入れながら国学を発展させた荷田春満に学んだ賀茂真淵は, わが国の民族意識に目覚め, 儒学者たちの中国一辺倒の姿勢を批判した。春満の歌学と荻生徂徠の古文辞学から手法を取り入れ, 古道(日本古来の精神)の研究にあたり, 儒教や仏教の外来思想の影響を受けない日本人の心情を『万葉集』などの古典のうちに見いだそうと努めた。その結果, 「**ますらをぶり**」や「**高く直き心**」をそうした古典のなかに認めた。「ますらをぶり」とは男性的でおおらかなこころのことで, これを万葉集のなかに見て取り, 高雅で率直純朴な精神として理想と考えた。こうした古代の精神によって, 儒学で歪められている現実の世を正そうと考え, 国学の理論体系の構築に力を尽くしていった。この事業は, 弟子の本居宣長に引き継がれていくことになる。

Ⓓ 本居宣長の思想 倫政17

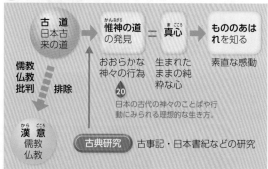

古道 日本古来の道 → **惟神の道の発見** おおらかな神々の行為 ＝ **真心** 生まれたままの純粋な心 → **もののあはれを知る** 素直な感動

儒教 仏教 批判 ↓ 排除

漢意 儒教 仏教

古典研究 古事記・日本書紀などの研究

20 日本の古代の神々のことばや行動にみられる理想的な生き方。

↑ 本居宣長(1730〜1801)
主著『古事記伝』

解説 もののあはれを知る 外来思想である儒学や仏教による規範が, われわれの祖先, 古代の人々がもっていたおおらかさを忘れさせてしまっている。本来あるべきは日本古来の精神(古道)であり, それを知るためには『古事記』や『日本書紀』などの古典の研究が大切であると本居宣長は考えた。古典の研究を通して宣長が発見したのは「惟神の道」であり, 日本神話に登場する神々の赤裸々でおおらかな行為であった。古代の人々は, 神に従って, 生まれたままの純真な心(**真心**)で暮らしていた。「外来思想の邪な理性」は捨てて, ものごとや自然にふれるにつけ素直に感動する心, 「**もののあはれ**」を知る心, つまり真心に従って生きることに立ち返るべきだとした。

倫政15
倫政15・19・22

SIDE STORY 山鹿素行(1622〜85)は朱子学など後世の注釈を捨て, 孔孟の原典に立ち返るべきとした古学派の先駆者である。また, 戦士ではなく, 農工商の上に立つ道徳的模範者としての新しい武士像を士道として示した。

⑩ 日本の思想家（西洋思想の受容）

Ⓐ 西洋思想の受け入れ

↑ 佐久間象山（1811〜64）
主著『省諐録』

幕末の思想家で洋学者の**佐久間象山**は，先進的な洋学を学び，速やかに国内が統一され，欧米の文明に追いつく必要性を感じていた。アヘン戦争やペリー来航などアジア情勢が緊迫するなか，いち早く開国を論じ，時代の転換点に立って日本の進むべき方向を示したが，吉田松陰の密航事件に連座して獄につながれた。獄中で『省諐録』を著し，「**東洋道徳・西洋芸術**」（芸術は技術のこと）という言葉で儒学的倫理観と西洋科学技術を両輪に近代化を進めていくべきだと説いた。これはいわゆる**和魂洋才**にも通じる考え方であり，明治以降，西洋文明の受容の基本的態度となった。

〔倫政17〕

ただし，このことは西洋文明の受容の仕方としては精神的な内面よりもその外面的な技術面に偏向したということをも表しているといえる。そうした矛盾を明治の文豪**夏目漱石**は，「**内発的開化**」と「**外発的開化**」という言葉で表現している。西洋の文明は400年かけて自らの内から発展した自己本位

〔21〕

↑ 夏目漱石（1867〜1916）
主著『私の個人主義』

のものである（内発的開化）が，明治以後の日本の近代化は外部からの圧力により展開し（外発的開化），形式的な文明の流入にすぎず，空虚なものになっているとした。

Ⓑ 福沢諭吉の思想 〔21〕

〔倫政12〕 独立心の涵養と数理学の導入による文明化こそが近代日本の歩むべき道であるとしたこと。

〈啓蒙活動に尽力〉 思想団体**明六社**に参加し，西欧の思想や文化を紹介し，啓蒙に努めた。	① 「天は人の上に人を造らず人の下に人を造らず」 → **天賦人権論**（人間は生まれながらにして平等）
	② **数理学＝実学**（実用的な西洋の学問）のすすめ → 学問の奨励・教育活動（慶応義塾創設）
『西洋事情』『学問のすゝめ』『文明論之概略』	③ 「独立とは，自分にて自分の身を支配し他によりまする心なきをいう」 → **独立自尊**
	④ 「**一身独立して一国独立する**」（一国の独立のために個人の独立が必要） → のちに脱亜論へ

（漢学・蘭学を学ぶ／英学を学ぶ／学問・西洋への関心／渡米2回 渡欧1回）

↑ 福沢諭吉（1835〜1901）
主著『学問のすゝめ』

解説 生来旺盛な好奇心で西洋文明を学んだ**福沢諭吉**は，新しい平等な社会をつくるためには，国民一人ひとりが学ぶこと，それも実際に役立つ**実学の重要性**を説いた。また，西洋の文明をモデルとして，明治という新しい時代を迎えた日本が，西洋の先進国家に肩を並べられるように発展することが福沢の願いであり，**一国が独立するためには一身の独立が必要である**とした。

Ⓒ 中江兆民の思想

解説 土佐藩出身。24歳のときフランスに留学し，人民主権や抵抗権などフランス流の急進的な民主主義を学ぶ。帰国後，仏学塾を創設し，ルソーの『社会契約論』を『民約訳解』として翻訳するなど，東洋のルソーとよばれ，自由民権運動に影響を与えた。日本は与えられた恩賜的権利を国民の努力によって本来の恢復的民権へと実質的に変えていくべきであるとした。

↑ 中江兆民（1847〜1901）

○二つの民権

恢復的民権	英仏のように自然権の回復を求める革命により，人民が勝ち取った自由・平等の権利
恩賜的民権	為政者から恩恵として与えられた諸権利

Ⓓ 新渡戸稲造の思想

「アメリカにおいては，贈り物をする時，贈る側は受け取る人にその品物を褒めそやす。しかし，日本ではこれを軽んじたり，悪く言ったりする。」
（『武士道』第16章）

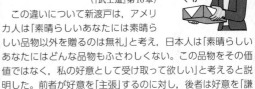
つまらないものですが

この違いについて新渡戸は，アメリカ人は「素晴らしいあなたには素晴らしい品物以外を贈るのは無礼」と考え，日本人は「素晴らしいあなたにはどんな品物もふさわしくない。この品物をその価値ではなく，私の好意として受け取って欲しい」と考えると説明した。前者が好意を「主張」するのに対し，後者は好意を「謙譲」の形で表現する。謙譲は仁とともに武士道における「礼」という徳に基づくものである。
（山本博文『武士道 新渡戸稲造』NHKテレビテキストによる）

解説 道徳としての武士道 新渡戸稲造は日本人の道徳心の深源を**武士道**に求めた。そして武士道の教える「義・勇・愛・礼」などが武士道を支えてきたと説明した。上の例は「礼」という武士道の徳が今も生きていることを紹介している。

→ 新渡戸稲造（1862〜1933）
主著『武士道』
十和田市立新渡戸記念館

Ⓔ 内村鑑三の思想

二つのJ — 内村にとって命を捧げて愛すべきJesus（イエス）とJapan（日本）

「私共の信仰は国のためでありまして，私共の愛国心はキリストのためであります。」

＊**不敬事件**…1891年，第一高等中学校の教師であった内村は，自らの信仰のため教育勅語奉読の際に敬礼をしなかった。そのため，同僚・生徒・国家主義者から非難され，辞職に追い込まれた。

↑ 内村鑑三（1861〜1930）
主著『代表的日本人』

解説 武家に育ち，幼い頃から身につけた**武士道精神**の上に，欧米の**科学的合理精神**と，**キリスト教精神**が築かれたのが，**内村鑑三**の思想であり，自らの思想を「武士道に接ぎ木されたキリスト教」とした。日本的なキリスト教を確立しようと，教会や儀式に頼らず個人として聖書に向き合う**無教会主義**を主張し，日露戦争に対してはキリスト者の立場から**非戦論**の論陣をはった。イエスへの愛と日本に対する愛国心のはざまで苦悩しながらも真のキリスト者であろうとした。

〔公共の扉〕

SIDE STORY　1914年，漱石は『私の個人主義』と題する講演を行い，西洋化の中で自己を見失い，留学中に悩んでいたときに「自己本位」という言葉に救われたと説いた。彼の「自己本位」とはいわば「アイデンティティの確立」である。

43

Ⓐ 西田幾多郎の思想 倫政13・15・19

純粋経験＝真実在

私＝音楽
主観＝客観

心が音楽に奪われている ／ 私と音楽の一体化

私が
主観
精神
心

分裂
聴いている
（作用）
思惟・反省
主観と客観が対立

音楽を
客観
できごと
物

⬆ 西田幾多郎
（1870〜1945）
主著『善の研究』

解説 純粋経験と真実在 音楽を聴くという体験において，心がその音楽に奪われるということがある。これは比喩ではなく，文字通り心が私の心でありながら私のものではなく音楽と一体化していることである。西田幾多郎がいう純粋経験とはまさにそうした音楽と自分が一体化しているという事態を指す言葉である。一方，**主観**（音楽を聴いていると考える私）と**客観**（音楽・空気の振動）とが分けられて，「私が音楽を聴いている」というように事態をみるならば，それは純粋経験を離れてしまっている。西田は禅の経験をもとに純粋経験という主客未分のあり方こそが**真の実在**であると考えたのであった。ヨーロッパの哲学は主観と客観の対立においてものごとを考えていくが，西田は主観と客観の対立以前の世界を哲学の出発点におくのである。

Ⓑ 柳田国男の思想

盆の祭りは仏法の感化によって，明らかに変形しているのであるが，それが現在もなお盛んであり又複雑になったお陰に，古い習わしの若干はまだその間に保存せられている。我々が書物の通説と学者の放送を差し置いて，ぜひとも先ず年寄りや女子供の中に伝わるものを求めようとするのも，尋ねるのが痕跡であり，又無意識の伝承だからである。…村に生まれた人々も，これを我が土地だけのおかしい風俗としか思っていなかった。これが新たによその例と比較せらるるに及んで，初めてそう軽くは見られぬ文化史上の事実となってくる。
（柳田国男『先祖の話』）

⬆ 柳田国男
（1875〜1962）
主著『遠野物語』
倫政14 15 16

解説 日本民俗学の創始 柳田国男は明治以降，学術が西欧化に一辺倒するのとは逆行するかのように，「**常民**」と彼がよんだ村落における無名の人々の生活の実態と土地土地の伝承や習俗を手掛かりに「**日本人とは何か**」を探求した。常民の生活や歴史の中に日本の宗教や文化の本質を見いだし，日本民俗学の道を切り拓いたのであった。
また，柳田国男を師として国文学・民俗学に独自の研究を残した折口信夫は神を海のかなたの他界から時を定めて村落を訪れる存在とし，客人を意味する「まれびと」と名付けた。村落の人々は幸福をもたらすまれびとをもてなし，そこで発せられることばから和歌や物語が発生したと考えた。

⬆ 折口信夫
（1887〜1953）
主著『古代研究』
倫政14 16
［写真：読売新聞／アフロ］

Ⓒ 和辻哲郎の思想と風土の分類 18

風土の類型	モンスーン	砂漠	牧場
地域	南アジア・東アジア一帯	アラビア・アフリカ・モンゴル	ヨーロッパ
自然環境の特徴	夏のモンスーン（季節風）による暑熱と湿気の結合。気まぐれな自然。	雨が少なく極度に乾燥。荒々しい自然。	冬の雨季と夏の乾燥の結合。おだやかな自然。
風土の特質（人間類型）	自然は豊かな恵みをもたらす一方，暴威もふるう。→人間は受容的・忍従的になる。	自然は死の脅威として人間にせまる。→部族への服従と団結。人間は限られた水を求めて対抗的・戦闘的になる。	自然は人間に対して従順である。→規則的な自然から法則性を導き，人間は合理的な思考をする。
宗教	ヒンドゥー教・仏教が生まれた。	ユダヤ教・キリスト教・イスラム教が生まれた。	ユダヤ教が愛の宗教キリスト教に発展した。

⬆ 和辻哲郎
（1889〜1960）
主著『人間の学としての倫理学』

解説 間柄的存在 人間とは「世の中」であるとともにその世の中における「人」でもある，と『倫理学』において和辻哲郎は述べている。つまり，人間は「じんかん」であり，「にんげん」でもある。こうして考えると人間とは「社会」と「個人」という二重性格の弁証法的統一として捉えられる。西洋近代思想がまず人間を自由で独立した個人としてみなし，社会はその集合であるとするのに対し，和辻はこのような二面性を内在した人間の存在を**間柄的存在**とよび，そこから自らの倫理学を確立した。倫理とは個人の意識の問題ではなく，人と人との間柄の問題として善悪や義務を考えるもの（**人間の学としての倫理学**）でなくてはならないということである。また，著作『**風土**』において**風土**を単なる自然環境として捉えるのではなく，芸術・宗教・風習・歴史などの人間生活にあらわれる現象・表現として捉え，人間の自己了解の仕方につながるものだとした。上の表のように風土を**モンスーン型・砂漠型・牧場型**の3つに類型化している。

Ⓓ 丸山真男の思想 (➡P.38) 倫政15・21

⬆ 丸山真男
（1914〜96）
主著『日本の思想』

自然科学者と社会科学者との間に，われわれは本質的に同じ仕事をやり同じ任務を持っているという連帯意識というものが非常に乏しく，いや大学や学会の哲学と社会科学というものの間にも内面的な交流が殆どない。哲学というものは本来諸科学を関連づけ基礎づけることを任務とするものです。ところが近代日本では哲学自身が，一少なくともアカデミーの世界では専門化し，タコツボ化した。〜（略）〜日本でいちばん独創的な哲学といわれる西田哲学が社会科学の各分野を基礎づける原理としてはどれほどの有効性を持ったでしょうか。
（丸山真男『日本の思想』岩波新書）

解説 タコツボ化 思想史家丸山真男は戦後民主主義のオピニオン・リーダーであり，古事記や日本書紀にはじまり同時代の政治的な課題や社会現象にまで優れた学問的著作を残した。彼は日本では学問の領域だけでなく，様々な集団・組織がタコツボ化していると指摘し，相互の間に共通の言葉や判断基準が形成されにくいとする。様々な分野を横断しながら共通の基盤を持つ（ササラ型）ような組織・社会のあり方が思考法を固定・沈殿化するのを防ぎ，多元性の中から1つのビジョンを生み出すために必要だとした。

SIDE STORY 西田幾多郎は京都大学の教授となった後に，家族の死や病気という度重なる不幸に見舞われ，窮地に追い込まれた。「哲学の動機は驚きではなく，人生の悲哀でなければならない」と彼は述べている。

Ⓐ 南方熊楠の思想

明治政府による神社合祀令（1町村1社の方針のもと，地方の小さな神社が廃され，地方文化にとって打撃となった）に対し，神社のまわりに聖域とされてきた鎮守の森が破壊されることを憂い，自然環境と文化を守るために，柳田国男とともに神社合祀反対運動を展開した。神社合祀に反対して和歌山県知事に送った手紙に「エコロギー」という言葉を使い，自然環境保護運動の先駆的な活動を展開し，生態系のつながりの大切さを説いた。

↑ 南方熊楠（1867〜1941）

← 和歌山県田辺市に近い林に立つ熊楠
（上下写真：南方熊楠顕彰館所蔵）

解説 **在野の巨人** 大学予備門を中退し，米・英で生物学，人類学を学び，『ネイチャー』など国内外の学術誌に天文・植物・民俗に関する論文を寄稿した。特に変形菌や菌類の研究で成果をあげ，生涯，在野の学者に徹し，1904年，和歌山県田辺に定住し，植物採集や調査活動を行い，亡くなるまでここで過ごした。柳田とは民俗学をめぐり書簡を交わし，柳田は熊楠の神社合祀反対運動に対しても助力した。

Ⓑ 柳宗悦の思想

東京帝国大学哲学科を卒業。李朝時代の無名の職人によって作られた陶磁器などの日用雑器に宿る美しさを発見し，民芸運動を創始した。日本が置いた朝鮮総督府（朝鮮統治機関）による光化門（旧朝鮮王朝の正門）の取り壊しに反対し，民族の固有性を破壊する日本の朝鮮統治政策を批判した。また，国内では木喰仏（全国を巡り歩いた江戸中期の僧，木喰の彫った仏像）の発見・調査も実施した。

↑ 柳宗悦（1889〜1961）

↑ 当時の光化門

← ↑ 地蔵菩薩像（左）と朝鮮半島の陶磁器「白磁陽刻四君子文三段重」（右）（日本民藝館所蔵）

解説 **民芸とは** 柳はそれまでの下手物（普段使いの素朴で大衆的な器物）という語に替えて，人々が日常的に使う安価な衣服や食器など，無名の職人が作る工芸品に新たな美的価値を見いだし，「民芸」と呼んだ。1926年に発表した『雑器の美』において「現実に即するものに，現実を超えた美が最も鮮やかに示される」，「用ゐずば器は美しくならない」，「素朴な器にこそ驚くべき美が宿る」と説いた。

Ⓒ 平塚らいてうの思想

写真：共同通信社

封建的な「家」制度，良妻賢母主義を批判した女性解放運動の先駆者。当時の結婚制度にも反対し，画家奥村博史と事実婚の関係で2児を育てたが，母性保護論争（1918-19）においては夫の扶助を得ることは夫への服従につながるため，子育て中の母親への扶助は，国家がなすべきことであり，夫に要求すべきことではないという立場をとった。

↑ 平塚らいてう（1886〜1971）

1911年 女流文芸誌『青鞜』を創刊し，「原始，女性は実に太陽であった。真正の人であった。」と宣言した。
　→青鞜社による女性解放運動の開始
1913年 『中央公論』に婦人論として「私は新しい女である」を発表。
　→「新しい女」は近代的自我に目覚めた進歩的女性を指すようになったが，批判も受けた。
1920年 市川房枝らとともに新婦人協会を設立し，女性の政治活動の自由などの確立を目指した。
　→治安警察法の改正

解説 戦後も日本婦人団体連合会の初代会長を務め，国際民主婦人連盟副会長に就任するなど，生涯，女性の権利の伸張のために活動した。また，ベトナム戦争に反対するなど平和活動にも精力を注いだ。

Ⓓ 宮沢賢治の思想

岩手県花巻市出身。『法華経』に出会い，日蓮宗に傾倒した。法華経信仰を軸に，他者を犠牲にして成り立つ命に対する葛藤や全ての生命に対する利他心などをテーマとした文学作品をつくった。『春と修羅』，『銀河鉄道の夜』など。

↑ 宮沢賢治（1896〜1933）

羅須地人協会の設立 農民の苦しい実情を知るなかで，自らは教師として俸給生活を送っていることへの矛盾を感じ，花巻農学校の職を辞して設立した。貧しい農村生活を改良しようと自ら開墾，耕作しながら無償で農業指導を行うとともに，科学やエスペラント，音楽を教えた。
農民芸術論 『農民芸術概論綱要』（羅須地人協会での講義における下書）において，農民の日常生活を芸術の高みへ上昇させようと試みる農民芸術を提唱し，労働と芸術，宗教の一体化を試みた。

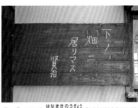
← ↑ 県立花巻農業高等学校に移築復元された羅須地人協会

解説 **他者の幸福** 『農民芸術概論綱要』において「世界がぜんたい幸福にならないうちは個人の幸福はあり得ない」とした賢治であるが，彼自身が犠牲になって農民の幸福のために尽力した実践者であり，求道者でもあったといえるだろう。

用語 Check 〔◆P.363〕 恥の文化，法然，栄西，一遍，日蓮，中江藤樹，伊藤仁斎，本居宣長，西田幾多郎

公共の扉

⑨ 世界の宗教

課題を考える
現代の世界を捉えるのに宗教に対する理解は欠かせない。三大世界宗教の共通点，それぞれの特徴は何だろう。

1 世界の宗教人口とその分布

A 世界の宗教人口（2022年）

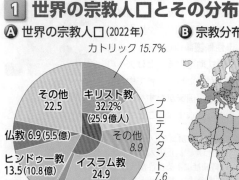

カトリック 15.7%
その他 22.5
キリスト教 32.2%（25.9億人）
プロテスタント 7.6
その他 8.9
仏教 6.9（5.5億）
ヒンドゥー教 13.5（10.8億）
イスラム教 24.9（20.0億）
その他 0.2
シーア派 2.5
スンニ派 22.2

『The World Almanac 2023』

B 宗教分布図

エルサレム（ユダヤ教・キリスト教・イスラム教の聖地）
大乗仏教と神道
メディナ（イスラム教の聖地）
メッカ（イスラム教の聖地）
バチカン（カトリックの総本山）

＊この図はおおまかな分布を示しており，実際には各地域ごとに特定の宗教が決まっているものではない。

キリスト教
- カトリック
- 東方正教会
- プロテスタント

イスラム教
- スンニ派
- シーア派

仏教
- 上座部仏教
- 大乗仏教と道教，儒教など
- 大乗仏教と神道
- チベット仏教

- ヒンドゥー教
- ユダヤ教
- シク教
- 土着の宗教

（『今がわかる時代がわかる世界地図』成美堂出版）

公共の扉

解説　宗教の分類　世界のすべての地域・民族に様々な宗教がある。その中で，**キリスト教**，**イスラム教**，**仏教**の「**三大世界宗教**」は，世界人口の過半数を占めている。この三大世界宗教には，共通する二つの特徴がある。一つは，「**創唱宗教**」，すなわち「教祖，開祖によって始められた宗教」であること。もう一つは，民族や国家の枠を越えて受け入れられた「**世界宗教**」であることである。世界宗教に対して，ある特定の民族に固有のものは「**民族宗教**」と呼ばれ，**ヒンドゥー教**，**ユダヤ教**，**神道**などがこれにあたる。

2 三大世界宗教

	キリスト教	イスラム教	仏教
開祖	イエス（キリスト）（前4？〜紀元30？）	ムハンマド（マホメット）（570〜632）	ガウタマ＝シッダールタ（前463？〜前383？）
時期・場所	1世紀初め（**パウロ**らによる教義の確立）ローマ帝国の属領パレスチナ	7世紀初め アラビア半島の都市メッカ	紀元前5世紀ころ インド東北部マガタ国
聖典	新約聖書と旧約聖書	クルアーン（コーラン）	仏典（多種の経典）
教えの概要	①イエスは救世主（キリスト）である 倫16 ②神の絶対愛（アガペー）と隣人愛 ③律法の内面化（↔ユダヤ教の律法主義）	①神（アッラー）への絶対帰依 ②偶像崇拝禁止　③万人平等 ④六信と五行（●P.50）倫15 「聖職者」が存在しないこと。	①四法印　②四諦（4つの真理）③八正道　④縁起説 ⑤身分差別の否定　⑥慈悲の心
主な宗派と特徴	倫政15 **カトリック**　最大の信徒をもつ。カトリック教会の中心はバチカン市国にある教皇庁，聖職者の長が教皇（＝ローマ法王）。十字の切り方：額→胸→左肩→右肩の順。 **プロテスタント**　カトリックの権威主義的な面に反発して分派。儀礼は簡素に行い，教会ではなく聖書と個人の信仰を絶対とする。祈るとき十字は切らない。 **ギリシャ正教会（東方正教会）**　彫像をつくらないかわりに板絵の聖画像「イコン」に祈る。十字の切り方：額→胸→右肩→左肩の順。	**スンナ（スンニ）派**　多数派　アジア・アフリカ全体に広がり，全体の9割近くを占める。代々のカリフ（最高指導者）を正統と認め，「コーラン」とムハンマドの言行録である「ハディース」，「ハディース」の示す慣行（スンナ）が絶対の規準 **シーア派** 倫政21　少数派　イランなどを中心に分布。第4代カリフであるアリーを最高指導者とし，その「血統」を重視する。	**大乗仏教**（北伝仏教）倫政20・22 中国，日本，朝鮮半島，ベトナムなどを中心に広がる。倫政20 『般若経』 自分だけでなく他者の救いをも重視し，より多くの人々を悟りに導くことを目指す。倫政20 上座部仏教を「小乗仏教」と蔑称したこと。 **上座部仏教**（南伝仏教）倫政20 スリランカ，ミャンマー，タイなど東南アジアでさかん。ブッダの教えを忠実に守るため，男性は一生のうち一度は僧院で厳しい修行生活を送る。修行者は自己の悟りだけを目指す。

↓フランシスコ ローマ法王

←バチカン市国（サンピエトロ大聖堂）

↑メッカ（カーバ神殿）

←ブッダガヤ（大菩提寺・ブッダ成道の地）

SIDE STORY　イスラム教の神アッラーは，「目無くして見，耳無くして聞き，口無くして語る」，姿・形をもたない意思のみの存在とされ，絵や彫刻として，表すことができない。イスラム教が偶像崇拝を禁止しているのもこのためである。

③ ユダヤ教・旧約聖書の世界

Ⓐ ユダヤ教の成立 《倫政15》

古代イスラエル人(ヘブライ人・ユダヤ人)はもともと遊牧民であり、イスラエル人の始祖とされたのはアブラハム[*1]とその息子イサク、孫ヤコブである。ヤコブが自分の名をイスラエルと改名し、その子孫である十二部族がイスラエル人の民族共同体になったとされる。神**ヤハウェ**[*2]は人類からアブラハムを選んで「乳と蜜の流れる土地」と表現されるカナン(現パレスチナ、→P.294)の地を与える**契約**を結んだとされる。つまりカナンはイスラエル人にとって「**約束の地**」となったのである。こうして紀元前20世紀以後、長い年月のなかでユダヤ人が経験したできごと・苦難などを通じて**民族宗教**としてユダヤ教が成立していった。同様に聖典『**旧約聖書**』も長い年月をかけて成立したものであり、**神と人の契約**が記されている。また、ユダヤ教は後にキリスト教・イスラム教の母胎ともなっていく。

⬆ **カラヴァッジョ『イサクの犠牲』** アブラハムは神の命に従い息子イサクを神に捧げようとし、その信仰心が試された。

[*1] ユダヤ教・キリスト教・イスラム教はアブラハムを共通の祖とし、同じ唯一神を信仰する宗教である。
[*2] ユダヤ教では唯一絶対の神であり、天地を創造した創造神であり、契約を結ぶ人格神。律法に基づき裁く神であり、義(正しさ)の神とされる。

倫政19

Ⓑ 楽園追放と原罪

← ミケランジェロ『楽園追放』

『旧約聖書』には人類の祖先としてアダムとイブが登場する。彼らはエデンの園で幸せに暮らしていたが、唯一の神との戒めに背いて、善悪の知識の木の実を悪魔にそそのかされて食べてしまった。神に背いた罪は重く、アダムとイブの子孫である人間は、以来誰もがこの責めを背負うことになった。楽園を追放され、人間は死すべき存在となり、男は労働の苦しみ、女は出産の苦しみを負うことになった。これが人間は「**生まれながらに罪深い存在**」である理由であり、根源的な罪の象徴＝**原罪**としてキリスト教にも引き継がれていく人間観となる。

Ⓒ モーセの十戒

→ ミケランジェロ作『モーセ』

モーセの十戒(『旧約聖書』出エジプト記)
1. あなたには、わたしをおいてほかに神があってはならない。
2. あなたはいかなる像も造ってはならない。
3. あなたの神、主の名をみだりに唱えてはならない。
4. 安息日を心に留め、これを聖別せよ。
5. あなたの父母を敬え。
6. 殺してはならない。
7. 姦淫してはならない。
8. 盗んではならない。
9. 隣人に関して偽証してはならない。
10. 隣人の家を欲してはならない。

○安息日に禁止されていること
火をおこす
種をまく
…など39項目にも及ぶ

カナンを離れ、エジプトに移り住んだ一部のイスラエル人は勢力を増したため、現地で迫害を受けた。紀元前13世紀、神は彼らを救うために**モーセ**を預言者として選び、約束の地カナンへ導くためエジプトから脱出させた。その途中のシナイ山で、神はモーセに宗教的戒律である**十戒**を授けたとされる。

Ⓓ バビロン捕囚

カナンに戻った後、異民族との戦いが続いたが、紀元前11世紀末にはヘブライ王国が建国され、ソロモン神殿が築かれるなどの繁栄をみせた。やがて王国は分裂し、前586年にその一つユダ王国が新バビロニアにより滅亡させられた。その際、指導者層と住民は捕虜としてバビロニアに連れ去られ、**バビロン捕囚**と呼ばれる苦難が始まった。こうした苦難のなかで、神の言葉を預かる**預言者**は**律法の遵守**と**救世主(メシア)の出現**を説き、民族の結束を促した。ゆえにユダヤ教における救世主(メシア)とはかつてのような地上に繁栄をもたらす王国を再興する者を意味する。その後、ユダヤ人は前1世紀にローマの支配下に入ったが、そのなかで**イエス**が出現し、新しい教えが説かれていく。

倫政16 ユダヤ教徒にとって安息日とは、神に感謝を捧げるための機会であり、その間はすべての労働を避けなければならないこと。

Ⓔ ユダヤ教の特徴

一神教	ヤハウェは唯一絶対の人格神であり、人が契約にふさわしいか否かを厳格に判断する裁きの神であり、救済にふさわしい者を救う。→**愛と裁きの神**
律法主義	神とイスラエルの民とは**律法**の遵守を条件とする契約によって結ばれている。律法の中心が**十戒**であり、現在も安息日など厳格に守られている。
選民思想	イスラエルの民はヤハウェによって選ばれた民族であり、神の恩恵によって救済を約束された民族である。苦難は神に選ばれた民としての試練と解釈する。
終末観	ヤハウェはこの世の終末をもたらし、**最後の審判**を下すが、イスラエルの民には**救世主(メシア)**を遣わし、かつての繁栄へと導く。

倫政23

○ユダヤ教の神とユダヤ人の契約

```
          唯一絶対の神(ヤハウェ)
預言者が仲介  ・十戒をはじめと   ・終末における救済
            する律法の遵守    ・救世主による救済
                              神と人間との契約
          ユダヤ人(神に選ばれし民)
```

公共の扉

④ キリスト教

08 日本には戦国時代に伝わり，大名も信仰していたこと

Ⓐ 新約聖書・福音 倫理16

　イエスによってもたらされた神と人の間における新しい契約が『新約聖書』であり，イエスや彼の弟子の言行・教えがまとめられている。そしてそれは，罪深いとされる多くの人々にも救いがもたらされるという「喜ばしい知らせ＝福音」（エウアンゲリオン）であると解釈される。イエスの言動は『新約聖書』の「福音書」に記されており，マタイ，マルコ，ルカ，ヨハネの4福音書がある。なお，キリスト教では『旧約聖書』（→P.47）の内容はこれらに先行する教義となる。

🡐 **イエス（前4頃～後30頃）の奇蹟**
「一人の重いらい病を患っている人がイエスに近寄り，ひれ伏して，「主よ，御心ならばわたくしを清くすることがおできになります」と言った。イエスが手を差し伸べてその人に触れ，「よろしい。清くなれ」と言われると，たちまち重いらい病は清くなった。」（『マタイによる福音書』8.1～3）イエスは律法により穢れとされた人々に対して隣人愛を実践した。

Ⓑ 律法主義批判（ユダヤ教批判）・律法の内面化 倫理16

○「あなたがたも聴いているとおり，『姦淫するな』と命じられている。しかし，わたしは言っておく。みだらな思いで他人の妻を見る者はだれでも，既に心の中でその女を犯したのである。」 （『マタイによる福音書』）
○「安息日は，人のために定められた。人が安息日のためにあるのではない。」 （『マルコによる福音書』）

○ **ユダヤ教における差別とそれに対するイエスの行動**

蔑まれていた人々	理由	イエスのとった態度
サマリア人*	サマリア人はイスラエルの民の血を汚した。	蔑まれていたサマリアの女に声をかけ，福音を伝えた。
姦淫したもの	姦淫は律法の中でも最も忌むべきもので，石打ちで罰せられた。	姦淫した女性を前にした人々に「罪を犯したことがない者がまず石を投げよ」と述べた。
徴税人	ユダヤ人を重税で苦しめるローマの手先で罪人扱いされた。	徴税人ザアカイもアブラハムの子であるとし，彼の家に自ら泊まり，客となった。

＊ユダヤ人とアッシリアからの移民との間に生まれた子孫。
（関田寛雄『図解雑学　聖書』ナツメ社を参考）

解説 律法主義への批判 ユダヤ教では律法を忠実に守ることができる者がその報いとして救われるとされた（**律法主義**）。一方，律法に反した罪人，穢れとされた病人，律法を知らない異邦人（非ユダヤ人），徴税人，娼婦，障がい者は差別され，パリサイ派（律法を厳格に守るユダヤ教の一派）や律法主義者から蔑まれていた。しかし，イエスは外面的・形式的に律法を守るのではなく，心の問題として律法に忠実であることが本来の信仰であるとした。これを**律法の内面化**（律法主義者への批判）という。
倫政20 パリサイ派に反対し，万人が罪人とみなした。

Ⓒ 山上の垂訓

○「心の貧しい人々（迫害され，苦しむ者の意）は，幸いである。天の国はその人たちのものである。（中略）義のために迫害される人々は，幸いである，天の国はその人たちのものである。」
○「敵を愛し，自分を迫害する者のために祈りなさい。」
○「だれかがあなたの右の頬を打つなら，左の頬をも向けなさい。」
○「人にしてもらいたいことは何でも，あなたがたも人にしなさい。」→**黄金律**と呼ばれる教えに
｝「隣人愛」の思想
（『マタイによる福音書』第5～7章）

倫政22

解説 イエスの最初の教え 『マタイによる福音書』の第5～7章に記される，イエスがオリーブ山で行った説教は「山上の垂訓」と呼ばれ，人々に対する最初の説教とされている。律法主義への批判，律法の内面化や隣人愛の思想などが語られる。

🡐 **山上の垂訓教会（パレスチナ）**
山上の垂訓が行われたとされるガリラヤの地に建設された。

Ⓓ 神の愛（アガペー） 倫政20 無差別に無条件に与えられている。

○「天の父は悪い人の上にも善い人の上にも太陽を上らせ，正しい人にも正しくない人にも雨を降らせて下さるからです」（『マタイによる福音書』）→**平等の愛**
○「一粒の麦は，地に落ちて死ななければ，一粒のままである。だが，死ねば，多くの実を結ぶ」（『ヨハネによる福音書』）→**無償の愛**
○放蕩息子の譬：父（神の喩え）を裏切って家出し，父の財産を浪費した挙げ句に帰ってきた弟（罪人の喩え）を父が赦す。また弟を快く思わない厳格な兄（パリサイ派の喩え）にも愛情を注いだ。（『ルカによる福音書』による）→**赦す愛**

解説 神の愛 キリスト教では神の愛を**アガペー**といい，神の愛はその対象に左右されない**平等の愛**であり，見返りを求めない**無償の愛**であり，罪あるものを**赦す愛**とされる。

Ⓔ 神への愛・隣人愛—二つの戒め（最高の律法）

○「心をつくし，精神をつくし，思いをつくし，力をつくして主なるあなたの神を愛せよ。」→**神への愛**
○「自分を愛するようにあなたの隣人を愛せよ。」→**隣人愛**
（マルコによる福音書）

○**神と人間の関係**

神
信仰 / 愛（アガペー）
イエス
二つの戒め
｛神への愛・隣人愛
・無差別
平等の愛
人間

○**「よきサマリア人の譬」（隣人愛）**
○強盗に襲われた瀕死のユダヤ人がいたが，ユダヤ人の聖職者らは見て見ぬふりをした。そこに敵対視されていたサマリア人がやって来て，けが人を手厚く介抱した。このサマリア人こそがけが人の真の**隣人**であり，同じようにすべきであるとイエスは説いた。
（『ルカによる福音書』）

解説 最も大切な律法 律法学者がイエスに掟の中で最も大切なものは何かと質問され，二つの戒めを示し，これを律法の根本とした。ここに示される「神への愛」と「隣人愛」はキリスト教における神と人間の関係を説明する上でも重要である。

公共の扉

SIDE STORY 1215年のラテラノ宗教会議では，年に一度，キリスト教徒の告解（罪の告白，懺悔などの意）が義務づけられた。フランスの哲学者フーコーはこれを西欧の精神史上最大の変革であったと述べている。

F キリスト教の成立と発展

回心するパウロ（?～64?）

トルコ出身のユダヤ人で厳格な律法主義者（パリサイ派）であった彼は，当初キリスト教徒を迫害していたが，光に打たれ，イエスの声を聞き，キリスト教に回心した。自らを「異邦人の使徒」としてローマ帝国内に伝道活動を展開し，キリスト教を世界宗教に高めた。

解説 イエスの復活と原始キリスト教の成立 イエスによるユダヤ教指導者の律法主義への批判はイエスに十字架刑を招くことになった。十字架上の死から3日後，イエスは復活し，40日間にわた

倫政22 パウロが信徒に勧めた「信仰・希望・愛」の3つは後にキリスト教の三元徳とよばれた。

○**パウロの思想** 倫政18・19・20 アダムの罪が引き継がれていること。

倫政20 **贖罪の思想**…父なる神はイエスを犠牲とすることで人間の罪を贖われた（贖罪）。罪のないイエスが十字架刑の苦しみを受けることによって，人間の根源的な罪（＝**原罪**）を許されたのである。→律法の遵守は罪の意識を深めるのみである。むしろ信仰を重視しなければならない。

倫政21 **信仰義認説**…人が義（正しい）とされるのは律法ではなく信仰による。贖罪という神の愛による恩寵を信じること（＝信仰）で救われる。

り弟子たちの前に現れ，教えを説いた後に昇天したとされる。復活を信じるペテロ（?～64?）をはじめとする弟子が原始キリスト教団を結成し，パウロの伝道などの活躍により**原始キリスト教**が成立した。 倫政21

5 仏教

A 仏教誕生の時代背景

紀元前15世紀頃，インド北西部から侵入し，紀元前10世紀にはガンジス川に移住してきたアーリヤ人は天・地・太陽・風・火など様々な自然神を崇拝する**バラモン教**を生んだ。同時に彼らが先住民族を支配する過程で，身分制度（ヴァルナ制）も形成されたが，最高位で司祭階級であるバラモンによる祭祀を中心とした宗教がバラモン教である。バラモン教は永遠に生死を繰り返す**輪廻**という苦しみから**解脱**（永遠不滅の境地である涅槃に至ること）する ［倫政19］ための深遠な思想（ウパニシャッド哲学）も生み，インド思想の伝統となった。一方で次第に祭祀の形式化や，身分制度の固定化に対する批判を ［倫政18］ 背景に，紀元前5世紀頃には**仏教・ジャイナ教**など新しい宗教が誕生した。なお，こうした宗教に民間信仰が取り込まれ，後の**ヒンドゥー教**に発展していった。

B ガウタマ＝シッダールタ（ブッダ）の生涯・四門出遊

西暦[1]	年齢	生　涯
前563頃	0	釈迦族の王子として生まれる。母マーヤーは7日後に死亡
547	16	ヤショーダラと結婚。一子ラーフラをもうける
534	29	人生に対する苦悩と**四門出遊**[2]をきっかけに出家→6年間の苦行
528	35	苦行を捨て，菩提樹下で瞑想し，悟りを開き，**ブッダ**（悟りを開いた者）となる。鹿野苑にて最初の説法（＝**初転法輪**）を行い，四苦八苦・四諦・中道などを説く→各地で説法
483	80	クシナガラで病に倒れ，弟子たちに見守られて死去（入滅）

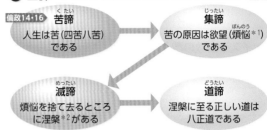

苦行するガウタマ

[1] 生没年には諸説ある。
[2] 四門出遊：城の東西南北から外出する際に老人・病人・死者・修行者と出会ったことがきっかけで，ガウタマは全てを捨てて，解脱を求めて出家したという逸話。

C 四苦八苦—ブッダの説いた人間の根源的な苦しみ 倫政16

八苦	四苦	生・老・病・死の4つの苦しみ
	愛別離苦	愛する者と別れる苦しみ
	怨憎会苦	憎む者と出会う苦しみ
	求不得苦	得たいものが得られない苦しみ
	五蘊盛苦[*]	心身を構成する5要素から生じる苦しみ

倫政19 [*]五蘊—色（形あるもの）・受（感覚）・想（表象）・行（意思）・識（認識）

D 四諦—ブッダが初転法輪で明かした4つの真理 倫政15

倫政14・16 **苦諦** 人生は苦（四苦八苦）である	→	**集諦** 苦の原因は欲望（煩悩[*1]）である
↓		↓
滅諦 煩悩を捨て去るところに涅槃[*2]がある	→	**道諦** 涅槃に至る正しい道は八正道である

[*1] 煩悩：無我をわきまえず自分や所有物に執着する迷いの心。渇愛・我執とも。特に貪（貪欲）・瞋（怒り）・癡（愚かさ）を三毒という。
[*2] 涅槃：一切の悩みや束縛から脱した，円満で安らぎを得た状態。

E 中道と八正道—悟りに至る適切な修行のあり方

倫政16 **中道**	苦から自由になるための，「快楽」と「苦行」という二つの極端から離れた正しい道

↓ **具体化**

倫政18 **八正道**（煩悩を捨て涅槃に至る8つの正しい修行法）	正見（正しい見解） 正語（正しい言葉） 正命（正しい生活） 正念（正しい自覚）	正思（正しい思惟） 正業（正しい行い） 正精進（正しい努力） 正定（正しい瞑想）

F 縁起の法—十二縁起

縁起…仏教の根本思想。あらゆるものはそれ自体では存在できず，他との関わり合いの中でしか存在しえないという真理。ブッダは，苦も縁起によるものであり，その根本原因が無明（無知）であることをつきとめ，これを滅すれば苦から解放されるとした。**十二縁起**とは，何によって苦が生じるかを12の因果関係から説き起こしたもの。

順観…苦が発生するプロセス			逆観…苦が取り除かれるプロセス
↓	**無明**	無知	↑
↓	**行**	心の作用	↑
↓	**識**	判断作用	↑
↓	**名色**	名称と形態	↑
↓	**六処**	六つの感覚	↑
↓	**触**	触覚	↑
↓	**受**	感受作用	↑
↓	**愛**	強い欲望	↑
↓	**取**	執着	↑
↓	**有**	生存	↑
↓	**生**	誕生	↑
↓	**老死**	人生の苦悩	↑

G 四法印[*]—ブッダの悟った4つの真理

一切皆苦	人生は苦しみに満ちている→四苦八苦
諸行無常	この世のものは常に消滅変化し，不変のものはない
諸法無我	すべてのものは，存在の原因が自己の内にはない
涅槃寂静	正しい智慧により苦の原因を明らかにして煩悩を滅することで涅槃にいたる

倫政18

[*]四法印から「一切皆苦」を除いたものは三法印とよばれる。「法」とはダルマ（真理・教え）のことであるが，存在する個々のものという意味もある。

公共の扉

SIDE STORY 「母親が我が子のためとあらば命を捨てても一人子を守護するように，生きものに対して無量無辺に広がる慈しみの心をもつように修行するがよい。（『スッタニパータ』）」のように，ブッダはすべての命に向ける愛（**慈悲**）を説いた。

⑥ イスラム*教

*イスラム(イスラーム)とは，唯一神であるアッラーへの服従，帰依を意味する。

Ⓐ ムハンマドの生涯とイスラム教の成立

西暦	年齢	生涯
570頃	0	メッカのクライシュ族に生まれるも父母と死別し孤児となる
595	25	富裕な未亡人ハディージャと結婚
610	40	洞窟で瞑想中に天使ジブリール(ガブリエル)を通じて唯一神**アッラー**の啓示を受ける→預言者として自覚，布教を始める→信者の平等を説き，偶像崇拝を否定→迫害
622	55	メディナに移住(**ヒジュラ=聖遷**)→メディナにおいて信者による共同体**ウンマ**が成立(イスラム暦元年)
630	60	無血征服によりメッカに入り，カーバ神殿に祀られていた各部族の神々の偶像を破壊
632	62	死去→後継者(**カリフ**)の指示により聖典**『クルアーン(コーラン)』**編纂開始

Ⓑ 『クルアーン』・『ハディース*1』の言葉

第一章 開序章 *2 (ファーティハ)

一 恵みあまねく 慈悲ふかき
　神・アッラーのみ名により
二 讃えまつらん アッラーを
　そは万有を しろしめし
三 恵みあまねく 慈悲ふかく
　おんめぐみの 道ならず
四 審判の日を ぞつかさどる
　迷える人の 道を
五 おんみをこそは 崇めなむお
六 導きたまえ 直き道
七 嘉したまえる 人の道
　んみにこそは すがらなむお

(安倍治夫『イスラム教』現代書館)

*2 クルアーン最初の章

○「信仰しない限り，あなた方は天国に入れない。またお互いを愛さない限り，信仰したことにならない。」(『40のハディース』宗教法人東京・トルコ・ディヤーナト・ジャーミィ編)

Ⓒ イスラム教の教え

終末観	『クルアーン』 [倫政22]	預言者 [倫政20]	信者の平等	[倫政19] シャリーア(イスラム法)
この世界の終わりに神により**最後の審判**が行われ，正しい行いをした者は天国へ，そうでない者は地獄に振り分けられる	ムハンマドを通じて神から啓示され，アラビア語で記録された**聖典**。声に出して朗誦するもの。なお，『旧約聖書』『新約聖書』も啓典とされる。→ユダヤ・キリスト教徒は同じ神から啓典を与えられたことから「啓典の民」と呼ばれる	ムハンマドが最大にして**最後の預言者**。→預言者はあくまでも人の子であるため，イエスを神の子とするキリスト教を批判	神の前に**万人は平等**とされる。→聖職者は不在，ユダヤ教の**選民思想**を否定 [倫政14]	宗教的儀礼・刑罰・結婚など日常生活全般を含めたイスラム教徒の守るべき掟を体系化したもの。『クルアーン』やムハンマドら預言者による慣行(**スンナ**)をもとに成立。→行政規則としての法律は格下とされることがあり，**政教分離が発想されにくい背景**にもなっている

*1 『ハディース』はムハンマドの言行録をあらわす。

Ⓓ 六信五行

*イスラム教信者

信仰の支柱	「六信」…ムスリム*の信ずべきもの 「五行」…ムスリムの行うべきこと

	神	唯一絶対の神=アッラーへの信仰。
六信	天使	神と人間の中間的存在としての天使。
	啓典(聖典)	神がムハンマドを通じて下された啓示が聖典である「コーラン」。[倫政18]
	預言者	神の啓示を伝える者。アダム，モーセ，イエスなど六大預言者のうち，ムハンマドは最後の預言者。
	来世	終末が来て，神の審判により正しき者は天国，不義をなした者は地獄へ。
	予定(天命)	世界のできごとはすべて神の支配を受けるよう運命づけられている。
五行	シャハーダ(信仰告白)	アッラーのほかに神なし，ムハンマドはその使者なりと唱える。
	サラート(礼拝)	1日5回定時にメッカに向かって礼拝。
	ザカート(喜捨)	財産に応じた宗教税。貧者の救済にあてる。
	サウム(断食)	ヒジュラ暦第9月(ラマダン)に30日間昼間の断食をする。
	ハッジ(巡礼)	一生に一度，メッカに巡礼する。

Ⓔ イスラム教の教育と平等観

　私はかつてサウジアラビアのメッカにある世界イスラーム連盟の事務局長とお会いしたことがあります。(略)その広い広報室に入っていくと，多くの国からきた人達が彼との話を待っていましたが，そこには子供達が20人近く，机の周りにたむろしていたのです。(略)彼と子供達の様子を見ていると，(略)子供達が読み書きを学んでいるということがわかりました。なんと彼は少しの暇を見ては，子供達に読み書きを教えているのでした。子供達はわれわれが話している間も際限なく間に割り込み，手ほどきを受け，また彼も面倒がらずに親切に教えているのです。そしてこの子供達は(略)事務所の近くで遊んでいる近所の普通の子供でした。**アッラーの前にはいかなる人間も平等である**と教えたイスラーム教は預言者ムハンマドもただ一人のイスラーム教徒にしか過ぎない，という基本の教えに従えば，イスラーム教を知っている者がイスラーム教を教えるということに不都合は生じないでしょう。**アッラーとムスリムが直結し，その間に何者も介入することが許されないイスラーム教世界では，ムスリムすべてが牧師であり，神父であり，僧侶であり，神官です。** そしてすべての空間・大地が礼拝所であり学校なのです。教育もまたその教えのとおり時・人・場所を選ばず，アッラーの意により行われます。それを制止する権限は人間にはないのです。(渥美堅持『イスラーム教を知る辞典』東京堂出版　一部改変)

↑ コーランを読む子どもたち

解説 聖職者の不在　能力のある者が請われれば，いつでも，いかなる場所でも教えるというのがイスラム教の教育の基本スタイルとされている。ここにもこの宗教のもつ神の前においては皆が平等であるという考え方が反映しているととらえることができるだろう。

用語Check 〔➡P.363〕 キリスト教，イスラム教，仏教，ヒンドゥー教

●次のまとめの中の❶～⓭にあてはまる言葉を答えなさい（解答は下の欄外）。

重要ポイントの整理

（1）生活の中の宗教
　①年中行事－稲作・農村共同体とのかかわり
　　ハレとケ（非日常と日常）の区別
　　→現代は「慢性ハレ化」
　②❶____（イニシエーション）－人生の節目における儀礼（例　成人式，結婚式など）→「死と再生」に結びついた象徴的儀礼を伴う共通性

（2）日本人の考え方と日本文化
　日本文化の特徴－❷_の文化（ルース・ベネディクト），タテ社会（中根千枝），甘え（土井健郎），建前と本音

（3）日本の思想家
　①仏教思想
　　聖徳太子－「凡夫」の自覚
　　親鸞－❸____（弥陀の本願に全てを委ねる）
　　❹__－只管打坐（ひたすら座禅），修証一等（修行が悟りそのもの），身心脱落（悟りの境地）
　　日蓮－唱題（題目を何度も唱える）
　②儒教思想
　　林羅山－上下定分の理（身分秩序の維持）
　　伊藤仁斎－仁，愛，誠（『論語』・『孟子』の本質）
　　荻生徂徠－先王の道＝安天下の道←礼楽刑政，経世済民（中国古代の先王が人為的に作成した秩序に倣うべき）
　③国学
　　賀茂真淵－ますらをぶり（『万葉集』に見いだされる日本古来の精神）
　　本居宣長－惟神の道＝真心（『古事記』，『日本書紀』に見いだされる日本古来の精神），❺_____（素直に感動する心）
　④西洋思想の受容
　　❻_____－東洋道徳・西洋芸術（儒教的倫理観と西洋科学技術を両輪とすべき）
　　夏目漱石－外発的開化と内発的開化（形式的な文明化への批判）
　　❼____－「天は人の上に人を造らず人の下に人を造らず」（天賦人権論），実学の重視，独立自尊→「一身独立して一国独立する」
　　新渡戸稲造－『武士道』（日本人の道徳心に存在する武士道の精神）
　　内村鑑三－「武士道に接ぎ木されたるキリスト教」（武士道精神に基づくキリスト教への信仰）→二つの「J」

重要ポイントの整理

⑤近代化から現代へ
　❽____－民俗学を創始（常民とよばれる無名の人々に伝承される文化から日本人の本質を見いだす）
　折口信夫－まれびと（来訪神への信仰）
　西田幾多郎－❾____（主観と客観が未分されていない経験のうちに真の実在をつかむことが可能になる）
　和辻哲郎－⓾_____（人間の個人性と社会性の二面が弁証法的に統一されているという観点からみた存在の在り方），人間の学としての倫理学（人と人との間柄の問題として意識される倫理学），『風土』（人間が生きる風土の3類型をまとめた）
　丸山真男－タコツボ化（専門分化する日本の集団・組織への警鐘）
　南方熊楠－神社合祀反対運動を柳田国男と展開，自然環境保護運動の先駆的活動
　柳宗悦－日本の朝鮮統治政策への批判，民芸運動の創始
　平塚らいてう－女性解放運動の先駆（『青鞜』の創刊）
　宮沢賢治－法華経信仰や利他心を背景とした作家活動，農民芸術（羅須地人協会の設立など農民の日常生活を芸術に高める）

（1）世界の宗教
　①三大世界宗教

宗教名	開祖	教義の内容
キリスト教	イエス	イエスが救世主（キリスト）であること，神の愛（⓫____）を信じ，隣人愛を実践，聖典は『旧約聖書』・『新約聖書』
イスラム教	ムハンマド	聖典『⓬____』の遵守，信仰の支柱としての六信五行　六信＝神・天使・聖典・預言者・来世・予定（天命）　五行＝信仰告白・礼拝・喜捨・断食・巡礼
仏教	ガウタマ＝シッダールタ（ブッダ）	苦の原因である煩悩を消滅させ，涅槃に至ることを目指す，⓭__説（相互依存の存在法則），慈悲の精神，中道（苦から離れるための道）と八正道（中道の具体的実践方法），四諦（苦諦・集諦・滅諦・道諦），四法印（一切皆苦・諸行無常・諸法無我・涅槃寂静）

公共のエッセンス

先哲から学ぶ「公共」①

「よりよい社会」を実現するためにはどうすればいいの？

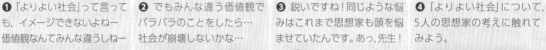

❶「よりよい社会」って言っても、イメージできないよねー価値観なんてみんな違うしねー

❷ でもみんな違う価値観でバラバラのことをしたら…社会が崩壊しないかな…

❸ 鋭いですね！同じような悩みはこれまで思想家も頭を悩ませていたんです。あっ、先生！

❹「よりよい社会」について、5人の思想家の考えに触れてみよう。

1. プラトン 先生の答え　哲人政治を実現しよう！

哲学者が国々において王になるのでないかぎり、あるいは、今日王と呼ばれ権力者と呼ばれている人たちが、真実に、かつじゅうぶんに哲学するのでないかぎり、……国々にとっての不幸のやむことはないし、また、人類にとっても同様だと僕は思う。
（田中美知太郎 訳「国家」『世界の名著7』中央公論社）

2. 孔子 先生の答え　徳治主義を実現しよう！

子の日わく、これを道びくに政を以てし、これを斉うるに刑を以ってすれば、民免れて恥ずることなし。これを道びくに徳を以てし、これを斉うるに礼を以てすれば、恥ありて且つ格し。（為政Ⅰ）
（金谷治 訳『論語』岩波文庫）

3. ルソー 先生の答え　みんなの権利を守るために契約をしよう！

「どうすれば共同の力のすべてをもって、それぞれの成員の人格と財産を守り、保護できる結合の形式をみいだすことができるであろうか。この結合において、各人はすべての人々と結びつきながら、しかも自分にしか服従せず、それ以前と同じように自由でありつづけることができなければならない。」これが根本的な問題であり、これを解決するのが社会契約である。
（中山元 訳『社会契約論』光文社古典新訳文庫）

4. カント 先生の答え　他者を目的として尊重し合う国が理想！

全ての理性的な存在者がしたがう法則は、誰もが自分自身と他者を決してたんなる手段としてだけではなく、むしろ同時に目的そのものとしてあつかうべきであるという法則だからである。そのときには、理性的な存在者は共同の客観的な法則によって体系的に結びつけられ、そこに国が生まれるのである。この客観的な法則が目指すのは、理性的な存在者がたがいに目的であり、手段であるものとして関係するようになることであるから、この国は目的の国と呼ぶことができよう。（中山元 訳『道徳形而上学の基礎づけ』光文社古典新訳文庫）

5. 和辻哲郎 先生の答え　個と全体が統合されているのが社会！

相互に絶対に他者であるところ自他がそれにもかかわらず共同体的存在において一つになる。社会と根本的に異なる個別人が、しかも社会の中に消える。人間はかくのごとき対立的なるものの統一である。この弁証法的な構造を見ずしては人間の本質は理解せられない。
（和辻哲郎『倫理学』岩波文庫）

1. プラトン（→P.59）は、アテネの政治が師ソクラテスを刑死に追いやるほど荒廃した状況を背景に、あるべき国家の姿について考えた。そして行き着いたのは、真に哲学をしている者が政治的支配を担うことを理想とする国家であった（**哲人政治**）。

2. 孔子（→P.56）もまた、徳をもつ道徳的人格者（聖人・君子）による政治を理想とし（**徳治主義**）、為政者の徳が人々を感化していくことを理想とした。それゆえに統治者の自己修養の必要性を説いた。

3. ルソー（→P.94）は、社会を形成する目的を、その構成員の生まれながらの権利（自由・平等）を保護することにあるという**社会契約説**を説いた。社会を形成することによってかえって不自由になるのではなく、社会形成以前と変わらずに自由でありつづけるために、自己を含めた共通の利益（**一般意志**）を全員で検討する**直接民主制**を理想の政治のあり方として唱えたのである。

4. カント（→P.62）は理性が無条件に命じる道徳法則に主体的に従うことができる人間を**人格**ととらえ、そこに人間の尊厳があると考えた。ゆえに、尊厳ある人間を単なる手段として扱うことは許されず、「人格」を**目的**としてつながりを持つべきであるとした。そうした関係のもとにつくられた共同体は**目的の国**と呼ぶにふさわしく、国際社会のあるべき姿も同じ視点から説き起こした。

5. 和辻哲郎（→P.44）は個と全体が矛盾しながらも統一されていることを社会の本質と捉え、個別性と全体性の調和をはかる倫理を探究した。

「幸福に生きること」とはどんなことだろうか？

❶ 私はテニスをしていると
きが幸せ！

❷ 私は困っている人のお世
話をしているときが幸せ！

❸ 私は金儲けが幸せ！

❹ どれも幸福なんだけど，
本当の幸福ってあるのかな？

6. ソクラテス 先生の答え　*善く生きよう！*

> 大切にしなければならないのは，
> ただ生きるということではなくて，
> 善く生きるということなのだ……。
>
> （プラトン 著／田中美知太郎 訳「クリト
> ン」『プラトン全集9』岩波書店）

6. ソクラテス（➡P.58）の有名な言葉であるが，これは無実の罪で牢獄に入れられたソクラテスが，脱獄をすすめた弟子のクリトンに言った言葉。「善く生きる」ことを目指して「真の知」を探究した哲学者にとって，国法にそむいて生きながらえることはできなかった。**「善く生きる」**とは善悪を判断する「真の知」を持ち，実行することであり，こうした徳を持つことは人間としての幸福につながる（**福徳一致**）と考えた。

7. アリストテレス 先生の答え　*理性を存分に発揮しよう！*

> 最高の卓越性（アレテー）とは……，これが或いは理性（ヌース）とよばれるにせよ，或いは何らかの名称で呼ばれるにせよ，……このものの，その固有の卓越性に即しての活動が，究極的な幸福でなくてはならない。
>
> （出隆 訳「形而上学」『アリストテレス全集12』岩波書店）

7. アリストテレス（➡P.59）は，幸福とはアレテー（卓越性・徳）を実現することだと説く。人間のアレテーは，理性を働かせて真理を追究すること＝**観想（テオーリア）**であるため，幸福とは**観想的生活**，つまり，理性を用いた真理の追究であるとした。

8. 孔子 先生の答え　*みんなで学ぼう！*

> 学びて時に之を習う。亦説ばしからずや。
> 朋あり遠方より来たる。亦楽しからずや。
>
> （金谷治 訳『論語』岩波文庫）

8. 孔子（➡P.56）もまた，学問をすることに大きな価値を置いていた。知的探求による幸福は，洋の東西を問わないといえる。

9. ベンサム 先生の答え　*快楽（幸福）の量が大きくなることがよいこと！*

> 功利性の原理とは，その利益が問題になっている人々の幸福を，増大させるように見えるか，それとも減少させるように見えるかの傾向によって，…その幸福を促進するようにみえるか，それともその幸福に対立するようにみえるかによって，すべての行為を是認し，または否認する原理を意味する。
>
> （山下重一 訳「道徳および立法の諸原理序説」『世界の名著38』中央公論社）

9. **功利主義**を説いたベンサム（➡P.62）は快楽の質は問題にせず，できるだけ多くの人々の快楽（幸福）の量を増大することが，道徳的に善である（**最大多数の最大幸福**）と説いた。つまり，あることに対する判断においては，幸福を量の増減だけを問題にし，これが個人の行為についての基準となるだけでなく，政府の政策についても指標にもなるのだとした。

10. 宮沢賢治 先生の答え　*個人の幸福は社会全体の幸福から！*

> 世界がぜんたい幸福にならないうちは個人の幸福はあり得ない
> 自我の意識は個人から集団社会宇宙と次第に進化する
> この方向は古い聖者の踏みまた教へた道ではないか
>
> （『農民芸術概論綱要』『筑摩現代文学大系14』筑摩書房）

10. 宮沢賢治（➡P.45）は，世界全体の幸福を無視して個人の幸福はあり得ないと考えた。それは，宇宙万象と自己がつながっていると考えれば当然のことであり，そこからあらゆる命への共感へと進展していくはずであると考えた。

先哲から学ぶ「公共」②

自由　正義　公正

「自由」とは何だろう？

❶ お前は将来が決まっていていいよな。俺は将来の進路が分からず悩んでいるんだから。

❷ お前こそ自分で進路を選択できていいよな。俺は嫌だけど家業を継がなきゃいけないんだぞ。

❸ 家業を継がない選択はないのかよ？進路についてはみんな頭を悩ませますよね。あっ，先生！

❹ 自由に選択できることは大変なことです。様々な思想家の考えを参考に考えてみよう。

11. ピコ 先生の答え　*自由意志に従って自分を造るべし！*

おまえ自身のいわば「自由意志を備えた名誉ある造形者・形成者」として，おまえが選び取る形をお前自身が造り出すためである。おまえは下位のものどもである獣へと退化することもできるだろうし，また上位のものどもでもある神的なものへと，おまえの決心によっては生まれ変わることもできるだろう。　　　　（大出哲他 訳『人間の尊厳について』国文社）

12. カント 先生の答え　*自由とは自律！*

意志の自由というものは，自律すなわち自己自身に対する法則であるという意志の特質以外の何ものでありえようか。ところで「意志はそのすべての行為において自己自身に対する法則である」という命題は，格率が自己自身を普遍的法則とも見なしうる場合にのみそういう格率に従って行為する，という原理を示すものにほかならない。これはまさに定言的命法の公式であり，道徳の原理である。それゆえ自由な意志と，道徳法則のもとにある意志とは，同じものである。　　　（野田又夫 訳『人倫の形而上学の基礎づけ』『世界の名著32』中央公論社）

13. ミル 先生の答え　*他人を害さない限り，君は自由だ！*

個人の行動が本人以外の人の利益に影響を与えない場合，あるいは他人がそれを望まないかぎり，他人の利益に影響を与えない場合には，この問題を議論の対象とする理由はない（各人がみな成年に達していて，通常の判断力を持つことが条件になる）。この場合，各人はその行動をとり，その結果に対して責任を負う自由を，法的にも社会的にも完全に認められていなければならない。

（山岡洋一 訳『自由論』日経BP社）

14. サルトル 先生の答え　*人間は自由の刑に処せられている！*

私は，人間は自由の刑に処せられていると表現したい。…しかも一面において自由であるのは，ひとたび世界の中に投げだされたからには，人間は自分のなすこと一切について責任があるからである。

（伊吹武彦 訳『実存主義とは何か』人文書院）

15. 芥川龍之介 先生の答え　*自由に耐える力を持て！*

*2

自由は山巓（さんてん）の空気に似ている。どちらも弱い者には堪えることは出来ない。（芥川竜之介『侏儒の言葉　文芸的な，余りに文芸的な』岩波文庫）

＊1 出典の表記に合わせて「竜」としている。
＊2 出典：国立国会図書館「近代日本人の肖像」

---

11. ピコ（→P.60）は，人間中心主義をうたうルネサンス期の思想家である。公開討論のために準備された演説原稿のなかで，最初の人間であるアダムに神が語りかけるかたちで，自身の人間観を述べた。自己の在り方を自由に決定できることにこそ，人間の**尊厳**があると述べたのである。

12. カント（→P.62）は道徳として自分が正しいと考えるものが客観的，普遍的にも正しく妥当といえるかを吟味すべきことを説いた。そして，そのように考えられる場合に，その正しさを自分のルール（**格率**）としてよく，その正しさに何の妨げもなく従わせることができることを「**自律**」とし，利害関係など外的な要因の何にも左右されないという点においてそれは「**自由**」であることと同じであるとした。

13. ミル（→P.62）は個人の自由がどこまで認められるかについて考え，その基準として**他者危害原則**を示した。これは，他者あるいは公権力が個人の行動に対して唯一制限を加えうるのは，個人の行動が他者に危害を与える場合のみであるという考え方である。少数者の自由を守り，自由な社会の実現を目指した彼の結論であった。

14.15. サルトル（→P.65）は，人間は物とは異なり，本質や目的が規定される以前にこの世界に投げ出されて存在しているため，自らの存在の本質や目的を自ら自由に規定できるとした。しかし，それは責任の伴う厳しい選択であると表現したのである。同様に芥川龍之介は皮肉もこめて自由のもつ厳しさを山頂の空気にたとえた。自由を享受するにはそれ相応の力と覚悟が必要なのだ。

「正義」・「公正」とはどんなことだろうか？

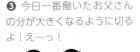

❶ ケーキを買ってきたわよ！わーい！

❷ 買ってきた私の分が一番大きくなるように切るね！えーっ！

❸ 今日一番働いたお父さんの分が大きくなるように切るよ！えーっ！

❹ 育ち盛りの僕の分が大きくなるように切るよ！えーっ！

どれが公正な分け方だろう？

16. アリストテレス 先生の答え　正義には2種類ある！

①もし当事者の両者が互いに等しくなければ、かれらが等しいものをもつことはないだろうが、まさにここから、等しい人同士なのに等しいものをもたない、あるいは等しく配分されないときとか、等しくない人同士なのに等しくもつ、ないし等しく配分されるときに、もろもろの争いと不満の訴えが起こってくるのである。

②「高潔な人」が「劣悪な人」からふんだくろうが、「劣悪な人」のほうがふんだくろうが何の変わりもないことであって、…法は、これらの人の一方が不正を加えた人間であり、もう一方が不正を加えられた人間である場合にも、かれらの一方が損害を与えてもう一方が損害をこうむった場合にも、むしろ損害の相違だけに着目して両方の当事者をそもそも同等の人として扱っている。…それゆえ、ここでの不正とは、不当であり不公平な関係のことだから、そこで裁判官はこれを、均等化しようとするのである。なぜなら、片方が殴り、もう片方が殴られるとき、…こうむった状態とおこなった行為が互いに対して等しくない関係になったまま、分断されているからである。

（渡辺邦夫・立花幸司 訳　アリストテレス『ニコマコス倫理学（上）　光文社古典新訳文庫）
＊①②の番号は編集による

17. ロールズ 先生の答え　利便性を名目にした少数者の犠牲は不正義！

写真：アフロ

どれだけ効率的でうまく編成されている法や制度であろうとも、もしそれらが正義に反するのであれば、改革し撤廃せねばならない。すべての人びとは正義に基づいた＜不可侵なるもの＞を所持しており、社会全体の福祉＜の実現という口実＞を持ち出したとしても、これを蹂躙（じゅうりん）することはできない。こうした理由でもって、一部の人が自由を喪失したとしても残りの人々どうしでより大きな利益を分かち合えるならばその事態を正当とすることを、正義は認めない。少数の人々に犠牲を強いることよりも多数の人々がより多くの量の利便性を享受できるほうを重視すること、これも正義が許容するところではない。したがって、正義にかなった社会においては、＜対等な市民としての暮らし＞を構成する諸自由はしっかりと確保されている。

（川本隆史・福間聡・神島裕子 訳　ジョン・ロールズ『正義論　改訂版』紀伊國屋書店）

---

16. アリストテレス（→P.59）は正義を分類し、生活の一部に関わる正義を2つに分けて考えた。

①はその1つである**配分的正義**に関わって述べている箇所であり、不公平な状態が起きる理由を説明している。ここから、「各人に彼のものを配分すること、それがまさに最高の正義である」という正義についてローマの政治家、哲学者であるキケロが述べた思想が導かれるのである。ただし、正しい配分の前提として、「何が彼のものであるか」について明らかにすることが必要になってくる。

②はアリストテレスがもうひとつの正義として挙げた**調整的正義（矯正的正義）**について述べた箇所である。これは不公平な状況にあった場合、そこに関わる当事者が誰であろうと、平等に扱い、不公平な状況を是正していくことが正義であるというものである。こちらの正義は各人の属性を無視して等しく扱うことにポイントがある。

17. ロールズ（→P.69）は「最大多数の最大幸福」を道徳の規準とする功利主義の思想（→P.62）に対して、少数者の犠牲の上に立つ幸福はありえないという正義の観点から、あるべき社会の在り方へと道筋をつけるべく、「正義の二原理」を説いた。例えば、奴隷制という制度は奴隷という少数者の犠牲の上に多数者の便益が実現している社会制度であるが、功利主義はこれを是認してしまう矛盾を持つことになる。功利主義は奴隷制をつねに不正義であることを説明できないのだ。少数者に対する不公正を是正するために、まずはすべての人々に市民としての基本的な自由をしっかり確保し、それでも発生する不平等はできる限り小さくしていくことが「正義」であると彼は考えたのである。

「哲学」とは，あなた自身の人生をより豊かにするために，あなた自身が先哲の言葉をヒントに考えることである。あなたは何をどう考えますか。

1 中国の思想に学ぶ

A 中国思想の展開

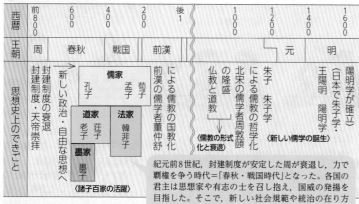

紀元前8世紀，封建制度が安定した周が衰退し，力で覇権を争う時代＝「春秋・戦国時代」となった。各国の君主は思想家や有志の士を召し抱え，国威の発揚を目指した。そこで，新しい社会規範や統治の在り方を説く「諸子百家」と呼ばれる多くの思想家が現れた。

○諸子百家

学派	主な思想家	思想の特色
儒家	孔子	仁と礼，君子，徳治主義
	孟子	性善説，四端，四徳，仁義
	荀子	性悪説，礼治主義
道家	老子	道，無為自然，小国寡民
	荘子	万物斉同，真人，無用の用
墨家	墨子	兼愛，非攻（反戦平和）
法家	商鞅，韓非子，李斯	法治主義，君主への権力集中，富国強兵
名家	恵施，公孫竜	名と実の分析，弁論術
陰陽家	鄒衍	天文・暦法の術，陰陽五行説
縦横家	蘇秦，張儀	外交策謀
兵家	孫子，呉子	戦術兵法，内政の法
農家	許行	農本主義

B 儒家の思想

公共の扉

孔子 （前551頃～前479）

倫政15・16・17

主著『論語』（弟子たちの編纂）
「巧言令色，鮮ないかな仁。」

春秋時代（前770～前403）末期の思想家。戦乱の時代にあって，徳の優れた為政者（君子）による政治＝徳治主義を理想とした。徳の中で最も重視したものが内面の「仁」（愛情）と「仁」が外に現れた「礼」（礼儀作法・社会規範）である。

徳治政治 → 聖人君子（努力して仁と礼を備えた者）による政治

仁 愛情 → 自分のまごころ・他人への思いやり 孝悌 親・兄弟への親愛

礼 実践 → 社会規範，礼儀作法（礼は仁が外に現れたもの）

孟子 （前370？～前290？）

倫政13・17・20

主著『孟子』
「人の性の善なるや，猶ほ水の下きに就くがごときなり。」

孟子は孔子の「仁」の思想を発展させ，「性善説」を説いた。これは人間は本来の性質が善であるということで，生まれながらに仁・義・礼・智の四徳を実現するための芽生えともいうべき四端が備わっているのだとした。これを養い育てることにより，人格が完成すると説いた。

四端の心 ― 四徳
惻隠の心（あわれみの心）――――→ 仁
羞悪の心（悪を恥じ憎む心）―――→ 義
辞譲の心（へりくだり譲る心）――→ 礼
是非の心（善悪を区別する心）――→ 智
＊のちに前漢の董仲舒が，「四徳」に「信」を加えて五常とした。倫政19

荀子 （前298？～前235？）

倫政14・21・23

主著『荀子』
「人の性は悪，その善なる者は偽なり。」

荀子は，孔子の説いた「礼」を重視した。また，孟子の性善説に異を唱え，「性悪説」を主張した。人間の本性は悪であるから，人を善に向かわせるためには礼に基づく教育が必要であり，世の中を良くするためには礼を重んじた政治を行うべきとした。（礼治主義）

礼治主義から法治主義へ

礼治主義 → 法治主義

礼治主義は弟子で法家の韓非子や李斯に継承され，法と賞罰による統治である法治主義に発展した。

C 道家の思想

倫政20・23 自給自足の生活を送る「小国寡民」を理想とした。

老子 （前400頃）

倫政12・15・22

主著『老子』（「老子道徳経」ともいう）
「道は常に為す無くして，而も為さざるは無し。」

道家の祖とされるが，生没年は不明で実在も判然としない。老子の説く「道」とは万物の在り方そのものをいう。これは人為的なものを排除してありのままにまかせること＝「無為自然」を理想とするものである。この立場から儒家の説く秩序を作為的と批判した。
「柔弱謙下」…水が万物を育み，低いところにつくように，へりくだり，争わない理想の生き方。「無為自然」から生まれる態度。

荘子 （前350頃）

倫政19

主著『荘子』（書名は「そうじ」と読む）
「古の真人は，生を悦ぶことを知らず，死を悪むことを知らず」

老子の思想を継承発展させた道家の大成者。自然のままの無為の世界では，すべてのものは対立を超えて同じ価値で存在し，差別はないとする「万物斉同」を説く。倫政16・20
「胡蝶の夢」…自分が蝶になった夢を見ているのか，蝶が自分になった夢を見ているのか分別がつかなくなる『荘子』のなかの寓話。万物斉同の思想をあらわしている。

 SIDE STORY 諸子百家の一つ墨家は「墨家十論」として非攻（侵略戦争の否定），兼愛（無差別平等の愛），節葬（葬礼の簡素化），非楽（悦楽としての楽舞の否定）など儒家への批判を意識した思想を説いた。

Ⓓ 新儒教〜朱子学・陽明学

*四書の一つ『大学』にある「格物致知」についての解釈

朱子
(1130〜1200)
主著『四書集注』
*「知を致すは物に格るに在り」
＝
一事一物に備わる理を十分に知り尽くせば自らの理も明白となる

中国宋代の儒者であった朱子は**朱子学**を大成した。朱子は**理気二元論**(理は本質・法則，気は形のない物質・要素で，両者が結合して万物は様々に存在する)を土台に，人間の内にある**理**は天が与えたもので人にとっての倫理・道徳にもなるとした。これを**性**とよび，**「性即理」**を唱え，人間は私欲を捨てて生きることが理に適うことになるとした。

理気二元論
気
(物質の構成要素)
＋
理
(気の在り方を決定する法則・あるべき倫理)
「気」と「理」によって生成

人間の本性(性)は天から授かった理(倫理・道徳)そのもの(性即理)であるが，これが感情や欲望に妨げられると本来の道徳性を発揮できない。そのため，自ら私欲を慎み，理を見極める「居敬窮理」の実践が必要になる。

人間の本性＝理　感情　欲望

王陽明
(1472〜1528)
主著『伝習録』
*「知を致すは物に格すに在り」
＝
良知(心)を働かせて物事を正すべきである

朱子学が理と気を分け，個物に客観的に存在する理を見極めようとしたのに対し，理と気を分けず，理は感情や欲望も含めた心の中にこそあるとする「**心即理**」を説いた。「心即理」を前提に，心には生まれながらに善悪を判断する能力＝**良知**が備わっており，これをその時々に応じて働かせ(**致良知**)，実行すること(**知行合一**)で，善を実現できるという。ゆえに心を正しい在り方に保つことが必要になる。
知行合一…知と行(知識と実践)は同じ心の作用として，本来一つのものであるから，真の知は必ず行動を伴うということ。陽明学の実践的な側面をあらわしている。

② 「よく生きる」ということ（ギリシャの哲学に学ぶ）

Ⓐ 神話的世界観

紀元前6世紀以前の古代ギリシャでは，ゼウスを主神とするオリンポスの神々が自然や人生の出来事を支配すると考えられていた。**神話(ミュトス)**に登場する英雄が人々の生き方の指針となり，**理性(ロゴス)**で世界を説明し，生きることを自ら模索する態度はまだ生まれていなかった。

↓ オリンポス12神

⦿ アキレウスはギリシャ神話に登場する英雄で，ホメロスの叙事詩『イリアス』の主人公。人間の王と女神テティスとの間に生まれ，トロイア戦争では活躍するも弱点である踵を射られて命を落とす。

Ⓑ 哲学的精神の誕生

紀元前6世紀，世界や人生の根源を理性により追求する精神がギリシャのイオニア地方に誕生した。ここでは地中海交易のもたらす豊かさと先進地域であるオリエントとの交流を背景に，ポリスの市民がスコレー(閑暇)というゆとりのなかで討論や学問を深め，広い視野から万物の根源＝**アルケー**(ギリシャ語)を探求した。つまり最初の**哲学**として**自然哲学**が誕生したのである。

 タレス
 デモクリトス

	哲学者	アルケー	思想
主な自然哲学者たち	タレス(前624頃〜前546頃)	水	宇宙や万物は1つの実体に還元できると考えた最初の哲学者。生命に不可欠で運動・変化が可能なものは水であると観察した。
	アナクシマンドロス(前610頃〜前546頃)	無限なるもの(ト・アペイロン)	無限であり無規定なものだからこそあらゆるものが生成可能である。
	アナクシメネス(？〜前525頃)	空気	師のアナクシマンドロスがいう「無限なるもの」を空気と考え，空気が希薄になると火，濃厚になると水になるとした。
	ピタゴラス(前570頃〜前490頃)	数(数の比例関係)	数とその比例関係が秩序ある宇宙の背後にあると考え，数学の真理はその普遍性から神の啓示として神秘的なものであると考えた。→宗教集団を組織し，魂の不死と輪廻を唱え，魂の浄化のために音楽・数学と禁欲を重視する(ピタゴラス学派)
	倫政17 ヘラクレイトス(前540頃〜前480頃)	火	昼から夜になるようにすべては変化や流動のうちにあり，「万物は流転する」と唱えた。火はすべてを破壊し変化させる力を持つことから，流転する世界の背後にあるアルケーを火とした。
	倫政17 パルメニデス(前515頃〜前450頃)	有るもの	「有るものはあり，有らぬものはあらぬ」，「有るものはただ一にして一切の存在である」とし，有るものが消滅したり，無いものが生成することはなく，生成消滅・変化を否定した。
	デモクリトス(前460頃〜前370頃)	原子(アトム)	それ以上分割できず，無変化の存在の原子(アトム)をアルケーとし，原子はすべて同質で，それらが運動し，結合することで世界の様々なものが生まれると考えた。近代科学に通じる原子論。

SIDE STORY 朱子学の理気二元論を学んだ王陽明は，若い頃庭の竹の理を窮めようとして，七日七晩，竹の前に座り続け，昼夜をわかたず思惟を尽くしたが，ついに倒れた。このできごとが，朱子学に疑念を抱くきっかけとなった。

ⓒ ソフィストの思想

アテネではペルシア戦争（前500～前449）の後に市民の政治的発言権が増し，紀元前5世紀頃，民主政治が発達した。こうした場では言葉（説得）の力が重視され，その技術である弁論術を教える職業教師＝**ソフィスト**が活躍した。優れた思想家も現れたが，彼らはやがて相対主義を楯に，弁論に勝つことのみに執着し，こじつけや屁理屈で相手を論破する詭弁家に堕落した。

○ソフィストの特徴（自然哲学者との比較） 倫政23

	自然哲学者	ソフィスト
思索の対象	自然（ピュシス）	人為的なもの（ノモス） →法・制度・社会
真理	絶対的な真理（アルケー）	相対的な真理 ※ノモスは時代・国で異なる

○代表的なソフィスト

プロタゴラス （前490頃～ 前420頃）	「**人間は万物の尺度である**」＝真理の基準は個々人によるものであり，絶対的，客観的真実は存在しないという「**相対主義**」の考え方。
ゴルギアス （前483頃～ 前376頃）	「何ものもあらぬ。あるにしても，何ものも知りえない。たとい知り得るにしても，それを何人も他の人に明らかにすることは出来ないであろう。」＝「**不可知論**」の考え方。

Ⓓ ソクラテス（前469?～前399）の思想 倫政14

「哲学の祖」とされ，普遍的真理を探究。著作はなく弟子のプラトンらの著作により，その思想が伝えられる。ソフィストについて，本当の真理を知らないのに知っていると思わせ，正しくないのに正しいと思わせさえすればよいとしていると批判し，相対主義的な考え方を否定した。

○「無知の知」

ソフィストへの批判 相対主義を否定し，普遍的な真理＝「**善美の事柄***」や「**善く生きる**」ことは追求可能であるとする。
*善美の事柄－ギリシャ人が追求した善と美を兼ね備えたもの

デルフォイの神託 「ソクラテス以上に知恵のあるものはいない」という神託の真意を確かめるべく，ソクラテスは多くの知者を訪ねた。そのなかで知者もソクラテス自身も「善美の事柄」については無知であるが，自分が無知であることを自覚していること（**無知の知**）に気づく。「この男は，知らないのに，何かを知っているように思っているが，わたしは，知らないから，そのとおりに，また知らないと思っている。だから，つまりこのちょっとしたことで，わたしのほうが知恵があることになることらしい。」（「プラトン全集1」『ソクラテスの弁明』岩波書店）

汝自身を知れ デルフォイのアポロン神殿に刻まれた格言を「自分の無知を自覚せよ」と解釈した。

15
20 **「無知の知」** 「善美の事柄」・「善く生きる」とは何かについて知らないことの自覚を出発点に「真の知」を愛し求めること（＝愛知・哲学）が大切である。

倫政22 **問答法（産婆術）** 人々に無知を自覚させる方法として問答を実践。彼は何も知らないという態度で相手の矛盾を突き，無知へ導いた。そこから真の知を求めることの大切さを説いた。

○「善く生きる」ことの実践

> 「**善く生きる**」とは人間の「**徳**」（卓越性）に従うこと
>
> ↓
>
> 人間の「**徳**」＝「**魂が優れていること**」

↓

魂を優れたものにするためには富や名誉ではなく「善美の事柄」を追求し，知ることが大切＝「**魂への配慮**」の必要性

> 「諸君のうちの若い人にも，年寄りの人にも，だれにでも，魂ができるだけすぐれたものになるよう，ずいぶん気をつかうべきであって，それよりもさきに，もしくは同程度にも，身体や金銭のことを気にしてはならない，と説くわけなのです。」
> （プラトン「ソクラテスの弁明」『世界の名著6』中央公論社）

↓

「**徳**」とは善・美を知ることである＝「**知徳合一**」*

＊知・徳・福の一致

知徳合一	何が善であるかを知ることが人間の卓越性としての徳である
知行合一	何が善であるかを知れば，善い行いを実行でき，善い生き方ができる
福徳一致	徳について知り，善い行い（生き方）ができれば，幸福になれる

○ソクラテスの死

問答を通じ名誉を傷つけられた一部の市民によりソクラテスは告訴され，裁判における弁明の後，有罪となった。友人クリトンらが脱獄と国外への逃亡を勧めたが，彼は死刑を受け入れ，自ら毒杯を仰いだ。

告訴の理由	・国家の神を信じず，神霊ダイモンを信仰。 ・問答により青年を腐敗，堕落させた。
死の意味	・国法の絶対性を守ること（脱獄を不正とし，死刑を受け入れること）が正義の実践である。 ＝知行合一

倫政12 問答法・真の知に到るために

↑ 対話によって哲学的な議論を深めるマイケル・サンデル教授の手法は問答法に通じるものがある。

写真：毎日新聞/アフロ

「友人にうそをつくことは不正か」
「不正だ」
「では病気中の友人に薬を飲ませるためにうそをつくことも不正か」
「不正ではないと思う」
「それでは友人にうそをつくことは不正であり，不正でないことになる。うそをつくことは正か不正か」
「私にはもはやわからない」
（クセノフォン『ソークラテースの思い出』岩波文庫）

解説 善く生きること ソクラテスは裁判において陪審員にこう述べた。「評判や地位のことは気にしても思慮や真実のことは気にかけず，魂をできるだけすぐれたものにするということに気もつかわず心配もしていないとは。」（プラトン『ソクラテスの弁明』）　ソクラテス自身は裁判に勝訴することではなく，「魂のよさ」＝「徳」に目を向け，魂への配慮を訴え，死を選んだ。たとえ，裁判が正義に適ったものではなかったとしても，知行合一を説くソクラテスは自分の信念を貫いたといえる。ソクラテスが処刑される当日，彼と弟子たちが牢獄で交わした対話と死の様子が記されているプラトン著『パイドン』は，「僕たちの友，ぼくたちの知る限りでは，同時代の人々の中で，最もすぐれた，しかも最も賢い，最も正しいというべき人のご最後でした」（プラトン『パイドーン』新潮社）と締めくくられている。

SIDE STORY　アリストテレスは王制・貴族制・共和制であろうと公共の福祉のために統治が行われる国制は正しいとしながら，中庸という視点から中間階級が担う共和制を理想とした。

公共の扉

Ｅ プラトン（前427〜前347）の思想 〈倫政17・19〉

ソクラテスの弟子。師の真理追究の姿勢を受け継ぎつつ、ピタゴラス学派の魂についての考えに影響を受けながら独自の**イデア論**を展開した。アテネに学園アカデメイアを設立し、アリストテレスもここに学んだ。主著『饗宴』『パイドン』『国家』『ソクラテスの弁明』。

○イデア論

「すなわちものを美しくしているのは、ほかでもない、かの美の臨在というか、共存というか、〜すべての美しいものは美によって美しいということだ」
（田中美知太郎・池田美恵 訳『パイドーン』新潮社）

世の中には様々な美しいものがある。それぞれに美しさを感じるのは普遍的で共通する美しさを見ているからである。しかし、個物は美しいものの1つに過ぎず、普遍的な「美しさ」そのものではない。普遍的な美しさとは、永遠に変わらない本質・理想＝**イデア**としての美であり、美しいものは「美のイデア」を分有するが故に美しいのである。同じように、いろいろな三角形が同じ三角形として認識されるのは、それぞれが真の実在としての「三角形のイデア」を分有しており、理性（魂）によって現実の個々の三角形から「三角形のイデア」を捉えているからである。

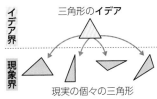

〈**イデア＝理性によってのみ認識される真の永遠不変の実在**〉

○想起説

我々が感覚で捉えている消滅変化を繰り返す現実の世界＝**現象界**に対し、理性によってのみ捉えうる不変の真実（イデア）が存在する**イデア界**があるとプラトンは考えた（二世界論）。人間の魂はもともとイデア界にあったが、現象界に誕生する時に、肉体に宿り、その結果、イデア界を忘れてしまった（「肉体は魂の牢獄」）。現象界で善や美を経験すると過去の記憶によって魂（理性）がかつてのイデア界を想起し、イデアを恋い慕う精神的欲求＝**エロース（エロス）**が生まれる。これこそが不完全な人間が美や善そのものを愛し求める心の働きなのであるとした。

○洞窟の比喩

現象界を洞窟の中の暗闇に、イデア界を太陽（**善のイデア**）の輝く地上にたとえる。我々人間はいわば洞窟につながれた囚人であり、後方の光が洞窟の奥の壁に映し出す影だけを見ているのであって真実（イデア）を知らない。洞窟の外の真実の世界へ教え導くのが哲学者の役割となる。

善のイデア

（『「ソフィーの世界」哲学ガイド』
NHK出版参考）

イデアの世界［永遠普遍］

地上（洞窟の外）の世界はイデア界を、太陽は「**善のイデア**」を表す。我々が真実を知るためには善のイデアが照らす光が必要である。また、すべてのものは善を志向しているため、善のイデアがイデアの中で最高のものである。

日常の感覚の世界
［移り変わり流れ去る］

〈倫政18〉 プラトンは、不正な行為が生まれる原因は、魂のうち欲望的部分が、理性的部分と気概的部分を支配してしまうことにあるとしたこと。

○魂の三分説と理想国家論

イデア界	永遠不変	憧れ（エロース）により想起される

＊知恵・勇気・節制・正義を四元徳という。〈倫政15〉

解 説 **エロース** イデアを求める魂の愛は純粋な精神的愛であり、まさしくプラトニック・ラヴである。そして、それは不完全な人間が真の実在であるイデアを求めて限りなく努力していくことの大切さをも教えている。この点はソクラテスが説いた、「知を愛し求めること」に通ずる。

Ｆ アリストテレス（前384〜前322）の思想 ⑮

あらゆる学問の基礎を確立。万学の祖と呼ばれる。幸福とは**最高善**であるとし、人間の徳に従った生き方が幸福であり、また人間の徳とは理性に従って生きることで、実利を離れ、理性によって純粋に真理を求める生活＝**「観想（テオーリア）的生活」こそが幸福**であると考えた。主著『ニコマコス倫理学』『形而上学』『政治学』。

〈倫政16〉〈倫政23〉

○形相と質料

イデアという仮説上の領域があることを想定しなくとも、あるものをそれとして存在させている本質はそれぞれに内在しているとして、師プラトンのイデア論（理想主義）を否定した。事物の存在の仕方を現実的に以下のように捉え、イデア論では困難な事物の運動や生成変化の説明もこれによってうまく説明がつくと考えた。（**現実主義**）

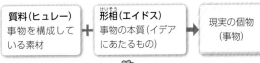

種　発芽　つぼみ　開花

＊イデア論だと種と花に別々のイデアがあることになる。

質料（種）に含まれていた形相（花）が実現されることによって個物は存在する。なお、こうした自然観を目的論的自然観という。

〈倫政19〉 すべてのものは可能態から現実態に展開すると説いたこと。

○徳の分類と中庸

①**知性的徳**：知性がよく機能することによる徳（以下の2つ）

知恵	学問的真理を認識する徳
思慮	行為の適切さ（**中庸**）を判断できる徳

②**習性的徳（倫理（性格）的）徳**：思慮を働かせ中庸＊を得た習慣の繰り返しによって備わる徳
＊**中庸**：思慮によって情意の平衡を保ち、両極端を避け、時と場所に応じて適切に行動できる

〈倫政22〉

○「人間はポリス的動物である」⑳㉒

「**人間はポリス的動物である**」（『政治学』）としたアリストテレスは国家（ポリス）という枠組みの中でこそ幸福やよりよい生き方が実現されるとした。そしてポリスで善く生きるために、「**友愛（フィリア）**」（互いに善を勧め合う好意的な結合原理）と「**正義**」（社会の秩序を維持するための原理）の2つの習性的徳を重視し、「正義」を以下のように分類した。

⑰ 中産市民が多数派となる共和制を中庸を得た国制と考えたこと。

○正義の分類（生活全般と一部に関わる正義）

全体的正義		ポリスの「法・秩序」を守る
部分的正義	配分的正義	能力や業績などに応じて名誉・利益が配分されること
	調整的正義	不正な不均衡が生じた場合には誰もが矯正され、公平を保つこと

〔◎P.363，364〕 孔子，孟子，荀子，老子，荘子，朱子，王陽明，ソクラテス，プラトン，アリストテレス

公共の扉

倫政20 無謀と臆病の中庸である勇気の徳を目指すべきと考えたこと。

③ ルネサンス～人間化する「聖母子」の変化

↑『玉座の聖母子』（1230年頃）
提供：Alinari/アフロ

↑ ジョット『荘厳の聖母子』（1305～10年頃）

↑ ラファエロ『小椅子の聖母』（1514年頃）[20]

解説 **ルネサンスとは** ルネサンス（「復興」、「再生」の意）は、14～16世紀にヨーロッパでおこった古典文化の復興運動、文化全般における革新運動を指し、自然や人間をテーマに絵画や彫刻に優れた作品が残された。哲学・文学面では、ギリシア・ローマ時代の古典研究から人間研究（**ヒューマニズム・人文主義・人間中心主義**）へと発展し、人間性の再生がテーマとなった。中世ではキリスト教において「アダムによる人間の堕落」「不完全な人間」が強調されたが、15世紀の人文主義者**ピコ＝デラ＝ミランドラ**（伊　1463～94）は『人間の尊厳について』において、神の権威から解放され、自由意志によって自らの本性を決定できることに人間の尊厳があるとし、ここに「近代人」が誕生した。絵画技法の向上にとどまらない、人間そのものに対する眼差しや表現への欲求など内面的な変化、精神の変化を読み取ってみたい。

↑ ピコ＝デラ＝ミランドラ

○ルネサンス期の人文主義者・思想家

ダンテ（伊　1265～1321）　古代ローマの詩人ウェルギリウスと共に地獄、煉獄（天国へ向かう前の修行場）、天国を旅する自分を主人公に、永遠に恋い焦がれたベアトリーチェを登場させた叙事詩『神曲』を著し、近代国民文学の先駆となった。

エラスムス（蘭　1466頃～1536）　16世紀最大の人文主義者。『愚神礼賛』を著す。非合理的な熱情、狂気、本能を痴愚と称し、キリスト教のおしえではなく、これらがこの世界を導いてきたと皮肉り、堕落したカトリック教会批判を展開。宗教改革に影響を与えた。

トマス＝モア（英　1478～1535）　インカ帝国をモデルに理想社会を描いた『ユートピア』を発表し、当時英国で進行していた「囲い込み」（領主が牧羊のために開放農地を小作人から取り上げ囲い込んだこと）を「羊が人間を喰う」と批判した。

マキャヴェリ（伊　1469～1527）　『君主論』において政治を宗教・道徳と切り離すべきと説き、近代政治学の基礎を築いた。熱烈な愛国者であった彼は、当時、分裂抗争を続け、衰退していたイタリアを救うべく、強力な権力を持った君主の出現を期待。君主は「獅子の力と狐の奸智」をもつべきとし、目的のために手段を選ばない権謀術数も肯定した。

↑ ミケランジェロ『ピエタ』（1499年）
彫刻家、画家、建築家としてルネサンス期に多くの作品を残した天才。『天地創造』、『最後の審判』、『ダヴィデ像』などの代表作がある。彼の『ピエタ』は4作あり、これは24歳のときの作品で、唯一の完成に至ったものである。

④ 宗教改革

A 贖宥状の販売

← 1514年、聖ピエトロ大聖堂修築費用の捻出のため、ドイツを中心に贖宥状が販売された。購入すれば罪が赦されると言葉巧みに売られたが、ヴィッテンベルク大学神学教授であったルターはこれに異を唱え、1517年「95ヶ条の論題」を発表し、宗教改革が始まった。

B ルター（1483～1546）の思想

①**信仰義認説**：人間は生まれながらの根源的な罪深さ（原罪）を背負っており、それを克服することはできない。ゆえに「神は罪ある人間を罰するのではなく、その憐れみによって罪を赦す」のである。よって神の御心に適うためには、善行を積んで罪の償いをするのではなく、**信仰によってのみ**人は罪を赦され正しい者と認められる（義認）のである。　主著『キリスト者の自由』

②**聖書中心主義**：カトリック教会の説く戒律や儀式を守ることではなく、神の言葉（福音）を記した**聖書のみ**を自己の信仰心によって読むことが信仰の柱である。

③**万人司祭主義**：「信仰のみ」「聖書のみ」の考えによりキリスト者は神と直接結びつくため平等であり、権威者はいない。

職業召命説…ルターは聖書のドイツ語訳に際して、労働を意味する言葉にberufという訳語をあてた。berufとは「神の思し召し・召命」を意味する。つまり、労働は神がそれをなすように人に与えた使命であると考えたのである。当時、世俗の職業は卑しいとされ、聖職こそが貴いとされたが、ルターは神によって与えられた職業に貴賎はなく、それに励み万人に奉仕することが隣人愛の実践になるという職業倫理を説いた。

C カルヴァン（1509～64）の思想

①**予定説**：神の力は絶対的なものであるため、人が救われるか断罪されるかは神の永遠の計画により予定されており、人間の意志の入り込む余地はない。

②**職業召命説の強調**：職業はすべて神から与えられた召命であり、天職であるがゆえに神聖である。自分の職業に刻苦勉励することは神の栄光を現す道であり、救いの証となる。→労働の成果としての利潤は神意に適うものとして肯定される。→利潤の追求を前提とする近代資本主義の精神的支柱となる。（20世紀ドイツの社会学者マックス・ウェーバーによる指摘）　主著『キリスト教綱要』

解説 **宗教改革とは** ドイツの神学者ルターはローマカトリックの腐敗を批判して宗教改革の発端となり、カルヴァンはスイスにおいて教会改革に取り組み、神の絶対性を説いた。彼らの新しい改革運動により成立したのが**プロテスタント**であり、人間的な宗教を目指した点でルネサンスと通ずるといえよう。

SIDE STORY ルネサンス期に理想とされた人間像を「万能人」といい、キリスト教的人間観から解放され、個人の能力を最大限に発揮し、文学・芸術・科学などあらゆる学芸に通じた人物が「万能人」とされた。ダ＝ヴィンチが典型。

5 モラリスト 倫政17・21

↑ モンテーニュ
(1533〜92)
主著『エセー』

モラリストとは「ムルス(仏語で風俗習慣・行動の仕方)について書く著者」という意味があり、「人間性の諸傾向と諸習慣を研究する作家」とも定義される。モラリストの代表者には16〜18世紀のフランスに輩出した**モンテーニュ，パスカル**らの思想家がいる。彼らは人間を観察・描写して，普遍的な人間の在り方・人間の条件を示し，それによって人間はいかに生きるべきかについて探究をした。宗教改革の影響を受けた宗教戦争のなかで，モンテーニュは博愛を説く宗教が独断に陥り，殺戮を招いた事態に対し，寛容さを持ち，冷静かつ謙虚に自己や人間の在り方を探究すべきことを著書『**エセー**』において説いた。それは私を吟味し，自分の無知を知ることになるが，そうした「**Que sais-je?(私は何を知るか)**」という謙虚な思索こそが，混乱と論争のなかに暮らすよりもましな生き方であり，「**私は判断を中止する**」という彼の表明は，実は限界を意識した探究精神そのものであった。

（倫政20・21）

倫政15 自己の認識を常に疑う批判精神の重要性と，寛容の精神の大切さを説いたこと。

6 思考の尊厳―パスカル

A 考える葦 20・15

『旧約聖書』や西洋の文学では人間の弱さを示す場合，「おれかけた葦」という表現がよく使われる。パスカルも人間を葦に例えた。

↑ パスカル(1623〜62)　フランスの哲学者・数学者。主著『パンセ』

「**人間は一茎の葦にすぎない。自然の内でもっとも弱いものである。だが，それは考える葦である。**かれをおしつぶすには，全宇宙が武装するにはおよばない。ひと吹きの蒸気，ひとしずくの水が，かれを殺すのに十分である。しかし，宇宙がかれをおしつぶしても，人間はかれを殺すものよりもいっそう高貴であろう。なぜなら，かれは自分の死ぬことと，宇宙がかれを超えていることとを知っているが，宇宙はそれらのことを何も知らないからである。そうだとすれば，**われわれのあらゆる尊厳は，思考のうちにある。**」

（由木康訳『パンセ』347 白水社）

B 考える力―幾何学的精神と繊細の精神 倫政20

パスカルは人間の考える働きに「幾何学的精神」と「繊細の精神」の二つがあるとした。そして，デカルトの哲学は「繊細の精神」を欠いたものであると批判した。

幾何学的精神	理性に基づき，原理・原則から演繹的に論証する自然科学の分野で用いる分析的な思考
繊細の精神	人間を深く理解したり，その存在の根拠(神)を感じる心の微妙な働きとしての精神

解説 **中間者**　人間は「考える葦」として悲惨さと偉大さの，また，無限と虚無の間を揺れ動く中間者であるとパスカルは述べた。そうした中間者として不安定な人間は「気晴らし」ではなくキリスト教の神によって救済されるべきだとも述べている。

7 近代哲学の祖―デカルト (⊕P.70)

A 方法的懐疑

倫政21 情念を主体的に統御する，自由で気高い精神である「高邁の精神」を説いたこと。

↑ デカルト(1596〜1650)
フランスの哲学者・数学者。主著『方法序説』

デカルトは，自分の思索，そして哲学の出発点を定めるために，自分が学んだ学問や自分の経験を徹底して疑い，確実なものを見つけようとした。

「ほんのわずかの疑いでもかけうるものはすべて，絶対に偽なるものとして投げ捨て，そうしたうえで，まったく疑いえぬ何ものかが，私の信念のうちに残らぬかどうか，を見ることにすべきである，と考えた。」

（野田又夫訳『方法序説』中央公論社）

上記のように真理を獲得するため，あらゆるものを徹底的に疑い尽くすことを「**方法的懐疑**」という。最後にその懐疑に耐えうるものが真理となる。

おまえは本当に犬か？
…え？

B 哲学の第一原理～われ思う，ゆえにわれあり～ 倫政20

私は気がついた，私がこのように，すべては偽である，と考えている間も，そう考えている私は，必然的に何ものかでなければならぬ，と。そして「**私は考える，ゆえに私はある**」というこの真理は，懐疑論者のどのような法外の想定によってもゆり動かしえぬほど，堅固な確実なものであることを，私は認めたから，私はこの真理を，私の求めていた哲学の第一原理として，もはや安心して受け入れることができる，と判断した。

（野田又夫訳『方法序説』中央公論社）

C 良識(ボン・サンス)

デカルトは物事を正しく判断し，真偽を見分ける理性の能力を「良識」とした。そして「**良識はこの世でもっとも公平に分配されている**」と『方法序説』において述べている。どんな人でも理性を正しく導けば真理に到達できるとし，良識(理性)の用い方として以下の四つの規則を提示した。

①明証の規則	明晰判明と認めたもののみ真理とする。
②分析の規則	問題を可能な限り細分化すること。
③総合の規則	思考を単純なものから順次複雑なものへと秩序立てて導く。
④枚挙の規則	完全な事例の列挙とそれらの検討を行うこと。

D 物心二元論(心身二元論)

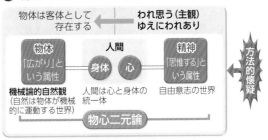

解説 **理性主義の始まり**　**方法的懐疑**によって真理として残ったのは疑っている自身の意識・存在であった。この疑い，考える私の主観が**近代的自我**となり，理性主義の始まりとなった。また，このことは「精神の働きは，自分を意識することであり，この働きは物体にはない。この精神によって認識されるものが物体である」という**物心二元論**に導いた。

公共の扉

倫政20・21

8 功利主義—ベンサムとJ.S.ミル

A 功利性の原理

ベンサムは、現実の行為には**快楽**と**苦痛**の両方が伴い、それぞれの量を把握し、**快楽の量が大きくなるような選択をすることが善**であるとした。快楽と苦痛は量的に把握できるので、「強さ」・「持続性」などの7つの基準を用いて計算し、量の合計がプラスであれば善、マイナスであれば悪と判断できるとした。

↑ **ベンサム**(1748〜1832)
イギリスの哲学者・経済学者・法学者。主著『道徳および立法の諸原理序説』

〈例〉授業をサボることの快楽と、サボらずにテストでいい点が採れたときの快楽の「強さ」・「持続性」はどう違うか考えてみよう。

B 最大多数の最大幸福(量的功利主義) 14 16 倫政23

ベンサムは社会を平等で均質な個人の集合体であると考え、幸福(快楽)を数量化し、各個人の幸福の総和が社会全体の幸福の量(社会の利益)になるとした。ゆえに、特定の個人の最大幸福ではなく「**最大多数の最大幸福**」を目指すことが道徳的に善で、個人や政府の行動原理となるとした。政治では、議会制民主主義がそれを具体的に実現する方法として功利性をもつと考えられる。なお、各人の利己的な快楽を社会全体の幸福に一致させるための外的強制力として、刑罰を定めた法律などの「**制裁**」を重視した。

19 C 質的功利主義

ベンサムが各種の快楽を同質なものと捉え、その量の最大化を重視したのに対し、**J.S.ミル**は快楽の質を問題とした。人間は、下等なものに身を落としたくないという「尊厳の感覚」があるため、身体的快楽よりも精神的快楽を重視することができるとした。「**満足した豚であるより、不満足な人間であるほうがよく、満足した馬鹿であるより不満足なソクラテスであるほうがよい**」という彼の言葉はそれを象徴している。ゆえに単に個人が快楽や利益を追求するのをよしとするのでなく、功利主義の倫理としてはイエスの説く「**おのれの欲するところを人にほどこし、おのれのごとく隣人を愛せよ**」という 隣人愛(黄金律)こそがふさわしい とミルは考えた。良心に基づいて利己心を抑え、他人や社会全体の幸福のために行為することが最大多数の最大幸福となる。

倫政22

↑ **J.S.ミル**(1806〜1873) 倫政15
イギリスの哲学者・経済学者。著書『自由論』において民主的な社会における自由の問題を論じた。

解説 **功利主義の問題点** ベーコン以来のイギリス経験論の立場では有用性(功利)が追求され、産業革命による経済的繁栄を背景に豊かさや幸福の追求を認める理論として功利主義が生まれた。しかし、功利主義には全体の利益のために一部の少数者が不幸になることが正当化される可能性があること。また、最大の幸福を生み出すための原理と広く幸福を分配する原理がときに矛盾すること(例えば国家予算の研究費をすべての大学に平等に分配するよりも一部の実績のある大学に配分するほうが成果を上げやすく、結果的に全体の利益も大きくなること)など克服すべき課題もあった。(➡P.69)

9 自律と自由—カント 倫政14・15・16・20

A 道徳法則

善悪にかかわる人間の行為の基盤には、「…せよ」「…するな」といった**理性・良心(実践理性・善意志)**の命令がある。ただし、そうした命令には以下の2種類があるとカントは考えた。

↑ **カント**(1724〜1804) ドイツ最大の哲学者。経験論と合理論を批判・統合して近代哲学を確立。主著『純粋理性批判』『永久平和のために』『道徳形而上学の基礎づけ』

定言命法…無条件の命令。その正しさの絶対的な価値にのみ基づく命令(例:困っている人を助けよ)
仮言命法…条件付きの命令。(例:他人によく思われたいなら困っている人を助けよ)

仮言命法は条件によって左右されるため、真に道徳的であるとはいえない。いかなる場合においても揺るがない普遍性のある道徳=**道徳法則**であるためには、理性の命令は定言命法の形式をとることになる。

B 自律と自由

自律=自由

自由　先生の監視

人間は理性的な存在として、自らを道徳法則に自発的に従わせることができることをカントは「**自律**」とした。それは外的な条件に縛られていないことでもあるため、「**自由**」な状態であるともいえる。つまり、カントのいう「**自由**」とは「**自律**」のことである。

C 人格と目的の王国

人格	カントは、自律の能力をもち、道徳的に行動しようとする意思をもつ人間の在り方を「**人格**」としてとらえ、その尊厳性をたたえた。人間はその人格ゆえに、置き換えることのできない自己目的として存在する。
↓	
目的の王国	各自が**尊厳ある人格**として、お互いを尊重しあう道徳的共同体を理想的な社会(**目的の王国**)と考えた。他人を単なる手段としてではなく、目的として尊重すべきだとした。 19 倫政23

解説 **永久平和のために** 戦争は人格を否定する暴力であるため、カントは国際社会における平和構築の必要性を著書『永久平和のために』(➡P.276)のなかで説いた。人格と目的の王国の考えを国際社会の在り方にも当てはめ、国家同士も人格と同様に相互に目的とされるべきとしたのである。彼の思想は後に国際連盟の設立へとつながった。

Target Check 次の記述の正誤を判断しなさい。
(解答➡表紙ウラ)

□① ベンサムは、最も多くの人々に最も大きな幸福をもたらす行為が最善であると考え、「最大多数の最大幸福」を唱えた。
(センター2013本試による)

公共の扉

SIDE STORY ミルは『自由論』で少数の権力者による圧制からの自由を目指した民主社会が逆に多数者による圧制となり、個人の自由を抑圧する危険性があると指摘し、他者への自由侵害の防止(他者危害原則)を強調した。

10 ヘーゲルからマルクスへ

A ヘーゲルの思想─弁証法と人倫

↑ ヘーゲル(1770〜1831)
ドイツの哲学者。主著『法の哲学』

ドイツ観念論の大成者であるヘーゲルは，存在するものすべては生成変化し，発展すると考えた。この発展の仕方を論理的に示したのが弁証法(➡P.70)である。発展するとは，存在するものが同じ状態であり続けるのではなく，自分を否定する他のものになり，さらに相互に対立矛盾するものが新しい存在に統一される(止揚)ということである。つまり，事物は「正→反→合」の過程を繰り返しながら発展していく法則をもっているというのが弁証法である。また，ものごとを弁証法的に発展させていく原動力ともいうべき原理として，自由を本質とする絶対精神を説明した。例えば，フランス革命は専制政治により抑圧された民衆が人間の本質に目覚め，人間の自由を現実の社会に実現しようとした画期的な事件である。ヘーゲルはこれを偶発的な暴動とは見なさず，人間の本質である自由が困難な道程を経て実現する歴史の必然的な過程として捉えたのである。ゆえにフランス革命の精神を具体的な法律や社会制度として定着させようとしたナポレオンを単なる個人としてではなく歴史を動かしている力(絶対精神)として見いだした。ヘーゲルは自身の住むイエナに侵攻するナポレオンを見て「馬上の世界精神」と友人への手紙のなかで表現したのであった。

歴史が弁証法的に発展するという考え方は，マルクスら社会主義を提唱する思想家に継承されていく。

B マルクスの思想─社会主義と唯物史観

資本主義社会での生産関係

私有財産制
生産手段の私有
ものを生産するのに必要な労働対象(原料など)と労働手段(道具・工場など)

資本家
労働生産物の収奪
富と権力の集中

労働力の商品化 ↑ ↓ 賃金

労働の疎外
労働からの疎外
人間からの疎外
労働者
ムナシイ…
労働生産物からの疎外
類的存在からの疎外
孤立

類的存在
社会的なつながり
人間の本質

↑ マルクス(1813〜83)
ドイツの経済学者・哲学者。主著『資本論』『共産党宣言』

科学的社会主義の創始者であるマルクスは労働を人間の本質ととらえ，本来，創造の喜びと社会的連帯を与えるはずのものであるが，資本主義社会では，労働は商品化され(労働からの疎外)，労働者の生産した商品は自らのものでなく，資本家のものとなる(労働生産物からの疎外)とした。また，労働者は個人の生存のために労働をするため連帯感を失い(類的存在からの疎外)，人間本来の在り方からも離れていく(人間からの疎外)とした。

○人倫の体系 倫政20

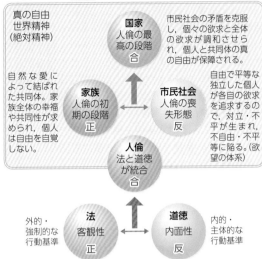

真の自由 世界精神(絶対精神)

国家 人倫の最高の段階 合
市民社会の矛盾を克服し，個々の欲求と全体の欲求が調和させられ，個人と共同体の真の自由が保障される。

家族 人倫の初期の段階 正
自然な愛によって結ばれた共同体。家族全体の幸福や共同性が求められ，個人は自由を自覚しない。

市民社会 人倫の喪失形態 反
自由で平等な独立した個人が各自の欲求を追求するので，対立・不平が生まれ，不自由・不平等に陥る。(欲望の体系)

人倫 法と道徳が統合 合

法 客観性 正
外的・強制的な行動基準

道徳 内面性 反
内的・主体的な行動基準

解説 **ヘーゲルの倫理思想** ヘーゲルは自由などの倫理的，道徳的な問題も弁証法によって考えた。人間が集団生活において従うべき倫理・規範が外側から強制的に課される場合，客観性をもつ法というかたちをとる。一方，カントが説くような内面的な倫理・規範は主観的な道徳というかたちをとり，個人を制約する。法の客観性と道徳の内面性が止揚(統合)され，客観性を保ちつつ内面化され，人々が共同体として結びついている場が人倫である。彼は人倫を「生ける善としての自由の理念」と表現している。人倫は家族，市民社会，国家の段階へと弁証法的に発展し，最高形態である国家において，個人と共同体の真の自由が保障されるとした。

古代ギリシアのポリスを人倫の理想とした。

○唯物史観 20

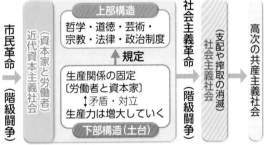

市民革命 (階級闘争)
〈資本家と労働者〉近代資本主義社会

上部構造
哲学・道徳・芸術・宗教・法律・政治制度
↑ 規定
生産関係の固定〔労働者と資本家〕
↕ 矛盾・対立
生産力は増大していく
下部構造(土台)

社会主義革命 (階級闘争)
〈支配や搾取の消滅〉社会主義社会

高次の共産主義社会

解説 **唯物史観** 従来の歴史観では，上部構造(人間の意識や観念，政治的理念や文化など)が社会や歴史が発展するための土台となると考えられていたが，マルクスはこれを逆転した。つまり，物質的な生産様式や経済構造が上部構造を規定し，人間の意識や社会，歴史をつくるのだとした。また，資本主義社会では生産力が増大していく一方で，生産手段(機械・原材料など)を所有する資本家と所有しない労働者に生産関係は固定化されたままであるため，貧富の格差などの矛盾が生まれる。この矛盾を解消するために労働者が団結して，階級闘争(革命)により資本家を倒し，新たな生産関係として社会主義社会が実現されていくとした。このようにマルクスは歴史の発展をヘーゲルのように精神ではなく，物質的な生産活動にその土台を置き，その上に精神的な哲学，道徳，芸術，法律などが生み出されると考えたのである。こうした歴史観を唯物史観という。

11 実存主義

A 実存主義の成立背景と特徴

19世紀後半，産業革命が進み，資本主義が高度に発達したことを背景に物質的な豊かさがもたらされた。その一方で，個々の人間は自己を喪失し，画一化された大衆の一人となっていった。このように自らが生み出したものによって，かえって自己の存在が脅かされる状況（＝**人間疎外**）のなかで，主体性を回復し，現実にある自己の存在（＝**実存**）を確立していこうとする思想が生まれた。それが**実存主義**である。また，実存主義は19世紀の合理主義と実証主義に対する反動としての側面もあり，合理性だけにおさまりきらない人間の存在をあぶりだしたともいえる。実存主義はキルケゴール，ヤスパースなど神とのかかわりにおいて主体性を回復する立場と無神論を前提とするニーチェ，ハイデガー，サルトルの立場の2つがある。

B キルケゴールの思想

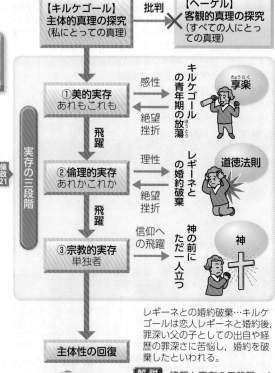

【キルケゴール】 主体的真理の探究（私にとっての真理） ── 批判 → ✕ 【ヘーゲル】客観的真理の探究（すべての人にとっての真理）

実存の三段階

キルケゴールの青年期の放蕩

① 美的実存 あれもこれも ── 感性 → 享楽
── 絶望 挫折 →

飛躍

② 倫理的実存 あれかこれか ── 理性 → レギーネとの婚約破棄 ── 道徳法則
── 絶望 挫折 →

飛躍

③ 宗教的実存 単独者 ── 信仰への飛躍 → 神の前にただ一人立つ → 神

主体性の回復

レギーネとの婚約破棄…キルケゴールは恋人レギーネと婚約後，罪深い父の子としての出自や経歴の罪深さに苦悩し，婚約を破棄したといわれる。

解説 絶望と実存の三段階 キルケゴールはヘーゲルが体系化したような誰にとっても客観的な真理ではなく，そのために生き，そして死にたいと願うような私にとっての真理が主体性の回復のために必要であるとした。そして，主体性の回復には三段階あると説明した。感性のままに享楽を「あれもこれも」と追い求めても，不安と倦怠から**絶望**（死に至る病）にいたる。そこで良心に目覚め，倫理的・道徳的に生きようとするが，自分の中の罪や悪を自覚せざるを得ず，再び絶望する。最後には神の前に立つただ一人の人間（**単独者**）として絶望か信仰かという「あれかこれか」の決断において信仰への決死の飛躍をするとき，真の主体性（実存）を回復するのである。

↑ キルケゴール（1813〜55）デンマークの思想家。主著『死に至る病』

C ニーチェの思想 〈倫政20〉

【近代ヨーロッパ】受動的ニヒリズム

キリスト教（奴隷道徳）＝ ルサンチマン（恨み）→ デカダンス（退廃）→ ルサンチマン

批判 ↑「神は死んだ」

【ニーチェ】能動的ニヒリズム

「善悪の彼岸」キリスト教道徳の善悪を超克 → 「善悪の彼岸」力への意志を自覚 → 永劫回帰に耐え運命愛 → 超人の生き方

キリスト教の説く「弱い者，貧しい者こそ幸いである」というのは「生」を否定する転倒した価値基準である。価値現実＝天国や神でなく，自分が生きている現実＝大地におくべきだ。 ニーチェ

↑ ニーチェ（1844〜1900）ドイツの哲学者。主著『悲劇の誕生』『ツァラトゥストラ』

解説 ニヒリズムの克服 ニーチェは，キリスト教の「平等」・「隣人愛」などの道徳はローマ帝国の奴隷・弱者の精神から生まれた「恨み」（ルサンチマン）の表現であるとし，人間の本来の強さを否定する奴隷道徳であるとした。19世紀ヨーロッパでは，キリスト教の権威が失墜し，この「恨み」が屈折してニヒリズム（虚無主義）とデカダンス（退廃）をもたらし，人々の享楽や絶望に逃避する態度「受動的ニヒリズム」となっていると彼は考えた。そこで「神は死んだ」と宣言することによりキリスト教を中心とする伝統的な価値観を否定し，人間の凡庸化・社会の退廃を克服しようとしたのである。ニーチェによれば，そもそも永遠に同じ運動を繰り返す宇宙のなかでは，そこに生きる有限な人間の生も何度も繰り返される無意味なもの（＝**永劫回帰**）となるが，それを敢えて肯定し（＝**運命愛**），人間が本来持っている，より大きく・より強くなろうとする意志（＝**力への意志**）を体現しようとするとき，人間はニヒリズムを克服する「超人」となるのである。こうした運命愛・超人に支えられた態度を「能動的ニヒリズム」という。

D ヤスパースの思想 〈19〉

限界状況との直面 ── 挫折 → 実存の自覚 → 超越者（包括者）との出会い → 実存的交わり

死・苦悩・罪責・争い ／ 自己の有限性を自覚 ／ ／ 同等に自己を示し合う ／ 愛しながらの戦い

→ ヤスパース（1883〜1969）ドイツの哲学者。主著『哲学』

解説 限界状況 ヤスパースは2つの戦争体験を背景に自己の思想を深めた。人間は様々な状況の中に生き，その状況を変えることもできるが，一方で個人の努力では本質的には変化しえない状況というものがあり，死・苦悩・罪責・争いがそれであるとした。彼は生きる上で避けられないこれらを**限界状況**とよび，これに直面したときに人間は自らの有限性を自覚し，絶望・挫折する。これが**実存の自覚**であり，これを契機にこの世界を包括する**超越者（包括者）**の存在に触れるとした。そして実存同士が個に沈むのでなく連帯意識の下に交わること（**実存的交わり**）で，自己の存在の確信が得られるとした。つまりそれは，実在に目覚めようとする者同士が，誠実に互いの存在を問いかけ合う「愛しながらの戦い」であるという。

 SIDE STORY ヤスパースは妻ゲルトルートがユダヤ人であり，ナチスにより大学運営から締め出され，離婚勧告も拒絶したため免職となった。妻が収容所に送られ，引き裂かれるのならば，ともに死ぬことを選んだのであった。

E ハイデガーの思想

```
現存在        →  ひと      →  死への    →  実存の
＝世界ー内ー存在   das Man      存在         確立
              頽落          良心の声      決断
                           呼び声        責任
```

現存在＝世界ー内ー存在：周囲への気配り 不安からの逃避
ひと das Man：平均化・画一化された存在
死への存在：自己の有限性を自覚
実存の確立：主体的な生き方

○「現存在」と世界の関係

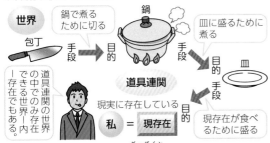

道具連関

私 ＝ 現存在

「現存在」はドイツ語で「Dasein」であり，「Da（場）」と「Sein（存在）」で存在の意味が開示される場という意味が込められている。そして人間の在り方がこの語によって説明される。人間は単なる事物とは異なり，自身が存在の意味を問うことができる。自分の存在を通じて，「存在すること」とはどのようなことかを問い，それが自分自身に示される。さらに，現存在の根本的な在り方を説明したのが「世界ー内ー存在」である。人間の存在するこの世界は様々な人（他者）・道具（もの）で成り立っているが，すべての人・道具は「目的ー手段」のネットワークで結ばれた道具連関を持っている。そしてこの道具連関の最終目的は現存在（わたし・人間）にある。ゆえに現存在を道具連関のネットワークの外に存在させて抽象的な観念として捉えることはできない。道具連関の世界の中で存在していることが「世界ー内ー存在」である。人間は事物には道具等として接し，他者には気遣いや配慮をもって交渉しながら存在している。加えて容姿や言動など自分自身に対してさえも気遣いながら存在している。　（上図とも貫成人『図解雑学　哲学』ナツメ社を参考）

○死への存在　倫政20

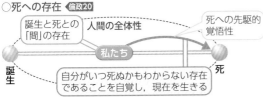

誕生と死との「間」の存在／人間の全体性／死への先駆的覚悟性／私たち／自分がいつ死ぬかもわからない存在であることを自覚し，現在を生きる／誕生／死

（小阪修平『図解雑学 現代思想』ナツメ社）

自己を誕生と死の間の存在と捉え，死を自覚することで自身の目標・宿命を知ることができるとした。

↑ ハイデガー（1889～1976）ドイツの哲学者。主著『存在と時間』

解説　死への存在　人間は世界のなかにあって，他者への気遣いや配慮の中に生きているが，周囲に気を配りすぎたり，目先の遊びや仕事に没頭して日常生活に埋没するなど，世間一般に平均化・画一化され，主体性を失った「ひと（世人）＝ダス・マン」に退行する（＝頽落）。人間が本来の自己を取り戻すためには，自己が時間的には有限な「死への存在」であることを自覚し，本来的な自己自身であれという「良心の叫び声」にこたえることから主体的な生き方が可能であるとハイデガーは考えた。　倫政20

F サルトルの思想　10 13

「実存は本質に先立つ」　倫政12・15

ペーパーナイフは「紙を切る」というようにその本質が先に存在している。一方，人間には神が予め決めた人間の本質というようなものはなく（神を前提としない），まず先に存在しており（＝実存），自らつくるところのものになるのである。

↑ サルトル（1905～80）フランスの作家・哲学者。主著『実存主義とは何か』

「人間は自由の刑に処せられている」　16 23

人間の在り方を決定するのは自分であり，自由に選択をすることができる。ただし，それを正当化してくれる理由や逃げ口上はないため，孤独，不安，責任が伴う厳しさがある。

「アンガジュマン（社会参加）」　15 16 17

自らの在り方を選択するというとき，各人が自分自身を選択するということになるが，一方で各人は自らを選ぶことによって，全人類を選択するということにもなる。我々があろうと望む人間をつくることは，人間はまさにこうあるべきだと考えるような人間像を万人に対して示すことにほかならないからだ。つまり，自分の選択は全人類に対して責任を負うことでもある。社会の中で自分の選んだ状況に積極的に関わり，参加すること（＝アンガジュマン）でよりよい社会を築かねばならない。

解説　社会参加　哲学者サルトルは自由が責任を伴うということからさらに社会参加の必要性を説いた。ちなみにアンガジュマンは英語のengagement（婚約・約束）と同じである。

12 プラグマティズム（実用主義）－米国の3人の思想家

プラグマティズムの名付け親で創始者であるパースは概念を抽象的なものにとどめず，具体的経験（行動）として，実際にもたらされる結果（効果）により明確化する必要を唱えた。

↑ パース（1839～1914）アメリカの論理学者・哲学者・数学者・科学者

ジェームズは，パースの考え方を人生や世界観などの真理の問題に適用し，プラグマティズムの思想をわかりやすく普及させた。彼は，観念（思考）の真偽はそれが人間の生活にとって有用であるかどうかによって判断されるとして，人間の経験から独立した絶対的真理を否定した。

↑ ジェームズ（1842～1910）アメリカの哲学者・心理学者

デューイは，真理とは実際の社会生活を進歩させるのに役立つ実用的なものでなければならないという。その真理を導き出す知性は，社会を進歩させるという人間の行動に役立つための「道具」にすぎず（道具主義），道具としての知性が，現実の問題解決に道筋をつけ，適応させていくとき，それを創造的知性とした。　倫政14 15 17 18

↑ デューイ（1859～1952）アメリカの哲学者。教育改革者・社会思想家 主著『民主主義と教育』

解説　実用主義　開拓時代以来のフロンティア・スピリットと19世紀の資本主義の発展を背景にアメリカでプラグマティズム（実用主義）は生まれた。進化論やイギリスの経験論，功利主義の思想を受け継ぎ，知識や観念を行動によって検証・修正し，実効性を重んじるところに特徴がある。

公共の扉

🔞 フランクフルト学派

Ⓐ フランクフルト学派の成立背景と特徴

　1930年代の初めにドイツのフランクフルト大学社会研究所に社会哲学の研究グループである**フランクフルト学派**が生まれた。代表的な思想家に**ホルクハイマー，アドルノ，フロム，ハーバーマス**らがいる。ユダヤ系ドイツ人であった彼らはナチズムの台頭によりアメリカに逃れたが，帰国後，戦後社会が「管理ファシズム」に陥っていることを批判し，人間的な社会の回復を目指した。これまでの哲学理論が現実に対して批判的にとらえることなく，同調・維持してきたのに対し，自らの立場を「批判理論」とし，理性によって既存の社会の矛盾を批判し，改善・克服しようとした。

Ⓑ ホルクハイマー ⓰

↑ **ホルクハイマー**（1895～1973）ドイツの哲学者・社会学者。主著『啓蒙の弁証法』（アドルノとの共著）

　ホルクハイマーはアドルノとの共著『啓蒙の弁証法』において，理性が合理的で自由な人間社会を実現する**啓蒙的理性**として，文明社会を築く原動力になったとしている。その一方で，そのような進歩したはずの社会にファシズムのような野蛮な政治体制が出現したのは，やはり理性に原因があるのだとした。つまり，啓蒙的理性が次第に管理的機能を強め，人間性をも支配し，圧殺する「**道具的理性**」に変質してしまったことが新しい野蛮を出現させたとした。

解説 **道具的理性**　1931年，フランクフルト大学社会研究所の所長となったのがホルクハイマーである。米国亡命から帰国後，フランクフルト大学に研究所を再建した。彼は目的実現のために最も合理的な方法を考える理性が，単なる手段として道具的理性に変質したことで新たな野蛮が出現したと考えた。

Ⓒ アドルノ ⓫ ⓯ ⓱

　アドルノは，ナチズムを信奉し，ファシズムを支えた人々に共通する社会的性格として「**権威主義的パーソナリティ**」があると考察した。この性格の傾向を測定するために以下のような基準（F尺度）が作成されたが，これらがこの性格の特徴でもあるといえよう。

↑ **アドルノ**（1903～69）ドイツの哲学者・社会学者。主著『啓蒙の弁証法』

〇中間階級を形成している人々のなかで慣習的になっている価値観に固着する。
〇集団のなかで理想化された道徳的権威に対し，無批判的に追従する。
〇慣習的なものになっている諸価値の侵害者を探し出し，排斥する。
〇想像力に富むものや柔軟な考え方に敵対する。
〇先入観的に支配と服従，強者と弱者という形で物事を考える。

（曽良中清司『権威主義的人間』有斐閣選書を参考）

解説 『**啓蒙の弁証法**』　この著作では啓蒙的理性が野蛮から文明への開明ではなく，文明からファシズムという新たな野蛮をもたらし，それは弁証法的過程であったことを明かした。アドルノはそれを支えた大衆の心理も研究した。

↑ ナチスの集会

Ⓓ フロム ⓫ ⓯ ⓰ ⓱

↑ **フロム**（1900～80）ドイツの社会心理学者・哲学者。主著『自由からの逃走』

　近代人にとって自由は二重の意味をもっている。…すなわち，近代人は伝統的権威から解放されて「個人」となったが，しかし同時に彼は孤独な無力なものになり，自分自身や他人から引きはなされた，外在的な目的の道具になったということ，さらにこの状態は，彼の自我を根底から危うくし，彼を弱め，おびやかし，**彼に新しい束縛へ進んで服従するようにする**ということである。それに対して，**積極的な自由は，能動的自発的に生きる能力をふくめて，個人の諸能力の十分な実現と一致する**。（フロム『自由からの逃走』東京創元社）

解説 「**～からの自由**」と「**～への自由**」　フロムは『**自由からの逃走**』のなかでナチズムを支えた大衆の心理を分析し，**自由がもたらす孤独から逃避し，権威に盲従する性格**があったと分析した。また，社会的な束縛から逃れるところに求められる消極的な「**～からの自由**」と，愛情や仕事によって自分と世界を結びつける積極的な「**～への自由**」を区別した。

Ⓔ ハーバーマス ⓫ ⓯ ㉒

　ハーバーマスは社会全体を2つに分けて考察し，「貨幣」と「権力」ではなく，言葉を介した了解によりまとまる社会のありようを示した。

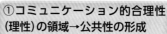

↑ **ハーバーマス**（1929～）ドイツの社会学者・哲学者。主著『コミュニケーション行為の理論』

①コミュニケーション的合理性（理性）の領域→公共性の形成
　生活世界を基盤にし，「言葉」を介した了解（**コミュニケーション行為**）により相互の対立や人と人の間の行為が調整され，目標が共有されるよう社会統合をめざす。
具体例 学校・家族・友人関係・地域共同体など

②システム合理性の領域
　行政や経済を基盤にし，「貨幣」や「権力」によって効率的に個人を支配し，物質的再生産に貢献する。相互の対立や人と人の間の行為は「貨幣」や「権力」によって調整され，社会がシステムとして統合される。
具体例 政府・行政機関・司法機関・市場・企業など

※問題（生活世界の植民地化）
　コミュニケーション的合理性の領域がシステム合理性の領域に侵食される→家族・友人関係などの領域に病理現象が発生
（中岡成文『ハーバーマス』講談社などによる）

解説 **コミュニケーションによる社会**　ハーバーマスはフランクフルト学派の第2世代の中心的存在である。彼はシステム合理性の領域が効率的で有益な一面があることは否定しない。しかし，この領域が拡大し，本来コミュニケーションが支配するはずの領域まで越境することで社会に歪みを生み出していると考えた。彼は「道具的理性」の対極に「**コミュニケーション的合理性（理性）**」をおき，その力を支援し，平等な対話によって導かれた合理性に支配される公共的な社会の実現を理想として考えた。

Target Check　次の記述の正誤を判断しなさい。（解答➡表紙ウラ）
☐①M.ホルクハイマーは，福祉が目指す方向として，潜在能力が確保される平等を重視した。（センター2016本試による）

公共の扉

14 構造主義①─レヴィ=ストロース

A レヴィ=ストロースに始まる構造主義

1960年代，**レヴィ=ストロース**は未開社会の在り方を研究した『**野生の思考**』を著し，当時の知的権威であったサルトル（→P.65）を厳しく批判した。近代ヨーロッパの人間観とはサルトルの実存主義の考え方に代表されるように，理性的で自由に自己決定する主体を重視するものであった。また，人間の歴史もそうした人間が弁証法的に進歩させていくというものであった。これに対しレヴィ=ストロースはアマゾンなどの未開社会の人々の親族構成や神話の研究を通じて，

↑ **レヴィ=ストロース**
（1908〜2009）フランスの社会人類学者・思想家。主著『悲しき熱帯』『野生の思考』

> 人間の行動は自分でどう考えて行動しているかではなく，文化の底に潜む目に見えない枠組みとしての**構造**によって規定されている

とした。そして，人間が自由に歴史を進歩させているようにみえても，この構造のなかで動かされているのだとした。構造主義は，「自由で理性的で歴史とともに進歩していく人間」という考えを批判したレヴィ=ストロースを出発点にラカン，アルチュセール，**フーコー**などの様々な思想家が出て，現代思想に大きな影響を与えていった。

○歴史の流れ　〜自由で理性的で歴史とともに進歩していく人間〜

自由に考えているつもりでも，「私」はある枠組みから出てはいないのではないか？

B 構造とは何か

ある種族では，自分たちの先祖がフクロウであると考え，フクロウを襲うオオカミを嫌悪しているとする。それに対する真偽や価値は問題にならず，その思考の在り方が重要なのである。また，別の種族ではネズミを敬い，ネズミを食べるフクロウを嫌っているとする。この2つの思考は内容こそ反対であるが，思考方法としては同じパターンを持っていることになる。このようにそれぞれ異なる枠組みを持つ各々の社会に共通するパターンが存在することがあるが，レヴィ=ストロースはこれを**構造**とした。そして彼は未開社会と西洋の文明社会との間に共通する近親相姦をタブー視する構造が存在することを未開社会の研究を通じて発見した。

〈近親相姦についてのそれぞれの考え方〉
西洋社会：遺伝・モラル上の問題
未開社会：結婚は他集団との互恵的な社会関係の拡大と，安定という目的のための家同士による女性の交換であり，交換するものは他人のためにとっておくべきとする。 → 近親相姦をタブー視する構造

C 野生の思考 ㉒

ありあわせの自然の材料を使う未開人の工作をブリコラージュというが，レヴィ=ストロースは未開人の思考をブリコラージュ的思考=「**野生の思考**」と名付けた。そこから文明人の思考を相対化し，その独善性に反省を促すとともに，二つの思考は相補的であることを指摘した。

文明人の思考	野生の思考
洗練され，能率はよいが，抽象的で固定的な意味しか考えられない。**抽象的**「愛」「憎しみ」	能率は悪いが，個々の場面で臨機応変に，具体的に考えられる。**具体的**「フクロウが仲良くする様子」「オオカミが争う様子」

（Ａ〜Ｃとも小野功生『図解雑学 構造主義』ナツメ社を参考）

解説 文化相対主義　レヴィ=ストロースは未開社会にも文明社会にも**構造**があることを発見し，未開社会が野蛮であるとする**西欧中心主義**に異を唱えた。様々な文化には固有の意味や価値があり，それらは絶対的なものではなく，相対的なものであるという**文化相対主義**を説いた。

15 構造主義②─フーコー『狂気の歴史』

↑ **フーコー**（1926〜84）フランスの哲学者。主著『狂気の歴史』『監獄の誕生』

フーコーは社会における権力（利益関心）の変動とともに，狂気が社会のなかでもちうる地位が変化し，狂気そのものもその存在の有り様を変えることを『**狂気の歴史**』において明らかにした。例えば，中世やルネサンス期には狂気に対して寛容であったヨーロッパ社会が，近代化の過程で理性の名（権力）において，**狂気=非理性**を排除し，囲い込んできたという。つまり，近代の社会は狂気（異常）の人々を理性的な人々（勤勉で自律的な近代人）から排除することで成立したというのである。

○中世における狂気の扱い
狂気は「病気」というよりも，なにかしら禍々しきものの象徴であり，あるいは逆転した一種の「知」とも考えられ，時に狂人が聖なる言葉や真実を告げるともされた。→相談者として王や権力者の側に置かれることも

▼

○古典主義時代の大監禁（17〜18世紀）

監禁

理性的な人々＝勤勉な現代人（経済が道徳と結びつく）　←分離→　放蕩者，冒瀆的言辞を弄する人，自殺を企てる人，失業者，無宗教者，乞食，狂人

近代の社会は，「異常な」人々を理性的な人々（勤勉な市民）から分離し排除することによって成立した。

○医療の対象としての狂気（18世紀末以降）
精神障害者を鎖から解放する一方で，医療の対象として医師の権力にひれ伏す，より安全で医学的・技術的に制御可能なものに鋳造される。

（『図解雑学 構造主義』ナツメ社などを参考）

解説 構造なき構造主義　フーコーは「構造」そのものを論じないが，時代によってものの考え方の土台（エピステーメー）が異なることに着目し，「狂気」「臨床医学」「監獄」「性」などの**歴史**を研究した。「人間（ヒューマニズム）」という理念もある時代の社会の都合＝**権力**（生の権力）によってつくられた理念にすぎず，18世紀末に発明されたが，やがて消えるとした。（人間の終焉）

用語Check 〔→P.364〕 フランクフルト学派，ホルクハイマー，アドルノ，フロム，ハーバーマス，構造主義，レヴィ=ストロース，フーコー

67

⑯ ヒューマニズムの思想

人間性を喪失した現代において，人間の愛や平和，差別の撤廃を通じて真の人間性を回復しようとした

ガンディー

(1869～1948)

主著
『インドの自治』
『自叙伝』

インドの政治家，独立運動家。イギリス植民地からのインド独立のために**非暴力**による**不服従**運動を指導した。植民地政府による塩の専売に抗議した1929年の「塩の行進」は，非暴力の象徴となった。マハトマ（偉大な魂）と尊称される。

サチャーグラハ (Satyagraha)
（真理の把持，真理の把握）

→ 実践 → 非暴力／不服従

= スワラージ（自治独立）
スワデジ（国産品愛用）

ブラフマチャリヤー
(brahumacharya＝自己の浄化，純潔)
肉体の欲望や行動を統制し，精神の力が物質の力に勝つということを自分自身を実験台に証明すること

方法・手段を実現する

アヒンサー(ahinsa＝不殺生)
一切の生命を傷つけず，殺さず，平和に生きること

イギリスの官憲からどんなに弾圧され，投獄されても，決して暴力で反抗してはならないと説き，武器なき精神の戦いを粘り強く続けた。

◆ ネルソン・マンデラ ㉒
(1918～2013) 南アフリカ共和国でアパルトヘイト（人種隔離政策）撤廃運動を指導。27年間の獄中生活の後，1993年にノーベル平和賞を受賞し，翌年黒人初の大統領に就任。ガンディーの影響を受けた非暴力・不服従運動を戦略的に展開した。

シュヴァイツァー

(1875～1965)

主著
『水と原生林のはざまで』
『文化と倫理』

フランスの哲学者，神学者，医者。30歳のときアフリカ伝道を決意し医学を修得した後，アフリカに渡り，現地人の医療と伝道に従事した。「密林の聖者」といわれる。1954年ノーベル平和賞受賞。

生命への畏敬

倫政14 生命への畏敬の念に基づいて，アフリカの地で医療と布教活動を通して，苦しむ人々への支援を続けたこと。

「私たちは生きようとする生命に囲まれた，生きようとする生命である」

生きること（「生きようとする意志」）と生命あるものすべてを価値あるものとして尊敬する

人間のみならず，人間とかかわりをもち，人間によって運命を左右される一切の生命に対して，同じ態度をとることが要求される

「一枚の葉も木からむしらず，一輪の花も折らず，一匹の虫も踏みつぶさないように注意する」(『文化と倫理』)

彼は川を遡る船上でカバの一群に遭遇し，「生命への畏敬」のインスピレーションを得た。

人間は，生きようとする生命に囲まれた生きようとする生命である。この「生きようとする意志」は，人間のみではなくすべての生物がもっている。シュヴァイツァーは，これらすべての生命を畏れ敬うことを「**生命への畏敬**」と呼び，道徳の根本原理とした。

マザー＝テレサ ⑩

(1910～97)

倫政14 「最大の罪は愛と憐れみをもたないこと」と述べ，修道女として苦しむ人々への支援に生涯を捧げたこと。

「神の愛の宣教者会」を主宰したカトリック修道女。「傷つくまで愛せよ」をモットーとして，現代世界において愛の実践に生涯をささげた。1979年ノーベル平和賞受賞。

献身的な人間愛 ———

「今日最大の病気は，レプラ（ハンセン病）でも結核でもなく，自分はいなくてもいい，だれもかまってくれない，みんなから見捨てられていると感じることである」

写真：Science Source／アフロ
↑ 子どもとふれ合うマザー＝テレサ

→ マザー＝テレサの実践

19歳の時に修道女としてインドへ渡る。1944年「貧しい人々とともにいるキリストに尽くしなさい」という神の声を聞き，1948年から修道院外（カルカッタのスラム街）での奉仕活動を展開。自ら常に直接，奉仕活動の先頭に立つ。

・子どもたちのための青空学校設立
・死にゆく見捨てられた人々のための「死を待つ人の家」設立 倫政18 ㉓
・恵まれない子どものための「孤児の家」設立
・ハンセン病患者のための救済施設「平和の村」設立

キング牧師 ㉒

(1929～68)

アメリカ合衆国の黒人差別撤廃運動を**ガンディーに影響を受けた非暴力の立場から指導**し，バス・ボイコット運動などを展開（市民的不服従）。1963年，公民権法の成立を求めた首都ワシントンでの大行進において行われた右の「I Have a Dream」の演説はよく知られる。

「I Have a Dream（私には夢がある）」

倫政18 非暴力の思想に基づく運動を展開し，黒人が公民権を得て白人と平等に暮らせる社会を求めたこと。

"I have a dream that my four little children will one day live in a nation where they will not be judged by the color of their skin but by the content of their character."

「私には夢がある。いつの日にか，私の4人の子どもたちが，肌の色ではなく，その人となりで評価されるような国に暮らせるという夢が。」
（1963年8月28日，リンカーン記念堂へ向かうワシントン大行進での演説）

モンゴメリー・バス・ボイコット事件

1955年，アラバマ州モンゴメリーで公営バスの白人専用席に座った黒人女性ローザ・パークスが席を譲らなかったために逮捕された。これをきっかけに黒人によるバス・ボイコット運動が展開され，黒人たちは自家用車に相乗りをしたり，徒歩で移動した。

↑ バスに乗るローザ・パークスさん

SIDE STORY 1948年，ピストルで撃たれたガンディーは崩れるように前に倒れたが，その瞬間彼は片手をあげて額にあてた。それはヒンドゥー教徒が相手に許しを与える表現であった。

Ⓐ 公正な社会—ロールズ 倫政15

アルベルト(以下ア)：「～ジョン・ロールズ(実際の訳は「ロールス」)が面白い頭の体操を考案している。ちょっと，未来社会のすべてのルールをつくる委員会のメンバーになったと想像してごらん。」

写真：アフロ

ソフィー(以下ソ)：「はい，そういう委員会に出席していると想像したわ」

ア：「委員会はなにからなにまで考えるんだ。そして委員会が合意して，ルールにサインしたとたん，きみたちは死ぬ」

ソ：「わあ，ひどい話！」

ア：「でもすぐに，きみたちがつくったルールで動いている社会に生まれ変わる。でもその社会のどこに生まれるか，つまりどんな社会的立場に立つかわからないというのが，この頭の体操のミソなんだ」ソ：「なるほど」

ア：「そういうものが公平な社会だろう。だれもが平等なあつかいを約束されているのだから」

ソ：「女性も男性もね」

ア：「もちろんさ。なぜならロールズの頭の体操では，だれも男に生まれるか女に生まれるかわからないのだからね。確率が五分五分なら，社会は男性にも女性にも魅力的なようにつくられるだろう」

ソ：「いいなあ，そういうの」

(ヨースタイン・ゴルデル著／池田香代子訳『ソフィーの世界』NHK出版)

倫政19 **↑ ロールズ**(1921～2002)
アメリカの倫理学者。社会契約説を再構成した「公正としての正義」を提唱し，公正な社会の実現を説いた。主著『正義論』

倫政17・23

Ⓑ ロールズの「正義の二原理」(公正としての正義) 16

第一の原理
基本的な自由(政治的自由や精神的自由など)は全員が平等に分かち合うことが望ましい。

↓

自由が平等に分配されても所得や社会的地位の格差が発生する

↓

第二の原理
社会的・経済的不平等は以下の2つの条件を満たさねばならない

❶ 平等な機会のもとでの公正な競争の結果に限られること

❷ 不遇な生活をおくる人びとの境遇を最大限改善するものであること(裕福な者は，貧しい者の状況を改善してはじめて自らの幸運に与ることが許される)

(川本隆史『現代哲学がわかる。』AERA MOOK 朝日新聞社より)

解説 ロールズの正義論 ロールズは「正義の二原理」を**原初状態**(社会契約説でいう自然状態)という仮定のなかで人びとが合意したものであると考えた。原初状態では公正を期するために人びとは自分が何者であるか(人種，性，能力，地位など)を知らされていない(**無知のヴェール**)。つまり，だれもが格差の底辺に落ち込む可能性があることを自覚している。こうした条件のもとで討議によって選ばれた原理が「**正義の二原理**」である。「最大多数の最大幸福」(→P.62 8)を追求し，幸福の分配や少数者の不平等を直接問題にしていない功利主義の克服が彼の念頭にあった。ロールズの正義論は個人の可能な限りの自由を前提とするが，マイケル・サンデルなどの共同体主義(コミュニタリアリズム)の立場からは，個人の自由に先だつ共同体の価値観(共通善)を無視しては正義を定義できないと指摘される。

倫政16

Ⓒ 真の平等とは何か—アマルティア・セン 倫政14・18・23

〔潜在能力と機能〕

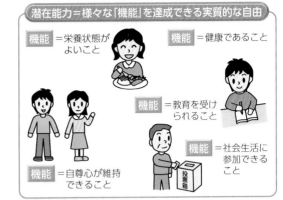

潜在能力＝様々な「機能」を達成できる実質的な自由

機能＝栄養状態がよいこと
機能＝健康であること
機能＝教育を受けられること
機能＝社会生活に参加できること
機能＝自尊心が維持できること

「**潜在能力**」とはある人が組み合わせることのできる「**機能**」(暮らしぶりの良さを表す様々な状態)の集合・幅のことであり，一般的な語としての潜在能力とは意味が異なる。これは社会の枠組みの中で，その人が「何ができるか」という可能性をあらわすものである。差別を受けていて，できることが限られる場合には，「**潜在能力＝自由**」はそれだけ小さくなる。センは不平等や貧困，生活水準を評価するためにこれらの概念を提示した。　(アマルティア・セン『不平等の再検討』岩波書店による)

↑ アマルティア・セン(1933～)
インドの経済学者。1998年，ノーベル経済学賞受賞。主著『貧困と飢饉』『不平等の経済学』

16 解説 不平等とは何か 社会における真の平等を評価するときに社会を構成する人びとの多様な側面を考慮しなくてはならない。なぜなら，所得は高いのに病気により多額の出費がある場合，その人の自由や幸福は小さいことになるからだ。そこでセンは「**潜在能力(ケイパビリティ)**」という視点から，困窮とは基本的な「**機能**」を達成する自由を欠いている状態だと説明している。貧困の克服のためには，単純に所得を向上させるだけではなく，「潜在能力」を大きくする「**人間的発展**」が必要である。人間を多面的に捉える彼の考え方は**国連開発計画(UNDP)**の「**人間開発指数(HDI)**」や「**人間の安全保障**」などの概念に結びついている。

Target Check 次の記述の正誤を判断しなさい。

(解答→表紙ウラ)

☐ ① J.ロールズは，恵まれない人々の状況が改善されるという条件のもとでのみ，生まれつき恵まれた人々がその利益を得ることが許容されるという考え方を示した。

☐ ② インド独立運動の指導者ガンディーは，武力の行使を最低限に抑え，可能な限り非暴力的な手段を使用すべきだと主張した。

☐ ③ マザー＝テレサは，愛と奉仕の精神に基づき，インドのコルカタ(カルカッタ)を拠点に，ハンセン病患者や貧困者などの救済に尽力した。

☐ ④ UNDP(国連開発計画)は，開発援助の新たな指標として，出生時平均余命や識字率などを加味して算出されたHDI(人間開発指数)を導入した。

(センター2007追試，2010，16本試による)

11 科学的なものの見方

1 天動説から地動説へ

◆コペルニクスの宇宙体系図 コペルニクスは、地動説が地球を宇宙の中心とする教会の見解を否定することになるため、主著『天体の回転について』の刊行を死の直前まで許さなかった。しかも、あくまで数学的な考察とした。

天体観測を通じて天動説に疑問を持った**コペルニクス(右写真)**は、古代ギリシアの文献の中に地動説があることを知り、その発想の方が実際の惑星の運動をより単純に、美しく説明できると考え、新しい宇宙論を説いた。宇宙は数学の言語で書かれた書物であると述べた**ガリレオ・ガリレイ**は木星の衛星を4つ発見した。それは地球がすべての天体の中心であるという体系を否定する事実でもあったが、宗教裁判では、自説を撤回させられた。**ケプラー**はコペルニクスの地動説を早くから認め、さらに膨大な観測データから惑星は太陽の周りを、楕円軌道を描いて運動する法則(ケプラーの第一法則)などいくつかの法則をまとめた。

倫政18 機械のような存在として自然を捉える自然観の確立に寄与したこと。

↑ ニュートン (1643〜1727)

ニュートン(英国の科学者)は万有引力を発見し、著書『プリンキピア』において数式で示したが、その原因については仮説をつくらないとした。現象から導き出せないものはどんなものでも仮説とし、実験観察により自然現象を把握すべしとした。

解説 天動説から地動説へ ルネサンス(→P.60)期は、人間と自然の発見の時代で、自然を直接観察して、自然についての認識を深めようとする傾向が強まった。ルネサンス以前においてはキリスト教が絶対的な力をもち、神学と結びついたアリストテレス・プトレマイオス的宇宙観(天動説)が主流であった。この宇宙観は静止する地球が宇宙の中心で、一番外側に全天球を動かす「第一動者」(神)があるというものである。これに対し、**コペルニクス**(1473〜1543 ポーランドの天文学者)は、太陽を中心とした宇宙論(地動説)を考えたのであった。そして、地球の自転・公転運動や惑星の運動などの説明は、**ガリレオ**(1564〜1642 イタリアの物理・天文学者)や**ケプラー**(1571〜1630 ドイツの天文学者)の観測や数学的な体系によって実証されていく。さらに**ニュートン**が地上の物体の運動と地球を含めた諸惑星の運動を同じ原理で説明することで、天上界と地上界が異なるというキリスト教的世界観は権威を失い、近代科学の礎が築かれていった。 **20** 著書『プリンキピア』のなかで万有引力の法則を記載したこと。

2 科学的・哲学的なものの考え方

↑ ベーコン (1561〜1626) イギリスの哲学者・法律家 **倫政15・18 15 22**

帰納法 **イギリス経験論**

ありのままの自然観察や実験で得られた経験(事実)から、それらに共通する一般的・普遍的な法則を見出す。経験から離れ、前提となる理論ですべてを解釈しようとする態度や、事実を羅列するだけの単純な経験論を否定する。

↑ デカルト (1596〜1650) フランスの哲学者・数学者(→P.61)

演繹法 **大陸合理論**

生まれながらに人間の誰もが持っている理性を用いて、既成の価値観をあらゆる角度から疑う(方法的懐疑)。そうした懐疑に耐えたもの(明晰判明)を一般原理とし、論理的に個別のことがらについて当てはめて結論を導く。 **倫政15**

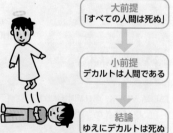

大前提「すべての人間は死ぬ」
↓
小前提 デカルトは人間である
↓
結論 ゆえにデカルトは死ぬ

↑ ヘーゲル (1770〜1831) ドイツの哲学者(→P.63)

弁証法 **ドイツ観念論**

2つの矛盾・対立した見解(正と反)が、統合されること(止揚)によって、より高次元の真理(合)に到達する。真理とは「正→反→合」といったように弁証法的に発展するもので、発展の過程全体が真理でもある。 **22**

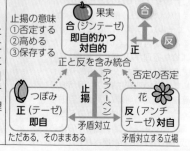

止揚の意味
①否定する
②高める
③保存する

解説 真理を求める思考方法 イギリスの**ベーコン**は、「従来のものの考えは先入観や偏見(ベーコンのいう「イドラ」)にとらわれていて、事実から学ぼうとしていない。観察・実験を通して、共通のデータを集め、普遍的な法則をとらえることが大切である。」として、新たな学問の方法(**帰納法**)を確立した。この方法によって近代科学が成立したことから、ベーコンは「科学的方法の父」と呼ばれているのである。一方、フランスの**デカルト**は「これまでの学問が不確実で役に立たなかったのは、基礎になっている原理があやふやで独断的だからだ」という。そこで彼は、数学の証明のように、疑いえない普遍的原理から出発し、理性的推論をすすめることによって個々の事実を説明する方法(**演繹法**)をとった。弁証法は古代ギリシアの対話術に起源があり、矛盾を再統合することで真の知を求めるもので、ヘーゲルが積極的意義を見いだした。

SIDE STORY 地動説を支持し、宇宙の無限を主張したジョルダノ=ブルーノ(伊・1548〜1600)は、火刑に処せられたが、処刑を宣告する役人に対し、「真理の前に恐怖に震えているのはあなたの方だ」と言った。

③ 科学と非科学の区別—カール・ポパー

Ⓐ 科学的な理論

経験（実験）によって誤りであることが証明される可能性，つまり**反証可能性があるもの**→科学は完全に証明されうるということではなく，それを現実とつきあわせるテストが可能であり，潜在的には誤っている可能性が示されるものであること。

9本!?

守護霊はいる！

Ⓑ 自然科学の範囲外にある理論

経験による検証が不可能なもの→そうした理論に価値がないのではなく，単に科学によって扱われるたぐいの理論ではないということ。

（ウィル・バッキンガムほか『哲学大事典』三省堂を参考）

↑ カール・ポパー（1902～94）オーストリアの科学哲学者

解説 **科学と疑似科学の区別** 科学は反証を受け入れるシステム（反証可能性）であるのに対して，非科学・疑似科学とされるものは必ずしも反証を受け入れるシステムになっていない，というのがポパーの考えである。占星術や血液型による性格類型は疑似科学とされるのである。

④ パラダイム・シフト—トマス・クーン

天動説

その時代の科学を支える理論の枠組み＝**パラダイム**

通常科学

↓

異常で新奇な結果が蓄積し，危機的な状況に

異常科学

↓

地動説

新しい理論の枠組みの確立（**科学革命**）＝新しいパラダイム

パラダイム・シフト

↓

通常科学の再開

クーンは科学の歴史を一貫した蓄積・進歩・発達ではなく，非連続的に複数のパラダイムが入れ替わる歴史として捉えた。

↑ トマス・クーン（1922～96）アメリカの科学史家

解説 **科学革命** トマス・クーンは同時代の科学者の間で特定の価値観や基本的な思考の枠組みとなっているものを**パラダイム**と定義した。パラダイムが劇的な転換をすること（**パラダイム・シフト**）を**科学革命**とし，地動説や相対性理論への転換がこれにあたるとした。なお，パラダイムは科学以外の分野にも使われる概念となっている。

Target Check
☐①「すべての犬は死ぬということから，私が飼い始めたばかりの子犬もいつかは死ぬと考える」という推論は，何法と呼ばれる例か。
（解答➡表紙ウラ） （センター2006本試による）

⑤ 未来に対する責任・動物への配慮

従来，倫理は現在の人間にとっての善を対象にしてきた。しかし，科学技術を通じた現在の人間活動は遠い未来にまで影響し，地球環境を不可逆に変える危険性，つまり将来世代の生存を脅かしはじめている。そこで**ハンス・ヨナス**は将来の世代を配慮する責任を問うた倫理学を提唱した。その際，土台となるのは，力のある者が力のないものに対して一方的に負う倫理的責任である。その意味で我々は未来世代に責任を負っていると考えた。

↑ ハンス・ヨナス（1903～93）ドイツの哲学者 写真：アフロ

ピーター・シンガーは「世界の苦を減らし，幸福を最大化する」という功利主義的な倫理観を土台に，著書『動物の解放』において，動物も人間と同じように，道徳的な配慮の対象となると主張した。それはつまり，畜産や動物実験など人間の利益のために，動物に多大な苦痛（利益に反するもの）を与えていることの問題を指摘しており，倫理的な側面から批判を加えているのである。動物への配慮は，人間の弱者への配慮と同様に，正義と平等という観点から要求されるべきものであるとし，単なる動物愛護の思想とは一線を画すものである。

↑ ピーター・シンガー（1946～）オーストラリアの哲学者 写真：ロイター／アフロ

公共の扉

F◯CUS **真理の探究を妨げる4つのイドラ**

倫政13・19

真理の探究方法として帰納法を提唱したベーコン（➡P.70）は，人間の判断が誤りに陥る傾向が強いことを指摘し，その原因である迷信や偏見，独断を**イドラ**（ラテン語で偶像の意）と呼んだ。人間の精神を占有する4つのイドラを排し，事物を経験に即してありのままに観察・判断することで自然に関する正しい知識が得られるとし，その知識によって自然を操作し，支配することでより豊かな人間生活が実現されるとした。このことを**「知は力なり」**と表現しており，「自然は服従することによってでなければ征服されない」とした。

① **種族のイドラ**

太陽は東から昇って　西に沈む　天動説は真実だ

感覚や感情によって生じる，人間という種族に共通にある偏見・誤り。

② **洞窟のイドラ**

井の中の蛙大海を知らず

個人的な好み，境遇，性格，教育など，自分の狭い世界（洞窟）にとらわれることから生じる偏見。

③ **市場のイドラ**

火の玉

社会生活（市場＝人々が交流する場）における不適切な言葉の使用（うわさなど）から生じる偏見・誤解。

④ **劇場のイドラ**

太陽　地球

スコラ哲学者

権威や伝統的学問（劇場での芝居に例えている）をうのみにしてしまうことから生じる偏見・誤り。

義務論と帰結主義

西洋思想の倫理学において，人々の行動指針として規範を探究する学問を規範倫理学という。「何が正しく，善いことか」や「我々はどう行為すべきか」について考える思想である。その具体例としては**カント**(⮕P.62)などに代表される**①義務論**，ベンサ　ム・ミル(⮕P.62)の**功利主義**に代表される**②帰結主義**がある。ここでは，この二つの見方・考え方について学び，それら二つを視点にして具体的に倫理的な課題や現実に起こりうる問題について探究し，ものの見方・考え方を鍛えてみよう。

1 義務論の立場による見方・考え方

行為の価値はその行為そのものが持つ価値(善さ)によって判断され，行為の結果によってもたらされるものに左右されない。行為が普遍的な規範に従ってなされているかどうかによって，その行為の道徳的価値がある，つまり，正しい行為であると判断される。

⬇

行為と結果の関係よりも行為と規範との関係を重視
→「正義はなされよ，よしや世界が滅ぶとも」(神聖ローマ帝国皇帝フェルディナンド1世の言葉)

〈例〉カントの義務論(道徳論)(⮕P.62)

- カントにとって「義務」とは道徳法(無条件の理性の命令)に従うことであり，善き行為とは道徳法に従ってなされた行為である→行為の結果は問わない
- 個人の主観的な行動原則(格率)が，客観的に全ての人から見ても妥当であるとき，道徳法として正しい(皆がその格率に従ったとしても矛盾や問題が生じないかを思考実験して，行動原則の価値が判断される)
- 道徳的な行為は名誉や利己心ではなく，道徳法への純粋な義務感や尊敬を動機とするものである

● 義務論の視点で考えよう(思考実験)

問：アンネを助けるためにドイツ秘密情報機関の隊員に「ユダヤ人はいない」と嘘をついてもよいか？

> ここにユダヤ人はいるか？
> ……

● 義務論の立場―いかなる場合も嘘をついてはならない

「嘘をつかない」という行為が正しいのは，その行為そのものが義務だからであり，それがよい結果をもたらすからではない。そうでなければ，都合が悪くなれば嘘をついてもよいという帰結が可能になってしまうからである。例外を認めるならば，あらゆる契約の基礎とされる誠実さは無意味になってしまう。

＊カントはこれと同様の思考実験において，嘘をつけば必ず助かる保証はどこにもなく，また，真実を語ることで必ず殺されてしまうという因果関係も成立しないと指摘する。つまり「真実を語る」ことは直ちに生命の危機にある人を見棄てることにはならないとする。

問題 生命の危機に直面する無辜の人を助けることも普遍的な義務と考えられ，二つの義務は矛盾する。

2 帰結主義の立場による見方・考え方

行為や規則の選択の際に，それらがもたらす結果を考察することで道徳的か否かを判断する。

⬇

行為と動機，行為と規範の関係よりも行為と結果の関係を重視

〈例〉ベンサムの功利主義(⮕P.62)

- 快楽を増加させ，苦痛を減少させることが善(幸福)
- 個人は社会を構成する平等な「1」としてカウントされ，各々の幸福を平等に扱い，その総量の最大化が目標。ある行為や規則が結果として「最大多数の最大幸福」(公益)を実現するか否かによってそれらの是非が問われる

● 帰結主義の視点で考えよう(思考実験)

問：義賊ネズミ小僧は許されるか？

> 小判を盗まれた！ネズミ小僧め！
> これで食料が買える！

● 帰結主義の立場―場合によっては盗んでもよい

ネズミ小僧が金品を盗んで，貧しい人に富を配分しないときよりも，したときの方が多くの人びとに多くの幸福を実現するならば，盗んでもよい。ただし，便乗しただだの盗人が増えて治安が悪化し，その害悪が当初の幸福を上回る場合，盗んではならないことになる。

問題 「盗み」というそもそも不道徳な行為が正当化されてしまいかねない。また，正当化すると金持ち(少数者)は犠牲になってもよいということになる。

3 義務論と帰結主義の共通点と課題

- 他者，社会の幸福を促進することは基本的に善であるという立場は同じである
- 義務論と帰結主義のどちらかが，正しいわけではない
- どちらもすべての事例に対して万能であるわけではなく，課題や補うべきところがある

● 両方の視点で考えてみよう(2018年プレテスト改変)

赤字が続く市営バスについて市長が減便を提案したことについて，「税金」，「当該地域住民の権利」，「公益」をヒントにその賛否を二つの見方から考えてみよう。

(加藤尚武『現代倫理学入門』(講談社学術文庫)などを参考に作成)

④ プレテスト出題問題を考えよう

第1問 「公共」の授業が始まった頃に先生が，社会で起こる問題を考える際に手掛かりとなる次の【考え方A】・【考え方B】と，様々な制度や政策を紹介してくれた。そして，問題を自分で考え，結論を導き出すことの大切さについて話してくれた。このことに関して，下の問い（問1〜問3）に答えよ。

【考え方A】

幸福な社会は，どのようにすれば実現できるだろう。そもそも人はどんなときに幸福を感じるだろうか。それは，楽しいことや快適なことがあったときではないか。反対に，人は苦痛を感じるときに不幸なのではないか。

人間の基本的な性質がこのようなものであるなら，「快」の量が多いほど，また「苦」の量が少ないほど，その社会は幸福な社会ということになる。「快」と「苦」は量として測定でき，幸福の量を計算することが可能であれば，「快」の総量から「苦」の総量を差し引いたものを，幸福量とみなすことができる。

そうであるなら，社会全体の幸福量を最大にすることによって，幸福な社会が実現できることになる。

【考え方B】

望ましい社会を構想する場合，正義とは何か，公正な社会はどのようにあるべきか，という問いに答えなければならないのではないか。そのために思考実験をしてみよう。

自分がどのような境遇になるか分からず，また，境遇を決めることもできないという条件で，生まれ変わることができるとする。この場合，自由が奪われた境遇や，恵まれない境遇に生まれ変わりたいなどと，ほとんどの人は思わないだろう。

そうであるなら，社会の全メンバーの自由を最大限尊重しつつも，実際に恵まれない境遇にある人に対して，生活を改善していくような社会が望ましいことになる。

問1 【考え方A】には，ある基本的な考え方が含まれている。それは次のうちどれか。最も適当なものを，次の①〜④のうちから一つ選べ。
①個々人によって幸福の感じ方は異なる。
②個々人に幸福を平等に分配しなければならない。
③個々人には幸福を求める義務が最初からある。
④個々人の幸福は足し合わせることができる。

問2 【考え方B】には，ある基本的な考え方が含まれている。それは次のうちどれか。最も適当なものを，次の①〜④のうちから一つ選べ。
①人間はみな自分が生まれた社会の影響を受けながら育つのだから，現在の自分の境遇に対して社会が責任をもつべきである。
②人間はみな生まれた時の環境はそれぞれ別々で，一人ひとりは独自の存在なのだから，各々の現在の境遇を個性だと考えるべきである。
③人間は人生を自分で選んで決定しているのだから，その意味ではみな現在の自分の境遇に対し

て自分が責任をもつべきである。
④人間はどのような境遇に生まれるかを自分で選んだわけではないのだから，その意味ではみな同じだと考えるべきである。

問3 制度や政策には，様々な考え方が背景にある。【考え方A】と【考え方B】は，どのような制度や政策と関連しているか。それぞれについて，最も適当なものを，次の①〜④のうちから一つずつ選べ。
①投票などで明らかになった多数者の意思に基づいて，政策の基本方針を決めるような制度
②累進課税によって所得を再分配するなどして，社会保障を充実させるような政策
③外国との間で，互いに旅行や学習，就労の機会が得られるようにするなど，異文化間の相互理解を促進するような制度
④様々な規制を緩和するなどして，経済活動の自由を最大限にすることを目的とするような政策
（2017年プレテスト現代社会より）

解答＆考え方

【考え方A】はベンサム（➡P.62）による「最大多数の最大幸福」の実現を幸福な社会と考える功利主義の内容であり，帰結主義の立場である。【考え方B】はロールズ（➡P.69）による正義論の内容であると考えられる。

問1 正解④：ベンサムは快楽や苦痛は量として計算可能であるという考え（快楽計算）を主張した。

問2 正解④：ロールズは「無知のヴェール」という思考実験を行うことで「正義の二原理（公正としての正義）」を導き出した。この正義論の主張の背景には富の配分や少数者に関する功利主義が抱える問題点の克服がある。

問3 【考え方A】正解①：多数者の意思に基づく政策は通常，多数者の幸福の実現につながると考えられるため，功利主義の【考え方A】に合致する。

【考え方B】正解②：累進課税制度による所得の再分配はロールズの説く「正義の二原理」の第二の原理のうち「最も不利な立場におかれた人の利益の最大化をはからなければならない」（格差原理）の内容に合致する。

⑤ 徳倫理の立場

義務論や功利主義以外に行為を評価する立場に徳倫理がある。功利主義と義務論は行為の正しさを行為そのものから論じるが，アリストテレス哲学に代表される徳倫理は，人の行為について行為者の持っている性格・徳の善さから論じる。例えば，環境問題ならば人間中心的な立場を戒める「謙虚さ」という徳（善さ）から考えることになる。

科学技術の発達

1 「ロボット革命」

A AI（人工知能）化されたロボット

近年の情報技術の革新がもたらす3つの潮流―1つ目はコンピューターの高性能化と低価格化（例えば、スマートフォンはかつてのスーパーコンピューター並みの能力をもつ）。2つ目は全てのものがインターネットにより結ばれるIoT（Internet of Things）。スマートフォンはもとより、家電や車、クレジットカードや定期券など、あらゆるものにコンピューターデバイスが浸透し、インターネットを介してのデータ収集が可能となりつつある。3つ目は、**AI（人工知能）**の進化。特に、AIが自らデータをもとに特徴量を生成し、これを分析して判断・学習する**ディープラーニング（深層学習）**の開発は、AIの性能を飛躍的に向上させつつある。その成果は、囲碁ソフト「AlphaGo」が、欧州チャンピオンと対局し、見事に破ったことで如実に示されている。そして、この3つの潮流が重なることにより、コンピューター、インターネット、ロボット、AIといった要素が一つに融合し、全く新しい存在を生み出しつつある。それが、AI化されたロボットだ。

↑ 対局するAlphaGo(左)と囲碁欧州チャンピオン(右)

情報技術の革新は、AIという自ら学習し進化する力と、ロボットという物理的な機械により現実空間に直接介入する力の二つを組み合わせることで、私たちの社会や常識を根底から変えようとしている。（●P.168）
（山下哲也「ロボットはもはや『ロボット』ではない」WEBRONZAによる）

FOCUS AIで違反コメント検索

2020年、Yahoo! JAPANは「Yahoo!ニュース」が提供する「Yahoo!ニュース コメント」において、暴力的、差別的な違反コメントへの対策をさらに強化するため、最先端の「深層学習を用いた自然言語処理による判定モデル（AI）」と深層学習特化型スーパーコンピューター「kukai」の活用を開始した。1,100万件のコメントを新しい判定モデルに学習させ、実際に1週間分のコメントデータを使い、従来の判定モデル（AI）と比較したところ、違反コメントの検知数が約2.2倍に向上した。（Yahoo! JAPAN HPによる）

解説 AIと人間の共存の在り方は？ 2013年、オックスフォード大学のオズボーン准教授が発表した「雇用の未来」は将来、人工知能やロボットによって米国の労働人口の約半分が高いリスクにさらされるとし、大きな衝撃を与えた。702の職種について、コンピューターに取って代わられる確率を詳細に試算したのである。ChatGPTもいくつかの職業に影響を与えることが予想される。なお、現在のChatGPTの答えには、全くの誤りが含まれる場合がある。ChatGPTはあくまで計算（アルゴリズム）に基づき「もっともらしい」文章を作成している。単語や語順、意味を分析しようとしてきた従来の自然言語処理AIとは異なるため、学習したデータに誤りがあったり、参照できるデータが少なかったりした場合には誤りが起こる。いずれにせよ、AIが人類の知能を超える転換点（シンギュラリティー）が到来する前に検討されるべき課題は多い。

バイオテクノロジー（生命工学）・ライフサイエンス（生命科学）の発達

2 クローン技術

A クローンのつくり方（成体の体細胞を使う方法）

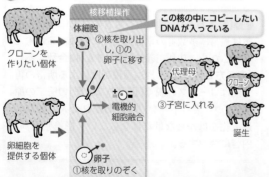

核移植操作
体細胞
②核を取り出し、①の卵子に移す
この核の中にコピーしたいDNAが入っている
クローンを作りたい個体
＋◎−◎ 電機的細胞融合
代理母
③子宮に入れる
クローン
卵細胞を提供する個体
①核を取りのぞく
卵子
誕生

← クローン羊の「ドリー」（右）とドリーが産んだ「ボニー」（左）

→ 世界初の体細胞クローン牛「のと」（奥）と「かが」（手前）

B 成体の体細胞を使ったクローンの例

○**クローン羊「ドリー」**

1996年7月、イギリスのロスリン研究所で雌羊の体細胞を使って誕生。成長した羊の体細胞を用いて誕生した哺乳類で初めてのクローンで、その後のクローン動物の先駆けとなった。98年には、子羊「ボニー」を出産。クローン羊も他の羊と同様に生殖能力を持つことが証明された。しかし、その後、高齢の羊によくみられる関節炎の症状が出るなど早期老化の可能性が指摘されるなか、2003年2月、6歳7か月（11～12年といわれる通常の寿命の半分）で死亡した。

○**クローン牛「のと」「かが」**

1998年7月、近畿大学農学部が石川県畜産総合センターの協力を得て、牛の成体の体細胞を用いたクローン牛「のと」と「かが」を誕生させた。成長した牛の体細胞を使ったクローン牛の誕生は世界初。

> **バイオテクノロジー（biotechnology）**…生物学（バイオロジー）と技術（テクノロジー）の造語。生物を工学的見地から研究し、医薬品・食品などの生産や環境の浄化などに応用する技術。従来からの発酵技術のほかに、遺伝子組みかえや細胞融合などの技術がある。
> **クローン（clone）**…遺伝的に同一である個体や細胞のこと。その語源はギリシャ語の「klon＝小枝」。

SIDE STORY 映画「ブラジルから来た少年」はナチスの残党が、ヒトラーのクローン人間を作って第三帝国を復興させようとするストーリー。映画が作られた1970年代にはクローン技術はまだ実用化されていなかった。

C クローン技術の応用

食料として優良な動物を大量生産できる可能性がある

実験用動物の革新

同じ遺伝子をもった動物を大量生産できれば，遺伝的条件が同じ研究・実験が可能

食料の安定供給

希少動物の保護・再生

1つの個体から複数の個体を産生することが可能→絶滅の回避

クローン技術

医薬品の製造

病気の治療に必要だが，化学的に合成できないタンパク質を分泌する動物を大量生産できれば，医薬品を効率よく製造することが可能

移植用臓器の作製 倫政12

人の組織との適合性を向上させる遺伝子を導入した動物を産生できれば，移植用臓器の不足を克服できる

○ヒトへの適用の利点・問題点

利点	・不妊夫婦の子どもの出産 ・科学的研究(ヒトの発生過程，寿命など)への寄与 ・移植用臓器の作製
問題点	・人間の唯一性の崩壊や優生思想の肯定 ・人の生命の誕生に関する旧来の概念(偶然性・両性の関与)から逸脱する ・生まれてくる人の安全な成長を保証できない

3 ヒトゲノム

◐ DNAとゲノム，遺伝子，染色体の関係

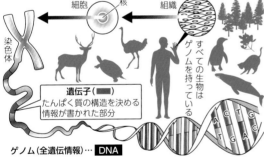

細胞　核　組織

染色体

遺伝子(■)
たんぱく質の構造を決める情報が書かれた部分

すべての生物はゲノムを持っている

ゲノム(全遺伝情報)… **DNA**

(『朝日新聞be』2015.7.18による)

DNA(物質)…デオキシリボ核酸(=デオキシリボースという物質を含む，核の中の酸性を示す物質)の略称。主に塩基からなり，二重らせん構造をしている。塩基にはアデニン(A)，チミン(T)，グアニン(G)，シトシン(C)の4種類がある。

染色体(物質)…DNAがたんぱく質にまきついたもの。

遺伝子(情報)…DNAのうち，たんぱく質の構造を決める情報が書かれた部分(ヒトで言えば，「背を伸ばす」とか「二重まぶた」とかいった，そのヒトをつくる設計図のような情報＝遺伝情報で，それ以外は遺伝子ではない部分となる)。

ゲノム(genome)(情報)…ある生物が持つ(遺伝子と遺伝子でない部分を全部含めた)遺伝情報の全体。「生命の設計図」。

ヒトゲノム計画…ヒトゲノム(ヒトの全遺伝情報)を解明する計画。アメリカ・イギリス・日本など6か国が参加し，1991年に始まり，2003年にその解読が完了した。⓫

＊ヒトゲノムについて明らかになったこと
・約30億個のDNAから成っており，DNAの4種類の塩基の並び方によって生命の営みが決められている。
・遺伝子を作る領域は，DNA全体の2%以下で，残りは，遺伝子の働きを調節するなどさまざまな役割をする。

D ヒトクローン技術規制法(2000.11.30成立)

ヒトに関するクローン技術等の規制に関する法律
第3条(禁止行為) 何人も，人クローン胚，ヒト動物交雑胚，ヒト性融合胚又はヒト性集合胚を人又は動物の胎内に移植してはならない。
第16条(罰則) 第3条の規定に違反した者は，10年以下の懲役若しくは1,000万円以下の罰金に処し，又はこれを併科する。

解説 クローン技術の可能性と問題点 クローン技術の特徴は，同じ遺伝的な特徴をもつ動物をたくさん作りだすことができる点にある。そしてこの技術は，食用の動物の大量生産，病気の治療に必要な医薬品の生産など，私たちの身近な分野に応用できる可能性がある。2002年12月には，世界初のクローン人間誕生という衝撃的なニュースが駆けめぐった。スイスの新興宗教団体が設立した「クローンエイド社」が発表したものであるが，科学的な裏付けがなされていないため「でっちあげ」との非難もある。しかし，この技術がヒトに適用できる可能性があることは確かである。ヒトクローンの作製は，生命科学の基礎的研究を可能にするが，安全性や倫理面に様々な問題を抱えている。したがって，先進国の多くで規制がなされており，日本では2000年に**ヒトクローン技術規制法**が制定され，2005年には国連総会でヒトクローン全面禁止宣言が採択された。⓬

倫政12 ヒトゲノムの解読は完了したが，どの遺伝子配列がどのような役割を果たすかについてはすべて解明されていないこと。

倫政16 人間のパーソナリティには遺伝的要因の他に環境的要因などもはたらくため，ある個人と「完全に同じ性格」のクローン人間は作れないこと。

Ⓐ 遺伝子診断

患者さんの血液や口腔粘膜を採取します

病気の原因遺伝子を持つかどうかDNAを調べ，病気の発症の可能性を診断します

病気の原因になる遺伝子を持ったヒトのDNA

正常なヒトのDNA
GAGAACTGTTTAGATGCAAAATCCACAAGT

GAGAACTGTTTAGATGCAAAATCCACAAGT

病気の原因遺伝子の一塩基置換(病気の原因になる遺伝子)

(中外製薬HPによる)

Ⓑ 遺伝情報による差別―厚労省ヒアリング調査より

ゲノム情報の取扱いに係る実態の例
・「学資保険加入時に，遺伝学的検査の受検の事実を申告し，加入を拒否された」
・「生命保険の高度障がい特約の査定で，遺伝性疾患だったという理由で支払い拒否された」
・「婚約者や配偶者の家族から，遺伝学的検査の受検や，検査結果の提出を求められた」

解説 ゲノム解読の光と影 ヒトゲノムの解読，ヒトの遺伝子の解析とその機能の解明により，医療現場では**遺伝子診断**が行われるようになってきた。また，遺伝子に直接働きかける薬の開発や，遺伝子に合った新たな治療法(**テーラーメイド医療**)の研究もなされている。ヒトゲノムの解読にあたっては，「究極の個人情報」といわれる遺伝情報の公正な利用や保護，差別などの人権侵害防止が国際的課題と位置づけられ，ユネスコは1997年に「ヒトゲノムと人権に関する世界宣言」を採択した。一方，近年，食品分野などで「ゲノム編集」とよばれる技術が広がっている。これは，遺伝子上の狙った場所に切り込みを入れて，そこに別の遺伝子を入れる，まさに"遺伝子を編集"する技術である。食品・エネルギー・医療分野などで革命的な変化をもたらすことが期待されているが，課題も多い。例えばこの技術により，親が望む特徴を持つ「デザイナーベビー」をつくることも可能になるとみられているが，生命を選別することにつながる。私たちの倫理観も強く問われており，技術を利用する上での基準やルールについて幅広い議論が求められている。

倫政16

倫政16

倫政19

④ 遺伝子組換え (GM = genetically modified)

Ⓐ 遺伝子組換えとは？

味の良い品種 ＋ 乾燥に強くなる遺伝子 → **組換え**（効率的な改良が行える） → 味が良く乾燥に強い品種

全部を組換えているのではなく，必要な遺伝子だけを入れている。

（『遺伝子組換え食品の安全性について』厚生労働省医薬食品局食品安全部パンフレットによる）

○実用化が進む様々なGM作物

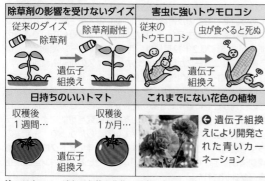

除草剤の影響を受けないダイズ	害虫に強いトウモロコシ
従来のダイズ　除草剤耐性　除草剤 → 遺伝子組換え	従来のトウモロコシ　虫が食べると死ぬ → 遺伝子組換え

日持ちのいいトマト	これまでにない花色の植物
収穫後1週間… 収穫後1か月… → 遺伝子組換え	← 遺伝子組換えにより開発された青いカーネーション

注：日本では，遺伝子組換え作物の研究は進んでいるものの，市場出荷を目的とした栽培は行われていない。

Ⓑ 遺伝子組換え作物ごとの栽培面積の推移

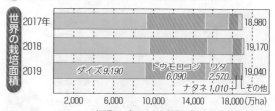

世界の栽培面積

2017年		18,980
2018		19,170
2019	ダイズ 9,190　トウモロコシ 6,090　ワタ 2,570　ナタネ 1,010　その他	19,040

（単位：2,000／6,000／10,000／14,000 万ha）

（国際アグリバイオ事業団[ISAAA]資料による）

解説 **食卓の上のバイオ** 遺伝子組換えによって品種改良された農作物や，その農作物を原料につくられる加工食品を**遺伝子組換え食品**という。アメリカを筆頭に栽培が進んでおり，世界における栽培面積はすでに日本の国土面積をはるかに超えている。ダイズ・トウモロコシ・ナタネ・ワタが4大作物であるが，その安全性や生態系への影響は様々に議論されている。2000年には，遺伝子組換え生物の使用による生物多様性への悪影響を防止することを目的としたカルタヘナ議定書が国連で採択された。それを受けて，日本では2003年に**カルタヘナ法**が制定され，遺伝子組換え生物の適切な使用法や輸入手続きなどが定められている。なお，遺伝子組換え食品は，食品衛生法及びJAS法により，遺伝子組換え食品である旨を表示することが義務付けられている。

倫政12・16

公共の扉

⑤ 再生医療

Ⓐ 再生医療のイメージ （『週間ダイヤモンド』2016.6.11号による）

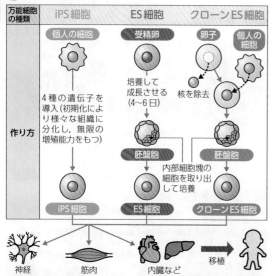

万能細胞の種類	iPS細胞	ES細胞	クローンES細胞
作り方	個人の細胞 → 4種の遺伝子を導入（初期化により様々な組織に分化し，無限の増殖能力をもつ） → iPS細胞	受精卵 → 培養して成長させる（4〜6日）→ 胚盤胞 → 内部細胞塊の細胞を取り出して培養 → ES細胞	卵子　個人の細胞　核を除去 → 胚盤胞 → クローンES細胞

神経　筋肉　内臓など → 移植

○万能細胞の特徴

再生医療…病気やけがで機能が失われた臓器や組織を再生する医療。

万能細胞…身体のあらゆる細胞や器官（心臓や胃腸など）に成長することができる細胞（ES細胞やiPS細胞など）。

ES細胞…受精後の胚盤胞から細胞を取り出し，それを培養することによって作製（受精卵は破壊される）。あらゆる組織の細胞に分化することができる多能性幹細胞の一つ。

iPS細胞（人工多能性幹細胞）…人間の皮膚などの体細胞に，ごく少数の因子を導入し，培養することによって，様々な組織や臓器の細胞に分化する能力とほぼ無限に増殖する能力をもつ多能性幹細胞。

	iPS細胞	ES細胞	クローンES細胞
拒絶反応	なし	あり	なし
倫理上の問題	なし	あり*1	あり*2

＊1 受精卵を壊す　＊2 クローン人間につながる，卵子提供が必要

Ⓑ iPS細胞，初の臨床研究

○iPS細胞を使った臨床研究の流れ（対象：加齢黄斑変性）

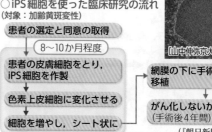

患者の選定と同意の取得 → （8〜10か月程度）→ 患者の皮膚細胞をとり，iPS細胞を作製 → 色素上皮細胞に変化させる → 細胞を増やし，シート状に → 網膜の下に手術でシートを移植 → がん化しないかなどを調査（手術後4年間）

（『朝日新聞』2013.7.31）

iPS細胞を人に応用する初めての臨床研究が2013年8月から理化学研究所などで始まった。目の難病「加齢黄斑変性」の患者を対象に，患者のiPS細胞から作った目の一部の細胞のシートを患者に移植し，がん化しないかなど安全性を確かめるのが目的。18年以降，パーキンソン病や脊髄損傷，心不全といった病気を治すためのヒトでの臨床研究が実施されている。

解説 **再生医療に朗報** 2007年，京都大学の山中伸弥教授らの研究チームが，人間の皮膚細胞から万能細胞であるiPS細胞を作ることに成功した。万能細胞は，病気やけがなどで機能が損なわれた組織や臓器の修復をしたり，治療が難しい病気の臓器のかわりを作ったりする**再生医療**の切り札とされる。これまでの万能細胞の代表格であった**ES細胞（胚性幹細胞）**は，①受精卵から作るので「生命の始まり」を壊すことに倫理的な問題がある，②他人の細胞であるため，移植の際に拒絶反応が起こる心配もある，という問題を抱えていた。一方，iPS細胞（人工多能性幹細胞）は，人間の皮膚細胞をもとに作るので，自分の細胞ならば上記の2つの問題をクリアできる。しかし，①もとから細胞にある遺伝子を傷つけるなどして細胞ががん化するおそれがある，②患者の身体に移植しても安全なのかどうか，など安全性の課題も残されている。

↑ 山中伸弥京大教授 2012年にノーベル医学・生理学賞を受賞

SIDE STORY 「不良な子孫の出生防止」という優生思想に基づく1948年に施行された旧優生保護法の下で，知的障がいや精神疾患などを理由に半ば強制的に不妊手術が行われたことが人権問題となっている。

6 生殖医療

人工授精	精子を人工的な方法で女性の身体へ注入する
体外受精	受精を身体の外で行わせる（採取した卵子と精子をシャーレの中で受精させ、受精卵を女性の子宮に移植する）→2019年、日本では60,598人が出生（14.3人に1人の割合になる）
顕微授精	体外受精の一種で、顕微鏡下で直接、精子を卵子に注入する
代理懐胎 *サロゲート（surrogate）は、「代理人」「代行者」の意味を持つ。	①**代理母（サロゲート*マザー）型**＝夫の精子を用いて第三者の女性に人工授精を行い、妊娠、出産してもらう ②**代理出産（ホストマザー）型**＝夫の精子と妻の卵子を体外受精させてできた受精卵を第三者の女性の子宮に移植し、妊娠、出産してもらう 注：日本では産科婦人科学会のガイドラインで①、②ともに禁止されている。
着床前診断	受精卵が子宮に着床して妊娠が成立する前に行われる検査・診断。受精卵の遺伝子や染色体の異常の有無を調べ、遺伝疾患や流産の可能性を診断できる。
出生前診断	胎児に遺伝疾患の可能性がある場合に、妊娠中に行われる検査・診断（男女の判別も可能）

（倫政19）方法によって、出産した女性と生まれてくる子の遺伝上のつながりにちがいがあること。

（倫政19）
（倫政12）

7 出生前診断とは

A 出生前診断*の主な方法
*妊娠中の胎児に「奇形や病気、染色体異常がないかどうか」を調べる検査の総称。

主な方法 比較点	超音波検査	母体血清マーカー検査	新型出生前診断（NIPT）	絨毛検査	羊水検査
実施時期	妊娠11～13週	妊娠15～21週	妊娠10～18週	妊娠9～11週	妊娠15～18週
検査の安全性	非侵襲的 （生体を傷つけない）	非侵襲的	非侵襲的 （採血のみ）	流産率約1％ （腹部に注射針を刺す）	流産率約0.3％ （腹部に注射針を刺す）
特徴	・ダウン症候群の検出率が高い（80％以上） ・偽陽性率が高い（5％程度）		・ダウン症候群の検出率が高い（99％以上） ・偽陽性率が低い（1％以下）	早期からの診断可能 ・染色体の病気全般の検出率が高い ・**確定診断**（新型出生前診断など左記の3種類の検査で陽性と診断された場合に、診断を確定させるために行われる）	妊娠15週以降に施行
検査費用	4-5万円程度	1-2万円程度	20万円程度	15万円程度	12-15万円程度

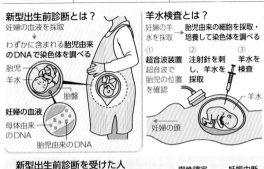

新型出生前診断とは？
妊婦の血液を採取
わずかに含まれる胎児由来のDNAで染色体を調べる
胎児
羊水
胎盤
妊婦の血液
母体由来のDNA
胎児由来のDNA

羊水検査とは？
妊婦の羊水を採取
胎児由来の細胞を採取・培養して染色体を調べる
①超音波装置　超音波で胎児の位置を確認
②注射針を刺し、羊水を採取
③羊水を検査
羊水
妊婦の頭

新型出生前診断を受けた人
（2013年4月～21年3月）
101,218人 → 陽性 1,827人
確定検査（羊水検査など）を受けた人 1,538人
陽性確定 1,397人 → 妊娠中断 1,261人
偽陽性 141人
NIPTコンソーシアム資料から

長所	・採血だけで安全 ・診断精度が高い	短所	・安易な人工中絶につながる懸念 ・検査費用が高い

（『朝日新聞』2018.3.19などによる）

A 多様化する家族　対応急げ　埼玉医科大学教授　石原理さん

最近では、性的少数者（LGBTなど）の存在も見逃せません。同性愛のカップルが子どもを持とうとすれば、精子や卵子の提供、代理出産など第三者がかかわる生殖医療の助けが必要になります。…その分、将来、親子関係のトラブルが起きる可能性も増しています。たとえば、そうして生まれた子どもの親は精子や卵子の提供者なのか、母親は代理で生んだ女性なのか、卵子の提供者なのか、依頼者なのか。業界団体である日本産婦人科学会は代理出産の禁止など、生殖医療をめぐるガイドラインは示していますが、親子関係の規定はありません。…このほか、生殖医療で生まれた子どもに遺伝上の親を知る権利を認めるのか、という課題も浮き彫りになっています。…最近では、精子提供を受ける独身女性もいるだけに、子どもが「**出自を知る権利**」（→P.15）についてのルールづくりが急務です。　（『朝日新聞』2017.3.25による）

解説　生命の始まりへの介入　生殖技術の発達によって、人工授精や体外受精などが可能になり、子どもが欲しくてももつことができなかった人が、子どもをもてるようになった。しかし、代理懐胎においては、第三者が生殖に関与するため、親子関係が複雑になり、LGBTQのカップルにおいてはさらに難しい問題が発生する。また、出生前診断（→7）により、胎児の異常の有無を診断することが可能になったが、優生思想に基づく生命の選別が行われる危険性が指摘されている。生殖技術による生命の誕生への介入をどこまで認めるかについては、様々な議論があり、個人の自由、例えば **リプロダクティブ・ヘルス／ライツ**＝性と生殖に関する健康と権利*の立場からだけでなく、人間の尊厳や倫理的な問題として、様々な角度から検討していく必要がある。

（倫政15）（22）

＊1994年の国際人口開発会議で提唱された概念。出産・性行為について女性が自己決定権を持ち、健康を保てること。

解説　出生前診断と生命倫理　厚労省の人口動態統計によると、第1子出生時の母親の平均年齢は、25.7歳（1975）→27.5歳（1995）→30.9歳（2022）と晩産化が進んでいる。胎児の染色体異常は、母親の加齢とともに確率が高くなるため、出生前診断への需要も高まっている。2013年には新型出生前診断も導入され、妊婦の採血だけで染色体異常の有無がわかるようになった。しかし、出生前診断により胎児に異常があることがわかった場合、極めて難しい決断を迫られることになる。「心の準備ができ、覚悟を決めることができる」「与えられた命なのですべて受け入れる」と出産にいたるケースもある反面、「染色体異常（障がい）のある子を産み育てる自信がない」「将来設計に不安がある」などの理由から中絶を選択するケースもあり、「命の選別につながる」という倫理的な問題への指摘もある。また、妊婦や家族に与えるストレスも大きく、医療機関には十分な説明やカウンセリングの充実が求められている。

なお、1948年制定の優生保護法は、「不良な子孫の出生を防止する」という優生思想に基づき、遺伝性疾患やハンセン病、精神障がいなどを理由に、不妊手術や中絶を認めてきたが、96年に優生思想に基づく部分を削除する改正を行い、母体保護法に改正された。

公共の扉

SIDE STORY　臓器移植の思想の根底には、デカルトの「物心二元論」がある。デカルトは、「精神」と「物体（肉体）」はまったく別のものと考えた。臓器をものとみなし交換するという現代医療の視点もそこから生じている。

⑧ 臓器移植と脳死

Ⓐ 人の死をどこにおくか？

【従来の死＝心臓死】
判定基準（三兆候説）
① 心臓の停止
② 呼吸の停止
③ どう孔固定

心臓が停止した死後に提供できる臓器
腎臓・膵臓・眼球

1997年 臓器移植法成立
2009年 改正臓器移植法成立

臓器提供の場合に限り，「脳死は人の死」とする

【新しい死＝脳死】
判定基準（竹内基準）
① 深いこん睡状態
② どう孔が固定
③ 脳幹反射の消失
④ 脳波が平坦
⑤ 自発呼吸がない
以上の5条件を満たし，6時間以上たっても変化がない場合，脳死であると判定する。

脳死後に提供できる臓器
心臓・肺・肝臓・腎臓
膵臓・小腸・眼球

⑨ 改正臓器移植法 21

Ⓐ 改正臓器移植法（2010年7月施行）

〈改正のポイント〉
①臓器提供者（ドナー）の年齢制限を撤廃したこと
②本人の生前の意思が不明であっても，家族の同意により臓器提供を可能としたこと
③親族に対する臓器の優先提供を認めたこと（条件あり） 14 16 20

○臓器移植の手続き

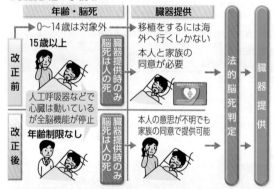

＊脳死判定の方法　脳死臓器提供には，脳死判定を6時間以上間隔を空けて2回実施する必要があり，臓器摘出手術などを含め，6歳以上は約45時間前後かかる。蘇生力の高い6歳未満は脳死判定の間隔を24時間以上空けるため，さらに18時間長くかかる。

Ⓑ 改正臓器移植法施行後の移植医療の変化

①臓器提供，脳死下へと移行

2010年の改正法施行後1年間の脳死下臓器提供は，55件（うち，家族同意のみの臓器提供は49件）。改正前と比べて大幅に増えたが，心停止下も含めた全体の件数は，改正法施行前後で大きな変化はない。

②小児の臓器提供実施

15歳未満の子どもからも脳死下での臓器提供が可能になり，18歳未満の子どもからこれまで全国で65件提供された（2022年12月現在）。しかし，移植を待つ子どもにとっては，依然として厳しい状況が続く。また，脳死状態のまま成長を続ける長期脳死の事例から，脳死を人の死とすることへの疑問の声もある。

Ⓑ 脳死と植物状態のちがい

機能消失部分

脳死
脳幹を含めた脳全体の機能が失われ，二度と元に戻らない

植物状態
脳幹の機能が残っていて，自ら呼吸ができ，回復することもある

（日本臓器移植ネットワークHPより）

解説　生と死のあり方　従来，心・肺等の機能停止と，脳の機能停止は並行して，あるいは連続して起こった。ところが，医療技術の発達により，脳全体の機能が停止した後も人工呼吸器や薬剤などにより，多少の期間（多くの場合，数日程度）をおいて，心・肺等の機能停止に至るケースが出てきた。ここに脳死と臓器移植が結びつく理由がある。世界のほとんどの国では「**脳死は人の死**」とされ，脳死下での臓器移植が日常の医療として確立している。日本でも臓器移植法により，臓器提供の場合に限り，「脳死は人の死」とされることとなった。しかし，脳死状態でも髪の毛や爪は伸び，肌は生きているときと同じように赤みを帯びている。ゆえに家族にとっては脳死をすぐに人の死として受け入れることには抵抗があるのも事実である。改正法においても，一律に脳死を人の死とはせずに，臓器提供の条件が整った場合に限定しているが，死生観をめぐる難しさがここにあるといえよう。

Ⓒ 臓器移植法はなぜ改正されたのか

＜1997年施行の臓器移植法のもとでの状況＞
①計76人から臓器提供（脳死下）があった。一方，臓器移植を希望して日本臓器移植ネットワークに登録している患者は12,663人に達しており，希望者に対しての提供数が圧倒的に少ない状況にあった。（数字はいずれも2008年末）
②15歳未満からの脳死臓器提供が認められていなかったため，移植を必要とする小児が，体格に合う大きさの臓器を求め，渡航して移植を受ける例が相次いだ。

以上のような状況から，「臓器の提供数を増やし，15歳未満からの脳死臓器提供を認めよう」と法改正論議が起き，2009年7月に改正法が成立した。

○臓器移植提供件数の年次推移　（日本臓器移植ネットワーク資料による）

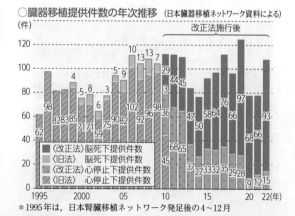

＊1995年は，日本腎臓移植ネットワーク発足後の4～12月

（↑オモテ面）

（→ウラ面）

🫀➡️ 臓器提供意思表示カード

 用語Check 〔◆P.365〕 バイオテクノロジー，クローン，ヒトゲノム，遺伝子組換え作物，生命倫理（バイオエシックス），臓器移植法，安楽死，尊厳死

生命倫理
～尊厳死と安楽死をめぐって～

尊厳死・安楽死については単純に賛成か反対かではなく、どんな課題や問題があるかを知ったうえで、自分や身近な人にそのような事態が生じた場合に、どのような態度をとるのかを自ら考えておくことが大切だ。そもそも人によって死生観は異なり、境遇やどう生きてきたかにも左右される。よって生死の問題は一括りにして賛成か反対かを論ずることはできないだろう。様々な考えを議論するなかで自らの見解を深めておきたい。

思考

① 安楽死と尊厳死とは？

	安楽死（積極的安楽死）	尊厳死（消極的安楽死）
目 的	• 末期に伴う「激しい苦痛からの解放」 ※「がんの痛みは、あらゆる痛みの宝庫です。焼け火箸を24時間にわたってあてられるようなと表現される凄まじいものもあるんです」（総合東京病院小川節郎医師による）	• 「人間としての尊厳」を保つこと • QOL（クオリティ・オブ・ライフ）＝「生命の質」の維持＝生活機能を可能な限り保ち、人間らしい生活を続けられること
前 提	自己の生命に対する自己決定権（家族による代理決定のケースもありうる）	
方 法	• 筋弛緩剤など致死薬を投与し、死期を早める医療処置を行う <参考>オランダ政府による安楽死の定義：「患者の要請により、医師が積極的に患者の生命を終結させること」 ➡「人為的な死」にいたらしめる	• 人工呼吸器や胃ろうなどの生命維持装置を外し、人工的な延命措置を停止する • 延命治療を断る一方で、痛みの除去などの緩和医療、死の恐怖を和らげるための精神的なサポートを施設または在宅で受ける＝ホスピス ⑭　➡「自然な死」を迎えさせる
現 状	• オランダ、ベルギー、ルクセンブルク、米国の一部の州などでは安楽死が法制化されているが、日本の法律では認められていない→2023年末現在、日本では殺人、自殺幇助として事件に発展し、有罪判決が出された例が3件ある ※死生観は宗教や国民性によっても異なり、自殺を禁じたキリスト教を信仰する国々でも、安楽死に対する考え方は異なっている　⑫ 日本には安楽死を認める法がないこと。	• 日本では法制化はされていないが、厚生労働省の「人生の最終段階における医療・ケアの決定プロセスに関するガイドライン」（→②）（07年策定、15年・18年改訂、安楽死は対象とせず）により方針が示された（以後、刑事事件に発展した事例なし） • 尊厳死の意思（リヴィング・ウィル*）を示す方法として公正証書の作成や日本尊厳死協会に入会し、「尊厳死の宣言書」に記入する方法等がある

㉒ *リヴィング・ウィルとは、意思決定能力のあるうちに自らの人生の最終段階における医療の在り方について希望を文書にして示しておくこと。日本尊厳死協会の「尊厳死の宣言書」では、病気が不治であり、かつ死期が迫っていると診断された場合、(1)延命措置は一切断る、(2)苦痛を和らげる処置は最大限施してよく、そのため麻薬などの副作用で死期が早まってもかまわない、(3)数か月以上にわたって植物状態に陥ったときは、一切の生命維持装置を止めること、の要望を宣言する形になっている。

② 「人生の最終段階における医療・ケアの決定プロセスに関するガイドライン」（厚生労働省 2018年改訂）

〈人生の最終段階における医療・ケアの在り方（抄）〉

1. 医師等の医療従事者から適切な情報の提供と説明がなされ、それに基づいて医療・ケアを受ける本人が多専門職種の医療・介護従事者から構成される医療・ケアチームと十分な話し合いを行い、本人による意思決定*を基本としたうえで、人生の最終段階における医療・ケアを進めることが最も重要な原則である。

2. 人生の最終段階における医療・ケアについて、医療・ケア行為の開始・不開始、医療・ケア内容の変更、医療・ケア行為の中止等は、医療・ケアチームによって、医学的妥当性と適切性を基に慎重に判断すべきである。

3. 医療・ケアチームにより、可能な限り疼痛やその他の不快な症状を十分に緩和し、本人・家族等の精神的・社会的な援助も含めた総合的な医療・ケアを行うことが必要である。

*インフォームド・コンセントのこと。医師が患者に病状や治療方法を十分に説明し、患者自身の同意に基づいて治療を行う。 ⑭⑯⑱㉒

尊厳死と安楽死の是非をめぐる視点 ～あなたはどんな意見ですか～

人は自らの生死の在り方について自己決定権を有するか。

SOL（サンクティティ・オブ・ライフ sanctity of life）＝人間の生命は神聖で絶対的なものである。

自らの死期を早めることは許されるのか。それは自殺になるのか。

医師の職業倫理としてはどう考えるべきか。例：「ヒポクラテスの誓い」（頼まれても、死に導くような薬を与えない。そうした助言もしない。） ⑲

患者が治療や延命措置の経済的負担を思い煩って安楽死や尊厳死を選択する可能性はないか。

ローマ法王庁（バチカン）の主張：「人間の生命は受胎で開始され、自然死で終わる。」

延命治療を断っていたとしても患者の気持ちは症状の変化のなかで日々刻々と揺れ動き、「もっと生きたい」という気持ちになることがある。

医師は殺人罪に問われることを恐れ、容易に延命治療を中止することができないということはないか。

㉑ 生命の維持を最優先すること。

現代の生命倫理について考察しよう！

→ P.72

ステップ ❶ まずは思考実験「トロッコ問題」を考えてみよう。

突然だが，次のような状況を考えてみよう。線路を走っていたトロッコが暴走し制御不能に。このまま何もしないと前方で作業中だった5人がトロッコに轢かれて確実に死んでしまう。一方その手前で線路は分岐し，別路線が走る。そちらには1人の作業員がいる。この時たまたま，あなたは線路の分岐器のすぐそばにいる。

> 思考実験とは？…極度に単純化・制限された特殊な前提を設定し，頭の中の想像だけで行う実験のこと。「どんなことを基準に判断しているのか」「何を重視して思考しているのか」といったことを明確化するために用いられる。

Ⓐ あなたがトロッコの進路を切り替えれば5人は確実に助かる。しかし別路線にいる1人がトロッコに轢かれて確実に死んでしまう。

Ⓑ 何もしないと確実に5人が死んでしまうが，別路線の1人は確実に助かる。

どちらが道徳的に正しい行為だと考えるだろうか？

なお，あなたにできることは分岐器の操作だけであり，また法的な責任は問われないものとする。

▶ トロッコ問題とは？…イギリスの哲学者フィリッパ・フット（1920〜2010）が提起した倫理学の思考実験。多くの哲学者によって考察され，派生した問題や類似した問題も数多く作られている。

あなたの立場は？

Ⓐを選び，理由として，「助かる人の数が多い方がよいから」と考えた人

⬇

この問題では**「功利主義」**の観点から正しいかどうかの判断をしていると言える。

功利主義とは？

人々の幸福や利益を増やす行為が正しい行為と考える立場。行為が正しいかどうかは行為がもたらす結果によると考える。

Ⓑを選び，理由として，「命を助けるために誰かを利用すべきでないから」と考えた人

⬇

この問題では**「義務論（動機説）」**の観点から正しいかどうかの判断をしていると言える。

義務論（動機説）とは？

他者を何らかの目的のために手段として利用してはならないと考える立場。行為が正しいかどうかは行為の動機によると考える。

ステップ ❷ 「トロッコ問題」で選んだ立場を使って，実際の生命倫理の問題について考えよう。

①新型出生前診断と人工妊娠中絶

新型出生前診断とは，妊婦の血液検査だけで胎児の染色体異常の有無について高確率で分かるというもの。「陽性（異常有り）」と判定された多くが人工妊娠中絶を選択している。

あなたの立場から考えると，どうするべき？

----

②終末期医療（ターミナルケア）

回復の見込みがない死期の迫っている患者に対しても，多額の医療費をかけて延命のための治療が行われている場合がある。このことが，患者の苦痛を長引かせているのではないかとの指摘がある。

あなたの立場から考えると，どうするべき？

----

③クローン技術とヒトクローン

遺伝子を操作する技術の発展に伴い，ヒトクローンや遺伝子操作によるデザイナーベビーを生み出すことも可能である。しかし，多くの先進国では禁止されている。

あなたの立場から考えると，どうするべき？

ステップ ③ 多面的・多角的に考えてみる―「一貫性」を疑ってみる。

①ここで，もう一つ思考実験をやってみよう。「トロッコ問題」と同じ立場で考えてみてほしい。

最初に「功利主義」を選んだ人へ

それぞれ別の臓器の移植を必要としている患者が5人いる。この5人を救うために健康な1人を犠牲として臓器を取り出すことは正しい行為か？

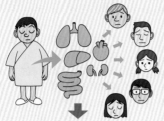

功利主義ならどんな結論になる？

問題点は？

最初に「義務論」を選んだ人へ

映画「ライフ・イズ・ビューティフル」では，主人公は自身と一緒にナチス・ドイツの強制収容所に収容された息子を絶望させないために，収容所の恐怖をゲームだと思わせるウソをつき続けた。このウソをつく行為は正しい行為か？

> いい子にしていれば点数がもらえて，1000点たまったら勝ち。勝ったら，本物の戦車に乗っておうちに帰れるんだ。

義務論ならどんな結論になる？

問題点は？

----

②「一貫性」を強調しすぎることの危うさ

　旧優生保護法は，障がい者や特定の疾病のある人を「不良」とみなし，強制的な不妊手術（優生手術）を受けさせることを認めていた。この法律が成立した1948年は戦後間もなく，経済的混乱や食糧不足が深刻であった。**「不良」な子孫の出生を防ぎ，優れた遺伝子（優生）を保護することは，功利主義的観点から，公共の利益になると考えられたのである。**なお，この法律は1996年に母体保護法に全面改正され，強制不妊手術を認める条項は削除された。

　「功利主義」も「義務論」も，誰もが納得するような正しさの基準とは言い切れない。また一貫してどちらかの立場をとろうとすればするほど問題点が出てくる。決して一筋縄ではいかない。しかし，「自分がどんな立場でものを考えているか」を自覚することは，議論を行う上でとても大切なことだ。

⤴1956年に17歳の女性に対して行われた優生手術（強制不妊手術）の通知書　「優生手術を行うことを適当と認める。」との記載がある。

ステップ ④ 【発展】より深く現実の課題を考察してみよう。

①ステップ2で考えた意見について，次の観点で再検討・議論をしてみよう。

　(1)自分の立場への反論は？　　(2)異なる立場ならどんな意見になる？　　(3)立場を組み合わせてみると？

②立場を組み合わせる例

　右は，大規模災害等で多数の負傷者が出た場合に治療の優先順位を表すために負傷者につけるタグ（トリアージタグ）だ。日本では赤タグが最優先される。ここには「助かる可能性のある命は見殺しにしない（義務論）」＋「より多くの人命を救う（功利主義）」という複合的な立場がみられる。

　なお，戦争中の野戦病院では，すぐに戦列に復帰できる軽傷者の治療を優先することが当然とされる。功利主義に基づく判断が，何を目的とするのかによって優先順位が変わってしまう場合もあるのだ。

0：黒タグ　優先順位：4位
特徴：息をしていない・助けられない
Ⅰ：赤タグ　優先順位：1位
特徴：バイタルが不安定・重症
Ⅱ：黄タグ　優先順位：2位
特徴：バイタルは安定・待機できる
Ⅲ：緑タグ　優先順位：3位
特徴：自力で動ける・軽症

▶徳倫理学とは？…功利主義や義務論は与えられた状況下で正しい「行為」とは何かを問題にするのに対して，「行為」の正しさではなく，「行為する人」の性格や生き方の正しさを問題にする「徳倫理学」という立場もある。

みんなのものは自分のもの？

共有物は好きなだけ
使っていいのか

「共有地の悲劇」とは何だろうか？

① 羊飼いたちが牧草地を共有して羊を放牧している。

牧草が食べつくされない
よう各々で羊の数を調整
しているから，常に安定
して収入が得られるよ。

② 参入者が続出，羊の数が増加

私もここで羊を飼おう！　　私も！

収入のために，もっと羊を
増やさなければ…

③ 各々が羊を増やし続けた結果，羊が牧草を食べつくしてしまった…

左の図で，羊の数が共有地の牧草を食べつくさない程度に抑えられていれば，共有地は持続可能なかたちで利用し続けることができるだろう（①）。ところが，羊飼いが「おいしい」仕事だと知られ，参入する人が続出したとする。すると，飼う羊を増やさないと収入が減ってしまうため，共有地を利用する羊はどんどん増える（②）。こうして羊が牧草を食べつくしてしまうとするとどうだろう。牧草は育つ間もなく芽のうちに食べられてしまい，腹をすかせた羊の大群が行き場を失ってしまう。羊飼いは途方に暮れることだろう（③）。

このように誰もが利用できる共有資源を個別の利用者が過剰に利用することによって，共有資源が枯渇する現象を「共有地の悲劇」と呼ぶ。

このような悲劇を生まないために，羊飼いたちはどのようなことをするべきだったのだろうか。

問1 「共有地の悲劇」を避けるためには主に3つの対策が候補に挙がっている。それぞれの長所と短所を踏まえるとどの対策が最も効果があると思うか，理由とともに判断しよう。

対策案	Ⓐ共有地を1人の羊飼いが買い取る	Ⓑ羊飼いを免許制（許可制）にする	Ⓒ共有地を利用する羊の数を規制する（利用のルールを設定）
長　所	他の羊飼いとの競争がなくなり，持続可能なかたちで牧草地を利用できる。	適切な牧草地の利用をおこなう羊飼いにだけ免許を与えれば，牧草が食べつくされることはなくなる。	羊を牧草地のキャパシティに見合った頭数に制限すれば，持続可能なかたちで牧草地を利用できる。
短　所	・もともと共有地だった場所を独占させるのは公正ではない。 ・共有地を買い取る費用をどうやってねん出するか。	・免許を与える機関が必要。 ・公正な審査や試験を行うことが必要。	・規制を受け入れさせるために，取り締まりや罰則が必要になる。 ・誰がどのくらい羊を減らすのかを決めなくてはならない。
具体例	ナショナルトラスト運動で保護したい地域を買い取る。	川や湖で魚釣りをする際，漁業組合が発行する鑑札（許可証）が必要な場合がある。 無鑑札で魚類をとると罰せられます	中国の北京などでは，大気汚染対策として曜日や日付によって市内に入れる車のナンバーを限定した。 BN T6058

最も効果があると思う対策	理　　由

「共有地の悲劇」を活用してみよう ～マグロの漁獲量減少～

▶図1　マグロ・カツオ類の漁獲量トップ10とマグロの漁場（2018年）

マグロ・カツオ類の漁獲量（2019年）
60万t　40万t　20万t

（水産庁資料などによる）

現状　日本で太平洋クロマグロは高級すし食材として珍重される。日本食の普及などにより世界全体のマグロの漁獲量も増大している。しかしその漁獲の98％は幼魚であり，親マグロは育たない。その結果，太平洋クロマグロは絶滅危惧種Ⅱ類（2021年より準絶滅危惧に引き下げ）に登録されるまでに至っている。各国の漁獲枠は国際漁業管理機関で設定されているが，違法操業の発覚が相次ぎ守れない事態となっている。

← クロマグロの寿司

▶図2　世界のマグロ・カツオ類の漁獲量の推移

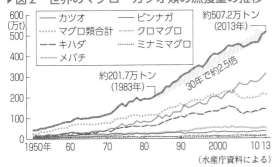

（水産庁資料による）

秋田県のハタハタ漁獲量回復例

秋田県のハタハタ業者は，漁獲量が激減したことから1992年9月から自主的に3年間の全面禁漁を行った。1991年には70トンと過去最低を記録した漁獲量は，解禁後も県独自の漁獲可能量制の導入など厳しい管理を行ったことで，2008年には2,938トンまで回復した。

→ ハタハタ

問2　類似の問題を解決した秋田県のハタハタの例は，先のⒶ～Ⓒの対策案のどれにあたるか考えてみよう。

問3　ハタハタと同様の対策をマグロ漁で実施する場合，どのような問題点が考えられるかあげてみよう。

▶図3　秋田県ハタハタ漁獲量の推移

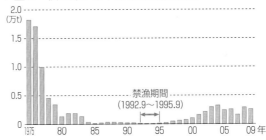

考えられる問題点

「共有地の悲劇」を応用できる現代の課題　【例】地球温暖化

限りある資源の持続可能な利用を実現するためにはどうするべきか，問1を参考にしながら考えてみよう。

	「共有地の悲劇」	地球温暖化
共有資源	牧草	地球の大気
過剰利用	羊の増加	温室効果ガスの排出
対策案	共有地を買い取る 羊飼いを免許制に 羊の数を規制	

課題を考える

急速に進展する情報通信技術がもたらすもの。それは便利さ、豊かさ以外に何があるだろう。

1 情報化社会とは？

* DX(Digital Transformation)とはICTを活用し、仕事や日常生活を取り巻く環境の質を高め、より豊かにするための変革をさす。ウメオ大学のエリック・ストルターマンが提唱した。

A 社会の変遷

	農耕社会	産業社会	情報化社会(脱工業社会)
中心となる仕事	・農産物の生産	・工業製品の生産	・コンピューターのソフトウェアの生産 ・コミュニケーションの活性化
求められる能力	農場・家畜・奴隷や小作農の所有力	モノの生産に必要な知識の吸収力	情報を使いこなす独自の発想力と行動力・柔軟性

← **ダニエル・ベル**(1919～2011)米国の社会学者 写真:読売新聞/アフロ

→ **アルビン・トフラー**(1928～2016)米国の評論家

アメリカの社会学者ダニエル・ベルは『脱工業社会の到来』(1973年)において「前工業社会」から「工業社会」そして「脱工業社会」へと社会は変化し、「脱工業社会」ではモノやエネルギーよりもサービスや知識、情報が重視されるとした。同じくアメリカのアルビン・トフラーは『第三の波』(1980年)の中で社会を変革した第一の波として農業を、第二の波を工業ととらえ、そして第三の波として情報化社会への移行を予言した。

解説 **情報化の深化** 情報化社会においては新聞やテレビ、インターネットなどの**マスメディア**を媒介とする**マスコミュニケーション**が影響力を持っている。特にインターネットに代表されるIT(情報技術)において、コミュニケーション(Communication)機能に焦点化した**ICT(情報通信技術)**の発展は人々の意識や社会のあり方を大きく変えようとしている。そうした社会を生きていくためにはメディアからの情報を主体的・批判的に読み解き、モラルに即して使いこなす能力（ **メディア・リテラシー** ◆P.87)が求められる。

2 情報化社会と生活

A eコマース(電子商取引、EC)の市場規模

(1) 日本におけるB to C-EC(消費者向け電子商取引)市場規模の推移

*EC化率とは、すべての商取引のうち、電子商取引が占める割合のこと

EC化率

EC市場規模

25 20.7 22.7（兆円）19.3（％）
22.7
19.4
18.0
17.5
16.5
15.1
13.8
12.3
11.2
9.5
8.5
7.8（兆円）

2.8% 3.2 3.4 3.9 4.4 4.8 5.4 5.8 6.2 6.8 8.1 8.9 9.1

2010年 11 12 13 14 15 16 17 18 19 20 21 22

(2) 日本におけるフリマアプリ(C to C-EC)の推定市場規模

2016年	3,052
17	4,835
18	6,392

0 1,000 5,000 7,000 (億円)

(経済産業省資料による)

解説 **eコマースの拡大** 日本のインターネット利用人口は、2014年末には1億人に達し、人口普及率は8割を超えている。同時にインターネットを利用した商取引である**eコマース(電子商取引、EC)** の市場規模も拡大している。電子商取引は大きく3つに分けられ、企業同士の取引を「B to B」(Business to Business)、企業・消費者間の取引を「B to C」(Business to Consumer)、消費者同士の取引を「C to C」(Consumer to Consumer)という。

⑮ 政府が目指している社会であること。

3 ユビキタスネット社会の深化

A 病院等における医薬品の適切で安全な処方、投薬等を支援するシステムの例

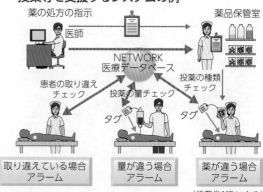

薬の処方の指示　　医師　　薬品保管室

NETWORK 医療データベース

患者の取り違えチェック　投薬の量チェック　投薬の種類チェック

タグ　タグ

取り違えている場合 アラーム	量が違う場合 アラーム	薬が違う場合 アラーム

(総務省HPによる)

解説 **ユビキタス社会の到来** 情報端末のタグや超小型のコンピューターがあらゆる生活環境の中に埋め込まれ、その情報を利用する時代が到来し、**ユビキタス社会**とよばれている。「ユビキタス(ubiquitous)」とは「神がどこにでも存在する」という意味のラテン語に由来する言葉である。情報端末のタグがパソコンや携帯電話に限らずあらゆるものに埋め込まれ、生活のいろいろな場面で情報のやりとりが可能となっていく。なお、**モノのインターネット(Internet of Things：IoT)** という言葉もあり、IT機器以外のモノをインターネットに接続する技術の開発も盛んになっている。(◆P.168)

4 情報社会に対する考察

↑ **リップマン**(1889～1974)米国のジャーナリスト。

巨大化した社会では、人々は膨大な情報を統合して理解する力を持ち得ない。そこで情報を都合よく取捨選択して世界像を作り出すが、これを**疑似環境**といい、そのなかの固定化された個々のイメージを**ステレオタイプ**という。情報を操作できるマスコミはゆえに世論操作も可能になると指摘した。

↑ **ブーアスティン**(1914～2004)米国の歴史学者。

マスメディアによって伝えられる出来事は「現実」そのものではなく、報道されやすいように、我々の期待に応えるように、人為的に仕組まれる。これを**疑似イベント**とよんだ。疑似イベント化された社会では、例えば、旅行者は「現実によってイメージを確かめるのではなく、イメージによって現実を確かめるために旅行する」。

写真:AP/アフロ

↑ **マクルーハン**(1911～80)カナダの英文学者。主著『メディア論』。

メディアによる情報の送り方そのものが伝達内容とは無関係に、むしろメッセージとなって、人びとの新たな思考や行動を生み出し、人間や社会に大きな影響を与える。それを「**メディアはメッセージ**」と表現した。例えば、新聞紙面は無関係な記事による不連続なモザイク状態だが、読者は、不連続的な認知の仕方に慣れ、そうした思考形式に近づいていく。ゆえにメディアの本質を理解するためには、伝達内容とは切り離して、メディア自体を考察の対象としなければならない。

SIDE STORY 偽サイトを開設し、IDとパスワードを入力させて盗み取るフィッシングの処罰化を盛り込んだ不正アクセス禁止法の改正法が2012年に成立。偽サイトを開設し、不正取得の「準備行為」をしただけで処罰されることになった。

5 情報化社会の課題

A デジタル・デバイド(情報格差) 20

○インターネットの利用率

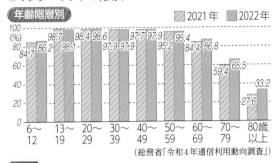

| 年齢階層別 |

(総務省「令和4年通信利用動向調査」)

解説 情報化の一方で インターネットなど新しい情報ツールを使いこなせるかどうかで, 就職の機会や所得格差が生じる現象をデジタル・デバイド(情報格差)という。近年, 60歳以上の高齢者のネット利用率の増大が顕著であるが, 世代間での利用率の差は依然として大きい。また, 先進国と途上国の間でも普及率などに格差が生じている。

〔倫政22〕

B 官民を標的としたサイバー攻撃

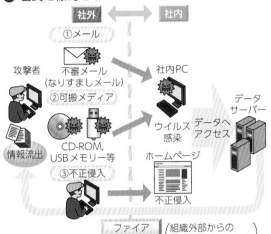

2014年11月	米ソニー・ピクチャーズエンタテインメントへのサイバー攻撃により同社のサーバーがダウン
2020年1,11月	三菱電機が第三者による不正アクセスを受け, 個人情報と企業機密などが外部に流出
2022年3月	デンソーへのランサムウェア攻撃

(経済産業省HPなどによる)

解説 なりすましメールに注意 企業や官公庁を標的としたサイバー攻撃が問題となっている。かつては大量のデータを送りつけたり, 不特定多数にウイルス付きのメールを送るなどの単純な手口が主であった。しかし, 近年多いのは関係者を装った「なりすましメール」で, 情報を盗む目的で特定の相手にメールを送る「標的型メール」が増加している。こうしたメールの添付ファイルを受信者が開くとウイルスに感染し, 情報が流出するしくみである。また, ランサムウェアとはウイルスによりデータを勝手に暗号化し, 元に戻すために, 身代金を要求するものである。

Target Check 知的財産権に関する次の記述の正誤を判断しなさい。 (解答➡表紙ウラ)

□① 日本では, ウェブサイトに載っている他人の文章を無断で複製・転載することは, 個人的に利用する場合を除き, 特許権を侵害することになる。 (センター2012本試による)

C 知的財産権(知的所有権)の保護 18 22

○中国にコピーされる日米欧

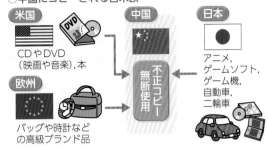

(『朝日新聞』2007.4.11による)

○知的財産権の種類

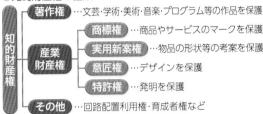

知的財産権
- 著作権 …文芸・学術・美術・音楽・プログラム等の作品を保護
- 産業財産権
  - 商標権 …商品やサービスのマークを保護
  - 実用新案権 …物品の形状等の考案を保護
  - 意匠権 …デザインを保護
  - 特許権 …発明を保護
- その他 …回路配置利用権・育成者権など

解説 コピーされる著作物 人間の精神活動により創作される創造物について財産的な価値が見出されるものがあり, それらに関する権利を知的財産権という。情報のコピーが容易にできる今日, 国内だけではなく国際的にもその保護が求められている。GATTのウルグアイ・ラウンド(1986〜94)では知的財産権に関する国際的ルール(TRIPS協定)が確立され, 世界貿易機関(WTO)にも保護のための理事会が置かれている(➡P.314)。2007年には中国国内で米国の映画や音楽のDVDやソフトの著作権侵害(違法コピー)が横行していることに対し, 米国がWTOに提訴し, 中国側の一部敗訴が報告された。なお, 著作権に関わる国際条約としては, 万国著作権条約, ベルヌ条約, WIPO著作権条約, WIPO実演・レコード条約などがある。

6 情報の活用と課題

A ビッグデータの活用

ビッグデータ

モノからの発信	人からの発信
・監視映像	・eコマース
・カーナビ GPS	・スマートフォン
・運行情報	・Facebook,Twitter
・電力メーター	などのSNS
・ICカード利用	・動画などの各種コンテンツのダウンロード
・環境, 気象データ	
：	：

ICT(情報通信技術)の進展により生成・収集・蓄積等が可能・容易になる多種多量のデータ(ビッグデータ)を活用して, 異変の察知や近未来の予測等を行い, 利用者個々のニーズに則したサービスの提供, 業務運営の効率化等が可能になる。 19 21

B 誤った情報への注意

➡ 熊本県警のTwitter(2016年4月21日)
熊本地震の際, 県警はデマなどへの注意喚起を行った。

【デマ情報に惑わされないで!】
熊本地震の発生以降, ネット上で「強盗事件が多発している」などのデマや根拠の不確かな情報が流布されています。
皆さんにお知らせする必要がある場合は, 県警ホームページ等で積極的に発信しますので, 根拠のない不確かな情報に惑わされないでください。 19

解説 膨大な情報の蓄積と利用 ソーシャルメディアにおける発言や電子マネーの購買履歴, 検索エンジンの履歴などネット上の情報は爆発的に増え, ビッグデータと呼ばれている。これら膨大な情報を瞬時に分析する技術が開発され, 組み合わせることで新たなデータとして活用することが期待されている。一方, 個人情報も含まれるため, プライバシー保護が大きな課題となる。さらに, 情報そのものには誤っているもの, 流言飛語など玉石混交であることから, 情報を吟味することも必要である。

通信手段の進歩による大きな変化のことをICT革命という。

SIDE STORY HPに残る個人情報の削除を要求する「忘れられる権利」はEUでは法的権利だが, 日本の訴訟では法的権利としては最高裁判決で言及されたことはない。「プライバシー保護」と「表現の自由」を巡る議論が待たれる課題である。

85

公共の扉

7 個人情報の保護 ⓫ 個人情報保護法は，個人情報を扱うルールを定め，個人の権利利益の保護を定めていること。

A 個人情報流出などの例

発覚時期	流出元	流出規模	内容
2014.7	ベネッセ	2,895万人分	通信教育サービスの顧客情報が名簿業者に流出し，別の会社のダイレクトメールに利用
2015.6	日本年金機構	101万人分	標的型メールによるウイルス感染が原因。不正アクセスを通じ年金加入者の名前や基礎年金番号等の個人情報が流出
2016.6	佐賀県教育情報システム	21万件	少年による不正アクセスにより，成績・住所等が流出
2021.3	流出は確認されていない		通信アプリLINEのユーザー情報などが中国のLINE子会社からアクセスできる状態になっていた

B 個人情報保護法(2003年成立，05年施行)の概要

適切な取り扱いの義務化 ⓴	個人情報取扱事業者*1に個人情報の適切な取り扱いを義務化→違反には中止勧告や命令
個人の情報開示請求などへの対応 ㉒	本人からの開示・訂正・利用停止請求には応じなければならない
義務規定の適用除外	報道機関，著述業，学術研究機関など*2（個人情報の安全管理や適正な取り扱いを確保する措置をみずから講じるよう努めなければならない）

＊1 個人情報の数に関わらず，紙やデータで名簿を管理されている事業者が対象。法人に限らず，NPO法人，自治会や同窓会なども含む。
＊2 報道・表現・学問の自由を保障するため

㉒ アクセス制限がなされているコンピューターに対し，他人のパスワードを無断で利用してアクセスすることは禁止されている。

C 個人情報保護法改正 (2015年改正) の概要

個人情報の活用	企業が持つ個人情報の使途を，本人の同意なく変更できる範囲を拡大*→ビッグデータ，⊃P.85の活用
匿名加工情報の利用	個人が特定されないよう加工した個人情報(匿名加工情報)は本人の同意なく外部提供が可能に
監視機関を新設	第三者機関として個人情報保護委員会を新設(2016年1月)し，個人情報の不正利用を監視・監督

＊ 2020年の法改正では禁止対象が拡大

D マイナンバー制度導入のねらい ㉒

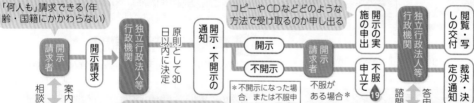

（『読売新聞』2015.9.4による）

解説 **プライバシーは守られるのか？** 企業や行政による個人情報流出が頻発する中，**個人情報保護法**の改正が行われた。プライバシー保護対策が不十分なまま，企業のビッグデータ活用が優先されたという指摘もある。また，2016年より運用を開始したマイナンバー制度は，社会保障・税・災害対策の3分野について，分野横断的な共通の12桁の番号をすべての人に割り振ることで，個人の特定を迅速に行い，行政の効率化，生活の利便性の向上を目指すものである。一方で，情報漏洩のリスクも懸念される。

8 情報公開法による情報公開制度

倫政13 国の導入に先駆けて，地方自治体で導入されたこと。国民には，政府などに対して情報の開示を求める「知る権利」があるとの主張が背景にあること。
倫政14 情報公開法や情報公開条例により，国や地方自治体の保有する文書の開示を求めることが可能となっていること。

A 情報公開までの流れ

「何人も」請求できる(年齢・国籍にかかわらない)

請求者 → 開示請求 → 行政機関 → 独立行政法人等 → 原則として30日以内に決定 → 開示・不開示の通知

コピーやCDなどのような方法で受け取るのか申し出る
開示／不開示

請求者 → 開示申立 不服 ⑲ → 施示の出実 開示機関 → 独立行政法人等 → 閲覧・写しの交付 → 裁決・決定の通知 → 手数料を支払う → 請求者 開示

相談／案内
総務省情報公開・個人情報保護総合案内所

情報公開制度の仕組みや手続きに関する案内・情報提供を行う。全国51か所。

＊不開示になった場合，または不服申立てをして再び不開示になった場合，裁判で争うこともある。 倫政13

不服がある場合＊
諮問⇅答申
情報公開・個人情報保護審査会

第三者的立場から，公正・中立的に調査審議を行う。答申には拘束力なし。

B 開示請求できるものと不開示情報とされるもの
○開示請求できるもの

行政機関または独立行政法人等が保有する文書，図画及び電磁的記録(フロッピーディスク，録音テープ，磁気ディスク等に記録された電子情報)

○不開示情報とされるもの

①特定の個人を識別できる情報(個人情報)
②法人の正当な利益を害する情報(法人情報)
③国の安全，諸外国との信頼関係等を害する情報(国家安全情報)
④公共の安全，秩序維持に支障を及ぼす情報(公共安全情報)
⑤審議・検討等に関する情報で，意思決定の中立性等を不当に害する，不当に国民の間に混乱を生じさせるおそれがある情報(審議検討等情報)
⑥行政機関または独立行政法人等の事務・事業の適正な遂行に支障を及ぼす情報(事務事業情報)

C 行政機関の開示決定等の件数(行政機関)

(年度) 全部開示 一部開示 不開示
2015
16
17
18 ……4,177
19
20 41,022 / 119,751

0(万件) 2 4 6 8 10 12 14 16 18
(AⒸとも総務省資料による)

解説 **開示と不開示** 自治体の条例で先行していた情報公開制度は，2001年に**情報公開法**が施行され，国レベルでも実現されることになった。「知る権利」ということばはこの法律の目的として明記されていないが，国民主権の理念に基づいて，政府の説明責任を規定 ⑲ している。この法律では，原則開示の考え方が採られているが，一方で例外として，個人情報，法人情報や意思形成過程情報などについては開示の例外とし，とくに防衛・外交・捜査などに関する情報については，関係省庁の長の判断により「相当の理由」が認められる場合は，不開示にできるとしている。

用語Check 〔⊃P.365〕 マスメディア，マスコミュニケーション，インターネット，IT革命，ユビキタス社会，デジタル・デバイド(情報格差)，個人情報保護法

論点 メディア・リテラシーって何？

1 「ニュートラル」な情報なんて存在しない

①ニュース番組やニュースサイトの制作者になったつもりで，下の**A〜D**のニュースを，視聴者に知らせるべきだと考えられる順に並べ変え，その理由について説明しよう。

②下の**A〜D**のニュースのうち，時間の都合で三つしか扱えないとしたら，どれを選ぶか考え，その理由について説明しよう。

A パリに行っていた日本人タレント1人が，事故で亡くなった。

B 東京で川が氾濫して10人が亡くなった。

C チリの飛行機事故で300人が亡くなった。

D ソマリアの飢餓で500人が亡くなった。

解説 何かを伝えることは，何かを伝えないことでもある。構成や編集も不可欠だ。**メディア**にしても個人にしても，伝える情報は取捨選択の連続によって再構成された恣意的なものになる。たとえ特別に歪曲させようという意図がなくても，制作者の思惑や価値判断が入り込んでしまう。世に出回る情報は，すべて取捨選択され，再構成されたものである。テレビや新聞，ネット配信，SNSだけでなく，皆さんの教科書も，この資料集だってそうだ。この考えに立つことが，メディア・リテラシーを身につける上で必要だ。

（参考：菅谷明子「すべての情報は再構成されている」坂本旬・山脇岳志編『メディアリテラシー 吟味思考を育む』時事通信社）

公共の扉

2 どのように「情報」を受け止めたらいい？

−「さぎしかな？」でチェック−

情報を受け止めるときは，うのみにするのではなく，下の5つのキークエスチョンを使って，情報を問い直してみよう。

さ（作者）	誰がこのメッセージをつくった？…どういう人がつくったのだろうか？ 個人だろうか？ 組織だろうか？
ぎ（技法）	私の関心をひくためにどんな技法が使われた？…自分の印象や感情を振り返り，どんな表現技法がそのような印象や感情を引き起こしたのか？（例：CMを見て商品を買いたくなった理由は？ 出演タレントのおかげ？ BGMのおかげ？）
し（視聴者）	このメッセージを他の人はどう受け止めている？…他の人の立場にたって考えると？ 他の人の意見を聞いてみると？
か（価値観）	どんな価値観や視点が表現されているか？排除されているか？…このメッセージにどんな価値観やライフスタイルや視点が表現されている？ 逆に排除されている価値観やライフスタイルや視点はない？
な（なぜ）	なぜこのメッセージは送られた？…どんな目的があってこのメッセージは私に送られた？

（参考：坂本旬「メディアリテラシーの本質とは何か」坂本旬・山脇岳志編『メディアリテラシー 吟味思考を育む』時事通信社）

3 メディア・リテラシーはなぜ必要？

イギリスのオックスフォード英語辞典は，2016年を象徴する言葉として「ポスト・トゥルース（脱・真実）」を選んだ。この年，トランプ米大統領の当選やイギリスのEU離脱（ブレグジット）という事前の予想を覆す選挙結果が相次いだが，これについて，事実がどうであるかはないがしろにされる一方，SNSなどを通じて拡散する不確かな情報を基にした煽情的な言論が横行したことが，人々の投票行動に大きな影響を与えたと指摘されている。

現在もまた，2020年に世界を激変させた新型コロナウイルス感染症や，2022年に勃発したロシアのウクライナ侵攻などについて，真偽の不確かな情報がSNSを騒がせている状況は変わっていない。他方，**1**・**2**の資料で学んだとおり，フェイクニュースだけが問題なのではなく，**あらゆる情報に制作者の思惑や価値判断が入り込んでしまうという**事実に，もっと注意を向けるべきであろう。情報を安易にうのみにせず，受け取るときも発信するときも，一度立ち止まって吟味する。この姿勢が，自身の持つバイアス（先入観・思い込み）を自覚させ，多様な考え方を尊重することにつながる。この**メディア・リテラシー**の能力は，寛容で民主的な社会を形成する上では欠かせない力なのだ。

A新型コロナウイルスについて怪しいと思った場合，情報の真偽を確かめたことはありますか？

（「『フェイクニュース』に関するアンケート 調査結果」野村総合研究所2021.4.12による）

- すべて調べた・ほとんど調べた 5%
- 情報が怪しいと思ったことはない 3
- ある程度調べた 19
- 半々くらい 25
- まったく調べなかった・ほとんど調べなかった 22
- あまり調べなかった 26

●次のまとめの中の❶～⓱にあてはまる言葉を答えなさい（解答は下の欄外）。

重要ポイントの整理

(1)ギリシア思想

ソクラテス	無知の自覚（＝**無知の知**）によってよく生きる（＝魂をできるだけよくするよう考える）ことを説く←問答法によって無知を自覚させる
❶＿＿＿＿	永遠不滅の真の実在である**イデア**を不完全な人間が求めて努力することが重要（イデアを追求する愛＝**エロス**）
アリストテレス	「人間は**ポリス（社会的）的動物**」，他者との関係を考慮し，互いに幸福を願う友愛の精神と極端を避ける中庸の精神が重要

(2)中国思想

儒家の思想	**孔子**－仁・礼に基づく徳治主義を説く **孟子**－性善説（人間の本性は善） **荀子**－性悪説（人間の本性は悪）
儒教の発展	朱子学－**朱子**による，理気二元論→性即理→居敬窮理・格物致知 陽明学－**王陽明**による，心即理の考え→知行合一・致良知
道家の思想	**老子**－**無為自然**→柔弱謙下 **荘子**－万物斉同

(3)西洋の近代思想のはじまり

デカルト	方法的懐疑→「我思う，ゆえに我あり」→近代哲学のはじまり
❷＿＿＿＿	人間は「**考える葦**」→考えることに人間の尊厳がある
❸＿＿＿	自由＝道徳法則に従うこと＝自律→人格（自律の能力を持つ尊厳），目的の王国

(4)功利主義

ベンサム	社会全体の幸福を大きくするものが善＝「**最大多数の最大幸福**」
❹＿＿＿＿	質的功利主義－感覚的快楽より**精神的快楽**を重視→イエスの隣人愛

(5)ヘーゲルとマルクス

ヘーゲル	歴史は絶対精神を原動力とする**弁証法**的発展→**人倫**は家族・市民社会・国家の段階へと弁証法的に発展
❺＿＿＿＿	唯物史観に基づく考察→資本主義社会における**疎外**の問題→社会主義思想

(6)実存主義

キルケゴール	神に向き合う単独者として主体的に生きる
❻＿＿＿＿	キリスト教的価値観を超越した**超人**が理想
ハイデガー	**死への存在**を意識することが本来の自己を確立する
ヤスパース	**限界状況**において神の存在にふれて実存に目覚める
❼＿＿＿＿	実存は本質に先立つ→人間は自由な存在→**アンガジュマン**の必要性

重要ポイントの整理

(7)プラグマティズム

パース	すべての概念の源泉は行動にある→プラグマティズム（実用主義）を創始
ジェームズ	真理はその有用性から判断される相対的なもの
デューイ	思想や知識は人間が行動するときに役立つ道具＝道具主義

(8)フランクフルト学派

ホルクハイマー	近代合理主義を合目的な道具・手段としての「**道具的理性**」として批判
アドルノ	ファシズムを支えた社会的性格＝権威主義的パーソナリティを明らかにした
❽＿＿＿	ナチズムを支えた大衆の心理＝自由がもたらす孤独から逃避し，権威に盲従（自由からの逃走）
❾＿＿＿＿＿	コミュニケーション行為により相互の対立を調整し，目標を共有する社会をめざす

(9)構造主義

❿＿＿＿＿＝＿＿＿＿＿＿	未開社会と文明社会に共通する構造を発見し，西欧中心主義を批判
フーコー	ヨーロッパ近代の理性は，権力により狂気を排除することによって成立

(10)ヒューマニズムの思想

ガンディー	サチャーグラハ（ブラフマチャリヤー・**アヒンサー**の実践）→非暴力不服従
シュバイツァー	**生命への畏敬**
⓫＿＿＿＿＝＿＿＿＿	献身的なキリスト教に基づく人間愛の実践

(11)現代の思想

⓬＿＿＿＿	「正義の二原理」←公正な社会の実現
⓭＿＿	不平等の是正・人間的発展→潜在能力の増大の必要性

(12)近代科学の方法

⓮＿＿法	具体的事実から法則へ←経験論・ベーコン
⓯＿＿法	絶対的真理から個別の事例へ←大陸合理論・デカルト

(13)3つの倫理学説

⓰＿＿＿＿	行為の正しさを，その行為がもたらす「帰結」（結果）によって判断→功利主義が代表
⓱＿＿＿	行為の価値は，その行為そのものの価値によって判断される（その行為が正しいから義務として実行される）→カントの道徳論が代表
徳倫理学	行為そのものではなく，行為者の性格・徳から「善さ」や「正しさ」を判断する。→「よい行為」をするためには「よい人」である必要があり，「よい人」とは何かを規準に判断する

解答 ❶プラトン　❷パスカル　❸カント　❹J.S.ミル　❺マルクス　❻ニーチェ　❼サルトル　❽フロム　❾ハーバーマス　❿レヴィ＝ストロース　⓫マザー＝テレサ　⓬ロールズ　⓭セン　⓮帰納　⓯演繹　⓰帰結主義　⓱義務論

●次のまとめの中の❶～⓫にあてはまる言葉を答えなさい（解答は下の欄外）。

重要ポイントの整理

(1)科学技術の発達

光	ロボット技術の進化，農薬開発による農業生産の向上，情報化の進展による利便性
影	化学物質による環境汚染，兵器への応用，インターネット犯罪，情報漏洩

(2)バイオテクノロジーの発達

クローン技術	ある生物の体細胞から全く同じ遺伝子をもった生物をつくり出す技術→規制の動き（生命倫理の面から各国でヒトクローンに対する規制法）「クローン規制法」制定（日本　2000年）「ヒトクローン全面禁止宣言」採択（国連総会　2005年）
❶＿＿＿＿＿＿（GM）	ある生物の有用な遺伝子の一部を，ほかの生物の遺伝子に組み入れ新しい性質を加える 光：品種改良（害虫に強い，長期保存可能） 影：遺伝子組換え作物の安全性は不明
❷＿＿＿＿＿	人間の遺伝子情報の解読2003年完了 光：遺伝子治療，新薬の開発の可能性 影：遺伝子による差別，人権侵害，遺伝情報の公正な利用と保護→ユネスコ「ヒトゲノムと人権に関する世界宣言」採択(1997)

(3)生命倫理（バイオエシックス）

生命と科学のかかわりを倫理的・道徳的に研究
→「生命の尊厳」「生命の質」「自己決定」の問題

①安楽死と尊厳死

❸＿＿＿	回復困難な病気で，死期が迫っており，耐え難い苦痛のある患者に対し，本人の意思により医師が薬剤投与などにより積極的に死期を早める（オランダなどで合法化）→医療行為の目的との矛盾，患者本人の意思確認の方法
❹＿＿＿	回復の見込みがなく，苦痛を伴う患者が延命治療を望まない場合，本人の意思によって人間としての尊厳を保ちながら自然死を迎えさせる→リヴィング・ウィル（自分の死のあり方を事前に決めておくこと：尊厳死宣言書など），ホスピス，緩和ケア，ターミナル・ケア

②脳死と臓器移植法

❺＿＿＿＿＿法改正点(2010)	①「脳死は人の死」を前提に，本人の意思が不明な場合でも家族の承諾で❻＿＿制限なく臓器提供が可能（本人が拒否の場合を除く）②書面により親族への優先提供可能
利点	①15歳未満の子どもへの移植可能②臓器提供数増加の見込み
問題点	①「脳死」＝「人の死」とすることへの抵抗②子どもの脳死判定の困難さ

③その他

QOL	治療において患者が自分らしく納得のいく生活の質の維持を目指す考え方
臓器売買	金銭の授受を伴う臓器提供←途上国の貧困や被提供者国の規制などが背景

科学技術の発達と生命　↓P.74～79

重要ポイントの整理

(1)情報化社会の進展

①情報化社会とは－「モノ」から「情報」の価値が重視→マスメディアを媒体とした大量の情報のやりとり→IT革命により加速→**メディア・リテラシー**（情報を取捨選択し，主体的に読み解く能力）の必要性

②IT(情報技術)の発達－コンピューター・集積回路の発達と通信衛星・光ファイバー回線・インターネットなどの整備・情報技術革命(IT革命)→社会経済の劇的変化

③IT革命の特徴－双方向性の情報，マルチメディアとして文字・映像・音声などの送受信が可能，電子商取引の拡大・雇用形態の変化・電子政府の整備など→**ユビキタス社会**へ

(2)情報化社会への転換

❼＿＿＿＿社会	ダニエル・ベルは『脱工業化社会』において，モノやエネルギーよりも知識・情報が重視される社会への転換を指摘
第三の波	アルビン・トフラーは『第三の波』において農業→工業→情報化社会へと社会変革がすすむことを指摘

(3)情報化社会の深化

電子商取引（eコマース）	インターネットを利用した商取引→拡大傾向「B to B」：企業同士の取引「B to C」：企業・消費者間の取引「C to C」：消費者同士の取引
❽＿＿＿＿＿社会	コンピューターなどがあらゆる生活環境に備えられ，いつでも，どこでも，だれとでも情報のやりとりが可能になっている社会

(4)情報化社会の問題点・課題

❾＿＿＿＿＿・（情報格差）	情報ツールを所持し，使いこなせる能力があるかないかによって生まれる格差→世代間の格差，途上国と先進国の間の格差
❿＿＿＿＿＿の侵害	著作権などの❿＿＿＿＿＿がコピーされるなどの問題→世界知的所有権機関(WIPO)の設立，WTOでの国際ルールの確立
個人情報の流出	企業による情報管理の甘さ，ウイルスやファイル交換ソフトによる流出→個人情報保護法→2015年改正（個人情報の活用）
サイバーテロ	コンピューター・ウイルスなどを送りつけ，公的機関・企業のシステムダウンや情報流出をねらう犯罪→コンピューター・ウイルス作成罪の創設
⓫＿＿＿・＿＿＿＿の育成	メディアからの情報を主体的・批判的に読み解き，モラルに則して使いこなす能力であるとともにメディアを使用して適切に情報を発信する能力
ステレオタイプ	リップマンはメディアによりイメージが固定化し，人は思考を省略してイメージと判断を直結させるとした。
その他	ネチケット（ネットワーク利用上のエチケット）の普及，プライバシー保護対策，情報倫理の確立など

情報化社会　↓P.84～86

Back UP

法は，特定の権力者の支配を保障するためではなく，国民全体の自由と権利を守ることを目的に，国民の代表者である議会によって制定される。そして，その法に基づいて政治が行われ，国家は維持されている。国家には多くの法律が存在し，人間関係は様々な社会的ルールによって成り立っている。ここでは，先ず学校生活の中にある身近なルール，校則について考え，また大人になると，国家の法によってどのような権利や義務が与えられるかなどを考えてみよう。

1 校則と法〜身近なルール〜

FOCUS スカートの抗議

↑ スカートをはいて通学する少年たち
写真:SWNS/アフロ

2017年6月21日，イギリス南西部のエクスターにあるイスカスクール*で，男子生徒数名がスカートをはいて登校。自分たちの声に耳を傾けてくれない学校に抗議した。同校の校則では，女子生徒はパンツとスカートから好きな方を選べるが，男子生徒は長ズボン着用が義務づけられ，半ズボンは禁止されていた。

連日の猛暑の中，生徒や親が，「制服の長ズボンでは暑すぎるので半ズボンをはきたい」と教師に訴えたが，学校側は，校則を理由に却下した。「女子は足を出すのを許されているじゃないか」と男子生徒たちが反論すると，学校側は「もしはきたかったら，スカートをはいてもいいですよ」と皮肉まじりに言ったという。

「スカートの抗議」に加わった男子生徒の母親は，「自分の権利のために，子供たちが立ち上がったことを誇りに思います。いつも男女平等と言っていますが，制服も平等であるべきです」と語った。

*11〜16歳の生徒が通うセカンダリースクール
（http://www.huffingtonpost.jp 2017.6.22を参考に作成）

公共の扉

校則

学校独自の規則
- 茶髪やピアスの禁止
- 制服指定
- アルバイトの禁止

すでに法で規制
- 飲酒の禁止
- 喫煙の禁止

私たちに最も身近なルールである「校則」。その形式や内容は学校によってさまざまだが，私たちの学校生活をまさに"拘束"しているのが「校則」である。

「法治主義」の観点から，校則は正当な手続きにより作られているだろうか。また，「法の支配」の観点から，校則の内容は適正だろうか。

校則とは，一般的に"学びの主権者"である児童・生徒の権利と自由を保障するというよりも，学校という組織の管理運営をしやすくするために作られている。そのため，結果的に，私たちの権利や自由を制限していることもある。

学校が"教育の場"として，学習者の権利が第一に尊重されるためには，校則づくりを含め，権利の主体である児童・生徒がきちんと学校運営に参加できるような「学校自治」のしくみが必要かもしれない。

2 いじめと法

← 身体的ないじめ
⇒ 暴行罪，傷害罪等

↑ 人の所有物を盗む，壊す
⇒ 窃盗罪，器物破損罪等

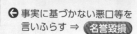

← 事実に基づかない悪口等を言いふらす ⇒ 名誉毀損

> 「ふざけて遊んでいただけ」という"いじめる側の"言い訳は通らない。いじめは重大な人権侵害であり，れっきとした犯罪行為である！

2011年10月，滋賀県大津市内の中学生が，いじめを苦に自宅マンションから飛び降り自殺する事件が発生した。凄惨ないじめの内容のみならず，事件前後の学校と市教育委員会の対応の問題が報道で大きく取り上げられ，教師，学校，教育委員会の根深い隠ぺい体質が全国的に露呈した。事件で加害した生徒は「いじめではなく遊びだった」と一貫して容疑を否認したと報道されたが，国が「いじめられた児童生徒の立場に立った」いじめの新定義を2006年度に示した通り「いじめられた側がいじめだと感じるものがいじめである」という認識が，本来子どもを守るべき教育現場に十分浸透していない実態は極めて深刻である。

国の調査による「いじめの認知件数」は，2011年度まで減少傾向にあったが，2012年度には一気に12万8千件増加し，前年度の3倍近くの約20万件も報告された。これは事件によって全国の学校や教育委員会，保護者等の意識が大きく揺さぶられ，潜在していたいじめが，いじめられている側の声に応える形で表面化したことに他ならない。

事件が社会問題化したことが直接的なきっかけとなり，2013年6月に「いじめ防止対策推進法」が公布されたが，いじめを防止するための国，自治体，学校，教師，保護者の責務等に加えて，児童生徒自身に対する「いじめを行ってはならない」という条文が明確に定められている。いじめは重大な人権侵害であり，暴行罪や傷害罪，窃盗罪といった刑罰が適用される場合もあることをすべての人々が再認識しなければならない。

○いじめの認知（発生）件数の推移

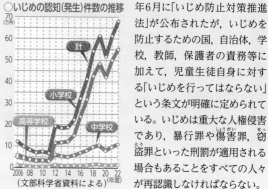

（万件）
計
小学校
高等学校
中学校
2006 08 10 12 14 16 18 20 22（年度）
（文部科学省資料による）

③ 仮想空間と法

Ⓐ Vtuberとは

仮想キャラクターを利用して動画配信をする「Virtual YouTuber(Vtuber)」が若い世代を中心に注目を集めている。近年は、企業や自治体の参入も目立っており、独自のキャラクターを作成したり、運営元に出資したりする企業も増えている。

↩→ 茨　ひより(茨城県公認Vtuber)

茨城県 バーチャル広報課
Vtuber チーム アナウンサー
茨 ひより
IBARA HIYORI
〒310-8555 水戸市笠原町978番6
YouTube : https://www.youtube.com/c/IbakiraTvCH
Twitter : 茨ひより@ibakira_Vtuber

Ⓑ Vtuberで学校紹介

島根県立浜田商業高等学校では、「Vtuber」で使われる技術を導入した「3D(三次元)環境スタジオ」を開設した。同校では、公式キャラクターを3DCG化し、学校のPRに役立てている。

→ センサーを付けた人の動きに合わせ、パソコン上のキャラクターを操っている様子。

2020年12月、Vtuberの女性が、自分が演じるキャラを中傷され自身の名誉も傷つけられたとして、プロバイダー(接続業者)に投稿者の氏名などの開示を求める訴訟を東京地裁に起こした。女性は「自分のことを侮辱された」と主張。プロバイダー側は「投稿の対象はキャラで、女性ではない」と反論したが、判決は「キャラの活動は原告の人格を反映している」と認定。投稿は女性の心情を傷つけるものだとして、東京地裁は開示要求に応じるよう命じた。

仮想キャラクターを見ている側は「現実世界の人間」であると認識しづらい。仮想空間が身近になりつつある時代において、現実世界と仮想空間との間で「ルール」をどのようにとらえておく必要があるのだろうか。

○訴訟の構図

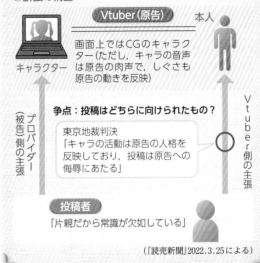

（『読売新聞』2022.3.25による）

④ 18歳選挙権～できる選挙運動、やってはいけない選挙運動～

○選挙運動とは

特定の候補者の当選を目的として投票を得させるための活動のこと。候補者と有権者のどちらも、選挙期間中(公示・告示日の立候補届出後から投票日の前日まで)に限って行うことができる。ただし、公平を保つために一定のルールが設けられており、それに違反すると法律で罰せられることがある。なお、満18歳未満の人は、一切の選挙運動ができない。

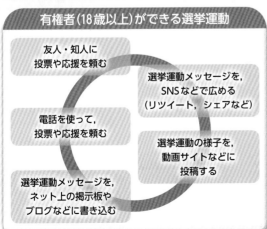

有権者(18歳以上)ができる選挙運動

- 友人・知人に投票や応援を頼む
- 選挙運動メッセージを、SNSなどで広める(リツイート、シェアなど)
- 電話を使って、投票や応援を頼む
- 選挙運動の様子を、動画サイトなどに投稿する
- 選挙運動メッセージを、ネット上の掲示板やブログなどに書き込む

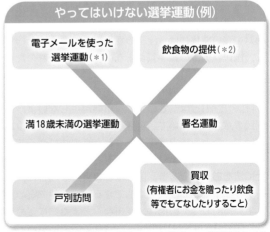

やってはいけない選挙運動(例)

- 電子メールを使った選挙運動(＊1)
- 飲食物の提供(＊2)
- 満18歳未満の選挙運動
- 署名運動
- 戸別訪問
- 買収(有権者にお金を贈ったり飲食等でもてなしたりすること)

＊1 候補者や政党等以外は、電子メールを利用しての選挙運動はできない。また、選挙運動用のホームページや電子メールなどをプリントアウトして配ることも禁止されている。
＊2 特に高価でなく、通常用いられている程度のお茶菓子は除く。
（「政府広報オンライン」http://www.gov-online.go.jp を参考に作成）

公共の扉

法とはどのようなものか。また，法の支配とはどのような考え方なのか。

1 法の分類と社会規範

A 社会規範

社会規範

人間の行動を律する基準，守らないと「制裁」を受ける。
法律，道徳，宗教，慣習など

法 律 (外面的強制)	道 徳 (内面的強制)
国家権力による最も強い強制力を持つ	個人の良心に従うという強制力が働く

↓ 守らなければ ↓

刑罰，損害賠償など (法の強制力)	良心の呵責，社会的非難

実体法と手続法…権利義務の内容・範囲・発生などを規定したのが実体法。その手続を定めたのが手続法。
行為規範と裁判規範…一般人の日常の行為の基準となる規範が**行為規範**。裁判所による紛争解決の基準となるのが**裁判規範**。法規範であっても裁判の基準となりえないという意味で，裁判規範ではないとされるものに，国会の内部規律に関する規範やプログラム規定などがある。日本国憲法前文の裁判規範性については見解が分かれている。

B 法の分類

法	自然法	自然または理性を基礎に成立する普遍の法。	不文法 (慣習法)	文字の形をとらない法。慣習法・判例法・国際慣習法など。
	実定法	立法機関の立法作用や社会的慣習など人間の行為によって作り出された法。	成文法 (制定法)	文章の形をとって意識的に定められた法。

C 成文法の分類

国内法	公法…国家と公共団体相互の関係，またはこれらと私人の間の法律関係を定めた法律。 倫政17・22	実体法	憲 法 — **日本国憲法**
			行 政 法 — 内閣法・国家公務員法など
			刑事実体法 — **刑法**・軽犯罪法など
		手続法	民事手続法 — **民事訴訟法**・破産法など
			行政手続法 — 行政事件訴訟法など
			刑事手続法 — **刑事訴訟法**・刑事補償法など
	私法…私人間の生活関係を調整する法律。	実体法	民事実体法 — **民法**・戸籍法・**商法**・手形法・不動産登記法など
	社会法…市民社会の個人本位の法律原理を修正し，社会の公共的利益の増進を図る法の総称。	実体法	労 働 法 — 労働基準法・労働組合法など
			社会保障法 — 生活保護法・健康保険法など
			経 済 法 — 独占禁止法・中小企業基本法など
	命 令 — 政令・府令・省令・人事院規則など		
	地方自主法 — 条例・規則		
国際法	条 約		国際連合憲章・日米安全保障条約など

注： ▨ は六法

2 法の支配 (rule of law)

⑭ 「法の支配」には，国家権力は法に基づいて行使されなければならないとする考え方も含まれること。
⑰ 国家からの自由＝国家権力による不当な干渉や侵害を人々が受けないことを保障しようとするもの。

A 「法の支配」の考え方

　法は国家権力による最も強い強制力をもち，守らないと刑罰という制裁が科せられる社会規範である。したがって，国家や権力者によって恣意的な法が制定されてしまうと国民は甚大な被害を受けることになる。絶対主義の時代には，国王の意思がそのまま法となって，国民は国王の勝手気ままな徴税や，いわれのない逮捕や刑罰に苦しめられたのである。このように権力者が自由に国民を拘束できる体制を「人の支配」とよぶ。
　「法の支配」とは，このような事態が生じないように，国民の意思に基づいて制定された法を国家の最上位において，たとえ権力者であろうともこの法に従うことを強制させる。つまり「法の支配」とは権力者の意思の上に法をおくのである。国家はどのような場合に，どのような手続きで国民を逮捕できるかが法律で定められている。もはや国民は，理由なく，また法に定められた手続きによらずして逮捕されないのである。

[日本国憲法における「法の支配」の具体例]
①違憲立法審査権(81)　②最高法規性(98)　③憲法尊重擁護義務(99)　④人権の不可侵性(97)　⑤罪刑法定主義(31)　⑥租税法律主義(84)など〈( )内は条数〉

B 「法の支配」の発達の歴史—イギリスで発達

年代	できごと・人物
13世紀	・**マグナ・カルタ (大憲章)** (1215) ジョン王の失政に対して，封建貴族が勝手に課税しないなどの権利を認めさせた (＝王権を制限)。 [**ブラクトン**] (？〜1268) 法学者，裁判官 マグナ・カルタ当時の裁判官。「国王といえども，神と法の下にある」の言葉で有名。
17世紀	[**エドワード・コーク**] (1552〜1634) 裁判官 王権神授説を振りかざす国王ジェームズ1世に対して，ブラクトンの言葉を引用し，**コモン・ロー** (判例法) は王権をも拘束すると主張。
19世紀	[**A.V.ダイシー**] (1835〜1922) 法学者 「法の支配」の考え方を確立。主著『憲法序説』(1885)。

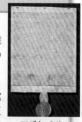
マグナ・カルタの複写本

ダイシーが主張した「法の支配」の内容
1. 国王，行政権，その他権力をもつ者が，広範で恣意的，裁量的な権限をもつことを認めない
2. 全ての人が，通常裁判所の運用する法に服す

ドイツの公法学者イェリネック (1851〜1911) は「法は最小限の道徳である」と述べた。道徳のなかでも最低限守らなければならないものが，法律としても規定されているということ。

公共の扉

C 「人の支配」と「法の支配」

17 人の支配＝権力者は法に従う必要はないとする専断的な政治のあり方。

〈人の支配〉
権力者の意思が法となって、国民を恣意的に支配する。

〈法の支配〉
国民の意思に基づいて制定された法に、権力者も従う。

3 憲法とは何か

立憲主義

倫政18 近代国家の歴史が示すのは、人々に対する国家の介入を制約する仕組みが欠かせないということ。

憲 法	国家権力を制限
一般の法律	国民と国民の間のルール

A 様々な観点による憲法の分類

観点	分類名	内　容	具体例
形式面	成文憲法	文章で書かれた憲法。	日本国憲法
	不文憲法	「憲法」という法律がなく、慣習法（イギリスの憲法習律等）が憲法の役割を果たしている。	（イギリス）
改正手続	硬性憲法	一般法とは異なる厳格な改正手続きで改正される。	日本国憲法 明治憲法
	軟性憲法	一般法と同じ手続きにより改正される。	ニュージーランド憲法
制定主体	欽定憲法	君主が制定して国民に与えたという形式をとる。	明治憲法
	民定憲法	国民が直接または議会を通じて制定。	日本国憲法

解説 **憲法は国家権力を制限するための法** 一般の法律は国家が国民の権利や自由を制限するものであるが、憲法は国民の権利や自由を守るために、国家権力を制限している。このような考え方を**立憲主義**という。国家権力は、憲法がはっきりと認めていることがらについて、憲法がはっきりと認めている方法でしか政治を行うことができないのである。そして、憲法が国家権力を制限するものであるためには、憲法は他の法律よりも上位にあり、憲法に反する国家権力の行使は認められないとする必要がある。このように憲法が国の法体系において最上位にあることを**最高法規性**という。

D 「法の支配」の内容

①憲法の最高法規性	憲法があらゆる法の中で最高のものであり、憲法が立法権をも拘束するという点が重要。
②権力によって侵されない個人の人権	法の支配の目的は永久不可侵の人権を守ることにある。
③法の内容・手続きの公正さ	国会が制定した法ならば、どんな不当な内容の法律でも構わないというわけではない。また、法を適用する手続きの公正さも要求される。
④裁判所の役割の重視	国家権力に歯止めをかける道具として、裁判所の役割が重視される。違憲立法審査権は法の支配の考え方がアメリカで発展して生まれたもの。

解説 **国家権力も法に従う** 「法の支配」とは、恣意的な（自分勝手な）国家権力の支配（**人の支配**）を排除して、権力を法で拘束することにより、国民の権利・自由を擁護することを目的とする。法の支配の内容としては、**D**の表にあげた4点が重要。

4 法治主義 (rule by law)

A 「法治主義」の考え方

「法治主義」とはすべての行政活動は法に基づいて行われることを意味する。

B 「法治主義」と「法の支配」の違い

	法の支配	法治主義
目　的	国民の人権を保障すること	行政を効率的に運用すること
法の内容	国民の意志に基づき、議会が制定した法	法の存在を重視し、必ずしも内容を問わない

C 全権委任法 (授権法) (独 1933 年)

1. ドイツ国の法律は憲法に規定されている手続きによるほか、**ドイツ国政府によっても制定されうる。**……
2. ドイツ国政府によって制定された法律は、ドイツ国会およびドイツ国参議院の制度そのものを対象としない限り、**憲法に違反しうる。**ただし大統領の権限はなんら変わることはない。

（『西洋史料集成』平凡社）

解説 **「悪法もまた法なり」の危険性** **法治主義**は法に基づいて政治が行われなければならないという考え方であるが、必ずしも法の内容や正当性を問わない場合もあった。したがって、全権委任法のような法であっても、制定されてしまえばそれに従わざるをえないということになり、ナチスの独裁体制を基礎づけることとなった。

Target Check 次の記述に関する正誤を判断しなさい。

（解答➡表紙ウラ）

- ① 人は生まれながらにして侵すことのできない権利として自然権を有するという考え方が初めて示されたのは、マグナ・カルタにおいてである。
- ② 日本国憲法は国民主権を採っているため、国会の制定する法律に基づく政治が行われていれば、「法の支配」に一切反しないとされる。

（センター2009、12本試による）

用語Check 〔➡P.365〕 自然法、法の支配、法治主義

課題を考える 民主政治の基本原理はどのように確立されてきたのだろう。歴史的なできごとと関連づけて確認しよう。

1 王権神授説と社会契約説

王権神授説	フィルマー(英)『族父権論』(1680)	王の権力は神から与えられたものであるという説。よって人々がこれに逆らうことは神への反逆になるとする。**絶対王政**を正当化。
社会契約説	ホッブズ, ロック(英)ルソー(仏)	生まれながらにして自由で平等な人々が, 権利を守るために契約を結んで国家を作るという説。

解説 国家はどのようにしてできたか
王権神授説と**社会契約説**は, **市民革命**のとき, 国王側と革命側から, それぞれの立場を正当化する理論として主張された。社会契約説は, 人間が生まれながらにして持つ権利(**自然権**:現在でいう**基本的人権**)を守るために, 人々は相互に契約を結んで国家をつくると考える。

	T.ホッブズ(英)	J.ロック(英)	J.J.ルソー(仏)
思想家	Thomas Hobbes (1588〜1679)	John Locke (1632〜1704)	Jean-Jacques Rousseau (1712〜78)
主著	『リヴァイアサン』(1651)	『統治二論』(1690)	『社会契約論』(1762)
自然状態	「万人の万人に対する闘争」(性悪説)	自由・平等な平和的状態(性善説)	相互的孤立の状態(自由・平等)(性善説)
自然権	自己保存の権利→全面譲渡(放棄)	生命・自由・財産権→執行を委託(信託)	自由・平等→全面譲渡

<table>
<tr><th>社会契約のあり方</th>
<td>
17 ・闘争を避けるために契約を結び自然権を国王に譲渡→国家の形成
・国民は国王に絶対服従
倫政20 ホッブズの思想について

統治者(絶対権力者) ←・安全の保障 ・法の制定 / ・<u>自然権の譲渡</u> 20 ・服従→ 個々の市民
</td>
<td>
・自然権の一部を代表者に委託(代議制)→国家の形成
・政府が国民の自然権を侵害 19 17 →その政府を廃棄できる(**抵抗権・革命権**)
倫政23 19 17
統治者(立法権に対する優位) ←・法による自然権の保障 / ・自然権の一部を信託 ・抵抗権→ 個々の市民
21 倫政18・20・22 ロックの思想について
</td>
<td>
・人民は自然権を社会全体に対して完全に譲渡→国家の形成
・主権は**一般意志(思)**の行使 19
・主権は人民にあり, 譲渡・分割できない
国家(市民の結合体) ←一般意志に基づく社会的自由・権利 ・直接民主制 / ・人民は自然権を社会全体に譲渡→ 個々の市民
倫政18・20 ルソーの思想について
</td>
</tr>
<tr><th>特徴・影響</th>
<td>

・結果的に**絶対王政**を擁護
・王政復古(1660)後のイギリスの政治体制を正当化
</td>
<td>
・**間接民主制**を主張
・**名誉革命(1688)**を正当化
・アメリカの独立革命に影響を与えた 倫政14
← 『リヴァイアサン』の扉絵
</td>
<td>
・**直接民主制**を主張(間接民主制批判)(英国人が自由なのは議員を選挙する間だけ。選挙後は奴隷となり無に帰す。)
・**フランス革命(1789)**に影響を与えた
</td>
</tr>
</table>

公共の扉

21 17 2 三権分立(権力分立)

A モンテスキュー『法の精神』(1748)─三権分立論

……権力をもつ者はすべて, それを濫用する傾向があることは, 永遠の体験である。……人が権力を濫用しえないためには, ……**権力が権力を阻止するのでなければならぬ。**……

同一人, または同一の執政官団体の掌中に立法権と執行権が結合されているときには, 自由はない。裁判権が立法権と執行権から分離されていないときにもまた, 自由はない。……

もし同一の人間, または貴族か人民のうちの主だった者の同一団体がこれら三つの権力, すなわち法律を定める権力, 公共の決定を実行する権力, 罪や私人間の係争を裁く権力を行使するならば, すべては失われるであろう。

(井上堯裕訳『世界の名著』中央公論社)

↑ モンテスキュー (仏)(1689〜1755)

立法権(議会)(→P.130 1)
↓↑ 抑制と均衡(チェック・アンド・バランス)
行政権(国王) ↔ 司法権(裁判所)

解説 国民の権利の保障 権力分立とは, **立法権・行政権・司法権**の三権が相互の**抑制と均衡**により, 権力の濫用を防ぐことで, 国民の権利を保障することに目的がある。

3 間接民主制と直接民主制

間接民主制(代表民主制・代議制)	直接民主制
国民が, 自ら選んだ代表者の組織する議会を通じて, 間接的にその意思を国家意思の執行に反映させるシステム。人口が多く, 社会が複雑化した現代国家での一般的制度。	国民自らが, 直接に国家意思の形成と執行に参加する政治システム。古代ギリシャのポリス(都市国家)のほか, 現在でもスイスの一部の州などで実施。

A 間接民主制(代表民主制・代議制)の三原理

代表の原理	議員は選出母体の代理人ではなく, 全国民の利益を代表すること
審議の原理	十分な審議を尽くすこと
行政監督の原理	行政が議会に公開され, 腐敗の有無が点検されるとともに, 責任者が弾劾される。

解説 「間接」と「直接」 国民一人ひとりの人権が保障されるためには, すべての国民が直接政治を行うのがよいという考え方がある(**直接民主制**)。しかし, 現代国家の多くは巨大な人口と領土を抱えるため, 一般的には国民が選挙によって代表者を選び, 彼らを介して国家意思を決定する(**間接民主制**)。間接民主制は議会を中心とした民主政治という意味で**議会制民主主義**ともよばれ, 通常, **多数決原理**が採用されている。だが, これだと議会が暴走する危険性もあるので, 多くの国は, 間接民主制の補完のために, 直接民主制を部分的に採用している(→P.143 4, P.149 4)。

 リヴァイアサンとは, 『旧約聖書』に出てくる海の怪獣の名前。背中にはうろこの盾の列があり, 腹は鋭い陶器の破片を並べたよう。口からは火炎を吹き, 心臓は石のように硬い。ホッブズは国家を怪獣になぞらえた。

④ 人権思想の歩み

倫政20 資本家階級が主体となって絶対君主制などを否定する革命を「市民革命」という。

国王といえども法に従わなければならないとし、「法の支配」の原則を明文化したこと。

左側縦軸：国王の絶対的な権力の制限／自由・平等の確立／社会権の確立／人権保障の国際化

1215	(英)**マグナ・カルタ(大憲章)** →王権の制限，封建貴族の利益擁護
1628	(英)**権利請願** →議会の同意のない課税の禁止，人身の自由を国王に認めさせる
42	(英)**清教徒(ピューリタン)革命**(〜49)
51	(英)『リヴァイアサン』
79	(英)人身保護法
88	(英)**名誉革命**
89	(英)権利章典(→Ⓐ)
90	(英)『統治二論』
1748	(仏)『法の精神』
62	(仏)『社会契約論』
75	(米)アメリカ独立戦争(〜83)
76	(米)バージニア権利章典(→Ⓑ)
	(米)アメリカ独立宣言(→Ⓒ)
89	(仏)**フランス革命**(〜99)
	(仏)フランス人権宣言(→Ⓓ)
91	(米)権利章典10か条が修正条項として憲法に追加される
1838	(英)**チャーティスト運動**(〜48) →労働者階級による普通選挙権獲得を目指した運動
63	(米)奴隷解放宣言
	(米)**リンカーンのゲティスバーグ演説**→「人民の，人民による，人民のための政治」
1917	(露)ロシア革命
19	(独)ワイマール憲法(→Ⓔ)
41	(米)4つの自由 ⑮(F.ルーズベルト) →言論の自由・信仰の自由・欠乏からの自由・恐怖からの自由
48	世界人権宣言(→Ⓕ)(法的拘束力なし)
	ジェノサイド条約 ⑲内容をより具体化したこと。
51	難民条約 ⑮⑰
60	**植民地独立付与宣言**(→P.288 ⑤) ⑯
65	人種差別撤廃条約
66	国際人権規約(→Ⓖ)(法的拘束力あり)
79	女性(女子)差別撤廃条約
89	子ども(児童)の権利条約，死刑廃止条約
2006	障害者権利条約

解説 人権獲得の歴史 「自由権」は18世紀的権利，「参政権」は19世紀的権利，「社会権」は20世紀的権利といわれている。

⑳「国家による自由」はワイマール憲法で保障。

Target Check
次の記述の正誤を判断しなさい。（解答→表紙ウラ）

□① ホッブズは，社会契約説の立場から，国家には自然状態における万人の万人に対する闘争を防ぐ役割が与えられると説いた。

□② 国際人権規約は，経済的・社会的・文化的権利に関する国際規約と市民的・政治的権利に関する国際規約などから成っている。
（センター2008本試による）

---

⑲	条　文	解　説
Ⓐ	**権利章典(Bill of Rights)**(抄)　〔1689〕 **1** 国王は，王権により，国会の承認なしに法律(の効力)を停止し，または法律の執行を停止し得る権限があると称しているが，そのようなことは違法である。 **5** 国王に請願することは臣民の権利であり，このような請願をしたことを理由とする収監または訴追は，違法である。　(田中英夫訳『人権宣言集』岩波文庫)	議会主権の確立　名誉革命の結果，議会が議決した「権利宣言」を国王が公布したもの。権利請願の趣旨を拡大し強調したもので，イギリス立憲政治の基礎となった。
Ⓑ	**バージニア権利章典**(抄)　〔1776〕 **1** すべて人は生来ひとしく自由かつ独立しており，一定の生来の権利を有するものである。… **2** すべて権力は人民に存し，したがって人民に由来するものである。… (斎藤真訳『人権宣言集』岩波文庫)	人権宣言の先駆　アメリカ独立戦争中の1776年6月に採択された。自然権の思想を盛り込んだ世界初の文書。同年7月4日に発表された独立宣言に影響を与えた。
Ⓒ	**アメリカ独立宣言**(抄)　〔1776〕 われわれは，自明の真理として，**すべての人は平等に造られ**，造物主によって，一定の奪いがたい**天賦の権利**を付与され，そのなかに**生命，自由および幸福の追求**の含まれることを信ずる。また，これらの権利を確保するために人類のあいだに政府が組織されたこと，そしてその正当な権力は被治者の同意に由来するものであることを信ずる。そしていかなる政治の形体といえども，もしこれらの目的を毀損するものとなった場合には，人民はそれを改廃し，……新たな政府を組織する権利を有することを信ずる。(斎藤真訳『人権宣言集』岩波文庫)	アメリカの建国精神　13植民地がイギリスから独立する際に，ジェファーソンらが起草し大陸会議が採択した。自然権を守るために社会契約を行うこと，政府と人民の間には合意による支配が行われるべきこと，人民の革命権も認められるべきこと——などロックの社会契約思想の影響が読みとれる。
Ⓓ	**フランス人権宣言**(抄)　〔1789〕 **第1条** 人は，自由かつ権利において平等なものとして出生し，かつ生存する。社会的差別は，共同の利益の上にのみ設けることができる。⑲ **第2条** あらゆる政治的団結の目的は，人の消滅することのない自然権を保全することである。これらの権利は，自由・所有権・安全および圧制への抵抗である。 **第3条** あらゆる主権の原理は，本質的に国民に存する。(山本桂一訳『人権宣言集』岩波文庫)	人権宣言の理念　正式には「人および市民の権利宣言」という。革命の根本理念である自由・平等・友愛の精神が明らかにされ，国民主権・基本的人権・所有権の確立などが盛られており，後世の各国憲法にも大きな影響を与えた。 ⑳権利の保障と権力の分立を明示していること。
Ⓔ	**ワイマール憲法**(抄)⑲　〔1919〕 **第151条**① 経済生活の秩序は，すべての者に人間たるに値する生活を保障する目的をもつ正義の原則に適合しなければならない。この限界内で，個人の経済的自由は，確保されなければならない。 **第159条**① 労働条件および経済条件を維持し，かつ，改善するための団結の自由は，各人およびすべての職業について保障される。この自由を制限し，または妨害しようとするすべての合意および措置は，違法である。(山田晟訳『人権宣言集』岩波文庫)	生存権の保障　第一次世界大戦敗北後のドイツで制定された。正式には**ドイツ共和国憲法**。生存権を世界史上初めて明記した憲法で，他に所有権の限界と義務，団結権の保障などを定め，民主主義的，社会主義的であるといわれる。
Ⓕ	**世界人権宣言**(抄)(→P.360)　〔1948採択〕 **第1条** すべての人間は，生まれながらにして自由であり，かつ，尊厳と権利とにおいて平等である。人間は理性と良心とを授けられており，互いに友愛の精神をもって行動しなければならない。(『国際条約集』有斐閣)	人権保障の国際基準　国連の人権委員会が起草。自由権的基本権が宣言の中心だが社会的基本権も若干みられる。現在，先進国では，この宣言の内容はほとんど立法化。
Ⓖ	**国際人権規約**(抄)(→P.118 ②, P.361)⑲　〔1966採択，1976発効〕 市民及び政治的権利に関する国際規約(B規約) **第6条** (生存権及び死刑の制限)① すべての人間は，生命に対する固有の権利を有する。この権利は，法律によつて保護される。何人も，恣意的にその生命を奪われない。	人権宣言の条約化　法的拘束力を持たない世界人権宣言を条約化し，その実施を義務づけた。社会権的基本権を内容とするA規約と自由権的基本権を内容とするB規約からなる。

用語Check 〔→P.365〕 社会契約説，ホッブズ，ロック，ルソー，間接民主制(代表民主制・代議制)，直接民主制，モンテスキュー，三権分立，アメリカ独立宣言，フランス人権宣言，ワイマール憲法，世界人権宣言，国際人権規約

公共の扉

16 世界の主な政治体制

課題を考える
世界にはさまざまな政治体制が存在する。三権(立法・行政・司法)の関係がどうなっているかに注目して確認してみよう。

1 世界の主な政治体制の比較

		自由主義国家の政治体制		社会主義国家の政治体制
		議院内閣制 (イギリスの場合)	大統領制 (アメリカの場合)	民主集中制 (中国の場合)
歴史的背景		名誉革命(1688年)により,事実上の主権を握った議会が,行政権の長たる首相を選ぶようになった。	独立戦争後制定されたアメリカ合衆国憲法(1787年)が,厳格な三権分立の政治体制を規定した。	1949年,共産党を中心として,人民民主独裁に基づく中華人民共和国が建国される。
元首 国家		国王(世襲制)	大統領(選挙により選出)	国家主席(全人代での選出)
権力分立		議会(立法権)と内閣(行政権)は緩やかな分立関係にある。	大統領(行政権),議会(立法権),裁判所(司法権)の厳格な三権分立。	全国人民代表大会(全人代)に全権力が集中。
立法権と行政権の関係		❶内閣は議会(下院)に対して連帯して責任を負う。 倫政18 19 下院は内閣に対する不信任決議権をもつこと。 ❷首相と国務大臣は,国会議員の中から選ばれる。 ❸下院で内閣不信任の決議がなされた場合,内閣は総辞職するか下院を解散する。 17 首相に下院の解散権があること。 ❹内閣には議会への法案提出権と,非常に限定された下院の解散権が認められている。	❶大統領は国民に対して直接責任を負う。議会に対して負うのではない。 ❷大統領は国民の選挙によって選ばれる。議員との兼職は禁止。 ❸大統領には議会への法案提出権・議会の解散権はない。教書などにより立法の勧告を行う。 ❹大統領には法案拒否権がある。 倫政18	❶国務院(内閣)は,全国人民代表大会に対して責任を負う。 ❷国務院に全国人民代表大会の解散権はない。 倫政20 民主集中制…本来は社会主義革命の際の革命政党の組織原則。分派活動を許さず,下級機関は上級機関の決定を無条件に実行することを意味したが,革命後の社会主義国家体制の支配原理となってしまった。
特徴		❶議会(下院)の第一党の党首が,内閣を組織するため,国民の支持を背景に政治を行える。 ❷事実上の二大政党制で,政権交代が容易である。	❶厳格な三権分立制を採用 しているため,権力相互のチェック機能が有効に機能する。 ❷大統領は,国民の選挙によって選ばれるため,国民の支持を背景に,強い指導力を発揮できる。	❶全国人民代表大会に全権力が集中するが,事実上共産党が指導する政治体制(一党独裁)である。 ❷国民の意思が上層部まで届きにくい。

解説 日本は議院内閣制 内閣は国民の代表機関である国会に対し責任を負い,国会の信任がなければ内閣は成立しない。

公共の扉

2 イギリスの政治機構(議院内閣制・立憲君主制)

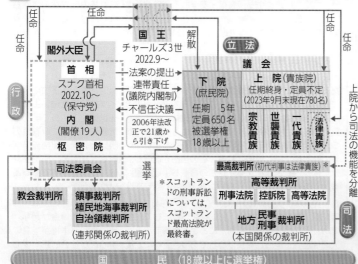

行政

任命 / 任命 / 任命

閣外大臣

国王
チャールズ3世
2022.9〜

解散

立法

議会

首相
スナク首相
2022.10〜
(保守党)

内閣
(閣僚19人)

枢密院

法案の提出
連帯責任
(議院内閣制)
不信任決議

下院
(庶民院)
任期 5年
定員650名
被選挙権
18歳以上
2006年法改正で21歳から引き下げ

上院(貴族院)
任期終身・定員不定
(2023年9月末現在780名)

宗教貴族 / 世襲貴族 / 一代貴族 / 法律貴族

上院から司法の機能を分離

司法委員会

選挙

教会裁判所

領事裁判所
植民地海事裁判所
自治領裁判所
(連邦関係の裁判所)

*スコットランドの刑事訴訟については,スコットランド最高法院が最終審。

最高裁判所(初代判事は法律貴族) *

高等裁判所
刑事法院 / 控訴院 / 高等法院

地方 民事刑事 裁判所
(本国関係の裁判所)

司法

国 民 (18歳以上に選挙権)

剣線

↑ 下院議場 正面議長席に向かって左が与党,右が野党席 17 首相は議会に議席をもつこと。

○下院の政党別議席数

政党	議席数
保守党	351
労働党	199
スコットランド国民党	43
自由民主党	15
その他	42
合 計	650

(2023年10月現在)

↑ スナク首相

憲 法	不文憲法の国。マグナ・カルタ,権利章典など歴史的に形成された法律・判例・慣習法が憲法としての役割を果たす。
元 首	国王。「君臨すれども統治せず」立憲君主制。
議 会	上院(貴族院)と下院(庶民院)。1911年の議会法により下院優位の原則が確立。 倫政15・21
内 閣	議院内閣制(下院の多数党の党首が首相となる)。内閣は下院に対して責任を負う。

政 党	二大政党制(近年多党化している) 保守党 トーリー党が前身。有産階級を基盤とする。 労働党 議会主義による社会主義実現を目指す。
司 法	上院の内部に最終審の機能があったが,2009年に連合王国最高裁判所が新設され,その機能が移った。

解説 政権交代の準備「影の内閣」 野党第一党の党首は「影の内閣(シャドー・キャビネット)」を組織し,政策立案を行って,議会で論争する。政府から,調査活動費なども支給される。 19

SIDE STORY イギリスのエリザベス2世(1926〜2022)は,16か国(イギリス連邦王国:英,加,豪,ニュージーランド,バハマ,ジャマイカ等)の国王で,54か国加盟のイギリス連邦の元首として歴代最長。

③ アメリカ合衆国の政治機構（大統領制・厳格な三権分立）

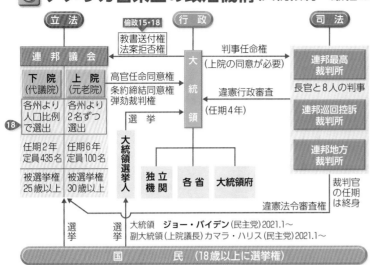

立法　　　**行政**　　　**司法**

倫政15・18

教書送付権
法案拒否権

判事任命権
（上院の同意が必要）

連邦議会 → 大統領（任期4年） → 連邦最高裁判所
長官と8人の判事

下院（代議院）／上院（元老院）

高官任命同意権
条約締結同意権
弾劾裁判権

違憲行政審査 → 連邦巡回控訴裁判所

各州より人口比例で選出 ⑱ ／ 各州より2名ずつ選出

選挙 → 大統領選挙人

連邦地方裁判所

任期2年 定員435名 ／ 任期6年 定員100名

独立機関　各省　大統領府

裁判官の任期は終身

被選挙権25歳以上 ／ 被選挙権30歳以上

違憲法令審査権

選挙／選挙

大統領　ジョー・バイデン（民主党）2021.1〜
副大統領（上院議長）カマラ・ハリス（民主党）2021.1〜

国　　民（18歳以上に選挙権）

↑ 下院議場

19 17 大統領は議会に議席をもたないこと。

↑ バイデン大統領

憲法	1787年制定。世界最古の成文憲法。
元首	**大統領**　行政府の最高責任者であり，軍の最高司令官。間接選挙により選出。任期4年。3選は禁止。官吏任命権・外交権・議会への**教書**（＝議会に政策などを示すもの）**送付権・法案拒否権**（ただし両院が出席議員の2/3以上の多数で再可決すれば無効），臨時議会の招集権などをもつが，**法案提出権・議会解散権はない**。

18・倫政18

21・18

19 法案提出権・議会解散権はない 20

議会

倫政21

上院　各州の平等を保障（各州より2名選出）。連邦最高判事や高官の任命・条約締結についての大統領に対する同意権，さらには弾劾裁判権（大統領弾劾をも含む）をもち，この点において下院に優越する。倫政18 17 議会には大統領の不信任決議権がないこと。

下院　個人の平等を保障（各州より人口比例で選出）。小選挙区制。予算先議権において上院に優越する。なお両院の法律制定権は同等である。

○議会の政党別議席数

政党	上院	下院
民主党	51*	212
共和党	49	221
計	100	435（欠員2）

*民主系無所属3名含む。
（2023年9月末現在）

内閣	大統領直轄の政治機関で，15省15長官で構成される大統領の諮問機関。大統領にのみ責任を負う。長官は議員を兼ねることはできない。
政党	**二大政党制** 倫政18 **民主党**　ニューディール政策以後，黒人・労組の支持を受け，リベラルな色彩をもつ。 **共和党**　有産層の支持を受け，保守主義的な色彩が強い。外交政策はタカ派。
司法	連邦最高裁判所判事は大統領が上院の承認を得て任命。**違憲法令審査権**をもつ。

解説　**厳格な三権分立**　米国の政治機構は，モンテスキューの三権分立理論に最も忠実であるといわれる。「世界最高の権力者」と呼ばれる大統領は議会に責任を負わないため，法案提出権も議会の解散権もなく，議会の制定した法律を執行するだけである。その一方で，議会に教書を送ったり，議会で可決された法案に対しては拒否することもできる。

（縦書き）18年の中間選挙では，下院で民主党が逆転し「ねじれ議会」となった。

Ⓐ 大統領選挙 ⑱ 大統領選挙人が有権者によって選出されること。

○1年がかりの米国大統領選挙のプロセス

❶ 民主・共和両党の州ごとの予備選挙（2月〜6月）
倫政18
── 全国党大会へ向けての代議員の選出

❷ 民主党，共和党の全国大会（7月〜9月）

民主党 ／ 共和党 ──各党の大統領候補指名
（過半数の代議員獲得が必要）

❸ 大統領選挙人の選挙（11月第1月曜日の次の火曜日）

── 国民は，各党が公認した正副大統領候補を選び，投票用紙に○をする。**州単位で行われ，1票でも多く獲得した政党が，その州全体の大統領選挙人（人口に応じて比例配分）を獲得**，この時点で事実上決定。ただし，過半数獲得者がいない場合は，❺以降に下院が大統領を選出。

❹ 選挙人の投票 （12月の第2水曜日の次の月曜日）	**❺ 上下両院合同会議による開票** （翌年1月6日）	**❻ 新大統領就任式** （1月20日）

← ニューヨーク・タイムズスクエアに流れる予備選挙結果の映像

選挙結果		総得票数 （得票率）	獲得大統領選挙人数 （勝利州数）
2020年	当 バイデン （民主党）	81,283,098 （51.3%）	306人 （26州）
	落 トランプ （共和党）	74,222,958 （46.8%）	232人 （25州）
2016年	当 トランプ （共和党）	62,792,756 （46.3%）	306人 （30州）
	落 クリントン （民主党）	65,431,654 （48.2%）	232人 （21州）

○得票数が多いのに落選!?

　2016年米国大統領選挙は，大混乱のうちにトランプ氏の勝利が決定した。得票率と当落の逆転は，1876年，1888年，2000年に次ぐ4度目の珍事だった。大統領選挙人の州ごとの「勝者総取り方式」の背景には，連邦政府よりも州（State）が先に形成されたという歴史的事実がある。だから州，さらには州内の各地域によって投票用紙や集計作業も異なる。また，選挙戦では人口の多い州が重視される。

---

4 フランスの政治機構（大統領制）〜半大統領制

倫政17 議席は扇形に配置。人権宣言が採択された頃、議長からみて左側に改革派、右側に旧体制の維持派が座り、これが左翼、右翼の言葉の語源となったこと。

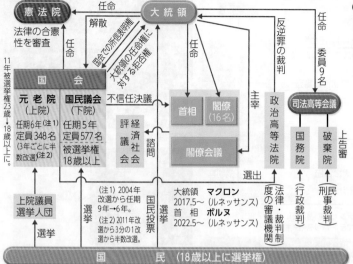

→ 国民議会（下院）

↑ マクロン大統領

○国民議会の政党別議席数

与党	ルネサンス (RE)	170
	民主運動 (MoDem)	51
	地平線 (HOR)	30
野党	国民連合 (RN)	88
	不服従のフランス (FI)	75
	共和党 (LR)	62
	社会党 (PS)	31
	諸派	66
合計（無所属4）		577

（2023年9月末現在）

憲 法	1958年公布。通称第五共和制憲法。**大統領が強大な権限をもつ一方、議会の権限は比較的弱い。**
元 首	**大統領** 直接選挙により選出。任期5年。3選禁止。首相の任免権、国民議会の解散権、緊急時における非常大権、重要問題についての国民投票の施行権などをもち、軍の最高司令官でもある。
議 会	上院と下院（国民議会）。大統領の弾劾裁判権がない。

⑮ 大統領と首相が併存していること。

内 閣	首相は大統領が任命。国民議会に対して責任を負い、議会は不信任決議ができる。
司 法	大統領は司法高等会議の補佐を受ける。同会議は裁判官の人事、懲戒を担当。政治高等法院は議員で構成され、大統領の反逆罪などを取り扱う。

解説 半大統領制　議院内閣制の枠組みをとりながら、大統領に大きな権能を認めるイギリス型議院内閣制とアメリカ型大統領制の複合型であり、「半大統領制」ともよばれる。国民の直接選挙によって選出される大統領が主として外交を、大統領に任命され、議会に対して責任を負う首相が内政を担当する。

20 倫政18

5 ドイツの政治機構（議院内閣制）〜象徴的な大統領制

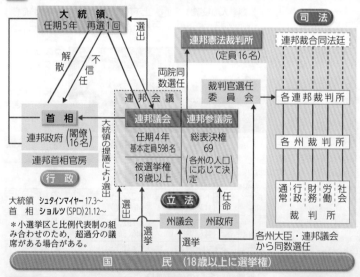

大統領　シュタインマイヤー 17.3〜
首　相　ショルツ (SPD) 21.12〜
＊小選挙区と比例代表制の組み合わせのため、超過分の議席がある場合がある。

↑ 国会議事堂（ベルリン）　戦前のものを改修しボンから移した。

↑ ショルツ首相

○連邦議会の議席数

社会民主党	206
キリスト教民主・社会同盟	197
同盟90／緑の党	118
自由民主党	92
ドイツのための選択肢	78
左翼党	39
合計（無所属6）	736

（2022年11月末現在）

憲 法	**ドイツ連邦共和国基本法**(1949年公布)。旧西ドイツ憲法が、1990年の統一後も改正されつつ存続。
元 首	**大統領** 連邦会議により選出。任期5年。3選禁止。**行政権は内閣の所管。** 大統領の命令、処分などは首相または所管の大臣の副署を必要とする（大統領の権限が形式的なことの一例）。
議 会	連邦議会と連邦参議院。

内 閣	行政権は内閣の所管。首相は大統領の提議に基づき、連邦議会で選出。
司 法	**連邦裁判所**を頂点とし、大統領などからの申し立てを受けて法律の合憲性審査を行う。

解説 象徴的な大統領　大統領が国家元首として位置づけられているが、その権能は儀礼的・形式的なものに限定されている。実質的には議会が選出する首相が行政権を行使しており、政治体制としては議院内閣制に分類される。

⑮
倫政18

公共の扉

2005年の総選挙で、首相となったメルケル氏はドイツ初の女性首相。また、東ドイツ出身としても統一後初となる。大学時代は物理学を専攻。博士号を取得するなど科学者の一面をもつ。

⑥ ロシアの政治機構(大統領制)〜強力な大統領の権限

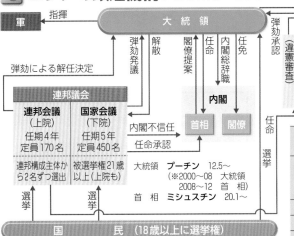

○国家会議の議席数　◑ プーチン大統領

統一ロシア	323
共産党	57
公正ロシア	28
自由民主党	23
「新しい人々」	15
諸派	2
合計(無所属2)	450

(2023年9月末現在)

憲 法	ソ連崩壊後の1993年施行。強力な大統領権限，二院制，連邦共和制が特色。
元 首	大統領　直接選挙により選出。任期6年。3選禁止。首相任免権，下院解散権，軍の指揮権など強力な権限。仏と似た半大統領制。
議 会	上院(連邦会議)と下院(国家会議)。
内 閣	首相は大統領が任命。大統領に閣僚の任免権あり。
司 法	憲法裁判所(法令の合憲性審査，憲法解釈)を頂点とし，最高裁判所(民事・刑事・行政など)，最高仲裁裁判所(経済など)などから構成される。

解説 **強力な大統領の権限**　ソ連崩壊後，1993年に採択された憲法は，共和制をとる民主主義的な連邦制や三権分立などを規定している。大統領の任期6年や3選禁止などは，アメリカ大統領制と近いが，大統領の権限がより強い点に特色がある。

2020年の憲法改正により，大統領の任期を2期に制限するものの，現職の大統領については過去または現在の任期を算入しないこととした。

⑦ 中華人民共和国の政治機構(権力集中制 ・民主集中制)

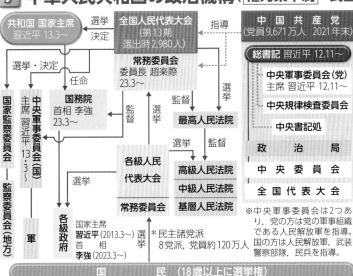

◑ 全国人民代表大会

◑ 習近平国家主席

◑ 李強首相

※中央軍事委員会は2つあり，党の方は党の軍事組織である人民解放軍を指導。国の方は人民解放軍，武装警察部隊，民兵を指導。

憲 法	1982年(鄧小平の指導体制下)制定。国家機構と党との分離(75年憲法では共産党の指導性が前面に出ていた)。
元 首	共和国主席(国家主席)　全国人民代表大会で選出される。任期5年。実質的権限は小さい。＊2018年の憲法改正により，任期「2期10年」までとする規制を撤廃。
議 会	全国人民代表大会(全人代)　国家権力の最高機関で，すべての権力が集中する(一院制)。13 15 20 立法権を有すること。全国人民代表大会常務委員会　全人代の常設機関。憲法・法律の解釈などの権限をもつ。

内 閣	国務院　国務院総理(首相)は，国家主席の指名に基づき，全人代が決定し，国家主席により任命される。
政 党	共産党が中心。共産党の指導性が憲法序章でうたわれている。総書記が最高実力者。
司 法	人民法院が国家の裁判機関，最高機関は**最高人民法院**。
軍 事	軍の統率権は国家中央軍事委員会にあるが，事実上，党中央軍事委員会に実権。

解説 **改革・開放路線の行方は？**　改革・開放路線による経済・思想の自由化や貧富の差の拡大と事実上の共産党の一党独裁体制を今後どう調和させていくかが注目される。

○その他の政治体制

倫政17 20

開発独裁…アジアやラテンアメリカにおいて，経済開発を目的に国民の政治参加を制限する独裁体制。福祉や自由などの政策は後回しにして，工業・資源開発・土木・軍事を優先し，国力の底上げを図る。1960年代以降，韓国(朴正煕政権)やフィリピン(マルコス政権)，インドネシア(スハルト政権)，リビア(カダフィ政権)などにみられた。

イスラム原理主義…イスラム諸国において，西欧化を否定・批判し，イスラム法の厳格な実践を通してイスラム社会を正そうとする運動。

↑ 朴正煕
(在：1963〜79)

↑ マルコス
(在：1965〜85)

↑ スハルト
(在：1968〜98)

公共の扉

SIDE STORY　プーチン大統領は，11歳の頃より柔道を始め，市の大会で優勝するほどの腕前。嘉納治五郎，山下泰裕，姿三四郎を尊敬していると記しており，『柔道は哲学だ』と語っている。得意技は払い腰。

1 日本国憲法の成立

（法の支配）

課題を考える

日本国憲法の制定過程を確認することで，憲法「改正」の主張の一端が理解できる。また，明治憲法と現憲法の違いも確認しよう。

政治

1 明治憲法から日本国憲法へ

専制政府樹立	1868	五箇条の誓文(明治維新)
自由民権運動	74	民撰議院設立の建白書(国会開設を要求) ＝**自由民権運動の開始**
	81	国会開設の詔→10年後の国会開設を約束
明治法体制確立	88	枢密院設置(天皇の諮問機関)
	89	**大日本帝国憲法発布**(伊藤博文ら起草)
	90	第1回帝国議会　民党の抵抗
	94	日清戦争(〜95)　国権主義の台頭
	1904	日露戦争(〜05)
	10	韓国併合　大逆事件(社会主義運動弾圧)
大正デモクラシー	12	美濃部達吉，天皇機関説発表 **天皇機関説** 統治権は国家が有し，天皇は最高機関にすぎず，議会は内閣を通じて天皇の意思を拘束できる。 第1次護憲運動(〜13)
	16	吉野作造，民本主義提唱 **民本主義** 主権の所在は問わずに，できる限り国民の意思を政治に反映させること。
	18	原敬内閣成立(本格的政党内閣)
	24	第2次護憲運動→護憲三派内閣成立
	25	**治安維持法公布**(天皇主権の国家体制の変革や社会主義思想を目的とする結社や運動の取り締まり) **普通選挙法公布**(25歳以上のすべての男性に選挙権が与えられた)
ファシズム体制	30	ロンドン海軍軍縮条約調印 →統帥権干犯問題起こる(軍の圧力強まる) **統帥権干犯問題** 海軍の承認なしに行われたロンドン海軍軍縮条約調印が，天皇の統帥権を犯すものとして浜口雄幸内閣が攻撃された事件。
	31	満州事変(15年戦争の開始)
	32	5.15事件→犬養首相暗殺(政党政治の終焉)
	35	天皇機関説事件
	36	2.26事件
	37	日中戦争勃発
	41	太平洋戦争開始
日本国憲法の成立	45	7.26 連合国，**ポツダム宣言**を発表(→3) 28 鈴木首相，ポツダム宣言の黙殺を表明 8.6 広島に原爆投下，8.9長崎に原爆投下 14 日本政府ポツダム宣言を受諾 15 天皇による「終戦の詔勅」のラジオ放送 9.27 天皇，マッカーサーを訪問 10.11 マッカーサー，政府に憲法改正を示唆 13 政府，**憲法問題調査委員会**の設置決定 (委員長は松本烝治国務大臣) 12.26 憲法研究会，「憲法草案要項」発表
	46	1.1 **天皇の人間宣言** 2.1 毎日新聞が「**松本案**」をスクープ 3 マッカーサー，GHQ民政局に3原則に基づく憲法草案作成を指示(→4) 8 政府，GHQに「**松本案**」を提出(→5) 13 GHQ，「松本案」を拒否し，「**GHQ案(マッカーサー草案)**」を政府に提出(→5) 22 政府，「GHQ案」受け入れを閣議決定 3.6 政府，「**憲法改正草案要綱**」を発表(→5) 4.10 衆議院議員総選挙(男女平等の選挙権) 6.20 第90回帝国議会に憲法改正案提出 10.7 帝国議会，憲法改正案を修正可決 11.3 **日本国憲法公布**(施行1947年5月3日)

倫政14

倫政13

2 明治憲法下の政治機構

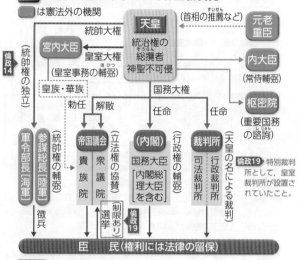

■ は憲法外の機関

倫政14

倫政19

倫政19

解説 **天皇大権** 明治憲法は，外見上は**立憲主義**(→P.93 3)を採用しながらも，天皇の絶対的権力を基礎づけるものでしかなかった(**外見的立憲主義**)。

3 ポツダム宣言(要約) [署 名 1945.7.26 / 日本受諾 1945.8.14]

7[日本の占領] 連合国が指定する日本国領域内の諸地点は占領される。

8[領土の制限] 日本国の主権は本州・北海道・九州・四国および決定される諸小島に局限される。

9[軍隊の武装解除] 日本国の軍隊は完全に武装を解除される。

10[戦争犯罪人の処罰と民主主義の復活強化] 戦争犯罪人に対しては厳重な処罰が加えられる。日本国政府は日本国民の間における民主主義的傾向の復活強化に対する一切の障碍を除去する。

13[無条件降伏の要求] 日本国政府が直ちに全日本国軍隊の無条件降伏を宣言することを要求する。

解説 **最後までこだわった「国体の護持」** ポツダム宣言は，日本に対して無条件降伏を勧告した文書で，降伏後の占領や民主化政策も予告している。日本政府は，当初この宣言を黙殺し，この間に広島・長崎への原爆投下やソ連の参戦と戦争の惨禍はさらに拡大した。結局政府は，軍部などの反対を押し切って，8月9日受諾を決定したが，それはあくまでも「**国体の護持**」，つまり「**天皇主権の維持**」を条件とした受諾であった。国民に敗戦を知らせた8月15日の天皇の「終戦の詔勅」にも「国体は護持された」との内容が含まれている。

4 マッカーサー3原則

①天皇は国の最上位にある。
②国権の発動たる戦争は廃止する。
③日本の封建制度は廃止される。

解説 **マッカーサーの決断** 毎日新聞のスクープにより，松本案の内容が保守的であることを知ったマッカーサーは，日本政府には民主的憲法の制定能力がないと判断し，GHQ民政局に憲法草案の作成を命じた。草案作成のために示した3つの原則がこれである。

SIDE STORY ダグラス・マッカーサーは1951年「アメリカがもう40代なのに対して日本は12歳の少年，日本ならば理想を実現する余地はまだある」と民主主義の成熟度について述べた。

5 憲法改正案の変遷

	①明治憲法	②松本案 (46.2.8)	③GHQ案 (46.2.13)	④政府憲法改正案 (46.3.6)
天 皇	第3条　天皇ハ**神聖**ニシテ侵スヘカラス	第3条　天皇ハ**至尊**ニシテ侵スヘカラス　松本烝治	第1条　皇帝ハ国家ノ**象徴**ニシテ又人民ノ統一ノ象徴タルヘシ彼ハ其ノ地位ヲ人民ノ主権意思ヨリ承ケ之ヲ他ノ如何ナル源泉ヨリモ承ケス	第1　天皇ハ日本国民至高ノ総意ニ基キ日本国及其ノ国統合ノ象徴タルベキコト
軍	第11条　天皇ハ**陸海軍**ヲ統帥ス	第11条　天皇ハ**軍**ヲ統帥ス	第8条　国民ノ一主権トシテノ戦争ハ之ヲ廃止ス……	第9　国ノ主権ノ発動トシテ行フ戦争及武力ニ依ル威嚇又ハ武力ノ行使ヲ……永久ニ之ヲ抛棄スルコト
権 利	法律の留保あり	公益・公安のために必要な場合には法律によって権利が制限される場合あり	第12条　日本国ノ封建制度ハ終止スヘシ一切ノ日本人ハ其ノ人類タルコトニ依リ個人トシテ尊敬セラルヘシ…	第12　凡テ国民ノ個性ハ之ヲ尊重シ其ノ生命，自由及幸福希求ニ対スル権利ニ付テハ…最大ノ考慮ヲ払フベキコト

解説　GHQ（連合国軍総司令部）主導で　国体は護持できたという認識でポツダム宣言を受諾した日本政府に対して，占領開始後，GHQから憲法改正が示唆された。政府は憲法問題調査委員会を設置して改正作業に着手するが，委員会案（②松本案）は，あくまでも天皇主権の国体護持を目的とするものであった。これに対してマッカーサーは，日本政府には民主的憲法の作成能力がないと判断し，独自の憲法草案（③GHQ案＝マッカーサー草案）の作成に乗り出した。松本案を拒否された日本政府は，このGHQ案を基に憲法改正草案（④）を作成し，これを口語体に直した改正草案が帝国議会での審議を経て，日本国憲法となった。 倫政17

6 日本国憲法と大日本帝国憲法の比較

比較事項	日本国憲法　公布1946（昭和21）年11月3日（◐P.346）施行1947（昭和22）年　5月3日	大日本帝国憲法　発布1889（明治22）年　2月11日（◐P.354）施行1890（明治23）年11月29日
模範とした外国憲法	主としてアメリカ合衆国憲法	プロイセン（ドイツ帝国）憲法
形式上の比較	**民定憲法**（国民が議会等を通じて制定）倫政17　**硬性憲法**（一般法とは異なる厳格な改正手続きで改正される），成文憲法	**欽定憲法**（君主＝天皇が制定）　硬性憲法，成文憲法
主権の所在	**国民主権**	**天皇主権**
天皇の地位	**日本国および日本国民統合の象徴**	**神聖不可侵の存在，国家元首**
天皇の権限	**国事行為のみ**（内閣の助言と承認が必要）	**統治権の総攬者**，緊急勅令，戒厳の宣告権
戦争と軍隊	徹底した**平和主義**　**戦争放棄，戦力の不保持，国の交戦権否認**	天皇の陸海軍**統帥権**　臣民の兵役の義務
国民の権利	**永久不可侵の権利**として規定　平等権，自由権，**社会権**を規定	**「臣民の権利」**（臣民＝君主（天皇）に仕える者）09　法律により臣民の権利を制限できること。　**「法律の留保」**をともなう。自由権のみ規定
国会	**国権の最高機関，唯一の立法機関**　衆議院と参議院（衆議院の優越あり）　衆議院には解散があるが，参議院にはない　国政調査権をもつ　裁判官に対する弾劾裁判所の設置	帝国議会は天皇の**協賛**機関 倫政14　衆議院と貴族院（貴族院は民選ではない，両院対等）　衆議院には解散があるが，貴族院にはない　国政調査権をもたない　弾劾裁判所なし 倫政19
内閣	行政権の行使　**国会に対し，連帯して責任を負う**　内閣総理大臣は国会で指名	内閣の規定はない，国務大臣は天皇を**輔弼**する　**天皇に対して責任を負う**　内閣総理大臣，その他の国務大臣は天皇が任命 倫政14
裁判所	司法権の行使，裁判官の独立　特別裁判所の廃止，*違憲法令審査権をもつ　最高裁判所裁判官の国民審査	**天皇の名において裁判**を行う　特別裁判所が存在，違憲法令審査権は実質的にない 09　規定なし
地方自治	地方自治の尊重	規定なし
改正	両議院で総議員の3分の2以上の賛成　→国会が発議→国民投票で過半数の賛成　→天皇が国民の名で公布	**天皇の発議**　→両議院で総議員の3分の2以上が出席しその3分の2以上の賛成
その他	憲法の最高法規性／基本的人権の尊重／公務員の憲法尊重擁護の義務	

*違憲立法審査権，違憲審査権と表記される場合もある。

総攬者…一手ににぎって掌握する人
統帥権…陸海軍大臣の輔弼の範囲外とされ，議会や内閣も関与できず（統帥権の独立），このことが後に軍部独裁を招く一因となった。
協賛…帝国議会が法律の制定等に関して同意すること。

輔弼…国務大臣が天皇の国務上の行為に対して助言すること。
法律の留保…法律で人権を自由に制限できるということ。明治憲法下では，人権は「生まれながらの権利」ではなく，天皇が「恩恵」として国民に与えるものであった。

　用語Check　〔◐P.366〕　**国体，ポツダム宣言，日本国憲法，大日本帝国憲法（明治憲法）**

課題を考える

国民主権と天皇制の関係を整理してみよう。また、国民主権の考えは、どのように具体化されているだろうか。

1 天皇の地位の変化 ― 絶対天皇制から象徴天皇制へ

大日本帝国憲法

天皇ハ神聖ニシテ侵スヘカラス

日本国憲法

倫政19 天皇は、日本国の象徴であり日本国民統合の象徴であつて、この地位は、主権の存する日本国民の総意に基く。

- 不可侵性 / 神格 → 天皇 / 主権 / 統治権 × → 憲法改正により廃止不能
- 神格否定 → 総意 / 主権 / 天皇 / 象徴 → 国事行為のみ / 国民 / 憲法改正により廃止できる

A 天皇に対する国民の意識

（1956年9月雑誌「知性」調査）

- 戦前にもっていた考え：天皇は神あるいは普通の人間以上の存在 84% ／ 16%
- 戦後もつようになった考え：19% ／ 普通の人間 81%

（『図説戦後世論史第2版』NHKブックス）

解説 **主権は国民に** 旧憲法における天皇は神聖不可侵であり絶大な権力をもっていた。しかし、新憲法は、主権は国民にあると宣言した。そして天皇は主権者である国民の総意に基づく「象徴」とされる。

2 皇位継承

倫政14 皇位は世襲（憲法第2条）で、男系男子に継承される（皇室典範第1条）こと。

A 皇室典範第2条による皇位継承順位

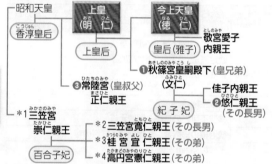

- 昭和天皇 ― 香淳皇后
- 上皇（明仁）― 上皇后
- 今上天皇（徳仁）― 皇后（雅子）
- 敬宮愛子内親王
- ❶秋篠宮皇嗣殿下（皇兄弟）（文仁）― 紀子妃
- 佳子内親王
- ❷悠仁親王（その長男）
- ❸常陸宮（皇叔父）正仁親王
- ＊1三笠宮 崇仁親王 ― 百合子妃
- ＊2三笠宮寛仁親王（その長男）
- ＊3桂宮宜仁親王（その弟）
- ＊4高円宮憲仁親王（その弟）

注：数字は継承順位。2023年6月現在
＊1 2016.10.27薨去、＊2 2012.6.6薨去、＊3 2014.6.8薨去、＊4 2002.11.21薨去

解説 **女性天皇誕生の可能性は？** 皇室典範は、皇位継承者を父方に天皇の血筋を引く「男系男子」に限定している。新しい天皇陛下の即位を受け、皇位継承資格者は秋篠宮さま、悠仁さま、常陸宮さまの3人だけとなった。

皇位継承を巡っては、2001年12月の愛子さま誕生を機に女性天皇の議論が浮上。小泉政権下の05年には、首相の私的諮問機関（「皇室典範に関する有識者会議」）が、「少子化の進展は皇室とも無縁ではなく、男系継承の維持は極めて困難になった」と結論付け、女性天皇や女性皇族の子孫である女系天皇を容認する報告書をまとめた。しかし翌年、秋篠宮家に男子（悠仁さま）が誕生したのを機に、議論が立ち消えになった経緯がある。

皇室典範特例法（2017年6月成立）の付帯決議は、皇位継承の安定化を「先延ばしできない」と指摘。政府に安定的な皇位継承を確保するための諸課題を検討し、国会に報告することを求めた。皇位の安定継承へ、女性天皇・女系天皇も含め、皇室制度の在り方についての議論の動向が注目される。

3 天皇の国事行為

A 憲法第3・4条

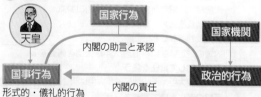

- 天皇 ← 国家行為
- 国家機関
- 内閣の助言と承認
- 国事行為 ← 政治的行為
- 形式的・儀礼的行為
- 内閣の責任

倫政14 天皇は国政に関する権能を有しないため、たとえ不適格な人物であっても、天皇が任命を拒否することはできない。

第6条	内閣総理大臣の任命（←国会の指名） 最高裁判所長官の任命（←内閣の指名）
第7条	①憲法改正、法律、政令、条約の公布 ②国会の召集 ③衆議院の解散 ④総選挙の施行の公示 ⑤国務大臣その他の官吏の任免の認証 ⑥恩赦の認証 ⑦栄典の授与 ⑧外交文書の認証 倫政19 ⑨外国の大使・公使の接受 ⑩儀式を行う

内閣の助言と承認による ⑱

倫政17 **第3条[天皇の国事行為と内閣の助言・承認及び責任]** 天皇の国事に関するすべての行為には、内閣の助言と承認を必要とし、内閣が、その責任を負ふ。

第4条[天皇の権能の限界と権能行使の委任] 天皇は、この憲法の定める国事に関する行為のみを行ひ、国政に関する権能を有しない。
② 天皇は、法律の定めるところにより、その国事に関する行為を委任することができる。

← **親任式** 天皇が行う内閣総理大臣および最高裁判所長官の任命式をいう。憲法第6条に基づいて天皇が行う内閣総理大臣および最高裁判所長官の任命式をいう。

解説 **象徴天皇制** 天皇は政治的権限をもたず、内閣の助言と承認に基づいて形式的・儀礼的な行為である国事行為のみを行う。また国事行為には内閣が責任を負う。これが憲法の定める**象徴天皇制**である。なお第7条の「儀式」とは、新年祝賀の儀、首相の親任式、文化勲章伝達式などである。

SIDE STORY 天皇は1日24時間いつでも象徴ではない。天皇といえども私的な時間はあり、国事行為を行っている時が、象徴であると考えられている。

4 国民主権

民主主義の重要な原理としてまず国民主権があげられますが，このことについて憲法はその前文において「そもそも国政は，国民の厳粛（げんしゅく）な信託によるものであって，その権威は国民に由来し，その権力は国民の代表者がこれを行使し，その福利は国民がこれを享受する」と述べています。これはリンカーンがゲティスバーグにおいて演説した「人民の，人民による，人民のための政治(Government of the people, by the people, for the people)」とその意味を同じくするものであり，民主主義の原理を述べたものです。国民が主権者である以上，政治の権力を動かすのも，政府をつくるのもすべて国民の考えに基づくことを要し，国民が直接，間接に政治を批判し，政治に参加する仕組みが民主政治です。

（『やさしい選挙のはなし』自治総合センター）

← GHQが作成した新憲法啓発のためのポスター（部分）

解説 **国民主権とは？** 国民主権は英語で「popular（人民の，一般大衆の）sovereignty（主権，統治権）」で表される。国民が権力の中心であり，国民の意思によって政府は運営されるというものである。日本が新憲法において，平和主義や基本的人権の尊重とともに3原則の一つとして，天皇主権に代わって確立した思想である。

FOCUS 女性宮家創設問題

↑「歌会始の儀」に出席された女性皇族方

2017年6月，天皇の退位を実現する特例法が成立。付帯決議には「女性宮家の創設を検討すること」が盛り込まれた。「女性宮家」とは，皇族の女性が成人もしくは結婚後，独立して営む宮家のこと。皇室典範は女性皇族が結婚した場合，皇族の身分を離れると規定しており，現在，女性宮家は存在しない。

天皇と皇族で構成される皇室は17人で（2023年6月現在），うち12人が女性。未婚の女性皇族は5人だが，今後結婚のたびに皇族数が減ることになる。また，男性皇族の減少も著しく，将来の皇室活動に支障をきたすおそれがある。そのため，女性宮家の創設が検討課題として浮上してきたのである。

なお女性天皇は歴史上8人いたが，いずれも男性天皇の子孫（男系天皇）で，女性天皇・女性皇族の子孫である女系天皇は過去にいない。女性宮家への反対論は，この女系天皇誕生への道を開く可能性がある点を根拠としている。

政治

5 国民主権の行使

注：（　）の数字は憲法の条数。

国民

① 選挙
- 国会議員（第43条）
- 自治体の首長・議員（第93条）

④ 世論
- 集会，デモ行進，ビラまき，署名運動，マスコミへの投書など（第21条）

倫政14

② 国民投票
- 憲法改正の時（第96条）

⑤ 国民審査
- 最高裁裁判官の審査（第79条）

③ 住民投票
- 特別法の制定（第95条）

⑦ 請願権（第16条）

⑥ 地方自治における直接請求権

解説 **参政権・請願権** 選挙権だけでなく，被選挙権や②③⑤の権利を参政権という。また法規の制定などを請願する権利も主権行使の重要な手段である。

用語Check　〔→P.366〕　国民主権，象徴天皇制，国事行為

倫政17

第11条[基本的人権の享有] 国民は，すべての基本的人権の享有を妨げられない。この憲法が国民に保障する基本的人権は，**侵すことのできない永久の権利**として，現在及び将来の国民に与へられる。

第12条[自由・権利の保持の責任と濫用の禁止] この憲法が国民に保障する自由及び権利は，国民の不断の努力によつて，これを保持しなければならない。又，国民は，これを濫用してはならないのであつて，**常に公共の福祉のためにこれを利用する責任を負ふ。**

第13条[個人の尊重] すべて国民は，個人として尊重される。生命，自由及び幸福追求に対する国民の権利については，公共の福祉に反しない限り，立法その他の国政の上で，最大の尊重を必要とする。

第97条[基本的人権の本質] ……基本的人権は，**人類の多年にわたる自由獲得の努力の成果であつて，これらの権利は，過去幾多の試錬に堪へ，現在及び将来の国民に対し，侵すことのできない永久の権利**として信託されたものである。

○関連条文[アメリカ合衆国独立宣言] われわれは，自明の真理として，すべての人は平等に造られ，造物主によつて，一定の奪いがたい天賦の権利を付与され，そのなかに**生命，自由および幸福の追求**の含まれることを信ずる。

1 日本国憲法の規定する基本的人権と義務

分 類	内 容	条 文		判 例(参照ページ)
平 等 権	・すべての国民が権利において平等であるとする**基本的人権の前提**ともなる権利。	●法の下の平等 (14条) ●両性の本質的平等 (24条)		尊属殺人事件⑭ (→P.106 **3**) 日立訴訟⑭ (→P.109 **9**)
自由権的基本権 倫政18	・国家権力といえども侵すことのできない個人の権利。**18世紀的人権**ともいわれ，**夜警国家**の理念に立っている。 倫政16 ・**「国家からの自由」**とよばれる。 ・18世紀の市民革命(アメリカ独立革命・フランス革命)によってそれまでの封建勢力を倒した市民が獲得したもので，**「精神の自由」「人身の自由」「経済の自由」**の3つに大別できる(ただし財産権については，19世紀後半以降の資本主義の発達に伴う財産の不平等を是正するため**「公共の福祉」**の概念による制限を設けている)。	精神の自由 倫政23	●思想・良心の自由 (19条) ●信教の自由 (20条) ●学問の自由 (23条) ●集会・結社・表現の自由 (21条①) ●通信の秘密 (21条②)	三菱樹脂訴訟⑲ (→P.110 **1**) 津地鎮祭訴訟⑳ (→P.110 **2**) 愛媛玉ぐし料訴訟⑳ (→P.110 **3**) 空知太神社訴訟⑳ (→P.110 **4**) 孔子廟違憲訴訟⑳ (→P.110 **4**)
		人身の自由	●奴隷的拘束・苦役からの自由 (18条) ●法定手続の保障 (31条) ●不法な逮捕・抑留・拘禁・侵入・捜索・押収に対する保障 (33・34・35条) ●拷問，残虐刑の禁止 (36条) ●自己強要の禁止 (38条) ●刑事被告人の権利 (37・38・39条)	東大ポポロ事件㉓ (→P.119 **9**) 東京都公安条例事件㉑ チャタレイ事件㉑ (→P.111 **6**)
		経済の自由	●居住・移転・職業選択の自由 (22条①) ●外国移住・国籍離脱の自由 (22条②) ●財産権の不可侵 (29条)	薬事法距離制限違憲訴訟㉒ (→P.113 **5**) 共有林分割制限違憲訴訟㉙ (→P.144 **7**)
社会権的基本権 倫政18	・人間らしい生活の保障を国家に要求する権利。**20世紀的人権**ともいわれ，**福祉国家**の理念に立っている。 倫政16 ・**「国家による自由」**とよばれる。		●生存権 (25条) ●教育を受ける権利 (26条) ●勤労の権利 (27条) ●勤労者の団結権，団体交渉権，団体行動権 (28条)	朝日訴訟㉕ (→P.114 **1**) 堀木訴訟㉕ (→P.114 **2**) 牧野訴訟㉕ (→P.114 **2**) 家永教科書訴訟㉖ (→P.115 **4**) 旭川学力テスト訴訟㉖ (→P.115 **4**)
参 政 権	・国民が政治に参加する権利。基本的人権の保障を実質的に確保するための権利。 ・**「国家への自由」**とよばれる。 倫政16	間接	●選挙権 (15条)	衆議院定数訴訟⑭⑮ (→P.106 **2**) 戸別訪問違憲訴訟㉑ 在外選挙権制限訴訟⑮ (→P.144 **7**)
		倫政20 直接	●公務員選定罷免権 (15条) ●被選挙権 (43・44条) ●最高裁判所裁判官国民審査権 (79条) ●憲法改正国民投票権 (96条) ●特別法制定同意権 (95条)	
請 求 権 倫政18	・個人の利益確保のために，国家の積極的な行為を請求する権利。		●請願権 (16条) ●国家賠償請求権(国家賠償法) (17条) ●裁判請求権 (32・37条) ●刑事補償請求権(刑事補償法) (40条)	多摩川水害訴訟⑰ (→P.115 **6**)
新しい人権	・憲法に明文化されていないが，社会状況の変化によって主張されるようになってきた人権。		●幸福追求権 ●環境権 (13条) ●知る権利 ●プライバシー権 (13条) ●自己決定権 (13条)	大阪空港公害訴訟⑬ (→P.117 **2**) 鞆の浦景観訴訟⑬ (→P.117 **2**) 外務省秘密電文漏洩事件⑬ (→P.117 **2**) 「宴のあと」事件⑬ (→P.117 **2**) 「エホバの証人」訴訟⑬
義 務	・国家の構成員として，国民が果たすべき務め。	一般的義務	●人権保持責任，濫用の禁止 (12条) ●公務員の憲法尊重義務 (99条)	
		基本的義務	●子どもに普通教育を受けさせる義務 (26条) ●勤労の義務(27条) ●納税の義務(30条) **国民の三大義務**	注：判例の○数字は関連憲法条文

SIDE STORY 通説では，天皇や皇族も「国民」としての人権は保障されている。ただし，皇位の世襲制や職務の特殊性から，必要最小限度の特例が認められる。

2 個人の尊重

「**個人の尊重**」とは人権の基本原理である。それは次のような根拠に基づく。①個人よりも全体の優位を主張する全体主義を否定し，個人こそかけがえのない究極の価値であるとすること。②個人の思想・信仰に基づく人格的・精神的行為を尊重すること。③病気で人格的・自律的に生きることができない人でも人間としての個人の存在そのものを尊重すること。

（戸波江二編『やさしい憲法の話』法学書院による）

▶「**東京レインボープライド2017**」の様子　LGBTなどの性的少数者とその支援者約5,000人が渋谷の街をパレードしながら「生と性の多様性」を訴えた。

3 公共の福祉

強い者の論理は「自分は力があるから，1人でやっていける。邪魔ものは叩きつぶしてやる」というものです。「でも，それはさせない。**あなたは弱い者になる可能性もあるのだから，共存共栄していくために一定の制約をしましょう**」というのを，内在的制約，あるいは**公共の福祉**といいます。フランス人権宣言は「人権とは，他人を害しない，すべてをなし得る権利である」といっています。人権を制約できる根拠は「人を害してはいけない」という，その1点だけです。要するに**人権と人権が衝突するときに調整しよう**という，これが公共の福祉なのです。

（加藤晋介『入門憲法の読み方』日本実業出版社）

Ⓐ 人権が制約される例

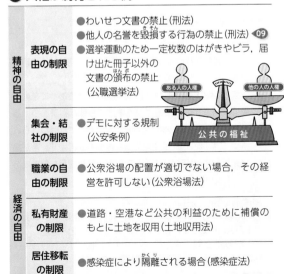

精神の自由	表現の自由の制限	●わいせつ文書の禁止（刑法） ●他人の名誉を毀損する行為の禁止（刑法）**09** ●選挙運動のため一定枚数のはがきやビラ，届け出た冊子以外の文書の頒布の禁止（公職選挙法）
	集会・結社の制限	●デモに対する規制（公安条例）
経済の自由	職業の自由の制限	●公衆浴場の配置が適切でない場合，その経営を許可しない（公衆浴場法）
	私有財産の制限	●道路・空港など公共の利益のために補償のもとに土地を収用（土地収用法）
	居住移転の制限	●感染症により隔離される場合（感染症法）

解説　人権の制約　「公共の福祉」は人権を制約する原理である。日本国憲法では，①第12条，第13条で人権の一般原則として「公共の福祉」という制約を定めている。②第22条と第29条で経済活動の自由を制約する原理として「公共の福祉」を定めている。（→P.113 ⑥）

この世に存在するすべての人に人権があり，それは等しく尊重されなければならない。

近年注目されている「**LGBTQ**」（→P.28）は，長い歴史の中で（特に「異性間の愛が正常で同性間の愛は異常である」とする多くの宗教思想のもとで），さまざまな差別や迫害を受けてきた。しかし，2006年にカナダのモントリオールで開催されたLGBT人権国際会議において採択された「モントリオール宣言」以降，LGBTQも多様な生き方の一つとして社会が受容すべきであるという人権意識が世界的に広がっていった。

日本でもLGBTQは人口の約10％弱いると考えられている。近年，芸術家，芸能人，スポーツ選手などの著名人が自らの同性愛をカミングアウト（告白）することも増え，その存在が社会的に認知され始めてきた。しかし，生物学的性別（sex）と性の自己意識（gender identity）とが一致しない**性同一性障がい**などは本人が自覚できないことも多く，心身ともにさまざまな不安や苦しみを生じさせる。性の問題は，個人のプライバシーの最も深い部分に関係しているだけに，家族はじめ周囲の十分な共感や理解が不可欠となる。

4 二重の基準の考え方
（double standard）

日本国憲法の保障する経済的自由権は，自由放任の経済をよしとする，いわゆる自由国家ではなく，経済的弱者を保護するいわゆる**社会国家（福祉国家）**を前提としている。それは，生存権が保障され（第25条），経済的自由権に「公共の福祉」による規制が明示されている（第22条1項・第29条2項）ことからも明らかである。

したがって，**経済的自由の規制の合憲性については，精神的自由のように厳格な基準によってではなく，より緩やかな基準によって審査されるべきである**，ということになる。

判例においても，最高裁判所は，**薬事法距離制限違憲訴訟**の判決のなかで，「職業の自由は，それ以外の憲法の保障する自由，殊にいわゆる精神的自由に比較して，公権力による規制の要請がつよく，憲法第22条1項が『公共の福祉に反しない限り』という留保のもとに職業選択の自由を認めたのも，特にこの点を強調する趣旨に出たものと考えられる」と二重の基準の考え方を明らかにしている。

二重の基準	精神活動の自由……厳しい違憲審査
	経済活動の自由……緩やかな違憲審査

（初宿正典ほか『目で見る憲法』有斐閣，野中俊彦ほか『憲法Ⅰ』有斐閣などによる）

解説　すべての人の人権確保のために　個人の人権の尊重は当然，他人の人権の尊重を前提にしており，そこにはおのずから一定の制約が生ずる。この制約の原理が「公共の福祉」であり，明治憲法下のような，「法律の留保」による無制限な人権制約とは全く異なる。こうした「公共の福祉」に対する理解から導かれる**違憲審査基準の準則**が「**二重の基準**」である。「精神活動の自由」は，国民主権に直結する自由であるので，人権体系の中でも優越的な地位にある。ゆえに厳しい違憲審査基準を使う。「経済活動の自由」の制限は経済的弱者の保護のために政策的に実施される場合が多く，国会や政府の裁量を尊重し，やや緩やかめの違憲審査基準を用いる。

憲法第14条が規定する「法の下の平等」の内容を確認し、同和問題や男女差別、民族差別について、その歴史と課題を整理してみよう。

1 「法の下の平等」の意味

法適用の平等	法内容の平等
法を執行する際に、国民を差別してはならない。	法の内容に差別があってはならない。

解説 法の適用と内容の平等 日本国憲法の定める平等原則は、国家による不平等な取り扱いを排除するということで、**法の適用の平等**だけでなく、**法の内容の平等**も含んでいる。

なお、憲法上の平等の中心は、すべての人間を法律上等しく取り扱い「機会の平等」を保障する**形式的平等**であるが、経済的弱者に国家が救いの手を差し伸べ「結果の平等」の実現を目指す**実質的平等**を実現することも国家に求められるようになってきている。

2 法の下の平等に関する主な事件訴訟

事件名	裁判で争われたこと	判　決
⑳ 尊属殺人事件 (最高裁) 1973.4.4 (→3)	刑法第200条の「尊属殺」の処罰規定は第199条の普通殺人の処罰規定より重く、法の下の平等に反する。	第一審：第200条を違憲とし第199条を適用 第二審：第200条を合憲とし尊属殺人として有罪 最高裁：第200条を違憲とし、第199条を適用
三菱樹脂訴訟 (最高裁) 1973.12.12 (→P.110①)	入社試験の際、学生運動歴を秘匿したことを理由に本採用を拒否したことは、思想・信条の自由、法の下の平等に反する。	第一審：解雇権の濫用に当たるとし、原告勝訴 第二審：原告全面勝訴 最高裁：二審判決破棄差し戻し。合憲(和解成立)
⑲ 国籍法違憲訴訟 (最高裁) 2008.6.4 (→P.144⑦)	国籍法第3条第1項が規定する日本国籍取得の要件のうち、父母の婚姻の有無を要件とすることは法の下の平等に反する。	第一審：国籍法第3条1項のうち準正要件のみを違憲無効 第二審：憲法判断をせずに、原告らの敗訴 最高裁：原告の訴えを認める。違憲判決
成年被後見人選挙権訴訟 (東京地裁) 2013.3.14	成年後見人が付くと選挙権を失うとした公職選挙法の規定は、参政権を保障した憲法に違反するとし選挙権の確認を求めた。	第一審：後見開始の審判を受けた成年被後見人について、「選挙権を有しない」と定めている公職選挙法第11条1項1号の規定は違憲と判決。
⑲ 婚外子相続差別訴訟 (最高裁) 2013.9.4 (→P.144⑦)	法律上結婚していない夫婦の間に生まれた子供の相続分を、正式な夫婦間の子供の1/2に定めた民法規定は、法の下の平等に反する。	第一審：民法の規定は合憲 第二審：一審の審判を支持(合憲) 最高裁：原告の訴えを認める。規定を違憲とし、高裁に差し戻し
議員定数不均衡訴訟 (過去何回も)	投票価値の著しい格差は法の下の平等に反し、選挙は無効。	最高裁：衆議院では過去2回の違憲判決(選挙結果は有効)(→P.155⑤)
同性婚訴訟 (札幌地裁) 2021.3.17	同性どうしの結婚が認められないのは憲法が保障する婚姻の自由、法の下の平等に反する。	第一審：同性婚を認めない民法は法の下の平等を定めた憲法14条違反。24条の違反は認めず。→原告控訴

第14条[法の下の平等、貴族制度の否認、栄典の授与]

⑮ すべて国民は、法の下に平等であって、人種、信条、性別、社会的身分又は門地により、政治的、経済的又は社会的関係において、差別されない。

② 華族その他の貴族の制度は、これを認めない。

③ 栄誉、勲章その他の栄典の授与は、いかなる特権も伴はない。栄典の授与は……一代に限り、その効力を有する。

信条…その人の信念　　門地…うまれ、家柄

3 判例 尊属殺人事件―尊属殺と法の下の平等

概要 A子(当時29歳)は、14歳の時から実父に不倫の関係を強いられ、父親との間に5人の子どもを生んだ。その後勤め先の青年と愛し合うようになり、父親に結婚したいともちかけたが、怒り狂った父親は、10日間もA子を軟禁状態にするなどしたため「父がいては自由になれない」と、泥酔中の父親を絞殺した。検察は、刑法第200条の尊属殺人罪で起訴した。

裁判の経過

第一審(宇都宮地裁)：尊属殺を規定した刑法第200条は違憲と判断。刑法第199条を適用。被告人に対し、刑を免除。

第二審(東京高裁)：尊属殺人罪の刑が死刑か無期懲役しかないのは、妥当性を欠くきらいはあるが、刑法にきちんと規定されている以上、合憲である。原判決を破棄し、懲役3年6月(限界まで減軽された)の有罪判決。

最高裁判決(1973.4.4)：刑法第200条は違憲、無効であるとし、刑法第199条を適用して、懲役2年6月・執行猶予3年を言い渡した。

最高裁判決の要旨 尊属に対する尊重報恩は社会生活上の基本的道義であるから、**尊属殺を普通殺人より重く罰すること自体は不合理ではなく、ただちに憲法に違反するとはいえない**。だが、刑法第200条の法定刑は死刑、無期懲役だけであって極端に重く、同情すべき事情がある場合でも執行猶予をつけることができない(懲役刑の場合3年以下であればつけられる)。これは合理的根拠に基づく差別とは言えず、**憲法第14条第1項に保障された「法の下の平等」に違反し無効である**。(15人中、14裁判官の賛成)

○関連条文[刑法]

第199条[殺人] 人を殺した者は、死刑又は無期若しくは3年以上の懲役に処する。注：現在は「5年以上の懲役」

第200条[尊属殺人] 削除(1995法91号)(自己又ハ配偶者ノ直系尊属ヲ殺シタル者ハ死刑又ハ無期懲役ニ処ス)

解説 親殺しは重罪？ 刑法第200条で、**普通殺人よりも尊属殺人の刑罰を重く定めたことが、法の下の平等に反するかがこの事件の争点**。最高裁判決は、重く定めること自体は合憲だが、死刑か無期という刑罰は重すぎ違憲が8名、重く定めること自体違憲が6名、合憲が1名で違憲が多数意見を占めた。

SIDE STORY 1884年の華族令により、公・侯・伯・子・男爵の5等級の華族制度が成立し、公家や旧大名家、国家に勲功があった者に授与された。1947年の日本国憲法施行により、制度そのものが消滅した。

4 部落解放の歩み

年	内　容
1871	**太政官布告第61号「解放令」**（解決のための施策伴わず）
1902	備作平民会設立（解放運動のはじまり）
22	**全国水平社**設立（戦前の解放運動の中心）
46	部落解放全国委員会結成（水平社の流れをくみ，55年には**部落解放同盟**に改組）
58	部落解放国策樹立要請全国会議が設立（部落解放の国民運動がはじまる）
65	**同和対策審議会の答申**が出される
69	**同和対策事業特別措置法**が制定される（10年間の時限立法で，79年に３年間延長）
70	部落解放同盟正常化全国連絡会議結成（76年に**全国部落解放運動連合会**と改称し，部落解放同盟から分離）
82	同対法期限切れ **地域改善対策特別措置法**制定
87	地対法期限切れ **地域改善対策特定事業財政特別措置法**制定（5年間の時限立法，92年に5年間延長）
97	地対財特法一部改正（45事業→15事業へ） **人権擁護施策推進法**施行（5年間の時限立法）
2000	**人権教育・人権啓発推進法**成立
02	地対財特法，人権擁護施策推進法失効（3月）
16	部落差別解消推進法成立

備政12（69の行）

↑ 部落解放中央総決起集会（1975年）

Ⓐ水平社宣言（抄）　〔1922年〕

吾々がエタである事を誇り得る時が来たのだ。…
水平社は，かくして生れた。人の世に熱あれ，人間に光あれ。

（水平社パンフレット『よき日の為に』）

Ⓑ同和対策審議会答申　〔1965年〕

いわゆる「同和」問題とは，日本社会の歴史的発展の過程において形成された身分的階層構造に基づく差別により日本国民の一部の集団が経済的・社会的・文化的に低位の状態におかれ，現代社会においても，なおいちじるしく基本的人権を侵害され，とくに近代社会の原理として何人にも保障されている市民的権利と自由を完全に保障されていないという，もっとも深刻にして重大な社会問題である。

（『部落問題・水平運動資料集成』三一書房）

Ⓒ人権教育・人権啓発推進法（抄）〔2000年〕

第1条　この法律は，人権の尊重の緊要性に関する認識の高まり，社会的身分，門地，人種，信条又は性別による不当な差別の発生等の人権侵害の現状その他人権の擁護に関する内外の情勢にかんがみ，人権教育及び人権啓発に関する施策の推進について，国，地方公共団体及び国民の責務を明らかにするとともに，必要な措置を定め，もって人権の擁護に資することを目的とする。

解説　**人間に光あれ**　江戸時代の身分政策*で，皮革や家畜の処理に携わった人々は「穢多（えた）」，「非人」とよばれ，社会生活のさまざまな場面で，厳しい差別を受けた。明治時代に入っても，「新平民」として戸籍に登録され，差別は続いた。これに対し，「被差別部落」の人々は**全国水平社**を結成し，自らの行動による解放を目指した。現憲法下で解放運動はさらに高まり，国も責務として同和対策事業に取り組むこととなったが，**現在でも職業，教育，結婚等の面で差別はなくなっていない。**

*被差別部落の起源は諸説あり（古代または中世とする説もある），その考証が行われている。

政治

---

5 障がい者差別に関する判例

Ⓐ **判例** 障がい者不合格取消訴訟

概要	1991年，進行性筋ジストロフィー患者の少年が，市立高校を受験。成績上位であったにもかかわらず，障がいを理由に不合格とされたとして，受験した高校の校長と市に不合格処分の取消と慰謝料を求めた。	判決要旨	**神戸地裁（1992.3.13）**　不合格処分に至った「高校の全課程履修の見通しがない」との判断には，重大な事実誤認があり，校長の裁量権を逸脱，不合格処分は違法。（障がいを理由とする入学拒否の是非が問われた初の訴訟）

解説　**障がいを理由とする入学拒否の是非**　神戸地裁は，健常者と同様，障がい者がその能力の全面的発達を追求することは憲法で認められた当然の権利とし，「少なくとも普通高校に入学できる学力があり，普通高校での教育を望む者に対し，障がいだけを理由とする入学拒否は許されない」との見解を示した。

Ⓑ **判例** ハンセン病国家賠償訴訟 16 19

概要	らい予防法（1953〜96）に基づく国立ハンセン病療養所への強制隔離政策により人権を侵害されたとして，1998年，ハンセン病患者が国に損害賠償などを求めた。	判決要旨	**熊本地裁（2001.5.11）**　遅くとも1960年以降，隔離の必要性はなく，隔離規定の違憲性は明白。法の改廃を怠った国の過失も指摘。（国は控訴せず，判決確定）

解説　**90年もの人権侵害**　ハンセン病は顔や手足などの外貌を侵すことが多く，長い間不治の病とされ，戦前から患者の強制隔離が行われた（実際は感染力が極めて弱く遺伝性もない）。戦後，特効薬が開発されたにもかかわらず，らい予防法が廃止される1996年まで強制隔離政策は続いた。2008年には，差別・隔離政策からの被害回復を目的にハンセン病問題基本法が成立した。

Ⓒ **判例** 強制不妊訴訟

概要	旧優生保護法（1948〜96）に基づき，15歳の時に知的障がいを理由に不妊手術を強制された女性が，2018年，国に賠償などを求めた。	判決要旨	**仙台地裁（2019.5.28）**　旧優生保護法は，子どもを生み育てるかどうかを決める権利（**リプロダクティブ権**）を一方的に奪い去り，個人の尊厳を踏みにじるもので**違憲**。しかし，「（被害を救済する）立法が必要不可欠であることが明白ではなかった」とし，国の賠償責任は認めず。

解説　**差別の背景 "優生思想"**　旧優生保護法のもと，遺伝性疾患や精神障がい，知的障がいのある人らへの強制不妊手術が約１万6,500件も行われていた。背景には，命の質に優劣をつけ，障がいのある人を排除する「優生思想」がある。2019年4月には，被害者への「おわび」と一時金320万円支給を盛り込んだ強制不妊救済法が成立した。

SIDE STORY　栄典の授与には特権は伴わないというのが憲法第14条第３項の規定であるが，実際には，文化勲章受章者は同時に文化功労者となり，終身年金を保障される。今日では一般に，違憲とはいえないと解されている。

6 家族関係の変化—新旧民法比較

第24条[家族生活における個人の尊厳と両性の平等] 婚姻は，両性の合意のみに基いて成立し，夫婦が同等の権利を有することを基本として，相互の協力により，維持されなければならない。

② 配偶者の選択，財産権，相続，住居の選定，離婚並びに婚姻及び家族に関するその他の事項に関しては，法律は，個人の尊厳と両性の本質的平等に立脚して，制定されなければならない。

○関連条文[民 法]

第731条[婚姻適齢] 婚姻は，18歳にならなければ，することができない。

第750条[夫婦同氏の原則] 夫婦は，婚姻の際に定めるところに従い，夫又は妻の氏を称する。

第818条[親権者] 成年に達しない子は，父母の親権に服する。

	旧民法(1898〔明治31年〕)		現 行 民 法(1947年)
特徴	・「戸主権」「家督相続」を軸とした，「家」中心の封建的上下関係		・「家」制度の廃止。家族は，平等で自由な個人の結合
結婚	・男は30歳，女は25歳まで父母の同意が必要		・成年は父母の同意の必要なし ・未成年は父母の一方の同意が必要　　(第737条) ・婚姻最低年齢は，男18歳，女16歳　　(第731条) ・女性の再婚禁止期間は，離婚の日から「6か月間」(第733条)
夫婦関係	・妻は夫の家に入る ・妻は夫と同居する義務を負う ・妻の財産は夫が管理する。妻の取引行為には，夫の同意が必要		・夫婦は夫又は妻の姓を名のる　⑳　　(第750条) ・夫婦は同居し，互いに協力する義務　　(第752条) ・財産は，夫婦それぞれに「特有財産」を認め，不明確なものは「共有財産」とする　　(第762条)
離婚	・妻の姦通は当然に離婚原因になるが夫はそれが犯罪の場合のみ		離婚請求原因(主なもの)　　(第770条) ・配偶者に不貞行為があった場合 ・配偶者の生死が3年以上不明の場合
親権	・親権は父にある		・親権は父母が共同で行う　　(第818条)
相続	・長子単独相続が原則 ・妻には相続権はないに等しい		・配偶者は常に相続権あり。配偶者以外は均分相続(妻と子供3人の場合，妻は1/2，子供は1/2×1/3=1/6ずつ)。ただし，非嫡出子は嫡出子の1/2　　(第900条)

解説 **再婚禁止期間は違憲，夫婦別姓は合憲** 2015年12月，民法733条の「女性の再婚禁止期間」の規定が法の下の平等に反するとして争われた訴訟において，最高裁は「再婚禁止期間の100日を超える部分は違憲」という判決を下した。また，同750条の「夫婦の姓」については「夫婦同姓は合憲」と判決した上で「姓についての制度のあり方は国会で論じ判断すべき」と「選択的夫婦別姓制度」を含めた議論を国会に促した。

7 民法改正(案)要綱(1996.2)

○[法制審議会(法相の諮問機関)総会]

婚姻最低年齢 ・男女とも18歳 (2022年4月改正民法施行)　**実現**

女性の再婚禁止期間・離婚の日から100日間(2016年改正民法施行)　**実現**

夫婦の姓=選択的夫婦別姓制度　倫政13
・夫婦は「同姓」か「別姓」かを選択できる
・いったん婚姻届けを提出した後は，「同姓夫婦→別姓夫婦」「別姓夫婦→同姓夫婦」という変更は認めない
・子供の姓：夫婦同姓の場合，夫婦子供は同一姓。夫婦別姓の場合，婚姻届け提出時に一方に決める

法制化に至っていないこと。

離婚請求原因
「5年以上継続して共同生活をしていないとき」を加える(破綻主義)

非嫡出子の法定相続分(→P.106)　**実現**
・嫡出子と同等とする(2013年改正民法施行)

両性の本質的平等…男性と女性とが人間として全く同じ価値をもつこと。

8 女性差別と国の施策

A 女性差別に関する判例

日産自動車定年差別訴訟(最高裁)1981.3.24	従業員の定年年齢を，男性55歳，女性50歳とする規定が，性別による差別にあたらないかが争点➡最高裁：性別による不合理な差別であり，違法・無効と判断(1981)。⑳
野村証券男女コース別人事差別訴訟(東京地裁)2002.2.20	男女を「総合職」と「一般職」に分けて採用・処遇する制度が，性別による差別にあたらないかが争点➡東京地裁：雇用における男女差別を禁じた改正男女雇用機会均等法の施行(1999)以後は違法と判断(2002)。
芝信用金庫訴訟(最高裁)2002.10.25	女性社員が，昇格や賃金の性別による差別の是正と差額賃金の支払いを要求➡最高裁：信用金庫側が男性と同じ昇格と差額賃金の支払いを認めて和解(2002)。
住友電気工業訴訟(大阪高裁)2003.12.24	女性社員が，同期・同学歴の男性社員との賃金格差に相当する損害賠償を要求➡大阪高裁：会社側が原告を昇進させ，解決金を支払うことで和解(2003)。

B 国の施策

男女雇用機会均等法(1985制定，2020最終改正)

募集，採用，昇進など，雇用に関して男女間の差別を禁止する法律。(→P.257 ④)

男女共同参画社会基本法(1999制定)

男女が対等の立場で，個人としての能力を十分に発揮し，家庭生活と仕事などの生活を両立させていく社会を目指すための法律。またその実現のための責務を政府や自治体に求めている。

解説 **実質的な男女平等を目指して** 現実の社会には，男女の賃金格差，昇進・昇格の問題，セクシャル・ハラスメント(性的いやがらせ)，ドメスティック・バイオレンス(DV，家庭内暴力)等の女性差別が見うけられる。男女の本質的平等の実現は人類の課題でもある。国連では，1979年に女性(女子)差別撤廃条約が採択され，日本でも1985年に雇用の平等を目指す男女雇用機会均等法が制定された。その後，日本では，1999年に性別に関わらず個性と能力を発揮できる社会づくりを目的に男女共同参画社会基本法が制定された。女性の参画を拡大する施策の一つとしてポジティブ・アクション(積極的改善措置，男女労働者の間に生じている差を解消するために企業が行う取組)を推進している。近年では，2015年に企業に女性の登用を促す女性活躍推進法，2018年に国政選挙などで男女の候補者数の均等化を目指す候補者男女均等法が制定された。また，配偶者や同居する交際相手による暴力や虐待を防止するためのDV防止法も制定されている(2001年制定，21年最終改正)。

⑭ 日本の女性国会議員の割合は，スウェーデンより低いこと。

⑭ 男女共同参画社会基本法では，性別による固定的な役割分担を反映した制度等が個人の社会活動における選択に及ぼす影響を改善するよう配慮することが求められていること。

SIDE STORY アイヌとはアイヌ語で「人間」を意味する。アイヌ民族は，自分たちに役立つもの，自分たちの力が及ばないものを「神(カムイ)」(自然，動物，植物，もの，山など)とみなし，神に対する人間のことをアイヌと呼んだ。

政治

9 判例 日立訴訟—在日朝鮮人への就職差別

概要	1970年愛知県の高校を卒業した朴鐘碩（パクチョンソク）さんは，横浜市にある日立製作所ソフトウェア工場を受験，9月に採用通知を受けた。しかし「在日朝鮮人なので戸籍謄本（こせきとうほん）は提出できない」と話したところ，会社側は「応募書類に日本名（新井鐘司）を用い本籍も偽って記入するなどウソつきで性格上信頼できない」として採用を取り消した。そこで朴さんは「採用取り消しは在日朝鮮人であることを理由とした民族差別」として提訴した。
裁判の経過	横浜地裁（1974.6.19）：労働基準法第3条（均等待遇），民法第90条（公序良俗（こうじょりょうぞく））に反し，**採用取り消しは無効**。⇨会社側は控訴断念。
地裁判決の要旨	「在日朝鮮人は，就職に関して日本人と差別され，大企業にほとんど就職することができず，多くは零細企業や個人経営者の下に働き，その職種も肉体労働や店員が主で，一般に労働条件も劣悪な場所で働くことを余儀なくされている。また在日朝鮮人が朝鮮人であることを公示して大企業等に就職しようとしても受験の機会さえ与えられない場合もあり」，また朴さんにとっては日本名は出生以来ごく日常的に用いられてきた通用名であって「偽名」とはいえず，採用試験に当たって，前記のような在日朝鮮人のおかれた状況から，氏名・本籍を偽ったとしても，採用を取り消すほどの不信義性があるとは認められない。 （『民族差別』亜紀書房などによる）

解説　朝鮮人として生きる権利　この判決は在日朝鮮人への差別の現実をえぐり出した画期的なものであり，判決後，会社側は控訴を断念。現在の在日韓国・朝鮮人の多くは，日本の植民地統治下（1910〜45）に土地を奪われるなどして（時には強制連行により）日本に渡ってきた人々やその子孫である。日本人の多くは，在日韓国・朝鮮人が日本名を名のることに疑問を抱かないが，本名を名のりたくても名のれない差別が未だ存在することを忘れてはならない。近年，在日韓国・朝鮮人に対してヘイトスピーチ（憎悪表現）を行う街宣活動が各地で行われてきた。2014年には国連の規約人権委員会，人種差別撤廃委員会からヘイトスピーチの禁止勧告を受けるほど大きな社会問題となり，その対策として，2016年，**ヘイトスピーチ対策法** ⟨21⟩ が制定された。

➡ **ヘイトスピーチデモを行う団体と，それに対する抗議デモを行う団体**（東京・新大久保）

10 アイヌ民族に対する差別

Ⓐ 北海道旧土人保護法（抄）　[1899成立，1997廃止]

第1条　北海道旧土人ニシテ農業ニ従事スル者又ハ従事セムト欲スル者ニハ1戸ニ付土地1万5千坪以内ヲ限リ無償下付スルコトヲ得
第2条　① 前条ニ依リ下付シタル土地ノ所有権ハ左ノ制限ニ従フヘキモノトス
1　相続ニ因ルノ外譲渡スコトヲ得ス
2　質権抵当権地上権又ハ永小作権ヲ設定スルコトヲ得ス

Ⓑ 判例 二風谷（にぶだに）ダム訴訟

概要	二風谷ダムは工業用水確保などの目的で建設が計画されたが，建設予定地がアイヌ民族の聖地であるため，原告（アイヌ民族）ら地権者は用地買収を拒否。道収用委員会が土地収用法に基づき土地の強制収用の裁決を下した。原告は建設相に不服審査請求をしたが，退けられたために，「アイヌの聖地を強制的に奪うのは財産権を保障した憲法に違反する」などとして，裁決の取り消しを求めた。
地裁判決の要旨	札幌地裁（1997.3.27）アイヌ民族について「**我が国の統治が及ぶ前から北海道に居住し，民族としての独自性を保っている**」と認定し，その先住性を無視してきた日本政府のあり方を批判した。その上で，ダムの公共性と比較する際，民族文化への配慮が必要として，本ダム建設には裁量権を逸脱した違法があると断じた。しかし，ダムが完成していること等を理由に「収用裁決は違法だが，**請求は棄却する**」と結論づけた。

Ⓒ アイヌ文化振興法（抄）〈倫政15〉　[1997成立，2019廃止]

第1条　この法律は，……アイヌ文化の振興並びにアイヌの伝統等に関する国民に対する知識の普及及び啓発を図るための施策を推進することにより，アイヌの人々の民族としての誇りが尊重される社会の実現を図り，あわせて我が国の多様な文化の発展に寄与することを目的とする。

Ⓓ アイヌ民族支援法（抄）　[2019成立]

第1条　この法律は，日本列島北部周辺，とりわけ北海道の先住民であるアイヌの人々の誇りの源泉であるアイヌの伝統及びアイヌ文化が置かれている状況並びに近年における先住民族をめぐる国際情勢に鑑み，…アイヌの人々が民族としての誇りを持って生活することができ，及びその誇りが尊重される社会の実現を図り，もって全ての国民が相互に人格と個性を尊重し合いながら共生する社会の実現に資することを目的とする。
第2条　この法律において「アイヌ文化」とは，アイヌ語並びにアイヌにおいて継承されてきた生活様式，音楽，舞踊，工芸その他の文化的所産及びこれから発展した文化的所産をいう。
第4条　何人も，アイヌの人々に対して，アイヌであることを理由として，差別することその他の権利利益を侵害する行為をしてはならない。
第5条　国及び地方公共団体は，…アイヌ施策*を策定し，及び実施する責務を有する。
　　　　　　　　　　　＊アイヌ文化を守り育てる施策

解説　アイヌ民族支援法，「先住民族」を明記　明治維新後，政府はアイヌ民族に対して北海道旧土人保護法（Ⓐ）を制定した。同法は，北海道に古くから住んでいたアイヌ民族を日本人に同化させ，差別を押し付けるものであった。1997年，二風谷ダム訴訟（Ⓑ）の判決後，アイヌ文化振興法（Ⓒ）が成立し，北海道旧土人保護法が廃止されたが，アイヌ民族の「先住性」については明文化されなかった。2008年には，前年の「先住民族の権利に関する国連宣言」採択を受け，国会が「アイヌ民族を先住民族とすることを求める決議」を採択。**政府もアイヌ民族を初めて先住民と認定した**。2019年には，アイヌ民族を法律上初めて「先住民族」と明記した**アイヌ民族支援法（Ⓓ）**が成立した。差別禁止を明記し，アイヌ文化を守り育てる施策を国や自治体の責務としたことに一定の評価がある一方，土地や資源など先住民族としての権利に触れていないなどの課題も指摘されている。〈倫政12〉

用語Check　〔⇨P.366〕　法の下の平等，男女共同参画社会基本法

5 自由権─精神の自由

課題を考える
精神の自由をめぐる弾圧の歴史と,現在も政治問題化している「政教分離」の原則について考えてみよう。

思想及び良心の自由の母体〈精神の自由の自由(第19条)〉

- 信教の自由（宗教的方面）
- 表現の自由（外部的方面）
- 学問の自由（体系的知識の方面）

第19条[思想及び良心の自由] 思想及び良心の自由は,これを侵してはならない。

第20条[信教の自由] 信教の自由は,何人に対してもこれを保障する。いかなる宗教団体も,国から特権を受け,又は政治上の権力を行使してはならない。

第21条[集会・結社・表現の自由,通信の秘密] 集会,結社及び言論,出版その他一切の表現の自由は,これを保障する。
② 検閲は,これをしてはならない。通信の秘密は,これを侵してはならない。

第23条[学問の自由] 学問の自由は,これを保障する。

1 判例 三菱樹脂訴訟─思想・信条による差別

概要
1963年三菱樹脂株式会社に入社したA氏は3か月の試用期間の後,入社試験にあたり学生運動の活動家であったという事実を隠していたことを理由に,本採用を拒否された。A氏は本採用拒否の無効と雇用契約上の社員たる地位の確認等を求めて提訴した。

裁判の経過
第一審,第二審ともに,A氏勝訴。 倫政17
最高裁(1973.12.12):本採用拒否は違法とはいえない(合憲)。第二審判決破棄差戻し。⇨差戻し審理中に和解成立,A氏復職。

最高裁の判決要旨
憲法第14,19条は国または公共団体の統治行動に関して個人の基本的な自由と平等を保障するもので,私人相互の関係を直接規律することを予定していない。憲法は同時に第22,29条等において,広く経済活動の自由も基本的人権としており,企業者はその一環として契約の自由を有するので,特定の思想信条をもつ者の雇い入れを拒否しても違法ではない。 (『憲法の基本判例』有斐閣による) 23

解説 「私人」間には適用せず 憲法の人権保障は,私人間(企業と労働者など)の関係には直接適用されず(間接適用説),また,絶対的に保障されるべき思想・信条の自由についても,特定の思想を有することを理由に採用を拒否しても違法ではないとした。 19

2 判例 津地鎮祭訴訟

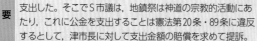

概要
1965年1月,津市は市体育館の起工にあたり,神社神道の儀式に則った地鎮祭を行い,神官への謝礼・御供物代金などの挙式費用7,663円を市の公金から支出した。そこでS市議は,地鎮祭は神道の宗教的活動にあたり,これに公金を支出することは憲法第20条・89条に違反するとして,津市長に対して支出金額の賠償を求めて提訴。

裁判の経過
第一審:地鎮祭は宗教的行事というより習俗的行事と表現した方が適切とし,合憲。S氏の請求棄却。
第二審:地鎮祭は宗教的活動に当たるとして違憲判決。
最高裁(1977.7.13):地鎮祭は宗教的活動に当たらず。合憲。 20 倫政17・22

最高裁判決の要旨
地鎮祭は,宗教とのかかわり合いをもつものであることを否定しえないが,その目的は建築着工に際し土地の平安堅固,工事の無事安全を願い,社会の一般的慣習に従った儀礼を行うという専ら世俗的なものと認められ,その効果は神道を援助,助長,促進または他の宗教に圧迫,干渉を加えるものとは認められないから,憲法第20条第3項により禁止される宗教的活動には当たらない。(5裁判官による反対意見あり) (『憲法の基本判例』有斐閣による)

解説 目的効果基準 この判決で示された目的効果基準(ある行為が政教分離に反するかどうかを判断する場合,その行為の目的と効果が宗教的かどうかを判断基準とする)が,以後の政教分離をめぐる裁判の重要な判断基準となった。判決では,地鎮祭という行事は今日では世俗的なものであり,その目的も効果も宗教的とはいえないので政教分離に反しないとされた。

3 判例 愛媛玉ぐし料訴訟

概要
愛媛県が1981～86年に靖国神社とその分社的性格をもつ県護国神社に玉ぐし料などとして計16万6,000円を公費から支出したのは,憲法第20条・89条に違反するとして,同県内の住民が当時の県知事を相手取ってその県費での賠償を求めて提訴。

裁判の経過
第一審:県の行為と宗教との関わりは,相当とされる限度を超え,違憲。
第二審:支出金は零細な額で,社会的儀礼の程度にとどまり,合憲。
最高裁(1997.4.2):二審判決破棄。県の行為は憲法に違反しており,支出金は県に賠償すべき。 倫政12・22

最高裁判決の要旨
地方公共団体による両神社への玉ぐし料などの奉納は,慣習化した社会的儀礼とは到底言えず,その目的が宗教的意義をもつことは免れない。こうした行為は一般人に対して,「靖国神社は特別のものである」という印象を与え,特定の宗教への関心をよびおこす効果をもつ。よって県の行為は憲法が禁止した,宗教的活動に該当する。(13名の多数意見)

解説 政教分離をめぐる初の違憲判決 政教分離原則をめぐる最高裁初の違憲判決で,津地鎮祭訴訟で示された「目的効果基準」を厳格に適用したといえる。2010年には空知太神社訴訟(➡4)で,最高裁は無償提供を違憲とする2度目の判決を下した。

4 公有地の無償提供と政教分離

	空知太神社訴訟（砂川政教分離訴訟）	孔子廟違憲訴訟
概要	北海道砂川市が,公有地を神社に無償で提供していたことが,政教分離に反するとして住民が提訴した。	沖縄県那覇市が,儒教の祖を祭る孔子廟に公有地を無償で提供していたことが,政教分離に反するとして住民が提訴した。
最高裁の判断	(2010.1.20)提供された公有地にある神社は宗教的であり,公有地の無償提供は,一般人から見て特定の宗教に特別の便益を提供し,援助していると判断されてもやむをえないとして違憲とした。 倫政22	(2021.2.24)那覇市の孔子廟は,多くの人が参拝して社寺との類似性があり,儀式面でも強い宗教性が認められることから,孔子廟への公有地の無償提供は,特定の宗教を援助したと評価されてもやむをえないとして違憲とした。

解説 目的効果基準によらない新たな判断 2010年の空知太神社訴訟最高裁判決では,「施設の宗教的性格,無償提供の経緯や態様,一般人の評価を総合的に判断する」という,政教分離に関する新しい判断基準により違憲判決が下された。2021年の孔子廟違憲訴訟の最高裁判決も,同様の基準によって違憲の判断が示された。孔子廟は東京の湯島聖堂など全国にあり,自治体などが所有するものもあるが,多くは文化財や観光施設として位置づけられており,今回の判決が直ちには影響しないとみられている。

 SIDE STORY 『チャタレイ夫人の恋人』の翻訳者の息子伊藤礼が1996年に伏せ字にされた部分を補った完訳本を出版した(表紙は6参照)。現在,この本はわいせつ文書として摘発されてはいない。

政治

5 靖国神社問題

1945. 8	GHQが国家神道の廃止を方針，靖国神社も一神社に
69. 6	自民党が「靖国神社法案」を国会提出。廃案
74. 5	靖国法案，参院通過せず。自民党，靖国法案断念
75. 8	三木首相が「私人の資格」で参拝。
78.10	靖国神社が東条英機らA級戦犯14人を密かに合祀
85. 8	靖国懇「政教分離の原則に抵触しない形での公式参拝を」。政府，従来の見解変更。中曽根首相が公式参拝 ⇒翌年は近隣諸国の反発に配慮し見送り。
2006. 8	8月15日の終戦記念日に小泉首相が参拝（6度目）
2007. 4	安倍首相が例大祭に供物を奉納
2013.12	安倍首相が参拝

注：2006年6月，靖国訴訟で初の最高裁判決では，小泉首相らに損害賠償を求めた原告が敗訴。憲法判断はなかった。

解説 靖国神社参拝問題を考える視点 ①政教分離の問題…内閣総理大臣としての参拝が日本国憲法第20条第3項の定める「政教分離原則」に違反しないかどうかという憲法上の問題（裁判所は憲法判断に踏みこまない傾向が強まっている）。②A級戦犯の合祀…靖国神社には**極東国際軍事裁判（東京裁判）でA級戦犯として処刑・獄死した東条英機首相ら14名も一緒に祀られ（合祀）**ている。そこに首相が参拝することは，過去の侵略戦争を肯定することだと受け取られている。

6 判例 チャタレイ事件―わいせつ文書と表現の自由

概要	D.H.ロレンスの小説『チャタレイ夫人の恋人』の翻訳を，その中に露骨な性的描写があることを知りながら出版したとして出版社社長と翻訳者が，刑法第175条のわいせつ文書販売の罪で起訴された。（1950.9）
裁判の経過	第一審：出版社社長は**有罪**（罰金25万円），翻訳者は**無罪** 第二審：翻訳者も**有罪**（罰金10万円） 最高裁（1957.3.13）：上告棄却（二審判決は正当→**有罪**）
最高裁判決の要旨	表現の自由は極めて重要なものであるが，性的秩序を守り，最小限度の性道徳を維持するという公共の福祉によって制限される。本件訳書は，わいせつ文書であり，その出版は公共の福祉に反する。

解説 芸術作品と表現の自由　この裁判では，刑法第175条との関連で，**表現の自由は制限できるのか，制限の基準はなにか**が焦点となった。最高裁はわいせつ文書とは，①いたずらに性欲を刺激し，②正常な性的羞恥心を害し，③善良な性的道義観念に反するものとの判断を示し，以後，映画などのわいせつ性を争う際の基準となった。

⓬ 表現の自由の保障は，自由なコミュニケーションを可能にすると同時に，民主主義の実現にも必要だとされていること。

7 判例 その他の表現の自由に関する事件

北方ジャーナル事件	概要	1979年の北海道知事選立候補予定者を批判攻撃した雑誌「北方ジャーナル」が，名誉毀損を理由に発売前に出版を差し止められた。
	最高裁判決	（1986.6.11）　事前差し止めが認められるのは，極めて限られたケースとした上で，内容が真実でなく被害が重大な場合には差し止めも認められるとして，**出版差し止めを認めた。**
「石に泳ぐ魚」出版差し止め事件	概要	芥川賞作家柳美里さんの小説「石に泳ぐ魚」のモデルとなった知人女性がプライバシーを侵害されたとして，出版差し止めと損害賠償を求めた。
	最高裁判決	（2002.9.24）　小説の公表によって，公的立場にない原告女性の名誉，プライバシーが侵害されており，人格権に基づいて出版差し止めを命じたことは，表現の自由を保障した**憲法の規定に違反しない**（130万円の賠償金支払い，単行本出版差し止めが確定）。

解説 他者への人権侵害　表現の自由はその濫用によって他者の人権を侵害してはならないと解されている。そのため表現を事前に抑制したり，プライバシーと衝突する場合がある。

19·09 憲法では，検閲を禁止しているが，発行禁止を認めた最高裁の判例があること（チャタレイ事件，北方ジャーナル事件）。

倫政20 報道の検閲も認められていないこと。

8 主な戦前の思想・学問への弾圧事件

滝川事件 1933年	滝川幸辰（京大教授）の自由主義的な刑法学説が国体に反するとされ，著書『刑法読本』が発禁処分，同教授が休職処分となる。
天皇機関説事件 1935年	美濃部達吉（東大教授）の天皇機関説が，貴族院で国体に反するとされ，衆議院も国体明徴決議を可決。**著書『憲法撮要』が発禁処分**とされ，同氏は貴族院議員を辞職。
津田左右吉事件 1940年	津田左右吉（早大教授）の実証的な古代史研究が皇室の尊厳を冒涜するとされ，著書『神代史の研究』などが発禁処分となる。

9 判例 東大ポポロ事件―学問の自由と大学の自治

概要	1952年，東京大学内で学生劇団「ポポロ」が松川事件（1949年の東北本線脱線事故）をテーマにした演劇を上演。その上演中に，観客席に私服警官がいるのを発見し，警察手帳を取り上げ，暴行を加えた学生が起訴された。	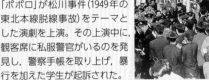
最高裁判決	（1963.5.22）　大学における学問の自由を保障するために，大学の自治も認められる。学生の集会も「真に学問的な研究と発表のためのもの」であれば大学の自治の保障が及ぶが，本件の集会は，「実社会の政治的社会的活動」であり，大学の自治は認められない。よって，警察官の立ち入りは，大学の自治を侵すものでないとして，学生を無罪とする原判決を破棄差し戻し。その後，**学生の有罪が確定。**	

倫政12 学問の自由には，公権力の大学内への立入りを禁止するという「大学の自治の保障」も含むこと。

FOCUS 学問の自由への懸念
―軍事研究をめぐる学術会議声明

大学などの学術界は，軍事研究とどう向き合うべきか？日本の科学者を代表する機関である日本学術会議は，2017年3月，「軍事研究が学問の自由と緊張関係にあることをここに確認し，軍事目的の研究を行わない」とする声明を決定した。また，15年度から始まった，防衛省による「安全保障技術研究推進制度」（将来の防衛装備品の開発に大学に資金を出す研究制度）について，防衛省の職員が研究の進捗管理を行うなど政府による研究への介入が著しく，学問の自由が守られなくなる懸念があると指摘した。

日本学術会議主催のフォーラムのようす ➡

⑥ 自由権—人身・経済の自由

課題を考える

刑事手続に関わる人権保障の規定に，多くの条文をさいているのはなぜだろう。また，経済の自由と「公共の福祉」の関係を考えてみよう。

第18条[奴隷的拘束及び苦役からの自由] 何人も，いかなる奴隷的拘束も受けない。又，犯罪に因る処罰の場合を除いては，その意に反する苦役に服させられない。

第31条[法定手続の保障] 何人も，法律の定める手続によらなければ，その生命若しくは自由を奪はれ，又はその他の刑罰を科せられない。

---

1 刑事手続の流れと人権保障

19 令状がなければ通信傍受などできないこと。

手続	機関	拘束	地位	人権保障（ ）は憲法条文
逮捕 48時間以内	警察	留置場（警察留置場） 警察 代用*1	被疑者	・裁判官の発行する令状がなければ逮捕されない(33)（現行犯を除く）→**令状主義** 倫政19
送検 24時間以内				・理由を直ちに告げられ，直ちに弁護人に依頼する権利(34)（**当番弁護士制度の存在**）
拘置（勾留）決定 10日以内 最大20日*2	検察			・拷問の禁止(36)
起訴				・弁護人の依頼権(37③) 被疑者段階での国選弁護 17
				・**黙秘権の保障**(38①)（公判中も保障） 倫政19
一審判決	地方裁判所	拘置所（法務省管轄）	被告人	・公平な裁判所の迅速な公開裁判(37①)
二審判決	高等裁判所			・証人審問権，証人喚問権(37②)
				・弁護人の依頼権(37③) 15
	最高裁判所			・強制，拷問などによる自白は証拠とならない(38②)
上告審判決				・自己に不利益な唯一の証拠が自白の場合，有罪とされない(38③) 23 19
服役	刑務所	刑務所（法務省）管轄	受刑者	・残虐な刑罰の禁止(36)
				・刑事補償請求(40)（無罪の場合） 15
				・遡及処罰の禁止，一事不再理，二重処罰の禁止(39) 倫政19 公務員によ

→ 身柄の拘束　⇒ 釈放(起訴後は保釈・執行猶予など)　➡ 差戻し判決

拷問は憲法上禁止されていること。

注：1. 勾留は起訴後も続く。2. 身柄を拘束されずに，起訴・裁判を受けることもある。法の建前はそれが原則。3. 一審または二審の判決に対し，上訴(控訴・上告)しないで確定することもある。
（『死刑か無罪か』岩波ブックレットなどによる）

*1法改正により，現在では「代用刑事施設」とよばれている。　*2例外的に更に5日以内の延長可。

---

2 人身の自由の基本原則

①奴隷的拘束・苦役からの自由（憲法第18条）	人格を無視した身体の拘束や意思に反した強制労働を禁止（国家権力だけでなく私人による行為も含む）	
②法定手続の保障（憲法第31条） 17	刑罰を科すには法律で定めた適正な手続きによらなければならない（適正手続主義）	
③遡及処罰の禁止（憲法第39条） 19	後から制定された法律で処罰することはできない。	
④一事不再理（憲法第39条） 17 19	判決が確定した事件について，再び裁判をすることはできない（ただし，有罪判決についてのみ再審が認められる場合がある）。 15	
⑤罪刑法定主義 19	いかなる行為が犯罪で，それにいかなる刑罰が科されるかは，あらかじめ法律で定められていなければならない。	
⑥無罪推定 17	被疑者・被告人は，裁判で有罪の判決を受けるまでは無罪として扱わなければならない。	
⑦疑わしきは被告人の利益に	犯罪の明確な証拠がない場合は無罪を宣告する。	

（芦部信喜『憲法』岩波書店による）

解説　1人の無実の人間を罰しない　明治憲法下で行われた拷問・不法監禁などへの反省から，国家による**不当な人権侵害を防ぐ**ため，日本国憲法は第31〜40条で詳細に刑事手続を規定している。

当番弁護士制度…被疑者には適用されない国選弁護人制度を補う意味で，被疑者からの求めに応じて，弁護士会が速やかに弁護士を派遣する制度。1992年から開始。

被疑者の国選弁護人制度…2006年から導入。当初は対象となる事件が一定の重い事件のみに限定されていたが，2009年の裁判員制度の開始とともに，その対象となる事件が，法定刑が死刑又は無期若しくは3年を超える懲役若しくは禁錮に当たる事件に拡大。さらに2018年には被疑者が勾留された全事件へ拡大された。

拘禁…逮捕に続く，比較的長期にわたる継続した身柄の拘束。

黙秘権…自分に不利なことの供述を強要されない権利。

証人審問…被告人に不利な証言をする証人に質問すること。

証人喚問…被告人に有利な証言をする証人をよぶこと。

解説　入念な刑事手続きだが　憲法は拷問の禁止・黙秘権の保障など，被疑者・被告人の段階で人権の保護を図っている。しかし，現実には「冤罪」(無実の罪)が発生しているのも事実である。冤罪を生む原因としては，①自白偏重の伝統，②代用監獄制，③別件逮捕が指摘されている。

---

3 主な再審裁判

倫政20 17 再審で無罪となった事例が多数あること。

事件名	罪名（身柄拘束年）	判決（年）	再審判決（確定年）
加藤老事件	強盗殺人(1915)	無期懲役(1916)	無罪(1977)
弘前大学教授夫人殺し事件	殺人(1949)	懲役15年(1953)	無罪(1977)
免田事件	強盗殺人(1949)	死刑(1951)	無罪(1983)
財田川事件	強盗殺人(1950)	死刑(1957)	無罪(1984)
松山事件	強盗殺人放火(1955)	死刑(1960)	無罪(1984)
徳島ラジオ商殺し事件	殺人(1953)	懲役13年(1958)	無罪(1985)
島田事件	殺人(1954)	死刑(1960)	無罪(1989)
足利事件	殺人(1991)	無期懲役(2000)	無罪(2010)
布川事件	殺人(1967)	無期懲役(1978)	無罪(2011)
東電OL殺害事件	強盗殺人(1997)	無期懲役(2003)	無罪(2012)
松橋事件	殺人(1985)	懲役13年(1990)	無罪(2019)
湖東記念病院事件	殺人(2004)	懲役12年(2005)	無罪(2020)

＊袴田事件(殺人により死刑判決，1968)→再審開始決定(地裁2014)→再審請求棄却(高裁2018)→高裁に審理差し戻し(最高裁2020)→再審開始決定(最高裁2023)。

解説　再審　無罪を言い渡すべき明らかな証拠を新たに発見したときには，**再審の請求**ができる。白鳥事件再審請求(1975年，棄却)で，最高裁が「**疑わしきは被告人の利益に**」の原則は，再審にも適用されるとして以来，再審請求も認められる事例が増えている。 12 19 21

政治

  死刑の執行は判決確定後，6か月以内に行われるのが原則だが，実際には死文化しており，6〜8年後に執行されることが多い。なお，日本の場合，処刑は拘置所内で絞首刑によって行われる(刑法第11条)。

4 死刑制度をめぐって

A 死刑存廃をめぐる世論と死刑執行数

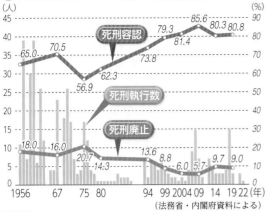

(法務省・内閣府資料による)

解説 死刑制度を考える　死刑制度をめぐっては，憲法第36条の「残虐な刑罰」にあたる可能性があること（ただし最高裁は死刑を合憲とする判断を示している），誤判の可能性が捨てきれないこと，世界的に廃止の方向に向かっていることなどを理由に廃止を求める意見がある。一方で日本では犯罪抑止効果や被害者・遺族への同情などから，死刑を容認する意見が増加している。裁判員制度のもと，一般市民が被告人を死刑にすべきか否か判断を迫られる可能性がある今，死刑制度についての議論は一層重みを増している。

5 [判例] 薬事法距離制限違憲訴訟

注：薬事法は2014年の法改正で，医薬品医療機器等法（薬機法）に名称が変更された。

第22条[居住・移転・職業選択の自由，外国移住及び国籍離脱の自由] 何人も，公共の福祉に反しない限り，居住，移転及び職業選択の自由を有する。 ② 何人も，外国に移住し，又は国籍を離脱する自由を侵されない。	

概要	1963年，広島県で原告Aが県に薬局の営業申請をしたところ，最も近い薬局から約100m離れていなければいけないと規定する薬事法や条例を理由に不許可となった。原告Aは，薬事法及び条例は，憲法第22条の職業選択の自由に違反するとして訴えた。
裁判の経過・最高裁判決の要旨	第一審：不許可処分取り消し。違憲。 第二審：距離制限は，粗悪な医薬品販売防止などのために必要な規制である。合憲。 最高裁(1975.4.30)：距離制限は，憲法第22条第1項に違反し，不許可処分は無効。違憲。 職業の許可制は職業選択の自由に対する強力な制限であり，それが合憲であるためには，重要な公共の利益のために必要かつ合理的な措置であることが必要である。薬事法の距離制限は，不良医薬品の供給防止などの目的のための，必要かつ合理的な規制とはいえないので，憲法第22条第1項に違反し，無効である。

解説 職業選択の自由の規制　この判決は，職業選択の自由に対する規制の違憲審査基準を示したものである。経済活動の自由が違憲かどうかを審査する際に，まず「**二重の基準**」（●P.105 4）の理論から，精神の自由の規制を審査する場合より緩やかな基準が適用される。

さらに，その規制が❶国民の生命や健康に対する危険を防止するためにされる規制なのか❷社会的・経済的弱者の保護のためにされる規制なのかを審査する。規制❶の場合には，その規制が必要かつ合理的な規制であり，他に規制の方法がない，というような場合以外は認めないとされる。

B 世界各国の死刑制度

注：アメリカは州により異なる。
2022年12月現在。

全面廃止	ドイツ，ノルウェー，オーストリア，ポルトガル，オーストラリア，フランス，カナダ，イタリア，オランダ，スペイン，イギリス，メキシコ，フィリピン，南アフリカなど**112か国**
通常犯罪につき死刑廃止	赤道ギニア，ブラジル，チリ，イスラエル，エルサルバドル，グアテマラ，ペルーなど**9か国**
事実上廃止	スリランカ，ロシア，ケニア，ブルネイ，韓国，タンザニア，カメルーンなど**28か国**
死刑存置	日本，中国，インド，タイ，アメリカ，イラク，エジプト，北朝鮮，ベトナム，キューバ，アラブ首長国連邦，アフガニスタンなど**55か国**

（アムネスティ・インターナショナル資料などによる）

6 「経済活動の自由」の意義

倫政17 公共の福祉に反しない限り認められていること。

① 職業選択の自由 15

自分の職業を自分で決定する自由

封建時代には，個人は身分秩序にしばられており職業は生まれによって決まっていた。しかし，職業というものは，個人が自己の能力を発揮して，人格を発展させていく上で非常に重要なものである。このように職業選択の自由は，人間の人格的価値とも密接な関係を有する。なお，憲法に明文規定はないが，職業選択の自由には「**営業の自由**」（選んだ職業を遂行する自由）も含まれるというのが通説・判例の立場である。

職業選択の自由の制限

許可や認可が必要	飲食業，貸金業など
免許が必要	医師，調理師，弁護士など
公共性の観点から国が独占	造幣など

② 居住・移転の自由

住居を自由に決定し，移動することのできる自由

封建時代には人々は土地にしばりつけられていて，自由に移動することはできず，職業選択の自由がなかった。したがって，居住・移転の自由は，職業選択の自由の基礎となる自由であるといえる。

③ 財産権の保障

個人の財産を侵害されない権利

財産権は，市民革命期には「神聖で不可侵の権利」（フランス人権宣言第17条）と考えられていたが，19世紀の自由放任主義経済の下で貧富の差や失業などの問題が発生したので，20世紀に入ると，ある種の財産には，国家により制限が課せられるのもやむを得ないと考えられるようになった。

解説 特殊な自由権　経済活動の自由は，原則として国家による干渉を許さない自由権の中で，**国民の経済的な平等**をできるだけ確保するために，国家による制限がありうることが認められている自由権である。

第29条[財産権] 財産権は，これを侵してはならない。 ② 財産権の内容は，公共の福祉に適合するやうに，法律でこれを定める。 ③ 私有財産は，正当な補償の下に，これを公共のために用ひることができる。	

○関連条文[フランス人権宣言]

第17条　所有権は，一の神聖で不可侵の権利であるから，何人も適法に確認された公の必要性が明白にそれを要求する場合で，かつ事前の正当な補償の条件の下でなければ，これを奪われることがない。

政治

SDGs 16 平和と公正をすべての人に

第25条[生存権，国の社会保障義務]　すべて国民は，健康で文化的な最低限度の生活を営む権利を有する。
② 国は，すべての生活部面について，社会福祉，社会保障及び公衆衛生の向上及び増進に努めなければならない。

○関連条文[ワイマール憲法]
第151条①　（経済生活の秩序）　経済生活の秩序は，すべての者に人間たるに値する生活を保障する目的をもつ正義の原則に適合しなければならない。……

1 判例 朝日訴訟

事件の概要　重症の肺結核で，身寄りもなく，国立岡山療養所に入院していた朝日茂氏は，生活保護法の規定に基づき，医療扶助と月額600円の日用品費の生活扶助を受けていた。1956年(昭和31年)，長年音信のなかった実兄が見つかり，月1,500円の仕送りを受けることができるようになると，福祉事務所は，生活扶助を打ち切り，その1,500円のうち，日用品費600円を手元に残し，残り900円を医療費の自己負担として納入することを求めた。朝日氏は，月600円の日用品費は安すぎ，憲法第25条に違反するとして提訴した。

↑朝日茂氏

○日用品費600円の内訳の一部(1か月分)

品　　目	年間数量	月　額
肌　着	2年1着	16円66銭
パンツ	1枚	10円
草　履	2足	21円66銭
手拭(タオル)	2本	11円66銭

第一審
東京地裁要旨(1960.10.19)…原告勝訴
　生活保護法は，何人に対しても，最低限度の生活を保障する保護の実施を請求する権利を賦与することを規定したものである。
　「健康で文化的な」とは，国民が単に辛うじて生物としての生存を維持できるという程度のものではなく，国民に「人間たるに値する生存」あるいは「人間としての生活」といい得るような程度のものでなければならないということはいうまでもない。

第二審
東京高裁(1963.11.4)…一審判決取り消し
　日用品費600円という基準はすこぶる安いが，違法とはいえないとして一審判決を取り消した。
（その後朝日氏は1964.2.14に死亡したため，養子夫妻が裁判を引き継いだ）

最高裁
判決要旨(1967.5.24)…上告棄却
　本件訴訟は上告人(朝日氏)の死亡によって終了。(なお，念のため)憲法第25条の規定は，**すべての国民が健康で文化的な最低限度の生活を営めるように国政を運用すべきことを国の責務として宣言したもので，直接個々の国民に対して具体的権利を賦与したものではない。** 具体的な権利は生活保護法によってはじめて与えられるが，何が健康で文化的な最低限度の生活であるかの決定は厚生大臣の判断に任される。

解説　**人間裁判**　朝日訴訟は**生存権**の意味を根本から問いかけたもので，それゆえに「人間裁判」と呼ばれた。最高裁は第25条を，単に国家の責務を宣言したものという**プログラム規定説**を採用し，朝日氏側は敗訴したが，牧野訴訟，堀木訴訟など，以後あいついだ生存権訴訟の先駆となり，権利としての社会保障という認識を多くの国民に植えつけた功績は非常に大きい。

プログラム規定…憲法規定には，たんに立法の指針を示しているだけで，その実現に関する立法権の具体的な法的義務を定めていないので，国がその規定に違反しても，その法的責任を裁判により追及することのできない規定をいう。

2 生存権関係訴訟

堀木訴訟	概要	全盲で母子世帯の堀木文子さんが，障害福祉年金と児童扶養手当の併給を禁止した児童扶養手当法は，憲法第25条に違反するとして国を相手取り訴えた訴訟。
	判決	第一審：違憲判決　第二審：合憲判決　最高裁(1982.7.7)：憲法第25条は国の責務を宣言したもの。具体的な福祉政策は立法府に委ねられるとして，堀木さんの上告を棄却(→合憲)。
牧野訴訟	概要	牧野亨さんが，夫婦で老齢福祉年金を受給すると，国民年金法の規定に基づいて，支給額が一部削られるのは，憲法第14条の法の下の平等に反するとして提訴。
	判決	東京地裁(1968.7.15)：老齢福祉年金における夫婦受給制限は，生活の実態から見て，夫婦者の老齢者を，単身の老齢者と差別しており，夫婦受給制限は違憲。※判決後，夫婦受給制限規定は撤廃された。
生活保護費預貯金訴訟	概要	重度の身体障がいを持つ加藤鉄男さんは，妻に身の回りの世話をしてもらっていたが，その妻も働けなくなったことから，生活保護を受けることになり，生活をできるだけ切り詰めて，その支給される保護費の一部を貯蓄していた。「生活保護適正化政策」に基づいて行われた，被保護者の資産調査でこのことを知った福祉事務所は，この預貯金を加藤さんの収入と認定し，生活保護費の減額を決定した。これに不服な加藤さんが，憲法第25条に違反するとして提訴。
	判決	秋田地裁(1993.4.23)：生活保護費は，国が，憲法や生活保護法に基づき，健康で文化的な最低限度の生活を維持するために支給したものであり，預貯金は最低限度を下回る生活によって蓄えたものといえる。こうした預貯金を収入と断定して，生活保護費を減額すべきではない。減額処分は無効。

3 労働基本権 (→P.254)

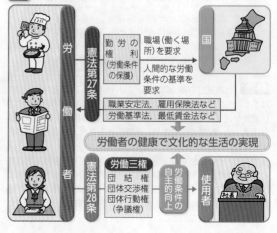

労働者　憲法第27条　勤労の権利(労働条件の保護)　職場(働く場所)を要求　→国

人間的な労働条件の基準を要求　職業安定法，雇用保険法など　労働基準法，最低賃金法など

労働者の健康で文化的な生活の実現

憲法第28条　労働三権　団結権　団体交渉権　団体行動権(争議権)　労働条件の自主的向上　使用者

SIDE STORY　家永教科書裁判は1965年の一次訴訟から1997年の最高裁判決まで32年もかかったため，「最も長い民事訴訟」としてギネスブックに認定された。

4 教育を受ける権利をめぐる主な訴訟

第26条[教育を受ける権利，教育を受けさせる義務] すべて国民は，法律の定めるところにより，その能力に応じて，ひとしく教育を受ける権利を有する。
② すべて国民は，法律の定めるところにより，その保護する子女に普通教育を受けさせる義務を負ふ。義務教育は，これを無償とする。

②20 教育基本法に規定された国及び地方公共団体の責務。①義務教育の機会の保障，②奨学の措置，③障がいのある者への支援

		争 点	判決の概要
家永教科書検定違憲訴訟	第1次	1962・63（第1次），66（第2次），80〜83（第3次）年度の教科書検定における不合格処分の違法性 ※教科書検定制度…文科省の行う検定制度に合格した教科書しか学校で使用できない制度。検定意見に従わない限り合格できないことから検閲に当たるとの批判がある。	第一審：検定制度は合憲。不合格処分は一部違法。 第二審：検定制度・処分ともに合憲。 最高裁（1993.3.16）：上告棄却，家永氏敗訴。
	第2次		第一審：検定制度は合憲。不合格処分は違憲（杉本判決）。 第二審：憲法判断なし。処分は違法。 最高裁（1982.4.8）：二審判決破棄，東京高裁へ差し戻し。 差し戻し控訴審：訴え却下。家永氏敗訴。
	第3次		第一審，第二審：検定制度は合憲。不合格処分は一部違法。 最高裁（1997.8.29）：検定制度は合憲②23。不合格処分は一部違法。家永氏一部勝訴。
旭川学力テスト訴訟		教育内容の決定権を有するのは誰か（文部省の一斉学力テストを「教育への不当介入」としてテストを阻止。公務執行妨害の罪に問われる。）	第一審：学力テストは行政機関による不当な介入であるとして公務執行妨害罪の成立を否定。 第二審：一審判決支持，検察側控訴棄却。 最高裁（1976.5.21）：一，二審破棄。公務執行妨害罪成立。
伝習館訴訟		[事件の概要]学習指導要領から逸脱したり，教科書を使用しない授業をしたとの理由で，懲戒免職処分になった伝習館高校の教師3名が処分取り消しを求めて提訴	第一審：2名処分取り消し，1名処分妥当。 第二審：一審判決支持。 最高裁（1990.1.19）：「学習指導要領は法的拘束力を有する。学校教育法は教科書使用の義務を定めている。」として3名の処分を妥当。

> **解説 教育の主体** 家永教科書裁判は，国家の教育内容への介入がどこまで許されるかが争点となった。杉本判決では子どもの教育権は国民全体にあり，国家の役割は教育諸条件整備であって教育内容への介入は基本的に許されないとの画期的判断が示された。1997年には最高裁が検定における裁量権の乱用・一部違法判決を示し，教科書検定のあり方に問題を投げかけた。

5 刑事補償請求権（第40条）主な補償例

②23 **第40条[刑事補償]** 何人も，抑留又は拘禁された後，無罪の裁判を受けたときは，法律の定めるところにより，国にその補償を求めることができる。

事件名	拘禁期間	1日の補償額	補償総額
免 田 事 件	12,599日	7,200円	9,071万2,800円
財田川事件	10,412	7,200	7,496万6,400
島 田 事 件	12,668	9,400	1億1,907万9,200
足 利 事 件	6,395	12,500	7,993万7,500

注：刑事補償法第4条により，1日の最高補償額は12,500円（2017法45）となっている。上記事例は補償決定時の最高額である。

> **解説 誤判に対する補償** 刑事補償請求権は，刑事手続きに関する諸規定によって，国民は，憲法で人権を厚く保護されているが，それでもなお生ずる不利益に対する補償を定めたものである。明治憲法には，この種の規定はなかった。

6 損害賠償請求権（第17条）

注：国家賠償請求権とも表記されることがある。

②17 ②22 **第17条[国及び公共団体の賠償責任]** 何人も，公務員の不法行為により，損害を受けたときは，法律の定めるところにより，国又は公共団体に，その賠償を求めることができる。

A 判例 多摩川水害訴訟―水害に対する国家賠償

概要	1974年9月の豪雨で多摩川が増水，東京都狛江市猪方地区の改修済み堤防を壊し，家屋19棟が流された。被災住民は国家賠償法に基づいて，国を相手取り損害賠償を求めて提訴。
裁判の経過	第一審：住民側勝訴。 第二審：大東水害最高裁判決（未改修河川の増水被害の賠償請求棄却84.1）が適用された逆転敗訴。 最高裁（1990.12.13）：二審破棄差戻し。（92.12東京高裁は住民側勝訴の判決）
最高裁の判決要旨	河川管理に欠陥があったかどうかは，財政事情などを総合的に考慮し，同種の河川管理の一般的水準や社会的通念に照らして判断すべきであり，改修，整備がされた河川は，その改修，整備された段階において想定された洪水から，当時の防災技術の水準に照らして通常予測し，かつ，回避し得る水害を未然に防止するに足りる安全性を備えるべきである。

> **解説 国の責任の明確化** 多摩川水害訴訟の最高裁判決は，従来の河川管理に対する国の責任を限定的にとらえる流れに待ったをかけ，国の河川管理の責任範囲を拡大してとらえたものだ。東京高裁の差戻し控訴審では，国に対して住民に総額3億円余りの賠償金の支払いが命じられた。

↑ 多摩川堤防決壊　台風16号が猛威をふるった（1974年9月）

7 裁判を受ける権利（第32条）―隣人訴訟

第32条[裁判を受ける権利] 何人も，裁判所において裁判を受ける権利を奪はれない。

　（1977年三重県津市）隣人に預けた幼児が近くの農業用溜池で水死した。幼児の親は，国や県，隣人に対して損害賠償を求めた。地裁は隣人の過失を一部認め，請求の3割の賠償支払いを命じた。ところが判決後，原告に全国から「預かってくれた恩人を訴えるとは鬼だ」など600本以上の電話，50通以上の手紙・はがきが殺到したため，たまらず原告は裁判を取り下げた。すると今度は被告にも「まだやるのか」といった電話が押し寄せ，被告も控訴を断念せざるを得なくなった。こうして裁判そのものが「世間の声」により消滅してしまった。

> **解説 消滅した裁判** 法務省はこの隣人訴訟について「国民一人ひとりが，法治国家体制のもとでの裁判を受ける権利の重要性を再認識し，再びこのような遺憾な事態を招くことがないよう慎重に行動されることを強く訴える」との見解を示した。
> また，「裁判沙汰」という言葉のように，日本人は白黒をはっきりとつけることを好まないと言われる。しかし，裁判は人権侵害の最後の砦であり，そのためにも誰でも速やかに裁判を受ける環境が整備されていなければならない。

政治

8 新しい人権

政治 ⑮

1 新しい人権

18 15 倫政14 最高裁は環境権を新しい人権の一つとは認めていないこと。

種類	憲法上の根拠	社会的背景・具体的内容	判例
環境権	**根拠** 憲法第13条（幸福追求権）憲法第25条（生存権） 健康で文化的な生活を営むのに不可欠な環境を維持し，事前に環境の破壊を阻止しうる権利。**17** 明文規定されていないこと。	1960年代の高度経済成長期に，企業が環境への影響を構わず利潤追求に走り，環境破壊や国民の生活に大きな危害を与えたことから，その対抗概念として70年前後に提唱された。個別の権利として，入浜権，眺望権，静穏権，景観権，嫌煙権などの権利が主張されてきており，中でも日照権は判例により認められた権利となっている。1997年には**環境影響評価法（環境アセスメント法）**が制定された。（→P.245**11**）	大阪空港公害訴訟（→P.117 **A**）鞆の浦景観訴訟（→P.117 **B**）
知る権利	**根拠** 憲法第21条（表現の自由） 国民があらゆる情報に接し，それを知ることができる権利。国家権力によって報道・取材活動が制限されないという権利から，行政機関等への情報公開請求権という，より積極的な性格をもつようになってきている。	マスメディアにより，国民は情報の一方的な受け手の立場に立たされ，時には，情報の秘匿や歪曲によって情報の統制・操作を受けることもありうる。主権者たる国民が，日常生活の情報から行政機関等の公的な情報まで自由に入手できることは，国民の政治への参加，政治腐敗の防止にとって不可欠なことである。情報公開の制度化は，地方自治体レベルで進んでいたが，国家レベルでも1999年に**情報公開法**（→P.86 **8**）が制定された。その一方で，2013年には，防衛，外交，テロなどにかかわる国家機密を特定秘密に指定する**特定秘密保護法**が制定された。国家による国民の「知る権利」の侵害などが懸念されている。	知事交際費公開訴訟 外務省秘密電文漏洩事件（→P.117 **C**）
プライバシー権	**根拠** 憲法第13条（幸福追求権） 私生活をみだりに他人に知られない権利だけでなく，自己に関する情報の流れをコントロールする権利（自己情報コントロール権）へと内容が拡大。**倫政19**	マスメディアの発達に伴い，私生活を暴露される危険から個人を守るために主張され始めた。コンピューターの利用により集積された個人情報の悪用を防ぐため，特に行政機関等がもつ自己に関する情報の開示・修正請求権が重視されてきた。地方自治体レベルから取り組みが始まり，国家レベルでも1988年に行政機関電算処理個人情報保護法が，2003年には**個人情報保護法**（→P.86 **7**）など個人情報保護関連5法が制定された。近年，プライバシー権の一つとして，「**忘れられる権利**」も注目されている。これは，インターネット上にある不都合な個人情報の入り口となる検索エンジンに対して，検索結果として表示されなくするよう要請する権利である。	「宴のあと」事件（→P.117 **D**）**19** 私人により，私生活をみだりに公開されない権利を含むこと。
アクセス権	**根拠** 憲法第21条（表現の自由） 個人がマスメディアにアクセス（接近）してこれを利用し，自らの意見を発表する権利。	個人の言論の自由を確保するため，個人がマスメディアにアクセス（接近）して自らの意見を直接表明することを保障する**アクセス権**の他に，マスメディアの報道によって名誉を傷つけられた者などが反論する機会を求める**反論権**も主張されている。意見広告や反論記事の掲載，紙面・番組への参加などの方法がある。	サンケイ新聞意見広告訴訟（→P.117 **E**）
平和的生存権	**根拠** 憲法前文（平和のうちに生存する権利）	平和を権利と考えるもの。権利の主体は国家なのか，国民なのか，また権利の内容も定説がなく，従来の権利概念とは異質なものであり，憲法第3章の基本的人権の中には，規定されていない。長沼ナイキ基地訴訟第一審判決を契機に平和的生存権を独自の具体的権利としてとらえる考え方が出てきた。	長沼ナイキ基地訴訟（→P.123）
自己決定権	**根拠** 憲法第13条（幸福追求権） 個人の生き方や生活について，権力の介入や干渉なしに自由に決定できる権利。	①治療拒否，**安楽死**，**尊厳死**（→P.79）といった生死にかかわるもの，②結婚や出産など家族のあり方にかかわるもの（リプロダクティブ・ライツ），③服装や髪型などの外観にかかわるものなど，医療問題をはじめ，ライフスタイル，趣味などさまざまな分野で主張されている。	「エホバの証人」訴訟

政治 倫政15・19 倫政16・20

F○CUS 子どもの声は「騒音」か？

2016年4月，千葉県市川市で開園予定だった私立保育園が「子どもの声でうるさくなる」などと近隣住民から反対されて建設を断念した。近年こうした子どもの声を巡るトラブルは相次いでおり，東京都の14年の調査では，保育園や公園などで遊ぶ子どもの声について「うるさい」などの苦情を受けたことがある区市町村が7割に上ることが明らかになった。一方で「声を抑制するのは子どものストレスになる」といった指摘があり，15年3月の都議会では，子どもの声に騒音の規制基準を適用しないよう条例を改正したという事例もある。待機児童問題（→P.269）への対応も急がれる中，子どもの声は環境権の一種として主張される**静穏権**を侵害する「騒音」か否か，議論が続いている。

（『毎日新聞』2016.4.13による）

解説 **生きている人権** 「新しい人権」とは，憲法に明文化されてはいないが，憲法制定以後の社会状況の変化に応じ，新たに人権として主張されるようになってきたものだ。憲法第13条の**幸福追求権**を根拠に，裁判上の救済を受けることのできる具体的権利として主張されることが多い。

Target Check 新しい人権などに関する次の記述の正誤を判断しなさい。 （解答→表紙ウラ）

☐ ① 憲法上の表現の自由は，新しい人権の一つである「知る権利」を主張する際の根拠の一つだとされている。

☐ ② マスメディアが取得した個人情報であっても，その取扱いは個人情報保護法によって制限されることがある。

☐ ③ 政府がマスメディアを通じて意見を広く表明することは，アクセス権の行使として位置づけられる。

☐ ④ プライバシーの権利は，新しい人権として主張されているが，裁判所の判決では認められていない権利である。

（センター2012，15本試による）

SIDE STORY 2009年10月に広島地裁で埋め立て・架橋計画差し止め判決が出された「鞆の浦」は，宮崎駿監督のアニメ映画「崖の上のポニョ」の舞台のモデルとして知られる瀬戸内海に面した景勝地である。

② 新しい人権をめぐる訴訟

名称		事件の概要・判決要旨	解説
Ⓐ 大阪空港公害訴訟 〈環境権〉	概要	大阪空港に離着陸する航空機の騒音，振動，排ガスなどの被害を受けている周辺住民が，人格権を根拠に夜9時以降翌朝7時までの夜間飛行差し止めと過去・将来の損害賠償を求めておこした民事訴訟。	**"門前払い"判決** この裁判では**人格権・環境権**を認めるかどうかが焦点であった。二審判決は環境権自体については判断しなかったが，人格権の及ぶ範囲を広く解釈し差し止め請求を認めたことは，環境権の確立に一歩前進したと考えることもできる。しかし最高裁判決では，この点についてはふれないまま，"門前払い"の形で差し止め請求を却下した。この判決は裁判所が"国民の権利救済"という司法の役割を放棄したとの批判もある。
	裁判の経過	第一審：夜間飛行禁止（夜10時以降），損害賠償請求（過去の分のみ）認める。 第二審：「個人の生命・身体の安全，精神的自由，生活上の利益の総体である人格権は当然に承認さるべき当然の権利でありみだりに侵害することは許されない」→**夜間飛行禁止（夜9時以降）**，損害賠償請求（過去・将来の分）認める。 **倫政14** 大阪高裁は公害の原因となる行為の差し止めを認めたこと。 最高裁（1981.12.16）：夜間飛行禁止認めず，損害賠償請求（過去の分のみ）認める。	
	最高裁判決の要旨	大阪空港には国の航空行政権が及ぶため民事訴訟の対象にならない。過去の損害は，特別の犠牲により成り立つものであり，国家賠償法の適用が認められる。しかし，将来の損害については程度の確定が困難で請求は認められない。	
Ⓑ 鞆の浦景観訴訟 ⑱ 〈環境権〉	概要	瀬戸内海の景勝地，鞆の浦（広島県福山市）の埋め立て・架橋計画に対して，住民が「歴史的町並みや文化的景観が破壊され損失は重大」として，埋め立て免許の交付の差し止めを求めて提訴。	**景観「国民の財産」** 歴史的景観を保護するために大型公共工事の許認可を差し止めることができるかどうかが争われた。行政訴訟ではあるが，「景観保護」という観点から，景観を守ろうとする原告が実質的に勝訴した初の判決。
	裁判の経過	第一審（広島地裁 2009.10.1）：**原告勝訴** 鞆の浦は「国民の財産」であり，「その恵沢を日常的に享受する住民の景観利益は法律保護に値する」として，埋め立て免許交付の差し止めを認める。 ＊2016年，広島県は埋め立て免許の申請を取り下げることを決定	 ↑ 瀬戸内の海と鞆の浦
Ⓒ 外務省秘密電文漏洩事件 〈知る権利〉	概要	毎日新聞の記者が，沖縄返還に伴い，米国側が支払うべき軍用地復元保障の費用を，日本政府が肩代わりするという密約の秘密電文を，外務省の女性事務官から入手した。記者は国家公務員法第111条（秘密漏洩をそそのかす罪）違反，事務官は同法第100条（秘密を守る義務）違反で起訴された。	**「知る権利」の軽視** この事件は「取材の自由」と国家機密が対立した事件である。最高裁判決は，「知る権利」よりも取材方法の違法性を強調している。⑮
	裁判の経過	第一審：女性事務官は**有罪**，記者は，取材報道のための正当な行為と認められ**無罪**。 第二審：記者の行為を，国公法第111条違反として**記者も有罪**。 最高裁（1978.5.31）：記者の上告棄却。**有罪**確定。	
	最高裁判決の要旨	報道の自由は，表現の自由のうちでも特に重要なものであり，報道のための取材の自由もまた，十分に尊重に値する。しかし，秘密文書を入手するために女性事務官に接近し，秘密文書を持ち出させるというこの記者のやり方は，事務官の人格の尊厳を著しく蹂躙するもので，正当な取材の範囲を逸脱している。	**「権利」として確立** この裁判は，プライバシー権をめぐる本格的裁判で，これにより**プライバシー権が法的に認められた**。最近では芥川賞作家柳美里さんの小説『石に泳ぐ魚』をめ⑭⑯⑲ぐって，最高裁は出版差し止めと損害賠償を認めた。
Ⓓ 「宴のあと」事件 〈プライバシー権〉	概要	三島由紀夫の小説『宴のあと』は，外務大臣も務めたことのある元衆議院議員の主人公が料亭の女将と再婚し離婚するまでを描いたもので，一読して主人公を特定できるものであった。原告は，この小説が原告の私生活をのぞき見たもので，そのプライバシーを侵害したとして，三島氏と出版社に慰謝料と謝罪広告を要求した。	一方，1999年の通信傍受法（一定の犯罪に対して，捜査機関による電話や携帯電話，電子メールなどの傍受を認めるもの）や2003年から始まった**住民基本台帳ネットワーク**（住基ネット：全国民に番号を付し，個人情報を集約・管理），2016年から始まった，**マイナンバー制度**（→P.86 ⑦）などがプライバシーの保護との関連で問題となっている。他人の情報が誤登録されるなどの問題がありつつも，2023年に改正マイナンバー法が成立し，2024年秋より健康保険証が廃止され「マイナ保険証」に一本化される。
	裁判の経過	第一審（東京地裁 1964.9.28）：**原告勝訴** プライバシー権を，法的権利として承認し，損害賠償請求を認めた。（被告側は控訴したが，その後原告が死亡，和解）	
	東京地裁の判決要旨	個人の尊厳という思想は，相互の人格が尊重され，不当な干渉から自我が保護されることによって初めて確実なものとなる。そのためには，正当な理由がなく他人の私事を公開することは許されない。いわゆるプライバシー権は私生活をみだりに公開されないという法的保障ないし権利として理解されるから，その侵害に対しては，侵略行為の差し止めや精神的苦痛による損害賠償請求権が認められる。	＊2023年，マイナンバー制度がプライバシー侵害かどうかの最高裁判決で合憲と判断。
Ⓔ サンケイ新聞意見広告訴訟 〈アクセス権〉	概要	自民党がサンケイ新聞に掲載した意見広告が，共産党に対する誹謗中傷に満ちているとして，共産党が，サンケイ新聞に対し，同一スペースの反論文の無料掲載を求めて提訴。	**反論権は法的根拠なし** 本件は，マスメディアに対するアクセス権が問題となった事例だが，具体的な成文法のない**反論権**（新聞などで批判された者が，当該新聞等に対し，反論文を掲載することを請求できる権利）は認められなかった。
	裁判の経過	第一審：反論文の無料掲載請求権は認められないとして共産党の**請求を棄却**。 第二審：控訴を棄却。 最高裁（1987.4.24）：上告棄却	
	最高裁判決の要旨	反論権は，公的事項に関する批判的記事の掲載を躊躇させ，憲法の保障する表現の自由を間接的に侵すおそれがある。具体的な成文法がない反論権を認めるのに等しく，反論文掲載請求権をたやすく認めることはできない。	

柳美里さん

政治

用語Check 〔→P.367〕 新しい人権，環境権，知る権利，情報公開法，プライバシーの権利，アクセス権，自己決定権，住民基本台帳法

9 人権の国際的保障

人権条約の批准が国内法に与えた影響・変化を確認しよう。また、在日外国人の権利に制限があるのはなぜか考えてみよう。

1 主な人権条約と日本の批准状況

採択年	条約名と主な内容	発効年	日本の批准年	当事国数
1948	**世界人権宣言**(→P.95 4)			
1948	**ジェノサイド条約** 集団的殺害を、平和時でも戦争時でも国際法上の犯罪として確認し、処罰する	1951	未批准	154
1951	**難民の地位に関する条約**(→P.292 2)	1954	1981	146
1965	**人種差別撤廃条約** 人種のちがいを理由とする差別を廃止する	1969	1995	182
1966	**国際人権規約**(→P.95 4) A規約(→2)	1976	1979	171
	B規約(→2)	1976	1979	173
1979	**女性(女子)差別撤廃条約**(→3) 女性に対するあらゆる差別を撤廃し、男女平等を保障する	1981	1985	189
1980	**ハーグ条約** 両親の離婚などにより、親が国境を越えて子どもを連れ去った場合、子どもを元の国に戻すことを規定	1983	2014	104
1989	**子ども(児童)の権利条約** 子どもを、人権をもち行使する主体として認め、さまざまな権利を規定	1990	1994	196
1989	**死刑廃止条約(死刑廃止議定書)** 死刑廃止が人間の尊厳向上と人権保障の発展につながるとして死刑を完全廃止	1991	未批准	90
2006	**障害者権利条約** 障がいのある人の基本的人権を促進・保護する(倫政15)	2008	2014	184 + EU

(『国際条約集 2023』による)

2 国際人権規約(構成と主な内容)

A規約 (経済的、社会的及び文化的権利に関する国際規約)
[社会権規約、1966採択、1976発効]
- 民族自決権 ・一般的な社会権 ・実施措置の報告義務等

B規約 (市民的及び政治的権利に関する国際規約)
[自由権規約、1966採択、1976発効]
- 民族自決権 ・一般的な自由権 ・表現の自由
- 非人道的待遇を受けない権利 ・外国人追放の制限
- プライバシーの保護 ・規約人権委員会に関する規定
- 実施措置の報告義務 ・少数民族の保護 ・戦争宣伝の禁止等

選択議定書

A規約選択議定書 [2008採択、2013発効]	・個人通報制度…規約にかかげる権利の侵害について、委員会が締約国の個人の通報を受理・審議する手続き
B規約第1選択議定書 [1966採択、1976発効]	

日本未批准
B規約第2選択議定書(**死刑廃止条約**)
[1989採択、1991発効]
- 締約国内での死刑の廃止 ・個人通報制度

解説 **国際人権規約と日本** 日本はA規約について、①公務員のストライキ権、②高校大学教育の無償化、③祝祭日の給与の3つの**留保**条件をつけて1979年に批准した(②は高校無償化等の措置を受けて2012年に撤回)。「**選択議定書**」の個人通報制度は、国家による人権侵害を受けた際に被害者個人が国連に救済を申し立てることができるという制度であるが、**日本は批准していない**。B規約の第2選択議定書(**死刑廃止条約**)も**未批准**である(→1)。

A ジェノサイド条約(日本未批准)

第1条[国際法上の犯罪] 締約国は、集団殺害が、平時に行われるか戦時に行われるかを問わず、国際法上の犯罪であることを確認し、かつ、これを防止し処罰することを約束する。

第2条[定義] ……集団殺害とは、国民的、民族的、人種的又は宗教的な集団の全部又は一部を集団それ自体として破壊する意図をもって行われる次のいずれかの行為をいう。

第4条[犯罪者の地位の不問] 集団殺害……を犯す者は、憲法上の責任ある統治者であるか、公務員であるか、又は私人であるかを問わず、処罰される。

(『国際条約集』)

16 ジェノサイド条約は、ナチスのユダヤ人虐殺などを契機として採択されたこと。

解説 **日本が未批准の条約、その理由は?** ①**ジェノサイド条約**…第二次世界大戦後のニュルンベルク裁判や東京裁判で用いられた「人道に対する罪」の本質部分を法制化したもの。締約国は集団殺害を行った国に対して軍事的介入をする義務を負うため、憲法第9条を理由に批准していない。②**死刑廃止条約**…日本には死刑制度があり、死刑制度の存廃は、国民世論や社会正義の実現等の観点から慎重に検討すべきで、直ちに廃止できないとの理由で批准していない。なお、死刑廃止条約ができる以前から、国際的には死刑廃止の大きな流れがあった。国際的な**NGO(非政府組織)**の**アムネスティ・インターナショナル**も、政治犯や思想犯などの「良心の囚人」の釈放とともに死刑廃止を運動上の目標に掲げている。

3 国際人権条約と日本

A 難民の地位に関する条約(難民条約)(抄)(1951)

第3条[無差別] 締約国は、難民に対し、人種、宗教又は出身国による差別なしにこの条約を適用する。

第23条[公的扶助] 締約国は、合法的にその領域内に滞在する難民に対し、公的扶助及び公的援助に関し、自国民に与える待遇と同一の待遇を与える。

批准(1981)の影響
①出入国管理及び難民認定法制定(1982)
②同法制定に伴う、外国人退去強制自由の緩和
③社会保障制度における国籍条項撤廃

B 女子差別撤廃条約(抄)(1979) 14

第2条[締約国の差別撤廃義務] 締約国は、女子に対するあらゆる形態の差別を非難し、女子に対する差別を撤廃する政策をすべての適当な手段により、かつ、遅滞なく追求することに合意し、及びこのため次のことを約束する。

批准(1985)の影響
①国籍法改正(1984)第2条[出生による国籍の取得]
   (改正前)出生時に父が日本国民であるとき
   (改正後)出生時に父又は母が日本国民であるとき
17 ②男女雇用機会均等法制定(1985)(→P.257 4)
③育児休業法成立(1991)…1歳未満の子の養育のための休業を、男女どちらも取ることができる
④学習指導要領改訂→家庭科の男女共修(高校1994〜)

解説 **国内の法整備** 国際法は一般の国内法に優越するので、その批准は時に国内法体系を変えることになる。

政治

4 国籍別外国人数

A 主要国籍別の在留外国人数（各年末現在）

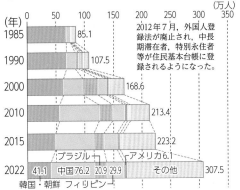

2012年7月，外国人登録法が廃止され，中長期滞在者，特別永住者等が住民基本台帳に登録されるようになった。

（年）		
1985		85.1
1990		107.5
2000		168.6
2010		213.4
2015		223.2
2022	韓国・朝鮮 41.1　中国 76.2　フィリピン 20.9　ブラジル 29.9　アメリカ6.1　その他	307.5

注：「在留外国人数＝中長期滞在者（3か月超の滞在）＋特別永住者」。不法就労者や在日米軍は含まない。また，2012年統計から短期滞在者を含まなくなった。**特別永住者**…第二次世界大戦後も日本に住み続ける旧植民地の人やその子孫。国籍では「韓国・朝鮮」が99％を占める。　（法務省資料）

解説 近年急増の背景は？

日本に住む外国人の在留資格や在留期間を規定したのが**出入国管理及び難民認定法**。在日外国人は「オールドカマー」（旧植民地関係の韓国・朝鮮・中国とその子孫で，多くは永住権所有）と「ニューカマー」（比較的最近来日した人びと）とに大別される。近年後者の伸びが顕著だが，その背景にあるのは，日本の経済大国化と人手不足にともなう「出稼ぎ」による**外国人労働者**（→P.260）の増加。とりわけ1990年の同法改正で日系人の入国審査が緩和されたり，1993年に**外国人技能実習制度**（同法は単純労働のための滞在は認めていない）が導入された結果，事実上単純労働が認められ，日系ブラジル人・ペルー人や中国人が急増している。

F◎CUS

共生社会を目指して

多様な言語，文化，慣習，価値観の中で生活してきた人々にとって過ごしやすい社会は，どのようにつくっていけばよいのか。長野県の特定非営利活動法人では，外国由来の子どもたちに向けた日本語支援の学習教室を開いている。私たちが学校で当たり前のように使っている「実験する」「比較する」などの「学習言語」は外国由来の子どもたちには理解が難しい。

（特定非営利活動法人中信多文化共生ネットワークによる）

5 在日外国人の権利と義務は？

注：扱いの欄　○─日本人と同等。△─徐々に日本人なみに改正されてきている。×─認められていない。

項　目		扱い	原　則	補　足
納　税		○	国籍に関係なく，日本国内に源泉のある所得（「国内源泉所得」）に対して課税─「所得税法」	1年以内の日本での在留の場合は非課税措置がとられる場合もあるが，1年以上になると同等。
参政権	国　政	×	選挙権，被選挙権を「日本国民」に限定─「公職選挙法」	・「日本国民」に限定される地方自治体の参政権　→議会解散請求権・解職請求権・監査請求権
	地方自治体	×	選挙権は「日本国民たる普通地方公共団体の住民」に認められる─「地方自治法」（1995.2最高裁判決により，在日外国人の参政権は立法府の判断に委ねられた）	・外国人に地方レベルでの参政権を認めている国の例　→EU諸国…EU加盟諸国民に対し承認。被選挙権も承認する国もあるが，非EU国民にまで承認している国は少数。　→英連邦諸国の一部…主として連邦諸国民に対して。
社会福祉・保障	労災保険	○	職種や国籍に関係なく，使用者から賃金を受けている人すべてを対象。	不法就労の場合，届け出ない場合が数多くある。**なお，労働基準法は不法就労者に対しても適用される。**
	国民年金児童手当	○	日本に住む外国籍の人も対象となる。	1982年の難民条約発効にともなう，国内法整備の結果認められた。
	国民健康保険	○	1986年より国籍を問わず適用	
公　務　員		△	〔内閣法制局見解〕（1953）外国人は「**公権力の行使，公の意志の形成の参画**」に従事する公務員にはなれない。 外国人に開放されている職種 ○「現業」「専門職」（医師など） ×「教員」「一般職」	どの職種が「公権力の行使，公の意志の形成の参画」にあたるのかあいまい。近年，地方自治体では，国籍の条件が撤廃されてきている。 1982年　国公立大外国人教授任用始まる。 91年　文部省通達で，公立小中高の講師に解禁。 96年　川崎市が県・政令市で初めて「国籍条項」を撤廃。各県に撤廃が広まる。
大　学　受　験		△	文部科学省は従来原則的に外国人学校卒業者に大学（特に国立大学）受験資格を認めなかったが，2004年入試から，全面的に各大学の裁量にゆだねられた。	
スポーツ	国民スポーツ大会*	△	「日本国に国籍を有する者であること」という参加資格の原則あり。	例外として，1981年より外国籍高校生，88年より外国籍中学生，90年より外国籍大学生の参加が認められた。 ＊ 2024年に「国民体育大会」から改称。
	高　校　野　球	○	1991年，在日韓国・朝鮮人チームの高野連への加盟が認められた。	
	高　体　連	○	1994年より，特例措置として，大会参加が認められた。	
その他			**在留管理制度**…2012年7月以降，3か月を超えて日本に在留する外国人に対して氏名・在留資格などが記された**在留カード**（常時携帯義務あり）が交付された。永住権を有する在日韓国・朝鮮人などに対しては**特別永住者証明書**（携帯義務なし）が交付された。 **指紋採取・顔写真撮影**…2006年に**出入国管理および難民認定法**が改正，テロ防止の観点から16歳以上の外国人に入国審査時の指紋採取と顔写真撮影が義務付けられた。	**解説** 「内なる国際化」の前進　義務と権利は本来表裏一体の関係にある以上，日本人と同様に税金を払っている在日外国人も，同等の権利を保障されるべきだという議論がある。最高裁は1978年の「**マクリーン事件**」判決で，「日本国憲法が規定する人権は基本的には在日外国人にも及ぶが，それは在留制度の枠内で」という趣旨の判断を示した。1980年代以降，人権条約の批准（→**3**）や外国人の指紋押捺拒否運動もあって，外国人の人権保障は着実に進展したが，課題も多い。

●次のまとめの中の❶〜⓬にあてはまる言葉を答えなさい（解答は下の欄外）。

重要ポイントの整理

法の支配と人権 ⇩ P.92・93

(1)憲法と法律

- 憲法の二側面→**立憲主義**の必要性
  - 権力の制限（権利の保障）
  - **最高法規性**

憲法の分類	成文憲法 ⟷ 不文憲法 ❶＿＿憲法 ⟷ 軟性憲法 民定憲法 ⟷ ❷＿＿憲法

- 社会規範
  - 法律…国家権力による強制力
    - ←刑罰による制裁あり
  - 道徳…個人の良心という強制力
    - ←良心の呵責という制裁あり

(2)法の支配と法治主義

法の支配	権力者の恣意的支配（**人の支配**）を廃し，議会で国民の意思に基づいて制定された法に，権力者も従う。司法権の優位。近代の英で発展。 →米で**違憲立法審査権**として発展。 「**国王といえども，神と法の下にある**」 （ブラクトン）
法治主義	「法」の形式面を重視し，必ずしもその内容や正当性問わず。「**悪法もまた法なり**」の可能性。**外見的立憲主義**。戦前の独が典型。

近代民主政治の発達 ⇩ P.94・95

(1)近代民主政治の基本原理

国民主権	「人民の，人民による，人民のための政治」（リンカーン）
権力分立	立法・行政・司法の三権による抑制と均衡（モンテスキュー）
基本的人権の保障	自然権を守る←「法の支配」

(2)社会契約説＝個々人の契約に基づく国家の形成

ホッブズ	『**リバイアサン**』	**万人の万人に対する闘争**→自然権放棄
ロック	『**統治二論**』	自然権の委託による国家形成→権利侵害に抵抗権
ルソー	❸『＿＿＿＿＿』	人民主権と**一般意志**に基づく直接民主制

(3)絶対王政から近代市民社会の確立へ

絶対王政	❹＿＿＿＿説による支配の正統化	
市民革命	内容	立憲主義による王権の制限や打倒
	人権	**自然法**思想に基づく基本的人権の確立「**国家からの自由**」 新興ブルジョワジーによる経済活動の自由の追求

イギリス	**マグナ・カルタ**(1215)，**権利請願**(1628)，**権利章典**(1689)
アメリカ	**バージニア権利章典**(1776)，**アメリカ独立宣言**(1776)→天賦の人権
フランス	**フランス人権宣言**(1789)

重要ポイントの整理

(4)20世紀における人権思想の展開
→社会権的基本権の確立

原因	資本主義の発達による矛盾の激化
展開	政府による経済活動への介入の必要性 →「**国家による自由**」
例	ドイツの❺＿＿＿＿＿憲法(1919) →世界で初めて❻＿＿権を規定

世界の主な政治体制 ⇩ P.96〜99

アメリカ	❼＿＿＿制	大統領の任期は4年。3選禁止。間接選挙。大統領の**拒否権**。厳格な三権分立制の採用。裁判所に**違憲立法審査権**。
イギリス	❽＿＿＿＿＿制	貴族院（上院）と庶民院（下院）の二院制。下院優位の原則。野党による「**影の内閣**」。
中国	権力集中制	**全国人民代表大会**（最高機関）に権力集中，共産党の指導性

※発展途上国…**開発独裁**（権威主義体制）　外貨導入で工業化は進む一方で，人権抑圧の側面をもつ

日本国憲法の成立 ⇩ P.100・101

(1)大日本帝国憲法(明治憲法)の制定
- **自由民権運動**…国会開設，憲法制定の要求
- 明治政府…伊藤博文渡欧　プロイセン憲法を学ぶ
- **私擬憲法**…植木枝盛「**東洋大日本国国憲按**」
- **大日本帝国憲法(明治憲法)**発布(1889年)

(2)大日本帝国憲法の特質
＝**欽定憲法・外見的立憲主義**

①天皇主権	神聖不可侵・統治権の総攬者・広範な**天皇の大権**
②形式的な三権分立	統治権の総攬者は天皇 帝国議会（**協賛**），各国務大臣（**輔弼**，内閣の規定なし） 裁判所（天皇の名による裁判）
③臣民の権利	「**法律の❾＿＿**」あり（法律の範囲内で認められる）
④陸海軍は天皇に直属	❿＿＿権の独立（議会や政府も関与できず）

(3)大日本帝国憲法下の政治
①大正デモクラシー
- **民本主義**(吉野作造)，**天皇機関説**(美濃部達吉)

②軍部の台頭
- **統帥権干犯問題**(1930年)→軍部の台頭と独走
  →軍国主義と第二次世界大戦

(4)日本国憲法の制定(公布 1946.11.3　施行 1947.5.3)

経緯	⓫＿＿＿＿＿宣言の受諾→日本の無条件降伏，GHQによる憲法改正指示 改正案(松本案)提出，マッカーサー三原則に基づくGHQ案をもとに，政府は憲法改正案を作成→帝国議会に提出し修正可決
日本国憲法の基本原理	①⓬＿＿＿＿　②**平和主義** ③**基本的人権の尊重**

解答 ❶硬性　❷欽定　❸社会契約論　❹王権神授　❺ワイマール　❻社会(生存)　❼大統領　❽議院内閣　❾留保　❿統帥　⓫ポツダム　⓬国民主権

国民主権と基本的人権の保障

●次のまとめの中の❶～⓬にあてはまる言葉を答えなさい（解答は下の欄外）。〈注〉（　）内の数字は憲法の条数

重要ポイントの整理

国民主権 P.102・103

①**国民主権**　憲法前文「…ここに❶＿＿が国民に存することを宣言し…」
第1条「…この地位は，❶＿＿の存する日本国民の…」

②**象徴天皇制**

天皇の地位	「天皇は日本国の❷＿＿であり日本国民統合の❷＿＿」(1)
天皇の権能	「❸＿＿に関する行為」のみ行う　国政に関する権能を有さない，**内閣の助言と承認**が必要

基本的人権の尊重 P.104・105

(1)**人権の性質**
人権の根拠…「**個人の尊重**」(13)

固 有 性	国家や憲法によって与えられるものでなく，人間であることに基づいて有する権利
不可侵性	公権力によって侵されない権利
普 遍 性	人種・性などの区別に関係なく共有する権利

(2)**基本的人権の限界**
①**公共の福祉**…人権相互の矛盾や対立を調整する原理

自由国家的公共の福祉	すべての人権に内在する制約原理
社会国家的公共の福祉	経済の自由に対する政策的制約原理

②**二重の基準**…違憲審査基準の準則→厳しい基準と緩やかな基準

法の下の平等 P.106～109

(1)**法の下の平等**　法の内容と適用の平等

差別問題	①**同和問題**	**部落差別問題**
	②**民族差別**	在日朝鮮人・韓国人問題，アイヌ民族など
	③**女性差別**	夫婦別姓，男女雇用機会均等法，男女共同参画社会基本法など
関連重要判例	尊属殺人事件，日立訴訟	

自由権 P.110～113

(1)**自由権的基本権**　国家の不当な介入を排除する権利，「**国家からの自由**」

①精神の自由	①思想及び良心の自由(19)	**三菱樹脂事件**
	②❹＿＿の自由(20)	**政教分離の原則　津地鎮祭訴訟　愛媛玉串料訴訟**
	③集会・結社・❺＿＿の自由(21)	東京都公安条例事件チャタレイ事件
	④学問の自由(23)	大学の自治を含む**東大ポポロ事件**
②人身の自由	①奴隷的拘束及び苦役からの自由(18)	⑤拷問及び**残虐な刑罰の禁止**(36)
	②法定手続の保障(31)**罪刑法定主義**	⑥刑事被告人の諸権利(37)**国選弁護人**
	③**令状主義**(31・35)	⑦自白の強要の禁止・**黙秘権**(38)
	④不当な抑留・拘禁の禁止(34)	⑧**遡及処罰の禁止・一事不再理**(39)

重要ポイントの整理

「無罪推定の原則」「疑わしきは❻＿＿＿の利益に」（再審請求段階でも適用）

経済活動の自由

③経済活動の自由	①居住・移転及び職業選択の自由　外国移住及び国籍離脱の自由(22)	**薬事法距離制限違憲訴訟**
	②❼＿＿権の保障(29)	「公共の福祉」による制限と「正当な補償」

社会権・請求権 P.114・115

(1)**社会権的基本権**　国家に対し人間らしい生活の保障を要求する権利

①生存権(25)	「健康で文化的な❽＿＿＿＿の生活」を営む権利**朝日訴訟**（❾＿＿＿＿＿＿＿説を採用），堀木訴訟
②教育を受ける権利(26)	教育の機会均等を保障　**家永教科書検定違憲訴訟**など
③労働基本権(27・28)	勤労の権利，⓾＿＿＿権（団結権・団体交渉権・争議権）

福祉国家の実現をめざす　ワイマール憲法で世界で初めて規定(1919年)

(2)**参政権**　国民主権の具体化，国民が政治に参加する権利
①選挙権(15)・被選挙権(43・44)
②**最高裁判所裁判官の国民審査**(79)
③**地方特別法制定のための住民投票**(95)
④**憲法改正の国民投票**(96)

(3)**請願権**　国政や地方議会などについて国民が意見を述べる権利

(4)**請求権**　①損害賠償請求権(17)　②裁判を受ける権利(32)　③刑事補償請求権(40)

新しい人権／人権の国際的保障 P.116～119

(1)**新しい人権**　憲法には明文化されていないが，社会の変化に対応して新たに人権として主張されるようになってきたもの（第13条の⓫＿＿＿＿権などを根拠）

①環境権	大阪空港公害訴訟，鞆の浦景観訴訟
②知る権利	取材・報道の自由　**外務省秘密公電漏洩事件**
③⓬＿＿＿＿＿＿の権利	私生活をみだりに公開されない権利→人格権　自己に関する情報をコントロールする権利（最近の考え）「**宴のあと**」事件（法的に承認）
④アクセス権	サンケイ新聞意見広告訴訟
⑤平和的生存権	平和のうちに生存する権利
⑥自己決定権	「エホバの証人」訴訟

(2)**人権の国際的保障**　①人権条約批准状況―ジェノサイド条約，死刑廃止条約，障害者権利条約など未批准　②女子差別撤廃条約批准→男女雇用機会均等法，国籍法改正，家庭科の男女必修　③入国審査の緩和→日系人の急増（ブラジル・ペルー），外国人労働者問題など

解答　❶主権　❷象徴　❸国事　❹信教　❺表現　❻被告人　❼財産　❽最低限度　❾プログラム規定　⓾労働三　⓫幸福追求　⓬プライバシー

Back UP

10 平和主義と憲法第9条

政治

1 第9条の構造

前文…日本国民は，恒久の平和を念願し，人間相互の関係を支配する崇高な理想を深く自覚するのであつて，平和を愛する諸国民の公正と信義に信頼して，われらの安全と生存を保持しようと決意した。われらは，平和を維持し，専制と隷従，圧迫と偏狭を地上から永遠に除去しようと努めてゐる国際社会において，名誉ある地位を占めたいと思ふ。われらは，全世界の国民が，ひとしく恐怖と欠乏から免かれ，平和のうちに生存する権利を有することを確認する。

第9条[戦争の放棄，戦力及び交戦権の否認]…日本国民は，正義と秩序を基調とする国際平和を誠実に希求し，国権の発動たる戦争と，武力による威嚇又は武力の行使は，国際紛争を解決する手段としては，永久にこれを放棄する。
② 前項の目的を達するため，陸海空軍その他の戦力は，これを保持しない。国の交戦権は，これを認めない。

【図】
前文 → 絶対的平和主義の宣言
第2章第9条
諸国民の公正と信義に信頼
戦争放棄
第1項 ・戦争の放棄 ・武力行使の放棄 ・武力威嚇の放棄 → 紛争解決の手段として
第2項 ・陸海空軍の不保持 ・その他の戦力の不保持 ・交戦権の否認 → 第1項の目的のため

（『口語憲法（全訂版）』自由国民社による）

解説 **絶対的平和主義の宣言** 世界各国の憲法にも戦争の制限・放棄の規定は見られるが，侵略戦争の制限・放棄にとどまっている。日本国憲法はあらゆる戦争を放棄し，戦力を保持しないとしている点で際立っており，他に例を見ない絶対的平和主義の憲法である。

2 防衛問題のあゆみと9条の解釈

1945	ポツダム宣言受諾
46	日本国憲法公布（**戦争放棄**）●
50	朝鮮戦争（～53）→**警察予備隊**発足（任務：国内の治安維持）
51	サンフランシスコ平和条約・**日米安保条約**調印
52	警察予備隊を**保安隊**に改組
54	日米相互防衛援助協定（**MSA協定**）調印 →防衛庁設置，**自衛隊**発足（任務：国内の治安維持＋国防）●
59	砂川事件判決（→4）
倫政14 60	日米新安保条約調印（**安保闘争**）
70	日米安保条約，自動継続
71	国会で**非核三原則**決議（→5④）
72	沖縄，本土復帰●
73	長沼ナイキ訴訟一審判決（→4）
76	政府防衛計画の大綱決定，**防衛費のGNP1%以内**を閣議決定
78	**日米防衛協力のための指針（旧ガイドライン）**
87	防衛費，GNP1%枠を外し，**総額明示方式**に（→P.124）
91	湾岸戦争，自衛隊掃海艇ペルシア湾に派遣●
92	**PKO協力法**成立，自衛隊カンボジアへ
96	日米安保共同宣言で安保再定義
97	日米防衛協力のための指針改定（**97年改定ガイドライン**）（→P.126）
99	**ガイドライン関連法**成立（**周辺事態法**など）
2000	船舶検査活動法成立（周辺事態に際して自衛隊が実施）
01	**テロ対策特別措置法**成立（→P.127⑤）
03	**有事関連3法**成立（武力攻撃事態法など）（→P.128⑨） **イラク復興支援特別措置法**成立（→P.127⑤）
04	**有事関連7法**成立（国民保護法，米軍行動円滑化法など）
07	防衛庁が防衛省に格上げ
09	海賊対処法成立
11	ジブチに日本初の自衛隊海外基地
倫政23 13	**国家安全保障会議**（日本版NSC）設置
14	武器輸出三原則を撤廃し，防衛装備移転三原則を策定 **集団的自衛権の行使を認める閣議決定**（解釈改憲）●
15	日米防衛協力のための指針改定（新ガイドライン）（→P.126） **安全保障関連法**成立（→P.128⑩）

● **自衛権の発動の戦争も放棄**（吉田茂首相1946.6）直接には自衛権は否定していないが自衛権の発動としての戦争も，交戦権も放棄したものだ

↑ 吉田首相

● **自衛隊は憲法違反ではない**（鳩山一郎内閣統一見解1954.12）第9条は独立国としてわが国が自衛権を持つことを認めている。自衛隊のような自衛のための任務を有し，その目的のため必要相当な範囲の実力部隊を設けることは，憲法に違反しない

↑ 鳩山首相

● **「戦力」とは自衛のための必要最小限度を超えるもの**（田中角栄内閣統一見解1972.11）憲法第9条第2項が保持を禁じている「戦力」は，自衛のための必要最小限度を超えるものである

↑ 田中首相

● **PKFにも参加可能**（海部俊樹内閣統一見解1991.9）①要員の身体防衛のためのみ武力使用，②紛争当事者間の停戦合意が破られれば撤収する，という前提によって，国連のPKF（平和維持軍）にも参加できる

↑ 海部首相

● **自衛隊は合憲**（村山富市首相1994.7）専守防衛に徹し，自衛のための必要最小限度の実力組織である自衛隊は憲法の認めるところだ

↑ 村山首相

● **集団的自衛権の行使は憲法上許容**（安倍晋三首相2014.7）我が国と密接な関係にある他国に対する武力攻撃が発生し，これにより我が国の存立が脅かされ，国民の生命，自由及び幸福追求の権利が根底から覆される明白な危険がある場合において，…必要最小限度の実力を行使することは，…自衛のための措置として，憲法上許容されると考えるべきであると判断するに至った。

↑ 安倍首相

解説 **解釈改憲（憲法の変遷）** 立法，裁判所の判決，国会や内閣の有権的解釈によって，実質上憲法の条項の意味が変更されることをいう。第9条についてはどのように考えたらよいだろう。

SIDE STORY 2008年4月1日「憲法9条，世界遺産に登録」という号外が配られた。もちろんエイプリルフール。ある団体が，日本の憲法9条は世界の宝であることをアピールした取り組みであった。

③ 第9条の解釈の比較

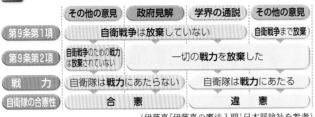

	その他の意見	政府見解	学界の通説	その他の意見
第9条第1項		自衛戦争は放棄していない		自衛戦争まで放棄
第9条第2項	自衛戦争のための戦力は放棄されていない	一切の戦力を放棄した		
戦 力	自衛隊は戦力にあたらない		自衛隊は戦力にあたる	
自衛隊の合憲性	合 憲		違 憲	

（伊藤真『伊藤真の憲法入門』日本評論社を参考）

解説 **自衛隊は「戦力」にあたらない** 政府の第9条解釈は，①第9条第1項によっても，自衛戦争は放棄しておらず，②「戦力」とは自衛のための必要最小限度を超えるものをいうから，③自衛隊は憲法が禁じている「戦力」にあたらず合憲であるというものである。しかし，「自衛のためなら核兵器ももてる」(福田赳夫首相)という考えにもみられるように，「戦力」と「自衛力」の境界は曖昧である。一方で学界では，自衛隊は戦力にあたり違憲であるというのが通説である。

④ 第9条をめぐる主な裁判

		砂 川 事 件		長沼ナイキ訴訟		恵 庭 事 件		百里基地訴訟
裁判の内容		1957年7月，米軍立川飛行場の拡張に反対する学生・労働者が飛行場内に立ち入ったとして安保条約に基づく刑事特別法違反(施設又は区域を侵す罪)に問われた。		1969年，北海道長沼町に地対空ミサイル，ナイキ基地をつくるため水源かん養保安林の指定が解除されたことに対し，同町住民が解除取消しを求めて提訴。		自衛隊演習場の爆音による被害を訴えていた酪農民が1962年，自衛隊の電話線を切断。自衛隊法違反で起訴。		航空自衛隊百里基地(茨城県小川町)の建設用地の所有権をめぐって国と反対住民とが争う。1958年提訴。
争点		❶安保条約による在日米軍が憲法の禁止する「戦力」にあたるか ❷安保の合憲性		❶自衛隊基地の設置が保安林解除理由の「公益上の理由」にあたるか ❷自衛隊の合憲性		❶自衛隊法121条(防衛の用に供する物の損壊罪)は憲法違反か	第一審	❶自衛隊は憲法違反か ⸺ **水戸地裁**(1977.2.17) ❶9条は自衛のための戦争までも放棄はしていない。自衛隊は一見明白に侵略的とはいえず，**統治行為**に関する判断は司法審査の対象外。⇨国側勝訴
判決要旨	第一審	**東京地裁**(1959.3.30) ❶9条は自衛のための戦力も否定。在日米軍はこの戦力にあたり違憲。⇨無罪(**伊達判決**)	第一審	**札幌地裁**(1973.9.7) ❷9条は一切の軍備・戦力を放棄，**自衛隊は違憲**。⇨保安林解除処分は無効(**福島判決**)	第一審	**札幌地裁**(1967.3.29) ❶電話線は自衛隊法121条の「その他の防衛の用に供する物」にあたらない。(憲法判断は行う必要なく，行うべきではない) ⇨無罪，確定	控訴審	**東京高裁**(1981.7.7) ❶9条解釈につき一義的な国民の合意はなく，本件については憲法判断を示さずとも結論しうる。⇨控訴棄却
	跳躍上告審	**最高裁**(1959.12.16) ❶9条が自衛のための戦力を禁じたものか否かは別として，同条が禁止する戦力は，わが国の指揮できる戦力で，外国軍隊である在日米軍はこの戦力にあたらない。 ❷安保条約については統治行為論により憲法判断回避。倫政14 ⇨破棄差戻し→のち有罪	控訴審	**札幌高裁**(1976.8.5) ❶ダムなど代替施設設置により原告の訴えの利益は消滅。 ❷自衛隊の合・違憲問題は統治行為に属し司法審査の対象とならない。 ⇨一審判決破棄，訴え却下 **最高裁**(1982.9.9) 原告に訴えの利益はない。(憲法判断はなし) ⇨二審判決支持，上告棄却			上告審	**最高裁**(1989.6.20) ❶9条は私法上の行為に直接適用されるものではない。(憲法判断なし) ⇨二審判決支持，上告棄却

解説 **決着せぬ9条論争** 一審で安保条約を違憲とした伊達判決，自衛隊を違憲とした福島判決は著名であるが，上級審では統治行為論や"門前払い"(訴えの利益なしとして却下)等により憲法判断が回避され，明確な判決は未だ示されていない。

⑤ 政府の防衛に関する方針

①集団的自衛権の行使禁止	②専守防衛	③海外派兵の禁止	④非核三原則	⑤武器輸出三原則
個別的自衛権=他国からの武力攻撃に対し反撃する権利。 **集団的自衛権**=自国が直接攻撃を受けていなくても，同盟国への武力攻撃を自国への攻撃とみなして反撃する権利。政府は，個別的自衛権は行使できるが，集団的自衛権の行使は憲法上許されないとしてきた。 （方針の転換）2014年，安倍内閣は閣議決定で，3要件(➡P.128 ⑨ Ⓓ)を満たせば，集団的自衛権の行使，集団安全保障の武力行使も憲法上可能とし，安全保障関連法で法制化(2015年)した。倫政18	防衛上の必要からも相手の基地を攻撃することなく，もっぱら我が国土及びその周辺において防衛を行うこと。(1972年 田中首相国会答弁)→自衛のための必要最小限にとどめるとしてきたが，敵基地攻撃能力の保有に踏み切った(2022年)。	武力行使の目的をもって武装した部隊を他国の領土，領海，領空に派遣する…海外派兵は，一般に自衛のための必要最小限度を超えるものであって，憲法上許されない。(1980年鈴木内閣国会答弁書) （問題点）PKOへの参加，テロ特措法による派遣へと自衛隊の海外派遣が拡大されてきている。	**核兵器を，持たず・つくらず・持ちこませず**(1967年政府表明，71年国会決議) （問題点）ラロック証言(1974)，ライシャワー発言(1981)は，核搭載のアメリカ艦船が寄港していたことを示唆。日本政府は「事前協議がないので核搭載艦の寄港はない」と説明。しかし，2010年政府は下記の①，②，④の密約の存在を認定。「持ちこませず」は有名無実化していた。 **日米密約** ①核兵器搭載艦船の寄港・通過を事前協議の対象外とする暗黙の合意。 ②朝鮮有事の際，在日米軍の戦闘作戦行動を事前協議なしで認める。 ③沖縄返還後，米軍の核再持ちこみを日本は事前協議で承認する。 ④沖縄返還協定で米負担とされた土地原状回復補償費を日本が肩代わりする。	①共産圏，②国連決議で禁止された国，③国際紛争当事国とそのおそれのある国への武器輸出は認めないという原則。1967年，佐藤内閣が策定。 （方針の転換）2014年，安倍内閣は閣議決定で，武器輸出三原則を撤廃し，**防衛装備移転三原則**を策定した。これにより，①紛争当事国以外，②日本の安全保障に資する，③目的外使用されないよう適正管理する，などの条件を満たせば輸出を認めるとした。倫政18 ⑥**文民統制**(➡P.124 ②) ⑦**防衛費の総額明示方式**(対GNP比1％枠→2027年度に同2％に増額)(➡P.124 ①) ⑧**徴兵制の禁止**

政治

課題を考える

文民統制の考えは，日本ではどのように実現されているだろうか。米軍が日本で基地を使用している根拠と目的は何だろう。

1 自衛隊の「防衛力」

A 自衛隊の規模

陸上自衛隊	15.1万人	戦車（10式・90式・74式）約350両，装甲車 約980両，ヘリ 311機
海上自衛隊	4.5万人	艦艇 139隻，支援船 293隻，航空機 77機，ヘリ 95機
航空自衛隊	4.7万人	戦闘機 324機，輸送機等 52機，ヘリ 52機

（人数は予算定員。『防衛ハンドブック』2023 による）

B 日本の防衛費

18年，米国の要請を受け，防衛費の対GDP比を1.3%に増額の方針を決定。

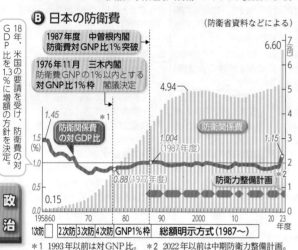

（防衛省資料などによる）

1987年度　中曽根内閣
防衛費対GNP比1％突破 →

1976年11月　三木内閣
防衛費GNPの1％以内とする
対GNP比1％枠　閣議決定

4.94

防衛関係費

防衛関係費の対GDP比

1.45
*1

1.004（1987年度）

1.15

0.88（1977年度）

6.60

防衛力整備計画

0.15

| 1958 | 60 | 70 | 80 | 90 | 2000 | 10 | 20 23年度 |

1次防　2次防　3次防　4次防　GNP1%枠　総額明示方式（1987〜）

＊1　1993年以前は対GNP比。　＊2　2022年以前は中期防衛力整備計画。

内閣に設置していること。

C 各国の国防支出と兵力

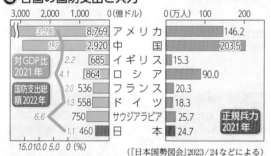

	国防支出（億ドル）	正規兵力（万人）
アメリカ	3.5% 8,769	146.2
中　国	1.7 2,920	203.5
イギリス	2.2 685	15.3
ロシア	4.1 864	90.0
フランス	2.0 536	20.3
ドイツ	1.3 558	18.3
サウジアラビア	6.6 750	25.7
日　本	1.1 460	24.7

対GDP比 2021年　国防支出総額2022年　正規兵力 2021年

（『日本国勢図会』2023／24 などによる）

解説 **防衛費増大の歯止め**　1976年，三木内閣は防衛費をGNPの1％以内とする「**対GNP比1％枠**」を閣議決定した。しかし，その後も防衛費は増え続け，1987年，中曽根内閣で「GNP1％枠」を突破した。以後，現在まで，防衛費の新しい歯止めとして，「**総額明示方式**」（防衛計画の大綱に基づき，5年ごとの防衛力整備等の具体的内容が定められ，その枠のもとで単年度の予算を決定する方式）を採用している。2022年に岸田内閣が改定した国家安全保障戦略では，専守防衛を維持するとしつつも敵基地攻撃能力の保有に踏み切り，2023年には防衛産業基盤強化法を制定し，「自衛隊の任務に不可欠な装備品」を製造する企業に対して国が支援することを可能とした。防衛費においても，増額の財源を確保するための特別措置法（財源確保法）が成立し，防衛力強化に向けて税外収入を積み立て，複数年度にわたって防衛費に充てる「防衛力強化資金」を新設。政府は，防衛費を2023〜27年度で約43兆円に増額し，27年度には対GDP比2％とすることを掲げている。

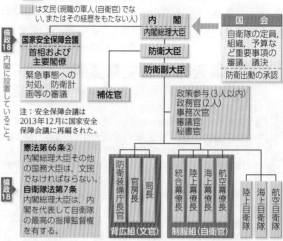

← 自衛隊の地対空誘導弾パトリオット（PAC3）

2 文民統制（civilian control） 倫政15

シ ビ リ ア ン コ ン ト ロ ー ル

■■■は文民（現職の軍人（自衛官）でない，またはその経歴をもたない人）

国安全保障会議
首相および主要閣僚
緊急事態への対処，防衛計画等の審議

注：安全保障会議は2013年12月に国家安全保障会議に再編された。

内　閣
内閣総理大臣

防衛大臣

防衛副大臣

補佐官

国　会
自衛隊の定員，組織，予算など重要事項の審議，議決
防衛出動の承認

政策参与（3人以内）
政務官（2人）
事務次官
審議官
秘書官

憲法第66条②
内閣総理大臣その他の国務大臣は，文民でなければならない。

自衛隊法第7条
内閣総理大臣は，内閣を代表して自衛隊の最高の指揮監督権を有する。

防衛装備庁長官
官房長
局長

統合幕僚長
陸上幕僚長
海上幕僚長
航空幕僚長

陸上自衛隊
海上自衛隊
航空自衛隊

背広組（文官）　制服組（自衛官）

（防衛省資料による）

注：防衛省設置法改正（2015）により，①防衛官僚（背広組）と自衛官（制服組）が対等の立場で防衛大臣を補佐，②運用企画局を廃止（統合幕僚監部に統合），③防衛装備庁を新設。

解説 **軍の独走を許さない**　**文民統制（シビリアン・コントロール）**とは軍の独走を許さず，議会や内閣の支配下におくことを意味する。明治憲法下では「統帥権の独立」によって軍の行動を政府が抑制することができなかった。これに対して，日本国憲法では文民である内閣総理大臣が自衛隊の最高指揮監督権をもち，同じく防衛大臣が隊務を統括する。

3 自衛隊の活動

防　衛	自衛隊は，我が国の平和と独立を守り，国の安全を保つため，我が国を防衛することを主たる任務とし，必要に応じ，公共の秩序の維持に当たるものとする。（自衛隊法第3条第1項）
治　安	間接侵略その他緊急事態に際し，一般の警察力をもっては治安を維持できないと認められる場合，治安維持活動に当たる。
災害派遣	地震などの災害が発生した場合，災害を受けた人々の救助，行方不明者の捜索，負傷者の治療，必要な人員・物資の輸送などを行う。（都道府県知事その他政令で定める者が自衛隊の派遣を要請。緊急の場合は知事の要請がなくても出動可）
国際貢献	PKO協力法に基づく平和維持活動（➡P. 127, 280）や，国際緊急援助法に基づく（海外での大規模災害に対する）緊急援助活動など。
国民生活とのかかわり	組織や装備，能力を活かし，不発弾処理の他，スポーツ大会に参加するなど，様々な活動を行う。

解説 **自衛隊の活動とは？**　自衛隊法第3条に定めるとおり，自衛隊の主たる任務は国防であるが，治安出動も重要な任務とされる。しかし，「間接侵略」（同法第78条）というあいまいな言葉により，反政府運動が弾圧される可能性も指摘されている。一方，災害派遣も自衛隊の活動である。2011年の東日本大震災や2016年の熊本地震の際の活動は記憶に新しい。また，1991年の湾岸戦争を機に「国際貢献論」が沸騰。1992年成立のPKO協力法以降，自衛隊の海外派遣も拡大されてきている。（➡P. 127）

政治

SIDE STORY　「陸上自衛隊はおにぎりを食べ，海上自衛隊はカレーを食べ，航空自衛隊はハンバーガーを食べる」と言われている。同じ自衛隊でもその気質は，それぞれ違っていることを表している。

4 日米安全保障条約[*]の内容とその問題点

*日本国とアメリカ合衆国との間の相互協力及び安全保障条約　(1960年6月23日発効)

事　項	内　容	問　題　点
経済協力 (第2条)	両国は，その国際経済政策におけるくい違いを除くことに努め，また，両国の間の経済的協力を促進する。	➡ 新安保条約に調印する岸信介首相 (中央．1960.1.19) 写真：AP／アフロ
自衛力の維持発展 (第3条)	両国は，個別的に及び相互に協力して，継続的かつ効果的な自助及び相互援助により，武力攻撃に抵抗するそれぞれの能力を，憲法上の規定に従うことを条件として，維持し発展させる。	
[倫政14] 共同防衛 (第5条)	各締結国は，日本国の施政の下にある領域における，いずれか一方に対する武力攻撃が，自国の平和及び安全を危うくするものであることを認め，自国の憲法上の規定及び手続に従って共通の危険に対処するように行動する。	日本は憲法第9条により，日本自体に対する攻撃に対してのみ自衛権を行使できる(個別的自衛権)とされる。だが，日本の領域内のアメリカ軍への攻撃に対し，日本も共同防衛義務があり，憲法が禁じてきた集団的自衛権の行使にあたらないかとの疑問があった(2014年解釈改憲)。
基地許与 (第6条)	日本国の安全と極東における国際の平和及び安全の維持に寄与するため，アメリカ合衆国は，米軍が日本国において施設及び区域を使用することを許される。	「極東」の範囲について，政府統一解釈(1960.2)によれば，「在日米軍が日本の施設及び区域を使用して武力攻撃に対する防衛に寄与しうる区域」とされる。だが，米軍の出動しうる範囲と同一ではなく，事実上無制限ではないか。
事前協議 (第6条の実施に関する交換文書)	米軍の日本国への配置における重要な変更，装備における重要な変更並びに日本国から行われる戦闘作戦行動のための基地としての使用は，日本国政府との事前の協議の主題とする。	今まで事前協議の例はない。核持ち込み疑惑については，核兵器を搭載したアメリカ艦船の寄港・通過を事前協議の対象外とするという日米密約の存在も明らかになった。(➡P.123 ⑤)
条約の終了 (第10条)	日本区域における国際の平和・安全の維持のため十分な定めをする国際連合の措置が効力を生じたと両国の政府が認めるときまで効力を有する。この条約が10年間効力を存続した後は，いずれの締約国も他方の締約国に対しこの条約を終了させる意思を通告させることができる(通告が行われた後1年で終了)。	**[解説] 安全保障条約**　この条約は国連の集団安全保障システムを前提としており(安保条約第1条)，憲法で「戦力」の保持を禁止されている日本が，アメリカの強大な軍事力で安全を確保する一方，アメリカに日本国内の基地を提供し，極東におけるアメリカの軍事行動を保障するものとなっている。

5 在日米軍(U.S. Forces Japan)の現状

Ⓐ 在日米軍施設・区域(基地)の地域的分布状況

総面積

約 263km²	沖縄県　約185km² (約70%)	青森県	神奈川県	東京都	その他

9%・5%・6%・10%

(2023.1.1現在)　　　　　　　　　(防衛省資料)

Ⓑ 在日米軍の兵力と自衛隊

在日米軍の兵力

2022年 9月末 約5.4万人	海軍 2.06	海兵隊 1.80	空軍 1.29

└ 陸軍0.25万人

自衛隊の兵力(予算定員)　　　統合幕僚監部等 0.4 ┐

2023年度 24.7万人	陸上自衛隊 15.1万人	航空 自衛隊 4.7	海上 自衛隊 4.5

(『日本国勢図会』2023/24，『防衛ハンドブック』2023による)

Ⓒ 日米地位協定の内容

[署名1960.1.19　発効1960.6.23]

条	内　容
3①	米国は，使用を許された施設・区域において，それらの設定・運営・警護・管理の権利を有する。
7	米軍は，日本政府管轄下の公益事業等を優先的に利用できる。
12③	米軍が日本国内で物資を調達する場合，物品税・揮発油税などが免除される。
17③	米軍の構成員が公務執行中に犯した罪については，米軍当局が第一次の裁判権を有する。
17⑤	日本が裁判権を有するような犯罪を米兵が犯しても公訴までの間は，米国側が拘禁する。
24	米軍の駐留経費は，原則的に米国が負担する。

○在日米軍おもな専用基地

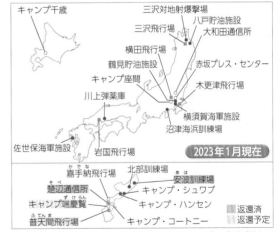

キャンプ千歳
三沢対地射爆撃場
八戸貯油施設
三沢飛行場
大和田通信所
横田飛行場
鶴見貯油施設
赤坂プレス・センター
キャンプ座間
木更津飛行場
川上弾薬庫
横須賀海軍施設
沼津海浜訓練場
佐世保海軍施設
岩国飛行場

2023年1月現在

嘉手納飛行場
北部訓練場
安波訓練場
楚辺通信所
キャンプ・シュワブ
キャンプ瑞慶覧
キャンプ・ハンセン
普天間飛行場
キャンプ・コートニー

■ 返還済
■ 返還予定

*2012年の在日米軍再編計画の調整により，約9,000名の米軍要員とその家族が国外に移転することが決まった。

*2016年12月，北部訓練場の過半(約4,000ヘクタール)が日本側に返還された。1972年の沖縄本土復帰以降最大規模の返還。(防衛省資料)

Ⓓ 2023年度予算にみる在日米軍駐留経費の内訳

思いやり分 43.6%

米軍駐留経費 5,122億円	施設整備	労務費 1,550	光熱水料等	周辺対策 1,267	借料等 1,623

└418　　└264　　(防衛省資料による)

[解説] 米軍駐留経費の負担　日米地位協定第24条は，在日米軍の維持費は米側負担，施設経費は日本負担としているが，1978年以来[倫政14]「思いやり予算」として，政府は日本人従業員手当等の一部肩代わりをしている(米兵1人当たり約460万円)。

政治

課題を考える

冷戦後，日本の安保政策はどのように変化してきたか。国際環境の変化に伴う安保政策の移り変わり，特に安倍政権の政策転換に注目したい。

1 冷戦後の日本の安全保障政策

A 国際環境の変化と安全保障関連の動き

◆ソ連の解体，北朝鮮の脅威，中国の大国化	
1996	日米安保共同宣言
	→日米安保再定義，対象をアジア太平洋に拡大
97	日米防衛協力のための指針改定（97年改定ガイドライン）
99	97年改定ガイドライン関連法成立…周辺事態法など
2003	有事関連3法成立
04	有事関連7法成立
◆地域紛争の多発，国際貢献論の高まり，自衛隊の海外派遣	
1991	湾岸戦争→ペルシア湾に自衛隊の掃海艇派遣（初の海外派遣）
92	PKO協力法成立→カンボジアPKOに自衛隊派遣（→ 4 ）
2001	アメリカ同時多発テロ事件
	→テロ対策特別措置法成立（07年失効）（→ 5 ）
03	イラク戦争→イラク復興支援特別措置法成立
	（09年失効，→ 5 ）
08	補給支援特別措置法成立（10年失効）（→ 3 ）
09	海賊対処法成立（→ 6 ）

B 安倍政権における安全保障関連の動き

第1次安倍政権（2006.9〜07.9）	
2007	防衛庁が防衛省に格上げ
第2次安倍政権（2012.12〜20.9）	
2013	国家安全保障会議（日本版NSC）設置＊
14	武器輸出三原則を撤廃
	→防衛装備移転三原則を閣議決定（→P.123 5 ）
〃	集団的自衛権の行使容認を閣議決定（→P.123 5 ）
15	日米防衛協力のための指針改定（新ガイドライン）（→ 2 ）
〃	安全保障関連法（→ 10 ）成立
18	防衛大綱改定（宇宙・サイバー空間などの防衛力強化）

＊国家安全保障会議（NSC）…外交・安全保障政策の司令塔として首相官邸に設置。中心は首相，官房長官，外相，防衛相による「4大臣会合」。

解説 **冷戦後の安保政策** 冷戦終結後，1996年に**日米安保共同宣言**で日米安保条約の再定義がなされた。それまでこの条約は「極東」の平和と安全を目的としていたが，北朝鮮の核開発疑惑などを背景に対象地域を広げ，「アジア・太平洋地域」の安定維持が重要とされた。これを受けて改定された**97年改定ガイドライン**では，日本周辺で起こる有事（＝戦争など主に軍隊の出動が必要な緊急事態）に際しての日米の役割が確認された。そして，これを具体化したのが**周辺事態法**などの**97年改定ガイドライン関連法**である（1999年成立）。2000年代になると，北朝鮮による核実験や弾道ミサイルの発射，中国の軍備増強や海洋進出などにより，東アジアの緊張が加速。安倍政権は，このような日本の安全保障環境の変化を理由に安保政策を大きく転換させた。まず13年，外交・安全保障政策の司令塔となる**国家安全保障会議**を設置。また，外交・安全保障の情報を得やすくするために，**特定秘密保護法**を制定し，特に日米の政府間で秘密を共有しやすくした。続く14年，従来の憲法解釈を一変させ，集団的自衛権の行使を認める閣議決定を行うと，15年4月には，ガイドラインの改定により，米軍への支援を地球規模に拡大させることとした。そして同年9月，それを実行可能にする**安全保障関連法**を成立させた。関連法の成立により，自衛隊の米軍への協力が飛躍的に拡大し，憲法で禁じてきた海外での武力行使もできるようになった。

→ 防衛大綱改定で事実上の空母化となる護衛艦「いずも」

政治

2 日米防衛協力のための指針（ガイドライン）

A 日米防衛協力のための指針（ガイドライン）とは

日本が外国から攻められた時，同盟国の米軍と自衛隊がどんな協力をして敵を排除するのか，その役割分担を約束しておく文書

策定・改定年	背景
1978年	冷戦時代，旧ソ連の日本侵攻を想定して策定。
1997年改定	冷戦終結後，北朝鮮の核開発疑惑や弾道ミサイル発射を受け，朝鮮半島での戦争を想定して改定。（→ B ）
2015年改定	中国の海洋進出や軍備拡張を受け，平時から戦争までのあらゆる状況で「切れ目のない対応」を目指して改定。（→ B ）

B ガイドラインの主な内容

	97年改定ガイドライン		新ガイドライン（2015年改定）
武力の行使戦争	日本が攻撃されたときのみ 個別的自衛権	拡大→	日本が攻撃されたとき 個別的自衛権 ＋ 他国への攻撃にも反撃 集団的自衛権
後方支援	朝鮮半島など日本周辺 事実上の地理的制限	→	地球規模に 地理的制限はなし
グレーゾーン事態 離島の不法占拠など	記述なし	→	平時から切れ目ない対応 警戒監視・偵察，訓練・演習
調整メカニズム 自衛隊と米軍の役割を協議	実際に設置された例なし	→	いつでも立ち上げられる

（『朝日新聞』2015.4.28）

C 新ガイドラインと安全保障法制（→ 10 ）

安保法制		新ガイドラインで新設・強化される項目
目的…日本防衛のため	平素・グレーゾーン事態 改正 自衛隊法	警戒監視，共同訓練中の米艦防護（尖閣諸島などを想定）
	重要影響事態 改正 重要影響事態法（周辺事態法改正）	「我が国周辺」撤廃。米軍のほか他国軍への支援，世界中で可能に
	存立危機事態 武力攻撃事態 改正 武力攻撃事態法（集団的自衛権の行使）	機雷除去，船舶検査，船舶の護衛，弾道ミサイル防衛（朝鮮半島・海上輸送路を想定）離島防衛
目的…国際紛争への対応	新設 国際平和支援法（他国軍への後方支援）	戦争中の米軍や多国籍軍を後方支援
	改正 PKO協力法（人道復興支援・治安維持活動）	国連主導以外の人道復興支援活動・治安維持活動
	改正 船舶検査法（どこでも船舶検査ができる）	船舶検査による違法薬物や武器の移転阻止

倫政23

（『朝日新聞』2015.4.24による）

 **SIDE STORY** 自衛隊で使用されている『パックメシ』。レトルトパウチ包装で，中華丼，チキンステーキ，塩鮭などがある。カンボジア派遣中に行われたUNTAC参加国の戦闘糧食コンテストで1位を獲得した。

③ 自衛隊の海外派遣

Ⓐ 自衛隊の主な海外派遣

年	法 整 備	自衛隊派遣
1991	自衛隊法99条	ペルシア湾で機雷除去
1992	PKO協力法成立	カンボジア派遣など
	国際緊急援助隊派遣法改正 (自衛隊参加可能に)	ホンジュラス(1998),トルコ(1999)派遣など
2001	テロ対策特別措置法成立	インド洋で米軍の後方支援(~2007)
2003	イラク復興支援特別措置法成立	イラク派遣(2004~06)
2008	補給支援特別措置法成立	インド洋で給油・給水(~2010)
2009	海賊対処法成立	ソマリア沖で警護活動

④ PKO協力法
(PKO = Peace-Keeping Operations)

参加5原則	①当事国間の停戦合意 ②当事国の受け入れ同意 ③中立・公平 ④武器使用は正当防衛の場合のみ(要員の生命等の防衛のために必要な最小限度) ⑤上記①~③の3原則が満たされなくなった場合,業務中断・終了(⑤は日本独自のもの)
主な業務 倫政23	①停戦監視,武器解除の履行の監視 ②選挙の監視,警察の指導・助言 ③輸送,通信などの後方支援 ④被災施設の復旧,被災民救援 **2001年の改正で,日本の参加凍結が解除された主な業務** ・武装解除などを行う平和維持軍(PKF)への参加 **2015年の改正により,可能になったこと** ・国連が直接関与しない平和維持などの活動への参加 ・検問や巡回などで住民を守る活動 ・離れた場所に駆けつけて他国軍や民間人を警護する活動(「駆けつけ警護」) ・任務を遂行するための武器使用

⑭ 湾岸戦争を機に国際貢献をめぐる議論が高まり,PKO協力法が成立したこと。

Ⓐ PKO協力法に基づく主な派遣

名 称	主な派遣先	派遣期間	主な業務分野など
☆第2次国連アンゴラ監視団	アンゴラ	1992.9 ~.10	選挙監視要員3名
☆国連カンボジア暫定機構 自衛隊のPKO初参加	カンボジア	1992.9 ~93.9	文民警察要員75名 施設部隊600名ほか
☆国連モザンビーク活動	モザンビーク	1993.5 ~95.1	司令部要員5名ほか 輸送調整部隊48名
ルワンダ難民救援活動	ザイール ケニア	1994.9 ~.12	難民救援隊283名 空輸派遣隊118名ほか
☆国連兵力引き離し監視隊	シリアのゴラン高原	1996.2 ~2013.2	司令部要員3名 輸送部隊44名ほか
☆国連東ティモール暫定行政機構	東ティモール	2002.2 ~04.6	司令部要員10名ほか 施設部隊680名
☆スーダン国際平和協力業務	スーダン	2008.10 ~11.9	司令部要員2名
☆ハイチ国際平和協力業務	ハイチ	2010.2 ~13.2	司令部要員2名 施設部隊317名
☆南スーダン国際平和協力業務	南スーダン	2011.11 ~現在	司令部要員4名 施設部隊約401名ほか
多国籍軍・監視団(MFO)	エジプトのシナイ半島	2019.4 ~現在	司令部要員2名 連絡調整要員1名

注:2023年2月3日現在。☆は国連平和維持活動。名称の色字は,自衛隊が派遣されたもの。ほかに,外務省設置法等に基づく派遣がある。

⑤ テロ対策特措法・イラク復興支援特措法 *いずれも時限立法。

	テロ対策特別措置法	イラク復興支援特別措置法
背景	アメリカ同時多発テロ事件	イラク戦争
成立	2001年(07年失効)	2003年(09年失効)
活動内容	給油・給水を含む協力支援,探索救助,被災民救援	イラク国民への人道・復興支援と,治安維持活動にあたる米英軍などへの後方支援
活動地域	公海とその上空,外国の領域(相手国の同意がある場合)	非戦闘地域
国会承認	活動開始から20日以内に承認が必要	活動開始から20日以内に承認が必要

*戦闘が行われておらず,戦闘が行われないと認められる地域。活動期間中も。

⑥ 海賊対処法

背景	ソマリア沖の海賊被害の深刻化		成立	2009年
活動内容	海賊から船舶を護衛し,海賊行為に対処する(停船命令に応じなければ艦載ヘリや護衛艦から船体射撃)			
活動地域	ソマリア沖・アデン湾で活動(ジブチに自衛隊初の海外基地あり)*海賊対処であれば活動地域に限定なし			
国会承認	規定なし			

⑦ 国際平和支援法

背景	期限付きの特別措置法を恒久法として,自衛隊の常時派遣を可能とする		成立	2015年
活動内容	国際社会の平和や安全を脅かす状況(「国際平和共同対処事態」)の際,他国軍への後方支援(物資補給や輸送,弾薬提供)を行う			
活動地域	「現に戦闘行為が行われている場所」以外なら,地球のどこへでも自衛隊の派遣が可能			
国会承認	派遣する際に承認必要(衆参両院で各7日以内,計14日以内に承認を決議するよう努めると規定)			

解説 自衛隊の海外派遣 湾岸戦争(1991)を機に日本の国際貢献が課題となり,PKO協力法が成立して自衛隊の海外派遣が認められた。その後も,アメリカ同時多発テロ事件(2001),イラク戦争(2003)といったテロや戦争・紛争が頻発するなかで,国際社会の要求に応じて法律を整備し(⑤,⑥),自衛隊の海外派遣の道を開いていった。2015年には,自衛隊の後方支援について定めた国際平和支援法(⑦)を含む11の法律からなる安全保障関連法(⑨)が成立。南スーダンPKO以降,自衛隊の部隊派遣は途絶えているが,同法の施行後,自衛隊は,平時から米軍の艦船や航空機を守る「武器等防護」,国連以外の平和安全活動への自衛官の派遣(「国際連携平和安全活動」)など活動の幅を広げている。

FOCUS 宇宙の平和は誰が守る?

2023年6月20日に発効した「日・米宇宙協力に関する枠組協定」は,米主導の国際的な月探査計画や日米の宇宙関連機関同士の迅速な協力体制構築に向けて,日米の協力体制を一層強化する目的で結ばれた。政府の「宇宙基本計画」の概要には宇宙における安全保障の確保が明示されており,同盟国と連携を強化し情報収集体制を構築することやミサイル防衛用宇宙システムに必要な技術の確立などが挙げられている。本協定は衆院外務委員会において与野党の賛成多数により可決にいたったが,「米国主導の宇宙軍拡を是認するもので,宇宙の平和利用とは相いれない」との批判の声も挙がっていた。

➡ 署名式で握手を交わす日米外相

SIDE STORY 各国の軍用車両や軍用機によく用いられる色は「オリーブドラブ」。JIS色彩規格では「暗い灰みの緑みを帯びた黄」と表現され,暗いオリーブ色である。通常は黒と黄,または茶と緑を混ぜ合わせて作る。

127

政治

8 有事法制

Ⓐ 日本の有事対応のメカニズム

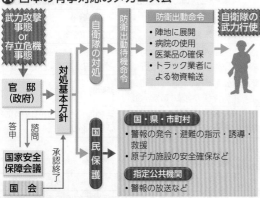

Ⓑ 有事関連3法 (2003年成立)

法律名	内容
武力攻撃事態法	武力攻撃の際の対処手続き
改正安全保障会議設置法	安保会議の役割の明確化・強化
改正自衛隊法	私有地の強制使用や緊急通行などを認め，自衛隊の行動を円滑化

Ⓒ 有事関連7法 (2004年成立)

法律名	内容
国民保護法	国民の避難・救援の手続きや国民の協力のあり方を規定
捕虜取扱い法	捕虜の拘束や抑留などの手続きを規定
国際人道法違反処罰法	国際人道法違反の行為への罰則を規定
米軍行動円滑化法	物品・役務提供で米軍の行動を円滑化，米軍行動情報を国民に提供
改正自衛隊法	米軍との物品・役務の相互提供の手続きを規定
外国軍用品海上輸送規制法	敵国への武器輸送阻止のための船舶検査を規定
特定公共施設利用法	自衛隊・米軍・避難民の港湾・空港・道路・電波などの利用を規定

Ⓓ 改正武力攻撃事態法 (2015年成立)

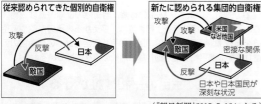

（『朝日新聞』2015.5.12による）

集団的自衛権行使の3要件
①密接な関係にある他国に武力攻撃が発生し，これにより日本の存立が脅かされ，国民の生命，自由及び幸福の追求の権利が根底から覆される明白な危険があること（存立危機事態）
②これを排除し，日本の存立を全うし，国民を守るために適当な手段がないこと
③必要最小限度の実力行使にとどまること

解説 **有事(≒戦争)への備え** 朝鮮半島情勢の不安定化やテロへの警戒感の高まりを背景に有事における対応策がマニュアル化された（有事関連3法(2003)，7法(04)）。この有事法制の中心的な法律として制定されたのが武力攻撃事態法である。同法は，15年に改正され，集団的自衛権の行使を容認し，アメリカのように関係の深い国が攻撃されたとき，一定の要件を満たせば武力が使えるようになった。

9 安全保障関連法 (2015年成立)

Ⓐ 安全保障関連法の概要

注：→は改正とともに法律名も変更。

法律名	内容
＜新しい法律＞	
国際平和支援法	海外で自衛隊が他国軍を後方支援する
＜改正された法律＞	
武力攻撃事態法	集団的自衛権の行使要件を明記
周辺事態法→重要影響事態法	日本のために活動する米軍や多国籍軍を地球規模で支援
PKO協力法	PKO以外にも自衛隊による海外での復興支援活動を可能に
自衛隊法	在外邦人の救出や米艦防護を可能に
船舶検査法	重要影響事態で日本周辺以外での船舶検査を可能に
米軍行動円滑化法→米軍等行動円滑化法	存立危機事態での米軍や多国籍軍への役務提供を追加
海上輸送規制法	存立危機事態での外国軍用品の海上輸送規制を追加
捕虜取扱い法	存立危機事態での捕虜の取り扱いを追加
特定公共施設利用法	武力攻撃事態で米軍以外の他国軍も港湾や飛行場などを利用可能に
国家安全保障会議(NSC)設置法	NSCの審議事項に存立危機事態などへの対処を追加

Ⓑ 安保法制によって拡大する自衛隊の活動

解説 **安全保障政策の転換** 安全保障関連法は，日本をどう守るのか，他国軍への支援活動はどうするのかなどを決めた11の法律からなる。集団的自衛権の行使を盛り込んだ改正武力攻撃事態法など10の法改正を一括した「平和安全法制整備法」と，自衛隊の後方支援について定めた恒久法「国際平和支援法」の2本立てだ。集団的自衛権の行使を憲法解釈の変更によって容認したことに加え，自衛隊が他国軍を後方支援する際，自衛隊の活動地域をこれまでより拡大させることで，憲法で禁じてきた海外での武力行使もできるようになった。

用語Check 〔●P.367〕 PKO協力法（国連平和維持活動協力法）

沖縄米軍基地問題
～安全保障をめぐる考え方～

「積極的平和主義」の立場から，我が国の安全，アジア太平洋地域の平和と安定を実現しつつ，国際社会の平和と安定，繁栄の確保に積極的に寄与していこうとした安倍政権。集団的自衛権の行使容認など新たな政策を打ち出した。そんな安倍政権の安全保障政策の基軸となっていたのが日米安全保障条約である。日本は同条約に基づき，日本国内の基地を米国に提供しているが，在日米軍基地の約70％が沖縄県に集中しており，沖縄県民は，基地がもたらす苦しみを抱えているという現実がある。

○沖縄の戦後史

1945	沖縄戦（3～6月）
51	サンフランシスコ平和条約・日米安保条約調印 →日本独立回復，沖縄は米施政権下に
53	米「土地収用令」→強制的土地収用開始
60	新日米安保条約・日米地位協定調印
72	沖縄の日本復帰，沖縄県復活
95	米兵による少女暴行事件→沖縄県民総決起大会
96	基地縮小，日米地位協定見直しについての県民投票 →有権者の過半数賛成 日米，普天間飛行場を含む11基地の返還計画に合意
97	駐留軍用特別措置法改正 名護市住民投票。普天間移設受け入れ反対が多数
2002	政府・県・名護市が普天間飛行場の辺野古移設に合意
04	米軍ヘリが普天間飛行場隣の沖縄国際大に墜落
06	日米，在日米軍再編「ロードマップ」に合意 （普天間含む嘉手納以南6基地の返還方針を確認）
10	仲井真弘多知事が普天間の県外移設を主張して再選
11	日米，辺野古移設の14年完了を断念
12	米軍の新型輸送機オスプレイが普天間に配備
13	日米，嘉手納以南の6基地の返還計画に合意 国の辺野古埋め立て申請を県（仲井真弘多知事）が承認
14	辺野古移設反対派の稲嶺進氏が名護市長に再選 辺野古移設反対派の翁長雄志氏が沖縄県知事に当選
15	翁長知事，前知事の辺野古移設承認を取り消し →政府，承認取り消しの撤回を求め提訴→県の敗訴（16）
16	元米兵で軍属の男性による女性殺害事件
17	辺野古で沿岸部を埋め立てる護岸工事開始
18	辺野古移設反対派の玉城デニー氏が沖縄県知事に当選
19	辺野古埋め立てについての県民投票→「反対」7割超

1 沖縄に米軍基地が集中，その理由は？

米軍基地の70％が沖縄に集中している

全国に占める沖縄県の面積の割合は0.6％であるが，在日米軍施設・基地の約70％が沖縄県に集中している（→P.125 5）。沖縄は，東京・マニラ・ソウルを結ぶ三角形の中心に位置しており，アメリカにとって西太平洋における戦略上のキーストーン（「太平洋の要石」）となっている。

← 戦略上のキーストーンとなる沖縄

○米軍基地集中がもたらす苦しみ
①騒音　戦闘機などの騒音
②墜落事故の危険　普天間飛行場は「世界一危険な基地」
③犯罪率が高い，法律の不平等　日米地位協定（→P.125 5）

2 普天間飛行場（普天間基地）移設問題

市街地に囲まれて危険な米軍普天間飛行場を別の場所に移して返還する計画。自民党政権時代の1996年に，日米が返還で合意したが，県内への移設が条件だった。2006年に，14年までに名護市辺野古の沿岸部を埋め立てて移すと決まったが，地元では反対運動が続いた。09年の政権交代で民主党鳩山政権が発足すると「最低でも県外」を追求したが，米政府との交渉に失敗。期待を裏切られた沖縄では県内移設への反対論が膨れ上がり，「14年までの完成」は不可能となった。12年に発足した安倍政権は，13年に米軍基地返還計画に合意，2022年度以降に辺野古に移すとした。同年，仲井真知事は国の辺野古埋め立て申請を承認したが，県民の反発は根強く，14年の翁長雄志氏，18年，22年の玉城デニー氏と3回続けて移設反対を掲げる知事が誕生している。

米軍基地をめぐる考え方～あなたはどんな意見ですか～

（基地は）「本土が引き受ける」のが筋。しかし，進んで引き受ける所はないので，基地自体を限りなくゼロにしていく以外に選択肢はない。地政学上沖縄に基地があることが重要という論は一見もっともらしいが，テロの時代に何の役にも立たない。　（東京都・60代男性）

武力で平和はつくれないという真理で，沖縄だけでなく日本国内どこにも基地はなくすべきと思っています。沖縄の問題が「本土」の問題だということを周囲に伝えていかなければならないと考えます。
（神奈川県・80代女性）

沖縄県は朝鮮や中国に近く防衛の要衝であるため，基地が沖縄県に集中することはやむを得ないと思うが，沖縄県民に多大なる負担を掛けていることは事実。防衛上問題の無いものに限って，減らせる基地は減らし，本土に移転できる基地は移転し，負担を少しでも軽くすることが重要だと思う。　（福岡県・10代男性）

沖縄の位置は非常に重要で，日本全体や東アジアの安全保障の要となっている。言葉でごまかさずに負担をしている沖縄にはそれ相応の対価を約束し，基地負担の重要性を国民全体で理解するために丁寧に説明を続けることが必要だ。
（沖縄県・30代男性）

授業中にも鳴りやまない飛行機の音，お金が必要と考える県民と自然は守るべきだという県民の対立。こんなことが毎日，沖縄で起きている。そんな環境は，内地の人には理解してもらえないだろう。県知事と総理には，より多くの対話を積み重ね，いつかこの基地問題が良い方向へ向かうことを願う。
（沖縄県・10代女性）

（私が生まれ育った）佐世保は米海軍の基地があるが，そのことで多くの仕事や雇用が生まれている現実がある。おそらく沖縄も同じような事情があると思う。そのことが本質的な部分での解決を妨げているのではないだろうか。
（北海道・40代男性）

（『朝日新聞』2017.5.21，22を参考に作成）

QUEST

13 国会の地位と構成

国会が国権の最高機関とされるのはなぜだろう。また，国民の代表機関として，国会議員にはどのような身分保障が，憲法により規定されているだろうか。

前文 …そもそも国政は，国民の厳粛な信託によるものであつて，その権威は国民に由来し，その権力は国民の代表者がこれを行使し，その福利は国民がこれを享受する。……

第41条[国会の地位・立法権] 国会は，国権の最高機関であつて，国の唯一の立法機関である。

第42条[両院制] 国会は，衆議院及び参議院の両議院でこれを構成する。

第43条[両議院の組織] 両議院は，全国民を代表する選挙された議員でこれを組織する。
② 両議院の議員の定数は，法律でこれを定める。

1 日本国憲法の政治機構

倫政23 両議院の会議の公開と会議録の公表が憲法で定められている。

注：（ ）の数字は憲法の条数。

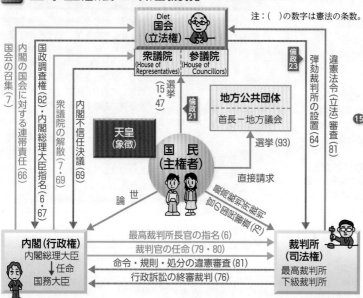

A 議会制民主主義

前文に「日本国民は，正当に選挙された国会における代表者を通じて行動し」とあり，「権力は国民の代表者がこれを行使し」とあるように，日本国憲法は代表民主制（議会制民主主義）を採用し，主権者から直接選ばれる国会を「国権の最高機関であつて，国の唯一の立法機関である」として国政の中心に位置づけている。

B 三権分立

日本国憲法は立法権を国会に（第41条），行政権を内閣に（第65条），司法権を裁判所に（第76条）属させている。また，イギリス型の議院内閣制を採用し，国民を直接代表する国会に内閣を統制させる一方で，アメリカ型の違憲立法審査制を採用し，人権保障の強化を図っている。（→P.94 2）

2 国会のしくみ (2023年6月現在)

倫政21 参議院議員の比例区に特定枠制度が導入されたこと。

注：2018年の法改正により，参議院の議員定数は242名→248名（比例区96名→100名，選挙区146名→148名）となった。

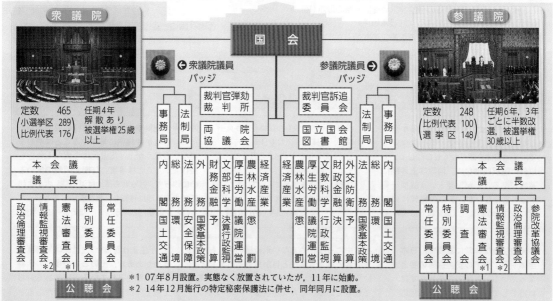

*1 07年8月設置。実態なく放置されていたが，11年に始動。
*2 14年12月施行の特定秘密保護法に併せ，同年同月に設置。

解説 二院制のメリット 日本が衆参両院の**二院制**（両院制）をとる理由として，①一院だけだと国民の声が十分に反映されないこと，②二院の方が慎重な審議ができること，③衆議院の行き過ぎを，参議院で抑制できること，などがあげられる。そのため，議員定数や任期，選挙区，被選挙権などに違いをもたせ，二院制の長所を生かしている。海外においても，アメリカ，イギリス，ドイツ，オーストラリアなどでも二院制をとっている。

政治

SIDE STORY 日本の国会は英語では「National Diet」と訳される。Dietは日本の国会とリヒテンシュタインの議会などで使用されるのみで少数派。イギリス議会は「Parliament」，アメリカでは「Congress」を使用。

③ 国会の種類

注：（ ）の数字は憲法の条数。

種　類	回数	会期と召集	主な議題
通常国会（常会）（52）	毎年1回	150日。毎年1月中に召集される（52）。会期は1回だけ延長できる（国会法12）	来年度予算の審議
臨時国会（臨時会）（53）	不定	内閣又はいずれかの院の総議員の4分の1以上の要求で召集（53）。衆院の任期満了選挙または参院の通常選挙後任期が始まる日から30日以内（国会法2のⅢ）＊2	緊急に必要な議事
⑰ 特別国会（特別会）（54）	不定	不定。衆議院の解散総選挙後30日以内に召集される。＊2	内閣総理大臣の指名
㉓⑫ 参議院の緊急集会（54）＊1	不定	不定。衆議院の解散中に緊急の必要がある場合に集会。	緊急に必要な議事

＊1 参議院の緊急集会は、1952年8月（次総選挙の中央選挙管理会の委員の承認などのため）と53年3月（暫定予算審議などのため）の2回。
＊2 臨時会と特別会は2回まで延長できる（国会法12）。

④ 国会議員の特権と身分保障

議員の特権	歳費特権（49）	一般職国家公務員の最高額以上の歳費（給料）を保障（国会法35）
	不逮捕特権（50）⑱	会期中は逮捕されない（会期外は一般人と同じ）例外：①院外で現行犯の場合②議院が許可を与えた場合（国会法33）会期前逮捕の議員は、議院要求により釈放可
	免責特権（51）⑱	院内での発言・表決について院外で責任（刑罰や損害賠償など）を問われない例外：院内での懲罰（戒告・陳謝・登院禁止・除名）を受けることがある（58）
身分保障	議席を失う場合	①任期が満期となったとき（45・46）②衆議院の解散〔衆議院議員のみ〕（45）③資格争訟裁判により議席を失った場合④除名決議（58）—出席議員の3分の2以上の賛成が必要⑤被選挙資格を失った場合（国会法109）⑥当選無効の判決（公職選挙法251）

注：（ ）の数字は憲法の条数。

Ⓐ 国会議員の待遇（2023年4月1日現在）

現金支給	歳　費	月　額	約129万円（年間約1,550万円）
		期末手当	約640万円（約5か月分）
		歳費計	約2,200万円
	調査研究広報滞在費		月額100万円（日割り支給）
	立法事務費		月額65万円（議員が所属する会派に）
その他	秘　書		公設秘書2人、政策秘書1人（給与は国費）
	議員会館		1室100平方メートル（無料）
	議員宿舎		都心の一等地（使用料3～15万円）
	JR・航空機		①JR無料パス支給、②JR無料パス＋選挙区との往復航空券引換証3回分、③選挙区との往復航空券引換証（1か月あたり4回分）のいずれかを選べる。
	廃止されたもの		議員年金（在職10年以上）…2006年廃止私鉄・バスの無料パスポート…2012年廃止

[解説] 国会議員の「特権」はなぜ？ 国会議員に特権が認められているのは、**国民の代表者として選出された国会議員の自由で独立した活動を保障する**ためであり、不逮捕特権は、不当逮捕による政治的弾圧を抑止するという趣旨である。なお、**地方議会議員には保障されていない**。また、院外における現行犯罪が例外とされているのは、**現行犯は犯罪事実が明白で**、不当逮捕の可能性が少ないためである。

⑤ 国会・議院の権能　倫政19

⑯ 予算案の作成は内閣、議決は国会の機能であること。

注：（ ）の数字は憲法の条数。

議院の権能

両院共通の権能
- ❶ 法律案の提出
- ❷ 議院規則の制定
- ❸ 国政の調査
- ❹ 請願の受理
- ❺ 議員の資格争訟
- ❻ 議員の逮捕の許諾、釈放の要求
- ❼ 議員の懲罰
- ❽ 会議公開の停止
- ❾ 役員の選任
- ❿ 大臣出席の要求
- ⓫ 決議（祝賀・弔意の決議）

衆議院のみ
- ❶ 内閣の信任・不信任の決議（69）⑰
- ❷ 緊急集会に対する同意
- ❸ 法律（59②）・予算（60②）・条約承認（61）・総理指名（67②）における優越

参議院のみ
参議院の緊急集会

（有倉遼吉ほか『口語憲法』自由国民社などによる）

[解説] 国会の権限行使 国会としての権限行使には衆参両院の意思の一致が必要であるが、衆参各院が別個に行使する権限については意思の一致は必要ない。

⑥ 国政調査権

目的	①法律の作成、予算審議、行政府の監視のため②国政の情報を提供し、国民の知る権利に奉仕する
主体	衆議院と参議院。それぞれが別個に独立して行使する。
権能	国政に関して調査を行える。法律関連、財政、行政など、国の政治に関することなら、ほぼすべて調査できる。とくに政治家の汚職事件について、国政調査が行われることが多い。
証人喚問	国政調査権行使の一つ。呼び出しに強制力あり。

19⑰ 主体

	出頭拒否・証言拒否	偽　証
罰則	1年以下の禁固または10万円以下の罰金	3か月以上10年以下の懲役

注：**参考人招致**は呼び出しに強制力はない。応じるかは任意。証言拒否や偽証に法的責任もない。

憲法
第62条[議院の国政調査権] 両議院は各々国政に関する調査を行ひ、これに関して、証人の出頭及び証言並びに記録の提出を要求することができる。
議院証言法 ［1947.12.23 法225　最終改正 2022法68］
第1条[証人の出頭・書類提出義務] 各議院から、議案その他の審査又は国政に関する調査のため、証人として出頭及び証言又は書類の提出を求められたときは、この法律に別段の定めのある場合を除いて、何人でも、これに応じなければならない。
第5条の7[宣誓・証言中の撮影・録音の許可] ①委員会又は両議院の合同審査会における証人の宣誓及び証言中の撮影及び録音については、委員長又は両議院の合同審査の会長が、証人の意見を聴いた上で、委員会又は両議院の合同審査会に諮り、これを許可する。
第6条[偽証の罪、自白による刑の減免] ①この法律により宣誓した証人が虚偽の陳述をしたときは、3月以上10年以下の懲役に処する。

[解説] 両院対等 各議院の権限として国政全般を調査する国政調査権が認められており、**証人喚問**、証言・記録の提出、議員派遣などの手段がある。その手続を規定したのが**議院証言法**。これまでに喚問された証人は衆議院だけで1,000人以上。

↑ 証人喚問の様子

SIDE STORY　野党が法案の時間切れ・廃案を狙って行う「牛歩戦術」や「長時間演説」（フィリバスター）。前者の最高記録はPKO協力法時に参院で特別委員長問責決議案の採決にかかった13時間8分。後者の記録は5時間半（昭和4年）。米では24時間18分。

131

政治

7 法律ができるまで（衆議院先議の場合）

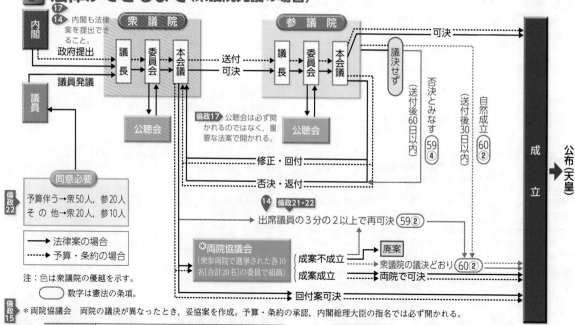

内閣 ⑰⑭ 内閣も法律案を提出できること。

衆議院
議長 → 委員会 → 本会議
政府提出
議員発議

参議院
議長 → 委員会 → 本会議
送付・可決

公聴会

倫政⑰ 公聴会は必ず開かれるのではなく、重要な法案で開かれる。

公聴会

可決 → 成立 → 公布（天皇）

議決せず（送付後60日以内）
否決とみなす 59④
（送付後30日以内）
自然成立 60②

修正・回付
否決・返付

同意必要
倫政㉒ 予算伴う→衆50人、参20人
その他→衆20人、参10人

倫政㉑・㉒ 14 出席議員の3分の2以上で再可決 59②

→ 法律案の場合
┄┄→ 予算・条約の場合
注：色は衆議院の優越を示す。
○数字は憲法の条項。

＊両院協議会（衆参両院で選挙された各10名［合計20名］の委員で組織）
成案不成立 → 廃案
成案成立 → 衆議院の議決どおり（60②）
　　　　　　両院で可決
回付案可決

倫政⑮ ＊両院協議会 両院の議決が異なったとき、妥協案を作成。予算・条約の承認、内閣総理大臣の指名では必ず開かれる。

定足数と表決 倫政⑯

議案	定足数	表決
通常議案	総議員の1/3以上	出席議員の過半数
特別議案	総議員の1/3以上（秘密会・議員除名・資格争訟・衆議院再議決）	出席議員の2/3以上
憲法改正発議	（総議員の2/3以上）	総議員の2/3以上

解説 法律の制定 倫政⑲㉒ 提出された法律案を議長は 担当の**委員会に付託**する。委員会では趣旨説明ののち質疑となり、**公聴会**が開かれたり修正案が出るなどして実質審議がなされる。委員会採決をへて法律案は**本会議で採決**され、もう一方の議院に送られる。

委員会

役割	一括審議で議院の意思を最終決定する**本会議**に対し、議案を事前審議する場。
種類	**常任委員会**…国会法で定められた常設機関。**特別委員会**…各院で必要に応じ設置。
公聴会	委員会の審議で、議案の利害関係者や専門の学識経験者の意見を聴くため開かれる（予算の場合は必ず開かれる）。

両院の議決が一致しない場合、**両院協議会**を開くか否かは衆議院が決める。なお、法律案はどちらの議院に先に提出してもよいが、議員が発議する場合は所属議院に先に提出する。

倫政㉓ 採決において、政党に所属する議員は党の決定に従わなければならず、これを党議拘束という。

8 予算ができるまで

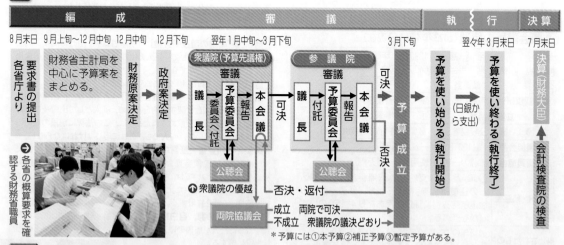

編成	審議	執行	決算

8月末日 9月上旬〜12月中旬 12月中旬 12月下旬 翌年1月中旬〜3月下旬 3月下旬 翌々年3月末日 7月末日

各省庁より 要求書の提出
財務省主計局を中心に予算案をまとめる。
財務原案決定
政府案決定

衆議院（予算先議権） 審議
議長 → 予算委員会へ付託 → 本会議 報告
可決
公聴会

参議院 審議
議長 → 予算委員会 付託 → 本会議 報告
可決
否決
公聴会

↑衆議院の優越
否決・返付

予算成立

予算を使い始める（執行開始）
（日銀から支出）
予算を使い終わる（執行終了）

決算（財務大臣）
会計検査院の検査

両院協議会
成立 両院で可決
不成立 衆議院の議決どおり→

＊予算には①本予算②補正予算③暫定予算がある。

各省の概算要求を確認する財務省職員

解説 予算ができるまで 予算は4月から翌年3月までの1年間、いわゆる「年度」単位で作成・管理する。①**予算案の作成（予算を作成するのは内閣）**…まず、8月末日までに各省庁が翌年度に必要な予算額を「概算要求」として財務省に提出。その後、財務省と各省とが調整をして財務原案を決定。年末までに閣議（内閣の会議）で財務原案を審議し、政府案（予算案）を決定する。②**予算案の審議（衆議院から予算案を審議する）**…翌年1月中旬に召集される通常国会でこの予算案を審議する。その際、**衆議院から審**議を開始しなければならない（**予算先議権**、憲法第60条1項）。また、委員会で審議する際には、**必ず公聴会を開かなければならない**。委員会採決をへて本会議で採決が行われ、可決されて初めて正式な予算となる。なお、衆議院と参議院とで異なった結論が出たとき、**両院協議会**を開いても意見が一致しないとき、又は参議院が衆議院の可決した予算を受け取った後に30日以内に議決しないときは、**衆議院の議決を国会の議決とする**（憲法第60条2項）。

政治

9 衆議院の優越

(1) 権限で優越
①予算先議権(60)
②内閣不信任決議(69)

(2) 議決で優越

議決事項 ➡	議決結果	衆議院の優越
Ⓐ法律案の議決 (59)	❶衆議院と参議院で異なった議決をした場合 ❷衆議院が可決した法案を参議院が60日以内に議決をしない場合	衆議院で出席議員の3分の2以上の賛成で,再可決 ⓱
Ⓑ予算の議決 (60・86)	❶衆議院と参議院で異なった議決をし,両院協議会でも一致しない場合 ❷衆議院が可決した議案を参議院で30日(首相指名は10日)以内に議決しない場合	衆議院の議決がそのまま国会の議決となる
Ⓒ条約の承認 (61・73)		
Ⓓ内閣総理大臣の指名(67)		

倫政19
⓲

(3) 両院対等
①憲法改正の発議(96)
②決算の審査(90)など

注:( )の数字は憲法の条数。

解説 **国会の意思決定** 二院制をとる国会の意思は,両院の意思が一致した時に成立する。しかし,両院の議決が異なる場合,国会の意思決定が遅れ,政治が停滞するおそれがあるので,任期も短く,解散もあり,主権者である**国民の意思をより反映している**と考えられる**衆議院に優越**が認められている。

○ねじれ国会 ⓱

多数派の政党が衆参両院で異なっている状態で開催される国会のことを「ねじれ国会」という。2007年7月の参議院選挙で,野党民主党の議席が与党自民党の議席を上回り,衆議院では与党が過半数の議席をもち,参議院では野党が過半数の議席をもつ状態となった。このため,参議院では衆議院とは異なった議決が多くなった。法律案の議決については,衆議院で可決,参議院で否決された場合,再度衆議院で出席議員の2/3以上の賛成が必要となり,「補給支援特措法」(2008年1月)は実に57年ぶりの再可決によって成立した。

●戦後の「ねじれ国会」(➡P.140・141)
①1989.7宇野内閣参院選大敗～1993.8細川内閣発足,
②1998.7橋本内閣参院選大敗～1999.10自自公政権発足,
③2007.9第一次安倍内閣参院選大敗～2009.8民主党政権交代,
④2010.7菅内閣参院選大敗～2012.12自民党が政権交代,
⑤2012.12自民政権交代も参院過半数届かず～2013.7自民参院選圧勝でねじれ解消

10 議員立法

Ⓐ 法案の提出・成立状況(1～211国会通算)

	内閣提出 10,338件		議員提出 6,332件	
			4,265 衆 25.6	2,067 参 12.4
全提出数 16,670件	62.0%			
	成立した法律 (86.6%) 8,951件		(34.1)1,455件	(11.5) 237件
			不成立となった法案	

注:( )内は各提出数に対する成立割合

○最近の主な議員立法
• LGBT理解増進法(2023),「リベンジポルノ」被害防止法(2016),ドローン飛行規制法(2016)など

解説 **増えるか議員立法** 日本の法案は官僚が作成し内閣が提出するもの(政府立法)が圧倒的であるが,臓器移植法,NPO法など,**議員立法**も増えてきているといわれる。

11 国会にかかわる諸改革

Ⓐ 国会審議活性化法(1999)による国会改革

⓳⓴⓷	**政府委員制度の廃止(1999)**	官僚が大臣に代わって答弁する政府委員制度を廃止。委員会での質疑の中心を政治家同士の政策論議にするのが目的。ただし,技術的事項や行政運営の細目的事項については,政府参考人として官僚が答弁することもある。
	党首討論の導入(2000)	各議院に国家基本政策委員会を設置し,国家の基本政策について国会開会中は週1回合同審査会の形で与野党の党首が討論する。単なる質疑ではなく,首相にも反論権を認める。常任委員会の一つ。
㉑	**副大臣・大臣政務官の導入(2001)**	中央省庁再編に伴い,それまで権限や役割も不明確であった政務次官を廃止し,副大臣(22人)と大臣政務官(26人)が新設された。省庁の制作の企画・立案に参加するとともに,国会の本会議・委員会で答弁や討論も担う。

解説 **官僚主導から政治主導へ** 1999年に**国会審議活性化法**が制定され,国会改革が行われた。これまでの国会審議は,大臣の政策に関する勉強不足などもあり,官僚(政府委員)が大臣に代わって答弁するなど官僚主導で進められてきたが,この**政府委員制度**を廃止した。そして,政治家主導を目指してイギリスの**クエスチョン・タイム**をモデルとした**党首討論**を導入し,党首間での政策論議の場を設けた。さらに,役割が不明確であった政務次官を廃止して副大臣を置き,法的な根拠をもつ副大臣会議を創設した。しかし,**副大臣・大臣政務官**を適材適所に登用し,この制度を効果的に活用できるかは,運用次第といえるだろう。

↑ 党首討論

政治

(◎) **Target Check** 国会に関する次の記述の正誤を判断しなさい。　　　(解答➡表紙ウラ)

☐ ① 衆議院が解散された場合,内閣は,国会に緊急の必要があるとき,参議院の緊急集会を求めることができる。

☐ ② 参議院の任期は6年であり,2年に1度選挙が行われ,定数の3分の1ずつ改選される。

☐ ③ 各省には,大臣のほかに,国会議員のなかから任命される副大臣と政務次官がおかれている。

☐ ④ 衆参両院の各議員は,国会の会期中は逮捕されず,会期外の期間においても,その所属する議院の許諾がなければ逮捕されない。　　　(センター2007,11,12本試による)

(◎) **Target Check** 国会に関する次の記述の正誤を判断しなさい。　　　(解答➡表紙ウラ)

☐ ① 法律案について衆議院と参議院とで異なった議決をした場合には,両院協議会を開催しなければならないとされる。

☐ ② 条約の承認,内閣総理大臣の指名,予算の議決に関しては,衆議院と参議院は対等の権限を有する。

☐ ③ 衆参両院は,国政調査のため証人喚問を行うことができ,証人は正当な理由なく出頭を拒否したり,虚偽の証言をしたりしたときは刑罰を科される。

☐ ④ 衆参両院は,常設の委員会である常任委員会のほかに,必要に応じて特定の案件を扱うための特別委員会を設置することがある。

☐ ⑤ 国会の両議院は,それぞれ,立法に関する事項や行政機関の活動が適切に行われているかなどを調査するため,国政調査権を有する。　　　(センター2007,12,13本試による)

民主主義

最高法規である憲法の改正にはどのような手続きを必要とするのだろうか。また，近年高まる「改憲」への動きにも注目したい。

㉑ **第96条[憲法改正の手続・その公布]** この憲法の改正は，各議院の総議員の3分の2以上の賛成で，国会が，これを発議し，国民に提案してその承認を経なければならない。この承認には，特別の国民投票又は国会の定める選挙の際行はれる投票において，その 過半数の賛成 を必要とする。

② 憲法改正について前項の承認を経たときは，天皇は，国民の名で，この憲法と一体を成すものとして，直ちにこれを公布する。

1 最高法規

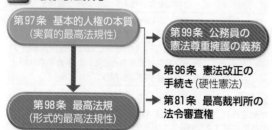

```
第97条 基本的人権の本質     →  第99条 公務員の
（実質的最高法規性）            憲法尊重擁護の義務
        ↓                  → 第96条 憲法改正の
第98条 最高法規                 手続き（硬性憲法）
（形式的最高法規性）          → 第81条 最高裁判所の
                               法令審査権
```

解説 **憲法の最高法規性とは** 近代憲法は専制君主の権力濫用を制限する闘いのなかから生まれた。憲法は国家権力を制限して人権を保障する目的で制定されたのである。そこで日本国憲法第97条は基本的人権の永久不可侵性を改めて表明し，この憲法はその基本的人権を保障するものであるがゆえに**最高法規**であることを第98条で規定している。

また第99条は国家権力を行使する側の公務員に憲法尊重擁護義務を課すことで，国民の人権擁護をはかっている。さらに人権擁護の基本法であるため改正は慎重であるべきことを第96条で規定し，第81条で裁判所に**違憲審査権**を与えることで憲法が最高法規であることの実質的確保をめざしている。

2 憲法改正の手続き

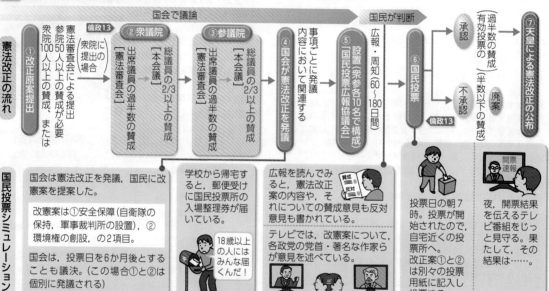

憲法改正の流れ

国会で議論 ／ 国民が判断

①改正原案提出（倫政13）〔衆院に提出の場合〕衆院100人以上の賛成、または参院50人以上の賛成による提出 憲法審査会による提出が必要 → ②衆議院［憲法審査会］〔本会議〕総議員の2/3以上の賛成 → ③参議院［憲法審査会］〔本会議〕総議員の2/3以上の賛成 → ④国会が憲法改正を発議 事項ごとに発議 内容において関連する → ⑤設置（衆参各10名で構成）「国民投票広報協議会」広報・周知（60〜180日間） → ⑥国民投票（倫政13） → 承認〔有効投票の過半数の賛成（半数以下の賛成）〕／不承認 → ⑦天皇による憲法改正の公布／廃案

国民投票シミュレーション

国会は憲法改正を発議し，国民に改憲案を提案した。

改憲案は①安全保障（自衛隊の保持，軍事裁判所の設置），②環境権の創設，の2項目。

国会は，投票日を6か月後とすることも議決。（この場合①と②は個別に発議される）

学校から帰宅すると，郵便受けに国民投票所の入場整理券が届いている。

18歳以上の人にはみんな届くんだ！

広報を読んでみると，憲法改正案の内容や，それについての賛成意見も反対意見も書かれている。

テレビでは，改憲案について，各政党の党首・著名な作家らが意見を述べている。

投票日の朝7時。投票が開始されたので，自宅近くの投票所へ。改正案①と②は別々の投票用紙に記入し投票する。

夜，開票結果を伝えるテレビ番組をじっと見守る。果たして，その結果は……。

開票速報

解説 **硬性憲法** 日本の法律は各議院の3分の1以上の出席のもと，出席議員の過半数で議決される。一方，憲法は**各議院の総議員の3分の2以上の賛成**で改正を発議し，国民投票で過半数**の賛成**がないと改正できない。普通の法律と同じ手続きで改正される憲法を**軟性憲法**というのに対し，日本国憲法は典型的な**硬性憲法**である。

ⓐ 国民投票法の骨子
（2007年制定，2010年施行，2014年一部改正，施行）

投票テーマ	憲法改正に限定
投票年齢（倫政17）	18歳以上
国民投票運動の規制	・**公務員**は，政治的行為禁止規定にかかわらず，**国民投票運動**（賛成・反対の投票の勧誘や投票しないよう勧誘する行為）及び**憲法改正に関する意見の表明をすることができる** ・裁判官や検察官，公安委員会の委員及び警察官は，国民投票運動をすることができない
広告規制	投票14日前からテレビ・ラジオによる広告を禁止

＊太字が改正点

解説 **国民投票法改正，残る課題とは** 憲法第96条に明記されながら，具体的な手続きが定められていなかった憲法改正。2007年に**国民投票法**が制定され，国民がどのように投票するかが定められたが，附則に定められていた選挙権や成年年齢の18歳以上への引き下げ，公務員の国民投票運動の制限緩和，国民投票の対象拡大についての検討は，手つかずのまま2010年に施行された。2014年6月の改正では，これらの検討課題に対応した憲法改正の手続きが整備されたが，まだ課題は残された。①選挙権と民法上の成年年齢の18歳以上への引き下げ。②（労働組合による活動を念頭とした）公務員が組織的に憲法改正案への賛否を働きかける行為の是非。③憲法改正以外に国民投票の対象を拡大すること。これらの点については，附則で「改正法施行後速やかに，必要な法制上の措置を講ずる」と先送りされた（このうち，①は，2015年の公職選挙法改正，2018年の民法改正で実現）。

政治

倫政16・17
倫政17

SIDE STORY 日本国憲法は今まで一度も改正されていないが，大日本帝国憲法も日本国憲法が制定されるまで一度も改正されることがなかった。

❸ 改憲をめぐる動き

年	
1946	日本国憲法公布（翌年施行）
50	朝鮮戦争（～53）、警察予備隊設置
51	対日講和条約、日米安保条約調印
54	自衛隊発足、鳩山一郎内閣発足
55	左右社会党統一、保守合同で自民党結成
57	**内閣に憲法調査会設置**
60	安保条約改定
64	**憲法調査会、両論併記報告書を提出**
80	衆参同日選で自民党圧勝。**自民党憲法調査会活動再開**
91	湾岸戦争 →自衛隊ペルシア湾機雷掃海へ
92	PKO協力法成立。自衛隊カンボジアへ
94	村山内閣のもと社会党が自衛隊・安保条約容認へ
2000	**国会に憲法調査会発足**
03	有事関連3法成立
05	憲法調査会最終報告（→❹）
07	**国民投票法**成立（2010年施行）、憲法審査会設置
11	**憲法審査会**が活動開始
12	自民党「日本国憲法改正草案」発表
14	**改正国民投票法**成立、施行

Ⓐ 改憲論議の変遷

年代	論　議　の　内　容
1950年代	**「押しつけ憲法論」の台頭**　独立回復で「GHQによる押しつけ憲法」を根拠に改憲論が台頭し、鳩山一郎内閣が改憲を目指したが総選挙で必要な議席を得られなかった。その後、政府に憲法調査会が設置されたが社会党は参加をボイコット。結局調査会は改憲・改憲不要の両論併記の答申を出し閉会した。
1960～70年代	**軽軍備経済重視路線と「解釈改憲」の進行**　高度経済成長路線への転換で改憲論議は沈静化。憲法第9条に関する政府の解釈改憲が憲法論議の中心に。
1980年代	**「戦後政治の総決算」**　中曽根康弘首相が「戦後政治の総決算」を掲げ、防衛費の対GNP比1％枠撤廃や靖国神社公式参拝などで憲法の歯止めを崩す動きが続いた。
1990～2000年代	**「論憲」から「改憲」へ**　湾岸戦争を機に国連PKO参加などの「国際貢献」が憲法論議の焦点となった。また「護憲」の中心である社会党（現社民党）の衰退で「論憲」の考えが広がり、国会に憲法調査会が設置され改憲をめぐる論点が整理された。その後、改憲を目指すと明言する第1次安倍内閣が発足し、国民投票法が成立した。
2010年代	**「改憲」への動きが加速**　2012年、改憲を目指す第2次安倍内閣が発足。当初、憲法改正の発議要件の緩和を目的に、憲法第96条の先行改正に意欲を示すも断念。しかし、14年には内閣の憲法解釈を変えることで、憲法第9条は現在のままでも「集団的自衛権」を行使できるという閣議決定を行った。その後、16年の参院選で与党が大勝し、「改憲勢力」が衆参両院で憲法改正の発議要件となる3分の2を占めると改憲への動きが加速。

解説 **憲法第9条の解釈改憲**　第2次安倍内閣のもと「改憲」への動きが加速。国民投票が必要な憲法改正ではなく、憲法第9条の解釈変更により、集団的自衛権行使への道を開いた（2014年7月）。国民の合意をとらずに、国のかたちを定める重要なルールを変えたことになる。

政治

❹ 憲法調査会と憲法審査会

	憲法調査会	憲法審査会 倫政17
設置	2000年1月、衆参両院に設置（衆議院：50人、参議院：45人）（2007年8月廃止）	2007年8月、衆参両院に設置（衆議院：50人、参議院：45人）
活動	憲法について調査を行い、報告書を作成し、議長に提出する（2005年4月、最終報告書提出→Ⓐ）	憲法及び憲法に関連する法について調査を行い、憲法改正原案、憲法に係る改正の発議又は国民投票に関する法律案等を審査する

Ⓐ 衆議院憲法調査会最終報告の主な論点
（　は意見が分かれたもの）

前文	第9条
・日本固有の歴史、伝統、文化の明記	・第1項の戦争放棄の理念を堅持 ・必要最小限度の自衛権を容認 ・国連集団安全保障活動に積極参加
天皇制	
・象徴天皇制の維持 ・女性天皇の容認	・集団的自衛権の行使は①認める②制限つきで認める
権利・義務	**統治機構・憲法改正**
・環境権、プライバシー権、知る権利などを追加 ・国民の義務規定の増設	・二院制の堅持 ・首相のリーダーシップ強化 ・憲法裁判所の設置 ・私学助成の合憲性を明記 ・憲法改正手続きの要件緩和

解説 **「調査会」と「審査会」**　2000年に設置された衆参両院の**憲法調査会**は、2005年、約5年間の議論を集約した最終報告書を各議院議長に提出し、その役目を終えた。衆議院憲法調査会最終報告書は、第9条を含む憲法改正の必要性を明確に打ち出すとともに、改憲をめぐる論点を絞り込み、合意点と対立点を示している。**憲法審査会**は、2007年、第1次安倍内閣のときに、国民投票法の成立を受けて、新たに設置された（憲法調査会は廃止）。これは、「憲法改正原案」「憲法改正の発議」を審査する機関で、憲法改正を具体的に進めていく場と位置づけられている。

FOCUS 集団的自衛権の行使は違憲 憲法審査会で学者指摘

「集団的自衛権の行使は違憲」。2015年6月4日、衆院憲法審査会に3人の憲法学者（小林節・慶大名誉教授、長谷部恭男・早大教授、笹田栄司・早大教授）が招かれた。憲法や安全保障についての考え方が異なる3人の参考人だが、そろって問題視したのは閣議決定で認めた集団的自衛権の行使。集団的自衛権は「違憲」との見方を示し、憲法改正手続きを無視した形で推し進める安倍政権の手法を批判した。

（「朝日新聞」2015.6.5による）

↑ **参考人として自説を述べる（左から）長谷部恭男・早大教授、小林節・慶大名誉教授、笹田栄司・早大教授**

用語 Check　〔→P.368〕　**憲法改正、硬性憲法、軟性憲法**

15 内閣と行政

課題を考える
国会と内閣の関係についてまとめてみよう。現代の国家が行政国家といわれるのはなぜだろうか。

第65条[行政権] 行政権は, 内閣に属する。
第66条[内閣の組織, 国会に対する連帯責任] 内閣は, 法律の定めるところにより, その首長たる内閣総理大臣及びその他の国務大臣でこれを組織する。
② 内閣総理大臣その他の国務大臣は, 文民でなければならない。
③ 内閣は, 行政権の行使について, 国会に対し連帯して責任を負ふ。
第67条[内閣総理大臣の指名, 衆議院の優越] 内閣総理大臣は, 国会議員の中から国会の議決で, これを指名する。この指名は, 他のすべての案件に先だつて, これを行ふ。
第69条[衆議院の内閣不信任と解散又は総辞職] 内閣は, 衆議院で不信任の決議案を可決し, 又は信任の決議案を否決したときは, 10日以内に衆議院が解散されない限り, 総辞職をしなければならない。

1 議院内閣制

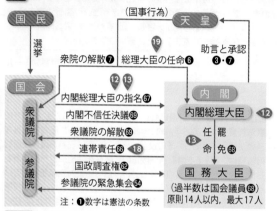

注：❶数字は憲法の条数

解説 議院内閣制 内閣の存立が国会の信任に基づいているしくみを議院内閣制という。日本国憲法では, **衆議院に内閣不信任決議権**があり, 国民を代表して内閣の行政権行使につき責任を追及する権限を認めている。一方, 内閣は不信任決議が可決された場合, **衆議院を解散**して国民の意思を問うことができる。このように, 間接的にではあるが国会を通して行政を民意の統制下に置くことを**議院内閣制**はめざしている。

3 行政機構

18 内閣府は, 行政各部の統一をはかるための企画立案と統合調整, 内閣を補佐する機関として新たに設置されたこと。

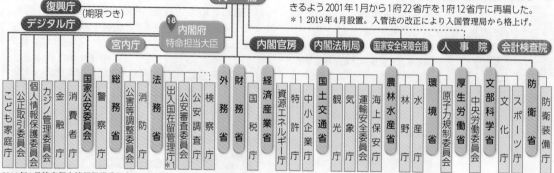

2014年1月特定個人情報保護委員会(2016年1月個人情報保護委員会に改組), 2015年10月スポーツ庁, 防衛装備庁, 2020年1月にカジノ管理委員会, 2021年9月にデジタル庁, 2023年4月にこども家庭庁新設。国務大臣は内閣法により原則14人以内(最大17人)。復興庁(2031年3月末まで), 国際博覧会推進本部(2026年3月末まで)が設置されている間は, 復興大臣, 万博大臣が置かれ, 原則16人以内(最大19人)。

---

2 衆議院の解散と内閣総辞職

A 解散から総辞職までの流れ 20

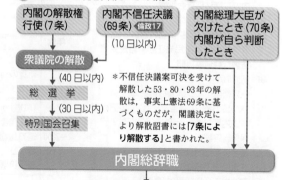

*不信任決議案可決を受けて解散した53・80・93年の解散は, 事実上憲法69条に基づくものだが, 閣議決定により解散詔書には「7条により解散する」と書かれた。

B 新憲法下の衆議院解散

①(色数字)は内閣不信任決議に伴う解散

回	年・月	内閣	解散の名称	回	年・月	内閣	解散の名称
①	1948・12	吉田(2)	なれあい解散	⑯	90・1	海部(1)	巻き返し解散
②	52・8	吉田(3)	抜き打ち解散(初の7条解散)	⑰	93・6	宮沢(1)	ウソつき解散
③	53・3	吉田(4)	バカヤロウ解散(衆院予算委で「バカヤロウ」と私語)	⑱	96・9	橋本(1)	名無しの解散
④	55・1	鳩山(1)	天の声解散	⑲	2000・6	森	神の国解散
⑤	58・4	岸(1)	話し合い解散	⑳	03・10	小泉(1)	マニフェスト解散
⑥	60・10	池田(1)	安保解散(新安保条約批准)	㉑	05・8	小泉(2)	郵政解散
⑦	63・10	池田(2)	所得倍増解散	㉒	09・7	麻生	がけっぷち解散
⑧	66・12	佐藤(1)	黒い霧解散(共和製糖汚職)	㉓	12・11	野田	近いうち解散
⑨	69・12	佐藤(2)	沖縄解散	㉔	14・11	安倍(2)	アベノミクス解散
⑩	72・11	田中(1)	日中解散(日中国交正常化)	㉕	17・9	安倍(3)	大義なき解散
⑪	76・12	三木	任期満了解散	㉖	21・10	岸田	任期満了解散
⑫	79・9	大平(1)	増税解散				
⑬	80・5	大平(2)	ハプニング解散				
⑭	83・11	中曽根(1)	田中判決解散				
⑮	86・6	中曽根(2)	死んだふり解散				

*( )内は解散に至ったきっかけ等

解説 衆議院の解散 日本国憲法は, 第7条(天皇の国事行為), 第69条(内閣不信任決議)で衆議院の解散について規定している。解散権は, 形式的には内閣の助言と承認により, 第7条の国事行為として行使されるので天皇にあるといえるが, 実質的には内閣にある。

解説 1府12省庁 行政組織をスリムにし, 効率よく仕事ができるよう2001年1月から1府22省庁を1府12省庁に再編した。
*1 2019年4月設置。入国法の改正により入国管理局から格上げ。

SIDE STORY 初代総理候補には, 公爵の三條實美と貧農の出身伊藤博文がいたが, 井上馨は「これからの総理は外国電報が読めなくてはだめだ」と提言し, 山県有朋が賛成。英語力で初代総理が決まった。

4 内閣総理大臣の権限

憲法上の権限

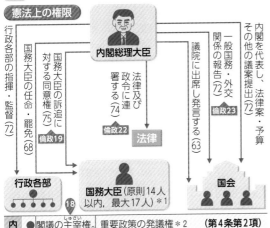

内閣総理大臣

国務大臣の任命・罷免(68)　倫政19

行政各部の指揮・監督(72)

国務大臣の訴追に対する同意権(75)

法律及び政令に連署する(74)　倫政22　法律

議院に出席し発言する(63)

一般国務・外交関係の報告(72)

その他の議案提出，法律案・予算(72)　倫政23

内閣を代表し，法律案・予算・

行政各部　（18）

国務大臣(原則14人以内，最大17人)※1

国会

内閣法上の権限	
●閣議の主宰権。重要政策の発議権※2	(第4条第2項)
●主任の大臣間の権限疑義の裁定	(第7条)
●行政各部の処分又は命令の中止権	(第8条)
●内閣総理大臣の臨時代理者の指定権	(第9条)
●主任の国務大臣の臨時代理者の指定権	(第10条)

その他法律上の権限	
●自衛隊に対する最高指揮監督権	(自衛隊法第7条)
●緊急事態の布告	(警察法第71条・第72条)
●災害緊急事態の布告	(災害対策基本法第105条)
●行政処分等の執行停止に対する異議の申述	(行政事件訴訟法第27条) など

＊1 内閣法附則の改正により，期限付きで国務大臣が増員されることがある。
＊2 2001年の内閣法改正により認められた。

閣議…内閣総理大臣とその他の国務大臣で組織される会議。
- 内閣の中の最高会議で，内閣法では「内閣がその職権を行うのは閣議によるもの」と規定。
- 内閣総理大臣(主宰者)の意を受けて，内閣官房長官が司会をし，国務大臣の間で審議され，全員一致で決定される。これを「閣議決定」という。
- 定例の閣議は，毎週火曜日と金曜日の午前10時から総理官邸閣議室で(国会開会中は，午前9時から国会議事堂の閣議室で)開かれる。
- 閣議の議事は非公開であるが，2014年4月から議事録が公開されるようになった。

6 国家公務員(分野別)数(2023年度末定員)

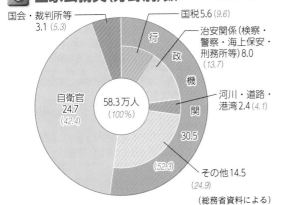

国会・裁判所等 3.1 (5.3)
国税 5.6 (9.6)
治安関係(検察・警察・海上保安・刑務所等)8.0 (13.7)
河川・道路・港湾 2.4 (4.1)
行政機関 30.5 (52.3)
その他 14.5 (24.9)
自衛官 24.7 (42.4)
58.3万人 (100%)

(総務省資料による)

解説 **全体の奉仕者**　公務員は，国家公務員と地方公務員とに大別され，憲法第15条で「全体の奉仕者である」と規定されている。特に，政策決定に影響をもつ中，上級の公務員を**官僚**という。

5 内閣の権限

注：数字は憲法条数。

権限	解説
73条に関係するもの 法律の執行と国務の総理 (73(1))	国会で制定された法律を誠実に執行し，広く，行政事務一般を統括・管理する。
外交関係の処理権 (73(2)) 倫政19	国を代表して重要な外交関係を処理する。日常の外交事務は，外務大臣に主管させることができる。
条約締結権 (73(3)) 倫政19	事前または事後に，国会の承認を得ることが必要。
官吏に関する事務の掌握権 (73(4))	官吏とは，行政権の行使に携わる公務員のことであるが，国会議員，地方議会議員等は除かれる。
予算の作成権 (73(5)) 20	予算を作成して国会へ提出し，審議をうける。18 議員は作成できないこと。
政令の制定権 (73(6))	憲法・法律の規定を実施するためには細部の規定が必要。法律を実施するための執行命令と法律の委任を受けた委任命令とがある。
恩赦の決定権 (73(7)) 倫政19	訴訟法上の正規の手続によらず，刑罰の減免を決定できる。天皇が認証する。
天皇の国事行為に対する助言と承認 (3・7)	天皇の国事行為に関して助言と承認を与え，その責任を負う。
臨時国会(臨時会)の召集の決定権 (53)	内閣が必要と判断したとき，臨時国会(臨時会)の召集を決定する。
参議院の緊急集会の要求権 (54②)	衆議院が解散されると同時に参議院も閉会となる。しかし，国に緊急の必要があるときは，参議院の緊急集会を求めることができる。
最高裁判所長官の指名権 (6②)	最高裁判所の長官は，内閣が指名し天皇が任命する。
最高裁判所長官以外の裁判官の任命権 (79①，80①)	最高裁判所の裁判官は，長官以外は内閣が任命する。下級裁判所の裁判官は，最高裁判所の指名した者の名簿によって内閣が任命する。

解説 **権限を強化**　明治憲法には内閣に関する規定がなく，各国務大臣は天皇を「輔弼」するとされた。また内閣総理大臣は，他の国務大臣との関係では**同輩中の首席**にすぎず，罷免する権限ももたなかった。日本国憲法では，行政権は内閣に帰属することが明文化されるとともに，総理大臣は「内閣の首長」とされ，他の国務大臣を任命し任意に罷免できるなど，その地位は強化された。

7 行政委員会制度

	仕事の内容	役割
人事院 倫政15	・公務員の給与などの勧告 倫政14	不当な政治勢力の介入と官僚統制の排除をめざす
国家公安委員会 倫政15	・警察行政を統括し調整する	
中央労働委員会 倫政14	・労働争議の調停・仲裁 ・不当労働行為の審査など	利害の対立する労使関係の利益を調整する
公正取引委員会	・独禁法のお目付役	特殊な事件の行政上の不備を補い決定をなす
公安審査委員会	・破防法の運用を審査	

教育委員会は都道府県，市町村にはあるが国にはない。ほかに，都道府県には公安・人事・選挙管理委員会など，市町村には農業・選挙管理委員会などがある。倫政19 16 地方自治体にも行政委員が設けられていること。

解説 **行政の民主化を確保**　政治からの圧力を回避するため一般の行政機関から独立して職務を行うのが行政委員会である。裁決・審決などの**準司法作用**，規則制定など**準立法作用**，人事・警察など**政治的中立性**が高度に要求される**行政作用**を担っている。

SIDE STORY　首相が通常国会のはじめに行う施政方針演説は，予算にかかわり国政全般について政府の方針を述べるもの。一方，臨時国会冒頭で行う所信表明演説は当面の課題が中心。その後，各大臣の演説，各会派の代表質問と続き国会の幕が開く。

137

8 行政国家現象

人権保障の実質化の要請（社会権など）＝福祉国家

❶専門技術性の高まり（官僚制の発達）
❷迅速円滑な行政対応の必要

行政の積極的活動

❶行政の権限増大（予算を事実上決定など）
❷委任立法増大（法律で細目を行政の裁量に委任）
❸内閣の法案提出増（実質は官僚が法案を作成）

行政国家現象の弊害	❶行政権による人権侵害の危険（規制による経済的自由の制約など） ❷行政官僚による国家政策の決定（選挙を経ない官僚の決定は国民主権に反する）

歯止め
❶国会：**議会主義**の復権（政治家が官僚をコントロール）
❷裁判所：**違憲審査**権の活用
❸地方自治：団体自治の強化（中央集権から地方分権へ）
❹国民：**情報公開**請求，**オンブズマン**制度などによる監視

（伊藤真『憲法』弘文堂による）

解説 現代国家は行政国家 19世紀の夜警国家は議会が優越する**立法国家**であったが，20世紀の福祉国家では官僚制が発達し行政権が優越する**行政国家**化が進んだ。日本でも補助金，許認可権，行政指導などにより行政機関が民間活動を業界ごと誘導する「護送船団方式」で高度経済成長が達成されてきたが，反面官僚主義の様々な弊害が表面化し，**規制緩和**や**行政改革**が進められている。

9 国家・地方公務員数の推移

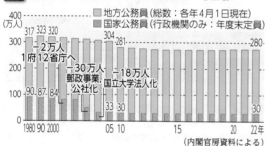

（内閣官房資料による）

解説 減少する公務員 行政の仕事は拡大し，行政にかかる費用が増加した。近年，行政改革の一つとして，簡素で効率的な政府（**小さな政府**）を目指すため，公務員数は削減されつつある。

10 オンブズマン制度—行政監察官制度

Ⓐ 全国初—川崎市市民オンブズマン

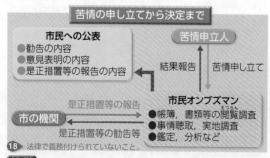

解説 外部からの目 「オンブズマン（オンブズパーソン）」は，もともとスウェーデン語で，代理人・代理者という意味。「行政監察官制度」と訳す。行政に関する市民や国民の苦情を受け，調査是正させるのが主な役割。日本では国には存在しないが，神奈川県川崎市など一部地方自治体では導入されている。

11 委任立法の事例と行政の許認可権

Ⓐ 委任立法の事例

国 会	生活保護法 昭25(1950年)法律144号

・憲法25条の理念に基づき，最低限度の生活の保障などを目的に制定

内 閣	生活保護法施行令 昭25(1950年)政令148号

・事務の委託や監査人の資格などを規定

厚生省	生活保護法施行規則 昭25(1950年)厚生省令21号

・告示，申請，様式などを規定

厚生省	生活保護の基準 昭38(1963年)厚生省告示158号

・具体的な金額や地域指定などを規定

Ⓑ 許認可等の省庁別内訳 （Ⓑ，Ⓒとも総務省資料による）

その他1,918件 12.4
国土交通省2,805件 18.1%
財務省842件 5.4
環境省1,075件 6.9
農林水産省1,770件 11.4
経済産業省2,261件 14.6
金融庁2,353件 15.2
厚生労働省2,451件 15.8

2017年4月1日現在 15,475件

Ⓒ 許認可等の"規制力"別内訳 （2017年4月1日現在）

認定・検査・登録など／その他774 (5.0)

許可・認可・承認など 4,937件 (31.9%) ／ 1,886 (12.2) ／ 届け出・報告など 7,878 (50.9)

強 ←――――――――――― "規制力" ―――――――――――→ 弱

解説 強い行政官庁の力 法律では抽象的なことしか定めず，実施の細則は政令（内閣），省令・規則（省庁）に委任する**委任立法**が現代国家の特徴となっている（→Ⓐ）。また行政官庁は多くの**許認可権**をもち（→Ⓑ），さらに法的根拠のない助言・勧告という形で企業等を**行政指導**してきた。

企業側は官庁に便宜を図ってもらうため，官庁から退職した公務員（高級官僚）の**「天下り」**を受け入れている。近年，官民の癒着や多額の退職金などの批判をあび，再就職は内閣府に一元化されたが，実効性を疑問視する声も強い。

12 行政指導と行政手続法

行政指導とは	行政機関が，法律上の根拠に基づかず，勧告・助言などの指導方法を用いて，自発的な同意を得ようと働きかけること。行政官庁による産業界への介入，地方自治体による環境保全のための宅地造成や建築に対する指導などがある。
行政手続法とは	❶**許認可**の審査基準，標準的な処理期間などを公表することで，申請の「握りつぶし」や「棚ざらし」を防止。行政当局が申請を拒否する場合は，その理由も明示しなければならない。 ❷営業免許の取り消しなど**不利益処分**は事前に聴聞，弁明の機会が与えられ，処分理由の明示も必要。 ❸**行政指導**は，相手方の協力によってのみ実現されるものであること，相手方の意思に反した指導の禁止，処分権限にもとづく事実上の強制の禁止などを一般原則とすること。また行政指導にあたっては目的，内容，責任者の3点を明示し，請求された場合は書面を交付することを義務付ける。

政治

13 国家公務員倫理法による報告・公開義務

種 別	内 容	義務	対 象
贈与・報酬	事業者等からの1回5,000円を超えるもの	報告	本省課長補佐級以上
	事業者等からの1回20,000円を超えるもの	公開	
株 式	株式取引	報告	本省審議官級以上
	株式取得		

(人事院資料により作成)

解説 ねらいは汚職防止　官僚の相次ぐ不祥事を受け，国家公務員に対し，職務権限の及ぶ関係業者からの接待・贈与などを原則禁止する 国家公務員倫理法 が1999年に成立した。ただ，接待や贈与の背景には政策や補助金交付の決定など，公務員の広範な裁量権がある。裁量行政，補助金行政，許認可行政といった行政のあり方から正していくことが重要だろう。　㉑

14 公務員制度改革

倫政14 公務員の罷免については，何人も平穏に請願する権利が認められていること。

A 天下りの構図
あまくだり

B 国家公務員の「天下り」総数と内訳

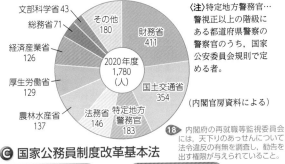

文部科学省43
総務省71
経済産業省126
厚生労働省129
農林水産省137
法務省146
特定地方警務官183
国土交通省354
国土交通省411（財務省411）
その他180

2020年度　1,780（人）

〈注〉特定地方警務官…警視正以上の階級にある都道府県警察の警察官のうち，国家公安委員会規則で定める者。

（内閣官房資料による）

㉘ 内閣府の再就職等監視委員会には，天下りのあっせんについて法令違反の有無を調査し，勧告を出す権限が与えられていること。

C 国家公務員制度改革基本法

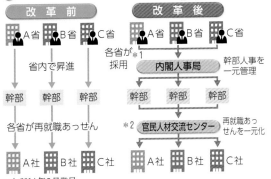

*1　2014年5月発足。
*2　2010年3月，再就職あっせん業務を終了。

（『読売新聞』2008.6.7）

解説 改革の一歩　公務員制度には，**縦割り行政**や**官僚主義**，**天下り**などの問題点が指摘されている。各省庁ごとに縦割りで行われてきた公務員の人事や退職後の再就職あっせんが内閣に一元化された。公務員制度改革の一歩を踏み出した。

15 国営企業の民営化

3公社　⑲
電電公社 → 民営化 NTT（1985年），分割・再編（1999）
国　鉄 → 分割・民営化 JR（1987）
専売公社 → 民営化 JT（1985）

郵　政 → 郵政省廃止 郵政事業庁（2001）
→ 公社化 日本郵政公社（2003）
→ 分割・民営化 ゆうちょ銀行，かんぽ生命保険など（2007）　倫政14・16

5現業
造　幣 → 独立行政法人造幣局（2003）
印　刷 → 独立行政法人国立印刷局（2003）
国有林野 → 2013年に企業的運営を廃止，国の一般事業となる。
アルコール専売 → 新エネルギー・産業技術総合開発機構（1982，製造部門を移管）
→ 独立行政法人化（2003），民営化（2006）

特殊法人　倫政16
日本道路公団 → 民営化（2005）

16 官から民へ

A 特殊法人

○【特殊法人等改革】　（2009.4現在，行政改革推進本部資料）

改革方針	対　象
廃　止	[17法人]石油公団，日本育英会など
統　合	[4法人]国民生活金融公庫，国際協力銀行など
民営化等	[43法人]JR3社，道路関係4公団など
独立行政法人化	[39法人]国民生活センター，国際協力事業団，国際協力基金など
現状維持	[6法人]NHK，JRA，日本銀行，日本赤十字社など

○【政府系金融機関の統廃合】

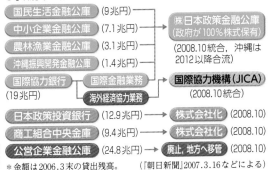

国民生活金融公庫（9兆円）
中小企業金融公庫（7.1兆円）
農林漁業金融公庫（3.1兆円）
沖縄振興開発金融公庫（1.4兆円）
→ ㈱日本政策金融公庫（政府が100％株式保有）（2008.10統合，沖縄は2012以降合流）

国際協力銀行（19兆円）
国際金融業務
海外経済協力業務
→ 国際協力機構（JICA）（2008.10統合）

日本政策投資銀行（12.9兆円）→ 株式会社化（2008.10）
商工組合中央金庫（9.4兆円）→ 株式会社化（2008.10）
公営企業金融公庫（24.8兆円）→ 廃止，地方へ移管（2008.10）

* 金額は2006.3末の貸出残高。　（『朝日新聞』2007.3.16などによる）

解説 特殊法人　民間ではできない事業を行う公団や事業団で，法人税の免除や国の財投資金を調達できるなどの特典を与えられている。天下り問題や採算性の悪さを批判され，統廃合や独立行政法人化，民営化などの改革が進んだ。

B 独立行政法人　⑲　（2023.4.1現在，総務省資料）

行政執行法人（7法人；職員は国家公務員）	造幣局，国立印刷局，国立公文書館，統計センターなど
国立研究開発法人（27法人）	理化学研究所，国立環境研究所など
中期目標管理法人（53法人）	大学入試センター，国立美術館，日本学生支援機構，国際協力機構など

以前は特定独立行政法人
以前は非特定独立行政法人

解説 独立行政法人　中央省庁から現業・サービス部門を切り離す目的で2001年中央省庁再編時に発足。資金調達に国の保証が得られないことや，法人税などがかかる点で特殊法人とは異なる。2015年4月から分類が大きく変更された。

政治

戦後首相のあゆみ

首相から見る
政治の変遷

表の見方

首相名（就任時年齢／出身省庁等）
世 …世襲議員（親が国会議員）

在任期間とそのグラフ
（ ■■■ はねじれ国会の期間）
※ねじれ国会は石橋内閣以後について反映。

在任期間中の主な出来事

節目となる出来事

[所属政党]と連立政権の内訳

〈政権発足時の与党の色分け〉
自民党…■■■　非自民連立…■■■
自民＋他党連立…■■■
55年体制以前…■■■

2012年　自民党政権奪還		
世 安倍 晋三　　　58歳／	[自民党]	自，公

2012.12〜20.9　　　　　　　　2,822日

14. 4	消費税税率を8％に引き上げ
15. 9	安全保障関連法案成立
18. 6	18歳成年法成立
19.10	消費税10％に　　20. 9　総辞職

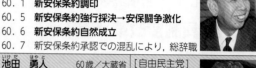

1945年　第二次世界大戦敗北

東久邇宮 稔彦王　　57歳／皇族	

■ 1945.8〜45.10　　　　　　54日

45. 9	降伏文書調印
45.10	GHQ，人権指令（自由化政策）
	人権指令を実施不可能として総辞職

毎日新聞社提供

幣原 喜重郎　　73歳／外務省	

■■ 1945.10〜46.5　　　　　226日

46. 1	天皇の人間宣言
46. 4	戦後初の総選挙で日本自由党が第一党と
	なったため，総辞職

世 吉田 茂　　67歳／外務省	[自由党]	自由，進歩党

■■■■ 1946.5〜47.5　　　　368日

47. 1	GHQ，2・1ゼネスト中止指令
47. 5	日本国憲法施行
47. 5	総選挙で社会党が第一党となったため，
	総辞職

片山 哲　　59歳／弁護士	[社会党]	社会，民主，国協党

■■■ 1947.5〜48.3　　　　292日

	「初の社会党首班の内閣」
48. 2	党内右派・左派の対立の激化により総
	辞職

世 芦田 均　　60歳／外務省	[民主党]	民主，社会，国協党

■■ 1948.3〜48.10　　　　220日

48. 7	政令201号公布
48.10	昭和電工疑獄事件で閣僚が逮捕され，
	総辞職

世 吉田 茂　　70歳	[民主自由党→自由党]

■■■■■■■ 1948.10〜54.12　　　2,248日

48.11	極東国際軍事裁判判決
50. 6	朝鮮戦争　　51. 9　対日講和条約
54. 4	造船疑獄で指揮権発動
54. 7	自衛隊発足
54.12	公職追放解除で有力政治家が復帰し，
	反吉田勢力増大，不信任決議前に総辞職

1955年　55年体制成立

世 鳩山 一郎　　71歳	[日本民主党→自由民主党]

■■■ 1954.12〜56.12　　　745日

55.11	保守合同で自由民主党結成
56.10	日ソ共同宣言　　56.12　国際連合加盟
56.12	日ソ国交回復を機に引退を表明，総辞職

石橋 湛山　　72歳／新聞記者	[自由民主党]

■ 1956.12〜57.2　　　　65日

| 57. 2 | 首相病気のため総辞職 |

岸 信介　　60歳／商工省	[自由民主党]

1957.2〜60.7　　　　　1,241日

60. 1	新安保条約調印
60. 5	新安保条約強行採決→安保闘争激化
60. 6	新安保条約自然成立
60. 7	新安保条約承認での混乱により，総辞職

池田 勇人　　60歳／大蔵省	[自由民主党]

1960.7〜64.11　　　　　1,575日

60.12	「所得倍増計画」決定
64.10	東京オリンピック開催
64.11	経済大国日本の基盤を確立するが，
	病気のため総辞職

写真：毎日新聞社／アフロ

佐藤 栄作　　63歳／運輸省	[自由民主党]

1964.11〜72.7　　　　　2,798日

65. 6	日韓基本条約調印
68. 4	小笠原返還協定調印
70. 6	日米安保自動延長
72. 5	沖縄復帰，返還実現を機に首相引退
	を表明，総辞職

田中 角栄　　54歳	[自由民主党]

1972.7〜74.12　　　　　886日

72. 9	日中共同声明発表
72.12	列島改造政策を閣議決定
73.10	第4次中東戦争→石油危機
74.12	首相の金脈問題を社会から批判され，総辞職

三木 武夫　　67歳	[自由民主党]

1974.12〜76.12　　　　747日

76. 7	ロッキード事件で田中前首相逮捕
76.12	ロッキード事件真相解明に対する党
	内反発と，総選挙での自民党敗北に
	より総辞職

福田 赳夫　　71歳／大蔵省	[自由民主党]

1976.12〜78.12　　　　714日

78. 8	日中平和友好条約調印
78.12	OPEC，石油値上げ決定
	（→79年に第2次石油危機）
	自民党総裁予備選挙で大平正芳に敗れ，総辞職

大平 正芳　　68歳／大蔵省	[自由民主党]

1978.12〜80.6　　　　　554日

| 80. 6 | 大平首相死去により総辞職 |
| | 史上初の衆参同時選挙 |

鈴木 善幸　　69歳	[自由民主党]

1980.7〜82.11　　　　　864日

| 82.11 | 首相突然の退陣表明で総裁選出馬せず， |
| | 総辞職 |

中曽根 康弘（なかそね やすひろ）　64歳／内務省・海軍　［自由民主党］　自→自，新自ク

1982.11〜87.11　　　　　　　　　　1,806日

83.12	自民党過半数割れ，連立政権へ
85. 8	戦後初，首相が靖国神社公式参拝
87. 1	防衛費がGNPの1%を突破
87. 4	国鉄分割民営化
87.11	任期満了で退陣，総辞職

竹下 登（たけした のぼる）　63歳／島根県議　［自由民主党］

1987.11〜89.6　　　　　　　　　　576日

89. 1	昭和天皇崩御，平成改元
89. 4	消費税実施
89. 6	リクルート事件・消費税実施に批判が高まり，総辞職

宇野 宗佑（うの そうすけ）　66歳／滋賀県議　［自由民主党］

1989.6〜89.8　　　　　　　　　　69日

89. 8	リクルート事件・消費税・コメ問題などの自民党批判による参院選大敗を受け総辞職

海部 俊樹（かいふ としき）　58歳　［自由民主党］

1989.8〜91.11　　　　　　　　　　818日

91. 4	自衛隊掃海艇のペルシア湾派遣
91.11	自民党総裁の任期満了により総辞職

世 宮沢 喜一（みやざわ きいち）　72歳／大蔵省　［自由民主党］

1991.11〜93.8　　　　　　　　　　644日

92. 6	PKO協力法成立
93. 7	衆院総選挙で自民党大敗
→93. 8	総辞職

1993年　55年体制崩壊

細川 護煕（ほそかわ もりひろ）　55歳／熊本県知事　［日本新党］　8党派連立

1993.8〜94.4　　　　　　　　　　263日

93. 8	非自民の8党派連立政権樹立
94. 1	政治改革法案成立
94. 4	首相の不正政治資金供与問題表面化で総辞職

羽田 孜（はた つとむ）　58歳　［新生党］　少数連立

1994.4〜94.6　　　　　　　　　　64日

94. 6	社会党が非自民連立から離脱したため，内閣不信任案提出前に退陣を表明，総辞職

村山 富市（むらやま とみいち）　70歳／大分県議　［社会党］　自，社会，さ

1994.6〜96.1　　　　　　　　　　561日

94. 7	社会党，安保・自衛隊を容認
96. 1	「人心一新」を理由に退陣表明し，総辞職

世 橋本 龍太郎（はしもと りゅうたろう）　58歳　［自民党］　自，社民，さ

1996.1〜98.7　　　　　　　　　　932日

96. 4	日米安保共同宣言
97. 4	消費税税率を5%に引き上げ
98. 7	参院選での自民大敗の責任をとり退陣，総辞職

世 小渕 恵三（おぶち けいぞう）　61歳　［自民党］　自，自由→自，自由，公

1998.7〜2000.4　　　　　　　　　　616日

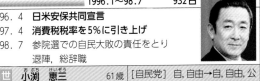
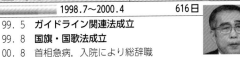

99. 5	ガイドライン関連法成立
99. 8	国旗・国歌法成立
00. 8	首相急病，入院により総辞職

森 喜朗（もり よしろう）　62歳　［自民党］　自，公，保守

2000.4〜01.4　　　　　　　　　　387日

01. 1	中央省庁が1府12省庁に
01. 4	度重なる失言で支持率低下，与党内からも退陣要求，総辞職

世 小泉 純一郎（こいずみ じゅんいちろう）　59歳　［自民党］　自，公，保(保新)→自，公

2001.4〜06.9　　　　　　　　　　1,980日

01. 8	靖国神社参拝を強行
03. 6	有事法制成立
03.12	イラク特措法で自衛隊派遣
05. 9	解散総選挙で自民党大勝
06. 9	自民党総裁の任期満了により総辞職

世 安倍 晋三（あべ しんぞう）　52歳　［自民党］　自，公

2006.9〜07.9　　　　　　　　　　366日

06.12	教育基本法改正
07. 1	防衛庁，防衛省に昇格
07. 5	国民投票法成立
07. 9	臨時国会所信表明演説後，総辞職

世 福田 康夫（ふくだ やすお）　71歳　［自民党］　自，公

2007.9〜08.9　　　　　　　　　　365日

07. 9	初の親子二代首相誕生（父は福田赳夫）
08. 9	「ねじれ国会」で政権運営に行きづまり，突然の退陣表明，総辞職

世 麻生 太郎（あそう たろう）　68歳　［自民党］　自，公

2008.9〜09.9　　　　　　　　　　358日

09. 8	衆院総選挙で自民惨敗，下野
09. 9	民主党に第一党を奪われ，総辞職

2009年　政権交代実現

世 鳩山 由紀夫（はとやま ゆきお）　62歳　［民主党］　民，社民，国民新

2009.9〜10.6　　　　　　　　　　266日

09. 9	民主党中心の連立政権樹立
10. 6	普天間基地移設問題，社民党の連立離脱，首相・小沢幹事長の金銭問題の責任をとり，総辞職

菅 直人（かん なおと）　64歳　［民主党］　民，国民新

2010.6〜11.9　　　　　　　　　　452日

11. 3	東日本大震災・東京電力福島原発事故→対応が遅れ批判集中
11. 9	退陣条件の3法案成立後，総辞職

野田 佳彦（のだ よしひこ）　54歳　［民主党］　民，国民新

2011.9〜12.12　　　　　　　　　　482日

12. 6	大飯原発再稼働決定→7月に再稼働
12. 8	消費税増税法案可決
12.12	衆院総選挙で民主党惨敗，下野

2012年　自民党政権奪還

世 安倍 晋三（あべ しんぞう）　58歳　［自民党］　自，公

2012.12〜20.9　　　　　　　　　　2,822日

14. 4	消費税税率を8%に引き上げ
15. 9	安全保障関連法案成立
18. 6	18歳成年法成立
19.10	消費税10%に　　20. 9　総辞職

菅 義偉（すが よしひで）　71歳　［自民党］　自，公

2020.9〜21.10　　　　　　　　　　384日

21. 7	東京オリンピック・パラリンピック開催
21.10	総裁任期満了に伴う総辞職

世 岸田 文雄（きしだ ふみお）　64歳　［自民党］　自，公

2021.10〜　　　　　　　　　789日(2023.12.1現在)

21.10	9月の総裁選で勝利し首相に就任
22. 7	安倍元首相が銃撃され死亡→国葬開催
22.12	防衛政策を大転換，防衛費増額へ

政治

課題を考える

司法権の独立は，どのように具体化されているだろうか。また，違憲立法審査権によって違憲と判断されたのは，どのような事例だろうか。

第76条〔司法権と裁判所，特別裁判所の禁止，裁判官の独立〕

すべて司法権は，最高裁判所及び法律の定めるところにより設置する下級裁判所に属する。

② 特別裁判所は，これを設置することができない。行政機関は，終審として裁判を行ふことができない。⑮

③ すべて裁判官は，その良心に従ひ独立してその職権を行ひ，この憲法及び法律にのみ拘束される。

第78条〔裁判官の身分の保障〕 裁判官は，裁判により，心身の故障のために職務を執ることができないと決定された場合を除いては，公の弾劾によらなければ罷免されない。裁判官の懲戒処分は，行政機関がこれを行ふことはできない。

第79条〔最高裁判所の裁判官，国民審査，定年，報酬〕

最高裁判所は，その長たる裁判官及び法律の定める員数のその他の裁判官でこれを構成し，その長たる裁判官以外の裁判官は，内閣でこれを任命する。

② 最高裁判所の裁判官の任命は，その任命後初めて行はれる衆議院議員総選挙の際国民の審査に付し，その後10年を経過した後初めて行はれる衆議院議員総選挙の際更に審査に付し，その後も同様とする。

③ 前項の場合において，投票者の多数が裁判官の罷免を可とするときは，その裁判官は，罷免される。（④〜⑥略）

特別裁判所…一般の裁判所体系から独立し，特定の身分の者や特定の事件に関し取り扱う裁判所。明治憲法下では軍法会議・行政裁判所・皇室裁判所があった。

---

1 司法権の独立をめぐる事件

大津事件（行政権からの独立）	【事件】1891年，ロシア皇太子ニコライが訪日。大津で，護衛の巡査津田三蔵がサーベルで斬りつけた。【経緯】日本の皇族に危害を加えた罪に準じれば死刑。一般の殺人未遂であれば無期徒刑が最高刑。刑法にてらして，外国の皇太子は一般人にあたるとして，大審院長児島惟謙は内閣等の圧力に抵抗し，裁判長や判事に勧告を行った。【結果】津田は無期徒刑の判決を受けた。（中川剛『憲法を読む』講談社現代新書による）
浦和事件（立法権からの独立）	【事件】1948年，生活苦の中で子どもを殺し，自首してきた母親に対して，執行猶予付きの温情判決を下した。【経緯】1949年，参議院法務委員会は，憲法第62条の国政調査権を使って調査し，事実認定と量刑の軽さを批判する結論を出した。これに対し最高裁は，個々の具体的裁判の結論を審査し，批判するのは，司法権の独立を侵し，国政調査権の範囲を超えるものと申し入れた。
平賀書簡問題（司法権内部での裁判官の独立）	【経緯】1969年，自衛隊の違憲性などが争われていた長沼ナイキ基地訴訟（→P.123）を担当する札幌地裁の福島裁判長に対して，平賀同地裁所長が国側の主張を支持する見解をしたため書簡を送った。【結果】最高裁は，裁判官の独立が侵されかねないものと重要視し，最高裁としての所信を発表するとともに，平賀所長を注意処分とし，東京高裁に異動させた。（『現代憲法入門』一橋出版による）

倫政12 司法の独立性確保のため最高裁には規則制定権があること。

---

3 公の弾劾（裁判官の弾劾裁判）

A 弾劾の事由（裁判官弾劾法第2条）

① 職務上の義務に著しく違反，または職務を甚だしく怠った

② 裁判官としての威信を著しく失う非行

B 弾劾の過程

弾劾裁判所は国会に設置されること。

倫政17 裁判官を裁くこと（国務大臣は裁かないこと）。

訴追請求	だれでも可 → 訴追委員会（衆院10名 参院10名）→ 弾劾裁判所（衆・参各7名 合議制 公開法廷）→ 裁判官罷免

解説 **司法権の独立の前提** 司法権の独立を守るため，裁判官は特別の身分保障を与えられている。裁判官の罷免は，司法・行政機関ではなく，国民の代表者である国会議員で組織される弾劾裁判所が行う。

---

2 裁判官の任免と身分保障

*高裁裁判官の経験は必要としない。

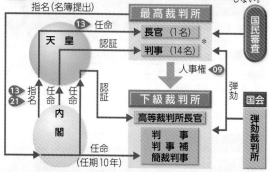

指名（名簿提出）／最高裁判所／国民審査／天皇／任命／認証／長官（1名）／判事（14名）／人事権⑨／内閣／指名／任命／認証／下級裁判所／高等裁判所長官／判事・判事補・簡裁判事／（任期10年）／弾劾／国会／弾劾裁判所

A 裁判官の身分保障

注：（ ）内の数字は憲法の条数。

保障	内　　容
報酬	在任中は減額されない（79，80）
懲戒	裁判により行われる（78）→分限裁判による
免職	①定年［最高裁・簡裁…70歳，他…65歳］（裁判所法） ②心身の故障のため職務が行えないと判断されたとき（78）→分限裁判による ③弾劾裁判で罷免の宣告を受けたとき（78） ④［最高裁のみ］国民審査で罷免されたとき（79） ⑤［下級裁のみ］10年の任期の終了（再任可）（80）

C これまでの主な弾劾裁判

＊は後に資格回復。

判決日・裁判官	訴追事由・判決
1956.4.6 帯広簡裁判事	白紙令状に署名押印し，発行させたり，略式事件395件を失効させた。罷免判決
1957.9.30 厚木簡裁判事	調停事件の申立人から酒食の供応をうけ発覚するとモミ消しを図った。罷免判決＊
1977.3.23 京都地裁判事補	検事総長の名をかたり三木首相への謀略電話の録音を新聞記者に聞かせた。罷免判決＊
1981.11.6 東京地裁判事補	担当する破産事件の管財人から，ゴルフセットなどを受け取った。罷免判決＊
2001.11.28 東京高裁判事	「出会い系サイト」で知り合った女子中学生に対するわいせつ行為。罷免判決
2008.12.24 宇都宮地裁判事	部下の女性にメールを送り続け，ストーカー規制法違反で有罪に。罷免判決＊
2013.4.10 大阪地裁判事補	電車内で女性の下着を盗撮し，迷惑防止条例違反罪で罰金刑に。罷免判決

SIDE STORY 大津事件重要人物のその後？ 津田三蔵は北海道の監獄に収容されて数か月後に病没。ロシア皇太子，のちのニコライ2世は，ロシア革命により銃殺。「護法の神」児島惟謙は，1892年，大審院判事の花札賭博事件で引責辞職。

4 最高裁裁判官の国民審査

A 審査の対象

1回目	任命後初めて行われる**衆議院議員総選挙**の際
2回目	1回目後，**10年**を経過した後初めて行われる衆議院議員総選挙の際（3回目以後同様）

＊すべての最高裁判所裁判官が対象となるわけではない。

B 審査の方法

①罷免したい裁判官の記入欄に×をつける。（○などは無効）
②無記入の場合は，信任とみなされる。
③「罷免を可とする」投票数が「罷免を可としない」投票数より多い場合，罷免される。

○〔最近の国民審査結果〕第25回（2021.10.31）　（　）内%

罷免を可とする総数			
深山卓也	4,490,554 (7.85)	三浦 守	3,838,385 (6.71)
岡 正晶	3,570,697 (6.24)	草野耕一	3,846,600 (6.73)
宇賀克也	3,936,444 (6.88)	渡邉惠理子	3,495,810 (6.11)
堺 徹	3,565,907 (6.24)	安浪亮介	3,411,965 (5.97)
林 道晴	4,415,123 (7.72)	長嶺安政	4,157,731 (7.27)
岡村和美	4,169,205 (7.29)		

注：今回，国民審査を受けたのは，任命後初の衆議院総選挙となった11人。

解説 **国民審査**　最高裁判所裁判官に対する国民審査は，憲法が規定する数少ない**直接参政権**の一つである。「**憲法の番人**」である最高裁判所の裁判官に対して，主権者である国民がチェックする重要な機会であるが，**B**②のような方法についての批判も含め，有効に機能しているかについては疑問がある。なお，今までに 国民審査により**罷免された裁判官はいない**。 倫政20

5 裁判の種類と流れ

A 裁判の種類

刑事裁判
犯罪行為に対して有罪・無罪を判断。

民事裁判
個人の間の争いごとを解決する裁判。

行政裁判
公務員の不法行為に対し，国や地方公共団体の責任や賠償を争う。

B 刑事裁判の流れ

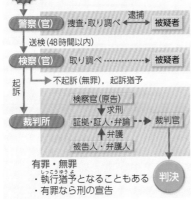

有罪・無罪
・執行猶予となることもある
・有罪なら刑の宣告

14 最高裁においては，民事・刑事訴訟だけでなく，行政訴訟も扱われること。

21 行政裁判所は廃止されたこと。

解説 **裁判の種類**　刑法等が規定する犯罪を行った者を国家（**検察官**）が原告となって訴え（**起訴**），刑罰を科す**刑事裁判**や，私的な人間同士の紛争を法律的，強制的に解決する**民事裁判**，行政官庁が行った処分等で不利益を受けた国民がその適法性を争い，取り消しや変更等を求める**行政裁判**がある。

D 法曹三者のバッジ

○ 裁判官（裁判所職員）のバッジ
外縁は「三種の神器」の1つであり，「公明正大，破邪顕正」をあらわす八咫の鏡を型どり，中心には「裁」の字。

○ 検察官のバッジ
菊の葉と花弁の中に赤で朝日がデザインされている。「秋霜烈日」の秋の霜の冷たさと夏の太陽の激しさを意味し，刑罰をめぐる厳しい姿勢を示す。

○ 弁護士のバッジ
太陽の方向に向かって明るく花開くヒマワリの花の中央に，「公正」と「平等」の象徴である秤をデザイン。

C 民事裁判の流れ

勝訴・敗訴
・判決により，裁判費用は負けた方が払うことが多い

21 19 民事裁判では、判決によらず裁判官のもとで当事者が妥協点を見つけながら訴訟を終わらせる和解が行われる場合があること。

政治

FOCUS **少年法** 倫政23

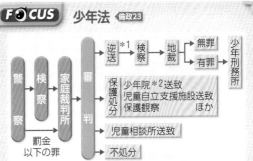

＊1 **逆送**　刑事処分が相当と判断された場合，少年を検察官に送り返す「逆送」が行われる。検察官が改めて少年を起訴すると，大人と同じように地方裁判所で刑事裁判が進められる。

＊2 **少年院**　家庭裁判所から保護処分として送致された少年に対し，社会不適応の原因を除去し，健全な育成を図ることを目的として矯正教育を行う法務省所管の施設。

少年法は，法に触れた少年＊3に対する保護処分を定めた法律である。罪を犯した少年は立ち直りを目的に保護されてきた。しかし，2007年には刑事処分ができる年齢を16歳から14歳に引き下げ，14歳以上とされている少年院への送致年齢が「おおむね12歳以上」に改正された。

＊3 民法改正による成年年齢引き下げに伴い，少年法適用年齢も17歳以下となった。18・19歳は「特定少年」として扱われる。

SIDE STORY　最高裁判所と簡易裁判所の裁判官の任期は，定年である70歳までと定められている（高裁・地裁・家裁の裁判官は65歳）。定年を迎える誕生日の前日までが任期となるので，「○年間」という決まった任期はない。

143

6 日本の裁判制度と三審制 ⑰ 行政裁判所は存在していないこと。

解説 **三審制** 公平で誤りのない裁判を行うため、判決に不服の場合は控訴審・上告審に裁判のやり直しを求めることができる。

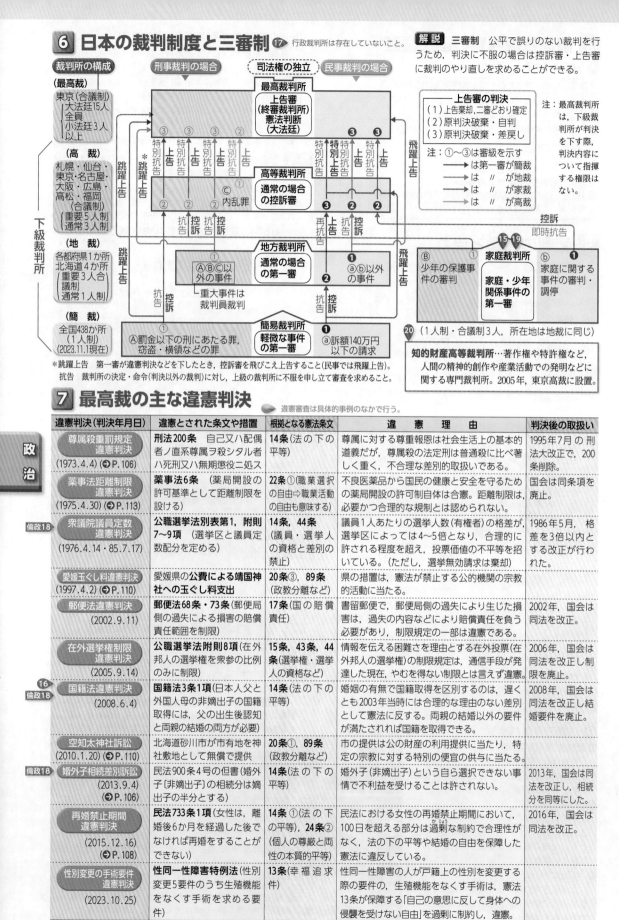

7 最高裁の主な違憲判決

> 違憲審査は具体的事例のなかで行う。

違憲判決(判決年月日)	違憲とされた条文や措置	根拠となる憲法条文	違憲理由	判決後の取扱い
尊属殺重罰規定違憲判決 (1973.4.4) (→P.106)	刑法200条 自己又ハ配偶者ノ直系尊属ヲ殺シタル者ハ死刑又ハ無期懲役ニ処ス	14条(法の下の平等)	尊属に対する尊重報恩は社会生活上の基本的道義だが、尊属殺の法定刑は普通殺に比べ著しく重く、不合理な差別的取扱いである。	1995年7月の刑法大改正で、200条削除。
薬事法距離制限違憲判決 (1975.4.30) (→P.113)	薬事法6条 (薬局開設の許可基準として距離制限を設ける)	22条①(職業選択の自由⇒職業活動の自由も意味する)	不良医薬品から国民の健康と安全を守るための薬局開設の許可制自体は合憲。距離制限は、必要かつ合理的な規制とは認められない。	国会は同条項を廃止。
衆議院議員定数違憲判決 (1976.4.14・85.7.17)	公職選挙法別表第1、附則7~9項 (選挙区と議員定数配分を定める)	14条、44条(議員・選挙人の資格と差別の禁止)	議員1人あたりの選挙人数(有権者)の格差が、選挙区によっては4~5倍となり、合理的に許される程度を超え、投票価値の不平等を招いている。(ただし、選挙無効請求は棄却)	1986年5月、格差を3倍以内とする改正が行われた。
愛媛玉ぐし料違憲判決 (1997.4.2) (→P.110)	愛媛県の公費による靖国神社への玉ぐし料支出	20条③、89条(政教分離など)	県の措置は、憲法が禁止する公的機関の宗教的活動に当たる。	
郵便法違憲判決 (2002.9.11)	郵便法68条・73条(郵便局側の過失による損害の賠償責任範囲を制限)	17条(国の賠償責任)	書留郵便で、郵便局側の過失により生じた損害は、過失の内容などにより賠償責任を負う必要があり、制限規定の一部は違憲である。	2002年、国会は同法を改正。
在外選挙権制限違憲判決 (2005.9.14)	公職選挙法附則8項(在外邦人の選挙権を衆参の比例のみに制限)	15条、43条、44条(選挙権・選挙人の資格など)	情報を伝える困難さを理由とする在外投票(在外邦人の選挙権)の制限規定は、通信手段が発達した現在、やむを得ない制限とは言えず違憲。	2006年、国会は同法を改正し制限を廃止。
国籍法違憲判決 (2008.6.4)	国籍法3条1項(日本人父と外国人母の非嫡出子の国籍取得には、父の出生後認知と両親の結婚の両方が必要)	14条(法の下の平等)	婚姻の有無で国籍取得を区別するのは、遅くとも2003年当時には合理的な理由のない差別として憲法に反する。両親の結婚以外の要件が満たされれば国籍を取得できる。	2008年、国会は同法を改正し結婚要件を廃止。
空知太神社訴訟 (2010.1.20) (→P.110)	北海道砂川市が市有地を神社敷地として無償で提供	20条①、89条(政教分離など)	市の提供は公の財産の利用提供に当たり、特定の宗教に対する特別の便宜の供与に当たる。	
婚外子相続差別訴訟 (2013.9.4) (→P.106)	民法900条4号の但書(婚外子[非嫡出子]の相続分は嫡出子の半分とする)	14条(法の下の平等)	婚外子(非嫡出子)という自ら選択できない事情で不利益を受けることは許されない。	2013年、国会は同法を改正し、相続分を同等にした。
再婚禁止期間違憲判決 (2015.12.16) (→P.108)	民法733条1項(女性は、離婚後6か月を経過した後でなければ再婚をすることができない)	14条①(法の下の平等)、24条②(個人の尊厳と両性の本質的平等)	民法における女性の再婚禁止期間において、100日を超える部分は過剰な制約で合理性がなく、法の下の平等や結婚の自由を保障した憲法に違反している。	2016年、国会は同法を改正。
性別変更の手術要件違憲判決 (2023.10.25)	性同一性障害特例法(性別変更5要件のうち生殖機能をなくす手術を求める要件)	13条(幸福追求権)	性同一性障害の人が戸籍上の性別を変更する際の要件の、生殖機能をなくす手術は、憲法13条が保障する「自己の意思に反して身体への侵襲を受けない自由」を過剰に制約し、違憲。	

SIDE STORY 最高裁は、国会や行政の一切の法律、命令、規則、または処分の合憲性を審査する終審裁判所であるため、**憲法の番人**と呼ばれる。だが、砂川事件で用いた**統治行為論**などの消極的な姿勢は、法治主義の観点から批判もある。

⑧ 検察審査会

Ⓐ 検察審査会とは

＊満20歳以上→満18歳以上に2022年4月から法適用。2023年2月から運用開始。

設置	1948年に制度化。全国の地方裁判所，同支部165か所に設置。
構成員	審査員11名は，18歳以上＊の有権者からくじで選出。倫政15 21
役割	（刑事事件で起訴する権限は検察官にあるが）検察官による不起訴の判断が妥当かどうかを審査する。従来は，検察審査会の議決に拘束力はなかったが，2009年裁判員制度導入と同時に**強制起訴のしくみ**（検察審査会が2度起訴すべきと議決した場合，裁判所に指定された弁護士により強制起訴がなされる）が導入された。

23 19 倫政20

強制起訴の事例
- 明石花火大会歩道橋事故（2001）・JR福知山線脱線事故（2005）
- 陸山会事件（2009）・東京電力福島第一原発事故（2011）

Ⓑ 検察審査会の流れ

（『毎日新聞』2010.4.28による）

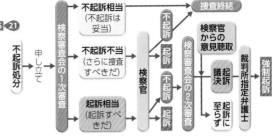

注：「起訴相当・起訴議決」は8人以上，「不起訴不当」は6～7人の賛成が必要。
〈この制度の主な問題点〉検察官からの説明はあるが，被疑者側に意見陳述の機会がないこと。審査過程が非公開であること。

⑨ 裁判の公開

憲法第82条は，**裁判の対審と判決を公開法廷で行う**と規定している。最高裁は「『裁判の公開』は制度として保証しているが，一人ひとりが傍聴を権利として要求できることまで認めたものではない」（1989，法廷メモ訴訟）としている。

21 14

米国では，連邦裁判所と一部の州を除き，テレビを含め法廷でカメラ使用が認められている。しかし，日本の最高裁は①訴訟関係人が審理に集中できなくなる②被告人や証人のプライバシーを守る必要がある—との理由から，テレビ中継を含め開廷中の撮影を認めていない。1987年に開廷前の2分間だけ，刑事裁判の場合は被告の入廷前に限定して法廷内の写真撮影が許可されるようになった。**傍聴席でのメモが自由化**されたのは1989年。

⑩ 裁判費用の支援制度

国	**被告人国選弁護制度**（刑事事件）
	被告人が貧困などで弁護人を依頼できない場合，裁判所が弁護人を選任する制度。

国	**被疑者国選弁護制度**（刑事事件）
	被疑者が貧困などで弁護人を依頼できない場合，裁判所が弁護人を選任する制度。2006年導入。当初，対象は一定の事件に限定。2016年，被疑者が勾留された全事件へと対象拡大。

弁護士会	**当番弁護士制度**（刑事事件）
	各弁護士会が行う制度。家族の電話一つで警察・拘置所に接見に出向いてくれる。1回目は無料（以後は有料）。1992年開始。

国	**法律扶助制度**（民事事件）
	裁判の費用が負担できないが勝訴の見込みがある場合，訴訟・弁護士費用を**日本司法支援センター（法テラス）**が立て替えてくれるしくみ。返済は必要。

解説 **裁判の費用（一例）** 400万円を請求する訴訟で，裁判所に払う訴訟手数料が25,000円。弁護士に払う着手料が29万円，報奨金が58万円（増減額あり）。その他に実費費用もかかる。

⑪ 被害者参加制度 21

刑事裁判の手続
○公判期日に出席することができる。
○被告人についての刑訴法上の検察官の権限の行使に関し，意見を述べ，説明を受けることができる。

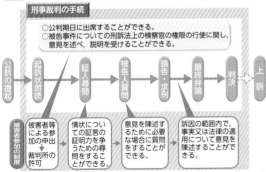

（『犯罪被害者白書』2007）

解説 **被害者参加制度** 2007年に改正刑事訴訟法が成立し，2008年から導入された。殺人や傷害致死，強制わいせつ，自動車運転過失致死傷などの被害者や家族（配偶者，直系親族，兄弟姉妹）等が対象である。被害者は裁判所から許可を受け，「被害者参加人」として公判期日に出席し，検察官とともに被告人に「どうして事件を起こしたのか」，「本当に反省しているのか」等，直接質問したり，証人に直接尋問したり，被告に科すべき刑の重さなどについての意見を述べることができる。この制度は，従来軽視されてきた被害者の権利を尊重したものであるが，「法廷が報復の場にならないか」，「被害者の訴えに裁判員が冷静に判断できなくなるのではないか」といった懸念もある。なお，犯罪被害者とその家族を支援するため，2004年に**犯罪被害者等基本法**が成立した。

⑫ 刑事司法改革

Ⓐ 刑事司法改革の主な内容

倫政20

取り調べの可視化（録音・録画）	対象	裁判員裁判の対象となる事件，検察の独自捜査事件
	内容	逮捕拘留された容疑者の取り調べの全過程の録音・録画を義務付ける

司法取引	対象	贈収賄・組織犯罪などが中心
	内容	容疑者や被告人が他人の犯罪を明らかにすると，求刑の軽減や，起訴を見送ることができる

通信傍受の対象犯罪拡大	対象	薬物・銃器・集団密航・組織的殺人など，13類型の犯罪
	内容	裁判所の許可があれば，通信傍受が可能。第三者の立ち会いが今回の改正で不要に

22 20 通信傍受法によって認められていること。

（2016年3月撮影）

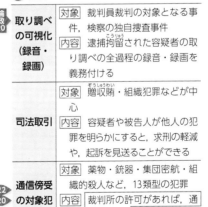
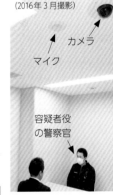

カメラ
マイク
容疑者役の警察官

↑ **可視化された取調室のようす**

解説 **変化する日本の刑事司法制度** 相次ぐ冤罪（➡ P.112）を防ぐため，取り調べの**可視化**（録音・録画）や**司法取引**の導入等を定めた「刑事司法改革関連法案」が2016年に成立。2019年に施行された。大きな転換点を迎える日本の刑事司法制度だが，改革には問題点も多い。法改正による可視化の義務付けは全逮捕・拘留事件の**3％程度**で，**全面可視化には至らない**。暴力団など組織犯罪に効果が期待される**司法取引**も，すでに導入されている米国では，**虚偽の密告による冤罪事件**などが後を絶たない。

SIDE STORY 刑には重い順に死刑，懲役，禁錮，罰金，拘留，科料の6種と付け加えの没収がある。死刑は生命刑，懲役・禁錮・拘留は自由刑，罰金・科料・没収は財産刑という。懲役と禁錮は改正法により拘禁に一本化され，拘禁刑は2025年6月に施行される。

政治

145

⑬ 司法制度改革

<table>
<tr><td rowspan="3">現状</td></tr>
</table>

現状
- 裁判に時間がかかりすぎる
- 先進国の中でも法曹人口が少なすぎる
- 市民の司法参加がほとんどない

改革

司法制度改革推進計画［2002年3月］

改　革	お　も　な　内　容
① 裁判制度 の改革	・裁判のスピードアップ…刑事裁判に「**公判前整理手続き**」，「**即決裁判**」を導入 ・高度な専門知識を要する裁判への対応…知的財産高等裁判所を東京高裁に設置 ・人権擁護の充実…日本司法支援センター（法テラス）の設置（→⓮C）16
②法曹人口の拡大	・法科大学院の設置（→⓮A）
③国民の司法参加	・裁判員制度の導入（→⓯）

即決裁判…殺人，放火などの重大事件を除く，争いのない明白軽微な事件について，検察官が起訴と同時に申立てを行い，裁判所の決定によって開始され，即日判決が言い渡される。

知的財産高等裁判所…知的財産権とは，著作権や特許権など，人間の精神的創作や産業活動での発明などに対する権利。政府は「知財立国」推進を掲げ，国内初の専門裁判所である知財高裁を2005年，東京高裁に設置。特許権訴訟の第二審と，特許庁の審決を不服とする訴訟の第一審などを担当する。

解説 **国民に開かれた司法を** 国は改革の3本柱として，①法科大学院の設置と法曹人口の大幅増，②裁判員制度による市民の司法参加，③裁判制度の改革を掲げ，司法制度改革を進めた。その結果，2004年に**法科大学院**（日本版**ロー・スクール**）が開校，06年に**司法支援センター**が開設，09年に**裁判員制度**が開始された。なお，07年には裁判以外で，行政機関や民間機関が迅速で安価に紛争を解決できる **裁判外紛争解決手続法（ADR法）** も成立した。21

⑭ 法科大学院と法曹養成

Ⓐ 法曹資格を得るまでの流れ

これまで
学部4年＋法科大学院：法学部4年 → 法科大学院2年 → 修了後司法試験 → 司法修習1年 → 法曹資格取得　取得まで約8年

予備試験の場合：大学卒業や年齢などの条件なし → 予備試験 → 司法試験 → 司法修習1年 → 法曹資格取得　人によって期間が変わる

新制度（2020年4月〜）
学部3年＋法科大学院：法学部3年 → 法科大学院2年 → 在学中司法試験 → 司法修習1年 → 法曹資格取得　取得まで約6年
＝法曹コース

法科大学院改革関連法の成立（2019）により，法学部入学後，最短5年で司法試験の受験資格が得られる「法曹コース」が創設され，法科大学院在学中の司法試験受験が2023年から可能となった。

（『朝日新聞デジタル』2019.6.19）

Ⓑ 各国の弁護士数比較（概数）

＊2022年の数値

	アメリカ	イギリス	ドイツ	フランス	日本
弁護士一人当たりの国民数（万人）	132.7	16.8	16.7	7.1	4.4
弁護士数（人）	2,811	912	499	402	255

弁護士一人当たりの国民数　弁護士数

（日本弁護士連合会資料等により作成）

解説 **法科大学院の現状** 法曹の質を維持しつつ法曹人口の拡大の要請に応えるため2004年に始まった法科大学院制度。当初，法科大学院を修了すれば司法試験の合格率が7〜8割であるとか，法曹人口を増やす計画によって弁護士需要も高まるはずと志願者が殺到したが，司法試験合格率は2割台，新規登録弁護士が就職難という現実により，入学者数が激減。法科大学院数がピークの74校となった05年度入試では，入学者は5,544人であったが，18年度入試では，入学者は計1,621人と過去最低を更新した。廃止や募集停止により法科大学院自体もピーク時の約半数である（2023年5月現在）。

Ⓒ 日本司法支援センター「法テラス」

目的	全国どこでも簡単に法律サービスが利用可能に
運営	総合法律支援法に基づく準独立行政法人「日本司法支援センター」を拠点とし，全国50か所に事務所を設置
業務	①**情報提供** 相談内容に応じ情報を無料提供 ②**民事法律扶助** 裁判費用の立て替え等 ③**司法過疎対策** 弁護士不足地域への法律サービス ④**犯罪被害者支援** 弁護士などを紹介 ⑤**国選弁護業務** 容疑者段階からの国選弁護人確保

⑮ 裁判員制度 — 2009年5月から実施

Ⓐ 裁判員制度の概要

＊満20歳以上→満18歳以上に，2022年4月から法適用。2023年1月から運用開始。

制度導入の目的	①国民の感覚が裁判の内容に反映される。 ②国民の司法に対する理解と支持が深まる。 ③裁判が今よりも迅速に行われるようになる。 ④国民にとってわかりやすい裁判が実現される。
構　成	裁判官3人，裁判員6人（同1人と4人の場合も有）
裁判員の選出方法	18歳以上＊の国民の中からくじ引きで選出（病気，仕事や育児，介護などでどうしても都合がつかない場合，70歳以上の人，学生などは辞退することも可能）
対象事件	地方裁判所で行われる刑事裁判のうち，殺人，強盗，放火，誘拐などの**重大事件**
裁判員の仕事	①法廷の審理（公判）に立ち会う。 ②裁判官と一緒に議論（評議）し，事実認定（有罪か無罪かを決める）と量刑（有罪ならどのくらいの刑がよいか）を決定（評決）する。 ③裁判長の判決の宣告に立ち会う。 **生涯，守秘義務あり**。違反すると懲役，罰金刑

23 裁判員は一審にのみ関与。

Ⓑ 裁判員制度の流れ

①捜査・起訴	1. 選挙人名簿　毎年1回くじ引き
②準備手続き	2. 裁判員候補者名簿（本人に通知） 　　事件ごとにくじ引き
③公判・審理	3. 質問票送付・回答
④評議・評決	4. 裁判所へ呼び出し・出頭 　　質問手続き
⑤任務完了	5. 裁判員に選任

15 裁判官も評議に加わること。

（『読売新聞』2004.3.3，『毎日新聞』2004.3.3により作成）

Ⓒ 各国の裁判制度比較

倫政14 市民と裁判官の合議によって裁判が行われること。

比較項目	［日］裁判員制	［独］参審制	［米］陪審制
参加数	6(4)人	2人	12人
選出方法	無作為抽出	政党等の推薦	無作為抽出
任　期	1事件	5年（再任可）	1事件
事実認定	有：裁判官と合議	有：裁判官と合議	有：裁判官から独立
量刑判断	有：裁判官と合議	有：裁判官と合議	無
評決方法	＊条件付き多数	3分の2以上	全員一致

＊有罪判決には，裁判官と裁判員の各1人以上の賛成が必要。（『データパル』2002など）

陪審制…英・米で発達した裁判制度。市民が有罪か無罪かの事実認定を行い，裁判官が量刑を判断する。

参審制…独・仏で発達した裁判制度。市民が裁判官と共に事実認定と量刑判断を行う。日本の裁判員制は参審制に近い。

解説 **改革は一段落したが…** 2004年に裁判員法が制定され，09年からスタートした裁判員制度。裁判に市民感覚が反映され，量刑などにも変化がみられ，プロの裁判官からも評価されている。しかし，裁判員となった市民には大きな負担にもなり，死刑判決に関わった裁判員が急性ストレス障がいとなり，賠償を求めて国を提訴した事例もある。

用語Check 〔⊕P.368〕 特別裁判所，大津事件，司法権の独立，弾劾裁判，国民審査，刑事裁判，行政裁判，三審制，違憲法令審査権（違憲立法審査権），終審裁判所，裁判員制度

政治

裁判員制度
～開始から14年，現状と課題を考える～

　裁判員制度が施行されて14年が経過した。これまでにおよそ10万人の国民が，裁判員・補充裁判員として法廷に座り，証拠調べを聴き，評議・評決に参加した。そして，1万人以上の被告人に判決が言い渡された。制度は定着したとみられる一方，裁判員の心の負担や安全確保，量刑の判断などさまざまな課題も指摘されている。裁判員制度はもともと，国民の協力がなければ成立しない。国民がいつでも安心して参加し，自由な議論をかわせる制度を実現することが求められている。

1 裁判員制度の現状と課題

Ⓐ 裁判員裁判の実施状況（2009.5～2023.2末・速報）

裁判員（補充含む）	117,611人
裁判員候補者	1,600,478人
辞退が認められた候補者	1,019,065人
判決を受けた被告	15,226人 ┤ 死刑判決43人／無期判決147人

↑ 模擬評議の様子

→ 模擬裁判の様子

> 多数決で有罪判決をする場合は，裁判官と裁判員の各1人以上を含む過半数の賛成が必要。無罪判決には条件はなく，過半数で決まる。

Ⓑ 裁判員制度の課題

裁判員の心の負担	重大な犯罪を対象とするために，残酷な場面の証拠を見ることもあり，心の負担が心配される。裁判終了後の心のケアの充実を図る必要あり。
守秘義務	制度を広く知ってもらい，これから裁判員になる人の不安を解消するためには経験者の言葉が説得力を持つ。しかし，判決を検討する話し合い（評議）で誰が何を言ったかなどを外で話してはいけないことになっている。
出席率の低下	裁判員に選ばれたのに，裁判所に出てこない人が年々増えている。裁判員を選ぶ準備手続きへの出席率は83.9%（2009）から69.8%（2022）に低下。
裁判員の安全確保	2016年，暴力団員を被告とする裁判で，被告の知人である元暴力団員が裁判員に「よろしくな」「顔を覚えているからな」などと声をかけ，逮捕・起訴された事件が発生した。その後，裁判員4人と補充裁判員1人が辞退し，裁判員裁判は通常の裁判に変更された。裁判員を守る努力が必要である。
量刑の判断	裁判員裁判による量刑の判断が，裁判員が入らない高裁や最高裁の判断で覆るケースがある。

2 量刑と死刑判決

Ⓐ 量刑分布の比較（2009.5～2018.12）

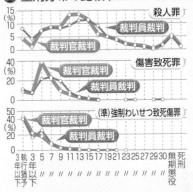

> 裁判員裁判では，裁判官のみの裁判と比べて，殺人未遂，傷害致死，強姦致傷，強制わいせつ致傷などで厳罰化の傾向にある。
>
> （「裁判員制度10年の総括報告書」を基に作成）

Ⓑ 裁判員裁判の死刑判決が覆された主な事例

事　件	主罪	審理と判決	
千葉女子大学生殺害放火事件（2009.10）	強盗殺人	第1審（千葉地裁）	死刑
		第2審（東京高裁）	無期懲役
		最高裁（2015.2）	無期懲役
東京南青山強殺事件（2009.11）	強盗殺人	第1審（東京地裁）	死刑
		第2審（東京高裁）	無期懲役
		最高裁（2015.2）	無期懲役
長野一家3人強盗殺人事件（2010.3）	強盗殺人	第1審（長野地裁）	死刑
		第2審（東京高裁）	無期懲役
		最高裁（2015.2）	無期懲役

量刑の判断基準をめぐる考え方
～あなたはどんな意見ですか～

> 先例を重視し，死刑判決に慎重さが求められるのは当然である。

> 裁判員が出した判決は最大限尊重すべきだが，死刑判断の在り方が従来と大きく変われば，司法の根幹である公平性が揺らいでしまう。

> 市民が悩み抜いた末の死刑判決がプロの裁判官に覆されることは，複雑な思いを抱く。ただし，問われているのは，公権力が人の命を奪うという究極の刑罰である。別の法廷で，違う目で精査し，ほかの刑の選択肢があると判断するなら，避けるのは当然のことだ。

> 裁判員制度は，国民の司法参加により，その日常感覚や常識を判決に反映させることを目的に導入された。先例を重視して量刑を決めるのであれば，制度の趣旨は生かされない。

（新聞各社などから作成）

17 地方自治のしくみ

課題を考える

地方の政治にはどのような魅力があるのだろうか。また，国の政治制度とどのような点が異なるのだろうか。

倫政23
地方公共団体には，普通地方公共団体と，特別区や財産区などの特別地方公共団体の2種類がある。

第92条[地方自治の基本原則] 地方公共団体の組織及び運営に関する事項は，地方自治の本旨に基いて，法律でこれを定める。

第93条[地方公共団体の機関・直接選挙] 地方公共団体には，法律の定めるところにより，その議事機関として議会を設置する。
② 地方公共団体の長，その議会の議員及び法律の定めるその他の吏員は，その地方公共団体の住民が，直接これを選挙する。

第94条[地方公共団体の権能] 地方公共団体は，その財産を管理し，事務を処理し，及び行政を執行する権能を有し，法律の範囲内で条例を制定することができる。

第95条[特別法と住民投票] 一の地方公共団体のみに適用される特別法は，法律の定めるところにより，その地方公共団体の住民の投票においてその過半数の同意を得なければ，国会は，これを制定することができない。

1 日本国憲法の地方自治 倫政22

地方自治の本旨 **第92条**

団体自治
地方公共団体が国(中央政府)から独立し，自らの意思と責任で決定できること。

住民自治
地域の政治が地域住民の意思により自主的に行われること。

第94条
財産管理・事務処理・行政執行・条例制定

第93条
首長，議員，その他吏員の直接選挙

第95条
地方特別法の住民投票

特別法 ← 国　会 → 住民投票

地方自治法の直接請求権
- 条例の制定・改廃請求
- 監査の請求
- 議会の解散請求
- 議員，首長などの解職請求

解説 **民主主義の学校** 明治憲法下では規定のなかった「**地方自治**」が日本国憲法下で初めて規定された。地方自治はイギリスの政治学者**ブライス**(1838～1922)により「**民主主義の学校**」と表現されたが，それは住民の身近にある地域の課題を，住民の意思に基づいて解決しようとする取り組み(自治)の積み重ねが，社会の民主化を学ぶことに他ならないという意味である。

↑ ブライス

地方自治は，地方公共団体が国から自立して公共の事務を行う「**団体自治**」と，住民の意思と責任に基づく「**住民自治**」から成り立つ。地方自治では，住民により近い立場として民意が反映される「当事者主権」が尊重されねばならない。

2 明治憲法下の地方行政

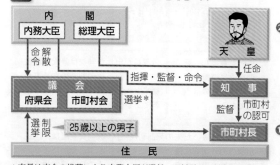

＊市長は市会の推薦により内務大臣が選任，町村長は町村会で選挙

解説 日本国憲法で初めて保障 明治憲法下では，中央政府の強い統制が地方行政に加えられ，例えば，知事は天皇の任命制で中央政府から官僚が派遣され，市長も天皇任命制，町村長は知事の認可制であった。それに対して，日本国憲法下では「地方自治」が保障され，条例制定権や首長，議員の直接選挙が明記されている。そして1947年に制定された**地方自治法**によって，様々な直接請求権が認められ住民が地方政治に参加できるしくみとなっている。

3 日本国憲法下の地方自治のしくみ

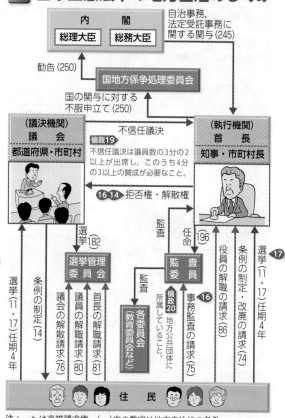

注：→ は直接請求権。( )内の数字は地方自治法の条数。

解説 **首長の権限** 地方公共団体には，執行機関としての**首長**(知事，市町村長)と，議決機関としての**議会**がある。いずれも住民の**直接選挙**によって選出される(知事の被選挙権は30歳以上，市町村長および地方議会議員の被選挙権は25歳以上)。首長と議会はそれぞれの独自性を尊重しながら抑制と均衡の関係にある(**二元代表制**)。首相は国民が直接選挙で選ぶことはできないが，知事や市町村長は住民の直接選挙で選ばれることから，首長は議会に対する拒否権や解散権をもつなど，より強い権限を発揮することができる。 委員会は執行機関であること。

Target Check **地方自治に関する次の記述の正誤を判断しなさい。** (解答➡表紙ウラ)

☐ ① ブライスは，地方自治は民主主義の最良の学校であるとして，地方自治を確立することが，民主主義を実現する上での基礎であることを主張した。

☐ ② 地方自治体の首長は，当該自治体の議会の議員のなかから選出される。 (センター2011，12本試による)

政治

SIDE STORY ブライスは1921年に82歳の高齢で『近代民主政治』(「地方自治は民主主義の学校である」と著した本)を発行した。ロンドン・タイムスは「たゆまぬ研究と旅行の結果，1200ページもの大著を出した」と称えた。

4 直接請求の制度

	種　類	必要署名数	受理機関	取扱い
㉓	条例の制定・改廃の請求 (74)	その地域の有権者の50分の1以上	地方公共団体の長	首長が議会にかけ，その結果を公表する。←イニシアティブ
倫政17 18	監査の請求 (75)	その地域の有権者の50分の1以上	監査委員	監査結果を公表し，議会・首長等にも報告。
㉓	議会の解散請求 (76)	その地域の有権者の3分の1以上	選挙管理委員会	住民投票にかけ，過半数の同意があれば解散。←リコール
	議員の解職請求 (80)	所属選挙区の有権者の3分の1以上	選挙管理委員会	住民投票にかけ，過半数の同意で職を失う。←リコール
㉑	首長の解職請求 (81)	その地域の有権者の3分の1以上	選挙管理委員会	
㉒	主要公務員の解職請求(副知事・副市町村長など) (86)	その地域の有権者の3分の1以上	地方公共団体の長	議会にかけ，3分の2以上の議員の出席でその4分の3以上の同意があれば職を失う。←リコール

＊このほか，教育委員などの解職請求の制度もある。

注1：（ ）内は地方自治法の条数 **倫政14** 直接請求は地方自治法に定められていること。
注2：議会の解散・議員，長及び主要公務員の解職請求についての必要署名数
有権者総数が**40万人**をこえる場合　$40万 \times \frac{1}{3} + (40万をこえる人数) \times \frac{1}{6}$
有権者総数が**80万人**をこえる場合　$40万 \times \frac{1}{3} + 40万 \times \frac{1}{6} + (80万をこえる人数) \times \frac{1}{8}$

解説 間接民主制を補完　地方自治法により，**イニシアティブ**（国民〔住民〕発案…条例の制定改廃の請求），**リコール**（国民〔住民〕解職…首長や議員の解職や議会の解散請求）など間接民主制を補完する直接民主制的制度が採り入れられている。**レファレンダム**（国民〔住民〕投票）は，地方自治特別法の住民投票以外に地方住民に保障されていないが，近年，地域の重要な争点について条例に基づく住民投票が数多く実施されている（→**G**）。また，表中の直接請求による事務監査とは別に，自治体において違法または不当な財務会計上の行為などがある場合に，住民が監査委員に対して監査を請求できる**住民監査請求**制度もある。なお，住民監査請求は一定数の署名を必要とせず，一人でも請求でき，住民であれば未成年者や外国人でも可能である。

5 条例—日本ユニーク条例 ⑰

首長は議会に条例案を提出できる。条例制定に関する議会の議決について再議に付すことができる。

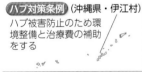

ハブ対策条例（沖縄県・伊江村）
ハブ被害防止のため環境整備と治療費の補助をする

朝ごはん条例（青森県・鶴田町）
ごはんを中心とした食生活改善，地産地消など

雪となかよく暮らす条例（秋田県・横手市）
雪を生かしたまちづくりで魅力のある雪国にする

たばこの吸殻等散乱防止条例（北海道・札幌市）
美しい観光都市にするためポイ捨て行為に罰金

自転車条例（東京都・葛飾区）
駅前の自転車放置を防止する

歩きスマホ禁止条例（神奈川県・大和市）
歩きながらのスマートフォン操作を禁止する

水木しげる基金条例（鳥取県・境市）
水木氏の関連事業の促進・振興をはかる

パチンコ店・ゲームセンター規制条例（大阪府・大阪狭山市）
青少年健全育成のためパチンコ店やゲームセンターの建設を規制する

（2023年6月現在）

政治

未成年者は法定代理人の同意等が必要となる場合がある。

6 住民投票

A 住民投票の種類

①**拘束的住民投票**…投票結果がその地方公共団体，議会，首長などの行動を拘束するもの。 **法的拘束力 ○**

Ⅰ．**地方自治特別法の同意**(憲法95条等)…1つの地方公共団体のみに適用される特別法を制定するとき。 **倫政16 17**

Ⅱ．**議会の解散，公務員の解職の同意**(地方自治法76〜85条)…議会の解散，議員・首長の解職の請求があったとき。

Ⅲ．**合併協議会の設置の同意**(市町村合併特例法4，5条)

Ⅳ．**特別区の設置の同意**(大都市地域特別区設置法7条)

②**諮問的住民投票**…議会，首長などが住民の多数意見を知るために行われるもの。 **法的拘束力 ×** **倫政16**

Ⅴ．**地域の争点(条例など)**…住民の条例制定直接請求(地方自治法74条)か議員・首長の条例提案で，議会が住民投票条例を可決したとき。 **倫政14**

B 住民投票の主な例（類型は A 参照）

類型	自治体	争　点	多数派	実施
Ⅴ	新潟県巻町	原子力発電所の建設	反対	96. 8
Ⅴ	沖縄県	米軍基地の整理縮小	賛成	96. 9
Ⅴ	岐阜県御嵩町	産業廃棄物処理場の建設	反対	97. 6
Ⅴ	沖縄県名護市	米軍ヘリポート基地の建設	反対	97.12
Ⅴ	徳島県徳島市	吉野川可動堰の建設	反対	00. 1
Ⅴ	新潟県刈羽村	プルサーマル計画の実施	反対	01. 5 ⑱
Ⅴ	埼玉県上尾市	合併を問う住民投票を初めて実施	反対	01. 7 ⑮ ⑭
Ⅴ	滋賀県米原町	合併の選択…**永住外国人が初投票**	反対	02. 3
Ⅴ	秋田県岩城町	合併の選択…**18歳が初投票**	反対	02. 9
Ⅴ	長野県平谷村	合併の是非…中学生が投票	賛成	03. 5
Ⅲ	鳥取県境港市	米子市との合併協議会設置の是非	反対	03. 5
Ⅴ	山口県岩国市	米空母艦載機移転受け入れ	反対	06. 3
Ⅱ	鹿児島県阿久根市	市長の解職請求	賛成	10.12
Ⅴ	埼玉県所沢市	校舎へのエアコン設置	賛成	15. 2
Ⅴ	沖縄県与那国町	自衛隊の部隊配備	賛成	15. 2
Ⅳ	大阪府大阪市	「大阪都」構想の是非 ⑰	反対	15. 5
Ⅴ	沖縄県	辺野古米軍基地建設のための埋立	反対	19. 2
Ⅳ	大阪府大阪市	「大阪都」構想の是非（2回目）	反対	20.11

条例に基づき全国で初めて住民投票を実施。

倫政17 永住外国人の投票が認められたこと。

倫政22 大阪市を廃止して新たに特別区を設置することの賛否を問う住民投票が複数回実施されたこと。

解説 直接請求で条例制定　近年，地方公共団体の重要な課題について，条例設置による**住民投票**が実施される例が増えている。住民投票は，議会による間接民主制を補うものと位置づけられるが，地方議会と対立する場合も多い。**投票結果について法的拘束力はない**が，直接民主制と間接民主制とのせめぎあいの中で，地方自治の構成要素である住民自治が，住民運動やNPO活動なども伴いながら成熟していくプロセスとして極めて重要といえる。

FOCUS　ネット・ゲーム依存症対策条例＊ —香川県（2020年4月1日施行）

◆18歳未満のゲーム時間は平日60分，休日90分までを目安とする
◆ネットやゲームの事業者は，子どもが依存症にならないよう暴力表現や課金システムの自主規制に努める
◆香川県は国にeスポーツの活性化は慎重に取り組むよう求める
◆罰則はない

＊違反しても罰則はないが，子どもがゲームをする時間を制限するルールは全国初。「条例があると，子どもに時間を守るよう言いやすい」という意見の一方で，「家庭内で決めればよいことを押しつけないで」と反対の声もある。　（「朝日新聞」2020.4.23による）

 用語Check 〔→P.368〕 地方公共団体（地方自治体），直接請求権，イニシアティブ（国民〔住民〕発案），リコール（国民〔住民〕解職），レファレンダム（国民〔住民〕投票）

1 地方分権一括法　倫政16 倫政20 選挙管理委員会は国政選挙の事務も行うこと。

従前（2000年3月まで）

公共事務（＝固有事務）
★住民の福祉の増進を目的とする非権力的な事務
（例）水道・交通等の公営企業の経営　学校・公園・病院等の設置

行政事務 ★権力的な事務
（例）警察・各種生産物検査

団体委任事務 ★法律またはこれに基づく政令により，地方公共団体に委任された事務
（例）保健所の設置・管理，失業対策

機関委任事務 ★地方公共団体の長その他の機関に対し，法律またはこれに基づく政令により委任された事務
（例）国政選挙，都市計画，学級編制基準

地方分権一括法施行後（2000年4月～）

自治事務　倫政22
★地方公共団体が処理する事務のうち，法定受託事務以外のもの。法律の範囲内ならば自治体はそれぞれの判断で地域の特性に応じた仕事ができる。
（例）都市計画，学級編制基準，就学校の指定

法定受託事務
★国が本来果たすべき役割に係るものであって，国において適正な処理を特に確保する必要があるとして，法律，政令に特に定めるもの。国は実施方法まで指示できる。　など
（例）国政選挙，パスポートの交付，生活保護の決定

国の直接執行事務
（例）駐留軍用地特別措置法の代理署名

事務自体の廃止

A 地方分権一括法の主な内容

事務	・機関委任事務を廃止 17 14 20 ➡法定受託事務と自治事務等へ
権限委譲	・国定公園の特別地域や特別保護区の指定権限を都道府県へ ・福祉事務所の設置数など，国が自治体に設置を義務づける**必置規制を緩和**
課税権拡大	・**法定外普通税**（地方税法にはない）総務省の許可制➡事前協議制へ ・**法定外目的税**の新設
合併支援	・**市町村合併**促進 ➡財政面や制度面の支援拡大
仲介機関	・**国地方係争処理委員会**の新設 ➡国からの是正請求などに地方自治体が不服の場合，審査を申し出ることができる　倫政22

18 国地方係争処理委員会は，実地の問題の検討実績があること。

解説 地域主権型社会の確立へ　各地方公共団体は，自らの判断と責任により，地域の実情に沿った行政を展開していくこと，そして地域の住民一人ひとりが自ら考え，主体的に行動し，その行動と選択に責任を負う「地域主権」の確立が期待されている。そのために，地方分権推進法（1995年）に基づく地方分権一括法が制定され，国が地方自治体を下部機関として仕事を代行させる**機関委任事務が廃止**され，国と地方の関係が「上下・主従関係」から「対等な関係」となった。財源委譲の不十分さなど課題は多いが，国が地方を管理監督するのではなく，地方が自立できる仕組みの整備が進められている。　倫政22

2 地方分権をめぐる動き

1995	**地方分権推進法**（2005年から5年間の時限立法）
96	地方分権推進委員会
～98	┗ 勧告（1～5次）
2000	**地方分権一括法**施行…機関委任事務廃止 23
03	**構造改革特区**導入 14 倫政16 （小泉政権の規制緩和策の一環）
04～06	**三位一体改革**
06	**地方分権改革推進法**（2007年から3年間の時限立法）
07	地方分権改革推進委員会
07～09	┗ 勧告（1～4次）・第1次　国から自治体への権限移譲 ・第2次　国の出先機関の統廃合 ・第3次　自治体への義務づけ見直し ・第4次　国・地方の税財政改革
09	民主党政権「地域主権国会」掲げる 地域主権戦略会議設置
11	地域主権改革関連2法成立 ・国が自治体の仕事を縛る「義務づけ」見直し ・「国と地方の協議の場」設置
13	**国家戦略特区**導入 倫政16 （第2次安倍内閣の成長戦略の柱）

解説 地方分権改革の動向　地方分権一括法の施行によって，国が地方自治体を下請とみなす機関委任事務が廃止されるなど地方分権改革は一歩進んだが，権限や税財源の地方への移譲は不十分だった。2006年に成立した地方分権改革推進法に基づいて2007年に設置された地方分権改革推進委員会も，中央省庁や国会議員の根強い抵抗のため，権限や税財源の移譲を進めることはできなかった。現段階で議論すら進んでいない道州制（→10）の問題なども含めて，地方分権改革は足踏み状態となっている。

3 三位一体改革―進む自治体格差

A 三位一体改革とは？　16

23 19 改革の結果，国庫支出金が減少したこと。

20 所得税の一部を個人住民税に移譲するというかたちで，国から地方へ税源移譲がされたこと。

```
        ①税源移譲
    2004～06年度で
    約3兆円を移譲

②補助金の          ③地方交付税
  削減              改革
2006年度までに    2004～06年度で
約4.7兆円削減     約5.1兆円を削減
```

B 交付税削減で住民サービス見直しの例

群馬県甘楽町	保育料　6千円→1万円（月）
北海道上富良野町	ごみ処理手数料　90円→105円（45リットル）
岩手県川井村	水道基本料　1,630円→1,710円（10m³未満）
新潟県見附市	体育館使用料　無料→2千円（1時間）
福岡県志免町	住民検診　無料→1,700円（20～39歳）

（『朝日新聞』2006.7.7による）

解説 三位一体改革とは　三位一体改革とは，国と地方公共団体に関する行財政システムに関する3つの改革のことで，①税財源の移譲，②国庫支出金（補助金）の廃止・縮減，③地方交付税の一体的な見直しを指す。地方にできることは地方に，民間にできることは民間に，という小さな政府論に基づき，税源移譲・補助金改革による地方分権と，地方交付税の削減による国の財政再建をセットで行おうとした。しかし，地方分権が十分に進まず，交付税の削減による自治体間格差の拡大などにより，自主財源の乏しい小規模自治体ほど住民負担が増えるなど，地方自治体にしわ寄せされた結果となった。

政治

150

SIDE STORY　政令指定都市（20市）は都道府県から福祉などの事務が委譲され，区を置くことができ，中核市（62市）は政令指定都市の約7割の権限をもつ。なお，2000年に施行された特例市は2015年4月より中核市に統合された（市の数は2023.4現在）。

4 地方財政の現状

Ⓐ 国・地方公共団体の租税配分 (2022年度)

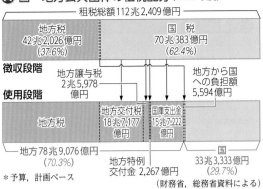

租税総額112兆2,409億円

徴収段階
地方税 42兆2,026億円 (37.6%)　国税 70兆383億円 (62.4%)

地方譲与税 2兆5,978億円
地方から国への負担額 5,594億円

使用段階
地方税　地方交付税 18兆7,177億円　国庫支出金 15兆7,222億円

地方78兆9,076億円 (70.3%)
地方特例交付金 2,267億円
国 33兆3,333億円 (29.7%)

＊予算，計画ベース
(財務省，総務省資料による)

19 Ⓑ 地方公共団体の財源構成 (2022年度・計画額)

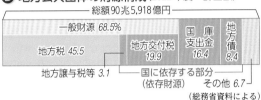

総額90兆5,918億円

一般財源 68.5%
地方税 45.5　地方交付税 19.9　国庫支出金 16.4　地方債 8.4

地方譲与税等 3.1
国に依存する部分 (依存財源)
その他 6.7
(総務省資料による)

解説 役割と税収の不均衡　住民の**市民生活水準 (シビル・ミニマム)** を実現するため地方公共団体の役割は拡大する一方，その**自主財源**としての税収 (地方税等) は4割程度しかない。三位一体改革による税源移譲も十分ではなく，依然，国の財政に依存 (地方交付税，国庫支出金等＝**依存財源**) する地方行政の実情がある。

23 倫政22

5 地方財政の主な財源

Ⓐ 一般財源 (地方議会で使途を決定できる)

①地方税	地方公共団体が課税し徴収する税。住民税，固定資産税，事業税などがある。	
②地方交付税 倫政23	地方公共団体間の租税収入の格差を正すため，財政力の貧弱な自治体に国から交付。国税のうち，所得税・法人税の33.1%，酒税の50%，消費税 (地方消費税は別) の19.5%，地方法人税の全額がこれに充てられる。	
③地方譲与税	形式上国税として徴収し，国が地方公共団体に譲与するもの。地方道路譲与税，自動車重量譲与税など。	

20 Ⓑ 特定財源 (国から使途が特定されている)

①国庫支出金 倫政20 14 使途が特定されていること。	国が地方公共団体に交付する負担金，補助金，委託金の総称で，普通**「補助金」**と呼ばれ，公共事業，社会保障，義務教育などについて使途を特定して交付される。国の基準で交付されるため，交付額が不十分で地方公共団体が**超過負担**を強いられることもある。
②地方債	地方公共団体が財政収入の不足を補うため，あるいは特定事業の資金調達のため行う借入金のうち，会計年度を超えて返済される長期借入金。普通は国の機関や市中銀行から借り入れる。起債には議会の議決と総務大臣及び知事との協議が原則必要＊ (地方公共団体の財政状況によっては許可制となる)。 倫政23

＊都道府県及び指定都市は総務大臣，市町村は知事と協議。

6 借金漬けの地方財政

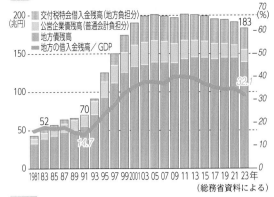

凡例：
- 交付税特会借入金残高 (地方負担分)
- 公営企業債残高 (普通会計負担分)
- 地方債残高
- 地方の借入金残高／GDP

52　70　183 (兆円)
14.7　32.? (%)

1981 83 85 87 89 91 93 95 97 99 2001 03 05 07 09 11 13 15 17 19 21 23年
(総務省資料による)

解説 膨らむ借金　税源移譲で国税が減り地方税が増やされたが，補助金や地方交付税の減額が響き，厳しい財政状況の地方自治体も増えた。あわせて国が地方債で事業資金の調達を奨励したことによって，地方の借金はバブル崩壊後の1995年以降，急激に膨らんでいった。2007年に政府は**地方財政健全化法**を制定。財政状態が良くない自治体を**財政再生団体**に指定し，国の管理下で財政状態をチェックするなど早期の再建を図っている。

7 地方独自課税

○主な法定外税

(2023年4月1日現在)

		法定外税	法定外税設置の自治体	税収
法定外普通税	都道府県	核燃料税	福井県，愛媛県，佐賀県，島根県，静岡県など10道県	257億円
		核燃料物質等取扱税	青森県	194
		核燃料等取扱税	茨城県	12
		石油価格調整税	沖縄県	9
	市町村	使用済核燃料税	薩摩川内市 (鹿児島県)，伊方町 (愛媛県)，柏崎市 (新潟県)	16
		別荘等所有税	熱海市 (静岡県)	5
		狭小住戸集合住宅税	豊島区 (東京都)	5
法定外目的税	都道府県	産業廃棄物税等	三重県，鳥取県，岡山県，広島県，青森県など27道府県	69
		宿泊税	東京都，大阪府，福岡県	15
	市町村	環境未来税	北九州市 (福岡県)	9
		使用済核燃料税	柏崎市 (新潟県)，玄海町 (佐賀県)	4

注：税収は2021年度決算額。全国合計は634億円で，地方税収額の0.15%を占める。
(総務省資料)

解説 背景は財政危機　地方の厳しい財政状況を背景として，地方税法に定められていない法定外税を新設する自治体が増えている。使途を特定しない「法定外普通税」に加え，地方分権一括法で「法定外目的税」(新設には総務大臣の同意が必要)も認められた。

Target Check 日本の地方自治に関する次の記述の正誤を判断しなさい。 (解答→表紙ウラ)

- ① 所得税の一部を個人住民税に移譲するというかたちで，国から地方へ税源移譲がなされた。
- ② 地方自治体は，法律の範囲内で条例を定めて，独自に課税することができる。
- ③ 行政機関の保有する情報を公開する制度については，国が情報公開法を制定するまでは，条例による情報公開制度を有する地方自治体はなかった。
- ④ 機関委任事務が新設され，地方で処理した方が効率的な事務は地方自治体に委任された。

(センター2009, 11, 12本試による)

政治

SIDE STORY 住民税は，市町村民税 (東京23区は特別区民税) と道府県民税 (東京は都民税) の合計から構成されている。その人の前年の所得額に応じて課税される「所得割」と，所得がなくても課税される「均等割」を合算した額を納税する。

151

8 「平成の大合併」 ◀倫政22

年	市	町	村	計	増減
1999年	670	1,994	568	3,232	100減
2004	689	1,903	540	3,132	611減
2005	732	1,423	366	2,521	794減
2010	786	757	184	1,727	9減
2018*	792	743	183	1,718	

注：各年度末の数値。　＊10月1日の数値。　（総務省資料）

Ⓐ 合併のメリット・デメリット

メリット	デメリット
・専門職員の配置など住民サービス提供体制の充実強化 ・少子高齢化への対応 ・広域的なまちづくり ・適正な職員配置と公共施設の統廃合など行政の効率化	・周辺部の旧市町村の活力喪失 ・住民の声が届きにくくなる ・住民サービスの低下 ・旧市町村地域の伝統・文化、歴史的な地名などの喪失

（総務省資料による）

解説　合併の功罪　効率的な地方行財政を実現するため、合併特例法が改定された1999年から2010年3月末まで「**平成の大合併**」が推進された。財政特典を盛り込むことで合併に誘導し、借金が増大する市町村の財政の健全化と規模拡大による行政費用の効率化を目指したが、住民に身近な存在であるはずの自治体サービスの質が低下したり、地域の特色が損なわれるなど今後の課題も大きい。

9 住民による地域づくり

◀「NPO法人 徳島共生塾一歩会」が中心となり、「四国八十八カ所」めぐりのお遍路さんが通る道を清掃。多くの市民ボランティアが参加した。

➡長野県平谷村で、全国で初めて中学生も参加した市町村合併の是非を問う住民投票が行われた。

解説　住民による地域づくり　地域づくり、地域おこしなど、住民運動やNPO活動等による住民の地方政治への参加が拡大している。また、住民投票条例やオンブズマン制度などの設置により、選挙以外に地方自治体と住民が直接連携を図る様々な制度、取り組みが進んでいる。

Target Check　日本の地方自治に関する次の記述の正誤を判断しなさい。　（解答➡表紙ウラ）

- ☐ ① 首長の補助機関である副知事や副市町村長の就任については、議会の同意を必要としない。
- ☐ ② 都道府県や市町村には、執行機関として教育委員会などの行政委員会が置かれている。
- ☐ ③ 選挙管理委員会の委員は、地方議会の議員経験者などのなかから、住民によって直接選ばれる。
- ☐ ④ 地方議会は首長に対する不信任決議権を持つが、首長は議会を解散することはできない。

（センター2009本試による）

10 道州制

Ⓐ 答申された道州制3案　（『朝日新聞』2006.3.1）
（南関東の区域では、東京都のみで一つの道州とすることも考えられる）

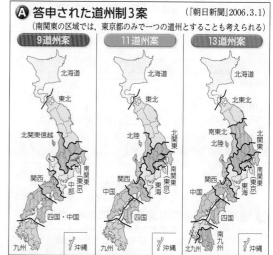

9道州案	11道州案	13道州案

解説　進まない道州制　地方分権がより推進されるためには、従来の都道府県という枠組みに縛られない広域的な地方自治のあり方を検討する必要がある。道州制とは、国の権限と財源を必要最小限とする一方、市町村への権限委譲と財源確保を実現するために、複数の都道府県をひとつの広域自治体とし、従来国家が行ってきた政策立案や、公務員の効果的な人材活用など、より強い自治権を与える構想である。しかし国主導の議論への反発や、州庁をどこに設置するかなど、都道府県によって賛否が分かれ、なかなか議論は進まないのが実情である。

11 ふるさと納税
◀倫政19 地方公共団体の間で税収を移転させる効果があること。

Ⓐ ふるさと納税の特徴

1. 「納税」という名の「寄附」
2. 納税（寄附）する自治体を自由に選べる
3. 自己負担額2,000円を除く全額（上限あり）が控除対象
4. 特産品などの返礼品がある地方自治体も

Ⓑ ふるさと納税の仕組み
◀倫政23

M市　ふるさと納税（寄附）10,000円 ➡ 返礼品（特産品）

Aさんの住むN市　所得税及び住民税を控除8,000円　Aさん ⬅ 市役所

Ⓒ ふるさと納税（＝寄附）の受入額の多い自治体（2022年度）

上位自治体	寄附金額（億円）	主な返礼品
北海道紋別市	約194	ホタテ、ズワイガニ、イクラなど
宮崎県都城市	約196	豚肉、宮崎牛、サツマイモなど
北海道根室市	約176	花咲ガニ、ホタテ、ウニなど

（総務省資料などによる）

解説　ふるさと納税、事前審査制導入　都市部と地方の税収格差を埋める狙いで2008年に始まった**ふるさと納税**。自治体を選んで寄附すると納める税金が減ることに加え、豪華な返礼品を受け取ることもできるため、ふるさと納税の受入額は年々増加。2018年度には、全国計で5,000億円を突破した。一方、多くの寄附を集めようと、自治体の返礼品競争が過熱。これに対し、総務省は「返礼品は寄附額3割以内の地場産品に限る」と通知（2017・2018）。さらに、2019年6月から、総務省が対象となる自治体を事前審査で指定する新たな制度を導入した（審査の結果、泉佐野市ほか当時の上位4市町は、制度の対象外になったが、2020年6月、最高裁で泉佐野市が逆転勝訴した）。

論点 防災について考えよう

1 発生リスクの高い災害

Ⓐ 今後30年間に震度6弱以上の揺れに見舞われる確率

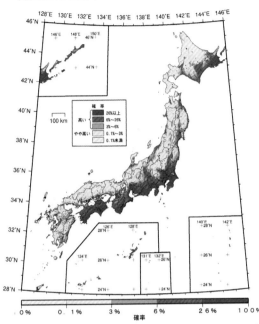

（「全国地震動予測地図2020年版」地震調査研究推進本部による）

Ⓑ 富士山の降灰可能性マップ

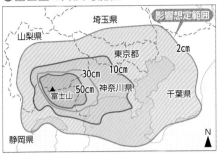

〈注〉宝永噴火の規模の月別降灰分布図を12か月分重ね合わせた図。

（「富士山火山広域避難計画」山梨県による）

南海トラフの巨大地震 最大震度7，想定される津波の高さは30mとされる。今後30年以内に発生する確率は70〜80％（政府の地震調査会）。死者32万人超え，経済被害220兆円のおそれがある。

首都直下地震 政府の地震調査委員会は，今後30年以内に70パーセントの確率でマグニチュード7程度の大地震が起きると予測しており，死者は2万3,000人，経済被害は95兆円に上るおそれがある。

富士山の噴火 火山灰によって交通や電力供給などライフラインに甚大な被害を及ぼす恐れがある。

水害・土砂災害 地球温暖化に伴う気候変動によって，時間雨量50mmを超える短時間強雨の発生件数が約30年前の約1.3倍に増加。これにより，豪雨による水害・土砂災害のリスクが増大している。

◖解説◗巨大災害は「必ず来る」 長年の災害研究によって，君たちが活躍する時代に高い確率で巨大災害が発生することが分かっている。巨大災害は「来る可能性がある」のではなく，「必ず来る」のだという認識を持ち，国や自治体任せではなく，地域・家庭・個人での備えをしておく必要がある。

2 いざというとき助け合うために―10代が体験した静岡の防災

1日のスケジュール

1時間目：「もしも，災害が起きたら」過去の映像で災害時の様子を知る…SBSの記者が過去の地震災害の映像や写真を見ながら，「静岡を襲う巨大地震の姿」について解説しました。

2時間目：「避難所生活を体験」段ボールで避難所体験…避難所生活で問題となる「睡眠環境と感染症対策」に有効な段ボールベッドづくりを，静岡市葵区の防災指導員に教わりました。

3時間目：「災害時のトイレ話」…災害時に忘れられがちな「トイレ」の問題。マンションの防災対策支援に取り組むプロジェクト代表を講師に迎え，東日本大震災発生時に混乱した状況などを交えてトイレ問題の重要性を教わりました。

4時間目：「応急処置のポイントを学ぶ」…日本赤十字社静岡県支部が一次救命処置のポイントを解説してくれました。

5時間目：まとめ 総括

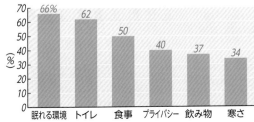

（2020年9月1日静岡新聞掲載，Team Buddy「高校生防災特集2020」から）

Ⓐ 避難生活の初期で困ったこと

眠れる環境 66%	トイレ 62	食事 50	プライバシー 40	飲み物 37	寒さ 34

（平成28年熊本地震「避難生活におけるトイレに関するアンケート」特定非営利活動法人日本トイレ研究所）

◖解説◗普段の備えが，きっと役に立つ！ これは，静岡新聞・静岡放送の防災減災プロジェクト「Team Buddy」の活動の一環として，静岡県内の6校の高校生が，災害時の避難所生活の体験などを通して防災を身近に考える活動である。段ボールベッドで床よりも30cm高くして寝るだけで，床のほこりによる感染症を防ぐのに役立つことを学んだり，断水したときに携帯トイレを活用する工夫などを体感したりした。実際，「眠れる環境」と「トイレ」は，2016年の熊本地震の際の「避難生活の初期で困ったこと」の上位2項目であり，こうした体験に基づく備えは，いざというときの避難所生活に大いに役立つだろう。

政治

問い いざというときに助け合うために，自分ならどんなことを準備しておく？

さらに深めよう！ Team Buddy，防災情報（内閣府）のページ➡

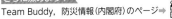

19 選挙制度

　民主主義

課題を考える

日本で実施されている選挙制度をまとめてみよう。衆議院に小選挙区制が導入されたのはいつだろう。また，「1票の格差」が問題となるのは，どのような理由からだろうか。

1 選挙に関する基本原則

原則	内　容
普通選挙	財産または納税額や教育，性別などを選挙権の要件としない。⇔制限選挙
平等選挙	選挙権の価値は平等である。1人1票を原則とする。⇔不平等選挙
秘密選挙	誰に投票したかを秘密にする制度。主として社会における弱い地位にある者の自由な投票を確保するのが目的。⇔公開選挙
直接選挙	選挙人が直接に選挙する。⇔間接選挙（アメリカ大統領選挙が代表的）

解説 民主主義の根幹　代表者を選び出す選挙は，政治の基礎となり，民主主義の根幹をなすものである。上記のほかに，棄権しても制裁を受けないという原則もある（自由選挙）。

2 日本の選挙制度の変遷（衆議院）と有権者数の増加

法律改正年	有権者の資格	法改正直後の総選挙年	有権者数の全人口に対する割合の推移と投票率
1889年(明22)*1	直接国税15円以上 満25歳以上の男子	第1回 1890.7	1.13　※（ ）内，有権者数と選挙区制 (45.1万人 小選挙区)　93.91
1900年(明33)*2	直接国税10円以上 満25歳以上の男子	第7回 1902.8	2.18 (98.3万人 大選挙区)
1919年(大8)	直接国税3円以上 満25歳以上の男子	第14回 1920.5	5.50 (306.5万人 小選挙区)
1925年(大14)	満25歳以上の男子 (納税資格要件撤廃)	第16回 1928.2	19.98 (1,240.9万人 中選挙区)
1945年(昭20)*3	満20歳以上の男女 (男女普通選挙)	第22回 1946.4	48.65 (3,687.8万人 大選挙区)　投票率 72.08
1947年(昭22)	同上	第23回 1947.4	52.38 (4,090.7万人 中選挙区)
1994年(平6)	同上	第41回 1996.10	(9,768.1万人 小選挙区) 59.65　77.61
2015年(平27)	満18歳以上の男女 (選挙年齢引下げ)	第48回 2017.10	(10,609.1万人 小選挙区) 53.68　83.72

*1　被選挙権は直接国税15円以上，満30歳以上の男子。　　*2　被選挙権は満30歳以上の男子。
*3　被選挙権は満25歳以上の男女（参議院は30歳以上）。

3 選挙区制度の種類と特色

	小選挙区（1選挙区1人選出）	大選挙区（1選挙区複数選出）	中選挙区	比例代表制
長所	①小党分立を防ぎ，政局が安定 ②選挙費用が比較的少額ですむ ③選挙違反の取締りがしやすい ④有権者が候補者をよく知ることができる	①死票が少なくなる ②少数党に有利である ③有能な人物・新人が進出しやすい ④比較的，選挙の公正を期しやすい	①理論的には大選挙区の部類に入る ②定員3～5人の旧衆議院議員選挙区 ③1994年，公職選挙法改正により廃止	政党の得票数に比例して議席を配分。長所・短所とも大選挙区制のそれが一層明確化。また，特定の政党に属さない，いわゆる「無所属」候補が事実上不可能になるという，大きな問題点もある。
短所	①死票が多くなる ②ゲリマンダーの危険性が大きい ③国民の代表としての適格性を欠く地方的小人物が輩出する ④不正の可能性が高く，新人・女性の進出が困難（現役が有利）	①小党分立を生じ，政治が不安定になる ②選挙費用が多くなる ③有権者が候補者の人格や識見をよく知ることができない		

倫政20 少数派の意見も反映されやすいこと。
倫政20 14 小選挙区制は二大政党制になりやすいこと。
倫政20 政党中心になりやすいこと。
14 死票が少ないこと。
18 15 多党制が生じやすいこと。

➡ **ゲリマンダー**
ゲリマンダーとは，自分の政党に有利になるよう不自然に選挙区の境界を定めること。

4 国政選挙の実際

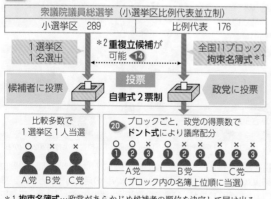

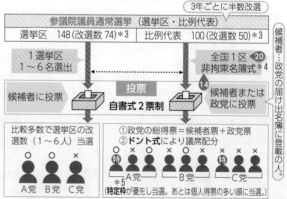

*1 拘束名簿式…政党があらかじめ候補者の順位を決定して届け出る。
*2 衆議院の小選挙区で落選しても，比例代表選挙で「惜敗率」によって，復活当選する場合がある。➡Ⓐ
*3 参議院議員の定数は，2018年の法改正により，242名→248名となった。
*4 非拘束名簿式…候補者に名簿順位をつけず届け出る。得票数の多い順に当選。
*5 比例代表に特定枠（あらかじめ政党が決めた順位にしたがって当選者を決定）を導入。

解説 衆参の選挙制度の違い　衆議院議員選挙では，政党に大幅な選挙運動の手段や，小選挙区と比例代表選挙の重複立候補制度を導入した，政党が候補者選定ができる政党本位の選挙制度である（小選挙区比例代表並立制）。参議院は選挙区でも個人中心の選挙が行われる点で，政党よりも個人を中心とした選挙制度である。

 「ゲリマンダー」の起源は，1812年米国マサチューセッツ州の知事ゲリーが，自分の政党に有利なように選挙区を区割りした結果，サラマンダー（トカゲの形をした火の精霊）の形をしていたことにちなんだ造語である。

Ⓐ 重複立候補制度—衆議院議員総選挙

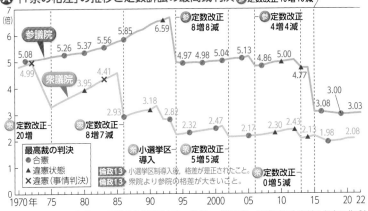

注1：点線内は○○党の比例代表での得票数によって配分された議席。X区のA候補とY区のB候補が、○○党比例代表名簿の5位に同一順位で並び、1人が当選の場合、惜敗率の高いA候補が当選となる。

小選挙区　X選挙区　○○党 比例代表で当選
当 10,000　Ⓐ 9,000　6,000
惜敗率→A＝90%

Y選挙区　○○党 比例代表でも落選
当 9,000　Ⓑ 7,200　6,300　1,000
B＝80%

比例代表（ブロック）　名簿順位　1位　2位　…　5位
○○　○○　Ⓐ
党　　　　　　　　　Ⓑ

惜敗率(%) ＝ 落選者の得票数 / 当選者の得票数 ×100

注2：小選挙区で供託金没収ライン（有効投票総数の1/10）に達せず落選した場合，比例代表で復活当選できない。比例区で当選の場合は政党を変わることができない（2000年法改正）。　（『朝日新聞』1994.3.5による）

Ⓑ ドント式のしくみ ㉒

[議席7]	A 党 1,500票	B 党 900票	C 党 720票
1で割る	1,500 ①	900 ②	720 ④
2で割る	750 ③	450 ⑥	360
3で割る	500 ⑤	300	240
4で割る	375 ⑦	225	180
5で割る	300	180	144

注：各党の得票数を整数で割り，商の大きい順に当選が決まる。各党の1議席当たり得票数をより公平にするための方式。

---

⑤ 議員定数不均衡問題—1票の格差 ＊
〔倫政13〕
＊主に国政選挙で有権者が投じる票のもつ価値の差

Ⓐ 「1票の格差」の推移と定数訴訟の最高裁判決

定数改正 10増10減
参議院　5.08　4.99　5.26　5.37　5.56　5.85　6.59　4.97 4.98 5.04　5.13　4.86 5.00　4.77　3.08 3.00 3.03
衆議院　4.41　3.95　2.93　3.18　2.82　2.32 2.47　2.17　2.30 2.43 2.13 1.98 2.08

定数改正 8増8減
定数改正 4増4減

定数改正 20増
定数改正 8増7減

小選挙区導入
定数改正 5増5減
定数改正 0増5減

最高裁の判決
● 合憲
▲ 違憲状態
✕ 違憲（事情判決）

〔倫政13〕 小選挙区制導入後，格差が是正されたこと。
〔倫政13〕 衆院より参院の格差が大きいこと。

1970年 75　80　85　90　95　2000　05　10　15　20 22

注：選挙結果以外の格差は，選挙人名簿登録者数の格差。（総務省，経済同友会資料を参考に作成）

Ⓑ 議員1人当たりの有権者数と格差

[衆議院小選挙区]　（2022年9月1日現在）

選 挙 区	1人当たり有権者	格差
①北海道第2区	461,188	2.01
②北海道第3区	460,101	2.01
③京都府第6区	459,643	2.00

格差は鳥取県第1区（229,371人）に対する倍数。
注：区割り改定法（令和4年法律第89号）による改定後の数値。

[参議院選挙区]　（2022年9月1日現在）

選 挙 区	1人当たり有権者	格差
①神 奈 川	966,659	3.05
②宮 城	961,928	3.03
③東 京	961,643	3.03
④新 潟	931,601	2.94
⑤大 阪	915,275	2.88

格差は福井県（317,281人）に対する倍数。
（総務省資料による）

○1票の格差に対する最高裁の考え方

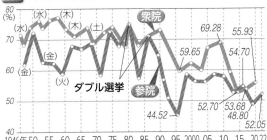

格差の大小
著しく不平等　／　許容の範囲内 → 合憲

是正の時間
あった　／　なかった → 違憲状態（合憲判断）

議員の欠員
問題＊あり　／　問題＊なし

事情判決（違憲だが選挙は有効）　／　違憲・無効

＊公共の利益に著しい損害を与えるか否か，という問題

解説 衆議院では 法の下の平等（憲法第14条）に照らすと格差は**2倍未満が原則**。最高裁は3倍以上の格差を違憲としつつも選挙は有効としてきた（**事情判決**）。国会は何度か定数是正を実施してきたが，2011年，最高裁は初めて格差3倍未満（小選挙区2.3倍）を**違憲状態**とした。

　参議院では 選挙制度の違いから格差6倍が目途とされ，最高裁は6.59倍の格差を違憲状態と判断し，2010年の参院選（格差5.0倍）についても違憲状態と判断した。2015年7月には2つの合区を含む「10増10減」案が成立。選挙権年齢が満18歳以上に引き下げられた2016年夏の参院選から適用され，1票の格差は是正されたが，抜本的解決にはいたっていない。⑭

---

⑥ 衆参両議院選の投票率の低下

80
(%)
70
60
50
40
（水）（水）　（木）（木）（土）　　　　衆院　69.28　55.93
（金）　（金）　　　　　　　　　　　59.65　54.70
（火）　　　　ダブル選挙　　　　　　　　52.70 53.68　48.80
参院　　　　　　44.52　　　　　　52.05

1946年 50　55　60　65　70　75　80　85　90　95　2000　05　10　15　20 22

注：曜日がないのは日曜投票。参院は80年の第12回までは地方区，83年以降は選挙区選の投票率。96年以降は衆院は小選挙区投票率。
（総務省資料より作成）

解説 投票率の向上に向けて 国政選挙の最低投票率は1995年参院選の44.52%（衆院選は2014年の52.70%）。その後，政府は，投票時間の延長・不在者投票理由の緩和（1998），**期日前投票**制度の導入（2003）など投票しやすい環境を整えるため制度改革を進めてきた。有権者の関心の高まりもあり，2005年の郵政選挙，2009年の総選挙の投票率は向上したが，近年また低下している。

---

⑦ 公職選挙法

	項　目	内　容　と　特　徴
選挙運動	期間（129条）〔16〕〔18〕〔23〕〔倫政14〕	衆議院で12日，参議院で17日間。事前運動は禁止。米では期間制限はなく，欧でも原則自由
	戸別訪問の禁止（138条）	買収の温床になりやすく，選挙人の生活の平穏を害するなどとして最高裁も合憲としている（81年）。欧米では自由
	文書図画の頒布制限（142条）	衆議院小選挙区選挙で候補者1人について通常葉書3万5千枚，選挙管理委員会に届け出た2種類以内のビラ7万枚など
	インターネットの利用（142条の3など）	ネット等を利用し，メール，SNSで有権者へ投票依頼することや，HP，ブログ等で政策をPRすることなどが解禁された。
連座制 〔16〕〔18〕〔20〕〔23〕	当選無効及び立候補の禁止（251条2～3）	総括主宰者，出納責任者，地域主宰者が罰金刑以上になったときに加え，候補者の親族，秘書，組織的選挙運動管理者が禁錮刑以上になったときは当選無効（**連座制**）。また同選挙区で5年間立候補不可
	在 外 投 票 〔23〕（49条2など）	海外に住む日本人も国政選挙で投票できる制度。2000年から衆参両院の比例区で，06年から選挙区で可能となった。

政治

政治

1 世論調査—集団的自衛権の行使

[集団的自衛権の行使について]

			無回答
毎日新聞 2014.5.19	賛成 39.0%	反対 54.0	7.0

			その他
朝日新聞 2014.5.26	29.0	55.0	16.0

全面的に使えるようにするべき　その他・答えない 4.0

読売新聞 2014.5.12	8.0	必要最小限の範囲で使えるようにするべき 63.0	使えるようにする必要はない 25.0

解説 **数字を過信しない** 国民や地域住民の意識を知るには世論調査が役立つ。特定のテーマについて，数字化されるだけに説得力がある。しかし，世論調査は「もろ刃の剣」だ。**質問や集計の[10]仕方によっては，世論の誘導や操作にもつながりかねない。**調査結果には「統計的な誤差」がつきもの。数字を絶対視してはならない。[10] 世論の形成に大きな影響力を持つ人をオピニオンリーダーと呼ぶこと。

2 選挙予測報道

[16] 大衆民主主義社会では，マスメディアの世論への影響は強くなること。

　選挙に関する報道で，候補者に最も深刻な影響を与えると考えられているのが，選挙の予測報道である。マスメディアが選挙結果を予測することにより，その結果が変化することを，**アナウンスメント効果**と呼んでいる。果たしてアナウンスメント効果が生じているのかどうかは議論が分かれるところである。

　また，アナウンスメント効果にも2種類のものがある。1つは，優勢であると報じられた候補に投票しようとする効果が生まれること。これは，勝ち馬に乗ろうとすることで，**「バンドワゴン効果」**といわれている。これに対し，劣勢であると報じられた候補に対し，それならば救ってやろうという効果もある。これは**「アンダードッグ効果」**といわれている。どちらが生起（せいき）するかは，どのような選挙かによるし，有権者の特性に負うところも大であると考えられる。

（川上和久『情報操作のトリック』講談社現代新書）

アナウンスメント効果

マスコミの選挙予測報道が有権者の投票行動に影響を及ぼすこと

表現	「トップ当選は確実」	表現	「優勢」	表現	「あと一息」
影響	ほかの候補者に票が流れる	影響	得票が伸びる	影響	得票が伸びる

解説 **法的規制はない** 選挙報道における表現には法的規制はなく，各報道機関の自主性に委ねられている。**マスコミには，選挙報道に関する良心および自主的工夫が求められる。**

（選挙制度研究委員会『図解選挙制度のしくみ』ナツメ社による）

3 パブリックコメント（意見公募）手続 [10]

A 意見公募手続の流れ

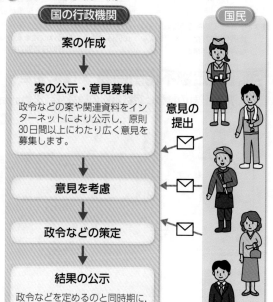

国の行政機関　　　　　　　　　　　　国民

案の作成
↓
案の公示・意見募集
政令などの案や関連資料をインターネットにより公示し，原則30日間以上にわたり広く意見を募集します。
↓
意見の提出
意見を考慮
↓
政令などの策定
↓
結果の公示
政令などを定めるのと同時期に，提出意見やそれを考慮した結果などをインターネットにより公示します。

B どんなものに意見を提出できるの？

政　令	憲法および法律の規定を実施するために，内閣が制定する命令
府省令	それぞれの府省の大臣が，主任の行政事務について制定する命令
告　示	国の行政機関がその決定した事項などを，広く一般に知らせるためのもの（このうち処分の要件を定めるものの案に対して，意見を提出できます）
審査基準	申請に対して許可などをすべきかどうかなどを判断するための具体的な基準
処分基準	許可や免許の取消などの不利益処分をすべきかどうかなどを判断するための具体的な基準
行政指導指針	複数の人に対して行おうとする行政指導に共通する事項

（**A**，**B**とも総務省行政管理局パンフレットによる）

解説 **パブリックコメント（意見公募）手続とは** 国の行政機関は政策を実施していくうえで，さまざまな政令や省令などを定めている。これらの案をあらかじめ公示し，広く国民から意見や情報を募集する手続きが**パブリックコメント（意見公募）手続**である。積極的に意見を提出してもらうことにより公正・透明な行政運営をすることがねらいで，2005年の**行政手続法**の改正により新設され，2006年からスタートしている。「電子政府の総合窓口」（e-Gov）のホームページに意見募集中の案件一覧が掲載されており，メールなどで意見が提出できる仕組みになっている。地方公共団体においても条例により同様の手続きが制定されてきている。こうした制度により政治参加ができることも知っておきたい。

SIDE STORY　17世紀頃，イギリスのコーヒーハウスでは，身分に縛られない自由な意見が交わされ，また情報収集の場として世論形成に重要な役割を果たした。

4 メディア・リテラシーを身につけよう（➡P.87）

Ⓐ 新聞報道の比較―2007年9月29日沖縄県民大会の扱い方の違い

○「朝日新聞」2007年9月30日の1面レイアウト

↑ 1面トップで紙面の1/3程度の掲載

○「読売新聞」2007年9月30日の1面レイアウト

↑ 社会面で掲載
░░░…写真　■…文章　——沖縄県民大会関連記事部分

「朝日新聞」と「読売新聞」の社説の比較―沖縄戦での集団自決について日本軍の関与を弱める記述に変更するよう意見をつけた教科書検定に対する新聞社の考え

> **「朝日新聞」（2007年3月31日の社説）**
> 軍の関与が削られた結果，住民にも捕虜になることを許さず，自決を強いた軍国主義の異常さが消えてしまう。それは歴史をゆがめることにならないか。

> **「読売新聞」（2007年3月31日の社説）**
> 諸説ある史実は断定的には書かない，誤解を招くような表記は避ける。文部科学省が求めたのは，そんな当たり前の教科書記述だったと言える。

　2007年9月29日沖縄県民大会とは…07年3月の教科書検定では高校日本史教科書の沖縄戦における住民の集団自決について日本軍による「強制」の記述を削除する修正が行われた。これに対し，沖縄県では検定意見撤回と記述回復を求める県民大会が9月に開催された。紙面の沖縄県民大会の扱い方の違いはこの教科書検定に対する支持・不支持の立場の違いによる。同年12月，文部科学省は日本軍の「関与」の記述を復活させることを認めた。

Ⓑ 複数の見解・話題にあたる意義

　第一に，自分が最初から意欲的に選ばなかったものにも接触することが大事ということだ。予期せぬ思いがけない出会いは，民主主義それ自体の中核である。そうした出会いには，自らは求めなかった，たぶんいらいらさせられる話題や見解が往々にして含まれている。こうした出会いが重要なのは，同じ考え方の人たちとだけ会話をしていれば陥りやすい分裂や過激主義への抑止になるからだ。(略)その名に値する民主主義では，人々はときに自身の選択ではない見解や話題にもさらされるべきだと私は主張する。
（キャス・サンスティーン『インターネットは民主主義の敵か』毎日新聞社）

> **解説** 情報を比較する意味　同日の新聞でも取り上げられている話題は各新聞社により異なり，また，同じ内容の記事であっても扱われ方が異なる。情報は届けられる時点で送り手の視点によって選別され，価値づけられている。情報を鵜呑みにするのではなく，複数の情報源にあたり，比較することが**メディア・リテラシー**を身につけることになろう。NIEなど新聞を授業で活用する場合にも複数の新聞記事の比較をやってみるとよい。

> **倫理16** 近年，メディア・スクラムと呼ばれる集団的かつ過熱な取材活動によるプライバシーの侵害や一面的な報道が問題となっている。

5 ネット選挙でできること，できないこと

○投票依頼LINEはOK？
　一般有権者が電子メールで特定候補への投票を呼びかけるのは違反となる。しかし，LINEなどSNSのメッセージ機能での呼びかけは違法にはならない。SNSのメッセージ機能は，インターネットサービスであり，電子メールとみなされないからである。

　＊×は不可　（『読売新聞』2013.4.20）

> **解説** ネット選挙　公職選挙法は選挙運動でのネット利用を，違法な文書図画の配布に当たるとして禁じていたが，2013年の参院選から解禁された。政党や候補者による選挙期間中のホームページやブログの更新，投票依頼などの選挙運動が可能となった。電子メールを使った投票依頼も政党と候補者に限り認められた。ツイッター，フェイスブックなどの**ソーシャル・ネットワーキング・サービス（SNS）**を利用した選挙運動が，有権者を含めて解禁されたのも大きな特徴だ。ただし，候補者の落選を狙った中傷や，候補者本人を装う「なりすまし」をどう防ぐかなどの課題も残った。

➡ インターネットで生中継される候補者の演説

政治

21 政党政治

課題を考える

日本の戦後の政党政治の流れを，1955年と93年に着目してまとめてみよう。また，政治資金規正法の改正と政党助成制度の導入の理由を考えてみよう。

1 政党とは ◀倫政20 憲法第21条「結社の自由」により結成が認められていること。

A 政党の概念

↑ E.バーク
（英1729〜97）

「政党は，自分たちの共同の努力によって，そのすべてが同意しているなんらかの特定の原理のうえに立って，国民的利益を増進するために結合した人々の組織体である」　（『現在の不満の原因に関する考察』）

↑ J.ブライス
（英1838〜1922）

「第1に，政党は不可避である。いままでに，大規模な自由主義国で政党をもたない国はなかったし，政党なしに代議政治が運営可能であることを示したものは，ひとりもいない」　（『近代民主政治』）

倫政20 制限なしに参加の権利があること。

B 政党の発達

名望家政党	19世紀の制限選挙の下では，教養と財産をもつ有力者（名望家）に政党メンバーは限られていた。
大衆政党	20世紀に普通選挙が実現し大衆民主主義の時代に入ると，政党も大衆の支持を得るため全国的な組織をもつ組織政党へと発展した。
包括政党	大衆民主主義の下では，特定の階級を支持基盤とするより，多岐にわたる政策を掲げて幅広い階層からの支持を得ることが政権獲得につながる。

解説 政党の役割　社会の諸利益を集約して政策に反映させる上で政党は重要な役割を果たしている。また政党抜きで選挙を実施したり，議会を効率的に運営することは難しいだろうし，内閣・大統領も政党基盤を持つことで政権運営が可能になっているといえよう。

2 政党制の類型 ◀21

A デュヴェルジェの3類型

	長　所	短　所	代表的な国
二大政党制	①政局が安定しやすい。②有権者による政党の選択が容易。③政党間の競争により，与党の失政や腐敗を追及し浄化することができる。	①様々な国民の意思や利害をきめ細かく吸収することができない。②政策のへだたりが大きいと，政権交代により，政策の連続性が失われる。	**アメリカ**（民主党と共和党）**イギリス**（保守党と労働党）→イギリスは現在多党化
小党分立制	①国民の様々な要求や利害を政治に反映することができる。②世論の小さな変化が政権に影響する。③連立政権により，権力の腐敗を防止。	①連立政権なので常に政局不安定。②政治責任が不明確になり，政策も総花的になりやすい。③国難に当たり大胆な政策遂行が困難。	**フランスイタリアスウェーデン**
一党制	①政権が安定し，政策の連続性が保てる。②国民に対して強力な指導ができる。	①独裁政治による国民の人権無視の可能性。個人崇拝も行われやすい。②腐敗政治になりやすい。	**中国，北朝鮮，キューバ**などの社会主義国

B サルトーリの7類型

大分類	小分類	特　徴	例
競合的政党制（政党間に競合がある）	一党優位制	1つの政党が他を圧倒して優越している状況。	55年体制下の日本，現在の日本
	二大政党制	2つの大政党が中心をなしており，政権交代の現実的可能性がある。	アメリカイギリス
	穏健な多党制	政党の数が3〜5と，あまり多くなく，政党間のイデオロギーの相違が大きくない。この場合，連立政権でもさほど不安定とはならない。	ドイツ
	分極化された多党制	政党間のイデオロギーの相違が大きい。連立政権は不安定なことが多い。	イタリアフランス
	原子化された多党制	無数の政党が乱立し，政策の相違も大きい。	例外的（かつてのマレーシアなど）
非競合的政党制（政党間に競合がない）	一党制	一党しかなく，それが支配している体制	旧ソ連，ナチス・ドイツ
	ヘゲモニー政党制	複数の政党が存在しているものの，実際には一党が支配しているもの。	中国，共産主義下のポーランド

解説 日本は一党優位制

政党制の類型については，長い間フランスの政治学者デュヴェルジェによる3つの分類が一般的であった（デュヴェルジェは，「小選挙区制は二大政党システムを促進し，比例代表制は多党システムを促進する」というデュヴェルジェの法則でも有名）。しかし，実際には3類型では説明できない（例えば日本はどこにも分類できない）場合も多いため，現在ではイタリアの政治学者サルトーリによる7つの分類が用いられている。サルトーリは，政党制を政党間競合のない「非競合的政党制」と政党間に競合のある「競合的政党制」の2つに分類し，さらに7つに分類する。これによると日本は「一党優位制」に分類されることになる。

↑ デュヴェルジェ（仏1917〜2014）

↑ サルトーリ（伊1924〜2017）
写真：ロイター／アフロ

政治

SIDE STORY　二大政党制の英国では安定した単独政権が普通。独（西独）は戦後ずっと連立政権だが安定しており，コール政権は16年続いた。一方，伊は連立政権が短命なことで有名。国ごとの伝統や事情で政党政治も異なるわけだ。

③ 日本の主な政党と政策スタンス

	党首・党勢		政策の主要3課題へのスタンス		
			憲法改正	経済政策	原発問題
与党	自由民主党	総裁 岸田 文雄 衆263人 参118人	憲法の基本原理を堅持。自衛隊の明記や緊急事態対応などを提示。	規制緩和や税制改革など，政策総動員で魅力的な投資環境を実現。	安全な原発は最大限活用。脱炭素を目指し，資源開発や再生可能エネルギーの導入。
	公明党	代表 山口 那津男 衆32人 参27人	憲法9条堅持。施行時に想定されなかった理念などを加える加憲を検討。	労働環境改善に取り組む企業に，補助金などの優遇策を導入。	再生可能エネルギーの主力電源化。原発依存度を着実に減らす。
野党	立憲民主党	代表 泉 健太 衆95人 参38人	立憲主義に基づき国家権力を制約。国民の権利拡大となる議論を行う。	税率5％へ時限的に減税。軽減税率制度は廃止し，給付付き税額控除を導入。	立憲主義に基づき国家権力を制約。国民の権利拡大となる議論を行う。
	国民民主党	代表 玉木 雄一郎 衆10人 参11人	緊急事態条項や議員任期の特例延長を認める規定を創設。	賃金上昇率が物価＋2％に達するまで消費税5％。給付付き税額控除を導入。	安全な原発は再稼働。洋上風力や地熱など再生可能エネルギーの活用に投資。
	日本共産党	委員長 志位 和夫 衆10人 参11人	9条改憲に反対。前文を含む全条項を守り，平和・民主的条項の完全実施。	消費税5％。資本金10億円以上の大企業の内部留保額に時限的な課税を行う。	即時原発ゼロ。2030年に石炭火力発電もゼロに。再生可能エネルギー優先利用。
	日本維新の会	代表 馬場 伸幸 衆41人 参20人	教育無償化，統治機構改革，憲法裁判所を憲法に明記。	消費税・ガソリン税の減税。社会保険料の減免や光熱費負担の軽減を実施。	再稼働にかかる国の責任と放射性廃棄物などの最終処分の法案を制定。
	社会民主党	党首 福島 瑞穂 衆1人 参2人	改憲ではなく憲法理念をくらしに活かすことが最優先。	3年間は消費税ゼロ。所得税の累進課税強化。法人税や優遇税制を見直す。	脱原発。原発ゼロ基本法案の成立。老朽原発の再稼働を許さない。
	れいわ新選組	代表 山本 太郎 衆3人 参5人	改憲不要。まずは現行憲法の実現を行う。緊急事態条項の新設に反対。	消費税を廃止。ガソリン価格が安定するまでガソリン税をゼロにする。	即時停止，国有化。2030年に石炭火力発電ゼロ。自然エネルギーの地域分散型普及。

みんなでつくる党	党首 大津 綾香　衆0人 参2人 憲法改正に関する議論を促進。消費税減税により経済活動を自由化。安全が確認された原発について再稼働を検討。	参政党	代表 神谷 宗幣　衆0人 参1人 国防の強化，国民の自由の尊重等を反映した憲法を一から創る「創憲」を主張。増税反対。安全な次世代原発を推進。

20 マニフェストの公表は義務づけられていないこと。

(各党のマニフェスト，報道などにより作成)

④ 戦後の主な政党の移り変わり

(数字は結党(解党)年月。2023年11月15日現在)

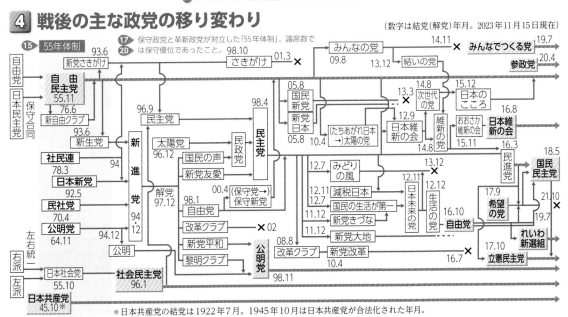

17 20 保守政党と革新政党が対立した「55年体制」。議席数では保守優位であったこと。

＊日本共産党の結党は1922年7月。1945年10月は日本共産党が合法化された年月。

 M.ウェーバーの「善からは善のみが，悪からは悪のみが生まれるというのは，人間の行為にとって決して真実ではなく，しばしばその逆が真実である(『職業としての政治』)」という視点は，政治を考える際に必要な視点といえる。

159

5 政治過程図

注：2023.11.10現在

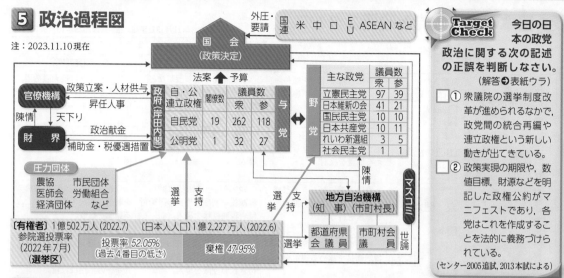

外圧・要請　国連　米　中　ロ　EU　ASEAN　など

国　会
（政策決定）

法案↑予算

官僚機構

政策立案・人材供与
昇任人事
陳情　天下り

財　界

政治献金
補助金・税優遇措置

圧力団体
農協　市民団体
医師会　労働組合
経済団体　　　など

政府（岸田内閣）

自・公連立政権	閣僚数	議員数	
		衆	参
自民党	19	262	118
公明党	1	32	27

与党 ↔ 野党

主な政党	議員数	
	衆	参
立憲民主党	97	39
日本維新の会	41	21
国民民主党	10	10
日本共産党	10	11
れいわ新選組	3	5
社会民主党	1	1

陳情

マスコミ

選挙　支持　　選挙　支持

地方自治機構
（知　事）（市町村長）

都道府県会議員　市町村会議員

選挙　　世論

〔有権者〕1億502万人（2022.7）　〔日本人口〕1億2,227万人（2022.6）

参院選投票率（2022年7月）（選挙区）
投票率 52.05%（過去4番目の低さ）　棄権 47.95%

6 政党と会派

Ⓐ 政党と会派

政党	・憲法や国会法では規定されていない。 ・政党助成法は，政党要件を満たす政治団体を政党と定めている。
会派	・国会法で定められた，議院（国会）内で活動を共にする議員の集まり（2人以上）。 ・政党と会派が同一のものが多い。 ・委員会の委員数，質問時間・順序，立法事務費の配分等は会派の所属議員数で決まる。
	統一会派…複数の政党・グループが形成する会派。

Ⓑ 両院の主な会派　（衆院2023.10.24，参院2023.11.1現在）

	衆　議　院		参　議　院	
与党	自由民主党・無所属の会	263	自由民主党	117
	公明党	32	公明党	27
野党	立憲民主党・無所属	96	立憲民主・社民	40
	日本維新の会	41	日本維新の会	20
	日本共産党	10	国民民主党・新緑風会	13
	国民民主党・無所属クラブ	10	日本共産党	11
	有志の会	4	れいわ新選組	5
	れいわ新選組	3	沖縄の風	2
	無所属	6	NHKから国民を守る党	2
			無所属	10
	計	465人	計	248人（欠員1人）

解説 憲法にない「政党」
国家内で活動を共にする議員団体のことを国会法上は「**会派**」という。連立政権時代を迎え，国会内での活動を有利にしようと，いくつかの政党が結んで「統一会派」を作る動きが活発である。

7 政治参加

Ⓐ 政治参加の類型

スタイル	形式	レベル	例
間接参加	制度的	中央	国政選挙
		地域	地方選挙
	非制度的	中央	利益集団（圧力団体），NPO
		地域	環境保護団体，NPO
直接参加	制度的	中央	憲法改正国民投票，国民審査
		地域	リコール，イニシアティブ
	非制度的	中央	市民運動
		地域	住民運動

Ⓑ 利益集団（圧力団体）
注：各団体の勢力は，2023年時点の資料による。

経営者団体	**日本経済団体連合会** 財界の総本山といわれる経団連と，労務対策を行っていた日経連が2002年に合同。1,649団体 **経済同友会** 経営者個人を会員とする。1,511人 **日本商工会議所（日商）** 全国の商工会議所の総合団体
労働団体	日本労働組合総連合会（連合）　約690.7万人 全国労働組合総連合（全労連）　約74.1万人 全国労働組合連絡協議会（全労協）　約9.4万人
その他	全国農業協同組合中央会（JA全中）　正・准会員1,042万人 日本医師会　約17.4万人　　日本遺族会　約46万世帯（2019年） 主婦連合会（主婦連）　約150団体

解説 政治参加のさまざまな形　政治参加の形態には，選挙などの制度化されたもの以外に非制度的なものもある。利益集団は，特定の利益の実現のために圧力団体として政治に影響を与えてきた。一方，市民（住民）が反核や平和，身近な地域の環境問題などを争点に市民（住民）運動という形で政治に影響を与えることもある。

8 無党派層 [20]

Ⓐ 自民党支持率と「支持なし」の比率

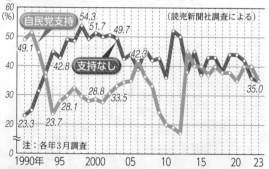

（読売新聞社調査による）

注：各年3月調査

解説 政治を左右する無党派層　特定の支持政党を持たない人々を**無党派層**という。無党派層は，政治に関心のない無関心層と，政治的な関心は高いが，その関心や期待にこたえてくれる政党や政治家をみいだせずに政治に対する無力感と不信感を抱いている層とに分けられる。1990年代以降に無党派層が増加しているのは，「関心の高い無党派層」が増えたためであるとされ，彼らの行動が投票率や選挙結果に大きな影響を与えてきた。現代の政党にとって，無党派層の支持を得ることは大きな課題となっている。

SIDE STORY　一つの政党だけでは議席の過半数を得られず，複数政党で政権をつくる場合を「連合政権」という。政権に参加した政党から閣僚がでて内閣をつくる場合を「連立政権」，内閣に加わらず協力する場合を「閣外協力」という。

9 政治資金規正法と政党収入

A 政治資金規正法による政治資金の流れ

受領者＼寄附者	金額の制限		政党・政治資金団体	資金管理団体など	政治家個人
個 人	総枠	2,000万円		1,000万円 ＊	
	個別	無制限		150万円	150万円 ＊
企業・労働組合	総枠（個別なし）	750万円～1億円		禁　止 23	
政 党	無制限		無制限		
政治資金団体	無制限		無制限		無制限
資金管理団体など	総枠	無制限			無制限
	個別	無制限		5,000万円	

注：数字は年間の限度額。＊政治家個人に対するものは金銭等に限り禁止。ただし，選挙運動に関するものは金銭等による寄附ができる。

> **政治資金**…政治団体や政治家個人の政治活動，選挙運動などにかかる費用。
> **政治資金団体**…政党のための資金援助を目的とする，政党が指定した団体。
> **資金管理団体**…政治家個人のための政治資金を受け取る団体。自らが代表である政治団体から1人1団体まで指定できる。

B 政党助成法 15 国費による助成を行うことで，政党の政治活動の公正性などの確保を目的としていること。

20 政党交付金（政党助成金）	総額約320億円＝総人口×250円	
14 受け取れる政党（政党要件）	①所属国会議員5人以上	いずれかを満たす政党
	②所属国会議員がおり，直近の国政選挙の全国得票率が2％以上	
配 分	1/2を議席数，1/2を得票数で配分	
使 途	制限なし（収支報告の提出・公表義務あり）	

参院選は前々回も含む

C 主な政党の交付金交付決定額 （総務省資料による）

年(百万円／％)	2022年		2023年		増減額
	交付額	配分率	交付決定額	配分率	
自由民主党	16,036	50.8	15,910	50.4	−126
立憲民主党	6,787	21.5	6,833	21.7	46
日本維新の会	3,027	9.6	3,351	10.6	324
公 明 党	3,009	9.5	2,870	9.1	−139
国民民主党	1,774	5.6	1,173	3.7	−601
れいわ新選組	413	1.3	620	2.0	207
政治家女子48党	279	0.9	334	1.1	55
社会民主党	211	0.7	260	0.8	49
参 政 党			185	0.6	185
合 計	31,537	100.0	31,537	100.0	0

D 主な政党の本部収入の内訳 (2021年分) （億円）

	自由民主党	公明党	立憲民主党	日本維新の会	日本共産党
政党交付金	169.5	30.1	68.8	19.2	−
事業収入	5.1	73.6	0.4	0.0	169.7
党費	10.1	6.0	1.1	1.9	5.4
寄附	27.9	0.1	2.4	0.5	11.7
借入金	4.5	−	−	−	0.0
その他	270.6	74.0	55.9	20.3	29.1
収入総額	487.7	183.8	128.6	41.9	215.9

（日本共産党は政党交付金を受けていない）　　（総務省資料による）

10 政治資金の実態

A 政治家の3つの財布

資金管理団体	政党支部	後援会組織
政治家ごと1つに限られる	数に制限はない	政治資金パーティーも開催できる

＊団体間での資金移動は可能なので，政党支部で受け取った企業・団体献金を資金管理団体や後援会に移すこともできる。

○3団体合わせた自民党議員の平均収入 （1996年）単位万円

寄 附	パーティー収入など	党本部からの交付金	その他
7,630	3,248	1,672	622

総額1億3,172万円

第1の財布	第2の財布	第3の財布
資金管理団体	党の小選挙区支部	後援会組織

（佐々木毅他『代議士とカネ』朝日新聞社）

B 政治資金規正法の歩み

年	事件・不祥事／ 法 政治資金規正法
1948	政治資金規正法制定
66	黒い霧事件
75	法 企業献金を1企業あたり最高計1.5億円に
76	ロッキード事件
78	ダグラス・グラマン事件
80	法 政治家個人への献金の収支報告を義務づけ
88	リクルート事件
92	東京佐川急便事件
92	法 政治資金パーティーの規制強化
94	法 企業団体献金を政党と政治家個人の資金管理団体に限定。上限は1企業(団体)50万円
14 99	法 政治家個人への企業・団体献金の禁止
2004	日歯連ヤミ献金事件
05	法 政治団体間の寄付に年間5千万円の上限規制
06	事務諸費・光熱水費問題
07.6	法 資金管理団体の5万円以上支出に領収書添付
07.12	法 国会議員の政治団体の1円以上支出について領収書を原則公開

政治資金規正法は，政党や政治家をめぐるカネの流れの透明度を高めることが狙いで，**政治・政治団体に収支報告書提出を義務づけ，公開するよう定めている。** 15

　かつては，上限額を設けるなど政治資金の「入」に対する規制が中心だった。1994年に**政党交付金**も創設され，政治家個人が多額の政治資金を集めないですむようになった。しかし日歯連ヤミ献金事件では，自民党への献金に見せかけて，特定政治家にカネが流れる「迂回献金」が明らかとなった。さらに事務所費問題では，事務所費の「付け替え」や光熱水費など，政治資金の「出」が問題となり，初めて「出」の規制が強化された。だが最初の改正では不十分との声も強く，2007年には，国会議員関連の政治団体の1円以上の支出について領収書を原則公開と透明性がさらに強化された。

政治

用語Check 〔➡P.369〕 政党，二大政党制，連立政権，圧力団体，政治資金規正法，政党助成法

憲法改正
～憲法改正をめぐる考え方～

日本国憲法が施行されてから60年が過ぎた2007年，憲法改正の具体的な手続きを定めた「国民投票法」が成立した。また，設立以来，休眠状態だった憲法審査会は12年に実質的審議に入った。そして同年，改憲を目指す第2次安倍内閣が発足。安倍首相は17年に「2020年を，新しい憲法が施行される年にしたい」と発言するなど憲法改正に向けての動きを加速させた。22年の参院選では与党が大勝し，「改憲勢力」が衆参両院で憲法改正の発議要件となる3分の2に達した。

1 憲法改正をめぐる世論

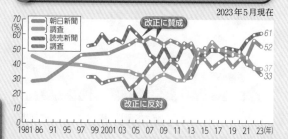

2023年5月現在
（凡例）朝日新聞調査／読売新聞調査
改正に賛成／改正に反対
61／52／37／33
1981 86 91 95 97 99 2001 03 05 07 09 11 13 15 17 19 21 23（年）

2 各国の憲法改正手続き

国　名	主な改正手続き	戦後改正回数
アメリカ	各院の3分の2以上の賛成→全州の4分の3以上の州議会の承認	6
フランス	各院の過半数の賛成→両院合同会議の5分の3以上の賛成または国民投票	27
ドイツ	各院の3分の2以上の賛成	67
中国	全人代の3分の2以上の賛成	10
韓国	国会の3分の2以上の賛成→国民投票	9

（2022年12月現在，国立国会図書館資料などによる）

（『朝日新聞』2023.5.3，『読売新聞』2023.5.3による）

3 憲法改正の主な論点に対する世論

論点

①今の憲法を変える必要があるか

世論

ある 52%	ない 37

【変える必要があると思う分野】
自衛のための軍隊保持（45%）
緊急事態への対応（38%）
教育の無償化（36%）
健全な財政の維持（33%）

【今の憲法の中で特に関心がある分野】
戦争放棄，自衛隊の問題（57%）
緊急事態への対応の問題（35%）
環境問題（35%）
天皇や皇室の問題（32%）
教育の問題（31%）

（『朝日新聞』）

②憲法第9条を変える方がよいと思うか

変える方がよい 37%	変えない方がよい 55

【「戦争を放棄すること」を定めた第1項について】
改正する必要がある（18%）
改正する必要がない（80%）
答えない（2%）

【「戦力を持たないこと」などを定めた第2項について】
改正する必要がある（50%）
改正する必要がない（47%）
答えない（4%）

（『読売新聞』）

憲法第9条の改正をめぐる10代の考え方
～あなたはどんな意見ですか～

（「参院選10代アンケート憲法改正をどう考える」毎日新聞HPより）

戦後70年がたち，国防の重要性が増しているなかで，時代に合わなくなっている。自衛隊はほぼ軍隊であるのに，憲法は武力の不保持を唱えており，その存在はあいまいなまま。憲法を改正して，自衛隊をきちんと規定するべきではないかと考える。（福岡・高校生・男・18）

時代に合っていないものもあり一部の改正は分かるが，平和や戦争に関する9条などは簡単に変えられては困る。急すぎて，おいて行かれていると感じる。私たちが納得できるよう慎重に進めてほしい。（山形・大学生・女・19）

現行憲法では日本は守るだけで，他国から攻めてこられそうなときに対抗できず，これからやっていけないと感じる。改正した方がいい。（愛媛・専門学校生・女・19）

今の条文では自衛隊の立場が不明確で違憲か合憲か危うい。戦争に賛成というわけではないが，明確にすべきだ。（大阪・大学生・男・18）

改正するかどうかだけの議論が先行していることに強い違和感がある。どこを改正するかの議論が先ではないか。緊急事態条項は反対。9条にも関心がある。自衛隊は軍隊ではない形で憲法に明記すべきだと思う。ただ，こう話すと，ひとまとめに改憲派と言われてしまうのには抵抗がある。自民党の改憲案のようなものではなく，現憲法の根本にある国民主権や基本的人権，平和主義はもっとしっかり保障する方向だ。（北海道・大学生・男・18）

自衛隊員の友人がおり，1％でも争いに巻き込まれる可能性がある場所へ行ってほしくない。改憲したからといって戦争がすぐに始まるとは思っていないが，なぜ国民の命を危険にさらす方向へ変えるのか理解できない。（北海道・大学生・男・19）

戦後，平和を維持できたと考えられる憲法を，なぜ今変える必要があるのか理解できない。米国とさらに緊密になり，戦争に巻き込まれるおそれが大きくなる。（神奈川・大学生・女・18）

9条の改正がよく論議されているが，どういったメリット，デメリットがあるのか，自分も含めて国民はよく理解していないと思う。国会議員同士で議論する前に，国民に分かりやすい説明をしてほしい。（栃木・大学生・男・18）

論点 18歳は「おとな」？

1 成人式は必要？ 不要？

Ⓐスリランカ出身の「にしゃんた」さんの考え

税金を使って式を開いてまで，成人を手厚く祝ってくれるような国は世界的には珍しい。……親が用意した着物に身を包み，自治体が開く式典で友達と再会するというのは，大人としての覚悟とは程遠く，七五三の延長のようだ。　　　（『信濃毎日新聞』2022.1.23）

Ⓑ成年と未成年の法的な定義

成年	意思能力（自分の行為を認識し，その結果がどのようなものになるかを理解する能力）があり，自由に契約できる＝法的主体
未成年	意思能力が十分でなく自由に契約できない（契約する資格が制限され，不利益な契約から保護される）

Ⓒ心理学者が考える成年と未成年

「成年ですよ」と法的に定められたとしても，「おとなになる」こととは別の話かもしれない。**エリクソン**は，18歳は青年期でモラトリアムの期間と考え，**オルポート**は心の面でおとなであることの特徴として，①自己意識の拡張②他人との温かい関係の確立③情緒安定④現実的認知と解決のための技能⑤自己客観化⑥人生観確立であるとした。

したがって，法的主体になる年齢とは別に，様々な人生経験を積む中で実質的に大人になっていくと考えるのがよいかもしれない。

↑七五三

↑成人式

‖解説‖ **成人の自覚とは**　成年になることは，**意思能力があると認められて自由になる**ことだ。同時に，**法的主体として責任を負う**こともある。当事者にその自覚を促すことが成人式の目的であれば，現在のような自治体や親の保護下で行う「七五三」的内容を改める必要があるのではないだろうか？

Ⓓ各国の「成人式」

国	成年年齢	「成人式」
日本	18歳	政府が「大人になったことを自覚し，みずから生き抜こうとする青年を祝い励ます」という趣旨のもと，1949年から1月15日を「成人の日」として制定（現在は1月第2月曜日）。成人式の実施は各自治体に任されている。
韓国	19歳	5月の第三月曜日が「成人の日」特に式典などの開催はない。親しい友人同士で過ごす。
中国	18歳	高校3年生ということもあり，受験などに響いてしまうので各学校にてお祝い。制服やジャージで参加。
バヌアツ	18歳	バンジージャンプ「ナゴール」
エチオピア	18歳	ハマル族「牛の跳躍式」

政治

2 18歳？ 20歳？ できることを整理しよう！

Ⓐ成年年齢の引き下げにより，18歳でできるようになること（【 】は根拠となる法律）

携帯電話や車の購入契約を一人でできる【民法】

親の同意なくローンを組める【民法】

民事裁判を一人で起こせる【民法】

性別変更の申し立てができる【性同一性障害特例法】

10年有効のパスポートを取得できる【旅券法】

Ⓑ20歳になるとできること，しなければならないこと（【 】は根拠となる法律）

できること

飲酒・喫煙の禁止がとかれる【20歳未満の者の飲酒の禁止に関する法律】【20歳未満の者の喫煙の禁止に関する法律】

競馬の馬券や競艇の舟券等が買え，公営ギャンブルができる【競馬法】【モーターボート競走法】等

中型自動車免許取得【道路交通法】

しなければならないこと

国民年金の納付義務【国民年金法】※免除・納付猶予の特例あり

問い　18歳で成年＝おとなになるにあたって，自分なりの考えや心構えを書いてみよう。

さらに深めよう！
成年年齢引き下げ動画CONTESTのページ➡

次のまとめの中の❶～⓲にあてはまる言葉を答えなさい（解答は下の欄外）。〈注〉（　）内の数字は憲法の条数

重要ポイントの整理

平和主義と憲法第9条・自衛隊と日米安保・冷戦後の安全保障体制（P.122～128）

(1)日本国憲法の平和主義

前文＝政府の行為で再び戦争の惨禍を起こさないよう決意。日本国民は恒久の平和を念願

第9条(1項)**戦争放棄**／(2項)❶__ **不保持，国の**❷__**権否認**

(2)再軍備と自衛隊発足　米国の対日政策の転換

警察予備隊創設(1950)	朝鮮戦争勃発(1950)によりGHQが指示　**日米安全保障条約**(1951)
保安隊発足(1952)	MSA協定(1954)：日本に防衛力増強の義務
❸____発足(1954)	防衛二法(自衛隊法・防衛庁設置法)

(3)自衛隊と憲法第9条の解釈について

政府	第9条は**自衛権**を否定せず→自衛隊は自衛のための必要最小限度の実力　自衛隊は第9条の禁ずる戦力には当たらず合憲	
学説	(多数派)　第9条は一切の戦力の保持を禁止→自衛隊は違憲	
判例	長沼ナイキ訴訟	砂川事件	恵庭事件

(4)他の基本方針

①❹_____**権の行使禁止**(閣議決定で解禁，2014)

②**専守防衛**　③**海外派兵の禁止**

④文民統制(シビリアン・コントロール)

⑤**非核三原則(核兵器を持たず，つくらず，**❺_____**)**

(5)日米安全保障条約(1960)：旧安条約(1951)を改定

①共同防衛義務(5条)，基地提供(6条)

→米軍の行動で日本が戦争に巻き込まれる心配

②❻_____**制度**→1度も実施されず

(6)バードン・シェアリング(1970～)

①日米防衛協力のための指針**(旧ガイドライン／**1978)：日米軍事協力体制強化

②❼_____**予算**(1978～)→予算は拡大

(7)PKO（平和維持活動）協力法(1992)

→自衛隊の海外派遣＝カンボジア(1992)など

(8)冷戦終結(1989)・**ソ連崩壊**(1991)

①日米安保共同宣言(1996)	安保再定義で「アジア・太平洋」へと適用範囲拡大
②97年改定ガイドライン(1997)	**周辺事態法**など**ガイドライン関連法**成立(1999)→集団的自衛権問題
③有事関連3法成立(2003)・同7法成立(2004)	
④新ガイドライン(2015)	
⑤安全保障関連法成立(2015)	

(9)安保と沖縄

①本土復帰(1972)後も米軍基地の70%が集中

②沖縄少女暴行事件(1995)

③基地縮小移転問題(96県民投票→普天間返還合意)

国会の地位と構成・憲法改正問題（P.130～135）

(1)地位　①国民の代表機関　②**国権の**❽_____

③唯一の❾____(41)

(2)組織　**二院制**＝慎重な審議，より多様な民意を反映

	定数	任期	解散	被選挙権
衆議院	465人	4年	あり	満25歳以上
参議院	248人	6年	なし	満30歳以上

重要ポイントの整理

(3)国会の種類　①**通常国会**　②**臨時国会**　③**特別国会**

④**参議院の緊急集会**(52～54)

(4)国会議員の特権　①**歳費特権**　②**不逮捕特権**　③**免責特権**(49～51)

(5)国会の問題点　国対政治，**党議拘束**など

(6)国会改革　①**政府委員制度の廃止**　②**党首定例討論**

(7)国会の権能　①法律の制定　②予算の議決　③⓾__の承認　④⓫_____の指名　⑤弾劾裁判所の設置　⑥憲法改正の発議

(8)各議院の権能　**国政調査権**(国政全般に及ぶ)(62)

(9)衆議院の優越

①予算の先議権　②内閣不信任決議権(衆議院のみ)

③法律案議決(再可決)　④予算案議決・条約承認・内閣総理大臣指名(衆議院の議決が国会の議決に)

改正の手続	①国会が発議(各議院総議員の⓬__の_以上の賛成)②国民投票(⓭____の賛成)
最近の動き	①国民投票法(2007成立，2010施行)②改正国民投票法(2014成立，施行)→投票年齢18歳以上③両院に憲法審査会設置(2007)

内閣と行政（P.136～139）

(1)地位　「行政権は，⓮__に属する」(65)

(2)議院内閣制　内閣は国会の信任の下に成立する

①**内閣は**⓯__**に対して連帯して責任を負う**(66)

②**内閣総理大臣は国会が指名**(67)

③**衆議院の内閣不信任決議権**と，それに対する**内閣の衆議院解散権**

(3)組織　内閣総理大臣と原則14人以内の国務大臣

(4)権能　全員一致制の**閣議**

①法律の執行，条約締結，予算案作成，政令の制定

②国事行為に対する助言と承認，最高裁判所長官の指名，その他の裁判官の任命等

(5)内閣総理大臣の権能

①国務大臣の任免(68)　②閣議の主宰(内閣法)

③自衛隊の最高指揮監督権(自衛隊法)

裁判所のしくみと働き（P.142～146）

(1)司法権の独立　司法権はすべて最高裁判所および⓰_____に属する(76)

(2)裁判官の独立　良心に従い独立して職権を行使，⓱__・法律にのみ拘束される(76)

(3)裁判官の身分保障　次の場合などを除き罷免されない(78)　①心身の故障(分限裁判)　②**弾劾裁判**③**最高裁判所裁判官の国民審査**

(4)三審制　慎重な審議のため，上級裁判所に控訴・上告し，3回裁判が受けられる

(5)裁判の種類　①刑事裁判　②民事裁判　③行政裁判

(6)裁判員制度(2009年5月21日から)国民の司法参加

(7)違憲立法審査権

終審裁判所である最高裁判所は「⓲__**の番人**」(81)

①一切の法律，命令，規則又は処分が憲法に適合するかしないかを決定する権限

②**統治行為論**　高度に政治的な問題については裁判所は判断を回避

解答 ❶戦力 ❷交戦 ❸自衛隊 ❹集団的自衛 ❺持ちこませず ❻事前協議 ❼思いやり ❽最高機関 ❾立法機関 ⓾条約 ⓫内閣総理大臣 ⓬3分の2 ⓭過半数 ⓮内閣 ⓯国会 ⓰下級裁判所 ⓱憲法 ⓲憲法

●次のまとめの中の❶〜⓳にあてはまる言葉を答えなさい(解答は下の欄外)。〈注〉( )内の数字は憲法の条数

重要ポイントの整理

(1)意義 「地方自治は❶＿＿＿＿の学校」(ブライス)

(2)「地方自治の本旨」 →地方自治法(1947)で具体化

❷＿＿自治	地方公共団体の国(中央政府)からの独立，**地方分権的**側面
❸＿＿自治	住民参加により住民の意思に基づき運営される，**民主主義的**側面

(3)地方公共団体(地方自治体)
・**政令指定都市**(20市)，中核市，特例市
①議会 一院制，**条例の制定**(法律の範囲内)・改廃，予算の議決，長の不信任決議権など
②首長 条例の執行，国の委任事務の執行，議会解散権など(**拒否権**)—**大統領制**的要素
③地方行政委員会：教育委員会，選挙管理委員会，人事委員会など

(4)直接請求権 直接民主制により**住民参加**を実現→**間接民主制**の欠点を補う
①条例の制定・改廃請求(**イニシアティブ**)
②監査の請求 ③議会の解散請求 ④首長・議員の**解職請求(リコール)** ⑤主要公務員の**解職請求**

(5)住民投票(レファレンダム)
①拘束的住民投票(法的拘束力：**有り**)
　→地方特別法の制定(95)，議会の解散，議員・首長解職請求(地方自治法)など
②諮問的住民投票(法的拘束力：**無し**)
　→議会や首長が住民の多数意見を知るために行う

(6)地方分権推進法(1995)→**地方分権一括法**(1999)
❹＿＿＿＿＿事務の廃止

自治事務	法律の範囲内で地方公共団体が条例で運用できる事務
❺＿＿＿＿事務	法令によって国から地方公共団体に委任される事務

(7)地方財政

❻＿＿財源	独自に賦課徴収できる地方税など
❼＿＿財源	**地方交付税交付金**，**国庫支出金**(補助金)，地方債など

(8)地方の時代 情報公開条例の制定，オンブズマン制度，プライバシー保護条例等で国に先行

- - -

(1)民主的な選挙の原則
①普通選挙 ②平等選挙 ③直接選挙 ④秘密選挙

(2)選挙区制

大選挙区制	1選挙区から複数選出→**死票**が少ない，小党分立へ
❽＿＿＿＿制	1選挙区から1人選出→**死票**が多い，**二大政党制**に適す
❾＿＿＿＿制	政党の得票に応じて議席配分→死票は少ないが小党分立に

(3)日本の選挙制度

衆議院(定数465)	・❿＿＿＿＿＿＿＿＿＿＿＿制 ・小選挙区289議席，比例代表との重複立候補も可 ・比例代表176議席を11ブロックの**拘束名簿式**比例代表制で，⓫＿＿＿式で配分

重要ポイントの整理

参議院(定数248)	・3年ごと半数改選 ・選挙区148議席，都道府県単位の選挙区から ・比例代表100議席を全国単位の**非拘束名簿式**比例代表制で，**ドント式**で配分

(4)選挙の問題点と改善点
①⓬＿＿＿の低下←政治的無関心や無党派層の増大
②議員定数不均衡問題＝⓭＿＿の価値の不平等。
　・大都市に比べ地方の1票の価値が重い
　・最高裁…衆議院について2度の違憲判決
③**在外投票の実現**—外国にいる日本人による投票が2000年総選挙から比例区のみ実施
④投票時間2時間延長，**期日前投票**→投票率の回復

(5)世論＝公共の問題に関し，社会で影響力をもつ意見
・民主政治は世論政治→**世論調査**で把握

(6)マスメディア 「第四の権力」とも呼ばれる
①「⓮＿＿権利」のため情報を提供 ②世論形成の役割 ③世論操作の危険

(7)マスメディアの問題点と課題
①視聴率至上主義に陥りがち→真実の歪曲(誤報・虚報)，プライバシー侵害(報道被害)など
②**政治権力の干渉や統制**＝法規制による言論・思想統制，情報操作による大衆扇動
③⓯＿＿＿＿＿＿＿＿効果＝選挙の事前報道が選挙結果を左右

(8)政治的無関心(アパシー) 社会の複雑化・**官僚政治**の肥大化などによる無力感・失望

(9)無党派層

(10)政党政治

⓰＿＿＿＿制	政権安定，少数意見は吸収しづらい，米(民主党・共和党)，英(保守党・労働党)
多党制	多様な意見を反映，連立政権になりやすい，仏，伊，独，日本(一党優位政党制)
一党制	社会主義国(中国，北朝鮮，キューバなど)

(11)日本の政党政治
①**55年体制**＝1955年，左右派**社会党**が再統一，**保守合同**で⓱＿＿＿＿＿党が結成→二大政党制確立
②自民党長期政権と1960年代からの**多党化**
　…族議員，派閥政治，**政官財の癒着**，利益誘導政治
③55年体制崩壊 1993年自民党分裂→**非自民連立内閣**(細川内閣・羽田内閣)
④連立政権 1994年社会党村山内閣で自民党政権復帰→自民党連立政権(橋本内閣〜)
⑤民主党の台頭 2009年総選挙で大勝し，政権交代実現(鳩山内閣)
⑥無党派層の増加と投票行動(「風」)が選挙を左右

(12)市民運動・住民運動…非党派的な運動
1960年代の反公害運動など→**消費者保護**，環境保護，福祉関係などへ拡大・成長

(13)政治資金規正—1994年**政治改革**の一環
①⓲＿＿＿＿＿法改正＝政治家個人への企業・団体献金禁止
②⓳＿＿＿＿法＝公費で政党に助成

地方自治のしくみ・地方自治の現状と課題 ↓P.148〜152

選挙制度・世論の形成と政治参加・政党政治 ↓P.154〜161

1 経済と技術革新

経済とは何かを理解し，技術革新を原動力とする経済発展のあゆみと，主な経済思想を重ね合わせてみよう。

1 経済とは

人間 ─働きかけ→ 自然（資源は有限（希少）） ─加工→ 商品（財・サービス） → 消費 → 廃棄物 → 環境破壊・汚染

生産（労働）

流通

解説 「資源配分」は経済の重要テーマ　経済とは，「人間が自然に働きかけて有限（希少）な資源から生活に必要な商品（財やサービス）を生産し，それを流通・消費する一連の過程」である。しかし，自然に対して過度な働きかけを行うと，その過程で環境破壊や汚染の問題が生じてしまう。地球上に存在する資源のうち，

商品となりうるものは「有限」あるいは「希少」であり，このことを**「資源の希少性」**というが，希少な資源をいかにうまく配分するかという**「資源配分」**の問題は経済学の重要なテーマとされる。また，環境への負荷をいかに小さくするかということも，現代経済学にとって大きな課題である。

2 経済の目的

<経済がめざすこと>
資源の最適配分の実現
＝必要なモノがみんなにゆきわたっている状態

＝

<経済の目的>
「豊かで満ち足りた生活」の実現

重要

効率性…限りある資源から必要なものを無駄なく生み出すこと
⇒分業の重視

選択…どのような商品（財やサービス）をどれだけ生産し，どのように分配するか

【資源配分の方法・・・「どのように資源配分をするか？」】

1	市場経済	市場にゆだねる	ほとんどの国で採用（資本主義）	市場原理により，効率的に資源配分が可能だが，経済格差が拡大
2	計画経済	国家が決める	旧社会主義国で採用	資源配分が非効率的となり，経済が停滞→資本主義へ移行

解説 経済の目的は豊かな生活の実現　経済がめざすのは**資源の最適配分の実現**，すなわち必要なモノがみんなにゆきわたっている状態である。したがって，経済の目的は人々の「豊かで満ち足りた生活」の実現だといえるだろう。限りある資源を使って最適配分を実現するためには**効率性**と**選択**が重要である。18世紀にイギリスの経済学者**アダム＝スミス**は，効率性を向上させるために**分業**の重要性を指摘した。また，資源（人的資源などを含む）は有限なので，どのような商品（財やサービス）をどれだけ生産し，どのように分配するかを，誰かが決めなければならない。これが**選択**である。選択については2つの方法があり，現在，多くの国でとられている方法が資本主義，すなわち市場にゆだねる方法（市場経済）である。市場経済において，経済活動は売り手と買い手が市場（しじょう＝売り手と買い手が出会う場→実際の店舗に限らず，インターネット上など商品取引が行われるすべての場を意味する）に自由に参入して行われる。市場では「市場原理＝市場メカニズム」（→P.180）がはたらき，経済がうまく調整されるといわれている。市場経済では，市場にできるだけ国家が介入しないことが原則であり，旧ソ連など社会主義諸国で採用された計画経済とは大きく異なる。計画経済は，国家が計画的に資源配分を決めるしくみだが，資源配分が効率的に行われず経済停滞をまねいたため，ほとんどの社会主義国が資本主義に移行した。ただし，市場経済では国家の介入がない場合や介入が不十分な場合には経済格差が拡大したり，不況が長期化したりすることから，「国家は経済にどれだけ介入すべきか」という点について議論がある。（→P.190）

トレードオフと機会費用…資源が有限である以上，ある資源を使ってAという商品を生産したら，別の商品Bを生産することはできない。このように，何かを選べば別の何かをあきらめなければならない状況を**トレードオフ**という（商品Aと商品Bはトレードオフの関係にある）。ちなみに，経済学では，何かを選んだ場合の利益に対して，別の何かを選んだ場合に得られたはずの利益のことを**機会費用***とよび，重視される。
*機会費用：ある経済価値を得るために失われた別の経済価値のこと。失われた別の経済価値が複数ある場合は，その中で価値が最大のものが機会費用にあたる。
【機会費用の例】高校卒業後の進路選択で以下のA～Cのいずれかを選択する場合を考える。

 A 大学に進学　　 B 就職　　 C JICA 海外協力隊

　Aを選んだ場合，A以外の利益のうち最大のものが機会費用である。仮に高校卒業後の4年間の経済価値がB＝1,000万円，C＝500万円だとすると，大学進学した場合の機会費用は，B＞Cなので高卒で就職しなかったことで失われた経済価値1,000万円ということになる。このように，何らかの経済活動を行う場合には，その活動に対する機会費用を考えることも重要であるといえるだろう。

 SIDE STORY　マルクスの生涯の友であり，最大の支援者はエンゲルス（1820～1895　ドイツの思想家，経済学者）。共著に『共産党宣言』がある。『資本論』はマルクスが執筆途中で死亡したため，エンゲルスがその遺志を継ぎ完成させた。

年代	経済に関わる出来事	主な経済思想

1770年代〜1800年代前半

＜資本主義の成立＞

1760年代ごろ〜イギリス（「世界の工場」とよばれる）で**産業革命**進展

1830年代ごろ〜オランダ・フランスで産業革命進展

1850年代ごろ〜アメリカ・ドイツで産業革命進展

［ロンドン科学博物館蔵］

→ **水力紡績機** 水力を利用した多軸型紡績機で，連続作業が可能となり，工場制度の成立を促した。

産業革命の進展→資本主義経済成立
- 問屋制家内工業→工場制手工業→**工場制機械工業**へ
- 資本家と労働者とに階級が分化

倫政13 イギリスでは軽工業で機械化し，産業革命がおこったこと。

〈古典主義〉

A.スミス（1723〜90 イギリスの経済学者）[17][18]
『**諸国民の富（国富論）**』(1776) 各人が各々自分のために利益追求すれば「**見えざる手**」に導かれて社会全体の利益が達成されるとして**自由放任主義**を主張した。（→P.177[7]）

D.リカード（1772〜1823 イギリスの経済学者）『**経済学および課税の原理**』(1817) 比較生産費説により，**自由貿易**のメリットを論じた。一方後進国ドイツの**F.リスト**（1789〜1846）は『**経済学の国民的体系**』(1841)で，**保護貿易主義**を説く。（→P.305[4]）[17][倫政20][18]

1800年代後半〜1900年代前半

＜資本主義の矛盾拡大とその克服＞

1890年代ごろ〜ロシア・日本で産業革命進展

1890年代〜アメリカで反トラスト法施行

1914（〜18）第一次世界大戦

1917 ロシア革命（指導者：レーニン1922 ソ連成立）

1929 **世界恐慌**おこる

1933 ドイツでヒトラーが政権掌握
アメリカで**ニューディール政策**はじまる

1939（〜45）第二次世界大戦

倫政20 労働者が資本主義経済を打倒しようとする革命を「社会主義革命」という。

↑ **証券取引所へ殺到する人々**(1929年10月24日) ニューヨークの株式取引所の株価が大暴落し，多くの銀行や会社が倒産。それを引き金に世界恐慌が始まった。

資本主義の矛盾（恐慌・失業・格差など）拡大→社会主義思想，修正資本主義（ケインズ主義）登場⇒資本主義諸国…修正資本主義導入（福祉国家）。一方で，社会主義国家成立（ソ連・中国など）

〈社会主義思想〉

K.マルクス（1818〜83 ドイツの経済学者）『**共産党宣言**』(1848)，『**資本論**』(1867) 古典主義を発展させ，資本主義を歴史的発展段階と位置づけ，その分析を通じて社会主義への移行を理論づけた。（→P.63[10]）[18]

V.レーニン（1870〜1924 ロシアの政治家）『**帝国主義論**』(1917) ロシア革命の理論的支柱となった。

〈近代経済学〉

ジェヴォンズ（イギリス），**メンガー**（オーストリア），**ワルラス**（フランス）によって1870年代初頭に相次いで**限界効用**が発見されてから市場原理に立脚した経済分析が，発展した。これを**新古典派**という。

シュンペーター（1883〜1950 オーストリアの経済学者）『**経済発展の理論**』(1912) 企業家による**イノベーション**（→P.169）が経済発展の原動力であるとした。[17]

1900年代後半

＜ケインズ主義から新たな道へ＞

1973 **第一次石油危機**

1979 第二次石油危機

1980年代〜 アメリカ・イギリス・日本などで新自由主義的政策（規制緩和など）重視

1990 東西ドイツ統一

1991 ソ連崩壊，日本でバブル経済崩壊

1997 イギリス・ブレア政権（〜2007）。結果の平等より機会の平等を重視する第三の道提唱

1999 欧州通貨統合

↑ **倒されたレーニン像**(1990年) 社会主義体制が崩壊した。

- 石油危機を契機にケインズ主義批判（ケインズ主義は市場機能を弱め財政赤字を拡大）→資本主義諸国は新自由主義重視へ。一方，**新自由主義的な政策により格差も拡大**
- 社会主義諸国では経済停滞と一党独裁への反発→ソ連・東欧の社会主義国家崩壊・中国などの市場経済化

J.M.ケインズ（1883〜1946 イギリスの経済学者）『**雇用・利子および貨幣の一般理論**』(1936) 不況脱出のためには政府が経済に積極的に介入し**有効需要**を創出することが重要だとした。（→ケインズ理論）[17][18]

F.A.ハイエク（1899〜1992 オーストリアの経済学者）ケインズ理論に一貫して異議を唱え，のちの新自由主義に影響を与えた。また，社会主義を徹底的に批判したため冷戦終結後に再評価された。

2000年代〜

＜グローバル資本主義と格差の拡大＞

2003 アルゼンチンでネストル・キルチネル政権誕生。新自由主義的経済政策を転換し経済・財政再建はかる

2007 アメリカのサブプライムローン問題を契機に世界的な金融不安拡大・世界経済減速

2008 **リーマン・ショック**を契機に世界各国で金融危機・景気後退→ケインズ理論を再評価する主張も広がる（ニューケインジアン）

資本主義経済（市場経済）が世界規模に拡大（資本主義のグローバル化）→世界経済の一体化は進んだが，悪影響も波及しやすくなり，格差はさらに拡大。

M.フリードマン（1912〜2006 アメリカの経済学者）国家の役割を通貨流通量の調整に限定し，市場原理を重視する**マネタリズム**の理論を提唱した。彼の理論はケインズ理論を否定し自由主義経済を主張するものであり「**新自由主義**」と呼ばれる。[20][倫政13]

経済

フリードマンはシカゴ大学で経済学を専攻し，コロンビア大学ではクズネッツ（1901〜85）の指導を受ける。のちにシカゴ大学の教授となり，シカゴ学派のリーダーとして，多くの経済学者を育てた。

167

4 技術革新のあゆみ

大量生産方式（少品種多量生産）

流れ作業方式（19世紀末～）

組立時間の比較（組立工1人1台当たり・1914年）

静止台上組立法	移動組立法（ベルトコンベア）
14時間	1時間33分

フォードT型車の磁石発電器の組立て時間は，流れ作業で20分から5分に短縮された。

○フォードT型車の価格と生産台数

1,400
1,200
1,000
800
600
400
200
(ドル)
(千台)
フォードT型（1924年型）
販売価格
生産台数
1908 10 12 14 16 18 20 22年

（『現代の産業 自動車工業』東洋経済新報社）

解説 **8年で半額に** 1908年に発売されたフォードT型車は，徹底的な流れ作業方式で大量生産された。このため，1908年には950ドルだった価格が1916年には360ドルまで下がり，市場を拡大させるとともに，大量生産体制を支えることになった。

オートメーション（20世紀中ごろ）

1970年代以降，日本は産業用ロボットを積極的に導入し，現在はあらゆるものが大量生産されている。

○世界の産業用ロボット稼働台数

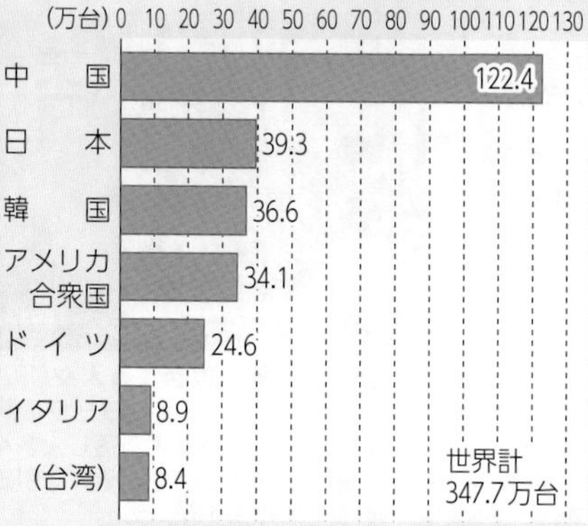

(万台) 0 10 20 30 40 50 60 70 80 90 100 110 120 130
中国 122.4
日本 39.3
韓国 36.6
アメリカ合衆国 34.1
ドイツ 24.6
イタリア 8.9
(台湾) 8.4
世界計 347.7万台

（2021年末現在）（『日本国勢図会』2023/24）

解説 **ロボットで能率・品質が向上** 人手で操作せず，機械が自動的に仕事をする（**オートメーション**）ことにより，生産性は目ざましく上昇した。また品質も均一化され，不良率が5%から0.1%にまで低下した例もあった。日本では，特に自動車工業で，コンピューターにより制御された産業用ロボットの導入が進み，低価格・高品質の日本車は，世界有数の生産台数となった。

多品種少量生産

ME化（マイクロ・エレクトロニクス）（20世紀後半～）

コンピュータ制御の生産ライン

○主要国の自動車生産高

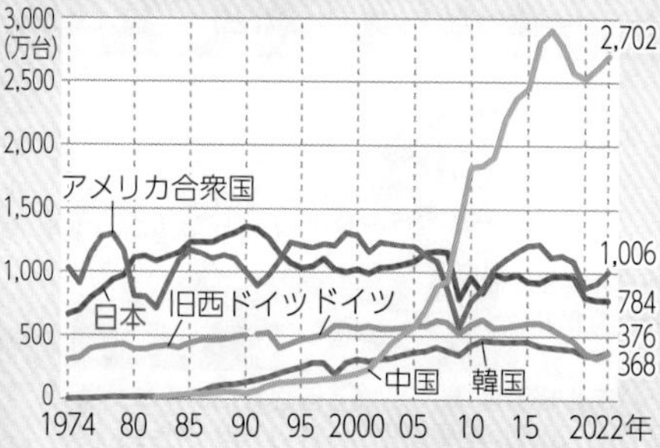

3,000
(万台)
2,500
2,000
1,500
1,000
500
0
アメリカ合衆国
日本
旧西ドイツ
ドイツ
中国
韓国
2,702
1,006
784
376
368
1974 80 85 90 95 2000 05 10 15 2022年

（『日本国勢図会』2023/24）

解説 **数千種の車を一つの工場で生産** 同じメーカーでも，車種・エンジン排気量・車格・変速方式・車体の色などの組合せは数千種類にも及ぶが，これが同一の工場で生産されている。ほとんど，手作りに近いこの生産システムはコンピューターによる生産コントロールと部品加工や品質管理などの高水準の技術力によって支えられている。

あらゆる情報のデータ化とその利用

JR高輪ゲートウェイ駅の無人レジコンビニ「TOUCH TO GO」

○IoT，ビッグデータ，ロボット，AI（人工知能）等による技術革新（「第4次産業革命」）

解説 **未来を変える技術革新** グローバル企業ではIoTやAIの研究に巨額の資金を投じて，新たなビジネスチャンスにつなげようとする動きが盛んになり，生産現場では多くの分野でロボットの活用などによる生産自動化の流れが前進し，「完全自動化」を目指す企業もある。これらの新しい技術が作り出す未来についてはさまざまな見方がある。2013年にはイギリスのAI（人工知能）研究者が「今後人間が行う仕事の約半分が機械に奪われる」と予測する論文を発表し話題を呼んだ。2015年にはイギリスの理論物理学者故S.ホーキング博士が「今後100年以内に人工知能が人間を超えるだろう」と警告した。一方で，「AIは新たな仕事を生み出す」と楽観的に考える研究者もいる。

IoT（Internet of things，モノのインターネット）…パソコンなどのIT機器だけでなく，家電や自動車などさまざまな「モノ」をインターネットに接続して，「モノ」の状況を把握したりコントロールすることによって安全で快適な生活を可能にする。

ビッグデータとAI＊（Artificial Intelligence，人工知能）…音声や動画・画像，SNSやWebページなどから得られるデータを含め，さまざまな種類や形式の巨大なデータ群をビッグデータという。AIを使って，ビッグデータの情報を収集・分析することによって，さまざまな課題における意思決定や予測が可能となる。近年，新しい画像を生成する画像生成AIや，文章の自動生成や要約などができる文章生成AIの登場により，専門的な知識を持っていなくても活用できるAIが世界中で急速に普及しているが，一方でその使用をめぐる議論も活発になっている。 ＊AI…明確に定義することは難しい。いわば「人間のような知能をもち自ら学習するコンピューター」。

SIDE STORY コンドラチェフは，西側資本主義社会などから評価された著名な経済学者であった。後にソビエト政府に対する脅威と見なされ，架空の罪を自白することを強いられ，銃殺された。

5 技術革新（イノベーション）と経済成長

A 技術革新の波（コンドラチェフの波）⑪

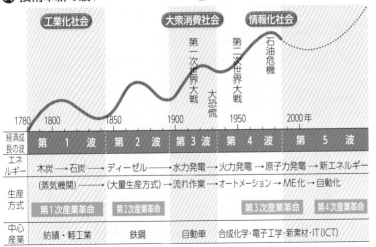

経済成長の波	第 1 波	第 2 波	第 3 波	第 4 波	第 5 波
エネルギー	木炭 → 石炭 →	ディーゼル →	水力発電 →	火力発電 → 原子力発電 →	新エネルギー
生産方式	(蒸気機関) →	(大量生産方式) →	流れ作業 →	オートメーション → ME化 →	自動化
	第1次産業革命	第2次産業革命		第3次産業革命	第4次産業革命
中心産業	紡績・軽工業	鉄鋼	自動車	合成化学・電子工学・新素材・IT(ICT)	

工業化社会　大衆消費社会　情報化社会
第一次世界大戦　大恐慌　第二次世界大戦　石油危機
1780　1800　1850　1900　1950　2000年

09 イギリスの産業革命では，蒸気機関の導入などによって生産力は増大したが，子どもの長時間労働が深刻な社会問題となったこと。

11 シュンペーターは，新たな生産技術の導入や新製品の開発などが資本主義における経済発展の原動力であると指摘した。

解説 イノベーションが経済を発展させる　資本主義経済は産業革命によって成立し，その後の技術革新によってさらに発展してきた。20世紀前半のロシアの経済学者**コンドラチェフ**(1892〜1938)は，技術革新によっておこる約50〜60年周期の景気変動の波を発見し，技術革新こそが経済成長の原動力であると主張した。また，第二次世界大戦後には，**シュンペーター**が，新技術の発見など経済活動を大きく発展させるような経済上の革新をイノベーションと呼び，「たえまないイノベーションが資本主義経済を発展させる」と主張した。彼は，イノベーションによってそれまでの古い経済過程が破壊され新たに発展的な経済過程が作り出されることを「創造的破壊」と呼んだ。⑲

↑ **シュンペーター**(1883〜1950)オーストリアの経済学者

6 グローバル資本主義と新自由主義の影響

	新自由主義の政策	プラスの影響	マイナスの影響
民営化・規制緩和など	**(アメリカの例)** 航空会社の規制緩和により新規参入を促進	格安航空会社が次々に市場に参入 →航空料金が劇的に低下	競争激化により大手航空会社が倒産 →大量の失業者が生じた 格安運賃を維持するため経費を削減 →整備不良によるトラブルが多発
	(日本の例) デパート・スーパーの営業時間の規制緩和	深夜営業や24時間営業の店舗が増え，夜間や早朝の買い物が可能となる	デパート・スーパーの従業員の労働条件が悪化(深夜業など)

(南米諸国では)

国営企業の民営化や規制緩和，貿易・金融の自由化，海外直接投資の受け入れ促進などにより，失業者が増え，福祉が後退した。民営化された企業は，そのほとんどが外国資本に買い取られ，対外債務が増加し，貧富の格差が拡大した。

この結果，1990年代末から2000年代にかけて新自由主義に否定的な左派政権が次々に誕生した。

(世界全体では)

国際貿易が活発化し，国際的な価格競争の激化により，多くの分野で商品価格が安くなった。一方で，競争に生き残るため企業の統合が進んでいる。

(日本でも)

人件費削減のため，派遣労働への規制が緩和され，経済的格差が拡大している。

解説 新自由主義の光と影　1980年代末から90年代初頭にかけて東欧諸国およびソ連において社会主義政権が次々と崩壊し市場経済に移行した。また，中国やベトナムなどでも市場経済が導入され，資本主義のグローバル化が進んだ。このような「**グローバル資本主義**」が進行する中で，アメリカやイギリス，日本をはじめ南米諸国などでも**新自由主義**的な政策が行われるようになった。この結果，商品価格の低下や利便性の向上など消費者にとってプラスの影響が生じたが，一方では，競争の激化によって失業者が増加したり，深夜業の増加などによる労働条件の悪化や非正規雇用の増加による経済格差の拡大，サービスや安全性の低下などマイナスの影響も生じた。このため，南米諸国では新自由主義に対する批判が強まり新自由主義を否定する左派政権が誕生した。日本でも非正規雇用の増加にともなって経済格差の拡大が指摘され，深夜業に関してコンビニなどでは24時間営業を見直して時短営業をするところも出てきている。

Target Check　次の記述のA，Bに当てはまる語句を答えなさい。
(解答→表紙ウラ)

☐ ① 技術革新は，（　A　）と呼ばれる50〜60年周期の景気変動を引き起こすと言われる。また，（　B　）は，「創造的破壊」という概念を用いて，技術革新が経済発展の原動力であると指摘した。
(センター2012本試による)

経済

〔→P.369〕

用語Check　資本主義経済，修正資本主義(混合経済)，社会主義経済，社会主義市場経済，工場制機械工業，技術革新(イノベーション)，シュンペーター，コンドラチェフの波

②現代の企業 12 ∞

> 「企業は誰のものか」という考え方が時代とともに変化した理由を考えてみよう。また、現代企業に期待されることがらが何かを考えてみよう。

1 経済の三主体 倫政17

19 経済循環を形成する生産活動において必要とされる要素は、資本・土地（資源）・労働であること。

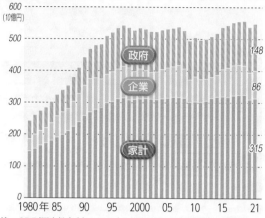

経済を担う3つの主体

解説　経済の循環　一国の経済活動を国民経済という。国民経済は、**家計・企業・政府**という3つの**経済主体**が、通貨を媒介にして互いに**財**や**サービス**を交換し合うことによって成り立っている。

3 企業形態の種類と役割

企業形態			種類や例
19私企業	個人企業		個人商店・農家・零細工場など
	法人企業	1418会社企業	❶**株式会社**(2006年からは有限会社を統合) ❷**合同会社**(2006年新設) ❸**合資会社**　❹**合名会社**
		組合企業	消費者協同組合(生協など) 生産者協同組合(農協など)
公企業	国	国営企業	*該当なし
		独立行政法人 20	造幣局・国立印刷局・国民生活センター・大学入試センターなど
		その他	国立大学法人など
	地方		市バス・水道・ガスなど
公私合同 (混合)企業	特殊法人		NHK・JT・NTTなど
	認可法人		日本銀行・日本赤十字社など

*2013年に国有林野事業が国の一般事業となったため。

Ⓐ 会社企業の分類と特徴

会社	特　徴	出資者
株式 (❶)	**公開会社**…出資者は細分化された持分(株式)を受け取る。譲渡は自由であり、市場を通じて売買される。	有限責任の株主で経営権は制限(**所有と経営の分離**)。 倫政19
	譲渡制限会社…旧法の有限会社の仕組みを受け継ぎ、全株式に譲渡制限。	有限責任。一人役員も可。
合同 (❷)	新設。定款で経営ルールを自由に設定できる(定款自治)。創意などの貢献を配当に反映できる。	有限責任。出資比率と配当比率の不一致も可。
合資 (❸)	小規模。有限責任社員にはリスクが少ない分、経営権を認めない。	有限責任と無限責任の二種。
合名 (❹)	小規模で、組合としての色彩が大きい(持分譲渡には、全社員の承認)。	無限責任のみ。

*有限会社は、新設不可だが、今後も存続はできる。

2 家計の比重

Ⓐ 名目GDEに占める「政府」「企業」「家計」の支出

政府 148
企業 86
家計 315

注：GDE(国内総支出)はGDP(国内総生産)と同じ数値(三面等価)。
(『国民経済計算年報』2021年度)

解説　家計が経済の土台　支出からみた、三主体の国民経済への寄与を示す。景気変動の影響もうかがわれるが、家計が経済を引っ張っている状況がよくわかる。なお、処理上、「海外」の影響は省いた。

Ⓑ 会社法で会社はどうなったか？

　2006年に施行された会社法によって、日本の会社は以下のように変わった。(主な点のみ)

①会社の分類の変化

(会社法施行前)		(会社法施行後)
株式会社	→	株式会社(含有限会社)
有限会社	→	合同会社(新設)
合資会社	→	合資会社
合名会社	→	合名会社

②最低資本金制度を撤廃 倫政14・22

→必要経費を除き、資本金1円で会社設立できる

③株式会社のしくみを柔軟化

(例)取締役1名で株式会社ができる

④監査制度を簡便化

(例)監査役の権限を会計監査のみに限定できる

解説　現代の企業の多くは株式会社　私企業の代表的な形態が会社企業であり、その中で最も一般的なのが、**株式会社**である。株式会社は、多数の出資者から巨額の資本を集めやすい企業形態であり、大企業の多くは株式会社である。2006年の**会社法**施行により、これまで小規模な企業の一般的な形態だった 有限会社 は、株式 20 会社に統合され、存続は可能だが新設はできなくなった ため、日本の大多数の企業は形式的に株式会社となった。また、ベンチャー企業など少数の出資者からなる企業向けに社員の有限責任が確保され、経営ルールの自由度が比較的高い**合同会社**が新設された。

14 **無限責任**…会社が倒産した場合、出資者は会社の債務(借金)を、自分の出資額を超えて自己財産で返済する責任を負うこと。

20 **有限責任**…会社が倒産した場合、出資者は株券が無効になるなど自分の出資額の範囲内で責任を負う。自己の出資額を超えてまで、会社の債務(借金)を返済する責任は負わない。

経済

SIDE STORY　日本初の株式会社は、1873年に営業を開始した第一銀行(その後第一勧業銀行となり、現在はみずほ銀行)。初代頭取は渋沢栄一。世界初の株式会社は1602年にオランダで設立されたオランダ東インド会社といわれている。

４ 規模の利益（スケールメリット）

Ⓐ シルバーストン曲線

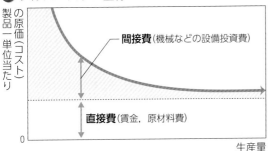

解説 企業規模が大きくなるメリット　企業の規模が大きくなり生産量が増大すると，製品1単位あたりのコストは下がる。それは，生産量が増えた時，製品1単位を生産するための直接費（賃金や原材料費など）は変化しないが，間接費（機械など設備投資費）が安くなるためである。これを説明したのが上のグラフで，説明者の経済学者の名をとって「シルバーストン曲線」とよばれる。このように 生産規模が大きくなることによって生産コストが低下することを「規模の利益（スケールメリット）」とよぶ。 ただし，生産量が一定規模以上になるとコストはそれ以上下がらなくなる。

５ 株式会社のしくみと特徴 ⑰社外の取締役を置けること。

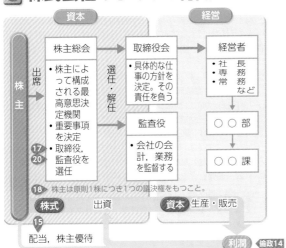

⑮ 株式を発行して集めた資金は 会社の「自己資本」であること。

○株式会社の特徴

所有（資本）と経営の分離

出資者 ＝会社が発行する小額単位の株式に出資
　➡有限責任の株主となり株主総会に参加。
　しかし，経営には直接関与しない

分離

経営者 ＝株主総会で選任された取締役会を中心に
⑮ 経営の専門家が企業経営の実権を握る

解説 所有（資本）と経営の分離　株式会社の最大の特徴は「所有（資本）と経営の分離」にある。これにより，出資者（所有者）である株主は会社の経営に直接関わることなく 配当（企業利益の株主への分配金） や株主優待（自社の製品や自社商品の割引券など）を目的に出資できる。また，株式は市場で価格が変動するため，出資した会社の株価が値上がりすればキャピタル・ゲイン（株式の売買益）も期待できる。株式は比較的少額でも購入でき，株主の責任も出資額の範囲内（有限責任）であるため，不特定多数の出資者から巨額の資金を集めやすい。

⑰⑲ 利益が出た時に株主に支払う。

⑥ 株式の保有

Ⓐ 株式の所有単元別分布（2021年度現在）

株主数 6,614万人	1～4単元 69.3%	5～49単元 27.0

50～999単元 3.4　0.3

株式数 32.9億単元	6.8	9.7	1,000単元以上 81.3

2.2%

注：2001年の改正商法の施行で，企業が株式の売買単位を自由に決定できる**単元株制度**が導入されたが，2018年10月に売買単価は1単元100株に統一された。　（『日本国勢図会』2023/24）

解説 株式の大衆化　日本の株主は7割近くが1～4単元の株主であり，ネット取引の普及などによる**株式の大衆化**が進んでいる。しかし，株式数に占める割合はわずか数％にすぎない。

Ⓑ 投資部門別株式保有比率の推移

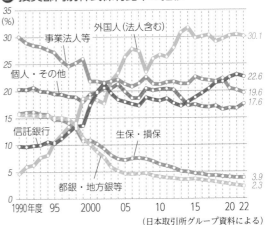

（日本取引所グループ資料による）

解説 株式の持ち合い解消と外国人株主の増加　戦後の日本では，銀行や保険会社などの金融機関を中心として企業同士が株式を保有し合う**株式の持ち合い**により企業集団（●P.173）が形成されてきた。これには，企業の乗っ取り防止など外国資本に対抗する意味もあったが，バブル経済が崩壊した1990年代以降，株式の持ち合いが急速に解消してきていることがグラフからも読み取れる（「事業法人等」「都銀・地方銀行等」「生保・損保」の割合が低下）。一方，バブル崩壊以降は外国人（法人含む）株主の比率が増加し，2015年3月末には31.7％と過去最高を記録した。また，信託銀行の比率も増加しているが，これに関して，2014年10月に厚生年金と国民年金の資金運用を行っているGPIF（年金積立金管理運用独立行政法人）が日本株の資産構成比率を12％から25％に引上げたことから，信託銀行を通じた年金資金の日本株での運用が増えている。しかし，株式での運用は損失を出すリスクと背中合わせでもあるため，専門家の間でも賛否が分かれている。

経済

Target Check　日本の会社法と企業の分類に関する次の記述の正誤を判断しなさい。

（解答➡表紙ウラ）

☐ ① 会社法上，株式会社において取締役を選任する機関は，株主総会と呼ばれる。

☐ ② 会社法上，新規に設立することが認められている会社の種類には，有限会社が含まれる。

☐ ③ 国立印刷局や造幣局などの独立行政法人は，私企業・公企業・公私合同企業の区分のうち，私企業に分類される。

☐ ④ 会社が負債を抱えて倒産した場合，株主が会社の債権者に対して出資額を超えて責任を負わないことは，無限責任と呼ばれる。

（センター2020本試による）

SIDE STORY　日本には創業100年以上の企業が10万社以上もあり，中でも大阪府にある建設会社「㈱金剛組」は，578年創業で，1400年も続く世界最古の企業である。聖徳太子が四天王寺を建立させたころから始まる。

171

7 企業の社会的責任（CSR）

A 拡大するCSR（Corporate Social Responsibility）

企業の社会的責任（CSR）		
・社会活動（メセナ，フィランソロピー）	社会貢献	経済活動	・有用な製品・サービスの提供 ・技術革新 ・雇用の創出と納税
	コンプライアンス（法令遵守）		
・CO₂削減 ・環境に配慮した商品開発	環境対策	株主利益	・株主利益の保護 ・ディスクロージャー（情報開示）

※上記を簡略化した表組み

・社会活動（メセナ，フィランソロピー）
・CO₂削減
・環境に配慮した商品開発

社会貢献／経済活動
コンプライアンス（法令遵守）
環境対策／株主利益

・有用な製品・サービスの提供
・技術革新
・雇用の創出と納税
・株主利益の保護
・ディスクロージャー（情報開示）

監視 ↑ ↓ アカウンタビリティ（説明責任）

コーポレート・ガバナンス（企業統治）…健全な企業経営を行うためのしくみ

B フィランソロピーの例

活動名称（企業名）	内　容
「コミュニティフリッジ（公共冷蔵庫）」（大和リース）	同社が開発運営する商業施設に隣接する倉庫で，シングルマザーなどの生活困窮者に食料品や日用品を提供する取り組み。利用者の匿名性も守られ，24時間利用可能。
「東北応援 ふれあいの赤いエプロンプロジェクト」（味の素グループ）	11年から従業員がボランティアとして被災地で移動式料理教室を実施し，被災者の“心と体の健康づくり”を応援してきた。
「市村自然塾※」（リコー）	NPO法人「市村自然塾」を設立（02年），農作業を中心とした共同生活を通じて，子どもたちの健やかな育成・成長を支援してきた。

※創業者の市村清の名前から名付けられた。（（公財）日本フィランソロピー協会HPより）

解説 パブリック・リレーションズ（PR） 企業によるパブリック・リレーションズ（PR，戦略広報）を重視した活動が活発化している。多くの企業が，メセナやフィランソロピーをはじめ，社会や環境への貢献をアピールして企業イメージを高めようと努力するようになってきている。この背景の一つには，環境問題や企業の不祥事の続発などによって，企業の社会的責任に対する国民の関心の高まりがある。
17 ボランティア休暇の導入に取り組む企業があること。

8 社会的責任投資（SRI）

A SRI（Socially Responsible Investment）とは

投資先の企業を選ぶ際に，条件を設定して選別することをスクリーニングという。**社会的責任投資（SRI）**とは，スクリーニングの際の基準となる考え方のことで，大きく二つのアプローチがある。一つは，武器やタバコなどを扱う企業を排除するネガティブ・スクリーニング。もう一つは，環境や社会への貢献を評価するポジティブ・スクリーニング。コーポレート・ガバナンスと並んで，企業の健全化を後押しする考え方として，近年注目され始めている。

B ポジティブ・スクリーニング

投資家 → スクリーニング〔トリプルボトムライン（経済性，環境適合性，社会適合性）の観点から投資する企業を選択〕 → 投資 → 企業
環境 ─ 経済 ─ 社会
トリプルボトムライン

9 相次ぐ企業の不祥事

年	企業の不祥事事件
2000	三菱自動車リコール隠し，雪印乳業食中毒事件
02	雪印食品牛肉偽装事件
05	カネボウ粉飾決算事件
06	ライブドア証券取引法違反事件（堀江社長逮捕） 村上ファンドニッポン放送株のインサイダー取引（村上代表逮捕，ファンド解散）
07	パロマガス沸かし器事故，不二家衛生管理事件
11	ソニー大量の個人情報流出，オリンパス粉飾決算事件
14	タカタ製欠陥エアバッグ日米で大量リコール
15	東芝不適切会計処理問題（利益の水増しと損失隠し）発覚 東洋ゴム工業免震ゴムの性能偽装問題（データ改ざん）
16	三菱自動車・スズキ自動車燃費データ不正問題
17	東洋ゴム工業産業用ゴム製品でのデータ偽装発覚 神戸製鋼所製品の品質データ改ざんと隠ぺい発覚 SUBARU排ガス・燃費データ改ざんを公表 （2018 国交省が立入検査→データ改ざんで新たな不正発覚） 三菱マテリアル，東レ子会社の製品検査データ改ざんを公表
18	日産自動車役員報酬不正事件（ゴーン会長逮捕→'19年レバノンに逃亡）
19	大和ハウス工業全国で3700棟以上の住宅の違法建築が判明
21	神戸製鋼所過去7年間の巨額の申告漏れ発覚
22	日野自動車長年にわたるエンジン認証に関する不正行為発覚

解説 企業の不祥事と内部統制 1980年代，アメリカで不正な財務報告の発覚をきっかけとする企業の破綻が相次いだため，不正な財務報告を防止するためには**内部統制**が重要であると考えられるようになった。内部統制とは，企業が**コンプライアンス（法令遵守）**を徹底し，有効で効率的な業務活動を行い，信頼できる財務報告を行えるようなしくみを企業内部に構築することを意味する。日本でも，相次ぐ企業の不祥事を背景に重視されるようになり，会社法と金融商品取引法で内部統制システムの構築が定められ，内部統制によって**コーポレート・ガバナンス（企業統治）**の実効性確保が図られることになった。

また，事業者内部の関係者からの通報を契機に企業不祥事が明らかになったことから，法令違反行為を通報した従業員を解雇等の不利益な取り扱いから保護し，事業者の法令遵守経営を強化させる「**公益通報者保護法**」が2006年4月から施行されている。

⑮ **コンプライアンス（法令遵守）**…単に法令を遵守することにとどまらず，企業倫理や社会貢献，企業リスクの回避などのためのルールを設定し，遵守するといった幅広い意味を含んでいる。

⑱ **メセナ**…企業が資金を提供して芸術・文化や教育などへの支援を行うこと。「学術文化支援」を意味するフランス語。

⑲⑰㉒ **フィランソロピー**…寄付，ボランティア活動など個人や企業が行う社会貢献のこと。福祉，地域おこし，災害救援などの活動の支援が含まれる。メセナの考え方と重なるが，被支援者との契約を必要としない貢献であることが特徴。

⑱ **ディスクロージャー（情報開示）**…企業による情報公開。投資判断に必要な，経営・財務状況などを情報公開する。情報開示制度は，金融商品取引法，商法によって定められている。

倫政14・22 **コーポレート・ガバナンス（企業統治）**…企業が，株主や顧客・従業員・地域社会といったステークホルダー（利害関係者）の立場をふまえたうえで，透明・公正・迅速な意思決定により健全な企業運営を行うためのしくみ。株主総会や取締役会，監査役などが，きちんと経営をチェックし，経営者が説明責任を果たしているかどうかが重要となる。

㉓ **ソーシャル・ビジネス（社会的企業）**…環境や貧困などさまざまな社会問題の解決をめざして収益事業を展開する企業。収益よりも問題解決を重視する。

アウトソーシング…企業が業務の一部を他企業に委託すること。

R&D…企業が行う生産技術や製品などの研究・開発。

SIDE STORY 江戸商人の家訓にもCSRの考え方があった。三井家家訓「多くをむさぼると紛糾のもととなる」，住友家家訓「職務に由り自己の利益を図るべからず」「名誉を害し，信用を傷つくるの挙動あるべからず」

経済

10 企業集団

A 新たな企業集団(2023年10月現在)

グループ	旧六大企業集団	おもな企業
三菱 UFJ	三菱系 金曜会	三菱重工業・三菱商事・キリンHD・AGC・三菱電機・三菱マテリアル・ニコン
	旧三和系 三水会	積水ハウス・積水化学・帝人・関西ペイント・コスモエネルギーHD・日立造船
三井 住友	三井系 二木会	三井物産・三井不動産・東芝・トヨタ・東レ・三越伊勢丹・IHI・三井住友建設
	住友系 白水会	住友化学・住友商事・住友金属鉱山・NEC・住友重機・日本板硝子
みずほ	旧芙蓉系 芙蓉会	丸紅・サッポロビール・日産自動車・大成建設・日立製作所・沖電気・日清紡HD
	旧一勧系 三金会	伊藤忠商事・日立製作所・神戸製鋼所・旭化成・資生堂・IHI・清水建設

B 三大メガバンクの形成

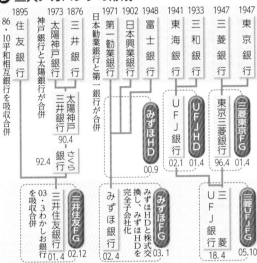

注：FG…フィナンシャルグループ。金融グループ。
　　HD…ホールディングス。持株会社。

解説 **新しい企業集団**　戦後の日本企業は，「金曜会」や「三水会」のような社長会や株式の相互持ち合い，系列融資などを通じて「六大企業集団」を形成してきたが，近年，グループを越えたメインバンク同士の合併や経営統合が行われ，三菱UFJフィナンシャルグループ，三井住友フィナンシャルグループ，みずほフィナンシャルグループの三大メガバンクを中心とする新たな企業集団が形成された。しかし，複数の企業グループに属する企業もあり，近年，グループの垣根を越えた企業合併や提携も行われるなど，グループ内の結束は以前よりもゆるやかなものになってきている。

Target Check

日本の企業や企業経営に関する次の記述の正誤を判断しなさい。（解答➔表紙ウラ）

☐① 企業が行う，ボランティア活動の支援や慈善的寄付などの社会貢献活動は，アウトソーシングと呼ばれる。

☐② 私企業は，出資者の形態に応じて，個人企業と法人企業に分けられる。

☐③ 株式会社が，株式を発行することによって出資者から集めた資金は，他人資本である。

☐④ 企業が行う，新たな生産技術や製品に関する研究・開発のことを，M＆Aという。

（共通テスト2022本試，センター2019本試による）

11 企業の再編とM&A(合併・買収)

A M&Aとは

合併	2つ以上の企業が契約により1つになること	吸収合併	一方の企業が解散し，その資産を存続する企業が引き継ぐ
		新設合併	複数の企業が解散し，新たに企業を新設する
買収	株式の取得により経営権を獲得する（対価は株主へ）	株式買収	会社の一部（一部門）のみの買収はできない。友好的買収と敵対的買収がある
	事業の一部または全部を譲渡する（対価は買収対象企業へ）	事業譲渡	会社の一部（一部門）のみの譲渡が可能
その他	会社分割（新設分割，吸収分割）など 広義には資本提携（資本参加をともなう業務提携）や業務提携（企業同士の協力関係の契約）もM&Aに含まれる		

B M&A件数の推移

○近年の大型M&Aの例

（内閣府資料）

C 近年のM&Aの事例

「コングロマリット」とは相互に関連性のない異種企業を統合・合併することによって数種の事業体となった企業をいうこと。

2005	ライブドアによるニッポン放送買収（→最終的にフジテレビが取得）楽天によるTBS買収（→2009年断念）
2016	トヨタ自動車がダイハツ工業を株式交換により完全子会社化 日産自動車が三菱自動車に出資し三菱自動車を傘下に シャープを台湾の電子機器大手の鴻海（ホンハイ）が買収
2019	伊藤忠商事によるデサントへの敵対的TOB成立 コクヨによるぺんてるへの敵対的TOB失敗
2021	Zホールディングス（ヤフー親会社）とLINEが経営統合

TOB(株式公開買い付け)[Take Over Bid/Tender Offer Bid]…ある企業の経営権の取得などを目指す企業や個人投資家が，買収したい企業の大量の株式を取得する際，買い付ける株数や価格，買い付け期間などを公表し，株式市場外で不特定多数の株主から株式を買い集める制度のこと。

解説 **日本のM&A**　M&Aとは，mergers and acquisitionsの略で「合併・買収」と訳される。ある企業が競争力の強化や経営の多角化などのために別の企業を合併・買収して支配する（経営権をもつ）ことをさすが，経営権の移動をともなわない資本・業務提携なども広義のM&Aに含まれる。M&Aは経営戦略の1つとして日本でも浸透してきている。M&Aのうち，もっとも多いのが買収であり，株式買収と事業譲渡の2形態がある。株式買収のうち買収対象企業の経営者の合意に基づいて行われるのが友好的買収，合意を得ることなく敵対的TOBなどによって株式を買い集めて経営権を獲得しようとするのが敵対的買収である。TOBについては，日本の場合，大企業同士の敵対的TOBの成功例はなかったが，2019年に伊藤忠商事がデサントに対する敵対的TOBを成功させ，実質的な経営権を掌握した。

経済

用語Check 〔➔P.369〕　企業，規模の利益，株式会社，所有と経営の分離，株式，株式の持ち合い，内部統制，M＆A，コングロマリット

起業をするには

皆さんは「起業家」と聞くとどんなイメージを持つだろうか。自分には手の届かない憧れの存在，あるいは一歩間違うと財産を失う可能性のあるリスクの高い立場というイメージもあるかもしれない。ここでは社会で活躍する起業家の実際の姿を通して起業を身近に感じ，社会における起業の意味を考える材料としてほしい。

① 起業家インタビュー

静岡県浜松市で児童発達支援事業及び放課後等のデイサービス事業を行う「株式会社Gree」を起業。常葉菊川高等学校の野球部では春の甲子園で全国制覇を経験。優勝報告会の後，知的障がいのある男の子を連れたお母さんから「この子は障がいを持っています。甲子園での活躍がこの子にとっても，私にとっても励みになりました」という温かい言葉をいただいた。一緒に写真を撮ったら男の子はすごく喜んでくれた。

**株式会社Gree（グリー）
町田友潤さん**

この記憶とともにいつか役に立ちたいという思いが常に頭の中にあり会社員として勤務した後に起業に踏み切った。
──この会社を起業して**最大の喜びは何か？**
「**子どもたちができなかったことができるようになった瞬間に立ち会えること**」だと答えてくれた。社長として人を雇う責任や児童福祉に関する法改正などの理解を深めることなど大変なことも多いが，その「瞬間」を共有できることが何よりも幸せである。高校生には，**学生時代の様々な体験の一つひとつが社会に通じているので何かを感じてほしい**と願う。

東京都でスポーツトレーナーの育成や野球選手の指導の会社「DIMENSIONING」を起業した北川雄介さん。中学生の頃にトレーナーという職業に興味を抱くとともに，身体の仕組みや動かし方に関心があり関連書をたくさん読んでいた。高校時代は野球部に所属。練習に打ち込むとともに運動関係の動画を数多く視聴した。

**DIMENSIONING（ディメンショニング）
北川雄介さん**

卒業後，動作改善を担うトレーナーとして就職。働く中で元々感じていた「自分は会社勤めに向いていない」，「自分のタイミングで仕事がしたい」という強い思いから起業に踏み切った。「自分のことは自分で決めたい」という思いが学生時代から人一倍強かった。起業して大変だと感じることは，自分で責任を取る分，逃げ道がないことだという。その反面，**責任は重いが自分の方針で会社の方向性を決めていける点に非常にやりがいを感じる**。この仕事をして一番の喜びは「関わった人が何かのきっかけで良い方に向かってくれること」である。

解説 起業したことで自分の責任が重くなり大変なことも多くなる。一方で会社の方針を自分で決めていける点などにやりがいも感じる。そして何よりも大きな喜びとなるのは，自分が関わった人が「できなかったことができるようになった瞬間に立ち会えること」や，「何かのきっかけで良い方向に向かってくれること」である。起業することの意義として，自分の責任で判断したり行動できたりすることももちろん重要だが，関わった人が成長したりすることに喜びを見出せるという点も大きいといえそうだ。

② 日本の起業の現状

Ⓐ 開業率の国際比較

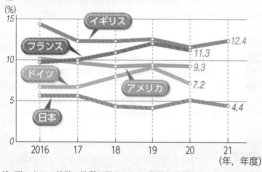

（%）

- イギリス　12.4
- フランス　11.3
- ドイツ　9.3
- アメリカ　7.2
- 日本　4.4

2016　17　18　19　20　21（年，年度）

注：国によって統計の性質が異なるため，単純に比較することはできない。

Ⓑ 経営者が事業に対して現在満足していること

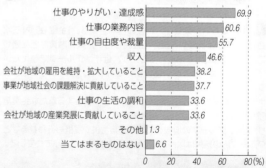

項目	（%）
仕事のやりがい・達成感	69.9
仕事の業務内容	60.6
仕事の自由度や裁量	55.7
収入	46.6
会社が地域の雇用を維持・拡大していること	38.2
事業が地域社会の課題解決に貢献していること	37.7
仕事の生活の調和	33.6
会社が地域の産業発展に貢献していること	33.6
その他	1.3
当てはまるものはない	6.6

注：複数回答のため，合計は必ずしも100%にはならない。

（Ⓐ，Ⓑとも『中小企業白書』2023年版による）

解説 日本の開業率は諸外国と比べて低く，起業する気運が低いといわれてきた。一方で，起業した多くの経営者が，「仕事のやりがい・達成感」，「仕事の業務内容」について満足していると回答しており，事業に対して満足感を得ていることがうかがえる。政府は，新規事業を立ち上げるスタートアップ企業を経済成長の原動力と位置づけ，起業家教育を重視して起業の担い手を増やし，起業家への投資を増やすことによって起業を促進しようとしている。また，学生を対象としたコンテストなども盛んに行われるようになっており，起業に対する関心は次第に高まっている。

高校生ビジネスグランプリ（2020年）

③ 起業への流れ（株式会社の場合）

事業計画をつくる	▶	資金を集める	▶	開業に必要なものを準備する	▶	会社設立の手続きをする
誰に，どんな商品・サービスを，どうやって提供するのか，展開するビジネスの計画をしっかり立てておこう。		自己資金だけで事業を始められないときは，金融機関の融資や出資者を募ることを検討しよう（資本金は1円でもよい）。		集めた資金を投入して，オフィスやお店，工場や機械など，事業に必要なものを調達する。		法務局で会社の登記（会社の権利関係の登録）を行ったり，税務署や自治体に開業届を出す。業種によってはさらに多くの許可・認可が必要な場合も。

解説 会社企業を起こす場合，工場や従業員など物質的な面で環境を整えるだけでなく，法人（法律上権利義務の主体となるもの）として法務局に登記するなど法的な面での事業環境を整える必要がある。なお，個人で事業を行う場合には会社設立の手続きは必要ない。

● 財務諸表って何？

貸借対照表（●年3月31日）

資　産		負　債	
現金預金	10億円	買掛金	30億円
売掛金	20億円	借入金	30億円
商品	10億円	純資産	
土地	50億円	資本金	30億円
建物	30億円	資本剰余金	10億円
		利益剰余金	20億円

- ある時点の企業の財政状態を示すもので，「資産」と「負債＋純資産」は必ず一致する。
- 資産がたくさんあっても，すぐに換金できない資産もあるので，資金不足になる可能性はある。このような観点から企業の健全性を判断できる。

損益計算書（▲年4月1日〜●年3月31日）

科　目	金　額
収 売上高	100億円
費 売上原価	30億円
費 販売費及び一般管理費	30億円
【営業利益】	40億円
収 営業外収益	15億円
費 営業外費用	20億円
【経常利益】	35億円
収 特別利益	3億円
費 特別損失	3億円
費 法人税等	15億円
【当期純利益】	20億円

- ある期間に企業がどれだけの利益・損失を出したかを示すもの。
- 基本的に「収益－費用」で構成。

解説 例えばあなたがいずれかの企業の株を自由に買えるとしたら，どのように選ぶだろうか。その際の重要な情報となるのが，財務諸表の公開だ。財務諸表には**損益計算書**や**貸借対照表（バランスシート）**などいくつかの種類があり，会社の経営成績や財政状況を株主など会社の利害関係者に示す役割があるのだ。一方，財務諸表の数字を実態よりも良く見せかける「粉飾」で，株主の利益が損なわれる危険性もある。このような事態を防ぐため，上場企業や大企業の財務諸表は，公認会計士など専門家による監査を受けることが義務づけられている。

経済ゼミ

④ 起業のリスク

● 会社の設立費用の一例（株式会社の場合）

定款*1印紙代	4万円（電子定款にすれば0円）
公証役場*2の定款認証手数料	5万円
設立登記の登録免許税	15万円（資本金の額の0.7％，または15万円の金額が高い方）
定款の謄本*3手数料	約2,000円
登記事項証明書代	600円／1通
印鑑証明書代	450円／1通
その他	登記を司法書士に依頼する場合の費用　など
合　計	約250,000円

（日本弁護士連合会HPを参考に作成）

＊1 定款…会社の組織や活動を定めた基本的なルール。
＊2 公証役場…法務省の管轄する官公庁の一つ。株式会社の定款は公証役場で認証を受ける必要がある。
＊3 謄本…原本の内容をすべて写し取った文書のこと。

解説 会社を設立するためには上記のような費用がかかり，「売り上げを安定的に確保しづらい」などの問題もある。起業のリスクを事前に知り，対策を行うことが重要である。

● 起業家が事業を行ううえで問題だと感じていること

注：複数回答

項目	％
売り上げを安定的に確保しづらい	47.6
業務に対する対価が低い	32.7
病気やけがになった場合の対応が難しい	28.6
税金や保険などの手続きが面倒である	23.6
相談相手がいない	16.8
社会保障制度が手薄である	16.1
資金の調達が難しい	14.2
対価を受け取るまでに長い期間かかる	13.3
就業時間が長い	13.2
仕事の打ち切りや一方的な縮小がある	12.8
仕事の質や成果に対する評価が低い	11.0
仕事に関する知識や技術，スキルを高めにくい	7.5
納期が短い	6.1
特にない	19.8

（『2021年度起業と起業意識に関する調査』日本政策金融公庫による）

課題を考える
市場において価格が決定するメカニズムを理解する。また、自由競争を前提とする市場経済を阻害する要因にどのようなものがあるか考えてみよう。

1 市場の分類

⑰ 売り手と買い手が多数いる場合、企業は価格支配力をもたないこと。

買い手＼売り手	1 人	少 数	多 数
1 人	双方独占		買い手独占市場 (例)たばこの葉など
少 数		双方寡占	買い手寡占市場
多 数	売り手独占市場 (例)絵画、電気料金など	売り手寡占市場	完全競争(自由)市場 (例)みかん、野菜など

解説 **市場とは出会いの場** 市場とは、財・サービスの**買い手**(需要)と**売り手**(供給)が出会って取り引きを行う場である。

2 市場の成り立つ交換関係の例

財貨市場 (商品)	通常の財やサービスの取引に成立する市場。売り手が企業、買い手が家計となることが多いが、中間生産物などは、企業同士の取引となる。
株式市場	**株式の売買について成立**。株式投資家は株式の買い値と売り値との差額での儲けを狙い、売買を行う。ここでの株価は株式会社の信用力を表すため、資金調達などで大きな意味をもつ。

<table>
<tr><td rowspan="5">証券取引所
⑮⑰</td><td>実際の株式の売買は、主に証券取引所で行われる。</td></tr>
<tr><td>**日本取引所グループ**…2013年1月に、東証と大阪証券取引所(大阪取引所に名称変更)が統合・合併し、発足した持株会社。株式市場を東証へ、デリバティブ(金融派生商品)市場を大阪取引所へ統合した。 ⑮</td></tr>
<tr><td>**東京証券取引所(東証)**…大企業向けの「プライム」、中堅企業向けの「スタンダード」が開かれている。</td></tr>
<tr><td>**大阪取引所**…デリバティブ中心。</td></tr>
<tr><td>**ベンチャー企業(新興企業)向け市場**…**グロース**
＊2022年4月から再編された。</td></tr>
</table>

外国為替市場	**外国通貨の売買について成立する市場**。2当事国についてみると、両国の輸出入という経常取引の実態のみならず、資本の出入りとその見込みが大きくレートに響く。したがって、両国の政策決定などによって、大きく変動する。
金融市場	**貸付資金の需要・供給について成立する市場**。金融の利子率の高低によって調整される。1年未満の貸付資金の市場を**短期金融市場**、1年以上のものを**長期金融市場**とよぶ。
労働市場	**労働力について成立する市場**。実質賃金(ケインズ学派は名目賃金と考える)の高低を決定する。

解説 **さまざまな市場** 売り手と買い手が出会えばそこは市場の一部。どの市場においても需要と供給の関係が成り立つ。

3 完全競争市場の長所・短所

長所	①自由な競争により、安くて品質の良い商品が供給される。 ②消費者の自由な選択が尊重される。 ③企業の生産は極めて効率的である。
短所	①需給のバランスが突然くずれ、経済が混乱することがある。 ②道路・公園など利益の出ない公共部門には向かない。 ③利益のあがる少数企業が生き残り、自由競争が行われなくなることがある。

解説 **完全競争市場の条件** ①売り手と買い手が多数いる。②個々の経済主体は、自分の力で価格を変更できない。③商品について十分な情報がある。④各企業の売る商品の質は全く同じである。⑤市場への参加・退出が自由である。

4 価格の種類

完全競争市場	市場価格		商品が市場で実際に売買される価格。短期的には需要量と供給量の変動で上下するが、長期的には生産価格に一致する傾向にある。
		均衡価格	**自由(競争)価格**ともよばれる。完全競争市場を前提に需要量と供給量の均衡する点で成立するとされる価格。この価格のもとで**資源の最適な配分**もなされる。
不完全競争市場	独占価格	独占価格	商品の需要・供給のどちらかで競争が制限された場合に成立する。狭義では、一つの供給者(または需要者)の場合をいうが、広く**寡占価格**や**管理価格**を含んだ概念にもなる。
		寡占価格	少数の企業の協定などによって価格がコントロールされるときに成立する。
		管理価格 ⑯	寡占を背景に、供給者である企業が需給関係から比較的自由に設定する価格。**下方硬直的**(価格が安価になりにくい)であることが特徴である。また、**プライスリーダー**(価格先導者)の決めた価格に追従する場合もこれにあたる。 倫政20 大型設備を用いる産業では生じやすい。
	統制価格		一定の政策的目的によって、国家によって統制されている価格。電気料金・郵便・ガス料金などの**公共料金**がこれにあたる。

(管理価格欄右) 倫政 15 20

▶「生産価格」…商品の平均生産費に平均利潤を加えたマルクス経済学の概念。自然価格に相当。

解説 **実際の経済現象がもと** 価格についての名称は、実際に経済現象に出会って、さまざまな立場で決められてきた。したがって、ある程度幅をもった概念が多く、またその意味も重複していたりする点に注意。

5 価格の自動調節機能 (→P.180)

⑲ 多数の売り手・買い手が価格をシグナルとして行動することではたらくこと。

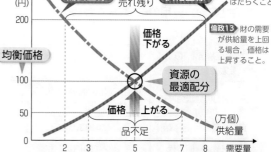

倫政13 財の需要が供給量を上回る場合、価格は上昇すること。

上のグラフは、次の2つのことを表している。
①需要量と供給量が一致する点で価格が決定する。
②商品の過不足により価格が変化し、ついにはバランスのとれた価格に落ち着く。つまり、売れ残りが生じれば価格が下がり、品不足が生じれば価格は上昇する。
この場合の100円を**均衡価格**とよび、これが決まるしくみを**価格の自動調節機能**という。

解説 **資源の最適配分が実現** 完全競争市場では、需要と供給の関係で価格は変動する。逆に、価格の変動が商品の需要と供給の不均衡を調節する。これを**価格の自動調節機能**(アダム=スミス「見えざる手」→P.177 7)といい、これによって**資源の最適配分**が行われる。

アダム=スミスはとても内向的な性格をしていたといわれている。大学教授時代は、産業革命の進展に貢献したジェームズ・ワットと親交をもっていた。

(左欄外)

経済

⑥ 需要・供給と価格の変化

Ⓐ 果実の取扱数量と価格(みかん類)

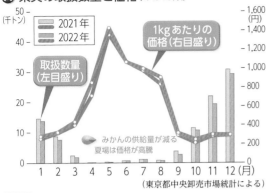

凡例:
- 2021年
- 2022年
- 取扱数量（左目盛り）
- 1kgあたりの価格（右目盛り）
- みかんの供給量が減る夏場は価格が高騰

（東京都中央卸売市場統計による）

解説 需給の変動で価格も動く 具体例としてこのグラフから，夏場みかんの**供給が減少すると価格が上がり**，冬場みかんの**供給が増加すると価格が下がる**ことがはっきりとわかる。

⑦ アダム＝スミス（見えざる手）

　彼はふつう，社会一般の利益を増進しようなどと意図しているわけではないし，また自分が社会の利益をどれだけ増進しているのかも知らない。外国産業よりも国内の産業活動を維持するのは，ただ自分自身の安全を思ってのことである。そして生産物が最大の価値をもつように産業を運営するのは，自分自身の利得のためなのである。

　だがこうすることによって，彼は他の多くの場合と同じく，この場合にも，**見えざる手**に導かれて，自らは意図してもいなかった一目的を促進することになる。彼がこの目的を全く意図していなかったということは，その社会にとって，これを意図していた場合にくらべて，かならずしも悪いことではない。自分の利益を追求することによって，社会の利益を増進しようと真に意図する場合よりも，もっと有効に，社会の利益を増進することもしばしばあるのである。

（玉野井芳郎ほか訳「国富論」『世界の名著31』中央公論社）

解説 見えざる手(an invisible hand) 「見えざる手」という言葉は，**アダム＝スミス**（英・1723〜90）の**『国富論』**(1776)でたった1回使われているだけである。これは，完全競争市場において「各人の利己心に基づく活動を自由に放任（**自由放任主義＝レッセ・フェール**）しておけば，「見えざる手」が作用し自然と需要と供給は収束に向かい，経済的均衡が実現して社会的安定がもたらされる」のだということを意味する。**自由競争原理**の理論的支柱となった。 倫政14・18 国家の干渉を批判し，個人が自らの利益を追求することが，社会全体の繁栄につながると主張したこと。

【倫政20】

【倫政19】

Target Check 次の記述は，競争的な市場における「需要曲線の移動（シフト）による均衡価格の変化」に該当するといえるか否かを判断しなさい。
（解答➡表紙ウラ）

□ ① 天候不順のため野菜が不作となり，野菜の価格が値上がりした。

□ ② 年末の帰省客の増加によって，高速バスのチケット価格が値上がりした。（センター2019追試による）

⑧ 自由競争による価格低下—国内航空運賃

Ⓐ 国内航空運賃（平均運賃）の推移（大手3社）

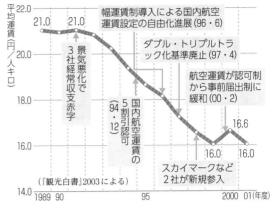

注記:
- 幅運賃制導入による国内航空運賃設定の自由化進展（96・6）
- ダブル・トリプルトラック化基準廃止（97・4）
- 航空運賃が認可制から事前届出制に緩和（00・2）
- 景気悪化で3社経常収支赤字
- 国内航空運賃の5割引認可（94・12）
- スカイマークなど2社が新規参入
- 16.6
- 16.0
- 16.0

（『観光白書』2003による）

解説 競争で低下する価格 1990年代に日本でも航空の**規制緩和**が進んだ結果，航空運賃が低下する傾向がみられた。これは，一定の価格幅の中で自由に価格決定ができる幅運賃制や，ダブル・トリプルトラック化基準（同一路線を大手2社または大手3社が運航する基準）の廃止，航空会社の新規参入や航空運賃の認可制廃止（運賃を原則として各航空会社の判断に委ねる）などにより自由競争が促進されたためである。規制緩和後，事前購入割引や需給に対応したバーゲン型運賃，介護帰省割引や単身赴任割引，インターネット割引やチケットレス割引など運賃の多様化が進み，航空運賃の価格競争が激化するようになった。

⑨ 市場の失敗 (market failure)（➡P.182）

市場の失敗	市場メカニズムが働かない場合／市場では財やサービスが提供できない場合
①公共財の提供	道路・橋・公園，警察・消防のサービスなどは，価格の上下で供給を調節できない。
②外部不経済	公害など。企業が社会に不利益を与えながら，それを負担しない場合など。
③外部経済	ある商品の生産などが，第三者（需要者・供給者以外）にメリットを与えること。りんご生産と養蜂業者の関係など。
④寡占・独占	寡占・独占市場では競争が排除され価格メカニズムが働かない。
⑤情報の非対称性	商品の情報が買い手側に十分にない場合，適切な市場取引ができない。

【15】②外部不経済
【16】⑤情報の非対称性 倫政17

解説 市場の限界 このように市場に任せておいては「**市場の失敗**」という問題が生じ，その問題を市場自身では解決できなくなる。例えば「**独占禁止法**」による罰則措置や規制，環境基準の設定などの政府による政策的な介入はどうしても必要となってくるだろう。

【14】【15】

Target Check 市場経済に関する次の記述の正誤を判断しなさい。
（解答➡表紙ウラ）

□ ① 市場で多数の売り手・買い手が価格をシグナルとして行動することによって，価格の自動調節機能が働くとされる。

□ ② 市場経済における経済的格差の是正を目的とする政府活動の機能は，資源配分機能と呼ばれる。

□ ③ 公共財が市場では十分に供給されない理由の一つとして，その消費の対価を払わない人を排除できないという非競合性がある。

□ ④ 社会主義の政治体制の下で市場経済を導入する経済体制は，混合経済と呼ばれる。（センター2019本試による）

経済

SIDE STORY アダム＝スミスは4歳のときに，スリに仕立て上げることを目的とした誘拐にあった。しかし，彼の性格が余りにも内向的であったため，誘拐犯はスリには向かないと判断し，彼を解放した。

10 市場占有率（マーケット・シェア）─生産の集中の程度

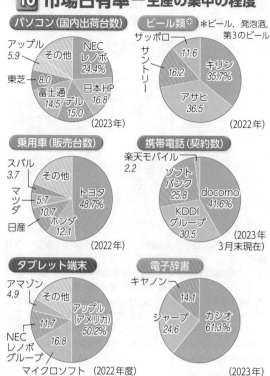

パソコン（国内出荷台数）
- アップル 5.9
- その他
- NEC レノボ 24.4%
- 東芝 8.0
- 富士通 14.5
- デル 15.0
- 日本HP 16.8
（2023年）

ビール類※ ※ビール，発泡酒，第3のビール
- サッポロ 11.6
- サントリー 16.2
- キリン 35.7%
- アサヒ 36.5
（2022年）

乗用車（販売台数）
- スバル 3.7
- マツダ 5.7
- 日産 10.7
- その他
- トヨタ 48.7%
- ホンダ 12.1
（2022年）

携帯電話（契約数）
- 楽天モバイル 2.2
- ソフトバンク 25.8
- docomo 41.6%
- KDDIグループ 30.5
（2023年3月末現在）

タブレット端末
- アマゾン 4.9
- その他
- アップル（アメリカ）50.2%
- NEC レノボグループ 11.7
- マイクロソフト 16.8
（2022年度）

電子辞書
- キヤノン 14.1
- シャープ 24.6
- カシオ 61.3%
（2023年）
（各業界資料による）

解説 **生産の集中（寡占化）が進む** ある商品の国内総生産に占める特定企業の生産割合を**生産集中度**という。**独占**や**寡占**状態を具体的に表す。業種・商品によっては，かなり寡占化が進んでいる。

11 寡占・独占の形態

カルテル（企業連合）
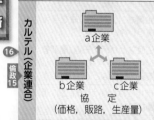
a企業
b企業　c企業
協　定
（価格，販路，生産量）

同種商品を供給する競争関係にある企業が，価格・生産量などについて協定を結んで，競争を回避すること。独占禁止法によって禁止される。不況カルテル，合理化カルテルなど容認された例外も廃止された。

トラスト（企業合同）
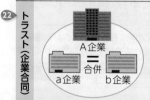
A企業
合併
a企業　b企業

競争関係にあった複数企業が，実質的に一つの企業体になること。典型的な例が，合併。独占禁止法は，合併を厳格に制限するが，国際競争力強化などのため，大型合併が行われることもある。

コンツェルン（企業連携）
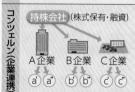
持株会社（株式保有・融資）
A企業　B企業　C企業
a' a"　b' b"　c' c"

持株会社や銀行が中心となり，さまざまな産業分野の企業を株式取得や金融などで支配する独占の最高形態。かつての「財閥」はこれである。なお，**1997年に持株会社が解禁**。

解説 **寡占・独占の特徴** 20世紀になると巨大な生産設備が出現するとともに，**カルテル・トラスト・コンツェルン**などの形態をとった「**独占企業**」が経済の主役となっていく。1929年の大恐慌下のアメリカではそのような巨大企業は解雇による生産調整をし，工業製品の価格はあまり下がらなかった。これが恐慌を激しくした一因とも考えられる。

12 管理価格（ビール業界）

A ビールの価格の推移（大ビン1本）

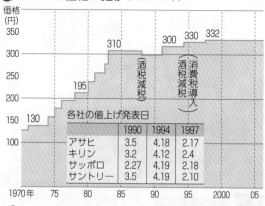

各社の値上げ発表日

	1990	1994	1997
アサヒ	3.5	4.18	2.17
キリン	3.2	4.12	2.4
サッポロ	2.27	4.19	2.18
サントリー	3.5	4.19	2.10

「キリンだけ安くすると商品の格が落ちる。他社より高くしたいが，安くは絶対にしない。……それに値上げをしないと，他社もあげられず業界全体が苦しくなり，恨みをかう。卸・小売も敵にまわすことになるからだ」（〈キリン〉の営業部長談『朝日新聞』1970年10月15日）。

ここで〈キリン〉が値上げをしないと他社もあげられないといっているのが注目される。値上げの口火を切るのはつねに，〈サッポロ〉，〈アサヒ〉であるが，真のプライス・リーダーは〈キリン〉であることを言外ににおわしているからである。

（宮崎義一『現代企業論入門』有斐閣）

解説 **プライスリーダー制** **管理価格**といわれる業界は，最大のシェアをもつA社が**プライスリーダー（価格先導者）**になっている。もし，A社が左図のXに価格を下げればコストの高い下位メーカーのシェアを奪い，独占との強い批判がでる。また，Zに値上げすると，もうけすぎとの社会批判もでてくる。下位メーカーのコストにわずかの利益を上乗せしたYに価格を決めると，非難もうけずかなりの利潤を得ることができる。A社のこの思わくの上に**管理価格**は成立している。

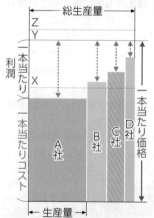

Target Check
市場の独占・寡占に関する次の記述の正誤を判断しなさい。（解答➡表紙ウラ）

☐① 市場の独占化や寡占化に伴って価格が下がりにくくなることは，価格の下方硬直性と呼ばれる。

☐② 寡占市場の下では，デザイン・品質や広告など，価格以外の面での競争（非価格競争）が回避される傾向にある。

☐③ 寡占市場において同業種の複数企業が価格や生産量について協定を結ぶことは，トラストと呼ばれる。

☐④ 規模の利益（スケールメリット）が生じる産業での企業間競争は，市場の独占化や寡占化を弱めるとされる。

（センター2019追試による）

SIDE STORY 3大財閥の一つであった三菱財閥は，岩崎弥太郎が政商として築いた。三菱グループのマークである「スリーダイヤ」は，岩崎家の家紋「三階菱」と山内家（土佐藩主）の家紋「三つ柏」から考案された。

13 国内企業の合併の推移と持株会社の解禁

A 合併届出受理件数

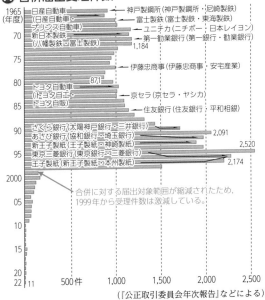

合併に対する届出対象範囲が縮減されたため，1999年から受理件数は激減している。

（『公正取引委員会年次報告』などによる）

主な合併例（図中）：
- 1965 日産自動車（日産自動車・プリンス自動車）
- 新日本製鐵（八幡製鉄・富士製鉄）
- 神戸製鋼所（神戸製鋼所・尼崎製鉄）
- 富士製鉄（富士製鉄・東海製鉄）
- ユニチカ（ニチボー・日本レイヨン）
- 第一勧業銀行（第一銀行・勧業銀行） 1,184
- 伊藤忠商事（伊藤忠商事・安宅産業）
- トヨタ自動車（トヨタ自工・トヨタ自販） 871
- 京セラ（京セラ・ヤシカ）
- 住友銀行（住友銀行・平和相銀）
- さくら銀行（太陽神戸銀行・三井銀行）
- あさひ銀行（協和銀行・埼玉銀行） 2,091
- 新王子製紙（王子製紙・神崎製紙） 2,520
- 東京三菱銀行（東京銀行・三菱銀行）
- 王子製紙（新王子製紙・本州製紙） 2,174

B 主な持株会社への移行例

業種	持株会社	現在の商号
複数業種	日本郵政（株）	2006年1月〜
金融（銀行等）	（株）三菱UFJフィナンシャル・グループ	2005年10月〜
食品系	キリンホールディングス（株）	2007年7月〜
化学系	大塚ホールディングス（株）	2008年7月〜
出版系	（株）KADOKAWA	2019年7月〜
放送系	（株）TBSホールディングス	2020年10月〜
外食系	日本マクドナルドホールディングス（株）	2002年7月〜

解説 持株会社解禁へ 戦後，財閥復活を阻止するため持株会社を禁止していたが，その一方で，1960年代から世界の大企業との競争に備え，国内の大型合併は相次いでいた（Ⓐ）。それは，規模の大きさと同時に経営効率化による企業体質強化を狙ったものだった。さらに産業構造の変化に伴い，1997年ついに独占法が改正され持株会社が解禁（Ⓑ）された。また翌年，金融持株会社も解禁となった。

14 広告宣伝費の上位10社（2020年度）

順位	企業名	業種	広告宣伝費ⓐ（億円）	売上高ⓑ（億円）	ⓐ/ⓑ×100（%）
1	ソニーグループ	電気機器	2,600	89,993	2.89
2	日産自動車	自動車	2,325	78,625	2.96
3	イオン	小売業	1,705	86,039	1.98
4	リクルートホールディングス	サービス	1,417	22,693	6.24
5	サントリー食品インターナショナル	食品	1,316	11,781	11.17
6	セブン＆アイ・ホールディングス	小売業	1,129	57,667	1.96
7	ブリヂストン	タイヤ	974	29,945	3.25
8	マツダ	自動車	925	28,820	3.21
9	資生堂	化粧品	860	9,208	9.34
10	任天堂	ゲーム	844	17,589	4.80

連結決算ベース （『東洋経済ONLINE』2022.2.6による）

解説 寡占市場では非価格競争が激化する ある業種において寡占化が進むと，大企業は価格競争をやめ，広告・宣伝や製品の差別化によりシェア拡大をめざす。これを非価格競争といい，広告・宣伝費が価格転嫁されるなどの弊害も多い。

15 独占禁止法と公正取引委員会

A 独占禁止法*の主な規定の内容

*正式名称「私的独占の禁止及び公正取引の確保に関する法律」

規制内容	条項	主な内容
独占・寡占の規制	3条	私的独占の禁止
	8条の4	独占的状態の規制
経済力の集中規制	9条	事業支配力が過度に集中する持株会社禁止（それ以外持株会社解禁←97年）18
	10条	大企業の株式保有総量の規制 倫政14
	15条	合併の制限
カルテル規制	3条	不当な取引制限（カルテル）の禁止
	6条	国際的カルテルへの参加禁止
	8条	事業者団体に対する規制
経済力の濫用規制	19条	不公正な取引方法の禁止 小売業者への販売価格の指定，不当廉売（不当な安売り＝ダンピング）などが該当 23
＊1 適用除外制度	23条	再販売価格維持行為＊2 不況・合理化カルテル＊3→99年廃止

＊1 適用除外制度とは，独禁法違反の要件を満たしていても特別に独禁法を適用しないこと。除外規定はかなり縮小されている。

＊2 「再販売維持価格」とは，メーカーが小売店の販売価格を指示する制度。市場による価格決定とならないため独禁法で禁止されているが，CD，本，新聞などの著作物は適用除外されている。

＊3 例外的に認められていた不況カルテル（不況のため企業の存続が危ぶまれるとき）と合理化カルテル（企業の協調によらなければ，合理化の効果が期待できないようなとき）は99年廃止された。

B 公正取引委員会 17 競争を抑制するような企業の行動を監視していること。

公正取引委員会は，委員長と4名の委員の全5名から構成される行政委員会。この5名は，国会の同意を得て内閣総理大臣が任命（独立行政委員会として他から指揮監督を受けることなく，独立して職務を遂行）。

公正取引委員会の下に，事件調査や事業者の活動を監視する事務総局（2022年度の職員は約770名）が置かれる。

○公正取引委員会による法的措置の具体例

対象企業	事例（違反した条文，→Ⓐ）	法的措置
矢崎総業（株）など電線製造・販売6社（2011年11月）	電線の販売価格の引上げ・維持を図るため，販売価格を決定していく合意を形成し競争を実質的に制限（3条違反「不当な取引制限」）	排除措置命令 課徴金納付命令（総額約108億円）
アディダス・ジャパン（株）（2012年3月）	取り扱う商品の一部について，小売業者に販売価格を指定（19条違反「不公正な取引方法」）	排除措置命令
コールマン・ジャパン（株）（2016年6月）	キャンプ用品販売の際，小売業者に下限価格の指定など販売ルールを指示（19条違反「不公正な取引方法」）	排除措置命令

解説 経済の憲法「独占禁止法」 独占禁止法は，戦後の経済民主化政策の一つの柱として制定され，公正で自由な企業競争をさせて，経済を健全に発展させることを目的としている。このため経済の憲法とも呼ばれる。公正取引委員会は，この法律に対する違反を取り締まり，その運用にあたる「独禁法の番人」である。15 しかし近年日本では，独占禁止法が緩和されつつある。

非価格競争…価格以外の点で，他社の商品との差別化を図り，付加価値を高めること。具体的には，ブランド，デザイン，宣伝，アフターサービスなど。寡占市場においてより重視される。

	非価格競争の内容
製造業者	商品を中心とした差別化…新しいデザイン，他者にない新機能等。
小売業者	売り方を中心とした差別化…広告，接客，店舗設備による差別化，購入商品の無料交換等。

経済

市場メカニズム—価格の決まるしくみ ⊙P.172

「市場（マーケット）」とは商品の売り手と買い手が出会う場のことで、ネット上も含めて商品の売り買いが行われるところはすべて「市場」となる。市場では「市場メカニズム」と呼ばれるしくみがはたらき、経済活動をうまく調整している。

この「市場メカニズム」とはどのようなしくみなのだろうか。そして「市場メカニズム」は経済活動をどのように調整しているのだろうか。以下で見ていくことにしよう。

1 市場メカニズムとは

> 市場 ＝商品の売り買い（取引き）が行われる場
> 供給 ＝売り手が市場に商品を提供すること
> 需要 ＝買い手が市場で商品を買いたいと思う欲求や行動

【市場での売り手の動き】
　商品の価格が高い時→商品の供給を増やす
　商品の価格が安い時→商品の供給を減らす
∴売り手の動きは右上がりのSの線（供給曲線）で示す

【市場での買い手の動き】
　商品の価格が高い時→商品に対する需要が減る
　商品の価格が安い時→商品に対する需要が増える
∴買い手の動きは右下がりのDの線（需要曲線）で示す

【市場メカニズムのはたらき】
　文化祭の模擬店でやきとりを売る場合を例に考える。
（「やきとり市場」には学校外にも無数の売り手が存在）

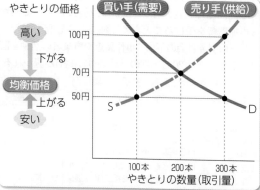

買い手は商品の価格を見て商品の購入を判断する。
＜やきとりの価格＝100円の時（「高い」と感じる）＞
→需要100本＜供給300本（200本の超過供給）
→価格が高すぎるためやきとりが200本売れ残る
→売り手は売れ残りを減らすため商品価格を安くする
→商品価格はしだいに下がる（終了間際の投げ売り！）

＜やきとりの価格＝50円の時（「安い」と感じる）＞
→需要300本＞供給100本（200本の超過需要）
→価格が安すぎるため、やきとりはすぐに売り切れてしまい、客から不満続出。あわてて仕入れに走る。
→売り手は利益確保のため商品価格を高くする
→商品価格はしだいに上がる（来年は高くしよう！）
➡　やきとりの価格は次年度以降、供給曲線と需要曲線の交点の70円に落ち着く（この価格を**均衡価格**とよぶ）

＊この時、200本のやきとりが完売となり、商品の売

れ残りも品不足もない状態である。均衡価格では売り手の供給と買い手の需要がピタリと一致しており、有限な資源を市場のはたらきによって最適に配分できたといえる。これを「**資源の最適配分**」という。
　「**市場メカニズム**」とは、このように商品の価格が上下することによって商品の取引量が調整され、結果的に資源の最適配分が実現するしくみである。価格の持つこのようなはたらきは「**価格の自動調節機能**」と呼ばれ、18世紀のイギリスの経済学者**アダム＝スミス**はこのはたらきを「**（神の）見えざる手**」と表現した。

2 需要曲線と供給曲線の移動（シフト）

需要曲線や供給曲線はいつも一定ではなく、さまざまな条件によって右または左に移動（シフト）する。

(1)需要曲線の移動　倫政20 国民の所得の増加は需要を増加させる要因になること。
　需要曲線が左右に移動（シフト）する条件
　①収入の増減　②商品の人気の変化　③人口の増減

	買い手の**収入増える**、商品の**人気が高まる**、人口が**増加**
右への移動	→商品に対する需要全体が上昇 →需要曲線は右に移動（グラフの$D_0 \rightarrow D_1$へ） ＊均衡価格は上昇（グラフの$P_0 \rightarrow P_1$へ）するが、商品の取引量も増加（グラフの$Q_0 \rightarrow Q_1$へ） →経済活動が活発化
左への移動	買い手の**収入減る**、商品の**人気が低下**、人口が**減少** →商品に対する需要全体が減少 →需要曲線は左に移動（グラフの$D_0 \rightarrow D_2$へ） ＊均衡価格は下落（グラフの$P_0 \rightarrow P_2$へ）し、商品の取引量も減少（グラフの$Q_0 \rightarrow Q_2$へ） →経済活動が停滞

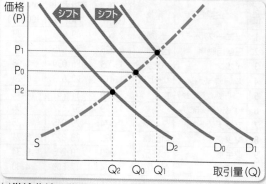

(2)供給曲線の移動
　供給曲線が左右に移動（シフト）する条件
　①原材料価格の変化　②人件費の変化　③税金の増減
　④生産能力の変化　⑤輸入品の増減

右への移動

Ⅰ 原材料価格や人件費が低下，企業への減税
→商品の生産コストが低下→供給量全体が増える

Ⅱ 企業の**生産能力が高まった場合，輸入品が増えた場合**
→商品の価格が低下→供給量全体が増える

Ⅰ・Ⅱとも，供給曲線は右に移動（グラフのS_0→S_1へ）

＊均衡価格は下落（グラフのP_0→P_1へ）するが，商品の取引量は増加（グラフのQ_0→Q_1へ）
→経済活動が活発化

左への移動

Ⅰ 原材料価格や人件費が高騰，企業への増税
→商品の生産コストが上昇→供給量全体が減る

Ⅱ 企業の**生産能力が低下した場合，輸入品が減った場合**
→商品の価格が上昇→供給量全体が減る

Ⅰ・Ⅱとも，供給曲線は左に移動（グラフのS_0→S_2へ）

＊均衡価格は上昇（グラフのP_0→P_2へ）し，商品の取引量も減少（グラフのQ_0→Q_2へ）
→経済活動が停滞

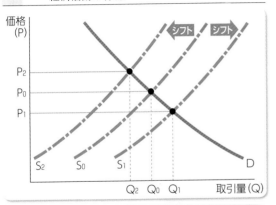

倫政17 ③ 価格の弾力性

価格の弾力性とは，価格の変動が需要量や供給量の変化に与える影響のことで，商品の性質によって需要曲線や供給曲線の傾きに違いが出る。

(1)需要曲線の傾きの違い

倫政20 **生活必需品**…誰もが生活に必要とする商品
→価格が高くても安くても需要量はそれほど変わらない
→需要曲線の傾きは急になる→「**価格弾力性が小さい**」

ぜいたく品…どうしても生活に必要な商品ではない
→需要量が価格の変化に大きく影響される
→需要曲線の傾きはゆるやか→「**価格弾力性が大きい**」

(2)供給曲線の傾きの違い

供給に余裕がある商品→「価格弾力性が大きい」
供給に限りがある商品→「価格弾力性が小さい」

入試にチャレンジ

例題❶ 次のグラフはある商品の需要と供給の関係をあらわしている。グラフを見て空欄に適する語句または数字を下の【語群】から選べ。

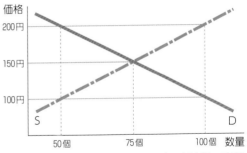

この商品の価格が200円の時，（A）個の商品が（B），価格が100円のときには（C）個の商品が（D）となる。この商品の均衡価格は（E）円で，その時の取引量は（F）個である。

【語群】 ①25　②50　③75　④100　⑤150　⑥200　⑦売れ残り　⑧品不足

例題❷ 需要曲線の変化によって財の均衡価格が移動する例として適当でないものを①～④から1つ選べ。

①より安く生産できる新しい技術が導入された。
②消費者の所得が増加した。
③テレビに取り上げられて消費者の認知が高まった。
④高機能をもつ代替的な製品が登場した。（中央大）

例題❸ 技術革新が起こり供給曲線が右方に平行移動したとする。需要と供給が一致する価格と数量はどのように変化するか。正しいものを次の①～⑥から1つ選べ。

①価格は上昇し，数量は増加する。
②価格は上昇し，数量は減少する。
③価格は低下し，数量は増加する。
④価格は低下し，数量は減少する。
⑤価格は一定で，数量は増加する。
⑥価格は一定で，数量は減少する。　（同志社大）

解答＆考え方

例題❶ 正解A②　B⑦　C②　D⑧　E⑤　F③
（B）と（D）には「売れ残り」または「品不足」が入る。価格が200円の時，供給100個＞需要50個なので100個－50個＝50個の売れ残りとなり，価格が100円の時は，供給50個＜需要100個なので50個－100個＝－50個の品不足となる。均衡価格は需要曲線と供給曲線が交わる時の価格→150円。その時の取引量は75個。

例題❷ 正解①　②～④はいずれも需要曲線が移動（シフト）する例だが，①は供給曲線が移動（シフト）する例なので適切でない。

例題❸ 正解③　供給曲線が右に移動すると，均衡価格は下がり，商品の取引量は増加する。

市場の失敗 (Market Failure) (→P.177)

「市場メカニズム」とは，商品の市場において売り手と買い手の双方が自由に経済活動を行い，結果的に資源の最適配分が実現するしくみである。しかし，「市場メカニズム」は万能ではなく，ある条件のもとではうまく働かなくなってしまう。

これを「市場の失敗」とよぶが，どのような条件のもとで市場メカニズムが働かなくなるのだろうか。

市場の失敗 市場メカニズムが働かない，市場では財やサービスが提供できない場合など

① 独占・寡占市場…市場メカニズムが働かない

売り手が一人
独占市場 売り手の思いどおりに価格設定可能(独占価格)
売り手がごく少数
寡占市場 プライスリーダーによる管理価格の形成 16
→価格の下方硬直性がみられる

➡市場原理が働かず，買い手は均衡価格よりも高い価格で商品を買わなくてはならない。

市場原理がはたらく条件…**自由競争市場**
①ある商品の市場で，不特定多数の売り手と買い手が存在
②その商品の価格をめぐり売り手が激しい競争を行う

➡競争が行われない独占市場や競争が制限されている寡占市場は「市場の失敗」の典型的な例

Point 市場原理は自由競争のもとで働く
独占・寡占市場は「市場の失敗」の典型例

② 公共財・公共サービス…市場では提供できない 倫政 19 21 16

公園・道路などの誰もが無料で利用できる公共財
→費用を払わない利用者を排除できない
警察・消防などの公共サービス 倫政20
→料金を払わない人でも受けられる必要
23 市場では提供できない→政府が提供する(費用は税金で)
電気・ガス・水道など生活に直結するライフライン
→公平で安定した供給確保のため行政が介入し，使用料は公共料金として統制する必要

③ 外部経済と外部不経済…市場を通さない影響

外部経済	ある経済主体の行動が，市場を通さずに他の経済主体にプラスの影響を及ぼすこと (例)Aさんが自分の家の庭を立派な日本庭園にしたことによって，その隣の家の人もAさんの日本庭園を楽しめるようになった。(借景の例)他に養蜂業者と果樹園経営者，遊園地と鉄道などが代表例。
外部不経済 16	ある経済主体の行動が，市場を通さずに他の経済主体にマイナスの影響を及ぼすこと (例)公害・環境問題など。たとえば，河川の上流にある工場から流れ出る有毒な廃液によって，下流の農業生産者の収穫に被害が出るというような場合。地球温暖化によってスキー場が倒産するような場合。

市場メカニズムに任せると過小供給されるため，政府が担う必要がある。

○もし携帯電話販売が独占市場だったら…

○もし消防を民間でやったら…

○もし新しい駅ができたら…

④ 情報の非対称性(情報上の失敗) ⑯

情報の非対称性…適切な市場取引を阻害

買い手が十分な情報を持たないために，結果的に割高な商品を買わされることも

商品の情報	
売り手	十分にある
買い手	十分にない

➡適切な市場取引を阻害し市場の失敗の一例

(例)中古車市場の場合

業者…中古車の状況をよく把握しその価値がわかる

消費者…よほど車に詳しくない限り中古車の価値を正確に把握できない

・外見のきれいさから購入した中古車が，実は故障をおこしやすく結果的に割高な商品であった。

・価格が安すぎると思って敬遠した車が実は故障もなく非常にお得な商品だった。

「市場の失敗」がおこるケース
➡克服のため政府の市場への介入必要

政府の失敗

「市場の失敗」の克服など様々な経済的課題の克服のため，政府の裁量による経済政策を実施したが，思うような効果がなく，かえって経済活動の非効率化をまねいてしまうような場合

(例)公害対策(規制など)を政府が行う場合

　公害が住民や地域社会に深刻な影響を与える恐れ
➡政府による規制が行われるが，適正なレベルを超過
➡経済活動を過度に制限し，経済的効率が下がる

(例)公共投資を政府が行う場合

　不況やデフレ対策のため，政府が赤字国債を発行して公共投資を行う
➡思うような効果がなく，財政赤字が増える

入試にチャレンジ

例題1 「市場の失敗」の例としてふさわしくないものを，以下の中から二つ選べ。　　(東洋大)

①工場からの汚染物質の排出により環境への負荷が増大するが，企業がその費用を負担しないことがある。

②価格破壊と呼ばれるような競争の激化により財の価格が下落する。

③灯台の光は同時に多くの人によって利用することができ，利用を排除することは不可能である。

④水道水は，地方自治体が住民に供給している。

⑤NHKの大河ドラマの舞台となった町の観光客がふえて，ホテルの売り上げが増加した。

⑥電力・ガスなどの産業の価格は，消費者保護の観点から政府の関与を受ける。

⑦技術進歩によって効率的な生産が可能となった。

⑧排除性や競合性が成り立たない財・サービスは市場での供給が容易でない。

⑨川上の工場からの排水により，川下の養魚場が被害を受けることがある。

例題2 市場の失敗を補うために政府が介入する必要性がもっとも低い分野を，次の①～④の中から1つ選べ。　　(明治大)

①大きな装置を必要とする電力・ガス・水道など，規模の利益のために自然独占になりやすい分野

②メーカー主導の価格決定機構の崩壊や，価格破壊が起こりやすい分野

③企業が生産活動を行うことによって地域住民に対し公害が発生しやすい分野

④警察・消防・道路・公園・堤防といった分野

解答＆考え方

例題1 正解②⑦　市場メカニズムが機能している例といえ，「市場の失敗」の例とはいえない。

市場の失敗の例といえるものは…①は外部不経済(公害問題)。企業が汚染防止費用を負担しないと，周辺の住民に多大な影響が出てしまうことになる。③の灯台は公共財。④は電力・ガスは公共料金。⑤は外部経済の例。大河ドラマの舞台となったことは市場を通さない影響といえる。⑧は公共財の特徴。排除性とは，お金を払わずに財を消費する人を排除すること。競合性とは，ある消費者が消費してもその財が減ったりなくなったりしないこと。例えば，信号機などの公共財は両方とも成り立たない(→非排除性，非競合性)。⑨は外部不経済(公害問題)の例である。

例題2 正解②　「メーカー主導の価格決定機構の崩壊」や，「価格破壊」は，市場における正常な自由競争の結果おこることであり，政府が介入する必要はない。①③④はいずれも市場の失敗の例であり政府の介入を必要とする。

ゲーム理論（「囚人のジレンマ」モデル）

お互いに影響を及ぼし合う相手がいる状況下で、自分と相手の利益を考えて、最適な行動を決めるための分析手法がゲーム理論である。経済や経営、国際関係や軍事などさまざまな分野での行動決定の分析に用いられる。行動決定の際に相手の出方がわからない場合、オセロや将棋などのゲームと同様、お互いに相手の出方によって自分の有利・不利がかわり、相手の出方を考えながら自分の出方を考えなければならない。ゲーム理論は、そうした際の最良の行動を、数学的に導き出すものである。ゲーム理論にはいくつかのモデルがあるが、もっとも代表的なものが、**囚人のジレンマ**と呼ばれるモデルである。

1 囚人のジレンマ

① お前たちを逮捕する！

② 2人とも「黙秘」をしたら、それぞれ懲役2年だ…

……

③ …だが、2人のうちどちらかが「自白」すれば、自白した方は釈放。黙秘した方は懲役10年だ。

……

2人とも「自白」をしたらそれぞれ懲役5年だ。

④ あいつ、どうするのかな？
囚人A

自分だけが黙秘すれば懲役10年！自白しないよな…
囚人B

囚人のジレンマとは、ゲームの相手がお互いに自分の利益を最大にする行動を選んだ結果、両者の利益の合計が最大にならない状態をいう。このような状態を最初に説明した論文において、犯罪の容疑で捕まった2人の囚人の行動決定を通した分析（[例1]）が行われたため「囚人のジレンマ」と呼ばれる。

[例1]

- 2人の囚人が「自白」または「黙秘」を選んだ場合のそれぞれの懲役年数は以下の表に示したものとする。

（カッコ内は懲役年数）

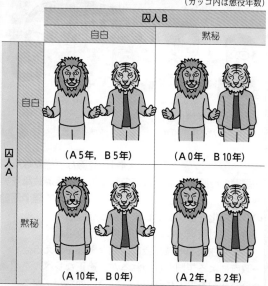

		囚人B	
		自白	黙秘
囚人A	自白	（A 5年、B 5年）	（A 0年、B 10年）
	黙秘	（A 10年、B 0年）	（A 2年、B 2年）

- 囚人Aと囚人Bの2人にとって最良なのは、AとBがともに黙秘した場合で、2人とも懲役2年ですむ（2人の合計懲役年数は4年…これが2人にとって最大の利益）。

しかし、自分にとって最も望ましいのは、自分だけの懲役がゼロとなる「自分が自白、相手が黙秘」の場合であり、逆に「自分が黙秘、相手が自白」の場合は、自分だけが懲役10年になってしまうので、相手の行動が読めない以上、自白を選ぶことになる。

- こうしてAとBが、ともに自白を選ぶと、2人の合計懲役年数が10年でともに黙秘を選んだ場合よりも長くなり、2人にとって最大の利益は得られない。

② 寡占市場における囚人のジレンマ

少数の大企業が市場を支配する寡占市場の場合で考えてみよう。

[例2]

- ある産業が寡占市場となっており、企業Aと企業Bの2社しかないとする。
- 各企業は「協力的」「攻撃的」の2パターンの行動しかとれない。

協力的：お互いが利益を確保できるように協力する。
攻撃的：お互いに自分の利益の最大化を図るような行動をとる。

- 各企業が「協力的」または「攻撃的」な行動をとった場合にそれぞれが得られる利益は以下の表に示したものとする。

（カッコ内は利益）

		企業B	
		協力的	攻撃的
企業A	協力的	（A 10，B 10）	（A 0，B 15）
	攻撃的	（A 15，B 0）	（A 2，B 2）

- 企業Aと企業Bの利益の合計が最大になるのは、AとBがともに「協力的」な行動を選んだ場合（10＋10＝20）だが、双方にとって自分の利益を最大（15）にするのは、「自分が攻撃的，相手が協力的」な行動を選んだ場合であり、「自分が協力的，相手が攻撃的」の場合は自分の利益がゼロになってしまうので、相手の行動が読めない以上協力的な行動は選べず攻撃的な行動を選ぶことになる。
- こうして企業Aと企業Bが、ともに「攻撃的」な行動を選ぶと、企業Aと企業Bの利益の合計は（2＋2＝4）で、AとBがともに「協力的」な行動をとった場合よりも小さくなり、両者の利益の合計は最大にならない。
- ＊（実際の寡占市場）企業同士が協力的になる行為（例：価格カルテルなど）は消費者には不利益となるので、独占禁止法で禁止される。また、寡占市場における攻撃的な行動は、価格面以外の競争（非価格競争）となる傾向がある。

③ 「囚人のジレンマ」モデルからわかること

行動決定の分析に、「囚人のジレンマ」モデルのようなゲーム理論を用いることによって、お互いにとって最良の選択とは何かを考えることができる。また、お互いの利益を最大化できない「囚人のジレンマ」に陥らないためには、どのようなことが大切なのかも考えることができる。

ゲーム理論の目的は、利害関係のある者同士が最良の結果を得るためにどうすべきかを考えることであり、ゲーム理論を通して、自分だけの利益を追求すると、結果的に悪い結果を招くことがわかるのである。

入試にチャレンジ

ゲーム理論（特に囚人のジレンマ）は、近年、大学入試でもよく出題される。

例題 国際社会の平和と安全のためには国家間の協調が重要となる。国家間協調の実現について考えるために、次の表であらわされるゲームを考える。このゲームでは、A国とB国の代表が、互いに相談できない状況で、「協調」か「非協調」のいずれか一方の戦略を1回のみ同時に選択する。その結果として、両国は表中に示された点数を得る。ここで両国は、自国の得る点数の最大化だけをめざすものとする。このゲームの表から読みとれる内容として最も適当なものを、下の①〜④のうちから一つ選べ。　　　　（2016センター政経本試）

		B 国	
		協　調	非協調
A 国	協　調	A国に10点 / B国に10点	A国に1点 / B国に15点
	非協調	A国に15点 / B国に1点	A国に5点 / B国に5点

① A国にとって、最も高い点数を得るには、「協調」を選択する必要があるが、それにはB国が「非協調」を選択するという条件が必要である。

② A国が「協調」を選択する場合、B国がより高い点数を得るには「協調」を選択する必要がある。

③ A国とB国がともに「協調」を選択すれば、両国の点数の合計は最大化されるが、相手の行動が読めない以上、「協調」を選択できない。

④ A国とB国がともに「非協調」を選択すれば、両国の点数の合計は最大化されるため、「協調」に踏み切ることはできない。

解答＆考え方

例題 **正解③**　③が適当。両国がともに「協調」を選択すれば両国の点数の合計は、最高の20点となるが、自国が「協調」を選択しても相手が「非協調」の場合、自国は1点しか得られないため、相手の行動が予測できない状況では「協調」を選択できず、ともに「非協調」を選択するので、両国の点数の合計は10点にとどまり最大化されない。①誤り。A国が、最高点を得るには、「非協調」を選択し、B国が「協調」を選択する必要がある。②誤り。A国が「協調」を選択する場合、B国がより高い点数を得るには「非協調」を選択する必要がある。④誤り。両国とも「非協調」を選択した場合、両国の点数の合計は10点にとどまり最大化されない。

協力をさまたげているものは何か？

連帯

人間はなぜ協力するのだろうか？
利害の異なる人間はどのように対立を克服して協力できるのだろうか？

❶ 皆さんは，人類の学名を知っていますか？はい，「ホモ・サピエンス」というんですよね。

❷ その通り。実は人類の仲間は他にも現れたのですが，ホモ・サピエンスだけが生き残ったのです。えっ，どうしてですか？

❸ 彼らが生き残ったのは，他人との協力関係を築けたからだという説があります。

❹ 私たちが生きる社会も，人と人との協力関係で成立しているね。どうして人間は，他人と協力するのだろう？

今から約700万年前，アフリカのサバンナ地帯で，「サル」から枝分かれし，われわれ人類の祖先が誕生した。その後，20種をこえる人類の仲間が地球上に現れたが，われわれ「ホモ・サピエンス（「知恵ある人」の意）」だけが生き残り，他の仲間はすべて絶滅してしまった。なぜ，われわれだけが生き残れたのだろうか？
＊正確には，現生人類（ホモ-サピエンス-サピエンス）だけでなく，絶滅したネアンデルタール人（ホモ-サピエンス-ネアンデルターレンシス）も「ホモ・サピエンス」に属する。

→ホモ・サピエンス

「ホモ・サピエンス」（以下，人間）だけが生き残れた理由として，人間だけが「協力する」ことができたからだという見解がある。小さな血縁集団だけでなく，血縁関係をこえて「アカの他人」とも協力関係を築けたからこそ生き残れたというのである。確かに，われわれの社会は，家族や小さな地域組織においてだけでなく，国家や国際社会といったもっと大きな単位での協力関係によって成り立っている。だとすれば，なぜ，人間は「アカの他人」とも協力するのだろうか？

「人間はなぜ協力するのだろうか？」　このことについて生物学の立場では，「協力する」といった行動特性は，自然環境によりよく適応するために遺伝子にプログラムされており，このために生き残ったという見方になる。また，心理学の分野では，1～2歳の幼児がさまざまな状況下で「人を手助けする行動」をとる場合が多いという研究があり，人間の行動が生物学的な遺伝だけでなく，親から子への教育や他人との交流などを通した社会的な学習によっても決定されるという見方となる。いずれにせよ，われわれにとって「協力する」ことが重要な意味をもつことは間違いない。特に，地球環境問題のようなグローバルな課題の解決のためには，一部の人間や一部の国の協力だけでは不十分で，世界全体の協力が必要である。そこで，人類が絶滅をまぬがれた大きな要因のひとつと考えられる「協力」ということについて考えてみよう。

問1　次のAとBの会社では，どちらの方がもうかるだろうか？

A　従業員に高い給料を支払う

B　従業員に最低賃金を支払う

自分の予想	AかBか？	理　由

グループで話し合い，グループの意見をまとめてみよう。

グループの予想	AかBか？	理　由

各グループの意見を発表してみよう。どちらの意見の方が多いだろうか？

A	B

解説 会社側からすれば，「従業員に高い給料を支払う」よりも「従業員に最低賃金を支払う」方が，賃金コストを低く抑えられる。しかし，そのことは必ずしも会社の利益にはつながらない。

チューリッヒ大学のエルンスト・フェール教授らによる実験によれば，他人から親切な待遇を受けた個人は，それらの他人と二度と再会することがなくても，そのお返しに親切な対応をすることが明らかになっている。その実験では，被験者に「経営者」または「労働者」の役割がランダムに割り当てられ，

①経営者が賃金を提示し，それを見た労働者が雇用契約を結ぶかどうかを決め，

②雇用された労働者は自分の努力水準（どの程度頑張って働くかを金銭で換算した10段階の水準）を選ぶ。

先に賃金が決められて，あとから労働者が自分の努力水準を選ぶので，労働者は必ずしも高い努力水準を選ぶ必要はないが，実験を繰り返した結果，図1で明らかなとおり，提示された賃金が高いほど，労働者の平均的な努力水準も高くなる傾向がみられた。この実験結果が示すのは，人間は他人の親切（たとえば高い給与）に対しては親切（たとえば高い努力水準）でお返しする傾向があるということである。したがって，高賃金の会社の方が社員の努力水準が高まり，低賃金の会社よりももうかると考えられる。つまり，利益だけを追求する会社よりも，社員に対して協力的な会社の方が，利益もあがるといえそうである。

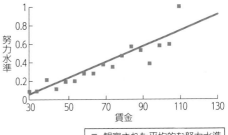

↓ **図1 提示された賃金と労働者の努力水準の関係**
(Fehr, E., G. Kirchsteiger and A. Ridel (1993))

■ 観察された平均的な努力水準
― 努力水準の推定値

問2 AさんとBさんで1万円の賞金を分ける交渉をする。Aさんは，自分の取り分とBさんの取り分を決め，Bさんに金額を提示する。Aさんが提示した金額をBさんが受け入れれば交渉は成立し，2人はその金額をそれぞれ受け取れるが，もしもBさんが提示金額を受け入れない時には2人ともお金を1円も受け取れないものとする。

この場合，あなたがAさんならBさんにいくらの金額を提示しますか？

Bさんに提示する金額	

グループ内で金額を発表しあい平均金額を出してみよう。

グループの平均金額	

各グループの平均金額を発表してみよう。

自分とBの取り分の金額を提示

A　承諾　B

AもBも提示の金額を受け取れる

自分とBの取り分の金額を提示

A　拒否　B

AもBもお金を受け取れない

解説 この問題は，ゲーム理論(➡P.184)で「最後通牒ゲーム（または最後通告ゲーム）」と呼ばれるものである。このゲームについては，世界各国で繰り返し実験が行われ，その実験データによれば，提示額が全体の金額の4割〜5割（問2の場合は，4,000円〜5,000円）ならほぼ交渉が成立し，提示額が2割以下（問2の場合は2,000円以下）の場合には約50%の頻度で交渉が成立しない。このことは，均等に近い配分の提案は「相手からの親切な行動」と認識されて，相手にも親切にして提案を受け入れること，そして，2割以下の提案については「相手からの不親切な行動」と認識されて，たとえ自分の取り分がゼロになっても相手に不親切な行動で仕返しをすることを示している。

ポイント 問1，問2から

人間には，「親切な行動には親切な行動でお返しをし，不親切な行動には不親切な行動で仕返しをする」という行動原理がある（このような行動原理は互恵主義とよばれる）。

この互恵主義の行動原理の観点から，「協力」に関して「相手が協力するなら自分も協力するが，相手が協力しないなら自分も協力しない」ということがいえる。つまり，人間はもともと協力的な傾向をもつが，相手の出方によって協力的にもなれば非協力的にもなるといえるのである。

では，人間が協力できないのはどのような場合だろうか？

❶ この土地は我がA国のものだ！いや，B国の領土だ！

A国　　　B国

❷ 領土を勝ち取るために，軍の力を強化しよう。負けるものか。こちらも軍拡するぞ。

❸ 〜数年後〜
両国は軍拡によって財政が悪化

❹ 財政のために軍縮したいけれど，自国を守るには軍の力も大切だ…。A国がどんな出方をするかわからない。我が国はどうすべきか…。

問3 領土問題で対立するA国とB国は，長年にわたり軍拡競争をしてきたため，両国とも財政状況の悪化を招いた。このため，両国は軍縮を考えるようになったが，一方で自国の平和が脅かされるような状況下においては軍拡を最優先する。両国が直接交渉することができず，互いに相手の出方がわからない状況では，A国，B国は軍縮と軍拡のどちらの方針をとると予想されるだろうか？

予想されるA国の方針	予想されるB国の方針

解説 この問題は，以下の表（このような表をゲーム理論では利得表とよぶ）を使って考えることができる。

＊数字はその国の平和が脅かされる状況と財政への影響を考慮した10段階の利得

	B国が軍縮		B国が軍拡	
A国が軍縮	A国：5　B国：5	両国の利得 **10**	A国：0　B国：7	A国の利得 **0**
A国が軍拡	A国：7　B国：0	B国の利得 **0**	A国：1　B国：1	両国の利得 **2**

両国が軍縮すれば，平和も促進され財政も安定する。これが理想的だけど…

こちらが軍縮したとしても，A国が軍拡の方針をとれば我が国の利得はゼロだ…

相手の出方がわからない状況下では軍縮の方針をとれず，軍拡へ…

　このように，「両国とも軍縮」という双方にとって理想的な状況があるにもかかわらず，理想状況につながる行動をとれないような場合をゲーム理論では「囚人のジレンマ」（→P.184, 185）とよぶ。国際関係においては，このような状況に陥らないためにどうすべきかを常に考える必要があるといえるだろう。この問題の場合，「両国が直接交渉することができず」という点と，「互いに相手の出方がわからない状況」という点が「囚人のジレンマ」につながっていると考えられるので，①軍縮交渉をうまく進めることや，②互いに軍事情報を公開するなどして協調できる関係を作っていくことなどが両国の平和につながるといえる。この「囚人のジレンマ」モデルは，人間が協力できない状況を説明する典型的な例といえ，実際の社会のさまざまな場面にあてはまる。たとえば，地球温暖化対策を例にとると，地球上のすべての国が温暖化対策のために二酸化炭素の排出を抑制することがすべての国にとって理想的である。しかし，自国の経済発展を優先して温暖化対策をしない国が増え，「他国がやらないなら協力しない」という国が多くなると温暖化対策は進まないのである。

ポイント **問3から**

人間が協力できない状況を説明する「囚人のジレンマ」モデルによって，「利害が対立する相手がいる状況で何らかの行動決定をする際，相手の出方がわからない場合に非協力的な行動をとることになり，双方の利益を最大化することができない」ことがわかる。そこで，「相手の出方がわからない」といった状況に陥らないために，利害の対立を乗り越えて協力できる関係を築いていくことが重要である。

問4 ある製品について，国内でそれを製造できる企業がA社とB社の2社しかないとする。A社もB社も，製品の製造などにかかる総費用が1台につき3万円で，2社の製品の性能には差がないとする。製品を購入する客は10万人いて，2社の製品の価格が同じなら，各社の製品をそれぞれ5万人が購入し，違う場合は安い方の製品を全員が買うものとする。2社は価格について相談することができず2社とも製品価格は11万円か9万円のいずれかに設定しなければならないとすれば，あなたがA社ならどちらの価格に設定しますか？

あなたが設定する価格	

解説 この問題は，以下の表（利得表）を使って考えることができる。

	B社の価格が11万円		B社の価格が9万円	
A社の価格が11万円	A社の利潤は40億円	B社の利潤は40億円	A社の利潤は0円	B社の利潤が60億円
A社の価格が9万円	A社の利潤は60億円	B社の利潤は0円	A社の利潤は30億円	B社の利潤は30億円

①A社が価格を11万円にする・・・B社も価格を11万円にした場合は(11万円−3万円)×5万人＝40億円の利潤を得ることができるが，もしもB社が価格を9万円にしたらB社が利潤を独占((9万円−3万円)×10万人＝60億円)しA社の利潤が0円になってしまうので，A社が価格を11万円にすることはリスクが大きい。

②A社が価格を9万円にする・・・B社も価格を9万円にした場合は(9万円−3万円)×5万人＝30億円の利潤を得ることができる。もしもB社が価格を11万円にしたらA社が利潤を独占しB社の利潤が0円になる。
（結論）B社が価格をどちらにするかわからないので，A社は価格を9万円とし，少なくとも30億円の利潤を得る。
（問3と同様，両社にとっては「囚人のジレンマ」といえる状況である。）

◎ただし，9万円の価格は企業側の利潤を考えると望ましい価格とはいえないが，消費者側にとっては望ましい価格である。もしもA社とB社が協力すること（具体的には価格について相談し両社とも価格を11万円にすること）ができたら，両社はともに40億円の利潤を得ることができるが，消費者にとって11万円の価格は望ましくない。このように，ある商品を生産する企業が少数しかいない寡占市場において，企業が競争せず協力すること（たとえば，価格協定を結ぶこと）は，消費者にとって不利な状況をまねくので，独占禁止法などの法で規制する必要があることがわかるだろう。

ポイント　問4から
実際の経済活動においては，消費者に不利になるような企業間の協力，言いかえれば一部の者だけに利益が集中するような協力は規制されることがある。

まとめ
❶人間には「相手が協力的なら自分も協力的になる」という行動原理がある。
❷相手と利害が対立する場合，「相手の出方がわからない」といった状況に陥らないよう，相互に協力できる関係を築いていくことが双方にとってまたは全体にとって望ましい結果につながる。
❸一方で，一部の者だけが有利になるような協力は規制されることがある。

　いずれにせよ，われわれは「協力する」ことの重要性と「協力しない」ことのリスクを十分認識した上で，さまざまな行動決定をしていく必要がある。「協力」について考えることは，人間について考えることであり，「自分たちはどう生きるか」を問う「公共」の授業で「協力」について考えを深めていくことは，「どう生きるか」の答えに一歩近づくことにつながるといえるだろう。

【参考文献】P．シーブライト(山形浩生・森本正史訳)『殺人ザルはいかにして経済に目覚めたか？ヒトの進化からみた経済学』みすず書房　2014年
鎌田雄一郎『ゲーム理論入門の入門』岩波新書　2019年
岡田章『国際関係から学ぶゲーム理論　国際協力を実現するために』有斐閣　2020年

政府の大きさ
～大きな政府か，小さな政府か～

歴史的にみると，近代の民主主義国家では，人間の権利が抑圧されていた時代を脱し，自由を重視して政府が必要以上に経済に介入せず人々を束縛しない「小さな政府」（経済的には自由放任主義）が理想とされた。しかし，自由放任の結果，経済格差が拡大すると，政府は経済活動に積極的に介入し格差を解消すべきであるという「大きな政府」論が主張されるようになった。いったい，政府の規模はどの程度が望ましいのだろうか。ここでは，歴史的な経過をたどりながら，そのことについて考えてみよう。

政府の役割

小さな政府	国防と治安に限定し，経済分野には介入せず →夜警国家（消極国家） 倫政18 14 20 ラッサールが批判したこと。
大きな政府	国防と治安に加え，公共事業，景気や雇用，社会保障など経済や福祉分野にも積極的に介入 →福祉国家（積極国家）

1 2つの政府論

○18世紀後半～20世紀初頭

14 **小さな政府論**

アダム＝スミスを代表とする**自由放任主義**

「政府は経済へ介入しない
→市場メカニズムにより
資源の最適配分実現」

↑ **アダム＝スミス**
（英1723～90）

（視点）
- しかし，自由放任主義のために，恐慌や失業，経済的不平等の拡大など資本主義の矛盾が深刻化した。
- このような資本主義の矛盾ゆえに，マルクスらは資本主義を完全否定し，経済活動はすべて国家が計画的に統制すべきであるとする社会主義を唱えた。

財政政策や金融政策によって 倫政20
完全雇用が達成されることを説いた。

○世界恐慌以後（1930年代～）

14 **大きな政府論**

ケインズを代表とする 23 **修正資本主義**

「資本主義の矛盾の克服のため，市場メカニズムの欠点を補う必要→
19 政府は経済や福祉分野へ積極的に介入し**有効需要を創出すべき**」

↑ **ケインズ**
（英1883～1946）
『雇用・利子および貨幣の一般理論』

（視点）
- しかし，しだいに積極的な財政出動は財政赤字につながり，政府の過度の経済介入は，市場経済の機能を低下させると批判されるようになった。
- 石油危機以降，先進諸国で深刻化したスタグフレーションは，ケインズ主義が市場機能を低下させたことが原因だとされた。

20 ケインズは，不況が有効需要不足から生じることを明らかにし，政府による市場への積極的な介入の必要性を唱えたこと。

○1980年代～

再び小さな政府論

新自由主義（フリードマンを代表とするマネタリズムなど）の主張と政策

英：サッチャー政権（保守党）
米：レーガン政権（共和党）
日：中曽根政権や小泉政権（自民党）
「政府の経済への介入を限定
→財政支出抑制と規制緩和・民営化等により市場機能を再生」

↑ **レーガン**
米大統領

↑ **サッチャー**
英首相

↑ **ブレア**
英首相

（視点）
- しかし，経済的格差は再び拡大し，新たな貧困問題も生じている。
- イギリスでは，1990年代にブレア政権（労働党）が「福祉から労働へ」をスローガンに，教育や雇用訓練を重視し「機会の平等」をめざす政策がとられた。（大きな政府と小さな政府の中間的な方向性から「第三の道」と呼ばれたが，国内では中途半端であるとしてあまり評価されなかった。）

政府の大きさをめぐる意見
～あなたはどんな意見ですか～

> いろいろな矛盾はあるかもしれないが，経済は市場を中心に行われるのが良い。「小さな政府」が良い。

> 近年，ケインズ主義が見直されている。市場は万能ではないので，「大きな政府」で格差を解消していく方が良い。

> 極端なやり方だと必ず大きな矛盾が生じるため，政策的な工夫をして極端な矛盾を抑制すべきだ。今の日本では，ケインズ的な財政出動と，新自由主義的な規制緩和が並行して行われている。

> イギリスでは評価されなかったが，ブレアの「機会の平等」も良い。

> 今後ますます高齢化が進むため社会保障を中心とした「大きな政府」は不可避だ。

用語Check 〔⇨P.370〕 大きな政府，小さな政府，福祉国家（積極国家），夜警国家（消極国家），ケインズ，有効需要，構造改革

●次のまとめの中の❶～⓬にあてはまる言葉を答えなさい（解答は下の欄外）。

重要ポイントの整理

経済と技術革新 ⬇P.166～169

(1)経済とは

…自然に働きかけ必要な商品(財・サービス)を生産・流通・消費する一連の過程。過度の働きかけ→環境破壊の原因

商品となりうる**資源は有限(希少)**→「**資源の❶＿＿＿＿**」は経済学の重要テーマ

(2)産業革命と技術革新

①産業革命と資本主義の発展

資源の希少性→商品の効率的な生産必要→産業革命おこる(18c, イギリス)

・マニュファクチュア(工場制手工業)

→工場制機械工業

→**資本主義経済**＊の発展(＊特徴：**生産手段の私有・市場での自由競争**)

②技術革新(❷＿＿＿＿＿＿＿＿)の進展

・「❸＿＿＿破壊」(シュンペーター)

現代の技術革新	ハイテクノロジー(エレクトロニクス, 新素材, バイオテクノロジー)
	ソフト面の重視, ミクロの技術(ナノテクノロジーなど)への注目
	情報技術革命(IT革命)→インターネットの普及, AIの普及と発展→生産・流通・労働の変化 →知的所有権をめぐる紛争, 情報格差(デジタル・デバイド)問題化

現代の企業 ⬇P.170～173

(1)経済の三主体

①家計…労働力, 貯蓄, 投資, 消費

②企業…財・サービスの供給, 投資

③政府…公共投資, 社会保障

(2)企業の種類

(出資＝所有の別による分類)

私企業	会社企業…**株式会社**・持分会社(合同・合名・合資)など (2006会社法以降)有限会社→新設不可, 株式会社に分類
公企業	独立行政法人など
❹＿＿＿＿＿企業	日本銀行など

(3)株式会社

・私企業の大半は株式会社(特例有限会社含む)

資本主義経済→**規模の経済(スケールメリット)** により大企業ほど有利

株式会社…小額単位の株式発行で資本調達, 有限責任制

→不特定多数の出資者から資本調達可能→多額の資本集積

特徴 所有(資本)と経営の分離

所有者＝株主…出資額に応じ配当受け取り, 株主総会で議決権もつ

経営者…株主総会で選出され経営に専念(取締役会が頂点)

重要ポイントの整理

(4)現代の企業

従来	株式の持ち合い→企業集団(系列)形成, 法人化現象
	❺＿＿・＿＿＿(M＆A)→経営規模拡大・経営の多角化 持株会社の解禁(1997)→関連企業の支配　→ 系列崩壊 業界再編
	多国籍企業の活動活発化
近年	❻＿＿＿＿＿＿＿＿(CSR)重視 **目的** 企業イメージ向上 ┃ **コンプライアンス(法令遵守)** 社会活動(メセナ, フィランソロピーなど) 環境対策, 株主利益を重視した経済活動
	相次ぐ不祥事→❼＿＿＿＿＿＿・＿＿＿＿＿(企業統治)の必要性

現代の市場 ⬇P.176～179

(1)市場経済

資本主義経済…市場での自由な商品取引→「**市場経済(自由経済)**」

(条件)自由競争市場…不特定多数の売り手と買い手が市場で自由に売買

→**市場原理(アダム＝スミス「見えざる手」)** により資源の最適配分実現

(2)価格の成立

①**均衡価格**(価格の決定と「**見えざる手**」)

②独占価格

③管理価格

(3)現代市場の特徴

寡占市場…少数の企業が市場を支配

(1つの企業が支配→「独占」)

特徴	❽＿＿＿＿＿＿＿＿＿(価格先導者)による**管理価格形成→価格の❾＿＿＿＿性** ⓾＿＿＿**競争**によるシェア争い
独占の諸形態	カルテル ┃ 価格や販路などの協定
	トラスト ┃ 企業合同による競争回避
	コンツェルン ┃ 金融・所有形態で他者を支配

⓫＿＿＿＿＿**法**による規制(対象：違法なカルテル・トラストなどの独占行為)

＊運用は⓬＿＿＿＿＿**委員会**(→「独禁法の番人」)

(4)市場の失敗

①独占市場・寡占市場…市場メカニズムが働かない

②公共財・サービス…市場での供給が期待できない

(例)公園, 灯台, 道路, 警察, 消防　など
　　　 公共財　　　　　公共サービス

③公共料金…電気・ガス・水道などのライフライン→行政が介入し公共料金として統制

④外部経済…市場を通さないプラスの影響(都市の集積の利益など)

⑤**外部不経済**…市場を通さないマイナスの影響(公害・環境問題など)

⑥情報の非対称性…必要な商品情報が買い手側に十分ない場合→市場で公平な取引が行われない

解答　❶最適配分　❷イノベーション　❸創造的　❹公私混合　❺合併・買収　❻企業の社会的責任　❼コーポレート・ガバナンス　❽プライスリーダー　❾下方硬直　⓾非価格　⓫独占禁止　⓬公正取引

1 フローの経済指標（GDPなど）

経済活動の見方（「SNA[国民経済計算]…国民経済の大きさをはかる指標のまとめ」による）

2つの見方	どこで行われたか	誰が儲けたか
最重要指標	GDP（国内総生産）	GNI（国民総所得）
ポイント ⑱	一国内での経済活動→生産面からみる	国民の経済活動→所得面からみる
目的	経済規模・経済成長率・景気の状態などの把握	国民の経済活動の正確な把握

* GNIは，GNP（国民総生産）を分配面からみたものである。日本では，2000年に経済企画庁（当時）が，国民所得統計の指標として，GNP（国民総生産）に代わり，GNI（国民総所得）を使うようになった。

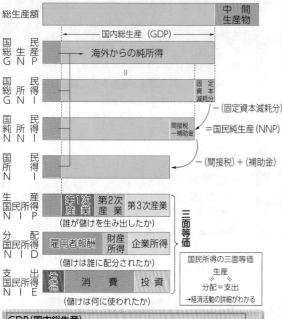

GDP（国内総生産）
＝国内でのサービスを含むすべての生産額ー中間生産物

GNI（国民総所得）＝GDP（国内総生産）＋海外からの純所得
* GNP（国民総生産）とほぼ等価

NNI（国民純所得）＝GNI（国民総所得）ー固定資本減耗分

NI（国民所得）＝NNI（国民純所得）ー間接税＋補助金

海外からの純所得…海外からの所得ー海外への所得（報酬や利子，配当金などが含まれる）

経常海外余剰…輸出ー輸入＋海外からの純所得

㉑ **解説** **GDPとGNP・GNI** GDPは国内における生産活動を対象とする。例えば外国企業が日本国内で行った生産活動はGDPに含まれるが，日本企業が外国で行った生産活動はGDPには含まれない。GNPは国内に所在・居住する企業や個人などが国内外で行った生産活動を対象とする。国民とは国籍でなく国内居住者を意味する（6か月以上の居住者であればGNPに計上，海外に2年以上滞在する居住者はGNPに反映されない）。従来，国民の経済活動の大きさをはかる指標としてGNP（国民総生産）が使われてきたが，より「所得」を測定する指標として適切なものとして，GNI（国民総所得）が使われるようになっている。GNIは，居住者が国内外から得た所得の合計であり，GNPとほぼ等価である。（➡P.196）

⑳ NDP（国内純生産）＝GDP（国内総生産）ー固定資本減耗

2 国民所得の三面

○[暦年・新SNA方式・名目・要素費用表示]

	項　　　目	1970年(百億円,%)		2021年(百億円,%)	
	第1次産業（農林水）	384	6.5	367	0.9
生	第 2 次 産 業	2,604	44.0	8,748	22.3
	鉱　　　業	48	0.8	15	0.0
	製　造　業	2,069	35.0	6,290	16.1
産	建　設　業	487	8.2	2,443	6.2
	第 3 次 産 業	3,225	54.5	27,407	69.9
国	電気・ガス・水道業	101	1.7	611	1.6
	卸 売・小 売 業	943	15.9	5,811	14.8
民	金 融・保 険 業	298	5.0	2,048	5.2
	不 動 産 業	433	7.3	3,123	8.0
所	運 輸・郵 便 業	370	6.3	1,220	3.1
	情 報 通 信 業			1,820	4.6
	サ ー ビ ス 業	835	14.1	11,161	28.5
得	公　　　務	244	4.1	1,614	4.1
	帰 属 利 子	− 282	− 4.8	−	−
	海外からの純所得	− 16	− 0.3	2,667	6.8
	合　　　計	5,915	100.0	39,189	100.0
	雇 用 者 報 酬	3,194	54.0	28,875	73.7
分	財 産 所 得	489	8.3	2,708	6.9
	一 般 政 府	22	0.4	− 44	− 0.1
配	対家計民間非	3	0.1	34	0.1
	営 利 団 体 *				
国	家　　　計	464	7.8	2,718	6.9
	企 業 所 得	2,232	37.7	7,606	19.4
民	民 間 法 人 企 業	972	16.4	4,697	12.0
	公 的 企 業	23	0.4	109	0.3
所	個 人 企 業	1,237	20.9	2,800	7.1
得	合　　　計	5,915	100.0	39,189	100.0
	民 間 最 終 消 費 支 出	3,833	52.4	29,399	51.0
	家計最終消費支出	3,781	51.7	28,575	49.6
支	対家計民間非営利	53	0.7	823	1.4
	団体最終消費支出				
	政 府 最 終 消 費 支 出	546	7.5	11,771	20.4
出	総 資 本 形 成	2,862	39.1	14,063	24.4
	総固定資本形成	2,604	35.6	14,061	24.4
国	民　　　間	2,015	27.5	11,010	19.1
	公　　　的	589	8.0	3,051	5.3
民	在 庫 変 動	257	3.5	3	0.0
	経 常 海 外 余 剰	78	1.1	2,372	4.1
所	国 民 総 支 出	7,319	100.0	57,605	100.0
	（控除）				
得	固 定 資 本 減 耗	973		13,870	
	間 接 税 − 補 助 金	431		4,546	
	＋ 統 計 上 の 不 突 合				
	合　　　計	5,915		39,189	

* 私立学校，公共性の強い私立病院，社会福祉施設，労働組合，政党，宗教団体など。四捨五入のため合計は合致しない。

（『国民経済計算年報』2021年度）

解説 **国民所得をとらえる3つの側面** 「生産国民所得」は，価値を誰が（どの産業部門が）生みだしたか，「分配国民所得」は，生みだされた価値が，どのような名目で誰のものになったか，そして「支出国民所得」は，生みだされた価値は，誰がどのように使ったかの観点から見たものであり，三者は等価値となる。これを⑲国民所得の「三面等価の原則」という。

 SIDE STORY 国際連合は，各国の経済活動を比較できるよう共通の基準（モノサシ）を提示し，加盟国にその採用を促してきた。国民経済計算（いわゆるSNA）はこの基準に基づいて作成されている。

③ 主要国のGDP(名目)と1人当たりGDP

国　名	GDP（億ドル）	順位	1人当たりGDP（ドル）	順位
1970年 アメリカ	10,733	1	5,358	2
旧ソ連	4,334	2	1,804	38
ド　イ　ツ	2,158	3	2,757	24
日　本	**2,126**	**4**	**2,017**	**35**
フ ラ ン ス	1,485	5	2,870	22
中　国	926	8	113	166
1995年 アメリカ	76,397	1	28,758	15
日　本	**55,456**	**2**	**44,211**	**6**
ド　イ　ツ	25,856	3	31,873	11
フ ラ ン ス	16,010	4	27,029	18
中　国	7,345	8	603	159
ロ　シ　ア	4,023	13	2,708	93
2021年 アメリカ	233,151	1	69,185	9
中　国	177,341	2	12,437	75
日　本	**49,409**	**3**	**39,650**	**33**
ド　イ　ツ	42,599	4	51,073	23
フ ラ ン ス	29,579	7	44,229	29
ロ　シ　ア	17,788	11	12,259	77

注：1人当たりGDPの2021年上位国は，①モナコ，②リヒテンシュタイン，③ルクセンブルク。　（国連資料による）

④ フローの経済指標(GDPなど)の限界

Ⓐ 無償労働の評価（2016年）

〔アフターコード方式・OC法〕

解説 多くの無償労働は，貨幣価値に換算されず，したがって，国民所得として評価されていない。（グラフは内閣府資料より作成）

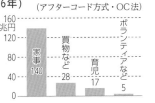

家事 140　買物など 28　育児 17　ボランティアなど 5（兆円）

Ⓑ GDP・GNPや国民所得の数字の意味

貨幣価値に換算できるものだけ計算	家事労働やボランティア活動などは計算されない
余暇は計算されない	余暇時間は考慮されない
悪い数字の増加分も計算される	兵器製造や医療費，公害防止費用などは計算に含まれる

Ⓒ 生活の豊かさをはかる指標

⑯ NNW（Net National Welfare：国民純福祉） ［1973年に提唱］

●国民の生活の「豊かさ」を示す指標

NNW＝国民総生産（GNP）＋（プラス要因）−（マイナス要因）

プラス要因…家事労働，ボランティア活動，余暇時間など
マイナス要因…公害防止費用，通勤費，都市化に伴う損失など
〈限界〉評価が難しく，経済指標に対する問題提起にとどまる。

⑳⑭ グリーンGDP ［地球サミット（1992）以降，世界的に検討される］

●環境コストを差し引いた経済活動の指標（環境省が主導）

グリーンGDP＝GDP−環境破壊などによる環境コスト

（例）森林伐採（**環境破壊**）による紙・パルプの生産→GDP増加→土砂崩れなどのコスト増加→防止費用（**環境コスト**）発生
〈限界〉環境コストの正確な貨幣換算は困難であり定着せず

解説 生活の豊かさをはかるのは難しい　GDP・GNPや国民所得の数字は，市場取引可能なものだけを算入している指標であり，国民の豊かさには役立つが市場取引されないもの（家事労働など）は含まれない。逆に，市場取引されるが国民の豊かさには直接つながらないもの（公害防止費など）が含まれてしまうため，国民の生活の豊かさを的確に示す数字とはいえない。そこで，国民の生活の豊かさを示す指標として，NNW（国民純福祉）やグリーンGDPなどの指標が提唱されてきた。しかし，数字での評価が難しく，いずれもあまり定着していない。

⑳ ある時点の実物資産と対外純資産の合計はストックであること。

⑤ 経済成長率

成長分　GDP　GDP　前年(度)　本年(度)

Ⓐ 経済成長率とは

$$\text{経済成長率(\%)} = \frac{\text{本年(度)国内総生産} - \text{前年(度)国内総生産}}{\text{前年(度)国内総生産}} \times 100$$

$$\text{実質GDP} = \frac{\text{名目GDP}}{\text{GDPデフレーター}} \times 100$$

GDPデフレーター…基準年の物価を100とした時の指数。基準年より物価が10%上昇したなら110となる。
＊実質GDPを計算して，経済成長率を求める式にあてはめれば実質経済成長率が求められる。

注：統計には暦年（1月〜12月）と年度（4月〜3月）の2種類あるので注意が必要。

解説 好景気・不景気は経済成長率で判断　経済成長率は経済の規模が1年前と比べてどのくらい大きくなったかを計算したものである。一般的に，経済成長率が高いほど好景気といい，低いほど不景気と判断される。物価の上昇を考えない**名目経済成長率**と，物価上昇分を計算から除いた**実質経済成長率**がある。⑭⑯⑱⑳㉓

⑥ ストックの経済指標(国富など)

Ⓐ フローとストック

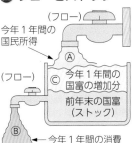

（フロー）今年1年間の国民所得
Ⓐ
（フロー）Ⓒ 今年1年間の国富の増加分／前年末の国富（ストック）
Ⓑ 今年1年間の消費

解説 フローとストック ⑯⑲　GDP・GNPは川の流れのように作られては消費されていくものだからフローという。また，残っていくもの，蓄えられてきたものをストックという。ストックは国民所得からその年度に消費されてしまったものを差し引けば，国富の増加分が得られる。（左図Ⓐ−Ⓑ＝Ⓒ）

Ⓑ 日本の国富 ⑱ 国富はストックであること。

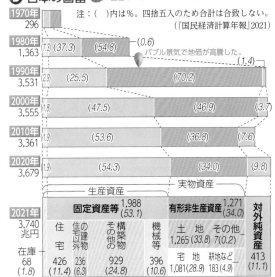

注：（　）内は%。四捨五入のため合計は合致しない。（『国民経済計算年報』2021）

1970年	296
1980年	1,363　(7.3) (37.3) (54.8) (0.6)
1990年	3,531　(2.9) (25.5) (70.2) (1.4)　バブル景気で地価が高騰した。
2000年	3,555　(1.8) (47.5) (46.9) (3.7)
2010年	3,361　(1.9) (53.6) (36.8) (7.6)
2020年	3,679　(1.9) (54.3) (34.0) (9.8)

生産資産　実物資産

2021年 3,740兆円	固定資産等 1,988 (53.1)			有形非生産資産 1,271 (34.0)		対外純資産
	住宅	住宅以外の建物	その他の構築物	機械等	土地	その他
					1,265 (33.8)	7 (0.2)
在庫 68 (1.8)	426 (11.4)	236 (6.3)	929 (24.8)	396 (10.6)	宅地 1,081 (28.9)　耕地など 183 (4.9)	413 (11.1)

解説 国富（National Wealth）とは　国全体の資産のことで，土地，森林，天然資源などの再生産不可能な資産，住宅その他の構築物や機械などの純固定資産，製品や原材料などの在庫品，および対外純資産（日本の政府，企業，個人投資家が外国で保有する資産−外国勢が日本で保有する資産）からなる。一般には，金融資産を除く**国内の実物資産＋対外純資産**と考えればよく，国民所得を生み出すもとでもある。国富のうち道路・鉄道・港湾・工業用地・公園・図書館・上下水道など国民が共通に利用するものを**社会資本**と呼ぶ。また，日本の対外純資産額は，1991年以来2022年末まで32年連続世界一（2022年末時点：413兆3,816億円となっており，日本は世界最大の債権国でもある）。

経済

用語Check 〔➡P.370〕 GDP（国内総生産），GNP（国民総生産），GNI（国民総所得），NI（国民所得），国民所得の三面等価，経済成長率，国富，ストック

⑤ 景気変動

課題を考える

景気循環の局面とその特徴, 日本や世界の経済的なできごとと景気変動の変化を重ねあわせて考えよう。

① 景気循環の4局面

17 回復期…在庫が一定水準以下に減少する→商品の生産が増加する傾向

17 後退期…商品の需要に対して供給が過剰→在庫が増える傾向

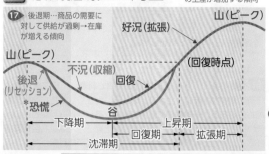

	後 退	不 況	回 復	好 況
経済活動	減 退	最 小	増 大	最 大
賃 金	下 降	低水準	上 昇	高水準
倒産および失業者	増 大	激 増	減 少	わずか
物 価	下 降	最 低	上 昇	最 高
利子率(公定歩合)	下 降	低水準	上 昇	高水準

解説 **景気は循環して発展してきた** 資本主義経済は自由競争なので景気の変動がある。**好況・後退・不況・回復**の4局面を繰り返しながら, 経済は発展してきた。その周期には長短の幾つかの説がある。　　　＊急速な後退局面に陥ることを「恐慌」という。

② 景気循環の諸形態

名　　称	発見者と循環の起こる主な要因
16 キチンの波 周期：40か月前後	最短期の波で, **在庫循環**ともよばれる。**キチン**(J.Kitchin, アメリカの経済学者)が発見した波。在庫の一時的過剰によって主循環の景気上昇局面の一時的中断という形であらわれる。
16 15 **18** ジュグラーの波 周期：約10年	中期循環ともよばれる。**ジュグラー**(C.Juglar, フランスの経済学者)が発見。設備投資の過不足の調整過程から生ずる。なおマルクスは, 設備の平均耐用年数がほぼ10か年であることから, 設備更新期が10年おきに集中してやってくる事実に注目した。**21**
クズネッツの波 周期：15～20年	**クズネッツ**(S.S.Kuznets, アメリカの経済学者)が発見。アメリカの**住宅建設**の循環に波があることを指摘。原因は, アメリカへの人口移動の循環現象による。
18 コンドラチェフの波 周期：約50～60年	**コンドラチェフ**(N.D.Kondratief, ソ連の経済学者)が発見。産業革命以来3つの長期波動を指摘。第1は1780年末から1844～51(産業革命), 第2は1844～51から1890～96(蒸気と鉄鋼), 第3は1890～96から1914～20(電気・化学・自動車), 現在は第5期であるという。**技術革新**や資源の大規模な開発などで起こる。**21**

③ 戦後の日本の景気変動

注：実質GDP成長率…1980年以前：68SNA, 固定基準年方式(1990年基準)。1981～94年：93SNA, 連鎖方式(2005年基準)。1995年以降：08SNA, 連鎖方式(2015年基準)。【最新年】は2次速報値。

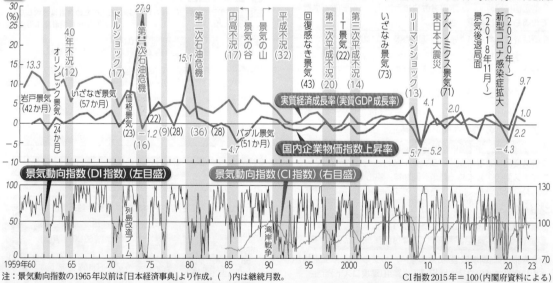

注：景気動向指数の1965年以前は『日本経済事典』より作成。(　)内は継続月数。　　CI指数2015年＝100(内閣府資料による)

解説 **経済は生き物である**　「経済は生き物」という表現は, 歴代の日銀総裁がたびたび使ってきた言葉である。経済は生き物のように常に動いているので, その状況を正確に分析し将来を予想することの難しさを強調したりするときに使われる。戦後の日本経済の動向をみても景気がめまぐるしく変動してきた様子がよくわかる。まさに, 経済は生き物であるといえよう。

> **景気動向指数**…生産・雇用など景気に敏感に反応するいくつかの指標の動きを統合することで, 景気の現況を示す指標。DI指数, CI指数があり内閣府が毎月発表する。これまでDI指数中心の公表だったが, 国際的な流れを受けて2008年度からCI指数中心の公表に変更された。
> **DI(Diffusion Index)指数**…景気変動の「方向」を示す。いくつかの景気指標のうち, 上昇(拡張)している指標の割合を示すもの。景気転換点(景気の山・谷)の判定に用い, 50%を上回れば景気は拡張, 下回れば後退局面の目安となる。DI指数自体の変化は, 景気変動の強弱とは関係ない。
> **CI(Composite Index)指数**…景気変動の「強弱」を示す。DI指数と同じ指標の変動率を積み上げ, 基準年を100として比較したもの。景気の山の高さや谷の深さ, 景気の上昇や下降の勢いなどを表す。

経済

SIDE STORY 岩戸景気は, 「天照大神(あまてらすおおみかみ)が天の岩戸に隠れて以来の好景気」として名付けられ, いざなぎ景気は, 日本神話で日本列島をつくったとされる「伊弉諾尊(いざなぎのみこと)」から名付けられた。

4 戦後日本の主な好景気

神武景気 (1954−57)	「日本始まって以来」の意。新規産業(石油化学・鉄鋼等)への設備投資による。終了後は「なべ底不況」(57−58)へ
岩戸景気 (1958−61)	「神武景気をしのぐ好況」ということから。高率の設備投資による。
オリンピック景気 (1962−64)	文字どおり東京オリンピック(1964)に向けた社会資本整備による好況。
いざなぎ景気 (1965−70)	「神武・岩戸景気を上回る好況」の意。5年近く続いた。ドルショック(71)と価格景気,第一次石油危機を経て,長期の不況に。
バブル景気 (1986−91)	「実体経済とかけ離れた投機によるあぶく(バブル)のような景気」の意味。名目的に多くの資産が,値上がりし,銀行債権も増大。バブル崩壊により「平成不況」へ。
回復感なき景気 (1993−97)	平成不況によりデフレ傾向に陥りつつも消費と輸出が伸びたことによる。設備投資の伸びはなく,必ずしも「好景気」だったとはいえないとする意見も多い。
いざなみ景気 (「いざなぎ超え景気」) (2002−08)	景気拡大期間がいざなぎ景気を上回ることから「いざなみ景気」「いざなぎ超え景気」などとよばれた。2001年からの金融緩和政策が景気拡大の主な要因だが,成長率は低く,景気拡大の実感は乏しかったといわれる。

※右側縦書き:三種の神器／3C

Ⓐ 戦後の主な景気拡大期の比較

	いざなぎ景気	バブル景気	いざなみ景気
期間	1965年11月〜70年7月(57か月)	1986年12月〜91年2月(51か月)	2002年2月〜08年2月(73か月)
実質GDP成長率 (年率換算)	約10%	約5%	約2%
雇用者報酬(伸び率) (四半期ベース)	114.8%	31.8%	−0.7%
消費者物価(伸び率) (年率換算)	5.1%	2.0%	0.1%
失業率の変化	1.3%→1.2%	2.8%→2.1%	5.2%→3.9%
時代の特徴	自動車,クーラー,カラーテレビの「新三種の神器」中心に消費ブーム	土地や建物,株価などの資産価格が急激に上昇	アジアの新興国が高度成長。欧米も堅調な成長で日本から輸出増

(『読売新聞』2009.1.30などによる)

解説 実感なき景気拡大 2002年2月から2008年2月は,いざなぎ景気の57か月を超える景気拡大期(73か月)とされ,記紀などに記された国生み伝説にちなんで「いざなみ景気」などとよばれた。しかし,実質GDP成長率は年率平均2%程度で,いざなぎ景気(年平均約10%)やバブル景気(年平均約5%)よりも低く,賃金の伸びもほとんどなかったため,「景気拡大の実感がない」といわれた。この時期,景気拡大の恩恵が不均衡となり,「六本木ヒルズ族」や「ワーキングプア」という言葉に象徴される「格差社会論争」が沸き起こった。2007年末以降,米**サブプライムローン問題**をきっかけとした世界金融危機や原油価格の高騰,翌年のリーマンショックの影響を受けて景気は失速し,世界恐慌以来といわれる世界同時不況に突入した。しかし,2012年12月からは再び景気拡大局面となり,雇用状況の改善もみられたが,一方では,実質賃金や個人消費がほとんど伸びていないことなどから「実感なき景気拡大」だという見方も多い。

⑳ **サブプライムローン問題**…「サブプライムローン」とはアメリカの信用度の低い人向けの住宅ローンのことで,アメリカが住宅バブルに沸いていた2000年代前半に投資の対象として,証券化(➡P.203)により,これを組み込んだ金融商品が盛んに売り出された。リスクはあるが,利子が高く儲かるためア

5 消費と投資からみる景気の動向

Ⓐ 前年比でみた各種指標の増減率

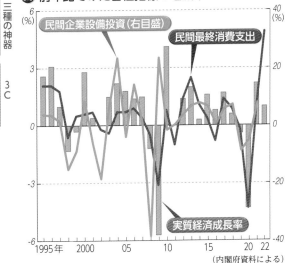

(内閣府資料による)

解説 個人消費と設備投資が景気を回復させる 前年同期と比較した実質GDPの動きは景気を判断する材料の一つである。実質GDPが上昇しているということは,好景気と判断できる(2002〜2008,2012〜2018年など)。そして景気を押し上げる要因ともいえるのが,設備投資と個人消費の増加である。企業の設備投資の動きは実質GDPの上昇と連動しており,個人消費も多少の遅れはあるものの同様の動きを示している。

6 日米経済成長比較

Ⓐ 実質GDPの対前年同期比増減率

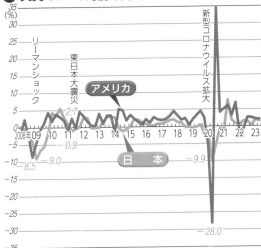

注:アメリカは年率換算の実質季節調整系列。日本は実質原系列。 (内閣府,アメリカ商務省資料)

解説 アメリカ経済がけん引 アメリカの経済成長に連動して日本経済が成長してきた様子がわかる。アメリカへの輸出に支えられてきた日本経済だが,今後は中国やインドなど新興国市場への進出が大きなカギを握っているともいわれる。

メリカをはじめ世界中の金融機関などが投資対象として資金をつぎこんだ。しかし,アメリカの住宅バブルがはじけた2007年後半以降,返済不能となるサブプライム関連商品が急増し,世界中の金融機関に大きなダメージを与えた。(世界金融危機 ➡P.316)

経済

フローの経済指標

GDP(国内総生産)，GNP(国民総生産)，GNI(国民総所得)，NI(国民所得)などのフローの経済指標は，その国の経済成長や経済の様子を知るうえで非常に重要な役割を果たす指標である。ここでは特にGDPとGNP(GNIと等価)の違いを正確に理解したうえで，NI(国民所得)や三面等価の意味についても理解しよう。

フローの経済指標の意味	1年間に生み出された付加価値の合計 ＝1年間の生産額(所得)の合計

1 GDP(国内総生産)とGNP(国民総生産)

GDP(国内総生産)→「国内における生産額合計」
GNP(国民総生産)→「国民の生産額合計」
[考え方]
　A　日本でアメリカ人(アメリカ企業)が生産した分
　B　アメリカで日本人(日本企業)が生産した分

		A	B
日本	GDP	含む	含まない
	GNP	含まない	含む
アメリカ	GDP	含まない	含む
	GNP	含む	含まない

GDP ＝ GNP －その国の企業の海外での生産
　　　　　　＋その国における外国人・外国企業の生産
　　　＝ GNP －海外からの純所得

＊企業の国際的活動が活発化し，モノや人が国境を超えて盛んに移動するようになった結果，GNPよりもGDP指標が重視されるようになった。

2 GDP・GNPとNI(国民所得)

GDP・GNP→「(中間生産物を含まない)1年間の付加価値の合計(生産額合計)」という点は共通だが，「その年に新しく生み出された付加価値の合計(その年の新たな生産額合計)」とはいえない。
[理由]　GDPやGNPは
　①固定資本減耗を含む→過去に生み出された付加価値を含む
　②間接税を含む　　　→税は生産額とはいえない
　③政府の補助金を計算→本当の生産額よりマイナス
「その年に新しく生み出された付加価値の合計(その年の新たな生産額合計)」を求めるには
ＧＤＰやＧＮＰから①と②を差し引き，③を加える。
[例]
　GNP－①(固定資本減耗)＝NNP(国民純生産)
　NNP－②(間接税)＋③(補助金)＝NI(国民所得)
＊NI(国民所得)…①～③の余計な要素をすべて除外

NI (国民所得)	＝「その年に新しく生み出された付加価値の合計(その年の新たな[所得]合計)」

3 三面等価 (→P.192)

経済活動において生産(P)，分配＝所得(I)，支出＝消費(E)の三面は等価である。

＊国民所得の三面等価→3つの面からみることにより，その国の経済活動の特徴がわかる。

生産面から	→第何次産業が中心か
分配面から	→所得は誰に分配されたか
支出面から	→経済は消費型か投資型か

入試にチャレンジ

例題1　GDP(国内総生産)などの経済指標とその計算に関する記述として最も適当なものを，次の①～④のうちから一つ選べ。
①物価の変動を考慮することなく示されるGDPの変化率が，実質経済成長率である。
②福祉の水準をより適切に測る目的で，家事労働時間などについても算入した指標が，NNP(国民純生産)である。
③GDPから海外純所得を差し引いたものは，GNI(国民総所得)である。
④GDPはフロー，国富はストックについての指標である。　　　　　　　(センター2016本試)

例題2　経済発展を数量的に表すために利用するGDP(国内総生産)に関する記述として最も適当なものを，次の①～④のうちから一つ選べ。
①GDPに海外から受け取った所得を加え，海外へ支払った所得を差し引いたものが，NNP(国民純生産)である。
②一国の経済規模を測るGDPは，ストックの量である。
③GDPに家事労働や余暇などの価値を加えたものは，グリーンGDPと呼ばれる。
④物価変動の影響を除いたGDPは，実質GDPと呼ばれる。　　(センター政経，倫理・政経2017追試)

解答＆考え方

例題1　正解④　GDPはフローについての，国富はストックについての代表的な指標である。①は誤り。物価の変動を考慮することなく示されるGDPの変化率は，名目経済成長率である。実質経済成長率は，物価の変動を考慮して示される。②も誤り。福祉の水準をより適切に測る目的で，家事労働時間などについても算入した指標とは，NNW(国民純福祉)である。NNP(国民純生産)は，国民総生産(GNP)から固定資本減耗分を差し引いたものである。③も誤り。GDPに海外純所得を加えたものがGNI(国民総所得)である。(「差し引いた」が誤り。)なお，GNP(国民総生産)とGNI(国民総所得)は等価である。(三面等価の原則)

例題2　正解④　物価変動の影響を除いたGDPは実質GDPであり，$実質GDP ＝ \dfrac{名目GDP}{GDPデフレーター} \times 100$　である。
GDPデフレーター＞100なら，実質GDP＜名目GDPとなりGDPデフレーター＜100なら，実質GDP＞名目GDPとなる。
＊名目GDP＝物価変動の影響を除かないGDP
　GDPデフレーター＝実質GDPを求める際に使われる物価指数
①は不適当。NNP(国民純生産)が誤りで，正しくはGNP(国民総生産)あるいはGNI(国民総所得)である。②も誤り。GDPはフローの代表的な経済指標である。③も誤り。グリーンGDPが誤りで，正しくはNNW(国民純福祉，純国民福祉，国民福祉指標)である。

経済ゼミ

インフレとデフレ

やさしい経済ゼミナール

物価が持続的に上昇し続けたり，急激に上昇することをインフレーション（インフレ）という。これに対して物価が持続的に下落し続けることをデフレーション（デフレ）という。一般に好景気が続くとインフレになり，景気が停滞するとデフレになる傾向がある。日本は，バブル崩壊以降「デフレ傾向」が続いているといわれるが，インフレやデフレの意味や原因について考えてみよう。

> **物価とは**…さまざまな財やサービスの価格を統合・平均化したもの。企業物価（企業間取引における物価）と，消費者物価（企業→消費者の取引における物価）があり，それぞれ基準年の物価を100とした指数で示される。
> 物価指数が100超なら物価上昇（指数105→5%上昇）
> 　　　　　100未満なら物価下落（指数95→5%下落）

「インフレーション」とは	「デフレーション」とは
物価の持続的な上昇 ➡貨幣価値が下がる	物価の持続的な下落 ➡貨幣価値が上がる

① インフレ

★「インフレで貨幣価値が下がる」ってどういうこと？
たとえばインフレで物価が10%上昇すると…

（インフレ前）　　　　　（インフレで）
1,000円だった商品　➡　1,100円になる
[1,000円で買えた]　　　[1,000円で買えない]

> 1,000円の価値が下がった

インフレ➡貨幣価値が実質的に下がる！！

[影響]　預金価値↓➡年金生活者などに不利
　　　　借金をしている人は実質的な負担が減る

［さまざまなインフレ］

クリーピング・インフレ （しのびよるインフレ）	年率数%程度で物価がじわじわ上昇する
ギャロッピング・インフレ （駆け足のインフレ）	年率数十%程度で物価が急上昇する
ハイパー・インフレ （超インフレ）	第一次世界大戦後のドイツ（5年で1兆倍）のように物価が破壊的に上昇する

[インフレの代表的原因]　18 物価の変動は需要・供給それぞれの面から生じること。

ディマンド・プル・インフレ（需要インフレ） 倫政17

需要側の原因でおこる。景気が過熱気味になり需要が供給を大きく上回ることにより物価が上昇する。

コスト・プッシュ・インフレ（供給[費用]インフレ） 倫政17

供給側の原因でおこる。賃金や原材料価格の上昇など生産コストの上昇の影響を受けて物価が上昇する。原油価格の高騰によるインフレが典型的な例。

貨幣数量説（通貨の過剰発行による「貨幣インフレ」）

インフレの原因は需要側にあるが，超過需要は通貨の過剰発行によって生じるとする。中央銀行が通貨を過剰に発行→過剰な投資や貨幣価値の減少が発生→インフレ

＊石油危機以降，先進国では不況なのに物価が上がる**スタグフレーション**が起こるようになった。

> **インフレとデフレ…どちらがいいの？**
> 需要インフレの場合，経済活動が活発になり生み出した商品の価値が上がる。このため，一般に適度なインフレ（2%前後）の方が望ましいと考えられており，デフレや不況からの脱却をめざす際に2%前後のインフレを目標にすべきだという考え方もある。（→インフレ・ターゲット）

② デフレ

★「デフレで貨幣価値が上がる」ってどういうこと？
たとえばデフレで物価が10%下落すると…

（デフレ前）　　　　　　（デフレで）
1,000円だった商品　➡　900円になる
[1,000円で買えた]　　　[1,000円でおつりがくる]

＊「1,000円の価値が上がった」といえる

デフレ➡貨幣価値が実質的に上がる！！

[影響]　預金価値↑➡金融資産を多く持つ人に有利
　　　　借金をしている人は実質的な負担が増える

[デフレの原因]

最大の原因＝供給過剰・需要不足
→何らかの原因で需要＜供給になると，企業は価格を下げて在庫調整を行う必要が生じる→物価下落

[デフレの問題点（デフレスパイラル）] 倫政17

モノが売れず値下げ → 企業の収益悪化 → 賃金低下 失業増大 投資抑制
（らせん状の悪循環）
需要減退・景気低迷 ← 消費抑制 ←

＊らせん（スパイラル）階段を下るようにデフレと景気悪化が悪循環しそこから抜け出せなくなってしまう。

→なお，国際通貨基金（IMF）は「少なくとも2年以上継続して物価が下がる状態」をデフレとしている。日本政府は，2001年3月（～06年6月）と09年11月に「デフレ宣言」を行っている。

入試にチャレンジ

例題　物価に関連する記述として正しいものを，次の①～④のうちから一つ選べ。
① インフレーションの下では，貨幣の価値は上昇する。
② デフレーションの下では，債務を抱える企業や家計にとって債務返済の負担は重くなる。
③ 自国通貨の為替相場の下落は，国内の物価を引き下げる効果をもたらす。
④ デフレスパイラルとは，景気後退と物価上昇が相互に影響し合って進行する現象をいう。
（センター政経2016追試）

解答＆考え方

例題 **正解②**　一般にデフレの下では，企業収益や家計収入は減少するのに，債務の返済額は変わらないので債務返済の負担は重くなる。①は誤り。インフレの下では，貨幣価値は下落する。③も誤り。自国通貨の為替相場が下落すると，輸入品の価格が上昇するので，国内の物価を引き上げる効果をもたらす。④も誤り。デフレスパイラルは「景気後退→生産減→賃金減→需要減→値下げ→デフレ（物価下落）→更なる景気後退」という悪循環のことで，景気後退と物価下落が相互に影響し合って進行する現象。

経済ゼミ

6 金融のしくみと働き

課題を考える

日本版金融ビッグバンやペイオフなどがなぜ行われることとなったのか背景を理解しよう。

1 通貨（貨幣）とは

Ⓐ 貨幣の主な機能と種類

貨幣の定義		「価値の尺度」「交換の媒介」「価値貯蔵の手段」の3つの機能をもったモノのこと
貨幣の機能 倫政13 22	価値の尺度	商品（財やサービス）の価値を評価する役割
	交換の媒介	等価の商品の交換をなかだちする役割
	価値貯蔵の手段	等価の商品といつでも交換できる価値を貯蔵する役割
貨幣の種類	物品貨幣	誰もが欲しいと思う物品や，希少な石・金属・貝など　（例）古代の日本…絹などの布類　中世ヨーロッパ…香辛料
	鋳造貨幣 現金通貨	**現金通貨**　金属を鋳造してつくる硬貨。日本では紙幣を補完する役割を担う補助貨幣として使用。
	紙幣 現金通貨	各国の中央銀行がつくる**銀行券**。日本の場合，日本銀行が発行する日本銀行券
	預金通貨	いつでも引き出せる預金＝要求払い預金　普通預金…低い金利，最も一般的な預金　当座預金…無利子，手形・小切手の利用
	準通貨	定期預金は解約すれば通貨になるので準通貨とよばれる。

22 ＊現金を動かさずに信用取引を成立させる機能を「支払手段」という。

解説 **貨幣は経済を動かす「血液」**　貨幣は人間の体に例えれば血液のようなもので，経済の発展にとって重要な役割を果たしてきた。現在の貨幣（通貨）の中心は，**現金通貨**と**預金通貨**で，現金通貨の割合は通貨全体の10％程度である。

2 通貨制度

金兌換（金本位）制度		「金本位制」ともいう。中央銀行の保有する金との交換を約束した紙幣が流通する。
	長所	**通貨価値＝金の価値**であるため，物価が安定しやすい。
	短所	通貨発行量が金準備高に左右される。
管理通貨制度		金との交換を約さず，法により強制通用力を持たせた紙幣（**不換紙幣**）を流通させる。
	長所	通貨量管理による金融政策が行いやすい。
	短所	通貨の過剰な発行でインフレーションを招きやすい。

解説 **金本位制の限界**　金兌換制は，金価値に信用の基礎を置くもので，安定した制度と考えられたが，1930年代の大不況期に，投資から金への資産逃避が起こったり，通貨当局が思い切った金融政策をとれないなどの理由により，各国で相次いで停止された。日本も，1931年に**管理通貨制度**に転換した。

↓ 1899（明治32）年の兌換紙幣（10円券）

3 新しい通貨

20 仮想通貨交換業者の登録が金融庁によって拒否されたことがあること。

Ⓐ 電子マネーと暗号資産（仮想通貨）

電子マネー　紙幣や硬貨を使わないで，貨幣価値を電子的なデータに変換して支払いなどができるようにしたしくみ。オンラインで決済を実行するタイプや，あらかじめICチップに貨幣価値データを記録し，決済するタイプがある。
例）Suica，PASMO，WAON，nanaco，楽天Edyなど

暗号資産（仮想通貨）＊1　電子マネーが「実態として法定通貨をやりとりしている」といえるのに対して，ビットコインのような暗号資産（仮想通貨）は，ネット上に仮想の通貨を流通させて決済等に利用する。円やドルのように特定の発行者はおらず，「取引所」と呼ばれる業者で円やドルと交換できる。銀行などを通さず，直接，個人間で支払いができ，手数料もかからず，世界中で同じ「通貨」が利用できるため国境を越えた取引に利用されているが，現実通貨との交換レートは経済状況や投機の影響を受けやすく不安定である。
例）ビットコイン（BTC），イーサリアム（ETH）など

＊1 2019年の法改正により日本では仮想通貨にかわり暗号資産の用語が使われている。

解説 **電子化・仮想化する通貨**　電子マネーは，クレジットカードなどと違い，決済時に本人確認が不要で，利便性が高いことなどから，2000年代後半以降，急速に普及している。電車の乗り換えやコンビニでの支払いの際などとても便利だが，電子化された貨幣価値は，あくまでもデータであり貨幣ではないので，預金と違って決済会社が倒産しても預金保険の対象とならないなどリスクもある。一方，既存の銀行システムよりも低コストで国境をまたいで送金できる暗号資産（仮想通貨）は10年ほど前から世界中で使われはじめ，国家に頼らない未来の通貨として期待された。投機対象となって価格が大きく変動したり，ハッキングによる資産流出などの問題が表面化したが，その根幹となる「ブロックチェーン＊2」は流通の透明性や利便性を向上させる技術として期待されている。

＊2 ブロックチェーン：暗号化した取引データを連鎖的に記録した匿名性の高い電子台帳

Ⓑ 地域通貨 13

法定通貨（円など）	地域通貨
全国どこでも使える	地域（コミュニティ）内のみで使う
利子が付く（大金を持ちお金を貸すことができれば，お金をさらに増やせる。資金を持たず，お金を借りなければならないと，利子の負担に苦しむ）	**利子が付かない**（お金は，モノやサービスを交換するための道具にすぎない）　14 地域通貨の発行業務は日本銀行ではないこと。
お金が目的になり，大金を持つ人＝強者　持たない人＝弱者　となる（お金に支配される）	**お金は目的にならず**ただの手段である（お金に支配されず，人と人のつながりが重視される）

解説 **「お金」を問い直す地域通貨**　お金は経済活動にとって不可欠なものだが，現在のお金のあり方に対して疑問を投げかける動きもある。例えば，『モモ』，『はてしない物語』で知られるドイツの作家M.エンデ（1929～95）は，現在使われているお金が，社会的な不安や精神の荒廃，貧富の差や貧困，環境破壊や戦争などを引き起こしていると指摘した。大金を持っていれば利子がついてどんどん増えるため，本来手段であるはずのお金が目的となり，地球上の様々なトラブルの原因となる。このような問題意識から，人間の関係性を回復しようとして考えられたものが**地域通貨**である。地域通貨は，特定の地域・コミュニティ内で発行・使用される貨幣で，法定通貨（日本なら円）と交換できず，利子がつかない点が特徴で，日本でも2000年代から普及しはじめた。地域活性化にもつながることから，一時，600を超える地域通貨が全国の地域やコミュニティで使われた。最近では，ブロックチェーン技術を使ったデジタル地域通貨を導入する動きも広がっている。

↑ **アトム通貨**　「第9期（2012年度）版」

経済

倫政13 22

198

SIDE STORY　お札に，歴史上の人物の肖像として，最も多く登場したのは「聖徳太子」（7回）。数多くの業績を残し，国民から敬愛され，知名度も高いことや，歴史上の事実を実証したり，肖像を描くための材料があることが理由。

④ 金融の循環 ─ 直接金融と間接金融 ⑱ 倫政20

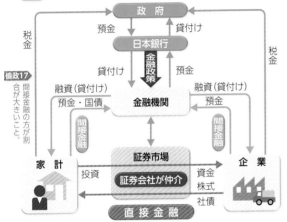

倫政17 間接金融の方が割合が大きいこと。

解説 金融の2つの方式 金融には，①銀行などの金融機関が，家計から預金・信託・金融債などでお金を預かり，資金を必要としている企業や国・地方公共団体に貸し出す**間接金融**，②国・地方公共団体は国債・地方債を発行し，企業は株式・社債を発行して，家計・企業が証券市場からこれらを買うことで資金調達をする**直接金融**の2つの方式がある。株式の取引は，証券会社が入るので，一見間接金融に思えるが，自己資産を融通する銀行と違って仲介するだけなので，直接金融になる。

⑤ 銀行の三大業務

三大業務	主な業務内容
預金業務	企業や個人から余剰資金を預かる。
	普通預金…代表的な要求払い預金(いつでも出せる預金)。利子はあまりつかない。
	当座預金…要求払い預金で手形や小切手による支払いに利用される営業向けの預金。無利子である。
	定期預金…一定期間引き出しできない預金。利子は普通預金よりも高め。
貸出業務	預金で集めたお金を企業や個人に融資(貸付け)する。この時の利子は預金の利子よりも高く，その利子の差額が銀行の利益となる。
為替業務	現金を使わない資金移動・しくみを為替という。
	内国為替…公共料金など各種料金の自動支払いや給料・年金などの自動受け取りといった国内における現金を使わない資金移動。企業間取引の場合，当座預金口座を利用し手形・小切手などによって支払いが行われる。
	外国為替…貿易などによる通貨の異なる国家間の決済や送金など

解説 拡大する銀行の業務 預金・貸出・為替が銀行の三大業務である。預金金利と貸出金利の差額と，各業務の手数料が銀行の主な収入源となる。近年，金融業務の自由化が進み，三大業務の他に**証券業務**と**保険業務**も銀行で行われるようになった。

倫政12・17 「ノンバンク」は貸出しはできるが，預金の受入れはできないこと。
「証券会社」は有価証券の売買，引受けができること。

Target Check 金融に関する次の記述の正誤を判断しなさい。
(解答➡表紙ウラ)
☐① 日本における現金通貨とは，日本銀行券と外貨準備のことである。
☐② 通貨発行の裏づけとなるものの保有量によって通貨発行量が制限されない通貨制度は，本位制度(本位通貨制度)である。
(センター2019追試による)

⑥ 手形・小切手を使った取引 ─ 約束手形の場合

決済によってα会社のA銀行口座の残高が減少し，β会社のB銀行口座に入金する

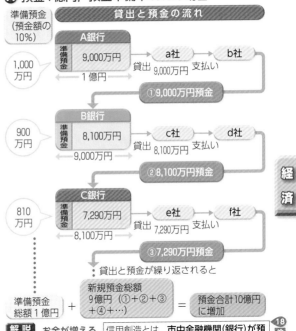

約束手形…振出人(発行者)が，受取人または正当な所持人に対して満期に一定金額を支払うことを約束する証券。
小切手…受取人または正当な所持人に対して**請求(提示)**の日に一定金額を支払うことを，振出人が支払人(通常は銀行)に委託する証券。

⑦ 信用創造のしくみ ㉒

Ⓐ 預金1億円，預金準備率10%の場合

貸出と預金の流れ

(図参照)

準備預金総額 1億円 + 新規預金総額 9億円(①+②+③+④+…) = 預金合計10億円に増加

解説 お金が増える 信用創造とは，**市中金融機関(銀行)が預金と貸出しを連鎖的に繰り返すことで，お金が増えるしくみ**である。⑱ 倫政14・17・16
上図で見るとわかるように，新規預金1億円を預かったA銀行は，その一部を制度上の決まりとして，日本銀行に預け(**準備預金**)，残りを企業などへの貸出しに回す。その資金がB銀行，企業，C銀行…と，企業と銀行を循環する過程で見かけの預金額は増え，それをもとに銀行は，**当初の何倍もの資金を市場に供給することが可能となる**のである。そしてこれができるのは，銀行や企業間の取引が，**現金ではなく，手形や小切手で行われるため**である。

$$預金合計＝当初の預金額 × \frac{1}{預金準備率}$$

(例)1億円の現金預金で，準備率が①5%，②20%の場合，預金合計は，当初の預金額の何倍になる？
①1億円÷0.05＝20億円…20倍
②1億円÷0.2＝5億円…5倍

経済

7 日本銀行の役割

景気対策として金融政策は大きな役割を担っている。政策の内容を理解しよう。

1 日本銀行とは

新館

➡ 植田日銀総裁

➡ 上空から見ると「円」の形をしている。

3つの役割		
発券銀行	わが国で唯一不換紙幣の発行を行う。	
銀行の銀行	市中の金融機関のみを取引対象とし，貸出，当座預金の受け払い，国債・手形等の売買などに当たる（個人や企業は取り引きできない）。倫政12	
政府の銀行	政府の口座を持ち，国庫金の出納や政府への貸付などを行う。	

日本銀行 ─ 日銀政策委員会 ─ 金融政策

解説 **日銀は日本経済の調整役** 日本の**中央銀行**である日本銀行は，1882年に制定された日本銀行条例に基づいて設置された。現在は，財務省所管の**認可法人**（公私合同企業）で，資本金1億円のうち政府が55％出資し，残りを個人や金融機関などが出資している。日銀は3つの役割を通じて景気対策やインフレ対策など日本経済全体の調整を行っている。1998年には日銀法が改正されて，「物価の安定」と「金融システムの安定」という日本銀行の目的が明確化されると同時に，政府からの独立性が強められ，**日銀政策決定会合**の議事要旨公開など透明性の向上もはかられた。

日本銀行政策委員会…日銀総裁，副総裁，審議委員で構成（9名）される日銀の最高意思決定機関（98年日銀法改正で明確化）。年に8回開催される**日銀政策決定会合**で，金融政策など重要な決定が行われる（決定は多数決制。2016年のマイナス金利導入は，賛成5反対4の僅差で決定された）。

中央銀行…一国または特定の地域の通貨制度の中心的役割を果たす組織。銀行券（紙幣）の発行，市中銀行への資金供給，財政資金の出納といった業務を通じて金融政策を行う。日本銀行をはじめ，アメリカの連邦準備制度理事会（FRB）やEU（ユーロ圏）の欧州中央銀行などが代表的な中央銀行である。

2 マネーストックと金融政策

倫政17 日本では家計の金融資産のうち現金・預金の占める割合が最も大きいこと。

A マネーストック統計（2008年〜）

新マネーストック統計

M_1
・現金
・普通預金・当座預金
・ゆうちょ銀行貯金（流動性）
・農協などの預貯金（流動性）
→ M_2

M_3
・定期預金
・譲渡性預金（CD）
・ゆうちょ銀行貯金（定期性）
・農協などの預貯金（定期性）

○マネーストックの推移（M_3／平均残高前年比）

（グラフ）
9.0(%) 6.0 3.0 0 -3.0
リーマン・ショック
量的緩和政策
解除
包括的金融緩和
量的・質的緩和政策
マイナス金利政策
新型コロナウイルス流行
04 05 06 07 08 09 10 11 12 13 14 15 16 17 18 19 20 21 22 23年
（日本銀行資料による）

解説 **マネーストックは通貨流通量** マネーストックとは，日本銀行を含めた金融機関全体から，市中に供給され流通しているお金の総量のことで，金融機関と中央政府を除いた通貨保有主体（企業や個人，地方公共団体など）が保有する通貨量の残高の合計である。現在は，ゆうちょ銀行や農協，労働金庫などの預貯金を含むM_3が代表的指標である。倫政14

B マネーストック増減*1の効果 16

マネーストックを「増やす」	資金があまる➡**貸出し金利低下** ➡ 資金需要↑ ➡ 設備投資・生産の向上 ➡ **賃金・消費・雇用の向上**（景気上向く）	不況対策
マネーストックを「減らす」	資金が不足 ➡**貸出し金利上昇** ➡資金需要↓ ➡ 設備投資・生産の抑制 ➡ **賃金・消費・雇用の低下**（景気下降） ➡ **物価下落**	インフレ対策

*1 マネーストック増減…日銀の公開市場操作（➡P.201）はマネタリーベース*2を増減させ，それが間接的にマネーストックを増減させる。
*2 マネタリーベース…日銀が民間銀行を含む，世の中全体に流しているお金の量（現金通貨と日銀当座預金の合計）のこと。

政府の銀行　売りオペ（中央銀行）　買いオペ

市中

政府 ─ 出納 ─ 日本銀行 ─ 貸付 ─ 市中の金融機関　市中銀行 市中銀行（コール市場）

お金の流れ

準備預金

銀行の銀行

通貨流通量＝マネーストック

貸付など（信用創造）　家計　給与など　支払など　預金など　企業

18 他の条件が一定ならば，資金需要が増加すると利子率は上がること。

解説 **マネーストック増減は景気や物価に影響** マネーストックを増減することの効果は，市中銀行の貸出し金利を低下させることによって景気を刺激したり，貸出金利を上昇させたりすることによって景気を抑制しインフレを鎮静化させたりすることである。日銀の金融政策とは，マネーストックを増減することによって，物価を調整したり景気を安定させることなのである。

金利はなぜ変動するの？
金利とは，お金につく利息のことだが，これはお金を商品にたとえた場合の「お金の値段」といえる。したがって，一般にお金に対する需要が高まれば（＝お金を借りたい人が増えれば）金利が上昇し，需要が低下すれば（＝お金を借りたい人が減れば）金利は低下することになる。一方，国債や社債などの債券の金利の場合，その債券の信用度が問題となる。信用度が低くリスクが大きい（＝国家や会社に対する信用が低い→国家や会社が破綻して資金が戻らない可能性が高い）債券の場合は金利を高くしないと借り手がつかないので金利が高くなり，信用度が高い債券の場合は借り手が多くなるため金利が低くなるのである。

初代日銀総裁は吉原重俊（1845〜87）。アメリカのイエール大学初の留学生として政治・法律学を学んだ。現地で岩倉使節団に参加し，帰国後，松方正義の下で活躍した。

200

③ 金融政策の現状

倫政14・22 量的緩和は買いオペによって行われる政策であること。

14 日本では中央銀行は，公開市場操作などの金融政策により，物価を安定させる役割を有すること。

Ⓐ 伝統的な金融政策 [倫政16・22]

具体的手法（現在の金融政策の中心）	不況対策	インフレ対策
公開市場操作 [倫政23][17][15] （オープンマーケット‐オペレーション） ＊日銀が金融市場において国債などを売買することを通して資金の供給・吸収を行う。	買いオペ ＊① （買いオペレーション） 市中の国債などを買う →市中に資金を供給	売りオペ ＊② （売りオペレーション） 市中で国債などを売る →市中から資金を吸収
マネーストック	増える	減る

＊① 買いオペ→マネーストック増（コールレート低下→市中の貸出金利低下→貸出増加）→景気を刺激
＊② 売りオペ→マネーストック減（コールレート上昇→市中の貸出金利上昇→貸出減少）→景気を抑制

その他の手法（現在行われず）	不況対策	インフレ対策
公定歩合操作 [倫政14] 注：2006年から「基準割引率および基準貸付利率」に名称変更	利率 ↘	利率 ↗
[倫政16] 預金準備率操作＊預金準備を上下させる。	預金準備率 ↘	預金準備率 ↗
マネーストック	増える	減る

[倫政19]
16 **コール市場**…市中銀行間の短期の貸付（最短は当日，基本は無担保コール翌日物）が行われる市場。この市場における貸付金利を**コールレート**という。
（＊コール…Money at call（呼べばすぐに戻る資金））

無担保コールレート（翌日物）…**無担保コール翌日物**（金融機関が当日の資金の過不足を調整するために行う，当日から翌日にかけての資金の貸し借り。無担保コールオーバーナイト物ともいう）の金利のこと。市中銀行間の最も日常的な資金移動の貸付金利。

Ⓑ 景気動向指数・政策金利・預金準備率の推移

○景気動向指数
は不況を示す　（内閣府「景気動向指数」，日本銀行資料による）

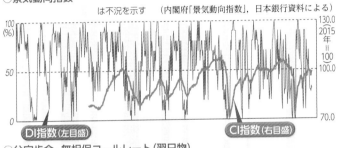

DI指数（左目盛）　CI指数（右目盛）

○公定歩合・無担保コールレート（翌日物）

無担保コールレート（翌日物）
第二次石油危機
ゼロ金利政策　マイナス金利
（99.2～00.8）（06.3～7）（10.10～13.4）
量的緩和政策　量的・質的金融
（01.3～06.3）　緩和政策（13.4～）
公定歩合
2.5
0.1　0.3

○預金準備率

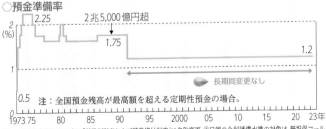

2.25
2兆5,000億円超
1.75
1.2
長期間変更なし
0.5　注：全国預金残高が最高額を超える定期性預金の場合。
1973 75　80　85　90　95　00　05　10　15　20 23年

注：①公定歩合は，2006年に「基準割引率および基準貸付利率」に名称変更。②日銀の金利誘導水準の対象は，無担保コールレート（翌日物）。③2001年に補完貸付制度が導入されたため，公定歩合が無担保コールレート（翌日物）の上限金利となった。

Ⓒ 非伝統的な金融政策

名称（期間）	内容
ゼロ金利政策 （99.02～00.08）	無担保コール翌日物金利をおおむね０％に誘導
量的金融緩和 （01.03～06.03）	日銀が市中銀行から国債を買い取り，市中銀行が日銀にもつ当座預金の残高を増やす
包括的金融緩和 （10.10～13.04）	無担保コール翌日物金利を０％近くに誘導（実質ゼロ金利政策）
量的・質的 金融緩和 （13.04～16.01）	量的金融緩和に加え，質的緩和（買い取る国債の対象を拡大）によりマネタリーベースを増やす
マイナス金利付き 量的・質的 金融緩和 （16.01～16.09）	量的・質的金融緩和に加え，市中銀行の日銀当座預金金利にマイナス金利を適用することで，さらにマネタリーベースを増やす
長短金利 操作付き 量的・質的 金融緩和 （16.09～）	量的・質的金融緩和に加え，市中銀行の日銀当座預金金利にマイナス金利を適用して短期金利を操作する一方，10年物国債の金利がおおむね０％程度で推移するよう長期国債を買い入れて長期金利を操作する長短金利操作（イールドカーブ・コントロール）を実施

経済

解説　近年の金融政策　従来は**公定歩合操作**が金融政策の中心だったが，**金利の自由化**が進んだ結果，市場金利が公定歩合に連動しなくなったため，日銀は**コールレート**（無担保コール翌日物）を金融市場調節の主たる目標とし，公開市場操作によるマネー・ストックの増減によって，コールレートが目標値として設定した数値になるよう誘導するようになった。1999年～2006年（2000年に一時解除，2001年再実施）には，コールレートの金利を０％に誘導する**ゼロ金利政策**がとられたため，政策目標がコールレートから，資金量に変更され，市中銀行の日銀当座預金の残高を増やす**量的緩和政策**が行われた（2001.3月～06.3月）。その結果，ゆるやかな景気拡大期となったが，2008年のリーマンショックの影響で再び景 [倫政19]

気が悪化したため，2010年にコールレートを０％近くに誘導する実質ゼロ金利政策（**包括的金融緩和政策**）を実施し，2013年4月には，デフレ脱却にむけて市中の通貨量を従来にないほど増やすため，「異次元緩和」と呼ばれた**量的・質的金融緩和政策**を実施した。さらに2016年1月に**マイナス金利付き量的・質的金融緩和**，次いで9月から**長短金利操作付き量的・質的金融緩和**と量的・質的金融緩和を強化・発展させた政策を実施してきている。こうした政策の影響もあり，日本経済はしだいにデフレと過度な円高が進行する状況からは脱してきている。

用語Check　〔→P.371〕　マネーストック（通貨供給），金融政策，公開市場操作，預金準備率操作，公定歩合

201

課題を考える
なぜ，日本版金融ビッグバンやペイオフなどが行われることとなったのか背景を理解しよう。

1 金融の自由化・国際化

A 日本版金融ビッグバンの目的と3原則

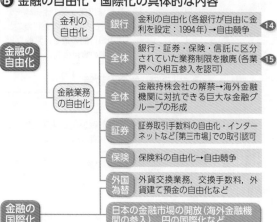

- **Free** プリー 市場原理が働く自由な市場
- **Fair** フェア 透明で信頼ある市場
- **Global** グローバル 世界的な基準にあった市場

目的
①1,400兆円もの個人資産を有効活用
②日本の金融市場をニューヨーク・ロンドンと並ぶ国際市場化

B 金融の自由化・国際化の具体的な内容

金融の自由化

金利の自由化
- 銀行：金利の自由化（各銀行が自由に金利を設定：1994年）→自由競争 14

金融業務の自由化
- 全体：銀行・証券・保険・信託に区分されていた業務制限を撤廃（各業界への相互参入を認可）15
- 全体：金融持株会社の解禁→海外金融機関に対抗できる巨大な金融グループの形成
- 証券：証券取引手数料の自由化・インターネットなど「第三市場」での取引認可
- 保険：保険料の自由化→自由競争
- 外国為替：外貨交換業務，交換手数料，外貨建て預金の自由化など

金融の国際化
- 日本の金融市場の開放（海外金融機関の参入），円の国際化など

解説 目指すのは世界基準の市場 日本の金融市場は規制が多く，金融機関は保護されてきた（護送船団方式）。16 17 しかしながら，アメリカなどからの金融市場開放の要求やバブル崩壊とともに訪れた金融危機に，政府は金融の自由化（規制緩和）を進める方針を打ち出した。自由化は企業間に競争をもたらす一方，金融機関の破綻（倒産）もあることを前提としている。

Target Check 日本の金融市場に関する次の記述の正誤を判断しなさい。 （解答➡表紙ウラ）
- ① 証券市場間のグローバルな競争を背景に，東京と大阪の証券取引所が合併して，株式の取引が統合された。
- ② 日本版金融ビッグバン以降も，他の業種から銀行業・証券業に参入することは，禁止されている。（センター2015本試による）

2 対日投資の推移

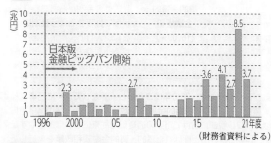

(財務省資料による)

解説 日本市場が復活 金融の自由化は，日本市場での物価の低下とともに，確かに対日投資を誘引したといえる。日本版金融ビッグバンの開始後，外国からの対日投資は急速に増加したのだ。製造業のみならず，高級ブランド店や大型スーパーなどの小売業界も日本市場へ参入した。

3 金融危機と金融再編

年	できごと
1991	**バブル経済の崩壊**→銀行に多額の不良債権→金融不安
93	**BIS規制**（自己資本比率8%）の適用 16 17 19
94	東京の2つの信用組合破綻→**護送船団方式**の崩壊
97	アジア通貨危機（アジアの新興国でバブル経済→ヘッジファンドなどの投機行動が原因）17
	銀行の貸し渋り問題深刻化
98	**日本版金融ビッグバン**本格実施 18
	金融監督庁発足（→2000年に金融庁へ）
99	日銀が**ゼロ金利政策**導入（2000年に一時解除）
	大手銀行等，金融再編の動き本格化
2001	日銀がゼロ金利政策・**量的緩和政策**導入
02	**ペイオフ**一部解禁（定期性預金）16
05	ペイオフ全面解禁，三大メガバンク体制成立
06	日銀がゼロ金利政策・量的緩和政策解除
07	郵政民営化，**新BIS規制**（より厳しい基準）実施
	サブプライムローン問題の影響が広がる
08	米大手証券リーマン・ブラザーズ破綻（**リーマン・ショック**）→銀行の貸し渋り・貸し剥がし多発
	→世界同時不況→金融サミット（G20）開催
10	日銀が包括的金融緩和政策（実質ゼロ金利政策）導入
10~12	**ギリシャの債務危機**→ユーロ圏の信用不安（「ユーロ危機」）→世界的な信用不安（ユーロ諸国のギリシャ支援，日本は円高・株安）19
13	日銀が**量的・質的金融緩和**政策（「異次元緩和」）導入
15	ギリシャの債務危機深刻化→ユーロ諸国再びギリシャへの支援
16	日銀が日本初の「**マイナス金利政策**」導入

17 90年代に金融機関が企業に対し，「貸し渋り」や「貸し剥がし」を行ったこと。

4 「失われた10年」

A 主要国との経済比較（IMF資料）

	1981~91年（%）			1992~2001年（%）		
	実質成長率	インフレ率	失業率	実質成長率	インフレ率	失業率
日本	3.9	2.2	2.5	0.9	0.4	3.6
フランス	2.3	6.1	9.3	2.1	1.6	10.6
ドイツ	2.6	2.7	7.1	1.7	2.1	7.3
イギリス	2.4	6.1	9.8	2.9	2.1	7.7
アメリカ	3.0	4.7	7.1	3.4	2.7	5.4

B 公的資金の収支決算

目的	預金者保護	銀行への資本注入	破綻銀行などからの資産買い取り	一時国有化銀行など	合計
投入額	18.6兆円	34行に12.4兆円	9.7兆円	5.9兆円	46.7兆円
回収状況	10.4兆円の損失確定	実回収額10.5兆円（額面9.2兆円）	回収額9.5兆円（簿価7.4兆円）	回収額4.8兆円	—
最終的な収支は？	残額は預金保険料で穴埋めして−10.4兆円	残る資産（額面3.2兆円）の売値次第で+1~2兆円？	残る資産（額面2.1兆円）の売値次第で+1~2兆円？	−1兆円？	−8兆円~−9兆円？

（『失われた〈20年〉』岩波書店）

解説 バブル崩壊後 バブルの崩壊以降，日本だけが「失われた10年」とよばれる長期経済停滞に陥った。多くの金融機関が破綻し，そこには多額の公的資金（税金）が投入された。また，財政出動によって国の借金も増加した。

SIDE STORY ビッグバン（Big Bang）とは，宇宙のはじめに起こったとされる大爆発のこと。イギリスの大規模な証券制度改革をビッグバンとよんだ。日本もこれにならい大規模な金融制度改革を「日本版金融ビッグバン」といった。

⑤ カジノ資本主義（マネー資本主義）

＊投機…短期的に金融商品の売買によって利益を得ようとする取引

	世界的な金融危機の背景＝金融のグローバル化→投機目的の資本主義＝「カジノ資本主義（マネー資本主義）」
要因	高利回りだがリスクも高い金融商品の開発（←金融工学の発達）…証券化[1]とデリバティブ（金融派生商品）[2] ＊1証券化…債権や不動産などの資産を有価証券にして高利回りの金融商品として売り出すこと ＊2デリバティブ（金融派生商品）…預貯金や債権・株式など従来の金融商品から派生してできた取引の総称（将来の取引をあらかじめ約束する先物取引，将来売買する権利のみあらかじめ約束するオプション取引，将来の利息を取引するスワップ取引など） 巨大な投資家の存在…機関投資家，ヘッジファンド，ＳＷＦなど
カジノ（マネー）資本主義の問題点	投機マネーの集中→金融バブル→バブル崩壊→金融危機 高利回りの金融商品を求めて世界の投機マネーが集中 →金融バブル（80年代：中南米・日本，90年代：東南アジア・米国ＩＴ，2000年代：米国住宅） →「金利上昇」など何らかの原因で返済不能となりバブル崩壊 →商品を扱った金融機関に巨額の損失→世界的な信用不安・金融危機へ （ポイント）バブル経済を招きやすく，バブルが崩壊すると金融危機となる

⑥ 現代の資本主義を動かす巨大な投資家

Ⓐ 巨大な投資家

機関投資家 (institutional investors)

個人投資家のような個人ではなく，法人，つまり会社として投資を行っている投資家のこと。保険会社，投資顧問会社，年金基金が代表的な機関投資家。

ヘッジファンド (hedge fund)

世界中の資産家や機関投資家から資金を集め，世界中のデリバティブ・株式・債権・商品市場に投資し，巨額の利益獲得を目的としたファンド（投資信託）。サブプライムローンの証券化では，多額の損失を被るヘッジファンドも出た。実態について十分な情報開示ルールがないことから，規制強化を求める議論もある。

20 倫政19 短期の国際的な資金移動は為替レートを変動させる要因となること。

ＳＷＦ（ソブリン・ウェルス・ファンド [Sovereign Wealth Fund]）

国の資金でファンドを組成して運用する。このうち，中東の産油国が原油で得た資金を元に，世界中に投資する巨額の資金を**オイルマネー**という。

Ⓑ 主なSWFと運用資産（2023年6月閲覧）

国	ファンド名	原資	運用資産（億ドル）
ノルウェー	政府年金基金	原油	13,718
中国	中国投資有限責任公司(CIC)	外貨準備	13,509
中国	中国華安投資有限公司	外貨準備	10,196
アラブ首長国連邦	アブダビ投資庁(ADIA)	原油	8,530
クウェート	クウェート投資庁(KIA)	原油	7,500
シンガポール	シンガポール政府投資公社	外貨準備	6,900

（Sovereign Wealth Fund Institute 資料による）

Target Check 資金の動きに関する次の記述の正誤を判断しなさい。
（解答➡表紙ウラ）

☐① ヘッジファンドによる投機的な資金運用は，為替レートに影響を与えないとされている。
（センター2020本試による）

16 今日，外国為替相場に大きな影響を与えているのは，貿易にともなう通貨交換よりも，ヘッジファンドなどの資本移動にともなう通貨交換であること。

⑦ ふくらむ投資マネー

Ⓐ 世界のデリバティブ取引の推移

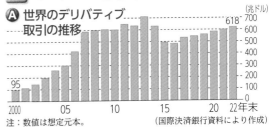

注：数値は想定元本。
（国際決済銀行資料により作成）

Ⓑ 主な国の機関投資家運用資産（日本証券経済研究所資料）

（百億ドル）	1995年	2005年
ドイツ	106	215
イギリス	176	401
日本	415	471
アメリカ	1,055	2,181

解説 お金が目的となる資本主義 近年，世界的な金融危機が多発しているが，その背景には金融のグローバル化の進行がある。金融のグローバル化が進んだ結果，高利回りの金融商品やより多くの利益を求めてヘッジファンドやオイルマネーなどの投機目的の資金（投機マネー）が集中する傾向が強まり（＝**カジノ資本主義（マネー資本主義）**），資金が集中した場所でバブル経済が起こりやすくなった。金利上昇など何らかの原因でバブルが崩壊すると金融機関に巨額の損失が生じ，世界的な信用不安・金融危機へとつながるのである。1980年代には中南米・日本がバブルとなり，90年代には東南アジアのバブルについでアメリカでＩＴバブルとなった。2000年代にはアメリカで住宅バブルとなったが，それを支えたのが**サブプライムローン**であった。サブプライムローンは，証券化により高利回りの金融商品として世界中の金融機関などに買われたが，ローンの焦げ付きにより金融機関に巨額の損失が生じた。そしてその影響で08年アメリカの大手証券会社リーマンブラザーズが破綻し世界中に衝撃を与えた（リーマン・ショック）。これにより，負債を抱えた世界の金融機関が貸し渋り・貸し剥がしを行ったため世界的な不況となり**金融危機**となったのである。また近年，富裕層や企業の課税逃れを暴露した「パナマ文書」をきっかけに，課税逃れへの国際的な対策強化の動きが加速している。

ポートフォリオ…預金，株式，国債など複数の金融商品の組み合わせのこと。金融商品を選ぶ場合にはリスクや収益性をもとにポートフォリオを考える必要がある。

フィンテック…金融(Finance)と技術(Technology)を組み合わせた造語で，金融機関とIT企業の連携など金融サービスと情報技術を結びつけたさまざまな先進的な動きをさす。

経済

課題を考える
財政の支出金額，項目別の割合がどのように変化してきたか理解しよう。また財政による景気対策にはどのようなものがあるか理解しよう。

1 財政のしくみと機能

財政（2023年度歳出予算）

予算

- 租税
  - 一般会計 114.4兆円
- 料金／代金
  - 特別会計（純計）197.3兆円
  - 政府関係機関等 2.6兆円
- 料金／代金
- 財投債など
  - 財政投融資計画 14.2兆円

国民 → 財政の機能

資源配分の調整
生活に必要だが，市場には委ねられない（民間企業では供給できない）財やサービス（＝**公共財・公共サービス**）を供給する機能のこと。具体的には，警察・消防・国防など国民の安全を守る仕事や，道路・橋の建設などがこれにあたる。

所得の再分配
自由競争の社会で生じてしまう所得格差を是正する機能のこと。**累進課税制度（➡P.206）**は典型的な例。所得の多い人から多く徴収した税金を，**社会保障制度**（生活保護，雇用保険など➡P.264）を通して，所得の少ない人々の生活を助けるために分配している（結果，所得格差が縮小）。

経済の安定化
資本主義経済には，景気の変動（➡P.194）があり，不況期には，倒産・失業が発生して経済は停滞するが，逆に景気が過熱するとインフレを招くおそれがある。こうした景気の変動幅をできるだけ小さくし，完全雇用・物価の安定・経済の成長を図る機能のこと。

①**ビルトイン・スタビライザー ＝ 自動安定化装置**
財政に制度として組み込まれている機能。**累進課税制度**と社会保障制度によって，自動的に景気が調節される。

②**フィスカル・ポリシー ＝ 裁量的財政政策**
政府の政策による機能。公共投資の増減や，増税・減税などの形で行われる。

解説 **国や自治体の経済活動** 国や地方自治体が行う経済活動を**財政**という。財政は国民から資金（租税など）を集め，「**資源配分の調整**」「**所得の再分配**」「**経済の安定化**」を目的として行われる。国の財政は，国政の基本となる**一般会計**，特定の事業や資金運用のための**特別会計**と政府機関予算の3つに区分され，その他に「第二の予算」とよばれる**財政投融資計画**がある。

特別会計予算に国会の議決が必要であること。

2 一般会計予算の現状

年金や医療の財政負担により社会保障費の歳出に占める割合は増大している。

歳入	2023年度 114兆3,812億円（当初）
	租税及び印紙収入 60.7% ／ 公債金 31.1 ／ その他
	所得税 18.4 ／ 法人税 12.8 ／ 消費税 20.4 ／ その他

歳出	2023年度 114兆3,812億円（当初）
	文教及び科学振興 4.7 ／ 防衛*
	社会保障 32.3% ／ 地方交付税交付金 14.3 ／ 公共事業 5.3 ／ 国債費 22.1 ／ 8.9 ／ その他

新型コロナ及び原油価格・物価高騰対策予備費 3.5
＊防衛力強化資金（仮称）繰入3兆3,806億円を含む。（財務省資料）

解説 **日本は「借金財政」** 国の財政は，憲法第83条により，国会の議決に基づいて行使することになっており（**財政民主主義**），予算（歳入と歳出の計画）は，**租税法律主義**に基づいて国民から徴収された税金などによって構成されている。一般会計は社会保障や行政サービスなど国の基本的な経費をまかなうもので，財政の基盤といえる。しかしながら，グラフを見てもわかるように，歳入の約3割が公債金（借金）であり，現在の日本はその返済におわれているというのが実情である。

法律によらない新規課税は不可能なこと（租税法律主義）

Target Check
政府の経済的な役割に関する次の記述の正誤を判断しなさい。（解答➡表紙ウラ）

☐ ① 公共事業の拡大は，景気の変動を自動的に和らげるビルトイン・スタビライザーと呼ばれる機能を有している。

☐ ② 民間企業だけでは供給が不十分となりがちになる公共財を，政府が供給する場合，その働きは資源配分機能である。
（センター2015本試による）

3 財政による景気調整のしくみ

状況		不 況	景 気 過 熱
状況		所得⬇→有効需要⬇→景気低迷	所得⬆→有効需要⬆→インフレ
ビルトイン・スタビライザー（自動安定化装置）	累進課税	所得⬇→実質的な減税	所得⬆→実質的な増税
	社会保障	所得⬇→社会保障給付⬆	所得⬆→社会保障給付⬇
効果		所得⬆→有効需要⬆→景気刺激	所得⬇→有効需要⬇→景気抑制

＊ビルトイン・スタビライザーの効果は限定的

＋ ／ ＋

フィスカル・ポリシー（裁量的財政政策）	税	減 税	増 税
	公共投資	増やす	減らす
効果		景気をさらに刺激	景気をさらに抑制

＊ビルトイン・スタビライザー＋フィスカル・ポリシーでより大きな効果を期待

解説 **政府による景気対策** 「ビルトイン・スタビライザー（自動安定化装置）」は，あらかじめ財政のしくみの中に組み込まれた**累進課税制度**と**社会保障制度**（特に失業保険や生活保護給付など）が，景気の変動を自動的に調節する機能をいう。しかし，その効果はそれほど強いとはいえず限定的であるため，実際の景気対策やインフレ対策としては目に見える減税・増税や公共投資の増減などの**フィスカル・ポリシー（裁量的財政政策）**を同時に実施し効果を高めようとする。さらに政策効果を上げるために，金融政策（➡P.201）などと組み合わせて行われることも多い。（**財政政策＋金融政策＝「ポリシー・ミックス」**とよばれる。）

スタビライザーとは「船，飛行機，自動車などの揺れを減少させ，転倒，転覆を防ぐために取り付けられる装置」のこと。ビルトインは「はめ込む」こと。フィスカルは「財務の，財政上の」，ポリシーは「政策」。

4 財政投融資のしくみ

A 財政投融資制度

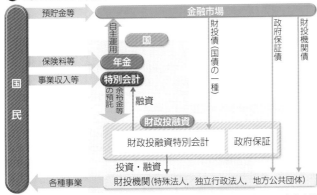

＊2008年度から，財政融資資金特別会計は産業投資特別会計と統合され，名称を財政融資資金特別会計と改めた。

財政投融資特別会計…国債の一種である**財投債**の発行を通じて，金融市場から調達した資金を，国の特別会計への融資や，地方公共団体，特殊法人，独立行政法人などに投資・融資する。

政府保証…特殊法人・独立行政法人などが金融市場で債券を発行して資金調達する際，元本・金利の支払いを政府が保証する。この債券は**政府保証債**といい，国債に準ずる債券である。

財投機関債…財投機関（特殊法人など）が，金融市場から資金を自己調達するために，自らの信用で個別に発行する債券。

B 一般財政投融資の規模の推移（当初ベース）

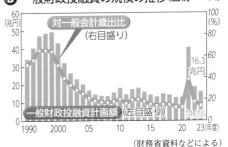

（財務省資料などによる）

解説 財政投融資の特徴 財政投融資とは，国や財投機関（特殊法人や独立行政法人など財政投融資を行う機関）がその信用によって国民から調達した資金を使って，民間では困難なプロジェクトの実施，サービスの提供，長期資金の提供などを行う活動である。投融資活動なので，一般会計のような「一方的支出」と違い，国民から調達した資金は利子をつけて返さなければならない。従来，財政投融資の財源は郵貯や年金基金などから全額配分されるしくみとなっていたが，非効率的な資金運用実態が批判されたため，2001年に**金融市場から資金を自己調達する形**に改められ，その規模も縮小傾向にある。財政投融資の使途は，以前は産業基盤向けが多かったが，近年は**中小企業向け・住宅や生活基盤（インフラ）向け**が多くなってきている。⓰

5 国債発行額と国債依存度の推移

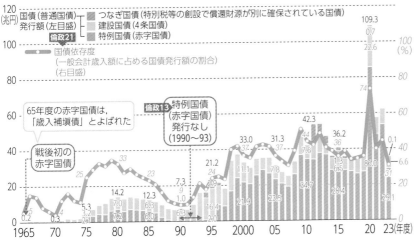

注：国債発行額…収入金ベース。2021年度まで実績，2022，2023年度は国債発行計画（補正後）上の値。国債依存度…つなぎ国債を除いた数値。2021年度まで実績，2022年度は補正後予算，2023年度は当初予算の値。（財務省資料等により作成）

解説 財政の大原則と財政赤字 財政法第4条にあるとおり，財政の大原則は借金をしないことだが，公共事業等のための**建設国債**の発行は認められている。しかし，実際にはバブル経済（→P.216）の頃の1990〜1993年を除き，建設国債以外に「**特例国債（赤字国債）**」⓲の発行が続けられてきた。特に1990年代後半以降の国債発行額の大きさが目立つが，これはバブル崩壊後の不況で税収が落ち込んだことと，不況対策のために多額の国債が発行されたためである。現在の日本にとってこの**財政赤字**の克服は非常に重要な課題である。（→P.208）

⓮ 赤字国債は特別法の制定によって発行していること。

⓰ 財政法上，赤字国債の発行は禁止されていること。

財政法

第4条 国の歳出は，公債又は借入金以外の歳入を以て，その財源としなければならない。但し，公共事業費，出資金及び貸付金の財源については，国会の議決を経た金額の範囲内で，公債を発行し又は借入金をなすことができる。

②前項但書の規定により公債を発行し又は借入金をなす場合においては，その償還の計画を国会に提出しなければならない。

③第1項に規定する公共事業費の範囲については，毎会計年度，国会の議決を経なければならない。

Target Check

日本の財政に関する次の記述の正誤を判断しなさい。　（解答→表紙ウラ）

☐① 所得税の累進課税制度や失業給付などの制度には，景気の安定化機能はないと言われている。

☐② 財政政策と金融政策を組み合わせ，一体的に運用することは，ポリシー・ミックスと呼ばれる。

☐③ 国の予算には，一般会計のほかに，国が行う特定の事業のために特別に設けられる特別会計がある。

☐④ 一般会計における歳入不足を補う目的で特例国債（赤字国債）を発行することがあるが，それを発行するための特別な法律が制定されたことはない。

（センター2019追試，14本試による）

1 日本の税体系 ◀16 倫政21

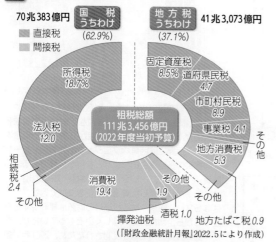

70兆383億円

国 税 うちわけ (62.9%)

■ 直接税
■ 間接税

地方税 うちわけ (37.1%) 41兆3,073億円

租税総額 111兆3,456億円 (2022年度当初予算)

- 所得税 18.7%
- 法人税 12.0
- 相続税 2.4
- その他
- 消費税 19.4
- 揮発油税
- 酒税 1.0
- その他 1.9
- 地方たばこ税 0.9
- 固定資産税 8.5%
- 道府県民税 4.7
- 市町村民税 8.9
- 事業税 4.1
- 地方消費税 5.3
- その他

(『財政金融統計月報』2022.5により作成)

---

20 **シャウプ勧告**…戦後日本の経済安定化のためアメリカの財政学者シャウプにより出された勧告。ドッジ・ライン (➡P.210)により示された超均衡財政の実現のために直接税を中心として収税の強化をめざす内容。

源泉徴収制度…サラリーマンなどの給与所得への所得税を給与所得から天引きする制度。

解説 直接税中心主義 戦前の日本の国税は、間接税中心(直接税:間接税=1:2程度)だったが、**シャウプ勧告(1949年)**などにより直接税中心となった(ただし、すでに1940年には軍事費調達を目的とした財源強化のため、法人税の新設や給与所得に対する**源泉徴収制度**導入など、直接税中心の方向となっていた)。近年、消費税の税率アップにより間接税の比率が50%に近づいている。

2 主要国の直間比率と税収構成

(単位:%)

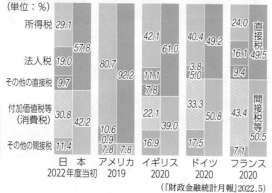

	日本 2022年度当初	アメリカ 2019	イギリス 2020	ドイツ 2020	フランス 2020	
所得税	29.1	80.7	42.1	40.4	24.0	直接税
法人税	19.0		11.1	3.8	16.1	49.5
その他の直接税	9.7	92.2	7.8 (61.0)	5.0 (49.2)	9.4	57.8
付加価値税等(消費税)	30.8	10.6	22.1	33.3	43.4	間接税等
その他の間接税	11.4 (42.2)	0.9 7.8 (7.8)	16.9 (39.0)	17.5 (50.8)	7.1 (50.5)	

(『財政金融統計月報』2022.5)

Ⓐ 主要国の個人所得課税の比較 (2023年)

夫婦子2人の場合		日 本	アメリカ	イギリス	ドイツ	フランス
所得税	課税最低限	285.4 (万円)	741.2	232.3	417.8	822.9
	税率 最低	5%	10	20	0	0
	税率 最高	45%	37	45	45	45

(財務省資料による)

Ⓑ 主要国の税収構成

日 本	所得課税 51.8%	消費課税 34.8%	13.3%
アメリカ	60.5	22.9	16.6
イギリス	45.4	39.4	15.2
ドイツ	51.9	42.6	資産課税等 5.5
フランス	39.0	40.2	20.8

注:日本は2023年度予算、各国は2020年実績。 (財務省資料による)

解説 直接税から間接税へ 1999年度の税制改正では所得税や法人税など直接税中心に引き下げが行われた。これは不況に対処するという意味が大きいが、その分安定財源として消費税に目が向けられている。しかし、消費税は生活のための消費について同等に課税されるため、低所得層ほど実質的な負担は大きく、高所得層では低くなる逆進税であり、その点が問題となる。

19 14 日本の国税に占める割合は間接税より、直接税の方が大きいこと。

3 所得税と累進制

17 **「垂直的公平」とは**、所得に応じて税負担をすること。

Ⓐ 所得税の累進状況 (2024年度)

■ 給与の年収額
■ 課税所得金額
■ 税 額

給与額	500	700	1,000	2,000	3,000 (万円)
給与の年収額	500	700	1,000	2,000	3,000
課税所得金額	132	266	503	1,517	2,565
税額	6.7 17.2	59.1	354.3	762.1	

18年改正で、20年分の所得税から、世帯の負担が増加した(子育て・介護のある世帯。年収850万円以上を除く)。

解説 累進課税制度 所得(収入)が増えるほど、税率を引き上げていくのが累進税であり、現在、所得税や相続税がその方式で集められている。所得税の税率は1999年度の改正で引き下げられ、また2007年度からは国から地方へ3兆円の税源移譲を図り、地方分権を推進するため、税率の構造が改められた。

注:家族構成…夫婦(会社員と主ふ)と子2人(大学生と中学生)の場合。
所得税の課税対象金額(1,000円未満の端数切り捨て)
課税される所得金額=個人の所得合計(給与所得など)−各種所得控除額*1(基礎控除+給与所得控除など)
*1 基礎控除、給与所得控除、社会保険料控除、扶養控除など復興特別所得税(2013〜37年度)を含む。「通常の所得税×2.1%」分が上乗せ。
(財務省資料より作成)

Ⓑ 所得税の税率 (2015年4月1日〜)

所得税の税率は、基本的に5%から45%の7段階に区分されており、課税される所得金額に対する所得税額は、以下の速算表を使用すると簡単に求められる。

	課税所得金額*	税率	控除額
所得税の速算表	1,000円〜194.9万円	5%	0円
	195万円〜329.9万円	10%	97,500円
	330万円〜694.9万円	20%	427,500円
	695万円〜899.9万円	23%	636,000円
	900万円〜1,799.9万円	33%	1,536,000円
	1,800万円〜3,999.9万円	40%	2,796,000円
	4,000万円以上	45%	4,796,000円

(所得税額の計算例) *1,000円未満の端数切り捨て
①課税される所得金額が350万円の場合の基準所得税額
350万円×0.2 − 427,500円=272,500円
②課税される所得金額が700万円の場合の基準所得税額
700万円×0.23 − 636,000円=974,000円

注:2013年から2037年までは、所得税に加え復興特別所得税(その年分の基準所得税額の2.1%)も課税される。
注:2015年分の所得から個人所得課税の最高税率が引き上げられた(**課税される所得金額4,000万円以上は税率45%にアップ**)。

SIDE STORY ノーベル賞の賞金、オリンピックのメダリストが日本オリンピック委員会から受け取る報奨金、宝くじやスポーツ振興くじ(サッカーくじ)の当選金品などは、非課税所得となる。

④ 各国の付加価値税（消費税）

* ゼロ税率とは，税率がゼロの消費税で，非課税とは，その取引が消費税の範囲・対象の外にあるもの。

Ⓐ 主要国の付加価値税の概要（2023年1月現在）

国　名 （標準税率）	軽減税率 非課税	対象品目
イギリス （20%）	ゼロ税率 （0%）*	食料品，水道水（家庭用），新聞，書籍，医薬品など
	5%	家庭用燃料，電力など
	非課税	医療，教育，福祉，郵便，土地の譲渡・賃貸，金融・保険など
ドイツ （19%）	7%	食料品，水道水，新聞，雑誌，書籍，映画，旅客輸送など
	非課税	医療，教育，郵便，土地の譲渡・賃貸，金融・保険など
フランス （20%）	2.1%	新聞，雑誌，医薬品など
	5.5%	書籍，食料品，水道水，映画など
	10%	旅客輸送，宿泊，外食サービスなど
	非課税	医療，教育，土地の譲渡・賃貸，金融・保険など
スウェーデン （25%）	6%	新聞，書籍，雑誌，スポーツ観戦，旅客輸送など
	12%	食料品，宿泊，外食サービスなど
	非課税	医療，教育，土地の譲渡・賃貸，金融・保険など
日本 （10%）	8%	飲食料品（外食等除く），新聞（定期購読のみ）
	非課税	医療，教育，福祉，土地の譲渡・賃貸，住宅賃貸，金融・保険など

Ⓑ 付加価値税率（標準税率）の国際比較と，主要国の税収に占める間接税比率（2023年1月現在）

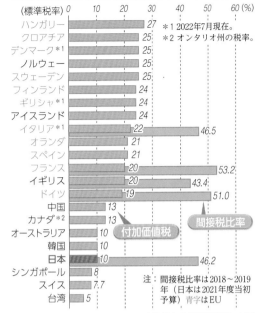

（ⒶⒷとも財務省資料による）

解説 付加価値税（消費税）と税負担 日本では，1989年に消費税（3%）が導入され，1997年に税率が5%（うち地方消費税1%），2014年に税率が8%（うち地方消費税1.7%），2019年10月から標準税率が10%（うち地方消費税2.2%）となった。付加価値税（消費税）などの間接税には，所得に対する税負担率が，高所得者よりも所得の低い人の方が高くなってしまうという**逆進性**がある ため，ヨーロッパ諸国では食料品などの生活必需品の税率を一般の商品の税率よりも低くする**軽減税率**を適用してきた。日本でも，2019年10月に消費税率を10%に上げる際，初めて軽減税率を適用し，「外食」「酒類」「医薬品」「ケータリング・出張料理」を除く飲料食品や，定期購読の契約をした週2回以上発行される新聞の税率を8%（うち地方消費税1.76%）とした。しかし，軽減税率だけを比較するとヨーロッパ諸国の税率（0～7%）よりも日本の税率（8%）の方が高いため，軽減性は低いといえる。また，一般の商品に対する税率は日本の方が低いものの，日本には酒税などいわゆる「隠れ消費税」が存在しており，消費税率が比較的低い割に国の税収に占める間接税比率が高い。このため，生活必需品の税率をさらに下げるなどして軽減性を高め，税負担の逆進性を少しでも抑制すべきだという意見もある。

⑤ 所得の再分配効果

Ⓐ 所得税の所得再分配効果（2021年）

	100万 円以下	100～ 200	200～ 500	500～ 1,000	1,000 万円超
給　与 所得者数	5.2 % 20.2		41.0	19.3	14.2
給与総額	4.4 18.7		19.0		57.3
申　告 納税額	5.5 12.9			80.7	

給与総額: −0.6
申告納税額: −0.1, −0.8

（国税庁資料による）

解説 所得格差の是正 政府は高所得者から高率の税を徴収（**累進課税**）し，それを社会保障によって低所得者に給付することで所得格差の是正をしている。

Target Check 税に関する次の記述の正誤を判断しなさい。 （解答➡表紙ウラ）

☐ ① 国税において，所得税など直接税が占める割合は，間接税が占める割合に比べて小さい。

☐ ② いったん定年退職すると，高齢になるにつれて所得が減少する場合が多い。しかし，その場合でも，消費支出は所得の減少ほどは減らないため，消費税率の引上げは高齢社会で税収を確保するための一つの手段となる。

（センター2001追試，14本試による）

⑥ 日本の財政状況

Ⓐ 歳出・税収の推移（補正後予算ベース）

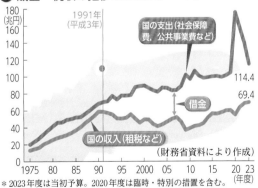

（財務省資料により作成）

* 2023年度は当初予算。2020年度は臨時・特別の措置を含む。

解説 日本の財政状況は「ワニの口」 近年の日本の財政状況は「ワニの口」にたとえられる。社会保障費や公共事業費などの国の支出（歳出）がワニの「上あご」，租税を中心とした国の収入（歳入）がワニの「下あご」で，バブル経済が崩壊した1991年あたりから，歳入（税収）は横ばいなのに歳出は増える一方で「ワニの口」がどんどん開いている状況からこのように呼ばれる。「上あご」と「下あご」の間を埋めるために，借金を繰り返しているのが，今の日本の財政の現状であり，開きつつある「ワニの口」をどうしたら閉じさせることができるか，それが日本の財政にとって大きな課題である。

７ 日本の財政赤字

Ⓐ 公債残高の推移 (財務省資料により作成)

注：公債残高は3月末現在。2023年度は当初に基づく見込み。GDPは名目値。

2023年度末公債残高 約1,068兆円(見込み) 国民1人当たりに換算すると… 約850万円

純債務残高[※]対GDP比

＊国の債務全体から政府の金融資産を引いたもの

建設公債残高
特例公債残高

1,068　294　172.6　774　4%

1970 75 80 85 90 95 2000 05 10 15 16 17 18 19 20 21 22 23 年度末

Ⓒ 国債の所有者別内訳 (2022年12月末)

家計 12.7 (1.2)　その他 11.9 (1.1)
公的年金等 74.3 (7.1)
海外 68.2 (6.5)
銀行等 136.3 (13.0)
生命保険・損害保険会社等 201.1 (19.1)
日本銀行 546.9 (52.0%)

1,051.4 兆円

大量の国債発行でも低金利が続いた背景には、日銀の「異次元金融緩和」で量的金融緩和(買いオペの徹底)を行った結果、国債価格がある程度維持されたことがある(日銀の比率は上昇傾向)。

注：国債は内国債から割引短期国債を除く。

解説 日本の財政赤字の現状 2023年度末の日本の公債発行残高(見込み)は約1,068兆円で、国民1人当たり約850万円、4人家族なら約3,418万円の借金をしている計算になる。財政赤字が続き、借金の残高も累増している。借金の増大にはⒷのような弊害があり放置できない。しかし一方で、Ⓒから分かるように日本

Ⓑ 借金増大による弊害

1. 財政の硬直化 19

膨大な借金とその返済が、今必要とされる事項への財政支出を困難にする。

2. 財政負担の世代間格差

膨大な借金の支払いが将来の国民に回る。現役世代の恩恵のために、その恩恵に全く(一部しか)浴さない将来の国民に回すことは論理的にも問題。

3. クラウディングアウト効果 (Crowding Out Effect)

①国債の発行→②政府の資金需要が民間と競合→③金利上昇圧力。国債を通じて政府が世の中から資金を吸収すると、事業を起こそうと考えていた民間企業などはその分資金を借りにくくなってしまう。それが金利の上昇につながり景気を抑制する。

Ⓓ 日本政府の資産と負債の推移

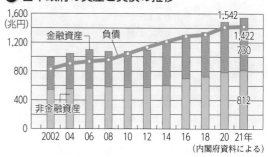

金融資産　負債
非金融資産

1,542　1,422　730　812

2002 04 06 08 10 12 14 16 18 20 21年

(内閣府資料による)

の国債発行の国内消化比率は90％以上である。このため、「ほとんどが国民からの借金なので対外的な動きに左右されず、日本では金融危機は起こりにくい」という見方もある。さらに、日本には世界有数の資産があり、資産からみれば国の借金は問題ないレベルだとする見解もある。(➡Ⓓ)

８ 財政の健全化

Ⓐ プライマリー・バランスの推移

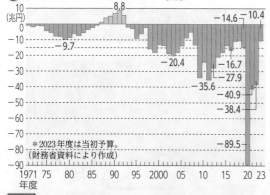

8.8　−14.6　10.4　−9.7　−20.4　−16.7　−27.9　−35.6　−40.9　−38.4　−89.5

＊2023年度は当初予算。(財務省資料により作成)

1971 75 80 85 90 95 2000 05 10 15 20 23 年度

解説 プライマリー・バランスと財政健全化 プライマリー・バランス(PB、基礎的財政収支)とは、国債償還費用(国債費)を除く政策的経費(政策経費)をその年の税収などの歳入でまかなえるかをみる指標である。政策経費＝税収なら、それ以上借金が増えない「プライマリー・バランスの均衡」の状態となり、政策経費よりも税収の方が多ければ借金が減っていく「プライマリー・バランスの黒字」の状態となる。しかし現状は、Ⓐからもわかるように、税収よりも政策経費の方が多く借金が増えていく「プライマリー・バランスの赤字」状態が続いている。そのため、自民党政権は、2025年度までにプライマリー・バランスの黒字化を財政健全化目標としていたが、新型コロナの影響で早くても2029年度達成と試算されている。財政を健全化するためには、一般に増税と歳出削減を

倫政 17 21 プライマリー・バランス(PB、基礎的財政収支)…政策にかかる経費を、その年の税収で賄えるかをみる指標。下の計算式がプラスであれば黒字、マイナスであれば赤字。

$$PB＝(歳入−新規国債発行額)−(歳出−国債費)$$

AはPBの「均衡」、BはPBの「赤字」、CはPBの「黒字」を意味する。

歳入 A 歳出　　歳入 B 歳出　　歳入 C 歳出
公債収入／公債費　公債収入／公債費　公債収入／公債費
税収／政策経費　税収／政策経費　税収／政策経費

地道に積み重ねていく必要があるが、他方では「自国通貨を持つ国なら、深刻なインフレが起こらない限り財政赤字は問題にならない」という「MMT(現代貨幣理論または現代金融理論)」も注目されている。

MMT…ニューヨーク州立大のケルトン教授などが提唱する理論で、自国通貨を持つ国は債務返済のための通貨をいくらでも発行できるため、インフレ率が抑制されているうちは財政赤字をいくら増やしても問題ないと主張するもの。巨額の財政赤字を抱えながらも低金利が続き、深刻なインフレにもなっていない日本を好事例として取り上げる。一方、主流派の経済学者は、MMTが制御不能なインフレを引き起こし、経済的混乱を招くリスクがあると批判している。

用語Check 〔➡P.371〕 直間比率，所得税，累進課税制度，消費税，所得の再分配，国民負担率

経済

●次のまとめの中の❶～⓬にあてはまる言葉を答えなさい（解答は下の欄外）。

重要ポイントの整理

国民所得と私たちの生活（P.192・193）

(1)フローとストック

フロー	1年間の経済活動の大きさ（1年間に生産・消費された財・サービス）
ストック	一国のある時点での蓄積高（土地や建物，機械や設備など）

(2)フローの経済指標

＊ストックの代表的経済指標は「**国富**」

GDP（国内総生産）	一国内の1年間の生産総額ー中間生産物
GNP（国民総生産）＝GNI（国民総所得）	一国の国民の1年間の生産総額（＝所得総額）＝GDP＋海外からの純所得（海外からの所得ー海外へ払った所得）
NNI（国民純所得）	GNIー固定資本減耗（過去の生産として計算済み）
NI（国民所得）	NNIー間接税＋補助金

＊国民所得の❶＿＿＿＿＿…生産国民所得＝分配国民所得＝支出国民所得

(3)経済成長率…経済活動の前年からの増加率（実質GDPで計算する）

実質経済成長率

$$= \frac{\text{本年度実質GDP} - \text{前年度実質GDP}}{\text{前年度実質GDP}} \times 100$$

景気変動（P.194・195）

(1)景気変動（景気循環）の4局面

「好況→❷＿＿→❸＿＿→回復」が一循環
（急激な「後退」を「恐慌」という）

(2)主な景気循環　＊名称は経済学者の名に由来

	原因	周期
キチンの波	在庫調整→「在庫循環」	約40か月
ジュグラーの波	設備投資→「設備循環」	約10年
クズネッツの波	建物の建替え→「建築循環」	約20年
コンドラチェフの波	技術革新	約50年

金融と日本銀行（P.198～203）

(1)通貨制度

制度	金兌換制度	❹＿＿＿＿＿制度
紙幣の能力	兌換紙幣…金と交換可	不換紙幣…金と交換不可
長所	物価が安定	金融政策が行いやすい
短所	貿易赤字で金流出	インフレの可能性

- 約束手形…満期に一定金額を支払う証券
- 小切手…請求の日に一定金額を支払う証券

(2)金融の種類

直接金融	社債・株式などで直接資金を調達
間接金融	金融機関を通して資金を融通

- **信用創造**…銀行の信用に基づく価値の拡大，預金額の何倍もの預金通貨を創造→金融の緩和・引締め効果

(3)日本銀行…わが国の中央銀行

①働き…**発券銀行，政府の銀行，❺＿＿の銀行**

重要ポイントの整理

②最高意思決定機関…**政策委員会**

③**金融政策**…**公開市場操作**を通じて金利を誘導
金融緩和：金利引き下げ→通貨供給量増加
金融引き締め：金利引き上げ（場合により量的緩和）→通貨供給量減少

(4)日本版❻＿＿＿＿＿＿＿…1997年に始まった金融自由化策

(5)バブルを招いた金融緩和

- **プラザ合意**（1985）…円高ドル安誘導
- **ルーブル合意**（1987）…ドル安を止めるため協調介入
- 金融緩和…ルーブル合意を受けて低金利政策実施→ドル安止まらず
- 資産インフレ…株価・地価が上昇→バブル景気
- バブル崩壊（1990）→平成不況へ

(6)金融破綻の処理…**金融庁**主導，破綻金融機関増加

(7)預金者自己責任の時代へ

- ペイオフ実施（2005年4月から）
- 銀行統合→三大メガバンク時代へ

(8)サブプライムローン問題

リーマンショック→世界金融危機

政府の経済活動（財政）・租税と財政の健全化（P.204～208）

(1)財政とは…国や自治体の経済活動のこと。資源配分の調整，所得の再分配，経済の安定化の働きがある。

国家財政	一般会計（一般の行政のため） 特別会計（特定の事業などのため）
	❼＿＿＿＿＿（「第二の予算」，原資・利子の返済必要）

(2)歳入…租税が基本。租税法律主義。

租税	**直接税**と**間接税**→比率を**直間比率**という
	1949年の**シャウプ勧告**以来，**直接税中心主義**→次第に間接税の比率高まる（背景：高齢化，クロヨン税制是正）
公債	**国債**と**地方債**（いずれも国民からの借金）
主な国債	❽＿＿国債（財政法で発行容認）1966年～公共事業費確保のため
	❾＿＿国債（財政法で発行禁止，特例で発行，「赤字国債」）

(3)財政の役割

資源の適正配分	公共財の供給を通じて
所得の再分配	❿＿＿＿＿制度と社会保障制度を通じて
景気の安定化	❿＿＿＿＿制度と社会保障制度は景気を自動的に調節→⓫＿＿＿＿＿・＿＿＿＿＿＿＿（自動安定装置） ＊実際にはより積極的な景気安定化策実施（減税or増税，社会保障の増減）→⓬＿＿＿＿＿・＿＿＿＿（補整的財政政策）

(4)日本の財政の課題…赤字財政の克服（プライマリー・バランスの黒字化）。高齢社会に対応する財源の確保。

Back UP

課題を考える
戦後(経済の民主化)から現代までの経済的なできごとを理解しよう。

1 経済民主化—戦後日本の出発点

事項	財閥解体	労働関係民主化	農地改革
措置	●**財閥家族の影響力排除・財閥本社の解体** 四大財閥(三井, 三菱, 住友, 安田)などの財閥家族の資産が無価値化(保有株式を10年間譲渡禁止の国債に転換→インフレで無価値化)され, 財閥本社(持株会社)を解体して財閥家族による同族支配を排除した。 ●**集中排除措置(大企業分割)** 過度経済力集中排除法による大企業分割は当初325社を予定していたが, 実際には日本製鐵, 東京芝浦電気, 日立製作所, 三菱重工業, 大日本麦酒, 王子製紙など11社の分割にとどまった(のち, 分割された企業のほとんどが合併して復活した)。	●**労働三法**(労働関係調整法・労働基準法・労働組合法)を制定 ○戦後解放期組合結成状況 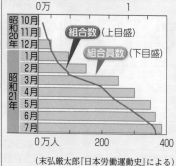 (末弘厳太郎『日本労働運動史』による)	●不在地主の小作地, 在村地主の1haを超えた小作地を強制買収し, 小作農へ売却。 ○自作・小作別農家割合  (『昭和経済50年史』朝日新聞社)
影響	●自由競争経済を生み出し, 経済発展の条件を整備	●労働組合, 加入者が急増し, 労働者賃金が上昇, 国内市場を拡大した。	●多数の自作農が創設され, 農民の所得が向上し, 国内市場を拡大した。

解説 **経済民主化は戦後の経済発展の基礎** 戦前の財閥による経済支配と国内市場の狭小さが侵略戦争の一因となったという認識のもと, GHQの指令により戦後の**経済の民主化**が行われた。[20] **財閥解体**により市場経済を機能させ, **農地改革**と**労働関係の民主**化により国内市場の拡大をめざしたが, これによって戦後の経済発展の基礎が築かれた。しかし財閥解体に関しては, 中国の急速な共産主義化によるアメリカの対日占領政策の転換の影響もあり大企業の分割が当初の計画より縮小された。

2 敗戦直後の経済

A 傾斜生産方式 (1946年末) [06]

○全金融機関の設備資金融資残高に占める復金融資の比率

(宮下武平『国家資金』中央経済社)

B 復金インフレ [14][15] 物資の不足と通貨の大量発行によって, インフレが発生したこと。

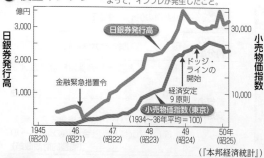

(『本邦経済統計』)

解説 **基幹産業の復興を優先** 敗戦直後の日本は, まず石炭・鉄鋼・電力・肥料・海運などの基幹産業に資金・人材を重点的に投入することを優先して, その後経済全体の復興をめざす**傾斜生産方式**を採用した。1947年に復興金融金庫が設立され, その資金の相当部分を復興金融債の日銀引き受けで調達したため, 激しいインフレ(**復金インフレ**)を招いた。

3 経済安定9原則とドッジ・ライン

・経済安定9原則 (1948.12 GHQ指令)
①均衡予算 ②徴税促進 ③融資の制限 ④賃金安定の振興 ⑤物価統制 ⑥貿易と為替統制の強化 ⑦輸出の振興 ⑧主要国産原材料と製品の増産 ⑨食料供出の効率化

・ドッジ・ライン (1949.3実施)
①単一為替レートの設定(1ドル=360円) ②超均衡財政 ③**シャウプ勧告**による課税合理化と税収入確保 ④価格差補給金の縮減 ⑤復金の活動停止と見返資金創設 ⑥産業別傾斜生産方式から企業別集中生産へ ⑦輸出第一主義

解説 **デフレ政策でインフレを収束** 日本は傾斜生産方式によって激しいインフレ(復金インフレ)となっていた。1948年に中国の共産主義化が進行するとアメリカは対日占領政策を転換し, 日本経済の安定と自立化をめざすようになった。1948年には**経済安定9原則**をGHQの名で指令し, 1949年にはアメリカから来日した財政専門家ドッジにより, 超均衡予算を骨子とする**ドッジ・ライン**が推進された。このデフレ政策によりインフレは収束したが, 日本はデフレ不況に陥った。[16]

Target Check 戦後日本の経済に関する次の記述の正誤を判断しなさい。 (解答→表紙ウラ)

☐ ① 第二次世界大戦の終戦直後の日本において, インフレーションが発生した背景には, 通貨の大量発行や物資の不足などがあった。

☐ ② 戦後復興期における傾斜生産方式の下では, 当初, 資源や資金等が繊維産業に対して集中的に配分された。

☐ ③ 第二次世界大戦後に, ドッジ・ラインの実施に伴ってインフレーションが生じた。

☐ ④ 第二次世界大戦の終戦直後からドッジ・ラインの実施まで, 物資の不足と通貨の大量発行によって, デフレーションが発生した。 (センター2014, 15, 16本試, 2017追試による)

経済

倫政13

SIDE STORY 財閥解体後, 財閥の流れを汲む企業は, 企業グループを形成。1997年の独禁法改正で持株会社の設立が解禁され, 事実上の財閥復活許可が出されたが, 近年はグループを越えた合併や交流が行われている。

4 朝鮮特需

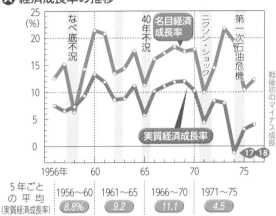

○特需の動き　○主要物資の契約高（1950.7〜55.6）

（日本銀行，経済省資料などにより作成）

解説 朝鮮特需でデフレ不況脱出　1950年に朝鮮戦争（1953年まで）が始まるとアメリカ軍関係の物資の需要が急速に増え（「朝鮮特需」），日本はデフレ不況から脱出した。この時期は，鉱工業生産が急速に活発になった一方で，アメリカから最新技術を導入できたことなどもあり，のちの高度経済成長の礎となる時代でもあった。

朝鮮特需で潤う銃剣製造の町工場　朝鮮戦争により，戦闘で故障した戦車などの軍事用車両の修理のほか，毛布や麻袋などの繊維類の注文も増えた。

5 高度経済成長

A 経済成長率の推移

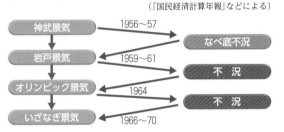

5年ごとの平均（実質経済成長率）	1956〜60	1961〜65	1966〜70	1971〜75
	8.8%	9.2	11.1	4.5

（『国民経済計算年報』などによる）

神武景気 ── 1956〜57 ── なべ底不況
岩戸景気 ── 1959〜61 ── 不況
オリンピック景気 ── 1964 ── 不況
いざなぎ景気 ── 1966〜70

B 主要国の経済諸指標（1961〜70年平均増大）

区　分	実質経済成長率	鉱工業生産	設備投資	労働生産性	輸　出	輸　入
日　　本	11.1	14.1	15.2	11.1	17.1	15.9
アメリカ	4.1	4.5	3.9	3.1	7.7	10.2
イギリス	2.8	2.8	4.7(1)	3.2(1)	6.7	5.7
旧西ドイツ	4.8	5.8	5.7(1)	6.0(1)	11.0(1)	10.8(1)
フランス	5.8	6.0	9.1(1)	6.4(1)	10.1	11.7
イタリア	5.6	7.1	5.2(1)	6.4(1)	13.8	12.6
カ ナ ダ	5.2	6.4(1)	5.4(2)	4.3(1)	11.1	9.6

注：(1)は1961〜69年平均，(2)は1961〜68年平均。単位は％。
（林直道『現代の日本経済』青木書店）

解説 国際競争力の高まり　高度経済成長期には4回の好景気があり平均の実質経済成長率は10％を超えた。しかし，オリンピック景気までは好景気が長続きせず短期間で不況に陥った。これは**日本の国際競争力が弱く外貨不足だったこともあり，好況になると輸入が増えて国際収支が悪化し外貨が不足したため景気を引き締めなければならなかったことが理由である**（➡これを**国際収支の天井**という）。いざなぎ景気の時代に鉄鋼・機械・自動車などの分野で日本の国際競争力が高まったため，**国際収支の天井**は解消し，57か月もの長期間好景気が続いた。

倫政13 金融機関は護送船団方式により，行政指導を受けていたこと。

6 高度経済成長の要因

A 高度経済成長の内的・外的要因

内的要因

国内市場の拡大＝経済の民主化による大衆の購買力UP
23 14 **国民の高い貯蓄率**＋低めの金利→企業の活発な設備投資
豊富で良質な労働力←6・3制義務教育と高学歴化＋人口増
政府による産業基盤整備（財政投融資の資金の一部を道路などの整備に投入）
平和憲法のおかげで軍事支出が少なかった

外的要因

1ドル＝360円の固定為替レート→実質円安で輸出に有利
世界的な経済成長→海外市場の拡大
原油価格が安かった
アメリカからの最新技術の導入→技術革新

B 所得倍増計画──「国民所得倍増計画」（1962年12月閣議決定）

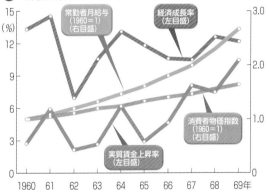

↑ 池田勇人首相（当時）

解説 高度経済成長の要因　さまざまな国内的要因に加えて，当時の対外的状況が日本経済にとって有利だったことが日本の高度経済成長につながった。1960年に成立した池田勇人内閣は，10年間で国民所得（NI）を倍増させるという「所得倍増計画」を掲げ，積極的な政策によって経済成長を後押しした。

Target Check 高度経済成長期に関する次の記述の正誤を判断しなさい。　（解答➡表紙ウラ）

□① 高度経済成長期に入ると，第二次産業と第三次産業の発展に伴って，都市部での労働力不足が起こり，農村部から都市部への人口移動が進んだ。

□② 高度経済成長期に，国民の貯蓄率は高くなり，企業の設備投資は活発に行われた。

（センター2014，18本試による）

経済

SIDE STORY GHQの経済顧問ジョセフ・ドッジは記者会見で「日本の経済は両足を地につけず竹馬に乗っている。竹馬の片足は米国の援助，他方は国内の補助金，竹馬の足を高くし過ぎると転んで骨を折る危険がある。」と述べた。

211

7 高度経済成長の影響

Ⓐ 耐久消費財普及率

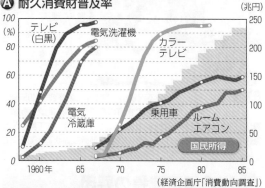

(経済企画庁「消費動向調査」)

↑ 三種の神器売れ行き好調
(1959年)

↑ 東京オリンピック開会式
(1964年)

↑ 集団就職列車(1956年)

↑ 排煙が広がる四日市コンビナート(1970年)

↑ 戦後復興期の台所は、炊飯・料理はかまどであった。

台所の風景の変化

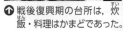

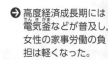

→ 高度経済成長期には電気釜などが普及し、女性の家事労働の負担は軽くなった。

解説 **高度経済成長の光と影** 高度経済成長期には、国民の所得が向上し、耐久消費財が急速に普及した(**消費革命**)。1960年代前半には、「**三種の神器**」と呼ばれた(白黒)テレビ、電気洗濯機、電気冷蔵庫が普及し、60年代後半には「**3C**」と呼ばれたカラーテレビ、自動車(Car)、クーラーが普及して物質的な豊かさが向上した。1964年に開催された東京オリンピックは、日本が豊かな国となったことを示す象徴的な出来事でもあった。しかし、その反面、大都市に人口が集中して農村の過疎化が進み、公害や環境破壊などの問題も顕在化した。

8 石油危機(1973年)とその影響

Ⓐ 石油価格と実体経済の関係

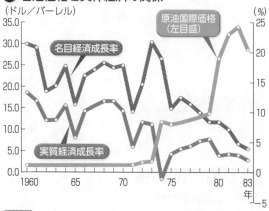

解説 16 23 **戦後初のマイナス成長** 第四次中東戦争を契機として起こった**第一次石油危機(オイル・ショック)**によって、日本は戦後初の実質経済成長率のマイナスを記録し、高度経済成長の時代は終わりを告げた。以後、日本経済は安定成長期となる。

Ⓑ 物価と賃金上昇率の推移

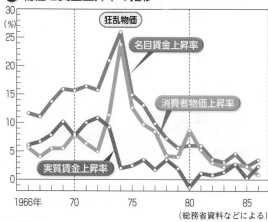

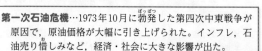

(総務省資料などによる)

解説 **狂乱物価** 1973年の第一次石油危機により原油価格が高騰し、各地でトイレットペーパーの買い占め騒ぎが起こった。あらゆる商品が一斉に値上がりし、中には便乗値上げもあり、当時の福田赳夫大蔵相が**狂乱物価**とよんだ。1974年2月には卸売物価が37%、小売物価が25%も上昇した。 17 20

> **第一次石油危機**…1973年10月に勃発した第四次中東戦争が原因で、原油価格が大幅に引き上げられた。インフレ、石油売り惜しみなど、経済・社会に大きな影響が出た。
> **第二次石油危機**…1978年のイラン革命の影響でイランの石油生産が中断、多くを輸入していた日本は石油不足となった。さらに原油価格も第一次石油危機なみに高騰した。
> **スタグフレーション**…景気停滞(スタグネーション)とインフレ(インフレーション)が同時に進行する現象を示す言葉。石油危機後の資本主義諸国(先進国)で共通に起こった。「スタグ」+「フレーション」の造語。

倫政 17

経済

Target Check 日本の経済成長に関する次の記述の正誤を判断しなさい。 (解答→表紙ウラ)

☐ ① 1960年代には、経済が急速に発展したが、世界の中での、国民総生産(GNP)の順位は上がらなかった。

☐ ② ベトナム戦争による特需は、第二次世界大戦の終戦直後の経済的混乱から立ち直るきっかけの一つとなった。

☐ ③ 1970年代に発生した第一次石油危機の直後に、経済がマイナス成長になった。

☐ ④ 第二次世界大戦の終戦直後の経済復興のために採用された傾斜生産方式で、重点的に優遇された産業に、石炭産業は含まれなかった。

(センター2015追試による)

SIDE STORY 高度経済成長期には「神武景気」「岩戸景気」「オリンピック景気」「いざなぎ景気」と好景気が発生。神武景気は、初代天皇とされる神武天皇が即位した年以来、例を見ない好景気という意味で名づけられた。

⑨ 石油危機への対応

Ⓐ 石油原単位の推移

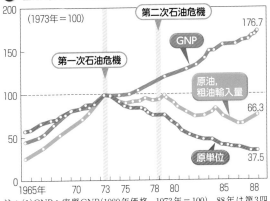

注：(1)GNP：実質GNP（1980年価格，1973年＝100），88年は第3四半期までの平均　(2)原油・粗油輸入量（1973年＝100）　(3)原単位＝(2)÷(1)（実質GNPを1単位ふやすための原油の要輸入量の比率）
（『朝日ジャーナル』1989.5.5〜12）

Ⓑ 家庭電気機器の省エネルギー化

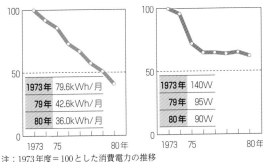

冷凍冷蔵庫	
1973年	79.6kWh／月
79年	42.6kWh／月
80年	36.0kWh／月

カラーテレビ	
1973年	140W
79年	95W
80年	90W

注：1973年度＝100とした消費電力の推移
（『図説経済教育資料』No.56）

解説 省エネ・省資源化と減量経営による安定成長　石油危機によって世界経済は停滞し（世界同時不況），景気停滞と原油価格高騰の影響によるインフレが同時に進行する **スタグフレーション** ⑯ となった。これに対し日本企業は，省エネ・省資源化と減量経営により国際競争力を高め，好調な輸出によって堅実な経済成長（安定成長）を実現した。

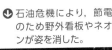

⬇ 石油危機により，節電のため野外看板やネオンが姿を消した。

⬆ 1973年11月16日午後6時の銀座通り

➡ 同日午後9時の様子

Target Check　石油危機に関する次の記述の正誤を判断しなさい。　（解答⮕表紙ウラ）

☐① 第一次石油危機が生じた原因の一つに，OPEC（石油輸出国機構）による原油価格の引上げがある。

☐② 1970年代には，景気の後退とともに物価が下落するというスタグフレーションが生じた。
（センター2017本試，2014追試による）

⑩ 日本の産業構造の変化

Ⓐ 日本の就業人口割合の変化

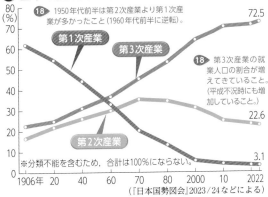

⑱ 1950年代前半は第2次産業より第1次産業が多かったこと（1960年代前半に逆転）。

⑱ 第3次産業の就業人口の割合が増えてきていること。（平成不況時にも増加していること。）

※分類不能を含むため，合計は100％にならない。
（『日本国勢図会』2023／24などによる）

Ⓑ 日本の国民所得割合の変化（名目）

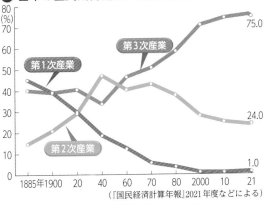

（『国民経済計算年報』2021年度などによる）

Ⓒ 日本の産業別就業者数構成比の推移

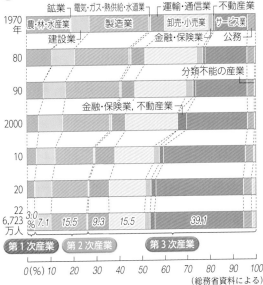

（総務省資料による）

解説 産業構造の高度化　グラフから経済が発展するにつれて就業人口や国民所得における第1次産業の比重が低下し，第2次産業さらには第3次産業の割合が増えてきたことがわかる。このような変化を **産業構造の高度化** というが，これは経済学上の重要な法則でもあり，法則の発見者の2人の経済学者の名を冠して「**ペティ＝クラークの法則**」とよばれる。また，経済の内容でいえばモノ（ハードウェア）づくりよりも情報・サービス（ソフトウェア）分野の比重が拡大してきており，これを **経済のサービス化・ソフト化** という。（⮕⑫）

経済

SIDE STORY 石油危機時のトイレットペーパー騒動は，大阪のスーパーが特売広告に，（激安販売によって）「紙がなくなる！」と宣伝し，トイレットペーパー500個が売り切れたことから全国に広まったといわれている。

213

⑪ 石油危機と日本の経済構造変化
―知識集約型（軽薄短小）産業へ

Ⓐ 日本経済の変化―石油危機を契機として

		石油危機前	石油危機後
経済全体の総称		「量」経済	「質」経済
時 代 区 分		高度成長時代	情報経済時代
経 済 目 標		量的拡大（モノ中心＝ハードウェア）	質の充実（サービス・ソフト化）
産業構造	産 業 の 特 徴	重厚長大資源多消費型	軽薄短小 ②③省資源型
	主 力 産 業	鉄鋼・石油化学＝資本集約型素材産業	エレクトロニクス・通信・バイオテクノロジー・自動車＝知識集約型加工組立産業
	貿 易 姿 勢	輸出重視	輸入重視
財政・金融	政 府 の 性 格	大きな政府	小さな政府
	公共投資の対象	道路・橋など全国ベース	大都市再開発，住宅の質の充実
	税 体 系	直接税重視	間接税重視
	金 利 体 系	規制金利	自由金利
	企業の資金調達	間接金融中心	直接金融増大
国民生活	生 活 観	同質化	多様化，差別化
	年 齢	若者社会	老人社会
国際環境	国 際 感 覚	内指向	外指向
	通 貨 制 度	固定相場制	変動相場制
	世界GNPに占める割合	5%	10%
	経 済 圏	大西洋の時代	太平洋の時代

Ⓑ 日本企業の売上高ランキング（製造業）

1972年（高度成長期）			2021年		
社　名	業種	売上高（百万ドル）	社　名	業種	売上高（百万ドル）
新日本製鉄	鉄 鋼	5,364	トヨタ自動車	自動車	256,722
日立製作所	電 機	4,354	本田技研工業	自動車	124,241
トヨタ自動車	自動車	4,188	ソ ニ ー	電 機	84,893
三菱重工業	造 船	3,981	日立製作所	電 機	82,345
日産自動車	自動車	3,958	日産自動車	自動車	74,170
松下電器産業	電 機	3,434	パナソニック	電 機	63,191
東京芝浦電気	電 機	2,922	ENEOSホールディングス	石 油	59,540
日本鋼管	鉄 鋼	2,628	デンソー	自動車	46,569
住友金属工業	鉄 鋼	2,062	日 本 製 鉄	鉄 鋼	45,556
神戸製鋼所	鉄 鋼	1,901	三 菱 電 機	電 機	39,539

（CNN資料による）

解説 軽薄短小型・知識集約型産業へ　1970年代の二度の石油危機の影響で世界経済はインフレと経済停滞が同時に進行する**スタグフレーション**に陥ったが，日本では，企業が積極的に省エネ・省資源化の技術革新や減量経営に取り組んだ。その結果，日本は家電や半導体関連産業などに代表される軽薄短小型・知識集約型産業を中心としていち早く不況から脱出し，1980年代には自動車や家電・半導体といった製品を，アメリカ向けを中心に集中豪雨的に輸出した。しかし，アメリカとの間で貿易摩擦・経済摩擦の問題が深刻化することになった。

↑ 自動車の輸出の様子（1986年）

⑫ 経済のサービス化・ソフト化

Ⓐ サービス産業内の就業者数の日米比較

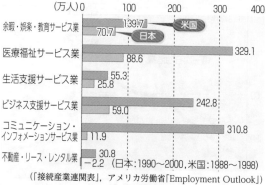

（「接続産業連関表」，アメリカ労働省「Employment Outlook」）

Ⓑ 家計消費支出の内訳の推移

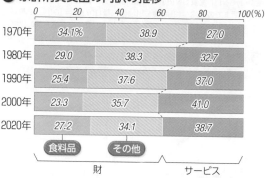

食料品 / その他 / 財 / サービス

（総務省資料による）

解説 経済のサービス化・ソフト化の進行　特に80年代以降，家計消費支出においてもサービスへの支出が増加し続けており，経済のサービス化・ソフト化進行がうかがわれる。もの，つまり「ハード」よりも，知識・情報・サービスを中心とする「ソフト」分野が相対的に高まっていくのが，「経済のサービス化・ソフト化」である。例えば娯楽サービス・飲食サービスや，広告・コンサルティング，人材派遣，リース，デザイン，情報処理サービスなどのサービス業が伸びている。

Target Check　日本の産業構造に関する次の記述の正誤を判断しなさい。　（解答➡表紙ウラ）

☐① 朝鮮特需による好景気の時期には，第一次産業に従事する就業者の割合は，第二次産業に従事する就業者の割合に比べて，小さかった。

☐② プラザ合意後の円高などの状況下で，第一次産業の生産拠点が外国に移転するという，産業の空洞化が生じた。

☐③ 平成不況の時期には，経済のソフト化，IT化に伴って，第三次産業に従事する就業者の割合が低下傾向にあった。　（センター2018本試による）

Target Check　次の記述の正誤を判断しなさい。
　（解答➡表紙ウラ）

☐① 石油危機などを背景に，日本の製造業では「重厚長大」型産業から「軽薄短小」型産業へと産業構造の転換が進んだとされる。

☐② 産業構造の高度化とは，産業の重心が第一次産業から第二次産業，さらに第三次産業へと移動することを指している。　（センター2016追試による）

SIDE STORY　明治時代以降，政商として栄えた三井財閥や三菱財閥などが造船業界を成長させ，高度経済成長期には「日本のお家芸」とまでいわれた。石油危機以降は伸び悩み，韓国や中国と厳しい競争を繰り広げている。

⑬ 海外移転とその影響—産業の空洞化

Ⓐ 日本の海外生産比率の推移

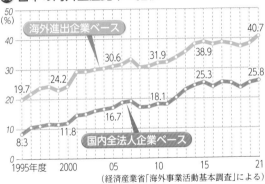

海外進出企業ベース: 19.7 → 24.2 → 30.6 → 31.9 → 38.9 → 40.7
国内全法人企業ベース: 8.3 → 11.8 → 16.7 → 18.1 → 25.3 → 25.8

（経済産業省「海外事業活動基本調査」による）

Ⓑ 製造業現地法人からの逆輸入額の推移

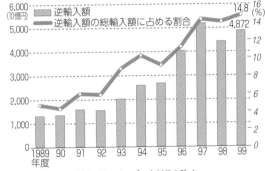

逆輸入額
逆輸入額の総輸入額に占める割合
14.8
4,872

注：石油・石炭，木材・紙・パルプ，食料品を除く。
（経済産業省「2000年海外事業活動基本調査」）

Ⓒ アジア製造業の1人当たり賃金

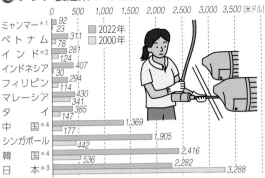

	2022年	2000年
ミャンマー*1	92	23
ベトナム	311	78
インド*2	281	124
インドネシア	407	30
フィリピン	294	114
マレーシア	430	341
タイ	385	147
中国*4	1,369	177
シンガポール	1,905	442
韓国*4	2,416	536
日本*3	2,282 / 3,288	

注：各国とも首都における調査の数値。ただし＊1はヤンゴン，＊2は
ニューデリー，＊3は横浜市における調査。＊4は2021年の数値。
（日本貿易振興機構「アジア主要都市・地域の投資関連コスト比較」より作成）

解説　産業の空洞化とは　1980年代後半以降，日本の製造業（第2次産業）の生産拠点が急速に海外へ移転したことにより，国内の雇用の減少や技術水準の低下に対する不安が広がった。これを「産業の空洞化」問題という。1985年のプラザ合意（→⑭）以降の急速な円高の進展と貿易摩擦の回避などが企業の海外移転の主な理由だが，上記の不安に対して海外移転は仕方ないとする容認論などもある。1990年代以降も，円高になって製造業の海外移転が進むとたびたび「産業の空洞化」をめぐる議論が活発化したが，企業が利潤を最大化しようとして海外移転を進めることはあ

Ⓓ 「産業の空洞化」問題

1980年代後半〜 日本の製造業の生産拠点が急速に海外へ移転 →国内の雇用の減少や技術水準の低下に対する不安が広がる	【理由】1985年のプラザ合意以降の急速な**円高の進展と貿易摩擦の回避**など ①円高は輸出に不利（→P.311）なので人件費の安いアジア諸国などに生産拠点を移転 ②工場の海外移転（特に北米などでの現地生産）は日本の貿易黒字を減らす効果もある

「産業の空洞化」に対する議論がおこる	
不安論	①国内の雇用が減少する　②国内にサービス産業だけが残り経済が弱体化する　③日本の技術水準が低下する
容認論	①企業が利潤を最大化しようとして海外移転するのは当然の行動　②空洞化は産業構造が変化（産業構造の高度化）していく過程での現象　③多くの企業は研究や開発の拠点工場を国内に残すので技術水準は低下しない

る程度仕方ないことだともいえ，政府による規制は難しいと考えられる。このため，政府はセーフティネットの充実など空洞化によって起こる問題への対応を優先すべきだという意見もある。なお，2003年に労働者派遣法が改正され製造業への派遣労働が解禁されたが，その目的の一つは産業の空洞化への対処，すなわち企業が求めた安い労働力を国内で確保することにあった。

⑭ バブル経済のきっかけ

Ⓐ 1980年以降の円相場と株価の推移

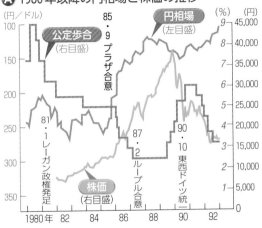

円相場（左目盛）
公定歩合（右目盛）
株価（右目盛）
85・9 プラザ合意
81・1 レーガン政権発足
87・2 ルーブル合意
90・10 東西ドイツ統一

解説　プラザ合意が出発点
1985年9月22日，G5（先進5か国）蔵相・中央銀行総裁会議がアメリカのニューヨークにあるプラザホテルで開催され，米・日・西独・仏・英が「高すぎるドル」を改善し「ドル安」に誘導するために協調介入する合意を形成した。これが**プラザ合意**である。理由は，当時のアメリカがドル高によって大幅な貿易赤字を抱

⊕ プラザホテル

え，それが世界経済を不安定させると考えられたためである。プラザ合意によって急速に円が進行し，それまで好調だった日本の輸出産業は大きなダメージを受けた。企業の倒産が相次ぐなど日本は一時的に不況に陥ったが，この不況克服のためにとられた低金利政策がバブル経済を生み出すことになるのである。

SIDE STORY　ウィリアム・ペティ（1623〜87）の『政治算術』の記述を元に，コーリン・クラーク（1905〜89）が「ペティの法則」として提示。ペティも明確に法則を提示していたわけではないため「ペティ＝クラークの法則」となった。

215

経済

15 バブル経済とは

A バブル経済（バブル=「泡」，バブル経済=「泡のように膨らんだ経済」）

地価や株価の上昇（資産価値が上がる）→ 資産効果 → 「金持ちになった」+「もっと上がるだろう」→ 気が大きくなって高価な買い物をする → 経済活動が実体よりも膨らみ「バブル経済」となる

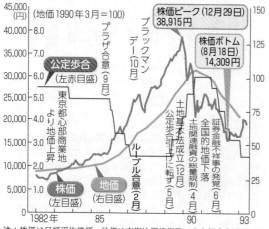

B バブル期（発生～崩壊まで）の株価・地価の動き

グラフ（円）45,000～5,000（左目盛）、（地価 1990年3月=100）8.0～1.0、公定歩合（左赤目盛）、右目盛 150～25

- 公定歩合（左赤目盛）
- プラザ合意（9月）
- ブラックマンデー（10月）
- 株価ピーク（12月29日）38,915円
- 株価ボトム（8月18日）14,309円
- ルーブル合意（2月）
- 東京都心部商業地より地価上昇
- 土地基本法成立（12月）
- 公定歩合引上げに転ず（5月）
- 証券金融不祥事の発覚（6月）
- 地価関連融資の総量規制（4月）
- 全国的な地価下落
- 株価（左目盛）
- 地価（右目盛）

1982年 — 85 — 90 — 93

注：株価は日経平均株価，地価は市街地価格指数の六大都市全用途平均。
（『経済白書』1993）

安田海上火災（当時）が53億2千万円で落札したゴッホの『ひまわり』。（1987年）

写真：読売新聞／アフロ　　写真：東洋経済／アフロ

↑ ディスコも大流行
← 日産自動車の高級車「シーマ」

【解説】**バブル経済**　バブル経済とは「実体のない泡のように膨らんだ経済」という意味である。日本のバブル経済は，地価や株価の上昇など資産価値が急上昇することにより「お金持ちになった」と錯覚し，「この先更に地価も株価も上がるだろう」と思い込んだ人々が高価な商品をどんどん購入したことによって起こった実体のない好景気であった。バブル期（1987年ごろ～1991年）には，高級ブランド品や高級乗用車が飛ぶように売れ，ゴルフ会員権や高級リゾートマンションが盛んに取引され，高級ディスコには連日多くの客が押し掛けた。バブル経済のきっかけは，プラザ合意であり，バブル発生までの流れは，**プラザ合意後の円高→景気の落ち込み→内需拡大のため金利（公定歩合）引き下げ→低金利の長期化→金余り現象→低金利による資金が土地と株の購入へ向かう→地価・株価の上昇→バブル発生**　となる。

---

16 バブル崩壊と平成不況

16 プラザ合意後円高となり，輸出が苦戦したこと。

A 平成不況における経済指標

グラフ（%）9.0～-6.0（左目盛）、右目盛 30.0～-20.0

- 実質経済成長率
- 民間最終消費支出
- 完全失業率
- 民間企業設備投資

1985年 —（右目盛）— 90 — 95 — 99

💬 バブル崩壊後，消費の低迷，銀行の貸し出し抑制などにより，日本経済はデフレーションの色彩を強めた。

【解説】**バブル崩壊後景気低迷続く**　地価高騰に対する国民の反発などもあり，政府は1989年から公定歩合を段階的に引き上げるなど **金融引き締め** を行い，土地に対する課税強化や土地取引規制を行った。その結果バブル経済は一気に崩壊へ向かい，長期の不況（平成不況）へ突入した。企業は過剰な設備と人員を整理（**リストラ**）し，多額の**不良債権**を抱えた金融機関は「**貸し渋り**」に走ったため経済活動は停滞した。また，将来への不安から消費支出も低迷した。**17 16** バブル崩壊後，政府は不良債権を抱えて経営破綻の危機に陥った金融機関を救済するための措置を講じるとともに（公的資金の投入など），金融再生法を制定した。

22 バブル発生	①超低金利（1985年プラザ合意以後）余剰資金発生 ②一般企業の財テク営業外利益が本業を上回る ③倫理を踏み外した銀行不動産業などへの融資
15 22 バブル崩壊	①金融引き締め公定歩合引き上げ，金融機関の不動産向け融資を一定限度に抑制 ②土地税制改革・土地取引規制 ③湾岸危機（フセインのクウェート侵攻）

---

17 構造改革とアベノミクス

A 構造改革（小泉内閣 2001～2006）

ポイント	「小さな政府」「官から民へ」「中央から地方へ」	主な政策	金融分野等の規制緩和（→P.202） 郵政などの民営化 社会保障の抑制 三位一体改革（→P.150）　など
	結果　戦後最長の景気 ⟷ 格差の拡大		

B アベノミクス（第二次安倍政権 2012～2020）

ポイント	「三本の矢」（右）によりデフレからの脱却めざす（目標：2%程度のインフレ）	主な政策	🏹 大胆な金融緩和政策 🏹 機動的な財政政策 🏹 民間投資を喚起する成長戦略 　（例）農業，医療，雇用等の規制緩和
	結果　大企業中心の業績回復 ⟷ 格差の拡大		

【解説】**不況とデフレからの脱却**　小泉内閣はバブル崩壊後の不況とデフレからの脱却をはかるため，公共サービスの民営化や規制緩和などで民間活力を引き出す構造改革により日本経済の再生をめざした。その結果，戦後最長の景気（2002～2008年 ＊但し「実感なき景気回復」といわれる）が実現したが，一方では経済的な格差が拡大した。その後，リーマンショック（2008年），東日本大震災（2011年）の影響もあり，景気は停滞気味となったが，第二次安倍政権（2012年～2020）がはじめた「アベノミクス」と総称される経済政策によって，大企業を中心に業績回復がみられた。しかし，2018年11月以降は景気がしだいに後退し，その後2020年の新型コロナウイルス感染症拡大の影響で大幅な景気の落ち込みがみられたが，徐々にコロナ流行前の水準に戻りつつある。

17 1990年代以降の経済の低迷期は「失われた10年」と呼ばれることがあること。

Target Check　日本のバブル期に関する次の記述の正誤を判断しなさい。　（解答→表紙ウラ）

☐ ① 日本のバブル期には，消費者の保有する資産価格の上昇によって消費が押し上げられるデモンストレーション効果が生じたと言われている。（センター2020本試による）

経済

倫政21

14

SIDE STORY　世界最初のバブルは，1637年におきたオランダの「チューリップ・バブル」といわれている。輸入したチューリップの球根が人気となり，異常な高値が付いた。その後，価格は急落し，オランダの各都市は混乱に陥った。

18 格差社会 20・17 ▶1980年代以降上昇傾向にあること。

Ⓐ ジニ係数（所得再分配調査）の推移

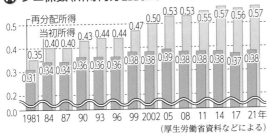

再分配所得 / 当初所得

0.31 0.35 0.40 0.40 0.43 0.44 0.44 0.47 0.50 0.53 0.53 0.55 0.57 0.56 0.57
0.31 0.34 0.34 0.36 0.36 0.36 0.38 0.38 0.39 0.38 0.38 0.38 0.38 0.37 0.38

1981 84 87 90 93 96 99 2002 05 08 11 14 17 21年
（厚生労働省資料などによる）

Ⓑ ジニ係数の推移と国際比較

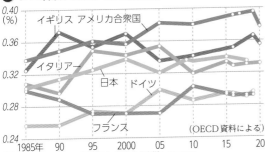

イギリス アメリカ合衆国
イタリア
日本 ドイツ
フランス
（OECD資料による）

1985年 90 95 2000 05 10 15 20

Ⓒ ローレンツ曲線とジニ係数 倫政18

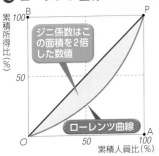

ジニ係数はこの面積を2倍した数値

ローレンツ曲線

累積所得比（％） / 累積人員比（％）

ローレンツ曲線とは，アメリカの統計学者ローレンツ（1880-1962）によって1905年に示された所得分布の不平等度を示す曲線である。世帯を所得の低い順に並べて，横軸に世帯の累積比，縦軸にそれに対応する所得の累積比を取り，世帯間の所得分布をグラフ化している。

（OB＝1，OA＝1，最大1，最小0）
・世帯の所得がすべて等しい場合→ローレンツ曲線＝直線OP
・一人が所得を独占し，他の人はすべて所得がない場合
　→ローレンツ曲線＝折れ線OAP
・通常の場合→緑色で囲まれた部分の面積によって図ることができる。面積が小さい程・・・平等，面積が大きい程・・・不平等。ジニ係数はこの部分の面積を2倍した数値。ジニ係数が0に近いほど平等であり，不平等が増すほど1に近づく。

ジニ係数…所得配分の格差を，「0〜1」の数値で表したもの。数値が大きいほど格差が大きい。	
0.2〜0.3	通常の所得配分がみられる社会。
0.3〜0.4	少し格差がある社会。市場経済では通常の値。
0.4〜0.5	格差がきつい社会。
0.5〜	格差が大きい社会。政策等で是正が必要。

（ジニ係数の目安）

解説 **ジニ係数と格差社会**　近年，「**格差社会**」という言葉が頻繁に使われており，社会の所得分布の不平等度を示す**ジニ係数**が年々上昇する傾向にある。2000年代には，当初所得のジニ係数が，「社会の経済格差が大きく是正措置が必要」な数値である0.5を上回り，社会保障制度や税制によって国民の所得を再分配した後でも0.4に近い値で，「少し格差がある」状況だといえる。ただし，日本のジニ係数上昇は，もともと所得の格差が大きい高齢者層が増加しているため（つまり高齢化が原因であり），「見かけ上の格差拡大」にすぎないとする専門家の指摘もある。

19 格差社会の現状

Ⓐ 生活保護世帯数と貯蓄ゼロ世帯の割合の推移

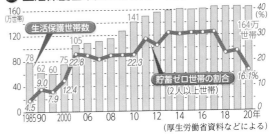

（万世帯） / （％）

生活保護世帯数

78 62 60 75 105 141 164万世帯
4.5 9.0 7.9 12.4 22.8 22.3 16.1％

貯蓄ゼロ世帯の割合（2人以上世帯）

1985 90 2000 06 08 12 16 18 20年
（厚生労働省資料などによる）

Ⓑ 男性労働者のワーキングプア＊

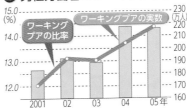

（％） / （万人）

ワーキングプアの比率　ワーキングプアの実数

2001 02 03 04 05年

＊ワーキングプア…「働く貧困層」のこと。世帯の一人（または複数の人）がフルタイムかそれに近い状況で働いているのに所得が生活保護水準を下回っている世帯を示す言葉。

Ⓒ 非正規労働者の増加 20 ▶近年は4割近いこと。

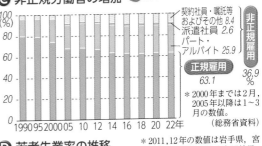

（％）

契約社員・嘱託等およびその他 8.4
派遣社員 2.6
パート・アルバイト 25.9　非正規雇用
正規雇用 63.1　36.9％

1990 95 2000 05 10 12 14 16 18 20 22年

＊2000年までは2月，2005年以降は1〜3月の数値。
（総務省資料）

Ⓓ 若者失業率の推移

＊2011，12年の数値は岩手県，宮城県，福島県を除く全国結果。

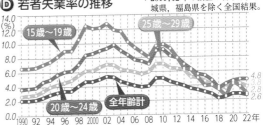

（％）

15歳〜19歳　25歳〜29歳
20歳〜24歳　全年齢計

4.8
2.6

1990 92 94 96 98 2000 02 04 06 08 10 12 14 16 18 20 22年
（総務省「労働力調査」）

Ⓔ 相対的貧困率（2017年）

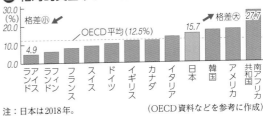

（％）

格差小　OECD平均（12.5％）　格差大

4.9　15.7　27.7

アイスランド フィンランド フランス スイス ドイツ イギリス カナダ イタリア 日本 韓国 アメリカ 南アフリカ共和国

注：日本は2018年。
（OECD資料などを参考に作成）

解説 **拡大する格差**　90年代後半以降，生活保護世帯数と貯蓄ゼロ世帯の割合が増加している。さらに近年，働いているのに極端に所得が低い「**ワーキングプア**」が増加しており，日本の格差社会の深刻さがうかがえる。このような格差拡大の背景には，構造改革の一環として派遣労働の範囲が拡大され非正規労働者が増えてきていることや，長引く不況の影響で若年失業率が高いことなど労働環境の問題がある。一方，先進国の中で日本の**相対的貧困率**＊が比較的高いことからも日本の格差が大きいことがうかがえる。

＊**相対的貧困率**…ある国の大多数の国民よりも貧しい貧困層（相対的貧困層）の比率が全人口のどれくらいを占めるかを示し，数値が高いほど格差が大きい。2000年代に入ってから，日本の相対的貧困率はOECD平均値を上回っており，格差が大きい状態が続いている。

1 中小企業の定義と地位

Ⓐ 中小企業の定義

↓どちらかに該当↓

業　　種	従業者規模	資本金規模
製造業・建設業・運輸業その他	300人以下	3億円以下
卸売業	100人以下	1億円以下
サービス業	100人以下	5,000万円以下
小売業	50人以下	5,000万円以下

22 **解説** 従業者数か資本金 「中小企業」の定義は中小企業基本法第2条に定められている。業種によって違いはあるが、従業者数もしくは資本金の規模どちらかに該当すれば中小企業である。

Ⓑ 中小企業の地位

倫政23

事業者数
(2016年)
大企業
1.1万社
0.3%
中小企業
357.8万社
99.7%

雇用の担い手 19
(2016年)
大企業
1,459.9万人
31.2%
中小企業
3220.1万人
68.8%

付加価値の担い手
(2015年)
大企業
121兆円
47.1%
中小企業
135兆円
52.9%

輸出額
(2013年)
中小企業
5兆円
6.5%
大企業
72兆円
93.5%

(中小企業白書 2016年版、2023年版による)

Ⓒ 中小企業の形態

独立企業	下請企業	系列企業
大企業ではできない特殊技術を生かしている企業やベンチャー・ビジネス、地域の特性を生かした地場産業など。	大企業の注文をうけ、その生産工程の一部を分担。	大企業が、資本や経営面に参加し系列化した企業。

解説 99％以上が中小企業 企業の99％以上を占める中小企業は、下請け(→4)や系列化により大企業の「景気調節の調整弁」(→4)とされながらも、特色ある技術や商品開発などによって日本経済を支えてきた。

3 中小企業基本法改正のポイント 16

	旧法制定(1963年)	改正施行(1999年)
中小企業の捉え方	弱者	日本経済のダイナミズムの源泉
基本理念	中小企業の保護と企業間格差の是正	ベンチャー企業など活力ある中小企業の育成と支援
定義の変更	従業者数・資本金規模の引き上げ	

解説 中小企業の活力 中小企業基本法が1999年に大きく改正された。旧法の目標は経済の二重構造を前提とした大企業と中小企業との格差是正であった。改正法では中小企業を経済発展の源泉とみなし、自助努力を支援することで、その能力をいかして競争の促進や新たな産業の創出を目指すというものになった。

2 さまざまな格差

Ⓐ 賃金・生産性・設備投資率の規模別格差(製造業)

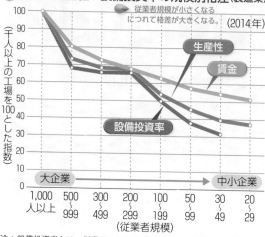

従業者規模が小さくなるにつれて格差が大きくなる。(2014年)

生産性
賃金
設備投資率

大企業 ← → 中小企業

| 1,000人以上 | 500〜999 | 300〜499 | 200〜299 | 100〜199 | 50〜99 | 30〜49 | 20〜29 |

(従業者規模)

(千人以上の工場を100とした指数)

注:設備投資率とは、従業員1人当たりの有形固定資産投資総額。重工業で高く、軽工業では低い。　(『日本国勢図会』2017/18)

解説 日本経済の二重構造 日本経済において近代化が遅れた零細的な中小企業と、近代的な大企業との間には生産性や設備投資率、賃金をはじめとする労働条件などの面で大きな格差がみられる。これは日本経済の二重構造のひとつといわれており、1963年に成立した中小企業基本法を中核とする従来の中小企業政策では、中小企業を弱者ととらえ大企業との間の格差是正などを目指した中小企業保護政策がとられてきた。しかし、そのような保護政策が日本企業の競争力を低下させてきたなどの反省から、1999年に中小企業基本法が改正され、新規開業の促進やベンチャー企業19の育成といったことが重点に据えられるようになった。(→3)

4 景気変動と下請企業

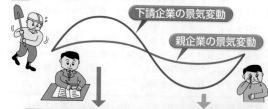

下請企業の景気変動
親企業の景気変動

	好況時の対応		不況時の対応
親企業	正社員 増員なし→	従業員数	正社員 減員なし→
	臨時・パート 増加↗		臨時・パート 減少↘
	急増↗	下請への注文	急減↘
下請	急増↗	従業員数	急減↘
	急増↗	時間外労働	急減↘

解説 下請けは景気調節の安全弁 大企業は、正規の従業員数を景気変動によって大幅に増減させることが少ない。これは、親企業である大企業が、好況時の生産急増を下請けへの注文に依存し、不況時には下請けへの注文を減らし、単価の引き下げなどで対応しているからである。このため、下請企業は、好況時には注文が激増し、不況時には激減しやすい構造になっており、親企業の景気の安全弁(調整弁)とされる傾向にある。

SIDE STORY 原材料の調達から生産・販売・物流を経て消費者に至る製品・サービスの供給の流れをサプライチェーンというが、そのなかの自動車部品・付属品のほとんどは中小企業によって生産・供給が行われている。

5 起業家活動と支援

A 起業意識の国際比較

（Ⓐ『2020年版中小企業白書』，Ⓑ『2017年版中小企業白書』による）

凡例：
- 日本
- 米国
- 英国
- ドイツ
- フランス

レーダーチャート項目：周囲に起業家がいる／周囲に起業に有利な機会がある／起業するために必要な知識，能力，経験がある／起業することが望ましい／起業に成功すれば社会的地位が得られる

＊一人当たりの所得に占める金額の割合を示している。

B 起業環境の国際比較

	起業のしやすさ世界順位	起業に要する手続数	起業にかかる日数	開業コスト＊
日本	89	8	11.2	7.5%
米国	51	6	5.6	1.1%
英国	16	4	4.5	0.1%
ドイツ	114	9	10.5	1.9%
フランス	27	3	3.5	0.7%

C 1995年以降創業の代表的ベンチャー

Google	検索エンジン	amazon.com アマゾンドットコム	宅配サービス
Meta メタ	SNSなど	Yahoo! ヤフー	検索エンジン
ebay イーベイ	ネットオークションサービス	X エックス	SNSなど

2021年10月にMetaに社名が変更された。（FacebookからMetaに社名が変更された。）

旧Twitter。2023年4月，合併によりXに社名変更。

解説 **ベンチャー企業の可能性** ファストフード，宅配便，パソコン，検索エンジン，SNSなど，生活に便利と豊かさをもたらすイノベーションはベンチャーから生まれた。1970年代のアメリカでは，インテル，マイクロソフト，アップルコンピュータ等のハイテク企業が，設立間もない頃に**ベンチャーキャピタル**（ベンチャー向けにハイリターンを狙って投資を行う会社）からの資金を受けて飛躍的な成長を遂げた。そしてこれらの企業が現在のアメリカ経済の牽引役となっているのはよく知られている。ただし，ベンチャーへの投資はリスクが大きく，日本の金融資本市場では，間接金融が発達してきたこともあり，リスク回避的な構造が主流になっている。グロース（➡P.176）など**新興株式市場**が登場したとはいえ，いまだベンチャーへの直接金融の資金は不足しているのが現状である。**クラウドファンディング**（ある事業の提案者が不特定多数の賛同者からネットを通じて資金調達をすること）や未上場の株式への投資がネット上で可能になるなど，新しい資金調達の方法が注目されているが，ベンチャー支援の仕組みを整えることが，今後の日本経済成長の要となると考えられよう。

6 地場産業の新たな取り組み

A クールアイランドタイル

解説 **地場産業の活性化** 岐阜県多治見市には2つの難問があった。低価格の外国製品に押され，衰退傾向にあった**地場産業**である美濃焼・タイル製造の活性化と最高気温40.9度を記録するほどのヒートアイランド現象である。この関連のない2つの課題を結びつけて新たなビジネスチャンスとして活かして開発されたのが「美濃焼クールアイランドタイル」である。地産地消の観点から地場産業の製造技

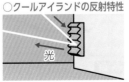

○従来のタイルの反射特性

○クールアイランドの反射特性

（(株)サンワHPを参考）

術に高気温対策機能を付加した「タイル」を研究・開発・販売する提案が名古屋工業大学からなされたのである。さらに市も普及のための啓発・情報提供を行い，産官学の連携として取り組まれた。地場産業にはまだ多くの可能性があり，社会の変化に柔軟な対応をすることで活性化するだろう。

㉒ 地元にある中小企業によって支えられ，その地域に定着している産業を地場産業という。

7 中小企業税制のメリット

A 法人税の軽減

（中小企業庁資料を参考に作成）

法人形態		課税対象の所得部分	税率
普通法人	中小法人（資本金1億円以下）	年800万円以下の所得部分	15%
		年800万円超の所得部分	23.2%
	大法人（資本金1億円超）		23.2%
協同組合等		年800万円以下の所得部分	15%
公益法人等			

注：中小法人の各事業年度の所得額のうち，年800万円以下の部分に対する軽減税率が時限的に15%（本則19%）に引き下げられている。（令和6年度末まで）

解説 **中小企業に対する優遇** 業種にかかわらず，資本金1億円以下の企業（法人税法による中小企業の定義）には税制面での優遇措置がとられている。法人税以外にも，消費税や地方税（事業税・外形標準課税など）にも同様の措置がとられている。2015年，シャープ（鴻海傘下）は税の軽減をねらい，1,218億円の資本金を1億円へ大幅に減らす減資案をとろうとした（資本金を1億円以下にすれば，企業規模などに応じて課される外形標準課税が適用されないため）が，断念した。売上高3兆円近い企業が優遇を受けることに，批判が出たためだ。なお，現行制度は資本金という画一的な基準によるため，税制優遇を受ける必要のない企業も対象になるという問題点や，優遇措置がかえって中小企業の潜在的な力を抑え込んでしまうという見方もある。

FOCUS 活躍する社会起業家

ベンチャー企業などを創業して福祉や教育，環境，貧困，国際協力，地域再生など社会問題を解決する一方で，企業としての収益活動を兼ね備えた革新的な事業のことを「**ソーシャルビジネス**」といい，その創業者を「**社会起業家**」という。経済学者で，銀行家の ムハマド・ユヌス氏がバングラデシュに設立した **グラミン銀行** はその代表であり，06年に**マイクロファイナンス**（貧困の解消と自立を促すためのシステムとしての無担保の小口融資）における先駆的功績が評価され，ノーベル平和賞を受賞した。

↑ ムハマド・ユヌス

その他の注目されるソーシャルビジネスとして，サフィア・ミニー氏が創設した **フェアトレード＊** ショップ「ピープル・ツリー」が挙げられる。ピープル・ツリーは，コーヒー，バナナ，黒糖といった**農産物（一次産品）が中心**だったフェアトレードに，デザイン性の高いファッションを取り入れるなどの独創性が評価されている。

◉ バングラデシュの職人の手によって作られた，ピープル・ツリーのドレス

＊発展途上国などの産品を適正価格で買い取ること

Target Check 中小企業に関する次の記述の正誤を判断しなさい。

（解答➡表紙ウラ）

☐① 銀行融資に依存して経営の大規模化を図っている大企業に比べて，中小企業では金融引締めによる影響は現れにくい。

☐② バブル景気下の日本経済において，中小企業の生産性や労働者の賃金が上昇したので，日本経済の二重構造は解消した。

☐③ 他企業があまり進出していない隙間分野を開拓し埋めるビジネスとして，ニッチ産業が注目されている。

☐④ 日本において，中小企業の従業員数の総計は，農林水産業を除く民間事業所の従業員数の総計のうち約99%を占めている。

（センター2004，06追試，10本試，19本試による）

倫政21 倫政20 経済

1 日本経済の中の農業

A 販売農家の経営耕地面積別割合

(単位：%)　　　　　　5ha以上その他 1.7

1941年8月：0.5ha未満 32.9 ／ 0.5〜1ha 30.0 ／ 1〜2ha 27.0 ／ 2〜5ha 8.4

10ha以上 4.2

2022年12月：1ha未満 52.9 ／ 1〜5ha 38.3 ／ 5〜10ha 4.5

（農林水産省資料などによる）

B 国土面積・農地面積などの国際比較

	日 本 2022	アメリカ 2020	ドイツ 2020	フランス 2020	イギリス 2020
国土面積	1	25.9	0.9	1.4	0.6
農地面積	1	101.5	4.3	7.3	4.3
農家1戸当たりの農地*	1	54.6	18.3	18.5	27.3
国土面積に占める農地	11.6%	41.3%	46.4%	52.0%	70.9%

＊日本は2022年，アメリカは2021年，ドイツ・フランス・イギリスは2016年。
注：日本を1とした場合の比較値。　　（農林水産省資料などによる）

C 農業の地位の変化

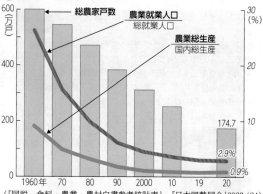

総農家戸数　農業就業人口／総就業人口　農業総生産／国内総生産

2.9%　0.9%　174.7

（『図説　食料・農業・農村白書参考統計表』，『日本国勢図会』2023／24）

D 農業の比較生産性* ―二重構造

年度	就業者1人当たり純生産［名目］（千円）			比較生産性（%）	
	農 業	製造業	非農業	農業／製造業	農業／非農業
1960	97.9	473.6	377.5	20.7	25.9
75	933.7	2,682.1	2,547.3	34.8	36.7
85	1,431.6	4,907.2	4,713.1	29.2	30.4
90	1,737.2	6,094.4	5,756.3	28.5	30.2
97	1,616.0	6,137.8	6,172.5	26.3	26.2

＊就業者1人当たりの純生産額を比較したもので，生産性の格差が直ちに所得格差を示すものではない。　　（農林水産省資料）

解説　もう一つの二重構造　戦後の農地改革（→P.210）は自作農創出を実現したが，農地所有面積に制限があったため農家の経営規模は零細なままであった。農業分野においても機械化などの技術革新は進んだが，製造業など他産業との生産性の格差は拡大した。農業と近代的産業との生産性格差も日本経済の二重構造の一つといわれ，農村からの人口流出や**兼業化**（→2）が進んだ。1960年に総就業人口の約3割，国内総生産の約1割を占めていた農業は，高度経済成長期を経てその地位を大幅に低下させた。

2 進む兼業化と高齢化

A 農家の分類と農家戸数の推移　　（農林水産省資料）

販売農家	経営耕地面積30a以上または農産物販売金額が年間50万円以上の農家
個人経営体	販売農家のうち，法人化した世帯を除いた農家
主業経営体	農業所得が主（農業所得の50%以上が農業所得）で，1年間に60日以上自営農業に従事している65歳未満の世帯員がいる農家
準主業経営体	農外所得が主（農業所得の50%未満が農業所得）で，1年間に60日以上自営農業に従事している65歳未満の世帯員がいる農家
副業的経営体	1年間に60日以上自営農業に従事している65歳未満の世帯員がいない農家（主業農家及び準主業農家以外の農家）
自給的農家	経営耕地面積が30a未満かつ農産物販売金額が年間50万円未満の農家

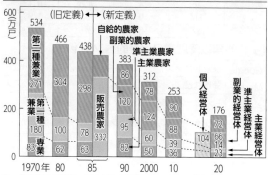

注：各年2月の数値。2020年から販売農家のうち，法人化した世帯を除く数値に変更（個人経営体）。　　（農林水産省資料）

B 農業の人口構成の推移 ―三ちゃん農業

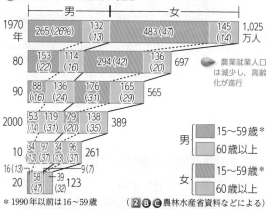

1970年：男 265（26%）／132（13）　女 483（47）／145（14）　1,025万人
80：153（22）／114（16）／294（42）／136（20）　697
90：88（16）／136（24）／176（31）／165（29）　565
2000：53（14）／119（31）／79（20）／138（35）　389
10：34（13）／97（37）／34（13）／96（37）　261
16（13）／9（7）
20：58（47）／39（32）　123

農業就業人口は減少し，高齢化が進行

男：15〜59歳*／60歳以上
女：15〜59歳*／60歳以上

＊1990年以前は16〜59歳　　（2BC農林水産省資料などによる）

C 耕作放棄地面積とその割合 16

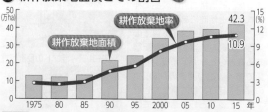

耕作放棄地率　耕作放棄地面積　42.3　10.9

解説　三ちゃん農業と耕作放棄地の増加　高度経済成長期以降も農家の兼業化が進み，農業の「副業化」が進んだ。農家では農業の主な担い手が「じいちゃん，ばあちゃん，かあちゃん」となったため農業の兼業化・高齢化を意味する「三ちゃん農業」という言葉が生まれた。また，近年，耕作者の高齢化や跡継ぎ不在を背景に生産条件の悪い中山間地域を中心に**耕作放棄地**の面積が増加している。農地を荒廃させないために企業の農業への参入（→P.221）を認めるなどの対策がとられている。

経済

SIDE STORY　農林水産業の生産者自身がその生産物の調理，加工，販売などを行うことで，生産時以上に生産物の付加価値を高め，所得向上や雇用創出を目指すのが**第6次産業**（第1次［生産］＋第2次［加工］＋第3次［販売］産業）である。

③ 戦後日本の農業政策と食糧政策

農 業 政 策		食 糧 政 策	
農地改革 (1945, 46年) (➡P.210)	自作農創出を実現するも農家の零細経営変わらず	**食糧管理制度** (1942~94年)	主要食糧(コメ・麦など)の国による価格・流通管理・統制制度
	結果 工業との労働生産性格差拡大(特に高度経済成長期)	**目的** 戦中・戦後の食糧不足を背景に,主食であるコメの安定供給を目的に開始。→政府が需給と価格を管理(政府が高く買い入れ,安く販売)	特にコメは農家保護のため生産者価格を消費者価格よりも高く設定(逆ざや) →**食糧管理特別会計**の赤字・コメの生産過剰
倫政22 **農業基本法** (1961年) **目的** 農業所得の向上 →他産業との格差是正を目指した	①農業生産の選択的拡大(米作から畜産・果樹へ耕作品目を拡大) ②経営の大規模化・機械化→多額の**補助金**が注入 ③自立経営農家の育成(適正規模の農地を経営し,他産業と同等の所得に)		↓ 1969~自主流通米制度発足 1970~コメの生産調整=**減反**(作付面積制限・他作物への転換)の実施 →政府による奨励金交付
	結果 他産業との格差是正に至らず兼業化の拡大,農村の過疎化と農業従事者の高齢化・後継者不足(「三ちゃん農業」),「機械化貧乏」,石油・農薬に依存する農業		**結果** コメの生産過剰は解消されず,減反は国の財政負担拡大に
14 倫政22 **食料・農業・農村基本法** (1999年,通称:「新農業基本法」)	①食料の安定的供給の確保(国内農業生産の増大→不測時の**食料安全保障**として,最低限度必要な食料を確保) ②**自然環境と国土の保全や景観の形成・文化伝承・水源のかん養**など農業の多面的機能発揮も重視 ③農業の持続的発展(農業経営の法人化)や農村振興	**新食糧法** (1995年~)	①食糧管理制度廃止 ②市場原理強化→備蓄用の政府米を除き**コメの販売自由化**
		食糧法改正 (2004年~)	③国主導の減反政策から生産者による自主的な生産調整へ

④ 食糧管理制度から新食糧法へ・減反の廃止

Ⓐ コメ流通制度の変遷

食糧管理制度	新食糧法	食糧法改正
・コメ不足に備え,政府の直接売買により流通量と流通ルートを管理 ・流通ルートを厳格に管理し,それ以外のルートを認めない。→集荷業者の指定制・販売業者の許可制	・民間流通を基本とし,政府は備蓄米とミニマム・アクセス米のみを管理(➡P.222 ⑥) ・政府を通さず,登録された集荷業者・販売業者を通じて流通	・民間流通が成熟する中で,流通規制を原則撤廃(備蓄米とミニマム・アクセス米は管理継続) ・出荷・販売業者の届出制→コメの販売自由化強化

Ⓑ 減反の廃止

(『朝日新聞』2013.12.24による)

国 の 方 針

・生産数量目標の配分を廃止→農家が生産量を決定
・減反参加農家への補助金を縮小・廃止

1万5,000円 ➡ 7,500円 ➡ ゼロ
※10アールあたり (2014~17年度) (18年度~)

・飼料米などの転作に補助金を増額
8万円 ➡ 最大10万5,000円(2014年度~)

国の方針を受けて農家は有利と考える方を選択

主食米の生産が有利	**飼料米の生産が有利**
・主食米の生産増,価格は下落 ・消費者には安いコメ ・農家の競争は激化	・飼料米の生産増,主食米は安定 ・補助金の増加,農業予算の「肥大化」 ・エサの自給率は向上

解説 行政主導の農政から自由化へ 戦後の農業政策では,農業と他の近代的産業との格差の是正が大きな課題とされた。**農業基本法**(1961年)では,さまざまな作物を生産することや経営の大規模化・機械化をはかることによって農業所得の向上をめざしたが失敗し,農村の過疎化と農業従事者の高齢化・後継者不足が深刻化した。補助金はあっても新たな機械化による借金で経営が悪化する農家が増えたり(機械化貧乏),農業が石油や農薬に依存するようになったとの批判を浴びた。このような失敗は,コメ偏重の農業・食糧政策や国家による食糧統制そのものに原因があったという反省から,「**新食糧法**」(1995年施行,2004年「**食糧法改正**」)と「食料・農業・農村基本法」(1999年)では,市場原理が重視されるようになり,コメの流通をはじめ農業の自由化が進んだ。**減反政策**は,コメの生産過剰を背景に国が生産量を制限することで価格維持をしてきたものである。国は都道府県に生産数量を配分し,それが各農家に割り当てられた。農家の減反への参加は自由だが,参加すれば補助金として1.5万円/10アールが支給された。多くの農家が参加してきたが,零細農家を保護する結果となり,TPPへの参加を背景に2018年度に廃止された。農家が自主的に生産のあり方を決定し,自由競争に委ねることで生産集約をはかり,安い輸入米に対する競争力をつける目的だ。ただし,新たな補助金の増加もあり,先行きは不透明である。

⑤ 農地法改正による企業等の農業への参入 16 倫政22

Ⓐ 一般法人の農業参入の動向

凡例:NPO法人等／特例有限会社／株式会社

特区*の全国展開
耕作放棄地が多い区域で,市町村を介してリースにより農業参入を容認

リース方式による参入の全面自由化

4,500 4,202
4,000
3,500 1,005
3,000
2,500 474
2,000
1,500
1,000
500 2,723
0
2005(年) 07 09 10 11 12 13 14 15 16 17 18 19 20 21 22

*構造改革特区制度により,遊休農地が相当程度存在する地域について,市町村等と協定を締結し,協定違反の場合には農地の貸付契約を解除するとの条件で,農業生産法人(当時の名称)以外の法人のリースによる参入を可能とした(農地法の特例)。

(各年末,農林水産省資料)

解説 改正農地法 農地法は農地改革の趣旨に則り,耕作者が農地を所有することを原則とし,自作農を保護するために企業などが所有することは認めてこなかった。2000年の改正で,株式会社形態の農業生産法人(農地所有適格法人)の参入が認められて以降,徐々に参入の規制が緩和され,09年の改正では地元自治体が指定した場所に限らず,借地であれば企業の参入は原則自由になった。後継者不足や衰退が心配されている日本の農業を活性化する一助となることが期待される。

経済

6 食料の輸入自由化
Ⓐ 農林水産物輸入自由化の遷移

年	輸入制限品目数	自由化品目数	主要自由化品目
1991	14	3	牛肉，オレンジ(生鮮のものおよび一時貯蔵したもの)
92	12	1	オレンジジュース
95	…	…	小麦，大麦，乳製品，でん粉，雑豆，落花生，こんにゃく芋，生糸・繭(ウルグアイ・ラウンド合意実施)
99	…	…	コメ(関税化)

Ⓑ GATTウルグアイ・ラウンド農業合意(◯P.313)

ウルグアイ・ラウンドの農業交渉は，7年間の討議の末，1993年に最終合意文書を採択して閉幕した。長い間，関税化に抵抗してきた日本は，コメを特例措置にしたものの，基本的に関税化に合意した。

農作物の原則関税化(「例外なき関税化」)	輸入数量制限を原則撤廃。日本は乳製品，でん粉，小麦等を関税化。
日本のコメへの特例措置	6年間関税化が猶予されるが，国内消費量の4〜8%をミニマム・アクセスとして輸入する。
農業補助金などの削減	補助金など国内農業保護に関する支出(政策)の総額のうち，貿易や生産に影響があるものについてその水準をAMS(助成合計量)として表し，1986〜88年を水準に95〜2000年までの6年間で20%削減する。
農産物関税引き下げ	平均36%，最低15%引き下げる。
実施期間	1995年から6年間。

Ⓒ 日本のコメ市場開放をめぐる動き

1986. 9	ウルグアイ・ラウンド開始
93. 9	記録的な大凶作。コメ緊急輸入発表
12	ウルグアイ・ラウンド最終合意→部分開放受け入れ
95. 1	世界貿易機関(WTO)発足
11	食糧管理法廃止，新食糧法施行
98.12	政府，自民党，全国農協中央会がコメ関税化を決定
99. 3	コメ関税化のため関係4法の改正が国会成立
99. 4	コメ関税化スタート
2008. 9	事故米不正流通問題発生(非食用輸入米を転売)

Ⓓ TPP(◯P.322)の合意内容

2017年，米国のTPP離脱を受けて合意された内容では，農林水産物は，TPP参加国に対して，82.3%にあたる品目の関税が撤廃されることになった。ただし，日本は「コメ，麦，牛肉・豚肉，乳製品，砂糖の原料」の重要5項目については一部を除き，関税撤廃の例外とされることが認められた。なお，日本が農林水産物を参加国に輸出する場合，大半が関税を撤廃される。

コメ	小麦・牛肉・豚肉	乳製品
関税維持(豪州には無関税輸入枠を設定)	関税の段階的引き下げ	バターは新輸入枠設定。一部チーズは将来的に関税撤廃

(NHKホームページを参考)

解説 進む自由化 戦後，農林水産物の輸入自由化は段階的に行われてきたが，1980年代以降は貿易摩擦の影響(特にアメリカからの市場開放要求)によって自由化が急速に進んだ。GATTのウルグアイ・ラウンド交渉(1986〜93，◯P.313)で日本は農産物の関税化を受け入れ，コメについては5年間の猶予期間ののち，1年早く1999年に関税以外の輸入制限を全廃し，輸入が自由化された。現在，WTOのドーハ・ラウンド交渉が難航する一方で，TPP参加交渉が2013年より進められ，16年に署名がなされた。17年に米国がTPP離脱を表明し，18年，11か国で発効した。

7 日本の食料自給率

日本のカロリー換算食料自給率は他の先進国に比べ低い。

Ⓐ 主要国の食料自給率の推移

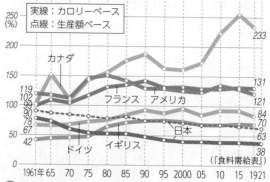

実線：カロリーベース
点線：生産額ベース

カナダ 233
フランス アメリカ 131
121
日本 84
ドイツ イギリス 70
63
38

『食料需給表』

250(%) 200 150 100 50 0
119 102 99 90 78 67 42
1961年 65 70 75 80 85 90 95 2000 05 10 15 19 21

Ⓑ 食料自給率の計算方法
○カロリーベース総合食料自給率の数式

$$= \frac{1人1日当たり国産供給カロリー}{1人1日当たり供給カロリー}$$

$$= \frac{(国産+輸出)供給カロリー \div 人口}{(国産+輸入-輸出)供給カロリー \div 人口}$$

(国内で生産された農産物のカロリー)

(我々が実際に摂取している農産物のカロリーではない)

○カロリーベース自給率の問題点

分母となる供給カロリーは実際に摂取しているカロリーではなく，食べ残しなど廃棄処分されている食料など全供給カロリー分が含まれている(2005年の供給カロリーは摂取カロリーより約700キロカロリー大きい)。また，分子の国産供給カロリーには自給的な農家や副業的な農家の農産物は含まれていない。

(浅川芳裕『日本は世界5位の農業大国 大嘘だらけの食料自給率』講談社による)

解説 食料自給率をどう考えるか カロリーベースによる日本の食料自給率は他の先進諸国と比べ低く，日本は国内生産量を増やし，自給率を高めるべきであるといわれてきた。一方で，カロリーベースによる自給率についての問題点も指摘されており，生産額ベースにすべきという意見もある(2021年度の生産額ベース総合食料自給率＝食料の国内生産額：9.9兆円／食料の国内消費仕向額：15.7兆円＝63%)。いずれにせよ，「食料輸入がストップしても国内で最低限の食料を確保することが重要である」という**食料の安全保障**の問題や，**ポストハーベスト**などの輸入農産物の安全性に対する不安は解消されたわけではない。また，大量の廃棄処分を出す我々の食生活そのものも見直す必要があろう。

8 農協改革—農協改革のポイント

①**全国農業協同組合中央会(全中)の地域農協に対する指導・監査権を廃止**
全中の権限を弱め，地域農協の経営の自由度を高め，農協監査は企業と同様に公認会計士による外部監査に移行し，第三者の視点から経営のチェックを受ける。全中が地域農協などから監査料の見返りなどとして集めていた負担金(年約80億円)も廃止。

②**農協グループの組織改革**
全中は一般社団法人に移行し，農協グループの総合調整を担う。

解説 農協改革 戦後の食料難のなかで，コメの集荷を一手に引き受けた地域農協の頂点として指導・監督役をしてきたのが全中である。コメ余りや農産物の貿易自由化の進展を背景に，地域農協の経営の自由度を高め，収益力を向上させ，農業を成長産業にするため2015年，安倍政権は全中による地域農協への監督・指導権を廃止することを柱とする法案を成立させ，農協改革を実施した。

用語Check 〔◯P.372〕 食糧管理制度，新食糧法，食料自給率

BACK UP ⑪ 変化する日本経済

●次のまとめの中の❶〜⑰にあてはまる言葉を答えなさい(解答は下の欄外)。

重要ポイントの整理

戦後日本経済のあゆみ P.210〜217

(1)戦後の復興と高度経済成長(1970年代前半まで)

①戦後の復興

経済の民主化←GHQの指導	❶____→企業間競争の促進	戦後の経済成長の基礎に
	労働関係の民主化→労働条件の改善	
	❷____→自作農の増加	
GHQによる戦後経済の安定策	**傾斜生産方式**(資金・資源を基幹産業に投入)→復金債の発行によるインフレ→経済安定9原則(GHQの指令)→❸___・___(復金債発行停止，**シャウプ勧告**による直接税中心の税制，単一為替レート設定)→不況	
朝鮮戦争(1950〜53)	米軍からの特需により生産拡大(**特需景気**)→不況脱出・経済成長へ	

②高度経済成長(1955〜73年)－年平均10%の経済成長

要　因	政府による経済成長策(1960年池田勇人内閣による❹______など)，高い貯蓄率，豊富で良質な労働力，平和憲法(低い防衛費)，さかんな技術革新と設備投資，輸出に有利な円安の固定為替レート，安い原油価格
景　気	神武景気→岩戸景気→オリンピック景気→❺____景気
変　化	重化学工業化，輸出増加，耐久消費財の普及(**三種の神器・3C**)，IMF・GATT加盟，産業構造の変化
問　題	産業公害，過密・過疎問題など→「くたばれGNP」
転　換	1973年**第一次石油危機**→74年戦後初の❻____成長，**スタグフレーション**の一般化→**安定成長**の時代へ

(2)産業構造の変化と国際経済の変化

①産業構造の高度化と経済のサービス化・ソフト化

ペティ=クラークの法則	経済の発展にともない産業の比重が第一次産業→第二次産業→第三次産業へと変化する傾向(**産業構造の高度化**)
日本の変化	高度経済成長期：第二次・第三次産業の比率が高まる
	石油危機以降：特に第三次産業の比重が高まり，サービス産業・情報産業が発展＝経済の❼____化・❽___化

②国際経済の変化

ニクソン・ショック(1971)	アメリカによる金・ドルの交換停止＝IMF・GATT体制の崩壊→1973年から主要国は**変動為替相場制**へ
プラザ合意(1985)	G5によるドル高是正の合意→円高による輸出の不振→円高不況→国内コスト引き下げの必要→中小企業も含め生産拠点を海外に移転→「❾______」
日米経済摩擦	貿易赤字と財政赤字の「**双子の赤字**」に苦しむアメリカによる貿易不均衡是正の要求→**スーパー301条**，**日米構造協議**(1989)，**日米包括経済協議**(1993〜96)

重要ポイントの整理

(3)バブル経済とその後の日本経済

①バブル経済(1986〜91年)

背　景	プラザ合意による円高不況→日銀による金融緩和策(＝低金利政策)＋政府による内需拡大と輸入拡大→**平成景気＝バブル経済**
実　態	低金利による余剰資金が株と土地へ投資→株価・地価が実態以上に泡のようにふくらんで高騰＝❿___経済→資産効果→高級ブランド品・高級車をさかんに購入
崩　壊	金融引き締め＋地価抑制策→**バブル崩壊**

②平成不況(1991〜93年)と長期化する不況

要　因	投資の減少
	地価・株価の下落→金融機関の抱える多額の⓫____→銀行の自己資本比率の低下→銀行による**貸し渋り**→中小企業などの倒産→マイナス成長(93年，98年，01年)
対　策	公共事業の拡大，減税，銀行に対する公的資金の注入，日銀による**ゼロ金利政策**，**量的緩和政策**
結　果	①公共事業と減税→国債発行増加→**財政赤字**拡大 ②不況とデフレの悪循環＝⓬________→「**失われた10年**」

(4)日本経済の現在

①**構造改革**－2000年代以降，新自由主義に基づき実施
→**規制緩和**，特殊法人の統廃合，郵政三事業の公社化・民営化，**構造改革特区**の設置，三位一体改革
→⓭__社会の出現(大企業と中小企業，都市と地方，正規雇用と**非正規雇用**)

②**実感なき景気回復**－2002〜08年まで戦後最長の好景気(賃金・消費支出は減少)

③**サブプライムローン問題**(2008)－世界金融危機に発展→株価暴落，輸出産業への打撃，派遣切り

④**FTA・EPA・TPPへの対応**－TPP参加の賛否

中小企業問題 P.218・219

(1)中小企業　中小企業基本法により定義

地　位	事業所の約99%，従業員数の約70%
形　態	①下請け企業　②系列企業　③独立企業
二重構造	⓮___との間に賃金・生産性で大きな格差

(2)中小企業基本法

中小企業基本法－1963年，中小企業の保護と格差是正を目的に制定→99年改正，中小企業の活性化(**ベンチャー・ビジネス**の育成)

農業問題 P.220〜222

(1)日本の農業

①**農業基本法**－1961年，農業と他産業の格差是正をめざす→99年，**食料・農業・農村基本法**

②⓯____**制度**－コメなどの政府による価格・流通管理と米作保護→94年，新食糧法成立

③⓰_____・____農業合意→99年，コメの関税化

④⓱___(環太平洋経済連携協定)→2018年，発効

解答 ❶財閥解体　❷農地改革　❸ドッジ・ライン　❹所得倍増計画　❺いざなぎ　❻マイナス　❼サービス　❽ソフト　❾産業の空洞化　❿バブル　⓫不良債権　⓬デフレスパイラル　⓭格差　⓮大企業　⓯食糧管理　⓰ウルグアイ・ラウンド　⓱TPP

課題を考える

地球環境問題の根本的な原因は何か。また身近な生態系破壊や健康被害の例を挙げてみよう。

1 地球環境問題の現状

酸性雨の被害を受けた森林（ドイツ）

絶滅が危惧されるホッキョクグマ（カナダ）地球温暖化の影響で北極海の氷が解け，エサとなるアザラシの捕獲が困難となり，減少すると懸念されている。

熱帯雨林に延びる道路（ブラジル）

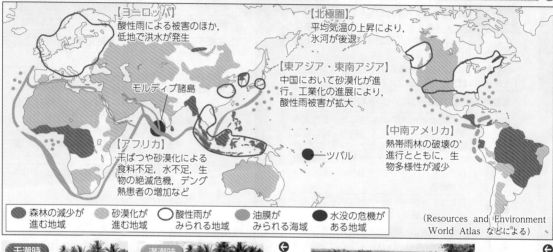

【ヨーロッパ】
酸性雨による被害のほか，低地で洪水が発生

【北極圏】
平均気温の上昇により，氷河が後退

モルディブ諸島

【東アジア・東南アジア】
中国において砂漠化が進行。工業化の進展により，酸性雨被害が拡大

【アフリカ】
干ばつや砂漠化による食料不足，水不足，生物の絶滅危機，デング熱患者の増加など

ツバル

【中南アメリカ】
熱帯雨林の破壊の進行とともに，生物多様性が減少

- 森林の減少が進む地域
- 砂漠化が進む地域
- 酸性雨がみられる地域
- 油膜がみられる海域
- 水没の危機がある地域

(Resources and Environment World Atlas などによる)

干潮時

満潮時

水没の危機にある島（ツバル）

干ばつでひび割れた田（インドネシア）気温・降雨のパターンが大きく変動し，熱波・寒波・洪水・干ばつなどの異常気象が増加している

解説 **地球規模での環境破壊** 現在，世界規模で環境破壊が進んでいる。地球温暖化（➡P.226）・オゾン層の破壊（➡P.227）・酸性雨（➡P.228）・森林破壊（➡P.229）・砂漠化（➡P.230）など，こ れまで地球がもっていた精妙なバランスが次々と破壊されつつある。環境破壊の原因とその背景にあるものは何かを探り，今後それとどう向き合っていかねばならないかを考えることは，私たち一人ひとりに突きつけられた課題である。

2 相互に関連する地球環境問題

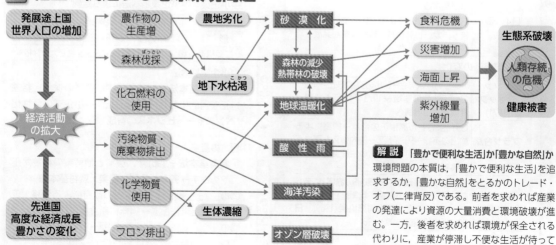

（『環境白書』2001をもとに作成）

解説 **「豊かで便利な生活」か「豊かな自然」か** 環境問題の本質は，「豊かで便利な生活」を追求するか，「豊かな自然」をとるかのトレード・オフ（二律背反）である。前者を求めれば産業の発達により資源の大量消費と環境破壊が進む。一方，後者を求めれば環境が保全される代わりに，産業が停滞し不便な生活が待っている。その認識から出発しなければならない。

経済

SIDE STORY レイチェル・カーソンの没後に出版された『センス・オブ・ワンダー』は，幼少時から自然に触れることの大切さを説き，自然環境教育のバイブルとなった。他に『われらをめぐる海』『海辺』などベストセラー多数。

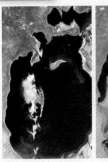

↑ 縮小する**アラル海**(左は1989年，右は2014年)

← かつては中央アジアのオアシス的存在で，漁業も盛んであった(1969年撮影)。

↓ 水が干上がり，「船の墓場」となった。

　カザフスタンとウズベキスタンにまたがる塩湖「アラル海」は，1960年代には世界第4位の面積を誇る湖だった(68,000平方キロメートル，琵琶湖の100倍)。しかし，綿花栽培の灌漑のためアラル海に流入する河川から大量に取水した結果(旧ソ連時代の自然改造計画)，湖への流入水量は減少，アラル海は急激に縮小していった。

　かつては，鳥類や哺乳類など多様な生物が生息し，大がかりな漁業も行われていた。しかし，水面の低下，水量の減少，塩分濃度の上昇などにより，生物の大半が死滅し，漁業も壊滅，「船の墓場」となった。また，砂漠化した大地からは化学物質を多く含む砂嵐が頻発するようになり，呼吸器障がいなどの疾患も多発している。

3 生態系(エコシステム)の考え方

A 生態系の循環図

　1つの生態系の中で生物Aを生物Bが食い，生物Bを生物Cが食うというように，食うものと食われるものを順につないでみたのが**食物連鎖**です。(中略)食物連鎖を図に描いていくと，全体はこみいった網状になるのが普通で，それを食物網とよんでいます。生態系の全生物は，食物網でつながっており，たがいに深い関係をもっていることがわかります。
　さて生態系は，このような食物網をつくる生物と，空気や水や土などの無機物とで成り立っているわけです。無機物の世界が，生物全体の環境になっているといえます。　　　　　　　　　(『生物の世界をさぐる』岩波書店による)

解説 **互いに支え合って生きる**　自然環境の中では動物も植物もそれぞれ互いに関係しながら生態系を形成している。**人間も生態系の中の一要素である。**この人間が有害な廃棄物などを生態系のもつ**自然浄化力**を超えて大量放出すると環境汚染や自然破壊を生じる。

4 沈黙の春

　アメリカの奥深くわけ入ったところに，ある町があった。生命あるものはみな，自然と一つだった。町のまわりには，豊かな田畑が碁盤の目のようにひろがり，穀物畑の続くその先は丘がもりあがり，斜面には果樹がしげっていた。……
　ところが，あるときどういう呪いをうけたわけか，暗い影があたりにしのびよった。いままで見たこともきいたこともないことが起こりだした。若鶏はわけのわからぬ病気にかかり，牛も羊も病気になって死んだ。……そのうち，突然死ぬ人も出てきた。何が原因か，わからない。大人だけではない。子供も死んだ。元気よく遊んでいると思った子供が急に気分が悪くなり，2〜3時間後にはもう冷たくなっていた。
　自然は，沈黙した。うす気味悪い。鳥たちは，どこへ行ってしまったのか。みんな不思議に思い，不吉な予感におびえた。……ああ鳥がいた，と思っても，死にかけていた。ぶるぶるからだをふるわせ，飛ぶこともできなかった。春がきたが，沈黙の春だった。……
　ひさしのといのなかや屋根板のすき間から，白い細かい粒がのぞいていた。何週間まえのことだったか，この白い粒が，雪のように，屋根や庭や野原や小川に降りそそいだ。

レイチェル・カーソン

　病める世界——新しい生命の誕生をつげる声ももはやきかれない。……**すべては，人間がみずからまねいた禍いだったのだ。**(カーソン，青樹築一訳『沈黙の春』新潮文庫)

解説 **農薬使用による生態系破壊**　アメリカの生物学者レイチェル・カーソン(1907〜64)が1962年に発表した『沈黙の春』は，大量の**農薬散布による生態系破壊**の危険性をいち早く警告した，環境問題の「古典」というべき書である。

経済

地球温暖化

1 地球温暖化 ─ 主因は「温室効果」

A 温室効果とは

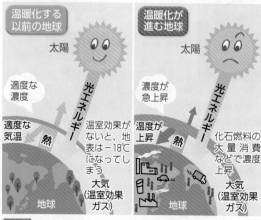

温暖化する以前の地球

太陽

適度な濃度

適度な気温

光エネルギー

熱

温室効果がないと，地表は−18℃になってしまう

大気（温室効果ガス）

地球

温暖化が進む地球

太陽

濃度が急上昇

光エネルギー

温度が上昇

熱

化石燃料の大量消費などで濃度上昇

大気（温室効果ガス）

地球

解説 **地球温暖化のメカニズム** 地球の大気には，**二酸化炭素（CO₂）・メタン**といった**温室効果ガス**が含まれている。太陽から放射された光エネルギーは，大気を通って地表に届き，地表を暖める。その熱は赤外線となって再び宇宙へ放射されるが，赤外線の一部は大気中の温室効果ガスに吸収され蓄熱し（＝**温室効果**），地表面を平均14〜15℃の適度な温度に保っている。しかし，人類は18世紀以降の産業化の進展にともない，**化石燃料（石炭・石油・天然ガスなど）**を大量消費してきたため，大気中の温室効果ガスの濃度が上昇し，大気中に蓄熱されるエネルギーが増加して地表温度が上昇を続けている。これが**地球温暖化**である。

経済

2 地球温暖化の影響

指標	観測された変化（●）と予想される変化（○）
世界平均気温	●2011〜2020年は，工業化前と比べて約1.09℃上昇。 ○向こう数十年の間に温室効果ガスの排出が大量に減少しない限り，21世紀中に地球温暖化は1.5℃及び2℃を超える。
海面水位	●1901〜2018年の間に世界平均で0.20m上昇。 ○2100年までの上昇率は0.28〜1.01m。
雪氷圏	●北極の海氷は1979〜1988年から2010〜2019年の間に，9月で40％，3月で10％減少。 ○氷河の融解は数十年から数世紀にわたり継続。 ○21世紀の間，グリーンランド氷床の損失が継続。
極端な降水	●陸地のほとんどで1950年代以降に大雨の頻度と強度が増加（人為起源の気候変動が主要な要因）。 ○世界規模では，地球温暖化が1℃進行するごとに，極端な日降水量の強度が約7％上昇。
熱帯低気圧	●強い熱帯低気圧の発生割合が過去40年間で増加。 ○非常に強い熱帯低気圧の発生割合は，地球温暖化の進行とともに上昇。

（IPCC「第6次評価報告書」などによる）

解説 **頻発する異常気象** 近年，線状降水帯や台風・熱帯低気圧による大雨，干ばつ，寒波，熱波などの異常気象が頻発している。2021年8月に公開されたIPCC「第6次評価報告書」では，人間の活動が大気・海洋・陸域を温暖化させてきたことは疑う余地がないこと，広範囲にわたる急速な変化が，大気，海洋，雪氷圏及び生物圏に起きていることを指摘した。

3 進む地球の温暖化

A 世界平均地上気温の変化予測

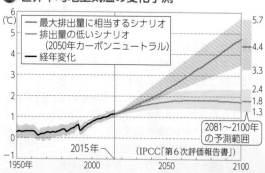

最大排出量に相当するシナリオ
排出量の低いシナリオ（2050年カーボンニュートラル）
経年変化

2081〜2100年の予測範囲

2015年

（IPCC「第6次評価報告書」）

B 人為的なCO₂排出量と大気中のCO₂濃度

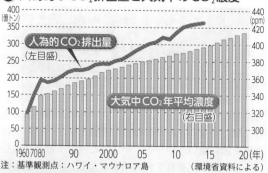

人為的CO₂排出量（左目盛）

大気中CO₂年平均濃度（右目盛）

注：基準観測点：ハワイ・マウナロア島 （環境省資料による）

解説 **地球温暖化の現状** 現在，大気中のCO₂濃度は産業革命前の280ppmから400ppmに達している。このままCO₂の放出が続くと（21世紀末には産業革命前の約2倍），**温室効果**の影響で，21世紀中に世界で平均1.5〜2℃以上気温が上昇すると予測されている。

左の写真のように，地球温暖化で氷河や南極大陸の氷が解け出しており，海面水位は，2100年までに約28〜101cm上昇すると予測されている。

1913年

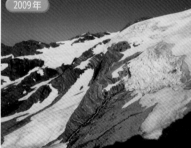

2009年

↑ ロッキー山脈の氷河（アメリカ） 写真：アフロ

SIDE STORY 2018年7月23日，埼玉県熊谷市で国内観測史上最高の41.1℃を記録。2020年8月17日には静岡県浜松市も国内観測史上最高と並ぶ41.1℃を記録した。

4 オゾン層の破壊とは

Ⓐ 破壊のメカニズム

※CFC＝クロロフルオロカーボン
HCFC＝
ハイドロクロロフルオロカーボン

120km
超高層大気
50km
オゾン層
❸ オゾン層の破壊
成層圏
10km
❶ CFC・HCFC等
オゾン層破壊物質
の放出
対流圏
地表

太陽
❹ 有害紫外線量増加
❷ CFC等の分解
❺ 皮膚ガン等増加のおそれ

解説 **オゾン層が生命を保護** 地球を取り巻く大気中のオゾンの大部分は地上から約10〜50km上空の成層圏に存在し，**オゾン(O₃)層**とよばれている。オゾン層は太陽光に含まれる有害紫外線の大部分を吸収し，**地球上の生物を守っている**。

このオゾン層が人工の化学物質であるCFC(クロロフルオロカーボン：**いわゆるフロン**の一種で1995年末に新たな使用は禁止)，HCFC(ハイドロクロロフルオロカーボン)，ハロン，臭化メチル等のオゾン層破壊物質により破壊されていることが明らかになっている。

> オゾン層が破壊されると，地上に到達する有害な紫外線が増加し，人に対して**皮膚ガンや白内障等**の健康被害を発生させるおそれがあるだけでなく，植物やプランクトンの生育の阻害等を引き起こすことが懸念されている。⑮ 『環境白書』2000

2018

Ⓑ 南極のオゾンホール面積の変化(年最大値)

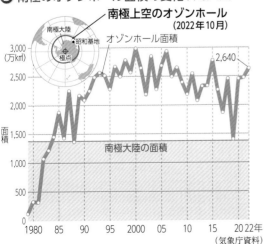

南極上空のオゾンホール
(2022年10月)

南極大陸
昭和基地
極点
オゾンホール面積

3,000
(万km²)
2,640
2,500
2,000
面積 1,500
1,000
南極大陸の面積
500
0
1980 85 90 95 2000 05 10 15 20 22年
(気象庁資料)

Ⓒ オゾンホールの拡大

(気象庁資料)

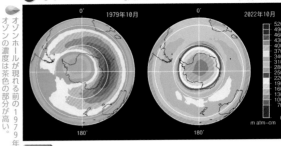

オゾンホールが現れる前の1979年と2022年との比較。オゾンの濃度は茶色の部分が高い。

1979年10月　　　2022年10月

520
490
460
430
400
370
340
310
280
250
220
190
160
130
100
70
0
m atm-cm

解説 **オゾンホール** 南極上空では，オゾン層の減少が激しく，人工衛星で撮ったオゾン濃度の解析図では，オゾン層に穴があいたように見える(**オゾンホール**)。1980年代から90年代にかけて急激に穴が大きくなった。しかし2014年，国連環境計画と世界気象機関は，オゾン層破壊物質が規制(→⑤Ⓐ)された結果，オゾン層が回復している兆候がみられるとの報告書を発表した。

5 オゾン層破壊の影響と対策

解説 **オゾン層は有害紫外線を吸収** オゾン層はすべての動植物を有害紫外線から保護している。一般に，総オゾン量が1%減少すると皮膚ガン発生率は2%，白内障は0.6〜0.8%増加するといわれ，作物の生育にも影響を及ぼす。

↑ オーストラリアでは，上空のオゾン層が薄いため，子どもたちに対して，「長袖のシャツを着る，日焼け止めを塗る，帽子をかぶる(写真：紫外線を防ぐ布がついている)，サングラスをかける」といった紫外線対策を行っている。

Ⓐ オゾン層保護対策に関する世界の動き

年・月	内　容
1974.6	**オゾン層に対するフロンの影響を指摘** 米大学教授がオゾン層の減少と生態系に与える影響を指摘
1985.3	**オゾン層保護のためのウィーン条約**
1987.9	**モントリオール議定書**採択 10年間でフロン半減
1988.5	日本で**オゾン層保護法**成立 特定フロンを規制
1989.5	**ヘルシンキ宣言** 特定フロンの2000年全廃決議

具体化

Ⓑ フロンの規制

↑ 冷蔵庫から回収されるフロンガス
〔読売新聞／アフロ〕

解説 **フロンの使用禁止** フロンは毒性が無く，冷蔵庫やエアコン，スプレーなどに使われてきた。しかし，フロンによってオゾン層が破壊され，紫外線の増加で皮膚ガンや白内障が増えるといわれている。1987年の**モントリオール議定書**によって段階的に規制され，1995年先進諸国では特定フロンを全廃した。**代替フロン**(メタン，一酸化二窒素など)への切り替えがなされているが，それも地球温暖化の原因となるため，**2020年に実質全廃**された。

SIDE STORY オゾンホールは，南半球の冬季から春季にあたる8〜9月ごろ発生，急速に発達し，11〜12月ごろに消滅するという季節変化をしている。つまり，一年中存在しているわけではないのである。

227

6 酸性雨とは

Ⓐ 酸性雨発生のメカニズムとその影響

窒素酸化物（NOx）
硫黄酸化物（SOx）

硝酸
硫酸

酸性雨

酸性雪

発電所　工場　自動車
（化石燃料の使用）

解説 酸性雨の原因は「ばい煙」　工場のばい煙や車の排気ガス
などに含まれる 硫黄酸化物 や 窒素酸化物 などが大気中で水と化
学反応をおこし、硫酸や硝酸に変化し、それが酸性度の高い雨となっ
て地上に降り注ぐ。**酸性雨**は湖を"死の湖"に変え、森の植物が枯
れたりするなど深刻な被害が広がっている。

Ⓑ 酸性雨の"酸性度"

pH＝酸性度を示す指数で数値
が低いほど酸性度が強い。
（『今，「地球」が危ない』学習研究社）

バッテリー液
レモン果汁
酢
自然発生源の酸
欧米の酸性雨
日本を含む酸性雨
正常な雨
蒸留水
アンモニア水

酸性雨

pH＝0　1　2　3　4　5　6　7　8　9　10　11　12　13　14

酸性　　　　中性　　アルカリ性

解説 pH5.6以下が酸性雨　一般的にpH5.6以下を酸性雨と
いう。しかし、二酸化硫黄や硝酸ガスなどの影響で雨水のpHは
5.0程度まで低下するため、アメリカでは5.0以下を酸性雨と考
える意見もある。酸性雨は欧州では「緑のペスト」、中国では「空
中鬼」ともよばれる。

Ⓒ 酸性雨による腐食（ルーアン・フランス）

解説 欧州で深刻な酸性雨の被害　酸性雨はイギリスで始まっ
た。産業革命による工業発展の結果、工場の排煙が大気を汚し、
酸性の雨を降らせた。また、風で運ばれた黒い雲は北欧に強い酸
性雨を降らせ、スウェーデンやノルウェーの湖沼の酸性化が進み、
魚類などが死滅している。アメリカの自由の女神やヨーロッパの
古い建造物なども腐食が進んでいる。酸性雨は国境を越え、汚染
源から遠く離れた地域にまで被害が及ぶ。欧州諸国では1979年に
長距離越境大気汚染防止条約が採択され、85年には硫黄酸化物に
関するヘルシンキ議定書、88年には窒素化合物に関するソフィア
議定書が採択された。

経済

7 日本の酸性雨 ―大陸の影響も

Ⓐ 日本の酸性雨の状況（降水中のpH分布図）

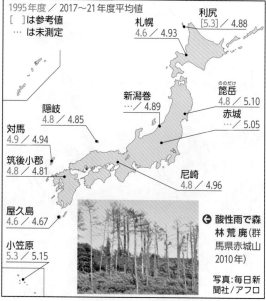

1995年度／2017～21年度平均値
[　]は参考値
…　は未測定

利尻　[5.3]／4.88
札幌　4.6／4.93
新潟巻　…／4.89
箆岳　4.8／5.10
赤城　…／5.05
隠岐　4.8／4.85
対馬　4.9／4.94
筑後小郡　4.8／4.81
尼崎　4.8／4.96
屋久島　4.6／4.67
小笠原　5.3／5.15

◀ 酸性雨で森
林荒廃（群
馬県赤城山
2010年）

写真：毎日新
聞社／アフロ

（環境省資料より作成）

解説 国境を越える酸性雨　環境省調査・作成のpH分布図
によると、酸性雨調査をおこなった全地点の酸性度の平均値は
pH4.92 で、依然として酸性雨が観測されている。特に日本海側
や西日本では、晩秋から春にかけて大陸・東アジアから飛来する
大気汚染物質による影響が確認されている。中国の北京では、急
速な経済成長、都市圏膨張が原因となった環境汚染が深刻であり、
大気だけでなく、河川・湖水の汚染が進み**酸性雨も深刻化**してお
り、日本への影響が懸念される。

↑ 酸性雨への対策として、石灰など中和剤の散布が行われている
（ドイツ）

Target Check 環境問題に関する次の記述の正誤を判
断しなさい。　　　（解答➡表紙ウラ）

□① オゾン層保護のためのウィーン条約が採択され、この
条約を具体化するモントリオール議定書が発効し、フ
ロン削減の具体案が定められた。

□② 酸性雨は、ヨーロッパで森林の枯死などの問題を引き起
こしたが、燃料の質を改善するなどの対策によって、北
アメリカやアジアで酸性雨問題はまだ発生していない。

□③ オゾン層が破壊された結果、フロンが発生し、健康に
悪影響を及ぼすことが、問題となっている。

（センター2004追試、2005、10本試による）

SIDE STORY 雲ができるときに空気中の酸性物質が雲粒の核となり、さらに雲から雨粒が落ちてくるときにその経路に漂って
いる酸性物質を取り込むので、雨は降り始めに酸性が強く、だんだんと弱くなる。

8 森林の減少

A 森林変化率(2010〜2020年)

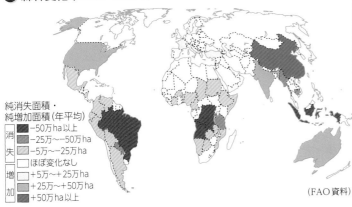

純消失面積・
純増加面積(年平均)

消失	
	−50万ha以上
	−25万〜−50万ha
	−5万〜−25万ha
	ほぼ変化なし
増加	+5万〜+25万
	+25万〜+50万
	+50万ha以上

(FAO資料)

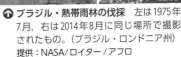

↑ **ブラジル・熱帯雨林の伐採** 左は1975年7月，右は2014年8月に同じ場所で撮影されたもの。(ブラジル・ロンドニア州) 提供：NASA/ロイター/アフロ

B 熱帯雨林を伐採するとなかなか回復しない理由

伐採前

薄い表土の上を厚い森林がおおっている。熱帯雨林特有の激しいスコールは，森林の木々や葉に当たるため，地表近くでは霧状の雨が降りそそぐ(薄い表土が森林によって守られている)。

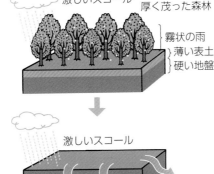

激しいスコール　厚く茂った森林

霧状の雨
薄い表土
硬い地盤

伐採後

薄い表土をおおうものがなく，激しいスコールが直接表土を押し流してしまう。表土流失後は不毛の大地と化し，保水力がないため洪水を引き起こす。

激しいスコール

表土流失・洪水

解説 **森林の減少** 国連食糧農業機関(FAO)によると，1990年は約42億4,000万haが森林だったが，2020年には，森林面積が世界の陸地面積の31％，約40億6,000万haに減少した。アフリカ・南アメリカ・東南アジアなどの**熱帯林の減少**は特に深刻だ。

森林のもつ働きは，①二酸化炭素を吸収し，雨水をため水蒸気として大気中に戻すことで地球の気候を安定させる働き，②雨を地中に蓄え，洪水や土壌流失を防ぐ働き，③多種多様な**野性生物種**の生活の場として生態系を維持する働き，などがある。森林が大規模に破壊されると，こうした働きもまた失われているのである。特に熱帯林は多種多様な生物が生息する**遺伝子資源**の宝庫であるため，一度破壊されると原状回復が極めて困難である。

9 森林の減少の原因と対策

過剰な商業伐採(マレーシア)

焼き畑農業(タイ)

薪炭材の過剰伐採(スーダン)

植林活動(スリランカ)

解説 **森林をむしばむ商業伐採** **森林破壊**の最大の原因は，**商業伐採**である。売る材木を切り出すばかりでなく，材木を運び出すための道路を整備し，広大な材木置き場を作り，材木を運ぶレールを敷設するために，過剰な伐採が繰り返されるのである。

農地・放牧地の確保のための開拓，伝統的な焼き畑農業，薪炭材の過剰な伐採，なども原因に挙げられる。近年では酸性雨による森林破壊も深刻だ。

対策として，世界各国やNGO(非政府組織➡P.332)は積極的に植林活動をすすめているが，なによりも森林伐採を環境や社会に配慮した持続可能なものにしなければならない。

経済

SIDE STORY アマゾン川流域の熱帯雨林は，「地球の肺」ともよばれ，世界最大面積を誇る。変化に富んだ多数の動植物が生息しているが，大型哺乳類は少ないという特色をもつ。昆虫は現在でも新種が多数発見されている。

⑩ 砂漠化とは

Ⓐ 拡大する砂漠化地域

軽微
中度
重度
激甚

(UNEP資料)

↑ 押し寄せる砂丘（モーリタニア）

Ⓑ 乾燥地域における土地劣化の要因と面積

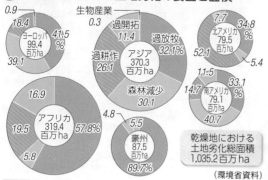

生物産業 0.3

ヨーロッパ 99.4百万ha 41.5%
0.9 / 18.4 / 39.1

過開拓 11.4
過放牧 32.1%
アジア 370.3百万ha
過耕作 26.1
森林減少 30.1

北アメリカ 79.5百万ha 34.8%
7.7 / 52.1 / 5.4

南アメリカ 79.1百万ha 33.1%
11.5 / 14.7 / 40.7

アフリカ 319.4百万ha 57.8%
16.9 / 19.5 / 5.8
4.8

豪州 87.5百万ha 89.7%
5.5

乾燥地における土地劣化総面積 1,035.2百万ha

(環境省資料)

解説 「砂漠化」＝土地の荒廃　熱帯雨林の減少と並行して地球の**砂漠化**が進行している。特にサハラ砂漠南縁部の「サヘル地帯」など，アフリカの砂漠化は深刻だ。その背景には，1960年代からアフリカで干ばつが相次いでいるという気候的要因のほかに，増え続ける人口をまかなうための**農地拡大**，**過剰な食料生産**，牛やヤギなど**家畜の過放牧**，燃料用の樹木伐採などの人為的要因がある。毎年，日本の九州と四国とをあわせた面積に相当する600万haの土地が不毛になっている。

また，中国では全土の約35%が砂漠化しているといわれている。1972年以降，黄河の水が干上がって水が海に注がなくなる「断流」という現象もみられる。インドやパキスタン，アラル海周辺地域では，土壌表面に塩分がたまり作物が育たなくなる「土壌の塩性化」が深刻化している。

⑪ 砂漠化の原因と影響

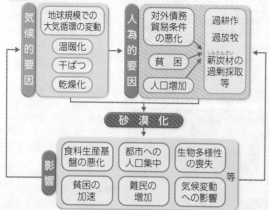

気候的要因
- 地球規模での大気循環の変動
  - 温暖化
  - 干ばつ
  - 乾燥化

人為的要因
- 対外債務貿易条件の悪化
- 貧困
- 人口増加
- 過耕作 過放牧
- 薪炭材の過剰採取等

→ **砂 漠 化**

影響
- 食料生産基盤の悪化
- 都市への人口集中
- 生物多様性の喪失
- 貧困の加速
- 難民の増加
- 気候変動への影響
等

（「砂漠化防止対策への提言」環境省による）

解説 人為的要因が被害を拡大　砂漠化は，大気循環の変動・温暖化・干ばつ・乾燥化などの気候的要因に，過耕作・過放牧など人為的要因があいまって，被害を拡大させている。

⑫ 砂漠化を防ぐ対策

Ⓐ 「砂漠化対処条約」の採択・発効

年	条約成立の経緯
1977	「国連砂漠化会議」において行動計画を採択
92	「国連環境開発会議（UNCED）」で条約作成の基本合意
94	「砂漠化対処条約」を採択，パリで日本を含む86か国が署名（96年条約発効）
98	日本が条約を批准し加盟
2022	12月現在，196か国・地域＋EU

解説 国際協力による砂漠化防止への取り組み　正式名称を「深刻な干ばつ又は砂漠化に直面する国（特にアフリカの国）において砂漠化に対処するための国際連合条約」という。この条約では，砂漠化が特に深刻なアフリカなど開発途上国において，それに対処するための行動計画を策定・実施し，その取り組みを先進国が支援することなどを規定している。

FOCUS PM2.5（微小粒子状物質）と黄砂

PM2.5とは，自動車の排気ガスなどに含まれる直径2.5μm（＝0.0025mm）以下の微小粒子の総称。極めて細かい粒子のため，人間が吸い込むと気管や肺胞へ吸収されてしまい，気管支炎やぜんそく，肺がんなどを引き起こす。中国では近年の経済成長に伴い，PM2.5をはじめとする有害物質による大気汚染が拡大し，社会問題化している。さらに中国の大気汚染が偏西風にのって，九州をはじめ西日本へも被害が拡大している。

一方，黄砂は，春になると中国大陸内陸部の乾燥地帯で砂塵が強風で巻き上げられ，偏西風に乗って日本にまで運ばれ降下するもので，日本でも黄砂の飛来は古くから記録が残っている。懸念されるのは，①近年の中国の大気汚染で，黄砂が大気中の有害物質の化学反応を促進させる可能性がある点，②黄砂にPM2.5が付着して飛来する点，③土壌の中のカビ類やバクテリアなどが砂塵と一緒に運ばれてくる点である。

↑ 高い濃度のPM2.5が観測され注意情報が発信された福岡市（2013.3）

経済

230

SIDE STORY　サハラ砂漠は乾燥と湿潤の気候を繰り返してきた。8000年前は湿潤な気候が続き，サバンナやステップ，森林もあった。現在は乾燥した気候が続いているが，5000年前より砂漠の南限は1,000kmも南下している。

13 野生生物の減少

A 世界の絶滅のおそれのある動物種数 （単位：種）

分類	既知種数	評価種数	絶滅危惧種数	絶滅（野生絶滅含む）
哺乳類	6,596	5,973	1,340	87
鳥類	11,188	11,188	1,400	164
爬虫類	11,733	10,222	1,842	34
両生類	8,536	7,486	2,606	37
魚類	36,367	25,351	3,551	92
無脊椎動物	1,521,459	26,862	6,161	401
（動物合計）	1,595,879	87,082	16,900	815
植物	424,335	62,666	24,914	5
菌類・原生生物	141,541	640	294	0
総計	2,161,755	150,388	42,108	820

（IUCN「レッドリスト」2022による）

> **レッドリスト**…絶滅のおそれのある動植物を，絶滅の危険性の高い種ごとに分類したリスト。
> **レッドデータブック**…レッドリストに基づいてより具体的な内容を記載したもの。1966年，国際的な自然保護団体であるIUCN（国際自然保護連合）が最初に公表。日本でも1991年に「日本の絶滅のおそれのある野生生物」（＝環境庁版レッドデータブック）が公表され，以後も改訂が進められている。
> **[21] 生物多様性**…地球上の様々な生物（人，動植物，バクテリアなどの微生物に至るまで）が，互いにつながりあって生きていることをいい，人間も様々な生物の恵みによって命や生活を支えられている。

B 絶滅のおそれのある野生生物

マウンテンゴリラ／ジャイアントパンダ／ヨウスコウカワイルカ／ツキノワグマ／カリフォルニアコンドル／ピューマ／アジアゾウ／チンパンジー／トラ／イリオモテヤマネコ／ニホンカワウソ／ジャガー／クロサイ／オランウータン／アイアイ／キタケバナウォンバット／オオアリクイ／タテガミナマケモノ

> **解説** **危機に瀕する世界の動植物** 2022年にIUCN（国際自然保護連合）がまとめた「レッドリスト」には，絶滅のおそれの高い種として，42,108種がリストアップされている。大規模開発や環境汚染ばかりでなく，野生生物の過剰利用や，外来種による在来種の駆逐なども動植物に大きな影響を与えている。
> また，自然環境の悪化に伴い，生物多様性が危機に面している。ある一つの野生生物の数が少なくなると，その生き物とつながっている他の多くの生き物や，人間生活にも影響が心配されるため，生物多様性を守ろうと世界各国で対策を考えている。2010年には国連生物多様性条約第10回締約国会議（COP10）が愛知県で開催され，2020年までの生態系保全の国際目標「愛知ターゲット」とともに，微生物などの**遺伝資源の利益配分**を定めた「**名古屋議定書**」が採択された。

14 輸出入される有害廃棄物

A 各国の有害廃棄物の輸出入量 （環境省資料による）

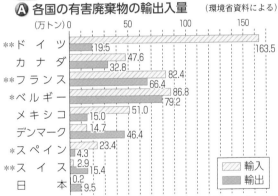

（万トン）

国	輸入	輸出
**ドイツ	19.5	163.5
カナダ	47.6	32.8
**フランス	82.4	66.4
*ベルギー	86.8	79.2
メキシコ	51.0	15.0
デンマーク	14.7	46.4
*スペイン	23.4	4.3
**スイス	2.9	15.4
日本	0.2	9.5

注：日本は2021年，＊2003年，＊＊2004年，それ以外は2005年の数値

> **解説** **危険は他国に？** 自国の規制が厳しくなると発展途上国に債務と引きかえに輸出する例が発生してきたことから，1989年，有害廃棄物をほかの国にもち出すことを取り締まる**バーゼル条約**[16][20]が結ばれた（日本は1993年に批准）。

15 海洋プラスチック

プラスチックの容器，製品

↓ 海へ

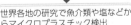

年間800万トン以上のプラスチックごみが海へ流入している

↓

紫外線で劣化，波で細かく砕け，マイクロプラスチック（5ミリ以下の微小なプラごみ）に

↓

世界各地の研究で魚介類や塩などからマイクロプラスチック検出

（「あさがくナビ」2022.7.1を参考に作成）

↑ **海岸を埋めるプラスチックごみ**（和歌山県・友ヶ島）

> **解説** **人体にも入り込む** 世界の海岸には多くのプラスチックごみが漂着している。プラスチックごみは紫外線で劣化して**マイクロプラスチック**となり，生態系を含めた海洋環境の悪化や海岸機能の低下，景観への悪影響，船舶航行の障害，漁業や観光への影響等，さまざまな問題を引き起こしている。また，魚介類や塩などを経由して人体にも入り込む。人体への影響は未知数だが，細胞を傷つけているとの研究もある。最新の研究では大気中にも多くのマイクロプラスチックが存在し，私たちは毎日それらを吸っているという。世界中で**レジ袋や使い捨てプラスチックの規制**が進んでいるが，世界全体でのより一層の取り組みが不可欠である。

経済

> **Target Check** 環境問題に関する次の記述の正誤を判断しなさい。 （解答➡表紙ウラ）
> □ ① 中国内陸部における砂漠化の進行は，日本に降る酸性雨の主な原因となっている。
> □ ② 森林破壊の一因として，開発途上国の人口増加による耕地拡大や薪・炭にするための木材の過剰伐採が指摘されている。
> □ ③ 生物の多様性の保全と持続可能な利用などを目的とする，生物の多様性に関する条約（生物多様性条約）が採択された。 （センター2007追試，2010本試による）

16 国際的な環境保全

1 地球環境問題への国際的な取り組みの歩み

年	主なできごと
1962	レイチェル・カーソンが『沈黙の春』を発表
71	**ラムサール条約**(湿地とその生態系の保護) 16
72	ローマ・クラブが『**成長の限界**』を発表 18
	国連人間環境会議開催(スウェーデン：ストックホルム)
73	国連環境計画(UNEP)の設立
	ワシントン条約(絶滅危機の野生動物保護)
85	オゾン層保護の**ウィーン条約**採択
87	「**持続可能な開発**」の提言(報告書「われら共有の未来」)
	モントリオール議定書採択(特定フロン5種の削減)
89	**バーゼル条約**採択(有害廃棄物の越境移動規制)
	モントリオール議定書締約国会議で**フロン全廃**を決定(**ヘルシンキ宣言**)
92	**地球サミット**(国連環境開発会議)開催 倫政23
93	**生物多様性条約**発効，94年**気候変動枠組み条約**発効
96	砂漠化対処条約発効
97	地球温暖化防止京都会議➡**京都議定書**採択(05年発効)
2002	**環境・開発サミット**(持続可能な開発に関する世界首脳会議)開催(南アフリカ：ヨハネスブルク) 倫政23
10	**名古屋議定書**(生物多様性条約の議定書)採択
11	COP 17➡京都議定書延長，日本は不参加
12	地球サミット(国連持続可能な開発会議：リオ+20)
15	国連総会でSDGsを中核とする持続可能な開発のためのアジェンダ採択
	COP 21➡**パリ協定**採択(日本は16年に批准)(◆P.234 7)
21	離脱していた**アメリカ**がパリ協定に正式復帰

「成長の限界」
人口増加や環境悪化，資源の消費などが現在のまま続けば，100年以内に地球上の成長は限界に達すると報告。

国連人間環境会議―国際的な取り組みの始まり 倫政23
地球環境問題をテーマとした初の国際会議(113か国が参加)。

「**スローガン**」宣言	「Only One Earth(かけがえのない地球)」(人間環境を保護し改善させることは……すべての政府の義務である)人間環境宣言を採択。
成果	UNEP(国連環境計画)の設立 14 18 【本部：ナイロビ(ケニア)】

地球規模の環境問題への取組みを具体化することを主たる目的としていること。

地球サミット―「持続可能な開発」が基本理念
リオ宣言，アジェンダ21などの採択。(◆P.233 2)

京都議定書―初の法的拘束力(◆P.234 5)
温室効果ガスの排出削減目標を定めている。
発効条件：①55か国以上の批准　②批准先進国のCO_2排出量(1990年)が全先進国のCO_2排出量の55%以上になること。

解説 環境問題のグローバル化　環境問題は先進国・発展途上国のそれぞれの問題が複雑に結びつきながら，より**深刻化・グローバル化**している。

A 各分野における環境保全の取り組み

経済

地球環境問題	国際的な取り組み
地球温暖化(◆P.226)	1992年「気候変動枠組み条約」締結。1997年「京都会議」で炭素排出の削減目標決定➡2005年京都議定書発効。
熱帯林の減少(◆P.229)	1989年に21世紀初めに年1,540万haの森林面積増を目標。1992年地球サミットで「森林に関する原則声明」。
酸性雨(◆P.228)	1979年欧州を中心に「長距離越境大気汚染防止条約」締結。東アジア諸国共同で，酸性雨モニタリングネットワークが試行的に始まっている。
オゾン層の破壊(◆P.227)	1985年，「オゾン層保護のためのウィーン条約」で，オゾン層破壊物質の研究を国際協調で促進。1987年，「モントリオール議定書」によりフロンガスを段階的に規制。1995年，先進諸国は特定フロンの生産を全廃。2020年，特定フロン全廃。2016年モントリオール議定書キガリ改正で，特定フロンに代わる代替フロンも温室効果が高いため削減対象に。
砂漠化(◆P.230)	1977年，「国連砂漠化防止会議」で「砂漠化防止行動計画」を採択。1994年「砂漠化対処条約」採択。
有害物質の越境移動(◆P.231 14)	1972年「ロンドン条約」で廃棄物の海洋投棄を規制。1989年，有害物質は発生した国で処分することを原則にした「バーゼル条約」を採択。日本は1993年に加入。
海洋汚染(◆P.231 15)	陸上で発生した廃棄物の海洋投棄を規制する「ロンドン条約」，船舶からの油・有害液体物質の排出を規制する「マルポール73/78条約」採択。1994年「海洋法に関する国際連合条約」発効。
生物多様性の減少 14 15 17 (◆P.231 13) 20 倫政19	1971年，「ラムサール条約」採択。正式には「特に水鳥の生息地として重要な湿地に関する条約」。日本では，釧路湿原，霧多布湿原，琵琶湖沼などが指定を受け，53か所が登録湿地となっている(2021.11現在)。1973年，「ワシントン条約(絶滅のおそれのある野生動植物の種の国際取引に関する条約)」を採択し，野生生物の国際取引を規制。1992年，生物多様性の保全をめざす「生物の多様性に関する条約(CBD)」を採択。
世界遺産条約(◆P.233 4)	1972年，ユネスコ総会で採択。世界遺産に登録されると資金・技術援助がある。日本では自然遺産5か所(屋久島・白神山地・知床ほか)と文化遺産20か所(原爆ドームほか)が登録されている(2023.8現在)。

B 世界自然遺産

⤴ グランド・キャニオン国立公園(1979，アメリカ合衆国)

⤴ グレート・バリア・リーフ(1981，オーストラリア)

⤴ 白神山地(青森県・秋田県)(1993，日本)

SIDE STORY 環境のことを考えて，環境への負荷の少ない買い物をする人々を「**グリーン・コンシューマー**」という。 14 15 (古紙100%のトイレットペーパーを選ぶ，マイバッグを持参，詰め替え容器になった製品を選ぶなど)

2 地球サミット（国連環境開発会議）[1992年，リオデジャネイロ]

Ⓐ 地球サミットで採択された宣言・条約

宣言・条約	主な内容
倫政15 環境と開発に関するリオ宣言	人類と自然との共生・相互依存を強調し，**持続可能な開発**のために環境保護が不可欠であることを宣言。倫政22 16 14 17 「持続可能な開発」という言葉が使用されたこと。
アジェンダ21	地球環境保護への世界の行動計画。貧困の撲滅や，浪費的でない持続可能な消費・生活スタイルをめざす。
18 20 気候変動枠組み条約	地球温暖化防止のための温室効果ガスの安定化・削減。先進国は温室効果ガス排出量を1990年代末までに90年水準にもどすことをめざす。開発途上国に対し，排出抑制のための技術移転・資金協力。（95年以降，締約国会議（COP）を毎年開催。）
15 生物多様性条約（CBD）	生物多様性の保全と遺伝子資源の利益の公平な分配をめざす。保全の必要な地域・種のリストを作成し，保全に努力する。
森林に関する原則声明	森林の経営・保全・持続的開発の達成に貢献。

解説 持続可能な開発　1972年の国連人間環境会議20周年を記念し，持続可能な開発（**発展途上国等の開発と環境保護との調和**）を基本理念とし，地球環境問題への対策について国際的合意をめざした。

3 ナショナル・トラスト運動

Ⓐ 日本の主なナショナル・トラスト運動

(公財) 阿蘇グリーンストック
(公財) おおのじょう緑のトラスト協会
(公社) トンボと自然を考える会
(公財) 天神崎の自然を大切にする会
(公財) 妻籠を愛する会
太平宿をのこす会
(公財) トトロのふるさと基金
(公財) さいたま緑のトラスト協会
(一財) 小清水自然と語る会
函館チンチン電車を走らせよう会
はちのへ小さな浜の会
蔵王のブナと水を守る会
しれとこ100㎡運動の森・トラスト
霧多布湿原ナショナルトラスト（斜里町）

16 国が直接土地の購入や管理などを進めているわけではなく，市民ボランティアや寄付金などによって成り立っていること。

(公財) 大阪みどりのトラスト協会
赤目の里山を育てる会
(公財) 柿田川みどりのトラスト
(公財) 鎌倉風致保存会
(公財) かながわトラストみどり財団
やんばる自然保護の会

((公社) 日本ナショナル・トラスト協会による)

解説 ナショナル・トラスト運動とは　自然や歴史的遺産を開発等から守るため，多くの人から寄付金を集めて開発予定の土地を買収したり，その土地の寄贈を受けて保存・管理する運動で，1895年にイギリスで始まった。日本では，鎌倉の八幡宮の裏山買取り運動，知床国定公園内の100㎡運動などをとおして広まった。1985年に政府は「自然環境保全法人」の設立を認め，87年に和歌山県田辺市の天神崎の自然を買い取る運動が，その第1号に指定された。

4 世界遺産条約

Ⓐ 世界の世界遺産の状況

世界遺産(2023.7現在)	自然遺産218	計1,157件
	文化遺産900	
	複合遺産39	

(ユネスコHPによる)

世界遺産…人類共通の遺産としての保護を目的にユネスコが登録した自然や文化財

Ⓑ 日本の世界遺産

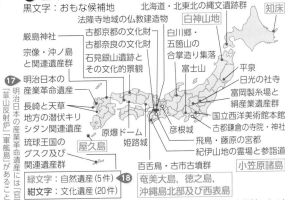

黒文字：おもな候補地

北海道・北東北の縄文遺跡群
知床
白神山地
厳島神社
宗像・沖ノ島と関連遺産群
古都京都の文化財
古都奈良の文化財
石見銀山遺跡とその文化的景観
白川郷・五箇山の合掌造り集落
富士山
平泉
日光の社寺
富岡製糸場と絹産業遺産群
国立西洋美術館本館
古都鎌倉の寺院・神社
飛鳥・藤原の宮都
紀伊山地の霊場と参詣道
小笠原諸島
17 明治日本の産業革命遺産「韮山反射炉」「軍艦島」があること。
長崎と天草地方の潜伏キリシタン関連遺産
原爆ドーム
姫路城
彦根城
屋久島
琉球王国のグスク及び関連遺産群
百舌鳥・古市古墳群
18 奄美大島，徳之島，沖縄島北部及び西表島

緑文字：自然遺産(5件)
紺文字：文化遺産(20件)

(外務省資料による)

解説 人類共通の遺産　世界遺産は，人類共通の遺産として保護するため，**国際教育科学文化機関（ユネスコ）**が**世界遺産条約**に基づいて登録した文化財や自然環境である。登録されることで，観光の起爆剤になる反面，押しよせる観光客によって環境が悪化し，荒らされるケースも頻発している。環境が危機にさらされている場合，「危機遺産」のリストに掲載され，登録抹消もあり得る。

FOCUS 日本も導入「環境税」 16

　環境税(地球温暖化対策のための税)は，石油・石炭・天然ガスなどすべての化石燃料の利用に対して，排出量に応じて課税するものである。日本では2012年10月に導入され，2016年4月1日，最終税率へと引き上げられた。

　課税によりCO_2排出量を抑制するとともに，税収は省エネルギーの推進，再生可能エネルギーの拡大に充てて，CO_2排出抑制対策を強化する。

　環境省の試算では，各家庭で月100円程度の負担増となるが，諸外国に比べると税率が低く，目的が達成できるか疑問視する声もある。

○主な炭素税導入国の税率推移及び将来見通し

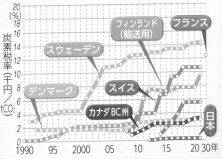

炭素税率(千円/tCO₂)
フィンランド(輸送用)
フランス
スウェーデン
スイス
デンマーク
カナダBC州
日本

14 につながる経済活動が抑制される場合があること。 政府が国民や企業に環境税を課すことで，環境の悪化

注1：スウェーデン(1991～2017年)とデンマーク(1992～2010年)は産業用軽減税率を設定していたが，ここでは標準税率を採用。
注2：為替レートはみずほ銀行外国為替相場2018～2020年の平均値。
(資料)各国政府資料をもとにみずほ情報総研作成。

(みずほ情報総研資料による)

経済

[⇒P.372] ラムサール条約，気候変動枠組み条約，ワシントン条約，生物多様性条約（CBD），成長の限界，国連人間環境会議，国連環境計画（UNEP），持続可能な開発，地球サミット（国連環境開発会議）

5 京都議定書[1997年採択，2005年発効]

A 京都議定書の主な骨子

①2008年から2012年の実施期間に**先進国全体**で，二酸化炭素など3種類の温室効果ガスは1990年に比べて，代替フロンなど3種類のガスは95年に比べて，合計で**5.2%削減**する。また，国ごとに排出削減数値目標が課された（日本－6％，米－7％，EU－8％）
②吸収源の変化の算定は，90年以降の植林，再植林，伐採に限定する
③**先進国間の排出量取引と共同実施を導入**
④**クリーン開発メカニズム**で，**途上国の持続可能な発展の達成を支援し，先進国の削減目標達成を助ける**

14 発展途上国は温室効果ガスの削減義務を負っていないこと。

B 京都メカニズム

14 排出量取引（ET）	**先進国同士**で排出枠を売買すること。2008年，日本はハンガリーの排出枠を購入。
共同実施（JI）	**先進国同士**で技術援助等を行い，排出量を削減する。削減された排出量は，援助した側の国の成果となる。
クリーン開発メカニズム（CDM）	**先進国が途上国に**省エネ技術を援助し，削減された排出量を自国の成果とする。

解説 **削減義務は先進国だけ** 京都議定書では温室効果ガスの排出削減義務があるのは先進国だけである。温暖化の責任は，温室効果ガスの排出をしながら豊かになった先進国にあるからだ。排出量の多い中国やインドには削減の義務がなく，アメリカは削減義務を嫌って参加していない。京都議定書の削減義務は2008〜12年までのため，2011年12月，**気候変動枠組み条約**の17回目の総会（COP17）で延長が決まった（日本は削減義務を拒否）。

6 気候変動に関する政府間パネル（IPCC）**21**

A 第6次評価報告書（2021〜22年）

IPCCが3つの作業部会に分かれてまとめた「第6次評価報告書」のポイントは次のとおり。

①人間の影響が大気，海洋及び陸域を温暖化させてきたことには**疑う余地がない**。
②人為起源の気候変動により，自然の気候変動の範囲を超えて，**自然や人間に対して広範囲にわたる悪影響**とそれに関連した損失と損害を引き起こしている。
③我々は，温暖化を**1.5℃に抑制する経路上になく**，2010〜19年の温室効果ガス排出量の年平均値は，人類史上最高となった。
④すべての部門・地域において，早期に野心的な削減を実施しないと1.5℃を達成することはできない。**今後数年間が正念場**になる。
⑤気候変動への影響を緩和する政策だけを行うよりもSDGsと組み合わせた方がより多くの削減機会を増やすことにつながる。

（WWFジャパンHPを参考に作成）

解説 **国際交渉を後押しするIPCC報告書** IPCCは，温暖化について各国が共通認識を持つために，世界気象機関と国連環境計画によって1988年に設立され，現在195か国が加盟している。報告書では，気温上昇を産業革命前と比べ1.5℃に抑えるためには2030年までに温室効果ガス排出量を半減させるための緊急の行動や緩和策が必要であり，それは困難だが可能であることを示した。

7 世界の温暖化対策の行方

A 気候変動枠組み条約交渉の流れ

1992年	気候変動枠組み条約…先進国は90年代末までに温室効果ガス排出量を90年レベルまで戻す	京都議定書		
97	**COP3** 京都議定書…先進国へ法的拘束力のある排出削減目標設定（90年比5.2%削減）			
2001	**COP7** マラケシュ合意…運用ルールに合意			
08		削減期間（第1約束期間）	ポスト京都議定書	
09	国連気候変動サミット…鳩山由紀夫首相2020年までに90年比25％削減を表明（鳩山イニシアチブ）			
	COP15 コペンハーゲン合意…気温上昇を2℃に抑えるべきとの見解を共有			
11	**COP17** ダーバン合意…すべての国に適用される，新たな法的枠組（**ポスト京都議定書**）を，2020年から発効させることで合意		議論	
12	**COP18** ドーハ合意…京都議定書延長手続き→第2約束間へ（日・加・ロは不参加）			
15	**COP21** パリ協定採択…2020年以降のポスト京都議定書の枠組み合意	延長（第2約束期間）13年〜	採択	
16	11月，パリ協定が発効			
17	米，パリ協定離脱表明　（21復帰）		批准手続き	
18	歴史上初めて，すべての国が参加する公平な合意。発効要件は，①国数（55か国以上），②温室効果ガス排出量（全排出量の55%以上を占める国）の2つ。			
19				
20	「パリ協定」の運用開始			
23	第1回グローバル・ストックテイク（GST）			

B 京都議定書とパリ協定の概要

	京都議定書	パリ協定
対象国・地域	38（先進国のみ）	196（途上国含む） **倫政23**
全体の目標	先進国は2008〜12年の間に1990年比で約5％削減	産業革命前からの気温上昇を2℃未満に抑え，1.5℃に抑える努力を追求
長期目標	なし	今世紀後半に温室効果ガスの排出量実質ゼロ
各国の削減目標	各国政府間で交渉し決定	すべての国が削減目標を5年ごとに提出・更新することを義務化。目標値は各国で設定
目標達成義務	あり（罰則あり）	なし

解説 **「パリ協定」発効** 地球環境問題で重要な視点は南北問題である。気候変動枠組み条約が採択された地球サミットでも，発展途上国は先進国のCO_2排出規制案に批判的だった。エネルギーの大部分を使用する先進国（**→P.235**）が，工業化を進めている途上国に規制を求めることへの反発が強いからだ。そのため，2015年12月に採択されたパリ協定は途上国も参加する点で画期的な枠組みといえる。そのパリ協定は2016年11月4日，採択から一年足らずで発効となった（日本は発効後の11月8日に批准）。

2017年6月，アメリカがパリ協定からの離脱を宣言，2020年11月正式に離脱した。CO_2排出量2位の同国の離脱は波紋を広げたが，2021年バイデン新大統領がパリ協定に復帰し，同年のCOP26ではパリ協定での気温上昇に関する長期目標が事実上2℃未満から1.5℃に強化された。また，パリ協定の詳細なルールブック（実施指針）がすべて合意されて，パリ協定が完成した。23年には，各国が定めた温室効果ガス排出削減目標について進捗状況の報告（GST）が行われた。

パリ協定には，先進国に発展途上国向けの資金支援を義務づけるなどのルールがある。

 用語Check 〔**→P.373**〕 世界遺産条約，ナショナル・トラスト，環境税，グリーン・コンシューマー，京都議定書，京都メカニズム，排出量取引

環境問題
～環境保全と開発，両立は可能か～

　地球環境問題の解決が進まない。このままいくと生態系の破壊，健康被害などにより人類存続の危機が到来する可能性がある（→P.224）。　一方，より豊かな生活を求めるのは，先進国であっても発展途上国であっても変わらず，そのためには経済活動や開発が必要である。地球環境をとれば経済発展が抑えられ，経済発展をとれば地球環境問題は深刻化する。果たして環境保全と開発の両立は可能なのか。それともどちらかを優先するべきなのか。地球の未来を見据えながら，この問題を考えてみよう。

QUEST

1 今後見込まれる温暖化の影響

①海面水位上昇や高潮を含む沿岸域の氾濫
②極端な降水及び内陸部の氾濫
③都市のヒートアイランド効果を含む極端な暑熱の頻度と強度の増大
④干ばつ
⑤海水温上昇，海洋酸性化及び北極域の海氷の減少
⑥陸域の気温上昇，降水パターン及び極端な暑熱の頻度と強度の変化　など

↑ 局地的に降る雨（沖縄県那覇市）

2 世界各国のCO₂排出量（2020年）

（『EDMC/エネルギー・経済統計要覧』2023による）

中国 32.1%
アメリカ 15.2
EU（27か国）7.6
6.6
4.9
インド
ロシア 3.2
日本
その他 30.4
314億トン

先進国

発展途上国もCO₂削減に取り組むべき！

発展途上国

温暖化は，先進国の責任。対策は先進国で！

温暖化対策をめぐって，先進国と発展途上国が対立

3 先進国と発展途上国のCO₂排出量予測

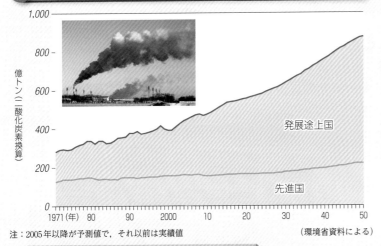

億トン（二酸化炭素換算）

発展途上国
先進国

1971（年） 80 90 2000 10 20 30 40 50

注：2005年以降が予測値で，それ以前は実績値
（環境省資料による）

クライメートゲート事件
…2009年，不正侵入により盗み出された気象研究者のメールが公開され，地球温暖化のデータ捏造や，気温の低下などを隠蔽するようなやりとりが問題となった。温暖化に懐疑的な研究者からの批判が集中し，IPCCの信頼も揺らいだ。その後の調査で研究における不正の事実はないと報告されたが，地球温暖化は原発利権と密接なつながりがあるとの指摘もあり，疑いは晴れない。

↑ IPCCの第5次評価報告書に関する記者会見の様子

環境保全と開発をめぐる考え方
～あなたはどんな意見ですか～

地球温暖化は森林の減少や砂漠化など，すでに様々な問題を引き起こしている。今後も資料①のような影響が予想される。世界全体で最優先の課題として，温暖化対策に取り組むべきだ。

温暖化対策にはCO₂削減が必要だ。しかし，日本の排出量は世界の3％程度なので，単独での削減は効果が薄い。パリ協定の理念を共有して，世界中でCO₂の削減に取り組み，環境を守るべきだ。（→P.226，234）

本当に温暖化の原因はCO₂なのか。クライメートゲート事件もあり，「原発はCO₂を排出しない」と主張して原発建設を推進したい人たちの，利権が絡んでいるという話もある。

発展途上国は先進国に比べてまだまだ経済発展が必要だ。環境に配慮しながら，経済活動や開発を優先してもよいのではないか。その分，先進国が経済活動を抑制して環境に配慮すべきだ。

循環型社会が形成されれば，資源の大量消費が解消されて，環境破壊を食い止めることができる。環境保全と開発との併存が必要なのだから，両立する道を探るべきだ。

日本は公害問題を技術開発で乗り越え，経済成長と両立してきた。地球温暖化も技術開発を促して環境負荷を減らしていけば，環境保全と経済活動や開発は両立するのではないか。

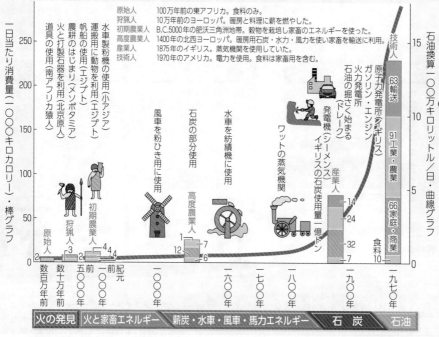

17 資源・エネルギー問題 🕖☀️

課題を考える

限りある資源を世界各国が有効活用するには価格の安定が必要である。資源価格が不安定になる原因として考えられることを挙げてみよう。

1 エネルギー消費の歴史

原始人　100万年前の東アフリカ。食料のみ。
狩猟人　10万年前のヨーロッパ。暖房と料理に薪を燃やした。
初期農業人　B.C.5000年の肥沃三角洲地帯。穀物を栽培し家畜のエネルギーを使った。
高度農業人　1400年の北西ヨーロッパ。暖房用石炭・水力・風力を使い家畜を輸送に利用。
産業人　1875年のイギリス。蒸気機関を使用していた。
技術人　1970年のアメリカ。電力を使用。食料は家畜用を含む。

一日当たり消費量（一〇〇〇キロカロリー）・棒グラフ

水車製粉機の使用（小アジア）
運搬用に動物を利用（エジプト）
帆船の使用（エジプト）
農耕のはじまり（メソポタミア）
火と打製石器を利用（北京原人）
道具の使用（南アフリカ猿人）

風車を粉ひき用に使用
石炭の部分使用
水車を紡績機に使用
ワットの蒸気機関
発電機（シーメンス）イギリスの石炭使用量一億トン
石油の掘さく始まる（ドレーク）
火力発電所
ガソリン・エンジン
原子力発電所（イギリス）

石油換算一〇〇万キロリットル／日・曲線グラフ

技術人
63 輸送
91 工業・農業
66 家庭・商業
食料 10
産業人
14 / 24 / 32 / 7

（総合研究開発機構『エネルギーを考える』）

火の発見｜火と家畜エネルギー｜薪炭・水車・風車・馬力エネルギー｜石炭｜石油

数百万年前／数十万年前／五〇〇〇年前／一〇〇〇年前／紀元／一〇〇〇年／一六〇〇年／一七〇〇年／一八〇〇年／一九〇〇年／一九七〇年

解説 エネルギー大量消費社会との訣別

人類の歴史は産業革命を境にして，急激な経済的発展をとげた。そのエネルギー資源（熱源や動力として利用可能な資源）となったのが石炭であったが，1960年代には石油が中心となった（エネルギー革命）。現代において石油はまさしく「産業の米」である。しかし，2度にわたる石油危機を体験した日本は，石油をはじめとするエネルギー資源を海外に大きく依存している構造を変えなければならないことを痛感した。そのために産業構造転換，省エネルギー対策，石油代替エネルギーの開発などの努力が続けられている。

2 資源ナショナリズムと石油危機

経済

A 資源ナショナリズムと石油危機

1950年代…メジャー（国際石油資本）による石油支配
・メジャー：石油の採掘・精製・販売を行う先進国の巨大石油会社
・発展途上国は自国内にある石油の利益の恩恵を受けられない

↓

資源ナショナリズムの高まり
・資源を持つ発展途上国が，自国の経済を自立させるため，自国の資源を自らの手で管理・開発していこうとする動き
1960年…OPEC（石油輸出国機構）結成
1968年…OAPEC（アラブ石油輸出国機構）結成
↓
・原油価格・生産量について協定を結ぶ →メジャーと対抗，発言力強める

↓

1973年…第一次石油危機（第四次中東戦争時）
⑰・OPECによる石油価格の引き上げ（従来の4倍）
・先進国→これまでの安い石油に大きく依存していたため，大きな打撃を受ける→経済の混乱
1979年…第二次石油危機（イラン革命時）

↓

先進国の意識の変化
・石油など天然資源の有限性を強く自覚
・石油の備蓄，省エネルギー
・石油代替エネルギーの開発

B 原油価格の推移

（石油連盟，AFP BB News資料により作成）

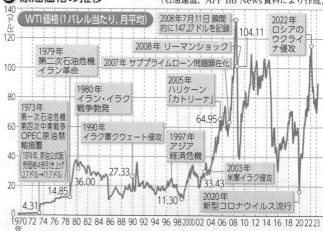

WTI価格（1バレル当たり，月平均）

2008年7月11日 瞬間的に147.27ドルを記録　104.11
2008年 リーマンショック
2007年 サブプライムローン問題顕在化
1979年 第二次石油危機 イラン革命
1980年 イラン・イラク戦争勃発
2005年 ハリケーン「カトリーナ」　64.95
1973年 第一次石油危機 第四次中東戦争 OPEC原油禁輸措置
1990年 イラク軍クウェート侵攻
1997年 アジア経済危機
2022年 ロシアのウクライナ侵攻
1974年，原油公式販売価格4倍引き上げ 2.7ドル→11.7ドル
2003年 米軍イラク侵攻
2020年 新型コロナウイルス流行
27.33 / 36.00 / 14.85 / 4.31 / 11.30 / 33.43

1970 72 74 76 78 80 82 84 86 88 90 92 94 96 98 2000 02 04 06 08 10 12 14 16 18 20 22 23 年

注：WTI…米国西テキサス地方で採れる高品質原油。世界の原油価格の指標。1バレル＝159ℓ

解説 資源ナショナリズムとは

発展途上国などにみられる自国の天然資源に対する主権の確立や，それをもとに自国の経済発展を図ろうとする動きをいう。1950年代のメジャーの石油支配に対抗するため産油国がOPEC（石油輸出国機構，1960年）を結成したことをきっかけに，各種の資源カルテルが結成された。OPECは，原油の生産量と価格の決定権を掌握し，73年（第一次石油危機，中東戦争をきっかけに原油価格を4倍引き上げ）・79年（第二次石油危機，イラン革命を契機に原油価格引き上げ）の2度の石油危機（オイル・ショック）を引き起こした。近年も不安定なイラク情勢，中国をはじめとしたアジアの需要増，OPECの原油生産余力の低下などによって，原油の高値が続いていたが，2008年の秋には世界的不況により急落した。その後，2011年の中東の民主化運動から情勢が不安定化し，急騰したが，2020年には新型コロナウイルスの世界的流行で急落した。

SIDE STORY　エクソンモービル（米），ロイヤル・ダッチ・シェル（蘭・英），BP（英），シェブロン（米），トタル（仏），コノコフィリップス（米）はスーパーメジャーと呼ばれる6大石油会社である。

③ 資源は無限ではない

Ⓐ 主な資源の埋蔵量割合

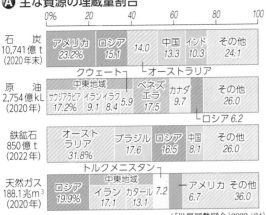

	アメリカ	ロシア		中国	インド	その他
石 炭 10,741億t (2020年末)	アメリカ 23.2%	ロシア 15.1	14.0	中国 13.3	インド 10.3	その他 24.1

	中東地域						
原 油 2,754億kL (2020年)	サウジアラビア 17.2%	イラン 9.1	イラク 8.4	5.9	ベネズ エラ 17.5	カナダ 9.7	その他 26.0

クウェート / オーストラリア / ロシア 6.2

	オースト ラリア 31.8%	ブラジル 17.6	ロシア 16.5	中国 8.1	その他 26.0
鉄鉱石 850億t (2022年)					

	中東地域				アメリカ	その他
天然ガス 188.1兆m³ (2020年)	ロシア 19.9%	イラン 17.1	カタール 13.1	7.2	6.7	36.0

トルクメニスタン

（『世界国勢図会』2023／24）

解説 **偏在・集中する資源** エネルギー資源の埋蔵量割合をみると，特に原油は**政情不安な中東地域**に集中し，天然ガスもロシアを除くと中東地域に集中する（**資源の偏在性**）。石炭は比較的偏在性は少ないが，ほかの金属鉱の埋蔵量割合と同様，特定の数か国に集中している。そのため，わが国の安定的資源確保は，最重要課題となっている。

Ⓑ 世界のエネルギー資源確認埋蔵量と可採年数

注：可採年数＝確認可採埋蔵量／年間生産量。

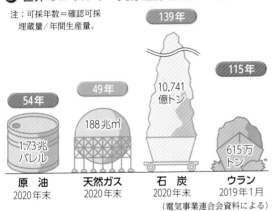

原 油 2020年末	天然ガス 2020年末	石 炭 2020年末	ウラン 2019年1月
54年 1.73兆バレル	49年 188兆m³	139年 10,741億トン	115年 615万トン

（電気事業連合会資料による）

解説 **資源は有限** 化石燃料や鉱物資源の**可採年数**はその時代の諸条件（価格，採掘技術，使用方法など）によって変動する。しかし，これらの資源は有限であり，いずれ枯渇してしまう（**枯渇性資源**）。

⑤ 暮らしをささえる石油

Ⓐ わが国の原油の輸入先　Ⓑ 石油製品油種別生産　Ⓒ 用 途

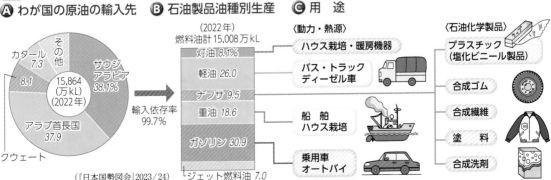

| サウジアラビア 38.1% | アラブ首長国 37.9 | クウェート | カタール 7.3 | その他 8.1 |

15,864（万kL）（2022年）　輸入依存率 99.7%

（2022年）燃料油計 15,008万kL

| 灯油 8.1% |
| 軽油 26.0 |
| ナフサ 9.5 |
| 重油 18.6 |
| ガソリン 30.9 |
| ジェット燃料油 7.0 |

〈動力・熱源〉
- ハウス栽培・暖房機器
- バス・トラック ディーゼル車
- 船舶 ハウス栽培
- 乗用車 オートバイ

〈石油化学製品〉
- プラスチック（塩化ビニール製品）
- 合成ゴム
- 合成繊維
- 塗料
- 合成洗剤

（『日本国勢図会』2023／24）

解説 **石油からできるもの** 石油製品とは，原油を精製してできたものの総称で，アスファルトもこれに入る。ここからさらに

---

④ 偏るエネルギー消費

*化石燃料など自然界から直接得られるエネルギー

Ⓐ 世界の人口と一次エネルギー*消費量

世界の人口[2022年]

| 中国 17.9% | インド 17.8 | アメリカ 4.2 | ブラジル 2.7 | ロシア 1.8 | 日本 1.6 | ドイツ 1.0 | イギリス 0.8 | フランス 0.8 | その他の国 51.4 |

79.8億人

世界の一次エネルギー消費量[2020年]

| 中国 25.1% | アメリカ 14.6 | インド 6.2 | ロシア 5.4 | 日本 2.8 | ドイツ 2.0 | ブラジル 2.0 | フランス 1.6 | イギリス 1.1 | その他の国 39.2 |

総供給量 139.6億トン

（『世界国勢図会』2023／24，『EDMC／エネルギー・経済統計要覧』2023）

1人当たりの一次エネルギー消費量（2020年）

（『EDMC／エネルギー・経済統計要覧』2023による）

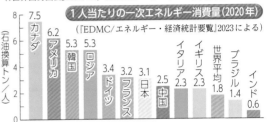

カナダ	アメリカ	韓国	ロシア	ドイツ	フランス	日本	中国	イタリア	イギリス	世界平均	ブラジル	インド
7.5	6.2	5.3	5.3	3.4	3.2	3.1	2.5	2.3	2.3	1.8	1.4	0.6

（石油換算トン／人）

Ⓑ 世界各国の国内総生産と一次エネルギー消費量（2020年）

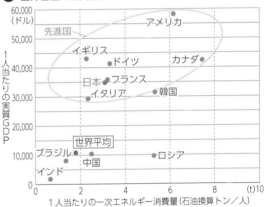

注：購買力平価換算による国内総生産（米ドル，2015年価格）

（『EDMC／エネルギー・経済統計要覧』2023）

解説 **エネルギー格差による経済格差** 1人当たりのGDPが高まると**一次エネルギー**の消費量が増加する傾向がある。中国，インドなどは著しい経済成長に伴って，今後一次エネルギー消費量の増加が予想されるが，先進国とアフリカなど途上国とのエネルギー消費の**南北格差**は**経済格差**に直結する。

ナフサを熱分解して，エチレンやプロピレンを原料とするさまざまな石油化学製品がつくられる。

SIDE STORY 石油や電力などエネルギーの安定供給政策や，新エネルギー政策などを所管する資源エネルギー庁は，1973年の石油危機を機に，当時の通商産業省の鉱山石炭局と公益事業局を統合して設置された。

経済

6 日本の一次エネルギー供給構成の推移

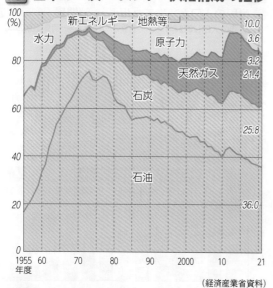

（経済産業省資料）

解説 **エネルギー源の多種化へ** 現在のエネルギー資源の中心は石油である。政府は徐々に石油の割合を減らし，多種類のものにエネルギー資源を求めようとしている。

7 主要資源を海外に頼る日本

Ⓐ 主要国の一次エネルギー自給率（2020年）

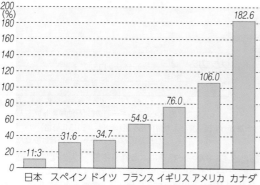

（資源エネルギー庁資料による）

Ⓑ 日本の主要資源の輸入先と輸入依存率

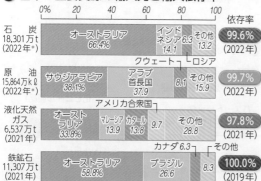

＊確々報値。 （『日本国勢図会』2023／24などによる）

解説 **輸入頼りの日本の資源・エネルギー** 資源・エネルギー小国である日本は，エネルギー資源のほとんどを外国からの輸入に頼っている。近年は代替エネルギーの開発などで，特に石油依存からの脱却を図っているが，まだまだ十分ではない。

8 エネルギーの有効利用

Ⓐ スマートシティ

アラブ首長国連邦では，国家プロジェクトとして「マスダールシティ」という都市の建設が進んでいる。政府系企業によって進められているこのプロジェクトは，最先端エネルギーを駆使し，**ゼロカーボン**（CO_2排出量ゼロ）・**ゼロ・エミッション**（廃棄物ゼロ➡P.244）の都市の実現を目指すというもの。現在のところおよそ10分の1にあたる部分が整備されているにすぎないが，都市内のガソリン車乗り入れ禁止や，電力のすべてを再生可能エネルギーでまかなうなど，その徹底ぶりがうかがえる。近年，都市ぐるみで省エネを推進する**スマートシティ**の開発が進んでいるが，マスダールシティが完成すれば，まさに究極のスマートシティといえるだろう。

◖ **マスダールシティの工夫を凝らした建物** 上空の風を冷気に変えて地面に吹き付ける「ウインドタワー」や，風が通りやすい流線型の壁など，いたるところに暑さを防ぐ工夫が施されている。また，すべての建物に太陽光パネルが設置されている。

Ⓑ スマートグリッド（「賢い送電網」）倫政18 ⓚ

（中小企業基盤整備機構HPを参考に作成）

解説 **環境へのスマートな取組み** ICT（➡P.84）などの技術の進歩が，エネルギーの有効利用や温暖化対策につながっている。**スマートシティ**や**スマートグリッド**はその一環であるが，実装と普及が今後の課題である。また**再生可能エネルギー措置法**に基づき2012年から始まった**固定価格買取制度**（電力会社が再生可能エネルギーで発電された電気を政府の定めた固定価格で買い取る制度）も，再生可能エネルギー普及拡大への効果が期待されている。
倫政18 一般家庭でも電力の小売は自由化されていること。

Target Check エネルギー資源とその利用に関する次の記述の正誤を判断しなさい。（解答➡表紙ウラ）

☐① 石油や石炭など化石燃料は一次エネルギーと呼ばれるのに対し，自然界で再生される太陽光や風力などは二次エネルギーと呼ばれる。

☐② 核分裂反応を利用した原子力は，枯渇性資源に頼らないエネルギーとして実用化されており，代替エネルギーの代表的存在である。

☐③ 国連資源特別総会では，エネルギー資源は世界全体の共有財産であると確認され，その産出国の主権を一部制限できることが決められた。 （センター2007本試による）

SIDE STORY 日本の電気事業は「発電」「小売」「送配電」の3部門から成立している。これらは長年，既存電力会社の独占事業であったが，1995年に発電部門，2016年に小売部門が全面自由化。このような流れは**電力自由化**と呼ばれている。

⑨ 新エネルギーの現状

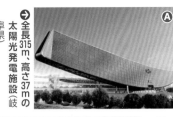

解説 期待されるエネルギー 1997年に，新エネルギーの開発援助などをうたった**新エネルギー法**が制定された。

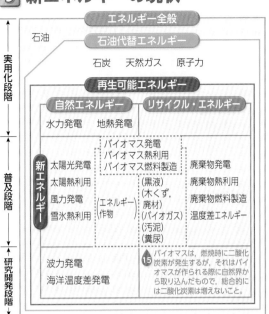

	実用化段階	
石油	**エネルギー全般**	
	石油代替エネルギー	
	石炭　天然ガス　原子力	
	再生可能エネルギー	

自然エネルギー	**リサイクル・エネルギー**
水力発電　地熱発電	

革新的なエネルギー高度利用技術

実用化段階

普及段階

研究開発段階

新エネルギー

太陽光発電	バイオマス発電	廃棄物発電	クリーンエネルギー自動車
太陽熱利用	バイオマス熱利用	廃棄物熱利用	
風力発電	バイオマス燃料製造	廃棄物燃料製造	天然ガスコジェネレーション（熱電併給）
雪氷熱利用	［エネルギー作物］	温度差エネルギー	

（黒液）（木くず，廃材）（バイオガス）（汚泥）（糞尿）

燃料電池

波力発電
海洋温度差発電

⑮ バイオマスは，燃焼時に二酸化炭素が発生するが，それはバイオマスが作られる際に自然界から取り込んだもので，総合的には二酸化炭素は増えないこと。

⑮ 自然エネルギーとは，枯渇のないエネルギーであること。　　　　　　　　　（新エネルギー財団HPによる）

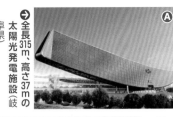
→全長315m，高さ37mの太陽光発電施設（岐阜県） Ⓐ

←小さな風でも発電できる風車（岡山県） Ⓑ

→地熱を利用して発電（大分県）

			特徴・問題点	日本の現状など
再生可能エネルギー	自然エネルギー	太陽光発電 Ⓐ	太陽の光エネルギーを太陽電池を利用して電気エネルギーに変える発電方式。エネルギー源が太陽光であるため設置する地域に制限がなく，導入しやすいシステムである。導入コストは次第に下がっているものの，さらなる技術開発によるコスト低減が期待されている。2012年には太陽光発電による電力の新たな買い取り制度（固定価格買取制度，FIT制度）も開始した。	2004年に年間導入量世界一の座から転落。その後2012年からのFIT制度により導入量が増加。2021年には世界の約8％を占めた（約6,900万kW）。
		風力発電 Ⓑ	風力エネルギーで風車を回し，その回転運動を発電機に伝えて電気エネルギーに変える発電方式。風力エネルギーの最大40％程度を電気に変えることができ，発電効率が比較的高い。風向・風速の変動があり安定してエネルギーが得られない。	欧米諸国に比べ，導入が遅れている。2022年12月末までの総設備容量は約480万kW。
	リサイクルエネルギー	バイオマス	バイオマスとは動植物から生まれた生物資源の総称。 **倫政18** ①**バイオマス燃料**…廃材加工によるペレットなどの木質燃料，トウモロコシなどを発酵させたバイオエタノール，廃食油などで作るバイオディーゼルなど。 ②**バイオマス発電**…食品工場の植物性廃棄物，牛や豚などの糞尿，廃材などを発酵させ，発生したメタンガスを利用する発電。	廃棄物処理コストの高騰から注目されている。だが，小規模で，強力な政策を打ち出していないことから実験的規模に留まっている例も。
		廃棄物発電	廃棄物（一般廃棄物・産業廃棄物）を焼却する際の熱で高温高圧の蒸気を作り，その蒸気でタービンを回して発電する。また，発電した後の排熱は，周辺地域の冷暖房や温水として有効に利用することができる。新エネルギーの中では安定電源で，規模は小さいが電力需要地に直結している。	発電技術は，技術開発の段階を終え，商用機の導入が開始されている。経済性の確保や環境負荷低減等が求められている。
革新的なエネルギー高度利用技術		クリーンエネルギー自動車	クリーンエネルギー自動車とは，二酸化炭素や窒素酸化物などをほとんど排出せず，エネルギーの利用効率が高い自動車をいう。 ①電気自動車（EV）は，電気で走り排気ガスを出さない。 ②ハイブリッド自動車（HEV）は，ガソリンエンジンと電動モーターを組み合わせて走り排気ガスが減る。 ③天然ガス自動車やメタノール自動車は，炭素や有害物質の少ない燃料で走り，排気ガス中の二酸化炭素や硫黄酸化物などが減る。	助成制度を活用した個人による導入が進む。ハイブリッド自動車保有台数は約1,088万台（2022年3月）。2021年には国内の新車乗用車販売台数370万台のうち約44％を次世代自動車が占めた。
		天然ガスコジェネレーション ⑮⑰	コジェネレーションとは，発電時に発生する熱を電気と同時に利用するシステム（熱電併給システム）。一般の発電では，エネルギーの利用効率は約40％で，残りは廃熱となるが，この廃熱を給湯や空調，蒸気などの形で70〜80％有効利用される。天然ガスを発電の燃料とした場合，石油に比べて二酸化炭素，窒素酸化物等の排出が少なく，病院など電気や熱を多く消費する施設に向いている。	天然ガスコジェネレーションの2022年3月末までの累積容量は8,144MW。 2009年から家庭用燃料電池（エネファーム）の販売開始。国の助成を得て，普及が進むか。
		燃料電池 ⑯	燃料電池は，水素と酸素を化学反応させて発電する装置。「水の電気分解」と逆の反応で電気と熱，水が生じる原理に基づく。水素と酸素があれば電気を作り続けることができるので，乾電池と異なり，使い捨てではない。また，発電と同時に発生する熱も活かすことができる。 →燃料電池車「FCV-R」	［トヨタ自動車提供］ 

（資源エネルギー庁資料などを参考に作成）

経済

SIDE STORY　アメリカでは，**シェールガス**（地下3,000mに堆積する頁岩（シェール）層に含まれる天然ガスの一種）が注目を集めている。近年アメリカで新採掘技術が確立され，実用化が急速に進展。数年で生産量が数倍に増加した。

239

* 2022年日本政府は，ロシアに侵攻されたウクライナへの連帯を示すため，ウクライナの地名をロシア語からウクライナ語に基づく読みに変更した。

Ⓐ 日本の電力・原子力政策の歩み

年	政策・事故等　（赤字…原発事故）
1951	9電力会社の「発電・送電・配電」地域独占体制
55	**日米原子力協定**…米から原子炉・濃縮ウラン提供
	原子力基本法成立…原子力3原則「**民主・自主・公開**」。中曽根康弘国会議員，正力松太郎読売新聞社主らの主導・世論形成等により実現
65	日本原子力発電の東海発電所が初の送電成功　→翌年営業運転開始
68	動燃（動力炉・核燃料開発事業団）が「高速増殖炉もんじゅ」予備設計
	佐藤政権（1964〜72）：NPT参加前の外交政策大綱…当面核兵器は保有しないが核兵器製造の経済的技術的ポテンシャルは保持（**核武装能力の担保**），そのための国民啓発
	田中政権（1972〜74）：石油危機後，原発建設急加速
74	**電源三法**制定→原発立地自治体に補助金。70年代10地点で原子炉営業運転開始
78	初の耐震設計審査指針→1995年阪神大震災後，耐震指針は妥当と結論
79	米国 スリーマイル島原発事故 ← 世界では深刻な原発事故が発生
86	旧ソ チョルノービリ*（チェルノブイリ）原発事故
95	**電力自由化**…特定規模事業者（50kW以上）による小売参入承認，卸電力取引所開設 ← 発送電分離は実現せず
	もんじゅナトリウム漏れ事故
99	東海村JCO臨界事故（**国内初の死亡事故**）
2001	経済産業省所管の**原子力安全・保安院**創設
02	東京電力原発トラブル隠し
	世界的な「**原発ルネサンス**」・**原発プラント輸出競争**（2000年代後半〜）…原油価格高騰，地球温暖化対策，新興国の電力需要拡大が背景
06	志賀原発2号訴訟で初の原発運転差し止め判決
07	**中越沖地震**で柏崎刈羽原発損傷
09	佐賀県玄海原発で初のプルサーマル発電開始
	敦賀原発，初の40年以上継続運転承認 ← 「高齢」原発時代へ
10	もんじゅ中継装置落下事故
11	東京電力福島原発事故　→2011年中に東電・下請け社員等5名死亡
	再生可能エネルギー特別措置法成立
12	原発関連死573人（『読売新聞』海外版2012.2.5）
	5月5日，42年ぶりに全原発を停止
	7月，関西電力大飯原発3・4号機再稼働 ← 週末官邸「脱原発」デモ頻発
	環境省外局として**原子力規制委員会**創設
13	原発関連死789人（『東京新聞』2013.3.11）
	大飯原発3・4号機定期検査→再び全原発停止
14	原発関連死1,048人。福島県の避難者は13.5万人，内2.8万人が仮設住宅『東京新聞』2013.3.10
	福井地裁が大飯原発運転差し止め判決
15	**福井地裁が高浜原発運転差し止め仮処分決定**
	鹿児島地裁が川内原発運転差し止め仮処分申請却下
	川内原発1号機再稼働…新規制基準での初の再稼働
16	電力の小売自由化
18	広島高裁が伊方原発3号機運転差し止め仮処分取り消し
19	東電，福島第二原発の廃炉決定
21	柏崎刈羽原発にテロ対策不備で「運転禁止」命令
23	政府が福島第一原発の処理水の海洋放出を決定，開始

Ⓑ 原子力発電所と新規制基準の審査状況
（2023年12月8日現在）

未申請 8基　審査中 8基　許可 5基　稼働中 12基　廃炉 15基

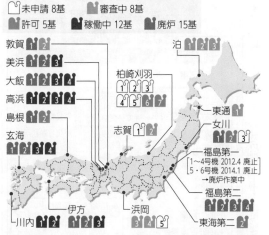

（日本原子力産業協会資料により作成）

解説 **原発再稼働** 多くの反対運動の中，**2015年8月11日，川内原発1号機が再稼働**された。原子力規制委員会の新規制基準に基づく全国初の再稼働で，約2年ぶりの原発稼働となった。だが，再稼働10日後には海水混入によるトラブルが発表されるなど，不安が残る再出発となった。

Ⓒ 東京電力福島第一原発の廃炉の状況
○政府の「中長期ロードマップ」(2019年12月改訂版)

（単位：体）（取出済/総数）	1号機	2号機	3号機	4号機
炉心内の燃料	0/400（溶融）	0/548（溶融）	0/548（溶融）	なし
プール内の燃料	0/392	0/615	566/566	1,533/1,533

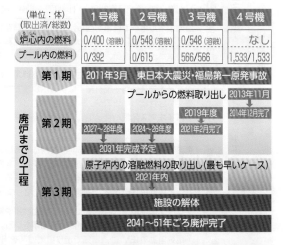

○コントロールできない汚染水

	①汚染水の海への流出	②貯蔵した汚染水の処理
問題	原発から地中に漏れ出す汚染水が地下水と混じり，1日100〜300トンが海へ流出している。	タンクに貯蔵する汚染水が増え続ける。浄化してもトリチウムは除去しきれない。
対策	地下水流入を防ぐ「凍土遮水壁」建設⇒失敗	トリチウム以外の放射性物質を取り除いた処理水の海への放出を決定（2021年4月）。

解説 **廃炉は可能か** 「絶対安全」とされていたはずの原子力発電だが，2011年3月11日におこった**東日本大震災**により，**福島第一原発**の1〜3号機は**メルトダウン（炉心融解）**した。高レベル**放射性廃棄物**と化した炉心燃料を回収できるか，回収後どこへ移すか，汚染水への対応はどうするのか。課題は山積している。

SIDE STORY 原子力規制委員会とは，東京電力福島第一原発の事故を受けて2012年9月に発足した環境省の外局である。同委員会は，2013年に原発再稼働の際の新たな審査基準である新規制基準を設定した。

11 原子力発電の課題

A 相次ぐ事故で崩れる「核燃料サイクル」

レベル	基準	主な事故	
7	膨大な量の放射性物質を外部に放出・原子炉や放射性物質障壁壊滅、再起不能	チョルノービリ(チェルノブイリ)原発事故(旧ソ連、1986年) 東京電力福島原発事故(2011年)	シビアアクシデント
6	大量の放射性物質を外部に放出	—	
5	原子炉炉心の重大損傷や、放射性物質の外部放出	スリーマイル島原発事故(米、1979年)	
4	従業員の深刻な放射性被曝や外部への放射性物質の少量放出	🔥東海村JCO臨界事故(茨城県、1999年)	
3	従業員の被曝や、極めて少量の放射性物質の外部放出	🔥動燃再処理施設の火災・爆発(茨城県、1997年)	
2	施設内の放射能汚染や、従業員のある程度の被曝	🔥関西電力美浜原発2号機の蒸気噴出事故(福井県、1991年)	
1	潜在的に安全を脅かすおそれのあったトラブル	🔥「もんじゅ」ナトリウム漏れ事故(福井県、1995年)	

○「核燃料サイクル」と事故

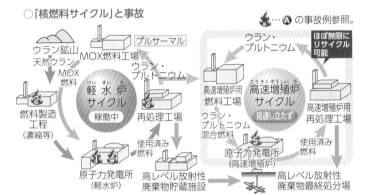

🔥…Ⓐの事故例参照。

B 「核のゴミ」―放射性廃棄物の処理

○「トイレのないマンション」―複雑で膨大な廃棄物

　原発に関わる核廃棄物は全工程で発生する。ウラン鉱石採掘、ウラン濃縮、使用済み燃料棒(長さ約4m、太さ1cm、3～4年で使用済み)。特に使用済み核燃料は、非常に高い放射線が放出され、**高レベル放射性廃棄物**と呼ばれる。現在の科学技術では、放射能の毒性を減らすことはできず、しかも半減期が数万年の放射性物質が混じっているので、何世代にもわたり保管・管理する必要がある。資源とされてきた使用済み核燃料は、高レベル放射性廃棄物に変わった。核廃棄物処理問題を先送りして原発建設を急いだ結果、2012年「革新的エネルギー・環境戦略」では、再処理政策を維持する一方で**直接処分**の研究も指示された。

○「核のゴミ」の処分状況

再処理施設	青森県六ヶ所村に建設されたが稼働はしていない。一方、使用済み核燃料の受け入れの結果、貯蔵プールはすでに99%が埋まっている。
最終処分場	ガラス固化体にした高レベル放射性廃棄物を埋設する処分場を建設する自治体を2002年から公募するもめど立たず。一方で原発等に貯蔵されている使用済み核燃料を再処理すると、約2.5万本のガラス固化体が生じる。

○プルサーマルと高速増殖炉サイクル

プルサーマル	高速増殖炉サイクル
軽水炉で、プルトニウム・ウラン混合酸化物(MOX)を燃料にする方式。【導入原発】2009年：九州電力玄海原発3号機。2010年：四国電力伊方原発3号機、東京電力福島第一原発3号機(2012年廃炉決定)。2011年：関西電力高浜原発3号機。2016年：同4号機。	原発の使用済み燃料を再処理し、プルトニウムと燃え残りのウランを高速増殖炉で再利用。燃やした量より多くの燃料を生むので、ほぼ無限にリサイクル可能。

解説 　夢のエネルギーのはずが…　1995年の事故後停止していた**高速増殖炉「もんじゅ」**は、2010年に運転再開した。だが8月、原子炉容器内に燃料棒交換装置が落下して燃料棒が回収不能となり、運転も廃炉もできない状況となった(2011年回収成功)。さらに2013年、1万箇所近い点検漏れの発覚で、**原子力規制委員会**は無期限の使用停止を命じた。高速増殖炉は、核分裂が速いため核暴走・爆発が起きやすく扱いが難しい。世界的に見ても多くの国が計画段階で断念している(米独英など)。政府も、**2016年12月に「もんじゅ」廃炉を確定した。**一方、プルサーマルは無限エネルギーではないが、リサイクル可能。1999年の検査データ捏造発覚後、計画は大幅に延期されていたが、現在4基が運用中で、2030年度までに12基に拡大する計画だ。

　だが、東京電力福島原発事故を受けて国のエネルギー政策・核燃料サイクルの見直しが迫られており、高速増殖炉・プルサーマルの意義自体揺らいでいる。

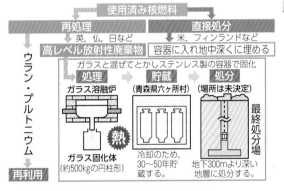

○どうする「核のゴミ」

○放射線量が低くなるまで地下に数万年隔離

　ガラス固化体を地下300m以深に埋め、数万年以上にわたり隔離するのが現段階での計画。だが、地震の多い日本では、長期的に安定した地層が見つからず候補地は未定だ。原発大国の米・仏でも最終処分地を確保できておらず、世界でも決まっているのは2か所にすぎない。

➡ **オンカロ最終処分場の内部**
(フィンランド・オルキルオト島　2014.7.1)

[⇒P.373]　OPEC(石油輸出国機構)、石油危機(オイル・ショック)、資源ナショナリズム、新エネルギー、バイオマス、バイオマス燃料、原子力発電

経済

241

1 田中正造と足尾鉱毒事件

田中正造は、栃木県の名主の長男として生まれる。1890年に衆議院議員となり、議会で足尾鉱毒問題を取り上げる。政府が問題解決に消極的だったため、1901年10月議員を辞職し、12月に天皇に直訴した。しかし1902年、政府は、谷中村をつぶして遊水池とする計画をたてる。1904年、田中は谷中村に移住し、計画に反対。最後まで抵抗したが1913年病没した。

⬆ 田中正造 ◀倫政14
(1841〜1913)

渡良瀬川上流の足尾銅山は、350年前、江戸幕府の銅山として開発。その流れは、豊かな穀倉地帯や織物の町を生み、うるおしていた。しかし、古河鉱業が操業を開始した明治10年、川は鉱毒の流れに一変し、不毛の地と化した。

明治24年、改進党代議士田中正造は足尾鉱業の操業停止を叫び、議会で政府に迫った。政府が鉱毒防止工事を古河に命令したのは、それから6年後であった。

⬆ 明治時代の足尾銅山

流域被害農民は、くりかえし陳情団を上京させた。上京途上、陳情団はいつも武装した警官隊に襲撃された。

同34年12月10日、田中は明治天皇の馬車に向かって直訴状をかかげてかけよった。この直訴状事件は、がぜん世論をわかした。……が、政府は強権を発動した。鉱毒問題を治水問題にすりかえ、同川の利根川合流点に近い栃木県都賀郡谷中村をとりつぶし、遊水池をつくることをきめた。

戸数450戸、父祖伝来480年の谷中村は、孤立無援の中で滅びていった。 (『朝日新聞』1980.9.8による)

解説 **公害は人為的な環境被害** 日本の公害の原点ともいうべき足尾銅山鉱毒事件は、富国強兵・殖産興業を強力に進める明治政府と当時の大企業が、環境よりも経済的利益を優先させた結果生じた人為的な環境被害であった。田中正造らの努力もむなしく、政府は本格的な鉱毒対策をとるかわりに、谷中村を洪水の時に汚染された水をためこむ遊水地(遊水池)にするため消滅させたのである。その後、廃村となった旧谷中村の住民の一部は北海道などに移住させられ厳しい生活を強いられた。足尾銅山は1973年に閉山となったが、地元を中心に足尾銅山を日本の「負の歴史遺産」として登録し保存していこうとする動きがある。

⬆ 足尾銅山足尾精錬所

⬆ 渡良瀬遊水池

2 水俣病

Ⓐ ミナマタは終わらない

「頭を割ってみんと、わからん」。病院の3人の医師は首をかしげた。胎児性患者の亮子さんは未熟児として生まれ、保育器でぐったりして成長も遅かった。……。

胎盤を通して母親の水銀を吸い取って発症したのが胎児性患者である。現在身長140cm、体重はわずか23kg。今も覚えていることがある。亮子さんが20歳近くになり、生理が始まったときである。「どうせ嫁にはいけん。こぎゃんつらいことは、なかほうがええ」。心の中でそう思うと、涙が出てきた。

母親も、手足の先にしびれが残っている。「こげん心やさしか娘に、私は何もしてやれん。悔しか。だから、この子より先に、私は死ねん。それまで、うちの水俣病は決して終わらんとです」。胎児性患者は、流産で死んだケースも多く、その実数は今もわからない。 (『朝日新聞』1996.4.28による)

Ⓑ ミナマタが問いかけるもの

水俣の悲劇は、企業・行政・科学が一体となって「水俣病隠し」をつづけたため、被害は一層深刻になりました。

昭和34年7月、熊本大学奇病研究班がチッソの工場排水から突き止めた「有機水銀説」を黙殺し、同年10月、工場付属病院長の細川一博士が工場排水で実験した「猫発症」をもひた隠し、水俣病が発生すると知りながらなお10年近くにもわたって、毎時500トンもの有毒排水を不知火海へ流しつづけたという事実です。

その背景には、人間よりも経済を優先する高度成長の増産体制がありました。また、漁獲禁止措置・排水差し止めなどの政府の対策の遅れも大きな背景となりました。当時年商150億円、塩化ビニール生産「日本一」に酔うチッソにとっては、水俣病患者などわずらわしい存在でしかなく、出来るだけ安上がりで黙らせたかったのです。 (『朝日新聞』1981.4.20による)

解説 **高度経済成長の悲劇** 熊本県の不知火海沿岸では、1953年ごろから猫が狂い死にするようになった。やがて人間も…筋肉が硬直し、ふるえ、よだれをたらし、奇声を発しながら死ぬようになる。原因はチッソ(当時は日本窒素株式会社)がたれ流していた有機水銀だったが、企業と行政などによる「水俣病隠し」のため被害は拡大した。それは、人間よりも経済を優先する高度経済成長政策がもたらした悲劇でもあった。1968年になって政府が水俣病を公害病として正式に認定すると、水俣病患者の一部はチッソを相手に損害賠償請求訴訟を起こし、1973年に患者側勝訴の判決が下された。さらにその後の訴訟で、国と熊本県の行政責任が問われ、国や県の責任を認める判決が2004年10月に最高裁で下された(水俣病関西訴訟)。しかし、従来の患者認定の基準では救済できない患者が多かったため、2009年に水俣病被害者救済法が成立し、救済範囲が広げられた。また、水俣病には根本的な治療法がなく、今も患者や家族の苦しみは続いている。

経済

SIDE STORY かつて上のような悲劇の舞台であった渡良瀬遊水池は、現在、多くの動植物が棲息する貴重な湿地となっており、2012年7月には国際的に重要な湿地を保護するラムサール条約の登録湿地になった。

③ 四大公害訴訟(損害賠償請求訴訟)

		新潟水俣病	四日市ぜんそく	イタイイタイ病	水俣病(熊本県)
訴訟	発生地域	1964年頃から，新潟県阿賀野川流域	1961年頃から，三重県四日市のコンビナート周辺	大正年間から，富山県神通川流域	1953年頃から，熊本県水俣湾周辺
	症　状	手足がしびれ，目や耳が不自由になり，苦しむ	気管支など呼吸器が冒され，ぜんそく発作が襲う	骨がもろくなり「痛い痛い」と叫んで死に至る	新潟水俣病と同じ
	提訴日	1967.6.12	1967.9.1	1968.3.9	1969.6.14
	原告数	76人	12人	33人	138人
	被　告	昭和電工	四日市コンビナート6社	三井金属鉱業	チッソ
	判　決	1971.9.29(新潟地裁) **原告が勝訴**	1972.7.24(津地裁) **原告が勝訴**	1972.8.9(名古屋高裁) **原告が勝訴**	1973.3.20(熊本地裁) **原告が勝訴**
	判決内容	疫学的に因果関係が推認・立証できる。企業責任あり	コンビナート各企業の共同不法行為で責任あり	疫学的因果関係の証明で賠償請求は可能	工場排水の安全確認を怠った企業に責任あり
	〈原因〉	工場廃液中の有機水銀	コンビナート工場排出の亜硫酸ガス	鉱山から放流されたカドミウム	工場廃液中の有機水銀
	判決額	約2億7,800万円	約8,800万円	約1億4,800万円	約9億3,700万円

④ 公害・環境問題関連年表

倫政22 公害が深刻化し，住民運動が活発になったことなどを背景として，革新自治体が誕生したこと。

1878	**足尾銅山(栃木県)**の鉱毒で渡良瀬川流域に被害
91	**田中正造**が衆議院で足尾鉱毒事件を追及
1922	神通川(富山県)流域で**イタイイタイ病**発見
56	水俣病の存在が公式確認され社会問題化
59	四日市ぜんそくが政治問題化
65	阿賀野川(新潟県)流域で**新潟水俣病**発生
67	**公害対策基本法**，水質汚濁防止法制定
68	イタイイタイ病を国が認定。大気汚染防止法制定
69	初の「公害白書」発表。公害被害者救済法公布
70	いわゆる「公害国会」で公害関係14法案成立
71	**環境庁**設置。イタイイタイ病訴訟，患者側勝訴，被告高裁へ控訴。新潟水俣病裁判，患者側勝訴，判決確定
72	ストックホルムで「**国連人間環境会議**」 四日市公害訴訟，患者側勝訴，判決確定 イタイイタイ病訴訟控訴審，患者側勝訴，判決確定
73	水俣病公害訴訟，患者側勝訴，判決確定。その後，行政責任を問う訴訟相次いで提起。**汚染者負担の原則(PPP)**に基づく公害健康被害補償法(公健法)公布(74年施行)
74	大阪空港公害裁判で「**環境権**」を主張
76	神奈川県川崎市で全国初の**環境アセスメント**条例成立
92	リオデジャネイロで「**国連環境開発会議(地球サミット)**」
20 16 93	**環境基本法**の制定，環境基本計画策定(94)
96	政府解決策により水俣病和解→(水俣病関西訴訟は継続)
97	**環境アセスメント(環境影響評価)法**制定
99	ダイオキシン類対策特別措置法制定
2000	**循環型社会形成推進基本法**，容器包装リサイクル法改正
01	環境庁，**環境省**に昇格。家電リサイクル法など環境関連法施行
02	日本，**京都議定書**を批准。地球温暖化対策推進法改正ヨハネスブルグで「**環境開発サミット**」
04	**水俣病関西訴訟**で最高裁が国と熊本県の行政責任認める
05	**京都議定書発効**
08	生物多様性基本法成立
09	水俣病被害者救済法成立
11	東京電力福島原発事故で放射能汚染の影響拡大

⑤ 公害対策の法と政策

18 国に先行して総量規制を導入する自治体があったこと。

公害対策基本法　1967年制定　環境基準など定める **18**

環境庁発足(1971年)公害行政の一元化(⇒2001年**環境省**へ) **14**

大気汚染防止法・水質汚濁防止法の改正　1972年
16 18 **無過失責任制度**を導入し大気汚染や水質汚濁を生じさせた業者に故意・過失がなくても賠償責任を負わせた。
＊従来，汚染物質を大気中，水中に排出する際は**濃度規制**によっていたが，低濃度であれば大量に排出できることなどから，**総量規制**(一定地域ごとに有害物質の総排出量設定)を導入した。**14 16**

16 18 **公害健康被害補償法(公健法)**　1973年制定(1974年施行)
本来当事者間で民事上の解決が図られるべき公害健康被害について，**汚染者負担の原則(PPP)**に基づき，補償や公害健康福祉事業によって被害者の保護を図るため，大気汚染または水質汚濁として指定された地域に一定期間在住または通勤して慢性気管支炎や気管支喘息などにかかり，公害病者と認定された人に医療費を支給することなどを定めた法律。
＊**汚染者負担の原則(PPP)**…企業など公害を生み出した汚染者が，環境破壊や健康被害が起こらないよう汚染防止に伴う費用を負担し，必要な対策を講じるべきであるとする考え方。

環境基本法　1993年，**都市・生活型公害・地球環境問題**への対策の必要性から公害対策基本法にかわり制定。しかし，**環境税**などの具体的な措置が示されず，**環境権**も明記されなかった。

環境アセスメント法　1997年成立，1999年施行＊
環境アセスメント…開発事業が環境に及ぼす影響を**事前**に見極めて開発の是非を判断し，必要な保全措置を取ろうというもの。
＊日本…産業優先の論理のもと，環境アセスメントの法制化が進まず
17 **地方自治体による制度化が先行**していた(1999年8月2日までに47都道府県，11政令指定都市で制度化)

ダイオキシン類対策特別措置法　1999年成立，2000年施行
＊ダイオキシン類による環境汚染を防止するため，規制対象となる施設を特定施設として指定し施設ごとに排出基準値を設定。業者に届出義務。

循環型社会形成推進基本法　2001年完全施行
３Ｒ…「**リデュース**＝廃棄物の発生抑制」
「**リユース**＝使用済み製品の部品等の再使用」
「**リサイクル**＝再生使用・再資源化」
をめざした基本法⇒**循環型社会**への転換めざす
以後，**家電リサイクル法**など各種のリサイクル法制定

解説 **四大公害訴訟の意義**　1960年代後半に提起された四大公害訴訟は，従来の日本の高度経済成長政策を根本から問い直すものであった。すべての訴訟で企業の責任が認められて原告側(患者側)が勝訴 **15** し，その後の訴訟では行政の責任も認められた。これにより，企業や行政が環境に責任を持つべきであることが明ら

かとなり，1970年代前半には**無過失責任制度**や**汚染者負担の原則(PPP)**が日本でも重視されるようになった。さらに，1990年代以降，生活公害や地球環境問題を視野に入れた**環境基本法**が制定され，ダイオキシンなどの有害化学物質に対する規制や循環型社会の実現にむけた取り組みへの関心も高まっている。

経済

SIDE STORY イタイイタイ病の原因物質であるカドミウムは，ニッケルとともに電池の電極に使用されていたが，有害物質であることから，ニッケル水素電池やリチウムイオン電池などへの置きかえが進んでいる。

⑥ 公害の苦情受理件数

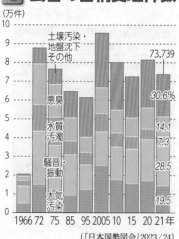

（万件）

| | 1966 | 72 | 75 | 85 | 95 | 2005 | 10 | 15 | 20 | 21年 |

土壌汚染・地盤沈下その他

悪臭

水質汚濁

騒音・振動

大気汚染

73,739
30.6%
14.1
7.3
28.5
19.5

（『日本国勢図会』2023／24）

＊環境基本法では「大気汚染・水質汚濁・土壌汚染・騒音・振動・地盤沈下・悪臭」を典型的な公害としている（**典型7公害**）。⑯

⑦ 公害列島日本—公害病の認定患者（2021年12月末現在）

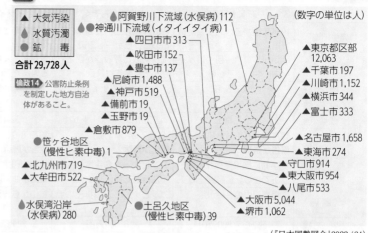

▲ 大気汚染　◆ 水質汚濁　● 鉱毒

（数字の単位は人）

合計 29,728人

倫政14 公害防止条例を制定した地方自治体があること。

- ◆ 阿賀野川下流域（水俣病）112
- ●◆ 神通川下流域（イタイイタイ病）1
- ▲ 四日市市 313
- ▲ 吹田市 152
- ▲ 豊中市 137
- ▲ 尼崎市 1,488
- ▲ 神戸市 519
- ▲ 備前市 19
- ▲ 玉野市 19
- ▲ 倉敷市 879
- ● 笹ヶ谷地区（慢性ヒ素中毒）1
- ▲ 北九州市 719
- ▲ 大牟田市 522
- ◆ 水俣湾沿岸（水俣病）280
- ● 土呂久地区（慢性ヒ素中毒）39
- ▲ 東京都区部 12,063
- ▲ 千葉市 197
- ▲ 川崎市 1,152
- ▲ 横浜市 344
- ▲ 富士市 333
- ▲ 名古屋市 1,658
- ▲ 東海市 274
- ▲ 守口市 914
- ▲ 東大阪市 954
- ▲ 八尾市 533
- ▲ 大阪市 5,044
- ▲ 堺市 1,062

（『日本国勢図会』2023／24）

⑭ 東京都は大気汚染の対策としてディーゼル車の排気ガスに対する法的規制を強化したこと。

⑧ ゴミ・産業廃棄物の現状

Ⓐ ゴミ（一般廃棄物）の排出量の推移

（万トン）　　　　　　（億㎥）

最終処分場残余容量（右目盛）

ごみの総排出量（左目盛）

4,095
1.00

| 1965 | 70 | 75 | 80 | 85 | 90 | 95 | 2000 | 05 | 10 | 15 | 20 | 21 |
年度

（環境省資料による）

Ⓑ リサイクル率の推移　＊ペットボトルと古紙は回収率を表す。

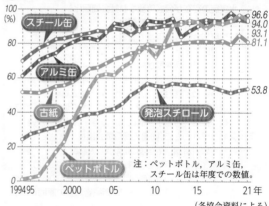

（%）

- スチール缶　96.6
- アルミ缶　94.0
- 古紙　93.1　81.1
- 発泡スチロール　53.8
- ペットボトル

注：ペットボトル，アルミ缶，スチール缶は年度での数値。

| 1994 | 95 | 2000 | 05 | 10 | 15 | 21年 |

（各協会資料による）

Ⓒ わが国最大級の産廃不法投棄事件—香川県豊島（てしま）

瀬戸内海に浮かぶ香川県豊島に産業廃棄物の搬入が許可されたのは1975年。以後，産業廃棄物の不法投棄やダイオキシンなどの有害化学物質による汚染が深刻な事態となった。たまりかねた豊島の住民は粘り強く撤去を求め反対運動を展開し，93年には香川県と排出業者らを相手方に国の公害等調整委員会に申し立てた。2000年6月，約25年の歳月を経て双方が調停を受け入れ全面解決に至った。不法投棄で残された有害廃棄物は50万t余に達した。

↑ 豊島に投棄された産業廃棄物による海の汚染現場（張り出した岬の緑と灰色の土壌部分）

Ⓓ 「ゼロ・エミッション」を実現した工場

1990年代半ばにアサヒビール茨城工場ではゴミゼロを達成したが，取組み開始当初ゴミ分別方法が混乱，目標を達成するまでに半年かかった。「何でこんな仕事をするんだ」という疑問，不満の声が従業員から上がっていた。

その後，会社はゴミゼロ工場を実現したとの広告を新聞，ＴＶで流したところ，次の日から異変が起きた。広告を見た消費者から賞賛の声が工場へ寄せられたのだ。それから社員の意識が変わったという。社会にさらされ，消費者に見られたことで，社員の意識が変化したのだ。（武末高裕『環境リサイクル技術のしくみ』日本実業出版社による）

解説 増え続ける廃棄物にどう対応するか　産業廃棄物などのゴミ（廃棄物）は焼却や埋め立て処分をするとダイオキシンの発生や環境破壊につながるため，その増加にどう対応していくかは今後の大きな課題である。特に産業廃棄物は，企業にとって処理費用がかさむことから，山中や海・無人島などへの不法投棄や安く引き取ってくれる国への不正輸出などが行われ従来から問題視されてきた。このような中で，生産活動等によって排出されるすべての廃棄物を，他の産業の資源として活用することで，全体として廃棄物を出さない生産のあり方をめざす**「ゼロ・エミッション（廃棄物ゼロの意）」**に⑰取り組む企業や自治体も増えてきている。

SIDE STORY　国は，6月5日を「環境の日」と定めている。1972年開催の国連人間環境会議を記念して制定された，国連による国際的な記念日である。環境基本法第10条にも明記されている。

経済

⑨ 最強の毒性，ダイオキシン

↑ベトナム二重体児ベトちゃんドクちゃん(1987年)　ベトナム戦争(1959〜75年後)，ベトナム各地で身体に障がいをもった子どもが生まれた。これは，アメリカ軍が行った枯れ葉剤散布によるダイオキシンが原因とされている。

❸ 環境ホルモン(内分泌かく乱物質)の一種とされるダイオキシン類は，廃棄物の焼却などによって発生することがあること。

ダイオキシンは，地球上で最強の毒物といわれている。最強というのは，試験に用いた動物を死に至らしめる量が，他の化学物質より極めて小さいからである。重要なのは，それよりはるかに低量で，**次世代の子どもの生殖機能や学習記憶機能，内分泌機能，免疫機能に悪影響が出る**ということが動物実験でわかり，人でも生じている可能性が疫学的な研究で報告されている。

(『朝日新聞』2007.8.6より作成)

解説　ダイオキシンの規制と課題　1999年，ダイオキシン類対策特別措置法が制定され，ダイオキシンの主要な発生源であるゴミ焼却場の規制が強化された結果，10年弱の間に排出量が20分の1以下になった。しかし，過去に焼却灰などによって排出されたダイオキシン類が，近海や湖，川などにたまった泥に残っており，その対策が課題とされている。

⑩ 新たな健康被害

原因	健康被害の実態
携帯電話・スマホの普及 →電波を中継する携帯電話基地局の増設	電磁波(マイクロ波)の影響による，頭痛・鼻血・疲労・心臓の不調・食欲不振・嘔吐など
風力発電施設(風車)の稼働	騒音(風切り音・モーター音)・低周波音(耳に聞こえない音)による睡眠障がいや頭痛，耳鳴り，吐き気，抑うつ，肩こり，動悸，脱力感など

↑民家近くに建つ携帯電話基地局の鉄塔

↑住宅地に隣接する風力発電所の風車

解説　しのびよる新たな健康被害　近年，社会の変化にともなって新しいタイプの健康被害が問題化している。たとえば，携帯電話やスマホの急速な普及(2021年時点での日本の世帯普及率は約97%，スマホだけなら約89%)にともない，以前に比べ電波が届かない地域(いわゆる「圏外」)が減少し，通信面での利便性が向上しているが，一方では，そのために通信各社が各地で増設した携帯電話基地局からの電磁波(マイクロ波)が原因と考えられる健康被害が多数報告されるようになってきている。電磁波といえば，レントゲンで使われるエックス線や放射性物質から放出されるガンマ線といったきわめて周波数が高くエネルギーの強い電磁波(分子や原子を構成する電子をバラバラに分離してしまうことから「電離放射線」と呼ばれる)が人体に影響を与えるリスクについては以前から指摘されているが，携帯電話基地局から出るマイクロ波のような周波数が低い電磁波(「非電離放射線」)も，長期にわたって被曝し続けると健康を害するようになると考えられるようになった。住民の中には，携帯電話基地局が自宅近くにあるために健康状態が悪化し，よそへ引っ越すことを余儀なくされるケースもあり，新たな健康被害といえる。また，太陽光発電とともにクリーンな再生可能エネルギーとして期待されている風力発電も，風車が回ることによって生じる騒音や低周波音による人体への健康被害が世界的に問題となっている。

⑩ ⑪ 環境アセスメント

Ⓐ 戦略的環境アセスメントとは

```
政策段階  ┐   戦略的環境アセスメント
          │   ・事業段階以前のできるだけ早い時期に
計画段階  │    実施する。
          │   ・複数の代替案を比較し環境負荷のより
          ┘    小さい案を採用する。

事業段階      環境アセスメント法による従来の
              環境アセスメント
              ・環境への影響を評価し実施検討
```

解説　求められる戦略的環境アセスメント　環境アセスメントとは，大規模な開発事業を行う際，事前に環境への影響を調査・評価し，必要なら計画の修正や見直しをすることによって環境破壊を防止すること。日本では自治体の条例化が先行していたが，1997年に国レベルの**環境アセスメント法**(環境影響評価法)が成立した(1999年施行)。しかし，同法では事業段階のみが対象となるため，政策段階や計画段階から，複数の代替案を出して，環境に与える負荷がより小さい最適案を選べる**戦略的環境アセスメント**が求められてきた。EUでは，2004年から各国で戦略的環境アセスメントの導入が進み，日本でも複数の地方自治体で戦略的環境アセスメントが制度化されている。国レベルでも2011年の環境アセスメント法改正により複数案の比較が可能となったが，近年のリニア中央新幹線のアセスメントの状況をみても十分な検討が行われているとはいえず，日本のアセスメントは形式的だという指摘もある。

🎯 Target Check　日本の環境政策に関する次の記述の正誤を判断しなさい。　(解答➡表紙ウラ)

☐ ① 国や地方自治体が環境負荷の少ない商品などを調達することが，グリーン購入法によって推進されている。

☐ ② 環境影響評価法の制定以前に，環境影響評価に関する条例を定めた地方自治体は，存在しない状況にあった。

☐ ③ 環境保全施策の総合的かつ計画的な推進を図るために，環境基本計画の策定を政府に義務づけた法律は，公害対策基本法である。

☐ ④ 環境影響評価法によれば，環境影響評価の対象には道路や空港の建設といった国の公共事業は含まれないとされている。

(センター2010本試，19追試，20本試による)

SIDE STORY　ノーベル平和賞を受賞したケニアの環境保護活動家ワンガリ・マータイさん(1940〜2011)。彼女は，日本語の「もったいない」という言葉が「3R」の精神を表していると感銘を受け，その精神を広める運動を展開した。

245

12 循環型社会をめざして

天然資源の消費の抑制 → 天然資源投入

1番目：リデュース
廃棄物等の発生抑制

生産（製造・流通等）

3番目：マテリアルリサイクル
再生利用

消費・使用

処理（再生・焼却等）

廃　棄

4番目：サーマルリサイクル
熱回収

2番目：リユース
再使用

最終処分（埋立）

5番目：適正処分

（『環境白書』2010より作成）

解説 循環型社会の具体的な姿　3Rとは，一般にリデュース（廃棄物の発生抑制），リユース（再使用），リサイクル（再生利用あるいは再資源化）の3つのRのことである。日本では循環型社会形成推進基本法（2001年に完全施行）で法制化され，廃棄物・リサイクル政策の基盤が確立された。これにより，[16][18][20][21] 「リデュース（発生抑制）」，「リユース（再使用）」，「マテリアルリサイクル（再生利用）」，「サーマルリサイクル（熱回収）」，「適正処分」の順に処理の優先順位が定められ，循環型社会の具体的な姿が示された。

Target Check 次の文に関する記述の正誤を判断しなさい。
（解答➡表紙ウラ）

☐ ① 友人からもらった古着を着用することは，3R（リデュース・リユース・リサイクル）のなかのリサイクルの例に該当する。
（センター2009本試による）

13 循環型社会形成のための法体系

Ⓐ 基本法の体系

環境基本法（1994.8 完全施行）自然環境や地球環境を保全するための基本となる考えなどを示したもの

[15][16] 循環型社会形成推進基本法（2001.1 完全施行）天然資源の消費を抑制し，循環型社会を作るための基本的なしくみを示す

（一般的しくみの確立）

廃棄物処理法（2001.4 完全施行）ごみの捨て方や捨てられたごみの処理方法を示す

資源有効利用促進法（2001.4 完全施行）ごみを出さなくするしくみ，物をリサイクルするしくみを示す

（個別物品の特性に応じた規制）

[16][18] 容器包装リサイクル法（2000.4 完全施行）びん，ペットボトルなどの分別収集・再資源化

[18] 家電リサイクル法（2001.4 完全施行）テレビ，冷蔵庫，洗濯機，エアコンの家電製品の再資源化

[18] 建設リサイクル法（2002.5 完全施行）コンクリート，木材などの建築物の廃材の再資源化

食品リサイクル法（2001.5 完全施行）食品の製造・加工・販売業者が食品廃棄物の再資源化

[15] 自動車リサイクル法（2005.1 施行）自動車のエアバッグやシュレッダーダストなどの再資源化

※リサイクルの費用は新車購入時に購入者が負担すること。

[15] グリーン購入法（2001.4 完全施行）再生品の調達を推進
[倫政17]
（経済産業省資料により作成）

[14] **解説** 循環型社会形成のための取り組み　循環型社会形成推進基本法に基づいて，廃棄物処理法や資源有効利用促進法という廃棄物・リサイクル政策の核となる法律とともに，容器包装リサイクル法や家電リサイクル法などの個別のリサイクル法が施行され，3R実現に向けた取り組みが進められている。

[18] 循環型社会形成推進基本法では，生産者が自ら生産した製品が使用され，廃棄されたあとも一定の責任を負うという考え方が取り入れられていること。

14 企業等の環境問題への取り組み

Ⓐ 環境会計

○環境保全コスト（事業活動に応じた分類）

分　　類		主な取り組み（例）	投資額	費用額
事業エリア内コスト	①公害防止コスト	大気汚染防止		
	②地球環境保全コスト	太陽光発電の導入 省エネルギー		
	③資源循環コスト	省資源，廃棄物処理		
④上・下流コスト		容器包装リサイクル グリーン商品の購入		
⑤管理活動コスト		ISO 14001の取得 環境広報		
⑥社会活動コスト		緑化支援金		
合　計				

空欄は企業が記入する欄

（環境省HPなどによる）

解説 環境への貢献度を数値化する取り組み　環境会計とは，企業の環境保全への取り組みを定量的に計算，評価する仕組みのことで，事業活動での環境保全のために投じたコストと，その活動によって得られた効果を数値化し，企業の利害関係者などに，情報として公開するもの。環境省が，2000年5月に「環境会計ガイドライン」を公表（2002年と2005年に改訂）してから注目されるようになった。

Ⓑ ISO 14001に基づく環境マネジメントシステムのイメージ

環境に配慮した計画の立案（Plan）
↓
計画の実行（Do）
↓
結果の点検と是正（Check）
↓
計画の見直し（Action）

⬆ ISO 14001の登録証

解説 環境に配慮した計画の立案と実行　ISO 14000s（シリーズ）は，世界のさまざまな規格を統一する国際機関である国際標準化機構（ISO）が定めた『環境マネジメントシステム（EMS）規格』のことで，1992年の地球サミット（地球環境会議）において採択された行動計画「アジェンダ21」を具体的に運用する目的で1996年9月に制定された。ISO 14000sのうち，中核となるISO 14001は，「環境マネジメントシステムをどのように構築すればよいか」を定めた仕様書で，企業等はこれを取得することにより「地球環境に配慮している」ことを認められたことになり，組織のイメージを良くすることもできる。日本では2023年7月時点で，大企業を中心に自治体や中小企業も含めた約14,000の組織がISO 14001を取得している。但し，ISO 14000sには法的拘束力はなく組織の自主的な運用に任されている。しかし，認証にはISO認証機関による厳格な審査があり，認証後も，定期的に審査を受けなければ資格は継続できない。

Target Check 次の記述の正誤を判断しなさい。
（解答➡表紙ウラ）

☐ ① ペットボトル，冷蔵庫やエアコン等の家電製品，自動車などの一定の廃棄物の回収や再商品化の促進については，国民の努力義務として法律に規定されている。

☐ ② 日本では，1990年代に環境基本法を廃止する形で公害対策基本法が制定された。

☐ ③ 日本では，四大公害訴訟を一因として，公害の防止に関する法制度が整備されたが，法整備以降も公害被害の救済を求める訴訟は続いた。（センター2011，12本試による）

用語Check 〔➡P.373〕公害，水俣病，公害対策基本法，無過失責任制度，汚染者負担の原則，環境基本法，環境アセスメント，産業廃棄物，ダイオキシン，循環型社会，食品リサイクル法，リサイクル，リデュース，リユース

経済

資源・エネルギー問題
～原発再稼働は必要か～

持続可能性

2011年3月に発生した東京電力福島第一原子力発電所の事故により「安全神話」は崩れさった。事故から10年以上経った現在でも、汚染水問題は解決せず、避難を余儀なくされた方々の帰郷もままならないなど、その影響は大きい。一方、地球環境問題や日本の経済問題を考えると原子力発電所の稼働は必要不可欠にも思える。

すでに再稼働した原発もあるが、原発の多くは二分された世論の影響もあり、いまだ再稼働に踏み切れない。原子力発電所は再稼働するべきか否か。原発そのものの安全性、発電コストや電力供給の安定性がもたらす私たちの生活や日本経済への影響、さらには地球環境問題などを考慮しながら、自分の意見をまとめてみよう。

① 1kWhあたりの発電コストとCO₂排出量

1kWhあたりのCO₂排出量

石炭火力	−79g 864g
石油火力	738−43 695
LNG火力	943g 474 98 376
太陽光(住宅)	38
陸上風力	26
原子力	19
地熱	13
中水力	11

その他(間接)
発電燃料燃焼(直接)

1,000 800 600 400 200 (g)0

1kWhあたりの発電コスト例 (2020年)

	(円)
石炭火力	12.5
石油火力	26.7
LNG火力	10.7
太陽光(住宅)	17.7
陸上風力	19.8
原子力	11.5
地熱	16.7
中水力	10.9

0(円)10 20 30 40 50

(資源エネルギー庁資料による)

② 各国の原子力発電割合(2022年)

	水力	火力	原子力	再生可能エネルギー	その他	原子力発電所数
アメリカ	5.7%	62.0	17.9	14.2	0.2	92／2基
中 国	14.7	66.4	4.7	13.4	0.8	53／47基
ロシア	16.9	62.9	19.2	0.5	0.5	34／23基
ドイツ	3.0	54.6	6.0	32.3	4.1	3／0基
フランス	9.5	13.3	63.0	12.4	1.8	56／1基
日 本	7.2	68.8	5.0	10.7 8.3		33／11基

注：原子力発電所数は、運転中／建設・計画中。2023年1月現在。

(『世界国勢図会』2023／24)

③ 地震の発生地点と原発の立地点と各国の原発政策

● 原子力発電所
■ 地震発生場所

(気象庁資料等により作成)

○各国の原発政策

脱原発	ドイツ	2011年7月，2022年末までに原発全廃を法制化。
	イタリア	2011年6月，国民投票で原発再開否決。
	スイス	2011年5月のG8直前に脱原発宣言。
	オーストリア	原発禁止を憲法に明記(1999年)。
原発推進	アメリカ	原発推進。「安全でクリーンな新世代原子力発電所の建設」
	フランス	原発推進だが，依存度を低下の方針。
	中国	原発建設を推進。

国内に17基ある原発を段階的に停止。23年4月、最後の3基の稼働を停止し脱原発が実現。

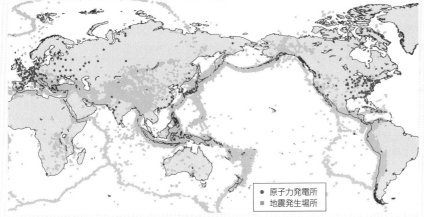

原発再稼働をめぐる考え方
～あなたはどんな意見ですか～

アメリカ，中国に次ぐ経済大国の地位を維持するために，資源の少ない日本には，大量の電力を安く供給できる原発が必要。新規制基準で安全性も確保された。

地球温暖化対策が急務の現在の世界で，CO₂排出量が少ない原発はなくすべきではない。

安定した電力供給のため，しばらくは原発に頼るのもやむを得ないが，危険性を考えれば将来的にはなくしていくべき。

原発停止中も日本は大きな混乱はなかった。原発よりコストはかかるが，今後，ドイツのように再生可能エネルギーを増やせば，原発を再稼働しなくてもよい。

福島第一原発をみても，事故が起きたときの被害が大きすぎる。汚染水問題も解決できていない。人間がコントロールできないものは使うべきではない。

福島第一原発の事故を受けて，ヨーロッパでは脱原発へと舵を切った国がいくつもある。それに比べ当事国の日本は，原発事故を過小評価しているのではないか。

日本ほど地震の発生地点に原発が集中している国は他にはない。しかも今後，南海トラフ地震など大地震の発生が想定されている。危険性を考えれば，日本は原発を作るべき場所ではない。

核のゴミ(放射性廃棄物)は，国内で処分するめどが立っていない。処分場ができたとしても，放射線の影響は何万年もなくならない。責任のとれない，遠い未来にまで迷惑はかけるべきではない。

自分の意見の根拠となる資料を探し，資料に基づいて意見を述べてみよう。

QUEST

高校生がアルバイトをする場合，様々な法の適用を受け，規制するだけでなく，私たちが不利にならないよう守っている。また，普段何気なくする「買い物」も法的な行為であり，経済活動は様々な法の上に成り立っている。ここでは，経済と法がどのように関わり，どんな役割を果たしているのかを考えてみよう。

① 労働者と法 ～アルバイトと法について考えてみよう～

Q. 高校生がアルバイトをする場合，以下のことは法的に問題ないのだろうか？

①同じ仕事なのに男子の時給が850円，女子の時給が800円だった。

私は時給800円なのに…

②アルバイトの面接で賃金について明示されなかった。

お金についての説明がないなぁ…

③賃金が現金でなく，銀行振り込みで支払われた。

ATM

④賃金がお金ではなくお店の商品で支払われた。

ご苦労様!!はいこれが今月の給料です

⑤1日に12時間（間に休憩1時間）働いた。

⑥1日に7時間，休憩なしで働いた。

⑦午後11時まで働いた。

⑧夏休みに，30日間連続して働いた。

答え

①**問題あり**　男女同一賃金の原則（労働基準法第4条　使用者は，労働者が女性であることを理由として，賃金について，男性と差別的取扱いをしてはならない。）

②**問題あり**　使用者は労働条件を明示しなければならない（労働基準法第15条　使用者は，労働契約の締結に際し，労働者に対して賃金，労働時間その他の労働条件を明示しなければならない。）

③**問題なし**

④**問題あり**　賃金は，毎月1回以上，一定期日に通貨で全額，直接本人に支払うことが基本。ただし，本人同意の上で本人の指定する銀行等の口座に振込みが可能。（労働基準法第24条　賃金は，通貨で，直接労働者に，その全額を支払わなければならない。賃金は，毎月1回以上，一定の期日を定めて支払わなければならない。）

⑤⑥**いずれも問題あり**　労働時間は，原則として1週間40時間，1日8時間を超えてはならない。また，6時間を超える労働には45分以上の休憩が与えられなくてはならない。（労働基準法第32・34条）

⑦**問題あり**　満18歳未満の場合，原則として午後10時から翌日午前5時までの労働は禁止。（労働基準法第61条）

⑧**問題あり**　使用者は毎週少なくとも1回の休日を与える義務がある。（労働基準法第35条）

Ⓐ 高校生労働組合結成！～ブラックバイトと労働組合の作り方～

　長時間労働などで学業と両立しにくくなる「ブラックバイト」に対抗しようと，東京と千葉の高校生が労働組合「首都圏高校生ユニオン」（東京）を結成した。労働相談にのったり，街頭で宣伝活動をしたりして，働き方に悩む高校生を支援したいという。働いていたコンビニでのトラブルに団体交渉で対応したという立ち上げメンバーの一人は「ユニオンの存在があったから解決に近づけた。自分も助けて頂いたので，次は助ける立場になれたら」などと語った。
（『朝日新聞』2015.8.27による）

首都圏高校生ユニオン　結成記者会見
↑ 結成記者会見をする高校生メンバー

○労働組合の作り方

STEP1　**結成準備**→①組合規約②活動方針③予算④役員体制を決め，メンバーを集める。

STEP2　**結成大会**→結成大会を開いたら，**労働組合の誕生！**

STEP3　**活動開始**→使用者側に結成を通告し，いざ活動開始！

解説　**働く側も知恵をつける**　学費や生活費のためにアルバイトをする学生は多いが，近年，学生の弱い立場につけ込み，低賃金なのに正社員並みの義務やノルマを課し，パワハラ・セクハラが放置されるなど，学業に支障をきたす状況に追い込む**ブラックバイト**が問題化している。そんな時，強い味方になるのが労働組合（→P.254・255）だ。労働組合は労働条件の改善などのために労働者が自主的に組織する団体で，労働組合法により保護されている。もしも職場に労働組合がなければ，自分たちでも作れる。

SIDE STORY　15歳未満の児童は，アルバイトはできない。テレビで子役をやる場合は，例外として労働基準監督署長の許可を受けなければならない。『午後8時から午前5時』までの就労が原則禁止されている。

経済

Q. 次のうちで「契約」にあたるものは？

① コンビニで弁当とお茶を買う。

② 友達と旅行に行く約束をする。

京都に行こう

いいね

③ 月1万円で学生寮に入る。

学生寮　家賃1万円

④ 電車に乗る。

⑤ アルバイトをする。

⑥ 駅前でアンケートに答える。

新宿駅

⑦ スマートフォンで有料アプリをダウンロードする。

⑧ インターネットで雑誌を購入する。

MAGAZINE ¥650

答え

契約にあたるもの…①③④⑤⑦⑧いずれもモノやサービスとお金などのやり取りが行われるので契約である。
（①④⑦⑧…売買契約，③…貸借契約，⑤…雇用契約）
②⑥は，モノやサービスとお金などのやり取りが行われないので契約にはあたらない。

Ⓐ 契約とは？ 18

契約とは	片方の「申し込み」に対して，もう片方が「受諾」し，モノやサービスとお金などのやり取りの約束をすること。（右のイラスト参照）契約は法律行為なので，どちらかが約束を果たさない場合は，他方の当事者は裁判で損害賠償などの救済を求めることができる。
契約の例	売買契約・雇用契約・貸借契約など。
倫政21 20 19 契約の成立 公序良俗に反する内容の契約は無効であること。	契約をする双方の合意によって成立する。「契約書」のような文書による場合だけでなく，電話・スマートフォンやインターネット，口頭での合意でも成立する。
契約の解除 19 当事者の一方が未成年の場合，未成年者が単独で相手方とした契約は無効であること。	一旦成立した契約は，原則としてどちらか一方の都合で解約することはできない。（例）ある店で服を試着して購入したが，家に帰ってからやっぱり似合わないような気がしたので返品しようとした。 返品したいんですけど… →「購入した」時点で売買契約が成立しており，店の人が返品に応じた場合は別だが，原則として返品できない。

Ⓑ 売買契約の場合 19

お客（消費者）　　お店（販売者）

契約成立 = おたがいの意思が合意

このゲームソフト下さい（申し込み）

はい。ありがとうございます（受諾）

	お客（消費者）	お店（販売者）
義務	代金を支払う	商品を渡す
権利	商品を受け取る	代金を受け取る

契約自由の原則
①契約を結ぶかどうかは自由
②だれと契約を結ぶかは自由
③契約内容は自由
④どのような方法で結ぶかは自由

解説 契約と契約自由の原則　「契約については，当事者は，合意によって自由に決定することができる」という原則を**契約自由の原則**という。 19　具体的には，①契約自体を締結するか締結しないかの自由，②相手方を自由に決定できること，③契約の内容を自由に決定できること，④口頭によるか契約書によるかなど，契約の方法を自由に決定できることの4つの自由をさす。特に③の「内容自由の原則」は，柔軟な内容の契約を結ぶために重要だが，場合によっては制限されることがある。例えば，雇用契約の場合，会社と従業員には，圧倒的に力関係に差があるため，従業員に不利な契約にならないよう法律で制限されることになる（→労働基準法）。また，売買契約においても，事業者と消費者との関係のように，契約に関する知識の格差があまりにも大きい場合は，消費者が，契約内容をよく理解しないまま，事業者に一方的に有利な内容の契約を結んでしまう可能性があるため，消費者に不利にならないように，契約内容自体や契約を結ぶ過程にも，一定の規制がかけられるのである（→消費者契約法）。 倫政22

経済

249

19 消費者の権利と保護

課題を考える

主な消費者問題，消費者の四つの権利，クーリング・オフなどについて理解を深めよう。

経済

1 近年の消費者トラブル

A 悪質商法・詐欺等の例

悪質商法	キャッチセールス	街頭でアンケートなどを装って消費者に近づき，事務所など別の場所へ誘い込んで強引に商品購入の契約をさせる。
	アポイントメントセールス	電話などで「あなたが選ばれた」「景品が当たった」など特別さを強調して呼び出し，商品やサービスの契約をさせる。
	マルチ・マルチまがい商法	商品を買わせると同時に，商品を販売しながら新たな会員を勧誘すると「もうかる」として，消費者を販売員にして会員を増やしていく。
	無料体験商法	脱毛エステなどサービスの無料体験をエサに客を呼び寄せ，体験後に強引に迫って高額サービスの契約をさせる。
	クレ・サラ強要商法	商品やサービスの契約の際，無理やりサラ金等から借金をさせたり，クレジット契約を組ませたりする。
	ネガティブオプション	注文していない本など，勝手に商品を送りつけ，断らなければ買ったものとみなして代金を請求する。
	かたり商法	市役所職員や有名企業社員を装い，商品やサービスを売りつける。
	開運(霊感)商法	「先祖のたたりで不幸になる」などと不安感をあおり，印鑑や数珠，アクセサリーなどをあたかも超自然的な力があるかのように思わせ，高額で買わせる。
	オーナー商法	「和牛のオーナーになってもうけませんか」などと出資を募る商法で，出資金が戻ってこないなどのトラブルが近年急増している。
詐欺等	ワンクリック詐欺	インターネットのアダルト系や出会い系のサイトなどで，画像などの項目をクリックすると，いきなり「登録」され，高額な料金を請求される手口。
	ネットオークション詐欺	商品を落札して代金を指定口座に振り込んでも，商品が届かない。
	フィッシング詐欺	銀行や有名企業を装ったメールを送り，偽のホームページにアクセスさせて個人情報を入力させ，その情報を使ってお金をだまし取る手口。
	特殊詐欺	お金をだまし取る詐欺の総称。電話で親族などを装ってお金をだまし取るオレオレ詐欺，身に覚えのない料金請求によってお金をだまし取る架空請求詐欺(支払え詐欺)のほか，融資保証金や還付金といった名目でお金をだまし取るなど年々手口が巧妙になってきている。
	アルバイト詐欺	「消費者金融の調査」のアルバイトなどの名目で，若者に消費者金融から借金をさせる手口。借りた現金は業者に渡り，返済義務だけが残る。

B 悪質商法などへの対処～クーリング・オフ制度

① ある高齢者の場合…

おばあちゃん，古い鍋やフライパンを使って調理すると，有害物質が溶け出して，体に悪いよ。

② 訪問販売業者から熱心に勧められる…

この調理用具セットなら絶対にそういうことはないから安心だよ。値段は少し高いけど(30万円)長い目で見れば安心。

③ 契約してしまう…

そんなのウソだから解約した方がいいよ。「消費生活センター」に行って相談すればいいよ。

④ 消費生活センターで…

こうすればクーリング・オフできますよ。

よかった!! 解約できる…

○ クーリング・オフ制度とは？ 15 20 倫政21

強引な訪問販売などで行った契約を解除したいとき

困ったなぁどうしよう…

訪問販売・分割払いの割賦販売(原則すべての商品)，マルチ商法(すべての商品)などにおいて，一定期間内(前者は8日間，後者は20日間)には違約金なしの契約解除ができる。ある意味では，**契約自由の原則**と契約成立後の契約を守る義務という市民社会の原則に修正を加えるものと考えられる。クーリング・オフとは文字どおり「頭を冷やす」の意。

ハガキの場合
① 簡易書留で送る
② 証拠として両面をコピーしておく
＊契約金が高かったり，代金を支払っている場合は，「内容証明郵便」が確実だ。

契約解除(申込み撤回)通知
・契約(申込み)年月日
・販売業者名
・販売員氏名
(販売業者住所・電話番号)
・商品(権利)名
上記日付の契約を解除(申込みを撤回)します。
・契約者住所氏名

＊通信販売はクーリング・オフが適用されない。しかし，2008年 特定商取引法の改正で，クーリング・オフに類似した「法定解除制度」が新設された。

クーリング・オフできないケース
① 総額が3,000円未満の商品などを受け取り，代金を全額支払った場合。
② 通信販売やネット通販の場合など。
③ 店舗や営業所で契約した場合。
④ 自動車の契約の場合。

解説 ねらわれる高齢者と若者 街頭や訪問販売，電話などで巧妙に「うまい話」を持ち掛け，強引に高額商品を買わせる悪質商法や，インターネットや携帯を利用した詐欺などの被害が多発している。悪質商法やネット詐欺などのターゲットになりやすいのは高齢者と若者である。特に一人暮らしの高齢者の場合，日々の生活や将来への不安をあおるような手口で必要のない商品を購入させられたり，住宅の修理などをさせられるケースが多い。また，若者は社会的経験が十分でなく，悪質商法や詐欺などの知識に乏しいためにカモになりやすい。最近では脱毛エステをめぐる契約トラブルや危害トラブルが急増しており，成年年齢引き下げにともなって18，19歳の消費者トラブルも増える傾向にある。

磁器治療器のレンタルオーナー商法で2,000億円を超える被害を出したジャパンライフの元幹部が詐欺罪で有罪判決を受けた(2021年4月東京地裁)。

② 消費者の保護

Ⓐ 消費者の権利
倫政20 国が認めた消費者団体が代わりに訴訟を起こせること。

消費者問題（食品被害，薬害，悪質商法，欠陥商品など）の登場
戦後の技術革新の進展→大量生産，大量販売体制の確立
→生産者主権となり多くの消費者被害が続発
→**消費者主権の確立を求められる（消費者団体→消費者運動）**

消費者の権利	**15　倫政13** 米ケネディ大統領…「**消費者の四つの権利**」を提唱（1962年） ①安全の権利，②知らされる権利，③選ぶ権利，④意見を聞いてもらう権利 米フォード大統領…四つの権利に加え ⑤消費者教育を受ける権利 を提唱（1975年） ↑ ケネディ大統領 ＣＩ（国際消費者機構）…八つの権利（①〜⑧）と五つの責務（ⅰ〜ⅴ）を提唱（1980年） ⑥生活の基本的ニーズ（衣・食・住・医療・教育など）が保障される権利，⑦救済（補償）を受ける権利，⑧健全な環境の中で働き生活する権利 ⅰ批判的意識・ⅱ自己主張と行動・ⅲ社会的関心・ⅳ環境への自覚・ⅴ連帯

Ⓑ 消費者保護の制度と法

法律・制度など	内　　　容
13 11 18 16 消費者基本法（1968年消費者保護基本法→2004年改正）	消費者保護を骨子とする消費者保護基本法(1968年制定)が2004年に改正され消費者基本法として施行された。改正基本法のポイントは，消費者の権利の尊重と自立の支援であり，安全の確保・選択機会の確保・必要な情報と教育機会の提供・意見の反映・適切で迅速な救済など消費者の権利がはじめて明記された。これにより**消費者は自立した存在**として権利が認められたが，一方で消費者は，自立のため自ら知識を習得するなど自主的で合理的な行動をとることを求められ，さらに自己責任も明確になった。
15 国民生活センター **10 消費生活センター**	消費者問題の情報提供・苦情相談の窓口　／　独立行政法人(消費者庁への統合を検討中)　／　都道府県・市町村が設置 **16**
倫政17 特定商取引法（1976年**訪問販売法**→2000年改正で改称）	訪問販売・通信販売・電話勧誘販売・マルチ商法などを対象に，クーリング・オフや訪問販売での契約解除を認めることにより消費者救済を図る。
クーリング・オフ	訪問販売・分割払いの割賦販売(すべての商品)，マルチ商法(すべての商品)などにおいて，一定期間内(前者は8日間，後者は20日間)には違約金なしの契約解除ができる制度。
消費者契約法（2001年）	(→P.253 G)
公益通報者保護法(2006年)	事業者内部から，国民生活の安全・安心を損なうような法令違反行為を通報しても，通報者が解雇等不利益な取り扱いを受けない。
消費者庁（2009年）	多発する消費者被害から消費者を守るため，各省庁に勧告を行うなど消費者行政の司令塔的な官庁として設置(内閣府の外局)。(→③)
消費者委員会（2009年）	有識者で構成され，重要な消費者問題について首相や関係大臣に建議などを行う消費者行政の監視的組織として内閣府本府に設置。(→③)
消費者安全法（2009年）	消費者の消費生活における被害の防止と安全の確保。消費生活センターの設置(都道府県は必置，市町村は努力目標)など。

解説　消費者の権利と消費者主権　「より良い商品をより安く買う」という消費者の行動にこたえて生産者間の競争が適正に行われ，商品や企業が淘汰されるというように，市場における生産と消費の最終決定権が消費者の側にあることを**消費者主権**という。消費者問題がいち早く登場し消費者主権の確立が求められたアメリカでは，ケネディ大統領が1962年の『消費者の権利保護に関する大統領特別教書』で「**消費者の四つの権利**」を提唱した。その後，フォード大統領と国際消費者機構によって更に四つの権利が追加され計八つの権利が重要視されるようになった。日本では，1968年制定の消費者保護基本法によって「保護」を中心とする消費者政策が行われてきたが，2004年に改正された**消費者基本法**で，消費者の権利の尊重と自立支援がうたわれ，消費者の権利がはじめて明記された。

③ 消費者庁の設置

消費者問題の発生

製品の欠陥・事故
食品偽装や食中毒
インターネット・トラブル
悪質商法の被害　など

食中毒になった…

従　来
個々に・相談・通報

消費生活センター
＊地方自治体が独自に設置
警察・消防
保健所・病院
その他

相談窓口（複数）

個々の省庁へ　→連絡→　個々の問題に，関係する各省庁がバラバラに対応(タテ割り行政)

行政の対応

↓情報　↓指導
→ 消費者　企業・消費者
＊対応の遅れ→被害拡大

消費者庁設置後
相談・通報

倫政14 消費生活センター
都道府県に設置義務
市町村は努力目標
↕連携
警察・消防
保健所・病院など

相談窓口（一元化）

すべて消費者庁へ　→連絡→　**消費者委員会** 監視・勧告 → 消費者庁が強力なリーダーシップを発揮し各省庁を指導する

行政の対応

↓情報　↓指導
→ 消費者　企業・消費者
＊迅速な対応→消費者保護

＊消費者庁…金融庁などと同様，内閣府の外局(総理大臣の直轄組織で，経済産業省や農林水産省などほかの省庁と別格で一段上の位置づけ)として設置。なお，消費者委員会は消費者庁監視のため総理大臣の直轄機関として内閣府の本府に設置。

解説　消費者行政の司令塔　これまで日本には悪質商法や消費者トラブルをはじめ製品の欠陥や食品偽装などさまざまな消費者問題に対して，専門に対応する行政機関がなかった。このため，行政の対応が遅れて被害の拡大を食い止められなかったケースが多かった。そこで，消費者問題から消費者を守るため消費者保護専門の行政機関として2009年9月に**消費者庁**が新設された。個々の問題によってバラバラだった「消費者からの相談」→「行政の対応」という流れが「各地の消費生活センター」→「消費者庁」へと一元化され迅速な対応が可能となった。**13 16 倫政20** 消費者庁のホームページでは，製品の重大事故や食品などに関わる情報が毎日更新され情報の一元化も進んでいる一方で，人員不足などのため問題への対応が不十分であるという指摘もある。

右端：**経済**

4 消費者問題年表

※赤字は消費者行政に関する内容

年	内　　容
1948	**主婦連合会(主婦連)**結成
55	**森永砒素ミルク事件発生**●
62	**サリドマイド事件発生**
65	兵庫県に全国初の消費生活センター設置
68	**カネミ油症事件発生**。消費者保護基本法制定・施行●
69	欠陥車問題。人工甘味料チクロ使用禁止
70	カラーTV二重価格問題。**スモン病問題**(キノホルム販売中止)。国民生活センター発足
73	石油ショック。**狂乱物価**。各地でトイレットペーパーなど**物不足騒ぎ**。消費生活用製品安全法公布
74	日本消費者連盟発足。灯油訴訟
76	消費者団体、塩ビ食品容器不買運動。訪問販売法公布(以後、複数回の改正)
79	第2次石油ショック。灯油価格の上昇はじまる
82	**サラ金による悲劇続発**
83	貸金業規制法(サラ金規制法成立)制定・施行
85	豊田商事などの**悪徳商法による被害が多発**
87	霊感商法横行、アスベスト汚染問題化
90	マルチ商法等の被害、悪質電話勧誘の苦情増加。
92	カード破産急増
94	松下電器、欠陥TV訴訟で製造物責任を初めて認める
95	悪質な電話勧誘に関する苦情急増(資格商法に対し取締りを強化)。製造物責任(PL)法施行
96	O157による食中毒多発。**HIV訴訟(薬害エイズ事件)和解**
97	ダイオキシン対策法・不正アクセス禁止法公布
2000	雪印乳業食中毒事故発生。消費者契約法制定
01	特定商取引法施行(訪問販売法を改正・改称)
02	食品の偽装表示が問題化。中国製ダイエット食品被害
03	BSE(牛海綿状脳症=狂牛病)、鳥インフルエンザなどによる食の安全性問題化。米国産牛肉輸入停止を決定。→食品安全基本法制定 **23** **倫政17** 食品安全委員会が設置されたこと。
04	ヤミ金融の被害拡大。消費者基本法制定・施行
05	耐震強度偽装問題発覚。預金者保護法制定
06	金融商品取引法制定、公益通報者保護法施行
07	貸金業法施行(貸金業規制法を改正)
08	薬害C型肝炎被害者救済特別措置法制定・施行●中国製冷凍ギョーザ中毒事件、汚染米の不正転売事件
09	消費者庁・消費者委員会設置、消費者安全法成立
12	消費者庁に消費者安全委員会(通称:事故調)を設置
17	改正特定商取引法施行(法令違反事業者への対応強化など)

森永ヒ素ミルク中毒事件
概要 1955年、岡山県など西日本各地で原因不明の発熱や貧血、腹部が極度に膨れ上がる乳児の奇病が発生した。原因は森永ドライミルク中に使用した第二リン酸ソーダに多量のヒ素が混入していたための中毒と判明。
被害者 中毒被害児12,131人。死亡児131人。
訴訟 森永の不買運動も展開されたが、1974年に企業側が責任を認め和解成立。被害者救済基金「ひかり協会」が設立。

サリドマイド事件
概要 1960年頃より睡眠剤・つわりどめのサリドマイド剤を妊娠初期に服用した母親から、あざらし状の四肢奇形児が出生。西独での警告がありながら政府の対応が遅れ被害が増加した。日本の「薬害の原点」。
被害者 認定被害者(生存)309人
訴訟 国と製薬会社はともに責任はないと主張したが、1974年に責任を認め和解。

カネミ油症事件
概要 1968年、西日本各地で米ぬか油の製造工程で、ダイオキシン類・PCB類が混入したことが原因による中毒事件。
被害者 約14,000人。認定患者1,858人。死亡者126人。
訴訟 1978年福岡カネミ訴訟で患者側勝訴、1984年食品公害として初めて国の責任を認めた。1987年企業側と和解。

薬害エイズ事件
概要 1985、86年にエイズウイルス(HIV)に汚染された非加熱の輸入血液製剤を投与された血友病患者が、エイズを発症して死亡したり重軽症を負った事件。
訴訟 国と製薬会社5社の責任を問う民事訴訟は提訴から7年後の1996年に和解。刑事訴訟では、2000年に製薬会社の3人に実刑、2008年に元厚生省課長に執行猶予付きの有罪判決が下った。

C型薬害肝炎
概要 1987年、青森県で初の集団感染発覚。肝炎ウイルスが混入したフィブリノゲン等の血液製剤(主に止血剤として利用)投与・輸血で感染し、慢性肝炎、肝硬変、肝ガンに進行する。推定患者・感染者数は240万人。
訴訟 国と製薬会社を訴えた訴訟は、2008年和解。**薬害肝炎救済法**も成立した。

解説 **消費者問題発生の背景** 商品の大量生産・大量販売の進行に伴い、消費者の自主的選択・合理的選択の条件が失われ(**依存効果・デモンストレーション効果も加わり**)**消費者主権**が生産者主権へと移行してしまった。また、不十分な知識のまま購入せざるを得なくなった結果、欠陥商品による大量被害も発生した。

15 デモンストレーション効果とは、個人の消費行動が他者の消費行動に影響されること。

5 PL法(製造物責任法)[1995年施行]

15 「製品の欠陥により、人の生命、身体、財産に被害が発生した場合、メーカーに過失がなくても、その損害賠償をメーカーに負担させる」というもの。

倫政20 リコール制度の改正により、欠陥があった場合は製品の交換が可能になったこと。

A 商品の欠陥で被害を受けた場合、旧制度とPL法の違い

商品の欠陥で被害を受けた

PL法(1995.7施行)
消費者は「商品の欠陥」だけを立証すればよい
↓
裁判 ←(メーカーが欠陥を認めて損害賠償支払い)
↓
欠陥の有無だけ審理
↓
裁判は短期
↓
欠陥あり(損害賠償支払い) / 欠陥なし(損害賠償なし)

(原因究明外紛争処理機関)

旧制度(民法709条)
消費者は「メーカーの過失」を立証する必要
↓
裁判
↓
メーカーは猛烈に反論
↓
裁判長期化
↓
過失あり(損害賠償支払い) / 過失なし(損害賠償なし)
(泣き寝入り)

解説 **「モノ」の欠陥を問う** これまでは、例えばテレビが急に爆発した場合、テレビの製造過程で過失があったことを証明しないと損害賠償を受けることができなかったので、消費者が泣き寝入りすることが多かった。今までが人の「過失」を問うのに対して、**PL法**はモノの「欠陥」を問う。これにより、損害を受けた消費者が救済されやすくなった。

B PL法による訴訟の例

事件名	相手	訴訟額	事件概要
こんにゃくゼリー死亡事件	食品製造販売会社	5,945万円	ゼリーをノドにつまらせ、男児が死亡
エアバッグ破裂手指骨折事件	自動車輸入業者	2億1,096万円	停車して点検中、エアバッグが噴出、破裂して手指を骨折

C 損害賠償制度のある商品マークの例

マーク	SF	ST	S
商品	花火	おもちゃ	一般商品
商品の欠陥による事故の場合	最高2億円の賠償	最高1億円の賠償	最高1億円の賠償

15 **倫政22**

SIDE STORY 誰が、いつ、どこで作ったか、食品の生産、処理・加工、流通・販売の各段階で履歴をたどれるシステムを **トレーサビリティ** という。食品事故等の問題があったときに、原因究明や商品回収などが円滑に行える。

経済

6 消費者契約法

悪質な契約の取り消しや，条項の無効を主張できる権利を消費者に与え，保護するための法律。取消権の行使は「だまされた」などと気づいてから1年間，契約の成立後は最長で5年間。ただし，罰則規定はない。

A こんな契約は取り消しになる（消費者契約法第4条）

①契約の重要事項について，うそをついた

②利益になることだけ言って，不利益になることを言わない

③将来の変動が不確実なことを断定的に言う

④押し売りが家や職場などから帰らない

⑤勧誘を受けた場所から帰してもらえない

⑥消費者が一方的に不利な内容

本当は掛け金が割高なのよね

お得ですよ

事故について当社は責任を負いかねます

NO！

治療代！

この商品は…

今忙しいので…

解説 **消費者もかしこくあれ** **消費者契約法**は2001年以降に結んだ契約から適用され，情報量でも交渉力でも事業者にかなわない消費者が，契約時のトラブルに巻き込まれないようにすることを目指している。しかし，①電話勧誘で誘われるままに交わした契約，②インターネット取引など，自分の判断で納得して交わした契約，については原則として適用されないと考えられるため注意しよう。**倫政17·21** 貸金業法が改正され総量規制が導入。グレーゾーン金利が撤廃されたこと。

7 危険!!ヤミ金融

利息(10日)		10万円借りた場合の返済額		
トイチ	1割	11万	13万	47万
トサン	3割	10日→13万 1カ月→ 19万		1年→120万
トゴ	5割	15万	25万	193万

A 経済苦による自殺者数と貸金業規制法検挙件数

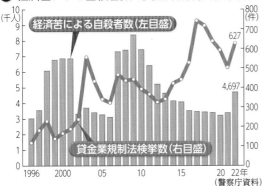

経済苦による自殺者数(左目盛)
627
4,697
貸金業規制法検挙数(右目盛)
1996 2000 05 10 15 20 22年
（警察庁資料）

解説 **ヤミ金融** 貸金業を行うには，都道府県知事への登録が必要である。この登録をせずに貸金業を営む業者や，登録を行っていても実際には高金利で貸付を行っている業者を総称して，「ヤミ金融」という。貸金業規制法は2007年に貸金業法と改称。

8 自己破産

A クレジットカード発行枚数と自己破産件数

⑮ 支払いをクレジットカードで行うことは，購入のために資金を借り入れるという意味を持つこと

（千万枚）
35
30
25
20
15
10
5
0
＊各年3月末の数値
カード発行枚数(左目盛)
個人自己破産の申立て件数(右目盛)
30.1
6.8
最近の自己破産申立て件数の減少は，過払い金請求(違法に払いすぎた利息を利息制限法で定められた利率で計算し直し，多く払いすぎた金を他の借金の返済に充てる)が増加したためと言われている。
（万件）
30
25
20
15
10
5
0
1990 95 2000 05 10 15 20 22年度
（日本クレジット産業協会，最高裁判所資料による）

B 破産後の制限・義務

①自己の財産を自由に処分・管理できない
②破産管財人などの請求があれば必要な情報について説明する義務を負う
③引っ越しや長期の旅行には裁判所の許可が必要
④裁判所が必要と認めた場合は身柄を拘束される
⑤郵便物などは破産管財人に対して配達される
⑥弁護士・公認会計士・司法書士・税理士などの資格は停止
⑦ローン・クレジットが使えなくなる

解説 **自己破産すると** 自己破産すると，借金は免責されるが，①ブラックリストに登録され，新たにクレジットカードやローンを利用できない，②裁判所の許可なく転居や長期旅行ができない，③一度免責を受けると，7年間は免責決定が受けられない，などの制限がつけられる。

Target Check
契約に関する民法の内容や，消費者に関する次の記述の正誤を判断しなさい。

（解答➔表紙ウラ）

☐ ① 契約を有効に成立させるためには，原則として，契約書を作成する必要がある。

☐ ② 民法は，だまされて契約を締結した場合であっても，当事者間に合意がある以上，その契約は取り消すことができないとしている。

☐ ③ 民法の改正により，親権者などの同意なく単独で契約の締結ができる成年の年齢が，18歳へと引き下げられることとなった。

☐ ④ 不法行為による損害賠償責任が問われる場合には，無過失責任の原則が採用されている。

☐ ⑤ 個人の消費行動が，周りの人の消費や流行など周囲の状況に影響される傾向は，逆進性と呼ばれる。

☐ ⑥ 日本の特定商取引法では，消費者保護を目的とするクーリング・オフの対象に，スーパーやコンビニで消費者自らが購入した商品も含まれている。

☐ ⑦ 日本では，消費者金融の無計画な利用による多重債務や自己破産の増加に対処するため，ペイオフが解禁されている。

☐ ⑧ 環境負荷の少ない商品を優先的に選んで購入する消費者は，グリーン・コンシューマーと呼ばれる。

（センター2020本試，19追試による）

用語 Check 〔➔P.374〕 クーリング・オフ，消費者主権，消費者団体，消費者の四つの権利，消費者基本法，依存効果，デモンストレーション効果，PL法（製造物責任法），消費者契約法

経済

20 労働者の権利

課題を考える
労働問題の背景には何があり，何のために労働者の権利があるだろう？

1 労働基本権・労働三法・労働に関する契約の位置づけ

【民間企業での採用・入社から退職までの一般的な流れ】	労働基本権	規定のある主な労働法制	労働条件に関する契約
①採用・入社(労働契約の締結)	勤労権《憲法27条》	労働契約法 労働基準法 最低賃金法など	労働契約(賃金や契約の期限などを明示)
②勤務(労働力の提供・賃金の受け取り)			就業規則(始業・終業時刻，休暇などの規定)
③労働組合に加入／労働組合を結成	団結権《憲法28条》	労働組合法	
④労使交渉(労働組合が労働条件の改善を求め，使用者と対等な立場で行う)	団体交渉権《憲法28条》		労働三権 20
⑤労働争議(労使交渉が決裂した場合の実力行使)	団体行動権(争議権)《憲法28条》 20	労働関係調整法	労働三法
⑥労働争議の調整(労働委員会による斡旋・調停・仲裁)			
⑦労使間で新たな労働条件を結ぶ		労働組合法	労働協約(労使交渉の結果，合意した労働条件)
⑧退職／労働契約の終了・更新／解雇		労働契約法 労働基準法など	(労働契約，就業規則の規定に則る)

経済

解説 対等でない労働契約 労働契約は，労働者と使用者(雇用主)との間で，**契約自由の原則**に則り，対等な関係で結ばれる。しかし実際には労働者側の方が不利な立場に置かれているため，憲法で労働者に労働基本権を保障し，各労働法制により使用者側に一定の制約をかけることで，労働者を保護している。

2 公務員の労働三権

倫政19 14 公務員の労働三権は制約されていること。

区 分			団結権	団体交渉権	争議権	備 考
民間企業の労働者 一般労働者			○	○	○	工場等の安全保持の施設停廃等禁止
公務員	国家公務員	一般職	○	△	×	
		警察職員など	×	×	×	警察・防衛省・海上保安庁・刑務所の職員・自衛隊員
		独立行政法人	○	▲	×	国立印刷局，造幣局などの職員
	地方公務員	地方公営企業体の職員	○	▲	×	地方鉄道・自動車運送・電気・ガス・水道などの事業
		一般職	○	△	×	
		警察職員など	×	×	×	警察職員・消防職員

注：○…あり ×…なし △…団体協約締結権がない ▲…管理運営事項は，団体交渉の対象外。＊国・地方自治体の事務の管理・運営に関する事項。個別の人事，予算，政策等が該当するとされる。

倫政15
22
解説 労働三権の制約 欧米では一部公務員を除き，労働三権を認める国があるが，日本の公務員の労働三権は，諸外国と比べ強く制限されており，特に争議権は全く認められていない。その代償措置として，国家公務員に関しては**人事院**，地方公務員に関しては**人事委員会**が置かれ，労働条件の改善を勧告している。

3 労働組合とは (⇒P.248)

※数字は労働組合法の条数

労働組合とは(2)	労働者が労働条件の維持改善と経済的地位の向上をめざして結成する団体	
労働組合法における組合の要件	①団体である	2人以上なら団体
	②メンバーの大部分が労働者	労働者とは，賃金・給料などの収入で生活する者で失業者も含む(3)
	③自主性をもつ	労働者が自主的に作り，会社からの干渉を受けない(2)
	④経済的地位向上が主目的	政治運動や福利事業が主目的ではダメ(付随目的なら可)(2)
	⑤会社の利益代表者の不参加	利益代表者とは，役員，人事権や施設決定権をもつ管理職など(2)
	⑥組合運営費について会社から援助をうけない	援助になる場合・組合用備品を会社が負担・組合専従者給料を会社が負担
		援助にならない場合・最小限の組合事務所の供与・組合の福利厚生資金への会社の寄付(2)
	⑦必要事項を定めた規約をつくること(5)	
労働組合法で保護されることは？(1・7・8)	①不当労働行為からの保護 ②ストによる刑事上，民事上の責任は追及されない(刑事免責，民事免責)	
19 会社と組合の間で決まったことは？	労働協約として，文書化し，お互いに署名捺印。労働契約・就業規則に優先する	

(松尾道子『フリーターで大丈夫？』有斐閣選書による)

4 不当労働行為の種類(労組法第7条)

14 **労働組合法**第7条では，使用者の労働組合や労働者に対する次のような行為を「**不当労働行為**」として禁止している

(1)組合員であることを理由とする解雇その他の不利益取扱いの禁止(第1号) 倫政20

労働組合の組合員であること 労働組合に加入しようとしたこと 労働組合を結成しようとしたこと 労働組合の正当な行為をしたこと	を理由に，労働者を解雇したり，その他の不利益な取扱いをすること
労働組合に加入せず，又は労働組合から脱退することを雇用条件とすること(黄犬契約)	

(2)正当な理由のない団体交渉の拒否の禁止(第2号) 18

雇用する労働者の代表者と団体交渉をすることを，正当な理由なく，拒むこと

※使用者が形式的に団体交渉に応じても，実質的に誠実な交渉を行わないこと(「不誠実団交」)も含む。

(3)労働組合の運営等に対する支配介入及び経費援助の禁止(第3号)

労働者が労働組合を結成し，又は運営することを支配し，又はこれに介入すること

労働組合の運営のための経費の支払につき経理上の援助を与えること

(4)労働委員会への申立て等を理由とする不利益取扱いの禁止(第4号)

労働者が労働委員会に対し，不当労働行為の申立てをし，若しくは中央労働委員会に対し再審査の申立てをしたこと，又は労働委員会がこれらの申立てに関し調査若しくは審問をし，若しくは労働争議の調整をする場合に労働者が証拠を提示し，若しくは発言したことを理由として労働者を解雇し，その他の不利益な取扱いをすること

倫政21

解説 不当労働行為とは 憲法の保障する労働三権を保護するため，労働組合法は使用者による労働組合の結成や活動に対する不正あるいは不当な行為を**不当労働行為**として禁止している。使用者に不当労働行為とみなされる行為があった場合，**労働委員会**に救済の申立てを行うことができる。労働委員会は，事実関係を審査し，認定されると使用者に対しその行為の是正を命ずる。

SIDE STORY 公務員の労働三権は制限されている。特に，団体行動権(争議権)が全く認められていないのは，その仕事の公共性，権利を行使した場合の社会に対する影響力の大きさが理由であるが，ILOから権利付与の勧告を受けている。

⑤ 労働組合の種類

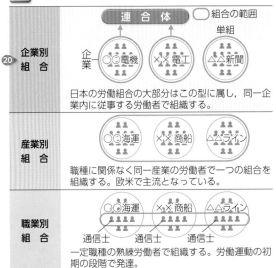

20 企業別組合		日本の労働組合の大部分はこの型に属し，同一企業内に従事する労働者で組織する。
産業別組合		職種に関係なく同一産業の労働者で一つの組合を組織する。欧米で主流となっている。
職業別組合	通信士　通信士　通信士	一定職種の熟練労働者で組織する。労働運動の初期の段階で発達。

解説 **企業別組合が主な日本** わが国の組合の圧倒的多数は**企業別労組**であり，大会社の大組合が主導的地位を占めている。

⑥ 労働組合員数と組織率の推移

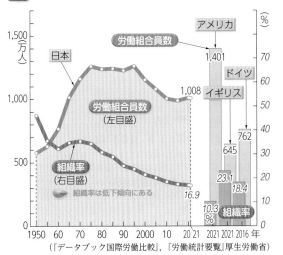

（『データブック国際労働比較』，『労働統計要覧』厚生労働省）

解説 **下がる一方の組織率** 経済のソフト化・サービス化が進むなか，労働の形態も多様化し，組合の組織率は低下の一途である。労働者の5人に4人は労働組合に入っていない。一方，[倫政21] [非正規労働者のための労働組合が近年結成されており，] ブラックバイト（●P.248）などの問題に対応した労働組合も結成されている。

Target Check　次の記述の正誤を判断しなさい。

（解答●表紙ウラ）

- ① 有期労働契約の期間の定めのない契約への転換について規定した法律は，労働関係調整法である。
- ② 労働者が労働組合を結成する権利については，労働基準法で定められている。
- ③ 労働組合による団体交渉の申入れを，使用者が正当な理由なく拒否することは，不当労働行為として禁止されている。
- ④ 高度経済成長期における労働組合の主な形態は，産業別労働組合と呼ばれた。

（センター15，18，20，共通21本試による）

⑦ 労働争議の調整（労働関係調整法）

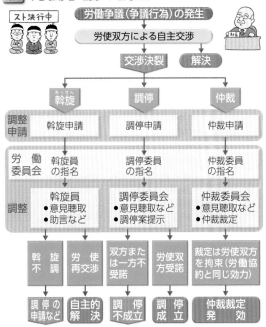

解説 **自主解決が原則** 労働関係調整法は労働争議の予防と自主的解決を原則としているが，それができない場合に備え**労働委員会**による**斡旋・調停・仲裁**の調整方法を定めている。

21 **労働審判制度**…労働争議ではなく，突然の解雇や退職強要，いじめ，残業代の不払いなど，個人レベルの労使間の紛争を通常の裁判より早く，手続きも簡単に解決する制度。労使の代表（審判員）と裁判官の計3名で構成される委員会の審理で，3〜4か月での決着を目指す。2006年から**労働審判法**により開始。

⑧ 世界の労働運動・労働者保護のあゆみ

年	できごと
1811	[英]ラッダイト運動：産業革命による機械化により職を奪われた熟練労働者が機械の破壊運動を行う。
33	[英]工場法制定：児童労働の年齢制限や若年者の労働時間制限などを規定した最初の労働者保護立法。
38	[英]**チャーティスト運動**：都市労働者による普通選挙権獲得運動。男子普通選挙など6項目を要求する人民憲章を掲げた。
1919	**国際労働機関(ILO)**発足：第一次世界大戦後のヴェルサイユ条約により設立。世界各国の労働条件の改善を目指す。1946年，国連専門機関に。
35	[米]ワグナー法制定：ニューディール政策の一環として労働者の団結権・団体交渉権を保障，不当労働行為を禁止。→タフト・ハートレー法（47年）により後退
44	**フィラデルフィア宣言**：ILO総会で採択。「労働は商品ではない」を原則。社会保障の向上を目指す。
46	ILO憲章採択：世界平和の基礎に社会正義をおき，労働条件の改善，失業防止などの必要性を掲げる。

解説 **労働条件の向上を目指して** 19世紀初頭から労働者による労働条件の改善や地位向上を目指した労働運動が展開されてきた。20世紀には**国際労働機関(ILO)**の設立など国際的な動きも進み，強制労働廃止条約やパートタイム労働に関する条約など労働に関わる条約も採択されてきている。

用語Check 〔●P.374〕 労働三権，労働基本権，団結権，団体交渉権，団体行動権（争議権），労働三法，労働基準法，労働組合法，労働関係調整法，不当労働行為

経済

21 労働条件の改善

自由 8 働きがいも経済成長も

課題を考える
男女ともに人間らしく働くために必要なことは何だろうか。

1 労働基準法の主な内容

注1：2008年改正，2010年4月施行。注2：**1997年の男女雇用機会均等法改正とともに女性の時間外労働の制限，休日労働の禁止，深夜業の禁止(女性保護規定)が撤廃された。**(20) 注3：2018年改正・新設，2019年4月施行。

項目＼内容	主な条文	具体的内容(原則・例外のあるものもある)
総則	1条　労働条件の原則	**人たるに値する**生活を営むための必要を満たす**最低基準**であり，向上に努める。
	2条　労働条件の決定	労働者と使用者が**対等の立場**において決定する。
	3条　均等待遇	**国籍・信条・社会的身分**を理由とする労働条件の差別的取扱いの禁止。
	4条　男女同一賃金の原則	**女性**であることを理由とする賃金の差別的取扱いの禁止。
	5条　強制労働の禁止	暴行・脅迫・監禁など不当な拘束手段による労働の強制の禁止。
労働契約	13条　労基法違反の労働契約	**労基法の基準に達しない労働条件を定める労働契約は無効**とし，本法を適用。
	15条　労働条件の明示	労働契約の締結の際，使用者は**賃金・労働時間**などの労働条件を明示する義務あり。
	19条　解雇制限	業務上の負傷・疾病(しっぺい)および女性の産前産後の休業期間とその後30日間の解雇禁止。
	20条　解雇の予告	**少くとも30日前に予告**をする。予告をしない時は30日分以上の賃金を支払う。
賃金	24条　賃金の支払	**通貨**で**直接**労働者に**全額**を，毎月1回以上，一定の期日に支払う(口座払い可)。
労働時間等	32条　労働時間	1週間につき**40時間以内**，1日につき**8時間以内**。
	34条　休憩	労働時間が6時間を超える場合に**最低45分**，8時間を超える場合は**最低1時間**の休憩時間。
	35条　休日	**毎週少なくとも1回**。もしくは4週間で4日以上の休日を与える義務。
	36条　時間外・休日労働	労働組合等と書面で協定(**三六協定**)を結べば可能。**ただし上限規制あり。**注3 ➔2
	37条　割増賃金	時間外・休日・深夜の労働に対し，25～50％の割増賃金を支払う。月60時間を超える時間外労働は50％以上にするか，労使協定により割増賃金分を有給休暇に代えることが可能。注1
	38条の4(新たな)裁量労働制	企画・立案・調査・分析の業務に従事する者(ホワイトカラー)で，その業務遂行の手段や時間配分の決定の指示が困難な者を対象に，新たな**裁量労働制**を定める。(14)(17) 対象となる業務の範囲が拡大したこと。
	39条　年次有給休暇	6か月継続勤務し，全労働日の8割以上出勤した者に10日間付与，その後1年ごとに加算し，最高20日。10日以上付与される労働者に対し，年5日を消化させる義務あり。注3
	41条の2　労働時間等の適用除外	高度の専門的知識等を必要とし，労働時間と成果の関連性が高くない業務に就く者に対して労働時間・休憩と割増賃金(時間外・休日・深夜労働)について規定の適用を除外できる。(**高度プロフェッショナル制度**)注3
年少者	56条　最低年齢	**満15歳未満**の児童の使用禁止(映画・演劇などは例外)。
	61条　深夜業	**満18歳未満**の**深夜業**(午後10時～午前5時)の禁止。
女性注2	65条　産前産後休業	産前は1子で**6週間**，多胎妊娠で14週間。産後は一律**8週間**の休業を保障。

経済

○多様な働き方ー法定労働時間の例外

倫政21 **裁量労働制**	実労働時間ではなく，成果を重視した働き方。倫政20 (19) **労使で事前に合意した労働時間だけ働いたとみなし，**残業代を含めて賃金が出る。深夜・休日の割増賃金は別に出る。仕事の手順や時間の配分を自分の判断で決められる働き手が対象で，「専門業務型」(システムエンジニア，デザイナーなど)と「企画業務型」(企画や立案，調査業務など)がある。
高度プロフェッショナル制度(特定高度専門業務・成果型労働制)	労働時間ではなく，成果を重視し，年収1,075万円以上の高度な専門職＊で，本人の同意などの要件を満たした労働者に対し，労働基準法の労働時間・休憩と割増賃金(時間外・休日・深夜労働)の規定について適用を除外できる制度。使用者に適用者の労働時間を把握する義務はない。
変形労働時間制	労働基準法上の労働時間の規制を，1週および1日単位ではなく，**一定期間における週あたりの平均労働時間によって考える制度**(1日8時間以上，1週40時間以上労働可能な週を4週間単位に設定したとして，その4週間の週あたり平均労働時間が40時間に収まっていればよい)。
倫政21 **フレックスタイム制**	変形労働時間制の1つ。1日の労働時間の長さを企業側が固定的に定めず，一定期間(精算期間)の総労働時間を労使協定で定めておき，**労働者がその総労働時間の範囲内で各労働日の労働時間(始業及び終業時刻)を自ら決定する。**割増賃金は精算期間の総労働時間がその期間の法定労働時間を超えた部分について支払われる。

＊具体的には厚生労働省の省令で定める。

解説 **労働条件の最低基準**　**労働基準法**は，日本国憲法第27条2項の「勤労条件の決定」に基づき，1947年4月に制定・公布されたものである。この法律で定める労働条件はあくまでも「**人たるに値する生活を営むための最低基準**」であり，この基準に達しない労働協約，労働契約は無効となる。また，(23)(21)(18) 倫政20 この法律の実効性を確保するための措置として，都道府県労働局や各都道府県管内に**労働基準監督署**を置くことが定められており，使用者に対し最低労働基準の遵守について監督・指導を行っている。

倫政20 最低賃金は都道府県別であること。

2 働き方改革関連法

○働き方改革関連法の主な内容と施行時期

	内容	施行期間 ▶ 2019年4月　20年4月　21年4月
規制緩和	**高度プロフェッショナル(脱時間給)制度の創設** 年収1,075万円以上（想定）の高収入の一部専門職を労働時間の規制から外す	大企業 中小企業
規制強化	**時間外労働(残業)の罰則付き上限規制** (20) 原則，休日労働を除き月45時間，年360時間で，最長でも年720時間，休日労働を含めても月100時間未満が限度	
	インターバル制度を努力義務化 退社してから次の出社まで一定の時間をあける	
その他	**同一労働同一賃金の実現** 正規・非正規社員の不合理な待遇差をなくし，差が生じる場合は企業が説明する義務あり	

(『読売新聞』2018.6.30による)

解説 **働き方改革**　2018年，安倍政権は**働き方改革関連法**として8本の法律について改正を行った。柔軟な働き方を選択できる社会の実現を目指すとともに，長時間労働の是正などを目的としたものとされる。ただし，年収の高い専門職について労基法の労働時間規制を外す**高度プロフェッショナル制度**は残業代の支払いがないまま，長時間働くことにもなりかねないため，制度の運用について慎重さが求められる。

SIDE STORY　効力の優先順位は労働基準法(最低基準)→労働協約(労組と使用者が団体交渉で合意したものを文書化)→就業規則(使用者が定める)→労働契約(労働者個人と使用者が結ぶ)となる。

③ さまざまな雇用形態 倫政18

Ⓐ パートタイム・有期雇用労働法 ＊中小企業は2021年施行

　同一企業内における正社員と非正規雇用社員の間の不合理な待遇の差をなくし、どのような雇用形態を選択しても待遇に納得して働き続けることができることを目的とした法律。2018年、働き方改革関連法の成立に伴い、有期雇用労働者もパートタイム労働法の対象とされ、法律の名称も「パートタイム・有期雇用労働法」に改正された。20年施行＊。

○パートタイム・有期雇用労働法のポイント

労働条件の文書による明示・説明義務
・雇入れの際、労働条件を文書などで明示する（第6条）
・求めがあった際は、通常の労働者との待遇の相違の内容・理由や待遇の決定に当たって考慮した事項を説明（第14条2項）

均等・均衡待遇の確保の推進
・パートタイム・有期雇用労働者のあらゆる待遇について、不合理な待遇差を設けることを禁止（第8条）

Ⓑ 派遣労働者＊数と派遣先件数の推移

＊派遣労働者とは人材派遣会社が雇用主であり、派遣先企業の指揮・命令を受けて派遣先企業の業務を行う者をいう。

注：2015年9月から一般労働者派遣事業の登録者数は含まない。

2008年世界金融危機後、派遣切りが増加。

派遣先件数

派遣労働者数

209

75

（厚生労働省資料による）

Ⓒ 労働者派遣法の主な改正

1999年	通訳など専門26業務に限定されていた派遣業務を原則自由化（禁止業務を指定）、専門26業務は派遣期間3年、それ以外の一般業務は1年
2004年	**製造業務への派遣解禁**、専門26業務の派遣期間は無制限、一般業務は3年以内に 倫政18 16 労働者派遣法は対象業務拡大の方向で改正されてきたこと。
2012年	**日雇派遣の原則禁止**
2015年	専門業務と一般業務の区分を廃止し、一律に最長3年の期間制限を設定（企業は労働組合の意見を聴いた上で派遣社員を3年ごとに交代させれば、同じ業務を派遣社員にずっと任せることが可能に）（→下図）

19 17 21

○派遣会社との「契約形態」で同じ職場で働ける期間を区分

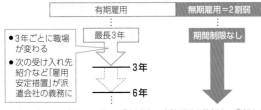

有期雇用

無期雇用＝2割弱

最長3年

期間制限なし

●3年ごとに職場が変わる
●次の受け入れ先紹介など「雇用安定措置」が派遣会社の義務に

3年

6年

※3年に達した派遣社員に対して①派遣先に直接雇用を依頼する②新たな派遣先を紹介する③派遣会社が無期雇用するなど、派遣会社には雇用安定措置が義務づけられる。（2012年調査『朝日新聞』2015.6.18による）

解説 **非正規雇用をめぐる課題** 派遣労働者や女性が多い非正規雇用者と正規社員との間には賃金や待遇などに格差があることが問題とされてきた。加えて、派遣労働の規制緩和は ワーキングプア や2008年以降の急激な景気後退のもとで多くの失業者を生んだため、再び規制強化され、12年、30日以内の短期派遣（日雇派遣）を原則禁止する改正が行われたが、製造業への派遣規制は見送られた。15年には、経済界の要請を受け、すべての職種（仕事）をずっと派遣任せにできる法改正が行われたが、不安定雇用が広がる懸念もある。

倫政16

---

④ 男女雇用機会均等法 15 16 22

努力義務ではなく、禁止規定であること。

Ⓐ 1997年改正のポイント（1999年施行）

	旧　　法	改　正　法
募集・採用・配置・昇進	事業主が女性に均等な機会を与えるよう努める**努力義務規定**	男性との**差別禁止規定**
定年・退職・解雇・教育訓練	男性との**差別禁止規定**	変更なし
制裁措置	な　し	禁止規定違反の事業主が是正勧告に従わない場合、厚労相は**企業名を公表できる**
セクシュアルハラスメント	事業主に防止の配慮義務	事業主に防止の措置義務
ポジティブ・アクション	な　し	国の事業主に対する援助を規定

Ⓑ 2006年改正のポイント（2007年施行）

①**性別を理由とする差別の禁止**…男女双方に対する差別の禁止
②**間接差別の禁止**…募集採用で一定の身長・体重・体力を要件とする、総合職の募集・採用で転居転勤を要件とする、昇進で転勤経験を要件とすることを禁止（14年省令により全労働者に適用）
③**セクハラ防止の強化**…事業主は雇用管理上必要な措置を講じることを義務化（男性に対するセクハラも対象に） 倫政20
④**妊娠・出産を理由とした不利益取扱いの禁止**

解説 **改正男女雇用機会均等法** 1985年の制定当初から、募集・採用などにおける平等規定が、単なる事業主の努力義務規定であるなど、「ざる法」との指摘のあった**男女雇用機会均等法が97年改正され、99年4月から施行された**。労働の分野における男女差別の禁止は一歩前進したといえよう。ただし、**労働基準法の女性保護規定の撤廃**も同時に行われ（→P.256）、かえって女性が働きにくくなったとの指摘も強い。2006年の改正では男性に対する差別や間接差別の禁止などが盛り込まれた。

---

⑤ 育児・介護休業法

Ⓐ 育児・介護休業法の主な内容 14 20 21

育児	①**男女労働者**は、養育のため子が1歳になるまで1年間の育児休業を請求できる。（特定の場合は最長2歳まで可） ②夫婦が共に育児休業を取る場合は、子が1歳2ヶ月になるまで1年間の休業ができる。（パパ・ママ育休プラス） ③3歳未満の子を養育する労働者に短時間勤務制度を設け、請求に従い所定外労働＊を制限しなければならない。
介護	①**男女労働者**は、要介護状態にある家族の介護のため、1人につき通算93日の介護休業を申し出ることができる。（3回を上限に分割取得可） ②労働者が要介護状態の家族を介護するために請求した場合、所定外労働を制限しなければならない。
共通	①事業主は、育児・介護休業の申し出を拒否できない。 ②育児・介護休業を理由とする解雇・不利益な取扱いは禁止。 ③パート・派遣社員も、休業取得可。（条件あり） ④就学前の子の看護、要介護状態の家族の介護のため、1人につき年5日（上限10日）の看護休暇・介護休暇を認める。 ⑤育児・介護休業を理由とする嫌がらせ（マタハラ・パタハラなど）に対する防止措置の義務化。 ⑤違法行為に対する勧告に従わない場合、企業名を公表する。

16 15 育児・介護とも男女の区別をせずに適用されること。

注：育児休業給付金として、雇用保険から休業前賃金の50％（休業180日までは67％）が支給。2002年4月から公務員は3年間に延長。介護休業期間中は介護休業給付金として賃金の67％が支給。＊就業規則の所定の労働時間を超過した労働

解説 **改正育児・介護休業法** 2021年の改正では、子どもの生後8週間以内に男性が最大4週間の産休を取得できる制度が新設された。また、自身や配偶者の出産や妊娠を届け出た社員に休業取得の意思を確認することが企業に義務づけられる。

14 地域によっては保育所への入所を待っている待機児童が多く、その解消が求められていること。

経済

セクシュアルハラスメントは、仕事や行為者の職務上の地位を利用してなされた場合、違法とされやすく、職場外、就業時間外になされたものであっても、違法となりうる。

現代における労働をめぐる状況で議題となっていることは何だろう。

1 雇用をめぐる情勢

A 労働力人口の推移

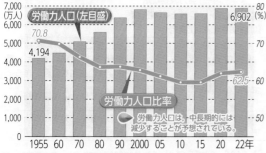

注：労働力人口＝15歳以上の就業者数＋完全失業者数
　　労働力人口比率＝労働力人口÷15歳以上人口×100
＊完全失業者…仕事についておらず仕事があれば就業可能で，求職活動をしていた者

（『労働統計要覧』厚生労働省）

全国人口（1億2,495万人）
15歳以上人口（1億1,038万人）
労働力人口（6,902万人）
非労働力人口（4,128万人）
就業者（6,723万人）
完全失業者（179万人）

注：2022年 （『労働統計要覧』厚生労働省）

B 正規・非正規の職員・従業員数

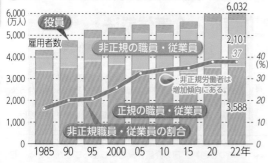

（総務省統計局「労働力調査」による）

C 完全失業者数と完全失業率の推移

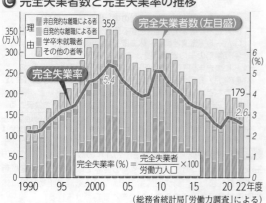

完全失業率（%）＝ 完全失業者 ÷ 労働力人口 ×100

（総務省統計局「労働力調査」による）

⑰ 日本の若年層の失業率は，他の年齢層より高いこと。

D 日本と諸外国の失業率の推移（調整失業率）

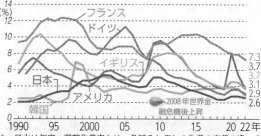

注：日本は年度。調整失業率とは，各国それぞれの失業の定義の違いを，比較可能なように調整した値。（OECD資料により作成）

解説　日本と諸外国の比較　日本の失業率は欧米諸国に比べて低い水準で推移してきたが，バブル崩壊後の1990年代後半以降，リストラや日本型雇用の崩壊とともに状況は悪化，一時アメリカやイギリスを上回ることもあった。その後改善傾向がみられたが，2008年後半からの世界同時不況以降は再び急激に悪化した。なお，景気動向だけでなく，求人が雇用に結びつかない雇用のミスマッチは完全失業率を高止まりさせる原因の一つとなる。

2 M字型雇用―年齢階級別労働力人口比率（2021年）

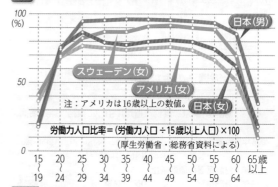

労働力人口比率＝（労働力人口÷15歳以上人口）×100

（厚生労働省・総務省資料による）

解説　なぜM字型になる？　女性労働者は年々増加しているが，結婚あるいは出産・育児で一時的に離職するというライフサイクルを反映し，欧米諸国と比べると30代において割合が落ち込み，M字型になるという特徴が日本では見られる。

3 労働契約法―労働契約の基本ルール

・労働契約の締結や変更にあたっては，労使対等の立場における合意によることが原則。
・使用者が一方的に就業規則を変更しても，労働者に不利益な労働契約の変更はできない。（就業規則の合理的な変更の場合は可）
・有期労働契約が反復更新され，通算5年を超えた場合は，労働者の申込みにより無期労働契約に転換できる。
・「雇い止め」の禁止（最高裁判例の「雇い止め法理」の法定化）→企業は合理的理由なしに更新拒否はできない。

解説　労働契約　パート・派遣など就業形態が多様化し，労働者の労働条件が個別に決定，変更されるようになり，個別労働紛争が増加している。そこで紛争を未然に防ぐことを目的に2008年，労働契約法が施行された。以前は紛争に際しては蓄積された判例により判断がなされてきたが，この法律により労働契約についての基本ルールが示されることになった。

SIDE STORY　女性活躍推進法では，従業員101人以上の企業に女性の採用比率，管理職比率の男女差等を分析し，改善のための数値目標や取り組みを「行動計画」にまとめ，達成度を公表することを義務づけている。

4 障がい者の雇用状況―民間企業を例に 倫政21

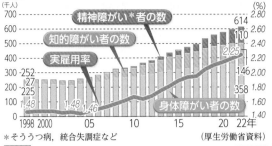

* そううつ病, 統合失調症など
（厚生労働省資料）

解説 障がい者雇用の促進　障がい者の法定雇用率は, **障害者雇用促進法** 20 21 に基づき, 政令で定められる。2021年3月より民間企業は2.3%, 国と地方公共団体は2.6%に引き上げられたが, 一方で内閣府や総務省, 国土交通省など多くの中央省庁などでの水増しが発覚した。制度自体の信頼性を揺るがすとして批判が相次いだ。

5 仕事と生活の調和

A 1人当たり平均年間総実労働時間（就業者）

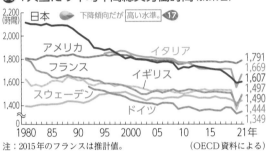

注：2015年のフランスは推計値。
（OECD 資料による）

B ディーセント・ワーク（働きがいのある人間らしい仕事）の内容

ディーセント・ワークとは, 1999年のILO（国際労働機関）総会において提唱された ILO が目指す理念。これは, 権利が保障され, 生計に十分な収入を生み出し, 適切な社会的保護が与えられ, 人間としての尊厳を保てる, 生産的な仕事のことである。ワーク・ライフ・バランス社会の実現にとって不可欠な概念とされている。

C 仕事と生活の調和（ワーク・ライフ・バランス）が実現した社会 16

「国民一人ひとりがやりがいや充実感を感じながら働き, 仕事上の責任を果たすとともに, 家庭や地域生活などにおいても, 子育て期, 中高年期といった人生の各段階に応じて多様な生き方が選択・実現できる社会」
（『ワーク・ライフ・バランス憲章』* による）

＊ 2007年ワーク・ライフ・バランス推進官民トップ会議にて策定

D テレワーク・SOHO（ソーホー）16

テレワークとは, ICT（→ P.84）を活用した在宅勤務など場所や時間にとらわれない柔軟な働き方であり, **SOHO**（**S**mall **O**ffice/**H**ome **O**ffice）を実現する一つの手段である。新型コロナ禍で広まったテレワークでは課題も指摘されている。

○テレワーク導入にあたり課題となった点

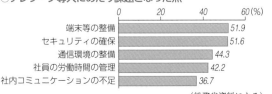

（総務省資料による）

E ワークシェアリング 16

ワークシェアリングとは, 1人当たりの労働時間を減らすことで多くの人に仕事を分配し, 不況にあっても雇用を維持したり, 増加させる仕組みをいう。また1人当たりの労働時間も減るため, 短時間勤務を可能にし, 子育てや介護などに応じた多様な就業形態を実現できるものでもある。つまり, ワーク・ライフ・バランス実現の一つの手段として活かすこともできるのだ。

	従来	ワークシェアリング	
労働時間	8時間	7時間	7時間
雇用人数	70人	70人	10人 ← 新規雇用
計	70人, 560時間	80人, 560時間	

解説 働き方の見直し　日本の労働時間は短くなってきているが, 統計に表れない**サービス残業**や年次有給休暇の取得率が低いという問題も指摘されている。また, **過労死**の件数も高止まりの状態で, 2014年には過労死等防止対策推進法が成立した。 倫政16

6 過労死問題

A 過労死の労災補償認定件数

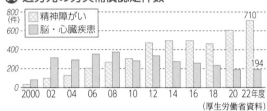

（厚生労働省資料）

解説 急がれる対策　過労死の認定基準, いわゆる「過労死ライン」について厚労省は脳・心臓疾患について, 「発症前1か月におおむね100時間, または2〜6か月間に1か月平均でおおむね80時間を超える残業をした場合, 業務との関連性が強い」としている。しかし, 実際にはより短い残業時間でも過労死が起きている。また, 過労死・過労自殺として認定される件数のうち, 近年増加傾向にあるのは精神障がいである。なお, 認定基準は2021年には労働時間以外の負荷要因も総合評価するように改正された。

7 日本型雇用の崩壊と成果主義 18

日本の雇用慣行で以下の3つを日本型雇用（日本的雇用慣行）という。高度経済成長期に定着し戦後の日本経済の発展に貢献したが, バブル崩壊後は変化がみられる。

日本型雇用
①終身雇用制　企業が新規学卒者ら従業員を採用し, 定年まで雇用する制度。
② **年功序列型賃金**　勤続年数や年齢などに応じて賃金が上昇していく賃金制度。①と結びつく。 倫政21
③企業別組合　企業ごとに, その企業で働く正社員を対象に組織された労働組合。企業の事情に応じた協議や交渉はしやすいが, 闘争力が弱いとされる。（→ P.255）
メリット …安定した雇用関係により労働者の生活も安定し, 愛社精神や生産性の向上につながる。
デメリット …労働者は転職が, 企業は雇用調整がしにくい。少子高齢化の状況では賃金コストが上昇し, 経営を圧迫することも。

成果主義・能力主義
年齢や勤続年数に関係なく, 能力・成果に応じて賃金やポストが与えられる。**年俸制**はその例であり, 個人の業績や成果などにより年俸が決定され, 総額を月ごとに分割して支給されるタイプなどがある。 倫政21
課題　どのようにして, 成果を公平に評価するかが難しい。

経済

⑧ 外国人労働者の問題

Ⓐ 在留資格

倫政16 不法就労状態の外国人労働者にも、すべての労働法規は原則適用されること。

日本に中長期滞在する外国人はすべて、**出入国管理及び難民認定法**で特定された在留資格（最長5年の滞在が可能で更新もできる）を持たなければならないことになっている。在留資格に認められている活動（「法律・会計業務」や「人文知識・国際業務」等、専門的技術・知識・技能を伴う活動）以外の就労を行うことは、特別許可がない限り許されない。つまり、専門的な知識や技術を伴う職業を除いて、単純労働に携わる外国人労働者の受け入れは認めないというのが政府の基本方針だった。

しかし、1990年の法改正では「定住者」という在留資格が設けられ、日系移民の2・3世の入国が可能になった。彼らの在留資格には在留中の活動に制限がないため、例外的に単純労働への就労が可能であり、単純労働が許される別の道ができたのである。

さらに、2018年には単純労働を含む外食、建設、介護などの分野で、一定の能力が認められる外国人を対象に、新たな在留資格「特定技能」を創設する法改正（19年施行）がなされた。これは日本語と技能試験に合格すれば最長5年の滞在が認められるというもので、**実質的に単純労働分野における就労を認める方針転換**となった。

（渡辺洋三他編『日本社会と法』岩波書店を参考）

Ⓑ 外国人労働者数

(2022年10月末現在)

	身分に基づく在留資格	専門的・技術的分野の在留資格	技能実習	資格外活動	特定活動
計182万2,725人	32.6%	26.3	18.8	18.2	4.0

（厚生労働省資料による）

Ⓒ 外国人技能実習制度

①職種の拡大

従来の69職種
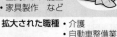
- 建設機械施工
- 水産練り製品製造
- 婦人子供服製造
- 金属プレス加工
- 家具製作　など

拡大された職種

- 介護
- 自動車整備業
- 総菜製造業　など

（『朝日新聞』2014.6.11などを参考）

外国人技能実習制度は技能を途上国に伝え、その国の経済発展を担う人づくりに寄与することを目的に最長5年を上限に雇用関係の下で技能等を外国人実習生に習得させる制度（労働関係法が適用）。実際には「3K職種」において最低賃金すれすれで労働者を雇う手段ともなっており、低賃金での長時間労働や労災隠し、暴力など人権問題も指摘されているため、新しい制度が検討されている。

解説 **外国人労働者の受け入れ**　外国人労働者の受け入れは外国人技能実習制度、EPA、在留管理制度を通じて可能となっている。近年の人口減少を背景に、外国人の活用を様々な職種で広げようとする制度改革が加速している。特に介護の分野は顕著で、2017年には在留資格「介護」が創設され、18年からは介護の技能を学ぶ技能実習生の受け入れが始まり、新しい在留資格「特定技能」の対象業種にも介護が加えられた（➡P.25）。なお、「特定技能」では外食、建設、ビルクリーニング、宿泊など単純労働を含む14分野の受け入れを認め、22年には再編により12分野となった。また、23年には人権問題を背景に技能実習制度に代わる新制度創設が提案された。

⑨ 高齢者の雇用状況

Ⓐ 66歳以上まで働ける制度がある企業

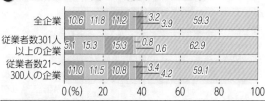

	66歳以上の継続雇用制度（希望者全員）	66歳以上の継続雇用（基準該当者のみ）	その他66歳以上まで働ける制度	66歳以上定年	定年なし	制度なし
全企業	10.6	11.8	11.2	3.2 / 3.9		59.3
従業者数301人以上の企業	5.1	15.3	15.3	0.8 / 0.6		62.9
従業者数21〜300人の企業	11.0	11.5	10.8	3.4 / 4.2		59.1

(2022年6月1日現在)　（厚生労働省「高年齢者雇用状況等報告」による）

Ⓑ 70歳まで働けるよう企業の努力義務になる七つの選択肢

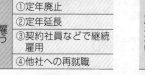

雇う	①定年廃止	雇わない	⑤フリーランス契約
	②定年延長		⑥起業支援
	③契約社員などで継続雇用		⑦社会貢献活動支援
	④他社への再就職		**70歳まで収入があるように企業が資金提供**

どれを選べるようにするかは各企業の労使で決める

（『朝日新聞』2020.4.1による）

解説 **高齢者の活用**　**高年齢者雇用安定法**は企業に対し、定年廃止・定年延長・再雇用などの継続雇用という三つの対応により65歳まで働ける機会を設けることを義務づけてきた。2020年の法改正では70歳まで延長することを企業の努力義務とし、さらに四つの選択肢も加えた。労働力と社会保障の担い手の確保が目的。

⑩ 男女の育児休業取得率

Ⓐ 育児休業取得率の推移

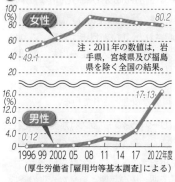

注：2011年の数値は、岩手県、宮城県及び福島県を除く全国の結果。

女性：49.1 → 80.2
男性：0.12 → 17.13

（1996 99 2002 05 08 11 14 17 2022年度）

（厚生労働省『雇用均等基本調査』による）

↑湯崎英彦広島県知事　2015年、知事として初めて部下の育児参加を支援する「イクボス宣言」を行った。

※政府目標：2025年の男性の育児休業取得率30%

Ⓑ 男性の育児休業取得促進について

夫婦で取得すると、1歳2か月まで休業できます。	夫は妻の産後休業中に産後パパ育休も取得できます。	配偶者が専業主婦（夫）でも休業できます。

（「イクメンプロジェクト」HPによる）

解説 **増やせイクメン**　近年、自ら育休を取得する自治体の首長なども現れ、イクメンが話題になっている。育児休業取得率も男女ともに上昇傾向にはあるが、実際には男性の育児休業取得率は依然として低い状況にある。働き盛りと子育てが重なる30代の男性自身がワーク・ライフ・バランスの視点から子育てに参加するよう意識を変えていく必要がある。同時に、男性も育休を取得しやすい労働環境を制度として整えていく必要があろう。なお、男性が育児に参加したことにより、不測の事態に柔軟に対応できるようになった、忍耐強く待つことができるようになったなど、仕事上でプラスに働く効果があったとの報告もある。

用語Check 〔➡P.374〕 男女雇用機会均等法、育児・介護休業法、M字型雇用、ワークシェアリング、終身雇用制、年功序列型賃金、外国人労働者

経済

論点 仕事について考えよう

1 労働についての考え方の多様化

Ⓐ西洋における「労働観の変遷」概括図

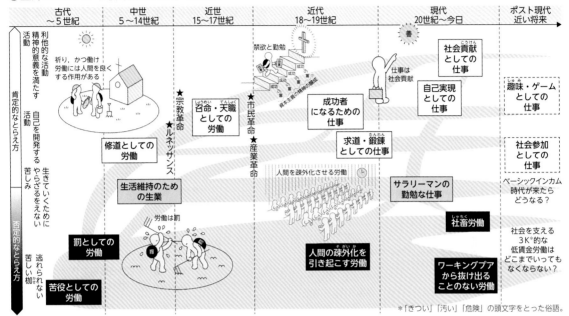

| | 古代
〜5世紀 | 中世
5〜14世紀 | 近世
15〜17世紀 | 近代
18〜19世紀 | 現代
20世紀〜今日 | ポスト現代
近い将来 |

（村山昇 著／若田紗希 絵『働き方の哲学　360度の視点で仕事を考える』ディスカヴァー・トゥエンティワン）

＊「きつい」「汚い」「危険」の頭文字をとった俗語。

◀解説▶ 人間は長い間働いてきたといえるが，労働についての考え方は時代によって変化してきた。古代の奴隷制社会は，奴隷の労働によって支えられていた。働くことは，いわば奴隷に課せられた「苦役」だった。やがて**キリスト教**世界においては，労働は「神によって科せられた罰」という考え方から，**祈りや瞑想と並ぶ重要な行い**であると認識されるようになり，**宗教改革**以降は，「仕事に励むこ

とが宗教的な使命である」という考え方も広まった。近代になると，市民革命によって労働が信仰から切り離され，産業革命によって単純労働が増えると労働の意義そのものが問われるようになった。そして，現代では労働についての考え方は多様化しており，将来はさらなる変化が予想される。働くことは人間にとってどのような意味があるのだろうか？

経済

2 AIの普及によって仕事はどうなるか？

ⒶAI化が進むとなくなる可能性が特に高い職業

職業	特徴・現状など
警備員	すでにAIによる24時間監視システムが実用化されている。
タクシー運転手	2025年度までに多数のエリア・車両での自動運転サービスの実現が目標とされている。
銀行員	定型業務が多く，人員削減が進んでいる。
鉄道運転手	すでに自動列車運転装置「ATO」による自動運転がさまざまな路線で行われている。

ⒷAI化が進んでも残る可能性が特に高い職業

職業	特徴・現状など
医者	医師の業務の約20%はAI化が不可能といわれている。
介護士 看護師	人の力で介護・看護を受けたいという意識をもつ人も多く，単調な仕事だけではなく柔軟に対応することも必要。
カウンセラー	人間の心の複雑な機微を感じ取り，数値化，データ化できない人間ならではの心理へのカウンセリングを行う。
データ サイエンティスト＊	AIは，実際の現場を観察することはできず，事業戦略や経営戦略など大きな観点からアドバイスすることも難しい。
キャリア アドバイザー	顧客との信頼関係が重要であり，もっとも重要視されるコミュニケーションやヒアリングは，AIでは不可能。

＊ AIやデータ活用を担う専門家。　（参考：「マイナビ顧問」2022.1.14）

3 どのように仕事を選ぶか？

Ⓐ求人票で特に確認したいポイント

雇用形態・就業形態	長く勤めたい場合は「正社員」がベスト。「派遣・請負ではない」ことが望ましい。
職種・仕事の内容	採用後の職種や仕事内容が希望に合うか。
就業場所等	就業場所や転勤の可能性が希望に合うか。
加入保険等	福利厚生や各種保険制度が充実しているか。
賃金・手当等	基本給が多いことを優先。昇給内容や賞与・諸手当（通勤手当など）の支給額。
就業時間・休日等	年間休日数は多いか。「変形」「交代制」については自分の希望に合うか。

◀解説▶ 日本の労働人口の49%が，技術的には**人工知能**や**ロボット**等により代替できるようになる可能性が高いと推計されており（野村総合研究所2015年資料），これから仕事を選ぶ場合には，**仕事の現状や将来の変化**について考えておく必要がある。そして，実際に就職先を決める場合には，**求人票**などから労働条件等をきちんと確認し，いわゆる「ブラック企業」を選ばないことが大切である。内容が不明確な場合には必ず進路指導担当の先生や**ハローワーク**などに確認しよう。また，企業見学や**インターンシップ**の機会があれば積極的に参加し，仕事のミスマッチをできるだけ避けることも大切である。

 問い　働くことは，あなたにとってどのような意味があるだろう？

さらに深めよう！　「職業情報提供サイト jobtag」，「求人票（高卒）の見方のポイント」➡

23 社会保障のあゆみと現状

1 世界の社会保障のあゆみ

1601	(英)**エリザベス救貧法**(世界最初の公的扶助制度)
	産業革命
⑭ 1883	(独)**疾病保険法**(世界最初の社会保険制度)
84	(独)労働者災害保険法
89	(独)老齢・疾病保険法(90・ビスマルク辞任)
1911	(独)ドイツ国保険法(各種社会保険の統一)
	(英)国民保険法(失業保険制度の始まり)
17	(ソ連)国家社会保険制度開始
19	ILO(国際労働機関)設立
29	世界恐慌始まる
倫政16 ⑲⑭ 35	(米)**連邦社会保障法**(社会保障という言葉の最初の使用)
42	(英)**ベバリッジ報告**
44	ILO第26回総会，「**フィラデルフィア宣言**」を採択
48	(国連)世界人権宣言採択
52	ILO第35回総会，「**社会保障の最低基準に関する条約**」(102号条約)を採択
53	国際社会保障会議，社会保障の原則と基準を決定
64	ヨーロッパ8か国，ヨーロッパ社会保障法典採択

ニューディール政策の一環

解説 **恩恵から権利へ** 社会保障の歴史をたどると，最初は17世紀初頭のイギリスのエリザベス救貧法にみられるように権力者による恩恵的なものであった。これは，長らく「貧困は個人の責任」とされていたためであった。しかし，資本主義が発達し，貧富の差が拡大する中でしだいに「貧困は社会の責任」とされるようになり，社会保障は権利であり国家は労働者に人間らしい生活を保障しなければならないという考え方が定着するようになった。(「権利としての社会保障」)

エリザベス救貧法 倫政16

囲い込み運動により発生した貧民・浮浪者対策として制定。無産者に資材を与えて懲罰的に仕事を与え，病人・老人・障がい者の教会地区ごとの保護などを定めた。

これは世界初の公的扶助制度といわれるが，イギリス絶対主義の黄金時代を築いたエリザベス1世による恩恵的な施策でもあった。

⑲ ビスマルクの社会保険(ドイツ)

↑ ビスマルク (1815〜98)

後発資本主義国としてのドイツが，急速な官製の産業革命を推進した結果，その矛盾が，労働者階級に現れた。増加する賃労働者と，失業の深刻化に伴って，社会主義運動も活発化した。これに対処するための懐柔(「アメとムチ」のアメ)として，宰相ビスマルクが採った方策である。

ベバリッジ報告(イギリス) ⑭⑲ 倫政16・18

1942年チャーチル政権下に公表された。社会権としての社会保障が明確となっている。重要な原則として，①給付は均一かつナショナルミニマムを実現できる，②所得の多寡に関わりない均一な保険料，③すべての国民を対象とする，ことを打ち出した。この報告の中の「**ゆりかごから墓場まで**」という言葉がスローガンとなり，戦後の社会保障制度が整備された。

フィラデルフィア宣言 倫政18

1944年ILO総会で採択された宣言。社会保障の国際的な基準を定義したものとして画期的。これをもとに1952年，社会保障の最低基準に関する条約が締結された。

2 社会保障の二つの型

A 北欧型と大陸型の比較

事項・財源	北欧型(平等主義的均一型) 租税中心	大陸型(能力主義的比例型) 保険料中心
対象	すべての国民に対して，統一的な制度によって，平等に保障する。	商工業者，農家，雇用者など社会階層ごとに異なった制度によって保障する。
保険料	所得に関係なく全国民均一の保険料(生活保護を受ける貧困者を除く)。	所得の額に比例して保険料を納付する。
保険給付	失業，疾病，老齢，死亡などの際は，均一の現金給付となる(医療は原則として無料)。	失業，疾病，老齢，死亡などの際は，納めた保険料の額に比例した給付を支給する。
長所	無差別平等の社会の理想を実現できる。	経済成長により保険料の納付額は増大し，財源が豊かになり，給付水準を高められる。
短所	低所得層の所得水準を基準に保険料を定めるので，財源難で給付水準が低くなる。	給付水準に上下の格差が生じて，保障にあたって差別的になりやすい。

○年金制度の立て方

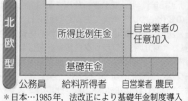

北欧型：所得比例年金 / 自営業者の任意加入 / 基礎年金 / 公務員 給料所得者 自営業者 農民

大陸型：公務員 ホワイトカラー 労働者 鉱山労働者 自営業者 農民

＊日本…1985年，法改正により基礎年金制度導入

B 社会保障の財源構成

倫政15

国	被保険者拠出	事業主拠出	公費負担	その他
イギリス(2020年度)	11.2%	27.6	49.0	12.2
スウェーデン(2020年度)	9.1	36.9	52.4	1.6
フランス(2020年度)	15.8	36.6	44.9	2.8
日本(2021年度)	24.3	21.9	40.4	8.8(資産収入4.5)

(国立社会保障・人口問題研究所資料)

解説 **平等な保障と所得比例型の保障**

社会保障の型は，公的負担の割合が高く統一的な制度で全国民への均一な給付を特徴とする**北欧型**(スウェーデンなど)と，社会階層ごとに異なった制度で，所得額に比例した負担と給付を特徴とする**大陸型**(フランスなど)に大別できる。一方で，アメリカのように全国民を対象とする社会保障制度がなく民間の保険に依存する自助努力型の国もある。

経済

SIDE STORY ベバリッジ(1879〜1963 イギリスの経済学者)は，オックスフォード大学卒業後，商務省に入り，失業保険制度の導入に努力した。イギリス社会保険制度のもとになる「社会保険および関連事業に関する報告書」を作成した。

③ 日本の社会保障のあゆみ

| 戦前 | 1874 | 恝救規則（最初の国家的救貧政策。恝救は「憐れみ救う」という意味で恩恵的な内容） |
| | 1922 | 健康保険法（最初の社会保険制度，実施は27年から）⑭ |

戦後	1947	労働者災害補償保険法，失業保険法制定，児童福祉法
	49	身体障害者福祉法
	50	生活保護法（新法）
	54	厚生年金法（全面改正）
	58	国民健康保険法（全面改正）➡国民皆保険実現（61年）へ
	59	国民年金法➡国民皆年金実現（61年）へ
	60	精神薄弱者福祉法（98年に知的障害者福祉法に改称）
	63	老人福祉法　　　　　　　　　＊░░░は福祉六法
	64	母子福祉法（81年に母子及び寡婦福祉法に改称）
	71	児童手当法（社会保障全部門が出そろう）
	73	健康保険法改正（家族給付が5割から7割へ）
		70歳以上の老人医療費無料化
		年金の物価スライド制実施　➡「福祉元年」
	74	雇用保険法制定（失業保険法は廃止）
	82	老人保健法（老人医療費有料化）
	84	健康保険法改正（被保険者本人1割負担に）
	85	国民年金法改正（基礎年金制度導入）
	86	老人保健法改正（患者の自己負担増加）
	94	国民年金法改正（支給開始年齢の段階的引き上げ）
	97	健康保険法改正（被保険者本人2割負担に）
		介護保険法制定
	2003	医療費本人負担3割負担に引き上げ
	04	国民年金法改正（保険料の段階的引き上げなど）
	06	医療制度改革関連法制定（高齢者の負担増）
	08	後期高齢者医療制度（長寿医療制度）開始
	13	社会保障・税一体改革関連法案が成立
	15	厚生年金と共済年金の一元化

戦前の社会保障

貧困は個人の責任とされ，恩恵的な恝救規則や，労働運動をやわらげるための懐柔的な健康保険法などがあるにすぎなかった。

戦後から高度経済成長期までの社会保障

戦後日本の社会保障制度は，敗戦による生活困窮者や戦災孤児，障がい者の福祉のための生活保護法，児童福祉法，身体障害者福祉法などの整備から始まった。1961年には国民皆保険・皆年金が達成された。その後，高度経済成長期に医療・年金保険の引き上げ，雇用保険・労働者災害補償保険の拡充，児童手当制度を創設した。1973年は「福祉元年」とされ，70歳以上の老人医療費の無料化などが実現したが，石油危機によって，その理想は大きく後退することとなった。

石油危機以降の社会保障

低成長期に入って財政再建のために，歳出の削減が急務とされた。そのような中で社会保障費も削減され，「**受益者負担**」「**高福祉・高負担**」の掛け声の下で各種保険料は引き上げられ，日本の社会保障制度は後退した。更に，少子高齢社会の進展の中で，今，日本の社会保障制度は大きな転換期を迎えている。

解説 **岐路に立つ日本の社会保障**　戦前の社会保障は，恩恵的で懐柔的な性質が強かったが，戦後になると国家の役割が重視され大きく前進した。1961年に**国民皆保険・皆年金**が実現し，1973年には70歳以上の老人医療費無料化実現などにより「**福祉元年**」とよばれた。しかし，石油危機以降の経済の低成長化や少子高齢化の進展により見直しがはかられ，次第に後退してきている。

④ 日本の社会保障水準

倫政18▶ 日本の社会保障費の中で最も大きな割合を占めている項目は年金であること。

Ⓐ 高齢化と社会保障（OECD加盟国）（2011年）

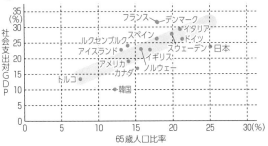

Ⓑ 高齢化と社会保障における高齢者向けウエイト（OECD加盟国）（2011年）

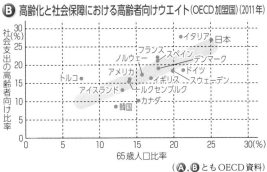

（Ⓐ，Ⓑともに OECD資料）

Ⓒ 国民負担率の国際比較（OECD加盟国）

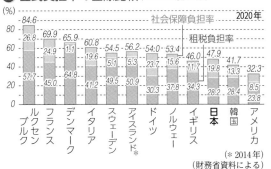

（＊2014年）
（財務省資料による）

解説 **高齢者に厚い日本の社会保障**　社会支出（社会保障給付費に加えて施設整備など直接個人に給付されない費用を含めた支出）の対GDP比を他のOECD諸国と比較すると，日本は高齢化率が高い割に社会支出が少ない（Ⓐ）。また，日本はOECD諸国の中で社会支出の高齢者向け比率が高い（Ⓑ）。さらに，日本はOECD諸国の中で国民負担率（国民所得に対する税負担と社会保障負担の占める割合）が，OECD加盟国のうちコロンビアとアイスランドを除いた36か国中22位と低い（Ⓒ）。まとめていうと，日本の社会保障は，他国（特にヨーロッパの主要国）に比べて国民の負担は軽いが給付水準も低く，給付は高齢者に厚いものとなっている。

用語Check　〔➡P.374〕　ベバリッジ報告，国民皆保険，国民皆年金

経済

課題を考える

社会保障は、①だれを対象に、②何を支給・提供するか、③その財源は何か、④問題点は何かをおさえよう。

17 公的扶助は福祉事務所で行われていること。

14 国の一般会計の歳出において、社会保障関係費と国債費のそれぞれが占める割合は、その他のいずれの支出項目よりも大きくなっている。

1 日本の社会保障制度

※ 社会保険については、一定の期間に在留する外国人も被保険者となり、日本人と同様の扱いとなる（一部例外あり）。

			保険の種類	費用負担		
社会保険※ 17 12	医療保険	すべての人がどれかの健康保険に入り、病気やけがのとき、安く治療が受けられる。	健康保険（会社員・日雇労働者）船員保険（船員）	本人	事業主	国
			共済組合（公務員）			
			国民健康保険（一般）			
	年金保険	すべての人がどれかの年金保険に入る。老齢になったとき、障害を有したとき、扶養者が死亡したときに年金が受けられる。	厚生年金＋国民年金（会社員・船員・公務員）	本人	事業主	国
			国民年金（自営業者等）			
	雇用保険	雇われて働く人が雇用保険に入り、失業したとき、一定期間給付金がもらえる。 18	雇用保険（会社員）船員保険（船員）	本人	事業主	国
	労災保険	雇われて働く人が全額会社負担で労災保険に入り、仕事でけがをしたり病気になったとき、保険金が出る。	労働者災害補償保険（会社員）船員保険（船員）	事業主 20		
	介護保険 20	40歳以上の国民から保険料を徴収し、介護が必要となったとき、必要度に応じサービスを受ける。2000年度から実施された。 18 財源は公費によっても賄われていること。	介護保険（第1号被保険者…65歳以上の者）（第2号被保険者…40～65歳未満の各医療保険加入者）	本人	国 県 市町村	
公的扶助	生活保護	**現金給付** 一家の働き手が死んだり、病気などで働けなくなると、収入がなくなり、自分たちだけでは生活できなくなる。こういう人たちに、国が最低限度の保障をする。生活・教育・住宅・医療・出産・介護・生業・葬祭の8項目について扶助が行われる。				
社会福祉 14	児童福祉 母子福祉 老人福祉 障害者福祉	**サービス提供** 国や地方自治体が、児童・母子・老齢者・障がい者のための施設をつくったり、サービスを提供する。都道府県や大都市には、社会福祉主事、母子相談員などが、また市町村には社会福祉協議会のほか、民生委員などがいて、困った人の相談にのっている。				
公衆衛生など	公衆衛生	国や地方自治体が、国民の健康増進や感染症対策などをすすめる。				
	環境政策	国や地方自治体が、生活環境の整備や公害対策、自然保護をすすめる。				

解説 社会保障の4本柱 社会保障制度は、日本国憲法第25条の保障する生存権を根拠とするもので、日本の場合には❶社会保険❷公的扶助❸社会福祉❹公衆衛生の4本柱から成る。 18

❶社会保険は、日本の社会保障制度の中核的制度で、国民の疾病・老齢・失業・労働災害などの事故につき、現金・サービス給付を行う、加入者が保険料の一部を負担する、拠出型である。2000年から介護保険が加わった。

❷公的扶助は、最低限度の生活を維持できない困窮者に、不足分を公費から給付する無拠出型である。都道府県や市町村・特別区に設置される福祉事務所が実施機関である。なお、公的扶助の適正さをめぐって争われた朝日訴訟（→P.114）は重要である。

❸社会福祉は、福祉六法に基づいて、児童や障がい者、母子家庭などの生活不安を抱える社会的弱者に対して、施設の提供やサービスの提供を全額公費で行う。

❹公衆衛生は、公費で国民の健康増進を図ったり生活環境の整備を行うもので、いわば予防的な社会保障といえる。

2 医療保険制度のしくみ（2023年4月現在）

制度名		保険者（2022.3末）	被保険者	加入者数※4（万人）	保険料率（※は2017年度）本人	事業主	医療給付の自己負担
被用者保険 健康保険 一般被用者	協会けんぽ管掌健康保険	全国健康保険協会※1	健康保険組合のない事業所の被用者	4,027	5.00%（全国平均）	5.00%（全国平均）	・本人・家族→3割
	組合管掌健康保険 1,388	健康保険組合	健康保険組合設立事業所の被用者	2,838	4.23%（平均、2021年度）	5.03%（平均、2021年度）	・義務教育就学前→2割
	日雇特例被保険者（日雇健康保険）	全国健康保険協会※1	日雇や数か月の臨時労働者	2	1～11級日額150～1,235円	1～11級日額240～1,995円	・70歳以上75歳未満→2割（現役並み所得者→3割）
被用者保険 各種共済	船員保険		船員	11	4.75%（2023.3）	5.05%（2023.3）	
	国家公務員共済組合 20	共済組合	国家公務員		3.81～5.38%※	3.81～5.38%※	
	地方公務員等共済組合 64	共済組合	地方公務員など	869	3.94～6.14%※	3.94～6.14%※	
	私立学校教職員共済組合 1	事業団	私立学校の教職員		4.28%	4.28%	
国民健康保険		市町村 1,716国保組合 160	被用者保険の対象外の者（農業従事者,自営業者など）	市町村 2,537国保組合 268	1世帯当たり平均保険料13.8万円（2021年度）	—	
		市町村 1,716	被用者保険の退職者				
後期高齢者医療制度※2（長寿医療制度）		[運営主体]後期高齢者医療広域連合※3	75歳以上（65歳以上75歳未満の一定の障がい者を含む）	1,843	・保険料 10%・公費約50%（公費の内訳：国4:都道府県1:市町村1）・各医療保険からの支援金約40%		1割※5 16（現役並み所得者→3割）

注：※1 社会保険庁の解体に伴い、2008年から公法人「**全国健康保険協会（協会けんぽ）**」が引き継いだ。
※2 2008年に老人保健と退職者医療制度の廃止後、新設された。 ※3 都道府県単位で全市町村が加入する広域連合。 ※4 2022年3月末現在。 ※5 2021年改正で、一定以上の所得者の自己負担割合2割が新設された（2022年10月実施）。
（『厚生労働白書』2023などにより作成）

A 国民医療費と老人医療費の動向

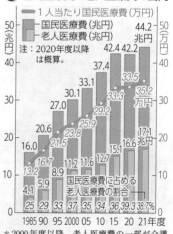

凡例：
― 1人当たり国民医療費（万円）
□ 国民医療費（兆円）
□ 老人医療費（兆円）

注：2020年度以降は概算。

国民医療費に占める老人医療費の割合

1985 90 95 2000 05 10 15 20 21年度

*2000年度以降、老人医療費の一部が介護保険へ移行。（厚生労働省資料）

解説 増加する医療費の負担 日本では1961年に国民皆保険が実現したが、複数の制度間格差が問題視されてきた。また、高齢化などの影響のため医療費の自己負担が段階的に増やされてきた。

経済

SIDE STORY 北欧の手厚い公的介護「介護を支えるのは社会」というコンセンサス（合意）ができあがった背景には、女性の社会進出と、高齢者の強い自立意識がある。日本でも女性・家族のあり方は、急速に変化してきているが…。

③ 公的年金制度のしくみ （2022年3月末現在）

制度	区 分	被保険者	被保険者数	基礎年金受給権者数	保険料・率(2022.4現在)	老齢基礎年金等平均年金月額
国民年金	第1号被保険者	20歳以上60歳未満の自営業者	1,431(万人)	3,466(万人)	16,590円	5.6(万円)
国民年金	第2号被保険者等	会社員・公務員	4,535		―	
国民年金	第3号被保険者	会社員・公務員の妻	763			
厚生年金	第1号(旧厚生年金)	会社員	4,065	1,905(万人)	18.3%(2022.9)	14.9(万円)
厚生年金	第2号(国家公務員共済組合)	国家公務員	109			※第2～4号は職域加算部分を除く推計値。
厚生年金	第3号(地方公務員共済組合)	地方公務員	304		16.83%(2022.9)	
厚生年金	第4号(私立学校教職員共済組合)	私立学校教職員	59			

15年10月、共済年金が厚生年金に統合された（第2～4号の部分。

注：赤字部分は本人と事業主が半額ずつ負担。なお、国庫負担は基礎年金（国民年金）に係る費用の2分の1（2009年度より3分の1から引き上げ）。2021年度の支給開始年齢…国民年金：65歳、厚生年金：男63歳・女62歳（段階的に65歳引き上げ予定）。（上表・Ⓐともに厚生労働省資料）

【解説】「3階建て」の年金制度 日本の年金制度は、「2階建て」とも「3階建て」ともいわれるが、実態は「3階建て」の制度といえる。一般に3階部分まで加入している人の方が負担も支給額も多くなる。**1階部分**… 20歳～60歳の40年間保険料（2023年度の月額16,520円。保険料は2005年度から毎年引き上げられており、2017年度に上限月額16,900円）を払うと65歳から月額約66,000円の年金が支給される。**2階部分**…民間会社員対象の厚生年金と公務員等を対象とする共済年金が2015年10月から厚生年金に一元化。会社員または公務員だった期間加入でき、所得によって保険料も支給額も変わる所得比例方式の年金。支給開始年齢は段階的に引き上げられており、将来的には65歳となる。**3階部分**…企業独自の上乗せ制度である企業年金と、公務員独自の制度である年金払い退職給付がある。公務員の制度は全員加入だが、企業年金の場合、自分の企業に企業年金があれば強制加入。企業年金には、厚生年金基金のほか、将来の給付額を決めておく確定給付型年金と拠出額のみを決めておいて年金を自分で運用する確定拠出型がある。⑯ また、2階部分と3階部分の両方をカバーできる任意加入の国民年金基金と個人型の確定拠出年金もある。

⑰ 基礎年金制度は、各種年金制度の格差を緩和することなどを目的に導入されていること。

⑤ 介護保険制度

Ⓐ 介護保険制度のしくみ

注：＊1 2021年3月末現在。＊2 一定以上所得者は**2割負担**（15年施行）または**3割負担**（18年施行）。＊3 2020年度内の月平均値。

【解説】予防を重視する制度へ 介護保険制度が2000年4月にスタートしてから、在宅サービスを中心に利用が急速に拡大してきた。しかし、介護保険制度にかかる費用も急増したため、2006年からは介護保険料のアップとともに介護予防を重視する新しい制度となった。

Ⓐ 年金制度の体系

⑰ 20歳になれば、学生であっても国民⑫ 年金に加入する義務があること。

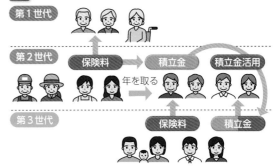

④ 日本の公的年金の特徴

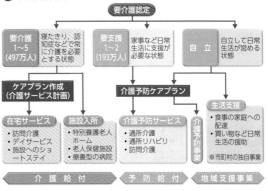

（厚生労働省HPをもとに作成）

【解説】日本の公的年金は賦課方式 日本の公的年金制度は**世代間扶養の賦課方式**を基本としており、受給世代の年金給付費をそのときの現役世代の保険料負担でまかなうしくみである。賦課方式は、積立方式に比べてインフレ等の経済変動には強いが、急速な少子高齢化によって将来の年金給付額が減少する心配がある。そこで現行の制度では、年金給付の中心的な財源を現役世代からの保険料としつつ、一定の年金積立金を保有し、少子高齢化がさらに進行しても十分な年金給付を行えるようにしている。また、将来の現役世代の負担が過重なものとならないよう、賃金や物価の改定率を調整してゆるやかに年金の給付水準を調整する**マクロ経済スライド**というしくみがとられている。

経 済

Ⓑ 介護保険の主なサービス

要介護認定
- 要介護1～5（497万人）寝たきり、認知症などで常に介護を必要とする状態
- 要支援1～2（193万人）家事など日常生活に支援が必要な状態
- 自立 自立して日常生活が営める状態

- ケアプラン作成（介護サービス計画）
  - 在宅サービス：訪問介護・デイサービス・施設へのショートステイ
  - 施設入所：特別養護老人ホーム・老人保健施設・療養型の病院
- 介護予防ケアプラン
  - 介護予防サービス：通所介護・通所リハビリ・訪問介護
  - 介護予防事業
- 生活支援：食事の家庭への配達・買い物など日常生活の援助 ※市町村の独自事業

介護給付　予防給付　地域支援事業

Ⓒ 要介護認定の目安と在宅利用月額の支給上限(円)

以前		支給上限	新制度		区 分	支給上限	目 安
要支援		61,500	要支援	1	予防給付	50,320	日常生活はできるが
				2		105,310	歩行が不安定
要介護	1	165,800	要介護	1	介護給付	167,650	排便・入浴に一部手助けが必要
	2	194,800		2		197,050	歩行・立ち上がりができない
	3	267,500		3		270,480	排便・入浴に全面的な手助けが必要
	4	306,000		4		309,380	日常生活に全面介護が必要
	5	358,300		5		362,170	生活全般に全面介護が必要

⑥ 日本の公的扶助—生活保護

17 公的扶助には所得を再分配する機能があること。

Ⓐ 生活保護基準
（1級地—政令指定都市など）

標準3人世帯[33歳男・29歳女・4歳子]

	2022年度
合　計（世帯当たり）	190,330円
（1人当たり）	63,443
生活扶助	167,140
児童養育加算＊	10,190
住宅扶助（家賃・間代）	13,000
医療扶助	国民健康保険に準ずる
移送費	移送に必要な最小限度の額
出産扶助（施　設）	309,000以内
葬祭扶助（大　人）	212,000以内

＊児童養育加算の対象は、高等学校等修了前の児童（3歳未満は14,520円）。
注：就労収入のある場合は、収入に応じた額が勤労控除として控除される。
（厚生労働省資料）

解説 最低限度の生活水準 生活保護基準は、国が最低限度の生活水準を示したもので、厚生労働大臣によって決定され、毎年改訂される。生活保護費は、預貯金や自家用車などの資産を生活費収入に充当した上で、厚生労働大臣が定める基準で計算される最低生活費と収入を比較して、収入が最低生活費に満たない場合に、最低生活費と収入の差額が支給される。最低生活の水準は生存権の実質的保障に大きく関わる問題であり、朝日訴訟（●P.114）などで争われてきた。また、生活保護費の運用をめぐる裁判で、エアコンや学資保険などの資産を認める判決が下されてきた。

Ⓑ 生活保護の受給状況

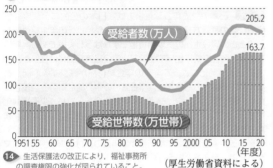

14 生活保護法の改正により、福祉事務所の調査権限の強化が図られていること。
（厚生労働省資料による）

解説 生活保護の受給状況と課題 高度経済成長期以降、減少または横ばい傾向だった生活保護受給者数と受給世帯数は、バブル崩壊以降、急増傾向が続いてきた（ただし、世帯数は増加が続いているが、受給者数は2015年3月をピークに若干減少気味）。この背景には、高齢化の進展による高齢世帯の受給の増加やワーキングプア層（働く貧困層）の増加などがある。一方で日本の生活保護をめぐっては、西欧諸国に比べて生活保護受給の捕捉率（所得が生活保護支給の基準以下となっている人のうち、実際に生活保護制度を利用している人の割合のことで「利用率」を意味する）が低いことや、反対に暴力団組員などによる生活保護の不正受給といった問題点が指摘されている。

⑦ 障害者福祉の現状

14 虐待を受けたと思われる障がい者を発見した人が、一定の条件の下、通報する義務を負うことを定めた「障害者虐待防止法」があること。

18 Ⓐ 障害者雇用率制度

　障がい者も地域でごく普通に生活できる「共生社会」実現のため、民間企業や公務員などの障害者雇用率を設定し、事業主等に障害者雇用率達成義務を課すことによって、身体障がい者や知的障がい者が常用労働者となることを促進する制度。

○障害者雇用率（法定雇用率）

	2018年3月まで	2018年4月以降	2021年3月以降
民間企業	2.0%	2.2%	2.3%
国、地方公共団体	2.3%	2.5%	2.6%
都道府県等の教育委員会	2.2%	2.4%	2.5%

Ⓑ 障がい者雇用数（2022年6月1日現在）

区　分 （法定雇用率）	企業 機関数	労働者数 （人）	障がい者数 （人）	雇用率 （％）
民間企業 （2.3%）	107,691	27,281,607	613,958	2.25
独立行政法人など （2.6%）	365	455,961	12,421	2.72
国の機関 （2.6%）		340,475	9,703	2.85
都道府県の機関 （2.6%）		363,592	10,409	2.86
市町村の機関 （2.6%）		1,341,688	34,536	2.57
都道府県等の教育委員会 （2.5%）		726,285	16,501	2.27

（厚生労働省「障害者雇用状況の集計結果」による）

解説 進まない障がい者雇用 障がい者を一定割合雇用する障がい者雇用の達成率は、民間企業などで低い。これに対して国は、法定雇用率を引き上げ、2021年3月から民間企業の常用雇用者45.5人以上を43.5人以上へと拡大し、より一層の雇用促進を図ろうとしている。

⑧ ユニバーサル・デザイン

取っ手が長いので、持つ位置をユーザーが自由自在に変えられる。

沸騰するときに"ピーッ"と音が鳴るしくみ。

もちろん、右利きと左利きとで選べる。

本来の正しい持ち方をしなくても、"グー"のまま握って使えるので、手の不自由な人にも使いやすい。

先端が丸く安全。

利き手に関係なく、どちらの手でも使えるスプリング式のハサミ。

解説 ユニバーサル・デザイン ユニバーサル（普遍的）という言葉が示すように、誰にでも公平・自由で、無理なく安全に使用できるデザインを指す。障がいを念頭におく「バリアフリー」よりも幅広い概念であり、日本では1999年ころから提唱されはじめた。

18 14 高齢者や障がい者も含め、すべての人が共に普通の生活を送ることを目指す考え方を「ノーマライゼーション」ということ。（倫政22）

16 バリアフリーの考え方は、物理的な障壁のみならず、制度や意識にも及ぶこと。

⑨ 日本の公衆衛生

鹿児島県提供
↑鳥インフルエンザに感染した鶏を殺処分のため籠から出す県職員

↓新型コロナウイルスワクチン接種

解説 健康増進など予防的な社会保障 公衆衛生とは、生活習慣病対策、感染症予防、老人保健、母子保健、学校保健等の対人保健と環境衛生によって地域住民の健康の保持・増進をはかること。住民全体が健康になれば社会保障費は抑制されるので、公衆衛生は予防的な社会保障といえる。都道府県の保健所や市町村の保健予防課などが推進の中心的な担い手である。

用語Check 〔●P.375〕 社会保障制度、社会保険、医療保険、年金保険、雇用保険、介護保険、公的扶助、社会福祉、公衆衛生、積立方式、賦課方式、バリアフリー、ノーマライゼーション

経済

社会保障制度
～負担と給付のあり方の国際比較～

1960年代の国民皆保険・皆年金の実現以降，日本の社会保障支出は年々増加している。特に近年は少子高齢化の進行により，高齢者への医療・年金保険給付が増大している一方，年金制度の将来への不安から国民年金保険料の未納が社会問題化するなど，「負担と給付」のあるべき姿が模索されている。

→ 日本年金機構本部（旧社会保険庁）の建物　個人情報流出や資金運用での損失などにより，国民の年金制度に対する不信感は日に日に高まっている。

1 OECD諸国における社会保障支出と国民負担率

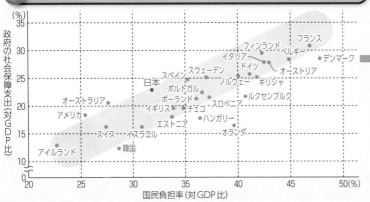

注：2019年実績。
（財務省資料などによる）

◇各国の支出と負担の特徴
① フィンランド，フランス，デンマークなど
　社会保障支出 高・国民負担率 高
② アメリカ，スイス，韓国など
　社会保障支出 低・国民負担率 低
③ 日本，オーストラリアなど
　社会保障支出 中・国民負担率 低

→ 中国語を教えるフィンランドの学校　フィンランドでは大学まで学費が無料であり，教育先進国として世界から注目されている。
写真：新華社／アフロ

2 社会保障財源構成の国際比較（2009年）

	被保険者拠出	事業主拠出	公費負担	資産収入	その他
イギリス	11.8	32.1	48.9	7.2	
スウェーデン	9.6	36.4	51.9	2.1	
フランス	21.0	43.6	31.9	3.5	
ドイツ	28.9	34.0	35.2	1.9	
日本（2021年度）	24.3%	21.9	40.4	8.8	4.6

（国立社会保障・人口問題研究所資料）

◇財源構成の特徴
① イギリス・スウェーデン→公費負担中心
② フランス・ドイツ→社会保険料（事業主負担）中心
③ 日本→社会保険料の事業主・被保険者負担，公費負担の三者均一型

3 国民一人当たりの社会支出（2019年）

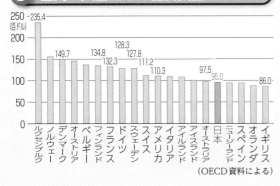

（OECD資料による）

社会保障制度をめぐる考え方
～あなたはどんな意見ですか～

日本は世界の中でまだまだ社会保障支出が低い。少子高齢化で年金や生活保護に頼る人が増えると考えられ，今以上に支出を増やす努力が必要。

今以上に支出を増やすのであれば，税金や社会保険料の負担をもっと増やさなければならない。スウェーデンは高い社会保障支出を，税金を中心とした公費負担で賄っている。日本も消費税を増税したが，闇雲な増税は景気を圧迫してしまうから注意が必要だ。

税金は「社会全体」で負担するという意味合いが強い。しかし，年金や医療費などはその恩恵を受ける「当事者」がもっと負担するべきではないか。したがって増税はなるべく避けて社会保険料の増額で事業主と本人が負担すべきだ。

公費に依存する場合，日本は一般会計予算の半分近くを国債収入で賄っていることを忘れてはいけない。つまり，将来へのツケを残すことになる。生産年齢人口の減少で若い世代への負担ばかりが増していく不公平は避けなければならない。

財源の議論と並行して，医療費や年金支給額を見直すなど，社会保障の給付を全体的におさえる努力も必要だ。少子高齢化がこのまま進んでいくと，今の給付額は維持できなくなるおそれがある。

民間の医療保険や年金保険をもっと活用できる方法を考えたらどうだろうか。公的年金・医療保険に依存するばかりでなく，国民一人ひとりが自分と家族の老後に備えて，民間の保険を活用することも考えるべきではないか。

25 少子高齢社会

急速に少子・高齢化が進む日本社会。
私たちの将来は？　日本の未来は？

1 進む少子化

14 日本の合計特殊出生率は現在の人口を維持するのに必要とされる水準を下回っていること。

A 出生数および合計特殊出生率*¹の動き

- 第1次ベビーブーム（1947〜1949年，戦後の復員と平和を背景に増加）
- ※このころに生まれた人たちを「団塊の世代」という。
- 1949年　2,696,638人（最高の出生数）
- **4.32** 1966年ひのえうま*² 1,360,974人
- 第2次ベビーブーム（1971〜1974年，団塊ジュニア）
- 出生数
- 2005年の出生数 1,062,530人 最低の合計特殊出生率 1.26「人口減少社会」に突入
- **18** 2016年 初の100万人割れ 95
- 1.58
- 合計特殊出生率が2.06以下になると国の総人口が減少するといわれる。
- 合計特殊出生率
- 1.30

（1947年50 55 60 65 70 75 80 85 90 95 2000 05 10 15 21）

*1 1人の女性が生涯に産む子どもの数の平均　　（厚生労働省統計情報部「人口動態統計」）
*2 干支の一つで，丙午と表記。丙も午も火とかかわりがあり，また江戸時代に大火災を起こした八百屋お七が丙午の生まれであったため，この年に生まれる女性は「男勝り」，「災害」をもたらすとの迷信が生まれ，出産を控える風潮があった。

解説　少子化の背景にあるもの　第2次ベビーブーム期に年間200万人を超えていた出生数は，1975年以降，減少を続け，2005年には過去最低を記録した。少子化の背景には①女性の社会進出，②晩婚化・非婚化（国立社会保障・人口問題研究所は，1990年生まれの女性の4人に1人が生涯結婚しないと予測），③仕事と育児の両立が困難，④**核家族**（＝親と未婚の子ども，あるいは夫婦のみからなる家族）化の進行などがある。進む少子化と高齢化により，日本の人口ピラミッドは，多産多死の「**ピラミッド型**」からつりがね型を経て，少産少死の「**つぼ型**」へと変化し，今後，逆三角形に近づいていくと予測されている。

B 日本の人口ピラミッド **14 19**

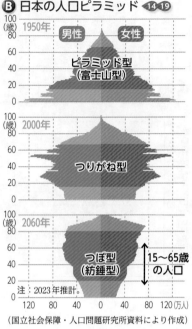

- 1950年　男性　女性　ピラミッド型（富士山型）
- 2000年　つりがね型
- 2060年　つぼ型（紡錘型）　15〜65歳の人口
- 注：2023年推計。

（120 80 40 0 0 40 80 120 万人）

（国立社会保障・人口問題研究所資料により作成）

2 急速に進む高齢化

14 日本の高齢化率は7%から14%に至る期間が短く，他国より速く高齢化が進んでいること。

A 65歳以上人口比率は，2065年で38.4%に

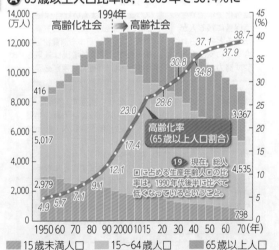

- 1994年 高齢化社会→高齢社会
- 37.1 38.7
- 37.9
- 30.8 34.8
- 23.0 28.6
- 17.4
- 12.1
- 9.1
- 7.1
- 4.9 5.7
- 416
- 5,017
- 2,979
- 798
- 4,535
- 3,367
- 高齢化率（65歳以上人口割合）
- **19** 現在，総人口に占める生産年齢人口の比率は，1990年代後半に比べて低くなっているということ。

（1950 60 70 80 90 2000 10 15 20 30 40 50 60 70年）

■ 15歳未満人口〈年少人口〉　■ 15〜64歳人口〈生産年齢人口〉　■ 65歳以上人口〈老年人口〉

注：2023年は推計。2015年までは総務省「国勢調査」，2020年以降は国立社会保障・人口問題研究所「日本の将来推計人口」
（国立社会保障・人口問題研究所資料により作成）

解説　高齢社会の到来　65歳以上の高齢者の人口比率（高齢化率）が7%を超えた社会を「**高齢化社会**」，14%を超えた社会を「**高齢社会**」とよぶ。日本は1994年に「高齢社会」に突入した。2015年には団塊の世代が前期高齢者（65〜74歳）となり，年金財政の圧迫や医療費の増加などが大きな問題となっている。

19 65歳以上の人口が半数を占め，社会的共同生活の維持が難しい地域は限界集落とよばれる。

3 世界の高齢化率の推移

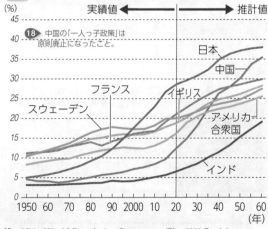

- 実績値 ←→ 推計値
- **18** 中国の「一人っ子政策」は原則廃止になったこと。
- 日本
- 中国
- フランス
- イギリス
- スウェーデン
- アメリカ合衆国
- インド

（1950 60 70 80 90 2000 10 20 30 40 50 60年）

注：UN, World Population Prospects：The 2022 Revision
ただし日本は，2020年までは総務省「国勢調査」，2025年以降は国立社会保障・人口問題研究所「日本の将来推計人口（令和5年推計）」の出生中位・死亡中位仮定による推計結果による。
（『高齢社会白書』令和5年版）

解説　急がれる対応　高齢化率が7%を超えてからその倍の14%に達するまでの所要年数は，フランスが126年，スウェーデンが85年，イギリスが46年であるのに対し，日本は1970年からのわずか24年であった。日本はどの国も経験したことのない高齢社会を迎えている。年金や医療，介護など社会保障を支える生産年齢人口は減少し，税収も減収が見込まれるなか，社会保障の担い手を増やし，経済成長を持続させていく対策が急務となっている。

SIDE STORY　安倍内閣は，2015年9月に発表した「アベノミクス新3本の矢」において，「子育て支援」を充実して希望出生率（国民の希望がかなった場合の出生率）「1.8」の実現を目指すとした。

④ 少子高齢化への国や地域の対応

Ⓐ 少子化対策・高齢化対策

⑭ エンゼルプラン(1994) 新エンゼルプラン(1999)	社会全体で子育て支援→保育所の量的拡大, 保育サービスの充実
子ども・子育て応援プラン (新新エンゼルプラン2004)	子育て世代の働き方の見直しなど保育事業中心から対策を拡大
少子化対策基本法(2003)	国・地方自治体の責務を明確にし, 子育ての環境を整える
次世代育成支援対策推進法 (2003) 改正(2008)	従業員の仕事と子育ての両立を支援するために行動計画の策定と提出を一定数の従業員がいる企業に義務付ける
子ども・子育てビジョン (2010)	子ども手当創設・高校の実質無償化など
子ども・子育て関連3法 (2012)	幼稚園と保育園の良さを併せ持つ認定子ども園の普及, 地域の実情に応じた子育て支援, 待機児童の解消
高齢社会対策基本法(1995)	高齢社会対策の基本理念と施策, 国と地方公共団体の責務
介護保険法(2000) 改正(2005)	要介護者の看護・医療・福祉サービスの整備(→P.265)
⑭ ゴールドプラン(1989) 新ゴールドプラン(1994) ゴールドプラン21(1999)	高齢者の保健・医療・福祉サービスの整備(ホームヘルパーの増員, 特別養護老人ホームの整備)

解説 政府の少子高齢化対策　1990年, 合計特殊出生率が1966年の丙午を下回り, 過去最低となった1.57ショックを契機に少子化対策の検討を始め, 最初の具体的な計画として94年にエンゼルプランが策定された。2010年の子ども・子育てビジョンではそれまでの少子化対策から「子ども・子育て支援」へと視点を移し, 社会全体で子育てを支えるとともに, 「生活と仕事と子育ての調和」が目指されている。一方, 高齢社会対策としては, 89年のゴールドプランをベースに在宅福祉の充実のため, 施設やホームヘルパー派遣・デイサービスなどの在宅ケアの整備を進めてきた。しかし, 高齢者の社会保障, 雇用問題など課題は山積している。

⑭ 母親の第一子の平均出産年齢が2010年代に入り, 30歳を超えたこと。

⑤ 子どもを増やせない理由

Ⓐ 理想の子ども数をもたない理由

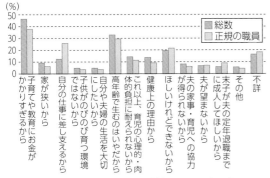

注：予定子供数が理想子供数を下回る夫婦について。項目ごとに, その項目を選択した夫婦の割合を示す。複数回答有り。
(国立社会保障・人口問題研究所資料による)

解説 子育てや教育にお金がかかりすぎる　理想の子ども数をもたない理由について, 「子育てや教育にお金がかかりすぎるから」を挙げる割合が最も大きいが, 妻が正規雇用労働者として働いている場合, 「自分の仕事に差し支えるから」という理由を選択する割合が大きく, 仕事か家庭かの選択に迫られ, 子どもをもつことをあきらめている可能性がある。

⑥ 家族のあり方と出生率

Ⓐ 世界各国の婚外子割合　(OECD資料などによる)

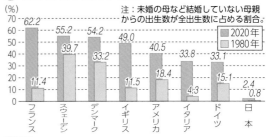

注：未婚の母など結婚していない母親からの出生数が全出生数に占める割合。

解説 家族のあり方　フランスやスウェーデンでは, 70年代以降, 法律婚にとらわれないなど, カップルの形態の多様化が進み, 婚外子が増加したが, それが低下傾向にあった出生率の下支え要因になった。非婚カップル・婚外子増加の背景としては, フランスのパクス(PACS, 連帯市民協約)やスウェーデンのサムボ(同棲)といった, 結婚(法律婚, 教会婚)よりも関係の成立・解消の手続が簡略で, 結婚に準じた法的保護を受けることができる制度の存在がある。

⑦ 介護をめぐる問題

Ⓐ 要介護者からみた主な介護者の続柄

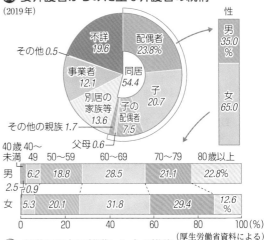

(2019年)

(厚生労働省資料による)

Ⓑ 介護を理由に離職した人の推移

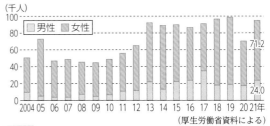

(厚生労働省資料による)

解説 深刻化する介護問題　要介護者と同居している介護者の内訳では配偶者の割合が最も高く, うち約3分の2が女性である。年齢構成では男女とも60歳以上が7割以上を占めており, いわゆる**老老介護**のケースが多いことがわかる。子または子の配偶者が介護を担うケースも多く, 若年者が両親や祖父母のケアに関わる**ヤングケアラー**や, 子育てと介護を同時に行う**ダブルケア**も社会問題となっている。さらに, 認知症の介護者がより重い認知症の家族の介護を行う**認認介護**や, 自分の親や配偶者など家族の介護のためにやむをえず離職する**介護離職**(年間約10万人程度で推移)も問題化している。2000年に介護保険がスタートしてから20年以上経つが, 日本の場合は依然として「家族介護」が中心であり, それが少なからず少子化にも影響していることから, 家族の負担をできるだけ軽減するような施策が望まれている。

用語Check 〔→P.375〕 少子化, 合計特殊出生率, 人口ピラミッド, 高齢社会

経済

●次のまとめの中の❶～⓯にあてはまる言葉を答えなさい（解答は下の欄外）。

重要ポイントの整理

地球環境問題・環境問題の現状（P.224～231）

(1)地球環境問題の全体像

原　因	[北]大量生産，消費，廃棄の構造 [南]人口爆発，貧困 各問題がからみ合い国境を越えて広がる
契　機	『沈黙の春』（レイチェル・カーソン，1962年） 『❶＿＿＿＿＿』（ローマ・クラブ，1972年）

(2)地球環境問題の現状

	原　因	影　響
地球温暖化	化石燃料の大量消費による❷＿＿＿＿ガス（CO₂など）の増加	生態系の破壊・変化，低地の水没，乾燥化・食糧生産の減少
オゾン層の破壊	人工化学物質❸＿＿ガスの一種であるCFCなどの排出	有害な紫外線の増加→皮膚ガンや白内障の増加，食糧生産の減少
酸性雨	化石燃料の消費による硫黄酸化物・窒素酸化物の排出	湖沼生態系の破壊，森林の枯死，建造物被害，食糧生産の減少
森林の減少・破壊	過剰な伐採，人口増加に伴う❹＿＿農業の拡大	温暖化の促進，生態系の破壊，干ばつ，自然災害の増加
砂漠化	森林破壊，過放牧・過剰耕作，商業伐採	土地の劣化，土壌流出→食糧生産基盤の悪化，貧困の加速
野生の動植物の減少	生態系の変化，大気汚染・水質の悪化	絶滅に瀕する野生生物（動植物）の増加
有害廃棄物の越境	自国の規制強化に伴い，発展途上国などに輸出	海上投棄による環境破壊，発展途上国への輸出
海洋汚染	タンカー（船舶）の重油流出事故，有害廃棄物の海上投棄	海洋の生態系の破壊

国際的な環境保全（P.232～234）

(1)国際的な地球環境問題への取り組み

1972年	❺＿＿＿＿＿＿会議（ストックホルム） スローガン「かけがえのない地球」
1973年	国連環境計画（UNEP）設置
1992年	❻＿＿＿＿＿＿会議（リオデジャネイロ）―「地球サミット」 リオ宣言「持続可能な開発」，アジェンダ21，気候変動枠組み条約，**生物多様性条約**
1997年	温暖化防止京都会議 「CO₂など**温室効果ガスを先進国全体で5.2％削減（京都議定書）**」 →アメリカが離脱を表明（2001年） →ロシアの批准で発効（2005年）
2002年	持続可能な開発に関する世界首脳会議（ヨハネスブルク）
2012年	国連持続可能な開発会議（リオデジャネイロ）

その他重要条約―**ラムサール条約・ワシントン条約・モントリオール議定書**（1987年）**・バーゼル条約**

(2)問題点…環境問題をめぐる南北対立

[北]の主張　環境保全は南北共通・共同の課題
[南]の主張　地球環境問題の責任は先進国にある

重要ポイントの整理

資源・エネルギー問題（P.236～241）

(1)エネルギーの消費・開発の歴史　～産業革命以後～

19C～　石炭の時代
20C半ば～　石油の時代　…エネルギー大量消費
1960年代　**資源ナショナリズム**の高まり
　→**OPEC・OAPEC**の結成（1960・1968）
　→1973 第一次石油危機，1979 第二次石油危機
20C後半～　代替エネルギー・新エネルギーの開発

(2)エネルギー供給と消費の現状

供　給	①有限な資源　（枯渇性資源） ②集中する資源　（資源の偏在性） ③輸入に頼る日本
消　費	一次エネルギーの消費が先進国に偏る →経済格差に直結＝南北問題

(3)原子力発電の現状

利　点	①安定した電力供給が可能 ②CO₂の排出量が少ない ③発電コストが小さい
課　題	①事故が発生した場合の危険性 ②放射性廃棄物の処理方法

(4)新エネルギー

❼＿＿＿発電，❽＿＿発電，太陽熱発電，生物資源から得る❾＿＿＿＿＿発電などの**再生可能エネルギー**の開発・導入が進む。

公害の防止と環境保全（P.242～246）

(1)公害とは…人為的な環境被害

典型七公害　大気汚染・水質汚濁・土壌汚染・騒音・振動・地盤沈下・悪臭

(2)公害問題のあゆみ

戦　前	足尾鉱毒事件❿＿＿＿＿の追求 ※日本の公害の原点
戦　後	高度経済成長期　産業公害 **四大公害訴訟**（すべて原告が勝訴）：水俣病（熊本県），四日市ぜんそく，イタイイタイ病，新潟水俣病 1980年代～　都市公害，生活公害など新たな公害

(3)日本の公害・環境政策

1967	⓫＿＿＿＿＿＿法（～1993年）
1970	⓬＿＿＿＿＿の原則(PPP)確立
1971	環境庁設置(2001～　**環境省**)
1972	無過失責任の原則導入　大気汚染防止法など
1974	総量規制導入　…　大気汚染
1976	全国初の環境アセスメント条例（川崎市）
1993	⓭＿＿＿＿法（公害対策基本法廃止） ※産業公害だけでなく，都市公害，地球環境問題にも対応
1997	⓮＿＿＿＿＿＿＿＿法成立（施行1999）
2000	⓯＿＿＿＿＿＿＿＿＿法　リサイクル型社会の実現めざす ※拡大生産者責任（生産＋廃棄・リサイクル）

【解答】❶成長の限界　❷温室効果　❸フロン　❹焼畑　❺国連人間環境　❻国連環境開発　❼太陽光　❽風力　❾バイオマス
❿田中正造　⓫公害対策基本　⓬汚染者負担　⓭環境基本　⓮環境アセスメント　⓯循環型社会形成推進基本

重要ポイントの整理

消費者の権利と保護（P.250～253）

(1) 消費者主権

意味	市場において生産と消費の最終的な決定権は消費者にある
課題	❶＿＿の＿＿＿＿＿－商品の性能や質などの情報量について売り手と買い手の間に格差があること
	❷＿＿＿効果－消費者自身の判断よりも企業の広告・宣伝の影響によって商品を購入すること←アメリカの経済学者ガルブレイスの言葉
	デモンストレーション効果－流行や他の人が持っているからという理由で購入してしまう

(2) 消費者の四つの権利

1962年，米ケネディ大統領が提唱

安全である権利	知らされる権利
選択できる権利	❸＿＿が反映される権利

(3) 消費者問題

消費者に対し不利益を与える問題←誇大広告，製品の安全性の欠陥，違法な販売方法などによる

森永ヒ素ミルク事件	1955年
サリドマイド事件	1959年→62年，販売中止
カネミ油症事件	1968年
薬害エイズ事件	1985，86年
悪質商法	マルチ・マルチまがい商法，アポイントメントセールス，キャッチセールス，ネガティブ・オプションなど

(4) 消費者行政

基本法	1968 消費者保護基本法
	2004 ❹＿＿＿＿＿＿法
その他の法律	1994 製造物責任法
	2000 消費者契約法
制度	❺＿＿＿＿＿＿・＿＿制度
行政機関	消費者庁
	❻＿＿＿＿＿＿＿＿
	消費生活センター

労働者の権利・労働条件の改善・労働環境の現状（P.254～260）

(1) 労働者の権利（労働基本権）

憲法27条	勤労の権利（勤労権）
憲法28条	団結権，❼＿＿＿＿＿権，団体行動権（争議権）＝労働三権

(2) 労働三法

❽＿＿＿＿法	労働組合法	❾＿＿＿＿＿＿法

(3) 労働組合

① **日本**：戦前は職業別組合，現在は企業別組合が多い
② **欧米**：産業別組合が中心

(4) 労働基準法の内容と改正

① **労働時間**（1日8時間，週40時間）　② **休日**（毎週少なくとも1回）　③ **変形労働時間制**導入（1999）　④ **女性保護規定撤廃**（1999）　⑤ **裁量労働制**導入（2000）
⑥ **高度プロフェッショナル制度**導入，時間外労働の上限規制（2018）

重要ポイントの整理

(5) 労働法制

男女雇用機会均等法（1985）
⓾＿＿＿・＿＿＿＿＿法（1995）
障害者雇用促進法（1987）
労働者派遣法（1985）

(6) 日本型雇用と能力・成果主義

① **日本型雇用**（日本的経営方式）→崩壊がすすむ

終身雇用制	採用した労働者を定年まで雇用する
⑪＿＿＿＿＿＿＿＿	勤続年数に応じて賃金を上昇させる
企業別組合	企業ごとに組織された労働組合

② **能力・成果主義**－年俸制，職能給の導入

(7) 労働問題と課題

① **問題**：フリーター・ニート（NEET）対策，非正規雇用者の増加，サービス残業，過労死，労働災害の増加，外国人労働者への対応，セーフティネットの整備，高齢者雇用の促進
② **新しい労働の在り方**：ワークシェアリングの導入，ディーセント・ワークの実現，**ワーク・ライフ・バランス**の実現，過労死等防止対策推進法の成立

社会保障のあゆみと現状・日本の社会制度・少子高齢社会（P.262～269）

(1) 世界の社会保障のあゆみ

→社会保障とは国が国民生活の保障を行うこと。

1601年	（英）**エリザベス救貧法**…公的扶助の始まり
1883年	（独）**ビスマルク疾病保険法**…社会保険の始まり
1935年	（米）**社会保障法**…社会保障という用語の初使用
1942年	（英）**ベバリッジ報告**…社会保障制度化→「⑫＿＿＿＿＿から墓場まで」
1944年	（ILO）⑬＿＿＿＿＿＿＿＿＿**宣言**…社会保障の定義
1948年	（国連）世界人権宣言…社会保障を受ける権利

(2) 社会保障制度の形態

イギリス・北欧型	大陸型	三者均一型（日本）

(3) 日本の社会保障のあゆみ

① 戦前…国家の恩恵として
- 1874年　**恤救規則**…貧困者の救済
- 1922年　健康保険法…最初の社会保険制度

② 戦後…権利としての社会保障
- 1946年　日本国憲法…生存権〈25〉規定
- 1961年　**国民皆保険**・⑭＿＿＿＿＿の実現
- 1973年　「**福祉元年**」

(4) 日本の社会保障制度

① **社会保険**→病気，高齢，失業等に対応

医療保険	⑮＿＿保険	雇用保険	労災保険	介護保険

② **公的扶助**→最低限度の生活を国が保障（生活保護）
③ **公衆衛生**→感染症予防や環境衛生
④ **社会福祉**→社会的弱者への福祉政策

(5) 少子高齢社会

少子高齢化への対策

ゴールドプラン，エンゼルプラン，育児・介護休業法，男女共同参画社会基本法

国際社会と法

私たちの生活と身近な法

日本人の海外旅行者数は1990年に1千万人の大台を突破。高等学校等においても，外国への修学旅行を実施したり，外国の高等学校へ留学生を派遣したりする学校が増加傾向にある。一方，

日本を訪れる外国人も増加傾向にあり，2013年に1千万人の大台を突破し，2019年には3千万人を超えた。人の面での移動・交流が進む現代。ここにも法がかかわっている。

1 When in Rome, do as the Romans do.（郷に入りては郷に従え）

A 世界の罰金刑

横断歩道を赤信号で渡る

A＄50（4,566円）／オーストラリア（ケアンズ）

横断歩道以外の場所で道路を渡る

US＄130（17,095円）／アメリカ（ハワイ）

立小便をする

RM100（2,989円）／マレーシア（クアラルンプール）

水洗トイレの水を流さない

S＄150以下（初犯）（14,293円）／シンガポール

サンゴや貝殻を採取する

US＄2,000以上（263,000円）／アメリカ自治領（サイパン）

電車の中で居眠りする

DH300（10,749円）／UAE（ドバイ）

歩行中に携帯電話でメールを打つ

US＄85（11,178円）／アメリカ（ニュージャージー）

街なかでゴミをポイ捨てする

S＄1,000以下（初犯）（95,290円）／シンガポール

ズボンの腰履き

US＄50（初犯）（6,575円）／アメリカ（ルイジアナ）

スペイン広場でジェラートを食べる

€500（最大）（69,211円）／イタリア（ローマ）

サン・マルコ広場のハトに餌をやる

€500（最大）（69,211円）／イタリア（ヴェネツィア）

MRT（地下鉄）車内での飲食

1,500台湾ドル（6,617円）／台湾（台北）

※円は，2022年の年平均の為替相場で換算。
（トリップアドバイザーHP，『世界国勢図会』2023/24などによる）

B 高等学校における外国への修学旅行

○実施学校数・生徒数の推移

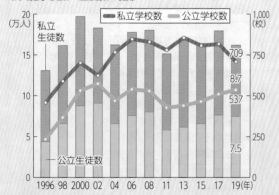

私立生徒数　■私立学校数　公立学校数

（万人）　（校）

709
8.7
537
7.5

1996 98 2000 02 04 06 08 11 13 15 17 19（年）

公立生徒数

○行き先国・地域（2019年度）

		公立		私立		計	
		学校数	参加者数	学校数	参加者数	学校数	参加者数
1	台湾	208	36,800	85	10,095	293	46,895
2	アメリカ	64	7,656	129	17,623	193	25,279
3	シンガポール	92	11,943	80	11,562	172	23,505
4	オーストラリア	37	3,348	93	12,959	130	16,307
5	マレーシア	48	5,831	41	5,118	89	10,949
6	カナダ	11	925	49	6,820	60	7,745
7	ベトナム	23	3,882	23	2,593	46	6,475
8	イギリス	2	78	34	4,791	36	4,869
9	オーストリア	8	841	19	2,649	27	3,490
10	ニュージーランド	3	488	30	2,939	33	3,427

注：参加者は延べ数　　　　（文部科学省資料より）

解説　**知らなかったでは済まされない！** 海外旅行中に，日本と異なる風習に戸惑うことはそう珍しいことではない。ちょっと恥ずかしい思いをすることがあるかもしれないが，その程度である。しかし，法律の場合は，そうはいかない。属地主義の考え方*から，日本では許されることがらであっても，外国の法律でそれを禁止していた場合，罰金が科されるなどのペナルティを受けることになる。上記の罰金が発生することがらの多くは，「街なか

でのゴミのポイ捨て」（シンガポール）など基本的にマナーを守っていれば問題ないものである。しかし，「電車の中での居眠り」（UAE/ドバイ），「地下鉄車内での飲食」（台湾／台北）など，知らないと思わぬうちに禁止事項を犯してしまう可能性があるものもある。注意が必要だ。

*内外国人を問わず，その国の領域内にあるかぎり，すべてその国の法律の適用を受けるべきであるとする考え方

2 出入国と法

Ⓐ 旅券（パスポート）は，命の次に大切?! ～パスポートの役割～

↑ 10年用の日本のパスポート

↑ パスポートの中面

パスポートは本国のメンバーであるあかし（「資格証」）

　ある人物が外国を旅行したり，外国に滞在したりする場合に，パスポートを発給した本国の政府が，パスポートの所持人の国籍及び人物を証明し，また発給国に帰国できることを約束し，渡航先の当局に対して入国・滞在についての安全などの便宜供与を要請する，国家の公式な渡航文書である。

⬅ 日本国政府が発給するパスポートには，日本国外務大臣の名で「日本国民である本パスポートの所持人を通路故障なく旅行させ，同人に必要な保護扶助を与えられるよう，関係の諸官に要請する。」との保護要請文が記載されている。

Ⓑ 外国人はどのようにして日本に入国しているのだろうか？

○外国人が日本に上陸＊するには（入管法第6条～第18条）

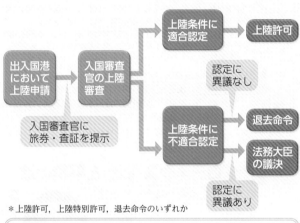

＊上陸許可，上陸特別許可，退去命令のいずれか

＊「入国」と「上陸」…入管法（出入国管理及び難民認定法）では，次のように区別している。「入国」＝外国人が領海内に入ること（入国条件は「有効な旅券の所持」），「上陸」＝外国人が領土に入ること。

上陸条件（入管法第7条第1項）
①旅券や査証＊（ビザ）が有効であること
②日本で行おうとする活動が虚偽のものでなく，かつ在留資格に該当すること。また，在留資格により上陸許可基準が設けられている場合にはその基準にも適合していること
③申請に係る在留期間が法務省令の規定に適合すること
④上陸拒否事由に該当していないこと
＊国が自国民以外に対して，その人物の所持する旅券が有効であり，かつその人物が入国しても差し支えないと示す証書。

上陸拒否事由（入管法第5条）
　～次のような外国人は入国を拒否される～
①保健・衛生上の観点から上陸を拒否される者
②反社会性が強いと認められることにより上陸を拒否される者
③日本から退去強制を受けたこと等により上陸を拒否される者
④日本の利益又は公安を害するおそれがあるため上陸を拒否される者　等

Ⓒ 海外に旅行するには，どのような手続きが必要なのだろうか？

○日本人の出国手続き

➡ 成田空港のチェックインカウンターで搭乗手続きをする旅行者

＊必要に応じて，渡航先の査証（ビザ）を取得する
　事前に各国大使館，領事館などへ申請する。日本政府と各国政府との取り決めにより，最近では，一定期間の観光目的の渡航に限り，査証が免除される国がほとんど。ただし，国によって免除期間が異なるので要注意。
①観光目的であっても査証が必要な国…ブラジル，インド，カンボジア，ブータン，ロシア，オーストラリア，エジプトなど
②留学目的で渡航する場合，査証が必要とされる国が多い
（例）・アメリカ合衆国… 2週間の短期留学でも，週18時間以上のコースに参加する場合，「学生ビザ」が必要
　　　・中華人民共和国… 30日以内の短期留学は「観光ビザ」，180日未満の留学は「X2ビザ」，180日以上の留学は「X1ビザ」が必要
ービザなし訪米にはエスタへの申請が必要ー
　アメリカ合衆国に渡航する場合，観光やビジネスなど90日以内の短期の滞在が目的の場合はビザなしで渡航できる。そのような場合でも，事前に電子渡航認証システム「ESTA（エスタ）」の認証を受けることが義務付けられている。

解説 日本人の出入国管理　日本人が日本以外の地域に向けて出国することは，国民が当然に有する権利として保障されている（日本国憲法第22条第2項）。そのため日本人の出国手続については，外国人の出国手続と異なっている。また，帰国の権利も保障されているので，「入国」と「上陸」というような区別をすることなく，日本領域内に入り，かつ上陸することを「帰国」とし，その確認が行われている。

国際

1 国際政治と国際法

1 国際政治の特質

A 国家の三要素

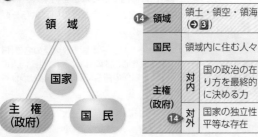

領域	領土・領空・領海 (→3)
国民	領域内に住む人々
主権 (政府)	対内	国の政治の在り方を最終的に決める力
	対外	国家の独立性 平等な存在

解説 **国家とは?** 国際社会は対等な立場の**主権国家**で構成されている。主権国家とは、**領域・国民・主権**の三要素（**国家の三要素**）をもち、他国に国として認められている国家のことである。

B 国内政治と国際政治

○国内政治

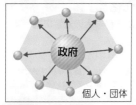

個人・団体

○国際政治

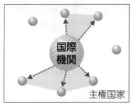

主権国家

解説 **国際政治の特質** 国際社会では、各国家が自国の利益に基づき、武力行使を含む行動の自由をもっている。一方、国際社会全体をまとめる中央政府や強制力を持った法は存在しない。そのため、国家同士の対立はしばしば武力によって決着がつけられることとなり、戦争が繰り返されてきた。戦争の惨禍から生まれた**国際法**（国際社会において守るべきとされる規範）によって、かろうじて規律が保たれてきたにすぎないのである。

2 主権国家の成立

A 三十年戦争 (1618〜48)

○ドイツを舞台とするヨーロッパ諸国の戦争

【発端】宗教内乱

ボヘミアの貴族たち(プロテスタント)

↓ (vs.) 神聖ローマ皇帝(フェルディナント2世)(カトリック)

【展開】政治利害むき出しの国際戦争へ

例)カトリック国フランスがプロテスタント側に立ち参戦

B ウェストファリア条約 (1648)

○三十年戦争の講和条約

・ヨーロッパの大半の国が参加し和平会議開催(1644〜)

→講和条約調印(1648)

【主な内容】

・フランス…アルザスなどを獲得

・オランダ・スイス…正式に独立を承認

・領邦(当時その数約300)の完全な主権の承認

(=神聖ローマ帝国は有名無実化)

解説 **主権国家体制の成立** 主権国家を単位とする国際政治の基本構造は、**三十年戦争**(1618〜48)後の**ウェストファリア条約**(1648)によって、ヨーロッパで確立された。条約を調印した和平会議(ウェストファリア会議)には、のべ66か国が参加。この会議は、「最初の国際会議」ともよばれる。

3 国家の領域

宇宙空間(大気圏外)＝国家の主権に服さない自由な国際的空間

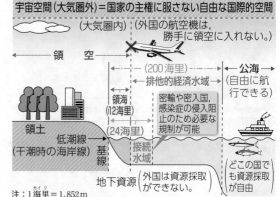

注:1海里=1,852m

注:防空識別圏…国際法で定められた領空とは別に、各国が防空目的で設定できる空域。領空よりも外側に張り出して設定されることが多い。領空に向かって空域内を飛ぶ航空機には飛行計画の事前提出が求められる。事前通告なしに空域内に侵入した航空機は、戦闘機による緊急発進(スクランブル)の対象となる。

解説 **主権の及ぶ範囲** 陸地以外にも、海洋、空に関して主権の及ぶ範囲がある。**国連海洋法条約**(1994年発効、96年日本批准)では、基線より200海里以内の**排他的経済水域**(EEZ)や大陸棚は、沿岸国に漁業資源や鉱物資源などについて主権的権利を認めている。また、大陸棚が200海里をこえる場合は、公海でも一定の範囲内で沿岸国の権利を認めている。

4 グロティウス『戦争と平和の法』

戦争を行なうためにも、また戦争中においても、**同じように守らなければならない諸国間に共通な法が存在する**ことは、きわめて確実である。……そして、ひとたび武器がとられるや、もはや、神の法も人の法もまったく無視され、あたかも、どのような犯罪を犯しても差し支えない錯乱状態が公然と法令によって許されたかのような有様を呈している。 (グロティウス『戦争と平和の法』酒井書店)

グロティウス

解説 **「国際法の父」グロティウス** オランダの法学者**グロティウス**(1583〜1645)は、三十年戦争の惨禍から**『戦争と平和の法』**(1625)を著し、戦争の場合であっても、国家間の関係において守るべき法(自然法)が存在することを述べた。そして、戦争だからといって、いかなる残虐行為でも許されるわけではないと唱えた。これが、国際法の基礎的理念となり、彼は**「国際法の父」**とよばれるようになった。

F●CUS これは…国家?

「シーランド公国」は、イギリス南東部の沖合約10kmにある人工島に、1967年、元陸軍少佐が移り住み、独立を宣言した「国」。しかし、国連海洋法条約では島を「自然に形成された陸地」と定義している。つまり、人工島だけの「シーランド公国」には国際法上の領土がなく、国家としては認められないのだ。

(2000.3.17)

SIDE STORY グロティウスはオランダのデルフト市の名門の生まれ。11歳でライデン大学に入学して、神学や文学、法学を学び14歳で卒業。15歳でフランス使節団に参加してフランス宮廷に赴き、「オランダの奇跡」といわれた。

5 国際法の分類とその例

A 国際法と国内法の違い

	国際法	国内法
法の主体	国家が原則	個人が原則
立法機関	統一的な機関なし。**条約が拘束するのは批准国のみ**	議会。制定された法律は全国民を拘束
行政機関	なし	政府
司法機関	**国際司法裁判所。当事国が合意した場合のみ裁判を実施。**出訴権は国家のみ	裁判所。当事者一方のみの訴えでも裁判は成立
法の執行	国連安保理への依頼は可能だが、**強制執行力はない**	警察などの強制執行機関あり

B 国際法の分類 ⑭ 国際法は国際慣習法も含むこと。

形式による分類 ⑯	国際慣習法	国家間の暗黙の合意(不文法)。多数の国家間で行われてきた慣行から法として意識されるようになったもの。(例)公海自由の原則*、内政不干渉の原則、無主地の先占(どの国にも属していない土地をある国が支配して領有する)
	条約 倫政19	国家間の文書による合意(成文法)。合意に加わらない第三者には効力は及ばない。協約・協定・議定書・宣言・憲章などの名称も使われる。(例)国際連合憲章
適用時による分類	平時国際法	平常時における国家間の法的関係を規定したもの。(例)難民の地位に関する条約、宇宙条約
	戦時国際法	戦争発生の際、可能な限り人道を維持し、武力による惨害を緩和するため形成されたもの。

＊現在では国連海洋法条約に規定。

○平時国際法の例

名称	採択	発効	締約国	主な内容
難民の地位に関する条約	1951	1954	146	難民の定義、難民の保護と、帰化・同化の促進など。
外交関係に関するウィーン条約	1961	1964	194	公館の不可侵、外交官の身体の不可侵など。
宇宙条約	1966	1967	113	月その他の天体を含む宇宙空間の領有権の否定など。

○戦時国際法の例

名称	採択	発効	締約国	主な内容
開戦ニ関スル条約	1907	1910	39	開戦には宣言または事前通告を必要とするなど。
陸戦ノ法規慣例ニ関スル条約	1907	1910	42	交戦者の定義、捕虜の取り扱い、毒・施毒兵器の禁止など。
捕虜の待遇に関する条約	1949	1950	196	捕虜の人道的待遇、捕虜に対する報復措置の禁止など。
化学兵器禁止条約	1992	1997	193	化学兵器の使用・開発・生産・保有の禁止など。

注：締約国数は2023年1月現在。(『国際条約集2023』有斐閣などによる)

解説 さまざまな国際法　国連憲章では国際紛争を解決する手段としての武力行使は一般的に禁止されている。しかし、現実には戦争が絶えない。戦争に際し、可能な限り人道を維持し、被害を緩和させるために一定のルールを定めたのが**戦時国際法**である。ここにグロティウスが提唱した「戦争のルール化」の思想が受け継がれている。また、**平時国際法**では、時代の動きに対応した人権・領域・環境に関わる新たなルールが定められている。

6 国際紛争と国際裁判制度

	⑭ 国際司法裁判所(ICJ) International Court of Justice	国際刑事裁判所(ICC) International Criminal Court
外観		
設立	1945年 (国連憲章第92条)	2003年 (ICC設立条約発効、2002)
本部	ハーグ(オランダ)	ハーグ(オランダ)
裁判官	国籍が異なる15名。国連総会と安保理で選挙。任期9年、3年ごとに5人改選	国籍が異なる18名。締約国会議で条約批准国から選出。任期9年、3年ごとに6名改選
⑮ 裁判の対象	**国家間の紛争**＊(他に、国連とその専門機関からの要請を受けて**法律問題についての勧告的意見**を出すことができる。〈例〉「核兵器の使用についての勧告的意見(1996)」)	**個人の国際犯罪** ⑭ 集団虐殺(ジェノサイド)、戦争犯罪、人道に対する罪、侵略の罪など国際関心事である重大な犯罪に対する個人の責任を追及する
⑮ 訴訟開始	紛争当事国間の合意に基づく提訴	加盟国または安保理の要請、ICC検事局による起訴
上訴	一審制(上訴不可)	二審制
国際問題の解決例	⑯ **【日本による調査捕鯨問題】**(2014年) 日本による南極海での調査捕鯨は国際捕鯨取締条約に違反するとしてオーストラリアが中止を求めた訴訟。日本の調査捕鯨を「研究目的ではない」と結論づけ、中止を命じる判決を下した(**日本が裁判の当事国として受けた初の判決**)。	**【ルバンガ事件】**(2012年) コンゴ民主共和国の武装勢力指導者であるルバンガに対し、国内武力紛争において子どもを徴兵し、戦闘行為をさせたとして有罪とし、禁固14年の判決を下した(**ICCが下した初の判決**)。 →トマス・ルバンガ ⑯
日本とのかかわり	日本人初の所長は小和田恆氏(2009年2月〜12年2月)※2018年に裁判官を退任。岩沢雄司氏　日本人4人目の判事(2018年6月〜)	⑯ 日本は2007年加盟。日本人初の裁判官は齋賀富美子氏(2008年1月〜09年4月没) 赤根智子氏　日本人3人目の裁判官(2018年3月〜)。元検事。

＊国家間の紛争を解決する裁判所としては、他に**常設仲裁裁判所**(1901年 ⑯ 設立)があり、ICJを補う役割を果たしている。2016年には、中国や周辺国が領有権を争う南シナ海問題で、中国が自国の権利が及ぶと主張する独自の境界線(九段線)に国際法上の根拠はないとの判決を下した。

解説 紛争解決に向けて　国際司法裁判所(ICJ)には強制的管轄権がないため、紛争当事国が裁判をすることに同意しない限り、裁判を始めることはできない。つまり、国家がICJの裁判に強制的にかけられることはないのである。そのため、ICJの有効性を疑問視する声もある。一方、ユーゴスラビア内戦の際の旧ユーゴスラビア国際刑事裁判所設置を契機に、常設の裁判所を求める声が強まり、**国際刑事裁判所(ICC)**が設立された。**ICJが国家間の紛争を扱うのに対し、ICCは個人の国際犯罪を扱う**。非人道的な指導者が裁かれる可能性を示すことで紛争の抑止などが期待される。しかし、アメリカは海外に派遣した米兵が政治的に裁かれる(ICC批准国に兵を派遣した場合はその国の法に従うことになるため)ことを恐れて非協力的。ICC設立条約を批准していない(2023年4月現在123か国批准)。

用語Check 〔OP.375〕 排他的経済水域，国際法，国際慣習法，国際司法裁判所(ICJ)，国際刑事裁判所(ICC)

国際

2 国際連合のしくみ

（国連憲章 ➡ P.359）

課題を考える
国連の各主要機関は世界平和の維持のためにどのような活動を行っているか，まとめてみよう。

1 勢力均衡と集団安全保障

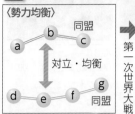

〈勢力均衡〉　同盟
対立・均衡　同盟

〈集団安全保障〉
f国がa国を侵略した場合，b〜eの加盟国はf国に集団的制裁実施。

➡ 第一次世界大戦

解説　いかにして平和を維持するか？ 近代ヨーロッパでは，**勢力均衡**政策がとられた。この政策は，対立する国家間に力の均衡を作り出すことで表面的平和を維持しようとするものである。具体的には，軍備拡張や他国との同盟により，自国あるいは自国を含む国家群の勢力を強化するなどの方策がとられた。勢力均衡が破綻し，第一次世界大戦の悲劇を生むと，平和を維持する方策として**集団安全保障**が重視されるようになった。これは，各国が結合して組織を作り，互いに武力の行使を禁止し，ある一国に対する攻撃はすべての加盟国に対する攻撃とみなして，各国が制裁を加えるというものである。

3 国際連盟と国際連合の比較

	国際連盟（1920年）	国際連合（1945年）
本　部	ジュネーブ	ニューヨーク
加盟国	アメリカ不参加，ソ連の加盟遅延，日本・ドイツ・イタリアの脱退	大国を含む世界のほとんどの国家が加盟
機　関	総会，理事会，事務局，常設国際司法裁判所	総会，安保理事会，経済社会理事会，信託統治理事会，事務局，国際司法裁判所
表　決	全会一致 ⑲	多数決，5大国一致（拒否権あり）
制裁措置	経済制裁中心	軍事的・非軍事的強制措置，裁判

解説　「連盟」と「連合」の違い 国際連盟は，集団安全保障を世界的規模で実現しようとした最初の試みであったが，議決方法が**全会一致**であったことや，強力な制裁手段をもっていなかったことなどから，第二次世界大戦の勃発を防ぐことはできなかった。この失敗の経験を生かして設立されたのが**国際連合**である。

2 国際連盟から国際連合へ 倫政23

18世紀　カント『永久平和のために』（1795）

> **永久平和のための第2確定条項**
> 国際法は自由な諸国家の連合に基礎をおかねばならない。国家としてのそれぞれの民族については，個々の人間と同じように考えてもよい。すなわち，自然状態では…たがいに並立していることですでに傷つけ合っているのである。したがって，各国家は自分の安全のために，他国に対して，おのおのの権利が保証されるような，公民的体制に似た体制にいっしょに入るよう要求することができるし，また要求すべきなのである。これは国際連合となるであろう。
> （土橋邦夫『世界の大思想(11)』河出書房）

1914年7月〜18年11月　第一次世界大戦

ウィルソン米大統領の平和原則14か条
14　大国小国ともにひとしく政治的独立および領土保全との相互保障を与える目的のために，一般的国際連合が特別の協約のもとに組織されなければならない。

1919年1〜6月　パリ講和会議
ヴェルサイユ条約（1919年6月）…第一編が国際連盟規約

1920年1月　国際連盟成立

1928年8月　不戦条約（ケロッグ・ブリアン条約）
国際紛争解決のため，および国策遂行の手段としての戦争を放棄することを定める

1939年9月〜45年8月　第二次世界大戦

1941年8月　大西洋憲章
F.ルーズベルト（米）とチャーチル（英）の共同宣言，国際機構の再建など8か条からなる

1942年1月　連合国共同宣言
26か国の代表による共同宣言。このなかで，F.ルーズベルト（米）が「国際連合（United Nations）」という言葉を初めて使用

1943年10月　モスクワ宣言
米英ソ中の4か国代表による宣言。終戦後に平和維持のための国際機構を設立することで合意

1944年8月〜10月　ダンバートン・オークス会議
米英ソ中の4か国代表が国連憲章の原案作成

1945年2月　ヤルタ会談
米英ソの3か国首脳が5大国（米英ソ仏中）の拒否権などについて合意

1945年4月〜6月　サンフランシスコ会議
国際連合憲章採択

1945年10月24日　国際連合正式発足

4 国連の加盟国数の推移

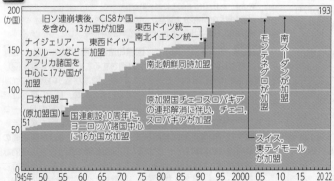

旧ソ連崩壊後，CIS8か国を含め，13か国が加盟
ナイジェリア，カメルーンなどアフリカ諸国を中心に17か国が加盟
日本加盟（原加盟国）51
国連創設10周年に，ヨーロッパ諸国中心に16か国が加盟
東西ドイツ加盟
南北朝鮮同時加盟
原加盟国チェコスロバキアの連邦解消に伴い，チェコ，スロバキアが加盟
スイス，東ティモールが加盟
東西ドイツ統一・南北イエメン統一
モンテネグロが加盟
南スーダンが加盟
193

A 地域別の加盟国数の変化
（2022年10月末現在）（『世界年鑑』などによる）

アフリカ 4　大洋州 2
アジア 9　南米・北米 22
1945年 51か国
ヨーロッパ 14

14　35
54　2022年 193か国　43
47

解説　国連加盟国193 第二次世界大戦当時の連合国により設立された国際連合も，現在はバチカン市国などを除くほぼすべての独立国が加盟している。1950〜60年代を中心に独立し，国連に加盟したアジア・アフリカ諸国の割合が高く，総会での発言力が高まっているのが特徴である。なお，アフリカの17か国が独立を達成した1960年は**アフリカの年**と呼ばれる。

SIDE STORY ウィルソンは，学習障がいのため，幼いころは文字が読めず，文章を書くことができなかったが，これを克服し大統領までのぼりつめた。彼のリーダーシップや功績から，アメリカで最も偉大な大統領の一人とされている。

憲章上の6主要機関 [23]

安全保障理事会(安保理)

事務局

← 9代目
事務総長
グテーレス
(ポルトガル
2017年～)

総会

経済社会理事会 [15]

国際司法裁判所

信託統治理事会 [14]

未開発地域の独立を援助
※1994年パラオ独立により休止状態

安全保障理事会

任務		①国連で最も重要な機関。国際平和と安全の維持のために主要な責任を負う。 ②全加盟国に代わって任務を遂行し、その決定は各加盟国に対し拘束力をもつ。
構成と決議	**常任理事国** (5か国)	**ロシア(旧ソ連)・米国・仏・中国・英国**の5か国。任期、改選なし。**拒否権**をもつ。[15]
	非常任理事国 (10か国)	総会の投票で3分の2の多数を得た国を選出。任期2年。引き続きの再選なし。毎年半数を改選。 日本, モザンビーク, エクアドル, マルタ, スイス(2024年末まで)／アルジェリア, ガイアナ, シエラレオネ, スロベニア, 韓国(2025年末まで)
	投票権は各理事国1票。 **手続事項**(議長選出や議題の決定等)…15分の9か国の賛成で決議成立。 **実質事項**(侵略国への制裁, PKO設置, 事務総長選出, 新加盟に関する勧告等)…**全** [16] [18] **常任理事国を含む15分の9か国の賛成で決議成立(憲章第27条)。** 常任理事国が1か国でも反対すれば決議は不成立で、この特権を**拒否権**と呼ぶ(棄権, 欠席は拒否権行使にならない)。→大国一致の原則		

事務局

任務		国際連合運営に関するすべての事務を行う。
事務総長		安保理の勧告を受け、総会で任命。事務局の総責任者として国連の事務一般を担当。国際平和を脅かす事項について安保理に勧告、総会に年次報告を行う。調停者・仲介者としての役割を果たす。任期5年。

国連総会

任務		あらゆる問題を取り上げる。国連憲章の規定により安保理が討議中の場合は、安保理の要請がない限り国際平和と安全に関する問題につき勧告できない。
構成と決議		全加盟国代表で構成。投票権は各加盟国1票。 **通常問題**…出席投票国の過半数の賛成で決議成立。 [15] [18] **重要問題**…出席投票国の3分の2の賛成が必要。
総会	**通常総会**	年1回(9月の第3火曜日～12月中旬まで)
	特別総会	安保理の要請、加盟国の過半数の要請などで招集される。
	緊急特別総会	安保理のいずれか9か国の要請, 加盟国の過半数の要請などで24時間以内に招集。侵略防止の勧告をすることができる。

経済社会理事会

任務	非政治的分野での国際協力を目的とし、国際的問題を研究して総会及び加盟国や専門機関に報告・勧告する。
構成	54の理事国(任期3年, 毎年3分の1を総会で改選)で構成。民間団体と協議可能。

解説 6つの主要機関で構成 国連の主要機関は、**総会**, **安全保障理事会**, **経済社会理事会**, **信託統治** [15] **理事会**, **国際司法裁判所**, **事務局**の6つである。このうち安全保障理事会が、平和維持に関する問題では全加盟国に代わって行動でき、大きな力をもっている。2006年には、国連改革の一環として経済社会理事会の下部組織であった人権委員会が、総会の補助機関としての「人権理事会」に格上げされた。国連加盟国の人権状況の定期的、系統的な見直しや国際社会の人権状況を改善するため、人権侵害などに対処する。
(国際連合資料などによる)

倫政14 国際赤十字は国連による設立ではないこと。

地域委員会(主なもの)
ヨーロッパ経済委員会(ECE)
ラテンアメリカ・カリブ経済委員会(ECLAC)
アジア太平洋経済社会委員会(ESCAP)
西アジア経済社会委員会(ESCWA)
アフリカ経済委員会(ECA)

機能委員会(主なもの)
統計委員会　人口開発委員会
麻薬委員会　社会開発委員会
女性の地位委員会
犯罪防止刑事司法委員会
開発のための科学技術委員会
国連森林フォーラム

常設委員会(主なもの)
計画調整委員会
非政府組織(NGO)委員会

非政府組織(NGO)
赤十字国際委員会:紛争地において人道支援と非戦闘員の保護を行う。公平・中立・独立した機関
アムネスティ・インターナショナル
政治犯などの「良心の囚人」の釈放, 拷問・死刑制度への反対運動(→P.332)
国境なき医師団
戦乱や災害に際し, 国境をこえて緊急の医療奉仕
国際法律家委員会, 世界宗教者平和会議, 世界科学者連盟, 国際平和研究学会など

安保理の主な補助機関
軍事参謀委員会
常設委員会及びアドホック組織
国際刑事裁判所残余メカニズム
平和維持活動・政治ミッション
諮問的補助機関
国連平和構築委員会(PBC)

総会の主な補助機関
主要委員会, **国連人権理事会**(UNHRC), **倫政23**
常設委員会及びアドホック組織

人権理事会では、重大かつ組織的な人権侵害を犯した場合に、総会決議によって理事国の資格が停止されることがある。

総会によって設立された機関
国連開発計画(UNDP) [23]
民主的統治の実現, 貧困の緩和など
国連環境計画(UNEP)
地球環境の保全・向上を目指し, 国際環境条約の策定などを推進
国連ハビタット(UN-HABITAT)
国連難民高等弁務官事務所(UNHCR)
(→P.292 [2])
国連パレスチナ難民救済事業機関(UNRWA)
国連貿易開発会議(UNCTAD)
国連大学(UNU)
国連世界食糧計画(WFP)(→P.329)
食料欠乏国や被災国への食糧援助
国連児童基金(UNICEF) [17]
途上国の子どもへの医療・栄養援助
国連人口基金(UNFPA)ほか

国際会議
持続可能な開発に関するハイレベル政治フォーラム(HLPF)

主な専門機関
国際労働機関(ILO) [17] **倫政23**
労働者の労働条件と生活水準の改善
国連食糧農業機関(FAO)(→P.329)
国連教育科学文化機関(UNESCO)
教育・科学・文化・情報流通などの面での協力推進, 世界の平和と安全
世界保健機関(WHO)
すべての人々が可能な最高の健康水準に到達することを目指し, 感染症対策などを推進
世界銀行グループ
国際復興開発銀行〈世界銀行〉(IBRD) [17]
国際開発協会〈第二世界銀行〉(IDA)
国際金融公社(IFC)
多数国間投資保証機関(MIGA)
投資紛争開発国際センター(ICSID)
国際通貨基金(IMF)(→P.312 [1])
国際民間航空機関(ICAO)
国際海事機関(IMO)
国際電気通信連合(ITU)
万国郵便連合(UPU)
世界気象機関(WMO)
世界知的所有権機関(WIPO)
国際農業開発基金(IFAD)
国連工業開発機関(UNIDO)
世界観光機関(UNWTO)

専門機関に類似した独立機関
国際原子力機関(IAEA)(→P.299 [4])
世界貿易機関(WTO)(→P.314 [8])

倫政23 ILOは, 労働者の声が反映されるよう, 政府代表, 使用者代表, 労働者代表の三者構成で運営されている。

 用語Check 〔→P.375〕 勢力均衡, 集団安全保障, 国際連合(UN), 安全保障理事会, 経済社会理事会, 専門機関

国際

277

1 国連の動き

赤字は主な特別総会。○数字は緊急特別総会の回数。

事務総長	年	主なできごと
リー（ノルウェー）	1945	国連憲章採択。**国際連合発足** ←第二次世界大戦終結
	46	安保理でソ連が最初の拒否権を行使
	47	総会、パレスチナ分割案を採択
	48	総会、**世界人権宣言**を採択←第一次中東戦争
	50	「国連軍」朝鮮へ派遣（安保理をソ連が欠席）。「平和のための結集」決議採択←朝鮮戦争（〜53）
ハマーショルド（スウェーデン）	1956	①②スエズ事件、ハンガリー事件 ←第二次中東戦争 初の**緊急特別総会**開催 ←ハンガリー事件 日本、国連に加盟 米英がレバノン等に出兵
	58	③レバノン・ヨルダン問題
	60	総会、**植民地独立付与宣言**採択。④コンゴ問題 ←コンゴ独立内戦
ウ・タント（ビルマ）	1965	総会、人種差別撤廃条約採択←ベトナム戦争（〜75）
	66	米の北爆で安保理開催。**国際人権規約**採択（76年発効）
	67	⑤中東問題 ←第三次中東戦争
	68	チェコ事件で安保理開催。 ←チェコ事件
	71	**中国、国連に加盟**。国府（台湾）追放
ワルトハイム（オーストリア）	1972	**国連人間環境会議**開催（**人間環境宣言**採択）
	73	中東戦争で安保理、国連緊急軍（PKF）の派遣を決定。東西ドイツ同時加盟 ←第四次中東戦争、石油危機
	74	国連資源特別総会（NIEO【新国際経済秩序】樹立宣言）
	75	国際婦人年世界会議（メキシコシティ）
	78	第1回国連軍縮特別総会
	79	←ベトナム、カンボジアに侵攻、ソ連アフガニスタンに侵攻
	80	インドシナ難民会議開催。⑥アフガニスタン問題
	81	⑦パレスチナ問題
デクエヤル（ペルー）	1982	第2回国連軍縮特別総会。⑨イスラエル制裁問題（ゴラン高原併合を非難） ⑧ナミビア問題（南アの不当支配を非難）
	84	国際人口会議（メキシコシティ）
	88	第3回国連軍縮特別総会。国連平和維持軍、ノーベル平和賞を受賞
⑮	90	安保理、イラクへの武力行使容認←イラク、クウェート併合
	91	韓国・北朝鮮・バルト3国など7か国の加盟承認←湾岸戦争
ガリ（エジプト）	1992	**国連環境開発会議（地球サミット）**開催
	95	総会、旧敵国条項削除を決議。国連世界女性会議（北京）
アナン（ガーナ）	1997	国連環境特別総会。⑩エルサレム問題（イスラエル非難）
	2000	ミレニアム総会サミット（途上国支援）
	01	ノーベル平和賞受賞（事務総長アナンとともに）
	02	スイス、東ティモール加盟
	03	イラクへの武力行使をめぐって安保理分裂←イラク戦争
	06	モンテネグロが加盟 安保理、北朝鮮への制裁決議←北朝鮮、核実験
潘基文（韓国）	09	安保理、北朝鮮への制裁決議←北朝鮮、核実験
	11	南スーダン加盟
	12	総会、パレスチナに国連非加盟のオブザーバー国家の地位を付与する決議
グテーレス（ポルトガル）	17	安保理、北朝鮮への制裁決議 ←北朝鮮、核実験・弾道ミサイル発射
	22	⑪ウクライナ問題←ロシア、ウクライナに侵攻

2 国連の諸活動

❶国際平和の維持	・**安全保障理事会**による勧告・制裁 ・**緊急特別総会**による勧告・制裁 ・**平和維持活動（PKO）**（→P.280 ⑥）	
❷軍縮	ジュネーブに設置された**軍縮会議**（CD＝Conference on Disarmament）が中心 ・**軍縮特別総会**（1978・82・88） ・軍縮条約締結の推進（→P.299） 　例：化学兵器禁止条約（1992） 　　　包括的核実験禁止条約（1996）	
❸南北問題	・**UNCTAD（国連貿易開発会議）**（→P.327 ⑤） ・資源問題に関する特別総会（1974）**新国際経済秩序（NIEO）**樹立宣言 　資源に関する産出国の恒久主権・多国籍企業への監視などを採択	
❹環境・人口問題	・**国連人間環境会議**（1972）「かけがえのない地球」 ・世界人口会議（1974） ・**地球サミット**（1992）（→P.233 ②） ・国際人口開発会議（1994）リプロダクティブ・ライツ（性と生殖に関する自己決定権）の向上を人口政策の柱とする	
❺人権	**「世界人権宣言」**（1948）（→P.95 ④、360） **「国際人権規約」**（1966）（→P.361） ・人権理事会との連携 ・多くの人権条約を締結（→P.118 ①） ・**人権高等弁務官事務所**の設置（1994）	
❻難民救済	**国連難民高等弁務官事務所**（UNHCR, 1951設置）が中核となり、難民救済に尽力 ・総会で**難民条約**採択（1951）（→P.118 ①、292 ②）	
❼国際法の整備・発展	・**国際法委員会**（1947設置）国際条約案の起草 ・**国際司法裁判所**（→P.275 ⑥）の活動	

Ⓐ 安保理における拒否権発動回数の推移

（2023年8月末現在）

年代	1940	50	60	70	80	90	2000	10	20	合計
ロシア（旧ソ連含）	46	45	18	7	4	2	4	19	8	153
フランス	2	2	0	2	7	0	0	0	0	18
イギリス	0	2	1	14	15	0	0	0	0	32
中国	0	1*	0	2	0	2	2	9	3	19
アメリカ	0	0	0	21	46	6	10	3	1	87
合計	48	50	19	51	72	10	16	31	12	309

＊中華民国による発動。 （国連資料などにより作成）

Ⓑ 平和のための結集決議

1950年、朝鮮戦争を機に国連総会で採択。総会閉会中に安全保障理事会が拒否権により機能しなくなったとき、安保理事国9か国または過半数の加盟国の要請により、24時間以内に緊急特別総会を開き、2/3以上の賛成があれば、総会が侵略防止のための集団的措置を勧告できるという決議。緊急特別総会はこれまでに11回開かれている。

→ 安全保障理事会の様子

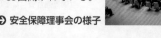

SIDE STORY　第9代国連事務総長のグテーレス氏は、ポルトガル首相や国連難民高等弁務官（2005〜15年）などの要職を歴任してきた人物。国連難民高等弁務官在任中の10年間はほぼ毎年訪日するなど、日本とも緊密な関係を築いてきた。

3 国際連合の紛争処理システム

A 国際紛争解決へのプロセス

紛争・侵略行為発生

戦争によってではなく, 話し合いで解決する

それでも問題が解決されないとき

↓

「紛争の平和的解決」(国連憲章第6章)

安全保障理事会 ‥‥→ **5大国の拒否権行使（機能停止)**

↓

停戦勧告
平和的に解決するよう注意したり, 調停したり, 解決の方法を勧告したりする

←‥‥ **緊急特別総会 (→P.277)**
安保理が停戦を決定した場合, 加盟国に対し拘束力をもつので, 自衛のためであっても, 決定に従い武力行使を停止しなければならない。

それでも問題が解決されないとき

↓

「非軍事的措置」(国連憲章第7章第41条)

平和を脅かし, 破壊している国や政治勢力をじっくりと経済的にしめあげる (経済制裁)

それでも問題が解決されないとき

↓

「軍事的措置」(国連憲章第7章第42条)

国連が自ら「国連軍」を組織して押さえる

〈注1〉 **朝鮮戦争**(1950〜53)の際の「**国連軍**」は, ソ連が中国代表権問題で安保理を欠席していた（出席していれば当然拒否権を行使したはず)ほか, 軍事参謀委員会も設置されなかったため, 正規のものではない。
〈注2〉 **湾岸戦争**(1990〜91)の際の「**多国籍軍**」は, 国連の場で制裁に賛同する国が任意に組織した軍隊であり, 国連憲章では規定されていない。

解説 最後の手段は「軍事的措置」 国連憲章では, 紛争解決にあたり, **極力平和的に処理すること**を基本方針とし, **最後の手段として「軍事的措置」を規定**している(第42条)。そして「国連軍」について, 加盟国が安保理と特別協定を結んで兵力を提供することを定めている(第43条)。しかし, 特別協定は締結されておらず, 「国連軍」は現在まで設置されていない。**19**

4 国連軍とPKOの比較
国連憲章の条文 (→P.359・360)

		09 国連憲章上の国連軍	**国連平和維持活動(PKO)**
目	的	侵略の鎮圧・平和の回復	武力衝突再発の防止
主要任務		侵略者に対し軍事的強制力を行使し撃退。平和を回復	停戦の監視, 兵力の引き離し監視, 現地の治安維持, 選挙監視など **13**
設立根拠		憲章43条・特別協定	憲章22・29条 **15**
活動根拠		憲章39・42条	明示規定なし(第6章半) **08**
設立主体		安全保障理事会	安保理・総会
指	揮	未定(憲章47条3)	国連事務総長
編	成	安保理常任理事国を中心とした大国の軍隊を中心に編成	大国や利害関係国を除く諸国の部隊・将校を中心に編成
武	装	重武装	**平和維持軍(PKF)＝軽武装 停戦監視団 ＝非武装** **08**
武器使用		原則として無制限	自衛の場合に限定

解説 PKOは国連憲章に規定なし 冷戦時代, 国際紛争解決へのプロセスは, 安保理で5大国が一致することが困難であったため, うまくいかなかった。想定外の事態に直面する中で登場したのが, 国連憲章に活動根拠について明示規定のない**国連平和維持活動(PKO)**である(→P.280**6**)。国連憲章第6章(平和的解決)と第7章(強制行動)の中間に位置することから「**6章半活動**」とも呼ばれる。その目的は武力衝突再発防止にあるので, 制裁などの強制措置は行わない(武力行使は自衛に限る)。したがって, **平和維持軍(PKF)**は「軍」といえども軽武装である。

08 国連内に常設的な平和維持軍は設立されていないこと。

→ レバノンの村で監視に当たるPKFのフランス軍派遣兵士

→ 南スーダンPKOで水路を構築する隊員

5 「人間の安全保障」 **09・17**

[陸上自衛隊提供]

　燃えひろがる戦火は, 消火器で消すことはできるかもしれない。しかし, 「元から絶つ」のは消火器ではできないし, ましてや, 小火器を持ち込めば**戦火**はひろがり**戦禍**になる。…安全保障(security)といえばすぐに軍事力で, しかも国とか民族とかの単位で「保障」する, という発想を転換しようと, 「**人間の安全保障(human security)**」という標語が浸透してきた。1994年に国連機関の一つである「**国連開発計画(UNDP)**」が提唱したもので, 人口爆発, 経済的不平等, 難民流出, 環境悪化などが今日の主要な「**脅威と欠乏**」であるとして, 経済, 食糧, 健康, 環境, 個人, 地域社会, 政治の分野ごとに, **人間個人の視点に立脚して, 安全保障を構想するよう提言**している。

(森英樹『国際協力と平和を考える50話』岩波ジュニア新書)

11 人間の生存や尊厳等に焦点が当てられていること。　**18** 日本の外交の方針に含まれていること。
15 環境破壊などへの対応も課題とされていること。

Target Check 安全保障にかかわる考え方や行動に関する次の記述の正誤を判断しなさい。
(解答→表紙ウラ)

☐ ① 人間の安全保障という考え方は, 1990年代に, 国連開発計画(UNDP)によって打ち出されたものである。

☐ ② 1990年代前半における, イラクに対する多国籍軍による武力攻撃は, 国連の安全保障理事会の決定に基づいたものである。

☐ ③ 国連の平和維持活動(PKO)は国連憲章に明示的に規定されている。

(センター2015本試による)

国際

6 国連平和維持活動 (PKO = Peace-Keeping Operations)

PKOの基本原則
①当事者の同意…派遣国，受入国，紛争当事者の同意を前提とする
②公平性…活動，政策上，いかなる当事者も優遇することも，差別することもない
③自衛以外の武力不行使…武器の使用は自衛の場合に限る

↑ 現地に到着した自衛隊員

Ⓐ 国連平和維持活動が行われている地域 (2023年4月現在)

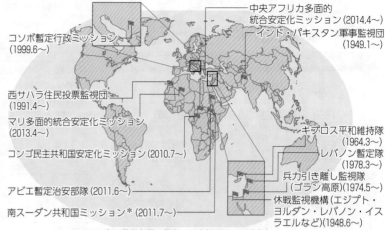

コソボ暫定行政ミッション (1999.6～)
西サハラ住民投票監視団 (1991.4～)
マリ多面的統合安定化ミッション (2013.4～)
コンゴ民主共和国安定化ミッション (2010.7～)
アビエ暫定治安部隊 (2011.6～)
南スーダン共和国ミッション* (2011.7～)

中央アフリカ多面的統合安定化ミッション (2014.4～)
インド・パキスタン軍事監視団 (1949.1～)
キプロス平和維持隊 (1964.3～)
レバノン暫定隊 (1978.3～)
兵力引き離し監視隊 (ゴラン高原) (1974.5～)
休戦監視機構 (エジプト・ヨルダン・レバノン・イスラエルなど) (1948.6～)

＊2017年に施設部隊は撤収。司令部要員のみ派遣中。

（外務省資料より作成）

Ⓑ PKOの世代交代

第一世代のPKO（伝統的PKO）【冷戦期】

停戦監視・兵力引き離しにより紛争の再発・拡大を防止し平和を維持

第二世代のPKO（複合型PKO）【ポスト冷戦期】

第一世代の平和維持活動に加え，治安維持，選挙監視，インフラ整備，地雷除去，難民保護などの平和構築活動を複合的に実施

例 カンボジアPKO (1992～93)

1991年にカンボジア内戦が停戦。翌年3月，国連カンボジア暫定機構（UNTAC）が活動を開始。93年10月に撤収するまで，最大2万2千人の軍事・文民要員が参加し，停戦監視，選挙監視，難民帰還などの任務を遂行。

〈ガリ事務総長「平和への課題」レポート (1992)〉
重武装の「平和強制（執行）部隊」の創設を提言

PKO強化

平和強制（執行）部隊…停戦合意が守られない場合にそれを回復ないし維持させることを目的とする。国連憲章7章を根拠に，必ずしも受入国側の同意を必要としないこと，武器の使用が自衛に限定されないことなどが特徴。

解説 PKOの役割の変質 国連結成時に考えていた紛争解決のプロセスは，冷戦対立を背景に安保理がたびたび機能マヒに陥ったためうまくいかなかった。そこで，争っている当事者の一方を「お前が悪い」と決めるのではなく，両方からの要請を受け，中立の立場で間に入り，紛争再発防止や再建支援活動をしてはどうか，と考えた。これが**国連平和維持活動（PKO）**の始まりである。冷戦終結後，地域紛争（内戦）が多発する中で，PKOの派遣は数・規模ともに拡大。その任務も複合化，強化された。しかし，実力行使のソマリアPKOの失敗以後，基本的には「伝統的PKO」に回帰している。また，近年は**国連機関・NGOとの連携**の拡大・強化も特徴的である。

第三世代のPKO（平和執行型PKO"戦うPKO"）

停戦合意が結ばれていない紛争へ介入し，積極的に平和実現を目指す（平和強制）

例 ソマリアPKO (1992～95)

1991年，大統領追放後の権力闘争が部族間の武力衝突に発展。国連が調停に乗り出し，92年4月，国連ソマリア活動（UNOSOM）が設置された。同年末，内戦の悪化と現地状況の悪化に伴い，米軍主体の多国籍軍を派遣。93年3月には，憲章第7章を根拠に停戦秩序回復を目的にした武力行使を認める史上初のPKO，第2次国連ソマリア活動（UNOSOMⅡ）が設置された。しかし，米軍兵士にも多数の犠牲者を出す結果となり，95年3月までに完全撤収した。

〈ガリ事務総長「平和への課題一追補」(1995)〉
平和執行は現時点で国連の能力をこえるもの（PKOは伝統的な原則をふまえたものであるべきと伝統への回帰を訴える）

伝統的PKOへ

〈「ブラヒミ報告」(2000)〉
紛争予防機能の強化，平和構築機能の強化，PKO部隊の任務の明確化などPKOの見直しを提言

第四世代のPKO（統合型PKO）

第三世代の反省に立ち，武力行使は人道上必要な場合のみに限定。また，第二世代を発展させ，人道支援や開発援助を行う国連機関やNGOと連携して，現地での平和構築を目指す。

例 南スーダンPKO (2011～)

↓ 東ティモールで道路を補修するPKO派遣隊員

（陸上自衛隊提供）

NGOは，特に人道支援の分野で現場における支援活動の担い手として不可欠な存在となっている。例えば，東ティモール支援団 (2002～04) と連携して，多くのNGOが現場で難民を含む東ティモール住民に食料・水・防水シートなどを配布し，医療活動などを行った。

SIDE STORY 緒方貞子氏は，第8代国連難民高等弁務官 (1990-2000年) などを務め，様々な形で人権問題に関わっていた。また，日本における模擬国連活動の創始者でもあった。曽祖父は元内閣総理大臣の犬養毅。

国際

7 国連財政の現状

A 国連予算の規模 ＊7月1日から翌年6月30日まで

日本の外務省の予算 (2023年度)	約52億1,000万ドル (※1ドル＝145円とする)
国連PKO予算 (2022/23年＊)	約64億5,000万ドル
国連通常予算 (2021-22・2年間)	約63億3,000万ドル (2年分の予算)

（外務省資料による）

B 通常予算分担比率と1人当たりGNI

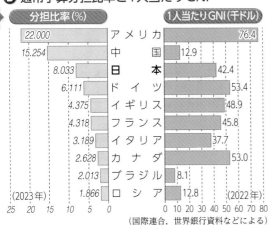

倫政23

分担比率(%)	国	1人当たりGNI(千ドル)
22.000	アメリカ	76.4
15.254	中 国	12.9
8.033	日 本	42.4
6.111	ドイツ	53.4
4.375	イギリス	48.9
4.318	フランス	45.8
3.189	イタリア	37.7
2.628	カナダ	53.0
2.013	ブラジル	8.1
1.866	ロシア	12.8

（2023年）　　　　（2022年）
（国際連合，世界銀行資料などによる）

日本の2022-2024年の分担率は8.033%となり（2019-2021年の分担率8.564%より0.531ポイント減），米国，中国に次いで3位。

C 国連分担金の未払い状況

その他 13
約8.6億ドル
アメリカ 87.0%

注：2012年10月現在
（国連広報センター資料による）

解説 厳しい国連財政　国連の財政規模は意外に小さい。国連予算は「通常予算」と「PKO予算」からなり，加盟国がその経済力に基づいて負担する（**分担金**形式）。分担率は，国民総所得（GNI）の世界計に対する各国の比率等に基づいて定められる（専門家からなる分担金委員会の勧告に基づいて総会で決定，上限は22%，下限は0.001%）。しかし，|分担金の滞納などのために国連の財政状況は厳しい。| なお，最大の滞納国はアメリカで，その財政規模からすれば分担金は決して巨額ではないが，「自国民の税金の使途を国連に指示されたくない」との思惑がある。　⑭

8 安全保障理事会改革問題

A 安保理改革の背景にあるもの

加盟国数は発足時の約4倍に増加したが，国連の枠組みはほとんど変わらず…

⬇

①欧米中心の国連運営に対する発展途上国の不満
②戦後，経済大国となった日本，ドイツやインドなど新興国の台頭
③イラク戦争時の米英のイラク攻撃（安保理機能せず）

B 安保理改革案

○ 2005年に提示された主な改革案

	G4案	UFC案	AU案
常任理事国	11か国 現5＋6 （アフリカ枠2）	5か国 （現状維持）	11か国 現5＋6 （アフリカ枠2）
非常任理事国	14か国 現10＋4 （アフリカ枠1）	20か国 現10＋10 （アフリカ枠3）	15か国 現10＋5 （アフリカ枠2）
拒否権	新常任理事国は15年間凍結	全常任理事国が行使を抑制	新常任理事国にも付与

注：G4…日本・ドイツ・インド・ブラジル
　　UFC…韓国・イタリア・パキスタン・メキシコなど（コンセンサス連合）
　　AU…アフリカ連合

C 日本の常任理事国入りは…？

○常任理事国入りについての賛否

無回答 1.3
反対 1.3
どちらかといえば反対 7.7
どちらかといえば賛成 42.9
賛成 46.8%

（内閣府「外交に関する世論調査」2022.10）

解説 どうなる安保理改革　加盟国数が発足時の約4倍に増え，世界の政治・経済の勢力地図は大きく変化しているのに，安保理の姿はほとんど変わっていない。1965年に**非常任理事国が6か国から10か国に増やされた**だけだ。国連創設60周年という節目の年，2005年の国連総会では，改革案が体系的にまとめられた。改革の争点は，①理事国数の増加，②常任理事国の拒否権の扱いである。しかし，同年の国連総会で議論されたG4（日本，ドイツ，インド，ブラジル）案は，ライバル国の常任理事国入りを警戒する「コンセンサス連合」（韓国・イタリア・パキスタン・メキシコなど）やアメリカ，中国が反対し，廃案となった。内閣府の世論調査では，日本の常任理事国入りに「賛成」の者が80％を超えているが，安保理改革は，各国の利害が複雑に絡み合っているため，その後も議論が深まっていない。

国際

9 国連職員数の問題～国連事務局の職員数と望ましい職員数

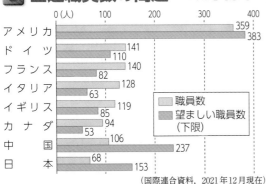

0(人) 100 200 300 400

国	職員数	望ましい職員数（下限）
アメリカ	383	359
ドイツ	141	110
フランス	140	82
イタリア	128	63
イギリス	119	85
カナダ	94	53
中 国	237	106
日 本	68	153

職員数
望ましい職員数（下限）

（国際連合資料，2021年12月現在）

解説 少ない日本人の国連職員　国連は，分担金や国の規模，地理的なバランスを勘案して各国の「望ましい職員数」を算出している。国連事務局の場合，日本の「望ましい職員数」は153人以上。世界で3番目に多い。ところが日本人職員は68人に過ぎず，「望ましい職員数」にはほど遠い（2021年12月現在）。日本人が少ない理由としては，「言葉の壁」や給与体系など雇用制度の違いが考えられる。なお，国連事務局で働くには，①語学力（英語もしくはフランス語で業務遂行が可能なこと），②学位（応募するポストと関連ある分野の修士号以上の学位を修得していること），③専門性（応募するポストと関連する職務経験が一定以上あること）が応募要件として求められている。

SIDE STORY　国連の軍事部門に派遣された各国軍隊は，水色のベレー帽やヘルメットをかぶることから，「ブルーベレー」や「ブルーヘルメット」と通称される。派遣車両は，白に塗色し「UN」と書かれPKO部隊であることを明示している。

4 日本の領土問題

領土問題は相手国との主張がかみ合わないため，解決は簡単ではない。それぞれの歴史や現状を確認してみよう。また，対話による解決のためには何が必要か考えてみよう。

1 日本の領土と領海・経済水域

↓ 竹島は写真の二島と数十の小島からなる群島

西島（男島）　東島（安島）

ロシア連邦

↓ 知床半島（北海道）から見える国後島

国後島

毎日新聞社提供

北方領土

択捉島（日本の北端）

領海（内水を含む）

接続水域

韓国

竹島

日本

中国

東シナ海

八丈島

太平洋

排他的経済水域（同水域には接続水域も含まれる）

尖閣諸島

台湾

与那国島（日本の西端）　沖大東島

小笠原諸島

硫黄島

南鳥島（日本の東端）

沖ノ鳥島（日本の南端）

2012年，日本の大陸棚であると認められた。これにより排他的経済水域外であるが，海底資源の開発権を主張できるようになった。

↑ 切り立った崖のような形状の与那国島

○日本の国土と領海など

構成島数	14,125
面積	377,973km²
海岸延長	35,293km
領海面積	約430,000km²
接続水域面積	約320,000km²
排他的経済水域面積	約4,050,000km²

（『日本国勢図会』2023/24）

領海…沿岸国の主権の及ぶ水域。領海基線から外側12海里（約22km）。

接続水域…領海基線より24海里（約44km）。

排他的経済水域（EEZ）…領海基線から200海里（約370km）の海域。天然資源の権利などが認められている。

↑ サンゴ礁に囲まれた標高7mの南鳥島

小さな島の大きな価値

　沖ノ鳥島は珊瑚礁の島だが，満潮時には大小2つの陸地を残して，水中に隠れてしまう。強い波に陸地の根元が削られ，放っておくと消えてなくなってしまう。そこで，政府は，陸地の周りに鉄でできたブロックを積んで，陸地を守っている。領海条約では，領土は「満潮時に海の上に出ている自然物」と決められている。この陸地が消えてしまうと，沖ノ鳥島が「島」でなくなってしまい，周囲の200海里以内の経済水域を失うことになる。ちなみに中国は，同島は「岩」であり，周囲の経済水域は存在しないと主張している。

↑ ブロックとコンクリートで補強された陸地。工事費約300億円

← 工事前の陸地〔国土交通省提供〕

解説 **日本の領土問題の概要**　現在，日本は周辺諸国との間で3つの領土問題を抱えている。①北方領土問題，②竹島問題，③尖閣諸島問題である（尖閣諸島については，日本政府は領土問題は存在しないとの見解）。また，尖閣諸島の領有が影響を与える東シナ海ガス田開発問題も存在する。いずれも，1996年の国連海洋法条約批准に伴う，排他的経済水域の設定をめぐる問題である。

韓国，中国，台湾の過激な行動に加え，ロシアも北方四島への関与を強めている。

　なお，2012年4月に200海里をこえて海底資源の権益を主張できる大陸棚について，国連大陸棚限界委員会は日本の国土面積の約8割に相当する計31万km²の拡大を認めた。これは，沖ノ鳥島が基点となっており，正式に「島」として認定されたことになる。

SIDE STORY 法令や外交文書では「歯舞群島」，国土地理院発行の地図では「歯舞諸島」と名称が統一されていなかったため，北方領土返還運動の現場などで混乱が生じていた。そのため，国土地理院は歯舞諸島を歯舞群島へ名称変更した。

❷ 北方領土問題 ─ 日本とロシア(旧ソ連)

1855	**日露和親条約** 択捉島と得撫島の間を国境とする→❶ **北方四島**(国後・択捉・歯舞・色丹)**が日本の領土であ** **ることを確認**，樺太を両国雑居地とする
1875	**樺太・千島交換条約** 樺太をロシアが，千島を日本が獲得→❷
1905	**ポーツマス条約** ロシアから南樺太獲得→❸
1945	**ヤルタ協定**(米英ソ) ソ連の対日参戦の見返りに，南樺 太・千島列島をソ連領とするという秘密協定 ソ連，対日参戦後，**千島列島と北方四島を占領・併合**
1951	**サンフランシスコ平和条約** 日本，南樺太と千島列島(北 方四島を含まず)に対する権利を放棄→❹
1955	**日ソ交渉** ソ連：歯舞・色丹の返還を回答→日本：択捉・ 国後島を含めた北方四島の返還要求
1956	**日ソ共同宣言** 平和条約締結後，歯舞・色丹の返還を約束 **以後，平和条約の締結なし→領土問題未解決のまま**
1960	グロムイコ外相の覚書「日本から外国軍隊が撤退しない 限り，歯舞・色丹の返還には応じない」 →以後，ソ連は領土問題の存在に関し否定的
1993	**細川・エリツィン会談** 領土問題を解決して平和条約を 締結し，両国関係を完全に正常化する(東京宣言)
1997	**橋本・エリツィン会談** 2000年までの平和条約締結に合 意(クラスノヤルスク合意)
2001	**森・プーチン会談** 日ソ共同宣言(56)は法的文書，東京 宣言(93)の再確認
2009	北方領土問題等特別措置法改正(北方領土を「わが国固有 の領土」と明記)
2010	メドベージェフ大統領，国後島訪問(11月)→ロシアの領 有権を実力行使で誇示(ロシアの国家元首として初)
2012	プーチン首相，「引き分けによる領土問題の解決と交渉 の仕切り直し」を呼びかけ(3月)。メドベージェフ首相， 国後島訪問(7月)→実効支配誇示(肩書は当時)
2013	**安倍・プーチン会談** プーチン大統領，領土問題の解決 策として面積を半々に分けあう2等分方式に言及
2014	ウクライナ危機をめぐり日本が対ロ制裁→交渉停滞
2018	**安倍・プーチン会談** 日ソ共同宣言(56)を基礎に平和条 約締結交渉を加速させることで合意
2019	北方領土での共同経済活動開始
2022	日本の対ロ経済制裁→ロシア，平和条約締結交渉の中断， 北方領土での「ビザなし交流」の合意破棄，四島での共同 経済活動から離脱

Ⓐ 北方領土問題の契機とは？

　北方領土には第二次世界大戦前，約1.7万人の日本
人が住んでいた。大戦末期の1945年8月9日，ソ連は，
日ソ中立条約を破棄して参戦。日本はその直後，日本
の主権を本州，北海道，九州，四国と「われら(米英中)
の決定する諸小島」に限定したポツダム宣言を受諾し
降伏した。ところが，ソ連はその後も攻撃を続け，「降
伏文書調印式」が行われた9月2日までに，国後・択
捉・色丹の三島を，その3日後の9月5日には歯舞をも
占領した。**日本政府は，歴史上，国際法上も，北方領**
土は日本の領土だとして，ソ連・ロシアに対して返還
を求め続けている。

Ⓑ ロシア(ソ連)はなぜ北方領土にこだわるのか？

①**軍事的に重要な拠点**　冬でも凍らず艦隊が出動可能
な軍港の確保，弾道ミサイル搭載の原子力潜水艦の活
動拠点として重要。返還後の米軍利用も警戒。
②**漁業資源が豊富**　北方領土周辺の漁業資源で，ロシ
アは年間10億ドルの収入を上げているといわれる。

❷1875年(明治8年)　カムチャツカ
　交換条約国境
❸1905年(明治38年)
　ポーツマス条約国境
占守島
サハリン
❹サンフランシスコ
　平和条約で放棄
南樺太
現在政府が
主張している
千島列島
ロシアに返
還を要求し
ている部分
択捉島　得撫島
❹1951年サンフランシスコ
　平和条約での放棄部分
国後島
❶1855年(安政元年)
　日露和親条約国境
色丹島
日本
平和条約締結後，日本
に引き渡しが決められ
ている部分
歯舞群島

Ⓒ 北方領土にかかわる諸問題

①**ロシアによる日本の漁船の拿捕**　日本とロシアが定
める境界線が異なることで，本来的には，自国の排他
的経済水域に入っただけの日本の漁船をロシア船が拿
捕するという事件が頻発している。

＊拿捕された日本漁船は1,302隻。9,023名の漁師が捕まり，銃撃で命
を落とした人もいる(北海道庁発表，2008年現在)。

②**「ビザなし交流」**　1992年から始まる北方領土との
間の相互訪問事業。「固有の領土である」という日本の
立場に配慮し，ロシア領と認めることにならないよう，
ビザ(査証)なしで訪問できるようにした。これまでに
元島民やその子どもなど約1万1,500人が北方領土を
訪れた。「ビザなし交流」の他に元島民と親族を対象に
した墓参りと自由訪問も行われている。

（Ⓑ・Ⓒともに池上彰『池上彰の学べるニュース3』海竜社による）

Ⓓ 日本の主張とロシアの主張

日本政府 の主張	1855年の日露和親条約で，ロシアと日本との国境は 得撫島と択捉島の間におかれた。このとき，北方領 土が日本の領土であることが日露間で正式に確認さ れている。1945年，ソ連は，日ソ中立条約を一方的 に破って参戦し，8月15日の日本降伏後に北方領土 を占領した。以後今日まで続く状況は，不法占拠以 外の何物でもない。また，1951年のサンフランシス コ平和条約で領有を放棄した千島列島に北方領土は 含まれていない。
ロシア政 府の主張	1945年9月2日までは戦争中だったため不法占拠で なく，ロシアの領土である。また，日本は1951年 のサンフランシスコ平和条約で千島列島を放棄して いる。北方四島は千島列島の一部なので，日本のも のではない。＊2010年7月，ロシアは9月2日を「第二次 世界大戦終結の日」に制定。

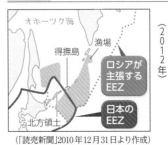

オホーツク海
得撫島
漁場
ロシアが
主張する
EEZ
日本の
EEZ
北方領土

(「読売新聞」2010年12月31日より作成)

国後島の商店を視察する
メドベージェフ首相
(2012年)

3 竹島問題—日本と韓国

Ⓐ 竹島問題のあゆみ

17世紀	鳥取藩の町人が幕府から渡航許可を得て，鬱陵島に渡り，竹島を中継地にアワビ・アシカなどを捕獲
1905	**日本政府，竹島の領土編入を閣議決定**（島根県が告示）
1951	サンフランシスコ平和条約（日本が放棄する領土に竹島は明記されず）
1952	韓国の李承晩大統領が「海洋主権宣言」（竹島を韓国領に取り込む＝李承晩ライン）
1953	日本が竹島領有の国際法的・歴史的根拠を示す見解文書を韓国に提出＝正当性をめぐる日韓の応酬の始まり
1954	韓国が竹島に警備隊を常駐
1965	日韓基本条約（国交正常化）
	日韓漁業協定（李承晩ライン廃止）
1998	日韓新漁業協定（竹島を含む日本海を両国漁船が共同操業するとした「暫定水域」を設置）
2005	島根県議会が2月22日を「竹島の日」とする条例可決
2008	韓国の韓昇洙首相が竹島上陸（現職の首相として初）
2012	李明博大統領が竹島に上陸
	日本がICJ（●P.275）への共同提訴を韓国に提案，韓国は拒否

4 尖閣諸島—日本と中国・台湾

Ⓐ 尖閣諸島のあゆみ

1895	**日本政府，尖閣諸島の沖縄県編入を閣議決定**
1951	サンフランシスコ平和条約（尖閣諸島を含む北緯29度以南の南西諸島はアメリカの施政権下に入る）
1968	国連アジア極東経済委員会による東シナ海の海底資源調査→石油や天然ガスの存在を指摘（1969）
1971	**台湾・中国，尖閣諸島の領有権を公式に主張**
1972	沖縄返還，尖閣諸島も日本の施政権下に入る
	日中国交回復（尖閣諸島問題は触れられず）
1978	日中平和友好条約（尖閣諸島問題は棚上げ）
1992	中国，領海法を公布して尖閣諸島の領有を法制化
2004	中国の活動家らが上陸。出入国管理法違反で逮捕，強制送還
2010	尖閣諸島沖で，違法操業の中国漁船が海上保安庁の巡視船に衝突（中国漁船衝突事件）
2012	石原東京都知事が都による尖閣購入を表明（4月）
	日本政府，尖閣諸島の国有化を閣議決定（9月）→中国各地で大規模な反日暴動，日系企業に深刻な被害。また，尖閣諸島周辺の日本領海に中国の海洋監視船などが侵入をくり返す。史上初の領空侵犯も
2016	接続水域に中国軍艦艇が初めて入域
2021	中国が「海警法」を施行

Ⓖ 尖閣諸島 （手前から）南小島，北小島，魚釣島

Ⓑ 日本の主張と韓国の主張

日本政府の主張	17世紀鳥取藩の町人が幕府から渡航許可を得て，鬱陵島に渡り，竹島（当時松島）を中継地にアワビなどを捕獲（**日本側の竹島領有権確立の根拠**）。1905年，閣議でこの無人島を「竹島」と名付け島根県に編入することを決定。これを島根県が告示した。
韓国政府の主張	朝鮮王朝時代の官選文献『世宗実録』地理志（15世紀）などに「于山島」の記述がある（韓国側は「于山島」は竹島（韓国では独島）を指すと主張）。**1905年の閣議決定は，当時の日本の帝国主義的侵略政策によるもの。島根県告示も隠密になされたものであり，国際法上の効力なし。**

解説 ICJに調停を求めたが…
　韓国は，1952年に李承晩大統領が一方的に「海洋主権宣言」をし，竹島領有を主張。54年からは警備隊を常駐させ，宿舎や監視所などを設置し実効支配を続けている。2008年に韓昇洙首相が，12年には李明博大統領が竹島に上陸した。**日本は，「日本固有の領土を韓国が不法占拠している」との立場**から，李大統領の上陸に抗議し，ICJで解決しようと韓国に共同提訴を提案したが，拒否された。

↑ 竹島に上陸した李大統領

Ⓑ 日本の主張と中国・台湾の主張

日本政府の主張	1895年1月，尖閣諸島の領有状況を調査し，**いずれの国にも属していないことを確認した上で，1896年，閣議決定で沖縄県に編入した。**以後，一貫して尖閣諸島を領有している。**日本固有の領土であり，解決すべき領有権の問題は存在しない。**
中国・台湾政府の主張	尖閣諸島は，中国沿岸からのびる大陸棚（水深200m未満の海域）上にあり，**中国大陸と不可分であること，古文書に尖閣諸島を目印として航海に役立てていたという記述が見られること**などから領有権を主張。

解説 中国の狙いは資源　中国が領有権を主張し始めたのは，1970年代に入ってからである。その背景には，1969年の国連アジア極東経済委員会の調査報告で諸島周辺に石油や天然ガスが豊富に埋蔵されている可能性が明らかになったことがあげられる。

Ⓒ 中国の海警法

海警法	海警局を含む海警機関の権限などを定めた法律
ポイント	①「管轄海域」で国家主権に危害を与える行為を予防・制止・排除 ②外国政府の船舶：「管轄海域」から強制退去 ③武器の使用含む一切の必要な措置

解説 海警法　2021年2月に施行された中国の海警法は，中国が主張する管轄海域に「侵入」する外国の船舶を，海警局などが武器の使用も含めて強制的に排除できるようにしたものである。管轄海域はあいまいで，中国が主張する尖閣諸島周辺や南シナ海が含まれる可能性がある。同法は海洋権益の拡大を図る中国の姿勢を浮き彫りにするもので，日本は国際法に基づいて対処しつつ，国際社会を味方につける外交努力が必要となってくる。

↑ 中国海警局の公船

国際

SIDE STORY 竹島は，第三国では中立的な立場から「リアンクール岩礁」などとよばれている。また，竹島の周辺海域は対馬海流（暖流）とリマン海流（寒流）の接点であり，好漁場である。

BACK UP 14 国際法・国際連合・領土問題

●次のまとめの中の❶〜⓫にあてはまる言葉を答えなさい(解答は下の欄外)。

重要ポイントの整理

国際政治と国際法 P.274・275

(1)国際政治

①国際社会の成立

❶＿＿＿＿＿＿＿＿＿**条約**(1648)

＝三十年戦争の講和条約

→**主権国家**を国際社会の構成単位として確認

②国際政治の特質

平等な主権国家群の並存，国際的中心権力の欠如

→権力政治(power politics)の可能性

(2)国際法

①国際法の誕生

❷＿＿＿＿＿＿(オランダ)「戦争と平和の法」(1625)

→自然法の立場から，国家間にも法が必要であることを主張，「国際法の父」

②国際法の分類

形式別	**条約**	成文化された国家間の合意(条約・協定・議定書など) 例)日米安全保障条約(二国間)，国連憲章(多国間)など
	❸＿＿＿＿法	国家間の慣行が法として認められたもの　例)公海自由の原則など
適用時別	**戦時国際法**	例)開戦に関する条約，捕虜の待遇に関する条約など
	平時国際法	例)難民条約，外交関係に関するウィーン条約など

③国際的な司法機関

❹＿＿＿＿＿＿＿(ICJ)	国際紛争を平和的に解決する
❺＿＿＿＿＿＿＿(ICC)	大量虐殺，戦争犯罪，人道上の罪を犯した個人を裁く

国際連合のしくみ P.276・277

(1)勢力均衡と集団安全保障

①**勢力均衡**

＝対立関係にある国家間の勢力のバランスにより平和を維持

軍備拡張競争→第一次世界大戦勃発

②**集団安全保障**

＝対立関係にある国を含めて国際機構を設立，侵略国に対して集団で制裁を加えることにより平和を維持

→**国際連盟**(1920)　大国不参加，全会一致の原則，経済制裁中心

→第二次世界大戦勃発→国際連合(1945)

(2)国際連合

①成立　サンフランシスコ会議(1945)で**国際連合憲章**採択

②目的　国際平和の維持，諸国間の友好促進，経済・社会・文化的国際問題の解決

③主要機関　信託統治理事会は現在任務終了

重要ポイントの整理

総会	全加盟国が参加する最高機関，多数決主義，**一国一票**の原則
❻＿＿＿＿＿＿＿	平和と安全の維持，**拒否権**をもつ❼＿＿＿＿**国**(米英仏中露)と10**非常任理事国**で構成
❽＿＿＿＿＿＿＿	経済社会問題の討議・勧告，専門機関(**ILO**，**UNESCO**など)やNGOとの連携
国際司法裁判所	国際紛争の平和的解決
事務局	国連運営に関する事務，総責任者が事務総長

国際連合の役割と課題 P.278〜281

(1)国連の役割と活動

①平和の前提課題への取り組み　軍縮，南北格差，環境，食糧，人権，国際法など

②安全保障体制　集団安全保障方式を採用

安全保障理事会　紛争の平和的解決要請，非軍事的措置(経済制裁など)，軍事的措置

大国一致の原則→常任理事国の拒否権行使のため機能麻痺(まひ)に陥ることも

緊急特別総会「**平和のための結集決議**」(1950)による

③❾＿＿＿＿＿＿＿＿＿(**PKO**)　受入国の同意，中立，自衛以外の武力不行使などの原則

活動　❿＿＿＿＿＿(**PKF**)，停戦監視団，選挙監視，人道的救護，復興活動など

(2)国連の課題

①安保理改革　常任理事国の地域的偏り，日独の台頭

②財政難　PKO活動の出費増加，⓫＿＿＿の滞納国が増加，アメリカの「国連離れ」

日本の領土問題 P.282〜284

(1)戦後日本の外交政策…①国連中心主義　②西側陣営との協調　③「アジアの一員」の立場堅持

(2)日本の直面する外交問題

- 領土問題…**北方領土**(対ロシア)，**竹島**(対韓国)，**尖閣諸島**(対中国)
- **戦後補償問題**…日本は国家中心的，ドイツは個人中心
- **ODA**のあり方…発展途上国の人権や環境への配慮

対西側	1951　**サンフランシスコ平和条約**，日米安全保障条約
対ソ連	1956　**日ソ共同宣言**→国連加盟実現　[課題]平和条約締結，領土問題解決
対韓国	1965　**日韓基本条約**　[課題]歴史認識問題，戦後補償
対北朝鮮	[課題]**国交正常化交渉・拉致問題解決**
対中国	1972　日中共同声明→日本は台湾政権と断交　[課題]歴史認識問題，戦後補償

解答 ❶ウェストファリア　❷グロティウス　❸国際慣習　❹国際司法裁判所　❺国際刑事裁判所　❻安全保障理事会　❼常任理事　❽経済社会理事会　❾国連平和維持活動　❿平和維持軍　⓫分担金

5 戦後国際政治の展開

1 戦後国際政治のあゆみ

＊1995年に常設化され，OSCE（欧州安全保障協力機構）と改称された。

	米大統領	年	自由主義陣営 ／ 社会主義陣営	ソ連書記長	中国最高指導者	年	第三世界・地域紛争	
冷戦の激化・米ソの対立	トルーマン	1945	米国原爆保有　　ヤルタ会談・ポツダム会談・国連発足	スターリン				アジア諸国の独立
		46	チャーチル「鉄のカーテン」演説			1946	インドシナ戦争（〜54）	
		47	トルーマン・ドクトリン　→　コミンフォルム結成				中国国共内戦再開	
			マーシャル・プラン発表　48 ソ連，ベルリン封鎖（〜49）			47	インド・パキスタン独立宣言	
		48	大韓民国成立（8月）　　朝鮮民主主義人民共和国成立（9月）			48	イスラエル建国宣言 →第1次中東戦争（〜49）	
		49	北大西洋条約機構（NATO）成立 → 経済相互援助会議（COMECON）成立	マレンコフ		49	インドネシア共和国成立	
			ドイツ連邦共和国成立（9月）→ ドイツ民主共和国成立（10月）					
			中華人民共和国成立（10月）					
		50	朝鮮戦争（〜53）					
緊張緩和（デタント）	アイゼンハワー	1951	サンフランシスコ講和条約			1951	イラン石油国有化法（→54挫折）	A・A諸国の台頭
		53	スターリン没，東ベルリンで反ソ暴動					
			朝鮮休戦協定調印					
		54	ジュネーブ休戦協定調印（インドシナ戦争停戦）		毛沢東	54	周・ネルー会談（平和5原則声明）	
		55	ジュネーブ四国巨頭会談			55	アジア・アフリカ会議（バンドン会議）開催（平和10原則）	
			西独，NATOに加盟 → ワルシャワ条約機構（WTO）成立	フルシチョフ				
		56	スターリン批判			56	ナセル，スエズ運河国有化宣言	
			ポーランド政変，ハンガリー動乱				スエズ戦争（第2次中東戦争）	
		59	米ソ首脳会談			59	キューバ革命	
		60	OECD（経済協力開発機構）調印　ソ連，U2型機撃墜			60	アフリカで17か国が独立（アフリカの年）	
	ケネディ	1961	ベルリンの壁建設			1961	キューバ社会主義宣言	
		62	キューバ危機				第1回非同盟諸国首脳会議	
		63	中ソ対立激化			63	アフリカ統一機構（OAU）結成	
	ジョンソン		部分的核実験禁止条約調印（米・英・ソ）					
多極化		65	米，北爆開始　ベトナム戦争（〜75）		毛沢東	64	第1回国連貿易開発会議（UNCTAD）	南北問題の顕在化・第三世界の勢力伸張・非同盟諸国間の対立
		66	仏，NATO脱退（〜2009）　中国，文化大革命始まる	ブレジネフ				
		68	核拡散防止条約NPT調印（62か国）			67	第3次中東戦争	
			チェコ事件（ソ連，チェコ侵入）				東南アジア諸国連合（ASEAN）成立	
	ニクソン	69	中ソ武力衝突（珍宝島）					
		70	米ソSALT（戦略兵器制限交渉）開始　71 中国，国連加盟					
		1972	ニクソン，中国訪問　米中共同声明		華国鋒			
	フォード	⑱	日中共同声明　米ソSALT（戦略兵器制限暫定協定）調印	アンドロポフ				
		73	第1次石油危機　　東西ドイツ，国連加盟			1973	第4次中東戦争（OPEC石油戦略発動）	
		75	全欧安全保障協力会議（CSCE）＊，ヘルシンキ宣言	チェルネンコ		75	ベトナム戦争終結	
	カーター	78	日中平和友好条約					
新しい冷戦		79	第2次石油危機　米ソSALTⅡ調印　ソ連，アフガニスタン侵攻			79	イラン革命・中越戦争	
			米中国交樹立宣言			80	イラン・イラク戦争	
		80	ポーランド自主労組「連帯」設立		鄧小平			
	レーガン	1982	フォークランド紛争			1982	イスラエル，レバノン侵攻	
		83	米，グレナダ侵攻　ソ連，大韓航空機撃墜					
		85	ゴルバチョフ政権成立，「新思考」外交	ゴルバチョフ				
		87	米ソ中距離核戦力（INF）全廃条約調印　史上初核削減条約					
	ブッシュ（父）	88	ソ連，アフガニスタンから撤退			88	イラン・イラク戦争停戦	
		89	中ソ30年ぶりの和解・天安門事件					
新デタント			冷戦の終結……米ソ首脳マルタ会談					
		90	東西ドイツ統一　全欧安保協力会議（CSCE）開催			90	イラク，クウェート侵攻	
		1991	湾岸戦争　米ソSTARTⅠ調印		江沢民	1991	湾岸戦争・ユーゴ分裂	
	クリントン		ソ連邦崩壊，CIS発足	エリツィン（ロシア大統領）				
		93	ECがEU（欧州連合）に発展　米ソSTARTⅡ調印			93	パレスチナ暫定自治協定調印	
		95	フランス核実験実施　NPT無期限延長　中国核実験実施			95	ボスニア・ヘルツェゴビナ和平合意	
		96	包括的核実験禁止条約（CTBT）調印					
		97	香港中国へ返還			98	インド，パキスタン核実験実施	
	ブッシュ（子）	99	欧州通貨統合　NATOの「東への拡大」			99	NATO軍，ユーゴ空爆	
		2001	米で同時多発テロ，アフガニスタン空爆	プーチン	胡錦濤	2002		
		02	米ロ戦略攻撃戦力削減条約調印　ロシア，NATOに準加盟			03	北朝鮮，NPTから脱退	
		03	イラク戦争	メドベージェフ		06	北朝鮮，核実験実施（〜17）	
	オバマ	09	オバマ大統領のプラハ演説			10	「アラブの春」（〜11）	
		10	米ロ新START調印					
		2014	ウクライナ危機	プーチン	習近平	2018・19	米朝首脳会談	
	トランプ	15	米・キューバ国交回復					
		19	米ソ中距離核戦力（INF）全廃条約失効					
	バイデン	2022	米中対立激化					
			ロシア，ウクライナ侵攻			2023	ハマス，イスラエル攻撃	

SIDE STORY　チャーチルは，「成功は決定的ではなく，失敗は致命的ではない。大切なのは続ける勇気だ」など多数の名言を残している。文筆家としても1953年に『第二次世界大戦回顧録』でノーベル文学賞を受賞している。

2 冷戦体制の形成

1945年	**ヤルタ会談・ポツダム会談**…第二次世界大戦の終結

↓

第二次世界大戦後，東欧を中心に社会主義化

西側	米・英・仏を中心とした資本主義陣営を形成
東側	ソ連を中心とした社会主義陣営を形成

A チャーチル「鉄のカーテン」演説(1946)

　いまやバルチック海のシュテッティンからアドリア海のトリエステまで，一つの鉄のカーテンがヨーロッパ大陸を横切っておろされている。このカーテンの背後には，中部及び東部ヨーロッパの古くからの首都がある。……これらすべての有名な都市とその周辺の住民たちは，……何らかのかたちでソ連の影響をうけているのみならず，モスクワからのきわめて強力でかつ増大しつつある支配に服している。……(『世界の歴史16』中央公論社)

B トルーマン・ドクトリン(1947)

　ギリシアは，今日，国家の存在そのものを，諸地域とくに北方の境界地方で，共産主義者に指導され，政府の権威を無視する，幾千人かの武装した暴力主義者の活動によって脅かされております。……もしわれわれが，その上に全体主義体制を強制しようとする侵略的な運動に対抗して，自由な制度と国家の保全を維持しようとする自由国民を進んで援助しなければ，われわれの目的は実現しないでありましょう。

(『西洋史料集成』平凡社)

C ヨーロッパにおける冷戦体制の形成

自由主義諸国(西側)	↔	社会主義諸国(東側)
トルーマン・ドクトリン(1947) 対ソ封じ込め政策	政治	コミンフォルム(1947～56) 各国共産党連絡組織
マーシャル・プラン(1947～51) 米国による西欧経済支援	経済	東欧経済相互援助会議(COMECON)(1949～91) ソ連による東欧経済支援
北大西洋条約機構(NATO)(1949～)	軍事	ワルシャワ条約機構(WTO)(1955～91)

注：COMECONとWTOは，ソ連の経済破綻により1991年に解体。同年12月にソ連解体に伴い東側陣営そのものが消滅。NATOは冷戦終結後，旧東欧諸国を加え拡大。ポーランド，チェコ，ハンガリー(99年)ブルガリア，ルーマニア，スロバキア，スロベニア，リトアニア，ラトビア，エストニア(04年)アルバニア，クロアチア(09年)モンテネグロ(17年)北マケドニア(20年)フィンランド(23年)ロシア(02年準加盟)

解説 **二極化された世界** 1945年2月，米英ソによる**ヤルタ会談**で，第二次世界大戦後の国際秩序に関する協定が締結された。しかし，このときすでに大戦中は協力関係にあった米ソ間に，戦後の支配権の拡大をめぐる対立が生じていた。この対立を**直接軍事衝突に至らない戦争**という意味で「**冷戦**」とよぶ。1946年3月，イギリスの首相**チャーチル**が「**鉄のカーテン演説**」でこの対立を指摘したのを機に，アメリカを中心とする西側陣営は対ソ連・対社会主義政策を展開していく。トルーマン米大統領が1947年にギリシア・トルコへの軍事援助を議会に要請した特別教書「**トルーマン・ドクトリン**」は"冷戦の宣戦布告"とみなされ，その後展開される世界戦略は「**封じ込め政策**」とよばれている。

→ヤルタ会談に出席した(左から)チャーチル，F.ルーズベルト，スターリン

D ヨーロッパのようす

E ベルリン封鎖(1948～49)・ベルリンの壁

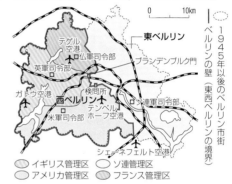

F 地域的集団安全保障機構―世界規模での冷戦

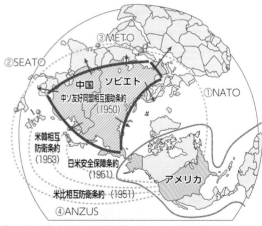

①NATO(北大西洋条約機構)　英・仏・米など12か国で発足(1949～)。55年までにギリシャ・トルコ・西独が加盟。82年スペイン加盟。2023年フィンランド加盟

②SEATO(東南アジア条約機構)　ANZUS・英・仏・比・タイ・パキスタン(54～77)。73年仏が脱退

③METO(中東条約機構)　英・トルコ・イラン・イラク・パキスタン(55～59)。58年イラクが脱退➡CENTO(中央条約機構)(59～79)

④ANZUS(太平洋安全保障条約)　豪・NZ(ニュージーランド)・米(51～)。84年NZが脱退

WTO(ワルシャワ条約機構)　ソ連・東欧7か国で発足(1955～91)

中ソ友好同盟相互援助条約(1950)

SIDE STORY　日本への原子爆弾の投下命令書を承認したとされる米国大統領トルーマン(1884～1972)。その孫であるクリフトンは，2012年8月4日，広島市平和記念公園の原爆死没者慰霊碑に献花した。

③ 緊張緩和（デタント）の始まり — 1950年代前半

1953年	平和への機運の高まり	1956年	ソ連外交平和共存路線へ
米ソ首脳の交代 **アメリカ** アイゼンハワー大統領就任（1月） **ソ連** スターリンの死（3月）	①朝鮮戦争休戦協定締結（1953） ②インドシナ戦争休戦協定（ジュネーブ協定）締結（1954） ③ジュネーブ4巨頭会談（米英仏ソ，1955） →"ジュネーブ精神"（＝協調精神）誕生	フルシチョフ（ソ連第一書記）による**スターリン批判** →大粛清による行き過ぎと過大な個人崇拝を批判	社会主義国と資本主義国は戦争を回避し，平和的に共存可能（平和共存） →社会主義陣営でのソ連離れ（**➡④**）

解説 **ソ連の外交政策の転換** 1953年，米ソともに指導者が交代すると，互いに相手の出方を探る中で両陣営の歩み寄りと平和を呼びかける機運が高まった。こうした動きを**緊張緩和（デタン**ト），あるいは「雪どけ」という。そして1956年にはソ連がフルシチョフによる**スターリン批判**を機に，西側との共存政策を展開し，外交政策を劇的に変化させた。

④ 多極化 — 1960年代〜70年代

Ⓐ 資本主義陣営におけるアメリカ離れ（多極化）

西ドイツ 経済大国化→発言力増大

EEC（ヨーロッパ経済共同体）成立（1958）
↓
EC（ヨーロッパ共同体）成立（1967）
□EC原加盟国

フランス独自路線（ド・ゴール大統領）
①核保有（1960）
②中国承認（1964）
③NATOの軍事機構より脱退（1966）

解説 **多極化** 東西両陣営の歩み寄りと同時に，それぞれの内部にほころびが生じた。資本主義陣営のヨーロッパでは各国が協調関係をつくり，フランスは独自の路線を歩み始めた。一方，社会主義の両雄による「**中ソ対立**」は深刻で，権力政治の力学はこの過程で「**米中接近**」という意外な副産物を生み出した。こうした大国の動きに，アジア・アフリカ諸国による「**第三世界（勢力）**」（**➡⑤**）を加え，国際情勢は多極化していった。

Ⓑ 社会主義陣営におけるソ連離れ（多極化）

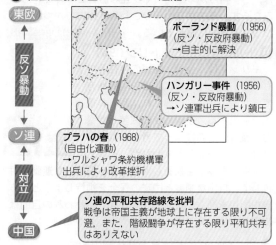

東欧

反ソ暴動 ⇅ **ソ連** ⇅ 対立 ⇅ **中国**

ポーランド暴動（1956）（反ソ・反政府暴動）→自主的に解決

ハンガリー事件（1956）（反ソ・反政府暴動）→ソ連軍出兵により鎮圧

プラハの春（1968）（自由化運動）→ワルシャワ条約機構軍出兵により改革挫折

ソ連の平和共存路線を批判
戦争は帝国主義が地球上に存在する限り不可避，また，階級闘争が存在する限り平和共存はありえない

⑤ 第三世界の形成

➡ 第1回非同盟諸国首脳会議（1961）に出席した各国首脳

Ⓐ 非同盟主義の基本原則

平和5原則 （ネルー・周恩来会談：1954年）	平和10原則 （アジア・アフリカ［＝バンドン］会議：1955年）
①領土・主権に対する相互の尊重 ②相互不可侵 ③相互の内政不干渉 ④平等と互恵 ⑤平和的共存	①基本的人権と国連憲章の尊重 ②主権と領土保全の尊重 ③人種と国家間の平等 ④内政不干渉 ⑤自衛権の尊重 ⑥集団的防衛の排除 ⑦侵略行為・武力行使の否定 ⑧国際紛争の平和的解決 ⑨相互の利益と協力の促進 ⑩正義と国際義務の尊重

➡ネルー（インド首相）

周恩来（中国首相）

⬅ティトー（ユーゴスラビア）ソ連から離れ，独自の社会主義路線を展開

Ⓑ アフリカ諸国の独立

□	第二次世界大戦前の独立国
	1946〜59年の独立国
	1960年（アフリカの年）の独立国
□	1961年以降の独立国

解説 **非同盟主義と第三世界** 大戦後，相次いで独立したアジア・アフリカ（AA）諸国は，東西どちらの陣営にも属さず連帯を強めようという非同盟主義運動を展開し，「**第三世界**」を形成した。「平和5原則」は本来，インドと中国両国間の懸案処理の基本方針だったが，次第に非同盟の原則となり，1955年インドネシアの**バンドン**で開かれた**AA会議**では，それが発展し「**平和10原則**」として確認された。このバンドン精神は，60年代以降，**非同盟諸国首脳会議**に継承されている。

注：1960年に国連総会で採択された**植民地独立付与宣言**により植民地の民族自決権が承認され，独立が加速した。

SIDE STORY 周恩来（1898〜1976）は，日本に留学し，勉学に励み，また友人と活発に交流して祖国の将来について語り合うなど知日派としてのベースをつくった。1972年に田中角栄と日中共同声明に調印。

国際

6 冷戦時代の主な国際紛争 ― 米ソ代理戦争

A 朝鮮戦争 (1950〜53) ― "アジアでの熱戦"

朝鮮民主主義人民共和国

1948年成立
首相：金日成
首都：ピョンヤン
ソ連支援（共産主義）

大韓民国

1948年成立
大統領：李承晩
首都：ソウル
米支援（資本主義）

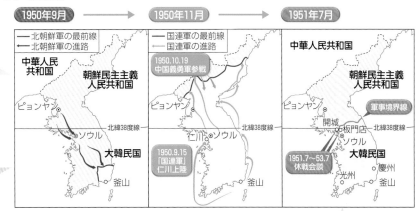

| 1950年9月 | → | 1950年11月 | → | 1951年7月 |

1950年9月：
—— 北朝鮮軍の最前線
←— 北朝鮮軍の進路
中華人民共和国／朝鮮民主主義人民共和国／ピョンヤン／北緯38度線／ソウル／大韓民国／釜山

1950年11月：
—— 国連軍の最前線
←— 国連軍の進路
1950.10.19 中国義勇軍参戦／ピョンヤン／仁川／ソウル／北緯38度線／1950.9.15「国連軍」仁川上陸／釜山

1951年7月：
中華人民共和国／朝鮮民主主義人民共和国／ピョンヤン／開城／板門店／軍事境界線／ソウル／北緯38度線／1951.7〜53.7 休戦会談／大韓民国／光州／慶州／釜山

＊朝鮮：1910〜45年，日本による植民地支配→日本の無条件降伏後，米ソの分割占領（暫定的境界線：北緯38度線）→1948年，大韓民国・朝鮮民主主義人民共和国独立　この戦争で，両国合わせて126万人が死亡し，離れ離れになった家族は1,000万人にのぼる。

1953年　朝鮮休戦協定成立
停戦ライン：北緯38度線→以後，南北朝鮮を分ける事実上の国境化

B キューバ危機 (1962) ― "戦後最大の核戦争の危機"

キューバ

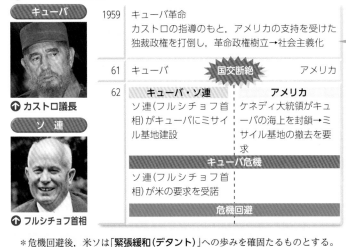

↑ カストロ議長

ソ　連

↑ フルシチョフ首相

1959	キューバ革命　カストロの指導のもと，アメリカの支持を受けた独裁政権を打倒し，革命政権樹立→社会主義化
61	キューバ　　国交断絶　　アメリカ
62	**キューバ・ソ連**　　　　**アメリカ**

62　ソ連（フルシチョフ首相）がキューバにミサイル基地建設　／　ケネディ大統領がキューバの海上を封鎖→ミサイル基地の撤去を要求

キューバ危機

ソ連（フルシチョフ首相）が米の要求を受諾

危機回避

アメリカ支援の政権崩壊

＊キューバは，1898年スペインから独立後，アメリカの影響下に入っていた。

アメリカ

ケネディ大統領

「アメリカはアメリカと西半球の安全のため，キューバに武器を運ぶ船舶に対する厳重な交通遮断を行うなど断固たる措置をとる」
（ケネディ大統領）

「キューバに向け航行中のソ連船が停船命令を拒否すれば撃沈することになるだろう。ソ連とは24時間以内にも対決することになるかもしれない」
（米国防総省）［1962年10月22日］

＊危機回避後，米ソは「緊張緩和（デタント）」への歩みを確固たるものとする。
例 米ソ間**ホットライン**（直接電話回線）の開設，部分的核実験停止条約（**PTBT**）調印（米英ソ，1963）

C ベトナム戦争 (1965〜75) ― "「強いアメリカ」の敗北"

ベトナム民主共和国／1965 アメリカ軍の北爆開始／ラオス王国／ビエンチャン／北緯17度線／タイ王国／バンコク／1964 トンキン湾事件／フエ／アンコール・ワット／民主カンボジア（1976ポル・ポト政権）／プノンペン／ベトナム共和国／1975.4 サイゴン陥落／サイゴン（現ホーチミン）／■ 南ベトナム解放民族戦線のゲリラ中心地

ベトナム民主共和国

1945年成立
大統領：ホー・チ・ミン
中国・ソ連が支援（社会主義）

ベトナム共和国

1955年成立
大統領：ゴ・ディン・ディエム
米支援（資本主義）

| 戦後 | ベトナム民主共和国が独立宣言　→旧宗主国のフランスと対立（インドシナ戦争）　ジュネーブ休戦協定　停戦ライン　北緯17度線 |
| 1954 | フランス軍は撤退するが南北に分裂 |

ベトナムの社会主義化阻止のためアメリカが干渉

65	北爆（米がベトナム戦争に本格的に介入）
73	ベトナム（パリ）和平協定成立→米軍撤兵開始
75	サイゴン陥落
76	ベトナム社会主義共和国樹立

南北ベトナムの統一

解説 **冷戦時代の"熱い戦争"** 冷戦時代には，全面戦争にこそ至らないものの両陣営の対立は激しさを増し，アジアでは局地的戦争に発展した（インドシナ戦争，朝鮮戦争など）。また，1962年にはキューバ危機が発生。核戦争勃発の危機が高まった。この危機を回避した米ソ首脳は，緊張緩和の必要性を感じ「話し合い外交」を進展させた。その一方でアメリカは1965年にベトナム戦争に直接介入し，社会主義圏の拡大を圧倒的な武力で封じようとした。しかし，国内外の反戦世論の逆風を受けるとともに，膨大な軍事費がかさみ，アメリカは政治的にも経済的にも国力を後退させることとなった。

国際

7 冷戦の再燃，そして終結へ―1980年代

↑ ソ連軍のアフガニスタン侵攻
高速路を走るソ連軍の兵員輸送車

1979年の大変動
①アメリカと中国の国交樹立
②イラン革命(反米ホメイニ政権成立)
③中越(中国・ベトナム)戦争
④イスラエルとエジプトの和解
⑤**ソ連のアフガニスタン侵攻**(～89)

> 1979年，アフガニスタンにクーデターにより社会主義政権が成立したが，内紛が起き，イスラム主義者らのゲリラ活動も激化した。ソ連が軍事介入したが，ゲリラの抵抗を受け泥沼化し，ソ連経済は悪化した。

冷戦の再燃(新冷戦) ― 1980年代前半
①西側各国に保守派政権成立
　アメリカ：レーガン政権
　イギリス：サッチャー政権　など
②米ソ軍拡競争
　アメリカ：**戦略防衛構想**(SDI)(1983)

> ソ連を「悪の帝国」と非難したレーガン米大統領が，1983年に発表した計画。宇宙空間からソ連のミサイルを打ち落とすという防衛計画であり，当時はやった映画「スターウォーズ」になぞらえ，「スターウォーズ計画」とも呼ばれた。

← 「ソ連は悪の帝国だ」レーガン大統領

1985年　ソ連共産党書記長にゴルバチョフ就任
ペレストロイカ(改革)
　──**グラスノスチ**(情報公開)
　　　・言論の自由化，検閲の廃止など
　──**新思考外交**
　　　・米ソ核軍縮交渉→INF全廃条約(1987)
　　　・アフガニスタンからソ連撤退

> ゴルバチョフの「新思考」(1986.11)　核時代において，われわれは新政治思考，人類の平和を確実に保証する，平和に関する新たな概念を策定しなければならない。人間の生命を最高の価値として認めなければならない。……「恐怖の均衡」に代わって，包括的国際安全保障体制を実現しなければならない。
> (『ゴルバチョフ回想録』新潮社)

1989年　冷戦の終結
①**東欧革命**(1989)→社会主義体制解体
②**ベルリンの壁**崩壊(1989.11)
③**マルタ会談**(1989.12)→冷戦終結宣言

↑ 冷戦の象徴「ベルリンの壁」崩壊
壁の上に立つ東ドイツの人々

↑ マルタ会談(1989.12)[左から]ブッシュ(米)，ゴルバチョフ(ソ連)

〈冷戦終結の背景―米ソの威信低下〉

アメリカ	・ベトナム戦争介入(1965～72) →ドル危機，威信の低下 ・レーガン政権下の軍事費増大 →「双子の赤字」
ソ連	・同盟国の自由化抑圧→威信の低下 ・共産党一党独裁に対する民衆の不満 ・技術革新の遅れ→経済停滞 ・アフガニスタン侵攻(1979～89) →軍事費増大，威信の低下

解説　**ヤルタからマルタへ**　1979年のソ連のアフガニスタン侵攻を機に，1980年代に入ると東西対立は再び激しさを増した(**新冷戦**)。レーガン政権下の軍拡政策(米)やアフガニスタン侵攻の泥沼化(ソ連)などにより，米ソの経済が悪化する中，1985年に誕生したソ連の**ゴルバチョフ**政権は**新思考外交**を展開。米ソの関係改善が進み，包括的軍縮交渉も始まった。このような情勢を背景に，1989年には東欧で相次いで社会主義の一党独裁体制が崩壊した(**東欧革命**)。同年11月にはヨーロッパ分断の象徴だった「ベルリンの壁」が崩壊。翌12月には地中海のマルタ島でブッシュ(父)大統領(米)とゴルバチョフ書記長(ソ連)とが会談し(**マルタ会談**)，「冷戦の時代は終わり，東西関係が新しい時代に入った」ことを宣言。こうして，二大陣営による軍事的対立のもとになったヤルタ体制は44年目に終焉を迎えた。

[13] 東欧諸国では，共産党一党支配が崩れ，複数政党制の導入と自由選挙の実施を伴う民主化が実現したこと。

国
際

8 冷戦終結後の国際政治

Ⓐ 単独行動主義から多国間協調主義へ(米)

米国 唯一の超大国化→地域紛争への介入
・米国経済繁栄(1990年代)
・イラクのクウェート侵攻→湾岸戦争(1991)→Ⓑ
・旧ユーゴスラビア分裂((1990年代)

欧州 統合，多国間協調システムの進展
・東西ドイツ統一(1990)
・ソ連崩壊(1991)→CIS(独立国家共同体)成立
・安保理決議に基づく湾岸戦争((1991)
・EU成立(1993)

　2001.9　米国同時多発テロ → Ⓒ

米国 国内で単独行動主義(ユニラテラリズム)台頭
・アフガニスタン(タリバン政権)攻撃(2001) → Ⓓ
・国連無視のイラク戦争(2003) → Ⓓ

諸地域 米国覇権への反発
・イスラム原理主義過激派によるテロ
・北朝鮮などで核開発の動き

欧州 米欧対立
・京都議定書批准問題
・イラク戦争への対応

> 米軍のサウジアラビア駐留は神への冒瀆だ

> 北朝鮮，イラン，イラクは「悪の枢軸」だ(2002.1)

→ ビン・ラディン

← ブッシュ米大統領

　2009.1　オバマ大統領(米)誕生

米国 多国間協調主義
・核軍縮の推進→プラハ演説，新START(2009)
・対話の重視
・地球環境問題への積極的取組
・中東での威信低下…シリア問題，パレスチナ問題

中国・ロシア 膨張主義(帝国主義の再来？)
・ロシア…ウクライナ危機(2014・2022)
・中国…南シナ海の権利をめぐる周辺諸国との対立

　2022.2　ロシアのウクライナ侵攻
　　？

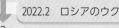
SIDE STORY　ソ連における最初で最後の大統領ゴルバチョフ。1990年にはノーベル平和賞を受賞。日本を含む西側諸国では絶大な人気を誇った。赤く丸い大粒のぶどう「ゴルビー」は，彼の愛称からつけられた呼び名である。

B 湾岸戦争 (1991) とその背景

イラン革命 (1979) →シーア派ホメイニ政権成立

- 宗教政治展開，反米路線をとる

イラン・イラク戦争 (1980〜88)

- イラン革命の波及をおそれたイラク (フセイン政権) の侵攻により開戦
- アメリカなどの支援を受け，イラクが軍事大国化

湾岸戦争 (1991)

- イラン・イラク戦争による経済的困窮を打開するため，イラク (フセイン政権) がクウェートに侵攻
- 安保理決議に基づく米英仏を中心とする多国籍軍がイラク軍を撃破

※湾岸戦争時の日本の経済支援 (130億ドル) は評価されず
→翌年，PKO協力法成立

解説　冷戦終結後の最初の軍事衝突　イラン・イラク戦争では，アメリカがフセイン政権を支援。しかし，軍事大国化したイラクが1990年8月，クウェートに侵攻するとこれを非難。アメリカを中心とする多国籍軍がイラク軍を撃破した (1991，湾岸戦争)。イスラエルの占領地を黙認しながら，イラクのクウェート侵攻を非難したアメリカに対し，イスラム世界には不信感が広がった。

C アメリカ同時多発テロ事件 (2001.9.11)

2001年9月11日，テロリストに乗っ取られた旅客機が，ニューヨークの世界貿易センタービルなどに衝突。約3000人が犠牲となる大惨事となった。テロの首謀者とされる国際テロ組織アルカイダのビン・ラディンは，長らく消息不明であったが，2011年5月，パキスタン国内において米軍の攻撃を受けて死亡した。

D アメリカの「対テロ戦争」

2001年10月
アフガニスタン攻撃

【対アフガニスタン】
①攻撃の理由

　アフガニスタンのタリバン政権が，アメリカ同時多発テロ事件の首謀者，ビン・ラディンをかくまい，引き渡しに応じなかったため。

②経過とその後

　2001年12月にタリバン政権崩壊。04年にはカルザイを大統領とする新政府が発足するも，復活したタリバンによる武装蜂起が相次ぐ。オバマ米大統領は09年，米軍の追加派兵を行ったが，11年，ビン・ラディンを殺害すると，任期内の米軍の完全撤退を計画。治安悪化をうけて駐留を継続したが，2021年8月に完全撤退した。

2002年1月
「悪の枢軸」演説

北朝鮮，イラク，イランは「悪の枢軸」

「悪」の根拠
①テロ支援
②大量破壊兵器保有
③人権・自由の抑圧

【対イラク】
①攻撃の理由

- 大量破壊兵器※を持っている (と疑われた) ため。※核兵器・生物兵器・化学兵器など
- フセイン政権の独裁体制から国民を解放するため。

②経過とその後

　2003年4月にフセイン政権崩壊。同年12月にフセイン大統領を拘束し，06年12月に処刑。オバマ米大統領は，10年，戦闘任務の終結を宣言。11年12月に米軍は完全撤退した。13年に入り，テロが頻発。14年6月にはイスラム過激派組織ISIL (イラクとレバントのイスラム国) がシリア北部からイラク中部にまたがる地域にイスラーム国樹立を宣言した。

E ロシアと中国の動き

○ロシア〜ウクライナ危機　(『朝日新聞』2014.7.19による)

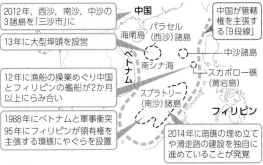

【ウクライナ】
旧ソ連を構成。
東部→親ロシア
西部→親EU

ロシア連邦
ウクライナ
キーウ (キエフ)
クリミア
黒海

2013年11月	ヤヌコビッチ政権 (親ロシア派) がEUとの経済連携交渉を中止
2014年2月	市民の反政府運動によりヤヌコビッチ政権崩壊
3月	ロシアの軍事的圧力のもと行われた住民投票により，クリミア半島独立→ロシアがクリミア併合
4月	東部で親ロシア派が諸都市占拠，ロシアへの編入を主張
5月	ポロシェンコ政権 (親EU派) が成立
6月	G7サミット，ロシアを除外し開催
7月	マレーシア航空機撃墜事件 (親ロシア派占領地域にて)
2022年2月〜	ウクライナへ侵攻

○中国〜南シナ海をめぐる動き　(『朝日新聞』2014.5.8による)

中国
パラセル (西沙) 諸島
海南島 (西沙) 諸島
ベトナム
南シナ海
中沙諸島
スカボロー礁 (黄岩島)
スプラトリー (南沙) 諸島
フィリピン
中国が管轄権を主張する「9段線」

2012年，西沙，南沙，中沙の3諸島を「三沙市」に

13年に大型埠頭を設営

12年に漁船の操業めぐり中国とフィリピンの艦船が2か月以上にらみ合い

1988年にベトナムと軍事衝突 95年にフィリピンが領有権を主張する環礁にやぐらを設置

2014年に暗礁の埋め立てや滑走路の建設を独自に進めていることが発覚

解説　帝国主義の再来か？　冷戦終結以後，中口両国は西側主導の国際政治運営に対してしばしば反対し，拒否権も行使してきた (例：シリア内戦への介入など)。しかし，「これらが国際秩序のなかでの外交的反対であった」のに対して，ウクライナや南シナ海をめぐる動きは，「力を使った一方的行動であり，国際秩序の正統性に反対するより大きな挑戦」である。

2003年3月
イラク戦争

解説　単独行動主義から多国間協調主義へ　2001年のアメリカ同時多発テロ事件以後，ブッシュ (子) 米大統領は「対テロ戦争」に踏み切り，アフガニスタンへの攻撃を始めた。これ以後，アメリカは，**国連や他の諸国の同意が得られなくても自国の外交方針を貫く単独行動主義**をとる。圧倒的な軍事力で，アフガニスタンのタリバン政権，イラクのフセイン政権を崩壊させたが，その後，両国の治安は悪化した。2009年に就任したオバマ米大統領は，「テロとは断固として戦う」ものの，**国連や他の諸国と協調する多国間協調主義**をとる方針を打ち出した。2011年12月には，イラクから完全撤退。2021年8月にはアフガニスタンから完全撤退した。

用語Check　〔→P.375，376〕　冷戦，マーシャル・プラン，北大西洋条約機構，東欧経済相互援助会議，ワルシャワ条約機構，デタント，第三世界，非同盟主義，朝鮮戦争，キューバ危機，ベトナム戦争，マルタ会談，ペレストロイカ

6 民族問題と紛争

1 人種・民族問題

人種 皮膚や毛髪，眼の色，身長，頭や鼻の形など身体的特徴で分類された人間集団のこと。モンゴロイド（黄色人種），コーカソイド（白色人種），ネグロイド（黒色人種）など。

民族 言語・宗教・生活様式といった文化の違いを基準に分類された人間集団のこと。「仲間意識」，「われわれ意識」をもつ人間集団。

人種問題 異なった人種に対する差別的な扱い
（例）・ナチスによるユダヤ人虐殺
・アメリカの黒人差別問題
・南アフリカの**アパルトヘイト**（人種隔離政策） 15 20

民族問題 さまざまな民族間の対立や摩擦
（例）・ユダヤ人とアラブ人の対立（パレスチナ問題）（→P.294・295）
・ユーゴスラビア紛争（→P.293）
・クルド人問題（→P.293）（独自の国家をもたない世界最大の民族集団） 16

解説 根深い民族問題 アメリカ大統領ウィルソンは，14か条の平和原則の中で他民族の支配を受けずに独立国家を形成したり，政治的態度を決定する「民族自決」の権利を提唱した。その後，この権利は国連憲章においても認められ，国際人権規約では，締結国は民族自決権を保障する義務を負っている。しかし，これ 倫政16

は表面的な成果であり，文化・宗教の違いや歴史的な経緯，多数民族の少数民族に対する抑圧などを原因とする民族問題は根深く，特に冷戦終結後は，それまで米ソの力に抑え込まれていた民族・宗教・領土をめぐる局地的な紛争が多発した。

2 難民問題

倫政14 難民条約では，これを批准した国は，帰国すると迫害されるおそれがある人を保護しなければならないと定められていること。

A 難民の主な発生国

↑ ウクライナ難民

○世界の難民1億1,256万人（2022年末）

難民発生国	万人
シリア	1,380
ウクライナ	1,218
ベネズエラ	998
アフガニスタン	954
コンゴ民主共和国	785
コロンビア	765
パレスチナ	664
エチオピア	489
イエメン	460
ソマリア	451

注：庇護申請者・国内避難民などを含む。パレスチナは国連パレスチナ難民救済事業機関（UNRWA）が担当する約652万人を含む。
（UNHCR資料などによる）

B 難民の地位に関する条約（1951）の主な内容

○難民の定義 倫政20 日本は条約が採択されたあとに加入したこと。

人種，宗教，国籍，特定の社会集団の構成員であること，または政治的意見を理由に迫害を受けるか，もしくは迫害を受けるおそれがあるために他国に逃れた人々（国内避難民や経済難民は含まれていない）倫政14・16

○ノン・ルフールマンの原則（追放・送還の禁止） 20

生命や自由が脅威にさらされるおそれのある国へ強制的に追放・送還させてはならない。

C UNHCR（国連難民高等弁務官事務所） 倫政14 20

「難民および難民に類する人たちの法的な保護」を目指し，「難民と政府との間の交渉をすること」が仕事。135か国に事務所があり，17,878人が働く。（2021年末現在）

①各国政府が難民条約を守るように促し，監視する。
②受け入れ国に対し，難民の収容施設や食料などの生活物資，医療などを提供する。
③難民問題が最終的に解決されるように支援していく。
　難民問題の解決方法は，大きく分けて次の3つ。
　ⓐ本国への帰還
　ⓑ庇護国への定住
　ⓒ第三国への再定住
　これらがスムースに行われるよう各国政府と交渉を行う。

解説 世界の難民1億人超える 難民とは，「戦争や政治的・宗教的迫害などの危険を逃れるために，居住国を離れざるをえなかった人」を指す。その保護のために1951年に「難民の地位に関する条約」，1967年に「難民の地位に関する議定書」が国連で採択された（この両条約を一般に「難民条約」とよぶ）。そして，難民問題を解決するために1951年，国連にUNHCR（国連難民高等弁務官事務所）が設置された（緒方貞子氏が1991年から2000年にかけて高等弁務官を務めた）。近年，迫害などにより土地を離れたものの国内にとどまっている人々を国内避難民とよび，広義の難民としてとらえているが，難民条約の対象外である。また，経済的困窮による国外出国者も同条約の対象外。 倫政14・16 20

倫政20 日本が受け入れた難民数は欧米に比べて少ないこと。多数はアジアからの受け入れ。日本は「第三国定住」の制度を始めたこと。

FOCUS 日本の難民政策

倫政20

日本は1981年に難民条約を批准し，出入国管理及び難民認定法（入管法）を制定。難民受け入れの法整備を行った。しかし，認定基準の厳しさなどから難民認定者数は他の先進国に比べ少ない。また，2023年に成立した改正

入管法では，難民認定の手続き中は送還できないという規定を変え，難民申請3回目以降の者を本国へ送還することが可能となった。不法滞在の問題に対処できる側面がある一方，本当に保護を必要としている難民の命を危険にさらしかねないと批判の声があがっている。

○難民認定審査の流れ

何度でも繰り返し申請できる
（3回目以降の申請者は「相当な理由」がなければ本国へ送還可能）

○日本における難民申請・認定者数の推移

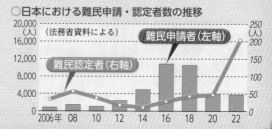

SIDE STORY ヒトの祖先はアフリカで誕生し，その後世界中に伝播していったとする学説がある。アフリカンからコーカソイド（白人）が分岐し，コーカソイドからオセアニアンとイーストアジアン，そしてネイティブアメリカンが分岐した。

③ 民族・地域紛争

倫政14 ⓰ スーダン…南北の住民の間で対立が続いていたが，南部地域は，新国家として独立し，国連への加盟が認められた。

Ⓐ 紛争地図

北アイルランド紛争 ⒶⒸⒹ
ユーゴ紛争 ⒶⒸⒹ
コソボ紛争 ⒶⒹ
チェチェン紛争 ⒶⒹⒺ
カナダ・ケベック州問題 ⒶⒸ
バスク分離問題 ⒶⒸⒺ
ウクライナ戦争 ⒶⒷⒹ
アフガニスタン問題 ⒶⒷⒹ
北方領土問題 ⒶⒻ(➡P.283)
タジキスタン紛争 ⒶⒷⒻ
朝鮮問題 Ⓓ(➡P.296)
アルジェリア内戦 Ⓑ
カシミール紛争 ⒷⒹⒻ
竹島問題 Ⓕ(➡P.284)
西サハラ問題 Ⓕ
チベット問題 ⒶⒷⒹ
尖閣諸島問題 Ⓕ(➡P.284)
グルジア紛争 ⒶⒹⒻ
湾岸戦争 Ⓕ(➡P.291)
中国・台湾紛争 ⒷⒸⒺ
メキシコ先住民問題 Ⓐ
シリア内戦 ⒶⒷⒹ
イラク紛争 ⒶⒷⒹ
ミャンマー山岳 民族問題 Ⓐ
南シナ海領海問題 ⒶⒻ(➡P.291)
キプロス紛争 ⒶⒹⒺ
パレスチナ問題 ⒶⒷⒹ(➡P.294)
スリランカ民族紛争 ⒶⒷ
クルド人問題 ⒶⒹⒻ
アチェ独立問題 Ⓕ
エクアドル・ペルー国境紛争 Ⓕ
アルメニアと アゼルバイジャン ⒶⒹ
ソマリア紛争 ⒶⒹ
東ティモール 問題 ⒷⒹ
エチオピア・エリトリア紛争 ⒹⒺⒻ
スーダン・ダルフール紛争 ⒶⒷ
ルワンダ内戦 ⒶⒹ
ブルンジ内戦 Ⓐ
コンゴ(旧ザイール)紛争 ⒶⒻ
アンゴラ内戦 ⒶⒹ

Ⓐ民族・部族・種族の対立　Ⓑ宗教・信仰上の対立　Ⓒ言語的な対立
Ⓓ大国・周辺諸国の介入　Ⓔ経済格差　Ⓕ領土・資源

Ⓑ 主な地域紛争

	主な原因	経　過　・　現　況	
ユーゴスラビア紛争	旧ユーゴスラビア連邦共和国*内の民族対立 **民族・宗教対立** *セルビア，モンテネグロ，クロアチア，スロベニア，マケドニア，ボスニア・ヘルツェゴビナ(当時) (旧ユーゴスラビアの国 地図：スロベニア，クロアチア，ボスニア・ヘルツェゴビナ，セルビア，コソボ，モンテネグロ，マケドニア，アルバニア)	旧ユーゴ連邦は6共和国から構成され，民族，宗教が複雑に入り組んでいた。1989年の東欧民主化の波を受けて連邦が解体すると，それに伴う紛争が発生。 ①スロベニア，クロアチアが連邦から独立(91) ②ボスニア・ヘルツェゴビナの独立宣言にセルビアが介入(92, ボスニア内戦)(95年に内戦が終結するまでに20万人の死者と250万人の難民・避難民を出した) ③セルビアの自治州コソボの独立宣言にセルビアが介入(98, コソボ紛争) ④アルバニア人の権利拡大要求から武力衝突発生(01, マケドニア紛争) *②③に対してNATO軍が人道的介入 なお，92年に成立したセルビアとモンテネグロからなる新ユーゴ連邦は，03年に緩やかな国家連合「セルビア・モンテネグロ」に再編されたが，06年にモンテネグロが独立。旧ユーゴ連邦は完全に解体した。08年には，セルビアの自治州コソボが独立を宣言(EUや米は独立承認，ロシアなどは未承認)。	 ⬆1984年サラエボオリンピックが開催されたメイン会場周辺は，現在，墓地となっている
チェチェン独立運動 倫政16	チェチェン(イスラム系住民多数)がロシアからの独立を求め対立。 **民族対立**	1991年のソ連崩壊時にロシアから独立宣言。国家分裂を阻止したいロシアは，94年に侵攻し内戦状態となる(第1次チェチェン紛争)。96年に和平合意に至るも，プーチン政権は強硬姿勢を示し，99年に空爆開始(第2次チェチェン紛争)。その後，モスクワ劇場占拠事件(02)やモスクワ地下鉄テロ事件(04)などチェチェン独立派によるテロが頻発。	 ⬆モスクワの文化宮殿劇場占拠事件を制圧したロシア特殊部隊
チベット問題	中国政府とチベット人(チベット仏教)との対立。 **民族・宗教対立**	1951年に中国が併合。以後，チベット人の独立運動が起こる。チベット仏教の最高指導者ダライ・ラマ14世は，59年にインドに亡命政府を樹立。65年にはチベット自治区が成立するが，その後も独立運動が続く。	地図：アルメニア，ロシア，トルコ，シリア，イラク，イラン
クルド人問題 倫政14	クルド人が，分離・独立，自治獲得を目指し，各地で政府と対立。 **民族対立・大国の介入・領土**	クルド人は，トルコ，イラク，イラン，シリアの国境山岳地帯(クルディスタン)に居住する民族。ペルシャ語系クルド語を母語とし，大多数はイスラム教スンナ派を信仰。推定人口は約3,000万人。「国家をもたない最大の民族」といわれ，各地で分離・独立や自治獲得を目指す闘争を展開している。	
ルワンダ内戦 倫政14	ベルギーの植民地政策を機にフツ族(多数派)とツチ族(少数派)の民族紛争勃発。 **民族対立・大国の介入**	もともとフツ族(多数派)とツチ族(少数派)が共存していた。第一次世界大戦後，植民地支配を行ったベルギーは，ツチ族を優遇し民族対立を生み出す。1962年，ベルギーから独立後も両民族の紛争が続く。94年には，フツ族の強硬派により，ツチ族とフツ族の穏健派住民80〜100万人が殺害された(ルワンダ大虐殺)。現在は両民族の融和が進む。	 ⬆インドに抗議するパキスタンのデモ隊
カシミール紛争	カシミール地方をめぐるヒンドゥー教国インドとイスラム教国パキスタンの領土争い。 **宗教対立・領土**	1947年，イギリスからインド(ヒンドゥー教徒多数)とパキスタン(イスラム教徒多数)に分離・独立。カシミール地方は，イスラム教徒多数であったが，支配層がヒンドゥー教徒であったため，インドに帰属。しかし，パキスタンも領有権を主張し，40年代，60年代，70年代の3次にわたる印パ戦争が行われる。98年には両国がともに核実験を行い緊張が高まった。	

④ パレスチナ問題 _{倫政16}

イスラエル(ユダヤ人)VS パレスチナ(アラブ人) ─ 対立の原因は何か?

Ⓐ パレスチナ問題の経過

1980年代末までの流れ

1915〜17	イギリスの秘密外交(→Ⓑ)
	┌フサイン・マクマホン協定(対アラブ)
	└バルフォア宣言(対ユダヤ)
1939〜45	第二次世界大戦(ナチスによるユダヤ人大虐殺)
1947	国連,パレスチナ分割案採択
1948	イスラエル共和国建国
	第1次中東戦争(〜49)→パレスチナ難民発生
1956	第2次中東戦争
1964	PLO(パレスチナ解放機構)結成
1967	第3次中東戦争→*国連安保理決議242採択
1973	第4次中東戦争
1979	エジプト・イスラエル平和条約
1981	サダトエジプト大統領暗殺
1988	PLO,パレスチナ国家樹立宣言

＊対イスラエル─占領地の返還を求める
　対アラブ側─イスラエルとの共存を求める

Ⓑ 歴史的な背景

ユダヤ人迫害
- パレスチナにユダヤ人の王国建国(前1000頃)
- 南北に分裂(前922頃,その後,滅亡)
- ローマ帝国による支配・弾圧(2世紀)
  →ヨーロッパ各地に離散,その後,キリスト教社会の中で迫害を受け続ける
  (キリスト教は,イエスを殺した責任をユダヤ教徒は永遠に負うべきである(「マタイによる福音書」)とした)

↓

シオニズム運動 (19世紀)
迫害を逃れるために聖地エルサレムのシオンの丘(パレスチナ)にユダヤ人国家をつくろうという運動(=シオニズム運動)が始まる

↓

イギリスの二枚舌外交 (第一次世界大戦中)
〔フサイン・マクマホン協定(1915〜16)〕
=アラブ人の国家建設を支持
→パレスチナにアラブ人居住

〔バルフォア宣言(1917年)〕
=ユダヤ人の国家建設を支持
→パレスチナにユダヤ人移住
(ナチスのユダヤ人迫害により拍車がかかる)

矛盾 → パレスチナをめぐる対立の始まり

Ⓒ 領土対立

1947年 国連分割案
- アラブ人国家
- ユダヤ人国家
- テルアビブ
- 地中海
- エルサレム(国際管理地域)
- レバノン
- シリア
- トランス・ヨルダン
- エジプト
- サウジアラビア

1967年 第3次中東戦争後
- イスラエル
- 占領地
- レバノン
- シリア
- シリア・ゴラン高原
- エルサレム
- イスラエル
- ヨルダン
- エジプト
- サウジアラビア

[現在]
- パレスチナ自治区
- イスラエル占領地
- レバノン
- シリア
- イスラエル
- ヨルダン
- エジプト
- サウジアラビア

解説 ユダヤ人vs.アラブ人─対立の歴史的背景 2世紀以降,世界中に離散していたユダヤ人は,キリスト教社会の中で迫害を受け続けてきた。19世紀に入りナショナリズムが高揚すると,ユダヤ人も自らの国民国家創設に立ちあがる(シオニズム運動)。第一次世界大戦中,イギリスはフサイン・マクマホン協定によってアラブ人の国家建設(オスマン帝国からの独立)を支持する一方,バルフォア宣言によって,ユダヤ人の国家建設(シオニズム運動)を支持する姿勢を示し,双方から協力をえようとした。こうした相対立する約束が原因となり,アラブ人,ユダヤ人の対立が始まる。

第3次中東戦争における イスラエルの占領地のその後

①シナイ半島→1982年にエジプトに返還
②ガザ地区→1994年からパレスチナ人による自治開始→2005年イスラエルが撤退
③ヨルダン川西岸地区→1995年からパレスチナ人による自治開始, 2002年からイスラエルが「分離壁」建設開始
④ゴラン高原→シリアとの国交なし,返還のメド立たず

_{倫政23}

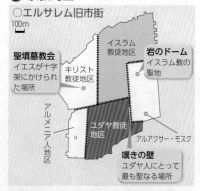

→ヨルダン川西岸にイスラエルが建設した分離壁(イスラエル)

Ⓓ 宗教対立

○エルサレム旧市街
100m
- イスラム教徒地区
- 岩のドーム イスラム教の聖地
- 聖墳墓教会 イエスが十字架にかけられた場所
- キリスト教徒地区
- アルメニア人地区
- ユダヤ教徒地区
- アルアクサー・モスク
- 嘆きの壁 ユダヤ人にとって最も聖なる場所

解説 領土をめぐる対立 1947年の国連のパレスチナ分割案を受けて,翌年,ユダヤ人国家イスラエルが建国されると,これに反発したアラブ人との間で戦争が勃発した(4次にわたる中東戦争)。1967年の第3次中東戦争では,イスラエルが大幅に領土を拡大。現在の中東和平の課題は,このときのイスラエルの*占領地(ゴラン高原,ガザ地区,ヨルダン川西岸地区)をめぐる交渉である。
＊イスラエルの占領地の一つ,シナイ半島は,1982年にエジプトに返還された

解説 宗教をめぐる対立 イスラエルは,ユダヤ教の聖地であるエルサレムを自国の「永遠の首都」と宣言している。しかし,エルサレムは,イスラム教徒やキリスト教徒にとっても聖地であるため,パレスチナ自治政府とアラブ側は東エルサレムを将来の独立国家の首都と想定して譲らない。

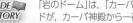

SIDE STORY 「岩のドーム」は,「カーバ」,「預言者のモスク」に次ぐイスラム教の第三の聖地。預言者のモスクに住んでいたムハンマドが,カーバ神殿から一夜のうちにエルサレム神殿(岩のドーム)まで旅をしたとされる。

Ⓐ パレスチナ問題の経過 (1990年代〜現在)

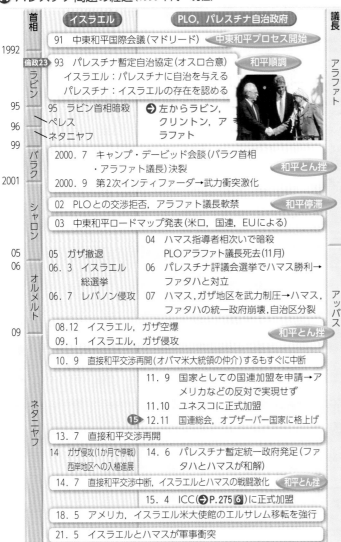

首相		イスラエル	PLO, パレスチナ自治政府	議長
1992		91 中東和平国際会議(マドリード) 中東和平プロセス開始		アラファト
ラビン 倫政23	93	パレスチナ暫定自治協定(オスロ合意) 和平順調 イスラエル：パレスチナに自治を与える パレスチナ：イスラエルの存在を認める		
95	95	ラビン首相暗殺 → 左からラビン, クリントン, アラファト		
96	ペレス			
99	ネタニヤフ			
バラク		2000.7 キャンプ・デービッド会談(バラク首相・アラファト議長)決裂 和平とん挫		
2001		2000.9 第2次インティファーダ→武力衝突激化		
シャロン		02 PLOとの交渉拒否, アラファト議長軟禁 和平停滞		
		03 中東和平ロードマップ発表(米ロ, 国連, EUによる)		
05			04 ハマス指導者相次いで暗殺 PLOアラファト議長死去(11月)	アッバス
06	オルメルト	05 ガザ撤退		
		06.3 イスラエル総選挙	06 パレスチナ評議会選挙でハマス勝利→ファタハと対立	
		06.7 レバノン侵攻	07 ハマス, ガザ地区を武力制圧→ハマス, ファタハの統一政府崩壊, 自治区分裂	
09		08.12 イスラエル, ガザ空爆 和平とん挫		
		09.1 イスラエル, ガザ侵攻		
	ネタニヤフ	10.9 直接和平交渉再開(オバマ米大統領の仲介)するもすぐに中断		
			11.9 国家としての国連加盟を申請→アメリカなどの反対で実現せず	
			11.10 ユネスコに正式加盟	
			⑮ 12.11 国連総会, オブザーバー国家に格上げ	
		13.7 直接和平交渉再開		
		14 ガザ侵攻(1か月で停戦)西岸地区への入植進展	14.6 パレスチナ暫定統一政府発足(ファタハとハマスが和解)	
		14.7 直接和平交渉中断, イスラエルとハマスの戦闘激化 和平とん挫		
			15.4 ICC(→P.275 6)に正式加盟	
		18.5 アメリカ, イスラエル米大使館のエルサレム移転を強行		
		21.5 イスラエルとハマスが軍事衝突		

→ 嘆きの壁(ユダヤ教)と岩のドーム(イスラム教)

Ⓑ 中東の衝突を巡る構図

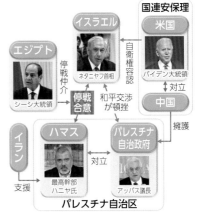

(2021年6月現在)(『読売新聞オンライン』2021.5.22 を参考に作成)

解説 イスラエル支援のアメリカ ユダヤ系アメリカ人は約600万人とされ, 全人口のわずか2％強にすぎないが, 金融業, メディアなどで活躍。一部のユダヤ人はその資本力を背景に, ロビー活動や政治献金などを通じて, 共和・民主両党に大きな影響力をもっている。このため, アメリカは, イスラエルの立場に配慮することが多いのである。しかし, アメリカが「侵略者としてのイスラエルを支持している」という批判もあり, テロ撲滅を誓うのであれば, パレスチナ問題に公正な立場を示すべきとの主張もある。しかし, トランプ大統領は2018年, パレスチナやアラブ諸国が反対するなか, 在イスラエル大使館をエルサレムへ移転。さらにオスロ合意以来の方針である, イスラエルとパレスチナの二国家共存に基づく和平にこだわらない考えを示した。21年の軍事衝突でもバイデン大統領はイスラエル寄りの姿勢を維持。国際協調路線に反するとの批判も招いている。

解説 PLO・ファタハとハマス PLO(パレスチナ解放機構)は**パレスチナ人の政治組織**。1964年にアラブ連盟の支援で組織される。67年の第3次中東戦争後, パレスチナ人自らの力でパレスチナを解放しようとする動きが高まった。その代表が, 69年にPLOの議長に就任した**ファタハ(＝PLO内の最大組織)**の指導者アラファトである。その後の解放運動では, イスラエル軍に対するゲリラ戦(投石運動＝インティファーダ)で名をはせ, 74年のアラブ首脳会議でパレスチナ人唯一の代表と認められた。93年にはイスラエルと**パレスチナ暫定自治協定**を結び, PLOを母体に**パレスチナ自治政府**が設立された。一方, **ハマスは**(エジプトのイスラム組織ムスリム同胞団を母体とする)**パレスチナ人のイスラム組織**。パレスチナ全土が神からのイスラム教徒への信託地であるとして, イスラエルの承認と和平に反対してきた。無差別自爆テロなどで対イスラエル攻撃をくり返す一方, 社会福祉事業などで貧困層に浸透し, ガザを中心に熱心な支持者をもつ。06年のパレスチナ評議会選挙で第1党となり, ハマス最高幹部のハニヤが自治政府首相に任命された。しかし, アッバス自治政府議長はハマスの武装闘争路線に批判的であり, ハマスとの対立が深刻化。07年に統一政府は分裂した。

Ⓒ パレスチナ分裂から統一へ

(『朝日キーワード2008』朝日新聞社)

○パレスチナ分裂(2007年7月〜)

ハマス	ヨルダン川西岸
創設年 1987年 創設者 イスラム宗教指導者故アハメド・ヤシン師 政治方針 イスラエルの承認を拒否。イスラムの教義に基づく国家をうたう	面積：5860平方キロメートル 人口：254万人 国連登録難民数(人口比)58万人(23%)
ガザ	ファタハ 創設年 1950年代後半 創設者 故アラファト自治政府議長 政治方針 イスラエルとの和平を推進。世俗国家を目指す
面積：360平方キロメートル 人口：148万人 国連登録難民数(人口比)82万人(55%)	

○パレスチナ暫定統一政府発足(2014年6月)

パレスチナ自治政府のアッバス議長はハマスとの合意に基づいて暫定の統一政府を発足させた。これにより, 2007年以来続いたアッバス議長が率いるファタハ主体の自治政府がヨルダン川西岸を支配し, ハマスがガザを支配する分裂状態は解消された。

SIDE STORY 嘆きの壁は, エルサレム神殿の外壁の一部で, ユダヤ教で最も神聖な場所である。聖なる都の滅亡と神殿の荒廃を嘆き, その回復と復興を, 壁に額を押し当てながら祈る。

Ⓐ 実現するの？ 朝鮮統一　～冷戦時代の分断国家，東西ドイツの統一と比較してみる～

○東西ドイツはなぜ統一できた？

| 分断の理由は朝鮮と同様 | ドイツが統一できた理由 | 現実的かつ望ましい朝鮮統一の方法は？ |

分断の理由は朝鮮と同様

第二次大戦後　米英仏ソの分割占領
　↓ **冷戦の始まり**
1949年　東西ドイツの成立
西 ドイツ連邦共和国：資本主義
東 ドイツ民主共和国：社会主義
　↓　冷戦の終結，東欧の民主
　　　化，ベルリンの壁崩壊
1990年　東西ドイツ統一（西独が東
　　　独を吸収）

ドイツが統一できた理由

①冷戦崩壊時の国際関係の影響
②西独の経済力大，東独の経済状態
　も（社会主義圏の中では）良好
　→統一後，旧西独はその負担に耐
　えることができた
③東西ドイツ基本条約調印以来，東
　西ドイツ間に活発な交流
　→連帯感と統一への意識高揚
（参考：木村幹『朝鮮半島をどう見るか』集英社新書）

現実的かつ望ましい朝鮮統一の方法は？

　ドイツ統一のように，どちらか
が吸収するのではなく，南北が互
いの体制を認め合った上で話し
合いによって妥協点を見出して，
統合を進めていく方法である。実
際，2000年の南北首脳会談では，
「段階的な統合」を望むという方
向性については南北共通である
ことが公式に確認されている。

Ⓑ 南北朝鮮問題のあゆみ (1989年～)　青字＝主な北朝鮮の動き　赤字＝主な韓国の動き

1989年	ソ連・東欧圏の崩壊を受け，北朝鮮は社会主義国としての生き残りをかけて韓国との対話を深める
91年	南北同時の国連加盟
92年	「南北基本合意書」調印
	「朝鮮半島の非核化に関する共同宣言」調印
	北朝鮮の核開発疑惑が浮上し，対話中断
94年	金日成死去
97年	金正日，朝鮮労働党総書記就任
98年	金正日，国防委員会委員長就任→「軍事優先政治」を実践
	金大中大統領就任→「太陽政策」を掲げる
2000年	南北首脳会談開催（平壌）→「南北共同宣言」発表
	韓国の「太陽政策」が実を結び，分断以来55年目にして初の南北首脳会談が実現。統一への気運高まる。
03年	盧武鉉大統領就任
	→「平和繁栄政策」を掲げる（「太陽政策」を踏襲）
06年	北朝鮮，地下核実験実施→韓国，経済協力事業を一部制限
07年	南北首脳会談開催→「南北共同宣言」発表
08年	李明博大統領就任→「非核・開放・3000構想」実施
09年	北朝鮮，核実験実施（2回目）
10年	韓国海軍哨戒艦沈没事件（北朝鮮の魚雷攻撃による） 北朝鮮による砲撃事件（韓国市民2人死亡）
11年	金正日死去→金正恩，朝鮮労働党第一書記，国防委員会第一委員長に就任
12年	北朝鮮，弾道ミサイル発射
13年	北朝鮮，核実験実施（3回目） 朴槿恵大統領就任→「韓半島信頼プロセス」の推進を表明
15年	朝鮮半島の非武装地帯で地雷爆発，両国の緊張が高まる
16年	北朝鮮，核実験実施（2回），度重なる弾道ミサイル発射 北朝鮮，朝鮮労働党大会開催（金正恩，党委員長に就任） 金正恩，国務委員長（＝国家のトップ）に就任
17年	文在寅大統領就任 北朝鮮，米を射程に入れる大陸間弾道弾(ICBM)の開発に成功 北朝鮮，核実験実施（6回目）
18年	南北首脳会談開催（板門店）
20年	北朝鮮，開城の南北共同連絡事務所を爆破

10年の欄：南北対立激化

太陽政策
経済協力や人的交流の拡大を通じて北朝鮮を孤立させず，改革・開放への誘導を目指す対話重視路線。呼称はイソップ物語「北風と太陽」にちなむ。

2000年の南北共同宣言
①統一問題を自主的に解決する
②南北の統一案に共通性を認め，統一を志向する
③南北離散家族の再会を進める
④経済協力を通じて，民族経済を均衡的に発展させる
⑤早期に当局間対話を開催する

↑とり合った手をあげる金正日総書記(右)と金大中大統領(当時)

2007年の南北共同宣言(重点)
①南北の経済協力の拡大
②平和体制の構築　休戦状態を終息→平和協定締結

非核・開放・3000構想
北朝鮮が核放棄と改革・開放に進めば，1人当たり年間所得が10年以内に3000ドルになるよう支援する。

朝鮮労働党大会(第7回)の主な特徴
①36年ぶりの開催（第6回は故金日成主席時代の1980年）
②第一書記だった金正恩が党委員長（新設された最高ポスト）に就任
③核開発と経済発展を同時に進める「並進路線」を「恒久的に堅持」と表明

金正恩

板門店宣言(主な内容)
①完全な非核化を通じて核のない朝鮮半島を実現
②年内に朝鮮戦争の終戦を宣言し，休戦協定を平和協定に転換するため南北米または南北米中の協議を進める

解説　朝鮮統一は実現するのだろうか？　韓国の金大中大統領による「太陽政策」は，2000年に分断以来初めての南北首脳会談を実現させ，統一への気運を高めた。続く盧武鉉大統領時代の07年にも，2度目の南北首脳会談が開かれるなど協調ムードは続いた。が，06年に北朝鮮の金正日総書記が初の核実験を実施すると協調ムードは一変。08年に就任した李明博大統領は，核放棄を求めて宥和政策を見直し，南北関係は冷却化した。11年，金正日の死後，金正恩が権力を継承。金正恩は，「先軍政治」(＝軍・軍事を最優先させる統治方式)を引き継ぎ，核・ミサイル開発を進める。13年に就任した朴槿恵大統領は，当初，対話を模索したが，制裁と軍事的圧力を強める政策へ転換した。17年に就任した文在寅大統領は再び対話を求め，宥和的な姿勢をみせた。

（縦書き右）現在の尹錫悦大統領（2022年就任）は対立姿勢をみせている。

 SIDE STORY　朝鮮労働党の最高職は「総書記」であったが，金正日総書記が死亡したため，新たな最高職として「第一書記」が設置された。その後，2016年に「党委員長」が最高職となり，2021年には「総書記」が最高職として復活した。

A 「アラブの春」～民衆革命の波～

①チュニジア (164*)
（ジャスミン革命）
失業中男性の焼身自殺
（10年12月）
→反政府デモ
→ベンアリ政権崩壊
（11年1月）
ベンアリ元大統領
在任23年

②エジプト (127)
民主化要求デモ
（11年1月～）
→ムバラク政権崩壊
（11年2月）
ムバラク元大統領
在任30年

⑤シリア (173)
民衆デモ
（11年3月～）
→アサド政権，
反体制派武力
弾圧
→内戦へ
アサド大統領
在任22年（2世代で50年）
（2023年10月現在）

モロッコ　アルジェリア　西サハラ　モーリタニア　レバノン　イラク　イラン　ヨルダン　クウェート　バーレーン　サウジアラビア　スーダン　オマーン　ジブチ

④リビア (160)
民衆デモ
→内戦へ
（11年3月～10月）
→カダフィ政権
崩壊
（11年10月）
カダフィ氏
在任42年

③イエメン (170)
民衆デモ（11年2月～）
→サレハ大統領辞任
（11年10月）
サレハ前大統領
在任22年

■ 憲法を改正した国
■ 政権が変わった国
■ 内戦状態が続いている国
▨ 反政府デモ発生国

＊国名についている（　）内の数字は自由度ランキング（178か国中，2010年現在）
（NGO「国境なき記者団」，外務省資料などによる）

B 「アラブの春」のその後

○エジプトの動き

ムルシ＊大統領就任
（2012.6）＊イスラム組織ムスリム同胞団が支持母体

↓

経済や社会はよくならず，イスラム主義を掲げるムスリム同胞団への反発，大統領の権力独占への不満から，反ムルシ派による大統領辞任を求める大規模なデモ発生

↓

軍部主導のクーデタ（2013.7）
→ムルシ大統領排除，
軍による暫定政権成立

↓

新憲法制定（2014.1）

↓

シーシ＊大統領就任（2014.6）
＊軍部主導のクーデタの指導者
→ムスリム同胞団や政権に批判的な者の取締強化

○シリアの動き

国連幹部，シリア情勢は内戦との認識を初めて示す（2012.6）

（シリア内戦の相関図）

アサド政権軍 —戦闘→ 反体制派諸勢力
　自由シリア軍
　アルカイダ系などイスラム過激派 ヌスラ戦線など
　クルド人勢力
非難　不攻撃の密約？

（『朝日キーワード2015』朝日新聞出版）

↓

アサド政権軍，化学兵器使用→多数の市民が死亡（2013.8）

↓

その後，化学兵器廃棄の道筋ができ，OPCW（化学兵器禁止機関）がノーベル平和賞受賞

↓

国連などによる停戦仲介難航，内戦終結のめど立たず

国連難民高等弁務官事務所（UNHCR）によると1,300万人以上が国内外で難民生活を送っているとされる。（2022年末現在）

解説　春はやってくるのか？ 2010年にチュニジアで発生した民主化要求運動・**ジャスミン革命**を皮切りに，中東・北アフリカ諸国で次々と民主化運動がおこり，長期独裁政権が崩壊した。これを「**アラブの春**」と呼ぶ。

しかし，有力な指導者を持たず，社会の青写真を描けていない状態でおきた民衆革命は，その後社会の不安定化を招いた。内戦（シリア，リビアなど），独裁強化（エジプト，バーレーンなど），混乱に乗じたISILの登場などにより，地域全体で多くの犠牲者や難民がでて混乱を極めている。混乱の原因は，体制派・反体制派に関係なく，国益にかなう勢力を支持した欧米諸国の関わり方にあるとする意見もある。

FOCUS 「ISIL」の台頭

「アラブの春」後の中東では，非人道的な政策を掲げて勢力を拡大した「ISIL」が世界を震撼させた。「ISIL」の前身は，2003年のイラク戦争後，イラク西部で反米・反政府活動を繰り広げてきたイスラム武装組織。2008年にはその多くが掃討されたが，逃げ延びた先のシリアで「内戦」が発生すると権力の空白に付け込むような形で拠点を築いていった。2014年に入ると，シリアから国境を越えてモスルなどイラク北部の都市を制圧。6月末に「イスラム国」の建国を宣言した。しかし，欧米やイラク，シリア軍が展開した掃討作戦により，2015年以降「ISIL」の支配地域は徐々に縮小。2017年7月には，イラク軍がイラク第2の都市で「ISIL」の経済活動の拠点であるモスルを奪還した。勢力は縮小しているが「ISIL」の呼びかけに応じたテロは世界各地で散発しており，予断を許さない。

（『朝日キーワード2017』朝日新聞出版など）

○ISILの影響下にある地域

トルコ　ラッカ　モスル　イラン　シリア　パルミラ　ダマスカス　地中海　バグダッド　イラク

国際

用語Check 〔〇P.376〕 民族自決，国連難民高等弁務官事務所（UNHCR）

7 核兵器の廃絶と国際平和

1 被爆体験──風化させないために

"あの日"──昭和20年8月6日。

中学3年だった私は，学徒動員で，広島市郊外の軍需工場にいた。仕事前のひと時，工場の中庭でラジオ体操の真っ最中だった。

突然，頭上にきらめいた青白いせん光，同時に地平線から上へ走るあやしげな光の横波。その光の波が天空に達したとたん「ドカーン」という大音響が耳をつんざいた。工場の窓ガラスが吹っ飛び，何人かの級友が顔中，血だらけになって倒れた。…

不気味なキノコ雲がニョッキリ現れ，その夜，広島は燃えつづけた。

あけて7日──その日みた"死のヒロシマ"。そのすさまじい光景は，どんな言葉をもってしてもいいつくせない。行けども行けども一面の焼け野原。猛火に追われ川まで逃れ，そこで絶命したのであろう。両岸を埋めつくすような，おびただしい死者の群れ─。たどり着いたわが家の焼け跡，そこには真っ白い骨だけの祖母が横たわっていた。

（『毎日新聞』1978.8.15）

←かろうじて外形をとどめている爆心地の産業奨励館（原爆ドーム）

原子爆弾が炸裂すると

- 1000万度ぐらいの熱 → 急激な空気の膨張「ドン」という音 → 衝撃波（建造物を破壊する）
- 放射線（皮膚を焼く，細胞を侵す）
- 光や熱線を含む電磁波 → 強烈な閃光「ピカッ」（真昼の太陽よりも明るい）

（参考　山田克哉『核兵器のしくみ』講談社現代新書）

解説　薄れる被爆の記憶　広島と長崎に原子爆弾が投下されてから70年後の2015年，NHKが広島市と全国の20歳以上の男女を対象に原爆や核兵器に関する意識調査を実施。広島に原爆が投下された年月日を答えてもらったところ，正確に答えられたのは，広島で70%（1990年は80%が正確に解答），全国で30%であった。広島市民でさえ3割が答えられなかったということになる。70年という時の流れの中で**記憶の風化が徐々に進んでいる**ことがわかるが，冷戦終結後も核戦争への不安が完全になくならないなか，被爆体験を決して風化させてはならない。

2 核軍拡競争

A 各国最初の原爆・水爆実験実施年

年	原爆	年	水爆
1945	アメリカ	1952	アメリカ
49	ソ連	53	ソ連
52	イギリス	57	イギリス
60	フランス	67	中国
64	中国	68	フランス

あなたが使えばうちも使うよ！

恐怖の均衡

B 核兵器の種類

	分類	目的
戦略核兵器（戦略核）	射程5,500km以上 ICBM（大陸間弾道弾）・SLBM（潜水艦発射弾道ミサイル）・戦略爆撃機の「3本柱」	直接相手の領土を攻撃して国家を壊滅させるためのもの（米ソの本土に向けられたもの）
中距離核戦力（INF）（戦域核）	射程500km以上 中距離核ミサイル	主にヨーロッパが戦場になったときに使用が想定されていたもの
短距離核戦力（戦術核）	射程500km以下 短距離核ミサイル・核砲弾・核地雷・核魚雷など	戦場で敵の兵士や戦車，輸送部隊などを攻撃するためのもの

解説　核抑止論にたつ核兵器開発　核兵器の開発はまず原爆から水爆という順序で進められた。冷戦時代には，核兵器をもつことで威嚇しあい，互いに相手国からの攻撃を思いとどまらせようとする考え（＝**核の抑止論**）から核開発競争がくりひろげられた。1985年頃までに核保有5か国（米ソ英仏中）によって蓄積された**核兵器**の総量は，爆発威力にして広島型原爆の147万発に相当するものであった。単純計算すると，約2千億人の死者をもたらし，地球上の人類を35回以上殺せることになる。

3 ラッセル・アインシュタイン宣言
倫政22

現在では広島を破壊した爆弾の2,500倍も強力な爆弾を製造できる……もしそのような爆弾が地上近くまたは水中で爆発すれば，放射能をもった粒子が上空へ吹き上げられる。そしてこれらの粒子は死の灰または雨の形で徐々に落下してきて，地球の表面に降下する。日本の漁夫たちとその漁獲物を汚染したのは，この灰であった＊。そのような死をもたらす放射能をもった粒子がどれほど広く拡散するのかは誰にもわからない。しかし最も権威ある人々は一致して水爆による戦争は実際に人類に終末をもたらす可能性が十分にあることを指摘している。

↑ラッセル（1872〜1970）

↑アインシュタイン（1879〜1955）

＊**第五福竜丸事件**のこと。アメリカの水爆実験により乗組員23人が被災。

（『ラッセル・アインシュタイン宣言』日本パグウォッシュ会議HP）

解説　科学者による核禁止の宣言　1954年のアメリカによる**ビキニ環礁水爆実験**に抗議し，核兵器の禁止を訴え，イギリスの哲学者**ラッセル**，アメリカの物理学者**アインシュタイン**ら第一級の科学者の署名により1955年に出されたのがこの宣言である。以後，科学者により核兵器の廃絶や社会的責任，科学と社会の諸問題を討議する**パグウォッシュ会議**が世界各地で開かれてきた。

SIDE STORY　F・ルーズベルト大統領の急死に伴い，副大統領から昇格したトルーマン大統領。「つぶれた洋品店の親父」のような風貌などと酷評され，自らを男らしい決断力のある存在として誇示するために原爆投下を指示したとの説も。

4 軍拡・軍縮の歩み

年	主なできごと	主な核軍縮条約の内容	意義・問題点等
1945	米, 広島と長崎に原爆投下	**部分的核実験禁止条約(PTBT)**	地下核実験の技術をもっていない国が, 核兵器の開発をできないようにするもの。
49	ソ連, 原爆保有	• 大気圏内, 宇宙空間及び水中での核実験を禁止(地下実験までは禁止せず)。	
50	ストックホルム・アピール(核兵器の使用禁止などを決議)		
52	英, 原爆保有。米, 水爆保有	**核拡散防止条約(NPT)** 21	この場合の核保有国とは, 「1967年1月1日以前に核兵器を製造し, かつ爆発させた国」＝米ソ英仏中の5か国。この5か国以外の国が核兵器を開発・保有することを禁じるもの。
〃	国連総会に軍縮委員会創設される	• 核保有国は非核保有国への核兵器の引き渡しを禁止。	
53	ソ連, 水爆保有	• 非核保有国は, 核兵器の製造, 取得を禁止。	
54	**第五福竜丸**が米の水爆実験で被ばく	• 非核保有国が, 原子力発電所など核物質を生み出す施設を持った場合, 国際原子力機関(IAEA)の現地査察を受ける。	*1 IAEAは原子力の平和利用の促進, 指導と軍事転用防止を目的とする国際機関。2005年にノーベル平和賞受賞。前事務局長は日本人の天野之弥氏(2019年7月没)。
55	ラッセル・アインシュタイン宣言(➡P.298 ③)		
〃	第1回**原水爆禁止世界大会**(広島) 16		
57	パグウォッシュ会議(科学者の国際会議)		
〃	**国際原子力機関(IAEA)** *1 設立		
60	フランス, 原爆保有		
63	**米英ソ**, 部分的核実験禁止条約(PTBT)調印		
64	中国, 原爆保有		
68	**米英ソ**, 核拡散防止条約(NPT)調印	**戦略兵器制限条約(SALT Ⅰ, Ⅱ)**	際限のない核軍拡競争に歯止めがかかる。SALTⅡは米議会で批准されず, 発効に至らず。
72	米ソ, 弾道弾迎撃ミサイル制限(ABM)条約調印	• 戦略核兵器(➡P.298 ②)の保有数の上限を設定。	
〃	**米ソ**, 戦略兵器制限条約(SALT Ⅰ)調印		
74	インド, 原爆保有	**中距離核戦力(INF)全廃条約**	廃棄するミサイルの数は, 保有する核兵器全体からみればわずかだが, 削減に踏み出したのは初めて。2018年, 米側が破棄の意向を表明, 2019年失効。
78	第1回**国連軍縮特別総会**	• 中距離核戦力(➡P.298 ②)を廃棄。	
79	**米ソ**, SALTⅡに調印		
83	米, 戦略防衛構想(SDI)提唱		
87	**米ソ**, 中距離核戦力(INF)全廃条約調印		
91	**米ソ**, 戦略兵器削減条約(START Ⅰ)調印	**戦略兵器削減条約(START Ⅰ, Ⅱ)**	START Ⅰは2009年失効。START Ⅱは2002年のモスクワ条約の調印により, 未発効のまま消滅。
93	**米口**, 戦略兵器削減条約(START Ⅱ)調印	• 戦略核兵器(➡P.298 ②)の運搬手段や核弾頭数を制限。	
〃	**化学兵器禁止条約**調印(➡P.275 ⑤)		
96	国連, 包括的核実験禁止条約(CTBT)採択	**包括的核実験禁止条約(CTBT)**	185か国が署名したが, 批准は170か国。発効要件国 *2 44か国のうち, 批准国は36か国(2023.2現在)。 未発効。 18
97	**対人地雷全面禁止条約**調印(➡P.302 ⑩)	• あらゆる核兵器の爆発実験とその他の核爆発の禁止(爆発を伴わない実験〔臨界前〕は禁止せず)。	
98	インド・パキスタン, 核実験実施		
2002	米, **ミサイル防衛(MD** *3**)**構想推進のためABM条約から離脱→同条約失効	**戦略攻撃戦力削減条約**	核弾頭自体の廃棄は義務づけられていないので, 削減した弾頭の保管が可能。
〃	**米口**, 戦略攻撃戦力削減条約(モスクワ条約)調印	• 戦略核弾頭数を2012年末までに現有の3分の1に削減。	
06	北朝鮮, 核実験実施(09, 13, 16年にも実施)		
08	**クラスター爆弾禁止条約**調印(➡P.302 ⑪)	**新戦略兵器削減条約(新START)**	*2 条約発効のために批准が必要とされている特定の国(核保有国を含む44か国)。うち, 印, パ, 北朝鮮は未署名。米, 中など未批准。
09	オバマ米大統領, プラハ演説「核兵器のない世界」	• 発効から7年以内に配備する核弾頭数を, 現状から約3分の1削減。2011年発効(期限2026年)。	
〃	「核兵器のない世界」を目指す決議(安保理)		
10	**米口**, 新戦略兵器削減条約(新START)調印		
13	**武器貿易条約**調印(➡P.302 ⑫)		
17	国連, 核兵器禁止条約採択		
18	北朝鮮, 核・ミサイル実験の中止を宣言		
19	中距離核戦力(INF)全廃条約失効		
21	核兵器禁止条約発効		

*3 核ミサイルや通常ミサイルを地上や海上に配備したミサイルで迎撃するもの。北朝鮮からミサイル発射を予告された2009, 12, 13年には, 首都圏や沖縄県などにPAC3(地対空誘導ミサイル)が配備された。

際

5 核兵器は違法？ 合法？

国際司法裁判所(ICJ)の「勧告的意見」(1996)
①核兵器の使用・威嚇は, 武力紛争に適用される国際法(特に人道法)の原則・規則に反する。
②核軍縮交渉を誠実に実行し, 完結させる義務がある。
③国家の存亡の危機に直面するような自衛の極端な状況において, 核兵器の使用・威嚇が合法か, 違法かの結論は出せない。

解説 ICJの「判決」 ③について, 広島の被爆者の間では「極限の自衛であっても核兵器使用はまかりならない」との反発もあった。しかし, 「他の国家や人類を滅亡に導いてまで守るべき一国の利益はない」との立場で, 核軍縮を促す政治的な警告意見(②)を盛り込んでおり, 勧告的意見は核兵器廃絶の理念を明確にしている。ICJ勧告から20年以上たつが, 国際的な反核世論の発展, 反核運動に貢献しているのは確かである。

6 信頼醸成措置の必要性

信頼醸成措置の具体化例
～欧州安全保障協力機構(OSCE)のとりきめ～
○一定規模以上の軍事演習について
• 周辺諸国に内容, 期間, 目的などをあらかじめ通報する。
• 相手側専門家によるオブザーバーとしての参加を認め, 演習が通報内容に即したものであるかどうかを確認させる。

➡ **国家間の不安と懸念の解消**

解説 冷戦終結の土台 1975年に開催された**全欧安全保障協力会議(CSCE)**において, ヘルシンキ宣言が採択され, 安全保障について重視された概念が信頼醸成措置(CBM)である。冷戦終結後, CSCEは国際機構として発展し, 1995年には**欧州安全保障協力機構(OSCE)**と改組した。

SIDE STORY 核兵器は「ウラン」をもとにできている。ウランの原子核に中性子がぶつかると原子核が分裂し, 大きなエネルギーが出て, 新しい中性子が飛び出す。その中性子が原子核にぶつかりまた分裂がおこる。この核分裂を一瞬におこしたのが核兵器である。

＊非核地帯＝核兵器の開発・製造，実験，保有や使用，域内の輸送や持ち込みを禁止した地域。

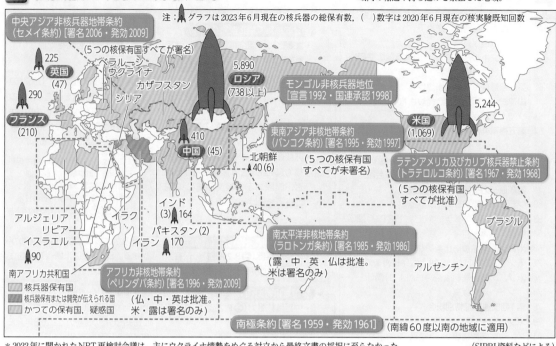

注：🚀 グラフは2023年6月現在の核兵器の総保有数，（ ）数字は2020年6月現在の核実験既知回数

中央アジア非核兵器地帯条約
（セメイ条約）［署名2006・発効2009］
（5つの核保有国すべてが署名）

ベラルーシ
ウクライナ
カザフスタン
シリア

225
英国
(47)

290
フランス
(210)

5,890
ロシア
(738以上)

モンゴル非核兵器地位
［宣言1992・国連承認1998］

5,244
米国
(1,069)

東南アジア非核地帯条約
（バンコク条約）［署名1995・発効1997］
（5つの核保有国
すべてが未署名）

410
中国 (45)

北朝鮮
40(6)

ラテンアメリカ及びカリブ核兵器禁止条約
（トラテロルコ条約）［署名1967・発効1968］
（5つの核保有国
すべてが批准）

インド
(3) 164

パキスタン (2)
170

イラン

アルジェリア
リビア
イスラエル
90

南アフリカ共和国

南太平洋非核地帯条約
（ラロトンガ条約）［署名1985・発効1986］
（露・中・英・仏は批准。
米は署名のみ）

ブラジル

アルゼンチン

アフリカ非核地帯条約
（ペリンダバ条約）［署名1996・発効2009］
（仏・中・英は批准。
米・露は署名のみ）

- 核兵器保有国
- 核兵器保有または開発が伝えられる国
- かつての保有国，疑惑国

南極条約［署名1959・発効1961］ （南緯60度以南の地域に適用）

＊2022年に開かれたNPT再検討会議は，主にウクライナ情勢をめぐる対立から最終文書の採択に至らなかった。 （SIPRI資料などによる）

A 核兵器保有または開発の疑惑国
（NPT非批准国） ＊（ ）内は初核実験の年

インド (1974)	1998年にも核実験実施。2回の核実験は，カシミール問題で対立するパキスタンへの示威行為と考えられている。
パキスタン (1998)	1998年，インドに対抗して核実験実施。核開発にかかわったカーン博士は「核開発の父」と国民から英雄視される。
北朝鮮 (2006)	2003年にNPTを脱退，核保有を宣言。2006年に続き，2009，2013，2016，2017年にも核実験実施。（→P.301 8 ）
イスラエル (1979?)	公式には核保有宣言はしていないが，国際社会からはほぼ確実視されている。
イラン	2002年，核開発につながるウラン濃縮活動＊が発覚。その後も「原発などの平和利用」を目的とし，ウラン濃縮活動を展開。核開発は加速した。しかし，国際社会の制裁で経済が疲弊したこともあり，13年以降融和路線に転ずる。15年に制裁解除と引き換えに核開発制限に最終合意。 ＊核分裂するウラン235の濃度を高めること（核兵器の材料となる）

B 核の闇市場

（『朝日新聞』2004.8.6）

欧州の企業
ドイツ，オランダ，スイス，イギリス，ベルギー，オーストリアなど

ロシア

核技術や高濃縮ウラン

イラン

イラク

核関連技術の商談

リビア

ドバイ
核の闇市場の中心地

核技術，関連機器

パキスタンの核技術と北朝鮮のミサイル技術交換

北朝鮮

中国
核技術，核弾頭設計図

パキスタン

日本

マレーシア

遠心分離器，核弾頭設計図

遠心分離器の部品を製造・輸出

日本企業製のウラン転換プラント

↑ カーン博士

○イラン核問題の最終合意骨子 （包括的共同行動計画，2015年7月）
- イランはウラン濃縮活動などを10～15年制限
- イランによる措置の履行をIAEA（国際原子力機関）が確認
- 欧米は核関連の経済制裁を解除，凍結

解説 核兵器は拡散している 現在，核保有国は，**アメリカ，ロシア，イギリス，フランス，中国**の5大国（NPT批准国）と**インド，パキスタン，北朝鮮**の3か国。他に，核保有が確実視されている国にイスラエルがある。また，2004年にはパキスタンのカーン博士が北朝鮮，リビア，イランに核技術を流出させたことを認め，「核の闇市場」の存在も明らかになった。核技術はグローバル化の波に紛れて，拡散していったのである。核開発の疑惑国の一つ，イランは，原油の枯渇に備えて原発依存を強め，原発の核燃料をつくるためとしてウラン濃縮活動を進めてきた。IAEA（国際

原子力機関）は，11年の報告書で，核爆発に必要な高性能爆薬の実験が行われた疑いなどを指摘したが，イランは査察を拒否。12年から国際社会の経済制裁を受けた。13年に就任したロハニ大統領は，アフマドネジャド政権の強硬路線から，融和路線に転換。同年，制裁の一部緩和と引き換えに核開発の縮小に合意。15年には，米英独仏中ロ6か国と「包括的共同行動計画」で最終合意に達した。これは，NPT体制のもと，外交交渉で新たな核兵器保有国ができるのを防ぐ歴史的合意といえる。

 SIDE STORY ユダヤ人科学者のレオ・シラードは，ナチスの迫害から逃れアメリカに移住した。アインシュタインの署名を得て，ルーズベルト大統領にナチスの核保有の危険性を訴える手紙を送り，アメリカの原爆開発が始まったとされている。

8 北朝鮮の核をめぐって

Ⓐ 北朝鮮の核問題関連年表

1985	核拡散防止条約（NPT）に加入
92	国際原子力機関（IAEA）と包括的核査察協定に調印 →査察受け入れ
93	IAEAの特別査察要求拒否→**NPTからの脱退宣言**
94	米朝，ジュネーブ合意（➡Ⓒ）
2002	**核開発の事実を認める**
03	**NPTからの脱退宣言** 第1回6か国協議（➡Ⓓ） →核問題の平和的解決で合意
05	北朝鮮が**公式**に「**核保有**」を宣言 6か国協議で初の共同声明採択（北朝鮮の核廃棄を盛り込む）
06	北朝鮮が長距離弾道ミサイル発射，初の核実験実施
07	6か国協議で核廃棄の「初期段階措置」「第2段階措置」を決めた合意文書採択
08	米，北朝鮮に対するテロ支援国家指定解除
09	北朝鮮が長距離弾道ミサイル発射 北朝鮮が2回目の核実験実施
12	米朝がウラン濃縮活動停止や食糧支援で合意
13	北朝鮮が3回目の核実験実施
14	北朝鮮が短距離弾道ミサイルなど発射
15	北朝鮮が潜水艦発射弾道ミサイルなど発射
16	北朝鮮が4回目（1月）・5回目（9月）の核実験実施
17	北朝鮮が大陸間弾道ミサイル（ICBM）の発射成功 北朝鮮が6回目の核実験実施（9月）
18	南北首脳会談（板門店），米朝首脳会談（シンガポール）
19	米朝首脳会談（2月ハノイ，6月板門店）
22	北朝鮮，過去最多のミサイル発射

↑ **6か国協議首席代表会合**（2008.12）

Ⓑ 北朝鮮が核兵器開発にこだわった理由

①体制を維持する「武器」

冷戦構造の中で生まれた北朝鮮は，冷戦自体が終結したため，生き残りに苦労している。

↓

核兵器は，「体制崩壊と外部からの圧力を抑える最大の武器」。

②外交の切り札

体制を維持するためには，アメリカとの関係正常化が必要。

↓

「核カード」を切り札とし，アメリカに交渉を求める。

（参考：重村智計監修『北朝鮮ってどんな国？』PHP研究所）

Ⓒ 利益をせしめた1994年の核外交

核兵器開発疑惑浮上（1992），NPTから脱退（1993）

北朝鮮　米朝交渉難航　アメリカ

| 何らかの制裁が行われたら宣戦布告とみなす | 核施設攻撃を検討 |

カーター米大統領と金日成国家主席の交渉

↓

ジュネーブ合意（1994）

北朝鮮	支援	アメリカ
・NPTへの完全復帰 ・核開発の凍結，核施設の解体		・軽水炉2基 ・重油50万トン

Ⓓ 6か国協議

北朝鮮の核問題を解決するための多国間協議で，中国を議長国に北朝鮮，韓国，アメリカ，日本，ロシアが参加。

経過	米朝対立から，なかなか成果あがらず
	北朝鮮 「核カード」（核放棄）を切り札に米朝不可侵条約締結や経済制裁解除などを要求 **VS** **アメリカ** 核および開発計画の完全放棄を要求
主な成果	・北朝鮮の核廃棄を盛り込んだ共同声明採択（2005） ・核廃棄の「初期段階措置」「第2段階措置」を決めた合意文書採択（2007）
現状	6か国協議を通じての核問題解決は困難に（2009年，北朝鮮が6か国協議からの離脱表明，核実験強行。以後，協議再開のめど立たず）

○**第6回6か国協議（2007.10）の合意内容**

一　北朝鮮は，既存の核施設を無能力化する（米国は無能力化の中心的役割を果たし，資金を提供する。米国は専門家を北朝鮮に派遣し無能力化のための準備をする）。

一　北朝鮮は2007年12月31日までにすべての核計画について正確な申告をする。

一　北朝鮮は核物質，技術およびノウハウを移転しないことを約束。

一　北朝鮮と米国は，2者間の関係を改善し，完全な外交関係を目指すことを約束（米国はテロ支援国家指定解除に向け作業を開始，対敵通商法の適用終了に向け行動）。

一　北朝鮮に対し，経済，エネルギーおよび人道支援を提供。

Ⓔ 北朝鮮の核・ミサイル開発

目標	核弾頭を小型化・多弾頭化し，米本土へ到達可能にすること
現状 核兵器	**原子爆弾**…長崎原爆（重量約5t）程度の技術力は確立 **水素爆弾**…2017年の核実験でICBM搭載用の水素爆弾の実験に成功したと主張
現状 ミサイル	**短距離弾道ミサイル，中距離弾道ミサイル**…実戦配備 **大陸間弾道弾***（ICBM）…実戦配備目前，開発途上 *射程距離5,500km以上

○北朝鮮が保有するミサイル戦力（『朝日新聞デジタル』2017.8.29）

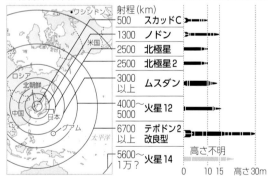

解説 **北朝鮮の核開発，そのねらいは？**　核は現代の国際政治では使えない武器である。しかし，北朝鮮は金日成，金正日時代に「核カード」を外交で使ってきた。自分たちの体制を守るためには，敵対してきたアメリカとの関係をよくすることが必要だと考え，「核カード」を切り札にアメリカからの譲歩獲得を目指してきたのである。2011年，金正日の死後，権力を継承した金正恩も，核・ミサイル開発を積極的に進めている。しかし，先代までとは異なり，核・ミサイルを，あくまでも独裁体制維持のための不可欠な手段と位置づけており，外交交渉への意欲はあまりないとされる。いずれにしても，国際社会の非難を無視し，核・ミサイル開発に突き進む北朝鮮の行動がNPT体制を危ういものにしていることは間違いない。

SIDE STORY　劣化ウラン弾…核燃料原料となるウラン235を抽出した残りのウラン238は比重が大きく，装甲車などの破壊に適した砲弾の原料となる。湾岸戦争・イラク戦争後，この地域で白血病や奇形児の発生率が高まったとの報告がある。

⑨ 世界の通常兵器取引

Ⓐ 主要通常兵器の主な輸出国と輸入国（2018～2022年計）

*TIV（trend-indicator value）はストックホルム国際平和研究所による独自の価格単位で、通常兵器の移転に関する価格コストではなく生産コストなどに基づいて見積もられた評価額のこと。

【輸出国】

総額 1,382億 TIV*
- アメリカ 40.2%
- ロシア 16.2
- フランス 10.8
- 中国 5.2
- ドイツ 4.2
- イタリア 3.8
- その他

【輸入国】

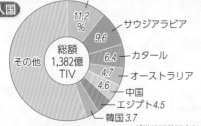

総額 1,382億 TIV
- インド 11.2%
- サウジアラビア 9.6
- カタール 6.4
- オーストラリア 4.7
- 中国 4.6
- エジプト 4.5
- 韓国 3.7
- その他

（『世界国勢図会』2023／24）

注：主要通常兵器とは、戦車、戦闘用航空機、軍艦、ミサイルなどを指す。

解説 アジアで進む軍拡と「死の商人」 冷戦終結後、米ソ両大国の圧力が及ばなくなった第三世界が軍備増強に走る一方で、緊張緩和により得意先を失った米ロをはじめとする大国の軍事産業が第三世界に活路を見いだしている。また、近年は豊富な資金源のある武器商人（＝死の商人）が、合法、非合法を問わず、第三世界や紛争当事国、テロリストに武器を売っており、軍縮を阻んでいる。

⑩ 対人地雷全面禁止条約　［署名 1997.12／発効 1999. 3］

Ⓐ 条約の骨子

- 使用、開発、生産、取得、貯蔵、保有及び移譲並びにこれらの援助、奨励及び勧誘について禁止。
- 条約の規定に従って、すべての貯蔵中・敷設中の対人地雷を廃棄。
- 寄託者たる国連事務総長に貯蔵数、地雷敷設地域、廃棄計画等を報告。
- 40か国目の批准書寄託から6か月で発効。

➡ 地雷原の標識を手にする子ども

Ⓑ 対人地雷保有国（2015年、上位10か国）

順位	国　名	個数	順位	国　名	個数
1	フィンランド	16,500	6	アルジェリア	5,970
2	トルコ	14,800	7	ギリシャ	5,682
3	バングラデシュ	12,050	8	クロアチア	5,584
4	スウェーデン	6,115	9	ベネズエラ（2011年）	4,875
5	ベラルーシ	5,997	10	チュニジア	4,570

（ICBL『ランドマイン・モニター報告』2016による）

解説 対人地雷の恐怖 対人地雷は、敵に死亡させない程度の障害を与えることができ、敵の戦意を喪失させる。少ない負担で敷設でき、安易に敷設されやすいが、その被害は民間人にも及ぶ。**地雷禁止国際キャンペーン（ICBL）**などNGOがその廃絶を呼びかけ、地雷禁止の賛同国との間で条約を発足させた（**オタワ・プロセス**）。現在164か国が批准（2023年1月現在）しているが、地雷を多数生産・保有しているアメリカ、中国、ロシアなどは未参加。なお、1997年には、条約推進に尽力したICBLとジョディ・ウィリアムズ代表がノーベル平和賞を受賞している。

⑪ クラスター爆弾禁止条約　［署名 2008.12／発効 2010. 8］

Ⓐ 条約の骨子

- 使用、開発・生産・取得・貯蔵・移譲、並びにこれらの活動に対する援助、奨励、勧誘を禁止。
- 重量20kg未満の子弾を多数内蔵し、散布・投下するよう設計された通常弾をクラスター爆弾と定義。
- 自国について条約が発効後、8年以内に廃棄。
- 直接の被害者に加え、その家族、地域社会も被害者と定義し、治療等の援助を行う。

110か国が批准（2023年1月現在）

親爆弾

飛散する子爆弾

解説 実現するか？クラスター爆弾廃絶！ クラスター爆弾は、投下されると親容器に詰め込まれた子爆弾が散布され、半径200mぐらいを同時に攻撃することができる兵器である。不発に終わり、戦闘が終わってから爆発するケースも多く、市民に深刻な被害を与えていることから、人道上の問題が指摘され続けてきた。2007年2月、オスロ会議（有志国とNGOなど参加）で「オスロ・プロセス」が構成され、2008年5月に条約が採択された。有志国やNGOが主導して制定された兵器禁止の条約としては対人地雷禁止条約に続き世界で2例目。2010年8月に発効したが、アメリカやロシア、中国など、大量に保有、製造している国は条約に未署名。そうした国の参加をどう促すかが今後の課題となる。

⑫ 武器貿易条約　［署名 2013. 6／発効 2014.12］

Ⓐ 条約の骨子

- 規制対象は戦車、攻撃ヘリ、軍艦、ミサイルなどの大型兵器7種と、小型武器の計8種
- 安保理制裁決議違反や虐殺などに使われると分かっていれば、輸出入などは禁止
- 輸出の記録は最低10年間保存、条約事務局への毎年の報告を義務化
- 闇市場への流出阻止に向けた措置の義務化・奨励

⇦ 国連総会で採択（2013年）

解説 通常兵器の国際取引と規制 通常兵器の国際取引を規制する初の国際ルール、武器貿易条約（ATT）が2014年12月に発効した。同条約は2013年4月に成立。闇市場への流出防止や虐殺・テロ予防が期待され、「重大な人権侵害を防ぐ強力な武器になる」と潘基文国連事務総長も歓迎した。今後の課題としては、①手投げ弾や軍用輸送機など対象となる武器の範囲の拡大、②（条約に実効性を持たせるために）武器輸出大国の批准があげられる。

注：米国は、銃規制反対の圧力団体・全米ライフル協会の影響もあり、条約批准の見通しが立っていない。また、ロシアは署名していない。
（2023年1月現在、113か国が批准）

用語 Check 〔➡P.376〕 核抑止論、核拡散防止条約（NPT）、中距離核戦力全廃条約（INF全廃条約）、戦略兵器削減条約（START）、化学兵器禁止条約、包括的核実験禁止条約（CTBT）、信頼醸成措置、非核地帯

●次のまとめの中の❶～⓭にあてはまる言葉を答えなさい（解答は下の欄外）。

重要ポイントの整理

(1)冷戦の展開

①冷戦の始まり (1946 ～ 55)

ヤルタ会談 (1945)

→ヤルタ体制成立，「鉄のカーテン」演説 (1946)

資本主義諸国 (西側，アメリカ中心)		社会主義諸国 (東側，ソ連中心)
トルーマン・ドクトリン (1947)	政治	コミンフォルム (1947)
マーシャル・プラン (1947)	経済	コメコン (1949)
❶＿＿＿＿＿＿機構 (NATO) (1949)	軍事	❷＿＿＿＿＿＿＿機構 (WTO) (1955)

②両陣営の対立

・ドイツの東西分断

4か国(米英仏ソ)分割占領

→西側占領地域の通貨改革 (1948)

→**ソ連，ベルリン封鎖** (1948 ～ 49)

→東西ドイツ成立

・朝鮮戦争

朝鮮の南北分断 (1948)→朝鮮戦争 (1950 ～ 53)

③緊張緩和(❸＿＿＿＿)と多極化 (1955頃～ 70年代)

・**緊張緩和**

ジュネーブ4巨頭会談 (1955)，ソ連外交の転換(スターリン批判→平和共存政策) (1956)

・**多極化**

西側：フランス，NATO軍事機構脱退 (1966)，EC発足 (1967)

東側：**中ソ対立** (1960)，ポーランド暴動 (1956)，ハンガリー事件 (1956)，プラハの春 (1968)

・❹＿＿＿＿(非同盟中立の立場をとるアジア・アフリカ諸国)の台頭→平和5原則 (1954) →**バンドン(AA)会議** (1955) …平和10原則採択

・代理戦争　❺＿＿＿＿＿＿ (1962)

　　　　　　ベトナム戦争 (1965 ～ 75)

④新冷戦

ソ連の**アフガニスタン侵攻** (1979)

→米ソ軍拡競争，世界で反核運動高揚

⑤冷戦の終わり

ソ連に**ゴルバチョフ**政権成立 (1985) …**ペレストロイカ**，「新思考外交」展開

→**INF全廃条約** (1987)，東欧民主化 (1989)，ベルリンの壁崩壊 (1989)，アフガニスタンから撤退 (1989)

→❻＿＿＿＿＿で**冷戦終結**宣言 (1989)

(2)冷戦終結後の動向

①1990年代

東西ドイツの統一 (1990)，ソ連崩壊→**独立国家共同体(CIS)** 形成 (1991)，イラクのクウェート侵攻

→❼＿＿＿＿ (1991)，ユーゴスラビア分裂 (1990年代)

②2000年代

アメリカ❽＿＿＿＿＿テロ (2001)

→アメリカの単独行動主義…アフガニスタン攻撃 (2001)，イラク戦争 (2003)

戦後国際政治の展開 ↓ P.286 ～ 291

重要ポイントの整理

(1)人種・民族問題と地域紛争

背景－人種・民族の複雑な関係→武力紛争へと発展

主な地域紛争	旧ソ連・東欧	**チェチェン紛争**，旧ユーゴスラビア紛争など
	西欧	北アイルランド紛争など
	アフリカ	スーダン内戦，**ソマリア内戦**，ルワンダ内戦など
	アジア	カシミール紛争，チベット問題，アフガニスタン問題など
	中東	**パレスチナ問題**，クルド人問題，**湾岸戦争**，イラク戦争，シリア内戦など

(2)難民問題

①難民＝人種・宗教・政治的意見などを理由として迫害を受ける可能性があるために自国外におり，自国の保護を受けることのできない人々

②難民の地位に関する条約(難民条約)－難民の追放・迫害の禁止などを定める

③国連難民高等弁務官事務所(❾＿＿＿＿＿)－難民救済のための国連機関

民族問題と紛争 ↓ P.292 ～ 297

(1)軍拡から軍縮へ

軍拡－東西両陣営の対立→核抑止論に基づく核兵器開発競争－戦略兵器の開発など

・❿＿＿＿＿＿＿＿会議 (1957)－核兵器と戦争の廃絶を目指す科学者の会議

・キューバ危機回避 (1962)→米ソ緊張緩和(デタント)，**信頼醸成措置**

・国連，NGOの活動―**国連軍縮特別総会(SSD)** (1978)

・ソ連，ゴルバチョフ政権の「新思考外交」

軍縮－核兵器の制限→削減へ，マルタ会談で冷戦終結，先進国間の軍縮進展

(2)主な核軍縮・軍縮条約

多国間協定	⓫＿＿＿＿＿＿＿＿＿条約(PTBT) (1963)
	⓬＿＿＿＿＿条約(NPT) (1968)
	⓭＿＿＿＿＿＿＿＿条約(CTBT) (1996)
米ソ(ロ) 二国間協定	戦略兵器制限交渉(SALT) (1972, 79) **中距離核戦力(INF)全廃条約** (1987) **戦略兵器削減条約(START)** (1991, 93) 戦略攻撃兵器削減条約(モスクワ条約) (2002) 新核軍縮条約(新START) (2010)
軍縮条約	**化学兵器禁止条約** (1993) **対人地雷全面禁止条約** (1997) クラスター爆弾禁止条約 (2008) 武器貿易条約 (2013)

(3)軍縮の諸問題

①核拡散防止…ロシアの核管理のずさんさ(予算不足)→中東等への拡散の危険性

②NPT体制の矛盾…既存の核保有国の核所有容認

③武器輸出入問題…発展途上国の軍拡進展←地域紛争の多発，先進国の軍需産業の要請

核兵器の廃絶と国際平和 ↓ P.298 ～ 302

BackUP

途上国で生産された原材料と，先進国で生産された工業製品が交換される貿易を垂直貿易という。[21]

1 国際分業の利益

それぞれの国には特有の気候や風土，資源，自然条件などがあって，生産しやすいものと生産できてもコストが高くつくものとがあります。他国に比べて有利に生産できるものをたくさん生産し，それを海外に輸出して，自国で生産しづらいものを海外から輸入すれば，お互い効率のよい生産ができます。

ですから貿易は安い国（豊富に生産している国）から輸入し，高い国（生産が少ない国）に輸出することによって，**国際分業**，世界的な資源の再配分を行って，共存共栄をはかることに意義があります。

そのためには，貿易は**自由貿易**（政府が規制を加えず，自由に輸出入）である必要があります。ただ，どの国も国際競争力の弱い産業を抱えており，それが農業のように海外に全面的に依存すると，いざという時（戦争や不作で輸入ができなくなるような場合）に困る場合があります。そこで，海外の安い製品が大量に入ってこないよう規制を設けるのが**保護貿易**です。

ところが政府が特定の産業を保護すると，既得権が発生し，それを改めようとすると強烈な抵抗が生まれます。このため，保護貿易はなかなかなくならないのです。

（西野武彦『経済のしくみが面白いほどわかる事典』PHP研究所による）

[倫政23] 国際競争力がある工業部品や完成品を相互に輸出する貿易を水平貿易という。

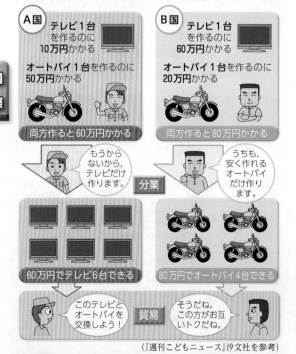

（『週刊こどもニュース』汐文社を参考）

解説 国際分業の利益 各国が，自国にない商品や自国商品より安い商品を輸入して，自国で安く生産できる商品を輸出すれば互いに利益が生じる。これを**国際分業の利益**という。イギリスの経済学者**リカード**(1772～1823)は**比較生産費説**(→P.308)に立った自由貿易こそが，この利益をもたらすと説いているのである。

2 国際分業の形態 [16][19]

垂直(的)分業	先進国と発展途上国の間にみられる分業で，前者が工業製品を，後者が農産物・原燃料などの**一次産品**を主に生産し交換する。
水平(的)分業	先進国相互間で行う分業。不足する同水準の工業製品を相互に補完しあう形で交換する。

A 主要工業国の輸出内容比較 (2021年)

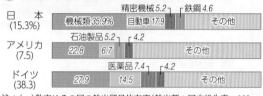

- 日本 (15.3%)：機械類 35.9%／自動車 17.9／精密機械 5.2／鉄鋼 4.6／その他
- アメリカ (7.5)：石油製品 5.2／22.8／6.7／4.2／その他
- ドイツ (38.3)：27.9／14.5／医薬品 7.4／4.2／その他

注：( )数字はその国の輸出貿易依存度（輸出額÷国内総生産×100，国内総生産は2021年の数値）。

B 発展途上国の輸出品目割合 (2021年)

- パキスタン 288億ドル：繊維品 31.9%／衣類 29.4／米 7.5／その他
- ボツワナ 75億ドル：ダイヤモンド 89.8%
- ザンビア 101億ドル：銅 75.9%／鉄鋼 2.2／その他

（**A**・**B**『日本国勢図会』2023/24による）

3 アジアでの「水平分業」進む日本の製造業

A 品目別輸入額と製品輸入比率の推移 (日本)

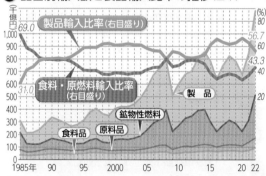

（製品輸入比率（右目盛り）69.0 → 56.7／43.3／31.0／食料・原燃料輸入比率（右目盛り）／製品／鉱物性燃料／食料品／原料品）

B 日本とアジアとの貿易の推移

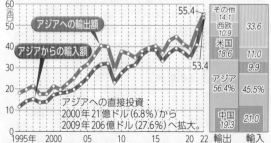

アジアへの輸出額 55.4／アジアからの輸入額 53.4

アジアへの直接投資：2000年21億ドル(6.8％)から2009年206億ドル(27.6％)へ拡大。

	輸出	輸入
その他	14.1	33.6
西欧	10.9	
米国	18.6	11.0
		9.9
アジア	56.4%	45.5%
中国	19.3	21.0

注：アジアからの輸入品急増品目は，事務用機器・半導体・中国からの衣類など。　　（**A**は財務省資料，**B**は総務省資料による）

解説 進む水平分業 日本はアジア諸国とのつながりを増し，かつてのような垂直分業にとどまらず，次第に水平分業が進んでおり，それぞれの役割は変化してきている。

SIDE STORY デヴィッド・リカードは，14歳からロンドン証券取引所で働き，多くの財を築いた。実業家としても成功し，42歳で仕事を引退した。親友は哲学者のジェームズ・ミル。

4 貿易の形態

自由貿易	国際分業の利益を追求するには，貿易について国家が政策の介入をすべきではないとする。**アダム＝スミスの自由貿易論**にはじまり，**リカードの比較生産費説**で理論的に確立された。
保護貿易	自国の発展途上の産業を守り育成するため輸入制限や関税などにより貿易を制限。19世紀，ドイツの経済学者**リスト**(1789〜1846)が，**経済発展段階説**から主張した。幼稚産業・発展途上国の理論ともいえる。 [20]

A 保護貿易の手段

関税障壁	輸入品に関税を賦課し，輸入品価格を上昇させることで輸入量を制限する。
非関税障壁 [21]	輸入数量を直接的に制限したり，輸入許可手続・検疫基準などの強化により輸入しにくくする。

B 応用してみよう──関税の貿易・生産への影響

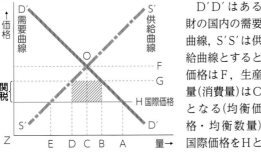

D′D′はある財の国内の需要曲線，S′S′は供給曲線とすると，価格はF，生産量(消費量)はCとなる(均衡価格・均衡数量)。国際価格をHとし，自由貿易が行われれば，国内生産量はEに減少し，輸入量はA－Eとなる。

そこで，G－Hの関税を課したとするとその商品の輸入品価格はHからGに上昇するので，国内生産量はDに増加し輸入量はB－Dに減少する。ちなみに政府には斜線部分の関税収入が入ることになる。つまり保護関税を賦課することで国内生産量を増加させ，輸入数量を減少させたのである。(高崎経済大学 入試問題による)

解説 **ブロック経済から自由貿易へ** 世界恐慌後の第二次世界大戦前夜，世界各国は輸入禁止・制限や高率の関税によるブロック経済を進め，貿易を衰退させ戦争へと突き進んだ。その反省から，戦後，自由貿易拡大のためIMFやGATTが組織された。

5 世界の輸出貿易に占める主要国の割合

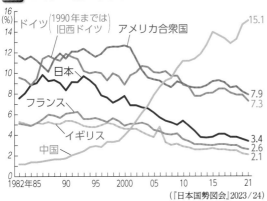

(『日本国勢図会』2023／24)

解説 **不況の影響がここにも** 1980年代に大きく伸びた日本の貿易はバブル崩壊後，急速に下降している。しかし世界輸出の約4％近くを占める日本の動向は，世界の貿易に大きな影響を与えていることは間違いない。

6 地域別の世界輸出貿易の現状

A 世界の輸出貿易額の推移

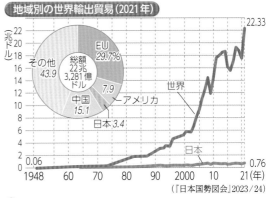

(『日本国勢図会』2023／24)

B 相手地域別の輸出割合(2021年)

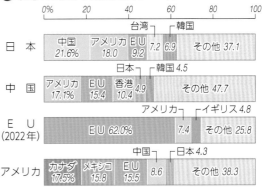

(『日本国勢図会』2023／24などによる)

解説 **躍進する開発途上国** 中国をはじめとする開発途上国の輸出貿易の拡大は目覚ましい。一方で，EU域内貿易の比率の高さから，強固な地域経済圏を形成していることもうかがえる。

7 各国の1人当たり貿易額と貿易依存度

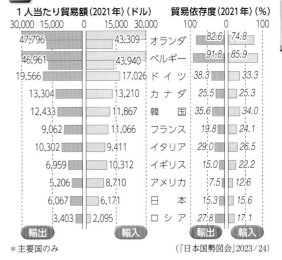

＊主要国のみ (『日本国勢図会』2023／24)

貿易依存度＝輸出入額÷GDP

解説 **貿易依存度とは** 貿易依存度は，GDP(国内総生産)に対する輸出入額の比率のことである。GDPなどで表される経済的規模は人口の小さい国ほど比率は高くなる。ベルギーやオランダが高いのはそのためである。逆に，日本やアメリカの貿易依存度は低くなっている。

国際

用語Check 〔➡P.376〕 国際分業，比較生産費説，垂直分業，水平分業，自由貿易，保護貿易，リカード，リスト，関税，非関税障壁

305

9 外国為替と国際収支

1 外国為替とは

Ⓐ 外国為替と外国為替相場

外国為替	国と国との間でお金の決済をする方法・手段。(→2)
外国為替相場 (外国為替レート)	ある国の通貨と他国の通貨との「交換比率」のこと。ex.) 1ドル＝80円

Ⓑ 外国為替相場の決め方

固定(為替)相場制	為替レートを政策的に固定する方法。
変動(為替)相場制	為替レートを，外国為替市場での通貨の需要と供給のバランスで決める方法。

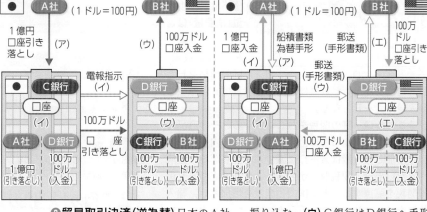

⬆ 1ドル＝75円86銭(2011年11月)　⬆ 1ドル＝123円1銭(2015年5月)

解説 為替＝交換(exchange)　為替とは，遠距離で商品の売買などをするときに，直接現金のやりとりをせずに代金の決済をするしくみである。しかも外国と貿易をする際は，お互いの通貨が異なるため，一定の比率のもとで通貨を交換する必要がある。通貨の交換＝売買がおこなわれている市場が「外国為替市場」であり，そこでの通貨の需要・供給で為替レートが決まるしくみを「変動為替相場制」とよぶ。

2 外国為替のしくみ 倫政20・22・23

❶A社とB社の送金決済(並為替)

(ア) A社は日本での取引銀行Cと，円を対価にドルを買う外国為替取引をする。(イ) C銀行はA社の円口座から1億円引き落とし，アメリカにあるD銀行へB社に対して100万ドル支払えという指示の電報を打つ。(ウ) D銀行は自行にあるC銀行のドル口座から100万ドルを引き落としてB社に振り込む。

❶送金決済 (並為替)	日本のA社からアメリカのB社に送金

❷貿易取引決済 (逆為替)	日本のA社からアメリカのB社に商品を輸出

並為替と逆為替…外国為替を利用した代金決済で，債務者が債権者へ銀行を通じておカネを送ることを送金為替(並為替)とよび，債権者が銀行を通じて債務者からおカネを取り立てることを取立為替(逆為替)とよぶ。

❷貿易取引決済(逆為替)

日本のA社がアメリカのB社と商品を100万ドル分輸出する契約をした。(ア) A社はB社を支払人とし，C銀行を受取人とする額面100万ドルの外国為替手形を振り出す。これを船積書類とともにC銀行に持ち込む。(イ) C銀行はこのドル建ての手形を買い取り，A社の口座に1億円振り込む。(ウ) C銀行はD銀行へ手形と船積書類を郵送し，B社からの代金の取り立てを依頼する。(エ) D銀行はそれらをB社に呈示して，B社の口座から100万ドル引き落としてC銀行の口座に振り込む。

(『入門の経済 外国為替のしくみ』日本実業出版による)

国際

FOCUS 海外旅行の狙い目は？〜為替相場による費用の違い〜

外国為替相場はグローバル化した現在の社会では，さまざまな分野に影響を与える。その一つが海外旅行である。日本人にとってみれば，円高のほうが海外旅行はしやすい。例えば1,000ドルの費用がかかる旅行を考えてみよう。1ドル＝200円のときには20万円が必要となるが，1ドル100円の円高になると，10万円と割安になるからだ。

外国人が日本を訪れる場合にはこの逆となる。日本で10万円の費用がかかる旅行は，1ドル＝100円のときには1,000ドル必要だが，1ドル＝200円のときには500ドル準備すればよく，円安のほうが旅行はしやすい。グラフからも，円安が進行した2013年以降，訪日客数が上昇しているのがわかる。新型コロナウイルスが流行する前は日本各地で中国・韓国からの旅行者を目にする機会も多かった。デパートや家電量販店で日本製品を大量購入する"爆買い"が社会現象となり，流行語大賞を受賞したのも2015年である。

○円相場と訪日客数の推移

(日本銀行及びJNTO(日本政府観光局)の資料より作成)

⬆ 買い物を楽しむ中国人観光客(2016年)

SIDE STORY 為替の「為」の字は，何かになる，他のものに変化するという意味。「替」は身代わり，代用品の意味。遠方の者との間に生じたお金の貸し借りや移動を，直接お金を送らずに代用品で処理することを「為替」という。

A 新旧の国際収支表

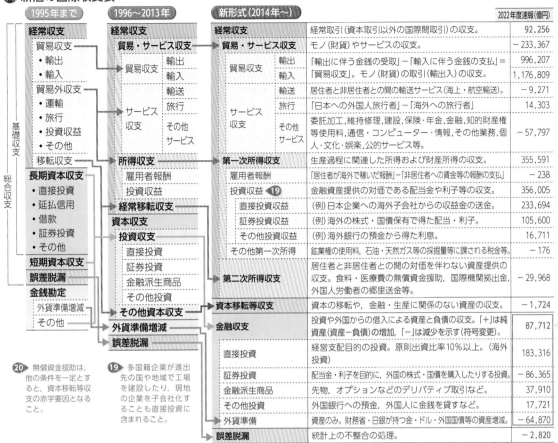

1995年まで（基礎収支／総合収支）

- 経常収支
  - 貿易収支
    - • 輸出
    - • 輸入
  - 貿易外収支
    - • 運輸
    - • 旅行
    - • 投資収益
    - • その他
  - 移転収支
- 長期資本収支
  - • 直接投資
  - • 延払信用
  - • 借款
  - • 証券投資
  - • その他
- 短期資本収支
- 誤差脱漏
- 金銭勘定
  - 外貨準備増減
  - その他

1996～2013年

- 経常収支
  - 貿易・サービス収支
    - 貿易収支（輸出／輸入）
    - サービス収支（輸送／旅行／その他サービス）
  - 所得収支
    - 雇用者報酬
    - 投資収益
  - 経常移転収支
- 資本収支
  - 投資収支
    - 直接投資
    - 証券投資
    - 金融派生商品
    - その他投資
  - その他資本収支
- 外貨準備増減
- 誤差脱漏

新形式（2014年～）

項目			説明	2022年度速報(億円)
経常収支			経常取引(資本取引以外の国際間取引)の収支。	92,256
貿易・サービス収支			モノ(財貨)やサービスの収支。	−233,367
	貿易収支	輸出	「輸出に伴う金銭の受取」−「輸入に伴う金銭の支払」=「貿易収支」。モノ(財貨)の取引(輸出入)の収支。	996,207
		輸入		1,176,809
	サービス収支	輸送	居住者と非居住者との間の輸送サービス(海上・航空輸送)。	−9,271
		旅行	「日本への外国人旅行者」−「海外への旅行者」	14,303
		その他サービス	委託加工,維持修理,建設,保険・年金,金融,知的財産権等使用料,通信・コンピューター・情報,その他業務,個人・文化・娯楽,公的サービス等。	−57,797
第一次所得収支			生産過程に関連した所得および財産所得の収支。	355,591
	雇用者報酬		「居住者が海外で稼いだ報酬」−「非居住者への賃金等の報酬の支払」	−238
	投資収益[19]		金融資産提供の対価である配当や利子等の収支。	356,005
		直接投資収益	(例)日本企業への海外子会社からの収益金の送金。	233,694
		証券投資収益	(例)海外の株式・国債保有で得た配当・利子。	105,600
		その他投資収益	(例)海外銀行の預金から得た利息。	16,711
	その他第一次所得		鉱業権の使用料,石油・天然ガス等の採掘量等に課される税金等。	−176
第二次所得収支			居住者と非居住者との間の対価を伴わない資産提供の収支。食料・医療費の無償資金援助,国際機関拠出金,外国人労働者の郷里送金等。	−29,968
資本移転等収支			資本の移転や,金融・生産に関係のない資産の収支。	−1,724
金融収支			投資や外国からの借入による資産と負債の収支。「+」は純資産(資産−負債)の増加,「−」は減少を示す(符号変更)。	87,712
	直接投資		経営支配目的的の投資。原則出資比率10%以上。(海外投資)	183,316
	証券投資		配当金・利子を目的に,外国の株式・国債を購入したりする投資。	−86,365
	金融派生商品		先物,オプションなどのデリバティブ取引など。	37,910
	その他投資		外国銀行への預金,外国人に金銭を貸すなど。	17,721
	外貨準備		資産のみ。財務省・日銀が持つ金・ドル・外国国債等の資産増減。	−64,870
誤差脱漏			統計上の不整合の処理。	−2,820

[20] 無償資金援助は,他の条件を一定とすると,資本移転等収支の赤字要因となること。

[19] 多国籍企業が進出先の国や地域で工場を建設したり,現地の企業を子会社化することも直接投資に含まれること。

（右欄）新形式では符号が逆になった。

解説 国際収支とは？ 国際収支とは,外国との全ての経済取引の体系的な記録。日本は日銀作成の**国際収支表**を使っていたが,1996年にIMF国際収支マニュアル第5版(1993年公表)形式に移行した。背景には,サービス貿易増大,金融・資本取引の自由化・国際化で,従来の形式では正確な実態把握が難しくなった事情がある。さらに2008年にはグローバル化,金融取引の高度化を受け,IMFが第6版を公表。日本も2014年から新形式に移行した。

4 主要国の経常収支の推移

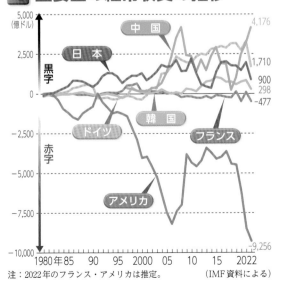

注：2022年のフランス・アメリカは推定。 （IMF資料による）

5 主要国の外貨準備高の推移

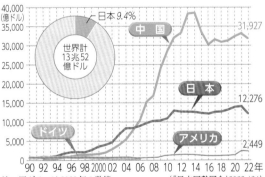

注：円グラフは2022年の数値。 （『日本国勢図会』2023/24）

解説 外貨準備とは 政府や中央銀行がもっている金・外貨など「準備資産」のこと。他国に対して外貨建て債務の返済などが困難になった場合にあてられるほか,自国の通貨安定のため「為替介入」をする際の資金としても運用されるため,その国の国際的信用力ともなる。一般的に,**国際収支全体が黒字の場合には増加し,赤字の場合は減少する。**

 用語Check 〔→P.376〕 外国為替,外国為替相場,国際収支,経常収支,貿易・サービス収支,第一次所得収支,第二次所得収支,資本移転等収支,金融収支

比較生産費説 09 13 18 20

比較生産費説とは，自分の国ですべてのモノを作って自給自足するのではなく，得意なモノだけ作って，苦手なモノを他の国から輸入したほうが，お互いに豊かになれる，という考え方。

ここでは，その考え方について理解しよう。

① 「得意なモノだけ作る」という発想

①A国とB国がテレビ（1台）と小麦（10kg）を生産するのにかかる費用

	テレビ（1台）	小麦（10kg）
A国	1万円	2万円
B国	6万円	5万円

※テレビも小麦も自国で生産すると，両国合わせてテレビ：2台・小麦：20kgしか作ることができない。※A国はテレビ・小麦ともB国より少ない費用で生産できる（＝絶対優位）。

②それぞれの国が得意なモノだけ作る場合（＝比較優位を持つ商品に生産を特化した場合）

A国	テレビを3万円で3台作る（1万＋2万）÷1万＝3台
B国	小麦を11万円で22kg作る（6万＋5万）÷5万＝22kg

※A国はテレビ，B国は小麦の方が少ない費用で生産できる（＝比較優位）。テレビ，B国は，小麦に生産を特化すると，両国合計でテレビ：3台，小麦：22kg作ることができる。

①は，AとBの2国が，テレビと小麦だけ生産するとして，生産にかかる費用を示したものである。ここでは，A国は，テレビ・小麦ともB国より少ない費用で生産が可能（＝絶対優位）。また，このまま両国が生産した場合，両国合計でテレビ2台・小麦20kg生産可能。ここで，A国は，テレビの生産の方が得意（＝比較優位）で，B国は，小麦の方が得意である。よって，A国では，小麦の生産の費用をすべてテレビの生産にあてる（＝特化）。B国では，テレビの生産の費用をすべて小麦の生産にあてる（②）。すると，両国合計でテレビ3台・小麦22kgが生産できる（テレビ1台・小麦2kg増加＝国際分業の利益）。

② 自由貿易と保護貿易

このあとA国はテレビをB国に輸出して小麦を輸入し，B国は小麦をA国に輸出して，テレビを輸入すれば，お互いにより豊かになれる。このとき，できるだけ自由に貿易をしようというのが「自由貿易」論だ。

しかし，例えばB国は苦手なテレビ産業も発展させたいのであるが，自由貿易をしたらA国の安くて質のいいテレビによって衰退してしまうだろう。だからB国は輸入するテレビに高い関税をかけたり，輸入量を減らしたりして，国内のテレビ産業を保護したい。それが「保護貿易」論である。

	長所	短所
自由貿易	・他国との交流がさかんになる。 ・世界中からもっとも安く，品質のよい工業製品や農作物が得られる。	・力の弱い産業は衰退する。 ・大国が利益を得る。
保護貿易	・自分の国の富（工業・農業）を増大させることができる。	・貿易の自由化は阻止される。 ・国民は高額な国産の製品や農作物を買わされる。

③ 「競争」か「保護」か

自由貿易の基本は，外国との「競争」。競争力のある産業が生き残る。各国のホンネは，得意な分野は自由貿易にし，苦手な分野は保護貿易にしたいが，国ごとに得意・苦手分野は違うから，世界一律に自由貿易を推進できず，意見が衝突してしまう。WTO（世界貿易機関）が発足したにもかかわらず新ラウンド（→P.314）がなかなか進展しないのもそこに原因がある。

入試にチャレンジ

例題 次の表は，リカードの比較生産費説を説明するための例を示している。A国では220単位の労働量が存在し，B国では360単位の労働量が存在している。そして，各国とも貿易前は，電気製品と衣料品を各1単位ずつ生産している。リカードの比較生産費説の考え方として最も適当なものを，①〜④から一つ選べ。

	電気製品1単位の生産に必要な労働量	衣料品1単位の生産に必要な労働量
A国	100	120
B国	200	160

①A国は両方の生産技術が優れているので両財を輸出し，B国は両財を輸入すれば，両国全体で両財の生産量が増加する。

②B国は両方の生産技術が優れているので両財を輸出し，A国は両財を輸入すれば，両国全体で両財の生産量が増加する。

③A国は衣料品の生産に特化し，B国は電気製品の生産に特化して貿易すれば，両国全体で両財の生産量が増加する。

④A国は電気製品の生産に特化し，B国は衣料品の生産に特化して貿易すれば，両国全体で両財の生産量が増加する。 （2008年現社本試験）

解答＆考え方

例題 正解：④　A・B国の内部でより少ない労働量で生産できる財（＝比較優位をもつ財）は何かを見極めるのがポイント。表より，A国は電気製品，B国は衣料品に比較優位をもつから，その財に生産を特化して貿易をすればよい。①A国はどちらの財もB国より少ない労働量で生産できる（絶対優位）。しかしA国が両方の財を生産しても「国際分業の利益」は生まれない。②「B国は〜優れている」が誤り。また，一方の国が両方の財を輸出する（輸入する）ことはない。③A国は電気製品，B国は衣料品に特化する。

新国際収支表の読み方

日本の国際収支統計は，IMFの新しい国際収支マニュアル（第6版）に準拠する形で，2014年から大幅に見直された。ここでは，新旧の国際収支表を比較し，変更点と注意点をわかりやすく解説していこう。

国際収支統計は，その国と外国との経済取引を記録したもので，その国の「家計簿」のようなものである。国際収支統計を継続して記録していくことで，その国の対外的な経済取引（モノやサービスの貿易，利子・配当，投資，外貨の増減）の傾向や，経済構造の問題点などを見通すことができる。

IMFの国際収支マニュアル改定にともなって，日本では2014年から新国際収支表が使用されている。左の図のように，新旧の国際収支表を比較すると，項目の移動や項目名の変更がいくつか見受けられる。国際収支表を学習する上での問題点を以下に整理していこう。

1 新旧国際収支表

旧形式項目	新形式項目
経常収支	経常収支
貿易・サービス収支 →	貿易・サービス収支
貿易収支	貿易収支
サービス収支	サービス収支
所得収支 →	第一次所得収支
経常移転収支 →	第二次所得収支
資本収支 →	資本移転等収支
投資収支 →	金融収支
その他資本収支 →	外貨準備以外
	外貨準備
外貨準備増減 →	
誤差脱漏 →	誤差脱漏

2 新国際収支表の変更点

Ⓐ 項目名称の変更点

	旧項目	内　容	新項目
①	所得収支	外国との給与・利子・配当などのやりとり	第一次所得収支
②	経常移転収支	外国との対価を伴わないお金のやりとり（送金，食糧や医薬品の援助など）	第二次所得収支
③	その他資本収支	外国との投資収支以外の投資のやりとり（ODA，鉱業権，排出権，移籍金など）	資本移転等収支
④	投資収支	外国との投資のやりとり（直接投資，株，債券，預金など）	金融収支
	外貨準備増減	政府・中央銀行がもっている外国資金（金，ドル，外国国債など）	

新国際収支表では，Ⓐのようにいくつかの新しい項目名が使用されている。特に注意がいるのは，**「資本収支」の大項目が消え，「投資収支」と「外貨準備増減」が新設の大項目「金融収支」へと統合された**ことである。

国の金融資産の増減をみる項目が「金融収支」である。Ⓑのように金融収支は，資産の増加・負債の減少をプラス，資産の減少・負債の増加をマイナスとしてカウントすることで，日本の**純金融資産（資産−負債）の大きさ**を表示する。

Ⓑ 新項目の「プラス」「マイナス」のカウントの仕方

	新項目	「プラス」「マイナス」のカウントの仕方
①	経常収支（貿易・サービス収支，第一次所得収支，第二次所得収支）	【資金流入−資金流出】※従来どおり 資金の流入→プラス 資金の流出→マイナス
	資本移転等収支	
②	金融収支（直接投資・証券投資・金融派生商品・その他投資・外貨準備）	【資産−負債】※従来との変更点 資産の増加・負債の減少→プラス 資産の減少・負債の増加→マイナス

（①の例）
- 日本から外国へ輸出増加→輸入代金の流入→「経常収支（貿易収支）」のプラス
- 日本から外国への無償資金援助→援助資金の流出→「経常収支（第二次所得収支）」のマイナス

（②の例）
- 日本から外国銀行への預金→【＝資産の増加】→「金融収支（その他投資）」のプラス
- 日本の外貨準備の減少→【＝資産の減少】→「金融収支（外貨準備）」のマイナス
- 外国企業による日本株の買い付け→【＝負債の増加】→「金融収支（証券投資）」のマイナス
- 外国銀行から受けた融資への返済→【＝負債の減少】→「金融収支（その他投資）」のプラス

旧国際収支表の「投資収支」「外貨準備増減」では，他項目同様，資金の動きに着目して，資金流入はプラス，資金流出はマイナスとカウントしていたため，金融資産や外貨準備が純増すると「マイナス」表示となったが，今回の改定によって「プラス」表示となる。

また，国際収支表は「お金の収支」をみるものであるため，収支の全項目の合計が0となる計上方式をとる（複式計上方式）。よって従来は「経常収支＋資本収支＋外貨準備増減＋誤差脱漏＝0」という恒等式になったが，新国際収支表では上記の通り「金融収支」のカウント方法が変更されたため，恒等式は「経常収支＋資本移転等収支−金融収支＋誤差脱漏＝0」となる。

Ⓒ 国際収支表全体の恒等式

旧）経常収支＋資本収支＋外貨準備増減＋誤差脱漏＝0

新）経常収支＋資本移転等収支−金融収支＋誤差脱漏＝0

円高・円安

「円高」とは外国の通貨（特にドル）に対して「円」の価値が高くなり，「円安」とは「円」の価値が下がることである。外国為替市場では日々「円」が売り買いされており，その価値も常に変化している。

「円」の価値が変化すると，外国との貿易やお金のやりとりに影響を与え，ひいては経済そのものに大きく影響する。ここでは，円高・円安のメカニズムについて理解しよう。

❷ 1 円高・円安とはどういう意味？

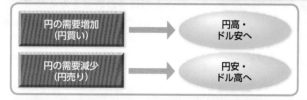

円高・ドル安
【1円の価値 UP・1ドルの価値 DOWN】

1ドルの「価値」が20円下がった。
（円の価値が上がった）

① 1ドル＝120円
1 $ ＝ ┌1$の価値┐ 100 10 10
（1円＝0.0083ドル）

② 1ドル＝100円
1 $ ＝ ┌1$の価値┐ 100
（1円＝0.01ドル）

1ドルの「価値」が20円上がった。
（円の価値が下がった）

円安・ドル高
【1円の価値 DOWN・1ドルの価値 UP】

「1ドル＝120円」とは，「1ドルと120円が同じ価値」という意味だ。これを**為替レート**という。為替レートは「1ドル」を基準に表示する。**変動為替相場制**（➡P.312）では毎日，毎分，毎秒，この為替レートが変化しているのだ。

左の図で①→②へ為替レートが動くと，1円の価値は0.0083ドルから0.01ドルへとUPしている。だからこの①→②への動きを「円高」という。「120円」が「100円」へと数字が小さくなっているのは，「1ドル」を基準にしているためなのだ。また1ドルの価値は，120円から100円にDOWNしているので，「**ドル安**」とよぶ。「円高」と「ドル安」は，コインの両面のように裏腹の関係なのだ。②→①への動きは，すべて①→②の逆。1円の価値は下がり，1ドルの価値は上がっているので，「**円安・ドル高**」とよぶ。

2 どうして円高・ドル安（円安・ドル高）になるのか？

円の需要増加（円買い）　→　円高・ドル安へ

円の需要減少（円売り）　→　円安・ドル高へ

「円」＝「商品」，「為替レート」＝「価格」と考えれば，普通の市場と同じ。円に対する需要が高まれば（円買いすれば），円の価格，つまり為替レートは円高になり，円に対する需要が減少すれば（円売りすれば）円安になる。

①円高・ドル安になるケース

㉑ 他の経常収支の項目が一定である場合，貿易収支の黒字幅が拡大すると円高に動く一因となること。

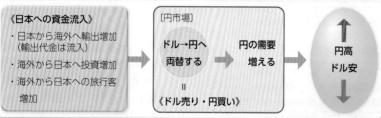

《日本への資金流入》
・日本から海外へ輸出増加（輸出代金は流入）
・海外から日本へ投資増加
・海外から日本への旅行客増加

〔円市場〕
ドル→円へ両替する
＝
《ドル売り・円買い》

円の需要増える

円高ドル安 ↑↓

②円安・ドル高になるケース

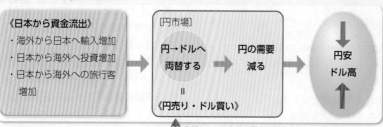

《日本から資金流出》
・海外から日本へ輸入増加
・日本から海外へ投資増加
・日本から海外への旅行客増加

〔円市場〕
円→ドルへ両替する
＝
《円売り・ドル買い》

円の需要減る

円安ドル高 ↓↑

「①円高・ドル安になるケース」で考えてみよう。輸出が増加したり，日本への投資が増加するなど，**日本へ資金が流入**すると，ドルがたくさん手に入る。でもそのままだと日本国内で使えないので，銀行で**ドルを円に両替**する。これは円市場で「**ドル売り・円買い**」をしていることになり，円の需要を高めていることになるので，**円の価値が高まる**（＝円高）。つまり，**資金流入→円の需要が増加→円高**となる。「②円安・ドル高になるケース」はその逆，**資金流出→円の需要が減少→円安**となる。

㉓ 為替レートの急激な円高に対応するために，日本政府が「円売り・ドル買い介入」の判断を下す場合がある。

③ 円高・円安になると経済にどのような影響があるのか？

		日本(海外)から見ると	➡	その結果	➡	日本経済への影響 ◀08
円高の時	〔日本〕	海外のドル建て商品が(円に換算すると)安くなる		①海外への輸出減少 　（輸出品価格の値上がり） ②海外からの輸入増加 　（輸入品価格の値下がり） ③海外への旅行客増加 　（海外からの旅行客には不利） ④海外への投資（株式・土地・資産など）の増加		①経常収支は赤字方向へ ②製造業など輸出関連企業に打撃 　（輸入関連企業には有利） ③原材料・農作物・工業部品など輸入品価格が下がり，国内の物価を下げる要因になる ④競争力の低い農業に打撃となる ⑤企業の海外移転が進み，国内産業の空洞化が進む
	〔海外〕	日本の円建て商品が(ドルに換算すると)高くなる				
円安の時	〔日本〕	海外のドル建て商品が(円に換算すると)高くなる		①海外への輸出増加 　（輸出品価格の値下がり） ②海外からの輸入減少 　（輸入品価格の値上がり） ③海外からの旅行客増加 ④海外からの投資（株式・土地・資産など）が増加		①経常収支は黒字方向へ ②製造業など輸出関連企業は好調 　（輸入関連企業には不利） ③原材料・農作物・工業部品など輸入品価格が上がり，国内の物価を上げる要因になる ④外国企業による日本進出・M&Aが増加する
	〔海外〕	日本の円建て商品が(ドルに換算すると)安くなる				

経済ゼミ

入試にチャレンジ

例題 為替相場の変化が与える影響に関する記述として最も適当なものを，次の①〜④のうちから一つ選べ。

(2008年現社本試験)

①円高は，日本の輸出品の外貨建ての価格を低下させ，競争力を強くし，輸出を促進する働きを持つ。

②円安は，輸入原料などの円建て価格を高くし，それを使う日本国内の生産者にとっては，コスト高の要因となる。

③円安により，外貨建てでみた日本の賃金が外国の賃金と比べて上昇すると，外国人労働者の流入を増加させる働きを持つ。

④外国債券などの外貨建て資産を購入した後に，円高が進めば，それらを売却して円建て資産にすることにより，為替差益を得ることができる。

解答＆考え方

例題 **正解：②**　この問題は，円高・円安にともなう輸出入品価格や賃金，外国債券価格の変動が，経済にどのような影響をもたらすかを問う問題である。まず最初に，円高・円安にともなって円建て・外貨建ての商品価格がどのように変化するかをおさえなければならない（ここでは「外貨」を「ドル」におきかえて解説する）。

> **【円高・円安にともなう円建て・ドル建て商品の価格変化】**
> ★円高が進むと　→　円建て商品は(ドルに換算すると)**高くなる**
> 　　　　　　　　　　ドル建て商品は(円に換算すると)**安くなる**
> ★円安が進むと　→　円建て商品は(ドルに換算すると)**安くなる**
> 　　　　　　　　　　ドル建て商品は(円に換算すると)**高くなる**

この動きを基本にすえ，選択肢をそれぞれ見てみよう。

①誤り。円高になると，日本の輸出品のドルへの換算価格は高くなり，国際競争力は弱まる。1986年の円高不況がその例である。

②正しい。円安になると，輸入品を円に換算した価格が高くなる。したがって原材料・農産物の多くを輸入に頼る日本にとっては，生産コスト全体の上昇につながる。

③誤り。円安になると，円で受け取った賃金のドルへの換算価格は安くなる。すなわち，ドル建てでみた日本の賃金を下落させるので，高い賃金を目的に来日する外国人労働者の流入は減少すると考えられる。

④誤り。1ドル＝120円の時にドル建ての外国債券を1万ドル(120万円)購入した後に，円高が進み1ドル100円になると，1万ドル分の外国債券の円建て価格は100万円となり下落する。つまり，円高が進むと「為替差損」が生じることになる。

10 国際経済の枠組み

貿易は各国の利害が最も衝突しやすい場である。現代の国際貿易の課題は何か，それを解決するにはどうすればよいか考えてみよう。

1 ブレトン・ウッズ体制 ◆20 崩壊した背景の一つにアメリカドル危機があること。

	ブレトン・ウッズ体制		IMF・GATT体制
	IBRD（1945発足）国際復興開発銀行（世界銀行）	IMF（1945発足）国際通貨基金	GATT（1948発足）関税と貿易に関する一般協定→WTOへ
目的	戦後の復興支援→70年代～発展途上国・旧社会主義国への開発融資	為替の安定・為替制限の撤廃による世界貿易の拡大	自由貿易推進による世界貿易の拡大
機能	長期融資	国際収支赤字国への短期融資	関税軽減・非関税障壁撤廃

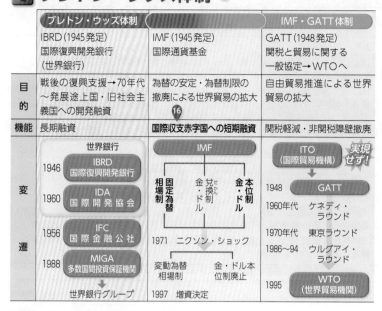

解説 世界経済の安定と拡大のために 第二次世界大戦の原因の一つは，イギリスやフランスを中心とした各国がブロック経済のもとで**保護貿易**を行い，世界貿易が縮小したことにあった。その反省に立ち，世界経済の繁栄と安定のために，国際経済機構が組織されていった。

1944年，連合国が**ブレトン・ウッズ協定**を結び，翌年，世界の為替の安定を目指す**IMF（国際通貨基金）**と，戦後復興支援を行う**IBRD（国際復興開発銀行，世界銀行）**が発足した。これを**「ブレトン・ウッズ体制」**といい，アメリカの絶対的な経済力を前提としていた。この体制によって，**ドルを基軸通貨（キーカレンシー）**として世界に供給，**国際流動性**（世界の通貨量）を確保する国際通貨体制が確立した。

また，1948年には，世界の**自由貿易**の拡大を目指す**GATT（関税と貿易に関する一般協定）**が発足した。

2 国際通貨制度の変遷

	1944.7	ブレトン・ウッズ協定調印

旧IMF（ブレトン・ウッズ）体制（崩壊）↓キングストン体制

固定為替相場制

- 1944.7 **ブレトン・ウッズ協定調印**
- 47.3 **IMF業務開始**
  - ①金とドル，ドルと各国通貨をリンク。金とドルの交換をアメリカが保証。
  - ②国際収支困難国への一時的融資など。
  - ▶金1オンス＝35ドル，1ドル＝360円（約31g）
- 60年代 対外経済援助や軍事支出の増大，経常収支赤字，民間直接投資増大による長期資本収支赤字で過剰ドル→ドルの信用低下→ドルを金に交換→アメリカから金流出（**ドル危機**）◆19
- 71.8 **ニクソン・ショック（金・ドル交換停止）**◆15
- 71.12 **スミソニアン協定調印**
  - ①ドル切り下げ。
  - ②多国間通貨調整により固定為替相場制へ。
  - ▶金1オンス＝38ドル，1ドル＝308円

変動為替相場制

- 73.2 主要国は**変動為替相場制**に移行
- 76.1 **キングストン合意**
  - ①**変動為替相場制**の正式承認（固定為替相場制のほかに）
  - ②金公定価格を廃し，**SDR**（特別引出権）を中心的準備資産とする。
  - **管理フロート制**（先進国の協調介入などで為替レートを誘導するシステム）
- 85.9 **プラザ合意**→ドル高是正，円高誘導
- 87.2 **ルーブル合意**→円高・ドル安行き過ぎ防止で協調介入

金ドル本位制・固定為替相場制 ◆19 倫政21

【金ドル本位制】
1オンス＝35ドル
ドルの価値が金とリンクされる

【固定為替相場制】
1ドル＝360円
世界の通貨がドルとリンクされる
【ドル＝基軸通貨】

変動為替相場制 ◆23 倫政21

自由レート

一定ではなく，バネが伸縮するように各通貨間のレートは自由に動く

注：フラン，マルクはそれぞれユーロ導入前のフランス，ドイツの通貨。

解説 **ブレトン・ウッズ体制の崩壊，変動為替相場制へ** IMF発足当初は，アメリカの強大な経済力を背景に，金とドル，ドルと各国通貨の価値をリンクさせる固定為替相場制をとっていた。しかし1960年代，アメリカから資金の流出が激しくなってドルの信認が下がり（**ドル危機**），1971年の**ニクソン・ショック**を経て，1973年，ついに主要国が**変動為替相場制**へ移行した。

◆19 **プラザ合意**…ニューヨークのプラザ・ホテルで開催された先進5か国蔵相会議（G5）での合意事項（ドル高の是正のため，各国が協調してドル安を誘導する）。その結果，1ドル＝240円台が2年間で約2倍の120円台へ。

ルーブル合意…パリのルーブル宮殿で開催された先進7か国蔵相会議（G7）での合意事項。急激な円高・ドル安の動きを抑え，為替相場の安定をはかる。

SIDE STORY ブレトン・ウッズは，アメリカのニューハンプシャー州のキャロル町の一地区。町民は700人程度。この町のマウント・ワシントン・ホテルで，ブレトン・ウッズ体制が決まった。

3 国際経済機構とその役割

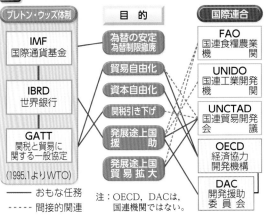

ブレトン・ウッズ体制
- IMF 国際通貨基金
- IBRD 世界銀行
- GATT 関税と貿易に関する一般協定 (1995.1よりWTO)

目的
- 為替の安定 為替制限撤廃
- 貿易自由化
- 資本自由化
- 関税引き下げ
- 発展途上国援助
- 発展途上国貿易拡大

国際連合
- FAO 国連食糧農業機関
- UNIDO 国連工業開発機関
- UNCTAD 国連貿易開発会議
- OECD 経済協力開発機構
- DAC 開発援助委員会

—— おもな任務
----- 間接的関連

注：OECD, DACは, 国連機関ではない。

4 GATTの3原則と例外

❶ 自由
- 関税引き下げ
- 輸出補助金・数量制限等**非関税障壁の廃止**
  - (例外)農産物特例制限, **国際収支擁護の制限(12条)**, 緊急輸入制限=**セーフガード(19条)** ◀15

❷ 無差別
- **最恵国待遇**→(例外)**一般特恵関税**, FTA
- 数量制限の無差別待遇
- 内国民待遇

❸ 多角
- **ラウンド交渉**(関税の多国間交渉引き下げ)
  - 実際は二国間交渉も多かった

最恵国待遇…ある国に与えた関税の引き下げなど有利な貿易条件をすべてのGATT加盟国にも適用させる原則。

農産物特例制限…農産物などはGATTの枠外にあるものが多く, 残存輸入制限を認められていた。例えば, 日本の輸入制限など。

緊急輸入制限…国内産業保護のため緊急避難措置としての輸入制限。

18 21 **一般特恵関税**…1968年の第2回UNCTAD総会で先進国が途上国からの輸入品についてだけ, 特別に関税を引き下げる制度を決定した。

内国民待遇…国内産品と同種の外国産品には同様の待遇を与える原則(例えば国産品には安い国内税を課し, 輸入品には高い国内税を課すなどの不利な扱いは禁止)。

解説 戦後, 国際経済機構の中心 国際金融面ではIMFとIBRD, 貿易面では **ITO(国際貿易機関)** が国際経済の中心となる予定だった。しかし, ITO設立が難航したためそれに代わり暫定的に創設された機関がGATTであった(1947.10調印時は23か国, 本部ジュネーブ)。

1995年WTOに代わるまでGATTはIMFとともに西側世界経済の牽引車となり, **IMF・GATT体制**とよばれてきた。

ちなみに**日本は1955年に加盟**。当初**12条国**(国際収支上の理由による輸入制限ができる国)であったが, 63年に**11条国**(輸入制限不可の国)に移行した。

Target Check 国際経済の枠組みなどに関する次の記述の正誤を判断しなさい。
(解答➡表紙ウラ)
- ☐① 英や仏などを中心としたブロック経済化が第二次世界大戦の一因になったという反省から, GATTが設立された。
- ☐② IMFは, 米国がドルと金との交換を停止したニクソン・ショックを契機として, 国際収支の赤字国に融資を行うために設立された。
(センター2006, 10本試による)

5 GATTからWTOへ

Ａ 各ラウンドの交渉テーマ

▨…GATT
▧…WTO

	第1〜5回関税交渉 1947〜61年	ケネディ・ラウンド 64〜67	東京ラウンド 73〜79	ウルグアイ・ラウンド 86〜94	ドーハ・ラウンド 2001〜？	
環境問題						その他
投資ルール 競争ルール 電子商取引						貿易関連ルール整備
知的財産権 原産地規則						
反ダンピング	反ダンピング	反ダンピング 補助金	反ダンピング 補助金	反ダンピング		
鉱工業品の関税	鉱工業品の関税 引き下げ35%	非関税障壁のルール化 鉱工業品の関税 引き下げ33%	鉱工業品の関税	鉱工業品の関税		市場アクセス
			農業 サービス	農業 サービス		
貿易額	5百億ドル (1947年)	17百億ドル (1964)	56百億ドル (1973)	205百億ドル (1986)	582百億ドル (2001)	

注：貿易額は世界の輸出総額。

解説 多角的貿易交渉(ラウンド)の歩み 1930年代の極端な保護貿易が世界経済の縮小を招いた反省から, 世界の自由貿易の確立を目指して1947年に発足したGATT(関税と貿易に関する一般協定)は, 当初から**多角的貿易交渉(ラウンド)**を重ねて関税水準を引き下げてきた。

ケネディ・ラウンド(1964〜67)で日本は鉱工業品関税の35%一括引き下げに合意し, 東京ラウンド(1973〜79)では平均33%の鉱工業製品関税の一括引き下げや非関税障壁の改善などで合意した。ウルグアイ・ラウンド(1986〜94)(➡6)では農業・サービス・知的財産権分野などのルール化が進められ, また**WTO(世界貿易機関)**の発足が決定された。

GATT体制下で計8回のラウンドを通じ, 先進諸国の平均関税率はGATT体制前の10分の1以下の4%にまで低下した。ラウンドはWTO発足後も継続し, 2001年からドーハ・ラウンド(➡7)が開始された。

6 ウルグアイ・ラウンド (1986〜94, GATT)

14

特色
- ①従来のラウンド交渉の「モノの貿易」だけではなく**サービス貿易・知的所有権・貿易関連投資**の3つの新分野のルール化に手をつけた。◀16 19
- ②各国で保護措置がとられていた農業分野について輸入制限を禁止し**「例外なき関税化」**(関税による農業保護)と関税引き下げ努力というルールを作った。
- ③常設の多角的貿易紛争処理システムとして**WTO(世界貿易機関)の設置**を決定した。

鉱工業製品	先進国鉱工業品の平均関税率40%引き下げ (月内平均関税率は1.5%に…先進国中最も低い)
農産品	日本はコメを1995〜2000年度までの6年間, 国内消費量の4〜8%を輸入(**ミニマム・アクセス**)。
サービス	最恵国待遇と内国民待遇
知的所有権	保護水準の引き上げ, 紛争処理は**WTOの紛争解決手続き**に従う, 最恵国待遇義務の明記。
貿易関連投資措置	ローカルコンテント要求(進出企業に現地部品購入を要求), 為替規制を禁止。

17 (agriculture row marker)

21 **解説** 日本, 「コメの関税化」に合意 ウルグアイ・ラウンド最大の争点は, 農産物の「例外なき関税化」であった。それまで日本は, 国内農業の保護を名目にコメの輸入制限を行ってきたが, 6年間のミニマム・アクセスを条件にコメの関税化に合意した。

国 際

用語 Check 〔➡P.377〕 ブレトン・ウッズ協定, 基軸通貨, ニクソン・ショック, スミソニアン協定, IBRD, IMF, SDR, プラザ合意, ルーブル合意, 固定為替相場制, 変動為替相場制, GATT, セーフガード

313

7 ドーハ・ラウンド (2001〜, WTO)

反ダンピング措置	農業の市場開放
米国など ↑ 乱用防止 日本・EU	日本など農業輸入国, EU ↑ 開放を要求 米国, ブラジルなど輸出国

農業の国内補助	鉱工業品の関税＋サービス貿易
米国 ↑ 補助削減を要求 米国以外	途上国 ↑ 引き下げ・自由化を要求 先進国

解説 戦後9番目のラウンド 2001年, WTO閣僚会議で交渉開始が決定した, 戦後9番目となるラウンド。投資ルール, 労働移動ルール, 環境問題などを含めた幅広い課題が取り上げられた。先進国主導の交渉見直しを途上国が訴え, 交渉は難航。農産物・鉱工業製品の関税引き下げをめぐり決裂・再開を繰り返している。13年に通関業務を簡素化する「貿易円滑化」などで部分合意したほかは, 大きな成果は出ていない。さらに19年末にはWTOの紛争処理機能(上級委員会担当)が停止される状態に陥った。

[18] 包括合意が達成されていないこと。

8 WTO(世界貿易機関)の発足 (1995)

A WTOの組織

世界貿易機関(WTO)
GATTを母体とするWTOは, 世界のモノ・サービス(知的所有権含)双方の国際自由貿易機関。[21]

閣僚会議(少なくとも2年に1度開催)

紛争処理機関	全体理事会	貿易政策審査機関

貿易開発委員会	商品貿易理事会 モノの貿易に関する諸協定	サービス貿易理事会	知的財産権理事会	その他協定 (一部加盟国だけ参加)
	ガット一九九四年(現行ガットを一部手直し) セーフガード協定 アンチダンピング協定 補助金協定 スタンダード協定 農業協定 繊維協定 など	サービス貿易一般協定	知的財産権協定[15]	政府調達協定 民間航空機協定 など

← 全WTO加盟国の多国間貿易協定 →

B WTOの紛争処理手続き

具体事例

| 紛争発生 |
| ↓ |
| 2国間協議 |
| ↓ 解決不可 |
| パネル(小委員会)設置 |
| ↓ |
| パネルでの審理・報告書 |
| ↓ |
| 報告書採決 |
| ↓ |
| 勧告の実施 |
| ↓ 実施しない場合 |
| 対抗(制裁)措置承認 |

＊ ネガティブ・コンセンサス方式。

●日本の焼酎にかかる酒税低税率問題

(ウイスキー税率＞焼酎税率)

●パネルによるWTO違反の報告書

●日本勧告実施
(焼酎税率段階的引き上げ
ウイスキー税率段階的引き下げ)

解説 GATTからWTOへ GATTからWTOへ発展的に改組した背景には, ①そもそもGATTは正式な国際機関ではなかったので, 国際機関らしく組織やルールを整える必要があったこと, ②モノの貿易だけでなく, サービス貿易・知的所有権の分野でも国際貿易のルールを定める必要が出てきたこと, ③強い強制力をもった**貿易紛争処理システム**の構築を迫られていたこと, などがある。

Target Check 次の記述の正誤を判断しなさい。
(解答➡表紙ウラ)

☐① ある商品の輸出向け販売が自国向け販売より低い価格で行われた場合, 自国(輸出国)政府には, アンチダンピング措置の発動が認められている。(センター2006本試による)

9 日本の貿易額の推移

(兆円)

2008年秋以降の世界同時不況により, 2009年は輸出入とも過去最大の減少幅となった。

31年ぶりの貿易赤字

6年ぶりの黒字

コロナショック

輸出／輸入

1960 70 2008 09 10 11 12 13 14 15 16 17 18 19 20 21 22年

輸出: 1.5 7.0 81.0 54.2 67.4 65.6 63.7 69.8 73.1 75.6 70.0 78.3 81.5 76.9 68.4 83.1 98.2
輸入: 1.6 6.8 79.0 51.5 60.8 68.1 70.7 78.4 85.9 75.4 66.0 75.4 82.7 78.6 67.8 84.8 118.1

(『日本国勢図会』2023/24)

解説 自由化の歩み 1950年代前半, 西側のIMF・GATT体制に加入し, 60年代高度成長期に先進国となり, その結果, 国際化・市場の開放へ向かっていった。**貿易の自由化**はモノ, **資本・為替の自由化**はカネ・企業である。これらの自由化は, 短期的には痛みも伴ったが, 大きな恩恵ももたらしたのである。2011年は, 東日本大震災, 原発事故, 急激な円高などにより, 1980年以来31年ぶりに貿易赤字を記録した。

10 わが国の輸出入の変化

A 輸出入品目の戦前・戦後の比較

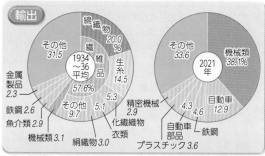

輸出

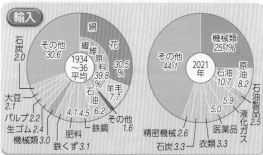

輸入

(『日本国勢図会』2023/24)

解説 輸入に変化が わが国の輸出に占める製品の割合は99％を超える。輸入では, 最近原料・燃料の割合が下がり, 製品の占める割合が高まり始めている。輸入をみる限りでは, 従来の典型的な**加工貿易**の姿から離れつつある。国別の貿易相手国では, **中国がアメリカを抜き最大**である。中国や韓国, 台湾などのアジア新興工業経済地域との貿易が増大してきた。

国際

11 日米貿易摩擦の歩み

年	摩擦製品・対米交渉等		
1957	対米繊維製品	輸出自主規制	繊維製品摩擦(50年代〜1971) 鉄鋼摩擦(60〜80年代)
69	対米鉄鋼		
77	対米カラーテレビ		カラーテレビ摩擦(60〜70年代)
81〜94	対米自動車		
88	米, 包括通商法(スーパー301条)制定		自動車摩擦(70年代〜)
89〜90	日米構造協議		
91	牛肉・オレンジ輸入自由化		半導体摩擦(80年代〜)
93〜96	日米包括経済協議		
95	日米自動車交渉		経済構造の変革要求(90年代〜)
96	日米半導体交渉		

解説 **自主規制の歴史** 是正に向けての大きな流れを追ってみると①80年代半ばまで日本の**対米輸出自主規制**による対応(**繊維・CTV・自動車**81〜94年),②日本市場開放要求・半製品**輸入割当数値目標化**(自動車・オレンジ・牛肉・コメ・**半導体**91〜95年, 外国製半導体の輸入を日本のシェア20%と改定),③80年代終わりからアメリカは日本の**経済構造**そのものの変革要求(89〜90年**日米構造協議**, 93〜96年**日米包括経済協議**)である。

Ⓐ 日米構造協議(SII・1989〜90年)の内容

❶**貯蓄・投資パターン**
総額430兆円の**公共投資10か年計画**を策定

❷**流通**
大規模小売店舗法の見直しの改正を行い, 改正法成立後2年後にさらに大店法を見直す―米商品流通の円滑化

❸**排他的取引慣行**
独禁法の強化による**排他的取引慣行**を撤廃・**系列取引**の見直し―米商品の日本市場参入を促す

❹**価格メカニズム**
内外価格差の是正・公共料金のコスト構成を国際的な観点から検討し, 適正化を図る―米商品との価格格差是正

Ⓑ 日米包括経済協議(1993〜96年)の枠組み

Ⅰ マクロ経済政策
・日本の経常黒字削減　・アメリカの財政赤字削減

Ⅱ 分野・構造別政策
▶**政府調達** コンピューター・スーパーコンピューター・衛星・医療技術・電気通信
▶**規制緩和と競争** 金融サービス・保険・競争政策・透明な手続き・流通
▶**主要セクター** 自動車・自動車部品など
▶**経済的調和** 直接投資・知的所有権・技術移転・長期的な取り引き関係
▶**既存の合意** 日米構造協議など

Ⅲ 地球的展望にたった協力
・環境　・技術　・人的資源の開発　・人口問題　・エイズ

(『データパル』94/95による)

解説 **経済構造の変革要求** 1995年6月の自動車分野の決着で個別分野の交渉は終わったが, 規制緩和や競争政策など継続協議も残された。アメリカには, 不公正貿易国の特定と協定交渉, 協定不成立の場合の対抗措置発動(制裁―高率関税)を定めた, 保護主義的な**包括通商法(スーパー301条)**があり, 対外交渉の武器として活用している。
　貿易摩擦をどう解決するかは保護貿易の復活を防ぐことにもつながるのだが……。

12 多国籍企業の収益と主な国のGDP比較

		0 1,000 2,000 3,000 4,000 5,000 6,000 7,000
	アルゼンチン	6,328(4,623)
❶	ウォルマート・ストアーズ(米,小売)	6,113 (210)
❷	サウジアラムコ(サウジ,石油)	6,037 (7)
❸	国家電網公司(中,電力)	5,300 (87)
❹	Amazon(米,通販)	5,140 (154)
❺	中国石油天然ガス集団公司(中,石油)	4,830 (109)
	オーストリア	4,714 (904)
❻	Sinopecグループ(中,石油)	4,712 (53)
❼	エクソン・モービル(米,石油)	4,137 (6)
❽	アップル(米,電気機器)	3,943 (16)
❾	シェル(英,石油)	3,862 (9)
❿	ユナイテッド・ヘルス・グループ(米,保険)	3,242 (40)
	フィンランド	2,808 (556) (億ドル)

注:色字は多国籍企業名(国,業種)。❶数字は収益の順位。(　)内の数字は雇用者数もしくは人口(万人)。多国籍企業は「Fortune Global 500」2023年の値、国は2022年の値。 (世界銀行, CNN資料による)

解説 **国のGDPを超える多国籍企業** ヒト・モノ・カネが国境を越えて動き回る**グローバル化**が今の経済の現実である。巨大な多国籍企業や国際的な投機資金が世界経済や各国の経済に大きな影響を与えている。

13 アジア通貨危機(1997年) ⑮⑱

Ⓐ アジア通貨危機の背景

1985　プラザ合意
ドル安=アジア通貨安

☆ドル・リンク制
自国通貨を実質的にドル相場に連動させる制度
日本・台湾・フィリピン以外のほとんどのアジア諸国はドル・リンク制をとっていた

↓

アジア諸国の価格競争力UP
輸出増・高度成長

↓

⑳ アジアへの投資増加
短期資金流入, 資産インフレ(株・不動産・過剰流動性),
バブル経済に

☆アジア各国に**ヘッジファンド**の資金が大量に流入

【ヘッジファンド】
為替やデリバティブ(金融派生商品)を駆使して高収益を狙う投資信託

↓

1995〜ドルの反転上昇
アジア通貨の切り上げ

↓

アジア諸国の価格競争力DOWN, 経常収支悪化

↓

バブル崩壊, 短期資金の大量流出

☆ヘッジファンドの資金が大量に引き上げられる

↓

1997年7月　**タイ・バーツ暴落**, 管理フロート制に移行
8月　IMFがタイに対しスタンバイ(信用供与)支援を表明

【管理フロート制】
先進国の協調介入などで為替レートを誘導するシステム

アジア各国・地域に飛び火

インドネシア	・完全変動相場制へ移行・ルピア暴落 ・IMFがスタンバイ取り決めを承認
韓　　国	・ウォン暴落, 管理フロート制に移行 ・IMFがスタンバイ取り決めを承認
マレーシア	・リンギの固定相場復帰を含む大規模な資本取引の規制を実施
香　　港	・香港ドルが大量に売られる

(参考:『現代日本経済史年表』日本経済評論社)

解説 **「東アジアの奇跡」が一転……** 1980年代後半から90年代前半にかけ, 折からの経済成長と, ドルとリンクしたアジア通貨に対する安心感から, アジア諸国にヘッジファンドなどの過剰な投機マネーが流入し, バブルの様相を呈していた。95年にドル高に転じると, 各国通貨も同時に切り上げとなり, 輸出不振から経常収支赤字が続き, アジア諸国から大量のマネーが流出, **97年にタイ・バーツが暴落**した。アジア諸国は経済面で密接な相互依存関係にあり, それが連鎖的な通貨暴落を招いた。通貨危機はインフレと投資の冷え込みによる景気の停滞をまねき, タイ・韓国・インドネシアはIMF(国際通貨基金)の経済支援を受けることとなった。

⑲ IMFが金融支援において主導的役割を担ったこと。

SIDE STORY サミットの開催地は, 開催国の首都などの大都市が多かったが, 反グローバリズム団体のデモが頻発したため, 近年では, 警備のしやすい地方都市, 保養地での開催が多くなっている。

国際

14 世界金融危機（2008年〜）

Ⓐ アメリカの金融危機

2007年 6〜8月	米国の低所得者向け（サブプライム）住宅ローンが住宅バブル崩壊により不良債権化，欧米金融機関が損失を公表
2008年3月	米証券大手ベアー・スターンズが米大手銀行JPモルガン・チェースに買収される
9月	**米証券大手リーマン・ブラザーズ破綻** ・**信用不安がピークに** ・**欧米の金融機関が次々と経営に行き詰まる**
10月	米政府，「緊急経済安定化法」により，大手保険会社AIG，シティ・グループ，バンク・オブ・アメリカに対する公的資金注入
11月	**第1回金融サミット開催（ワシントン）⑯**
12月	FRB（連邦準備制度理事会），ゼロ金利政策実施
2009年2月	米政府，「金融安定化策」により大手金融機関に対する資産査定実施 総額7,870億ドルの景気対策を決定

⑲ 金融危機への対応として，アメリカが金融緩和政策を実施したこと。

Ⓑ サブプライムローン問題（2007年）

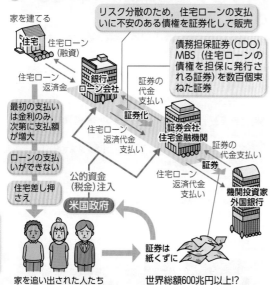

Ⓒ リーマン・ショック（2008年9月）とその影響

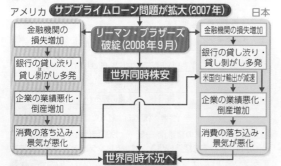

解説 「100年に一度」の世界金融危機　サブプライムローン問題をきっかけに欧米の金融機関が相次いで破綻。信用不安の高まりで，世界同時株安や為替市場の大混乱を招く未曾有の金融危機に発展した。その最大の理由は，複雑な証券化商品が世界中にばらまかれ，どの金融機関がどれだけのリスクを抱えているかが分からなくなり，市場の疑心暗鬼を招き，異常な金利上昇・株価の大暴落へと発展したことにある。

国際

15 サミット（主要国首脳会議）

Ⓐ サミットのあゆみ
（外務省HPなどから作成）

第1回 (1975)	ランブイエ （フランス）	・石油危機による世界経済の混乱を共同で収拾させる目的でスタート ・**米・英・仏・旧西独・伊・日**が参加
第2回 (1976)	プエルトリコ （アメリカ）	・カナダが加わり7か国となる（**G7**）
第3回 (1977)	ロンドン （イギリス）	・ジェンキンズEC委員長が加わる（以後EC委員長が参加）
第6回 (1980)	ヴェネチア （イタリア）	・旧ソ連のアフガニスタン侵攻に関する声明（政治問題が初めて主要議題になる）
第12回 (1986)	東京	・G7（先進7か国財務相・中央銀行総裁会議）の創設
第23回 (1997)	デンバー （アメリカ）	・ロシアが正式にメンバーに（1998年→G8） →訳語が「先進国首脳会議」から「主要国首脳会議」へ（一部経済討議を除く）
第34回 (2008)	北海道 洞爺湖	・世界温暖化対策・食糧や原油の価格高騰への対応など。過去最大22か国が参加
第35回 (2009)	ラクイラ （イタリア）	・景気回復への取り組みを確認。核兵器のない世界を目指す決意を表明。途上国に農業開発投資・支援を行うことで合意。
第40回 (2014)	ブリュッセル （ベルギー）	・**ロシアを除くG7で開催**。2014年のロシアのクリミア併合（◉P.291）を受け，G7がロシアのG8参加停止決定（ロシアは中央アジア諸国や中国で構成する上海協力機構への依拠の動き加速）。
第42回 (2016)	三重県 志摩市	・安倍首相「リーマン・ショック級の危機」を強調し，消費税増税再延期に理解求める。
第48回 (2022)	エルマウ （ドイツ）	・ウクライナ支援，ロシア産エネルギーへの依存低減，気候クラブの設立など。

Ⓑ G20のあゆみ

1997年	アジア通貨危機
1999	**20か国・地域（G20）の財務相・中央銀行総裁による初会合，年1回開催に**
2007	米サブプライムローン問題
2008.9	リーマン・ショック
.11	**金融危機打開のため，ワシントンでG20首脳による初会合（金融サミット）㉓**
2009.4	英で第2回金融サミット
.9	米で第3回金融サミット，定例化し経済問題の協議の核に
2010.6	カナダで開催，主要国（G8）首脳会議も開催
.11	韓国で開催
2011	フランスで開催，年1回に
2019	大阪で開催

解説 **発言力を増すG20サミット**　サミット（主要国首脳会議）は1975年，石油危機後の世界経済問題を西側先進国（米・英・仏・旧西独・伊・日）の首脳で討議するため，フランスのジスカールデスタン大統領の提唱で始まった。翌1976年，カナダが加わり**G7**となり，以後世界経済・政治の諸問題を取り扱ってきた。冷戦終結後の1998年からはロシアも参加し**G8**となる。一方，1990年代のBRICsなど新興国の台頭に伴い，1999年よりG8・EUに中国・インドなど新興経済国11か国を加えた**「20か国・地域財務相・中央銀行総裁会議（G20）」**が開催されるようになった。世界金融危機に直面した2008年からは首脳会議（20か国・地域首脳会議，G20サミット）も開催され，G20の発言力が一層増していった。2014年，ロシアによるクリミア併合を受け，主要7か国（G7）はロシアのG8参加停止を決めた。

◉ 2019年6月に大阪で行われたG20サミットの集合写真

〔◉P.377，378〕ケネディ・ラウンド，東京ラウンド，ウルグアイ・ラウンド，WTO，ミニマム・アクセス，日米構造協議，日米包括経済協議，スーパー301条，グローバル化，アジア通貨危機，ヘッジファンド，サミット，G7，G8，G20

●次のまとめの中の❶～⓬にあてはまる言葉を答えなさい（解答は下の欄外）。

重要ポイントの整理

国際分業と貿易 ⬇ P.304・305

(1)国際分業
- ❶__分業―先進国と発展途上国間の分業
- ❷__分業―先進工業国間の分業

(2)自由貿易と保護貿易

❸____論	リカード（英）の❹_____説＝各国が生産費の低い商品の生産に特化し、国際的に分業することが利益をもたらす
❺____論	リスト（独）の経済発展段階説＝各国の産業発展には差異があり、発展段階に応じて産業保護が必要 保護貿易の方法は**関税化、非関税障壁（自国産業への補助金）**

外国為替と国際収支 ⬇ P.306・307

(1)外国為替
国際的経済取引の決済に使用される為替手形
→外国為替市場における需給関係で、異なる通貨の交換比率（**外国為替相場**）が決定＝**変動為替相場制**

(2)外国為替相場
①決定要因

経常収支	日本の経常黒字になれば、外貨が増え→ドル安・円高
金利	日本がアメリカより低金利ならば、資金が流出し→ドル高・円安
購買力平価	日本の物価上昇率がアメリカより高ければ→ドル高・円安

②影響
円　高→輸出❻__・輸入❼__
円　安→輸出有利・輸入不利

(3)国際収支

経常収支	貿易・サービス収支	輸出入の貿易収支、輸送・旅行・通信・知的財産権などのサービス収支
	第一次所得収支	雇用者報酬、配当・利息などの投資収益　（旧形式の「所得収支」）
	第二次所得収支	国際機関出資金、食糧・医療品のODA無償援助（旧形式の「経常移転収支」）
資本移転等収支		債務免除、資本形成のための無償資金援助、相続等による資産の移転（旧形式の「その他資本収支」）
金融収支	直接投資、証券投資など（外貨準備以外）	株、債券、デリバティブ取引、預金などの金融資産の取引（旧形式の「投資収支」）
	外貨準備	国の保有する対外支払い準備

(1)国際通貨体制の歩み
①ブレトン・ウッズ体制の成立まで
1920年代まで、**金本位体制**とそれにもとづく❽_____制
→第二次世界大戦後～1960年代まで、米ドルを金との交換可能な基軸通貨（キーカレンシー）とし、各国の為替相場を固定

重要ポイントの整理

国際経済の枠組み ⬇ P.312～316

②ブレトン・ウッズ協定（1944年調印，1945年発足）
国際通貨基金（IMF）
為替の安定，為替制限の撤廃
国際復興開発銀行（世界銀行，IBRD）
戦後の復興支援
→1970年代以降，発展途上国への開発資金融資

③ブレトン・ウッズ体制の動揺と崩壊
アメリカの国際収支の赤字→金流出（流動性のジレンマ）
→ドルの信用低下
→**ニクソン・ショック（金・ドル交換停止）**
→一時的に変動為替相場制へ
スミソニアン協定（1971）
ドル切り下げ（1ドル＝360円→308円）で固定為替相場制維持
→**1973年各国が❾_____制に移行**
キングストン合意（1976）
変動為替相場制を容認

(2)世界の貿易体制
①⓾____（関税と貿易に関する一般協定）
[1947調印，1948発足]

目　的	自由貿易の推進，世界貿易の拡大
3原則	自　由（関税の引き下げ，非関税障壁の撤廃） 無差別（最恵国待遇，内国民待遇） 多　角（ラウンド＝多角的交渉）

②ラウンド交渉と⓫___（世界貿易機関）

1960年代	ケネディ・ラウンド…工業製品関税引き下げ
1970年代	東京ラウンド…工業製品・農産物関税引き下げ
1986～94年	ウルグアイ・ラウンド…農産物貿易自由化（＝例外なき関税化）。サービス貿易，知的所有権，貿易関連投資の新3分野のルール化。多角的紛争処理システム常設化 →GATTを発展させWTO設立（1995）

(3)各国協調体制
先進国が協調して，国際経済の安定を図る
①**G5**＝先進5か国財務相・中央銀行総裁会議[日本，米，独，英，仏]
（G7＝5か国＋イタリア・カナダ，G8＝7か国＋ロシア）→プラザ合意（1985）
②⓬____＝主要国首脳会議　1975年～毎年1回開催

解答 ❶垂直　❷水平　❸自由貿易　❹比較生産費　❺保護貿易　❻不利　❼有利　❽固定為替相場　❾変動為替相場　⓾GATT
⓫WTO　⓬サミット

11 地域的経済統合

グローバル化

9 産業と技術革新の基盤をつくろう　17 パートナーシップで目標を達成しよう

地域的経済統合のメリットとデメリットを考えてみよう。

1 世界の主要な地域統合の配置及びその規模（2022年）

人口 1億人　GDP 1兆ドル　輸出貿易額 1兆ドル

EU 4.5 ／ 16.6 ／ 7.1
BRICS 32.6 ／ 26.3 5.6
USMCA 5.0 ／ 29.0 ／ 3.2
APEC 29.6 ／ 62.3 ／ 12.4
ASEAN 6.8 ／ 3.6 ／ 2.0

イギリス
スイス
トルコ
OPEC
AU（アフリカ連合）
モンゴル
日・中・韓
インド
タイ
マレーシア
シンガポール
19 インドネシア
ベトナム
フィリピン
ブルネイ
オーストラリア
CPTPP

アメリカ
メキシコ
コロンビア
ペルー
チリ
MERCOSUR（メルコスール）
［ブラジル，アルゼンチン，ウルグアイ，パラグアイ，ベネズエラ，ボリビア］

国名 日本とFTA／EPAを締結している国・地域
国名 交渉中の国・地域

注1：ASEAN内のFTAをASEAN自由貿易地域（AFTA）という
注2：日本はアメリカと日米貿易協定を締結している

（世界銀行資料などによる）

日本政府はFTA・EPAには該当しないと主張。しかし，2国間の関税引き下げなので実質的にFTA。

2 地域的経済統合進展の背景

　欧州，日本が経済復興とその後の継続的発展を遂げるにしたがい，米国の相対的経済力が低下していった。1970年代からまさに世界経済は多極化の時代に入り，管理貿易など「新しい保護主義」が台頭してきた。

　90年代にはいると，世界経済の市場化の流れや通信情報革命に対する対応の巧拙によって，国ごとの経済パフォーマンスに差が出てきた。最もうまく対応したのはアングロ・サクソン諸国で，一方，アジア・中南米諸国は，金融・通貨危機に見舞われ，経済成長が一時的にしろ低下した。日本もこのグループに含まれる。これらの中間に位置するのが欧州諸国である。

　地域的経済統合の進展は，このような経済パフォーマンスの格差，「新しい保護主義」を打開する動きとして特に90年代，急速化したのである。

（宮崎勇・田谷禎三『世界経済図説 第二版』岩波新書による）

3 主な経済圏の経済力比較

人口（2022年）　世界計79.5億人
GDP（2022年）　世界計100.6兆ドル

	人口	GDP
EU	（4.5億人）5.6	16.5（16.6兆ドル）
USMCA	（5.0億人）6.3	28.9（29.0兆ドル）
ASEAN	（6.8億人）8.5	3.6（3.6兆ドル）
OECD	（13.8億人）17.3	59.3（59.6兆ドル）
中国	（14.2億人）17.9	18.2（18.3兆ドル）
日本	（1.3億人）1.6	4.2（4.2兆ドル）

80　60　40　20　％0　0％　20　40　60　80

（世界銀行資料による）

4 経済統合の諸形態

統合の強さ	類型		内容	例
弱い↓強い	統合の前段階	地域協力	特定の課題について協議し，協力の枠組みを作る	APEC
	経済統合の5段階	❶自由貿易協定（FTA）	(A) 域内の貿易を自由化（関税の削減・撤廃）	AFTA
			(B) (A) に加え，人的交流の拡大・投資規制の撤廃・知的財産権の保護など幅広い経済関係の強化	USMCA，日本・シンガポールEPA
		❷関税同盟	域外に対する共通関税の設定	MERCOSUR（メルコスール）
		❸共同市場	人や資本など生産要素の移動を自由化	EU
		❹経済同盟	各国の経済政策を調整	EU
		❺完全な経済統合	超国家機関を設置し，経済政策を統一	※現在は存在しない

（参考：国立国会図書館『東アジア経済統合をめぐる論点』）

解説　**深化する経済統合**　「経済統合」とは，モノや人・資本などの移動を自由化し，一つの経済単位に融合していく過程であり，その統合の度合いによって5段階に分類できる。世界のほとんどの経済統合は❶の段階。EU（ヨーロッパ連合）は❷から❸へ深化し，さらに一部の加盟国が共通通貨ユーロを導入し金融政策を統一しているので，❹の段階に到達しているといえる。また，APEC（アジア太平洋経済協力会議）はアジア・太平洋地域の経済協力関係の強化を図ったものであり，経済統合の「前段階」にある。

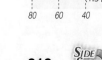

SIDE STORY　日本には「海幸山幸物語」や「天衣羽衣伝説」の神話があるが，東南アジアにも同じような神話が残っている。神話の時代から東南アジアと交流があったのかもしれない。

		組織名［発足年］	加盟国	説明
先進国間の地域連携	欧州	欧州連合（EU）[1993.11]	フランス，ドイツ，イタリア，ベルギー，オランダ，ルクセンブルク，アイルランド，デンマーク，ギリシャ，スペイン，ポルトガル，オーストリア，スウェーデン，フィンランド，キプロス，チェコ，エストニア，ハンガリー，ラトビア，リトアニア，マルタ，ポーランド，スロバキア，スロベニア，ルーマニア，ブルガリア，クロアチア（27か国）	欧州共同体（EC）は，1952年に発足した欧州石炭鉄鋼共同体（ECSC）と，1957年のローマ条約（EC憲法）により設立された欧州経済共同体（EEC），欧州原子力共同体（EURATOM）の3つを合わせ，1967年に結成された。その後加盟国の拡大を経て，1992年2月に調印されたマーストリヒト条約が1993年11月に発効し欧州連合（EU）へ発展的に吸収された。EUは経済分野のみならず政治・社会全般にわたる欧州統合をめざす。2004年に東欧諸国10か国が加盟。2007年にブルガリア，ルーマニア，2013年にクロアチアが加盟。2020年にイギリスが離脱した。 23
		欧州自由貿易連合（EFTA）[1960.5]	ノルウェー，スイス，アイスランド，リヒテンシュタイン（4か国）	EECに対抗し，工業製品の貿易制限の撤廃を主な目的として結成。政治統合の性格や対外共通関税をもたないなどの点でEUよりゆるやかな結合。
		欧州経済地域（EEA）[1994.1]	スイスを除く，EU・EFTA諸国（30か国）	EU，EFTAの間で人，物，資本，サービスの移動を自由化。北米自由貿易協定と肩を並べる巨大統一市場が発足。
	北米	米国・メキシコ・カナダ協定（USMCA）[2020.7] 倫政16	アメリカ，カナダ，メキシコ（3か国）	世界最大の統一市場。北米自由貿易協定（NAFTA，1994～2020）を改定し，2020年7月に発効した。関税ゼロ，域内貿易・投資の自由化をめざしたNAFTAに比べて自由貿易は制限され，自動車関税をゼロにする基準が厳格化されるなどした。 15
先進国・途上国間の地域連携		アジア太平洋経済協力（APEC）[1989.11]〈第1回会議〉 21	日本，米国，加，豪，ニュージーランド，韓国，ASEAN7か国（下の緑字の国を除く），中国，台湾，香港，メキシコ，パプアニューギニア，チリ，ロシア，ペルー（21か国・地域）	急速に進行する他地域の経済ブロック化に対抗するために，アジア・太平洋（環太平洋）地域の多国間経済協力関係の強化を図ったもの。1989年11月にオーストラリアのキャンベラで第1回会議を開催。1994年ボゴール宣言（インドネシア）で2010年までに先進国の域内関税撤廃（途上国は2020年まで）の期限が設定されたが，まだ完全な撤廃には至っていない。
発展途上国間の地域連携	アジア	ASEAN自由貿易地域（AFTA）倫政16	先行加盟6か国—タイ，インドネシア，フィリピン，マレーシア，シンガポール，ブルネイ，ベトナム，ラオス，ミャンマー，カンボジアのASEAN加盟国（10か国） 15 23	1992年ASEAN首脳会議で創設合意。1999年カンボジアが加盟し10か国に。共通関税制度により先行加盟6か国は2010年，残りの加盟国も2018年から原則すべての関税を撤廃。2015年にはASEAN共同体も発足し，経済・政治・社会の連携を深めている。
	中南米	ラテンアメリカ統合連合（ALADI）[1981.3]	アルゼンチン，ブラジル，チリ，パラグアイ，ペルー，ウルグアイ，メキシコ，コロンビア，エクアドル，ベネズエラ，ボリビア，キューバ，パナマ（13か国）	中南米自由貿易連合（LAFTA）を改組して発足。加盟各国の経済開発を促進し，最終的に中南米共同市場を達成する。相互貿易の促進と経済協力活動を展開。
		南米南部共同市場（MERCOSUR）[1995.1] 倫政16	ブラジル，アルゼンチン，ウルグアイ，パラグアイ，ベネズエラ，ボリビア（6か国）	域内では90％の品目の関税を撤廃，域外では85％の品目に最高20％，平均14％の共通関税設定。 19 15 ※ベネズエラは2006年に加盟したが，2017年に参加資格停止。ボリビアは2012年に加盟議定書に署名し各国の批准待ち。
	アフリカ	アフリカ連合（AU）[2002.7]	南アフリカ，エジプト，ナイジェリア，セネガル，ガーナ，ボツワナ，エチオピアなど（55か国・地域）	1963年にアフリカ諸国独立支援のため発足したOAU（アフリカ統一機構）を解消し発足。EUをモデルに共通議会，裁判所，中央銀行設置を予定。将来の単一通貨発行を目指す。援助・投資の受け皿として独自の開発計画を策定。最大規模の地域機構。
その他		経済協力開発機構（OECD）[1961.9] 「先進国クラブ」とも呼ばれ，経済発展を達成した国が加入すること。 15	EUとEFTAの赤字国と，USMCA3か国，日本，英国，トルコ，オーストラリア，ニュージーランド，韓国，チリ，イスラエル，コロンビア，コスタリカ（38か国）	戦後ヨーロッパの経済復興をすすめた欧州経済協力機構（OEEC）がヨーロッパ経済の復興によって，発展途上国に対する経済協力を行い，資本主義国経済の安定と発展，世界貿易の拡大をめざして改組された。（下部組織としてDAC＝開発援助委員会）
主な生産国同盟		石油輸出国機構（OPEC）[1960.9]	イラク，イラン，クウェート，サウジアラビア，アルジェリア，ベネズエラ，リビア，アラブ首長国連邦，ナイジェリア，アンゴラ，ガボン，赤道ギニア，コンゴ共和国（13か国）	原油価格の安定維持のため産油国の共通石油政策を立案，実施し，原油価格の安定を保証する方式として生産制限を検討，消費国への有効かつ安定した原油供給，石油会社との公平な利益配分を研究。2016年，ガボン再加盟。2017年赤道ギニア加盟。2018年コンゴ共和国加盟。2019年カタール，2020年エクアドル脱退。
		アラブ石油輸出国機構（OAPEC）[1968.1]	OPECの青字国に，バーレーン，エジプト，カタール，シリア（10か国）	加盟国の利益を守り，石油産業における各種経済活動での協力方式を決定する。OPECの補完的役割を明示。なお，チュニジアは1986年に脱退を申請したが，資格は留保中である。

＊2020年11月，ASEAN10，日中韓，豪州，NZがRCEP協定に署名，2022年1月に発効した。

SIDE STORY　ベートーベンの「歓喜の歌」はEUの歌でもあるが，ベルリンの壁が崩壊した後，東西ドイツの融和を祝ったり，東欧革命の歓喜の中でも演奏されたりした。

国際

6 EU統合の歩み 倫政17

年	出来事	か国
1952年	**ECSC(欧州石炭鉄鋼共同体)**発足(仏・西独・伊・ベルギー・オランダ・ルクセンブルクの6か国) 23	6か国
57	ローマ条約調印	
58	**EEC(欧州経済共同体)・EURATOM(欧州原子力共同体)**発足	
67	**EC(欧州共同体)**発足 15《EEC・ECSC・EURATOMが統合》	
73	英・アイルランド・デンマーク加盟	9
79	**欧州通貨制度(EMS)**発足	
81	ギリシャ加盟	10
86	スペイン・ポルトガル加盟	
87	**単一欧州議定書《市場統合プログラム》**発効 倫政12	
92	**マーストリヒト条約調印**, 欧州通貨危機	12
93	EC市場統合が発足(ヒト・モノ・サービスの移動が自由に) マーストリヒト条約発効, **EU(欧州連合)発足(12か国)** 15	
95	オーストリア・フィンランド・スウェーデン加盟	15
97	アムステルダム条約調印	
98	**ECB(欧州中央銀行)**設立	
99	**ユーロ導入**	
2000	ニース条約合意	
02	**ユーロ紙幣・硬貨の使用開始**	
04	東欧10か国が加盟, EU憲法調印(発効には欧州議会の承認と全加盟国の批准が必要)	25
07	ルーマニア・ブルガリア加盟, スロベニアがユーロ導入 EU首脳会議, EU憲法を簡素化したリスボン条約に調印	
08	キプロス・マルタがユーロ導入	27
09	スロバキアがユーロ導入 ギリシャ危機, **リスボン条約発効**	
11	エストニアがユーロ導入	28
12	EUノーベル平和賞受賞	
13	クロアチアが加盟	
14	ラトビアがユーロ導入	
15	リトアニアがユーロ導入	
16	イギリスがEU離脱の是非を問う国民投票実施, 離脱派が勝利	
20	イギリスがEU離脱	27
23	クロアチアがユーロ導入	

7 EUの市場統合 ― 域内市場統合白書

A 域内市場統合*白書の対象項目

物理的障壁の撤廃 (95項目)	ヒト	共通券の発行・テロリズムや麻薬対策のため域内司法当局の協力体制確立
	モノ	商品取引の際の共通通関手続き・貿易データの共有化・農産物取引にかかる補助金や調整金の撤廃・動植物検疫の共通化・運輸規則の廃止
技術的障壁の撤廃 (158項目)	ヒト	職業資格基準の相互承認等の実施
	モノ	共同体レベルでの基準となる「欧州基準」の制定, 各国が他国の基準を相互に承認する仕組みの提案
	金融	銀行, 証券, 保険, 投資などの分野ごとに共通基準作り・資本移動に段階的な国境規制の廃止 19 15
財政的障壁の撤廃 (17項目)		付加価値税(VAT)の共通化(付加価値税はほとんどの欧州諸国が導入しているが, 税率や対象商品の範囲が国によって異なるほか, 商品の輸出入の通関の際に, 国境税として作用し取引の迅速性を阻害)

(『EUの知識〈新版〉』日本経済新聞社などにより作成)

*域内市場統合…EUが目指した, 地域市場をモノ・人・サービス・資本の自由な移動が保証された, 国境のない領域として統合すること。

倫政14 加盟国間で, 関税だけでなく非関税障壁の撤廃も進めていること。

8 マーストリヒト条約(欧州連合条約)の要点

[採択 1992.2.7(マーストリヒト) 発効 1993.11.1]

通貨統合	1994年**欧州通貨機構(EMI)**を設立, 各国の金融政策の協調を図り, 1996年末までに過半数の加盟国が単一通貨採用の条件を満たせば, 1998年にも**欧州中央銀行**を設立, **単一通貨(ECU後にユーロ)**を導入。適格国が過半数に満たない場合も, 1999年には自動的に導入(デンマークは単一通貨に参加せず, 英国も国内決定を優先)。
共通外交	19 加盟国は 共通外交・安全保障政策を策定 し, 共同行動を取る。将来の共通防衛は, **西欧同盟(WEU)**――英仏独などEC10か国で構成する防衛協議機関――の枠組みで検討する(デンマークは共通防衛に参加しない)。
司法協力・欧州市民権など	加盟国は移民対策や麻薬犯罪, テロ活動防止などで協力を強める。加盟国国民は, すべて欧州連合の市民となる。欧州市民は他の加盟国の国民と同じ条件でその国の地方選挙で投票, 立候補できる(デンマークは市民権の限定的な扱いを許され, 英国は共通社会政策に参加しない)。

解説 欧州の壮大な実験 ECは1957年の**ローマ条約(EC憲法)**で設立され, 87年に発効した単一欧州議定書で市場統合の目標を定めるなどの大改正が行われたが, **マーストリヒト条約**はこれを超える抜本的な改正で, 92年に調印された。以後, アムステルダム条約(97年), ニース条約(2000年)へと改定され, EU統合の基本条約となっている。

9 拡大するEU ― 27か国体制へ

凡例	
▨	現EU加盟27か国
▨	加盟候補国
★	うち2004年以降加盟国
青字	ユーロ導入国(2023年1月)

注：イギリスは, 2020年にEUを離脱した。

解説 東欧へ拡大するEU 2004年に東欧・地中海諸国10か国が, 2007年にルーマニア, ブルガリアが加盟, 2013年にはクロアチアが加盟し, EUは 旧共産圏を含む 28か国体制へと発展した。現在EUは**トルコ, 北マケドニア, モンテネグロ, セルビア, アルバニア, ウクライナ, モルドバ, ボスニア・ヘルツェゴビナと加盟交渉中**。20年イギリスが離脱して**27か国体制**となった。

倫政14 21世紀になっても加盟国が増加していること。

Target Check 欧州連合(EU)に関する次の記述の正誤を判断しなさい。 (解答⊙表紙ウラ)
- ① マーストリヒト条約によって, 欧州共同体(EC)が設立された。 (センター2015本試による)

SIDE STORY EUの旗は円形に金星が12個並んでいる。「12」という数は, 完全, 完璧という意味をもつ。また, 12星座, 時計の時刻, 1年の月, キリスト教の12使徒, オリュンポスの12神などヨーロッパの伝統に連なる。

国際

10 EU新体制

倫政14 経済統合を先行させ，政治統合を目指していること。

A マーストリヒト条約以降の条約

1993年発効 マーストリヒト条約

単一通貨(ECU→ユーロ)導入など。

1999年発効 アムステルダム条約

共通外交・安全保障政策の決定にマーストリヒト条約での全会一致制を改め，**多数決制**，建設的棄権制を導入。**一部加盟国による先行統合**を規定。

2002年発効 ニース条約

EUの東欧拡大に備えて，政策の決定や実施を効率化するための制度改革を定めた，アムステルダム条約に代わる新たなEUの基本条約。多数決の対象となる政策範囲の拡大，一部の加盟国で統合政策を進める先行統合範囲の拡大(例えば共通外交政策)などが主な内容。

2009年発効 リスボン条約(改革条約) 16

2004年，調印しながら未発効に終わったEU(欧州)憲法に代わる，EUの新基本条約。EU憲法に書かれていたEUの象徴規定(EU旗・EU歌など)やEU外相創設は削除したが，**EU大統領・外交安全保障上級代表の設置**を盛り込み，統合の深化と拡大を目指す。

倫政14 11 ユーロの導入

← ユーロ

19 A ユーロ導入の歩み

1995.12	単一通貨の名称を「ユーロ」と決定
96.12	ユーロ紙幣7種のデザインを発表
98.6	欧州中央銀行(ECB)発足
12	ユーロと参加国通貨の交換レート確定
99.1	ユーロ導入開始(資本取引など)
2002.1	ユーロ紙幣・硬貨の使用開始
6	参加国の旧通貨の回収完了(完全移行)

B ユーロ導入の現状 (2023年11月現在)

参加 (20か国)	ドイツ・フランス・イタリア・オーストリア・スペイン・ポルトガル・ベルギー・オランダ・ルクセンブルク・アイルランド・フィンランド・スロバキア・スロベニア・エストニア・ギリシャ・マルタ・キプロス・ラトビア・リトアニア・クロアチア
不参加 (7か国)	デンマーク・スウェーデン・ポーランド・ブルガリア・チェコ・ハンガリー・ルーマニア

C ユーロ導入の明暗

利点	• 両替手数料が不要，為替変動の差損なし(例えば，欧州15か国一周だと，両替手数料だけで1万円のうち5,000円かかっていた)。 • 価格競争，品質競争の促進，企業の活動範囲が全欧州に • ドルと並ぶ「基軸通貨」としての役割
欠点	• **各国の景気対策がとりにくい**←金融政策はECBが統一的に決定，財政政策は「財政赤字のGDP比3％ルール…ユーロ参加条件」により柔軟性欠く。また，為替相場引き下げができない。 • **企業間・参加国間での競争力格差拡大**

解説 単一通貨ユーロ 1999年1月からユーロの流通が始まった。参加国は3年間の移行期間を経て，これまで使用していた自国通貨を放棄してユーロへ統合した。ドル・円に対抗する国際基軸通貨の誕生である。その一方，通貨統合を国民投票で否決されるなど，世論の反対が根強い国もある。

---

12 EUの主要機関

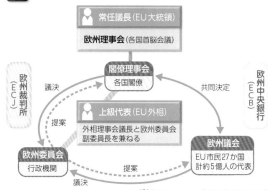

(『朝日キーワード』2011などによる)

解説 リスボン条約下のEU機構 EUの新基本条約である「リスボン条約」が2009年に発効し，EU機構も変更された。「大統領」に相当する任期2年半(最長5年)の欧州理事会常任議長と「外相」に相当する外交安全保障上級代表の新設である。「EU大統領」が議長である欧州理事会とその下にある閣僚理事会は欧州議会と共同して議決にあたり(立法)，欧州委員会が執行する(行政)。

19 **欧州中央銀行(ECB)** …European Central Bank ユーロに参加する欧州域内全体での「中央銀行」。単一通貨「ユーロ」を発行し，通貨流通量を調整するなどの金融政策を担うことから「ユーロの番人」とよばれる。ドイツ・フランクフルトに設置(1998年発足)。

FOCUS Brexit*(ブレグジット)をめぐり混乱するイギリス

2016年6月，イギリスでEUからの離脱を問う国民投票が行われ，僅差で「EU離脱派」が「EU残留派」を上回った。残留派を率いたキャメロン首相(当時)は辞意を表明し，後任のメイ首相がEU離脱交渉を始めた。

残留派はEUから受けている経済的なメリットを重視し，離脱すると5億人の単一市場に自由にアクセスできなくなる点や，増税や歳出削減が避けられないなどの経済的リスクを主張してきた。それに対し，離脱派は，EU加盟国の東欧諸国から大量の移民が流入し自分たちの職を奪っていることへの不満が根強く，また自国の政策がEU官僚たちの手に委ねられていることへの不満から，離脱して国家主権と民主主義を回復するべきとの主張が大きく支持を集めてきた。

2018年，EUとイギリスの臨時首脳会議が開かれ，離脱協定案と政治宣言が承認された。しかし承認をめぐって英国議会が混乱し，メイ首相(当時)は辞任。代わった保守党ジョンソン首相は，離脱を焦点とした19年12月の総選挙で大勝。20年1月にEUを離脱した。

＊イギリスのEU離脱問題を指す造語。

↑ **EU離脱に関する議論を行うイギリス下院** (写真：AFP＝時事)

国際

SIDE STORY **東アジア共同体構想** 2005年の東アジアサミットでは共通通貨構想も議題とされたが，主導権を握りたい中国は「ASEAN＋日中韓」，日韓は「ASEAN＋日中韓＋印・豪・NZ」の枠組みを主張し対立。米国の干渉もあり，構築は厳しい。

⓭ 日本のEPA／FTA

⑮ 日本が結んだEPAは，経済的な協力関係を構築する分野を，貿易の自由化のみには限定していないこと。

Ⓐ 日本のEPA／FTA交渉の進展状況

(2023年12月現在)
発効済み20
署名済み1
交渉段階3

2017年に交渉が妥結したこと。

EU ⑲［2019 発効］
イギリス［2009 発効］
［2021 発効］
スイス［2016 発効］
トルコ モンゴル
［2014 交渉合意］
日・中・韓［2012 交渉開始］
アメリカ［2020 発効］
CPTPP［2018 発効］　TPP［2016 署名］
日本
インド ベトナム
［2011 発効］［2007 発効］
タイ フィリピン［2008 発効］
RCEP［2022 発効］
ブルネイ
マレーシア［2006 発効］
インドネシア
シンガポール［2002 発効］
ASEAN全体［2008 発効］
メキシコ［2005 発効］
ペルー［2012 発効］
コロンビア［2012 交渉開始］
オーストラリア［2015 発効］
チリ［2007 発効］

注：RCEP＝ASEAN10か国＋日中韓豪NZ

（外務省資料による）

発効／署名済み
交渉中／交渉に合意

ブルネイ［2008 発効］
ベトナム［2009 発効］

Ⓑ 日本のEPAの基本方針

① WTOを中心とする多角的な自由貿易体制の補完→対外経済関係の発展・経済的利益の確保
② 我が国及び相手国の構造改革の推進
③ 政治・外交戦略上，我が国にとって有益な国際環境の形成→「東アジア共同体」の構築など

（「今後の経済連携協定の推進についての基本方針」平成16年12月21日経済連携促進関係閣僚会議）

Ⓒ EPA／FTAとは？

自由貿易協定（FTA）
特定の国や地域の間で，物品の関税やサービス貿易の障壁等を削減・撤廃することを目的とする協定。経済連携協定の主要な内容の一つ。

 関税の撤廃
 サービスへの外資規制撤廃
など

⑲ 経済連携協定（EPA）
FTAの内容に加え，投資規制の撤廃・紛争解決手続きの整備・人的交流の拡大・知的財産権の保護など，より幅広い経済関係の強化を目的とする協定。

投資規制撤廃，投資ルールの整備
知的財産制度，競争政策の調和
人的交流の拡大
各分野での協力
など

Ⓓ WTO（世界貿易機関）とFTA（自由貿易協定）の関係
＊図は物品貿易の場合

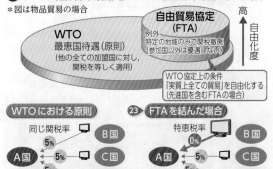

自由貿易協定（FTA）
例外 特定の地域のみで関税撤廃（参加以外は優遇しない）

WTO 最恵国待遇（原則）（他の全ての加盟国に対し，関税を等しく適用）

高 自由化度

WTO協定上の条件「実質上全ての貿易」を自由化する（先進国を含むFTAの場合）

WTOにおける原則
同じ関税率
B国
5%
A国 ← 5% ← C国
5%
D国

㉓ FTAを結んだ場合
特恵税率
0% B国
5%
A国 ← 5% ← C国
5%
D国

解説 活発化するEPA/FTA 特定の国・地域との貿易や経済取引を活発化させるEPA（経済連携協定）／FTA（自由貿易協定）交渉が世界中で活発化している。日本はシンガポールやASEANなどとEPAを締結している。こうした協定は，停滞するWTOの多国間貿易交渉を補完して，当事国にとって有利な貿易環境を整備することができる反面，経済ブロック化の懸念もある。

⓮ 環太平洋経済連携協定（TPP）

環太平洋経済連携協定（Trans-Pacific Partnership）は，アジア太平洋地域の12か国により目指されてきた経済連携協定。実現すれば世界のGDPの約4割，人口の1割強を占める巨大経済圏が誕生することになる。リーマンショック後の2010年，巨額の貿易赤字削減と雇用拡大を狙うアメリカが参加して以来，アメリカ主導で交渉が進められてきた。**物品関税だけではなく，サービス・投資の自由化を進め，さらには知的財産，電子商取引，国有企業など幅広い分野（前文＋30章）での新しいルール構築を目指す。**しかし2017年1月，「アメリカ・ファースト」を掲げた**トランプ大統領が交渉からの離脱を宣言。**2018年，アメリカを除く11か国で「環太平洋パートナーシップに関する包括的及び先進的な協定（CPTPP）」が成立した。

Ⓐ TPP交渉の経緯
（外務省HPほか参照）

2005.7	**シンガポール・ブルネイ・チリ・ニュージーランド**が4か国EPAとして署名
10.3	**アメリカ，オーストラリア，ベトナム，ペルー**が交渉参加
.10	**マレーシア**が交渉参加（9か国）
12.11	**メキシコ，カナダ**が交渉参加（11か国）
13.3	**日本，**交渉参加表明（12か国）
16.2	日本署名 ⑰
17.1	**アメリカ・トランプ大統領が離脱表明**（11か国へ）⑲
18.3	11か国がCPTPPに署名（→2018.12発効）
4	**タイ**が参加表明
21	**英国，中国，台湾**が参加表明

Ⓑ 「アメリカ抜き」新協定の内容（2017.11）

協定の凍結【実施せず】	・著作権の保護期間を「作者の死後70年」とする規定 ・生物製剤のデータ保護期間を実質8年とする規定	
輸入	コメ・麦	オーストラリア産のコメに無関税枠（13年目に8,400トン）。小麦は関税にあたる「輸入差益」を削減
	肉	牛肉の関税を38.5%から16年目に9%へ。豚肉は高級部位で撤廃。輸入が急増すれば緊急輸入制限（セーフガード）
	乳製品	チェダーチーズやゴーダチーズの関税を16年目に撤廃。バターは参加国全体に輸入枠
	酒・果物	ワインの関税は8年目に撤廃。ブドウは即時，サクランボ，オレンジなども段階的に撤廃
輸出	自動車	カナダが課す日本車関税は5年目に撤廃
	農産物	日本の牛肉，コメ，酒類，水産物の関税を他国が撤廃

（『信濃毎日新聞』2017.11.12による）

用語Check 〔◯P.378〕 ASEAN, USMCA, APEC, EU, EFTA, マーストリヒト条約, FTA, EPA

保護主義と反保護主義
～保護主義（反グローバリズム）の台頭と世界～

2017年1月，「アメリカ・ファースト」を掲げ，自国経済の再建と雇用の創出を公約にしたトランプ氏がアメリカ大統領に就任し，就任早々にTPP（環太平洋経済連携協定）からの離脱を表明するなど，その保護主義政策が世界に波紋を及ぼした。世界の保護主義化（反グローバリズム）の影響を懸念するG20，G7は「反保護主義」の原則を確認し，抵抗する姿勢を示した。

➡ ホワイトハウスで，環太平洋経済連携協定（TPP）離脱の指示書に署名するトランプ米大統領（アメリカ・ワシントンD.C.）

1 「保護主義」に突き進んだトランプ大統領

米国のトランプ大統領が就任演説で明確に打ち出したのは，保護主義的な政策による「米国第一主義」だった。直後に環太平洋経済連携協定（TPP）からの離脱を表明，日本政府関係者からは，自由貿易の促進を掲げる主要7か国（G7）の結束が揺らぎかねないとの懸念が浮上した。（中略）

トランプ大統領の演説は，通商政策の大転換を打ち出したのが特徴だ。第2次世界大戦後，米国が一貫して主導してきた自由貿易主義から「米国第一主義」の旗の下で，貿易や税制などあらゆる分野における米国民の利益優先を表明。「保護こそ偉大な繁栄と力強さを導く」と訴えた。　（『東洋経済オンライン』2017.1.22などによる）

○トランプ大統領が掲げた経済通商政策

環太平洋経済連携協定（TPP）から離脱	北米自由貿易協定（NAFTA）の再交渉
中国を為替操作国に認定	米国の貿易赤字の縮小 中国，日本，メキシコとの取引に不満表明
「国境税」導入を検討 GM，フォード，トヨタなどの米国外投資計画を批判	

（『時事通信』2017.1.17を参考に作成）

○保護主義に関するG7首脳の発言

日本　安倍晋三首相

保護主義への反対を言葉で訴えるだけでなく，行動を通じて自由で公正な貿易を推進する

メルケル首相　ドイツ

保護主義的な措置は短期的には国に利益をもたらすとしても，長期的には国力を損なう

イタリア　ジェンティローニ首相

いかなる保護主義にも対抗していく強いメッセージを（サミットで）発したい

トランプ大統領　アメリカ

私は孤立主義者ではなく，自由貿易主義者だが，貿易においては公正さが必要だ

（『時事ドットコム』2017.5.23を参考に作成）

2 「反保護主義」へ再結束が求められるG7・G20

このままでは世界の自由貿易が危機に直面しかねない。各国が結束を固め，米国を震源とする保護主義の台頭に歯止めをかけねばならない。

ドイツで開かれた主要20か国・地域（G20）財務相・中央銀行総裁会議の共同声明は，「保護主義に対抗する」としてきた前回までの表現を削除した。トランプ大統領の就任後，初参加した米国が強く求めたという。

「反保護主義」ばかりか，「自由貿易」への言及もなかった。（中略）

G20は，金融危機で各国に保護主義が台頭した2008年以降，反保護主義を打ち出し，自由貿易の推進を謳ってきた。

自由貿易は，国々が互いに得意分野を生かすことで，世界経済の成長を目指すものだ。自国の繁栄には他国を犠牲にしてもよいという保護主義とは，相容れない。（中略）

G20は米国を説得し，改めて真の自由貿易の重要性を打ち出すべきだったのではないか。

（『読売新聞』2017.3.22）

反グローバリズムをめぐる考え方
～あなたはどんな意見ですか～

1930年代，世界恐慌から脱するため各国が保護主義に走り，ブロック経済化をもたらし第二次世界大戦の原因にもなったという歴史を忘れてはならない。

自由貿易が進むと，外国の商品が安く輸入されるから，国内産業との競争が活発になって，安い商品の恩恵を受ける消費者にとってはメリットが大きい。

自由貿易では，競争に負けた国内産業がどんどん衰退してしまい，失業率が高まる危険もある。リスクを回避するには，保護主義で国内の産業と雇用を守ることが先決だ。

自由貿易が進めば貿易が活発になり，その国にとって得意な分野の輸出が伸び，経済が活性化される。

移民が外国からたくさん流入してくると，国内の雇用が移民に奪われ，国民が職に就けなくなる。移民など外国人の流入に一定の歯止めをかけることもやむを得ない。

貿易収支が一方の国にばかり偏って大きく黒字になれば，単に経済的な実力差ばかりでなく，貿易のルールに不公正がないか見直すことは，赤字国にとって当然の権利だと思う。

1 ソ連からCISへ―ロシアの市場経済化

【1917】ロシア革命
- 1922年　世界初の社会主義国家ソ連成立
- 土地・産業の国有化
- ソ連型計画経済（1928〜五か年計画の実施）
- 1924〜　スターリン全権掌握

【1920〜30年代】
無謀な農業集団化による大飢饉，「超工業化」による経済成長，強制労働

【1938〜45】第二次世界大戦

【第二次大戦後】
非効率な経済運営，科学技術の後れ
【冷戦期】
軍事費が財政を圧迫，自由主義諸国と対立

【1989〜90】東欧革命
- 1985　ゴルバチョフ書記長就任
  →**ペレストロイカ**（建て直し）
  中央集権的指令型経済から独立採算制へ
  →**グラスノスチ**（情報公開）
  情報統制の緩和と政府関係機関の活動公表
- 東欧諸国で民主化革命相次ぐ

← 撤去される
レーニン像

【1991】ソ連崩壊・CIS（独立国家共同体）発足

【1991〜】
- 国営企業の民営化
- 市場主義経済システムへの移行めざす
- 統制価格の廃止，価格自由化→ハイパーインフレ招く
- 1998　ロシア金融危機→ルーブル切り下げ，債務繰り延べ

【2000〜2008】
- 石油・ガスの輸出収入が増加，年平均7.0%の実質GDP成長率

【2022】
- ウクライナ侵攻による西側からの経済制裁

解説 **ソ連からCISへ―社会主義から資本主義へ**　1917年に世界初の社会主義革命を達成したソ連だったが，その実態は政治犯の粛清・強制労働・性急な工業化といういびつな社会主義路線だった。第二次大戦後は冷戦の東側陣営の盟主でありながら，国内は非効率きわまる経済運営により窮乏していった。1989年の東欧革命，1991年のソ連崩壊により，新たにCIS（独立国家共同体）として市場主義経済をめざし再スタートするものの，1990年代は経済失政が続き不安定な経済情勢が続いた。しかし2000年代に入って国内に豊富に保有する石油・天然ガスなどの国際価格が上昇し，資源の輸出収入が増加，高い経済成長を遂げた。2000年代初頭は中国・インド・ブラジル・南アフリカ共和国などと並び，世界の新興諸国の一角を担った。

Target Check 社会主義経済に関する次の記述の正誤を判断しなさい。　（解答➡表紙ウラ）

☐① 中央政府が計画的に物資を生産・配分する社会主義経済は，非効率的な経済運営や労働意欲の低下など，様々な問題が現れて停滞した。それが市場経済に移行した要因の一つであった。

☐② ソ連が解体して独立国家共同体が結成され，ロシアでは価格の自由化や国営企業の民営化などの経済改革が行われた。激しいデフレーションに見舞われるなどの混乱はあったが，市場経済への移行は着実に進んでいる。
（センター2001追試による）

2 中国・改革開放政策と経済成長

【1949〜70年代末まで】「社会主義」路線（毛沢東）
- 工場・土地など生産手段の公有化（国有化），人民公社
- 計画経済による管理
- 公正重視の分配制度→悪平等の横行・経済運営の非効率・政治的混乱
  低い国民生活水準・崩壊寸前の経済
- ＊**文化大革命**【1966〜77】→毛沢東思想に基づく独自の社会主義国家建設と政治的混乱・権力闘争

【1978〜】「改革開放」路線（鄧小平）
- イデオロギー重視路線から経済重視へ
- 計画経済から市場経済へ
- 対外開放（貿易の発展・外資導入・技術導入・対外投資）
- **経済特区**（深圳・珠海・汕頭・廈門・海南島）設定 20
- 1983　人民公社の解体・生産責任制の導入
- 「先富論」（豊かになれる地域と人を優先する）

【1989】天安門事件→民主化運動に対する武力弾圧事件

【1992〜】「社会主義市場経済」（江沢民） 23
- 計画経済の否定・共産党指導による市場経済のさらなる発展をめざす

【1997】香港返還・「一国二制度」（高度な自治を獲得）
【1999】マカオ返還→国有企業中心から民営企業（私有・外資企業）中心へ・資本に応じる分配の容認
【2001】WTO（世界貿易機関）加盟
【2002】胡錦濤が国家主席に。「和諧社会（調和のとれた社会）」めざす
【2003】輸入額，世界第3位に
【2005】人民元，**ドル・ペッグ制**（ドルとリンクした固定相場制）から**管理フロート制**（管理された変動相場制）へ移行，対ドルレートを2%切り上げ→人民元改革
　　GDP，アメリカ・日本・ドイツに次ぐ世界第4位に
【2007】輸出額世界第2位に，GDP世界第3位に
【2008】北京五輪開催
【2010】上海万博開催，GDP，世界第2位に

A 中国経済の各指標

（『中国年鑑』2023による）

解説 **政治は「社会主義」，経済は「市場経済」**　鄧小平の改革開放路線から40年余，中国は経済大国へと変貌しつつある。経済は市場メカニズムを重視しさらなる成長をめざす反面，政治は共産党一党支配を保つ。このシステムは，暴走する市場経済を政治が強権的にコントロールできるという「都合の良い」面があるが，一方で経済開放が進むほど世界共通の基準・ルール整備が求められるのは必至だ。環境問題・人権・知的財産権・製品の安全性など，中国政府の抱える課題は極めて多い。

SIDE STORY　VISTAとはBRICSに続く有力な新興成長国グループとして，ベトナム（Vietnam），インドネシア（Indonesia），南アフリカ（South Africa），トルコ（Turkey），アルゼンチン（Argentina）を指す。

国際

Ｂ 広がる都市と農村の所得格差 ⑰

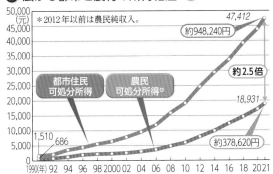

（元）
50,000
45,000
40,000
35,000
30,000
25,000
20,000
15,000
10,000
5,000

＊2012年以前は農民純収入。
47,412　約948,240円
約2.5倍
都市住民可処分所得
農民可処分所得＊
18,931　約378,620円
1,510　686
約378,620円

1990(年) 92 94 96 98 2000 02 04 06 08 10 12 14 16 18 20 21

注：ともに平均年間の数値。1元＝約20円で計算（『中国年鑑』各年版による）

解説 **経済発展の影で** 中国では中産階級が2億人を超え，消費は拡大する一方だ。しかし，8億人余りの農民の生活は向上しておらず，経済成長に伴い都市と農村の所得格差も拡大している。上海・北京に代表される沿岸部と中・西部（内陸部）では，一人あたりGDPの格差も大きく，今後その是正が求められる。

Ｃ 環境破壊すすむ中国

⬆ スモッグが立ちこめる北京の街路　⬆ 汚染により死んだ魚

解説 **深刻化する環境破壊** 急激な高度成長の代償として，中国では長江など河川の汚染，黄河の「断流」と砂漠化，大気汚染，酸性雨 など，様々な環境破壊が進行している。エネルギー消費量の急増，石炭に偏ったエネルギー消費構造などが原因だが，積極的に誘致してきた外資系企業が汚染源になっているケースも多い。

Ｄ 一国二制度

⬆ 香港返還式典（1997年）　156年ぶりにイギリス統治に幕を下ろした。

解説 **存在する2つの制度** 1997年にイギリスから香港が，1999年にはポルトガルからマカオが中国に返還された。社会主義国である中国の中に資本主義経済体制の香港とマカオが存在するという一国二制度が採用されている。現体制を50年間維持することになっているが近年自由が制限される傾向が強まっている。

---

③ 社会主義ベトナムの経済成長

1976年	南北統一→現在のベトナム社会主義共和国成立
1986年	**ドイモイ（刷新）** 政策の推進→企業の自主裁量権拡大，対外的な経済開放などの資本主義的改革
1995年	東南アジア諸国連合（ASEAN）加盟
1997年	アジア通貨危機→輸出成長の鈍化，直接投資流入の減少
2007年	世界貿易機関（WTO）加盟

解説 **堅調な成長** ソ連の「ペレストロイカ」，中国の「改革開放」と同じ路線の社会主義改革が「ドイモイ」である。2022年の実質国内総生産（GDP）成長率は8.02％と高いプラス成長を維持した。今後も安定した成長が有望視されている一方で，国営企業の民営化やインフラ整備などが課題として指摘されている。

④ 台頭するBRICS

Ａ BRICSの実質GDP成長率の推移

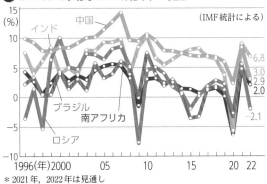

15(%)
インド
中国
10
ブラジル
南アフリカ
5
0
ロシア
−5
−10
（IMF統計による）
6.8
3.0
2.9
2.0
−2.1
1996(年)2000 05 10 15 20 22

＊2021年，2022年は見通し

⬅ **インド自動車最大手でスズキ子会社のマルチ・スズキの車** 2022年のインドの四輪車販売台数は472万台で，中国・アメリカに次いで世界3位。

解説 **豊富な人口・資源** ㉑ BRICSとは有力新興国，ブラジル，ロシア，インド，中国，南アフリカのことを指す。世界の人口の約4割，GDPの約3割を占め，鉱物資源，天然資源にも恵まれている。これらの豊富な人口や資源をいかして，経済成長をしてきた。ただし，近年，中国とインドを除いて失速傾向にあり，不安定な状況にある。なお，将来的にインドは国連の予測では現在1位の中国を抜き，世界最大の人口を抱える国となる見通しであり，市場としてまだまだ拡大余地を残している。

⑰ BRICSは豊富な人口や天然資源を有する国々であること。

F⦿CUS 中国の「一帯一路」構想

2013年に習近平国家主席が提唱した中国による経済圏構想が**一帯一路**である。中国西部〜中央アジア〜欧州を結ぶ「シルクロード経済ベルト」（一帯）と，中国沿岸部〜東南アジア〜インド〜アフリカ〜中東〜欧州と続く「21世紀海上シルクロード」（一路）からなる。アジアインフラ投資銀行（AIIB）などを通じて，60か国以上の国・地域で交通網，通信網などへの投資とインフラ整備を進め，貿易振興，経済成長を促すことが目的である。一方で，AIIBを利用して中国が利益を追求することや，中国の中央アジアや南アジアへの進出を覇権主義として懸念する向きもある。⑳㉓ AIIBは中国が設立を主導したこと。

○シルクロード経済圏構想（一帯一路）

シルクロード経済ベルト（一帯）
欧州
地中海
中央アジア
中国
日本
南アジア
ペルシャ湾
南シナ海
東南アジア
インド洋
21世紀海上シルクロード（一路）

（朝日新聞DIGITALによる）

国際

2024年1月に新たに6か国が加わる予定。

---

1 南北問題

A GDPの大きさで作成した世界地図 （2015年見込）

アメリカ　ヨーロッパ　日本

© Copyright 2006 SASI Group (University of Sheffield) and Mark Newman (University of Michigan).
We welcome use of our maps under the Creative Commons conditions by educational, charitable and other non-profit organizations.

B 発展途上国の輸出品（2021年）

ザンビア 101億ドル　銅 75.9%｜鉄鋼 2.2｜その他

パラグアイ 106億ドル　大豆 28.1%｜肉類 15.7｜電力 15.4｜その他

ボツワナ 75億ドル　ダイヤモンド 89.8%｜その他

エクアドル 267億ドル　原油 27.3%｜魚介類 26.4｜バナナ 13.1｜その他

ボリビア 111億ドル　金 23.0%｜天然ガス 20.3｜亜鉛鉱 12.5｜その他

（『日本国勢図会』2023／24）

解説　南北問題とは？　北半球側に多い先進工業国と南の熱帯・亜熱帯地域に集中している発展途上国との間の著しい経済的格差がもたらしている諸問題のことをいう。これは、発展途上国の多くが、欧米先進国の植民地支配の下で、特定の**一次産品（農産物・鉱産物など）**の生産と輸出に依存する経済のしくみである**モノカルチャー経済**を強いられ、先進工業国が必要とする原燃料の供給地として位置づけられてきたことが背景にある。

18 単一または少数の一次産品に偏った生産を行う経済構造をモノカルチャー経済ということ。

2 主要一次産品価格の推移

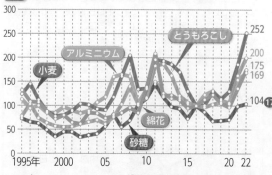

300
250
200
150
100
50
0

1995年　2000　05　10　15　20　22

とうもろこし 252
200
175
169
104

アルミニウム　小麦　綿花　砂糖

15 17 22

＊2016年＝100

（『世界国勢図会』2023／24により作成）

解説　価格が不安定な一次産品　一次産品の価格は不安定で、低迷気味の傾向にある。そのため、発展途上国の輸出で得られる所得は減少し、その結果、工業製品輸入の困難さ（**交易条件の悪化**）も生じている。なお、2000年代に入って投機対象となった一部の一次産品が急激に値上がりした。

3 人間開発指数からみる格差

A 人間開発指数の計算

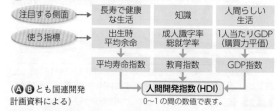

注目する側面	長寿で健康な生活	知識	人間らしい生活
使う指標	出生時平均余命	成人識字率 総就学率	1人当たりGDP（購買力平価）
	平均寿命指数	教育指数	GDP指数

→ **人間開発指数（HDI）**
0〜1の間の数値で表す。

（A B とも国連開発計画資料による）

B 近い所得でもHDIが違う（2021年）

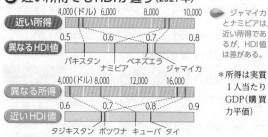

4,000（ドル）　6,000　8,000　10,000

近い所得　0.5　0.6　0.7　0.8
異なるHDI値

パキスタン　ナミビア　ベネズエラ　ジャマイカ

4,000（ドル）　8,000　12,000　16,000

異なる所得　0.6　0.7　0.8　0.9
近いHDI値

タジキスタン　ボツワナ　キューバ　タイ

ジャマイカとナミビアは、近い所得であるが、HDI値は差がある。

＊所得は実質1人当たりGDP（購買力平価）

解説　人間開発指数とは　人間開発指数（HDI）とは、各国の「人間開発」の度合いを測るものとして国連開発計画（UNDP）により作成された包括的な経済生活指標である。GDPではその国の所得の大きさを示すのみで、所得の分配やそれが国民の教育や健康のために使われているか否かまでは明らかにできない。そこでHDIはGDPの数値には現れてこない**人間の多様な側面を考慮にいれ、「人間が自らの意志に基づいて自分の人生の選択と機会の幅を拡大させること」**を開発の前提とし（→P.69）、「健康で長生きすること」・「知的欲求が満たされること」・「一定水準の生活に必要な経済手段が確保できること」の3つをベースに、真の豊かさをおおまかに捉える指数として作られたものである。単なる国民所得の大きさではなく真の豊かさを測る「人間開発」の概念に沿った見方が途上国開発と支援に必要なのである。

倫政18 22「フェアトレード」は途上国の生産品を適正な価格で購入し、貿易を通じて生産者の経済的な自立を支援する活動のこと。

4 資源ナショナリズムとNIEO（ニエオ）

1960	OPEC（石油輸出国機構）結成
1962	国連総会で「天然資源に対する恒久主権」決議
1964	UNCTAD（国連貿易開発会議）発足 - プレビッシュ報告
1973	OPEC石油価格約4倍に引上げ（第1次石油危機）
1974	国連資源特別総会「新国際経済秩序（NIEO）」樹立宣言

15 17 22

解説　資源ナショナリズムとは　1960年代以降に開発途上国で高まった天然資源は産出する国のものという考え方である。それは、政治的独立は達成しても、経済構造は植民地時代と同様、支配されているという**新植民地主義**への反発でもあった。この南北間の対立が深まる中、**1974年の国連資源特別総会**で採択されたのが、「新国際経済秩序（NIEO）樹立に関する宣言」であった。その内容は、①**天然資源恒久主権**、②**北の多国籍企業の活動規制**（国連の経済社会理事会の傘下にそのための委員会も設置）、③交易条件の改善（**一次産品値上げ**）などである。

SIDE STORY　工業品1単位が1,500円で農産品1単位が500円とすると、貿易では工業品1単位と農産品3単位が同じ価値となり交換される。交易条件が途上国にとって不利になる背景である。

5 UNCTAD（国連貿易開発会議）

設立・本部	1964年設立　本部ジュネーブ
目　的	南北問題を検討し，問題解決のために国際貿易・経済開発の推進を勧告する。**18** 倫政18
参加国	195か国・地域（2022年8月現在）

○機構図

```
国連総会 ──→ 国連貿易開発会議（UNCTAD）
  │              総　会
  │          貿易開発理事会（TDB）
  │              ├ 貿易・開発委員会
  ↓              └ 投資・企業・開発委員会
経済社会理事会
 （ECOSOC）←──
```

解説 **南北格差の是正**　国連は1960年代以降，各年代を「国連開発の10年」とし，10年ごとに目標を設定して南北問題の解決を進めてきた。1964年には，南北問題専門の常設機関として**UNCTAD**が設置され，1974年には新国際経済秩序が提唱された。先進国は，**OECD**（経済協力開発機構）の下部組織である**DAC**（開発援助委員会）をとおして途上国に援助を行っている。21世紀に入ると，国連は貧困の人口比率を半減させるなどの「ミレニアム開発目標（MDGs）」，その後継となる「持続可能な開発目標（SDGs）」を策定するなど様々な努力を重ねている。

15 17 倫政23　**国連ミレニアム開発目標（MDGs）**…2000年の国連サミットで21世紀の国際社会目標として「国連ミレニアム宣言」を採択した際の開発目標。①極度の貧困と飢餓の撲滅，②初等教育の普及達成，③ジェンダー平等の推進，④乳幼児死亡率の削減など2015年までに達成すべき8つの目標を掲げた。

倫政20　**持続可能な開発目標（SDGs）**…2015年9月の国連サミットにて全会一致で採択。途上国だけでなく，先進国を含む国際社会全体の開発目標として，2030年を期限とする17の目標を設定。人間の安全保障の理念を反映し，全ての関係者（先進国，途上国，民間企業，NGO，有識者等）の役割を重視する。

【目標】①貧困をなくす，②飢餓をゼロに，③全ての人に健康と福祉を，④質の高い教育をみんなに，⑤ジェンダー平等を実現，⑥安全な水とトイレを世界中に　など

6 南南問題

A アジアNIES・中南米諸国の実質GDP成長率

		1996年	98	2000	05	10	15	20
アジアNIES	韓　国	7.0%	−6.9	8.8	3.9	6.5	2.8	−0.9
	台　湾	6.3	4.5	5.8	5.4	10.6	0.8	3.4
	香　港	4.2	−5.5	8.0	7.4	6.8	2.4	−6.1
	シンガポール	7.8	−1.4	10.1	7.5	15.2	2.2	−5.4
中南米	メキシコ	5.2	5.0	6.6	3.0	5.1	3.3	−8.3
	ブラジル	2.7	0.1	4.4	2.3	7.5	−3.8	−4.1
	アルゼンチン	5.5	3.9	−0.8	9.2	10.1	2.7	−9.9

（『世界の統計』2023）

解説 **南南問題とは**　70年代の石油危機を通じて，発展途上国間においても産油国と非産油国の間で経済格差が顕在化するようになった。また80年代になると，工業化を進めた途上国のなかでも，外国資本を積極的に導入し，**輸出志向工業化**に転換した**アジアNIES**と輸入に依存してきた工業製品を国産化することによって経済発展をはかろうとする**輸入代替工業化**を進めたアルゼンチン・メキシコなどのラテンアメリカ諸国との間でも格差が大きくなった。こうした途上国間の経済格差問題を**南南問題**という。近年はASEAN諸国の成長が著しく，国連総会の決議により認定された特に開発の遅れた LDC（後発開発途上国）との格差が拡大している。

倫政20 17　18 LDCとして指定するのは国連であること。

A UNCTAD総会の歩み（抜粋）

回	年・月	開催地と主な決議事項
1	1964 3〜6	ジュネーブ「プレビッシュ報告」提出。国際貿易体制の構造変革を主張→「援助より貿易を」
2	1968 2〜3	ニューデリー　**一般特恵関税制度**＊の合意。
3	1972 4〜5	サンチアゴ　**ODA**を1970年代中頃までに**GNPの0.7％**まで引き上げ努力（援助も貿易も）
5	1979 5〜6	マニラ　OPECと非産油国の対立激化。**（対立よりも南北対話を）**
7	1987 7〜8	ジュネーブ　発展途上国の累積債務問題，一次産品価格の低迷などについて討議
8	1992 2	カルタヘナ（コロンビア）　UNCTADの新たな役割。**（持続可能な開発）**
11	2004	サンパウロ　南南貿易の重要性を強調
12	2008	アクラ　IMF・世界銀行の国際ルールが，途上国の開発政策の決定権を奪っている点を指摘
13	2012	ドーハ　世界金融危機の分析・原因究明の独立性と正確性を求める
15	2021	バルバドス　パンデミックによる「不平等と脆弱性からすべての人々の繁栄へ」がテーマ

＊先進国が途上国に対して最恵国待遇税率よりも低い税率を適用したり，関税を撤廃して貿易上有利な待遇を与える制度。GATTの最恵国待遇原則および無差別原則の例外でUNCTADが提唱。

注：先進国の援助量については国連総会やUNCTAD総会などの場で設定されてきた。第2次国連開発の10年（1970年代）では民間を含めた援助総量のGNP比を1％，うちODAを0.7％，第3次国連開発の10年（80年代）ではODAをGNP比0.7％とした。

7 累積債務問題

A 各国の対外債務総額と対GNI比　倫政23

対外債務総額（億ドル）／債務残高のGNI比

	対外債務総額	債務残高のGNI比
中　国	27,025	15.4
ブラジル	6,065	38.9
メキシコ	6,057	48.0
ロシア	4,814	27.8
インドネシア	4,165	36.1
南アフリカ共和国	1,700	41.3

注：2021年末の数値　（『世界国勢図会』2023/24）

解説 **続く累積債務問題**　途上国の抱える債務が特に問題となったのは1980年代で，1982年，メキシコが対外債務不履行（デフォルト）を15 宣言し，リスケジューリング（債務支払い繰り延べ）を申請し，中南19 米・アフリカ諸国で債務危機が相次いで発生した。その要因には石油危機による石油価格の高騰とその後の経済不況，また途上国の輸18 出品の中心である一次産品の価格が下落したこと，80年代前半のアメリカの高金利政策などがあった。その後，世界銀行とIMFを中心に対策が打ち出され，先進諸国も債務免除などの救済措置をとっているが，依然として深刻な状況にある国も多い。

17 人間開発指数（HDI）は国ごとに人間開発の程度を表す指標であり，平均寿命，教育水準，一人あたりの実質所得の三つの指標をもとに算出されていること。

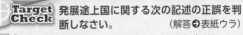

Target Check 発展途上国に関する次の記述の正誤を判断しなさい。　（解答➡表紙ウラ）

☐ ① 1974年に新国際経済秩序樹立宣言（NIEO）が採択されたのは，国連環境開発会議（地球サミット）の場である。

（共通22本試による）

用語Check 〔➡P.378〕南北問題，モノカルチャー経済，新国際経済秩序樹立宣言（NIEO樹立宣言），南南問題，国連貿易開発会議（UNCTAD），OECD（経済協力開発機構），DAC（開発援助委員会）

国際

持続可能性 効率性 公正

1 世界の人口の推移

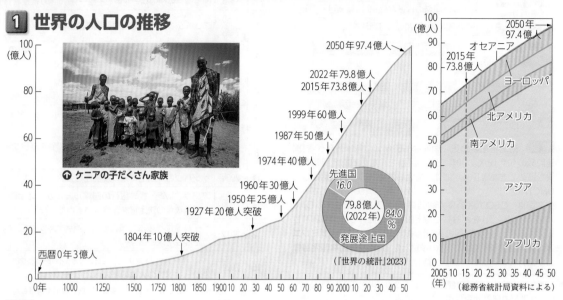

↑ ケニアの子だくさん家族

2050年 97.4億人
2022年 79.8億人
2015年 73.8億人
1999年 60億人
1987年 50億人
1974年 40億人
1960年 30億人
1950年 25億人
1927年 20億人突破
1804年 10億人突破
西暦0年 3億人

先進国 16.0
79.8億人（2022年）
発展途上国 84.0%

（『世界の統計』2023）

2050年 97.4億人
オセアニア
2015年 73.8億人
ヨーロッパ
北アメリカ
南アメリカ
アジア
アフリカ

（総務省統計局資料による）

解説 1日で22万人 現在，世界の人口は約79.8億人（2022年）であるが，年間で約8,000万人のペースで人口が増加し続けている。これは1日平均で約22万人の人口増加をしていることになる。歴史的には19世紀の産業革命以後，医療の進歩も相まって急速に人口が増加し始めたが，平均余命も1990年以降で10歳近く延びている。特にアジア・アフリカにおける発展途上国での「**人口爆発**」は深刻で，食料不足・都市の生活環境の悪化など様々な問題を引き起こしている。

2 人口爆発

A 世界の人口増加率

年平均人口増加率
（2010〜20年の年平均推計）

3%以上	2〜3%未満	1〜2%未満
1%未満	減少	資料なし

（『世界国勢図会』2020／21などによる）

B 人口ピラミッド

エチオピア（2020）
男 女
8 6 4 2 0 2 4 6 8（%）

インド（2020）
男 女
8 6 4 2 0 2 4 6 8（%）

日本（2020）
男 女
8 6 4 2 0 2 4 6 8（%）

富士山型（ピラミッド型） ←→ つりがね型 つぼ型

（『世界の統計』2023）

解説 アジア・アフリカで激しい「**人口爆発**」 世界の地域ごとに見ると，人口増加率が高いのはアフリカ・西アジア・南アジア諸国などの発展途上国で，出生率・死亡率ともに高い「**多産多死**」型，医療の進歩などによって死亡率が低下した「**多産少死**」型の国々である。多産の理由としては，①子どもの死亡率が高い，②貧困のため働き手が必要，③教育が行き届かず家族計画がおこなわれていない，④女性の地位の低さ，などが挙げられる。そのため，**貧困→多産→人口爆発→食料不足→環境悪化**，の悪循環に陥っている。一方，先進国は死亡率・出生率とも低い「**少産少死**」型で，さらに少子高齢化が進んでいる。

国連では「人口会議」を10年ごとに開催してきたが，1994年，エジプトのカイロで「**国際人口開発会議**」が開催された。この会議は人口問題と開発問題が相互に関わりをもつという視点を提示し，さらに女性の健康と権利を守るため，**リプロダクティブ・ヘルス／ライツ（性と生殖に関する健康／権利）**（◆P.77）という考え方も示した。

また，国連は，**国連人口基金（UNFPA）** を18 設置し，途上国の人口爆発抑制に努めている。

Target Check 人口増加に関する次の記述の正誤を判断しなさい。
（解答→表紙ウラ）

□① 人口が増加している開発途上国のなかには，都市に人口が集中し，居住環境の悪化が問題となっている国がある。（センター2010本試）

SIDE STORY 人口の高齢化は，21世紀，途上国でも進んでいくと予想されている。途上国の高齢化率は2000年5.9%が2050年14.6%になり，今後，上昇していくと予想される。

国際

3 世界の飢餓

Ⓐ ハンガーマップと地域別栄養不足人口

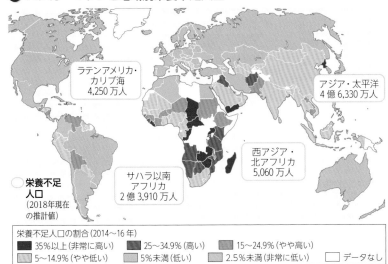

ラテンアメリカ・カリブ海
4,250万人

アジア・太平洋
4億6,330万人

西アジア・北アフリカ
5,060万人

サハラ以南アフリカ
2億3,910万人

○ 栄養不足人口
（2018年現在の推計値）

栄養不足人口の割合（2014～16年）
- ■ 35%以上（非常に高い）
- ■ 25～34.9%（高い）
- ■ 15～24.9%（やや高い）
- □ 5～14.9%（やや低い）
- □ 5%未満（低い）
- □ 2.5%未満（非常に低い）
- □ データなし

（WFP資料による）

Ⓑ 世界の穀物需要等の予測

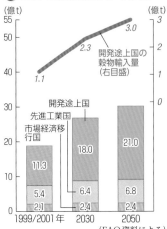

（FAO資料による）

注：
- 1999/2001年は，1999～2001年の3か年平均である。
- 穀物の全需要量（食用＋その他）の数値である。
- 先進工業国のうち，EUは2004年以前の15か国である。
- 市場経済移行国とは，東ヨーロッパ各国及び旧ソビエト連邦の各国である。
- 開発途上国とは，先進工業国，市場経済移行国を除く各国である。

Ⓒ 国連食糧農業機関（FAO）

↑ 世界食糧安全保障サミット
（写真：アフロ）

FAOは国連の専門機関であり，その目的は，栄養水準と生活水準を向上させ，食糧および農産物の生産と分配の能率を改善し，農村住民の生活条件を改善することである。1996年11月，ローマにて，史上初めて世界規模で食糧問題を論議する**世界食糧サミット**が開かれた。ここでは8億人を超える世界の飢餓人口を2015年までに半減させる ローマ宣言 が採択された。2009年に開催された**世界食糧安全保障サミット**ではローマ宣言達成のために更なる努力を払うことが表明された。

Ⓓ 国連世界食糧計画（WFP）

↑ WFPによる食糧支援

国連世界食糧計画は，飢餓と貧困をなくすことを使命とする国連の機関。災害や紛争時の緊急支援，栄養状態の改善，学校給食の提供などを活動の柱に，毎年平均80か国で，女性や子どもなどに食糧支援を行っている。

解説 富の偏在で途上国の4人に1人が栄養不足　中央アフリカの多くの国は，商品作物を栽培し輸出する**モノカルチャー経済**（➡P.326）に加え，急速な人口増加や多発する干ばつの被害により慢性的な食料不足になっている。しかし，単に食料が足りないというわけではない。**世界の穀物生産は年間必要量の倍以上はある**。家畜のえさとして大量に消費されていることや，先進国に加え，途上国にも食料を廃棄する食品ロスの問題があるからだ。**国連食糧農業機関（FAO）**は**世界食糧サミット**を開催するなど，食料問題の解決に向けて活動している。また，**国連世界食糧計画（WFP）**は食糧援助を通して，飢餓撲滅に貢献している。

4 フードシステム*の変革

国連食糧農業機関は紛争，気候の変動や異常気象，経済の減速と景気後退など，主要な食料危機の要因に対する対応力を高めて，フードシステムを変革すれば，持続可能で包括的な健康的な食事を手頃な価格で提供でき，すべての人にあらゆる形態の飢餓，食料不安，栄養不良を解決する強力な推進力になるとし，以下の6つの道筋を掲げている。

*食料品の生産から流通・消費までの一連の領域・産業の相互関係を一つの体系として捉える概念。

Ⓐ フードシステムの変革に向けて進むべき6つの道筋

❶紛争地や被災地における人道，開発，平和構築の政策の統合。	❷フードシステム全体で気候変動への対応力を強化する。
❸経済的逆境にある最も弱い立場の人々の回復力を強化する。	❹栄養価の高い食品のコストを下げるために，食品のサプライチェーンに介入を行う。
❺貧困と構造的不平等の解消に取り組み，貧困層に配慮した包括的な介入を確保する。	❻人の健康と環境に良い影響を与える食事パターンを促進するために，食品環境を強化し，消費者の行動を変化させる。

（国連食糧農業機関HPを参考）

解説 新しいアプローチ　人々が食品の入手，消費に関する意思決定を行うために，フードシステムに関わる物理的，経済的，政治的，社会文化的に土台となっているものを食品環境という。これは途上国だけではなく，先進国の食料問題にも関わる視点であり，フードシステムの変革が世界的な課題となっている。

⑰ バイオエタノール（トウモロコシやサトウキビなどを原料）の生産拡大は，食料の供給に影響を与えるおそれがあること。

国際

1 日本の経済協力の形態と実績

				日本のODA実績(2021年)	
政府開発援助(ODA)	二国間	贈与	無償資金協力…返済義務を課さず資金を供与。倫政18 JICA(国際協力機構)が大半を担当(一部,外務省)	1,278億円 (7.4%)	3,941億円 (36.1%)
			技術協力…研修員受入れや専門家・青年海外協力隊派遣等により発展途上国の人造りに協力。JICAが担当	2,663億円 (15.4%)	
		政府貸付(円借款)等…ダム・工場などのプロジェクトへの借款,物資購入への借款など。JICAが担当(08年国際協力銀行から引き継ぐ)		6,519億円 (37.7%)	
	多国間	国際機関等への出資・拠出等…世界銀行グループ,アジア開発銀行,国連開発計画などに対する資金協力。政府関連各省が担当		4,549億円 (26.3%)	
その他の政府資金	公的輸出信用…輸出者は国際協力銀行(日本政策金融公庫の国際部門)から資金を借り,途上国輸入者から輸出代金を回収する度に返済する 直接投資金融等…企業に対する融資や外国政府の債券購入 国際機関に対する融資等…アンタイドローンによる融資			ODA合計	17,310億円 (=158億ドル)
民間資金	輸出信用・直接投資・その他二国間証券投資等 国際機関に対する融資等				
	民間非営利団体による贈与	日本赤十字など			

グラントエレメント(GE)とは
…貸付条件の緩和度を示す指標。金利が低く,融資期間が長いほど,グラント・エレメントは高くなり,借入人(開発途上国)にとって有利であることを示す。例えば,贈与のグラント・エレメントは100%となる。なお,ODAとして認められるのは,グラント・エレメント25%以上。

(財務省HPより)

注:政府貸付がマイナスになる場合…貸付額<返済額+債務を免除した額

解説 経済協力の意味 発展途上国の経済発展障害要因である貯蓄・投資不足を補う先進国からの資金・技術支援が経済協力(援助)である。上の資料のように,政府開発援助(ODA)・その他の政府資金からなる政府ベースと民間ベースの2つに大別される。**国際社会**で設定されている目標は,**ODAは対GNI比0.7%**であり,日本は達成されていない(➡2Ⓐ)。また,日本は贈与比率が他国と比べて低いが,アンタイド比率(ひもつきでない援助の割合➡P.331 5)は他の先進国に近づいている。

Ⓐ 各国の贈与比率・アンタイド比率(2021)

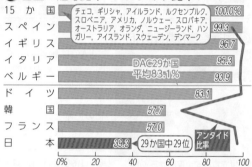

15か国	100.0%
スペイン	99.3
イギリス	96.7
イタリア	95.3
ベルギー	93.9
ドイツ	83.1
韓国	57.7
フランス	57.0
日本	39.3

チェコ,ギリシャ,アイルランド,ルクセンブルク,スロベニア,アメリカ,ノルウェー,スロバキア,オーストラリア,オランダ,ニュージーランド,ハンガリー,アイスランド,スウェーデン,デンマーク

DAC29か国平均83.1%

アンタイド比率

29か国中29位

注:贈与比率は2020・2021年の平均値。約束額ベース (外務省資料による)

2 日本と各国のODA 倫政20

Ⓐ 主要DAC諸国のODA実績 (外務省資料による)

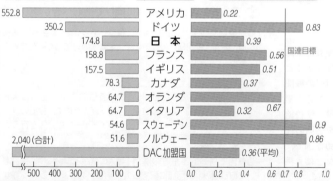

ODA実績(贈与相当額,単位:億ドル) 2022年暫定値 対GNI比率(単位:%)

国	ODA実績	対GNI比率
アメリカ	552.8	0.22
ドイツ	350.2	0.83
日本	174.8	0.39
フランス	158.8	0.56
イギリス	157.5	0.51
カナダ	78.3	0.37
オランダ	64.7	
イタリア	64.7	0.67 / 0.32
スウェーデン	54.6	0.9
ノルウェー	51.6	0.86
DAC加盟国	2,040(合計)	0.36(平均)

国連目標

Ⓒ 日本の無償資金協力の地域別実績 (2021年度)

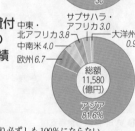

総額 1,645.57 (億円)

欧州・中央アジア・コーカサス 6
その他 2
中南米 7
大洋州 10
中東・北アフリカ 14
サブサハラ・アフリカ 32%
アジア 30

Ⓓ 円借款(貸付実行額)の地域別実績 (2021年度)

総額 11,580 (億円)

サブサハラ・アフリカ 3.0
中東・北アフリカ 3.8
大洋州 0.9
中南米 4.0
欧州 6.7
アジア 81.6%

注:四捨五入により必ずしも100%にならない。

(1Ⓐ,2ⒶⒷⒸⒹ外務省資料などによる)

Ⓑ 各国と比較した日本のODAの推移

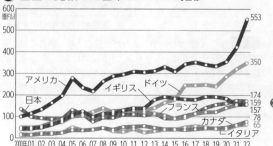

アメリカ 553
ドイツ 350
日本 174
イギリス 159
フランス 157
カナダ 78
イタリア 65

2000年 01 02 03 04 05 06 07 08 09 10 11 12 13 14 15 16 17 18 19 20 21 22

注:2022年は暫定値。2017年までは支出純額ベース。2018年からは贈与相当額ベース。

解説 日本のODA 日本のODA額は1991〜2000年において世界1位(以降05年まで2位)であった。しかし,財政的な制約からここ20年で約50%も予算を減らし,07年には独・英・仏に抜かれ,5位に転落した。なお,日本による無償資金協力はアフリカ向けが多く,円借款はアジア向けが中心になっているが,その背景を考えたい。

DAC(開発援助委員会)…OECD(➡P.319)の下部組織。開発援助について各国間の意見調整を行っている。DACが掲げるODA目標はGNI(国民総所得)の0.7%であるが,日本は,アメリカとともに低水準。

SIDE STORY 2018年,安倍首相は日中平和友好条約40周年を祝う式典において,中国が世界第2位の経済大国となり,日本の対中ODAは歴史的使命を終えたとし,中国へのODA終了を正式発表し,21年,対中ODAを終了した。

3 主要DAC諸国の地域別実績

A 地域別実績における主要DAC諸国（2021年）

アジア
25,012百万ドル
- その他 22.0
- 日本 42.1%
- ドイツ 18.0
- 米国 11.3
- フランス 6.6

中東・北アフリカ
20,092百万ドル
- その他 24.4
- 米国 30.5%
- ドイツ 25.2
- フランス 10.2
- 日本 9.7

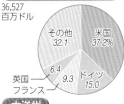

サブサハラ・アフリカ
36,527百万ドル
- その他 32.1
- 米国 37.2%
- ドイツ 15.0
- フランス 9.3
- 英国 6.4

中南米
9,983百万ドル
- その他 19.8
- 米国 28.7%
- フランス 22.3
- ドイツ 14.3
- カナダ 7.8
- 日本 7.1

大洋州
2,915百万ドル
- その他 8.6
- オーストラリア 45.3%
- 日本 21.2
- ニュージーランド 15.0
- 米国 9.9

欧州
3,252百万ドル
- その他 33.9
- ドイツ 31.0%
- 米国 23.3
- スイス 6.3
- スウェーデン 5.6

注：支出総額ベース　　　（『2021年版 開発協力白書』による）

解説　アジア・アフリカ支援　日本は戦後補償の観点からアジア地域を中心に支援し、かつては9割がアジア向けであった。2021年には支出総額の約59.1%が当てられた。また、同様に2021年の二国間ODAは中東・北アフリカに11.0%、サブサハラ・アフリカに9.5%、中南米に4.0%、大洋州に3.5%、欧州に0.5%と地域別配分がなされた。　（『2022年版 開発協力白書』による）

4 日本のODA基本方針の変遷

ODA大綱（1992年閣議決定）での原則
①開発と環境の成立　②軍事的用途への使用回避
③受入国の大量破壊兵器・ミサイル製造等への注意
④受入国の民主化促進、人権保障状況への注意

↓

2003年　改正のポイント（従来の原則は堅持）
- 国益重視の理念　　●国際的諸機関やNGOとの連携
- 「人間の安全保障」（→P.279）の視点重視
- 開発教育の普及等を通じた国民の参加拡大

↓

2015年　開発協力大綱のポイント
- 途上国への支援のみならず、安全保障や資源確保などの国益重視を明記し、「開発協力大綱」に名前を変更
- 民生目的、災害救助等の非軍事目的の支援であれば、**外国軍への支援**を容認する
- 経済発展してODAの対象ではなくなった「卒業国」への支援制限を撤廃し、実態に応じて必要な協力を実施

解説　ODA大綱改正の変遷　1992年決定のODA大綱では、人道的見地、国際社会の相互依存関係、環境の保全および平和国家としての使命を目的として掲げていた。2003年改正ではそれに加えて「国際社会の平和と発展に貢献し、これを通じて日本の安全と繁栄の確保に資する」こととし、国益重視を盛り込んだ。15年にはODA大綱から開発協力大綱に改定。原則として避けてきた他国軍支援も非軍事目的に限定して容認することになった。

5 日本のODAの特徴と課題

①**援助額の削減**　ピークの1997年度から約50%減額。外交力・国際的発言力低下が懸念される。2008年度以降、対アフリカODAを中心に増額に方針転換。

②**低い贈与比率**　贈与比率38.8%（DAC平均83.0%、2018/2019年）。日本は「自助努力を前提に発展を手助けする」との方針から有償援助の有用性を主張。

③**タイド（ひも付き）援助**　資材等の調達を援助供与国の企業に限定する援助形式。（アンタイドは調達先が国際競争入札）日本のODAは利益追求型との批判が強かったが、80年代後半から縮小し、DAC中でも最低レベルとなった。

④**経済インフラ偏重と環境破壊**　人道的援助（食糧・生活基盤整備）が少ない。ダムの建設などによる熱帯雨林破壊・住民生活破壊につながる例も。

⑤**不透明性・不正**　成果や実態の非公開の面がある。2000年中国への円借款の北京空港（株）への転用事件、2002年の北方四島支援を巡る利権問題なども発覚。

⑥**アジア偏重**　アジア地域へ偏っていたが、近年、資源確保を視野にアフリカ向け贈与増大。なお、中国に対しては2007年度で新規円借款を終了、2021年度ですべてのODA事業を終了。

解説　なぜ国際貢献をするのか　日本は厳しい財政状態にあるにもかかわらず、なぜ国際貢献をするのか。次の理由などが考えられる。①世界には、多くの飢餓に苦しむ人々がいる。豊かな国が貧しい国に手を差し伸べるのは、人道的に当然であり、また日本もかつて援助を受けていた。②日本はエネルギーや食料などを発展途上国からの輸入に頼っており、他の国の協力なしでは、日本は成り立たない。③日本の国際協力の手段は限られており、国際競争の中で生き抜くために発展途上国への協力は必要である。④世界経済にとって、発展途上国の経済発展はプラスになる。

←ラオスのメコン川にかかる橋　日本のODAによって建設された

Target Check　日本のODAに関する次の記述の正誤を判断しなさい。　（解答→表紙ウラ）

☐①開発援助を行っている経済協力開発機構（OECD）は、先進国と開発途上国により構成される。

☐②日本の政府開発援助（ODA）は、贈与や借款などの資金協力に限定されている。

☐③途上国に対する政府開発援助（ODA）として、先進国のうち過半数の国は自国の国民総所得（GNI）の0.7%を支出する目標を達成している。

☐④日本のODA支出額は、1990年代の複数年で世界第一位を記録した。

（センター2012、15本試、共通テスト2021政経本試による）

国際

6 NGOによる国際援助

Ⓐ NGO(非政府組織)とは?

国際援助・国際協力

NGO＝非政府・非営利の市民組織
(Non－Governmental Organization)

定義	①政府・企業などから独立して運営、営利を目的としない ②開発・人権・環境・平和問題など地球的規模の諸問題の解決に取り組む
特徴	①各国政府や国際機関の手の届かない最底辺の人々とかかわろうとしている ②人と人との絆を基礎に、きめ細やかな協力活動ができる ③小規模であることから、活動が柔軟で機動性に富む ④世界の人々とともに生き、助け合う、分かち合うという「地球市民」の考え方を広げる

市　　　民

Ⓑ 世界で活躍するNGOなど

アムネスティ・インターナショナル 倫政14	人権侵害の調査などを行い、拷問や死刑制度などを止めさせ、「良心の囚人」(信念や信仰、人種、政治的立場を理由に囚われている非暴力の人々)の釈放を政府に手紙、メールなどで訴える。1977年、ノーベル平和賞受賞。 
地雷禁止国際キャンペーン(ICBL)	**「対人地雷全面禁止条約」**の成立を推進したNGOの連合体。1997年、ノーベル平和賞受賞。2011年、クラスター爆弾の保有・使用の禁止を目ざすNGO「クラスター兵器連合」と統合。
核兵器廃絶国際キャンペーン(ICAN)	核兵器の非合法化・廃絶に取り組むNGOの連合体。核兵器の開発・使用・保有を禁じた**「核兵器禁止条約」**の国連採択に主導的役割を果たし、2017年、ノーベル平和賞を受賞。
国境なき医師団(MSF) 倫政14	紛争や自然災害の被害者や、貧困などさまざまな理由で保健医療サービスを受けられない人びとに対し、独立・中立・公平な立場で医療・人道援助活動を行う。1999年、ノーベル平和賞受賞。
グリーンピース	米国の地下核実験に対し、環境保護と平和を訴えた市民によって結成。地球規模で起こる環境問題に取り組む。商業捕鯨については反対の立場をとる。

＊国連は国際的なNGOに与えられる最も高い地位として「総合協議資格」を認めており、この資格を有するNGOは総会を含むほとんどの会議にオブザーバーの資格で出席することができる。

Ⓒ ジャパン・プラットフォーム(JPF)のしくみ

支援を必要としている人々
(自然災害の被災者、紛争による難民、国内避難民)

水・衛生	食糧・栄養	物資・シェルター	保健医療	生活再建	教育・心のケア

経済界(企業等) 支援金、輸送、物資、口座開設などのサービスや人材の提供等	JPF加盟NGO (43団体＊2022年6月現在) 支援事業の計画立案、申請、現地での事業実施等	政府(外務省等) 資金拠出、情報提供等

メディア	民間財団	一般個人	NGO	学生	有識者	国際機関

総会など JPFの運営方針やプログラム方針の承認・決定、事業の助成審査・評価を行います。

JPF事務局 関係者の連携調整をし、必要としている人々に支援を届けます。

(JPF団体紹介パンフレットを参考に作成)

解説 **国際援助の新協力システム** 現在、地域紛争や自然災害などの被災者に対する国際緊急援助の強化と質の向上が最優先事項となっている。ジャパン・プラットフォームはこのような世界情勢に応え、難民発生時、自然災害時の緊急援助を効果的かつ迅速に行うために、政府・経済界・NGOが対等なパートナーシップの下で協力・連携するシステムである。

国際

7 ODAとNGO

	官(従来のODA)	民(NGOの国際協力活動)
基本的性格	組織本位／硬直的	機能本位／柔軟
目標	形式的／不明瞭	実践的／明瞭
カウンターパート (交渉相手)	相手国中央政府、テクノクラート中心	ローカル・コミュニティ(住民、SNGO＝南側のNGO等)
相手国のニーズ把握	間接的	直感的
意思決定のスピード	遅い	速い

(『いっしょにやろうよ国際ボランティア』三省堂)

解説 上の表は、「官によるODAの問題点とNGOによる国際協力の利点(対照表)」である。この表をまとめた「21世紀政策研究所」では、2000年に「将来的にはODAをNGOが担っていくべきである」という報告書を出している。理由として、①日本にとって、ODAの量的拡大の時代は終わり、より効果的でコストの低いODAを展開する必要があること、②援助のニーズが、世界的傾向として社会開発分野へシフトしており、NGOの特性と優位性を活用すべき領域が拡大していること、などをあげている。両方合わせて"ODANGO"(オダンゴ)である。

Target Check 次の記述に関する正誤を判断しなさい。

(解答➡表紙ウラ)

☐ ① 「アムネスティ・インターナショナル」は、天災・人災・戦争などあらゆる災害に苦しむ人々に、人種・宗教・思想・政治的なかかわりを超えて差別することなく医療の提供を行うことを目的に活動しているNGOである。

(センター2011本試による)

FOCUS　4万人突破！―JICA海外協力隊

JICA海外協力隊は、開発途上国に対する援助や技術協力を行うJICA(国際協力機構)の事業。1965年の発足以来、93か国に派遣され、途上国の人々とともに生活しながら、自分のもつ知識や技術、経験を生かして農林水産、商業観光、保健医療、社会福祉などの9分野において190種類以上の職種で活動している。2023年現在、青年海外協力隊／海外協力隊の派遣隊員数の累計は約4.6万人にのぼる。

隊員になるには?

・春と秋の2回募集するよ
・やる気のある健康な若者で20〜45歳までの日本国籍を持つ人ならOK

テスト → 面接 → 約70日間の訓練

一次と二次が受かれば…

現地へ出発 → 原則2年の協力活動

みごと合格、隊員だ!

用語Check 〔➡P.378〕 ODA(政府開発援助)、NGO(非政府組織)、NPO(非営利組織)、JICA海外協力隊

●次のまとめの中の❶～⓫にあてはまる言葉を答えなさい（解答は下の欄外）。

重要ポイントの整理

地域的経済統合（P.318～322）

(1)地域的経済統合…域内経済活性化，新しい保護主義打開
- ①自由貿易協定…域内関税撤廃へ
- ②関税同盟…域外共通関税
- **③市場統合…人・物・資本・労働力の自由化**
- ④政策統合…全体統合・政治統合

(2)主要な経済圏

❶_____（米国・メキシコ・カナダ協定）	NAFTAに代わる新協定。域内貿易・投資の自由化をめざす
❷_____（東南アジア諸国連合）	10か国体制
❸_____（アジア太平洋経済協力会議）	21の国・地域が加盟

→多国間経済協力を強化，貿易自由化をめざす

(3)EU（欧州連合）
2004年に東欧10か国が加盟，**27か国**体制（2023.4現在）
- ①ECからEUへ　EC（欧州共同体，1967）
  - →❹_____条約（1992調印）
  - →EU（欧州連合，1993）に発展
  - →**アムステルダム条約**（EU新憲法）
- ②通貨統合　ユーロ導入（1999）
  - →紙幣・硬貨流通（2002）

ユーロ導入国	20か国（2023.1現在）
ユーロ不参加国	スウェーデン，デンマーク，ポーランド，チェコなど

(4)❺___（自由貿易協定）／❻___（経済連携協定）
交渉の活発化

世界経済の多様化（P.324・325）

(1)資本主義経済　生産手段の所有，市場原理，利潤目的の生産，所得格差の拡大

(2)社会主義経済　生産手段の共同所有，計画経済，所得格差は小さい
次第に行き詰まり，市場原理（国営企業の民営化，経済活動の自由）を導入
例　中国（＝改革・開放経済，社会主義市場経済），ロシア

(3)国際経済の動向　BRICS［ブラジル，ロシア，インド，中国，南アフリカ］の台頭
特に，中国・インド経済が急速に発展

重要ポイントの整理

南北問題／人口・食料問題（P.326～329）

(1)南北問題
南北間の経済格差（南の貧困，低所得・低生活水準）
- ①南北問題の現状―❼_____経済・一次産品の価格低迷・貧困の悪循環
  貧困の悪循環

```
欧米の植民地支配の影響
  ↓
経済的自立の遅れ → モノカルチャー経済 → 一次産品価格低迷
  ↓                    ↓                    ↓
人口爆発  ←  インフラ不足  ←  低貯蓄・低投資
```

- ②格差是正に向けた取り組み
  資源❽_____の台頭→「天然資源に対する恒久主権」宣言（1962年）
  →UNCTAD発足（1964年）

```
―― 「援助よりも貿易を」（プレビッシュ報告）――
一次産品価格安定・一般特恵関税・GNPの1%援助目標
```
```
―― 「援助も貿易も」――
ODA（政府開発援助）をGNPの0.7%
```

- →**新国際経済秩序（❾____）**樹立宣言（1974年）
- ③新たな課題と今後の動向
  南南問題…「南」の中での経済格差拡大

成長	・産油国の一時工業化（オイルマネーによる） ・アジアNIES・ASEAN諸国・中国の急速な経済発展 　→アジア通貨危機（1997～98） ・外国資本や技術の積極的導入，輸出志向工業化
停滞	・累積債務問題…中南米諸国（メキシコ・ブラジルなど） 　→デフォルト（債務不履行）・リスケジューリング（債務返済繰り延べ） ・LDC（後発発展途上国）の増加…人口増加，食糧危機，累積債務と予算削減による新たな貧困

(2)人口・食料問題
- ①**世界の人口増加**　世界人口は**約79.8億人**（2022），アジア・アフリカ地域における増加が著しい
- ②**食料不足の現状**　栄養不足人口＝約8億人
  背景　家畜の飼料用に消費する分が多い，債務返済のために商品作物の栽培が優先される，富の偏在により食料を買うことができない

国際社会と日本の役割（P.330～332）

(1)日本の外交三原則（1957）
＝自由主義諸国との協調，アジア諸国との協力，国連中心主義

(2)日本の国際貢献
- ①国連分担金―アメリカ，中国に次ぎ，世界第3位の分担金納入
- ②PKOへの自衛隊派遣―カンボジア，モザンビーク，ルワンダなど
- ③⓾___（**政府開発援助**）―世界有数の援助額，インフラ（社会資本）整備中心
- ④⓫___（非政府組織）やJICA海外協力隊による国際援助

Back UP

解答　❶USMCA　❷ASEAN　❸APEC　❹マーストリヒト　❺FTA　❻EPA　❼モノカルチャー　❽ナショナリズム　❾NIEO　⓾ODA　⓫NGO

333

縦書き：課題探究

1 テーマを決める

～あたりまえのことに「なぜ？」と問いかけよ～

課題探究は「テーマを決める」ことから始まるが、「テーマを決める」と一言で言っても、何をどうしたらいいか、最初はさっぱり見当がつかないかもしれない。それもそのはず、テーマとは自分の「問題意識」から生まれるからだ。

「問題意識」のないところに課題探究は生まれない。しかも、「問題意識」は日々の経験の中で自然に心の中にわいてくるものもあるが、むしろ意識的に（無理矢理にでも）作り出すものでもある。

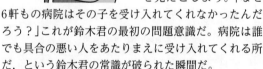

ある日、課題探究のテーマを探していたA市の高校生の鈴木君が、A市で急病の子どもを乗せた救急車が6軒もの病院で受け入れを断られ、手遅れとなってその子が亡くなったというニュースを見たとしよう。「なぜ6軒もの病院はその子を受け入れてくれなかったんだろう？」これが鈴木君の最初の問題意識だ。病院は誰でも具合の悪い人をあたりまえに受け入れてくれる所だ、という鈴木君の常識が破られた瞬間だ。

身の回りの無数の「あたりまえ」に、「なぜ？」を投げかけてみる。どこまでも「なぜ？」「なぜ？」と自分に問いかけながら、納得のいくまで調べてみる。それでも納得のいく答えが出ないもの―これこそが、本物の「テーマ」である。**よい「テーマ」に出会うことが、その課題探究の成功を決定づける**、と言っても過言ではないのだ。

鈴木君は先ほどの救急車の事件を新聞で調べてみたら、近年小児科医の不足が社会問題化していることがわかった。なぜだろう？

ここで課題探究のテーマを「A市の小児科医の不足と地域医療」というテーマに決めた。【きっと少子化が進んでいることが原因でA市では小児科医のなり手が減少しているに違いない】―との仮説（＝仮の結論）を立て、研究計画を立てることにした。

こういうことなのかな？

skillpoint 1 　テーマの設定方法

(1) テーマについての情報収集・吟味・検討
調べたいテーマについて情報を集め、どのようなテーマにするか吟味・検討する。
↓
(2) 仮テーマの設定
(1)で検討したテーマから絞り込んで「仮テーマ」とし、さらに課題探究に値する内容か、問題意識は明確か、などの観点から掘り下げていく。
↓
(3) 研究計画を立てる
何について（課題）・何のために（目的）・どうやって（方法）研究を進めるのかをまとめる。その際、研究の結果についての仮説を立て、それにそって計画を立てる。

2 調べる

～先入観を捨て、ありのままを浮き彫りにせよ～

テーマが決まったら、次は情報収集だ。
なぜ小児科医が減少しているのかをさぐるために、

鈴木君は、まず関連する新聞記事を集めることにした。「小児科医」、「医師不足」、「たらい回し」といった文字を意識して、毎朝新聞を読むようになり、関連記事をスクラップして整理していった。

記事を集め始めたら、この「たらい回し」が全国でも結構多いことに気づいた。いつ頃からはじまったのか？小児科だけなのか？市立図書館へ何度も出かけ過去の新聞や文献を探した。

少子化に関するデータは、A市のウェブページで見つけた。確かにA市は少子化が進んでいる。鈴木君は**【少子化→小児科にかかる患者が少なくなった→小児科の医師のなり手が減った】**という自分の仮説が裏付けられた、と思っていた。

しかし、あるとき新聞の医療特集記事を調べていたら、日本では医師の数がこの40年間で2.5倍に増えていることがわかった。また小児科医・産婦人科医が減少している一方で、内科医・美容整形外科医は大変増えていることがわかった。また別の記事では、小児科と産婦人科は仕事が過酷な割に診療報酬が低い、また医療事故が多く訴訟になるケースが多いとも書かれていた。これに鈴木

仮説とは違う！

君は驚いた。原因は少子化以外にもたくさんありそうだと思い、**自分の仮説は、【診療報酬の低さと医療事故の多さから、小児科医になることが敬遠されている】というふうに修正が必要だ**と考えた。

鈴木君は来週、高校の先生を通じてA市の市立病院の院長先生にインタビューを申し入れることにした。自分の仮説が正しいかどうか、直接現場の声を聞く必要性を感じたからだ。

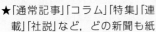

skillpoint 2　情報収集方法の特性と活用方法

⑴ **新聞**

★一番身近にあって情報量が豊富。

★情報源の信頼性が高い。

★スクラップ、またはスキャナー読み込みなどをして、記事の集積がしやすい。

★「通常記事」「コラム」「特集」「連載」「社説」など、どの新聞も紙面編成に工夫をしているので、調査目的に合った記事を選び、集積する。特に「特集」記事は関連テーマの情報がコンパクトにまとめられており、そのテーマについて効率よく調べることができる。

★複数の新聞社を比較して読み比べると、同じ問題についても取り上げ方やアプローチの仕方に差があることに気づき、複眼的な見方が可能になる。

★過去の新聞記事は、公立図書館またはオンライン・データベースにて検索できる。

⑵ **インターネット**

★ウェブサイト上の膨大な情報を、短時間で効率よく収集することができる。

★google、yahooなどの「検索エンジン」にキーワードを入力して、ウェブサイトを検索することができる。

★記事の信頼性を確認する必要がある。インターネット上は様々な人たちが情報を発信しているため、検索した情報が確かなものなのか疑わしい情報なのかを確認しなければならない。

《信頼性が高いと考えられる情報》官公庁、公的研究機関、大学、マスコミなどのウェブページの情報

《信頼性が低いと考えられる情報》匿名記事全般、個人のウェブページ、出典元の記載がない情報

★信頼性が疑わしい情報については、必ず「一次情報（＝出典元の情報）」にあたって検証する。

⑶ **図書館**

★文献・百科事典・年鑑・新聞・官公庁白書・雑誌・統計資料などの宝庫。基礎資料・一次資料となる情報が多数そろえられている。

★DVD・ビデオ・CDなど音楽映像ソフトや、データベースDVD－ROMの閲覧・貸し出しが可能な図書館もある。

★目的の文献を書架で直接探してもよいが、多くの図書館でパソコン端末から蔵書検索できるシステムが整備されているので活用する。

★パソコンルームが完備されている図書館では、その場でパソコンを使った作業やインターネット検索が可能。データベースコーナーでオンラインデータベースの利用ができる図書館もある。

⑷ **取材・インタビュー**

★文献やインターネットでは分からない、現場の人々の生の声を聞くことができる。

★自分で取材することで、テーマへの新しい発見が期待できる。

★インタビューは、学校の先生を通じて相手に申し入れをし、日時を決める。どんな質問をするか、あらかじめ精選しておく。インタビューをするときは時間を守り、相手に失礼のないように進める。写真・録音があるとまとめの際に役立つので、必ず許可をいただいた上で、撮影・録音する。

3　まとめる

~説得力のある主張を意識し、情報の取捨選択をせよ~

院長先生のインタビューも終わり、鈴木君はいよいよレポートのまとめに入ることにした。

まずは、レポートのアウトラインを決める。

この情報は載せよう

序論では、そもそもこのテーマに関心を持つきっかけとなったニュースについてふれて、自分の仮説－「小児科医は診療報酬が低く医療事故が多いため、小児科医になることが敬遠されている」について述べる。

本論では、まず官公庁のホームページから探してきた、過去40年間の日本の医師数、診療科別医師数のグラフを用いて、小児科医が減少している実態を述べる。診療報酬についても比較の表があったはずだ。また、図書館で探した医療事故に関する文献を引用して、子どもが相手の小児科ではほかと比べて事故が起こりやすいこと、被害者からは過去多額の賠償を請求されたケースがあること、などを示す。市立病院の院長先生のインタビューメモから、A市立病院では常駐の小児科医がいないため、毎週2回、東京の大学病院から医師を派遣してもらっていること、特にA市のような地方では小児科医が不足しており、医師の手配に苦慮していることなどをまとめる。鈴木君はアウトラインにそって、集めた新聞記事・メモ・資料のコピーを取捨選択し、レポートの展開にそって並べなおしていった。

やっとレポートが書けた！

最後の結論。ここまでで自分の仮説は資料などで裏付けられた。ここで鈴木君は，このA市の子どもの生命や健康はこのままでは守られない。小児科医をもっと増やすような政策を国などの行政に求めていくべきではないかという新しい問題意識を抱き，今後の医療行政への提案で締めくくろうと考え，レポートを書き上げた。

---

skillpoint 3　レポートのまとめ方

★レポートに盛り込まねばならない要素は，
　①テーマは何か　②調査の手順
　③根拠資料・図版　④わかったこと・結論　である。
★レポートの構成を《序論・本論・結論》の三部構成とするとまとめやすい。自分の仮説にそって展開のアウトラインを決める。
「序論」：自分の問題意識と，調査の手順をまとめる
「本論」：調査によってわかったこと・根拠資料をまとめる
「結論」：最終的なまとめ，自分の意見・主張
★自分の主張にそって集めた情報の取捨選択をする。採用した資料には必ず出典元を明記する（例：令和〇〇年〇月〇日の△△新聞より，など）。
★執筆する際は自分の主張を明確にしながら，また不足する資料があったら随時補いながら進めていく。

---

4 発表/討論する

～「伝える」スキルをみがく～

2週間後，鈴木君は学校の公共の時間に，課題探究のプレゼンテーションを行った。

以前にまとめたレポートに沿って，プレゼンテーションを三部構成とした。冒頭，鈴木君がこの課題研究を選ぶきっかけとなった，救急車の事件の新聞記事をスクリーンに大写しにし，見ているクラスの生徒達を一気にこのテーマに引き込むよう工夫をした。

パソコンに新聞と写真，グラフをとりこんでおいて，教室全面にはった大型スクリーンに投射すると，とても見やすい。レポートをまとめる際に使用した資料を，この日のプレゼンテーション用に少し手直しした。基本的には読む原稿を準備しておいて，ほかの診療科と比べて小児科医がいかに少ないか，診療報酬にいかに差があるかを，視覚的に訴えるよう努めた。

市立病院の院長先生のインタビューは，院長先生の許可を得て動画撮影をした映像を流した。病院経営の窮状を訴える院長先生のインタビューは大変な説得力があり，クラス中が真剣に見入っていた。さらに，レポート提出後教科担任の先生のアドバイスで，子どもを持つ近所のお母さんたちにもインタビューをし，小児科が成り立たないA市の現状への不安と，今後の行政に期待するコメントを録音したものも音声で流した。

子どもの生命と健康を担う小児科医はA市に欠かせないものであり，医療の不備は憲法にも定められた国民の生存権をも脅かすものであって，行政はもっと小児科医の育成と待遇改善に努力すべきだ，との主張を展開し，プレゼンテーションを終えた。クラスメイト達も最後まで集中して聞いてくれた。

来週はいよいよディベート。教科担当の先生に，ディベートにふさわしい論題をたてるよう指導された。

鈴木君は，最初のちょっとした問題意識が，調査やまとめを重ねることでここまで認識が進化した自分に驚いていた。

---

skillpoint 4　プレゼンテーションとディベートの方法

【プレゼンテーション】
　調査・研究した内容を発表すること。
★プレゼンテーションは，聞き手に「伝える」ことが最大の目的であるから，何を，どうやって示すか，分かりやすいか，自分の意図が正確に伝わっているか，聞き手をあきさせていないか，に注意を払う。
★準備は，プレゼンテーション全体の構成（課題の提示→説明→まとめ）を考え，それにそった「読む原稿」「配付資料」「見せる資料」を準備する。
★「見せる資料」は，実物・写真・模造紙などや，パソコンを使った映像の投影，パワーポイントなどプレゼンテーション用ソフトなどを活用する。資料はいずれも，見やすくわかりやすいもので。
【ディベート】
　一つの論題について肯定・否定側に分かれて討論し，ジャッジ（判定者）により勝ち負けの判定を行うゲーム。
★自分の個人的意見とは関係なく，メンバーを肯定側・否定側に分ける。制限時間内にいかに説得力のある主張を展開できるかを競う。
★論題は肯定意見と否定意見が対立するものにする。
★事前の準備では，自分の陣営の立論に有利なデータや資料をそろえ，説得力のある論理展開を考えておく。また，相手陣営からの予想される反論と，それへの反論も考えておく。
★ディベートの進め方
　①立論→②反対尋問→③反論→④最終弁論→⑤判定

「公共」という科目の目標は，用語や概念を覚えたり，説明したりできるようにするだけではありません。**現代の社会における問題点を自分なりにあぶり出し，どうやったらその問題を解決できるか他者と共に考えていくことこそ「公共」の目標です。**さらには，問題解決に向けて，実際に行動して社会に働きかけていくことが最終的な目標と言えるでしょう。

その最終目標に向けた第一歩として，「公共」で学んだことをテーマに，自分なりの問題点をあぶり出し，その解決に向けて他者と協力する姿勢について，「プレゼンテーション」を通じて体験しましょう。

プレゼンの流れ
①「問い」をたてる
②「問い」を改善する
③情報を収集する
④さらなる課題・まとめ

① 「問い」をたてる

- ■「公共」で学んだことの中から，興味深かったテーマを一つあげる。
- ■あげたテーマと，「問いワード」を組み合わせて「問い」をつくる。
- ■できた「問い」の難易度を三段階でレベル分けする（A難　B普　C易）。
- ■できた「問い」に答えることの意義を一言であらわす。

● 選んだテーマ（例）選択的夫婦別姓

問いワード	「問い」	難易度	意義
いつ？なに？どのように？	・夫婦別姓ってなに？ ・どのような制度？	C	どのような制度か理解できる
今昔　未来 地域　世代	・昔の日本は夫婦同姓？ ・日本以外の国は？	C	夫婦の姓についての制度に詳しくなれる
善悪　必要 優先順位 すべきか？	・日本の世論はどう考える？	B	日本の世論について理解が深まる
	・日本は夫婦別姓を認めるべき？	A	今後の日本での夫婦の姓についての在り方について考えを深めることができる
影響　反論 どうすれば？	・どんな反論がある？	B	夫婦別姓を多面的に考えることができる
	・認めたらどんな影響がある？	A	この制度が実現したときの準備ができる

② 「問い」を改善する

❶であげた「問い」からプレゼンテーションの題材にする「問い」を選び，ほかの人と意見交換する。それぞれの「問い」について，「難易度」や「意義」に追加できることがないか，「問い」そのものへの疑問点・改善点がないか検討する。検討した内容はほかの人と共有する。

- ■ **選んだ「問い」**
  夫婦別姓を認めたらどんな影響がある？
- ■ **改善した「問い」**
  日本で「選択的夫婦別姓」を導入するなら，まず解決すべきなのは，どんな課題か？

③ 情報を収集する

資料集やインターネットなどを使って情報を集める。集めた情報は出典を明記できるようメモする。

- ■ **分かったこと①**
  夫婦同姓の今の日本の制度は，2015・2021年に最高裁判所で合憲判決が出ている。しかし，2015年の最高裁判決では，3人の女性判事全員が違憲判断を示した。
- ■ **分かったこと②**
  若年層や女性の方が夫婦別姓を容認する傾向にある一方，子どもの姓が親と異なることに伴うトラブルや不都合なども懸念されている。

④ さらなる課題・まとめ

❶〜❸までの内容をより深めるために，どんな活動が必要かなどを整理し，最後に自分の考えや今後の課題をまとめる。

- ■ **この取り組みによって形成された自分の意見**

選択的夫婦別姓の導入を推進
夫婦同姓を違憲とする最高裁の判断があるなら，合意形成さえ出来れば夫婦別姓も十分に実現可能だと思うから。また，よりよい人生・幸福追求のために，個人の選択肢の幅を広げることは大切だから。

夫婦同姓の現行制度を維持
最高裁で夫婦同姓が合憲と判断され，制度自体は憲法上問題がないから。また，夫婦別姓には，女性や若者に賛成が多いと言っても，反対の意見もあり簡単に合意形成できないだろうし，夫婦別姓によって子どもに好ましくない影響があることへの懸念も大きいから。

参考文献の示し方

書籍　著者 発行年『書籍名』出版社
新聞　新聞社「記事名」年月日 朝夕刊 版 面
ウェブページ
　著者名 発行年 タイトル URL アクセス年月日

１ 作文に求められること

問題：「家族の絆」について書きなさい。

　文章を書かせる試験は，大きく分けて**作文**と**小論文**に区分されますが，特に専門学校の入試に多いのが，「作文」です。作文は，提示されたテーマについてあなたが体験したこと，感じたり考えたりしたことなどを中心に書くものです。テーマも，高校生活や家族といった身近な話題から出題されることが多いようです。

　作文を出題する側は，あなたが客観的な事実に基づいて理路整然と主張ができる人物かどうかを見たいのではなく，あなたがこれまで積み重ねてきた体験を通して，どのようなものの見方・考え方をするのかを見ようとします。したがって，あなたの意見や考えを素直に書くことが大切で，こうした内容が読み取れない作文は評価が低くなります。見栄えが良くなるように話を「盛って」書いたとしても，採点者は難なく見破るでしょう。ありのままの自分を文字で表現することは決して易しいことではないので，例えば普段から日記をつけるなどして，文章表現に慣らしていきましょう。

そうだ！母が入院したとき毎日看病したっけ。

ここから「家族の絆」とはどういうことか考えてみよう。

２ 小論文に求められること

新聞記事　ニュース

本

　それでは，小論文に求められる条件は何でしょうか。作文は，自分の体験などを通じてあなたの考えることを書くものでした。つまり，「あなたがどのような人物か」ということを表現するのが作文のポイントです。これに対して小論文は，提示された資料やテーマについて，「**客観的な事実を根拠として示しつつ，あなたの考えを書く**」ものです。どのような切り口でどのような論を展開するかは，もちろん人それぞれの個性が出る部分ですが，小論文で根拠とすることができるのは，あくまで客観的な事実です。そして，小論文を読む第三者にあなたの考えが正しく伝わるように，筋道を立てて論理的に書くことが求められます。このような文章を書くためには，普段から新聞・テレビ・インターネットなどで情報収集をして知識を得ることはもちろん，読書を通じて様々な分野の論説文に親しみ，論理的に書くためのスキルを養成することが不可欠なのです。

３ 小論文の出題傾向

　小論文試験は，具体的には大学の推薦入試やＡＯ入試で課せられることが多い科目です。出題形式は大きく分けて３種類ありますが，最近は英文の課題文を出題する大学もあり，より総合的な学力が要求される傾向にあります。どんな形式の小論文が出題されるかは大学・学部・学科によってまちまちですが，やはり目立つのは時事や社会問題に関する出題です。課題文として新聞の社説やコラムが使われることも多いので，日ごろから新聞に目を通して，自分の考えを温めておくことが役に立つでしょう。

● 小論文の主な出題形式

テーマ型	テーマを指定して，それについて論述させる。
課題文読解論述型	課題文を与えて，説明問題や論述問題を課す。
資料分析型	グラフや表を与えて，読み取り問題や論述問題を課す。

● 近年出題されているテーマ

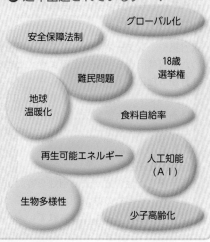

グローバル化
安全保障法制
18歳選挙権
難民問題
地球温暖化
食料自給率
再生可能エネルギー
人工知能（ＡＩ）
生物多様性
少子高齢化

課題探究

4 小論文トレーニングの方法

①課題をおさえる！

　最も多い出題形式はテーマ型なので，まずはこの形式に慣れましょう。ここで重要なのは，課題をよく読んで出題者の意図をとらえること。課題に沿って書いているつもりが，書き進むにつれて話題の中心が本題から脱線しがちなので，よくよく注意しましょう。

　また，「……についてあなたの考えを述べなさい。」と出題されているのに，どこにもあなたの考えが書かれていないのでは採点のしようがありません。解答の条件をよく読み，条件に対応する内容を書くときは，読み手にそれと分かってもらえるか十分チェックしましょう。

②客観的な事実から「自分の考え」を練る！

> 例題：成年年齢が18歳になることについて，あなたの考えを述べなさい。

　そもそも文章を書く目的は，「**あなたの考えたことを読み手に伝えること**」です。他人の意見を援用する場合でも，一度あなたの頭でかみ砕いてから文章にしなければ，単なるコピー・アンド・ペーストになってしまいます。

　さて，自分の考えを整理するには，集めた情報やそこから生まれたアイディアを書き出してみて，それをもとに小論文の構想をメモにまとめる方法がオススメです。まずは何も見ずにメモを書き出しましょう。たくさん書き出せる人もいるかもしれませんが，なかなか筆が進まない人が多いのではないでしょうか。物事に対する自分の理解の甘さ，知識不足を痛感するかもしれません。しかし，ソクラテスが「**無知の知**」を言ったように，「知らない」「わからない」「書けない」という自覚こそが，単なる小論文対策を超えた「深い学び」を導くのです。

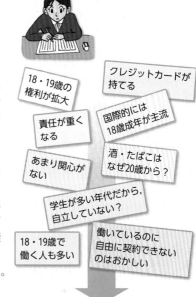

- 18・19歳の権利が拡大
- クレジットカードが持てる
- 責任が重くなる
- 国際的には18歳成年が主流
- あまり関心がない
- 酒・たばこはなぜ20歳から？
- 学生が多い年代だから，自立していない？
- 18・19歳で働く人も多い
- 働いているのに自由に契約できないのはおかしい

③構成を考える！

　小論文の構成の基本は，「序論」「本論」「結論」の順に展開する形式です。まずはこの形を崩さないよう意識しましょう。

序論	・「序論」では，**設問に対する問題提起**や，いまから何を述べるのかといった，**自分の考えを示します。** ・テーマ型では，ここで結論を述べておくと，本論の展開がしやすく，採点者側もその結論を念頭に置きながら読み進めることができます。 ・課題文読解論述型では，要約したうえで，筆者の主張とあなたの考え（賛成，反対，共感など）を述べます。
本論	・「本論」は「序論」を受けて（きちんと筋を通したうえで），**自分の考えの論拠や理由**を述べます。 ・自分でもわからないような壮大な意見や難解な表現は，避けたほうが無難です。 ・自分の言いたいことを自分の言葉で書きましょう。自身の体験など，具体的な事例を出すことも効果的です。 ・「例えば…」「つまり…」「なぜなら…」といった言葉を効果的に使い，論を展開しましょう。このとき，同じ内容の繰り返しにならないように気をつけましょう。
結論	・「結論」は，**全体の総仕上げ**です。簡潔かつ明瞭にまとめましょう。 ・「**以上の理由により，……と考える**」という形が一般的です。余計な文章は付け足さないほうがよいでしょう。 ・構成を練るときから，これで最後を締めたいと考える文章があれば，説得力が増すかもしれません。

● 構成メモ

序論（第一段落）
- 成年年齢が18歳になることは歓迎。
- 成年としての自覚をどう養うかが課題。

本論（第二段落）
- 世界のほとんどの国が18歳を成年年齢としている。
- 18歳は十分社会に参画できる年齢。
- 18歳から働く人も多く，未成年のままでは不都合なことが多い。
- 年齢制限が20歳以上のままの制度が残り，わかりにくい面もある。
- 17歳までに大人としての自覚を形成するための取り組みが必要。

結論（第三段落）
- 施行までの準備が大切。
- 若者の社会参画拡大につなげたい。

　以上の注意点を踏まえて，小論文のトレーニングを始めましょう。意外に手順が多くて戸惑うかもしれませんが，こうした一つひとつの準備があってこそ，説得力のある小論文を書くことができるのです。

作成例 ➡

読書カタログ100選 ➡

339

現代社会の課題
～持続可能な社会づくりの主体となる私たち～

傾向と対策 共通テストでは地球環境問題のほか，生命倫理や情報化社会といった分野からの出題も見られ，幅広い学習が必要である。また知識を問うだけの単純な問題は少なく，知識を前提とした判断力や思考力を問う問題が増えており，内容を正確に理解していないと正答にたどりつかないことが多い。このような問題に対処するためには，授業を大切にして教科書の内容をより深く理解することが大切である。単語を覚えるだけの学習はもはや通用しない。

実戦演習 例題1 循環型社会を推進するための施策として，3Rが提唱されている。ヤマダさんの発表内容中のア～エのうち，3Rに該当するものを，循環型社会形成推進基本法の下で定められている施策の優先順位の高い方から並べたものとして最も適当なものを，次の①～⑧のうちから一つ選べ。〈21年・現代社会第1回〉

ヤマダさんの発表内容の一部

価値観は人それぞれ異なるものの，資源を無駄にしないという考えを貫くべき場面は確かにあるし，それこそが，「もったいない」の精神だと私は思います。例えば，最近，プラスチックゴミ問題が注目されていますが，その対策として，このような取組みを進めることを考えてみました。

ア 使用済みの食品トレーを回収し，それを，新たなプラスチック製品の原料として使用する。
イ 廃棄されたプラスチックゴミを適切に埋め立てる。
ウ ストローやレジ袋等の使い捨てプラスチック製品の利用量を削減する。
エ イベント会場などで，飲料用のプラスチックカップを使用後に回収し，洗浄・殺菌・消毒等をして何度も使用する。

プラスチックゴミは，クジラなど，自然界の生物にまで被害を及ぼしています。「もったいない」精神に即したこれらの取組みを進めれば，被害を減らすことができるのではないでしょうか。「もったいない」に込められている，モノを大切にする心を，生命体を尊重するというところにまで広げて捉えていきたいと思います。

① ア→イ→ウ ② ア→エ→イ
③ イ→ア→エ ④ イ→ウ→エ
⑤ ウ→ア→イ ⑥ ウ→エ→ア
⑦ エ→ア→ウ ⑧ エ→イ→ウ

実戦演習 例題2 モリさんは授業で日本における臓器移植について学習した際，2009年の臓器移植法改正後，臓器を提供する側のドナーについて，どのような条件があれば臓器提供が行われるのかに関心をもち，調べてみた。ドナー候補が臓器提供について書面による有効な意思表示をしていない場合に着目し，ドナー候補の年齢と臓器提供への家族の承諾の有無という二つの条件で分類して，次の**表**のケースA～Dを考えた。このうち，脳死判定後に臓器を提供できるケースの組合せとして最も適当なものを，次の①～⑨のうちから一つ選べ。〈21年・現代社会第1回〉

	ドナー候補	臓器提供への家族の承諾
A	15歳以上	有
B	15歳以上	無
C	15歳未満	有
D	15歳未満	無

① AとBとCとD ② AとBとC
③ AとB ④ AとC
⑤ A ⑥ B
⑦ C ⑧ D
⑨ 提供できるケースはない

実戦演習 例題3 次の語句A～Cと，それらに対応する記述ア～ウの組合せとして最も適当なものを，次の①～⑥のうちから一つ選べ。〈22年・現代社会本試〉

A インフォームド・コンセント
B リプロダクティブ・ヘルス／ライツ
C リヴィング・ウィル

ア 医師が専門的知見に基づいて病状や治療内容を患者に説明し，患者自身が同意した上で治療を選択すること。
イ 患者が将来，自身の意思を表明できなくなったときのために，延命治療を含む死のあり方に関する意向を，あらかじめ文書により表明しておくこと。
ウ 子どもを産むか産まないか，産むとしたらいつ，何人産むのかといった性や生殖に関する事柄を，女性が自ら決定すること。

① A－ア B－イ C－ウ
② A－ア B－ウ C－イ
③ A－イ B－ア C－ウ
④ A－イ B－ウ C－ア
⑤ A－ウ B－ア C－イ
⑥ A－ウ B－イ C－ア

例題1 解答→ ⑥
解説→ 循環型社会形成推進基本法では処理の優先順位を，(1)発生抑制(リデュース)，(2)再使用(リユース)，(3)再生利用(リサイクル)，(4)熱回収，(5)適正処分と定めている。

例題2 解答→ ④
解説→ 臓器提供の意思表示は15歳以上が有効である。また2009年の法改正後，15歳未満であっても家族の承諾があれば臓器移植が可能になった。問題内容の理解と読解力が求められている。

例題3 解答→ ②
解説→ 生命倫理分野の基本用語の意味を問う問題。Bは「性と生殖に関する健康と権利」と訳される。Cは「終末期医療における事前指示書」のこと。延命治療を施さない尊厳死を希望することを事前に記入しておくもの。用語の正確な理解を習慣化しておきたい。

青年期と自己の形成

傾向と対策

共通テストの青年期・倫理分野では、重要語句やキーワードを理解していないと解けない問題が出題されるため基礎的な知識はおろそかにしないようにしたい。また、青年期の特徴と課題について概念や理論(アイデンティティや防衛機制など)を活用し、社会的事象や日常生活に見られる人々の行動の意味を捉えることができるかを問う問題が共通テストでは出題されているため、具体的な場面や例に置き換えて理解するようにしておきたい。

実戦演習 例題 1

アイデンティティに関して、心理学者のマーシャは、エリクソンのアイデンティティの概念を発展させ、アイデンティティの状態(アイデンティティ・ステイタス)について四つに分類した。分類は、職業選択などの領域における、次に示す「危機」と「関与」の二つの基準によってなされ、表のA〜Dに区分される。このうちA〜Cの分類と、それらに対応する青年の例ア〜エとの組合せとして最も適当なものを、次の①〜⑨のうちから一つ選べ。〈22年・現代社会本試〉

「危機」と「関与」
・「危機」：自分の職業などに関する様々な選択肢のなかで、選択や決定をしようと悩んだり思索し続けたりする時期
・「関与」：職業などにつながるかもしれないことについて自ら積極的に関わったり何かしらの行動をとったりすること

注：「危機」と「関与」の内容は、マーシャの著書およびマーシャの理論に基づいた研究者らの著書により作成。

表　アイデンティティ・ステイタスの分類

		「危機」	「関与」
A	アイデンティティ達成	経験した	している
B	モラトリアム	現在、経験している最中である	しているが曖昧である
C	早期完了(フォークロージャー)	経験していない	している
D	アイデンティティ拡散	経験していない、もしくは、経験した	していない

ア　私は、親からバレエダンサーになるよう言われてきました。私は、幼少期から何度もバレエで受賞しており、ダンサーになることに疑問を感じたことはありません。高校卒業後は、バレエ団に入団し、舞台で活躍するために、毎日、練習に励んでいます。

イ　私は、親から公務員になるよう言われてきました。しかし、自分は公務員には向いていないのではないかとずっと思っていました。大学に入ってからは、将来のことはその時に考えればよいし、どのみち自分の思いどおりにはならないので、今楽しければそれで良いと思って過ごしています。

ウ　私は、高校時代から進路に悩んでいました。そのなかで、友人に誘われて取り組んだ地域活性化事業がとても面白く、ビジネスとしても軌道に乗り始めたので、将来のキャリアとして考えるようになりました。大学では地域福祉について研究しており、研究成果をこの事業にいかしていく予定です。

エ　私は、大学入学の頃から将来について真剣に悩んでいます。職業や生き方を考えるために関連する本を読んだり、ボランティアに参加したりするなど、色々なことを試していますが、まだ自分が何をしたいのかが分かりません。

① A－ア　B－イ　C－ウ
② A－ア　B－イ　C－エ
③ A－ア　B－ウ　C－エ
④ A－イ　B－ア　C－ウ
⑤ A－イ　B－ア　C－エ
⑥ A－イ　B－エ　C－ア
⑦ A－ウ　B－イ　C－ア
⑧ A－ウ　B－エ　C－ア
⑨ A－ウ　B－エ　C－イ

実戦演習 例題 2

青年期の特徴を説明した記述として最も適当なものを、次の①〜④のうちから一つ選べ。〈23年・現代社会本試〉

① 青年期の初め頃において、身体が性的に成熟し大人になっていくことは、第一次性徴と呼ばれる。
② エリクソンは、青年が自分であることに確信がもてず、多様な自己を統合できないでいる混乱した状態を、モラトリアムと呼んだ。
③ 青年が、親や年長者の価値観を拒否したり、社会的権威に抗したりすることは、第一反抗期と呼ばれる。
④ レヴィンは、子ども集団にも大人集団にも属しながら、どちらの集団にも所属意識をもてない青年を境界人(マージナル・マン)と呼んだ。

例題1　解答➡ ⑧
解説➡ アは「危機」の時期はなく、将来的な職業に「関与」しているC。イは「危機」の時期は経験したが、「関与」していないD。ウは「危機」の時期はあったが、現在「関与」しているためA。エは「危機」を経験している最中であり、「関与」しているが、将来がわからず曖昧なためB。

例題2　解答➡ ④
解説➡ ④レヴィンは社会学の術語である境界人を青年心理に転用した。①は第二次性徴、②はアイデンティティ拡散、③は第二反抗期がそれぞれ正しい。

憲法・政治

傾向と対策

第1問の問1，2で地方自治体の組織や運営についての知識を問う出題であった。第1問で知識を確認しながら，第5問の問3～5では自治体による取り組みについて問う形式であり，大問をまたいだ出題がみられた。共通テストでは基本的な原理や原則をおさえることはもちろん，データや資料を読み取り，論理的に考える力を

つけるための鍛錬も必要となってくる。教科書レベルの内容をきちんと理解したうえで，各項目で問題点として指摘されていることを整理しておこう。問題点があれば，やがて見直しが行われ，改革や改正が行われる。日頃からこのような話題に関心をもち，時事問題への対策も忘れずに行うことが大切である。

実戦演習 例題1

Kさんは，現代社会の授業ノートをカードにまとめる作業を始めた。

カードⅠ：授業で習った三権分立のまとめ

> ア 国家権力を立法権，行政権（執行権），司法権（裁判権）に分ける。
> イ それら三つの権力を，それぞれ，議会，内閣（または大統領），裁判所といった常設の機関が担う。
> ウ 三つの権力間で相互に，構成員の任命や罷免などを通じて，抑制・均衡を図る。

すると，大学生の兄が「中江兆民はフランスに留学して，帰国後はルソーやモンテスキューの思想を紹介したんだよ」と言って法思想史の講義のプリントを貸してくれた。Kさんはそれを読んで，モンテスキューが『法の精神』において展開した権力分立論に興味をもち，その特徴をカードⅡにまとめた。

カードⅡ：モンテスキューの権力分立論の特徴

> (1) 国家権力を立法権と執行権とに分けるだけでなく，執行権から，犯罪や個人間の紛争を裁く権力を裁判権として区別・分離する。
> (2) 立法権は貴族の議会と平民の議会が担い，執行権は君主が担う。裁判権は，常設の機関に担わせてはならない。職業的裁判官ではなく，一定の手続でその都度選択された人々が裁判を行う。
> (3) 立法権や執行権は，裁判権に対して，その構成員の任命や罷免を通じた介入をしないこととする。

Kさんは，**カードⅠ**中の記述ア～ウの内容を**カードⅡ**中の記述(1)～(3)の内容に照らし合わせてみた。そのうち，**ア**は，国家権力を立法権，行政権（執行権），司法権（裁判権）の三権に分けるという内容面で，(1)に合致していると考えた。続けて，**イ**を(2)と，**ウ**を(3)と照らし合わせ，三権の分立のあり方に関する内容が合致しているか否かを検討した。合致していると考えられる記述の組合せとして最も適当なものを，次の①～④のうちから一つ選べ。〈21年・現代社会第1回改〉

① イと(2)，ウと(3) ② イと(2) ③ ウと(3)
④ 合致しているものはない

実戦演習 例題2

例題1のプリントには，モンテスキューが影響を受けたイギリスのロックが『統治二論』で展開した権力分立論についても書かれていた。Kさんは「モンテスキューとロックの権力分立の考えを照らし合わせてみよう」と思い，ロックの考えの特徴をカードⅢにまとめた。その上で，現代の政治体制について調べて，考察を加えた。例題1のカードⅡと比較した場合のカードⅢの特徴や，政治体制に関する記述AとBの正誤の組合せとして最も適当なものを，次の①～④のうちから一つ選べ。
〈21年・現代社会第1回〉

カードⅢ：ロックの権力分立論の特徴

> ・国家権力を，立法権と執行権とに区別・分離する。
> ・立法権は，議会が担う。
> ・執行権は，議会の定める法律に従わなければならない。（ただし，執行権のうち，外交と国防に関するものについては，法律によらずに決定できる。）

A ロックの権力分立論は，モンテスキューと同様の観点から国家権力を三つに区別・分離するものであるといえる。
B 共産党の指導の下にある中国の権力集中制は，**カードⅢ**にまとめられている国家権力のあり方と合致する。

① A－正 B－正 ② A－正 B－誤
③ A－誤 B－正 ④ A－誤 B－誤

例題1 解答➡ ④

解説➡ イの内容は三つの権力を個別の「常設の機関」が担うとあり，(2)は裁判権が「その都度選択された人々」（常設ではない）が担うため食い違う。ウは「構成員の任命や罷免などを通じて」とあり，(3)は「構成員の任命や罷免を通じた介入をしない」に矛盾がある。

例題2 解答➡ ④

解説➡ Aの記述にはロックの権力分立論が「国家権力を三つに区別・分離するもの」とあるが，**カードⅢ**には「執行権のうち，外交と国防に関するものについては，法律によらずに決定できる。」とあり，外交・国防を執行権の範囲内にあるものと考えているため，同盟（外交）権を独立した権力とはとらえない。ロックは立法権をもつ「議会」と行政・同盟（外交）権からなる執行権をもつ「国王」との権力分立を論じている。
Bの共産党の指導の下にある中国の政治機構は，国会にあたる全国人民代表大会が国家権力の最高機関であり，すべての権力が集中している。国務院（行政），最高人民法院（司法）は全国人民代表大会の監督下にある。したがって**カードⅢ**のような権力の分立は見られない。

現代経済と国民福祉

傾向と対策　①経済全般に関する一定の知識が問われる。②資料や図表を通して答えさせる問題が増加傾向。経済分野の出題は，配点の30％前後で，一定の知識を必要とする問題が中心。センター試験では，リード文を読まずに答えられる問題が多かったが，共通テストでは「ノート」や「板書」などの資料や図表から答えさせる問題が増えている（例題1・2参照）。このため，センター試験や共通テストの過去問の他に，日頃から新聞やニュースサイトの記事などを読んで，図表の読み取りに慣れ，文章の要点をすばやく読み取る力をつけよう。

実戦演習　例題1　先生は講義で，GDPの名目と実質の違いを解説した。キタさんが作成した次の**ノート**中の　A・B　には後の語句**ア～ウ**のいずれかが，　C　には後の語句**カ・キ**のいずれかが入る。　A　～　C　に入る語句の組合せとして最も適当なものを，後の①～⑧のうちから一つ選べ。〈23年・現代社会本試〉

ノート

GDP：一定期間に生産された付加価値の合計
・名目GDP：その時点の物価を使って求める
・実質GDP：名目GDP÷物価変動調整用の指標（GDPデフレータ）
実質GDPを計算する理由
・物価変動の影響を取り除くため
→生産物と生産量に変化がないとき，実質GDPは変化しない
仮想例　・ある年と翌年で，生産物と生産量が同じ
　　　　・スマートフォンだけ価格低下（同時に，付加価値も低下）
　このときの翌年のGDPは，前年と比べて
　　　・実質GDP：　A　　　　　・名目GDP：　B
経済成長はどちらで判断？
・通常，二つのGDPは同じ方向に変化：どちらを使ってもよく思える
・2001年以降の日本
・2001年と2003年にGDP成長率が実質でプラス，名目でマイナス
・2019年に実質でマイナス，名目でプラス
→生産量の増減を判断するときは　C　GDPを使う

　A・B　に入る語句
ア　増加
イ　減少
ウ　同じ

　C　に入る語句
カ　名目
キ　実質

① A－ア　　B－ウ　　C－カ
② A－ア　　B－ウ　　C－キ
③ A－イ　　B－ウ　　C－カ
④ A－イ　　B－ウ　　C－キ
⑤ A－ウ　　B－ア　　C－カ
⑥ A－ウ　　B－ア　　C－キ
⑦ A－ウ　　B－イ　　C－カ
⑧ A－ウ　　B－イ　　C－キ

実戦演習　例題2　先生は「インターネット接続の普及で人々の消費行動が変わりました。世界全体で見たとき，音楽CDの販売額より，音楽の定額配信の売上額の方が高くなりました。両者の違いを考えてみましょう」と述べ，違いを次の**板書**で説明した。

板書

音楽CDの購入：音楽が記録されたディスクという物的な財の購入
定額配信の加入：一定期間自由に音楽を聴ける状態になるサービスの購入
サービスの取引対象：以下の三つをすべて満たす
・物質ではない　　・生産と消費が同時　　・作り置き（在庫）ができない

上の**板書**を踏まえ，次の**A～C**からサービスの取引に該当するものをすべて選んだとき，その組合せとして最も適当なものを，後の①～⑧のうちから一つ選べ。〈23年・現代社会本試〉
A　理髪店で髪を切ってもらった。
B　コンビニエンスストアがアルバイト従業員を雇用し，働いてもらった。
C　駅で切符を購入して鉄道に乗り，目的地まで移動した。
① AとBとC　　② AとB　　③ AとC　　④ BとC
⑤ A　　⑥ B　　⑦ C　　⑧ サービスの取引に該当するものはない

入試対策

例題1　解答→ ⑧
解説→ ⑧が適当。A→**ウ**。ノートに「生産物と生産量に変化がないとき，実質GDPは変化しない」とあり，仮想例が「生産物と生産量が同じ」なので，実質GDPは「同じ」。B→**イ**。スマートフォンの価格が低下し，付加価値の合計額は減少しているので名目GDPは「減少」する。C→**キ**。名目GDPの変化は物価の変動に影響されるので，生産量の増減を判断できない。生産量の増減を判断するときは「実質」GDPを使う。この問題は，名目GDPと実質GDPについての正確な知識があればすんなりと正解できるだろう。

例題2　解答→ ①
解説→ ①が適当。板書中の「サービスの取引対象」の条件から考えるとA～Cはいずれもサービスの取引にあてはまる。サービスについての知識があれば板書をヒントにしなくても正解できるだろう。

国際政治・経済

傾向と対策 国際経済分野では国際貿易，南北問題と経済協力など，センター試験のときから頻出の分野がひき続き出題されている。センターの過去問演習をくり返し，基本知識の定着を図るとよい。

国際政治分野の出題はいまのところ少ないが，今後の出題が予想されるので漏れなく学習しておこう。問題はおおむね教科書レベルの基本知識で解けるものが多い。日常の授業を大切にしながら教科書の理解を深めたい。

実戦演習 例題 1

諸国の相違を考慮に入れた制度に関する次の記述**ア〜ウ**の正誤の組み合わせとして最も適当なものを，次の①〜⑧のうちから一つ選べ。〈21年・現代社会第1回〉

ア 環境条約の「共通だが差異のある責任」の原則によれば，問題の発生に深く関わり，資金や技術などの面で問題解決能力も高い国家が，より大きな責任を果たすよう求められる。

イ 核拡散防止条約は，核兵器保有国数を現状より増やさないことを一つの目的として，「非核兵器国」にのみ，核兵器の製造や取得を禁止している。

ウ 一般特恵関税制度は，経済開発の必要性に配慮し，途上国による輸入を促進するための特別待遇の制度である。

① **ア**-正 **イ**-正 **ウ**-正　② **ア**-正 **イ**-正 **ウ**-誤
③ **ア**-正 **イ**-誤 **ウ**-正　④ **ア**-正 **イ**-誤 **ウ**-誤
⑤ **ア**-誤 **イ**-正 **ウ**-正　⑥ **ア**-誤 **イ**-正 **ウ**-誤
⑦ **ア**-誤 **イ**-誤 **ウ**-正　⑧ **ア**-誤 **イ**-誤 **ウ**-誤

実戦演習 例題 2

南北問題や，ODAをはじめとする開発協力に関する記述として最も適当なものを，次の①〜④のうちから一つ選べ。〈22年・現代社会本試〉

① 1974年に新国際経済秩序樹立宣言（NIEO）が採択されたのは，国連環境開発会議（地球サミット）の場である。

② 1970年代以降に重視され始めたのは，人間が生きていく上で最低限必要な人間の基本的ニーズ（BHN）の充足である。

③ 各国のODA供与額が全世界で何位かを順位づけし，毎年の順位を見たとき，1990年代の日本のODA供与額の最高順位は2位であった。

④ 先進国は，国際通貨基金（IMF）の下部機関として開発援助委員会（DAC）を設置し，DACを中心に開発途上国への協力を行ってきた。

実戦演習 例題 3

国際連合PKOの予算分担率と人員派遣数について示した次の**表1・表2**から読み取れることとして最も適当なものを，次の①〜④のうちから一つ選べ。〈22年・現代社会本試〉

表1　PKO予算分担率：上位10か国（2019年）　（%）

順位	国名	分担率	順位	国名	分担率
1	アメリカ	27.9	6	フランス	5.6
2	中国	15.2	7	イタリア	3.3
3	日本	8.6	8	ロシア	3.0
4	ドイツ	6.1	9	カナダ	2.7
5	イギリス	5.8	10	韓国	2.3

注：分担率は，小数点第2位を四捨五入して示している。（国際連合文書（A/73/350/Add.1）により作成）

表2　PKOへの人員派遣数：上位10か国　（人）

順位	1990年11月末時点 （全46か国から計10,304） （上位10か国から計8,675） 国名	人員派遣数	2020年3月末時点 （全119か国から計82,670） （上位10か国から計46,322） 国名	人員派遣数
1	カナダ	1,002	エチオピア	6,659
2	フィンランド	992	バングラデシュ	6,437
3	オーストリア	967	ルワンダ	6,313
4	ノルウェー	924	ネパール	5,655
5	ガーナ	892	インド	5,433
6	ネパール	851	パキスタン	4,462
7	アイルランド	839	エジプト	3,185
8	イギリス	769	インドネシア	2,856
9	スウェーデン	720	ガーナ	2,784
10	フィジー	719	中国	2,538

Troop and Police Contributors("United Nations Peacekeeping"Webページ)により作成

① 2019年のPKO予算分担率によれば，PKO予算の80％以上が，上位5か国によって負担されている。

② 2019年のPKO予算分担率によれば，国際連合安全保障理事会の常任理事国の分担率を合計すると，PKO予算全体の70％以上を占める。

③ 2019年のPKO予算分担率，および2020年3月末時点のPKOへの人員派遣数のいずれにおいても，上位10か国に入っている国際連合の加盟国はない。

④ 1990年11月末時点では，PKOに従事する人員の半数以上は，アジア・アフリカ以外の国から派遣されていたが，2020年3月末時点では，半数以上がアジア・アフリカの国から派遣されている。

例題1　解答➡ ②
解説➡ 各選択肢の正誤が確実に判定できないと正答できない問題。確実な知識理解が求められる。**イ**：NPTの対象は「非核兵器国」のみで核保有国は含まないことに注意したい。**ウ**：一般特恵関税制度は途上国の輸出促進のための特別待遇制度である。

例題2　解答➡ ②
解説➡ センター試験型の知識を問う問題。①NIEO樹立宣言は1974年の国連資源特別総会で採択された。③1993年〜2000年まで日本のODA供与額は1位。④DACは経済協力開発機構（OECD）の下部組織。

例題3　解答➡ ④
解説➡ 選択肢を表と照らし合わせながら表の数値を丁寧に確認していけばよい。共通テストでは表の読み取りは必須となっている。あせらず落ち着いて数字を確認する練習を重ねたい。

グラフ・統計表問題

傾向と対策

①基礎事項に関する一定の知識と資料を読み取る力が重要。②複数の資料を短時間に読み解く力も必要。従来のセンター試験では，1つのグラフや統計表の読み取り問題が中心だったが，共通テストでは，一定の知識を前提とし複数の資料から判断させる形式のグラフ・統計表問題も出題されている（例題1参照）。このため，基本事項の学習をふまえてセンター試験や共通テストの過去問をやることに加え，教科書や資料集のほか，新聞やネット上に掲載された最新のグラフ・統計表の情報もチェックし，多くの資料を短時間で読み取る力をつけよう。

実戦演習 例題1

ハヤシさんは図書館で貧困の考え方について調べ，次のメモにまとめた。また日本における相対的貧困の実態を統計情報のポータルサイトで調べ，後の表1・表2を見つけた。表1は，日本の相対的貧困率の状況，表2は，子どもの相対的貧困率の国際比較であり，経済協力開発機構（OECD）加盟国のうち3か国とOECD平均の状況を示している。メモと表1・表2から読み取れることとして最も適当なものを，後の①〜④のうちから一つ選べ。〈23年・現代社会本試〉

メモ

貧困には絶対的貧困と相対的貧困がある。絶対的貧困とは，人として最低限の生活を送ることが難しい状態を指す。例えば，その日の食べるものに困ったり，住む場所が無かったりする状態が当てはまる。

相対的貧困とは，それぞれの国の生活水準において，相対的に貧しい状態にあることを指す。多くの人にとっての標準的生活を送ることができない状態であり，社会問題として注目を集めている。OECDの基準では，等価可処分所得の中央値の半分を貧困線とし，貧困線に満たない等価可処分所得しか得ていない者の割合を相対的貧困率としている。

等価可処分所得とは，税金・社会保険料等を除いた手取り収入を世帯員数の平方根で割ったものである。この計算により，各世帯の人員数による生活上のコストの違いを調整している。

表1 日本における相対的貧困率（2012年，2015年，2018年）

	相対的貧困率（%）	子どもの相対的貧困率（%）	中央値（万円）	貧困線（万円）
2012年	16.1	16.3	244	122
2015年	15.7	13.9	244	122
2018年	15.4	13.5	253	127

注：子どもの相対的貧困率とは，子ども（17歳以下の者）全体に占める，等価可処分所得が貧困線に満たない世帯で生活する子どもの割合を示している。

厚生労働省「国民生活基礎調査」（厚生労働省Webページ）により作成。

表2 子どもがいる現役世帯における相対的貧困率の国際比較

	大人が一人（%）	大人が二人以上（%）
デンマーク	9.7	3.5
日本	48.3	11.2
アメリカ	45.7	14.9
OECD平均	31.9	9.4

注1：OECD加盟国のうち，デンマーク，日本，アメリカ，OECD平均のみを掲載した。

注2：OECD平均は，OECD加盟国の入手可能な最新の値の平均値である（2021年8月時点）。デンマークとアメリカは2017年の数値であり，日本は2018年の数値である。

注3：子どもがいる現役世帯の相対的貧困率は，17歳以下の子どもがいる現役世帯（世帯主が18歳以上65歳未満）に属する世帯員全体に占める，等価可処分所得が貧困線に満たない世帯の世帯員の割合を示している。

OECD, Family Database（OECD Webページ）により作成。

① 日本では，相対的貧困率は2012年，2015年，2018年いずれも15.0%を超えている。また2018年の相対的貧困率の15.4%という値は，等価可処分所得が253万円に満たない者の比率で算出されている。

② 日本では，2012年に比べて2015年，2015年に比べて2018年の子どもの相対的貧困率は低くなっている。2018年には，10人に1人未満の子どもが貧困線に満たない世帯で生活している。

③ 子どもがいる現役世帯の相対的貧困率は，アメリカでは「大人が一人」の世帯員と「大人が二人以上」の世帯員の差が，30ポイント以上である。一方，デンマークでは，両類型の世帯員の相対的貧困率の差が，10ポイント以下である。

④ 子どもがいる現役世帯の相対的貧困率は，日本では，「大人が二人以上」の世帯員は，OECD加盟国の平均との差が5ポイント以下である。一方，「大人が一人」の世帯員の相対的貧困率は，OECD加盟国の平均より10ポイント以上低い。

例題1 解答➡ ③

解説➡ ③が適当。①誤り。メモに「等価可処分所得の中央値の半分を貧困線とし，貧困線に満たない等価可処分所得しか得ていない者の割合を相対的貧困率」とあるので，「253万円」ではなく，貧困線の「127万円」に満たない者の比率で算出されている。②誤り。日本の2018年の子どもの相対的貧困率は13.5%なので，10人に1人未満ではない。④誤り。「大人が一人」の日本の世帯員の相対的貧困率48.3%に対して，OECD加盟国平均31.9%なので，日本の方が10ポイント以上高い。この問題は，相対的貧困についての一定の知識があればメモを読まなくても統計表だけで正解できるだろう。

日本国憲法

[1946(昭和21).11.3公布　　1947(昭和22).5.3施行]

朕は、日本国民の総意に基いて、新日本建設の礎が、定まるに至つたことを、深くよろこび枢密顧問の諮詢及び帝国憲法第73条による帝国議会の議決を経た帝国憲法の改正を裁可し、ここにこれを公布せしめる。

御名御璽

昭和21年11月3日

内閣総理大臣兼外務大臣		吉田　茂
国務大臣	男爵	幣原喜重郎
司法大臣		木村篤太郎
内務大臣		大村清一
文部大臣		田中耕太郎
農林大臣		和田博雄
国務大臣		斎藤隆夫
逓信大臣		一松定吉
商工大臣		星島二郎
厚生大臣		河合良成
国務大臣		植原悦二郎
運輸大臣		平塚常次郎
大蔵大臣		石橋湛山
国務大臣		金森徳次郎
国務大臣		膳桂之助

⬇ 日本国憲法の公布書

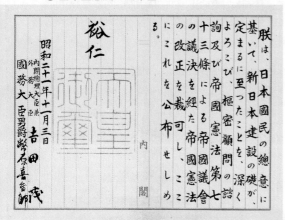

日本国憲法

日本国民は、正当に選挙された国会における代表者を通じて行動し、われらとわれらの子孫のために、諸国民との協和による成果と、わが国全土にわたつて自由のもたらす恵沢を確保し、政府の行為によつて再び戦争の惨禍が起ることのないやうにすることを決意し、ここに主権が国民に存することを宣言し、この憲法を確定する。そもそも国政は、国民の厳粛な信託によるものであつて、その権威は国民に由来し、その権力は国民の代表者がこれを行使し、その福利は国民がこれを享受する。これは人類普遍の原理であり、この憲法は、かかる原理に基くものである。われらは、これに反する一切の憲法、法令及び詔勅を排除する。

日本国民は、恒久の平和を念願し、人間相互の関係を支配する崇高な理想を深く自覚するのであつて、平和を愛する諸国民の公正と信義に信頼して、われらの安全と生存を保持しようと決意した。われらは、平和を維持し、専制と隷従、圧迫と偏狭を地上から永遠に除去しようと努めてゐる国際社会において、名誉ある地位を占めたいと思ふ。われらは、全世界の国民が、ひとしく恐怖と欠乏から免かれ、平和のうちに生存する権利を有することを確認する。

われらは、いづれの国家も、自国のことのみに専念して他国を無視してはならないのであつて、政治道徳の法則は、普遍的なものであり、この法則に従ふことは、自国の主権を維持し、他国と対等関係に立たうとする各国の責務であると信ずる。

日本国民は、国家の名誉にかけ、全力をあげてこの崇高な理想と目的を達成することを誓ふ。

第1章　天　皇

第1条〔天皇の地位・国民主権〕　天皇は、日本国の象徴であり日本国民統合の象徴であつて、この地位は、主権の存する日本国民の総意に基く。

第2条〔皇位の継承〕　皇位は、世襲のものであつて、国会の議決した皇室典範の定めるところにより、これを継承する。

憲法

解　説

憲法条文中の下線の用語を解説。

【朕】　天皇が自分を指していう言葉。歴史的には、古代中国の秦の始皇帝以降、天子の自称として使われた。

【枢密顧問】　明治21年(1888)、憲法草案審議のために設けられ、その後天皇の諮問機関となった枢密院の構成員のこと。

【諮詢】　明治憲法下で、枢密院などの機関が、天皇の諮問に応えて参考意見を述べること。

【裁可】　明治憲法下で、議会の議決した法律案や予算を、天皇が承認すること。

【御名御璽】　天皇の自署した署名と印章。

【主権】　最高の権力。国の政治を決定する上で根源になる最高の力をいう。主権が国民に存するとは、国の政治は根本において全国民が決めるのであり、天皇や一部の権力者が決めるものではないことをいう。

【信託】　信頼してあずけ任せること。国の政治は主権を有する国民から国会、内閣、裁判所、公務員等に信頼してあずけ任せられたものであり、従って国民の考えに反して行われてはならない。

【福利】　幸福と利益

【人類普遍の原理】　一般的にひろくあてはまる根本的な原則のこと。国民のために国民によって政治が行われなければならないという原則は、特定の国や特定の時代にだけあてはまる原則ではなく、どんな国にも、どんな時代にもあてはまる人類一般の原則だというのである。

【法令】　法律、命令、規則などの総称。

【詔勅】　詔書、勅語などの総称。天皇の考えをおおやけに発表するかきもの。

【隷従】　付き従わせて言いなりにすること。

【偏狭】　自分だけの狭い考えにとらわれること。

第1条

【象徴】　シンボル。何か目に見えないものを、目に見えるものでかたどりあらわすもの。例えば、鳩は「平和」をかたどりあらわす鳥だとされ、「平和の象徴」だという。

第2条

【世襲】　親の身分、財産、職業などを子が代々受け継ぐこと。

【皇室典範】　皇室に関係したことがらについて定めた法律。天皇の位のうけつぎ方、皇族の範囲、摂政のさだめ方、その他のいろいろのことがらがこの法律によって定められている。

第3条〔天皇の国事行為と内閣の助言・承認及び責任〕　天皇の国事に関するすべて
　の行為には，内閣の助言と承認を必要とし，内閣が，その責任を負ふ。
第4条〔天皇の権能の限界と権能行使の委任〕　天皇は，この憲法の定める国事に関
　する行為のみを行ひ，国政に関する権能を有しない。
② 　天皇は，法律の定めるところにより，その国事に関する行為を委任することが
　できる。
第5条〔摂政〕　皇室典範の定めるところにより摂政を置くときは，摂政は，天皇の
　名でその国事に関する行為を行ふ。この場合には，前条第1項の規定を準用する。
第6条〔天皇の任命権〕　天皇は，国会の指名に基いて，内閣総理大臣を任命する。
② 　天皇は，内閣の指名に基いて，最高裁判所の長たる裁判官を任命する。
第7条〔天皇の国事行為〕　天皇は，内閣の助言と承認により，国民のために，左の
　国事に関する行為を行ふ。
　⑴　憲法改正，法律，政令及び条約を公布すること。
　⑵　国会を召集すること。
　⑶　衆議院を解散すること。
　⑷　国会議員の総選挙の施行を公示すること。
　⑸　国務大臣及び法律の定めるその他の官吏の任免並びに全権委任状及び大使
　　　及び公使の信任状を認証すること。
　⑹　大赦，特赦，減刑，刑の執行の免除及び復権を認証すること。
　⑺　栄典を授与すること。
　⑻　批准書及び法律の定めるその他の外交文書を認証すること。
　⑼　外国の大使及び公使を接受すること。
　⑽　儀式を行ふこと。
第8条〔皇室の財産授受〕　皇室に財産を譲り渡し，又は皇室が，財産を譲り受け，
　若しくは賜与することは，国会の議決に基かなければならない。

第2章　戦争の放棄

第9条〔戦争の放棄と戦力及び交戦権の否認〕　日本国民は，正義と秩序を基調とす
　る国際平和を誠実に希求し，国権の発動たる戦争と，武力による威嚇又は武力
　の行使は，国際紛争を解決する手段としては，永久にこれを放棄する。
② 　前項の目的を達するため，陸海空軍その他の戦力は，これを保持しない。国の
　交戦権は，これを認めない。

第3章　国民の権利及び義務

第10条〔国民の要件〕　日本国民たる要件は，法律でこれを定める。
第11条〔基本的人権の享有〕　国民は，すべての基本的人権の享有を妨げられない。
　この憲法が国民に保障する基本的人権は，侵すことのできない永久の権利とし
　て，現在及び将来の国民に与へられる。
第12条〔自由・権利の保持の責任と濫用の禁止〕　この憲法が国民に保障する自由
　及び権利は，国民の不断の努力によつて，これを保持しなければならない。又，
　国民は，これを濫用してはならないのであつて，常に公共の福祉のためにこれ
　を利用する責任を負ふ。
第13条〔個人の尊重〕　すべて国民は，個人として尊重される。生命，自由及び幸
　福追求に対する国民の権利については，公共の福祉に反しない限り，立法その
　他の国政の上で，最大の尊重を必要とする。
第14条〔法の下の平等・貴族制度の否認・栄典の授与〕　すべて国民は，法の下に
　平等であつて，人種，信条，性別，社会的身分又は門地により，政治的，経済
　的又は社会的関係において，差別されない。
② 　華族その他の貴族の制度は，これを認めない。
③ 　栄誉，勲章その他の栄典の授与は，いかなる特権も伴はない。栄典の授与は，
　現にこれを有し，又は将来これを受ける者の一代に限り，その効力を有する。
第15条〔公務員の選定罷免権・公務員の本質・普通選挙及び秘密投票の保障〕　公
　務員を選定し，及びこれを罷免することは，国民固有の権利である。
② 　すべて公務員は，全体の奉仕者であつて，一部の奉仕者ではない。
③ 　公務員の選挙については，成年者による普通選挙を保障する。

第3条 ───
【国事】　国のために行う仕事。天皇が
おおやけに国の仕事として行う行為を
国事に関する行為ということばであら
わしている。
第4条 ───
【権能】　権利，ちから。その人の力に
よってできるはたらき。ここでは，国
の政治に関して何かすることのできる
力。
第5条 ───
【摂政】　天皇の代理機関。その設置に
ついては皇室典範に規定されている。
【準用】　準じて用いること。それにな
らって，そのままあてはめること。こ
こでは，天皇について定めたことがら
を，摂政にもそのままあてはめて用い
ること。
第7条 ───
【政令】　内閣が制定する命令(国の行
政機関が制定する法規範)。
【公布】　一般におおやけに告げ知らせ
て法律などを行わせるようにすること。
【全権委任状】　外交使節に，条約を締
結する権限を与えたことを証明する文
書で，内閣により発せられる。
【信任状】　特定の人を外交使節として
派遣することを記した公文書で，内閣
により発せられる。外交官が正当な資
格を有することを証明するものとな
る。
【認証】　国家機関の一定の行為が，正
当な手続でされたことを公の機関が証
明する行為。
【大赦】　恩赦(裁判で確定した刑罰を，
特別な恩典によって免除したり減じたり
すること)の一種で，国家的慶事などの
際に，政令の定める犯罪に限り，刑罰を
免除すること。
【特赦】　恩赦の一種で，国家的慶事な
どの際に，特定の人物に対する刑罰を
免除すること。
【栄典】　国家・社会に対する功労や善
行・徳行のあった人を表彰するために
与えられる，位階や勲章のこと。例)
文化勲章，褒章，国民栄誉賞，名誉市
民など。
【批准書】　国と国との間でとりきめた
条約に，両国の大統領や首相などの印
を押したかきもの。
第8条 ───
【賜与】　天皇又は皇族から皇室の構成
員以外の者に行われる無償の贈与。
第9条 ───
【国権の発動たる戦争】　国家(権力)に
よって行われる戦争で，正式に宣戦布
告がなされた戦争を指す。
【武力による威嚇】　威嚇とはおどかす
ことで，武力行使に出ることを直接又
は間接に示して，自国の意思を他国に
強制しようとする行為のこと。
【武力の行使】　宣戦布告なしに行われ

347

④　すべて選挙における投票の秘密は，これを侵してはならない。選挙人は，その選択に関し公的にも私的にも責任を問はれない。

第16条〔請願権〕　何人も，損害の救済，公務員の罷免，法律，命令又は規則の制定，廃止又は改正その他の事項に関し，平穏に請願する権利を有し，何人も，かかる請願をしたためにいかなる差別待遇も受けない。

第17条〔国及び公共団体の賠償責任〕　何人も，公務員の不法行為により，損害を受けたときは，法律の定めるところにより，国又は公共団体に，その賠償を求めることができる。

第18条〔奴隷的拘束及び苦役からの自由〕　何人も，いかなる奴隷的拘束も受けない。又，犯罪に因る処罰の場合を除いては，その意に反する苦役に服させられない。

第19条〔思想及び良心の自由〕　思想及び良心の自由は，これを侵してはならない。

第20条〔信教の自由〕　信教の自由は，何人に対してもこれを保障する。いかなる宗教団体も，国から特権を受け，又は政治上の権力を行使してはならない。

②　何人も，宗教上の行為，祝典，儀式又は行事に参加することを強制されない。

③　国及びその機関は，宗教教育その他いかなる宗教的活動もしてはならない。

第21条〔集会・結社・表現の自由・通信の秘密〕　集会，結社及び言論，出版その他一切の表現の自由は，これを保障する。

②　検閲は，これをしてはならない。通信の秘密は，これを侵してはならない。

第22条〔居住・移転・職業選択の自由・外国移住及び国籍離脱の自由〕　何人も，公共の福祉に反しない限り，居住，移転及び職業選択の自由を有する。

②　何人も，外国に移住し，又は国籍を離脱する自由を侵されない。

第23条〔学問の自由〕　学問の自由は，これを保障する。

第24条〔家族生活における個人の尊厳と両性の平等〕　婚姻は，両性の合意のみに基いて成立し，夫婦が同等の権利を有することを基本として，相互の協力により，維持されなければならない。

②　配偶者の選択，財産権，相続，住居の選定，離婚並びに婚姻及び家族に関するその他の事項に関しては，法律は，個人の尊厳と両性の本質的平等に立脚して，制定されなければならない。

第25条〔生存権・国の社会保障義務〕　すべて国民は，健康で文化的な最低限度の生活を営む権利を有する。

②　国は，すべての生活部面について，社会福祉，社会保障及び公衆衛生の向上及び増進に努めなければならない。

第26条〔教育を受ける権利・教育を受けさせる義務〕　すべて国民は，法律の定めるところにより，その能力に応じて，ひとしく教育を受ける権利を有する。

②　すべて国民は，法律の定めるところにより，その保護する子女に普通教育を受けさせる義務を負ふ。義務教育は，これを無償とする。

第27条〔勤労の権利と義務・勤労条件の基準・児童酷使の禁止〕　すべて国民は，勤労の権利を有し，義務を負ふ。

②　賃金，就業時間，休息その他の勤労条件に関する基準は，法律でこれを定める。

③　児童は，これを酷使してはならない。

第28条〔勤労者の団結権・団体交渉権〕　勤労者の団結する権利及び団体交渉その他の団体行動をする権利は，これを保障する。

第29条〔財産権〕　財産権は，これを侵してはならない。

②　財産権の内容は，公共の福祉に適合するやうに，法律でこれを定める。

③　私有財産は，正当な補償の下に，これを公共のために用ひることができる。

第30条〔納税の義務〕　国民は，法律の定めるところにより，納税の義務を負ふ。

第31条〔法定手続の保障〕　何人も，法律の定める手続によらなければ，その生命若しくは自由を奪はれ，又はその他の刑罰を科せられない。

第32条〔裁判を受ける権利〕　何人も，裁判所において裁判を受ける権利を奪はれない。

第33条〔逮捕に対する保障〕　何人も，現行犯として逮捕される場合を除いては，権限を有する司法官憲が発し，且つ理由となつてゐる犯罪を明示する令状によらなければ，逮捕されない。

第34条〔抑留及び拘禁に対する保障〕　何人も，理由を直ちに告げられ，且つ，直ちに弁護人に依頼する権利を与へられなければ，抑留又は拘禁されない。又，

る戦闘行為。

【交戦権】　戦争をする権利。国家は紛争が生じたときにできるだけ平和的な話合いの手段で解決することに努めなければならないが，そのような手段では目的を達し得ないときには戦争を行う権利があるものと考えられている。日本はこの権利を自分から認めないというのである。

第14条 ━━━━━━

【信条】　宗教上の信仰及び人生観・世界観・政治観など，いわゆる思想上の信念。

【社会的身分】　人が社会において継続的に占めている地位で，高い低いなどの一定の社会的評価を伴うもの。例）社長と社員，資本家と労働者，大学教授と学生など

【門地】　生まれや家柄。

【華族】　明治憲法下で，「公・侯・伯・子・男」の5爵のいずれかを有した者と，その家族。爵は世襲された。

第15条 ━━━━━━

【罷免】　本人の意思にかかわらず，一方的にその職をやめさせること。

【全体の奉仕者】　公務員が自分や一部の者の利益ではなく，国民全体の利益のためにその権限を行使すべき存在であるということ。

【普通選挙】　性別や財産や納税額によって，選挙権のあるなしといった差別をしない選挙。

第16条 ━━━━━━

【請願】　国又は地方公共団体の機関に対して希望・要望・苦情を述べること。請願を受けた機関はそれを誠実に処理すべきものとされ，受理機関には請願を受理しなければならない義務はあるが，それに対して一定の措置をとる法的義務はない。(請願法第5条)

第17条 ━━━━━━

【不法行為】　その行為によって，他人に損害が生じ，その損害についての賠償責任が生ずるような行為。

第18条 ━━━━━━

【奴隷的拘束】　人間一人ひとりが，自由な人格を有する存在であることを無視するような身体の拘束。その身体の拘束が，肉体的な苦痛を伴うものかどうかは問わない。

【意に反する苦役】　本人の意思に反して強制される労役(肉体的労働)。

第21条 ━━━━━━

【結社】　一定の目的のために人々が集まって作る団体。例）会社，労働組合，政党

【検閲】　国家機関が表現物（新聞，書籍，郵便など）の内容を，事前に強制的に調べ，不適当と認めるものの発表を禁止すること。

第24条 ━━━━━━

【配偶者】　夫婦の一方からみた他方を

憲法

何人も，正当な理由がなければ，拘禁されず，要求があれば，その理由は，直ちに本人及びその弁護人の出席する公開の法廷で示されなければならない。

第35条〔住居の不可侵〕 何人も，その住居，書類及び所持品について，侵入，捜索及び押収を受けることのない権利は，第33条の場合を除いては，正当な理由に基いて発せられ，且つ捜索する場所及び押収する物を明示する令状がなければ，侵されない。

② 捜索又は押収は，権限を有する司法官憲が発する各別の令状により，これを行ふ。

第36条〔拷問及び残虐な刑罰の禁止〕 公務員による拷問及び残虐な刑罰は，絶対にこれを禁ずる。

第37条〔刑事被告人の権利〕 すべて刑事事件においては，被告人は，公平な裁判所の迅速な公開裁判を受ける権利を有する。

② 刑事被告人は，すべての証人に対して審問する機会を充分に与へられ，又，公費で自己のために強制的手続により証人を求める権利を有する。

③ 刑事被告人は，いかなる場合にも，資格を有する弁護人を依頼することができる。被告人が自らこれを依頼することができないときは，国でこれを附する。

第38条〔自己に不利益な供述と自白の証拠能力〕 何人も，自己に不利益な供述を強要されない。

② 強制，拷問若しくは脅迫による自白又は不当に長く抑留若しくは拘禁された後の自白は，これを証拠とすることができない。

③ 何人も，自己に不利益な唯一の証拠が本人の自白である場合には，有罪とされ，又は刑罰を科せられない。

第39条〔遡及処罰の禁止・一事不再理〕 何人も，実行の時に適法であつた行為又は既に無罪とされた行為については，刑事上の責任を問はれない。又，同一の犯罪について，重ねて刑事上の責任を問はれない。

第40条〔刑事補償〕 何人も，抑留又は拘禁された後，無罪の裁判を受けたときは，法律の定めるところにより，国にその補償を求めることができる。

第4章 国　会

第41条〔国会の地位・立法権〕 国会は，国権の最高機関であつて，国の唯一の立法機関である。

第42条〔両院制〕 国会は，衆議院及び参議院の両議院でこれを構成する。

第43条〔両議院の組織〕 両議院は，全国民を代表する選挙された議員でこれを組織する。

② 両議院の議員の定数は，法律でこれを定める。

第44条〔議員及び選挙人の資格〕 両議院の議員及びその選挙人の資格は，法律でこれを定める。但し，人種，信条，性別，社会的身分，門地，教育，財産又は収入によつて差別してはならない。

第45条〔衆議院議員の任期〕 衆議院議員の任期は，4年とする。但し，衆議院解散の場合には，その期間満了前に終了する。

第46条〔参議院議員の任期〕 参議院議員の任期は，6年とし，3年ごとに議員の半数を改選する。

第47条〔選挙に関する事項の定〕 選挙区，投票の方法その他両議院の議員の選挙に関する事項は，法律でこれを定める。

第48条〔両議院議員兼職の禁止〕 何人も，同時に両議院の議員たることはできない。

第49条〔議員の歳費〕 両議院の議員は，法律の定めるところにより，国庫から相当額の歳費を受ける。

第50条〔議員の不逮捕特権〕 両議院の議員は，法律の定める場合を除いては，国会の会期中逮捕されず，会期前に逮捕された議員は，その議院の要求があれば，会期中これを釈放しなければならない。

第51条〔議員の発言・表決の無責任〕 両議院の議員は，議院で行つた演説，討論又は表決について，院外で責任を問はれない。

第52条〔常会〕 国会の常会は，毎年1回これを召集する。

第53条〔臨時会〕 内閣は，国会の臨時会の召集を決定することができる。いづれかの議院の総議員の4分の1以上の要求があれば，内閣は，その召集を決定しなければならない。

指す言い方。夫からみた妻，妻からみた夫。

【両性の本質的平等】 男性と女性とが，人間として全く同じ価値を持つということ。

第26条————

【その能力に応じて】 すべての子供がその能力の発達上の必要に応じた教育を保障されるということ。例えば，障害児にもその発達に応じた教育が保障されなければならないという意味。

【普通教育】 人間として，また一般社会人として必要とされる知識や能力を養うための教育。日本の場合には小・中学校の9年間の義務教育を指す。

【無償】 義務教育においては授業料を徴収しないということ。

第29条————

【財産権】 経済的に価値のあるものを有する権利。民法上は物権・債権・知的財産権（特許権や著作権など）を指す。

第33条————

【司法官憲】 司法に関する職務を行う公務員のことだが，第33条にいう司法官憲は裁判官だけを指す。

【令状】 命令を書いた文書。ここでは逮捕令状のこと。誰々を何の罪の疑いで捕らえるということを書いた文書。

第34条————

【抑留】 ひきとめておくこと。

【拘禁】 つかまえてひきとめておくこと。抑留よりも長い間ひきとめられること。人が警察に犯人として捕らえられ，そのままひきとめておかれたりすること。

第35条————

【押収】 裁判所や捜査機関が，証拠となる物品を強制的に差し押さえて取り上げること。

第36条————

【拷問】 むりに白状させるために犯罪の疑いのある者の肉体を苦しめること。

第37条————

【被告人】 罪をおかした疑いによって訴えられた者。

【審問】 詳しく問いただすこと。

【公費】 国の費用。個人がお金を出すのではなく国から支払われる費用のこと。

第38条————

【供述】 被疑者や被告人が，裁判官や検察官の尋問（口頭で問いただすこと）に答えること。

【自白】 自分が罪をおかしたことを自ら告白すること。

第39条————

【遡及】 さかのぼること。

【一事不再理】 すでに無罪判決が確定した行為について，再び罰することはできないという原則。

【刑事上の責任】 刑法によって負わさ

第54条〔衆議院の解散と総選挙・特別会・緊急集会〕　衆議院が解散されたときは，解散の日から40日以内に，衆議院議員の総選挙を行ひ，その選挙の日から30日以内に，国会を召集しなければならない。

② 衆議院が解散されたときは，参議院は，同時に閉会となる。但し，内閣は，国に緊急の必要があるときは，参議院の緊急集会を求めることができる。

③ 前項但書の緊急集会において採られた措置は，臨時のものであつて，次の国会開会の後10日以内に，衆議院の同意がない場合には，その効力を失ふ。

第55条〔議員の資格争訟〕　両議院は，各ゝその議員の資格に関する争訟を裁判する。但し，議員の議席を失はせるには，出席議員の3分の2以上の多数による議決を必要とする。

第56条〔議事の定足数・表決〕　両議院は，各ゝその総議員の3分の1以上の出席がなければ，議事を開き議決することができない。

② 両議院の議事は，この憲法に特別の定のある場合を除いては，出席議員の過半数でこれを決し，可否同数のときは，議長の決するところによる。

第57条〔会議の公開と秘密会・会議録・表決の記載〕　両議院の会議は，公開とする。但し，出席議員の3分の2以上の多数で議決したときは，秘密会を開くことができる。

② 両議院は，各ゝその会議の記録を保存し，秘密会の記録の中で特に秘密を要すると認められるもの以外は，これを公表し，且つ一般に頒布しなければならない。

③ 出席議員の5分の1以上の要求があれば，各議員の表決は，これを会議録に記載しなければならない。

第58条〔役員の選任・議院規則・懲罰〕　両議院は，各ゝその議長その他の役員を選任する。

② 両議院は，各ゝその会議その他の手続及び内部の規律に関する規則を定め，又，院内の秩序をみだした議員を懲罰することができる。但し，議員を除名するには，出席議員の3分の2以上の多数による議決を必要とする。

第59条〔法律案の議決・衆議院の優越〕　法律案は，この憲法に特別の定のある場合を除いては，両議院で可決したとき法律となる。

② 衆議院で可決し，参議院でこれと異なつた議決をした法律案は，衆議院で出席議員の3分の2以上の多数で再び可決したときは，法律となる。

③ 前項の規定は，法律の定めるところにより，衆議院が，両議院の協議会を開くことを求めることを妨げない。

④ 参議院が，衆議院の可決した法律案を受け取つた後，国会休会中の期間を除いて60日以内に，議決しないときは，衆議院は，参議院がその法律案を否決したものとみなすことができる。

第60条〔衆議院の予算先議・衆議院の優越〕　予算は，さきに衆議院に提出しなければならない。

② 予算について，参議院で衆議院と異なつた議決をした場合に，法律の定めるところにより，両議院の協議会を開いても意見が一致しないとき，又は参議院が，衆議院の可決した予算を受け取つた後，国会休会中の期間を除いて30日以内に，議決しないときは，衆議院の議決を国会の議決とする。

第61条〔条約の承認・衆議院の優越〕　条約の締結に必要な国会の承認については，前条第2項の規定を準用する。

第62条〔議院の国政調査権〕　両議院は，各ゝ国政に関する調査を行ひ，これに関して，証人の出頭及び証言並びに記録の提出を要求することができる。

第63条〔国務大臣の議院出席の権利と義務〕　内閣総理大臣その他の国務大臣は，両議院の一に議席を有すると有しないとにかかはらず，何時でも議案について発言するため議院に出席することができる。又，答弁又は説明のため出席を求められたときは，出席しなければならない。

第64条〔弾劾裁判所〕　国会は，罷免の訴追を受けた裁判官を裁判するため，両議院の議員で組織する弾劾裁判所を設ける。

② 弾劾に関する事項は，法律でこれを定める。

れる責任。刑法によって罪とされている行為をした人がその定める罰を受けなければならないことを刑事上の責任を問われるという。

第45条
【期間満了】　任期が切れること。

第49条
【国庫】　国家の財政の，収入と支出をあつかうところ。実際としては財務省がその仕事をしている。
【歳費】　議員の1年間の給料。

第51条
【表決】　議員がある問題について意見を決めること。ふつうは，賛成か反対かを投票しその票数の多い方に決定する。

第52条
【常会】　一般には「通常国会」と呼ばれる。

第53条
【臨時会】　一般には「臨時国会」と呼ばれる。

第54条
【緊急】　いそぐ必要のあること。さしせまったこと。
【措置】　とりはからい。何かの問題を解決するためにとられる手段。

第55条
【資格に関する争訟】　国会議員の資格に関する争いは，国会法の規定により行われる。（国会法第111条）

第58条
【その他の役員】　ここでいうその他の役員とは，副議長，仮議長，常任委員長，事務総長を指す。（国会法第16条）
【懲罰】　国会の両議院が，内部の秩序を乱した議員に対して行う制裁。戒告・陳謝・登院停止・除名の4種がある。（国会法第122条）
【除名】　名前を名簿からけずること。つまり議員をやめさせること。

第59条
【両議院の協議会】　両院協議会と呼ばれ，国会の議決を必要とする議案及び内閣総理大臣の指名について，両議院の意見が一致しない場合に，その意見調整のために設けられる一種の委員会。各議院で選挙された各々10人の委員で組織される。

第60条
【予算】　一会計年度（日本の場合は4月1日から翌年の3月31日まで）の国の収入（歳入）と支出（歳出）の見積もり。

第61条
【条約】　国家間の文書による合意。

第64条
【訴追】　その地位にあることが適当でないという理由をあげて，ある人をやめさせようとすること。
【弾劾】　裁判官などを不適任であるという理由によって非難すること。

憲法

第65条〔行政権〕　行政権は，内閣に属する。

第66条〔内閣の組織・国会に対する連帯責任〕　内閣は，法律の定めるところにより，その首長たる内閣総理大臣及びその他の国務大臣でこれを組織する。

② 　内閣総理大臣その他の国務大臣は，文民でなければならない。

③ 　内閣は，行政権の行使について，国会に対し連帯して責任を負ふ。

第67条〔内閣総理大臣の指名・衆議院の優越〕　内閣総理大臣は，国会議員の中から国会の議決で，これを指名する。この指名は，他のすべての案件に先だつて，これを行ふ。

② 　衆議院と参議院とが異なつた指名の議決をした場合に，法律の定めるところにより，両議院の協議会を開いても意見が一致しないとき，又は衆議院が指名の議決をした後，国会休会中の期間を除いて10日以内に，参議院が，指名の議決をしないときは，衆議院の議決を国会の議決とする。

第68条〔国務大臣の任命・罷免〕　内閣総理大臣は，国務大臣を任命する。但し，その過半数は，国会議員の中から選ばれなければならない。

② 　内閣総理大臣は，任意に国務大臣を罷免することができる。

第69条〔衆議院の内閣不信任と解散又は総辞職〕　内閣は，衆議院で不信任の決議案を可決し，又は信任の決議案を否決したときは，10日以内に衆議院が解散されない限り，総辞職をしなければならない。

第70条〔内閣総理大臣の欠缺・新国会の召集と内閣の総辞職〕　内閣総理大臣が欠けたとき，又は衆議院議員総選挙の後に初めて国会の召集があつたときは，内閣は，総辞職をしなければならない。

第71条〔総辞職後の内閣〕　前2条の場合には，内閣は，あらたに内閣総理大臣が任命されるまで引き続きその職務を行ふ。

第72条〔内閣総理大臣の職務権限〕　内閣総理大臣は，内閣を代表して議案を国会に提出し，一般国務及び外交関係について国会に報告し，並びに行政各部を指揮監督する。

第73条〔内閣の職務権限〕　内閣は，他の一般行政事務の外，左の事務を行ふ。

1　法律を誠実に執行し，国務を総理すること。

2　外交関係を処理すること。

3　条約を締結すること。但し，事前に，時宜によつては事後に，国会の承認を経ることを必要とする。

4　法律の定める基準に従ひ，官吏に関する事務を掌理すること。

5　予算を作成して国会に提出すること。

6　この憲法及び法律の規定を実施するために，政令を制定すること。但し，政令には，特にその法律の委任がある場合を除いては，罰則を設けることができない。

7　大赦，特赦，減刑，刑の執行の免除及び復権を決定すること。

第74条〔法律・政令の署名〕　法律及び政令には，すべて主任の国務大臣が署名し，内閣総理大臣が連署することを必要とする。

第75条〔国務大臣の訴追〕　国務大臣は，その在任中，内閣総理大臣の同意がなければ，訴追されない。但し，これがため，訴追の権利は，害されない。

第6章　司　　法

第76条〔司法権と裁判所・特別裁判所の禁止・裁判官の独立〕　すべて司法権は，最高裁判所及び法律の定めるところにより設置する下級裁判所に属する。

② 　特別裁判所は，これを設置することができない。行政機関は，終審として裁判を行ふことができない。

③ 　すべて裁判官は，その良心に従ひ独立してその職権を行ひ，この憲法及び法律にのみ拘束される。

第77条〔最高裁判所の規則制定権〕　最高裁判所は，訴訟に関する手続，弁護士，裁判所の内部規律及び司法事務処理に関する事項について，規則を定める権限を有する。

② 　検察官は，最高裁判所の定める規則に従はなければならない。

第66条

【首長】　かしら。一つの機関が何人かで組織されている場合に，それらの人々のなかで一番上の地位に立ちその他の人々を指導し統制する人。内閣総理大臣は内閣のなかでこのような地位に立っている。

【文民】　軍人でない人。この言葉はこの新憲法ではじめて作られたものである。「かつて職業軍人でなかった者」とする説が通説とされていたが，最近では文民条項を自衛隊員にも適用させようとの意図の下に「かつて職業軍人でなかったのみならず，現在も職業軍人でない者」とする考え方が一般的となっている。

第67条

【案件】　問題として出されていることがら。ここでは国会の会議に出されていることがら。

第69条

【不信任】　信任しないこと。衆議院が内閣の方針や政治のやり方を国民の考えにそむいていると非難して，内閣を信任しないということを決議することを不信任の決議という。

【総辞職】　内閣総理大臣および国務大臣のすべてがその職を辞任すること。

第70条

【欠缺】　欠けること。内閣総理大臣が死亡したり，除名などによって国会議員の地位を失った場合などがこれに当たる。また，内閣総理大臣が病気などで一時的に職務に支障が生じた場合には，予備的ないし応急的に指名された国務大臣が，臨時に内閣総理大臣の職務を行う。（内閣法第9条）

第72条

【国務】　国の仕事。内閣がする政治その他の国の仕事のこと。

【行政各部】　実際に行政を行うために設けられている機関。内閣の統轄の下に多くの省や庁がそれぞれ行政の仕事を分担して行うために設けられている。

第73条

【総理】　全体を統一して管理すること。

【時宜】　その時の事情や都合。条約は通常の場合，交渉→調印→批准→批准書の交換といったプロセスを経て成立するが，国会の承認はこのうち批准の時点を基準として事前または事後に判断される。

【掌理】　とりおこなうこと。つかさどること。

第74条

【主任の国務大臣】　内閣府及び各省の長としての行政事務を分担管理する，内閣総理大臣及びその他の国務大臣。行政大臣ともいう。行政事務を分担管理しない大臣は，無任所大臣という。

【連署】　一緒に名前を書きそろえること。他の人が名前を書いたのに並べて

憲法

③　最高裁判所は，下級裁判所に関する規則を定める権限を，下級裁判所に委任することができる。

第78条〔裁判官の身分の保障〕　裁判官は，裁判により，心身の故障のために職務を執ることができないと決定された場合を除いては，公の弾劾によらなければ罷免されない。裁判官の懲戒処分は，行政機関がこれを行ふことはできない。

第79条〔最高裁判所の裁判官・国民審査・定年・報酬〕　最高裁判所は，その長たる裁判官及び法律の定める員数のその他の裁判官でこれを構成し，その長たる裁判官以外の裁判官は，内閣でこれを任命する。

②　最高裁判所の裁判官の任命は，その任命後初めて行はれる衆議院議員総選挙の際国民の審査に付し，その後10年を経過した後初めて行はれる衆議院議員総選挙の際更に審査に付し，その後も同様とする。

③　前項の場合において，投票者の多数が裁判官の罷免を可とするときは，その裁判官は，罷免される。

④　審査に関する事項は，法律でこれを定める。

⑤　最高裁判所の裁判官は，法律の定める年齢に達した時に退官する。

⑥　最高裁判所の裁判官は，すべて定期に相当額の報酬を受ける。この報酬は，在任中，これを減額することができない。

第80条〔下級裁判所の裁判官・任期・定年・報酬〕　下級裁判所の裁判官は，最高裁判所の指名した者の名簿によつて，内閣でこれを任命する。その裁判官は，任期を10年とし，再任されることができる。但し，法律の定める年齢に達した時には退官する。

②　下級裁判所の裁判官は，すべて定期に相当額の報酬を受ける。この報酬は，在任中，これを減額することができない。

第81条〔最高裁判所の法令審査権〕　最高裁判所は，一切の法律，命令，規則又は処分が憲法に適合するかしないかを決定する権限を有する終審裁判所である。

第82条〔裁判の公開〕　裁判の対審及び判決は，公開法廷でこれを行ふ。

②　裁判所が，裁判官の全員一致で，公の秩序又は善良の風俗を害する虞があると決した場合には，対審は，公開しないでこれを行ふことができる。但し，政治犯罪，出版に関する犯罪又はこの憲法第3章で保障する国民の権利が問題となつてゐる事件の対審は，常にこれを公開しなければならない。

第7章　財　政

第83条〔財政処理の要件〕　国の財政を処理する権限は，国会の議決に基いて，これを行使しなければならない。

第84条〔課税の要件〕　あらたに租税を課し，又は現行の租税を変更するには，法律又は法律の定める条件によることを必要とする。

第85条〔国費支出及び債務負担〕　国費を支出し，又は国が債務を負担するには，国会の議決に基くことを必要とする。

第86条〔予算〕　内閣は，毎会計年度の予算を作成し，国会に提出して，その審議を受け議決を経なければならない。

第87条〔予備費〕　予見し難い予算の不足に充てるため，国会の議決に基いて予備費を設け，内閣の責任でこれを支出することができる。

②　すべて予備費の支出については，内閣は，事後に国会の承諾を得なければならない。

第88条〔皇室財産・皇室費用〕　すべて皇室財産は，国に属する。すべて皇室の費用は，予算に計上して国会の議決を経なければならない。

第89条〔公の財産の用途制限〕　公金その他の公の財産は，宗教上の組織若しくは団体の使用，便益若しくは維持のため，又は公の支配に属しない慈善，教育若しくは博愛の事業に対し，これを支出し，又はその利用に供してはならない。

第90条〔決算検査・会計検査院〕　国の収入支出の決算は，すべて毎年会計検査院がこれを検査し，内閣は，次の年度に，その検査報告とともに，これを国会に提出しなければならない。

②　会計検査院の組織及び権限は，法律でこれを定める。

第91条〔財政状況の報告〕　内閣は，国会及び国民に対し，定期に，少くとも毎年1回，国の財政状況について報告しなければならない。

自分も署名すること。これによって連署した人もまたその文書を認めたことになる。

第76条──────
【下級裁判所】　高等裁判所・地方裁判所・家庭裁判所・簡易裁判所のこと。
【特別裁判所】　最高裁判所の系統からはずれた特別の裁判所。むかしは軍人関係だけの軍法会議という軍事裁判所などがあった。
【終審】　いちばん上級のさいごの審判。それ以上にはもはや裁判が行われないこと。
【職権】　職務を行う上で与えられている権限。

第78条──────
【裁判官の懲戒処分】　裁判官の義務違反に対して制裁を科す処分のことで，戒告（戒めを申し渡すこと）と過料（金銭の支払い）があり（裁判官分限法第2条），処分を決定することができるのは裁判所だけである。

第80条──────
【再任】　再び同じ任務につくこと。ここではいちど10年間裁判官をした人がまたもういちど10年間裁判官をつとめること。

第82条──────
【対審】　被告や原告など裁判に関係する人々を対立させて行う取調べ。裁判のいちばん大切な部分で，裁判官の前でたずねたり答えたりすること。
【政治犯罪】　政治上の罪。つまり個人が個人に対して犯した罪でなく，国の政治について反対したりするときに法律を犯したときは政治犯罪という。

第84条──────
【租税】　税金。
【現行】　現在行われていること。

第85条──────
【債務】　借金など金銭を用立ててもらって将来返済する約束をすること。たとえば国が国債という債券を発行してそれをかたにして金銭を借りたり，銀行から借入金をしたりすることを債務の負担という。

第86条──────
【会計年度】　収入・支出の区切りとなる期間で，わが国の会計年度は4月1日に始まり，3月31日に終わる。

第87条──────
【予見】　前もって知ること。前から知っていること。台風や洪水のような天災などは，それがいつ起こるかということなど，前もって知っていることはできない。このようなわざわいのように，急に起こった事件で国のお金がいるときは，予見しがたい支出となる。

第88条──────
【計上】　計算に入れること。予算の中に組み入れておくこと。

第89条──────

第8章　地方自治

第92条〔地方自治の基本原則〕　地方公共団体の組織及び運営に関する事項は，地方自治の本旨に基いて，法律でこれを定める。

第93条〔地方公共団体の機関・直接選挙〕　地方公共団体には，法律の定めるところにより，その議事機関として議会を設置する。

②　地方公共団体の長，その議会の議員及び法律の定めるその他の吏員は，その地方公共団体の住民が，直接これを選挙する。

第94条〔地方公共団体の権能〕　地方公共団体は，その財産を管理し，事務を処理し，及び行政を執行する権能を有し，法律の範囲内で条例を制定することができる。

第95条〔特別法と住民投票〕　一の地方公共団体のみに適用される特別法は，法律の定めるところにより，その地方公共団体の住民の投票においてその過半数の同意を得なければ，国会は，これを制定することができない。

第9章　改　正

第96条〔憲法改正の手続・その公布〕　この憲法の改正は，各議院の総議員の3分の2以上の賛成で，国会が，これを発議し，国民に提案してその承認を経なければならない。この承認には，特別の国民投票又は国会の定める選挙の際行はれる投票において，その過半数の賛成を必要とする。

②　憲法改正について前項の承認を経たときは，天皇は，国民の名で，この憲法と一体を成すものとして，直ちにこれを公布する。

第10章　最高法規

第97条〔基本的人権の本質〕　この憲法が日本国民に保障する基本的人権は，人類の多年にわたる自由獲得の努力の成果であつて，これらの権利は，過去幾多の試錬に堪へ，現在及び将来の国民に対し，侵すことのできない永久の権利として信託されたものである。

第98条〔憲法の最高法規性と条約及び国際法規の遵守〕　この憲法は，国の最高法規であつて，その条規に反する法律，命令，詔勅及び国務に関するその他の行為の全部又は一部は，その効力を有しない。

②　日本国が締結した条約及び確立された国際法規は，これを誠実に遵守することを必要とする。

第99条〔憲法尊重擁護の義務〕　天皇又は摂政及び国務大臣，国会議員，裁判官その他の公務員は，この憲法を尊重し擁護する義務を負ふ。

第11章　補　則

第100条〔憲法施行期日と準備手続〕　この憲法は，公布の日から起算して6箇月を経過した日〔昭和22・5・3〕から，これを施行する。

②　この憲法を施行するために必要な法律の制定，参議院議員の選挙及び国会召集の手続並びにこの憲法を施行するために必要な準備手続は，前項の期日よりも前に，これを行ふことができる。

第101条〔経過規定−参議院未成立の間の国会〕　この憲法施行の際，参議院がまだ成立してゐないときは，その成立するまでの間，衆議院は，国会としての権限を行ふ。

第102条〔第一期参議院議員の任期〕　この憲法による第一期の参議院議員のうち，その半数の者の任期は，これを3年とする。その議員は，法律の定めるところにより，これを定める。

第103条〔公務員の地位に関する経過規定〕　この憲法施行の際現に在職する国務大臣，衆議院議員及び裁判官並びにその他の公務員で，その地位に相応する地位がこの憲法で認められてゐる者は，法律で特別の定をした場合を除いては，この憲法施行のため，当然にはその地位を失ふことはない。但し，この憲法によつて，後任者が選挙又は任命されたときは，当然その地位を失ふ。

【公金】　おおやけのお金。個人のお金ではなく国家がもっているお金。

【便益】　便利で利益があること。

第90条

【会計検査院】　国の収入・支出の決算の検査を行うとともに，常時会計検査を行うことを任務とする機関。内閣に対し独立の地位にあり，3人の検査官で構成する検査官会議と事務総局とで組織される。検査官の任期は7年で，両議院の同意を経て，内閣によって任命され，裁判官に準ずる身分保障が与えられる。

第92条

【地方公共団体】　都道府県や市町村など，地方自治の主体となっている団体。

【本旨】　根本の目的。大もととなる原則。

第93条

【吏員】　役人。国の役人を官吏というのに対して，地方公共団体の役人を公吏または吏員という。地方公共団体の公務員。

第94条

【条例】　地方公共団体が議会の議決によって制定する法規。

第95条

【特別法】　特定の人・地域・事項・行為について適用される法律。

第96条

【発議】　提案すること。言い出すこと。国会の発議とは，衆・参両院でこれを可決してはじめて発議といわれる。

【国民の名で】　国民の名前によって。国民に代わって。憲法を改正する権利をもっているのは主権をもつ国民なのであるから，天皇や国会や政府の名前によってではなく，国民が憲法の改正を認めたものとして国民に代わってこれを公布すること。

第98条

【条規】　規則。1条1条の条文によって定められている規則。

【国際法規】　国際社会の法。一国の内部だけの法ではなくて，各国が国際社会をかたちづくっていく上に，特別の条約がない場合にも守らなければならない法。

【遵守】　したがい守ること。

第100条

【起算】　そこを初めとしてかぞえること。ここでは公布の日を第1日として勘定して6か月になるということ。

憲法

大日本帝国憲法〔抄〕 (➡P.101)

[1889(明治22).2.11公布　1890(明治23).11.29施行]

第1章　天　　皇

第1条　大日本帝国ハ万世一系ノ天皇之ヲ統治ス
第2条　皇位ハ皇室典範ノ定ムル所ニ依リ皇男子孫之ヲ継承ス
第3条　天皇ハ神聖ニシテ侵スヘカラス
第4条　天皇ハ国ノ元首ニシテ統治権ヲ総攬シ此ノ憲法ノ条規ニ依リ之ヲ行フ
【元首】 国家を代表する資格をもった国家機関。
第5条　天皇ハ帝国議会ノ協賛ヲ以テ立法権ヲ行フ
第6条　天皇ハ法律ヲ裁可シ其ノ公布及執行ヲ命ス
【裁可】 議会の協賛による法案・予算案に天皇が許可を与えること。
第8条①　天皇ハ公共ノ安全ヲ保持シ又ハ其ノ災厄ヲ避クル為緊急ノ必要ニ由リ帝国議会閉会ノ場合ニ於テ法律ニ代ルヘキ勅令ヲ発ス
②　此ノ勅令ハ次ノ会期ニ於テ帝国議会ニ提出スヘシ若議会ニ於テ承諾セサルトキハ政府ハ将来ニ向テ其ノ効力ヲ失フコトヲ公布スヘシ
【勅令】 明治憲法下、帝国議会の協賛を経ず、天皇の大権による命令で、一般の国家事務に関して法規を定めたもの。
第9条　天皇ハ法律ヲ執行スル為ニ又ハ公共ノ安寧秩序ヲ保持シ及臣民ノ幸福ヲ増進スル為ニ必要ナル命令ヲ発シ又ハ発セシム但シ命令ヲ以テ法律ヲ変更スルコトヲ得ス
【安寧】 社会が穏やかで平和。
第11条　天皇ハ陸海軍ヲ統帥ス
第12条　天皇ハ陸海軍ノ編制及常備兵額ヲ定ム
第13条　天皇ハ戦ヲ宣シ和ヲ講シ及諸般ノ条約ヲ締結ス
第14条①　天皇ハ戒厳ヲ宣告ス
②　戒厳ノ要件及効力ハ法律ヲ以テ之ヲ定ム
【戒厳】 戦争・事変に際し行政や司法権を軍隊にゆだね、兵力によって警備すること。
第15条　天皇ハ爵位勲章及其ノ他ノ栄典ヲ授与ス
【爵】 華族令によって制定された、華族の階級を表す称号。爵を公・侯・伯・子・男の5等に分けた。
【栄典】 栄誉を表すために与えられる位階・勲章など。

第2章　臣民権利義務

第18条　日本臣民タルノ要件ハ法律ノ定ムル所ニ依ル
第19条　日本臣民ハ法律命令ノ定ムル所ノ資格ニ応シ均ク文武官ニ任セラレ及其ノ他ノ公務ニ就クコトヲ得
第20条　日本臣民ハ法律ノ定ムル所ニ従ヒ兵役ノ義務ヲ有ス
第21条　日本臣民ハ法律ノ定ムル所ニ従ヒ納税ノ義務ヲ有ス
第22条　日本臣民ハ法律ノ範囲内ニ於テ居住及移転ノ自由ヲ有ス
第23条　日本臣民ハ法律ニ依ルニ非スシテ逮捕監禁審問処罰ヲ受クルコトナシ
【審問】 詳しく問いただすこと。
第24条　日本臣民ハ法律ニ定メタル裁判官ノ裁判ヲ受クルノ権ヲ奪ハルヽコトナシ
第25条　日本臣民ハ法律ニ定メタル場合ヲ除ク外其ノ許諾ナクシテ住所ニ侵入セラレ及捜索セラルヽコトナシ
第26条　日本臣民ハ法律ニ定メタル場合ヲ除ク外信書ノ秘密ヲ侵サルヽコトナシ

第27条①　日本臣民ハ其ノ所有権ヲ侵サルヽコトナシ
②　公益ノ為必要ナル処分ハ法律ノ定ムル所ニ依ル
第28条　日本臣民ハ安寧秩序ヲ妨ケス及臣民タルノ義務ニ背カサル限ニ於テ信教ノ自由ヲ有ス
第29条　日本臣民ハ法律ノ範囲内ニ於テ言論著作印行集会及結社ノ自由ヲ有ス
【印行】 印刷し発行すること。
【結社】 共通の目的のためにつくった団体や結合をいう。
第30条　日本臣民ハ相当ノ敬礼ヲ守リ別ニ定ムル所ノ規程ニ従ヒ請願ヲ為スコトヲ得

第3章　帝国議会

第33条　帝国議会ハ貴族院衆議院ノ両院ヲ以テ成立ス
第34条　貴族院ハ貴族院令ノ定ムル所ニ依リ皇族華族及勅任セラレタル議員ヲ以テ組織ス
【勅任】 天皇の命令によって官職に任ずること。
第35条　衆議院ハ選挙法ノ定ムル所ニ依リ公選セラレタル議員ヲ以テ組織ス
第37条　凡テ法律ハ帝国議会ノ協賛ヲ経ルヲ要ス

第4章　国務大臣及枢密顧問

第55条①　国務各大臣ハ天皇ヲ輔弼シ其ノ責ニ任ス
②　凡テ法律勅令其ノ他国務ニ関ル詔勅ハ国務大臣ノ副署ヲ要ス
【詔勅】 天皇が公に意思を表示する文書。
【副署】 天皇の文書的行為について、天皇を助ける者が署名すること。
第56条　枢密顧問ハ枢密院官制ノ定ムル所ニ依リ天皇ノ諮詢ニ応へ重要ノ国務ヲ審議ス
【枢密顧問】 国家の大事に関し天皇の諮問にこたえることを主な任務とした枢密院の構成をした顧問官。
【諮詢】 問いはかること。

第5章　司　　法

第57条①　司法権ハ天皇ノ名ニ於テ法律ニ依リ裁判所之ヲ行フ
②　裁判所ノ構成ハ法律ヲ以テ之ヲ定ム
第60条　特別裁判所ノ管轄ニ属スヘキモノハ別ニ法律ヲ以テ之ヲ定ム
【特別裁判所】 特殊の人・事件について裁判権を行使する裁判所。軍法会議や行政裁判所がこれに当たる。日本国憲法はこれを認めない。
第61条　行政官庁ノ違法処分ニ由リ権利ヲ傷害セラレタリトスルノ訴訟ニシテ別ニ法律ヲ以テ定メタル行政裁判所ノ裁判ニ属スヘキモノハ司法裁判所ニ於テ受理スルノ限ニ在ラス
【行政裁判所】 行政官庁の行為の適法性を争い、その取消し・変更を求める訴訟の審理及び判決のための裁判所。

第7章　補　　則

第73条①　将来此ノ憲法ノ条項ヲ改正スルノ必要アルトキハ勅命ヲ以テ議案ヲ帝国議会ノ議ニ付スヘシ
②　此ノ場合ニ於テ両議院ハ各々其ノ総員3分ノ2以上出席スルニ非サレハ議事ヲ開クコトヲ得ス出席議員3分ノ2以上ノ多数ヲ得ルニ非サレハ改正ノ議決ヲ為スコトヲ得ス
第74条①　皇室典範ノ改正ハ帝国議会ノ議ヲ経ルヲ要セス
②　皇室典範ヲ以テ此ノ憲法ノ条規ヲ変更スルコトヲ得ス

憲法

法令集

国　内　法

労働基準法〔抄〕

〔公布 1947.4.7法49　最終改正2022法68〕

解説　労働基準法は労働者の権利を保護する目的から制定されている。また近代市民法の個人の契約自由の原則に任せておくと，経済的に優位な地位にある使用者に対し，労働者が劣勢になることから，労働契約の内容（労働条件）を法定し，それを下回るものは無効とすることを定めている。そして，その最低基準を使用者に守らせるために刑事罰を規定している。

第1章　総則

第1条（労働条件の原則）　労働条件は，労働者が人たるに値する生活を営むための必要を充たすべきものでなければならない。

②　この法律で定める労働条件の基準は最低のものであるから，労働関係の当事者は，この基準を理由として労働条件を低下させてはならないことはもとより，その向上を図るように努めなければならない。

第2条（労働条件の決定）　労働条件は，労働者と使用者が，対等の立場において決定すべきものである。

②　労働者及び使用者は，労働協約，就業規則及び労働契約を遵守し，誠実に各々その義務を履行しなければならない。

第3条（均等待遇）　使用者は，労働者の国籍，信条又は社会的身分を理由として，賃金，労働時間その他の労働条件について，差別的取扱をしてはならない。

第4条（男女同一賃金の原則）　使用者は，労働者が女性であることを理由として，賃金について，男性と差別的取扱いをしてはならない。

第5条（強制労働の禁止）　使用者は，暴行，脅迫，監禁その他精神又は身体の自由を不当に拘束する手段によつて，労働者の意思に反して労働を強制してはならない。

第6条（中間搾取の排除）　何人も，法律に基いて許される場合の外，業として他人の就業に介入して利益を得てはならない。

第7条（公民権行使の保障）　使用者は，労働者が労働時間中に，選挙権その他公民としての権利を行使し，又は公の職務を執行するために必要な時間を請求した場合においては，拒んではならない。但し，権利の行使又は公の職務の執行に妨げがない限り，請求された時刻を変更することができる。

第2章　労働契約

第13条（この法律違反の契約）　この法律で定める基準に達しない労働条件を定め

る労働契約は，その部分については無効とする。この場合において，無効となつた部分は，この法律で定める基準による。

第15条（労働条件の明示）　使用者は，労働契約の締結に際し，労働者に対して賃金，労働時間その他の労働条件を明示しなければならない。この場合において，賃金及び労働時間に関する事項その他の厚生労働省令で定める事項については，厚生労働省令で定める方法により明示しなければならない。

②　前項の規定によつて明示された労働条件が事実と相違する場合においては，労働者は，即時に労働契約を解除することができる。

③　前項の場合，就業のために住居を変更した労働者が，契約解除の日から14日以内に帰郷する場合においては，使用者は，必要な旅費を負担しなければならない。

第19条（解雇制限）　使用者は，労働者が業務上負傷し，又は疾病にかかり療養のために休業する期間及びその後30日間並びに産前産後の女性が第65条の規定によつて休業する期間及びその後30日間は，解雇してはならない。（後略）

第20条（解雇の予告）　使用者は，労働者を解雇しようとする場合においては，少くとも30日前にその予告をしなければならない。30日前に予告をしない使用者は，30日分以上の平均賃金を支払わなければならない。（後略）

第3章　賃金

第24条（賃金の支払）　賃金は，通貨で，直接労働者に，その全額を支払わなければならない。ただし，法令若しくは労働協約に別段の定めがある場合又は厚生労働省令で定める賃金について確実な支払の方法で厚生労働省令で定めるものによる場合においては，通貨以外のもので支払い，また，法令に別段の定めがある場合又は当該事業場の労働者の過半数で組織する労働組合があるときはその労働組合，労働者の過半数で組織する労働組合がないときは労働者の過半数を代表する者との書面による協定がある場合においては，賃金の一部を控除して支払うことができる。

②　賃金は，毎月1回以上，一定の期日を定めて支払わなければならない。ただし，臨時に支払われる賃金，賞与その他これに準ずるもので厚生労働省令で定める賃金（第89条において「臨時の賃金等」という。）については，この限りでない。

第26条（休業手当）　使用者の責に帰すべき事由による休業の場合においては，使用者は，休業期間中当該労働者に，その平均賃金の100分の60以上の手当を支払わなければならない。

第27条（出来高払制の保障給）　出来高払

制その他の請負制で使用する労働者については，使用者は，労働時間に応じ一定額の賃金の保障をしなければならない。

第28条（最低賃金）　賃金の最低基準に関しては，最低賃金法（昭和34年法律第137号）の定めるところによる。

第4章　労働時間，休憩，休日及び年次有給休暇

第32条（労働時間）　使用者は，労働者に，休憩時間を除き1週間について40時間を超えて，労働させてはならない。

②　使用者は，1週間の各日については，労働者に，休憩時間を除き1日について8時間を超えて，労働させてはならない。

第34条（休憩）　使用者は，労働時間が6時間を超える場合においては少くとも45分，8時間を超える場合においては少くとも1時間の休憩時間を労働時間の途中に与えなければならない。

第35条（休日）　使用者は，労働者に対して，毎週少くとも1回の休日を与えなければならない。

②　前項の規定は，4週間を通じ4日以上の休日を与える使用者については適用しない。

第36条（時間外及び休日の労働）　使用者は，当該事業場に，労働者の過半数で組織する労働組合がある場合においてはその労働組合，労働者の過半数で組織する労働組合がない場合においては労働者の過半数を代表する者との書面による協定をし，これを行政官庁に届け出た場合においては，第32条から第32条の5まで若しくは第40条の労働時間（以下この条において「労働時間」という。）又は前条の休日（以下この項において「休日」という。）に関する規定にかかわらず，その協定で定めるところによつて労働時間を延長し，又は休日に労働させることができる。ただし，坑内労働その他厚生労働省令で定める健康上特に有害な業務の労働時間の延長は，1日について2時間を超えてはならない。

③　……労働時間を延長して労働させることができる時間は，当該事業場の業務量，時間外労働の動向その他の事情を考慮して通常予見される時間外労働の範囲内において，限度時間を超えない時間に限る。

④　前項の限度時間は，1箇月について45時間及び1年について360時間とする。

⑤　……当該事業場における通常予見することのできない業務量の大幅な増加等に伴い臨時的に第3項の限度時間を超えて労働させる必要がある場合において，1箇月について労働時間を延長して労働させ，及び休日において労働させることができる時間（……100時間未満の範囲内に限る。）並びに1年について労働時間を延長して労働させることができる時

間(……720時間を超えない範囲内に限る。)を定めることができる。この場合において，……1箇月について45時間を超えることができる月数(1年について6箇月以内に限る。)を定めなければならない。

⑥　使用者は，……当該各号に定める要件を満たすものとしなければならない。

(2)　1箇月について労働時間を延長して労働させ，及び休日において労働させた時間100時間未満であること。

(3)　対象期間の初日から1箇月ごとに区分した各期間に当該各期間の直前の1箇月，2箇月，3箇月，4箇月及び5箇月の期間を加えたそれぞれの期間における労働時間を延長して労働させ，及び休日において労働させた時間の1箇月当たりの平均時間80時間を超えないこと。

第37条(時間外，休日及び深夜の割増賃金)　使用者が，第33条又は前条第1項の規定により労働時間を延長し，又は休日に労働させた場合においては，その時間又はその日の労働については，通常の労働時間又は労働日の賃金の計算額の2割5分以上5割以下の範囲内でそれぞれ政令で定める率以上の率で計算した割増賃金を支払わなければならない。ただし，当該延長して労働させた時間が1箇月について60時間を超えた場合においては，その超えた時間の労働については，通常の労働時間の賃金の計算額の5割以上の率で計算した割増賃金を支払わなければならない。

第39条(年次有給休暇)　使用者は，その雇入れの日から起算して6箇月間継続勤務し全労働日の8割以上出勤した労働者に対して，継続し，又は分割した10労働日の有給休暇を与えなければならない。

②　使用者は，1年6箇月以上継続勤務した労働者に対しては，雇入れの日から起算して6箇月を超えて継続勤務する日(以下「6箇月経過日」という。)から起算した継続勤務年数1年ごとに，前項の日数に，次の表の上欄に掲げる6箇月経過日から起算した継続勤務年数の区分に応じ同表の下欄に掲げる労働日を加算した有給休暇を与えなければならない。ただし，継続勤務した期間を6箇月経過日から1年ごとに区分した各期間(最後に1年未満の期間を生じたときは，当該期間)の初日の前日の属する期間において出勤した日数が全労働日の8割未満である者に対しては，当該初日以後の1年間においては有給休暇を与えることを要しない。

6箇月経過日から起算した継続勤務年数	労働日
1年	1労働日
2年	2労働日
3年	4労働日
4年	6労働日
5年	8労働日
6年以上	10労働日

⑤　使用者は，前各項の規定による有給休

暇を労働者の請求する時季に与えなければならない。ただし，請求された時季に有給休暇を与えることが事業の正常な運営を妨げる場合においては，他の時季にこれを与えることができる。

⑦　使用者は，……有給休暇の日数のうち5日については，基準日から1年以内の期間に，労働者ごとにその時季を定めることにより与えなければならない。……

第41条の2　……第1号に掲げる業務に就かせたときは，この章で定める労働時間，休憩，休日及び深夜の割増賃金に関する規定は，対象労働者については適用しない。……

(1)　高度の専門的知識等を必要とし，その性質上従事した時間と従事して得た成果との関連性が通常高くないと認められるものとして厚生労働省令で定める業務のうち，労働者に就かせることとする業務

第6章　年少者

第56条(最低年齢)　使用者は，児童が満15歳に達した日以後の最初の3月31日が終了するまで，これを使用してはならない。

②　前項の規定にかかわらず，別表第1第1号から第5号までに掲げる事業以外の事業に係る職業で，児童の健康及び福祉に有害でなく，かつ，その労働が軽易なものについては，行政官庁の許可を受けて，満13歳以上の児童をその者の修学時間外に使用することができる。映画の製作又は演劇の事業については，満13歳に満たない児童についても，同様とする。

第58条(未成年者の労働契約)　親権者又は後見人は，未成年者に代つて労働契約を締結してはならない。

第59条　未成年者は，独立して賃金を請求することができる。親権者又は後見人は，未成年者の賃金を代つて受け取つてはならない。

第61条(深夜業)　使用者は，満18才に満たない者を午後10時から午前5時までの間において使用してはならない。ただし，交替制によつて使用する満16才以上の男性については，この限りでない。

第6章の2　妊産婦等

第65条(産前産後)　使用者は，6週間(多胎妊娠の場合にあつては，14週間)以内に出産する予定の女性が休業を請求した場合においては，その者を就業させてはならない。

②　使用者は，産後8週間を経過しない女性を就業させてはならない。ただし，産後6週間を経過した女性が請求した場合において，その者について医師が支障がないと認めた業務に就かせることは，差し支えない。

③　使用者は，妊娠中の女性が請求した場合においては，他の軽易な業務に転換させなければならない。

第66条[妊産婦の時間外労働・休日労働]

②　使用者は，妊産婦が請求した場合においては，第33条第1項及び第3項並びに

第36条第1項の規定にかかわらず，時間外労働をさせてはならず，又は休日に労働させてはならない。

第67条(育児時間)　生後満1年に達しない生児を育てる女性は，第34条の休憩時間のほか，1日2回各々少なくとも30分，その生児を育てるための時間を請求することができる。

第68条(生理日の就業が著しく困難な女性に対する措置)　使用者は，生理日の就業が著しく困難な女性が休暇を請求したときは，その者を生理日に就業させてはならない。

第8章　災害補償

第75条(療養補償)　労働者が業務上負傷し，又は疾病にかかつた場合においては，使用者は，その費用で必要な療養を行い，又は必要な療養の費用を負担しなければならない。

第76条(休業補償)　労働者が前条の規定による療養のため，労働することができないために賃金を受けない場合においては，使用者は，労働者の療養中平均賃金の100分の60の休業補償を行わなければならない。

第77条(障害補償)　労働者が業務上負傷し，又は疾病にかかり，治つた場合において，その身体に障害が存するときは，使用者は，その障害の程度に応じて，平均賃金に別表第2に定める日数を乗じて得た金額の障害補償を行わなければならない。

第79条(遺族補償)　労働者が業務上死亡した場合においては，使用者は，遺族に対して，平均賃金の1,000日分の遺族補償を行わなければならない。

第9章　就業規則

第89条(作成及び届出の業務)　常時10人以上の労働者を使用する使用者は，次に掲げる事項について就業規則を作成し，行政官庁に届け出なければならない。次に掲げる事項を変更した場合においても，同様とする。

(1)　始業及び終業の時刻，休憩時間，休日，休暇並びに労働者を2組以上に分けて交替に就業させる場合においては就業時転換に関する事項

(2)　賃金(臨時の賃金等を除く。以下この号において同じ。)の決定，計算及び支払の方法，賃金の締切り及び支払の時期並びに昇給に関する事項

(3)　退職に関する事項(解雇の事由を含む。)

第91条(制裁規定の制限)　就業規則で，労働者に対して減給の制裁を定める場合においては，その減給は，1回の額が平均賃金の1日分の半額を超え，総額が1賃金支払期における賃金の総額の10分の1を超えてはならない。

第92条(法令及び労働協約との関係)　就業規則は，法令又は当該事業場について適用される労働協約に反してはならない。

第93条(労働契約との関係)　労働契約と就業規則との関係については，労働契約

法令集

法(平成19年法律第128号)第12条の定めるところによる。

第11章 監督機関

第97条(監督機関の職員等) 労働基準主管局(厚生労働省の内部部局として置かれる局…),都道府県労働局及び労働基準監督署に労働基準監督官を置くほか,厚生労働省令で定める必要な職員を置くことができる。……

第104条(監督機関に対する申告) 事業場に,この法律又はこの法律に基いて発する命令に違反する事実がある場合において,労働者は,その事実を行政官庁又は労働基準監督官に申告することができる。

② 使用者は,前項の申告をしたことを理由として,労働者に対して解雇その他不利益な取扱をしてはならない。

労働組合法〔抄〕

[公布 1949.6.1法174　最終改正 2022法68]

解説 戦後経済民主化の一部として,労働組合の存在を法的に認め,労使関係の運営について基本的な法的枠組みを与えた法律。この法では,組合の資格,使用者の不当労働行為の禁止,正当な組合活動や争議行為の刑事・民事責任の免責のほか,労働委員会の救済手続きについて定めている。

第1章 総則

第1条(目的) この法律は,労働者が使用者との交渉において対等の立場に立つことを促進することにより労働者の地位を向上させること,労働者がその労働条件について交渉するために自ら代表者を選出することその他の団体行動を行うために自主的に労働組合を組織し,団結することを擁護すること並びに使用者と労働者との関係を規制する労働協約を締結するための団体交渉をすること及びその手続を助成することを目的とする。

② 刑法(明治40年法律第45号)第35条の規定は,労働組合の団体交渉その他の行為であつて前項に掲げる目的を達成するためにした正当なものについて適用があるものとする。但し,いかなる場合においても,暴力の行使は,労働組合の正当な行為と解釈されてはならない。

第2条(労働組合) この法律で「労働組合」とは,労働者が主体となつて自主的に労働条件の維持改善その他経済的地位の向上を図ることを主たる目的として組織する団体又はその連合団体をいう。但し,左の各号の一に該当するものは,この限りでない。

(1) 役員,雇入解雇昇進又は異動に関して直接の権限を持つ監督的地位にある労働者,使用者の労働関係についての計画と方針とに関する機密の事項に接し,そのためにその職務上の義務と責任とが当該労働組合の組合員としての誠意と責任とに直接にてい触する監督的地位にある労働者その他使用者の利

益を代表する者の参加を許すもの

(2) 団体の運営のための経費の支出につき使用者の経理上の援助を受けるもの。但し,労働者が労働時間中に時間又は賃金を失うことなく使用者と協議し,又は交渉することを使用者が許すことを妨げるものではなく,且つ,厚生資金又は経済上の不幸若しくは災厄を防止し,若しくは救済するための支出に実際に用いられる福利その他の基金に対する使用者の寄附及び最小限の広さの事務所の供与を除くものとする。

(3) 共済事業その他福利事業のみを目的とするもの

(4) 主として政治運動又は社会運動を目的とするもの

第3条(労働者) この法律で「労働者」とは,職業の種類を問わず,賃金,給料その他これに準ずる収入によつて生活する者をいう。

第2章 労働組合

第5条(労働組合として設立されたものの取扱) 労働組合は,労働委員会に証拠を提出して第2条及び第2項の規定に適合することを立証しなければ,この法律に規定する手続に参与する資格を有せず,且つ,この法律に規定する救済を与えられない。(後略)

② 労働組合の規約には,左の各号に掲げる規定を含まなければならない。

　　[左の各号とは,(1)名称 (2)主たる事務所の位置 (3)組合員の運営参与権と均等待遇 (4)組合員資格の平等取扱い (5)組合役員の選出方法 (6)最低年1回の総会開催 (7)組合経理の公開 (8)同盟罷業の開始手続 (9)組合規約の改正手続]

第6条(交渉権限) 労働組合の代表者又は労働組合の委任を受けた者は,労働組合又は組合員のために使用者又はその団体と労働協約の締結その他の事項に関して交渉する権限を有する。

第7条(不当労働行為) 使用者は,次の各号に掲げる行為をしてはならない。

(1) 労働者が労働組合の組合員であること,労働組合に加入し,若しくはこれを結成しようとしたこと若しくは労働組合の正当な行為をしたことの故をもつて,その労働者を解雇し,その他これに対して不利益な取扱いをすること又は労働者が労働組合に加入せず,若しくは労働組合から脱退することを雇用条件とすること。

(2) 使用者が雇用する労働者の代表者と団体交渉をすることを正当な理由がなくて拒むこと。

(3) 労働者が労働組合を結成し,若しくは運営することを支配し,若しくはこれに介入すること,又は労働組合の運営のための経費の支払につき経理上の援助を与えること。

(4) 労働者が労働委員会に対し使用者がこの条の規定に違反した旨の申立

てをしたこと若しくは中央労働委員会に対し第27条の12第1項の規定による命令に対する再審査の申立てをしたこと又は労働委員会がこれらの申立てに係る調査若しくは審問をし,若しくは当事者に和解を勧め,若しくは労働関係調整法(昭和21年法律第25号)による労働争議の調整をする場合に労働者が証拠を提示し,若しくは発言をしたことを理由として,その労働者を解雇し,その他これに対して不利益な取扱いをすること。

第8条(損害賠償) 使用者は,同盟罷業その他の争議行為であつて正当なものによつて損害を受けたことの故をもつて,労働組合又はその組合員に対し賠償を請求することができない。

第3章 労働協約

第14条(労働協約の効力の発生) 労働組合と使用者又はその団体との間の労働条件その他に関する労働協約は,書面に作成し,両当事者が署名し,又は記名押印することによつてその効力を生ずる。

第15条(労働協約の期間) 労働協約には,3年をこえる有効期間の定をすることができない。

② 3年をこえる有効期間の定をした労働協約は,3年の有効期間の定をした労働協約とみなす。

③ 有効期間の定がない労働協約は,当事者の一方が,署名し,又は記名押印した文書によつて相手方に予告して,解約することができる。一定の期間を定める労働協約であつて,その期間の経過後も期限を定めず効力を存続する旨の定があるものについて,その期間の経過後も,同様とする。

④ 前項の予告は,解約しようとする日の少くとも90日前にしなければならない。

第4章 労働委員会

第19条(労働委員会) 労働委員会は,使用者を代表する者(以下「使用者委員」という。),労働者を代表する者(以下「労働者委員」という。)及び公益を代表する者(以下「公益委員」という。)各同数をもつて組織する。

第20条(労働委員会の権限) 労働委員会は,第5条,第11条及び第18条の規定によるものの外,不当労働行為事件の審査等並びに労働争議のあつせん,調停及び仲裁をする権限を有する。

労働関係調整法〔抄〕

[公布 1946.9.27法25　最終改正 2014法69]

解説 労使間の自主的紛争解決が困難な場合に,労働委員会による,斡旋・調停・仲裁の調整制度を通じて労働争議の予防・解決を図ることを目的とする法律。自主的な解決が困難となり労働委員会の助力を受けなくてはならない場合でも,斡旋段階で,大多数が解決している。

第1条(法の目的) この法律は，労働組合法と相俟つて，労働関係の公正な調整を図り，労働争議を予防し，又は解決して，産業の平和を維持し，もつて経済の興隆に寄与することを目的とする。

第7条(争議行為) この法律において争議行為とは，同盟罷業，怠業，作業所閉鎖その他労働関係の当事者が，その主張を貫徹することを目的として行ふ行為及びこれに対抗する行為であつて，業務の正常な運営を阻害するものをいふ。

第8条(公益事業，その指定，公表) この法律において公益事業とは，次に掲げる事業であつて，公衆の日常生活に欠くことのできないものをいう。
(1) 運輸事業
(2) 郵便，信書便又は電気通信の事業
(3) 水道，電気又はガスの供給の事業
(4) 医療又は公衆衛生の事業

第36条(安全保持) 工場事業場における安全保持の施設の正常な維持又は運行を停廃し，又はこれを妨げる行為は，争議行為としてでもこれをなすことはできない。

第37条(公益事業に対する抜打争議行為の禁止) 公益事業に関する事件につき関係当事者が争議行為をするには，その争議行為をしようとする日の少なくとも10日前までに，労働委員会及び厚生労働大臣又は都道府県知事にその旨を通知しなければならない。

第38条(緊急調整中の争議行為の禁止) 緊急調整の決定をなした旨の公表があつたときは，関係当事者は，公表の日から50日間は，争議行為をなすことができない。

男女雇用機会均等法〔抄〕

[公布]「勤労婦人福祉法」1972.7.1 法113
最終改正 2019法24

(雇用の分野における男女の均等な機会及び待遇の確保等に関する法律)

解説 同法は職場での男女差別をなくすため86年に始まったが，企業の努力を求めるだけだったためザル法との指摘を受けていた。法律に罰則，制裁措置がないため，行政指導をしても改善に応じない企業が後を絶たず，こうした問題点を改善するため95年から婦人少年問題審議会が見直しに入り97年の通常国会で改正案が可決，99年4月から施行された。2007年には新たに改正法が施行され，①性別を理由とする差別の禁止 ②間接差別の禁止 ③セクハラ防止の強化 ④妊娠・出産を理由とした不利益取扱いの禁止 などが規定された。

第5条(性別を理由とする差別の禁止) 事業主は，労働者の募集及び採用について，その性別にかかわりなく均等な機会を与えなければならない。

第6条 事業主は，次に掲げる事項について，労働者の性別を理由として，差別的取扱いをしてはならない。
(1) 労働者の配置(業務の配分及び権限の付与を含む。)，昇進，降格及び教育訓練
(2) 住宅資金の貸付けその他これに準ずる福利厚生の措置であつて厚生労働省令で定めるもの(3号以下略)

第11条 事業主は，職場において行われる性的な言動に対するその雇用する労働者の対応により当該労働者がその労働条件につき不利益を受け，又は当該性的な言動により当該労働者の就業環境が害されることのないよう，当該労働者からの相談に応じ，適切に対応するために必要な体制の整備その他の雇用管理上必要な措置を講じなければならない。

教育基本法〔抄〕

[公布]1947.3.31法25 最終改正 2006法120

解説 日本国憲法の平和と民主主義の理念に基づいて，教育の理念や教育行政のあり方を示した法律。前文と条文18か条には，教育が個人の知的・人格的発達を目指すものであるとともに，それをとおして人類社会の平和と進歩に寄与すべきであるという認識が貫かれており，いわば「教育憲法」ともいうべきものである。平成18年に改正が行われ，道徳心，自律心，公共の精神，愛国心などについて新たに定められた。

我々日本国民は，たゆまぬ努力によって築いてきた民主的で文化的な国家を更に発展させるとともに，世界の平和と人類の福祉の向上に貢献することを願うものである。

我々は，この理想を実現するため，個人の尊厳を重んじ，真理と正義を希求し，公共の精神を尊び，豊かな人間性と創造性を備えた人間の育成を期するとともに，伝統を継承し，新しい文化の創造を目指す教育を推進する。

ここに，我々は，日本国憲法の精神にのっとり，我が国の未来を切り拓く教育の基本を確立し，その振興を図るため，この法律を制定する。

第1条(教育の目的) 教育は，人格の完成を目指し，平和で民主的な国家及び社会の形成者として必要な資質を備えた心身ともに健康な国民の育成を期して行われなければならない。

第4条(教育の機会均等) すべて国民は，ひとしく，その能力に応じた教育を受ける機会を与えられなければならず，人種，信条，性別，社会的身分，経済的地位又は門地によって，教育上差別されない。
2 国及び地方公共団体は，障害のある者が，その障害の状態に応じ，十分な教育を受けられるよう，教育上必要な支援を講じなければならない。(3項略)

環境基本法〔抄〕

[公布]1993.11.19法91 最終改正 2021法36

解説 90年代に入ってからの，全地球的な環境の危機を叫ぶ声の高まり，92年に開催された地球サミットなどを背景に93年11月に成立した法律。この法律は①環境の恵沢の享受と継承，②環境への負荷が少ない社会の構築，③国際的協調による地球環境保全の積極的推進の3点を理念としている。

第1条(目的) この法律は，環境の保全について，基本理念を定め，並びに国，地方公共団体，事業者及び国民の責務を明らかにするとともに，環境の保全に関する施策の基本となる事項を定めることにより，環境の保全に関する施策を総合的かつ計画的に推進し，もって現在及び将来の国民の健康で文化的な生活の確保に寄与するとともに人類の福祉に貢献することを目的とする。

第2条(定義) この法律において「環境への負荷」とは，人の活動により環境に加えられる影響であって，環境の保全上の支障の原因となるおそれのあるものをいう。
② この法律において「地球環境保全」とは，人の活動による地球全体の温暖化又はオゾン層の破壊の進行，海洋の汚染，野生生物の種の減少その他の地球の全体又はその広範な部分の環境に影響を及ぼす事態に係る環境の保全であって，人類の福祉に貢献するとともに国民の健康で文化的な生活の確保に寄与するものをいう。

消費者基本法〔抄〕

[公布]1968.5.30法78 最終改正 2021法36

解説 国民の消費生活の安定と向上を確保することを目的とした消費者保護のための基本法。消費者保護に関する施策として，危害の防止，計量，規格，表示の適正化，公正自由な競争の確保などを掲げている。

第1条(目的) この法律は，消費者と事業者との間の情報の質及び量並びに交渉力等の格差にかんがみ，消費者の利益の擁護及び増進に関し，消費者の権利の尊重及びその自立の支援その他の基本理念を定め，国，地方公共団体及び事業者の責務等を明らかにするとともに，その施策の基本となる事項を定めることにより，消費者の利益の擁護及び増進に関する総合的な施策の推進を図り，もって国民の消費生活の安定及び向上を確保することを目的とする。

第2条(基本理念) 消費者の利益の擁護及び増進に関する総合的な施策(以下「消費者政策」という。)の推進は，国民の消費生活における基本的な需要が満たされ，その健全な生活環境が確保される中で，

法令集

消費者の安全が確保され，商品及び役務について消費者の自主的かつ合理的な選択の機会が確保され，消費者に対し必要な情報及び教育の機会が提供され，消費者の意見が消費者政策に反映され，並びに消費者に被害が生じた場合には適切かつ迅速に救済されることが消費者の権利であることを尊重するとともに，消費者が自らの利益の擁護及び増進のため自主的かつ合理的に行動することができるよう消費者の自立を支援することを基本として行われなければならない。

情報公開法〔抄〕

[公布]1999.5.14法42　[最終改正]2021法37
(行政機関の保有する情報の公開に関する法律)

解説　地方ではすべての都道府県で情報公開条例を制定しているが，国の情報公開も本法によりようやく制度化された。長年政府が独占してきた情報を国民が共有することで，行政に対するチェック機能が高められるほか，国民の政治参加を活発化する効果も期待できる。しかし，同法には「非公開情報」の規定があり，特に防衛・外交，捜査・秩序維持情報は他の情報よりも行政機関の長の裁量権の幅が広く，どこまで情報開示されるのか不透明な部分も残している。

第1章　総則
第1条(目的)　この法律は，国民主権の理念にのっとり，行政文書の開示を請求する権利につき定めること等により，行政機関の保有する情報の一層の公開を図り，もって政府の有するその諸活動を国民に説明する責務が全うされるようにするとともに，国民の的確な理解と批判の下にある公正で民主的な行政の推進に資することを目的とする。
第2章　行政文書の開示
第3条(開示請求権)　何人も，この法律の定めるところにより，行政機関の長(前条第1項第4号及び第5号の政令で定める機関にあっては，その機関ごとに政令で定める者をいう。以下同じ。)に対し，当該行政機関の保有する行政文書の開示を請求することができる。

重要影響事態法〔抄〕

[公布]1999.5.28法60　[最終改正]2021法36
(重要影響事態に際して我が国の平和及び安全を確保するための措置に関する法律)

解説　同法は，わが国の平和や安全に重要な影響を与える事態(重要影響事態)に対する対応の基本原則，わが国が実施する後方地域支援などの内容，基本計画，これらの活動の実施の手続きなどについて定めたものである。1999年に制定された周辺事態法が，2015年に新安保法制の一環として改正され，現在の名称となった。周辺事態法に明記されていた「我が国周辺の地域における」という地理的制約が取り除かれ，重要影響事態に際しては米軍等の後方支援のために地球上のどこへでも自衛隊を派遣することが可能となった。憲法9条に違反するとの批判も強くある。

第1条(目的)　この法律は，そのまま放置すれば我が国に対する直接の武力攻撃に至るおそれのある事態等我が国の平和及び安全に重要な影響を与える事態(以下「重要影響事態」という。)に際し，合衆国軍隊等に対する後方支援活動等を行うことにより，日本国とアメリカ合衆国との間の相互協力及び安全保障条約(以下「日米安保条約」という。)の効果的な運用に寄与することを中核とする重要影響事態に対処する外国との連携を強化し，我が国の平和及び安全の確保に資することを目的とする。

国　際　法

国際連合憲章〔抄〕

[署名]1945.6.26　[発効]1945.10.24　1956条約26

解説　国連の目的・原則・組織・機能などを定めた国際社会の憲法ともいうべき国際条約。1945年のサンフランシスコ会議で連合国51か国が参加して採択された。前文以下19章，111条からなり，目的として，国際平和と安全の維持，民族の平等と自決の原則を尊重した国際友好の促進，人権と自由の尊重などが掲げられている。

われら連合国の人民は，
　われらの一生のうちに2度まで言語に絶する悲哀を人類に与えた戦争の惨害から将来の世代を救い，
　基本的人権と人間の尊厳及び価値と男女及び大小各国の同権とに関する信念をあらためて確認し，
　正義と条約その他の国際法の源泉から生ずる義務の尊重とを維持することができる条件を確立し，
　一層大きな自由の中で社会的進歩と生活水準の向上とを促進すること
　並びに，このために，
　寛容を実行し，且つ，善良な隣人として互に平和に生活し，
　国際の平和及び安全を維持するためにわれらの力を合わせ
　共同の利益の場合を除く外は武力を用いないことを原則の受諾と方法の設定によつて確保し，
　すべての人民の経済的及び社会的発達を促進するために国際機構を用いることを決意して，
　これらの目的を達成するために，われらの努力を結集することに決定した。

よつて　……ここに国際連合という国際機構を設ける。
第1章　目的及び原則
第1条(目的)
　国際連合の目的は，次のとおりである。
1　国際の平和及び安全を維持すること。そのために，平和に対する脅威の防止及び除去と侵略行為その他の平和の破壊の鎮圧とのため有効な集団的措置をとること並びに平和を破壊するに至る虞のある国際的の紛争又は事態の調整又は解決を平和的手段によつて且つ正義及び国際法の原則に従つて実現すること。
2　人民の同権及び自決の原則の尊重に基礎をおく諸国間の友好関係を発展させること並びに世界平和を強化するために他の適当な措置をとること。
3　経済的，社会的，文化的又は人道的性質を有する国際問題を解決することについて，並びに人種，性，言語又は宗教による差別なくすべての者のために人権及び基本的自由を尊重するように助長奨励することについて，国際協力を達成すること。
4　これらの共通の目的の達成に当つて諸国の行動を調和するための中心となること。
第2条(原則)
　この機構及びその加盟国は，第1条に掲げる目的を達成するに当つては，次の原則に従つて行動しなければならない。
1　この機構は，そのすべての加盟国の主権平等の原則に基礎をおいている。
3　すべての加盟国は，その国際紛争を平和的手段によつて国際の平和及び安全並びに正義を危くしないように解決しなければならない。
4　すべての加盟国は，その国際関係において，武力による威嚇又は武力の行使を，いかなる国の領土保全又は政治的独立に対するものも，また，国際連合の目的と両立しない他のいかなる方法によるものも慎まなければならない。
第3章　機関
第7条(機関)
1　国際連合の主要機関として，総会，安全保障理事会，経済社会理事会，信託統治理事会，国際司法裁判所及び事務局を設ける。
2　必要と認められる補助機関は，この憲章に従つて設けることができる。
第4章　総会
第9条(構成)
1　総会は，すべての国際連合加盟国で構成する。
2　各加盟国は，総会において5人以下の代表者を有するものとする。
第10条(総則)
　総会は，この憲章の範囲内にある問題若しくは事項又はこの憲章に規定する機関の権限及び任務に関する問題若しくは事項を討議し，……このような問題又は事項について国際連合加盟国若しくは安全保障理事

法令集

会又はこの両者に対して勧告をすることができる。

第11条(平和と安全の維持)

1 総会は、国際の平和及び安全の維持についての協力に関する一般原則を、軍備縮少及び軍備規制を律する原則も含めて、審議し、並びにこのような原則について加盟国若しくは安全保障理事会又はこの両者に対して勧告をすることができる。

第12条(安全保障理事会との関係)

1 安全保障理事会がこの憲章によつて与えられた任務をいずれかの紛争又は事態について遂行している間は、総会は、安全保障理事会が要請しない限り、この紛争又は事態について、いかなる勧告もしてはならない。

第18条(表決手続)

1 総会の各構成国は、1個の投票権を有する。

2 重要問題に関する総会の決定は、出席し且つ投票する構成国の3分の2の多数によつて行われる。重要問題には、国際の平和及び安全の維持に関する勧告、安全保障理事会の非常任理事国の選挙、経済社会理事会の理事国の選挙、第86条1cによる信託統治理事会の理事国の選挙、新加盟国の国際連合への加盟の承認、加盟国としての権利及び特権の停止、加盟国の除名、信託統治制度の運用に関する問題並びに予算問題が含まれる。

3 その他の問題に関する決定は、……出席し且つ投票する構成国の過半数によつて行われる。

第22条(補助機関)

総会は、その任務の遂行に必要と認める補助機関を設けることができる。

第5章　安全保障理事会

第24条(平和と安全の維持)

1 国際連合の迅速且つ有効な行動を確保するために、国際連合加盟国は、国際の平和及び安全の維持に関する主要な責任を安全保障理事会に負わせるものとし、且つ、安全保障理事会がこの責任に基く義務を果すに当つて加盟国に代つて行動することに同意する。

第27条(表決)

1 安全保障理事会の各理事国は、1個の投票権を有する。

2 手続事項に関する安全保障理事会の決定は、9理事国の賛成投票によつて行われる。

3 その他のすべての事項に関する安全保障理事会の決定は、常任理事国の同意投票を含む9理事国の賛成投票によつて行われる。

第29条(補助機関)

安全保障理事会は、その任務の遂行に必要と認める補助機関を設けることができる。

第6章　紛争の平和的解決

第33条(平和的解決の義務)

1 いかなる紛争でもその継続が国際の平和及び安全の維持を危くする虞のあるものについては、その当事者は、まず第一に、交渉、審査、仲介、調停、仲裁裁判、司法的解決、地域的機関又は地域的取極の利用その他当事者が選ぶ平和的手段による解決を求めなければならない。

第7章　平和に対する脅威、平和の破壊及び侵略行為に関する行動

第39条(安全保障理事会の一般的権能)

安全保障理事会は、平和に対する脅威、平和の破壊又は侵略行為の存在を決定し、並びに、国際の平和及び安全を維持し又は回復するために、勧告をし、又は第41条及び第42条に従っていかなる措置をとるかを決定する。

第41条(非軍事的措置)

安全保障理事会は、その決定を実施するために、兵力の使用を伴わないいかなる措置を使用すべきかを決定することができ、且つ、この措置を適用するように国際連合加盟国に要請することができる。この措置は、経済関係及び鉄道、航海、航空、郵便、電信、無線通信その他の運輸通信の手段の全部又は一部の中断並びに外交関係の断絶を含むことができる。

第42条(軍事的措置)

安全保障理事会は、第41条に定める措置では不充分であろうと認め、又は不充分なことが判明したと認めるときは、国際の平和及び安全の維持又は回復に必要な空軍、海軍又は陸軍の行動をとることができる。この行動は、国際連合加盟国の空軍、海軍又は陸軍による示威、封鎖その他の行動を含むことができる。

第51条(個別的・集団的自衛権)

この憲章のいかなる規定も、国際連合加盟国に対して武力攻撃が発生した場合には、安全保障理事会が国際の平和及び安全の維持に必要な措置をとるまでの間、個別的又は集団的自衛の固有の権利を害するものではない。この自衛権の行使に当つて加盟国がとつた措置は、直ちに安全保障理事会に報告しなければならない。また、この措置は、安全保障理事会が国際の平和及び安全の維持又は回復のために必要と認める行動をいつでもとるこの憲章に基く権能及び責任に対しては、いかなる影響も及ぼすものではない。

世界人権宣言[抄]

[1948.12.10採択(国連第3回総会)]

解説 第二次世界大戦での人権蹂躙・暴虐の反省に立って、この世界に再びファシズムが芽生えないよう、人間の尊厳と人権の確保を確認するため、国連で採択された宣言。欧米諸国で確立した人権体系を、国際的次元で確認した点は意義深い。しかし、この宣言は一つの理想を示したにすぎず、法的拘束力をもたなかったので、人権確保を国際的に法制化するものとして、国際人権規約(1966年)が採択された。

人類社会のすべての構成員の固有の尊厳と平等で譲ることのできない権利とを承認することは、世界における自由、正義及び平和の基礎であるので、

人権の無視及び軽侮が、人類の良心を踏みにじつた野蛮行為をもたらし、言論及び信仰の自由が受けられ、恐怖及び欠乏のない世界の到来が、一般の人々の最高の願望として宣言されたので、

人間が専制と圧迫とに対する最後の手段として反逆に訴えることがないようにするためには、法の支配によつて人権を保護することが肝要であるので、……

よつて、ここに、国際連合総会は、

……すべての人民とすべての国とが達成すべき共通の基準として、この世界人権宣言を公布する。

第1条(自由平等) すべての人間は、生れながらにして自由であり、かつ、尊厳と権利とについて平等である。人間は、理性と良心とを授けられており、互いに同胞の精神をもつて行動しなければならない。

第2条(権利と自由の享有に関する無差別待遇) 1 すべて人は、人種、皮膚の色、性、言語、宗教、政治上その他の意見、国民的もしくは社会的出身、財産、門地その他の地位又はこれに類するいかなる事由による差別をも受けることなく、この宣言に掲げるすべての権利と自由とを享有することができる。

第7条(法の下における平等) すべての人は、法の下において平等であり、また、いかなる差別もなしに法の平等な保護を受ける権利を有する。すべての人は、この宣言に違反するいかなる差別に対しても、また、そのような差別をそそのかすいかなる行為に対しても、平等な保護を受ける権利を有する。

第19条(意見、表現の自由) すべて人は、意見及び表現の自由に対する権利を有する。この権利は、干渉を受けることなく自己の意見をもつ自由並びにあらゆる手段により、また、国境を越えると否とにかかわりなく、情報及び思想を求め、受け、及び伝える自由を含む。

第23条(勤労の権利) 1 すべて人は、勤労し、職業を自由に選択し、公正かつ有利な勤労条件を確保し、及び失業に対する保護を受ける権利を有する。

第25条(生活の保障) 1 すべて人は、衣食住、医療及び必要な社会的施設等により、自己及び家族の健康及び福祉に十分な生活水準を保持する権利並びに失業、疾病、心身障害、配偶者の死亡、老齢その他不可抗力による生活不能の場合は、保障を受ける権利を有する。

2 母と子とは、特別の保護及び援助を受ける権利を有する。すべての児童は、嫡出であると否とを問わず、同じ社会的保護を受ける。

前　文

国際人権規約〔抄〕

〔1966.12.16採択(国連第21回総会)〕

> **解説** 世界人権宣言を条約化し、その実施を義務づけるため起草されたのが、国際人権規約である。「経済的、社会的及び文化的権利に関する規約」(A規約、社会権的規約)、「市民的及び政治的権利に関する規約」(B規約、自由権的規約)、自由権規約に関する「選択議定書」の三つの条約からなる。「選択議定書」は被害者個人が国連人権委へ救済申し立てすることを認めた議定書であり、日本は未だ批准していない。

経済的、社会的及び文化的権利に関する国際規約(A規約)

第1条(人民の自決の権利) 1 すべての人民は、自決の権利を有する。この権利に基づき、すべての人民は、その政治的地位を自由に決定し並びにその経済的、社会的及び文化的発展を自由に追求する。

第2条(人権実現の義務) 2 この規約の締約国は、この規約に規定する権利が人種、皮膚の色、性、言語、宗教、政治的意見その他の意見、国民的若しくは社会的出身、財産、出生又は他の地位によるいかなる差別もなしに行使されることを保障することを約束する。

第6条(労働の権利) 1 この規約の締約国は、労働の権利を認めるものとし、この権利を保障するため適当な措置をとる。この権利には、すべての者が自由に選択し又は承諾する労働によつて生計を立てる機会を得る権利を含む。

第11条(生活水準についての権利) 1 この規約の締約国は、自己及びその家族のための相当な食糧、衣類及び住居を内容とする相当な生活水準についての並びに生活条件の不断の改善についてのすべての者の権利を認める。

市民的及び政治的権利に関する国際規約(B規約)

第6条(生存権及び死刑の制限) 1 すべての人間は、生命に対する固有の権利を有する。この権利は、法律によつて保護される。何人も、恣意的にその生命を奪われない。

第9条(身体の自由及び逮捕抑留の要件)
1 すべての者は、身体の自由及び安全についての権利を有する。何人も、恣意的に逮捕され又は抑留されない。

第20条(戦争宣伝及び差別等の扇動の禁止)
1 戦争のためのいかなる宣伝も、法律で禁止する。
2 差別、敵意又は暴力の扇動となる国民的、人種的又は宗教的憎悪の唱道は、法律で禁止する。

女性(女子)差別撤廃条約〔抄〕

〔1979.12.18採択 1985.6.25批准 1985条約7〕
(女子に対するあらゆる形態の差別の撤廃に関する条約)

> **解説** 女性に対するあらゆる差別を撤廃し、男女の平等の確立を目的とする。各国の法律、制度のみならず慣習をも対象とし、個人、団体、企業による女性差別撤廃の義務を国に負わせている。日本は国籍法、雇用機会均等法、教育における男女平等など国内法の整備を経て1985年に批准。

第1条(女子差別の定義) この条約の適用上、「女子に対する差別」とは、性に基づく区別、排除又は制限であつて、政治的、経済的、社会的、文化的、市民的その他のいかなる分野においても、女子(婚姻をしているかいないかを問わない。)が男女の平等を基礎として人権及び基本的自由を認識し、享有し又は行使することを害し又は無効にする効果又は目的を有するものをいう。

第2条(締約国の差別撤廃義務) 締約国は、女子に対するあらゆる形態の差別を非難し、女子に対する差別を撤廃する政策をすべての適当な手段により、かつ、遅滞なく追求することに合意し、及びこのため次のことを約束する。
(a) 男女の平等の原則が自国の憲法その他の適当な法令に組み入れられていない場合にはこれを定め、かつ、男女の平等の原則の実際的な実現を法律その他の適当な手段により確保すること。
(b)~(e)(略)
(f) 女子に対する差別となる既存の法律、規則、慣習及び慣行を修正し又は廃止するためのすべての適当な措置(立法を含む。)をとること。
(g) 女子に対する差別となる自国のすべての刑罰規定を廃止すること。

第3条(女子の能力開発・向上の確保) 締約国は、あらゆる分野、特に、政治的、社会的、経済的及び文化的分野において、女子に対して男子との平等を基礎として人権及び基本的自由を行使し及び享有することを保障することを目的として、女子の完全な能力開発及び向上を確保するためのすべての適当な措置(立法を含む。)をとる。

第11条(雇用における差別撤廃) 1 締約国は、男女の平等を基礎として同一の権利、特に次の権利を確保することを目的として、雇用の分野における女子に対する差別を撤廃するためのすべての適当な措置をとる。

子ども(児童)の権利条約〔抄〕

〔1989.11.20採択 1994.4.22批准 1994条約2〕

> **解説** これまで国連で採択されてきた「子供の権利ジュネーブ宣言」、「子供の権利宣言」などを背景に、子供が幸福な生活を送り、必要な権利と自由を享受できるよう包括的な権利の保障を各国政府に義務づけた条約。18歳以下の子供を対象とし、生きる権利、意見表明の権利、プライバシーの権利など全文54条からなる。

第1条(定義) この条約の適用上、児童とは、18歳未満のすべての者をいう。ただし、当該児童で、その者に適用される法律によりより早く成年に達したものを除く。

第2条(差別の禁止) 1 締約国は、その管轄の下にある児童に対し、児童又はその父母若しくは法定保護者の人種、皮膚の色、性、言語、宗教、政治的意見その他の意見、国民的、種族的若しくは社会的出身、財産、心身障害、出生又は他の地位にかかわらず、いかなる差別もなしにこの条約に定める権利を尊重し、及び確保する。

第3条(児童の最善の利益) 1 児童に関するすべての措置をとるに当たっては、公的若しくは私的な社会福祉施設、裁判所、行政当局又は立法機関のいずれによって行われるものであっても、児童の最善の利益が主として考慮されるものとする。

第6条(生命への権利) 1 締約国は、すべての児童が生命に対する固有の権利を有することを認める。
2 締約国は、児童の生存及び発達を可能な最大限の範囲において確保する。

第12条(意見表明権) 1 締約国は、自己の意見を形成する能力のある児童がその児童に影響を及ぼすすべての事項について自由に自己の意見を表明する権利を確保する。この場合において、児童の意見は、その児童の年齢及び成熟度に従って相応に考慮されるものとする。

第13条(表現の自由) 1 児童は、表現の自由についての権利を有する。この権利には、口頭、手書き若しくは印刷、芸術の形態又は自ら選択する他の方法により、国境とのかかわりなく、あらゆる種類の情報及び考えを求め、受け及び伝える自由を含む。

第14条(思想、良心及び宗教の自由) 1 締約国は、思想、良心及び宗教の自由についての児童の権利を尊重する。

第28条(教育に関する権利) 1 締約国は、教育についての児童の権利を認めるものとし、この権利を漸進的にかつ機会の平等を基礎として達成するため、特に
(a) 初等教育を義務的なものとし、すべての者に対して無償のものとする。

第1章 公共の扉

①社会の中の私たち (→P.16~17)

□**和辻哲朗**(1889~1960)···日本の倫理学者。西洋思想を踏まえながら、儒教や仏教など日本の伝統的思想を考察し、『人間の学』とよばれる倫理学を確立した。個人主義的な西洋の倫理学に対し、人間の「人の間」としての存在に着目し、個人と社会の二面性を統合した倫理の問題を提起した。社会の全体性を否定しつつ、自己の個別性も否定して社会をよりよくしていく(否定の否定)ことを倫理の根本とした。主著『人間の学としての倫理学』、『風土』、『倫理学』。

□**アリストテレス**(前384~前322)···古代ギリシアの哲学者で、倫理学、論理学、政治学、生物学などあらゆる学問を築いた万学の祖とされ、アレクサンドロスの子ども時代の家庭教師もつとめた。師プラトンのイデア論を批判し、現実の個物の在りようを形相(エイドス)と質料(ヒュレー)によって説明するなど、現実を重視する立場をとった。著書『政治学』においては「人間がその自然本性において国家をもつ動物であることは明らかである」とし、自足性を実現するだけでなく、ロゴス(言葉)をもち、善について探究する存在であるともした。主著『形而上学』、『ニコマコス倫理学』、『政治学』、『自然学』。

□**社会的(ポリス的)動物**···古代ギリシアの哲学者アリストテレスがその著『政治学』において述べた言葉であり、人間の特質を示す。人間が社会を形成する動物であることとその意味について述べている。(アリストテレスを参照)

□**公共的な空間(公共圏)**···人々の自由な活動や対話によって生まれる開かれた空間。ドイツ出身の哲学者アーレントは、古代ギリシアのポリスにおいて、市民たちが対等な資格で政治や哲学について語り合ったことに着目し、同じく、ドイツの哲学者ハーバーマスは17~18世紀にヨーロッパの近代の市民や貴族が、コーヒーハウスやサロンや読書会において対等に議論し合ったことを公共圏と呼んだ。近代的な公共圏の衰退が指摘されている現在、新たな公共圏としてインターネットの可能性に対して関心も高まっている。

□**ハーバーマス**(1929~)···フランクフルト学派の第二世代を代表するドイツの哲学者。対話の上に成り立つ公共的な生活世界が政治的・経済的な合理性のもとに侵食されているという問題を提起し、権力や支配の合理性ではなく、対話がつくり出す相互了解による合理性を基準に社会統合を目指すことを主張した。主著『公共性の構造転換』、『コミュニケーション行為の理論』。(公共的な空間(公共圏)を参照)

□**ハンナ・アーレント**(1906~75)···ドイツ出身の哲学者。1941年、ナチスによる迫害を逃れ、アメリカに亡命した。多数性という人間の条件を基盤にした「活動」(言論と行為をもって互いの違いを主張し認め合うこと)を実践する場を公共性と呼んだ。近代資本主義の下で公共性が衰退したため、孤立する個人からなる大衆社会が成立し、それが全体主義の温床になったと主張した。主著『全体主義の起源』、『人間の条件』。(公共的な空間(公共圏)を参照)

②青年期の意義 (→P.18~19)

□**青年期**···児童期から成人期へ移行する時期(こどもから大人への過渡期)のこと。一般的には、10代前半から20歳前後をさすが、延長させて30歳前後までとする考え方もある。

□**第二反抗期**···子どもが成長する過程で、親や周りの人に対して、反抗的な態度を強く示す時期の一つ。3~4歳頃を第一反抗期、12~15歳頃を第二反抗期という。第二反抗期は、子どもから大人への過渡期で、価値観や生き方の面での自律を求める言動が目立つ。また、この時期の反抗は、親だけでなく教師、さらには大人社会一般といった権威に対する批判的・攻撃的な言動や態度といったかたちをとる。

□**心理的離乳**···親からの精神的独立の過程をいう。アメリカの心理学者ホリングワースが提唱した概念。青年期において、それまでの親への依存から離脱し、一人前の人間としての自我を確立しようとする心の動きのこと。

□**マージナル・マン(境界人・周辺人)**···レヴィンが提唱した青年期の特徴を示す概念。もはや子どもではないが、いまだ大人でもない存在である青年のことをいう。一人前に扱われるかと思えば、子どもとみなされたりもすることで、不安定な心理状態になる。

□**レヴィン**(1890~1947)···ドイツ出身のアメリカの心理学者。社会心理の分析概念としてのマージナル・マン(境界人・周辺人)という言葉を提唱し、確立した。

□**第二の誕生**···身体的な出生を指す第一の誕生に対して、精神的に自立・独立しようとすることをいう。フランスの啓蒙思想家ルソーは著書『エミール』の中で、「わたしたちは、いわば、この世に二回生まれる。一回目はこの世に存在するために、二回目は生きるために。」と述べ、青年期は人間が人間として生きる上での出発点であるとした。

□**第二次性徴**···青年期の身体的な変化の特徴をさす。生まれたときにみられる男女の性差を第一次性徴と呼ぶのに対する。男子は声変わりやひげが生えたり、女子は乳房のふくらみや初潮がみられたりす

る。その発現は個人の間ではほぼ共通の順序性が見られ、人によって早熟・晩熟がある。発現の時期は、時代とともに早くなっている傾向がある。

□**モラトリアム**···青年がアイデンティティを確立するまでの猶予期間。元々「支払猶予」という意味の経済用語であったが、エリクソンが、大人としての責任が猶予されている時期という意味で用いた。

③青年期の課題 (→P.20~21)

□**ハヴィガースト**(1900~91)···アメリカの心理学者。青年期の発達課題(=人間が成長していくそれぞれの発達段階において、次の段階へと発達していくために達成すべき課題)として、同年齢の男女との洗練された交際を学ぶことなど10項目をあげた。

□**アイデンティティ(自我同一性)**···エリクソンが提起した心理学の基本概念。「自分であること」、「変わらない自分らしさ」、「社会的に認められている自分」などの意味をもつ。

□**エリクソン**(1902~94)···ドイツ出身のアメリカの心理学者。フロイトの精神分析の研究を受け継ぎ、「アイデンティティ」「モラトリアム」などの概念を提起。人生を8段階に分けるライフサイクルを示した。

④適応と個性の形成 (→P.22~23)

□**マズロー**(1908~70)···アメリカの心理学者。「人間は自己実現に向かって絶えず成長する生きものである」と仮定し、人間の欲求を5段階の階層で理論化した(欲求階層説)。

□**欲求階層説**···アメリカの心理学者マズローが唱えた、人間の欲求は五つの階層をなしているという説。生理的な欲求などの基礎的な欲求が満たされた後に、安全の欲求、所属と愛情の欲求、自尊(承認・尊厳)の欲求、自己実現の欲求(自分の可能性を最大限に発揮したい)などの社会的な高次元な欲求があらわれるという。

□**自己実現**···人間は本来、自分のもっている潜在的可能性を引き出したいという欲求があり、その欲求が満たされる活動を自己実現という。

□**葛藤(コンフリクト)**···相容れない二つ以上の欲求が同時にあり、そのどれにも決定しかねる、迷い苦しむ状態。①接近~接近型(「~したい」-「~したい」)、②接近~回避型(「~したい」-「~したくない」)、③回避~回避型(「~したくない」-「~したくない」)の3つの型がある。

□**欲求不満(フラストレーション)**···欲求が満たされずに心の中に感情がいらだち、不安や緊張が高まる状態。人は欲求が満たされると心理的に安定する(適応)が、いつも欲求を満たすことができるわけではない。

□**防衛反応(防衛機制)**···欲求不満や葛藤

などによる心の不安や緊張を解消し，安心を求めようとする無意識の心の働き。オーストリアの心理学者フロイトが唱えた。その代表的なものは，抑圧，合理化，退行，代償，昇華などがある。

⑤大衆社会・グローバル化する社会 (→P.24〜25)

□**大衆社会**・・・画一的・平均的な大衆(一般の人々)の決定が社会の動向を左右する社会。現代社会では，大量生産・大量販売・大量消費の普及，大量の情報を伝達するマスメディアの発達などにより，人々の生活形態は似たものになる。また，流行に左右され，周囲の目を気にするあまり，人々は主体性や個性を失い，画一化・平均化する。

□**官僚制(ビューロクラシー)**・・・巨大な組織を合理的・能率的に管理・運営するために考え出されたしくみ。ドイツの社会学者マックス・ウェーバーがこのようによんだ。指揮・命令系統が上から下へのピラミッド型をなしている，職務に応じた専門的な知識や技能を重視している，などの特徴がある。

□**リースマン(1909〜2002)**・・・アメリカの社会学者。現代の大衆社会を分析した代表者。主著『孤独な群衆』において，人間の性格を「伝統指向型」「内部指向型」「外部指向型(他人指向型)」の3つに分けた。現代社会における人間の性格を他人の意見や評判を行動の指針とする「外部指向型(他人指向型)」であると分析した。

□**エスノセントリズム**・・・自民族中心主義，自文化中心主義。自民族や自国の文化(ものの考え方，生活様式，行動様式など)を最も優れたものと考え，他国や他民族の文化を劣ったものとみなす態度や見方をいう。

□**多文化主義(マルチカルチュラリズム)**・・・社会のなかに複数の文化の存在を認め，文化の多様性を積極的に評価しようとする考え方。国際化・グローバル化が進むなかで，異なる民族が共存していくために多文化主義の考え方が重要となってくる。1970年代以降のカナダ，オーストラリアでは複数の言語を認めるなど，多文化主義を実現化してきた。

⑥青年の生き方 (→P.26〜27)

□**ニート(NEET)**・・・働こうともしない，学校にも通っていない，仕事に就くための訓練も受けていない若者たちのこと。「NEET」は，「Not in Education, Employment or Training」の頭文字。

□**フリーター**・・・フリー＋アルバイターを略した造語。定職に就かずにアルバイトで生計を立てる人のことをいう。平成15年版の国民生活白書では，「15〜34歳の若年(ただし，学生と主婦を除く)のうち，パート・アルバイト(派遣等を含む)及び働く意志のある無職の人」と定義。

□**キャリア**・・・職業生活を中核として，生涯にわたって築かれる経歴。余暇など仕事以外の生活も含む。

□**ボランティア**・・・他の人や社会のために，自主・無報酬の原則のもとに行う活動。自ら何が必要であるかを考えて，

主体的にすすんで行い，金銭などの報酬や見返りを求めないことが基本である。

□**インターンシップ**・・・高校や大学などの在学時に教育の一環として，職業選択の参考にするなどの目的で，職場就労体験を得ること。夏休みなどの1週間から1か月が主流。大学では単位として認定するところもある。

⑦生活の中の宗教 (→P.36〜37)

□**八百万神**・・・古代の日本人は，自然物・自然現象すべてに神が宿っていると考え，崇拝の対象としていた(アニミズム)。「八百万」は無数ということのたとえ。

□**年中行事**・・・一年の特定の時期に行われる儀式・行事の総称。日本では，稲作に関連して，農村共同体の行事として受け継がれてきたものが多い。代表的なものに正月，節分，彼岸，お盆，大晦日など。

□**通過儀礼(イニシエーション)**・・・人生の節目に行われる儀礼。誕生祝，七五三，成人式などの儀式がこれにあたり，儀式を通過するたびに社会にいろいろな面で認められていく。

⑧日本人の考え方と日本文化 (→P.38〜45)

□**恥の文化**・・・面目を失うことを最も嫌う価値基準をもつ文化。アメリカの女性文化人類学者ベネディクトは，『菊と刀』のなかで，欧米が内面的な「罪」の自覚に基礎を置く行動様式(罪の文化)であるのに対し，日本は，他人の批評に対する反応である「恥」の意識が行動の基準となると分析した。

□**法然(1133〜1212)**・・・鎌倉新仏教を起こした，浄土宗の開祖。専ら念仏を唱えることで，身分や修行にかかわりなく誰もが往生できると説いた。

□**栄西(1141〜1215)**・・・臨済宗の開祖。臨済宗は茶道，書画，庭園，文学など日本文化に多大な影響を及ぼし，今日に至っている。

□**一遍(1239〜89)**・・・時宗の開祖。平生を常に臨終のときと心得て，「南無阿弥陀仏」と唱えながら踊る「踊念仏」を広めた。

□**日蓮(1222〜82)**・・・日蓮宗の開祖。法華経を唯一の真理と信じ，「南無妙法蓮華経」を唱えることで救われると説いた。主著『立正安国論』。

□**中江藤樹(1608〜48)**・・・江戸初期の儒学者。日本陽明学の祖。「孝(敬愛＝愛し敬う心)」をもって人の生きる道とした。主著『翁問答』。

□**伊藤仁斎(1627〜1705)**・・・日本儒学の古義学派の祖。孔子や孟子の原典を読むことで，孔孟の説く本来の儒学の精神が人格の陶冶と豊かな人間関係の形成にあることを再発見した。主著『童子問』，『論語古義』。

□**本居宣長(1730〜1801)**・・・江戸中期の国学の大成者。「古事記」研究をライフワークとして，「惟神の道」を明らかにし，古代の人々のおおらかさで，ありままの心を理想とした。主著『古事記伝』，『源氏物語玉の小櫛』。

□**西田幾多郎(1870〜1945)**・・・哲学者。精神の統一と思想の深化を求め，坐禅に打

ち込み，その経験をもとに実在の真相を「純粋経験」の世界において捉えようとした。主著『善の研究』。

⑨世界の宗教 (→P.46〜50)

□**キリスト教**・・・イエスを救済者(キリスト)として神の絶対愛と，隣人愛を説く宗教。経典は聖書。1世紀初めに創始され，ヨーロッパからアメリカ大陸を中心に信仰されている。カトリック・プロテスタント・ギリシア正教の3つの宗派がある。信者数は26億人を超えている。

□**イスラム教**・・・ムハンマドが創始した，唯一信アッラーを信仰する宗教。7世紀初めに成立。経典はクルアーン(コーラン)。スンナ派・シーア派に分かれ，西アジア，北アフリカを中心に約20億人が信仰している。

□**仏教**・・・仏陀(Buddha, 覚者)の教え，転じて仏陀になるための教え。紀元前5世紀ごろ，北インドでガウタマ＝シッダールタによって説かれた。この世は苦しみの連続(一切皆苦)であるが，永遠の真理(法・ダルマ)を体得することであらゆるものへの執着(我執)を消し，解脱をめざす。個人的悟りの完成を目的とする上座部(小乗仏教)と，ブッダの精神を現実の状況の中で大局的に生かしていこうとする大衆部(大乗仏教)とに分かれる。

□**ヒンドゥー教**・・・インドの自然宗教・民俗宗教。古来の正統バラモン教が様々な民間信仰を取り入れて成立した。ブラフマン・ヴィシュヌ・シヴァを一体三神の最高神とし，輪廻とそれからの解脱を説く。9世紀初めに現在の形のヒンドゥー教が成立し，一般民衆の信仰としてインド社会に根づいた。

⑩哲学してみよう (→P.56〜69)

□**孔子(前551〜前479)**・・・古代中国の春秋時代の思想家。儒家の祖。「仁と礼」の徳を備えた道徳的人格者(君子)による徳治主義の政治を理想とした。主著『論語』。古代中国の春秋・戦国時代(前770〜前221)の多くの思想家たちを諸子百家という。

□**孟子(前370？〜前290？)**・・・孔子の思想を発展させ，「仁」と「義」の徳を重視した。人には生まれながらに四端の心が備わっているとし，性善説を説いた。

□**荀子(前298？〜前235？)**・・・孔子の説く徳のうち，「礼」を重視した。また，孟子の性善説に対して，性悪説を主張した。

□**老子(前400頃)**・・・春秋時代末期の思想家で，道家の祖といわれているが，実在したか判然としていない。万物の根元である道に従い，無為自然に生きることを主張した。

□**荘子(前350頃)**・・・老子の思想を継承発展させた道家の大成者。万物斉同を旨とし，絶対無差別の自然の道に従い虚心となって生きる真人を理想とした。

□**朱子(1130〜1200)**・・・中国宋代の儒者で，朱子学の大成者。理気二元論に立ち，人は私欲を捨てて生きることが理にかなうと説いた。主著『四書集注』。

□**王陽明(1472〜1528)**・・・中国明代の儒学

用語解説

者で，陽明学の創始者。朱子の性即理・格物致知を批判し，心即理・知行合一を主張した。主著『伝習録』。

□**ソクラテス**(前469？～前399)・・・古代ギリシアの哲学者。問答を通してアテネ市民に「無知の知」を自覚させ，知の探求に向かわせることを自らの使命とした。しかし，反感を招き，裁判にかけられて死刑宣告を受け，自ら毒杯をあおいで刑死した。弟子のプラトンの著作『ソクラテスの弁明』などを通して彼の思想をうかがい知ることができる。

□**プラトン**(前427～前347)・・・古代ギリシアの哲学者。ソクラテスの思想を受け継いで発展させ，永遠不滅の真理を「イデア」と名づけ，このイデアを求めて限りなく努力していくことが大切と説いた。主著『ソクラテスの弁明』。

□**アリストテレス**(前384～前322)・・・古代ギリシアの哲学者。師はプラトン。「人間はポリス的動物である」とし，人間は社会的集団的存在であり，その最高発達段階のポリスにおいて人間の本性も最高の形になれるとした。主著『形而上学』，『論理学』，『ニコマコス倫理学』。

□**パスカル**(1623～62)・・・フランスの哲学者・数学者。「人間は考える葦である」というフレーズが有名。人間は大きな宇宙の中では，風にそよぐ葦の様に小さく弱い存在だ。だがパスカルは，「自ら考えること」に人間の偉大さがあると確信した。主著『パンセ』。

□**デカルト**(1596～1650)・・・フランスの哲学者，数学者。合理論の祖，近代哲学の父とよばれる。真理を探究するため一切のことがらを疑った結果，「われ思う，ゆえにわれあり」という第一原理に到達した。主著『方法序説』。

□**カント**(1724～1804)・・・ドイツの哲学者。合理論と経験論とを批判的に統合し，近代哲学を確立した。また，人間は自分の行為を律することのできる存在(人格)とし，ここに人間の自由があり，人間の尊厳があるとした。主著『純粋理性批判』，『実践理性批判』，『永久平和のために』。

□**ヘーゲル**(1770～1831)・・・ドイツの哲学者。自然界も世界歴史も倫理や社会や国家もすべて正→反→合の過程を繰り返しながら発展していくと考えた(弁証法)。主著『精神現象学』，『法の哲学』。

□**マルクス**(1813～83)・・・ドイツの経済学者，哲学者。ヘーゲルなどの思想を受け継いで「人間の本質は労働である」とし，社会主義の思想を体系化した。主著『共産党宣言』，『資本論』，『経済学批判』。

□**キルケゴール**(1813～55)・・・デンマークの哲学者。実存主義の祖。真理は客観的なものでなく，自分にとっての主体的真理を求めて生きることが重要であるとした。主著『あれかこれか』，『死に至る病』。

□**サルトル**(1905～80)・・・フランスの哲学者，作家。サルトルが中心となった「実存主義」(実存が本質に先立つ)は，第二次世界大戦後，世界各国の若者に大きな影響を与えた。また，彼はアンガジュマンの知識人として自己の政治的立場をより明確に表明し，その時代の知識人に大いなる自信を与えた。主著『嘔吐』，『実存主義とは何か』。

□**プラグマティズム**・・・19世紀後半から20世紀にかけて，アメリカ資本主義の急速な形成と成熟を背景に形成された哲学。近代市民社会と人間の可能性に対する楽天的な肯定の立場から，知識や概念を行動によって検証・修正しようとするところに特徴がある。

□**パース**(1839～1914)・・・アメリカの論理学者，哲学者，数学者，科学者。プラグマティズムの創始者。すべての観念の源泉は行動にあるとした。主著『概念を明晰にする方法』。

□**ジェームズ**(1842～1910)・・・アメリカの哲学者，心理学者。パースの考え方をわかりやすく普及させた。主著『心理学原理』，『プラグマティズム』。

□**デューイ**(1859～1952)・・・アメリカの哲学者，教育改革者，社会思想家。プラグマティズムの大成者。知性は社会を進歩させる道具とし，この知性を開発するのが教育の使命と考えた。主著『哲学の改造』，『民主主義と教育』。

□**フランクフルト学派**・・・フランクフルトの社会研究所に参加した，批判理論を展開した思想家たち。伝統的な哲学理論は，与えられた現実を批判的に問題にすることなく，現存の体制に順応・同調し，それを維持・再生産する役割を果たしてきた。これに対し，フランクフルト学派は，自己の理論を「批判理論」として伝統的理論に対決させる。科学と結びついた資本の理論を厳しく批判し，近代文明を発展させた理性主義が，人間を抑圧し，疎外するという矛盾をはらんでいるとした。

□**ホルクハイマー**(1895～1973)・・・フランクフルト学派の哲学者・社会学者。1931年，フランクフルト大学社会研究所の所長となる。アメリカ亡命中にアドルノとの共著『啓蒙の弁証法』を出版。自由と解放をもたらすはずの啓蒙的理性が，「道具的理性」として次第に管理的機能を強め，人間性を圧殺し，文化の貧困を生むことになってしまっていると近代合理主義を批判した。主著『啓蒙の弁証法』。

□**アドルノ**(1903～69)・・・フランクフルト学派の哲学者・社会学者。ファシズムを支えた大衆の社会心理的性格を分析して，権威主義的性格を明らかにした。戦後，亡命先のアメリカから帰国し，フランクフルト大学教授として哲学・社会学を担当し，デカルト以来の近代の理性の立場を徹底的に批判した。主著『啓蒙の弁証法』。

□**フロム**(1900～80)・・・フランクフルト学派の社会心理学者・精神分析学者。1929年フランクフルト社会研究所員となったが，フロイトの精神分析の評価をめぐり意見が対立し，39年研究所を離脱した。社会的な束縛から逃れるところに求められる消極的な「からの自由」と，人間性の回復を求めて人格的な統一をめざして活動するところに得られる積極的な「への自由」を明確に区別した。ファシズムの根本には，消極的な自由に閉じこもろうとする大衆の無関心があったとした。主著『自由からの逃走』，『愛するということ』。

□**ハーバーマス**(1929～)・・・フランクフルト学派の社会学者・哲学者。フランクフルト学派の第二世代の中心的な存在。ホルクハイマーやアドルノのようにヨーロッパの近代的理性＝啓蒙的理性を一方的に否定するようなことはせず，近代にはまだ未完のものであるが，積極的なものとしての合理性が含まれているとした。コミュニケーション的合理性がそれであり，言葉を介して討議し，対立や互いの行為を調整し合意を生み出すことで社会統合をはかるべきだとする。

□**構造主義**・・・すべての歴史，社会，種族に共通な，つまり人類に共通で普遍的な「構造」の存在を認め，それを明らかにしようとする考え方。西欧中心主義的な歴史発展観を否定する。

□**レヴィ＝ストロース**(1908～2009)・・・フランスの社会人類学者，思想家。構造主義の代表的思想家。人間は未開と文明の区別なくその社会に固有の「構造」をふまえて生きていると主張した。主著『悲しい熱帯』，『野生の思考』。

□**フーコー**(1926～84)・・・フランスの哲学者。人間の歴史を探索することによって，人間が不当に抑圧してきたものの歴史を明らかにし，そこから脱出をはかる筋道を解明しようとした。主著『狂気の歴史』，『監獄の誕生』，『知の考古学』。

□**ガンディー**(1869～1948)・・・インドの政治家，独立運動家。彼のヒューマニズムの思想の根底にあるのが，「サチャーグラハ(真理の把持)」であり，これは宇宙・人間の根源に存在する真理を探究し，正しく把握して，自分のものとして実行することをいう。

□**シュヴァイツァー**(1875～1965)・・・フランスの神学者，哲学者，医師。アフリカの原生林で医療とキリスト教伝導に生涯をささげた。彼の思想の中心は「生命への畏敬」(人間をはじめとして生命をもつあらゆる存在を敬い，大切にすること)である。主著『文化と倫理』。

□**マザー＝テレサ**(1910～97)・・・カトリック修道女。国境や宗教をこえ，貧しい人々への愛と奉仕によって，キリスト教の隣人愛を実践した。ノーベル賞受賞の際，「世界の最も貧しい人々に代わって賞を受けました」と述べた。

□**キング牧師**(1929～68)・・・アメリカ合衆国の牧師で，黒人差別撤廃運動の指導者。ガンディーの思想に影響を受け，1955年のバス・ボイコット運動など非暴力の立場から運動を展開し，黒人の公民権の実現をめざした。63年に公民権法の成立を求めてワシントンにて大行進を行い，そのときの演説「I have a dream」が有名である。68年，凶弾に倒れる。

□**ロールズ**(1921～2002)…アメリカの倫理学者。「最大幸福原理」のみを追究する功利主義の克服を目指し、社会契約説を現代の視点から再構成した「正義の二原理」を提唱した。主著『正義論』。

□**アマルティア・セン**(1933～)…インドの経済学者。不平等や貧困などを判断するために「機能」と「潜在能力」という概念を提示した。民主主義的な基盤にたった「人間的発展」が必要と考えた。主著『貧困と飢餓』、『不平等の経済学』。

⑪科学的なものの見方 (→P.70～71)

□**ベーコン**(1561～1628)…イギリスの哲学者、法律家。経験論の祖とよばれる。「知は力なり」という視点に立ち、偏見・思い込み(イドラ)を除去し、実験・観察を通じてその法則性を導き出そうとする、新しい学問研究の姿を提起した。主著『ノヴム・オルガヌム』。

□**帰納法**…経験論における思索の方法。実験や観察によって得られた事実を分析整理し、そこから一般的真理(原理)を導き出すという考え方。F.ベーコンが主張。

□**演繹法**…合理論における思索の方法。経験に依存せず一般的真理(原則)から論理的な推理を重ねることにより、個別の結論を導き出すという考え。デカルトが主張。

⑫科学技術の発達と生命 (→P.74～78)

□**バイオテクノロジー**(biotechnology)…生物学(バイオロジー)と技術(テクノロジー)の造語。生物を工学的見地から研究し、医薬品・食品などの生産や環境の浄化などに応用する技術。従来からの発酵技術のほかに、遺伝子組換えや細胞融合などの技術がある。

□**クローン**…遺伝的に同一である個体や細胞(の集合)。その語源はギリシャ語の「Klon＝小枝」。1996年、イギリスで「ドリー」と名付けられたクローン羊が誕生した。成長した羊の体細胞から造られた世界初の動物クローンとして注目を集めた。また、1998年、日本で2頭のクローン牛が誕生した。クローン技術は、食用動物の大量生産や医薬品製造などへの応用が研究されている。一方、ヒトへの応用については倫理的な問題が多く、日本では2000年に「ヒトに関するクローン技術等の規制に関する法律」が制定され、クローン人間の製造が禁止されている。

□**ヒトゲノム**…ゲノムとは、ある生物の遺伝情報のことで、ヒトゲノムは人間の遺伝情報のこと。人のゲノムは2003年にすべて解読されたという。医薬品の開発、遺伝子治療に役立つものと期待されている。

□**遺伝子組換え作物**(GM＝genetically modified)…細胞内に特定の遺伝子DNAを入れ、新しい遺伝的な特徴をもつ細胞を作り出す技術(遺伝子組換え)を作物に応用し、新品種を生み出すこと。遺伝子組換え作物の安全性確認は、2001年4月から法制化されている。

□**生命倫理(バイオエシックス)**…生命(バイオ)と倫理(学)(エシックス)の造語。

個々の研究領域を超えて学際的に「命」について研究する学問。体外受精、遺伝子(遺伝子診断、遺伝子治療)、生命維持などの生命科学の発達で、生命の始まりから終わりまでが技術的操作の対象となったが、医療(人間)がどこまで介入してよいのか、という新たな倫理的問題を生み出した。「命」の価値判断の最終決定権は本人自身にあるということを基本に、国、人類レベルでの社会的合意形成を目指している。

□**臓器移植法**…移植使用を前提に、医師が死体(脳死した者の身体を含む)から臓器を摘出することを認めた法律。2009年7月の法改正で、脳死を「人の死」とすることを前提に(臓器提供時のみ)、15歳未満からの臓器提供が可能となった。また、本人の意思が明確でない場合は、家族の承諾により臓器提供ができるようになった。

□**安楽死**…不治の病で死期が迫っているときに、苦痛から逃れるため積極的に、薬の投与などで命を縮める行為。

□**尊厳死**…安楽死と同様、死期が迫っているときに、これ以上の延命治療を自ら拒否して自然死を選ぶ行為。1992年、日本医師会生命倫理懇談会は尊厳死を認める報告書を出している。

⑬情報化社会 (→P.84～86)

□**マスメディア**…マスコミュニケーションの媒体。大衆に大量の情報を伝達する新聞・雑誌・ラジオ・テレビなどのこと。またナチス・ドイツの大量宣伝による大衆支配のように、政治権力の世論操作でも大きな役割を果たす。

□**マスコミュニケーション**…新聞・雑誌・ラジオ・テレビなどを通じて行われる情報の大量伝達のこと。

□**インターネット**…コンピューターを光ケーブルや通信衛星によって接続したネットワーク。1960年代、米国防総省の軍事目的の研究に起源をもつといわれ、1980年代には、学術機関を結ぶネットワークが構築された。1990年代に入ると、商業利用が認められたため爆発的に普及した。情報が送り手と受け手の双方向に流れること、文字情報に加え、画像や音などの大量の情報を瞬時に送り出すことができることなどの特色をもつ。

□**IT革命**…情報技術革命のこと。コンピューターやインターネットを始めとする情報技術の発展・普及に伴う、社会の急激な変化をさす。「IT」は「Information Technology」(情報技術)の頭文字。

□**ユビキタス社会**…どこからでもインターネットなどのネットワークに接続することが可能な社会。携帯電話やネット家電の普及で現実化しつつあり、産業構造や社会生活を劇的に変える可能性がある。

□**デジタル・デバイド(情報格差)**…パソコンやインターネットなどの情報技術を使いこなせる者と使いこなせない者との間に生じる格差のこと。個人間の待遇や貧富、機会の格差の他に、国家間、地域

間の格差を指す場合もある。

□**個人情報保護法**…高度情報化社会の発達にともない、個人情報の利用が拡大しているため、その保護に関する基本理念を定めた法律。

⑭法の支配と人権 (→P.92～93)

□**自然法**…すべての人が従うべき自然または理性を基礎に成立する普遍の法。人間の理性を根拠とする自然法思想は、近代ヨーロッパにおいて、絶対主義を批判する社会契約説を導いた。

□**法の支配**…すべての人・統治権力が法に従うべきであるという原則。恣意的な国家権力の支配(人の支配)を排除し、権力者も法に従うことにより、国民の権利や自由を保障するべきであるという考え。

□**法治主義**…政治は議会で定められた法律に従って行わなければならないという原則。法の内容より、法律に従って政治を行うことを重視する考え方で、「法律による行政」ともいわれる。法の内容を問わない場合もあり、「悪法もまた法なり」に陥る危険性もある。

⑮近代民主政治の発達 (→P.94～95)

□**社会契約説**…人間が社会契約に基づいて国家を作る、とする考え方。人間が生来持つ権利(自然権)を無制限に行使するのでなく、普遍的ルールのもとに権利と義務を定め、相互にそれを尊重することを約束しあう(社会契約)ことによって政府を作るものとした。

□**ホッブズ**(1588～1679)…社会契約説を主張したイギリスの政治思想家。自然状態を「万人の万人に対する闘争」と考え、自然権を国家に全面移譲する社会契約を主張した。したがって国家への抵抗権は認められず、結果的に絶対王政を擁護することになった。主著『リバイアサン』。

□**ロック**(1632～1704)…社会契約説を展開したイギリスの哲学者。国民の自由や財産を守るための社会契約の必要性や権力分立論、圧政への抵抗権(革命権)を主張した。その考えは名誉革命を正当化し、アメリカ独立革命、フランス革命に大きな影響を与えた。主著『統治二論』。

□**ルソー**(1712～78)…フランス革命に影響を与えたフランスの啓蒙思想家。ホッブズとロックの社会契約説を批判的に受け継ぎ、政府は主権者である国民の一般意思によって指導されるべきだと主張した。イギリスの間接民主制を批判し、直接民主制を主張した。主著『社会契約論』。

□**間接民主制(代表民主制・代議制)**…国民が議会の代表者を通じて、間接的に政治に参加し、その意思を反映させる政治制度。国民が選挙で代表者を選び、その代表者が国民の意思を尊重して政治を行う制度。直接民主制に対する概念。

□**直接民主制**…国民が直接に政治の運営に参加する政治制度。古代ギリシアの民会や植民地時代の米のタウン＝ミーティングが代表的。巨大化した現代国家でも間接民主制を補うものとして一部採用されている。日本国憲法では憲法改正の国民投票や最高裁判所裁判官の国民審査な

どがその例。

□モンテスキュー(1689～1755)・・・三権分立を説いたフランスの啓蒙思想家。権力者の権力濫用防止のためには権力を分立させ，立法権・行政権・司法権をもつ機関が相互に抑制しあうシステムが最も望ましいと唱えた。主著『法の精神』。

□三権分立・・・国家権力を立法・行政・司法に分け，相互に抑制と均衡をはかることで権力の濫用を防ぐしくみ。フランスのモンテスキューが『法の精神』で唱えた。

□アメリカ独立宣言・・・アメリカ(13の植民地)のイギリスに対する独立宣言。独立戦争(1775～83)中に卜マス・ジェファーソンらが起草し，大陸会議で採択された。単なる独立の宣言にとどまらず，ロックの社会契約説の影響を受けた人権宣言としても有名。

□フランス人権宣言・・・フランス革命時の1789年8月26日に採択された人権宣言。正式には「人および市民の権利宣言」という。自然権としての人権の保障を唱え，国民主権，権力の分立など近代立憲主義の諸原理を掲げる。

□ワイマール憲法・・・1919年制定のドイツ共和国憲法。生存権を世界で最初に明記した憲法。国民主権，男女平等の普通選挙，労働者の団結権と団体交渉権の保障など，当時の世界では最も民主的な憲法であった。

□世界人権宣言・・・国連総会で採択された，すべての国の基本的人権の保障をうたった宣言。国連憲章の人権条項をより具現化させるべく1948年の総会で採択されたが，総会の議決のため法的拘束力をもたず，その解決には国際人権規約の登場を待たねばならなかった。

□国際人権規約・・・世界人権宣言に示された人権の国際的保障の精神を法制化したもの。A規約(社会権中心)とB規約(自由権中心)，B規約「選択議定書」からなる。締約国は事務総長への定期的な人権状況報告が義務づけられる。1966年国連総会で採択，76年発効。

⑯世界の主な政治体制 (→P.96～99)

□議院内閣制・・・行政府である内閣の存立が，議会(特に下院)の信任を得ることを前提とする制度。下院の多数党が内閣を組織し，内閣は議会に対し連帯して責任を負い，閣僚は原則的に議席をもつ。18世紀に英国で生まれ，日本国憲法もこれを採用している。

□大統領制・・・非世襲の大統領を国民ないしは，国民の代表が国家元首として選出する政治体制。米仏のように行政権を中心として強大な権限をもつ場合と，独伊のような象徴的・調停者的役割をもつ場合がある。

第2章 法の支配と民主政治

①日本国憲法の成立 (→P.100～101)

□国体・・・国の政治体制や国家体制。日本の国家形態の優秀性を強調するために用いられた言葉で，具体的には天皇制を意味する。

□ポツダム宣言・・・連合国側が，日本に対して第二次大戦の無条件降伏を勧告した文書。軍国主義の除去，日本国領土の占領，領土主権の制限などを掲げている。1945年8月14日，日本は宣言を受け入れ，15日戦争は終結した。

□日本国憲法・・・現在の日本の憲法。大日本帝国憲法の改正という形式をとって，1946年11月3日に公布。国民主権，基本的人権の尊重，平和主義が三大原則。

□大日本帝国憲法(明治憲法)・・・戦前の日本の憲法。1889年に君主権の強いプロイセン憲法を参考に制定された。天皇が制定した欽定憲法。天皇主権で，国民の自由・権利は法律の範囲内でしか保障されず，国民代表機関としての議会の権限は弱い外見的立憲主義を採用していた。

②国民主権と象徴天皇制 (→P.102～103)

□国民主権・・・国の政治のあり方を決める力が国民にあること。憲法前文と第1条に明記されている。基本的人権の尊重，平和主義と並んで日本国憲法の三大原則の一つ。

□象徴天皇制・・・天皇は日本国と日本国民統合の象徴であるという制度。憲法第1条に規定されている。天皇は国政に関する権能を一切持たず，天皇の発言が政治的影響力をもつことはありえないし，許されない。

□国事行為・・・日本国憲法の定める天皇の行う形式的・儀礼的行為。内閣総理大臣の任命や法律・条約の公布，衆議院の解散などがあるが，これらはすべて内閣の助言と承認が必要で，その責任は内閣が負う。

③基本的人権の尊重 (→P.104～105)

□基本的人権・・・人間が生まれながらにして持つ権利。人間が人間であることによって有する権利で，たとえ国家権力といえども侵すことのできない権利。具体的には平等権，自由権的基本権，社会権的基本権，参政権，請求権など。

□公共の福祉・・・人権相互の矛盾や対立を調整するしくみ。より多くの人々の人権が保障されるよう，人権に一定の制限を加える際の制約原理である。

④法の下の平等 (→P.106～109)

□法の下の平等・・・「人種，信条，性別，社会的身分又は門地」によって差別されない権利。憲法第14条に規定。

□男女共同参画社会基本法・・・1999年6月に男女共同参画社会の形成に向けて制定された法律。男女共同参画社会の基本理念や，国・地方公共団体は，男女共同参画社会をつくるための施策を策定し，実施に向けて責任をもつことをうたう。

⑤自由権—精神の自由 (→P.110～111)

□自由権(自由権的基本権)・・・国家権力といえども侵すことのできない権利。国家権力からの介入・干渉を排除して個人の自由を確保する権利で，「国家からの自由」といわれ，また18世紀的人権ともいわれる。精神の自由・人身の自由・経済の自由の3つに大別できる。

□精神の自由・・・人間の精神活動への国家の干渉を許さない自由。具体的には，思想及び良心の自由，信教の自由，集会・結社・表現の自由，学問の自由から構成される。自由権の中でも特に重要な自由で，原則として国家の干渉を許さず，その違憲審査には厳しい基準が求められる。

□思想及び良心の自由・・・人間が心の中で思うこと(内心)の自由。憲法第19条は，すべての内面的な精神活動の自由を保障しているが，宗教に関する場合が信教の自由であり，学問研究に関する場合が学問の自由である。さらに，その外部的表現の保障である表現の自由と表裏一体の関係をもつ。思想及び良心の自由は，これらの自由権の前提となる人権である。

□信教の自由・・・誰もが，どんな宗教を信じても信じなくても自由であるとするもの。また，国家による宗教活動を禁止し，政教分離の原則を掲げている。憲法第20条に規定。

□政教分離・・・国家が，特定の宗教団体を援助したり弾圧したりしてはならないという原則。憲法第20条第3項に規定。

□表現の自由・・・自分の思っていることを外部に表明する自由。政治に対する自由な意見の表明を保障することで，国民主権と直結する。民主主義にとってその基礎となる自由。憲法第21条に規定。

□学問の自由・・・研究や教授・講義などの学問的活動において外部からの介入や干渉を受けない権利。憲法第23条に規定。

⑥自由権—人身・経済の自由 (→P.112～113)

□人身の自由・・・正当な理由がなく逮捕され，処罰されない自由。国家権力による不当な身体の拘束や恣意的な刑罰の行使を許さない自由で，日本国憲法は戦前の治安維持法を中心とする人権蹂躙への反省から，極めて詳細な規定を置いている。

□令状主義・・・犯罪捜査の逮捕などには，裁判官の発行した令状が必要という原則。他にも勾留・押収・捜索などの強制処分を行う場合に必要となる。職権の濫用による人権侵害を防ぐことが目的である。憲法第33・35条に規定。

□罪刑法定主義・・・犯罪となる行為とその犯罪に対する刑罰が，あらかじめ法律で規定されていなければならないという原則。英のマグナ・カルタを起源とし，19世紀に独のフォイエルバッハが理論化。日本国憲法では法律の定める手続きによらなければ刑罰を科せられないことを保障し(第31条)，実行時に適法であった行為や，既に無罪とされた行為については責任を問われない(第39条)と規定している。

□経済活動の自由・・・居住・移転・職業選択の自由，外国移住・国籍離脱の自由，財産権の保障。憲法第22・29条に規定。

□職業選択の自由・・・自分の望む職業を選ぶことのできる自由。自由権的基本権の一つである経済活動の自由に属する自由。自由に職業を選べる自由であるが，同時に選んだ職業を遂行する自由である営業の自由も含まれる。

□財産権・・・財産に対して人々がもつ諸権

利。財産を所有する権利(所有権)が中心で、市民革命期には最も重要な人権であった。現代では人々の実質的平等をできるだけ確保するために制限されることもありうる権利とされており、日本国憲法でも公共の福祉に反しない限りという限定のうえで、その自由が保障されている。

⑦社会権・請求権 (→P.114～115)

□**社会権(社会権的基本権)**・・・人間らしい生活の保障を国家に求める権利。すべての国民が人間らしい生活の保障を国家に要求する権利。20世紀的人権ともいわれ、1919年のワイマール憲法で初めて保障された。「国家による自由」ともよばれる。

□**生存権**・・・人間らしい生活を営む権利。日本国憲法は第25条で、「すべて国民は、健康で文化的な最低限度の生活を営む権利を有する」と規定。

□**朝日訴訟**・・・国立岡山療養所に入院していた朝日茂氏が、生活保護法に定められた生活保護基準は、憲法の生存権保障に違反するとして国を訴えた行政訴訟。朝日訴訟は、生存権の意味を根本から問いかけたもので、「人間裁判」ともよばれる。最高裁判所は憲法第25条を単に国家の責務を宣言したプログラム規定であるとし、朝日氏の主張を退けたが、この裁判の波紋は大きかった。

□**教育を受ける権利**・・・すべての国民が、その能力に応じて教育を受ける権利。社会権的基本権の一つで、憲法第26条で保障されている。かつては教育の機会均等を実現するための経済面での条件整備を求める権利とされてきたが、現在では子どもの学習権という観点を重視しつつある。

□**刑事補償請求権**・・・罪を犯していないのに裁判で有罪になったりした、冤罪被害者が、その損害の補償を国家に求める権利。

□**損害賠償請求権**・・・公権力の不当な行使に対して、国や公共団体に賠償責任を求める権利。明治憲法では保障されていなかったが、日本国憲法で自由や権利の保障を完全なものにするために認められた。

⑧新しい人権 (→P.116～117)

□**新しい人権**・・・憲法上に明文化されていないが、社会状況の変化に応じ、新たに人権として主張されるようになってきたものの総称。具体的には、環境権、知る権利、プライバシーの権利などがあげられ、国民の間にも定着しつつある。

□**環境権**・・・健康で文化的な生活を営むのに不可欠な環境を維持し、事前に環境破壊を防止しうる権利。幸福追求権(憲法第13条)・生存権(憲法第25条)を根拠として1960年代後半に新しい人権の一つとして提唱された。生活環境保護・維持に関わる諸訴訟で争点になってきたが、判例上は確立しておらず、また1993年制定の環境基本法でも明記されなかった。

□**知る権利**・・・行政機関の持つ情報の公開を求める権利。新しい人権の一つで、従来は報道や取材の自由が制限されない権利という面が中心であったが、現在では主権者たる国民が、政治の民主性確保のために行政機関のもつ情報を自由に入手

できる権利ととらえられている。

□**情報公開法**・・・国の行政機関が保有する文書情報の原則公開を規定する法律。外国人や法人を含め誰でも開示請求できる。「知る権利」は明記されなかった。1999年制定、2001年施行。

□**プライバシーの権利**・・・私生活をみだりに他人に知られない権利。私生活をみだりに他人に知られない権利として確立してきたが、近年は自己に関する情報をコントロールする権利へと、内容が拡大している。憲法第13条の幸福追求権を根拠として主張される。「宴のあと」事件で法的権利として認められた。

□**アクセス権**・・・公権力が保有する情報に接近(アクセス)する権利。公権力が保有する情報に対する開示・訂正請求。また個人がマスメディアに対して自分の意見を発表する場を提供することを請求する権利(反論権)を含む。

□**自己決定権**・・・自分の生き方については、自分が自由に決定できるとするもの。特に医療分野で、患者の自己決定権が問題となることが多い。憲法第13条の幸福追求権を根拠とする。

□**住民基本台帳法**・・・国民すべてに11桁の個人コードをつけ(国民総背番号制)、行政事務の効率化を図ることなどを規定した法律。転出・転入手続きなどは、現地に行かなくても可能。

⑨人権の国際的保障 (→P.118～119)

□**難民条約(難民の地位に関する条約)**・・・難民の保護を目的とした条約。日本は1982年から加盟。対象の難民は、「人種・宗教・国籍・政治的信条などが原因で、自国の政府から迫害を受ける恐れがあるために国外に逃れた者」とされ、災害難民や経済的困窮からの難民は含まれない。

□**人種差別撤廃条約**・・・人種、皮膚の色、門地または民族的・種族的出身にもとづくあらゆる差別を禁止した国際条約。1960年前後の反ユダヤ主義的事件の頻発、新興アフリカ諸国の台頭などを受け、65年の国連総会で採択、69年発効。日本の批准は95年。

□**女性差別撤廃条約(女子差別撤廃条約)**・・・あらゆる分野での男女差別を禁じた、国連の条約。政治・経済・社会・文化その他のあらゆる分野で差別を禁じ、締約国に対し女性差別を禁ずるための法律の制定や廃止・修正などを求めている。1979年採択、81年発効、日本は85年に批准し、同年に男女雇用機会均等法が制定された。

□**子どもの権利条約(児童の権利条約)**・・・18歳未満の児童の権利を世界的規模で幅広く認めようという国際条約。1989年に国連総会で採択、90年発効した。「子どもの最善の利益」がキーワードで、児童の意見表明権の保障などが特徴。94年日本も批准。

⑩平和主義と憲法第9条 (→P.122～123)

□**自衛権**・・・外国からの急迫不正な侵害行為に対して、自国の法益を守るため国家がやむを得ず必要な限度内で行う防衛の

権利。

□**統治行為論**・・・高度な政治的な問題は裁判所が違憲審査をすべきでないという考え方。

□**集団的自衛権**・・・密接な関係にある他国が武力攻撃を受けた場合、これを自国への攻撃とみなして共同で防衛にあたる権利。国連憲章第51条でも認められている権利。日本では2014年に、安倍内閣が閣議決定で、3要件を満たせば集団的自衛権の行使は憲法上可能と方針転換した。

□**非核三原則**・・・核兵器を「持たず、つくらず、持ちこませず」という日本政府の核兵器に関する基本方針。1967年佐藤栄作首相が答弁で表明し、71年に衆議院で決議した。しかし、2010年、外務省の有識者委員会が、核搭載艦船の寄港について日米間に暗黙の合意があった(密約)とする報告書を公表した。

⑪自衛隊と日米安保 (→P.124～125)

□**自衛隊**・・・日本の防衛組織。朝鮮戦争を背景にGHQの指示で警察予備隊(1950)、保安隊(1952)をへて自衛隊(1954)となった。陸上・海上・航空の3部門があり、侵略に対する防衛出動、治安出動、海上警備、災害派遣などが任務。近年は海外派遣が進んでいる。

□**文民統制(シビリアン・コントロール)**・・・軍の最高指揮監督権は文民に属させるという原則。軍隊の政治介入を防ぐため考案された近代民主政治の原則。日本では、内閣総理大臣が自衛隊の最高指揮監督権をもち、同じく防衛大臣が隊務を統括する(自衛隊法)が、どちらも文民であることが憲法上定められている(第66条)。

□**日米安全保障条約**・・・極東の平和維持や日本の防衛のために米軍が日本に駐留することを定めた条約。1951年のサンフランシスコ講和条約とともに調印。60年には日米の共同防衛、経済協力、国連憲章との関連などの内容が新たに盛り込まれた。平和憲法との関連や、日本を米国の戦略に巻きこむ可能性について、60年に大規模な反対運動がおこり(安保闘争)、その後も常に政治の焦点となってきた。

⑫冷戦後の安全保障体制 (→P.126～128)

□**PKO協力法(国連平和維持活動協力法)**・・・国連PKOへの参加を定め、自衛隊の海外派遣に道を開いた法律。湾岸戦争(1991)を機に国際貢献論が高まり、翌1992年に制定。2001年法改正で凍結していたPKF本体業務への参加が可能となった。

⑬国会の地位と構成 (→P.130～133)

□**国政調査権**・・・衆参両議院が、国の政治全般について調査を行う権限のこと。憲法第62条に、証人の出頭・証言・記録の提出を要求することができる、と規定されている。

□**両院協議会**・・・衆議院と参議院の議決が異なった場合に開かれる会議。両院からそれぞれ10名の委員を選び、妥協案の作成をめざす。予算、条約の承認、内閣総理大臣の指名で議決が異なった場合は必ず開かれる。

□**衆議院の優越**・・・国会の議決にあたり，衆議院と参議院の意思が一致しない場合，衆議院の意思を優先させるしくみ。任期も4年と短く解散もあることから，主権者である国民の意思を反映しやすいのが理由。法律案，予算の議決，条約の承認，内閣総理大臣の指名の4つで優越が認められている。ほかにも予算の先議権や内閣不信任決議権が衆議院のみにある点でも衆議院が参議院に優越している。

□**憲法改正**・・・憲法の内容を改めること。日本国憲法の改正手続きは，第96条で「各議院の総議員の3分の2以上の賛成で，国会が，これを発議し，国民に提案してその承認を経なければならない」と規定。改正の難易によって硬性憲法と軟性憲法に分類される。

□**硬性憲法**・・・改正の手続きが，一般の法律の立法手続きよりも厳しい憲法。日本の法律は各議院の3分の1以上の出席→出席議員の過半数の賛成で成立。日本国憲法は，各議院の総議員の3分の2以上の賛成で改正を発議し，国民投票で過半数の賛成がないと改正できず，硬性憲法にあたる。

□**軟性憲法**・・・一般の法律と同じ手続きで改正できる憲法。硬性憲法と対立する概念。イギリスにおいては，成文の形式をとる憲法的規律は法律として定められており，したがって，その部分は軟性憲法に属する。

□**行政委員会**・・・行政機関のうち，政治的中立性を必要とするため，一般行政機構から独立して設置される合議制の機関。国では人事院，公正取引委員会など，地方自治体では教育委員会，選挙管理委員会などがある。

□**委任立法**・・・国会の法律の委任によって，特に行政機関が法規を制定すること。内閣の政令や省令などがこれにあたる。複雑化した現代では法律で大綱のみを定め，細部は行政機関に委任することが多くなり，行政の肥大化の原因ともなっている。

□**行政改革**・・・肥大しがちな行政機構を時代に合わせ効率的なものに改革し，ムダを省くこと。具体的には省庁の統廃合，公社公団など特殊法人の統廃合や民営化，公共事業の見直しなどがあげられる。既得権益を削られることへの抵抗は強く，実施は難航する。背景には先進諸国が小さな政府への回帰を強く求めていることもある。

□**許認可権**・・・日本の官庁がもつ，許可・認可・免許・承認・届出などというたくさんの規制権限のこと。こうした規制が経済の自由な競争を妨げているとして，規制緩和が求められている。

□**天下り**・・・退職した高級官僚などが外郭団体や関連企業に再就職すること。官庁の天下り先確保のため事業予算が組まれ，国や自治体の財政赤字の原因になっているとの批判もある。公務員法では制限があるが，人事院の承認を得ればよいこと

になっている。

□**縦割り行政**・・・行政が中央省庁別に分かれ，地方もそれにならって系列化しているため，ムダが多く能率が悪いこと。例えば農水省の下水道の横に，国交省の下水道が敷設されていたりするなど，省庁ごとに許認可が必要でロスが多いこと。

□**特別裁判所**・・・特殊な身分の人，または特定の事件について裁判を行う裁判所。明治憲法時代の行政裁判所，皇室裁判所，軍法会議がこれにあたる。日本国憲法では特別裁判所の設置を禁止している（第76条）。

□**大津事件**・・・明治憲法下で，来日したロシア皇太子に，大津の地で巡査が斬りつけた事件。このとき司法は，政府の圧力に屈さず一般の殺人未遂を適用し，犯人は無期刑の判決を受けた。司法権の独立を守った古典的事例とされる。

□**司法権の独立**・・・公正な裁判のため，裁判官は外部からの圧力に屈してはならないという考え方。裁判官を拘束するものは，良心と憲法と法律のみで，それ以外の干渉は許されないと憲法第76条は規定している。またそのために，裁判官は心身の故障や公の弾劾など以外では罷免されないと身分保障されている。

□**弾劾裁判**・・・職務上の違反行為や非行を犯した裁判官を裁く裁判。国会議員によって組織される弾劾裁判所で行われる。

□**国民審査**・・・最高裁の裁判官が適任か否かを国民の直接投票で審査する制度。各裁判官が就任して最初の衆議院議員総選挙の際，さらに10年経過後の総選挙の際に審査する。憲法の規定する直接民主制の一つ。過半数の「×」印で罷免されるが，白紙投票は信任と見なされることもあり，今までに罷免された人はいない。

□**刑事裁判**・・・犯罪者に刑罰を適用する裁判。

□**行政裁判**・・・行政によって不当に利益や権利を侵害された国民が，その効力や処分の取り消しを求めて提訴する裁判。

□**三審制**・・・同一事件で3回まで裁判を受けられる制度。誤った判決を避け公平な裁判を行うためのしくみ。第一審に不服の場合は第二審に控訴し，さらに第三審に上告することで3回裁判を受けられる。

□**違憲法令審査権（違憲立法審査権）**・・・国会や内閣・行政の活動が憲法違反に当たらないかを審査する裁判所の権限。裁判所は具体的な訴訟事件の中で，法律・命令・規則・処分などの合憲性を審査し，違憲であると判断するときはその無効を宣言することができる。

□**終審裁判所**・・・日本の裁判制度は，三審制度をとっているが，その中で最後の裁判所。刑事裁判では最高裁判所が，民事裁判では最高裁判所または高等裁判所が終審裁判所となる。

□**裁判員制度**・・・一般国民が裁判員となり，裁判官とともに裁判の審理・判決に参加する制度。司法制度改革の一環として導入され，2009年施行。対象は刑事裁判

のみ。衆議院議員の公職選挙人名簿から抽選され，出頭義務や守秘義務に反すると罰則もあるため，負担への批判も強い。なお，国民の司法参加には陪審制と参審制が知られる。

□**地方公共団体（地方自治体）**・・・都道府県や市町村などのこと。一定の住民を構成員とし，その公共事務を行う権限を有する団体。憲法第92条，地方自治法に基づく。「普通地方公共団体」と，特別区・地方公共団体の組合・財産区などの「特別地方公共団体」とがある。

□**直接請求権**・・・地方自治体の住民が直接意思を反映させる権利。条例の制定・改廃請求，議会の解散請求，首長や議員の解職請求などの権利が地方自治法で保障されている。

□**イニシアティブ（国民〔住民〕発案）**・・・住民が地方公共団体の長に対し，条例の改廃を請求する制度。地方自治における直接請求権の一つで，有権者の50分の1の署名で成立する。

□**リコール（国民〔住民〕解職）**・・・住民が，首長や議員の解職，議会の解散を請求する制度。有権者の3分の1の署名で成立。地方自治における直接請求権の一つ。

□**レファレンダム（国民〔住民〕投票）**・・・直接民主制の一要素で，政治上の重要事項を議会に委ねず直接国民の投票で決める制度。近年，地方公共団体の重要な課題について，条例を制定し住民投票を実施する例が増えているが，その投票結果については法的拘束力がない。

□**自治事務**・・・地方公共団体が，地方自治の本旨に基づいて，自らの判断と責任で行う事務。小中学校の設置管理，市町村税の賦課徴収，都市計画の決定などがある。

□**法定受託事務**・・・本来は国が果たすべきものだが，地方に任せている事務のこと。具体的には戸籍，生活保護，国政選挙に関する事務などがある。

□**地方交付税**・・・地方自治体間の財政力格差を是正するため国から交付される資金。国税（所得税，酒税，法人税，消費税，地方法人税）の一定割合が地方自治体に使途を指定せずに交付される。

□**国庫支出金**・・・地方公共団体が行う特定の事務事業に対して，国が使途を特定して交付する支出金の総称。交付額が不十分で，地方自治体に超過負担を強いるなどの問題点がある。

□**道州制**・・・地方分権を推進するため，現在の都道府県を廃し，行政区画として10程度の道・州を設置して，より広域の行政を行おうとするもの。

□**小選挙区制**・・・1選挙区から1人の議員を選出する制度。

□**大選挙区制**・・・1選挙区から複数（2人以上）の議員を選出する制度。

□**比例代表制**・・・政党の得票数に比例して議席を配分する選挙制度。

□**1票の格差**・・・選挙の原則は1人1票で，

1票の重さは平等でなければならないが，人口の変動に合わせた議員定数の再配分や選挙区割りの変更は絶えず行われるわけではないため，1票の重みに大きな格差が生まれていること。

□国政選挙…衆議院議員総選挙と参議院議員通常選挙の国政レベルでの選挙。

□公職選挙法…国会議員，地方公共団体の議会の議員および長の選挙に関する法律。選挙方法や選挙区の割り振りなどを定めているが，国政選挙でのいわゆる1票の格差などについて選挙の無効を求める裁判が時折生じている。

⑳世論の形成と政治参加 （→P.156～157）

□メディア・リテラシー…情報が流通する媒体(メディア)を使いこなす能力。メディアからの情報を主体的・批判的に読み解く能力であるとともに，インターネットなどをモラルに則して使いこなす能力をいう。リテラシーとは読み書きの能力のこと。

□政治的無関心(政治的アパシー)…国民が政治への関心を失い，選挙での投票も棄権してしまうこと。政治は「お上」の仕事という意識にもとづく伝統型無関心や，政治への絶望から生ずる現代型無関心などがある。

㉑政党政治 （→P.158～161）

□政党…主義・主張を同じくする人々が，その実現をめざして政治活動を行うため結成した団体。国民の様々な利益を集約して政策に転換することや，議会政治も政党単位で編成されることで機能を果たしやすくなるなど，現代政治は政党ぬきには成立し難い。

□二大政党制…二つの大政党が政権の獲得をめぐって競合しあう政党制。イギリスの労働・保守党，アメリカの民主・共和党など。

□連立政権…2つ以上の政党から内閣が構成される政権のこと。1993年の総選挙で自民党が大敗し，非自民非共産の7党による細川連立政権が誕生。本格的な連立時代に突入した。その後，組合せは異なるが今日まで連立政権は続いている。

□圧力団体…組織力を背景に，自らの主張を政治に反映させようとする団体のこと。選挙の票集めや資金援助の見返りとして，政府や政党の政策決定に影響力を及ぼそうとする。

□政治資金規正法…不正・汚職を防ぐため，政治家への政治献金の流れの透明化をはかり，規正するための法律。1994年，政治資金収支報告書の公開基準が5万円に引下げられるなどの改正とともに，政党助成法で政党への公費助成が開始。また2000年には政治家個人への企業・団体献金が禁止されたが，政党支部を通しての献金は可能といわれている。

□政党助成法…企業・団体などからの政治献金を制限する代わりに，国庫から政党に交付金を支出することを定めた法律。国民1人当たり250円の負担金を，議員数に比例して5人以上の政党に交付している。

第3章 経済社会と経済活動の在り方

①経済と技術革新 （→P.166～169）

□資本主義経済…個人の財産の自由な処分を基礎に，各人の責任と才覚で投資が行われ，生産・消費活動が展開，その利益も損失も個人に帰せられる経済システム。マルクス経済学の立場からは，その無政府性が，景気変動の原因として批判の対象となる。

□修正資本主義(混合経済)…資本主義の景気変動や失業を回避すべく，政府が積極的に経済政策を実施し，厚生・福祉の増大を図ることが求められる経済体制。

□社会主義経済…生産手段の私有，市場原理を廃止ないし後退させ，人間の平等を究極の理想とする経済システム。

□社会主義市場経済…社会主義の政治体制を維持しつつ，市場原理を採用する政策。中国で1993年以降正式に打ち出された経済政策で，これと前後して，中国の開放政策が推進された。

□工場制機械工業…産業革命による機械化で，工場において熟練工も不熟練工も労働を提供できる工業の形態。工業の発展は，家内制手工業に始まり，問屋制家内工業(問屋からの発注で生産)，工場制手工業(マニュファクチャー工場に熟練工の労働力を集め，手作業で生産)，工場制機械工業の過程をたどる。

□技術革新(イノベーション)…新しい生産技術や生産方法，新しい考え方を採用すること。シュンペーターは，企業家の行う不断の「革新」が経済を発展させるとした。

□シュンペーター(1883～1950)…オーストリアの経済学者。イノベーションを経済発展の基礎と考え，そのための企業家の役割を考察した。主著『経済発展の理論』。

□コンドラチェフの波…景気循環の波のうち，50～60年という最も周期の長い波。主に技術革新によって起こるとされる。ソ連の経済学者コンドラチェフにより発見された。

②現代の企業 （→P.170～173）

□企業…原価計算のもとに損失をあげることなく事業活動を行うことを目的とする活動主体。政府・家計とともに経済主体の一つ。その形態も，個人による事業から各種の会社，組合までさまざま存在する。一方で，非営利目的の企業もあり，それぞれ特殊な法人形態がある。

□規模の利益…生産の規模が拡大するにつれて，生産物の単位当たりのコストが減っていくこと。莫大な設備を必要とする産業(装置産業)ではこの傾向が大きく，企業規模の拡大が目指される。

□株式会社…株主総会で選任された取締役が経営責任を負う会社形態。株主(株式を保有する者＝社員)は，少額の一株株主でもよい。原則は，株主の個性は問題とならない物的会社の典型でもある。

□所有と経営の分離…会社の経営が，本来の会社の所有者(株主・出資者)でなく，経営の専門家(取締役)によって行われて

いること。「資本と経営の分離」ともいう。

□株式…株式会社における，細分化された割合的な出資単位。株式には普通株のほか，一定の権利を付加した優先株などがある。原則として各々の株式の内容，権利は平等であり，あらかじめ譲渡制限しない限り，その譲渡は自由。

□株式の持ち合い…同一系列下にある企業同士が，互いの株式を持ち合うこと。主として敵対的買収への予防策とされる。しかし，株式会社の資本充実を阻害する(資本の空洞化)ため，その解消がはかられ，自己株式の保有(金庫株)に傾斜した。近年は，持ち合いの効果が再評価されつつある。

□内部統制…企業など組織の業務が，適正に遂行される体制を構築していく仕組み。業務の有効性・効率性，財務報告の信頼性，事業活動に関わる法令等の遵守，資産の保全などが達成されるように統制をはかる。

□M&A [Mergers and Acquisitions]…企業の合併・買収。企業の合併・買収を総称していう。企業規模の拡大や新分野への進出を目的に実施される。

□コングロマリット [conglomerate]…複合企業。相互に関連性のない異種企業を統合・合併することによって，数種の事業体となった企業。

③現代の市場 （→P.176～179）

□市場…何らかの財・サービスなど，価値のあるものの交換がなされる場の抽象的な名称。「シジョウ」と読む。

□完全競争…ある財・サービスの市場に，供給者・需要者とも十分の数があり，競争のメカニズムが機能する状態。

□市場価格…現に市場において成立している特定の財・サービスの価格。

□均衡価格…ある商品の需要と供給の釣り合いが取れた状態における価格。この価格のもとで資源の最適な配分が成される。需給曲線の交点で示される。

□管理価格…市場が寡占であるとき，企業が需給にかかわらず設定する価格。プライスリーダーが価格を設定し，他社がこれに追随する場合もこれに当たる。価格の下方硬直性がみられる。

□価格の自動調節機能…完全競争市場で，需要と供給の変動により価格は上下し，また，価格の変動で需要・供給量も変化すること。アダム＝スミスはこのことを主著『国富論』の中で，神の「見えざる手」と呼んだ。また，「自分の利益を追求することによって，…社会の利益を増進することもしばしばある」と自由放任主義を主張した。

□アダム＝スミス(1723～90)…イギリスの古典派経済学者。著書『国富論』の中で，個人の自由な利益追求行動こそが「見えざる手」(an invisible hand)に導かれて，社会全体の富を増進させると説き，国家は極力経済活動に介入しない方が良いとする自由放任主義を主張した。

□市場の失敗…何らかの事由で，市場において十分に市場原理が働かないか，働

369

いたとしてもそこから弊害が発生すること。例えば，自由競争によって次第に企業が淘汰され成立する寡占や，市場原理が働いた結果，市場外で生じる経済的効果のうち，福祉を阻害するもの（外部不経済）などを指す。

□**寡占**…市場において，特定の財・サービスの供給者ないし需要者の数が，きわめて少数である状態。特に供給者が少数である寡占は，価格の下方硬直性をもたらし，財・サービスの最適配分を阻害する。

□**独占**…狭義では一社による市場支配，広義では寡占も含めた少数による市場独占を指す。競争市場による価格の決まり方とは異なる価格の決定がなされる。

□**カルテル（企業連合）**[cartel]…独占禁止法3条で禁止されている，企業間で販売数量・販路・価格などについて協定を結び，自由競争を回避すること，及びその協定。

□**プライスリーダー**…売り手の寡占状況の下で，事実上の価格決定権を獲得した，当該財・サービス供給シェアの比較的高い供給者のこと。この場合，他の比較的低いシェアの供給者は，明示的もしくは暗黙のうちにその提示する価格に追従することになる。

□**持株会社**…自ら製造や販売の事業を行わず，グループ内のほかの会社の株式を持って，グループ全体の中核となる会社のこと。○○ホールディングなどという会社がこれに当たる。戦前の財閥の復活を防ぐため日本では長らく禁止されていたが，国際競争の観点から解禁された。

□**独占禁止法**…健全な競争的市場を保護するため，非競争的・独占的行為を監視し，抑制することを目的とする，1947年制定の法律。

政府の大きさ　　　　　　（→P.190）

□**大きな政府**…治安・国防などに限定せず，景気・社会保障・雇用など様々な分野で積極的な役割をしている政府（国家）のあり方。福祉国家，積極国家ともいう。1929年の世界恐慌以降，ケインズ理論の採用などで，先進各国は大きな政府化した。しかし肥大化した政府は慢性的な赤字を生み出し，その反省のもとに1980年代から「小さな政府」への移行が進んだ。

□**小さな政府**…政府の役割は，治安や国防など限定された機能に限り，経済分野へは介入せず，市場原理に任せるとする政府（国）のあり方。夜警国家・消極国家・安価な政府ともいわれる。第二次大戦後の大きな政府の行き詰まりから，イギリスのサッチャー政権，アメリカのレーガン政権で採用された。アダム＝スミス以来の自由主義に立脚している。

□**福祉国家（積極国家）**…完全雇用政策や社会保障政策によって国民生活が保障されている国家。19世紀に資本主義経済の発展の陰で，経済的強者と弱者の格差が広がり，弱者の健康や生命が脅かされた。当時の夜警国家はその救済を行わなかったが，20世紀に入り，ケインズの

登場などで修正資本主義の国家として福祉国家が積極的に弱者の救済を行うようになった。

□**夜警国家（消極国家）**…国民の個人生活や経済活動に干渉しない国家。国家の役割を，市民社会の秩序維持のための国防や治安維持の最小限に限定した国家。19世紀的国家観。

□**ケインズ**（1883～1946）…イギリスの経済学者。その理論は，景気はコントロールできる，つまり不況期には国家が積極的に公共投資などで需要を増大させることで供給を増やし，失業も減少させることができるというもの。戦後の多くの国はケインズ政策を採用し，完全雇用と福祉国家を目指したので，政府の役割は非常に大きくなった。

□**有効需要**…実際の貨幣支出に裏付けられた需要。「買いたい」需要だけではなく，実際に「買える」需要のこと。ケインズは，経済活動は有効需要の大きさに左右され，国が公共事業という形で仕事を増やし，失業者を減らしたり，減税することが必要だと主張。第二次大戦後は各国で取り入れられた。

□**構造改革**…一般的には，社会が抱える様々な問題は，表面的事象だけでなく非合理的な社会構造に起因するとして，その社会構造自体を変革する必要があるとする立場。小泉首相は，「聖域なき構造改革」を唱えて，郵政民営化など種々の変革を断行した。

④国民所得と私たちの生活　（→P.192〜193）

□**GDP（国内総生産）**[Gross Domestic Product]…一定期間に国内で生産された価値の総額。人や企業の国籍に関係なく，国内の生産活動を数字として表す。増加分を示すフローの概念である。

□**GNP（国民総生産）**[Gross National Product]…一定期間に国民が生産した価値の総量。同一国籍の人や企業の生産活動（海外も含む）を数字として表す。GDPとは少し異なった数値となる。

□**GNI（国民総所得）**[Gross National Income]…一定期間内に国民が得た所得の総量。GDP（国内総生産）に海外からの純所得を加えた額。

□**NI（国民所得）**[National Income]…1年間に国民が得る所得の総量。GNPから固定資本減耗・間接税を差し引き，補助金額を加えた額。

□**国民所得の三面等価**…一国における経済活動を，生産面，分配面，支出面の三つの側面から見たとき，すべて等しくなるという原則。具体的には，生産・分配・支出国民所得の値が等しくなる。

□**経済成長率**…一国の経済規模が1年間でどれだけ大きくなったかその割合を示す経済指標。通常，国内総生産（GDP）の増加率であらわす。

□**国富**…国内のすべての有形資産に，対外純資産を加えた総額。住宅・工場・耐久消費財・土地・森林などの有形資産に，対外純資産を加えたもの。貨幣や株式・債券などの金融資産は含まれない。蓄積

した額をとらえようとするストックの概念である。日本の国富の半分以上は土地で占められる。

□**ストック**…①在庫品　②株式（株券）③フローに対する概念で，国富などのある一時点において存在する経済諸量の大きさ。

⑤景気変動　　　　　　　（→P.194〜195）

□**景気**…財やサービスなどの売買・取引などの経済活動全般の状況。活発な場合を好景気（好況），不活発な場合を不景気（不況）とよぶ。

□**景気変動（景気循環）**…資本主義経済において，経済活動が，不況，回復，好況，後退の四つの局面を周期的に繰り返すこと。

インフレとデフレ　　　　　（→P.197）

□**物価**…複数の商品の価格を総合化したもの。変動を示す指標として，消費者物価指数・企業（旧卸売）物価指数などがある。

□**インフレーション（インフレ）**…物の値段（物価）が持続的に上昇すること。生産が拡大し，賃金も上がるため，一般的に好景気の状態。物価の上昇で，貨幣価値は下がるので，貯金や借金の実質的価値は目減りする。インフレの程度によってハイパー・インフレ，ギャロッピング・インフレ，クリーピング・インフレなどに分類される。

□**デフレーション（デフレ）**…物の値段が持続的に下降すること。インフレの逆の状態。

□**スタグフレーション**…不景気時のインフレ。スタグネーション（停滞）とインフレーションを掛け合わせた語。一般的には，不況期には物価が下がるが，何らかの原因で景気が悪いのに物価が上昇してしまう現象。

□**デフレスパイラル**…物価下落と景気後退を相互に繰り返す状態。生産下落→賃金下落→消費下落→物価下落→生産下落→…というように，デフレから脱却できない悪循環。

⑥金融のしくみと働き　（→P.198〜199）

□**管理通貨制度**…一国の通貨量を，金の保有量などでなく，通貨価値の安定，完全雇用の維持など経済政策上の目標に従って管理する制度。通貨量を柔軟に管理して景気や物価の調整ができるメリットがある。

□**金本位制**…金を通貨価値の基準とし，中央銀行が，発行した紙幣と同額の金を常時保管し，金と紙幣との兌換を保証する制度。通貨量が金保有量に左右されるため思い切った金融政策が取れず，1930年代の大不況をきっかけに，各国とも管理通貨制度に移行した。

□**間接金融**…金融機関を介して間接的に資金供給者から資金需要者に金融が行われること。資金需要者が資金供給者に直接，金融を行う（社債の購入など）直接金融に対する概念である。

□**直接金融**…資金の提供者から資金を必要とする需要者に，金融機関などの第三者を介さず，直接に金融が行われること。

用語解説

社債を家計が購入するような行為がこれに当たる。間接金融に対置される概念。

□**信用創造（預金創造）**…金融機関が預金を貸し出し，その貸出金が再び預金されて貸付に回され，この繰り返しで，もとの預金の数倍もの預金通貨を創造すること。

⑦日本銀行の役割 （→P.200～201）

□**マネーストック（通貨供給）**…金融機関以外の民間部門が保有する現金通貨および預金通貨の総額。景気や物価水準に影響を与える。日銀は従来通貨供給量をマネーサプライとよんでいたが，2008年6月に名称を「マネーストック」に改め，ゆうちょ銀行や農協の預貯金なども加えたM3を代表的指標とした。

□**金融政策**…物価安定・景気安定・国際収支の均衡と為替レートの安定などを目的に，中央銀行が中心となって行う政策。公開市場操作が，現在の金融政策の中心。

□**公開市場操作**…市場を通じて手持ちの債券を増減させ，通貨供給量を調整する。債券を放出（売りオペ）すれば資金が吸収され，債券を吸収（買いオペ）すれば，資金供給が増大する。

□**預金準備率操作**…市中金融機関が預金に対して，中央銀行に備蓄すべき比率を「預金準備率（支払準備率）」といい，これを操作することを指す。現在は行われていない。

□**公定歩合**…通貨量調整のため，日本銀行が市中金融機関に貸し出しを行う際に適用される金利。金利の自由化などでその影響が薄れ，現在は，「基準割引率および基準貸付利率」という名称に変更。

⑧金融の自由化と金融危機 （→P.202～203）

□**金融の自由化**…金融に関する規制の緩和・撤廃。特に我が国では，1996年11月橋本内閣が打ち出した「日本版金融ビッグバン」構想による諸改革を指す。

□**日本版金融ビッグバン**…1996年，橋本内閣が提唱した，金融制度改革。英国のビッグバンと区別する意味で，日本版金融ビッグバンとよばれる。フェア（公正），フリー（自由），グローバル（国際化）の3原則を掲げ，東京市場をニューヨーク，ロンドン並みの国際金融市場として再生し，国際的な競争力を持つ経済構造の確立を目指すもの。

□**BIS規制**…BIS（国際決済銀行）が定めた国際業務を行う金融機関に課せられた基準。自己資本比率8％を下回った場合には，国際業務不適格と考える。

□**ペイオフ**…金融機関が破綻した際の処理方法の一つ。金融機関によって拠出された保険（預金保険機構）により，預金の一定金額まで損失補償がなされるもの。特に1995年に全額保証されていた預金が，2002年4月から定期性の預金，03年4月からは普通預金などの決済性預金についても元本1,000万円とその利息を限度に払い戻しを認めるとの決定を指す。実施は延期され，05年4月に実施された。

⑨政府の経済活動（財政） （→P.204～205）

□**財政**…国や地方公共団体が歳入と歳出によって行う経済活動。①公共財・サー

ビスの供給，②所得の再分配，③景気の安定などの役割がある。

□**予算**…国や地方公共団体の一会計年度における歳入・歳出の見積もり。国の予算は内閣が作成し，国会の議決で成立する。

□**一般会計**…国の一般的な行政を進めるための，最も基本的な経費を扱う会計。歳入の主要な項目は租税で，歳出項目は教育，社会保障，防衛，公共事業など基本的な行政支出に関するもの。収入不足を補うため発行してきた国債が膨れ上がり，借金財政が大きな問題になっている。

□**歳入**…一会計年度における財政上の収入。

□**歳出**…一会計年度における財政上の支出。

□**租税法律主義**…租税の賦課・徴収は，法律の定めによらなければならないとする原則。日本国憲法第84条に「あらたに租税を課し，又は現行の租税を変更するには，法律又は法律の定める条件によることを必要とする」とある。

□**ビルトイン・スタビライザー（自動安定化装置）**…財政にあらかじめ組み込まれている，景気を自動的に安定させるしくみ（装置）のこと。具体的には，直接税の累進性と，社会保険の給付を通じて，景気変動に対する調節を行うメカニズムが自動的に働くこと。

□**フィスカル・ポリシー（裁量的財政政策）**…景気調節のため，政府が経済活動の規模を意図的に望ましい水準へ誘導する財政政策のこと。具体的には公共投資（歳出調整）や，増税・減税（歳入調整）などで，経済の安定を図る。

□**ポリシー・ミックス**…財政政策と金融政策を組み合わせた政策。例として，1980年前半の米国のレーガノミクス（大幅減税・緊縮財政とインフレ抑制の金融政策）がある。経済政策以外でも，いくつかの政策を組み合わせて行う場合に使われる。

□**財政投融資**…国の信用等で集められる公的資金を財源（原資）に，特定の事業等を政策的に支援する，政府の投資・融資の仕組み。その規模は一般会計の約半分に達し，「第二の予算」と呼ばれる。従来，郵便貯金や年金積立金が自動的に財源とされていたが，2001年から政府関係機関・特別法人は財投機関債（政府保証のない公募債券）を個別に発行し，必要な資金を自己調達するよう改められた。

□**国債**…国が発行する債券。国の借金の一形態。

□**建設国債**…公共事業などの生産的・投資的事業の財源を得るために国により発行される債券。後に残らない事務経費や人件費に充てることができない。

□**特例国債（赤字国債）**…財政の赤字（国の一般会計予算の歳入が歳出に対して下回ること）を補てんする目的で発行される国債。行政府は特例国債と呼んできたが，法的に裏付けのない国債発行。年度ごとに特例国債法を制定して，発行しているが，発行残高は巨額に膨れ上がり，財政改革は最大の課題である。

⑩租税と財政の健全化 （→P.206～208）

□**直間比率**…税収に占める，直接税と間接税の比率。国税レベルでは，直間比率は約6：4。戦後改革で，課税の公平の観点から直接税中心主義を採用し，現在もヨーロッパ諸国に比して高い。

□**所得税**…個人の所得にかかる国税。所得が多いほど税率が高い累進課税である。

□**累進課税制度**…直接税において，所得水準に応じて，税率が高くなる制度。ビルトイン・スタビライザーなどの経済効果をもたらすほか，所得の再分配を効率的に実施させ，富の最適分配に資する。現在日本は，所得税，相続税，贈与税に適用している。

□**消費税**…間接税の一つで様々な消費支出に課税するもの。商品やサービスに一定の税率で課税され，税額は価格に上乗せされて購入する消費者が負担する。日本では1989年に税率3％で導入され，97年に5％となり，2014年には8％，19年には標準税率10％に引き上げられた。

□**所得の再分配**…国民の所得格差を緩和するために，累進課税制度や社会保障などを通じて，所得の多い人から少ない人へ，富を移転させること。

□**国民負担率**…国民の税負担と社会保障負担の合計が国民所得に占める割合。つまり，税金と健康保険料，年金などの社会保険料が，収入に占める比率のこと。

⑪戦後日本経済のあゆみ （→P.210～217）

□**経済民主化**…軍国主義の復活を防ぐため，GHQの指令により行われた経済改革。財閥の解体，労働三法制定による労働関係の民主化，自作農創出のための農地改革の3つの改革をいう。

□**財閥解体**…1945～52年の連合国占領下に実施された政策で，軍国主義の元凶とされた財閥支配体制を解体すべく，旧財閥企業の資本関係の解消を行ったこと。持株会社整理委員会を中心に行われ，財閥系83社と財閥家族56名所有の株式が公開され，三井・三菱など財閥本社・商社は解散，人的支配網も切断された。

□**農地改革**…太平洋戦争後，軍国主義の温床となった地主・小作関係の解消を目的に，GHQの指令により実施された政策。不在地主の所有小作地はすべて，在村地主の土地は平均一町歩をこえる部分を国が強制的に買い上げ，小作人に安価で売却した。これにより自作農が大量に創設された。

□**ドッジ・ライン**…1949年にアメリカから派遣されたドッジによって実施されたインフレ抑制を中心とした経済政策。1948年の経済安定化9原則実現に向け，ドッジは超均衡予算・シャウプ勧告の税制導入・傾斜生産方式停止などによるインフレ抑制，単一為替レート（1ドル＝360円）設定と輸出拡大の政策を打ち出した。結果として約100倍のインフレは収束したが，朝鮮特需が発生するまで不況に陥った。

□**シャウプ勧告**…1949年，日本の税制を公正で生産性のあるものとする目的で，シャ

用語解説

ウプ税制監視団が行った勧告。国税と地方税の分担、累進課税など直接税を中心とする今日の税制体系の根幹を築いた。

- □高度経済成長・・・1950年代半ばから70年代前半まで続いた、年10％程度の経済成長率を記録した時期の経済状況。第四次中東戦争とこれに続く石油危機によって、一応の終結を迎えたと考えられる。
- □所得倍増計画・・・1960年池田勇人内閣が策定した経済計画。経済成長に伴い10年で所得を倍増させることをうたったためこうよばれた。実際には所得は7年で倍増した。
- □ペティ＝クラークの法則・・・経済発展につれて就業人口・産業の中心が第1次から第2次へ、さらに第3次産業へと移行していくこと。経済発展に伴う産業構造の高度化を示す典型的な法則で、イギリスの経済学者ペティとクラークの2人の名からついた名称。
- □重厚長大産業・・・鉄鋼・造船などの素材・装置産業。大きな設備を必要とするため重厚長大とよばれる。
- □経済のサービス化・・・経済の発展に伴って、生産、取引全般に占めるサービス（第三次産業）の比重が増大すること。
- □産業の空洞化・・・国内企業が海外直接投資を通じ、海外に生産拠点を移し、国内の生産・雇用が衰退してしまう状況。特に1980年代後半からの日本企業の海外直接投資の急増、最近の中国などへの直接投資などにより深刻化しつつある。
- □バブル経済・・・土地や株式などの資産価格が、実質的価値を超えてバブル（泡）のように異常に高騰すること。1986～90年にかけて、85年のプラザ合意を受けた低金利政策を背景に、資産価格が実質価値の2～3倍にまで上昇。さらに余剰資金が、海外の不動産や、有名海外企業の購買にまで使用され、国際的にも問題視された。90年1月、株価の下落に端を発して、バブル経済は崩壊した。

⑫中小企業問題 （→P.218～219）

- □中小企業・・・資本金・従業員数などが中位以下の企業。事業所数で約99％、従業員数の約70％と、経済で大きな位置を占める。ベンチャー・ビジネスなどの独立企業、下請企業、系列企業などの形態に分類。
- □下請け・・・大企業が製造過程の一部（部品製造など）を中小企業に請け負わせること。多くの中小企業が下請け企業で、系列化されている場合は二重三重の下請け関係もある。大企業の景気変動の調節弁として、しわ寄せが強いられることも多い。
- □ベンチャー・ビジネス・・・中小企業の新しい形態として注目される、独自の技術や市場開拓により成長する冒険的な企業群のこと。

⑬農業問題 （→P.220～222）

- □食糧管理制度・・・主要食糧の流通・消費を国家が管理し、需給・価格の安定化を図る制度。1942年制定の食糧管理法に基づき行われてきたが、コメ過剰やコメ

市場部分開放などの環境変化の中で、95年に廃止。

- □新食糧法・・・1994年成立した「主要食糧の需給と価格安定法」のこと。単に食糧法ともいう。旧食糧管理法は政府米が主体で、米の流通は政府の規制下にあった。それに対し同法は民間流通の自主米主体、価格も需給関係で決まるなど、流通に対する国家の規制は最低限に抑えられた。
- □食料自給率・・・食料を輸入せず、自国で生産し自給できる割合のこと。日本では1960年代以降、農業生産の伸び悩みや食生活の変化などで輸入が増大し、自給率は50％を切り先進国の中で最も低いといわれている。

⑭地球環境問題 （→P.224～225）

- □生態系（エコシステム）・・・生物と無機的環境の関連とまとまりを捉えた概念。大気・気象・地形・土壌などの環境と、生息する生物との関連・まとまり。物質循環や食糧連鎖、共生のしくみなどと相互に関係性をもつ。
- □レイチェル・カーソン（1907～64）・・・アメリカの生物学者。1962年、『沈黙の春』を発表し、当時広く使われていた農薬DDTによる生態破壊の危険を警告し、世界に衝撃を与えた。環境問題の古典ともいわれている。

⑮環境問題の現状 （→P.226～231）

- □地球温暖化・・・温室効果ガスの大気中への排出で気温が上昇し、自然環境に悪影響を及ぼす現象。異常気象、海水面上昇、食料生産の不安定化などの影響が深刻で、1992年の地球サミットで採択された気候変動枠組み条約で、温室効果ガス削減に向けて取り組みが始まった。
- □温室効果ガス・・・大気中にある赤外線を吸収するガスのこと。二酸化炭素、メタン、亜酸化窒素、フロンガスなどが代表的。地表面からの熱をいったん吸収し、その一部を地表に向けて放射するため、地表面が高温となる。これを「温室効果」といい、地球温暖化要因の一つといわれている。
- □オゾン層の破壊・・・排出されたフロンにより主に南極上空のオゾン層が破壊される現象。紫外線を吸収するオゾン層が破壊されることで、地表に達する紫外線量が増加し、皮膚がんの増加や生態系への悪影響が指摘されている。1980年代から使用規制が進んだ。
- □フロンガス・・・生物に有害な紫外線を取り除く、フィルター役を果たしているオゾン層を破壊してしまう物質。フロンガスは、大気中に放出されると、ゆっくりとオゾン層に到達し、紫外線で光分解されて塩素を放出する。この塩素がオゾンの一部と結合することでオゾン層が破壊される。
- □ウィーン条約（オゾン層保護のためのウィーン条約）・・・オゾン層の保護のための国際的な対策の枠組みに関する条約（1985年採択）。オゾン層やオゾン層を破壊する物質について国際的協力のもとに研究を進めることや、オゾン層に影響

をおよぼす人間活動を規制する措置、オゾン層の保護に関する研究、観測、情報交換をしていくことが決定された。

- □モントリオール議定書・・・ウィーン条約に基づき、オゾン層を破壊するおそれのある物質を特定し、規制することをねらいとする議定書。1987年、モントリオール（カナダ）で開催された国連環境開発会議で採択。5種類のフロンガス、3種類のハロンガスの削減が決められたが、1989年にヘルシンキで開催されたモントリオール議定書の締約国会議では、20世紀中にフロンガスを全廃することが決められた。
- □酸性雨・・・硫黄酸化物・窒素酸化物の大気中での酸性化でph5.6以下の酸性を帯びた降雨となること。森林の枯死、湖沼生態系破壊、建造物被害などの影響が出ている。
- □森林破壊・・・森林は、CO₂を吸収し水蒸気を放出することで気候を安定させたり、雨を地中に蓄えて洪水や土壌流出を防いだり、生物の住む場所として生態系を維持するなどの働きがある。しかし、熱帯林を初めとして世界各地で急速に森林面積が減少しつつある。主な原因として、大量の木材利用による大量の森林伐採、焼畑による原生林の消失、放牧地や大規模農地確保のための開拓、スキー場やレジャー施設などの開発、酸性雨による木々の荒廃などが挙げられる。
- □砂漠化・・・草や木々に覆われていた半乾燥地域などで、過剰な放牧やかんがい、森林伐採などの人間の活動によって起こる土地の劣化や生産性の低下のこと。温暖化もその一因とされる。サハラ砂漠以南のアフリカ、中国、西アジア、南米など、地表上の約33％が砂漠化しており、約2億人が影響を受けているとされる。1994年、「砂漠化対処条約」が採択され、国際協力による砂漠化対策の強化を定めている。
- □海洋汚染・・・海洋が油や化学物質、廃棄物の投棄などによって汚染されること。タンカーの座礁事故での重油流出、船舶から流れ出る油、船舶からの廃棄物廃棄、川に流された工場排水・生活排水などにより海洋汚染が拡大している。汚染物質は魚やクジラの体内に蓄積され、「海の生態系」をも破壊しつつある。

⑯国際的な環境保全 （→P.232～234）

- □ラムサール条約・・・湿地の生態系を保全することを目的とした条約。1971年イランのラムサールで開かれた国際会議で採択された。主として水鳥の保護を目的とし、重要な湿地を登録し、保全を義務づける。
- □気候変動枠組み条約・・・1992年の地球サミットで採択された地球温暖化防止対策（CO₂などの温室効果ガスを10年以内に1990年水準に戻す）の枠組みを規定した条約。この条約の締約国が実施細目を決めるための会議がCOP〔Conference of the Parties〕（締約国会議）とよばれる。
- □ワシントン条約・・・絶滅の危険のある野

生動植物の国際取引を規制して保護することが目的の条約。正式名称は「絶滅のおそれのある野生動植物の種の国際取引に関する条約」。1973年に採択され、日本は1980年に締結。トラ・ジャイアントパンダなどの生物に加え、象牙・毛皮・はく製なども規制の対象となる。

□**生物多様性条約(CBD)**・・・1992年の地球サミットで採択された、生物の多様性を保全することを目的とした条約。多様な生物を生態系、生物種、遺伝子の3つのレベルで保護していく。

□**成長の限界**・・・人類の未来の危機を予測したローマ・クラブの1972年のレポート。人口増加や環境悪化など、現在の傾向が続けば100年以内に地球上の成長は限界に達すると警鐘を鳴らし、破局を避けるため、成長から世界的な均衡へと移っていくことの重要性を訴えた。

□**国連人間環境会議**・・・初の環境に関する本格的国際会議。先進国での環境破壊が世界的に問題となった1972年に「かけがえのない地球(Only One Earth)」をスローガンとして、スウェーデンの首都ストックホルムで開催。環境の重要性、その保護のための行動の必要性を盛り込んだ人間環境宣言が採択された。日本からも水俣病などの公害病患者が出席。

□**国連環境計画(UNEP)**・・・1972年、ストックホルムで国連人間環境会議が開催され、そこで採択された「人間環境宣言」および「環境国際行動計画」を実施に移すための機関として、同年の国連総会決議に基づいて設立された機関。本部はナイロビ(ケニア)。オゾン層保護、気候変動、有害廃棄物、海洋環境保護、水質保全、土壌の劣化の阻止、森林問題等環境分野を対象に国連活動・国際協力活動を行う。

□**持続可能な開発**・・・地球環境問題対応のための基本理念。環境保全と開発を対立するものではなく、不可分のものととらえた概念。特に国連環境開発会議において理念的な基本原則とし、リオ宣言に盛り込まれた。

□**地球サミット(国連環境開発会議)**・・・1992年ブラジルのリオデジャネイロで開催された国連主催の会議。1972年開催の国連人間環境会議から20周年として開かれ、持続可能な開発を基本理念とした。リオ宣言、アジェンダ21、気候変動枠組み条約、生物多様性条約などが採択。2012年には地球サミット20周年として、「地球サミット2012(国連持続可能な開発会議[リオ＋20])」が開催された。

□**世界遺産条約**・・・世界の遺産や景観・自然など、人類が共有すべき普遍的な価値をもつものを「文化遺産」「自然遺産」「複合遺産」に分類して登録し、保全と次世代への継承を目的とする条約。正式名称は「世界の文化遺産及び自然遺産の保護に関する条約」。1972年のユネスコ総会で採択され、日本は1992年に批准した。

□**ナショナル・トラスト**・・・自然環境の破壊を防ぐため、国民から広く資金を募って土地を買い、環境を保全しようとする運動。「1人の1万ポンドより1万人の1ポンドずつ」をモットーにイギリスからおこった。日本では1960年代から始まり、全国で展開されている。「しれとこ100平方メートル運動の森・トラスト(北海道)」や「トトロのふるさと基金(埼玉県)」などが知られている。

□**環境税**・・・電気・ガス・ガソリンなど、地球温暖化の原因となる二酸化炭素を排出するエネルギーに課税し、二酸化炭素排出量に応じた負担をする税金。

□**グリーン・コンシューマー**・・・環境を考えて行動する主体的な消費者。消費者が環境に配慮された商品を積極的に選び、環境対策に熱心な企業を支持することで、社会全体を環境に配慮したライフスタイルに切り替えていこうという考え方。

□**京都議定書**・・・地球温暖化防止のためにCO_2などの排出削減を目指す国際条約。1997年の気候変動枠組み条約第3回締約国会議(京都)で、先進国全体で$CO_2$1990年比5.2%削減、排出権取引承認が決まった。先進国の温室効果ガス削減割り当て条約。2005年に発効したが、米国は批准を拒否、最大の排出国である中国は発展途上国のため削減が免除されている。CO_2削減義務は2012年までとなっていたが、13年以降の延長が決まった。日本は議定書の延長には参加していない。

□**京都メカニズム**・・・京都議定書における温室効果ガス削減目標を、国家間取引などによって達成を目指す仕組み。排出量取引、共同実施、クリーン開発メカニズムがある。

□**排出量取引**・・・地球温暖化防止条約の京都議定書で、温室効果ガスの削減目標を達成するため導入されたしくみ(京都メカニズム)の一つ。先進締約国の削減量が京都議定書の定める削減目標を達成し、さらに削減できた場合に、その余剰分を金銭を対価として他国へ売却できる仕組み(逆の場合は購入する)。

⑰資源・エネルギー問題 (→P.236〜241)

□**OPEC(石油輸出国機構)**・・・産油国が、石油の生産・価格を調整し、相互の利益を図る国際的カルテル。メジャーに対抗して1960年に結成された。石油危機においても、原油価格の上昇に主要な役割を演じた。

□**石油危機(オイル・ショック)**・・・供給減が予想され、原油価格が急上昇すること。第四次中東戦争を原因とした1973年を第一次石油危機、イラン革命を原因とした1978年を第二次石油危機という。

□**資源ナショナリズム**・・・自国の天然資源に対する主権を確立しようとする動き。植民地時代より先進国の巨大企業に資源の利権を奪われてきた資源保有国が、自らの手で資源を管理・開発し、自国の経済を自立させようという動き。

□**新エネルギー**・・・これまでの石油・石炭などの化石燃料や原子力に替わるエネルギー。太陽光・風力・水力・太陽熱・バイオマスといった自然エネルギー(再生可能エネルギー)や、燃料電池・廃棄物発電・天然ガスコジェネレーションなどが含まれる。現在、日本の発電に占める再生可能エネルギーの割合は数%だが、2030年度には36〜38%にすることを目標としている。

□**バイオマス**・・・生物資源を利用して、エネルギーなどを得ること。またはその生物体や生物資源のこと。

□**バイオマス燃料**・・・生物資源(バイオマス)から造る燃料。サトウキビやトウモロコシから造るバイオエタノールと、廃食油や菜種など植物油から造るバイオディーゼルがある。主に自動車用燃料となる。ガソリンと同様、燃焼すればCO_2を出すが、それは原料である植物が成長する過程で光合成により吸収したものであり、大気中のCO_2は増加しない(カーボンニュートラル)ため、温暖化防止につながる。

□**原子力発電**・・・ウランの核分裂時に発生する熱で蒸気を作り、タービンを回して発電する。核廃棄物処理など安全性の面で課題も多い。海外では1979年スリーマイル島事故や86年チョルノービリ事故などがあったが、日本でも2011年東京電力福島第一原子力発電所事故により、大きな被害を受けている。

⑱公害の防止と環境保全 (→P.242〜246)

□**公害**・・・環境の保全上の支障のうち、事業活動その他の人の活動に伴って生ずる相当範囲にわたる大気の汚染、水質の汚濁、土壌の汚染、騒音、振動、地盤の沈下及び悪臭によって、人の健康または生活環境にかかる被害が生ずることをいう(環境基本法第2条)。発生原因別では、企業の事業活動に伴う産業公害、下水・ゴミ・排気ガスなどによる都市・生活型公害、交通手段などによる騒音その他の公害と分けることもできる。

□**水俣病**・・・熊本県水俣市で発生した、工場廃液中の有機水銀中毒による公害病。高度経済成長のまっただ中、利益優先、排水の安全確認を怠った企業に責任有りと断罪された。新潟県阿賀野川流域でも同様の公害病が発生した(新潟水俣病)。

□**公害対策基本法**・・・1967年に制定された公害防止施策の基本を定めた法律。公害の定義(典型七公害)、事業者・国・地方公共団体の責務などが規定され環境行政の基本としての役割を果たした。1993年環境基本法制定で廃止。

□**無過失責任制度**・・・公害による損害や製造物による消費者被害について、過失の有無にかかわらず加害原因者に損害賠償責任を負わせる制度。事例として1972年大気汚染防止法・水質汚濁防止法での規定。またPL法でも採用された。

□**汚染者負担の原則(PPP)** [Polluter Pays Principle]・・・公害を引き起こした汚染者が、公害に関わる防止・補償費用を負担するべきとする原則。1972年OECDの環境委員会でルール化が提唱され、日本でも73年公害健康被害補償法などで

この原則を導入した。

□環境基本法…1993年に制定された公害対策基本法に代わる環境政策の基本方針を示した法律。前年の地球サミットを受け、地球環境問題・生活型公害などに対応すべく制定。結果、公害対策基本法・自然環境保全法は廃止された。環境税導入、環境権の明記が避けられるなど、実効性に欠けるといった批判もある。

□環境アセスメント(環境影響評価)…開発を行う前に自然環境に与える影響を調査、評価する制度。公害発生を未然に防止する重要なシステム。各自治体の条例のみの状況が長く続いたが1997年ようやく法制化された。

□産業廃棄物…工場などの事業所が出す廃棄物のこと(産廃)。1990年から処分には伝票制度が義務づけられることになった。一般家庭のゴミは一般廃棄物。

□ダイオキシン…ごみの焼却で発生したり、農薬に含まれたりする発ガン性や生殖障害(環境ホルモン作用)を引き起こす有害物質。1997年、ダイオキシン対策特別措置法が成立し、5年間で排出量を10分の1に削減する目標を掲げた。また、ごみ排出基準も2002年から規制強化された。

□循環型社会…廃棄物の発生を抑えリサイクルを促進して資源の循環を図っていく社会。関連用語として、3R(リデュース＝削減による省資源化、リユース＝再使用、リサイクル)、ゼロ・エミッション(企業における生産での廃棄物ゼロ)。

□食品リサイクル法…食品廃棄物の発生を抑制し、資源の有効利用を促進することで、持続的な発展ができる循環型社会構築を目指して制定された法律。

□リサイクル(recycle＝再資源化)…3つのRの一つ。廃棄物の再利用。省資源・エネルギー、環境保護にとって重要な取り組みとして注目され、日本でも関連法が1990年代から整備されつつある。さらに包括的な法として2000年に循環型社会形成推進基本法が成立した。

□リデュース(reduce＝抑制)…3つのRの一つ。廃棄物の発生を抑制すること。リサイクル法に規定された。

□リユース(reuse＝再使用)…3つのRの一つ。使用済み製品、あるいは部品を再利用すること。リサイクル法に規定された。

⑲消費者の権利と保護　(→P.250～253)

□クーリング・オフ…訪問販売・電話勧誘販売などで申し込み・契約した場合、一定の期間内であれば違約金などの請求を受けることなく、申し込みや契約が取り消しできる制度。「頭を冷やす」という意味。

□消費者主権…より良い商品をより安く買うという消費者の行動に応えて、生産者間の競争が行われ、商品や企業が淘汰されるというように、生産と消費の最終決定権が消費者になければならないということ。

□消費者団体…消費者の権利や利益のために活動を行っている団体。消費者によって自主的に組織された民間団体などがある。

□消費者の四つの権利…ケネディ米大統領が提唱した消費者が持つ4つの権利。①安全の権利、②知らされる権利、③選ぶ権利、④意見を聞いてもらう権利のことをいう。この理念はその後の消費者運動の基本理念となった。

□消費者基本法…1968年制定の消費者保護基本法を2004年改正して生まれた法。消費者の位置付けを、従来の保護される者から権利を持つ自立した主体へと変え、消費者の権利を明記して消費者の自立支援の施策推進を規定している。

□依存効果…広告宣伝・流行・生活環境などの影響を個人の消費行動が受けること。アメリカの経済学者ガルブレイスが大量消費社会における広告などの弊害を指摘するべく使用した。

□デモンストレーション効果…個人の消費行動が他人の消費行動に影響を受けること。消費者が、商品の価格やその取得の必要性を考慮せず、周囲の人々の間で流行しているという理由で購入してしまう。

□PL法(製造物責任法)…製造物の欠陥により消費者が損害を受けた時、製造者に賠償の責任を負わせる法。従来の民法による賠償請求では、製造者の過失を消費者が証明しなければ賠償が認められなかった。1995年施行のPL法では、過失・故意の不法行為がなくても、欠陥が立証されれば賠償責任が生じ(無過失責任制度)、消費者の救済がされやすくなった。

□消費者契約法…消費者を悪質な事業者から守るための法。事実を誤認したり、困惑した状況での契約は、取り消しまたは無効となる。2001年施行。

⑳労働者の権利　(→P.254～255)

□労働三権…日本国憲法が労働者に保障する3つの権利。団結権・団体交渉権・団体行動権(争議権)の3つ。第28条に規定。

□労働基本権…憲法に定められた勤労権(第27条)、労働三権(第28条)の4つの権利のこと。

□団結権…労働者が団結して労働組合を作る権利。

□団体交渉権…労働組合が労働条件の改善・向上のため使用者と交渉する権利。

□団体行動権(争議権)…団体交渉で合意が得られないときに、労働組合がストライキなどの争議行為を行う権利。

□労働三法…労働者保護のための3つの基本的な法律のこと。

□労働基準法…労働条件の最低基準を定めた法律。憲法第27条第2項の規定に基づいて制定。労働者が「人たるに値する生活」を営むように、賃金、労働時間、休憩、時間外労働、年次有給休暇などについて詳細に規定している。

□労働組合法…労働者が労働組合を組織することを保障し、組合活動について規定した法律。憲法第27条第2項の規定に基づいて制定。労使が対等の立場に立つことを明記し、労働者の団結権や団体交渉権、不当労働行為など労働組合の活動について規定している。

□労働関係調整法…労働争議の予防・解決を規定した法律。労働争議について、労使の自主的解決を原則とし、解決を助ける方法として労働委員会が行う斡旋・調停・仲裁及び緊急調整を定めている。

□不当労働行為…合法的な組合活動に対し、使用者が妨害・抑圧・干渉する行為。労働三権を侵害するものとして、労働組合法で禁止されている。

㉒労働環境の現状　(→P.258～260)

□男女雇用機会均等法…職場での男女平等の実現のために制定された法律。募集・採用、配置・昇進、定年・解雇などにおける女性差別を禁止した法律で、1985年に女性差別撤廃条約への批准にともなって成立。97年には募集・採用における差別禁止や事業主のセクハラ防止配慮義務など改正。時間外・休日・深夜労働の禁止などの、労基法女子保護規定の撤廃も行われた。

□育児・介護休業法…育児や介護の必要な家族を持つ労働者に、そのための休業を与えることを義務付けた法律。1991年に育児休業法として制定、95年に育児・介護休業法に改定。1歳未満の子供の育児のため、最長2年間(公務員は3年間)の休業や要介護状態にある家族の介護のために93日の休業を男女どちらでも申請できる。

□M字型雇用…女性の雇用を年齢別に折れ線グラフ化すると、25～35歳ぐらいまでが落ち込んで、アルファベットのMの字のようになること。出産・育児のため、この年代の女性が離職していることを示している。ただし、M字の底はだんだん浅くなってきている。

□ワークシェアリング…1人当たりの労働時間を減らし、その分他の人の雇用を確保することで、失業をなくそうとするもの。ヨーロッパ諸国でよく行われている。

□終身雇用制…企業が従業員を定年まで雇用する制度。日本的な雇用制度の一つとされるが、制度の見直しとともに、多用な雇用形態が浸透している。

□年功序列型賃金…勤続年数や年齢などに応じて賃金が上昇していく賃金制度。職務や能力よりも勤続年数などが重視される賃金体系。近年は職務給や職能給、年俸制を採用する企業も増えている。

□外国人労働者…日本で就労する外国人労働者のこと。外国人労働者問題は、不法就労という点だけではなく、社会保障、国籍付与、政治参加など社会的な問題も含め、総合的に判断しなければならない課題となっている。

㉓社会保障のあゆみと現状　(→P.262～263)

□ベバリッジ報告…1942年、英経済学者ベバリッジを長とする委員会が英国政府に提出した社会保障制度に関する報告。英国の社会保障政策の基本原則をなすもの。

□国民皆保険…種類を問わず、国民全員が何らかの医療保険に加入している状態を指す。

□国民皆年金…種類を問わず、国民全員が何らかの年金に加入している状態を指す。

用語解説

㉔日本の社会保障制度 （→P.264〜266）

□**社会保障制度**・・・広義では「社会福祉」と同じく，社会権の実現のための政策。日本では社会保険，公的扶助，（狭義での）社会福祉，公衆衛生の4つで構成される。

□**社会保険**・・・国民の生活保障のため，疾病・老齢・出産・失業・死亡などの事由が発生したとき，一定基準に基づく給付を行う保険。健康保険，労働者災害補償保険，雇用保険，厚生年金保険，介護保険などがある。

□**医療保険**・・・社会保険制度のうち，主としてけがや疾病に対して保障する保険制度。医療保険，退職者医療保険，老人医療保険の区分がある。保険者により健康保険，共済保険，国民健康保険などの種別があり，保険内容に若干の違いがある。

□**年金保険**・・・公的年金のような，将来の年金給付を目的に，掛け金を支払っていく保険。

□**雇用保険**・・・失業者に対する失業給付を中心としつつ，失業の回避，雇用機会の増大，労働者の能力開発など総合的な保険制度。

□**介護保険**・・・認知症や寝たきりなどで介護が必要な高齢者を社会保険のしくみによって社会全体で支える制度。要介護者と認定された場合，介護サービスの一定比率の費用を保険金から給付される。原則として，保険料は40歳以上の者が支払う。2000年4月より実施された。

□**公的扶助**・・・生活に困窮する国民に必要な保護を行い，健康で文化的な最低限度の生活を達成させようとするもの。日本では憲法第25条の理念に基づいて，生活保護として確立している制度。

□**社会福祉**・・・ハンディを持つ人々に対する援護・育成・更正を図ろうとする公私の努力の総称。保護を必要とする児童，ひとり親家庭，高齢者，身体障がい者などへ，国民の生存権の保障を確保するために行われる。

□**公衆衛生**・・・国民の健康の増進を図るための医療，生活環境整備などの活動。保健所が中心になって疾病を防ぐ活動が公衆衛生で，憲法第25条に基づく日本の社会保障制度の4分野の一つである。

□**積立方式**・・・年金の財政方式の一つ。将来の年金受給のために，加入者が自分の分を積み立てていく方式。世代間の不公平はないが，インフレになると目減りするという問題がある。

□**賦課方式**・・・年金の財政方式の一つ。その年の年金は，働いている人全体の保険料でまかなうという方式。世代の人口の多少により，世代間の不公平が生ずる。

□**バリアフリー**・・・障がい者や高齢者などが生活していく上で，身体的・精神的な障壁（バリア）を取り除こうという考え方。ノーマライゼーションの理念に基づく考え方である。

□**ノーマライゼーション**・・・障がいのあるなしや年齢の違いなどにかかわらず，あらゆる人がともに住み，ともに生活できるような社会を築くこと。1950年代に

デンマークで知的障がいのある子をもつ親の運動から生まれた考え方。1983年に始まる「国連・障害者の10年」の理念として採用され，世界に広まった。

㉕少子高齢社会 （→P.268〜269）

□**少子化**・・・出生率の低下により，総人口に占める子どもの数が少なくなること。日本の合計特殊出生率は，低い水準で推移している。

□**合計特殊出生率**・・・1人の女性が一生に生む平均的な子どもの数のこと。人口の自然増と自然減との境目は2.06とされているが，現在の日本は1.3程度。

□**人口ピラミッド**・・・男女の年齢別人口構成のグラフのこと。日本の1930年のグラフはピラミッド（富士山）型である。その後，釣鐘型，つぼ型へと変化している。

□**高齢社会**・・・65歳以上の高齢者の人口の割合が14％をこえた社会をいう。65歳以上の高齢者の人口の割合が7％をこえた社会を高齢化社会といい，日本は1970年（昭和45年）に高齢化社会に，1994年（平成6年）に高齢社会に突入した。

第4章 国際社会と日本の役割

①国際政治と国際法 （→P.274〜275）

□**排他的経済水域**・・・領海の基線から200海里の海域のこと。水域内の水産資源や鉱物資源などの天然資源開発に関する権利を得られる代わりに，資源の管理や海洋汚染防止の義務を負う。

□**国際法**・・・国際社会の国家間の関係を規律する法律の総称。国内法に対する概念。形式により国際慣習法と条約に区分され，内容により平時国際法と戦時国際法に区分される。

□**国際慣習法**・・・国家間の慣行が，国際社会で法的義務として形成された国際法。

□**国際司法裁判所（ICJ）**・・・国連の司法機関。国際紛争を平和的に解決するため，国連憲章に基づいて設置。オランダのハーグにある。当事者となりうるのは国家のみで裁判に入るにも当該国家の同意が必要。

□**国際刑事裁判所（ICC）**・・・大量虐殺・戦争犯罪・人道に対する罪など，国際的な重大犯罪に対し，個人の責任を追及する裁判所。国家から独立した裁判組織である。

②国際連合のしくみ （→P.276〜277）

□**勢力均衡**・・・敵対関係にある国に対抗するため，他国と軍事同盟を結んで，軍事力を均衡させ，安全保障を図ろうとするもの。19世紀末から20世紀にかけて，三国同盟と三国協商の対立は軍拡競争を招き，第一次世界大戦を引き起こした。

□**集団安全保障**・・・国際平和機構を作り，集団の力で平和を維持しようという考え方。国際平和機構の加盟国は相互に武力行使を禁止し，戦争や侵略を行った国に対しては集団的に制裁を加える。主権国家の交戦権や同盟・軍備の自由を尊重した結果，第一次世界大戦が発生したとの反省から，戦後に国際連盟が設置された。国際連合の紛争処理システムもこれに基づく。

□**国際連合（UN）**・・・国際連盟が第二次世界大戦を防止できなかった反省から1945年に創設された国際機構。世界平和のみならず，南北問題や環境，人権問題にも取り組む。本部はニューヨーク。

□**安全保障理事会**・・・国際社会の平和と安全に関する責任を負う国際連合の主要機関。拒否権をもつ5常任理事国と，拒否権のない10非常任理事国で構成。国際紛争処理のための要請，勧告，措置の決定を行う。

□**経済社会理事会**・・・経済，社会など非政治分野での国際協力の促進をはかる国連の主要機関。

□**専門機関**・・・経済・社会等の分野において，政府間協定によって設立された国際組織のうち，国連総会の承認を受け，経済社会理事会と連携関係の協定を結んだものをいう。

③国際連合の役割と課題 （→P.278〜281）

□**国連平和維持活動（PKO）**[Peace-Keeping Operations]・・・国際連合が紛争の平和的解決をめざして行う活動の一つ。武力行使（国連憲章7章）と平和的解決（同6章）の中間形態であることから6章半活動と呼ばれる。紛争当事国の同意に基づき，自衛のため以外は武力を行使せず，当事者のいずれにも加担せず，中立を保つ点をその特徴とする。軽武装の平和維持軍（PKF）や，非武装の停戦監視団，選挙監視団などの種類がある。1988年ノーベル平和賞。

□**平和維持軍（PKF）**[Peace-Keeping Force]・・・国連平和維持活動の一種で，軽武装の部隊が紛争当事者間に割り入り，治安維持，兵力引き離し，武装解除などを実施。紛争当事者の合意が前提で，武器の使用は自衛の範囲内でのみ認められる。日本のPKO協力法（1992年制定）では，当初平和憲法との関連で自衛隊の参加は凍結していたが，2001年に解除された。

④日本の領土問題 （→P.282〜284）

□**北方領土問題**・・・千島列島方面の歯舞群島・色丹島・国後島・択捉島をめぐる日露間の領土問題。ヤルタ協定における旧ソ連と米国との密約と，サンフランシスコ講和条約での日本の千島列島放棄の宣言を根拠に，ソ連崩壊後もロシアが統治している。日露間最大の外交課題。

⑤戦後国際政治の展開 （→P.286〜291）

□**冷戦**[Cold War]・・・第二次世界大戦後の，ソ連を中心とした社会主義陣営とアメリカを中心とした自由主義陣営との，直接的な武力行使を伴わない対立。武力衝突を意味する「熱い」戦争に対して，このように呼ばれる。

□**マーシャル・プラン**[Marshall Plan]・・・1947年，米国務長官マーシャルが発表した米国の対欧援助計画案。第二次世界大戦後の復興と米国市場拡大，東欧を占領したソ連の勢力拡大を牽制する目的があった。米国はこの実施を通して発言力を強め，ヨーロッパの対ソ軍事体制を強化することができた。

□**北大西洋条約機構（NATO）**[North

用語解説

Atlantic Treaty Organization]…欧州，米国，カナダ間の軍事同盟。1949年発足。当初は社会主義圏を意識した軍事同盟の性格が強かったが，冷戦終結後，旧東欧諸国の一部も加盟し（ロシアも準加盟），平和維持活動に活動の重点を移しつつある。

□**東欧経済相互援助会議（COMECON）**
[Council for Mutual Economic Assistance]…冷戦下の社会主義国間の経済協力機構。1949年，冷戦下の西側諸国の経済封鎖に対抗して設立された。ソ連，東欧諸国のほか，モンゴル，キューバ，ベトナムも加盟したが，冷戦終結後の91年に解散。

□**ワルシャワ条約機構（WTO）**[Warsaw Treaty Organization]…ソ連，東欧諸国が，1955年に締結した軍事機構。北大西洋条約機構に対抗するものであった。1991年に解体。

□**デタント（緊張緩和）**…1960，70年代の冷戦体制の緩和状態。仏語で「ゆるめる」の意。キューバ危機（1962年）後，ド＝ゴール仏大統領が東西関係の求められる姿として，アンタント（相互理解），コーペラシオン（協力）とともに用いた。

□**第三世界**…資本主義・社会主義のどちらにも属さない，発展途上国を中心とする第3の陣営。フランス革命時の第三身分（貴族，聖職者に対する平民）になぞらえてこうよぶようになった。

□**非同盟主義**…アジア・アフリカ諸国を中心として，冷戦期に東西いずれの陣営にもくみしなかった立場。インド首相ネルーが，冷戦下の軍事同盟・軍事ブロックに加わることを拒否したことが由来である。

□**朝鮮戦争**…1950年6月の北朝鮮軍の韓国への侵攻に端を発した国際的戦争。当初北朝鮮軍が優勢だったが，米軍中心の国連軍，さらに中国の義勇軍も参戦。北緯38度線付近で膠着状態が続く中で1953年7月に休戦協定が成立した。

□**キューバ危機**…1962年の米ソが全面核戦争の危機に直面した2週間。1959年に社会主義化したキューバに，62年10月，ソ連の核ミサイル基地建設を米国が阻止した事件。

□**ベトナム戦争**…南北ベトナムの統一問題への米国の介入が失敗に終わった，戦後最大規模の地域紛争。ジュネーブ協定で南北に分割され，対立を深めたベトナムにおいて，1965年米国が南を本格的に支援，社会主義色の強い北や南の解放戦線との戦争が激化した。米軍は国際世論の批判を受けて73年に撤退。75年に南のサイゴン（現ホーチミン）が陥落して戦争終結。

□**マルタ会談**…1989年，地中海のマルタ洋上で行われた，アメリカのブッシュ，ソ連のゴルバチョフ両首脳の会談。東西冷戦の終結を宣言した歴史的な会談。

□**ペレストロイカ**…1985年に登場したソ連のゴルバチョフ政権が打ち出した社会主義の全面的な改革方針。ロシア語で「改革」の意。市場経済の導入と政治の民主化を二本柱としていた。しかし冷戦終結の一方で生活向上の実感は薄く改革派と反対派の対立が激化，1991年末ソ連が崩壊し，ゴルバチョフは退陣した。

⑥民族問題と紛争（→P.292〜297）

□**民族自決**…1つの民族が他民族の支配や干渉を受けずに独立国家を形成したり，政治的態度を決定すること。第一次世界大戦末期に，レーニンやウィルソン米大統領によって唱えられ，戦後の中・東欧ではこの原則に基づいて多くの国が独立した。これがアジア・アフリカに及んだのは第二次世界大戦後。もっとも独立後は国内のさらなる少数民族抑圧に利用されることもある。

□**国連難民高等弁務官事務所（UNHCR）**…難民問題の解決を目指す国連内の常設機関。1950年の国連総会決議に基づき，翌51年設置された（難民条約採択もこの年）。高等弁務官はこの機関の代表。

⑦核兵器の廃絶と国際平和（→P.298〜302）

□**核抑止論**…核兵器をもつことが，対立する国相互に核の使用をためらわせ，結果として核戦争が回避される，という考え方。日本も，日米安保条約によるアメリカの「核の傘」のもと，核抑止によって安全が保たれてきたという議論がある。

□**核拡散防止条約（NPT）**…核保有を米ソ英仏中にのみ認め，それ以上の拡散を阻止，平和利用を促進するための条約。1968年に国連総会で採択され，95年に無期限延長が決定したが，核保有疑惑国の未加盟や，核の拡散などの問題点もある。

□**中距離核戦力全廃条約（INF全廃条約）**…射程500〜5,500kmの中距離核戦力（INF）全廃のための米ソ間の軍縮条約。INFは1970年代末〜80年代前半にかけて東西ヨーロッパに配備されたが，87年レーガン（米），ゴルバチョフ（ソ）会談でこの条約が調印。冷戦終結へ大いなる一歩となったが2019年に失効した。

□**戦略兵器削減条約（START）**…1991年，米・旧ソ連が締結した初の戦略核兵器の削減条約。米ソが保有できる戦略核兵器の上限を，運搬手段で1,600基，核弾頭6,000個，弾道ミサイル弾頭4,900個とし，削減率は米28％，旧ソ連35％となった。1994年発効。93年には米ロ間でSTART Ⅱが調印された（未発効）。2011年には新STARTが発効された（期限2026年）。

□**化学兵器禁止条約**…サリンなどの化学兵器の開発，生産，保有，使用を禁止し，同時に，米国やロシアなどが保有する化学兵器と製造施設を一定期間内（原則として10年以内）に全廃することを定めた条約。国連安保理の常任理事国のほか，インド，パキスタン，イランなどが既に締結しているが，北朝鮮，イスラエル（署名国），エジプト，南スーダンなどは未締結である。日本は1995年9月に批准した。

□**包括的核実験禁止条約（CTBT）**…地下核実験も含め，爆発をともなう核実験すべてを禁止した画期的条約。1996年，国連総会で採択。画期的な一方，インド，パキスタン，イスラエルなどの「疑惑国」の調印，批准も条約発効の前提となっており，発効への道のりは遠い。

□**信頼醸成措置**…対立する国家間で誤解や不信を生じさせないように，軍事情報の公開や，視察団の派遣，対話手段の開設などの方策を講ずること。キューバ危機の際の，米ソホットラインの設置がその先例とされる。

□**非核地帯**…条約によって，核兵器の開発・製造・実験・保有・使用，域内の輸送や持ち込みなどを禁止した地域。現在では，南半球のほぼ全域が非核地帯となっている。

⑧国際分業と貿易（→P.304〜305）

□**国際分業**…生産の効率を高めるため，国ごとに，得意な分野に集中・特化して分業を行うこと。国際分業の利益を理論的に説明したのが，リカードの比較生産費説。

□**比較生産費説**…各国が相対（比較）的に生産費が安い商品に生産を特化し，交換（貿易）すれば相互に利益が生じるという自由貿易理論。イギリスのリカードが提唱。

□**垂直分業**…先進国が工業製品を，発展途上国が原料・材料，農産物などの一次産品を生産し，交換し合う分業のこと。

□**水平分業**…先進国相互間で異なる工業製品を生産し合い，貿易を通じて相互に交換する形の分業のこと。

□**自由貿易**…国家が介入・干渉せず，自由に行われる貿易。アダム＝スミスによって唱えられ，リカードの比較生産費説で理論的に説明された。

□**保護貿易**…自国の産業保護のため，貿易に関税や輸入制限措置等で制限を設けた形態。ドイツのリストによって提唱された。

□**リカード（1772〜1823）**…イギリスの古典派経済学者。特に自由貿易を主張。主著『経済学及び課税の原理』において比較生産費説を展開し，自由貿易の利益を主張した。

□**リスト（1789〜1846）**…19世紀ドイツの歴史学派経済学者。主著『政治経済学の国民的体系』で，経済の発展段階説を展開。特に後進国は自国の幼稚産業を外国商品から保護する保護貿易政策が必要と主張し，自由貿易論を批判した。

□**関税**…輸入品に課せられる税金。輸入品を割高にして，国内産業の保護を目的とする。

□**非関税障壁**…関税以外の方法で輸入を抑制しようとすること。輸入数量制限や輸入許可手続きの強化，検疫基準強化などにより輸入しにくくする。GATTそして現在のWTOでも，原則的には撤廃すべき貿易制限としている。

⑨外国為替と国際収支（→P.306〜307）

□**外国為替**…国際間で異なる通貨間の貸借関係を，現金でなく，為替手形や小切手などの信用手段によって決済する方法。通貨間の交換比率が外国為替相場である。

□**外国為替相場**…異種の通貨（日本円と米ドルなど）間の交換比率。経済状況，

先行き見通しなどにより変動する変動相場制が主となる。一定の交換比率を強制される固定相場制は例外的である。

□**国際収支**・・・外国との1年間の経済取引結果を貨幣額で表したもの。主要項目は経常収支，資本移転等収支，金融収支。

□**経常収支**・・・経常取引(資本取引以外の国際間取引)の収支。貿易・サービス収支，第一次所得収支，第二次所得収支。

□**貿易・サービス収支**・・・モノ(財貨)やサービスの収支。輸出入の貿易収支，輸送・旅行・通信・知的財産権など。

□**第一次所得収支**・・・生産過程に関連した所得および財産所得の収支。雇用者報酬，配当・利息などの投資収益。

□**第二次所得収支**・・・居住者と非居住者との間の対価を伴わない資産提供の収支。食料・医療費の無償資金援助，国際機関拠出金，外国人労働者の郷里送金等。

□**資本移転等収支**・・・資本の移転や，金融・生産に関係ない資産の収支。債務免除，資本形成のための無償資金援助，相続等による資産の移転。

□**金融収支**・・・投資や外国からの借入による資産と負債の収支。直接投資，証券投資，外貨準備など。

⑩国際経済の枠組み(→P.312〜316)

□**ブレトン・ウッズ協定**・・・1944年米国のブレトン・ウッズで締結され，戦後西側世界経済の国際通貨体制を確立させた協定。この協定により1945年IMF，IBRDが発足。金とドルの兌換を米国が保証することにより，ドルを基軸通貨として西側世界に供給し，国際流動性を確保する体制が確立した。また，固定相場制のもと安定した国際経済取引を可能にした。

□**基軸通貨(キーカレンシー)**・・・国際通貨の中で中心的支配的地位を占め，その時代の国際金融・為替システムの要の役割を果たす通貨。第一次世界大戦前はポンドであったが，第二次世界大戦後はドルが基軸通貨となった。

□**ニクソン・ショック(ドル・ショック)**・・・1960年代のドル危機を受け，71年8月にニクソン米大統領がとった経済政策。金とドルの交換停止，輸入課徴金設置を柱とする。特に前者により一旦ドルの基軸通貨性が失われ，固定相場制も崩壊。

□**スミソニアン協定**・・・1971年12月に締結されたブレトン・ウッズ体制に代わる国際通貨体制を決定したIMFの協定。ドルを切り下げ金とドルの交換を再開し(金1オンス35ドル→38ドルへ)，またドル安に調整した上で固定相場制に復帰させた(例：1ドル360円→308円へ)。しかし，主要先進国は1973年から変動相場制に移行し，この体制も事実上崩壊，IMFは76年のキングストン合意で変動相場制を承認した。

□**IBRD(国際復興開発銀行，世界銀行)**・・・第二次世界大戦後の復興支援のための国連の専門機関。1944年のブレトン・ウッズ協定に基づいて翌年発足し，日本は52年加盟。70年代からは発展途上国，社会主義国への長期融資に重点を置く。

□**IMF(国際通貨基金)**・・・国際通貨の安定と世界経済の発展をめざす国連の専門機関。1944年のブレトン・ウッズ協定に基づいて翌年発足し，日本は52年加盟。国際収支赤字国への短期融資などを実施。

□**SDR(特別引出権)**・・・IMFが1969年に創設した外貨引き出しを請求する権利。国際収支赤字国が外貨を必要とするとき，この権利を用いて外貨を得ることができる。IMF加盟国に出資額に応じて配分される。76年変動相場制をIMFが公認したキングストン合意で，新しい国際流動性としての役割が強調された。

□**プラザ合意**・・・1985年9月，ニューヨーク・プラザホテルにて開催されたG5による，ドル高に対する対策会議で示された合意。米ドルに対して各国通貨が10〜12%切り上げ，そのために共通してドル売り介入を行うというもの。これを律儀に守ったのは，結局日本のみであり，これが，直後のバブル経済を引き起こし，以後15年に及ぶ経済の停滞を招いた。

□**ルーブル合意**・・・1987年2月22日，パリのルーブル宮殿にて出されたG7の合意。プラザ合意を契機に加速していたドル安に歯止めをかけるため，為替相場を現行の水準に安定させるという内容。

□**固定為替相場制**・・・外国為替相場を一定の変動幅に保つ制度。安定的な対外取引が確保できるメリットなどから途上国を中心に採用している国も多いが，通貨危機の危険性やグローバリゼーション下の孤立の可能性などデメリットも多い。

□**変動為替相場制**・・・外国為替市場の需要供給関係で外国為替相場が決定される制度。主要先進国は1973年固定相場制から変動相場制へ移行。ただし，完全な変動相場制ではなく，政府・中央銀行の外国為替市場への介入を認めており，これを管理フロート制という。

□**GATT(関税と貿易に関する一般協定)**・・・自由貿易拡大に向け1948年発足した国際機関。自由(関税軽減と非関税障壁撤廃)・無差別(最恵国待遇)・多角(多国間のラウンド交渉)の貿易三原則を掲げ，世界貿易拡大・世界経済発展に寄与。1995年WTOに発展的に吸収。

□**セーフガード(緊急輸入制限)**・・・輸入増大により，国内産業の損害が重大な場合に行われる輸入国の緊急措置。GATTさらに現在のWTOでも認められている輸入国の緊急措置。例えば，日本は2001年に中国産のネギ・生シイタケ・い草について暫定発動した。

□**ケネディ・ラウンド**・・・1964〜67年に行われた関税引下げ交渉。鉱工業製品の関税を平均35%引き下げることで合意。

□**東京ラウンド**・・・1973〜79年に東京宣言に基づき行われた多国間交渉。農産品・工業製品の関税引下げ(各41%，33%引下げ)，非関税障壁撤廃に向けてのルール規定などの成果。

□**ウルグアイ・ラウンド**・・・1986〜94年に行われた多国間貿易交渉。モノの貿易以外の新貿易分野(サービス貿易・知的所有権・貿易関連投資)のルール規定，さらに農産物貿易での非関税障壁撤廃(例外なき関税化)，多角的な貿易紛争処理機関であるWTO(世界貿易機関)の設置などが主な決定事項。

□**WTO(世界貿易機関)**・・・1995年発足のGATTにかわる世界貿易に関する国際機関。モノ・サービス・知的財産権など，すべての貿易問題を扱う機関。特にGATTの弱点でもあった貿易紛争処理について多角的なシステム，ルールが整備された。

□**ミニマム・アクセス**・・・最低輸入義務のこと。1994年に決着したウルグアイ・ラウンドの農産物交渉で，日本のコメは関税化を6年間(1995〜2000)猶予されたが，その代償として国内消費量の4〜8%の輸入を義務(ミニマム・アクセス)として受け入れた。コメ市場の部分開放である。コメ過剰の下，少しでもミニマム・アクセス分を減らすべく，99年関税化を受け入れて現在にいたっている。

□**日米構造協議**・・・1989〜90年に行われた日米間の貿易不均衡是正に向けての協議。日本の経済構造の改善と市場開放が求められ，具体的には，独占禁止法強化・系列取引見直し・大規模小売店舗法改正・内外価格差の是正・公共投資拡大が約された。

□**日米包括経済協議**・・・1993年から始まった日米間の経済問題を幅広く話し合うための交渉。分野別(自動車・半導体など)交渉では米国が数値目標設定を要求し，客観基準採用で決着。マクロ経済政策では，日本の経常収支黒字削減，米国の財政赤字削減などが協議された。

□**スーパー301条**・・・1988年に施行された米国の包括通商・競争力強化法にある対外制裁条項の一つ。貿易赤字増大に悩む米国が，不公正取引慣行国の特定と制裁を行うことを認める「通商法301条」が1974年に制定されたが(例：1987年ダンピング認定をし日本のCTV・パソコンに100%制裁関税発動)，1989年日米構造協議難航時，それをより強化した(単に個々の産業の障壁を対象にするだけでなく，相手国の組織的貿易慣行除去を目的とする)のが，スーパー301条。米国では日本の譲歩を引き出す「伝家の宝刀」として使用している。

□**グローバル化**・・・国家や地域などの境界を越え，地球規模で社会の結びつきが強くなったため起こる，社会の変化やその過程をいう。グローバリゼーションともいう。貿易・通信の拡大，文化の交流など正の面だけでなく，先進国・多国籍企業の経済支配，地球環境・固有文化の破壊につながるなどの負の面も指摘されている。

□**アジア通貨危機**・・・1997年7月，タイのバーツ下落をきっかけに起きた東・東南アジア各国の通貨下落による経済的混乱。

□**ヘッジファンド**・・・顧客の委任・委託・信託を受けて，各種証券に投資し，利ざやを稼ぐ経済主体。その実態は，情勢に

用語解説

応じて様々な戦略をとり，明確な定義は困難である。ただし，大規模な債券や外国通貨への介入を行うことがあり，経済的影響は無視できない。

- □ **サミット(主要国首脳会議)**…主要国首脳が毎年集まって開く国際会議。石油ショック後の1975年，不況克服と相互の貿易摩擦解消のために西側先進国首脳が仏のランブイエに集まって協議したのが第1回。主な参加国は米英日仏独加伊とEU代表，露(冷戦終結後参加)。サミットは「頂上」の意。
- □ **G7**…先進7か国財務相・中央銀行総裁会議。7か国(米英仏独日＝G5＋伊加)の財務大臣，中央銀行総裁が集まり，マクロ経済状況や外国為替相場などを協議する。1986年から7か国のメンバーが定着。87年プラザ合意(G5の合意)以来の急激な円高ドル安に歯止めをかけた。
- □ **G8**…サミットに参加する主要8か国の首脳会議(G7＋ロシアの8か国)。
- □ **G20**…20か国・地域首脳会合(G20サミット)および20か国・地域財務相・中央銀行総裁会議の参加主要20か国・地域のこと(G8＋中国，ブラジル，インド，南アフリカ，韓国，メキシコ，オーストラリア，インドネシア，サウジアラビア，アルゼンチン，トルコ，EU)。地域はEUを指し，仏・独・伊を除いたEU加盟国は国としては不参加。1999年より開催され，世界金融危機の深刻化を受けて，2008年から首脳会合であるG20サミット(金融サミット)も開催され始めた。G20のGDP合計は世界の約90％，貿易総額では世界の80％，総人口では約3分の2を占める。

⑪ **地域的経済統合** (→P.318〜322)

- □ **ASEAN(東南アジア諸国連合)**…東南アジアにおける経済・社会・文化の域内協力を進める組織。1967年東南アジア5か国で結成，99年にカンボジアが加盟し，現在10か国が加盟。自由貿易地域(AFTA)をベースに，ASEAN経済共同体が2015年末に発足した。
- □ **USMCA(米国・メキシコ・カナダ協定)**…2020年発効したアメリカ・カナダ・メキシコ3国からなる自由貿易協定。自由貿易は制限され，自動車関税をゼロにする基準が厳格化されるなどした。
- □ **APEC(アジア太平洋経済協力)**…1989年発足のアジア・太平洋地域の経済協力強化を目的とした会議。オーストラリアのホーク首相が提唱し1989年発足。当初は，同地域の経済協力・貿易の拡大を目的とし，開かれた機関であったが，94年のボゴール宣言で域内関税撤廃に向けた期限を設定し，自由貿易圏を目指している。
- □ **EU(ヨーロッパ連合・欧州連合)**…1993年EC(欧州共同体)を母体に発足したヨーロッパの統合体。共通通貨ユーロを導入し，共通外交・安保戦略を採択している。加盟国は東欧に拡大している。2012年にノーベル平和賞を受賞。
- □ **EFTA(欧州自由貿易連合)**…EEC(のち

EC→EU)に対抗して1960年発足した欧州の自由貿易圏。対外共通関税を設けない，通貨・政治統合を目標にしないなどEC(EU)よりゆるい経済統合体。当初は英など7か国であったが，現在スイスなど4か国加盟。94年にはEUと連携してEEA(欧州経済地域)を発足させた。
- □ **マーストリヒト条約(欧州連合条約)**…1991年EC首脳会議で57年のローマ条約を改正し，採択された条約。1992年調印され，93年全加盟国の批准をもって発効した。これによりECはEUとなり，さらなる統合を進めた。通貨統合・共通外交安全保障・欧州市民権導入などを要点とする。
- □ **FTA(自由貿易協定)** [Free Trade Agreement]…2か国以上の国・地域間で，関税やサービス貿易の障壁などを撤廃・削除する協定。物品の関税及びその他の制限的通商規則やサービス貿易の障壁等の撤廃を内容とする，GATT(関税及び貿易に関する一般協定)第24条で定義される協定。
- □ **EPA(経済連携協定)** [Economic Partnership Agreement]…FTAを柱に，ヒト，モノ，カネの移動の自由化・円滑化を目指し，幅広い経済関係の強化を図る協定。FTAの要素を含みつつ，締約国間で経済取引の円滑化，経済制度の調和，協力の促進等市場制度や経済活動の一本化のための取り組みも含む対象分野の幅広い協定。

⑫ **世界経済の多様化** (→P.324〜325)

- □ **BRICS(ブリックス)**…中国とそれに続き成長軌道に乗った新興諸国。急速な経済発展で世界経済に大きな影響力をもちつつある(2024年1月に新たに6か国が加わる予定)。ブラジルのB，ロシアのR，インドのI，中国のC，南アフリカのS，それぞれの頭文字を並べた語。

⑬ **南北問題** (→P.326〜327)

- □ **南北問題**…先進国と発展途上国の経済格差とそれに伴う対立。1950年代後半〜60年代に表面化。64年UNCTAD(国連貿易開発会議)が設立され，発展途上国の貿易・援助・開発について検討協議が行われてきた。
- □ **モノカルチャー経済**…生産・輸出が少種類の1次産品に偏っている発展途上国の産業構造。植民地支配を受けていた時期に形成され，発展途上国経済の自立阻害要因となっている。
- □ **新国際経済秩序樹立宣言(NIEO樹立宣言)**…1974年国連資源特別総会で採択された発展途上国を優遇する経済秩序樹立に向けての宣言。天然資源恒久主権・交易条件改善・北の多国籍企業活動規制など，先進国中心の国際経済構造を改善するという内容。
- □ **南南問題**…途上国間における社会経済的格差。1970〜80年代，産油国や新興工業経済地域(NIES)など経済開発が進んだ途上国と，非産油国・後発発展途上国(LDC)などの途上国の間に，所得・工業化・識字率などの格差が拡大した。

- □ **国連貿易開発会議(UNCTAD)**…南北問題解決のために国連に常設された機関。1964年創設。少なくとも4年に1度総会が開かれ，貿易や先進国の経済援助などについて討議される。本部はジュネーブ。
- □ **OECD(経済協力開発機構)**…1961年発足の資本主義先進国の経済協力機関。マーシャルプラン受け入れ機関であった欧州経済協力開発機関(OEEC)を再編し，資本主義経済の安定と発展を目的に結成されたいわゆる「先進国クラブ」。アジアでは日本と韓国が加盟。下部組織にDACを備え，発展途上国支援促進も図る。
- □ **DAC(開発援助委員会)**…先進国による開発援助を討議する国際委員会。OECDの下部組織として1961年発足。本部はパリ。

⑭ **人口・食料問題** (→P.328〜329)

- □ **FAO(国連食糧農業機関)**…食糧の生産と分配の改善や生活水準の向上を目的に，飢餓の撲滅を目指す国連の専門機関。1945年設立。本部はローマ。日本は1951年に加盟。
- □ **WFP(国連世界食糧計画)**…国連の多国間食糧援助機関。途上国へ食糧援助や食糧不足に対する援助を行う。国連総会とFAOの決議により1963年設立。本部はローマ。

⑮ **国際社会と日本の役割** (→P.330〜332)

- □ **ODA(政府開発援助)**…先進国政府が発展途上国に対し行う開発援助。無償贈与，長期低利の借款，世界銀行グループなどの国際機関に対する出資などから成る。UNCTAD(国連貿易開発会議)で設定したGNP(GNI)比の目標は0.7％。
- □ **NGO(非政府組織)**…営利を追求せずに活動する民間の団体。国際協力や環境・人権の分野など国境を越えて活動するものを指すことが多い。
- □ **NPO(非営利組織)**…公益的立場から行政に働きかけを行う一方で営利を追求しない民間組織。教育，福祉などの国内，地域の問題に取り組む団体の場合に用いられる傾向が強い。
- □ **JICA海外協力隊**…独立行政法人国際協力機構(JICA)が実施する政府開発援助(ODA)の事業。青年海外協力隊の隊員は，ボランティアとして原則2年間，発展途上の国に赴き，現地の人に技術などを教える。

略語一覧

*赤数字は用語解説のページ

AA会議 アジア・アフリカ会議
Asian-African Conference（→P.288）

AFTA アセアン（東南アジア諸国連合）
自由貿易地域 ASEAN Free Trade Area
（→P.318, 319）

APEC アジア太平洋経済協力［エイ
ペック］Asia-Pacific Economic Coope-
ration （→P.319, 378）

ASEAN 東南アジア諸国連合［アセアン］
Association of South-East Asian
Nations （→P.319, 378）

CIS （旧ソ連）独立国家共同体
Commonwealth of Independent
States （→P.324）

COMECON 東欧経済相互援助会議［コ
メコン］(1991年解消)Council for Mutual
Economic Assistance （→P.287, 376）

CTBT 包括的核実験禁止条約
Comprehensive Nuclear Test-Ban
Treaty （→P.299, 376）

DAC 開発援助委員会［ダック］
Development Assistance Committee
（→P.327, 378）

EC 欧州共同体(1993年EUに発展)
European Communities （→P.320）

EFTA 欧州自由貿易連合［エフタ］
European Free Trade Association
（→P.319, 378）

EMS 欧州通貨制度
European Monetary System（→P.320）

EPA 経済連携協定 Economic
Partnership Agreement（→P.322）

EU ヨーロッパ連合・欧州連合
European Union（→P.318〜321, 378）

FAO 国連食糧農業機関 Food and
Agriculture Organization of the
United Nation) （→P.329, 378）

FTA 自由貿易協定 Free Trade
Agreement （→P.318, 322, 378）

G7 先進7か国財務相・中央銀行総裁会議
the conference of the group of
seven （→P.316, 378）

GATT 関税と貿易に関する一般協定
［ガット］(1995年WTOに発展)
General Agreement on Tariffs and
Trade （→P.313, 377）

GDP 国内総生産 gross domestic
product （→P.192, 193, 196, 370）

GNE 国民総支出
gross national expenditure

GNI 国民総所得 gross national
income （→P.192, 196, 370）

GNP 国民総生産 gross national
product （→P.192, 196, 370）

GNW 国民総福祉
gross national welfare

IAEA 国際原子力機関 International
Atomic Energy Agency （→P.299）

IBRD 国際復興開発銀行(世界銀行)
International Bank for Reconstruction
and Development （→P.312, 377）

ICBM 大陸間弾道弾 Intercontinental
Ballistic Missile （→P.298, 301）

ICC 国際刑事裁判所 International
Criminal Court/Tribunal（→P.275, 375）

ICJ 国際司法裁判所 International
Court of Justice （→P.275, 375）

IDA 国際開発協会(第二世界銀行)
International Development Association
（→P.277）

ILO 国際労働機関 International
Labour Organization （→P.277）

IMF 国際通貨基金 International
Monetary Fund （→P.312, 313, 377）

INF 中距離核戦力 intermediaterange
nuclear forces （→P.299, 376）

IRC 国際赤十字社
International Red Cross

ISO 国際標準化機構
International Organization for
Standardization （→P.246）

LDC 後発発展途上国(最貧国)
Least(among Less-)Developed
Countries （→P.327）

LSI 大規模集積回路
large scale integrated circuit

M&A 企業の合併・買収
merger & acquisition （→P.173, 369）

MDGs 国連ミレニアム開発目標
Millennium Development Goals
（→P.327）

NAFTA 北米自由貿易協定［ナフタ］
North America Free Trade
Agreement （→P.319）

NATO 北大西洋条約機構［ナトー］
North Atlantic Treaty Organization
（→P.286, 375）

NGO 非政府組織・民間公益団体
Non-Governmental Organization
（→P.277, 332, 378）

NI 国民所得 national income
（→P.192, 196, 370）

NIEO 新国際経済秩序［ニエオ］
New International Economic Order
（→P.326, 378）

NIES 新興工業経済地域［ニーズ］
Newly Industrializing Economies（→P.327）

NNP 国民純生産
net national product （→P.192, 196）

NNW 国民純福祉
net national welfare （→P.193, 196）

NPO 非営利組織
Non-Profit organization （→P.378）

NPT 核拡散防止条約 Treaty on the
Non-proliferation of Nuclear
Weapons （→P.299, 376）

OAPEC アラブ石油輸出国機構［オア
ペック］Organization of Arab Petrole-
um Exporting Countries（→P.236, 319）

ODA 政府開発援助 Official Develo-
pment Assistance（→P.330〜332, 378）

OECD 経済協力開発機構 Organi-
zation for Economic Cooperation
and Development（→P.319, 327, 378）

OPEC 石油輸出国機構［オペック］
Organization of Petroleum Expo-
rting Countries （→P.236, 319, 373）

PKF 国連平和維持軍
Peace Keeping Forces（→P.279, 375）

PKO 国連平和維持活動 PeaceKeep-
ing Operations （→P.279, 280, 375）

PL法 製造物責任法
Product Liability （→P.252, 374）

PLO パレスチナ解放機構 Palestine
Liberation Organization （→P.295）

PPP 汚染者負担の原則
polluter pays principle （→P.243, 373）

SALT 戦略兵器制限交渉［ソルト］Stra-
tegic Arms Limitation Talks（→P.299）

SDGs 持続可能な開発目標
Sustainable Development Goals
（→P.327）

SDI 戦略防衛構想
Strategic Defense Initiative（→P.299）

SDR 特別引出権 Special Drawing
Rights （→P.312, 377）

SSD 国連軍縮特別総会 Special
Session of the United Nations
General Assembly on Disarmament

START 戦略兵器削減条約［スタート］
Strategic Arms Reduction Treaties
（→P.299, 376）

TPP 環太平洋経済連携協定 Trans-
Pacific Partnership Agreement
（→P.322）

UN 国際連合 the United Nations
（→P.276〜281, 375）

UNCTAD 国連貿易開発会議［アンク
タッド］United Nations Conference on
Trade and Development（→P.327, 378）

UNDP 国連開発計画 United Nations
Development Programme （→P.277）

UNEP 国連環境計画 United Nations
Environment Programme （→P.277）

UNESCO 国連教育科学文化機関［ユネ
スコ］ United Nations Educational,
Scientific and Cultural Organization
（→P.233, 277）

UNHCR 国連難民高等弁務官事務所
Office of the United Nations
High Commissioner for Refugees
（→P.292, 376）

UNICEF 国連児童基金［ユニセフ］
United Nations Children's Fund
（→P.277）

UNTAC 国連カンボジア暫定統治機構
［アンタック］ United Nations Tran-
sitional Authority in Cambodia

USMCA 米国・メキシコ・カナダ協定
the United States-Mexico-Canada
Agreement （→P.318, 319, 378）

WFP 国連食糧計画 United Nations
World Food Programme（→P.277, 378）

WHO 世界保健機関
World Health Organization（→P.277）

WTO 世界貿易機関 World Trade
Organization （→P.312, 314, 377）

WTO ワルシャワ条約機構［ワトー］
(1991年解消)Warsaw Treaty Orga-
nization （→P.287, 376）

略語一覧

379

索引

内容が詳細なページ
（複数掲載の場合）資料番号

□ ○○○○………20[1], 25, 347

チェックボックス　ページ　用語解説のページ

人名

あ～お

□ アインシュタイン………298[3]
□ 芥川龍之介………36[1],54
□ アダム＝スミス………166[2],167[3],176[5],177[7],180[1],190[1],305[4],369
□ アドルノ………66[13],364
□ アマルティア・セン………69[17],365
□ アリストテレス………16[2],53,55,59,362
□ イエス（キリスト）………46[2],47[3],48[4]
□ 一遍………40[6],363
□ 伊藤仁斎………40[6],42[9],363
□ ウィルソン………276[2]
□ 内村鑑三………40[6],43[10]
□ 栄西………40[6],363
□ エリクソン………19[2],20[1],21[3],362
□ エンゲルス………166
□ 王陽明………57[1],363
□ 荻生徂徠………42[9]
□ 小此木啓吾………19[2]
□ 折口信夫………44[11]
□ オルポート………27[6]

か～こ

□ ガウタマ＝シッダールタ………49[5]
□ カストロ………289[6]
□ 賀茂真淵………42[9]
□ ガリレオ・ガリレイ………70[1]
□ カルヴァン………60[4]
□ カール・ポパー………71[3]
□ ガンディー………68[13],364
□ カント………52,54,62[9],276[2],364
□ キルケゴール………64[11],364
□ キング牧師………68[13],364
□ 空海………40[7]
□ クレッチマー………23[4]
□ グロティウス………274[4]
□ ケインズ………167[3],190[1],370
□ ケネディ………289[6]
□ ケプラー………70[1]
□ 孔子………52,53,56[1],363
□ 江沢民………324[2]
□ 児島惟謙………142[1]
□ コペルニクス………70[1]
□ ゴールドバーグ………23[4]
□ ゴルバチョフ………324[1],290[7]
□ コンドラチェフ………169[5]

さ～そ

□ 最澄………40[7]
□ 佐久間象山………43[10]
□ サッチャー………190[1]
□ サルトル………54,65,364
□ ジェームズ………65[11],364
□ シュヴァイツァー………68[13],364
□ 朱子………57[1],363
□ シュプランガー………18[1],26[5]
□ 荀子………56[1],363
□ シュンペーター………167[3],169[5],369
□ 聖徳太子………40[7]
□ 親鸞………40[6]
□ スターリン………287[2],324[1]
□ 荘子………56[1],363
□ ソクラテス………53,58,364

た～と

□ 太宰治………20[2]
□ 田中正造………242[1]
□ ダニエル・ベル………84[1]
□ チャーチル………287[2]
□ デカルト………61[7],70[2],364
□ デューイ………65[12],364
□ 道元………40[6],41[8]

□ 鄧小平………324[2]
□ トマス・クーン………71[4]
□ トルーマン………287[2]

な～の

□ 中江藤樹………40[6],363
□ 夏目漱石………40[6],43[10]
□ 西田幾多郎………40[6],44[11],363
□ ニーチェ………64[11]
□ 日蓮………40[6],41[8],363
□ 新渡戸稲造………43[10]
□ ニュートン………70[1]

は～ほ

□ ハイエク………167[3]
□ ハイデガー………24[3],65
□ ハヴィガースト………20[1],362
□ パウロ………49
□ パース………65[12],364
□ パスカル………61[8],364
□ ハーバーマス………17[3],24[3],66[13],362
□ 林羅山………40[6],41[8]
□ ハンス・ヨナス………71[5]
□ ハンナ・アーレント………17[3],24[3],362
□ ピーター・シンガー………71[5]
□ 平塚らいてう………45[12]
□ フィルマー………94[1]
□ 福沢諭吉………40[6],43[10]
□ フーコー………67[15],364
□ ブッシュ………290[7]
□ プライス………148[1]
□ プラトン………52,59,364
□ フリードマン………167[3],190[1]
□ フルシチョフ………289[6]
□ フロイト………22[1],23[5]
□ フロム………66[13],364
□ ヘーゲル………63[10],70[2],364
□ ベーコン………70[2],365
□ ベネディクト………38[2]
□ ベンサム………53,62[8]
□ ボーヴォワール………26[3]
□ 法然………40[6],363
□ ホッブズ………94[1],365
□ ホリングワース………18[1]
□ ホルクハイマー………66[13],364

ま～も

□ マザー＝テレサ………68[16],364
□ マズロー………22[1],362
□ マッカーサー………100[4],101[5]
□ マックス・ウェーバー………24[1]
□ 松本烝治………101[5]
□ マルクス………63[10],364
□ 丸山真男………38[3],44[11]
□ 南方熊楠………45[12]
□ 宮沢賢治………45[12]
□ ミル………54,62[8]
□ ムハンマド（マホメット）………46[2],50[6]
□ 孟子………56[1],363
□ 毛沢東………324[2]
□ 本居宣長………40[6],42[9],363
□ モンテスキュー………94[2],366
□ モンテーニュ………61[5]

や～よ

□ ヤスパース………24[3],64[11]
□ 柳田国男………44[11]
□ 柳宗悦………45[12]
□ 山中伸弥………76[5]
□ ユング………23[5]

ら～わ

□ ラッセル………298[3]
□ リカード………167[3],304[1],305[4],376
□ リスト………305[4],376
□ リースマン………24[2],363
□ リンカーン………95[4],103[4]
□ ルーズベルト………287[2]
□ ルソー………18[1],52,94[1],365
□ ルター………60[4]
□ レイチェル・カーソン………225[4],372
□ レヴィ＝ストロース………67[14],364
□ レヴィン………18[1],22[2],362
□ レーガン………290[7]
□ レーニン………167[3]
□ 老子………56[1],363
□ ロック………94[1],365
□ ロールズ………55,69[17],365
□ 和辻哲郎………39[5],40[6],44[11],52,362

略語・英字

A～D

□ AFTA………319[5]
□ AI………74[1],168[4],261[2]
□ APEC………318[1],319[5],378
□ ASEAN………318[1],319[5],378
□ AU………319[5]
□ BIS規制………202[3],371
□ BRICS………318[1],325[4],378
□ CBD………233[2],373
□ COMECON………286[1],287[2],376
□ CSR………172[7]
□ CTBT………286[1],299[4],376
□ DAC………327[5],330[2],378
□ DV防止法………108[1]

E～H

□ EEZ………274[3],282[1]
□ EFTA………319[5],378
□ EPA………25[4],322[13],378
□ ES細胞………76[5]
□ EU………319[5],378
□ eコマース………84[2]
□ FAO………329[3],378
□ FTA………322[13],378
□ G20………316[13],378
□ G7………316[13],378
□ G8………316[13],378
□ GATT………85[5],312[1],313[4],314[8],377
□ GDP………192[1],193,196[1],370
□ GHQ………100[1],101[5]
□ GNI………192[1],281[7],370
□ GNP………192[1],196[1],370
□ HDI………326[3]

I～L

□ IAEA………277[5],299[4],300[7]
□ IBRD………312[1],377
□ ICC………275[6],375
□ ICJ………275[5],299[5],375
□ ICT………85[6]
□ ILO………255[8],277[5]
□ IMF………277[5],377
□ INF全廃条約………299[4],376
□ IoT………168[4]
□ IPCC………226[2]
□ iPS細胞………76[5]
□ ISIL………297
□ ISO………246[14]
□ IT革命………365
□ IUCN………231[13]
□ JICA………330[1]
□ JICA海外協力隊………332,378
□ LDC………327[6]

M～P

□ M&A………173[11],369
□ MDGs………327[5]
□ M字型雇用………258[2],374
□ NAFTA………319[5]
□ NATO………286[1],287[2],375
□ NEET………26[2],363
□ NGO………229[9],277[5],280[6],332[8],378
□ NI………192[1],196[2],370
□ NIEO樹立宣言………326[4],378
□ NIES………327[6]
□ NNW………193[4]
□ NPO………378
□ NPT………286[1],299[4],376
□ OAPEC………236[2]
□ ODA………330[2],331,332[7],378
□ OECD………319[5],327[5],378
□ OPEC………236[2],318[1],319[5],373
□ PKF………279[4],375
□ PKO………278[2],279[4],280[6],375
□ PKO協力法………122[3],127[4],128[10],367
□ PLO………295
□ PL法………252[5],374
□ PPP………243[5],373
□ PTBT………299[4]

Q～T

□ QOL………79[1]

U～Z

□ SALT………286[1],299[4]
□ SDGs………327[5]
□ SDR………312[2],377
□ SOL………79
□ SRI………172[8]
□ START………286[1],299[4],376
□ TOB………173[11]
□ TPP………222[6],322[14]

□ UNCTAD………278[2],286[1],327[5],330[1],378
□ UNDP………277[5],279[5],326[3]
□ UNEP………232[1],277[5]
□ UNESCO………233[4],277[5]
□ UNHCR………277[5],278[2],292[2],376
□ USMCA………318[1],319[5],378
□ WFP………277[5],329[3],378
□ WHO………277[5]
□ WTO（世界貿易機関）………85[5],277[5],312[1],314[8],377
□ WTO（ワルシャワ条約機構）………286[1],287[2],376

用語

あ

□ アイデンティティ………19[2],20[2],21[3],362
□ アイヌ文化振興法………109[10]
□ アカウンタビリティ………172[7]
□ 赤字国債………205[5],371
□ アガペー………48[4]
□ 悪質商法………250[1]
□ アクセス権………116[1],117[2],367
□ 悪人正機………41[8]
□ 旭川学力テスト訴訟………104[1],115[4]
□ 朝日訴訟………104[1],114[1],367
□ アジア・アフリカ会議………286[1],288[5]
□ アジア太平洋経済協力………318[1],319[5],378
□ アジア通貨危機………315[13],377
□ アジェンダ21………233[2]
□ 足尾鉱毒事件………242[1]
□ 新しい人権………104[1],116[1],367
□ アッラー………50[6]
□ 圧力団体………160[6],369
□ アニミズム………38[1]
□ アヒンサー………68[16]
□ アフリカ連合………318[1],319[5]
□ アベノミクス………216[17]
□ 天下り………138[11],139[14],368
□ アムネスティ・インターナショナル………118[1],332[6]
□ アメリカ同時多発テロ事件………291
□ アメリカ独立宣言………95[4],104,366
□ アラブ石油輸出国機構………236[2]
□ アラブの春………297[6]
□ アンガジュマン………65[1]
□ 暗号資産………198[2]
□ 安全保障関連法………128[1]
□ 安全保障理事会………279[3],281[8],375
□ 安楽死………79[1],116[1],365

い

□ 委員会………132[7]
□ 家永教科書訴訟………104[1],115[4]
□ 育児・介護休業法………257[5],374
□ 違憲法令審査権………368
□ いざなぎ景気………195[4],211[5]
□ 「石に泳ぐ魚」出版差し止め事件………117[7]
□ 異常気象………226[2]
□ イスラム教………46[2],50[6],363
□ 依存効果………252[4],374
□ 依存財源………151[4]
□ イタイイタイ病………243[3]
□ 一事不再理………112[2]
□ 一国二制度………324[2]
□ 一党制………158[2]
□ 一般意志………94[1]
□ 一般会計………204[2],371
□ 1票の格差………155[5],368
□ イデア………59
□ 遺伝子組換え作物………76[4],365

索引

あ／い

- 遺伝子診断 ‥‥‥ 753
- イドラ ‥‥‥ 71
- イニシアティブ ‥‥‥ 1494, 368
- イニシエーション ‥‥‥ 181, 375, 363
- 委任立法 ‥‥‥ 1381, 368
- イノベーション ‥‥‥ 1695
- イラク戦争 ‥‥‥ 2861, 291
- イラク復興支援特別措置法 ‥‥‥ 1222, 1261, 1275
- イラン・イラク戦争 ‥‥‥ 291
- 医療保険 ‥‥‥ 2641, 375
- 岩戸景気 ‥‥‥ 1954, 2115
- インターネット ‥‥‥ 1381, 365
- インターンシップ ‥‥‥ 277, 2613, 363
- インフォームド・コンセント ‥‥ 792
- インフレーション（インフレ） ‥‥‥ 1971, 370

う

- ウィーン条約 ‥‥‥ 2321
- ウェストファリア条約 ‥‥‥ 2742
- 失われた10年 ‥‥‥ 2024
- 「宴のあと」事件 ‥‥‥ 1041, 1172
- 売りオペ ‥‥‥ 2002, 2013
- ウルグアイ・ラウンド ‥‥‥ 855, 2225, 3135, 377

え

- 『永久平和のために』 ‥‥‥ 629, 2762
- エコシステム ‥‥‥ 2253
- エスノセントリズム ‥‥‥ 255, 363
- 恵庭事件 ‥‥‥ 1234
- 愛媛玉ぐし料訴訟 ‥‥‥ 1041, 1103, 1447
- 「エホバの証人」訴訟 ‥‥‥ 1041
- エロース ‥‥‥ 59
- 演繹法 ‥‥‥ 702, 365
- 冤罪 ‥‥‥ 1121
- 円借款 ‥‥‥ 3302
- 円高・円安 ‥‥‥ 310

お

- オイル・ショック ‥‥‥ 2125, 2362, 373
- 王権神授説 ‥‥‥ 941
- 欧州自由貿易連合 ‥‥‥ 3195, 378
- 欧州連合 ‥‥‥ 3181, 3195, 320, 378
- 欧州連合条約 ‥‥‥ 3201, 378
- 大きな政府 ‥‥‥ 190, 370
- 大阪空港公害訴訟 ‥‥‥ 1041, 1172
- 大津事件 ‥‥‥ 1421, 368
- 修証一等 ‥‥‥ 418
- 汚染者負担の原則 ‥‥‥ 2435, 373
- オゾン層の破壊 ‥‥‥ 2241, 2274, 2321, 372
- オゾン層保護のためのウィーン条約 ‥‥‥ 2274, 2321, 372
- 思いやり予算 ‥‥‥ 1255
- オリンピック景気 ‥‥‥ 1954, 2115
- 温室効果ガス ‥‥‥ 2241, 2332, 372
- オンブズマン（オンブズパーソン） ‥‥‥ 13810

か

- 買いオペ ‥‥‥ 2002, 2013
- 外貨準備 ‥‥‥ 3073, 309
- 外国為替 ‥‥‥ 1955, 306, 376
- 外国為替相場 ‥‥‥ 3061, 376
- 外国人労働者 ‥‥‥ 1194, 2608, 374
- 介護保険 ‥‥‥ 2641, 2655, 2694, 375
- 会社法 ‥‥‥ 1703
- 解職請求 ‥‥‥ 1494
- 海賊対処法 ‥‥‥ 1261, 1275
- ガイドライン関連法 ‥‥‥ 1222
- 会派 ‥‥‥ 1606
- 開発援助委員会 ‥‥‥ 3275, 3302, 378
- 開発独裁 ‥‥‥ 99
- 外部経済 ‥‥‥ 1779, 1823
- 外部不経済 ‥‥‥ 1779, 1823
- 外務省秘密電文漏洩事件 ‥‥‥ 1041, 1172
- 海洋汚染 ‥‥‥ 2242, 2321, 372
- 価格 ‥‥‥ 1764
- 価格先導者 ‥‥‥ 17812
- 価格の自動調節機能 ‥‥‥ 1765, 1801, 369
- 価格の弾力性 ‥‥‥ 1813
- 化学兵器禁止条約 ‥‥‥ 2994, 376
- 下級裁判所 ‥‥‥ 1446

か（つづき）

- 核拡散防止条約 ‥‥‥ 2861, 2994, 376
- 核家族 ‥‥‥ 2681
- 閣議 ‥‥‥ 1374
- 格差社会 ‥‥‥ 21718
- 核兵器 ‥‥‥ 298
- 核兵器廃絶国際キャンペーン ‥‥ 3325
- 学問の自由 ‥‥‥ 110, 366
- 核抑止論 ‥‥‥ 2982, 376
- 家計 ‥‥‥ 1702
- 影の内閣 ‥‥‥ 962
- 仮言命法 ‥‥‥ 629
- 可視化 ‥‥‥ 14512
- 貸し渋り ‥‥‥ 21613
- カジノ資本主義 ‥‥‥ 2037
- 化石燃料 ‥‥‥ 2261
- 寡占 ‥‥‥ 1779, 17811, 18212, 370
- 寡占価格 ‥‥‥ 1764
- 葛藤 ‥‥‥ 222, 362
- 合併・買収 ‥‥‥ 17311
- 家電リサイクル法 ‥‥‥ 24613
- 株式 ‥‥‥ 1715, 173, 369
- 株式会社 ‥‥‥ 1703, 1715, 369
- 株式公開買い付け ‥‥‥ 17311
- 株式の持ち合い ‥‥‥ 1716, 369
- 株主 ‥‥‥ 1715
- 貨幣 ‥‥‥ 1981
- ～からの自由、～への自由 ‥‥‥ 6613
- カルテル ‥‥‥ 17811, 370
- 過労死 ‥‥‥ 2596
- 為替レート ‥‥‥ 3101
- 環境アセスメント ‥‥‥ 1161, 2434, 24511, 374
- 環境会計 ‥‥‥ 24614
- 環境・開発サミット ‥‥‥ 2321
- 環境基本法 ‥‥‥ 2434, 24613, 358, 374
- 環境権 ‥‥‥ 1161, 1172, 367
- 環境税 ‥‥‥ 233, 373
- 慣習法 ‥‥‥ 921
- 関税 ‥‥‥ 3054, 376
- 関税と貿易に関する一般協定 ‥‥‥ 3121, 3134, 377
- 間接金融 ‥‥‥ 1994, 21411, 370
- 間接税 ‥‥‥ 2062
- 間接民主制 ‥‥‥ 943, 365
- 完全競争 ‥‥‥ 1763, 369
- 完全失業率 ‥‥‥ 2581
- 環太平洋経済連携協定 ‥‥‥ 32214
- 管理価格 ‥‥‥ 1764, 17812, 369
- 管理通貨制度 ‥‥‥ 1982, 370
- 官僚 ‥‥‥ 1376
- 官僚制 ‥‥‥ 2411, 363

き

- 議院証言法 ‥‥‥ 1316
- 議員定数不均衡問題 ‥‥‥ 1555
- 議院内閣制 ‥‥‥ 962, 985, 1361, 366
- 議員立法 ‥‥‥ 13310
- 飢餓 ‥‥‥ 3293
- 議会制民主主義 ‥‥‥ 943, 1301
- 機会の平等 ‥‥‥ 1061
- 機会費用 ‥‥‥ 1662
- キーカレンシー ‥‥‥ 3121, 377
- 機関委任事務 ‥‥‥ 1501
- 企業 ‥‥‥ 170, 369
- 企業合同 ‥‥‥ 17811
- 企業集団 ‥‥‥ 17310
- 企業統治 ‥‥‥ 1727
- 企業の合併 ‥‥‥ 17913
- 企業の社会的責任 ‥‥‥ 1727
- 企業別組合 ‥‥‥ 2555, 2597
- 企業連合 ‥‥‥ 17811, 370
- 帰結主義 ‥‥‥ 72
- 気候変動に関する政府間パネル ‥‥‥ 2346
- 気候変動枠組み条約 ‥‥‥ 2321, 2332, 2347, 372
- 基軸通貨 ‥‥‥ 3121, 377
- 技術革新 ‥‥‥ 1684, 1695, 369
- 規制緩和 ‥‥‥ 1384, 1695, 1778
- 北大西洋条約機構 ‥‥‥ 2861, 2872, 375
- キチンの波 ‥‥‥ 1942
- 帰納法 ‥‥‥ 702, 365
- 規模の利益 ‥‥‥ 1714, 369
- 基本的人権 ‥‥‥ 104, 366
- 義務論 ‥‥‥ 72, 80

き（つづき）／く

- キャピタル・ゲイン ‥‥‥ 1715
- キャリア ‥‥‥ 275, 363
- キューバ危機 ‥‥‥ 2861, 2895, 376
- 教育基本法 ‥‥‥ 358
- 教育を受ける権利 ‥‥‥ 1154, 367
- 境界人 ‥‥‥ 181
- 供給曲線 ‥‥‥ 1765, 1802
- 行政委員会 ‥‥‥ 1377, 368
- 行政改革 ‥‥‥ 1388, 368
- 行政権 ‥‥‥ 1301
- 行政国家 ‥‥‥ 1388
- 行政裁判 ‥‥‥ 1435, 368
- 行政指導 ‥‥‥ 13812
- 行政手続法 ‥‥‥ 1381, 1563
- 京都議定書 ‥‥‥ 2321, 2345, 373
- 京都メカニズム ‥‥‥ 2345, 373
- 共有地の悲劇 ‥‥‥ 82, 83
- 狂乱物価 ‥‥‥ 2126
- 清き明き心 ‥‥‥ 395
- 居住・移転の自由 ‥‥‥ 1136
- 許認可権 ‥‥‥ 13811, 368
- 拒否権 ‥‥‥ 2793
- キリスト教 ‥‥‥ 462, 484, 363
- 緊急特別総会 ‥‥‥ 2782, 2793
- 緊急輸入制限 ‥‥‥ 3134, 377
- 欽定憲法 ‥‥‥ 933, 1018
- 緊張緩和 ‥‥‥ 2861, 2883, 376
- 金本位制 ‥‥‥ 1982, 370
- 金融 ‥‥‥ 1994
- 金融危機 ‥‥‥ 202, 2037
- 金融収支 ‥‥‥ 3073, 309, 377
- 金融政策 ‥‥‥ 2013, 371
- 金融の国際化 ‥‥‥ 2021
- 金融の自由化 ‥‥‥ 202, 371
- 勤労権 ‥‥‥ 2541

く

- クズネッツの波 ‥‥‥ 1942
- クラウドファンディング ‥‥‥ 2195
- クラスター爆弾禁止条約 ‥‥‥ 2994, 3021, 376
- グラスノスチ ‥‥‥ 2907, 3241
- グラントエレメント ‥‥‥ 3301
- グリーンGDP ‥‥‥ 1934
- クーリング・オフ ‥‥‥ 2501, 2512, 374
- グリーン購入法 ‥‥‥ 24613
- グリーン・コンシューマー ‥‥‥ 232, 373
- グリーンピース ‥‥‥ 3326
- グローバル化 ‥‥‥ 255, 3152, 377
- クローン ‥‥‥ 742, 75, 365
- 軍拡・軍縮 ‥‥‥ 2994
- 軍事的措置 ‥‥‥ 2793

け

- 計画経済 ‥‥‥ 1662
- 景気 ‥‥‥ 194, 370
- 景気循環 ‥‥‥ 1944, 370
- 景気動向指数 ‥‥‥ 194, 2013
- 景気変動 ‥‥‥ 194, 2184, 370
- 軽減税率 ‥‥‥ 2074
- 経済安定9原則 ‥‥‥ 2103
- 経済活動の自由 ‥‥‥ 1136, 366
- 経済協力開発機構 ‥‥‥ 3195, 3275, 378
- 経済社会理事会 ‥‥‥ 2775, 375
- 経済成長率 ‥‥‥ 1935, 370
- 経済相互援助会議 ‥‥‥ 2861
- 経済特区 ‥‥‥ 3242
- 経済の安定化 ‥‥‥ 1947
- 経済のサービス化 ‥‥‥ 2142, 372
- 経済の自由 ‥‥‥ 1041
- 経済のソフト化 ‥‥‥ 2142, 372
- 経済民主化 ‥‥‥ 2101, 371
- 経済連携協定 ‥‥‥ 254, 32212, 378
- 形式的平等 ‥‥‥ 1061
- 刑事裁判 ‥‥‥ 1435, 368
- 刑事司法改革 ‥‥‥ 1452
- 刑事手続 ‥‥‥ 1121
- 刑事補償請求権 ‥‥‥ 1155, 367
- 傾斜生産方式 ‥‥‥ 2102
- 経常収支 ‥‥‥ 3073, 309, 377
- 経世済民 ‥‥‥ 429

け（つづき）／こ

- 軽薄短小 ‥‥‥ 21411
- ケイパビリティ ‥‥‥ 697
- 契約自由の原則 ‥‥‥ 2492
- ケインズ主義 ‥‥‥ 1673
- 結果の平等 ‥‥‥ 1061
- ゲティスバーグ演説 ‥‥‥ 954
- ケネディ・ラウンド ‥‥‥ 3135, 377
- ゲーム理論 ‥‥‥ 184, 187
- 権威主義的パーソナリティ ‥‥‥ 6613
- 現金通貨 ‥‥‥ 1981
- 検察官 ‥‥‥ 1435
- 検察審査会 ‥‥‥ 1451
- 原子爆弾 ‥‥‥ 298
- 原子力発電 ‥‥‥ 24010, 2411, 247, 373
- 原水爆禁止世界大会 ‥‥‥ 2994
- 建設国債 ‥‥‥ 2055, 371
- 建設リサイクル法 ‥‥‥ 24613
- 憲法改正 ‥‥‥ 1015, 134, 162, 368
- 憲法審査会 ‥‥‥ 1342, 1354
- 憲法調査会 ‥‥‥ 1354
- 憲法の番人 ‥‥‥ 1434
- 権利章典 ‥‥‥ 954
- 権利請願 ‥‥‥ 954

こ

- 皇位継承 ‥‥‥ 1022
- 公益通報者保護法 ‥‥‥ 1729, 2512
- 公害 ‥‥‥ 242, 243, 373
- 公害健康被害補償法 ‥‥‥ 2435
- 公開市場操作 ‥‥‥ 2013, 371
- 公害対策基本法 ‥‥‥ 2435, 373
- 公企業 ‥‥‥ 1703
- 好況 ‥‥‥ 1941
- 公共財 ‥‥‥ 1822, 2041
- 公共サービス ‥‥‥ 1822, 2041
- 公共の福祉 ‥‥‥ 1041, 1053, 366
- 合計特殊出生率 ‥‥‥ 2681, 375
- 公債 ‥‥‥ 2087
- 耕作放棄地 ‥‥‥ 2202
- 合資会社 ‥‥‥ 1703
- 公私合同企業 ‥‥‥ 1703
- 皇室典範 ‥‥‥ 1022
- 公衆衛生 ‥‥‥ 2641, 2669, 375
- 工場制機械工業 ‥‥‥ 1673, 369
- 公職選挙法 ‥‥‥ 1557, 369
- 硬性憲法 ‥‥‥ 933, 1342, 368
- 公正取引委員会 ‥‥‥ 17915
- 構造改革 ‥‥‥ 21617, 370
- 構造改革特区 ‥‥‥ 1502
- 構造主義 ‥‥‥ 674, 364
- 公聴会 ‥‥‥ 1327
- 公定歩合 ‥‥‥ 2013, 371
- 公的年金 ‥‥‥ 2653
- 公的扶助 ‥‥‥ 2641, 2665, 375
- 合同会社 ‥‥‥ 1703
- 高度経済成長 ‥‥‥ 2115, 2127, 372
- 高度プロフェッショナル制度 ‥‥ 2561
- 後発発展途上国 ‥‥‥ 3276
- 幸福追求権 ‥‥‥ 1161
- 公法 ‥‥‥ 921
- 公務員 ‥‥‥ 1389, 13914, 2542
- 合名会社 ‥‥‥ 1703
- 功利主義 ‥‥‥ 628, 80
- 高齢社会 ‥‥‥ 2682, 375
- 国債 ‥‥‥ 2055, 2087, 371
- 国債依存度 ‥‥‥ 2055
- 国際慣習法 ‥‥‥ 2755, 375
- 国際協力機構 ‥‥‥ 3301
- 国際刑事裁判所 ‥‥‥ 2755, 375
- 国際原子力機関 ‥‥‥ 2994, 3007
- 国際自然保護連合 ‥‥‥ 2313
- 国際司法裁判所 ‥‥‥ 2755, 2782, 375
- 国際収支 ‥‥‥ 3073, 309, 377
- 国際人権規約 ‥‥‥ 954, 1182, 2782, 361, 366
- 国際通貨基金 ‥‥‥ 3121, 377
- 国際標準化機構 ‥‥‥ 24614
- 国際復興開発銀行 ‥‥‥ 3121, 377
- 国際分業 ‥‥‥ 304, 3081, 376
- 国際平和支援法 ‥‥‥ 1277, 1282
- 国際法 ‥‥‥ 921, 274, 2755, 375
- 国際貿易機関 ‥‥‥ 3134
- 国際連帯 ‥‥‥ 276, 278, 375
- 国際連合憲章 ‥‥‥ 2755, 2793, 359
- 国際連盟 ‥‥‥ 2762

索引

381

- 国際労働機関 …… 255[8]
- 国事行為 …… 101[6], 102[3], 366
- 国税 …… 206[1]
- 国政選挙 …… 154[4], 369
- 国政調査権 …… 130[2]
- 国籍法違憲判決 …… 106[2], 144[7]
- 国体 …… 100[3], 366
- 国内企業物価指数 …… 194[3]
- 国内総生産 …… 192[1], 196[1], 370
- 国内法 …… 92[1], 275[5]
- 国富 …… 193[6], 370
- 『国富論』 …… 167[3], 177[7]
- 国民皆年金 …… 263[3], 374
- 国民皆保険 …… 263[3], 374
- 国民主権 …… 102, 103[4], 366
- 国民純所得 …… 192[1]
- 国民純生産 …… 196[2]
- 国民純福祉 …… 193[4]
- 国民所得 …… 192[1], 196[1], 370
- 国民審査 …… 103[5], 143[4], 368
- 国民生活センター …… 251[2]
- 国民総所得 …… 192[1]
- 国民総生産 …… 192[1], 196[1], 370
- 国民投票 …… 101[6], 103[5], 134[2]
- 国民投票法 …… 134[2]
- 国民の三大義務 …… 104[1]
- 国務大臣 …… 137[4]
- 国連開発計画 …… 277[5], 279[5], 328[3]
- 国連海洋法条約 …… 274[3]
- 国連環境開発会議 …… 230[12], 232[1], 233[3], 373
- 国連環境計画 …… 232[1], 373
- 国連教育科学文化機関 …… 233[4]
- 国連軍 …… 279[4]
- 国連児童基金 …… 277[5]
- 国連食糧農業機関 …… 329[3], 378
- 国連人口基金 …… 328[2]
- 国連世界食糧計画 …… 329[3], 378
- 国連難民高等弁務官事務所 …… 278[2], 292[2], 376
- 国連人間環境会議 …… 232[1], 278[2], 373
- 国連平和維持活動 …… 278[2], 279[4], 375
- 国連平和維持軍 …… 279[4], 375
- 国連貿易開発会議 …… 278[2], 286[1], 326[4], 327[5], 330[1], 378
- 国連ミレニアム開発目標 …… 327[5]
- コジェネレーション …… 239[9]
- 個人情報保護法 …… 86[7], 116[1], 365
- 護送船団方式 …… 202[1]
- 国家公務員 …… 137[6], 139[13]
- 国家公務員倫理法 …… 139[13]
- 国家戦略特区 …… 150[2]
- 国境なき医師団 …… 332[6]
- 国庫支出金 …… 151[5], 368
- 固定価格買取制度 …… 238[8]
- 固定為替相場制 …… 214[11], 306[1], 312[2], 377
- 『孤独な群衆』 …… 24[2]
- 子ども（児童）の権利条約 …… 15[3], 118[1], 367
- コーポレート・ガバナンス …… 172[9]
- コミュニケーション的合理性 …… 66[13]
- コミンフォルム …… 287[2]
- コモン・ロー …… 92[2]
- 雇用保険 …… 264[1], 375
- 『雇用・利子および貨幣の一般理論』 …… 167[3]
- コール市場 …… 200[2], 201[3]
- ゴールドプラン …… 269[4]
- 婚外子相続差別訴訟 …… 106[2], 144[7]
- コングロマリット …… 173[1], 369
- コンツェルン …… 178[11]
- コンドラチェフの波 …… 169[5], 194[2], 369
- コンプライアンス …… 172[7]
- コンフリクト …… 22[2], 362

さ

- 在外選挙権制限違憲判決 …… 144[7]
- 最恵国待遇 …… 313[4]
- 罪刑法定主義 …… 112[2], 366
- 最高裁判所 …… 144[6]
- 最高法規 …… 134[1]
- 再婚禁止期間違憲判決 …… 144[7]
- 財産権 …… 113[6], 366

- 歳出 …… 204[2], 371
- 再審 …… 112[3]
- 財政 …… 204, 206, 371
- 財政赤字 …… 205[5], 208[7]
- 再生医療 …… 76[5]
- 再生可能エネルギー …… 239[9]
- 財政再生団体 …… 151[5]
- 財政投融資 …… 204[1], 205[4], 371
- 財政政策 …… 205[5]
- 財政民主主義 …… 204[2]
- 最低資本金制度 …… 170[2]
- 在日米軍 …… 125[5]
- 歳入 …… 204[2], 371
- 財閥解体 …… 210[1], 371
- 裁判員制度 …… 146[1], 147, 368
- 裁判官 …… 143[5]
- 裁判官の独立 …… 142[1]
- 裁判の公開 …… 145[9]
- 財務諸表 …… 175[3]
- 裁量的財政政策 …… 204[3]
- 裁量労働制 …… 256[1]
- サーチャージグラフ …… 68[16]
- 砂漠化 …… 224[1], 230[10], 232[1], 372
- 砂漠化対処条約 …… 230[12], 232[1]
- サブカルチャー …… 19[3]
- サブプライムローン …… 195[4], 203[7], 316[14]
- サミット …… 316[15], 378
- 3C …… 212[7]
- 3R …… 243[5], 246[12]
- 参議院の緊急集会 …… 131[3]
- 産業の空洞化 …… 215[13], 311[3], 372
- 産業廃棄物 …… 244[8], 374
- 産業別組合 …… 255[5]
- サンケイ新聞意見広告訴訟 …… 117[2]
- 三権分立 …… 94[2], 97[3], 130[1], 366
- 三十年戦争 …… 274[2]
- 三種の神器 …… 212[7]
- 三審制 …… 144[6], 368
- 参審制 …… 146[15]
- 酸性雨 …… 224[1], 228[6], 232[1], 372
- 参政権 …… 104[1]
- 三ちゃん農業 …… 220[2]
- 三位一体改革 …… 150[3]
- 三面等価 …… 192[2], 196[3], 370

し

- 自衛隊 …… 123[3], 124[4], 367
- 自衛隊法 …… 127[3]
- ジェノサイド条約 …… 118[1]
- ジェンダー …… 26[3]
- 自我同一性 …… 20[2]
- 只管打坐 …… 41[8]
- 私企業 …… 170[3]
- 死刑制度 …… 113[4]
- 死刑廃止条約 …… 118[1]
- 資源ナショナリズム …… 236[2], 326[4], 373
- 資源の希少性 …… 166[1]
- 資源の最適配分 …… 166[2], 176[5], 180[1]
- 資源配分 …… 166[1]
- 資源有効利用促進法 …… 246[13]
- 試行錯誤 …… 22[2]
- 自己決定権 …… 79, 116[1], 367
- 自己実現 …… 22[1], 362
- 自己情報コントロール権 …… 116[1]
- 自己破産 …… 253[8]
- 自主財源 …… 151[4]
- 市場 …… 176, 369
- 市場価格 …… 176[4], 369
- 市場経済 …… 166[2]
- 市場占有率 …… 178[10]
- 市場の失敗 …… 177[9], 182[3], 369
- 市場メカニズム …… 177[9], 180
- 自然権 …… 94[1]
- 自然法 …… 92[1], 365
- 思想及び良心の自由 …… 110, 366
- 持続可能な開発 …… 233[2], 373
- 持続可能な開発目標 …… 327[5]
- 下請け …… 218[4], 372
- 自治事務 …… 150[1], 368
- 実質経済成長率 …… 193[5], 194[3], 212[8], 325[4]

- 実質的平等 …… 106[1]
- 実存主義 …… 64[11]
- 実定法 …… 92[1]
- 実用主義 …… 65[12]
- 自動安定化装置 …… 204[3]
- 自動車リサイクル法 …… 246[13]
- 児童の権利条約 …… 361
- ジニ係数 …… 217[18]
- 地場産業 …… 218[1], 219[6]
- 死票 …… 154[3]
- シビリアン・コントロール …… 124[2], 367
- シビル・ミニマム …… 151[4]
- 私法 …… 92[1]
- 司法権 …… 130[1], 142[1]
- 司法権の独立 …… 142[1], 368
- 司法制度改革 …… 146[13]
- 資本移転等収支 …… 307[5], 309, 377
- 資本主義経済 …… 167[3], 369
- 『資本論』 …… 63[10], 167[3]
- 市民革命 …… 94[1]
- 市民生活水準 …… 151[4]
- 自民族中心主義 …… 25[5]
- 事務総長 …… 277[5]
- シャウプ勧告 …… 206[1], 371
- 社会起業家 …… 174, 219
- 社会規範 …… 92[1]
- 社会契約説 …… 94[1], 365
- 『社会契約論』 …… 94[1]
- 社会権（社会権的基本権）…… 104[1], 114, 367
- 社会主義 …… 63[10], 96[1]
- 社会主義経済 …… 369
- 社会主義市場経済 …… 324[2], 369
- 社会的責任投資 …… 172[2]
- 社会福祉 …… 264[1], 375
- 社会法 …… 92[1]
- 社会保険 …… 264[1], 375
- 社会保障 …… 262, 263
- 社会保障制度 …… 264, 267, 375
- ジャスミン革命 …… 296[10]
- シャドウ・キャビネット …… 96[2]
- 衆議院 …… 130[2]
- 衆議院議員定数違憲判決 …… 144[7]
- 衆議院の解散 …… 136[2]
- 衆議院の優越 …… 133[9], 368
- 宗教改革 …… 60[4]
- 就業規則 …… 254[1]
- 自由権（自由権的基本権）…… 104[1], 110, 112, 366
- 重厚長大産業 …… 214[11], 372
- 終身雇用制 …… 259[7], 374
- 終審裁判所 …… 144[6], 368
- 囚人のジレンマ …… 184
- 修正資本主義 …… 190[1], 369
- 集団安全保障 …… 276[1], 375
- 集団的自衛権 …… 122[2], 123[5], 128[6], 367
- 18歳成人 …… 163
- 周辺事態法 …… 122[2], 126[1], 128[9]
- 周辺人 …… 18[1]
- 自由貿易 …… 304[1], 305[4], 308[2], 312[1], 322, 376
- 自由貿易協定 …… 322[3], 376
- 自由放任主義 …… 177[7], 190[1]
- 住民解職 …… 149[4], 368
- 住民基本台帳ネットワーク …… 117[2]
- 住民自治 …… 148[1]
- 住民投票 …… 103[5]
- 住民発案 …… 149[4], 368
- 重要影響事態法 …… 359
- ジュグラーの波 …… 194[2]
- 主権 …… 274[1]
- 取材の自由 …… 117[2]
- 朱子学 …… 41[8]
- 首長 …… 148[3]
- 出生前診断 …… 77[7]
- 需要曲線 …… 176[5], 180[2]
- 主要国首脳会議 …… 316[15]
- 循環型社会 …… 246[12], 374
- 循環型社会形成推進基本法 …… 243[5], 246[13]
- 生涯学習 …… 26[1]
- 障害者権利条約 …… 118[1]
- 障害者雇用促進法 …… 259[4]

- 障害者福祉 …… 264[1], 266[2]
- 障がい者不合格取り消し訴訟 …… 107[5]
- 消極国家 …… 190, 370
- 証券取引所 …… 176[2]
- 少子化 …… 268[1], 375
- 少子化対策基本法 …… 269[4]
- 少子高齢社会 …… 268
- 常設仲裁裁判所 …… 275[6]
- 小選挙区制 …… 154[3], 368
- 小選挙区比例代表並立制 …… 154[4]
- 象徴天皇制 …… 102[1], 366
- 証人喚問 …… 131[6]
- 常任理事国 …… 281[8]
- 少年法 …… 143
- 消費者安全法 …… 251[2]
- 消費者委員会 …… 251[2]
- 消費者契約 …… 251[2], 358, 374
- 消費者契約法 …… 251[2], 253[6], 374
- 消費者主権 …… 251[2], 374
- 消費者団体 …… 251[2], 374
- 消費者庁 …… 251[3]
- 消費者の四つの権利 …… 251[2], 374
- 消費者保護基本法 …… 251[2]
- 消費税 …… 206[1], 207[4], 371
- 消費生活センター …… 251[2]
- 情報開示 …… 172[9]
- 情報格差 …… 85[5], 365
- 情報化社会 …… 84, 85
- 情報公開法 …… 86[8], 116[1], 359, 367
- 情報の非対称性 …… 177[9], 183[4]
- 条約 …… 92[1], 275[5]
- 条例 …… 149[5]
- 職業選択の自由 …… 113[5], 366
- 職業別組合 …… 255[5]
- 食品リサイクル法 …… 246[13], 374
- 食物連鎖 …… 225[3]
- 食糧管理制度 …… 221[4], 372
- 食料自給率 …… 222[7], 372
- 食料・農業・農村基本法 …… 221[3]
- 諸子百家 …… 56[1]
- 女性（女子）差別撤廃条約 …… 108[8], 118[3], 361, 367
- 所得税 …… 206[3], 371
- 所得の再分配 …… 204[1], 207[5], 371
- 所得倍増計画 …… 211[3], 372
- 所有と経営の分離 …… 170[2], 171[5], 369
- 地雷禁止国際キャンペーン …… 332[6]
- 知る権利 …… 116[1], 117[2], 367
- シルバーストン曲線 …… 171[4]
- 新エネルギー …… 239[9], 373
- 新ガイドライン …… 126[1]
- 人格権 …… 117[2]
- 信教の自由 …… 110, 366
- シンクレティズム …… 36[1]
- 人権理事会 …… 277[5]
- 人工知能 …… 74[1], 168[4]
- 人口爆発 …… 328[2]
- 人口ピラミッド …… 268[1], 328[2], 375
- 新国際経済秩序樹立宣言 …… 326[4], 378
- 新思考外交 …… 290[7]
- 新自由主義 …… 167[3], 169[6], 190[1]
- 人種差別撤廃条約 …… 118[1], 367
- 新食糧法 …… 221[4], 372
- 身心脱落 …… 41[8]
- 人身の自由 …… 104[1], 112, 366
- 新戦略兵器削減条約 …… 299[4]
- 信託統治理事会 …… 277[5]
- 神道 …… 46[1]
- 神武景気 …… 195[4], 211[5]
- 信用創造 …… 199[7], 371
- 信頼醸成措置 …… 299[8], 376
- 心理的離乳 …… 18[1], 362
- 人倫 …… 63[10]
- 森林破壊 …… 224[1], 229[9], 372
- 新冷戦 …… 290[7]

す

- 垂直分業 …… 304[2], 376
- 水平宣言 …… 107[4]
- 水平分業 …… 304[2], 376
- スケールメリット …… 171[4]
- スタグフレーション …… 197[1], 212, 213[9], 214[11], 370
- スチューデント・アパシー …… 21[4]
- ストック …… 193[6], 370

□ 砂川政教分離訴訟……110[4],123[4]
□ スーパー301条…………315[11],377
□ スミソニアン協定………312[2],377

せ

□ 性悪説………………………56[1]
□ 成果主義……………………259[7]
□ 生活保護………217[19],264[1],266[6]
□ 生活保護費預貯金訴訟……114[2]
□ 請願権………………………103[5]
□ 正義…………………………69[17]
□ 請求権……………………104[1],114
□ 政教分離………110[4],111[5],366
□ 生産集中度…………………178[11]
□ 政治資金規正法……161[19],369
□ 政治主導……………………133[11]
□ 精神の自由………104[1],110,366
□ 性善説………………………56[1]
□ 製造物責任法………………252[5]
□ 生存権……………………114[2],367
□ 生態系……………………225[3],372
□ 『成長の限界』…………232[1],373
□ 制定法………………………92[1]
□ 政党………………158,159[3],369
□ 政党交付金…………………161[9]
□ 政党助成法………161[19],369
□ 青年期……………18[11],20[1],362
□ 成年被後見人選挙権訴訟…106[2]
□ 政府開発援助…330[2],331,332[7],378
□ 生物多様性…………………231[13]
□ 生物多様性条約………233[2],373
□ 政府の銀行…………………200[1]
□ 政府の失敗…………………183[4]
□ 成文憲法……………………93[3]
□ 成文法………………………92[1]
□ 性別変更の手術要件違憲判決…144[7]
□ 生命科学……………………74[2]
□ 生命工学……………………74[2]
□ 清明心………………………39[5]
□ 生命の質……………………79[1]
□ 生命への畏敬………………68[18]
□ 生命倫理…………77,79,365
□ 勢力均衡…………………276[1],375
□ 世界遺産……………232[1],233[4]
□ 世界遺産条約……232[1],233[4],373
□ 世界恐慌……………………167[3]
□ 世界銀行……………………312[1]
□ 世界金融危機………………316[14]
□ 世界食糧サミット…………329[3]
□ 世界人権宣言…95[4],278[2],360,366
□ 世界貿易機関
　……………85[5],312[1],314[8],377
□ 世界保健機関………………277[5]
□ 石油危機
　……212[8],213[9],214[11],236[2],373
□ 石油輸出国機構…234[2],319[5],373
□ セクシュアルハラスメント…257[4]
□ 積極国家…………………190,370
□ 積極的改善措置……………108[8]
□ 接続水域……………………282[1]
□ 絶対王政……………………94[1]
□ 絶対他力……………………41[8]
□ 絶対優位……………………308[1]
□ セーフガード……………313[4],377
□ ゼロ・エミッション……238[8],244[8]
□ ゼロ金利政策………………201[3]
□ 尖閣諸島…………………282[1],284[4]
□ 選挙…………………………103[5],154
□ 選挙権………………103[5],154[2]
□ 全国水平社…………………107[4]
□ 潜在能力……………………69[17]
□ 戦時国際法…………………275[5]
□ 専修念仏……………………41[8]
□ 専守防衛……………………123[5]
□ 『戦争と平和の法』………274[4]
□ 専門機関………………275[5],375
□ 戦略攻撃戦力削減条約……299[4]
□ 戦略兵器削減条約………299[4],376
□ 戦略兵器制限交渉…………286[1]
□ 戦略兵器制限条約…………299[4]

そ

□ 総額明示方式………………124[1]
□ 臓器移植……………………78[8]
□ 臓器移植法………………78[9],365
□ 争議権……………………254[2],374

□ 創造的破壊…………………169[5]
□ 遡及処罰の禁止……………112[2]
□ ソーシャルビジネス………219
□ 租税…………………………206
□ 租税法律主義…………204[2],371
□ ソフィスト…………………58
□ 空知太神社訴訟……110[4],144[7]
□ 損害賠償請求権………115[2],367
□ 尊厳死…………79[1],116[1],365
□ 尊属殺重罰規定違憲判決
　………………104[1],106[2],144[7]

た

□ 第一次所得収支……307[3],309,377
□ ダイオキシン……243[5],245[9],374
□ 体外受精……………………77[6]
□ 対抗文化……………………19[3]
□ 第五福竜丸…………………299[4]
□ 第三世界…………………288[5],376
□ 対GNP比1%枠……………124[1]
□ 大衆社会…………………24,363
□ 対人地雷全面禁止条約…299[4],302[10]
□ 大選挙区制………………154[3],368
□ 大統領制…96[1],97[3],98[4],99[6],366
□ 第二次所得収支……307[3],309,377
□ 第二次徴兵…………………18[1],362
□ 大日本帝国憲法………100[1],354,366
□ 第二の誕生…………………18[1],362
□ 第二反抗期…………………18[1],362
□ 代議制民主主義……………94[3]
□ 太陽光発電…………………239[9]
□ 大陸型………………………262[2]
□ 滝川事件……………………111[8]
□ 竹島…………………………284[3]
□ 多国籍企業…………………315[12]
□ 多国籍軍……………………279[3]
□ 脱工業社会…………………84[1]
□ タテ社会……………………38[4]
□ 縦割り行政………139[14],368
□ 他人指向型…………………24[2]
□ 多文化主義……………25[5],363
□ 多摩川水害訴訟……………115[6]
□ 弾劾裁判…………142[3],368
□ 団結権…………254[2],374
□ 男女共同参画社会基本法…108[8],366
□ 男女雇用機会均等法
　………108[8],257[4],358,374
□ 団体交渉権………254[2],374
□ 団体行動権………254,374
□ 団体自治……………………148[1]
□ 単独行動主義………………290[8]

ち

□ 治安維持法…………………100[1]
□ 地域通貨……………………198[3]
□ 地域紛争……………………293[3]
□ 小さな政府………………190,370
□ 地球温暖化……224[11],226[1],232[1],372
□ 地球温暖化防止京都会議…232[1]
□ 地球サミット……232[1],233[2],373
□ 知的財産権…………………85[5]
□ 知的財産高等裁判所…144[11],146[13]
□ 地方公共団体…148,150,368
□ 地方交付税…………151[5],368
□ 地方債………………………151[5]
□ 地方財政……………………151
□ 地方自治………………148,150
□ 地方自治体…148,150,368
□ 地方自治法…………………148[2]
□ 地方譲与税…………………151[5]
□ 地方税…………151[5],206[1]
□ 地方独自税…………………151[7]
□ 地方分権一括法……………150[1]
□ チャタレイ事件……104[1],111[6]
□ チャーティスト運動…95[4],255[3]
□ 中央銀行……………………200[1]
□ 中距離核戦力全廃条約…299[4],376
□ 中小企業…………………218,372
□ 中小企業基本法……………218[1]
□ 中選挙区制…………………154[3]
□ 長距離越境大気汚染防止条約…228[6]
□ 朝鮮戦争………286[1],289[6],376
□ 朝鮮特需……………………211[4]
□ 重複立候補制度……………154[4]
□ 徴兵制………………………123[5]

□ 直接金融………199[4],214[11],370
□ 直接税………………………206[2]
□ 直接請求権…103[5],148[1],149[4],368
□ 直接民主制…………94[3],365
□ 直間比率………206[2],371
□ 『沈黙の春』………………225[4]

つ

□ 通貨…………………………198[1]
□ 通過儀礼………18[1],37[5],363
□ 通常国会……………………131[3]
□ 津地鎮祭訴訟………104[1],110[2]
□ 津田左右吉事件……………111[8]
□ 積立方式……………………375

て

□ 定言命法……………………62[9]
□ 抵抗権………………………94[1]
□ ディスクロージャー………172[9]
□ 停戦監視団…………………279[4]
□ テオーリア…………………59
□ 適応…………………………22[3]
□ デジタル・デバイド……85[5],365
□ デタント…………………288[3],376
□ 鉄のカーテン………286[1],287[2]
□ デフレーション（デフレ）…197[2],370
□ デフレスパイラル……197[2],370
□ デモンストレーション効果…252[4],374
□ デリバティブ………………203[7]
□ テレワーク…………………259[5]
□ テロ対策特別措置法
　………122[2],126[1],127[5]
□ 電子商取引…………………84[1]
□ 電子マネー…………………198[3]
□ 伝習館訴訟…………………115[4]
□ 伝統志向型…………………24[2]
□ 天皇機関説………100[1],111[8]

と

□ ドイモイ……………………325[3]
□ 東欧革命……………………290[7]
□ 東欧経済相互援助会議…287[2],376
□ 東京ラウンド……313[5],377
□ 道具主義……………………65[12]
□ 道具的理性…………………66[13]
□ 道州制………………152[10],368
□ 党首討論……………………133[11]
□ 統帥権…………100[2],124[2]
□ 統制価格……………………176[4]
□ 東大ポポロ事件……104[1],111[8]
□ 統治行為論………123[4],367
□ 『統治二論』………………94[1]
□ 東南アジア諸国連合…318[1],378
□ 当番弁護士制度……112[1],145[10]
□ 投票率………………………155[6]
□ 同和対策審議会答申…107[4]
□ 特殊法人……………………139[16]
□ 独占…………177[8],182[1],370
□ 独占価格……………………176[4]
□ 独占禁止法…177[8],179[13],370
□ 特定商取引法………………251[2]
□ 特定秘密保護法……116[1],126[1]
□ 特別国会……………………131[3]
□ 特別裁判所………142,368
□ 特別引出権…………312[2],377
□ 独立行政法人………………139[16]
□ 特例公債…………205[5],371
□ ドッジ・ライン……210[3],371
□ ドーハ・ラウンド…………314[7]
□ 鞆の浦景観訴訟……………117[2]
□ トラスト……………………178[11]
□ トレードオフ………………166[2]
□ トロッコ問題………………80
□ ドル危機……………………312[2]
□ トルーマン・ドクトリン
　…………………286[1],287[2]
□ ドント式……………………155

な

□ 内閣………………136,137[5]
□ 内閣総辞職…………………136[2]
□ 内閣総理大臣………………137[4]
□ 内閣不信任決議……………136[2]
□ 内部指向型…………………24[2]
□ 内部統制…………172[9],369
□ 長沼ナイキ訴訟……………123[4]
□ 名古屋議定書………………231[13]
□ ナショナル・トラスト……233[3],373

□ なべ底不況…………………195[4]
□ 軟性憲法…………93[3],134[2],368
□ 南南問題…………327[6],378
□ 南米南部共同市場…318[1],319[5]
□ 南北朝鮮問題………………296[5]
□ 南北問題…………………326,378
□ 難民…………………………292[2]
□ 難民条約（難民の地位に関する条約）
　………118[3],278[2],292[2],367

に

□ 新潟水俣病…………………243[3]
□ 二院制………………………130[2]
□ 二風谷ダム訴訟……………109[10]
□ ニクソン・ショック……312[1],377
□ 二元代表制…………………148[3]
□ 二大政党制…96[2],97[3],158[2],369
□ 日米安全保障条約（日米安保条約）
　…………………122[2],125[4],367
□ 日米構造協議………315[11],377
□ 日米地位協定………………125[5]
□ 日米貿易摩擦………………315[11]
□ 日米包括経済協議…315[11],377
□ 日米密約……………………123[5]
□ 日照権………………………123[5]
□ ニート…………26[2],363
□ 日本型雇用…………………259[7]
□ 日本銀行…………199[4],200[1]
□ 日本国憲法…93[3],100,346,366
□ 日本司法支援センター…145[14],146[14]
□ 日本版金融ビッグバン…202[3],371
□ ニューディール政策………167[3]
□ 人間開発指数……69[1],326[3]
□ 人間の安全保障……69[1],279[5]

ね

□ ねじれ国会…………………133[9]
□ 年金保険…………264[1],375
□ 年功序列型賃金……259[7],374
□ 年中行事………37[4],363

の

□ 農業基本法…………………221[3]
□ 農業問題……………………220
□ 脳死…………………………78[8]
□ 農地改革…………210[1],221[3],371
□ 農地法………………………221[5]
□ 能力主義……………………259[7]
□ ノーマライゼーション…266,375

は

□ バイオエシックス……77,365
□ バイオテクノロジー……74[2],365
□ バイオマス………………239[9],373
□ バイオマス燃料………239[9],373
□ 廃棄物処理法………………246[13]
□ 排出量取引…………234[5],373
□ 陪審制………………………146[15]
□ 排他的経済水域…274[3],282[1],375
□ 配当…………………………171[5]
□ ハイパー・インフレ………197[1]
□ パグウォッシュ会議………298[3]
□ ハーグ条約…………………118[1]
□ 派遣労働者…………………257[3]
□ バージニア権利章典………95[4]
□ 恥の文化………38[2],363
□ バーゼル条約……231[14],232[1]
□ 発券銀行……………………200[1]
□ 発達課題……………………20[1]
□ パートタイム・有期雇用労働法
　…………………………257[3]
□ パブリックコメント………156[3]
□ バブル景気…………………195[4]
□ バブル経済…215[14],216[15],372
□ バブル崩壊…………………216[16]
□ バランスシート……………175[3]
□ バリアフリー……266[8],375
□ パリ協定……………………232[1]
□ パレスチナ問題……………294[1]
□ ハンガーマップ……………329[1]
□ ハンセン病国家賠償訴訟…107[5]
□ 万人の万人に対する闘争…94[1]
□ 反論権…………116[1],117[2]

ひ

□ 非価格競争…………………179[15]
□ 非嫡出子…………122[2],123[5],367
□ 比較生産費説…304[1],305[4],308,376
□ 非核地帯…………300[7],376

□ 比較優位 …… 308[1]
□ 非関税障壁 …… 305[4],376
□ 非常任理事国 …… 281[8]
□ 非正規労働者 …… 217[9]
□ 非政府組織 …… 332[6],378
□ 日立訴訟 …… 104[1],109[9]
□ ピーターパン・シンドローム …… 19
□ ビッグデータ …… 85[6]
□ ビッグファイブ説 …… 23[4]
□ 非同盟主義 …… 288[5],376
□ ヒトクローン技術規制法 …… 75
□ ヒトゲノム …… 75[3],365
□ 人の支配 …… 93
□ 非暴力 …… 68[16]
□ 秘密選挙 …… 154[1]
□ 百里基地訴訟 …… 123[4]
□ ヒューマニズム …… 68[15]
□ ビューラー …… 18[1]
□ ビューロクラシー …… 24[1],363
□ 表現の自由 …… 111[7],366
□ 平等権 …… 104[1]
□ 平等選挙 …… 154[1]
□ ビルトイン・スタビライザー …… 204[3],371
□ 比例代表制 …… 154[1],368
□ ヒンドゥー教 …… 46[1],49[5],363

ふ
□ フィスカル・ポリシー …… 204[1],371
□ フィラデルフィア宣言 …… 255[8],262[1]
□ フィランソロピー …… 172[9]
□ 夫婦別姓 …… 108[7]
□ フェアトレード …… 219
□ 付加価値税 …… 207[4]
□ 賦課方式 …… 265[4],375
□ 不完全競争 …… 176[4]
□ 武器貿易条約 …… 302[12]
□ 武器輸出三原則 …… 123[5]
□ 不況 …… 194[1]
□ 復金インフレ …… 210[2]
□ 福祉国家 …… 190,370
□ 二つのJ …… 43[10]
□ 普通選挙 …… 154[1]
□ 普通選挙法 …… 100[1]
□ 物価 …… 197,370
□ 仏教 …… 46[2],49[5],363
□ 不適応 …… 22[3]
□ 普天間飛行場移設問題 …… 129[2]
□ 不当労働行為 …… 254[1],374
□ 不文憲法 …… 93[3]
□ 部分的核実験禁止条約 …… 286[1],299[4]
□ 不文法 …… 93[3]
□ プライスリーダー …… 176[4],178[12],370
□ プライバシー権 …… 116[1],117[2],367
□ プライマリー・バランス …… 208[8]
□ 部落解放 …… 107[4]
□ プラグマティズム …… 65[12],364
□ プラザ合意 …… 215[14],216[15],312[2],377
□ フラストレーション …… 22[3],362
□ ブラックバイト …… 248[1]
□ プラハの春 …… 288[4]
□ ブラフマチャリヤー …… 68[16]
□ フランクフルト学派 …… 66[13],364
□ フランス人権宣言 …… 95[4],113[5],366
□ 不良債権 …… 216[16]
□ ふるさと納税 …… 152[11]
□ フレックスタイム制 …… 256[1]
□ ブレトン・ウッズ協定（体制） …… 312[2],377
□ フロー …… 192[1],193[6],196
□ プロイセン（ドイツ帝国）憲法 …… 101[6]
□ プログラム規定 …… 114[1]
□ ブロック経済 …… 305[4]
□ フロンガス …… 227[4],372
□ 文化相対主義 …… 25[5]
□ 文民統制 …… 123[1],124[2],367

へ
□ ペイオフ …… 202[9],371
□ 平時国際法 …… 275[5]
□ 平成の大合併 …… 152[8]
□ 平成不況 …… 195[4],216[16]
□ ヘイトスピーチ対策法 …… 109[9]
□ 平和強制（執行）部隊 …… 280[6]
□ 平和原則14か条 …… 276[2]
□ 平和5原則 …… 288[5]

□ 平和10原則 …… 288[5]
□ 平和主義 …… 122
□ 平和的生存権 …… 116[1]
□ 平和のための結集決議 …… 278[2]
□ ヘッジファンド …… 203[6],315[13],377
□ ペティ＝クラークの法則 …… 213[10],372
□ ベトナム戦争 …… 286[1],289[6],365
□ ベバリッジ報告 …… 262[1],374
□ ヘルシンキ宣言 …… 227[4]
□ ベルリンの壁 …… 287[2],290[7]
□ ペレストロイカ …… 290[7],324[1],376
□ 弁証法 …… 63[10],70[2]
□ ベンチャー企業 …… 176[2],218[2],219[5]
□ ベンチャー・ビジネス …… 218[1],372
□ 変動為替相場制 …… 214[11],306[1],310[1],312[2],377

ほ
□ 保安隊 …… 122[2]
□ 防衛機制 …… 22[3],362
□ 防衛費 …… 124[1]
□ 貿易依存度 …… 305[7]
□ 貿易・サービス収支 …… 307[3],309,377
□ 貿易摩擦 …… 215[13]
□ 法科大学院 …… 146[14]
□ 包括通商法 …… 315[11]
□ 包括的核実験禁止条約 …… 286[1],299[4],376
□ 防災 …… 153
□ 放射性廃棄物 …… 240[10],241[11]
□ 法人税 …… 206[1]
□ 法治主義 …… 93[4],365
□ 法定外普通税 …… 151[7]
□ 法定目的税 …… 151[7]
□ 法定受託事務 …… 150[1],368
□ 法テラス …… 145[10],146[14]
□ 法の支配 …… 92,93[4],365
□ 『法の精神』 …… 94[2]
□ 法の下の平等 …… 106,366
□ 方法的懐疑 …… 61[7]
□ 訪問販売法 …… 251[2]
□ 法令遵守 …… 172[7]
□ 法令審査権 …… 368
□ 補給支援特別措置法 …… 126[1],127[3]
□ 北欧型 …… 262[2]
□ 北米自由貿易協定 …… 319[5]
□ 保護主義 …… 323
□ 保護貿易 …… 304[1],305[4],308[2],312[1],376
□ ポジティブ・アクション …… 108[8],257[4]
□ ポジティブ・スクリーニング …… 172[8]
□ 北海道旧土人保護法 …… 109[10]
□ ポツダム宣言 …… 100[1],366
□ 北方ジャーナル事件 …… 111[7]
□ 北方領土問題 …… 283[2],375
□ ボランティア …… 277[7],363
□ 堀木訴訟 …… 104[1],114[2]
□ ポリシー・ミックス …… 204[3],371
□ ポリス …… 16[2],59
□ ホール …… 18[1]

ま
□ マイナス金利 …… 201[3]
□ 牧野訴訟 …… 104[1],114[2]
□ マグナ・カルタ …… 92[2],95[4]
□ マクリーン事件 …… 119[5]
□ マーケット・シェア …… 178[10]
□ 真心 …… 42[9]
□ マージナル・マン …… 18[1],362
□ マーシャル・プラン …… 286[1],287[2],375
□ マスコミュニケーション …… 84[1],365
□ マーストリヒト条約 …… 320[8],378
□ マスメディア …… 84[1],365
□ マッカーサー3原則 …… 100[4]
□ マネーストック …… 200[2],201[3],371
□ マネタリズム …… 167[3],190[1]
□ マルタ会談 …… 290[7],376
□ マルチカルチュラリズム …… 25[5],363

み
□ 見えざる手 …… 167[3],176[5],177[7],180[1]
□ 三菱樹脂訴訟 …… 106[2],110[1]

□ 水俣病 …… 242[2],243[3],373
□ ミニマム・アクセス …… 313[6],377
□ 民営化 …… 139[15],169[6]
□ 民事裁判 …… 143[5]
□ 民主集中制 …… 96[1],99[7]
□ 民族自決 …… 292[1],376
□ 民族紛争 …… 293[3]
□ 民定憲法 …… 93[3],101[6]
□ 民法 …… 108,163[2]
□ 民本主義 …… 100[1]

む
□ 無過失責任制度 …… 243[5],373
□ 無限責任 …… 170[3]
□ 無罪推定 …… 112[2]
□ 無担保コールレート …… 201[3]
□ 無知の知 …… 58
□ 無党派層 …… 160[8]

め
□ 明治憲法 …… 100[1],101[5],354
□ 名目経済成長率 …… 193[5]
□ メガバンク …… 173[10]
□ メジャー …… 236[2]
□ メセナ …… 172[7]
□ メディア・リテラシー …… 84[1],87,157[4],369
□ メルコスール …… 318[4],319[5]
□ 免責特権 …… 131[4]

も
□ 目的効果基準 …… 110[2]
□ 目的の王国 …… 62[9]
□ 黙秘権 …… 112[1]
□ 持株会社 …… 178[11],179[13],370
□ モノカルチャー経済 …… 326[1],378
□ モラトリアム …… 19[2],362
□ モラリスト …… 61[5]
□ 問答法 …… 58
□ モントリオール議定書 …… 227[4],232[1],372

や
□ 八百万神 …… 36[2],363
□ 薬事法距離制限違憲訴訟 …… 104[1],105[4],113[5],144[7]
□ 約束手形 …… 201[3]
□ 夜警国家 …… 190,370
□ 靖国神社問題 …… 111[7]
□ 野生の思考 …… 67[14]
□ ヤハウェ …… 47[3]
□ ヤマアラシのジレンマ …… 21[5]
□ ヤミ金融 …… 253[7]
□ ヤルタ会談 …… 276[2],286[1],287[2]
□ ヤングケアラー …… 269[7]

ゆ
□ 唯物史観 …… 63[10]
□ 有限責任 …… 170[3]
□ 有効需要 …… 167[3],190[1],191[3]
□ 有事関連3法 …… 122[2]
□ 有事法制 …… 128[8]
□ 郵便法違憲判決 …… 144[7]
□ ユースカルチャー …… 19[3]
□ ユダヤ教 …… 46[1],47[3],363
□ ユニバーサル・デザイン …… 266[8]
□ ユニラテラリズム …… 290[8]
□ ユビキタス社会 …… 84[3],365
□ ユーロ …… 321[11]

よ
□ 容器包装リサイクル法 …… 246[13]
□ 預金準備率 …… 199[7],201[3]
□ 預金準備率操作 …… 201[3],371
□ 預金創造 …… 199,371
□ 預金通貨 …… 198[1]
□ 予算 …… 132[8],367
□ 四日市ぜんそく …… 243[3]
□ 欲求階層説 …… 22[1],362
□ 欲求不満 …… 22[3],362
□ 世論 …… 103[5],156

ら
□ ライフサイクル論 …… 20[1]
□ ラウンド …… 313[4]
□ ラムサール条約 …… 232[1],372

り
□ 『リヴァイアサン』 …… 94[1]
□ リヴィング・ウィル …… 79[1]
□ 利益集団 …… 160[6]
□ リオ宣言 …… 233[2]

□ リコール …… 149[4],368
□ リサイクル …… 243[5],244[8],246[12],374
□ リスケジューリング …… 327[7]
□ リストラ …… 216[16],258[1]
□ リスボン条約 …… 321[10]
□ 立憲君主制 …… 96[2]
□ 立憲主義 …… 93[3],100[2]
□ 律法 …… 47[3]
□ 立法権 …… 130[1]
□ リデュース …… 243[5],246[12],374
□ リプロダクティブ・ヘルス／ライツ …… 77[6]
□ リーマン・ショック …… 167[3],203[6],316[14]
□ リユース …… 243[5],246[12],374
□ 領域 …… 274[3]
□ 両院協議会 …… 132[7],367
□ 両性の本質的平等 …… 108[7]
□ 量的緩和政策 …… 201[3]
□ 量的・質的金融緩和 …… 201[3],202[3]
□ 領土問題 …… 282
□ 臨時国会 …… 131[3]
□ 隣人愛 …… 48[4]
□ 隣人訴訟 …… 115[7]

る
□ 累進課税制度 …… 204[1],206[3],371
□ 累積債務問題 …… 327[7]
□ ルサンチマン …… 64[1]
□ ルネサンス …… 60[3],70[1]
□ ループル合意 …… 312[2],377

れ
□ 礼治主義 …… 56[1]
□ 礼楽刑政 …… 42[9]
□ 令状主義 …… 112[1],366
□ 冷戦 …… 286[1],287[2],289[6],365
□ レッセ・フェール …… 177[7]
□ レッドリスト …… 231[13]
□ レファレンダム …… 149[4],368
□ 連合国軍総司令部 …… 101[5]
□ 連座制 …… 155[7]

ろ
□ 労災保険 …… 264[1]
□ 労働委員会 …… 254[4],255[7]
□ 労働関係調整法 …… 254[1],255[7],357,374
□ 労働基準監督署 …… 256[1]
□ 労働基準法 …… 248[1],254[1],256[1],355,374
□ 労働基本権 …… 114[3],254[1],374
□ 労働組合 …… 254[3],255[5]
□ 労働組合法 …… 357,374
□ 労働契約法 …… 258[3]
□ 労働三権 …… 254[2],374
□ 労働三法 …… 210[1],254[1],374
□ 労働審判法 …… 257[3]
□ 労働審判制度 …… 255[7]
□ 労働争議 …… 255[7]
□ 老老介護 …… 269[7]
□ 6章半活動 …… 279[4]
□ 六信五行 …… 50[5]
□ ローレンツ曲線 …… 217[18]

わ
□ ワイマール憲法 …… 95[4],114,366
□ ワーキングプア …… 195[4],217[18],257[3],266[6]
□ ワークシェアリング …… 259[5],374
□ ワーク・ライフ・バランス …… 259[5]
□ ワシントン条約 …… 232[1],372
□ ワルシャワ条約機構 …… 286[1],287[2],376
□ 湾岸戦争 …… 286[1],291

戦後政治のあゆみ
世界と日本の政治の流れ

← ベトナム戦争
南ベトナム上空で、枯葉剤を散布する米軍機（1965年）

← 東西ドイツ統一
ベルリンの壁を取り壊して西ベルリンに繰り出す東ベルリン市民（1989年）

← アラブの春
治安部隊と衝突するデモ隊（チュニジア）（2011年）

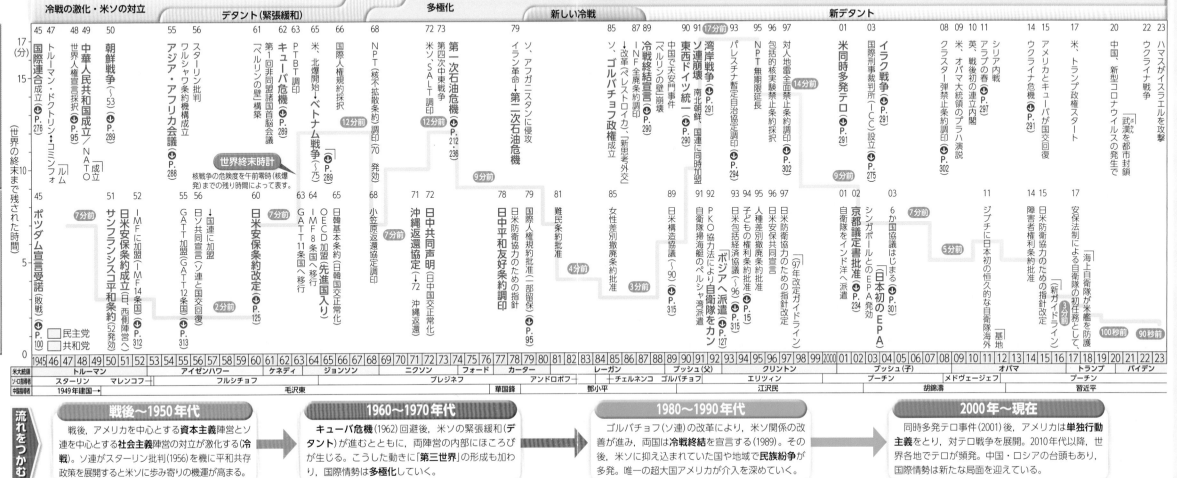

流れをつかむ

戦後〜1950年代
戦後、アメリカを中心とする資本主義陣営とソ連を中心とする社会主義陣営の対立が激化する（冷戦）。ソ連がスターリン批判（1956）を機に平和共存政策を展開すると米ソに歩み寄りの機運が高まる。

1960〜1970年代
キューバ危機（1962）回避後、米ソの緊張緩和（デタント）が進むとともに、両陣営の内部にほころびが生じる。こうした動きに「第三世界」の形成も加わり、国際情勢は多極化していく。

1980〜1990年代
ゴルバチョフ（ソ連）の改革により、米ソ関係の改善が進み、両国は冷戦終結を宣言する（1989）。その後、米ソに抑え込まれていた国や地域で民族紛争が多発。唯一の超大国アメリカが介入を深めていく。

2000年〜現在
同時多発テロ事件（2001）後、アメリカは単独行動主義をとり、対テロ戦争を展開。2010年代以降、世界各地でテロが頻発。中国・ロシアの台頭もあり、国際情勢は新たな局面を迎えている。

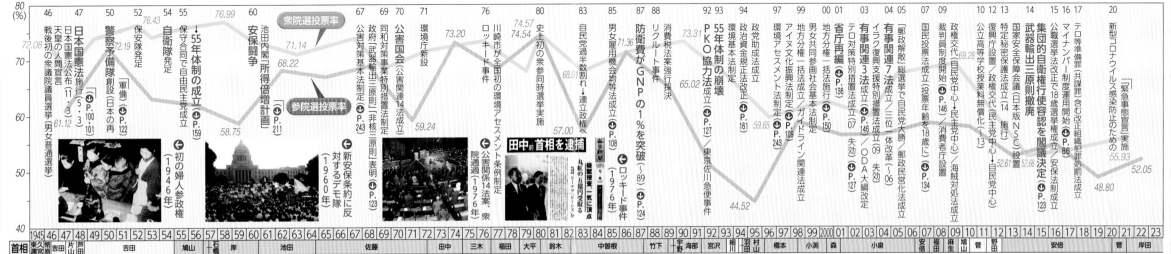

（グラフは総務省資料による）

流れをつかむ

戦後〜1950年代
戦後、日本の民主化が進み、日本国憲法が公布される。1950年には朝鮮戦争が勃発し、日本を取り巻く状況も変化していく。その後、1955年に保守・革新の二大政党制（55年体制）が成立する。

1960〜1970年代
安保闘争以降、自民党政権は経済中心の政治に転換。安定した保守政権のもと、1960年代に高度経済成長をとげる。しかし、70年代に入ると公害問題が深刻化し、各地で革新自治体が誕生する。

1980〜1990年代
自民党の長期政権は、汚職事件の続発から批判を受け、1993年に非自民8派連立内閣が成立（55年体制崩壊）。政治改革が進められる。翌年、自民党が連立で政権復帰。以後、自民党中心の連立政権が続く。

2000年〜現在
自公連立政権が続き、小泉首相のもと構造改革が進む。2009年に民主党が政権交代を果たすも、国民の期待に応えられず、12年には再び自公連立政権が発足。安全保障政策の転換などが進められている。

戦後経済のあゆみ
世界と日本の経済の流れ

← 第一次石油危機による狂乱物価。トイレットペーパーに殺到する人々（1973年）

← 1億9,900万円の福袋が百貨店に登場。中身は純金観音像、ダイヤ、ベンツなど3億7,000万円相当（1990年）（写真提供：共同通信社）

← リーマン・ブラザーズ本店（アメリカ・ニューヨーク）

世界

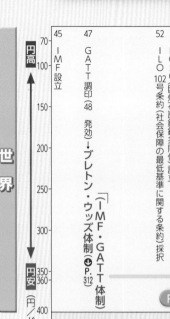

円相場の軌跡

- IMF設立
- GATT調印（'48 発効）→ブレトン・ウッズ体制
- 「IMF・GATT体制」（→P.312）
- ECSC（欧州石炭鉄鋼共同体）設立
- ILO 102号条約（「社会保障の最低基準に関する条約」）採択
- EEC（欧州経済共同体）設立　EURATOM（欧州原子力共同体）設立
- OPEC（石油輸出国機構）結成
- ↓OPEC結成（1960年）
- 第1回国連貿易開発会議
- ↓金・ドル交換停止を発表するニクソン大統領（1971年）
- EC（欧州共同体）結成
- ドル・ショック（ニクソン・ショック）一時変動相場制
- 第一次石油危機→世界同時不況
- 「のちスミソニアン体制」へ（→P.312）
- キングストン合意で変動相場制承認「キングストン体制」（→P.312）
- 中、改革開放政策開始（市場経済へ移行）（→P.324）
- 第二次石油危機
- 80年代 新自由主義的政策／英：サッチャー政権「サッチャリズム」、米：レーガン政権「レーガノミクス」、日本：中曽根政権
- プラザ合意（G5による円高誘導へ）（→P.312）
- GATTウルグアイ・ラウンド（〜'94）
- ルーブル合意（G7、円高是正）
- ↓プラザ合意で円急騰（1985年）
- 中、「社会主義市場経済」掲げる
- マーストリヒト条約発効→EU（欧州連合）発足（→P.320）
- NAFTA（北米自由貿易協定）成立
- WTO（世界貿易機関）発足（→P.314）
- 第1回G7サミット（ワシントンDC）
- ECB（欧州中央銀行）設立
- タイで通貨危機→その後各国に波及（アジア通貨危機）（→P.315）
- ヨーロッパでユーロ導入（市場取引）
- ↑ユーロ
- ヨーロッパでユーロ紙幣・「硬貨（現金）の使用開始」
- 米、サブプライムローン問題を契機として景気減速（→P.316）
- リーマン・ショック→世界同時不況
- WTOの多角的通商交渉（ドーハ・ラウンド）決裂
- 第1回G20サミット（ワシントンDC）
- 中国のGDP世界第2位
- 欧州債務危機（〜'12）
- ギリシャで財政危機表面化
- クロアチアがEUに加盟（28か国体制）
- ギリシャの債務危機にEUのユーロ加盟諸国が支援
- 英、国民投票によりEU離脱決定
- 英、EU離脱（27か国体制）→新型コロナウイルス流行で景気後退
- ロシアのウクライナ侵攻による食料・エネルギー価格の高騰、世界的な物価高騰

固定為替相場制　変動為替相場制　固定為替相場制　変動為替相場制（キングストン体制）

（円／ドル）

流れをつかむ

戦後〜1950年代
第二次世界大戦により混乱した世界経済を立て直すため、IMFとIBRDが設置された（ブレトン・ウッズ体制）。IMFは強大なアメリカの経済力を背景に金・ドル本位制をとった。1948年には世界の自由貿易拡大を目指すGATTが発足した。

1960〜1970年代
1960年代は日本や西ヨーロッパの経済成長、第三世界の台頭がみられたが、その影響もありドル危機が発生した。70年代にはニクソン・ショックを経て、主要国が変動為替相場制へ移行。ブレトン・ウッズ体制は崩壊した。また、二度の石油危機もあり、世界経済は低迷した。

1980〜1990年代
1980年代のアメリカはレーガノミクスで双子の赤字の解消を図るとともに、プラザ合意で強いドルをめざした。冷戦が終わった90年代には経済のグローバル化が進み、EUの発足（93）、WTOの発足（95）などが見られたが、アジア通貨危機によりアジア諸国は打撃を受けた。

2000年〜現在
サブプライムローン問題をきっかけとしたアメリカのリーマン・ショック（2008）は、世界同時不況をもたらした。一方、改革・開放政策以後、急速に経済成長を遂げた中国の存在感が増し、これを警戒したアメリカとは「米中新冷戦」といわれる緊張状態となっている。

日本

（グラフは内閣府資料による）

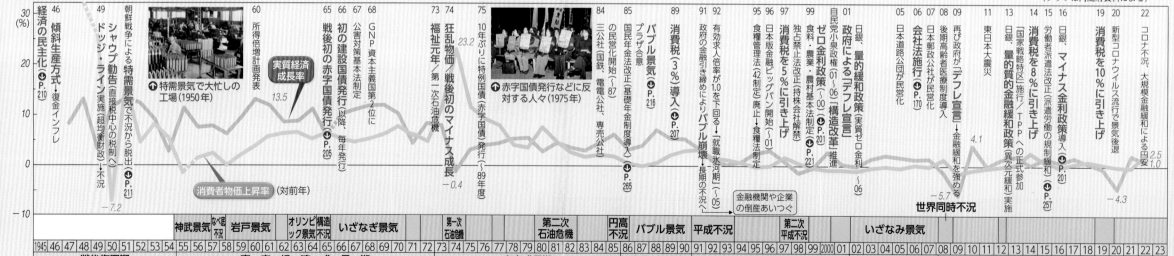

- 経済の民主化（→P.210）
- 傾斜生産方式→復金インフレ
- シャウプ勧告（直接税中心の税制へ）
- ドッジ・ライン（実施→超均衡財政→不況）（→P.211）
- 朝鮮戦争による特需景気で不況から脱出（→P.211）
- ↑特需景気で大忙しの工場（1950年）
- 所得倍増計画発表
- 初の建設国債発行（以後、毎年発行）（→P.205）
- 公害対策基本法制定
- GNP資本主義国第2位に
- ↑実質経済成長率 13.5
- 福祉元年／戦後初のマイナス成長 −0.4
- ↑狂乱物価／第一次石油危機 23.2
- ↓赤字国債発行などに反対する人々（1975年）
- 10年ぶりに特例国債（赤字国債）発行（〜89年度）
- 三公社（国鉄、電電公社、専売公社）の民営化開始（〜'87）
- 国民年金法改正（基礎年金制度導入）
- プラザ合意
- 消費税（3%）導入（→P.207）
- ↓バブル景気（→P.216）
- 有効求人倍率が1.0を下回る（「就職氷河期」〜）。政府の金融引き締めによりバブル崩壊→長期の不況へ
- 日本版金融ビッグバン開始（〜'01）
- 独占禁止法改正（持株会社解禁）
- 消費税を5%に引き上げ（→P.221）
- 食糧管理法廃止→食糧法制定
- ゼロ金利政策（'01〜'06）／日銀、量的緩和政策（実質ゼロ金利）
- 自民党小泉政権による「構造改革」推進「デフレ宣言」（→P.201）
- 金融機関や企業の倒産あいつぐ
- 世界同時不況 −5.7
- 日本道路公団が民営化
- 日本郵政公社が民営化
- 再び政府が「デフレ宣言」→金融緩和を強める
- 後期高齢者医療制度導入
- 国家戦略特区に施行／TPPへの正式参加
- 東日本大震災 4.1
- 日銀、量的・質的金融緩和政策（異次元緩和）実施
- 消費税を8%に引き上げ
- 労働者派遣法改正（派遣労働の規制緩和）（→P.257）
- 日銀、マイナス金利政策導入（→P.201）
- 消費税を10%に引き上げ −4.3
- 新型コロナウイルス流行で景気後退
- コロナ不況、大規模金融緩和による円安 2.5 1.0

実質経済成長率　消費者物価上昇率（対前年）

- 神武景気　なべ底不況　岩戸景気　オリンピック景気　構造不況　いざなぎ景気　第一次石油危機　第二次石油危機　円高不況　バブル景気　平成不況　第二次平成不況　いざなみ景気
- 戦後復興期　高度経済成長期　安定成長期　バブル経済期　デフレ不況（失われた10年）　実感なき景気回復期　現在
- 失われた20年

流れをつかむ

戦後〜1950年代前半
戦後復興期　戦争により国富の1/4を失った日本は、戦後、GHQの指導のもと経済の民主化にあたった。また基幹産業の復興を優先する傾斜生産方式をとったが、復金インフレが発生したため、ドッジ・ラインによりインフレの収束を図った。1950年からの朝鮮特需が日本の経済復興を加速させた。

1950年代半ば〜1970年代初め
高度経済成長　1950年代半ばから70年代初めにかけて、日本は実質経済成長率が平均10%を超える高度経済成長期をむかえ、68年にはGNPが西側第2位となった。しかし、73年の第一次石油危機で物価は急騰（狂乱物価）、翌年戦後初のマイナス成長を記録した。

1970〜1990年代
バブル景気と失われた10年　二度の石油危機で産業構造は変化し、省エネ産業など堅実な経済成長へと移行した（安定成長）。1985年のプラザ合意をきっかけにバブル経済が発生した。91年にバブルが崩壊すると、金融機関や企業の倒産が相次ぎ、日本経済は大きな打撃をうけた（平成不況）。

2000年〜現在
小泉改革とアベノミクス　2000年代には平成不況からの脱却を目指した小泉内閣の構造改革やアベノミクスなど新自由主義的な改革がおこなわれた。2010年代半ばには一定の経済回復はみたが、格差拡大がすすんだ。2020年からのコロナ不況と長期の大規模金融緩和の影響から22年には円安が進んだ。

公共の 見方・考え方 ガイド

活用方法は➡P.10

● 「視点カード」「思考スキル」「思考ツール」を組み合わせて考えよう。

 持続可能性 関係づける クラゲチャート　 公正 効率性 比較する 座標軸

【例1】 持続可能性という視点で身近な「レジ袋」について「見方・考え方」を働かせると、地球温暖化や海洋生物の保護など関連づけられるテーマが見つかる。これをクラゲチャートという思考ツールに落とし込んだものが、右の図である。

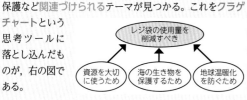

【例2】 集団における意思の決定方法について公正・効率性という視点から比較するには、座標軸を用いて整理するのが有効だ。公正さを縦軸、効率性を横軸にとって比較することで、長所と短所を明確にできる。

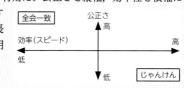

視点カード

公民的な「見方・考え方」を働かせるのに役立つ代表的な「視点」を22枚のカードにまとめました。それぞれの「視点」の内容を確認しながら学習を進めましょう。

 幸福とは、心が充足していると感じられること。「よりよい社会」は、どのような形の幸福を、どうやって人々に約束するのか、どこまで保障するのかが、幸福の視点。
幸福

自由とは、他者から制約されず、自らの意志に従っていること。自分の意志にのみ従って行動できるかどうかが、自由の視点。
自由

 正義とは、人々の自由な幸福追求が互いに衝突しあわないようにするためのルール。「よりよい社会」を求める際、社会に広く通用する「正しさ」が、正義の視点。
正義

 公正とは、正義が実現している状態、「よりよい社会」をめざす際に参照されるべき基準。交渉に不参加の人はいないか、不利益を被る人がいないか、などを考える視点。
公正

寛容とは、自分とは異なる意見やふるまいを受けいれること、また他者の欠点やあやまちを厳しく責めないことを意味する。他者を認め、共生するための視点。
寛容

連帯とは、人と人とが相互の信頼で結びつき、意志や行動、責任を分かちあうこと。他者を思いやり、自己を省みながら相互に支えあう視点。
連帯

 個人の尊重は、一人ひとりを大切にするという考えで、その国の政治が民主的かどうか判断する際に働かせる視点。反対に、社会全体の利益を優先するのが全体主義。
個人の尊重

民主主義は、政治のあり方を国民が決めるしくみ。ものごとの決め方や手続きなどに、国民の意思を反映する視点。多数決でなく、少数者の意見も考え熟議する必要がある。
民主主義

法の支配は、国家権力の行使は法に拘束されなければならないとする考え方。徹底されているかどうかは、その国が民主的であるかどうかを判断する際の重要な視点。
法の支配

 権力分立は、権力を分けて、相互に抑制しあいバランス（均衡）を保つしくみ。**権力が集中せず、暴走しないような制度になっているかどうか**という視点。
権力分立

効率性は、費用をできる限り小さくし、利益をできる限り大きくする視点。合意の結果に改善の余地がなければ、それは効率性の視点を実現しているといえる。
効率性

公平性は、行いやあり方が、かたよりなく扱われているかどうかという視点。所得などの格差や、機会の不平等に対して公平性の視点が求められる。
公平性

 希少性とは、多くの人たちが欲しいと思っているにもかかわらず数が少ないという性質のこと。限られた資源をどう選択するのか、それをどう使うか考える視点。
希少性

持続可能性とは、現在世代から将来世代へと社会が持続できるかどうかという視点。環境保全や資源活用、社会保障などのあり方を検討する際に重要となる。
持続可能性

トレードオフは、Aを選ぶとき、Bをあきらめなければならない関係のこと。選択の際の視点。
トレードオフ

 機会費用は、トレードオフで選択しなかったことによる損失のこと。**選択の際の視点。**
機会費用

 ルールは、持続可能な社会の実現のため、**効率性と公平性のバランスのとれた決まりをつくる視点。**
ルール

 信用創造は、銀行が預金と貸し出しを繰り返すことでお金が増えるしくみ。**金融の視点。**
信用創造

 イノベーションは、新しい物事の創造や、革新的なアイデアで、**社会に変化を起こすという視点。**
イノベーション

 分業は、生産部門や職業を分割・専門化すること。自給自足と比較して経済を考える視点。
分業

 国際化とは、国境の垣根をこえて、主権国家どうしが相互に結びつくこと。国境で区切られたそれぞれの国のルールにあわせて、結びつきを強める視点。
国際化

 グローバル化とは、国境の垣根が低くなり、地球規模で結びつくこと。ルールや規格、財・サービスを、**国境を越えて地球規模で統一しよう**という視点。
グローバル化

見方・考え方パネル

視点カード

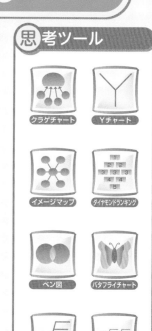

幸福／自由／正義／公正／寛容／連帯／個人の尊重／民主主義／法の支配／権力分立／効率性／公平性／希少性／持続可能性／トレードオフ／機会費用／ルール／信用創造／イノベーション／分業／国際化／グローバル化

思考ツール

クラゲチャート／Yチャート／イメージマップ／ダイヤモンドランキング／ベン図／バタフライチャート／くま手チャート／フィッシュボーン／座標軸

思考スキル

推論する／関係づける／分類する／評価する／多面的に見る／比較する／要約する／応用する

＊「視点」「思考スキル」「思考ツール」は、主なものを掲載しています。

↑ 国連本部で開かれた「国連持続可能な開発サミット」

2015年9月，アメリカのニューヨークにある国際連合本部で，「国連持続可能な開発サミット」が開かれました。そしてそこで，193の全国連加盟国によって，「持続可能な開発のためのアジェンダ2030」が採択されました。

このアジェンダ（行動目標）では，「誰一人取り残さない（No one will be left behind）」という理念のもと，2030年までに全世界から貧困などをなくし，持続可能な社会（現在だけでなく未来の人たちも住み続けられる社会）を実現するため，17のゴール（目標）＝Sustainable Development Goals（頭文字からSDGsと呼びます。日本語では「持続可能な開発目標」）が設定されました。

すべての国々が当事者！

SDGsは，すべての国や地域の人たちの，共通の達成目標。すべての問題は，さまざまな国々が関わり，国境をこえてつながっているからです。

さまざまな立場の個人，団体，地域，国が協力！
SDGsの達成のためには，国の政府だけでなく，NGO（非政府組織）や企業，NPO（非営利組織），農林水産業にたずさわる生産者など，さまざまな立場の個人や団体が，それぞれの得意を活かして協力しあうことが必要です。

すべてのゴールは関連！

例えば，地球温暖化に伴う異常気象で，農業や漁業が被害を受け，食糧不足や収入減という貧困を生み，それが教育を遠ざけ，貧困が悪化します。1つ1つの問題は関連しています。

持続可能な開発目標（SDGs）

1 貧困をなくそう
「あらゆる場所のあらゆる貧困を終わらせよう」

2 飢餓をゼロに
「飢餓を終わらせ，全ての人が1年を通して栄養のある十分な食料を確保できるようにし，持続可能な農業を促進しよう」

3 すべての人に健康と福祉を
「あらゆる年齢の全ての人々の健康的な生活を確保し，福祉を促進しよう」

4 質の高い教育をみんなに
「全ての人が受け入れられる公正で質の高い教育の完全普及を達成し，生涯にわたって学習できる機会を増やそう」

5 ジェンダー平等を実現しよう
「男女平等を達成し，全ての女性及び女児の能力の可能性を伸ばそう」

6 安全な水とトイレを世界中に
「全ての人が安全な水と衛生を利用できるよう衛生環境を改善し，ずっと管理していけるようにしよう」

7 エネルギーをみんなにそしてクリーンに
「全ての人が，安くて安定した持続可能なエネルギーを利用できるようにしよう」

8 働きがいも経済成長も
「誰も取り残さないで持続可能な経済成長を促進し，全ての人が生産的で働きがいのある人間らしい仕事につくことができるようにしよう」

9 産業と技術革新の基盤をつくろう
「災害に強いインフラを作り，持続可能な形で産業を発展させイノベーションを推進していこう」

10 人や国の不平等をなくそう
「国内及び国家間の不平等を見直そう」

11 住み続けられるまちづくりを
「安全で災害に強く，持続可能な都市及び居住環境を実現しよう」

12 つくる責任つかう責任
「持続可能な方法で生産し，消費する取り組みを進めていこう」

13 気候変動に具体的な対策を
「気候変動及びその影響を軽減するための緊急対策を講じよう」

14 海の豊かさを守ろう
「持続可能な開発のために海洋資源を保全し，持続可能な形で利用しよう」

15 陸の豊かさも守ろう
「陸上の生態系や森林の保護・回復と持続可能な利用を推進し，砂漠化と土地の劣化に対処し，生物多様性の損失を阻止しよう」

16 平和と公正をすべての人に
「持続可能な開発のための平和で誰も置き去りにしない社会を促進し，全ての人が法や制度で守られる社会を構築しよう」

17 パートナーシップで目標を達成しよう
「目標の達成のために必要な手段を強化し，持続可能な開発にむけて世界のみんなで協力しよう」

（日本ユニセフ協会資料）